2017

中国国有资产监督管理年鉴

《中国国有资产监督管理年鉴》编委会　编

中国经济出版社
CHINA ECONOMIC PUBLISHING HOUSE

SASAC

图书在版编目（CIP）数据

中国国有资产监督管理年鉴. 2017/《中国国有资产监督管理年鉴》编委会主编.
—北京：中国经济出版社，2017.12
ISBN 978－7－5136－2348－3
Ⅰ. ①中… Ⅱ. ①中… Ⅲ. ①国有资产管理－中国－2017－年鉴 Ⅳ. ①F123. 7－54
中国版本图书馆CIP数据核字（2018）第000330号

中国国有资产监督管理年鉴（2017）

责任编辑：李祥柱 郑 潇 李玄璇
组稿编辑：张 巍 徐立敏
图片编辑：汪银芳
英文翻译：郑 潇

出版发行：中国经济出版社（100037·北京市西城区百万庄北街3号）
网 址：www.economyph.com
电 话：（010）64477900 64477980
64477300 64476700
经 销：各地新华书店
承 印：北京富泰印刷有限责任公司
开 本：889mm × 1194 mm 1/16 字 数：2000千字
插页印张：4.25 印 张：54
版 次：2017年12月第1版 印 次：2017年12月第1次印刷
书 号：ISBN 978－7－5136－2348－3 定 价：480.00元
广告经营许可证：京西工商广字第8179号

编写说明

一 、《中国国有资产监督管理年鉴》（以下简称《国资年鉴》）由国务院国有资产监督管理委员会（以下简称国务院国资委）主管、主办，《国资年鉴》编委会编纂，中国经济出版社编辑出版。

二、《国资年鉴》是一部全面记载我国国有经济运行、国有资产监管体制改革和国有企业改革发展，尤其是中央企业和地方国资监管机构所监管企业总体情况的大型工具书和资料性年刊，是国务院国资委统一对外宣传的重要窗口和交流平台，对于宣传、指导我国国有资产监督管理工作及国有企业工作具有重要参考价值。

三、《国资年鉴》突出政策性、权威性、实用性和连续性。主要读者对象包括：全国各级国有资产监管机构及相关行业管理部门；各类国有企业；有关中介机构；各国驻华机构；有关科研院所、图书馆、资料室等。

四、《国资年鉴》（2017）共设九篇内容。

第一篇　重要经济文献。刊载郝鹏同志和肖亚庆同志在中央企业、地方国资委负责人会议上的讲话。

第二篇　国有资产监督管理概况。国务院国资委各个厅局就2016年我国国有资产监督管理情况、国有企业改革与发展情况予以分析、评述。

第三篇　各省（区、市）国有资产监督管理概况。由31个省、自治区、直辖市国资委，新疆生产建设兵团国资委和5个计划单列市国资委就2016年本地区国有经济运行情况及国有企业改革与发展状况进行评述。

第四篇　中央企业改革与发展。102户中央企业就2016年经济运行、主要经济指标、国有资产保值增值、重大创新、履行社会责任等方面进行分析、评述。

第五篇　国有资产统计资料。刊载由国务院国资委财务监督与考核评价局提供的2016年全国国有企业户数、从业人数、国有资产总量之综合、行业、地区分析表；全国国有企业资产负债之综合、行业、地区分析表；国有工业企业户数、从业人数、国有资产总量地区分析表；国有工业企业资产负债地区分析表；国有商业企业户数、从业人数、国有资产总量地区分析表；国有商业企业资产负债地区分析表；36个省（自治区、直辖市、计划单列市）国有企业主要指标表。

第六篇　国有资产监督管理政策法规选编。精选2016年有关国有资产监督管理的重要行政法规、部门规章和规范性文件。

第七篇　国有企业履行社会责任和党的建设成果概览。采用图文并茂的形式重点展示国有企业在履行社会责任、党的建设等方面取得的成就。

第八篇　大事记。刊载2016年国务院国资委大事记。

第九篇　附录。刊载2016年中央企业负责人经营业绩考核A级企业、《财富》世界500强中国企业上榜情况等相关资料。

五、《国资年鉴》（2017）涉及全国性统计数据，暂未包括港、澳、台地区。统计数据截至2016年底。

六、《国资年鉴》（2017）编委会编委名单，各地方国资委工作站和中央企业工作站站长、撰稿人名单截至2017年12月底。

《中国国有资产监督管理年鉴》编辑部
二〇一七年十二月二十日

时任国务院国资委党委书记张毅赴深圳开展党建工作专题调研并召开部分中央企业党建工作调研座谈会

国务院国资委党委书记郝鹏赴中国航天科技集团公司调研

.国务院国资委主任、党委副书记肖亚庆出席十二届全国人大四次会议“深化国企改革”记者会，介绍国企国资改革发展有关情况，并就国企改革问题回答中外记者提问

国务院国资委副主任、党委委员黄丹华出席中央企业、地方国资委规划发展工作会议并讲话

国务院国资委副主任、党委委员徐福顺出席中央企业贫困地区产业投资基金揭牌暨首批投放项目签约仪式并讲话

国务院国资委副主任、党委委员孟建民出席国资委部署中央企业化解钢铁煤炭过剩产能工作会议并讲话

中央纪委驻国资委纪检组组长、党委委员江金权赴中国广核集团有限公司调研

国务院国资委副主任、党委委员王文斌出席国有重点大型企业监事会 2016 年度工作会议并讲话

国务院国资委副主任、党委委员刘强看望慰问国机集团中元国际研究员级高级工程师、公司医疗首席总建筑师黄锡璆同志

国务院国资委党委委员、秘书长阎晓峰在国资委会见威达信集团总裁兼首席执行官顾瑞泽

国务院国资委党委委员、总会计师沈莹出席全国国有企业“三供一业”分离移交工作视频会议

中国航天科工集团公司

CHINA AEROSPACE SCIENCE & INDUSTRY CORP.

航天科工董事长、党组书记 高红卫

航天科工董事、总经理、党组副书记 李 跃

中国航天科工集团有限公司（以下简称“航天科工”）是战略性、高科技、国家级创新型企业，现有总部，6 个研究院，17 个直属单位、全资或控股公司，600 余户企事业单位和机构组成；主要从事防务装备、航天产业、信息技术、装备制造和现代服务业五大产业板块，具有较强核心竞争力和社会影响力。连续 10 年列中央企业经营业绩考核 A 级，2017 年度列世界企业 500 强第 355 位、中国企业 500 强第 80 位、中国 500 最具价值品牌第 46 位。

航天科工始终以服务国家战略和国防建设为己任，经过多年的励精图治，建立了完整的防空导弹武器系统、飞航导弹武器系统、固体运载火箭及空间技术产品等技术开发与研制生产体系，整体水平处于国内领先地位，部分专业技术达到国际先进水平，为我国武器装备现代化建设作出了突出贡献。与此同时，创新突破传统的技术途径、商业模式和管理习惯的局限，全力打造武汉国家航天产业基地，大力实施飞云、快云、行云、虹云、腾云五大商业航天工程，推动我国商业航天产业健康发展。快舟一号甲运载火箭以“一箭三星”方式成功完成首次商业发射。研制并成功发射具有自主知识产权的“天鲲一号”卫星，拓展了我国小型低轨通用卫星平台型谱。此外，圆满完成载人航天、月球探测等多个国家重大航天工程历次相关任务。

着眼于“大防务、大安全”发展理念，航天科工坚持走中国特色的军民融合发展之路，凭借专业领域的技术优势，在信息技术与信息安全、智慧产业、高端装备制造等方面开发了一系列军民结合高技术产品。承担“金穗、金卡、金盾”工程任务，并重点突破基于自主可控的新一代信息技术大规模集成应用难关，以航天系统工程优势服务于国民经济建设与国家经济安全、信息安全。开发各类智慧产业（智慧城市、智慧农业、智慧食药监、智慧财税、智慧安防、智慧征信、智慧地下空间等）公共平台，大力支撑数字中国、智慧社会建设。高功率激光器、系列重型装备与特种装备等产品打破国外垄断、实现进口替代。倾力打造具有自主知识产权的工业互联网平台及其应用生态，为我国制造业企业提供智能制造、协同制造、云制造公共服务。作为国家首批双创示范基地之一，大力支持内部员工“在岗创新、在职创业”，并广泛集聚社会双创企业和项目，努力打造分享型经济发展新生态。

站在新的历史起点上，航天科工将坚持以习近平新时代中国特色社会主义思想为指导，深入贯彻军民融合和创新驱动发展战略，秉承“科技强军、航天报国”企业使命，以“信息化、社会化、市场化、国际化”为导向，以技术创新、商业模式创新、管理创新为抓手，不断提升企业的价值创造力、持续创新力，朝着“建成国际一流航天防务公司”的战略目标阔步迈进。

中德两国领导人见证航天科工与西门子签署战略合作协议

航天科工全域攻防装备体系精彩亮相第十一届珠海航展

快舟一号甲运载火箭以“一箭三星”方式成功发射开启中国商业航天新时代

飞云工程

快云工程

行云工程

虹云工程

腾云工程

航天科工面向全球发布工业互联网云平台 INDICS

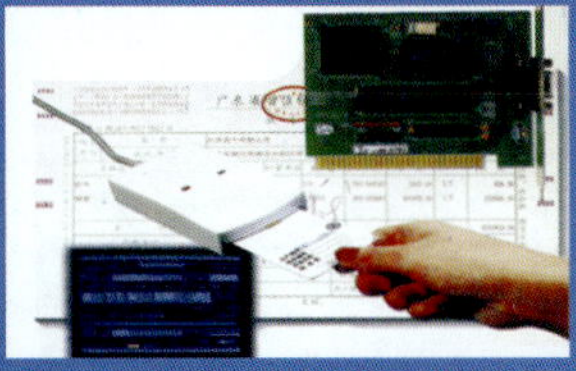
航天科工开发的增值税防伪税控系统

航天科工部署首个全国产化网络平台

航天科工开发的高功率连续光纤激光器

航天科工研制的低空慢速小目标拦截系统

航天科工研制的高层楼宇灭火系统

建设国际一流
中
China
国内主要二级机构
中国三峡集团流域枢纽运行管理局
长江珍稀鱼类保育中心（中华鲟研究所）
长江珍稀植物研究所
中国三峡集团移民工作局
中国三峡集团机电工程局
中国三峡发展研究院
中国三峡建设管理有限公司
中国长江电力股份有限公司
三峡国际能源投资集团有限公司
中国三峡新能源有限公司
湖北能源集团股份有限公司
中国水利电力对外公司
三峡资本控股有限责任公司
上海勘测设计研究院有限公司
三峡金沙江云川水电开发有限公司
三峡财务有限责任公司
中国三峡集团重庆分公司
西藏能源投资有限公司（西藏分公司）
福建能源投资有限公司（福建分公司）
中国三峡集团广东分公司
三峡资产管理中心
三峡国际招标有限责任公司
长江三峡设备物资有限公司
三峡基地发展有限公司
中国三峡出版传媒有限公司
内蒙古呼和浩特抽水蓄能发电有限责任公司
长江三峡能事达电气股份有限公司
国内大型水电及主要新能源项目
长江三峡水电站 长江葛洲坝水电站
金沙江向家坝水电站 金沙江溪洛渡水电站
金沙江白鹤滩水电站（筹建） 金沙江乌东德水电站（在建
清江水布垭水电站 清江隔河岩水电站 清江高坝洲水电站
浙江长龙山抽水蓄能电站 内蒙古呼和浩特抽水蓄能电站
江苏响水近海风电场
江苏响水陆上风电场
江苏响水潮间带试验风机项目
辽宁大连庄河海上风电项目
福清兴化湾海上风电一期项目
内蒙古四子王风电场 内蒙古克旗芝瑞风电场
内蒙古商都合兴公风光电站 内蒙古正蓝旗光伏电站
内蒙古达茂都荣风电场 内蒙古化德风电场
河北曲阳光伏电站 河北保定涞源光伏电站
河北平山温塘光伏电站
吉林双辽庆达光伏电站 吉林大安海坨风电场
四川会理树堡光伏电站 四川普格吉留秀光伏电站
山西昔阳风电场 山西大同左云光伏电站
新疆兵团北塔山风电场 新疆皮山光伏电站
新疆哈密苦水风电场
青海高海拔试验风机科技示范项目 青海格尔木光伏电站
甘肃大寨滩光伏电站 甘肃酒泉瓜州光伏电站
安徽巢湖骄阳光伏电站 云南弥勒风电场

清洁能源集团
国三峡
ee Gorges Corporation
海（境）外主要机构及区域公司
国三峡（香港）有限公司
峡财务（香港）有限公司
国三峡港源投资有限公司
球水电投资有限公司
国三峡（欧洲）有限公司
国三峡（卢森堡）能源有限责任公司
国三峡（卢森堡）电力有限责任公司
国三峡（葡萄牙）有限公司
光希腊投资有限公司
国三峡（巴西）有限公司
国三峡南亚投资有限公司
峡发展(马来西亚)有限公司
泊尔马蒂水电开发公司
国水利电力对外公司马来西亚有限公司
国水利电力对外公司塞内加尔有限责任公司
国水利电力对外公司玻利维亚有限责任公司
国水利电力对外公司几内亚有限责任公司
国水利电力对外公司埃塞俄比亚分公司
国水利电力对外公司摩洛哥分公司
国水利电力对外公司乌干达分公司
国水利电力对外公司肯尼亚分公司
国水利电力对外公司厄瓜多尔分公司
国水利电力对外公司加纳经理部
海外主要投资及建设项目
欧　洲
葡萄牙电力公司最大股东
德国梅尔海上风电场　希腊光伏示范电场
南美洲
巴西朱比亚水电站　伊利亚水电站
巴西萨尔托水电站　格利保吉水电站　加利水电站
巴西卡什瑞拉水电站　圣马诺埃尔水电项目
秘鲁圣加旺Ⅲ水电项目　伊基多斯市给排水工程
厄瓜多尔托阿奇-比拉童水电站　卡纳防洪工程
玻利维亚圣波公路-TRAMO Ⅰ&Ⅱ
亚　洲
巴基斯坦卡洛特水电项目　科哈拉水电项目
巴基斯坦风电场
马来西亚沐若水电站　明光坝扩建项目
老挝南立1-2水电站　南椰2水电站
尼泊尔上马蒂水电站
越南TH1-TH2建设第2和第3级排水管道项目
泰国块瑙水电站机电设备供货项目
哈萨克斯坦图尔古松水电站项目
菲律宾廷巴班18兆瓦径流式水电站项目
非　洲
几内亚凯乐塔水利枢纽项目
几内亚苏阿皮蒂水利枢纽项目
乌干达伊辛巴水电站项目
苏丹上阿特巴拉大坝建设工程
毛里求斯巴加泰勒水坝建设工程
突尼斯克比尔-加夫萨大坝建设工程
喀麦隆拉格都水电站修复及配套工程
阿尔及利亚德拉迪斯水坝施工和试运行工程
摩洛哥拉巴特环城高速公路建设项目（CWE30%）
塞内加尔布莱斯迪亚涅国际机场-姆布尔-捷斯高速公路项目
加纳合芒水电站建设工程　五省电气化自助项目等项目
埃塞俄比亚麦棵纳交-登比多洛道路改造工程
南苏丹朱巴东区供水项目
中国三峡

中国一汽

中国第一汽车集团公司前身为长春第一汽车制造厂，1953年动工兴建，1956年建成投产，历经工厂建设、换型改造、上轻轿三次创业，基本构建完成适应市场经济要求的发展布局、管理体制、经营机制和人才队伍。2011年6月，成立中国第一汽车股份有限公司。

中国第一汽车集团公司，简称一汽集团，核心商号一汽，企业品牌中国一汽。集团设有8个委员会、24个职能部门。

一汽集团设有8个委员会，24个职能部门。企业管理层级五层。其中：二层级分公司6家、子公司25家；三层级分公司45家、子公司65家；四层级分公司14家、子公司6家；五层级分公司5家。2016年，职工总数114050人。

2016年《中国500最具价值品牌》分析报告评价，中国一汽品牌价值1918.28亿元位列第九名；获国务院国有资产监督管理委员会2015年度和2013—2015年任期中央企业负责人经营业绩考核A级；获得“益轩奖—2016中国汽车企业社会责任最佳精准扶贫公益实践奖”；2016年度中国公益致敬奖；中国扶贫基金会授予“2015年度扶贫大使奖”；2016中国年度最佳雇主最具社会责任雇主；公众透明度典范奖。

全新中文名“荣放”

Exploring-Coupe 未来派轿跑SUV
MAZDA CX-4

东风汽车公司
DONGFENG MOTOR CORPORATION

东风和一汽共建“前瞻共性技术创新中心”战略合作框架协议签约

4月6日，东风格特拉克汽车变速箱有限公司量产投放

4月24日，东风与雷诺日产联盟签订《建立人力资本战略伙伴关系的框架性合作协议》

公司简介

东风汽车公司，始建于1969年，属中央直管企业。公司现有从业人员16.6万多名，资产总额2958亿元，位居2016年《财富》世界500强第81位。

公司业务涵盖了全系列乘用车与商用车整车、新能源汽车、关键总成、汽车零部件、汽车水平事业、汽车装备以及军车等。主要事业分布在武汉、十堰、襄阳、广州等全国20多个城市；在瑞典建有海外研发基地，在俄罗斯建有海外销售公司，拥有法国PSA集团14%的股份，是PSA三大股东之一。

公司拥有行业领先的研发实力和自主创新能力。构建了以东风公司技术中心为核心、与各子公司研发机构协同运作的复合开发体系；加大科研投入，配备了技术先进、完整完备的研发与试验设施，专利申请量和科技成果转化率持续提升。

“十二五”期间，公司销量稳步提升，增速跑赢大市，行业地位连续五年保持国内第二，经营保持稳健。“十三五”时期，公司将按照创新驱动、开放合作、主动主导、做强做优、共赢发展的方针，致力于成为“为用户提供全方位优质汽车产品和服务的卓越企业”。

2016年，公司积极展开“十三五”规划，推动各项工作积极有为、经营稳中有进，实现了“十三五”良好开局。全年销售汽车427.7万辆，同比增长10.4%，行业排名第二；销售收入5717.6亿元，同比增长9.9%；上缴税费536.6亿元，同比增长12.4%。

公司以建设“永续发展的百年东风、在开放中自主发展的东风、面向世界的国际化东风”为愿景，持续为实现“汽车强国梦” “中国梦”作出更大贡献。

9月7日，神龙公司成都工厂竣工投产暨东风标致4008正式下线

10月20日，东风与康明斯合作30周年暨新一代ISZ助力东风“创世纪”卡车合作项目启动

12月8日，东风本田汽车有限公司第三工厂建设项目启动

让汽车驱动梦想

东风风光580

东风风神AX5

东风启辰T90

东风裕隆纳智捷锐3

东风英菲尼迪Q50L

东风标致4008

东风日产新奇骏

东风A9

东风悦达起亚KX5

东风雪铁龙C6

东风本田新思域

东风雷诺科雷傲

东风猛士

东风多利卡

东风天龙旗舰

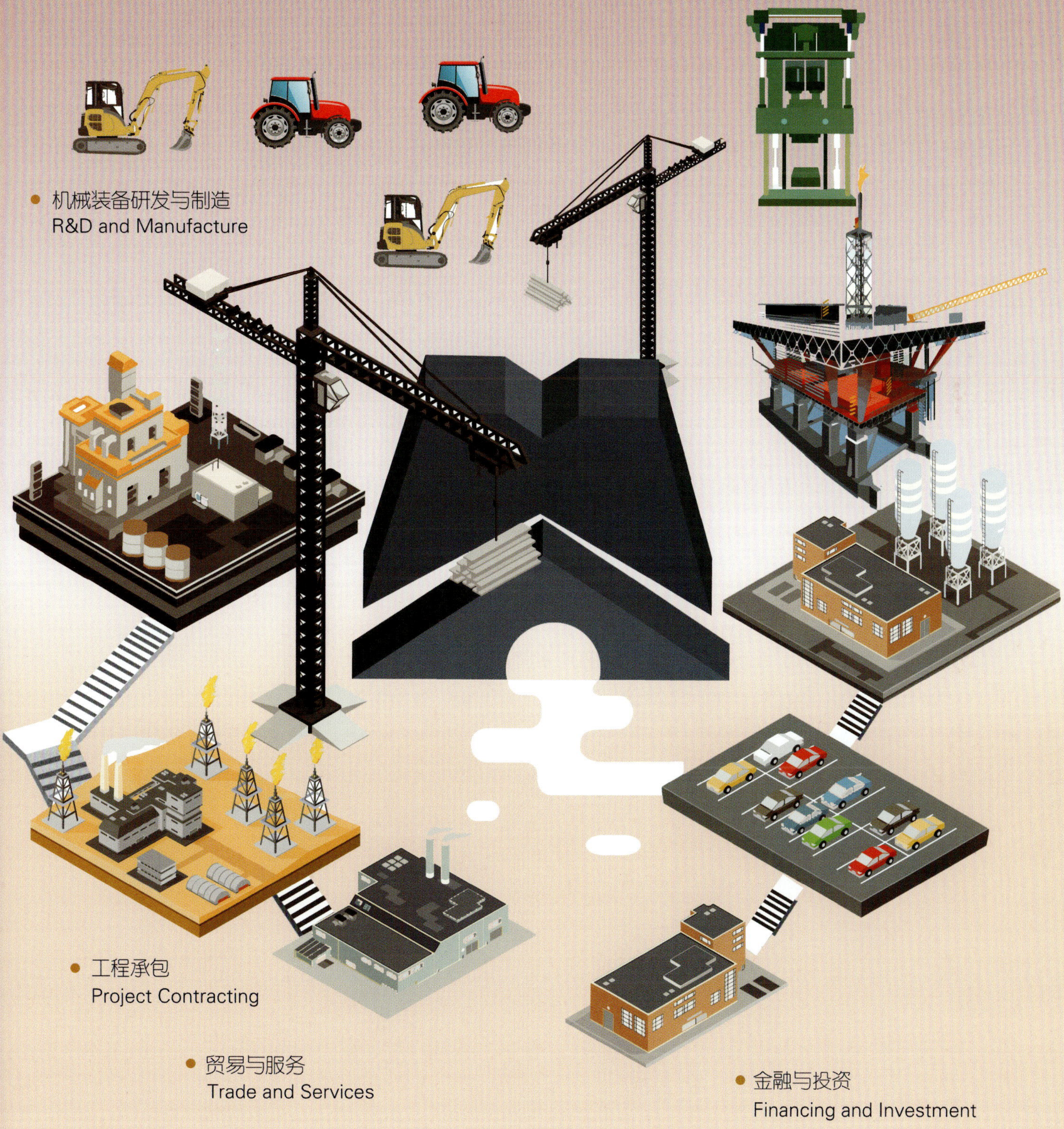
机械装备研发与制造
R&D and Manufacture
工程承包
Project Contracting
贸易与服务
Trade and Services
金融与投资
Financing and Investment

《中国国有资产监督管理年鉴》编委会

编委会主任

郝　鹏　国务院国有资产监督管理委员会　党委书记

肖亚庆　国务院国有资产监督管理委员会　主任、党委副书记

编委会副主任

黄丹华　国务院国有资产监督管理委员会　副主任、党委委员

孟建民　国务院国有资产监督管理委员会　副主任、党委委员

王文斌　国务院国有资产监督管理委员会　副主任、党委委员

阎晓峰　国务院国有资产监督管理委员会　党委委员、秘书长

徐福顺　国务院国有资产监督管理委员会　副主任、党委委员

江金权　国务院国有资产监督管理委员会　中央纪委驻国资委纪检组组长、党委委员

刘　强　国务院国有资产监督管理委员会　副主任、党委委员

沈　莹　国务院国有资产监督管理委员会　党委委员、总会计师

主　编

王选文　国务院国有资产监督管理委员会办公厅（党委办公厅）　主任

副主编

隆小培　国务院国有资产监督管理委员会办公厅（党委办公厅）　巡视员

李会武　中国经济出版社有限公司　副社长

编委会委员(一)

(委机关厅局)

编委会委员(二)

(地方国资委)

编委会委员（三）

（中央企业）

张振戎　中国第一重型机械集团公司　党委副书记
斯泽夫　哈尔滨电气集团公司　董事长、党委书记
俞曾港　中国远洋海运集团有限公司　副总经理
袁新安　中国南方航空集团公司　副总经理
冯贵权　中国五矿集团公司　副总经理、党组成员
王会生　国家开发投资公司　董事长、党组书记
张学武　中国旅游集团有限公司[香港中旅(集团)有限公司]　董事长
李延江　中国中煤能源集团公司　董事长、党委书记
李亚平　机械科学研究总院　副院长、党委副书记
徐思伟　中国中钢集团公司　董事长、党委书记
余津勃　中国化学工程集团公司　党委书记
刘洁伯　中国恒天集团有限公司　董事会秘书
宋志平　中国建材集团有限公司　董事长
马继儒　北京有色金属研究总院　总会计师
马建萍　中国建筑科学研究院　党委副书记
姚桂清　中国铁路工程总公司　副董事长、党委副书记
邢　炜　中国普天信息产业集团公司　董事长
陈山枝　电信科学技术研究院　副院长、党组成员　大唐电信集团副总裁
曹效军　中国林业集团公司　副总经理
佘鲁林　中国医药集团总公司　总经理
张振高　中国保利集团公司　总经理
卢　进　中国冶金地质总局　局长、党委书记
赵　平　中国煤炭地质总局　局长、党委书记
杨　彬　新兴际华集团有限公司　总经理、董事、党委常委
孙　博　中国航空器材集团公司　副总经理
晏志勇　中国电力建设集团有限公司　董事长、党委书记
汪建平　中国能源建设集团有限公司　董事长、党委书记
刘　冰　中国黄金集团公司　总经理、党委副书记
蒋达华　中国华录集团有限公司　副总经理
陈伟栋　上海贝尔股份有限公司　董事、党委副书记
鲁国庆　武汉邮电科学研究院　副院长、党委书记
关　山　华侨城集团公司　副总裁
张雅林　中国西电集团公司　总经理、党委书记
莫德旺　中国国新控股有限责任公司　总经理
牛向春　中国汽车技术研究中心　党委副书记

《中国国有资产监督管理年鉴》

工作站站长(一)

(地方国资委)

白隽滢　北京市国有资产监督管理委员会　研究室主任
洪全印　天津市国有资产监督管理委员会　研究室主任
周革非　河北省国有资产监督管理委员会　政策法规处(综合处)处长
王小涛　山西省国有资产监督管理委员会　办公室主任
曹志忠　内蒙古自治区国有资产监督管理委员会　办公室主任
宋旭涤　辽宁省国有资产监督管理委员会　办公室副主任
徐　建　大连市国有资产监督管理委员会　办公室主任
程　竹　吉林省国有资产监督管理委员会　办公室主任
皮　凯　黑龙江省国有资产监督管理委员会　政策法规处处长
陈忠益　上海市国有资产监督管理委员会　办公室主任
吴　宁　江苏省国有资产监督管理委员会　办公室主任
万力源　浙江省国有资产监督管理委员会　办公室副主任
曾利民　宁波市国有资产监督管理委员会　办公室副主任
张政政　安徽省国有资产监督管理委员会　办公室副主任

黄　舒　福建省国有资产监督管理委员会 办公室副主任
欧昌山　厦门市国有资产监督管理委员会 办公室主任
袁紫忠　江西省国有资产监督管理委员会 办公室(党办)主任
卢永生　山东省国有资产监督管理委员会 办公室副主任
王增毅　青岛市国有资产监督管理委员会 办公室主任
李昭欣　河南省国有资产监督管理委员会 综合处处长
杨立学　湖北省国有资产监督管理委员会 办公室主任
毛育新　湖南省国有资产监督管理委员会 办公室主任
王堂生　广东省国有资产监督管理委员会 副调研员
廖海生　深圳市国有资产监督管理委员会 综合规划处副处长
邓明甫　广西壮族自治区国有资产监督管理委员会 办公室副主任
范明俊　海南省国有资产监督管理委员会 办公室主任
高国民　重庆市国有资产监督管理委员会 办公室副主任
张　敏　四川省国有资产监督管理委员会 办公室主任
王　毅　四川省国有资产监督管理委员会 办公室副主任
单衍忠　贵州省国有资产监督管理委员会 办公室主任
杨大伟　云南省国有资产监督管理委员会 办公室主任
杨　钧　西藏自治区国有资产监督管理委员会 政策法规处处长
方启权　陕西省国有资产监督管理委员会 办公室副主任
张绍辉　甘肃省国有资产监督管理委员会 政策法规处处长
刘　伟　青海省国有资产监督管理委员会 综合处处长
马　存　宁夏回族自治区国有资产监督管理委员会 办公室主任
孙文辉　新疆维吾尔自治区国有资产监督管理委员会 综合处处长
郭文君　新疆生产建设兵团国有资产监督管理委员会 办公室主任

工作站站长(二)

(中央企业)

李　巍　中国航天科工集团公司 办公厅副主任
程　康　中国船舶工业集团公司 办公厅主任
董中江　中国船舶重工集团公司 办公厅政策研究室主任
罗　岚　中国兵器工业集团公司 办公厅(董事会办公室)主任
胡荣建　中国兵器装备集团公司 巡视员、办公厅副主任
裘　颖　中国电子科技集团公司 办公厅副主任
闻　明　中国航空发动机集团有限公司 办公厅副主任
陈庆昭　中国石油化工集团公司 年鉴编辑室主任
胡森林　中国海洋石油总公司 办公厅副主任
李福来　中国南方电网有限责任公司 办公厅主任助理
陆文辉　中国华能集团公司 新闻中心主任
陈剑锋　中国大唐集团公司 政策研究室处长
王绪祥　中国华电集团公司 总经理助理、办公厅主任
杨　骏　中国长江三峡集团公司 宣传与品牌部主任
云天宝　神华集团有限责任公司 办公厅副主任
熊　康　中国电信集团公司 办公厅综合调研室主任
岳爱成　中国联合网络通信集团有限公司 综合部副总经理
邓小琳　中国移动通信集团公司 综合部副总经理、新闻中心主任
葛　菁　中国第一汽车集团公司 档案馆馆长
梁志勇　中国第一重型机械集团公司 办公厅总经理
杜文明　哈尔滨电气集团公司 办公厅主任助理
马高亮　中国远洋海运集团有限公司 办公厅副主任

马晓晴　中国南方航空集团公司　史志办主任
江　霈　中国中化集团公司　办公厅副主任
尹似松　中国五矿集团公司　办公厅主任
李怀明　中国通用技术(集团)控股有限责任公司　办公厅主任
胡　勤　中国建筑工程总公司　办公厅(党组办)副主任
刘洋河　国家开发投资公司　文化宣传中心主任
张晓鹏　招商局集团有限公司　办公厅副主任
朱虹波　华润(集团)有限公司　办公厅副主任
雷海粟　中国旅游集团有限公司[香港中旅(集团)有限公司]　办公厅副主任
张新苗　中国商用飞机有限责任公司　办公厅主任
王富有　中国中煤能源集团公司　办公厅副主任
付大为　机械科学研究总院　院务工作部部长
刘　澎　中国中钢集团公司　办公室主任
智　慧　中国钢研科技集团有限公司　办公厅副主任
杜刁录　中国化学工程集团公司　办公厅副主任
李学峰　中国盐业总公司　办公厅秘书处处长
马　骏　中国恒天集团有限公司　办公室主任
张　静　中国建材集团有限公司　办公室副主任
李腾飞　北京有色金属研究总院　院务部综合处处长
戚迎波　北京矿冶研究总院　院务部副主任
赵少莉　中国建筑科学研究院　办公室主任
常玉伟　中国铁路工程总公司　办公厅副主任
谭风华　中国铁路工程总公司　办公厅处长
梁　渝　中国普天信息产业集团有限公司　品牌部总经理、党群工作部总经理
卢瑞忠　电信科学技术研究院　党组办公室主任
雷　聪　中国中丝集团公司　办公室主任
张金贵　中国林业集团公司　综合管理部副部长
晋　斌　中国医药集团总公司　办公室主任
李　晶　中国保利集团公司　战略投资中心主任
吴梅林　中国冶金地质总局　办公室主任
张　昊　中国煤炭地质总局　办公室主任
刘其先　新兴际华集团有限公司　办公室主任、党委委员
丁景德　中国民航信息集团公司　规划发展部投资组组长
黄　云　中国航空油料集团公司　办公厅高级业务经理
曲京荣　中国航空器材集团公司　办公室主任
魏立军　中国电力建设集团有限公司　党委工作部副主任
王增勇　中国能源建设集团有限公司　监事会主席、办公厅(党委办公室)主任
米丽丽　中国黄金集团公司　办公室文档处负责人
郭　建　中国华录集团有限公司　综合管理本部副总经理
汪　洋　上海贝尔股份有限公司　办公室主任
丁　峰　武汉邮电科学研究院　综合办主任
邵永洁　华侨城集团公司　股份总裁办公室副总监
谢　黎　中国西电集团公司　办公室主任
王贵青　中国西电集团公司　办公室副处级秘书
王京苏　中国国新控股有限责任公司　工会主席、办公室主任
王　今　中国汽车技术研究中心　办公室主任

《中国国有资产监督管理年鉴》撰稿人

（按姓氏笔画排序）

丁　娜	丁虹艳	丁磊磊	于雪娟	万友元	马千里	马玉芳	马立军	王　立
王　英	王　迪	王　健	王　琳	王大鹏	王小刚	王友叶	王立娟	王亚坤
王光睿	王丽江	王英伟	王金霞	王春娟	王冠祺	王晓方	王晓灿	王晓茜
王海涛	王绥德	王菲菲	尹　博	孔小可	邓　巧	邓明甫	石　磊	石义刚

石潇桢	平本栋	卢 博	叶明丽	史全水	付升涛	冯 睿	冯伟林	冯建辉
匡道全	朱 军	朱平海	朱亦珺	朱虹波	朱德志	任建党	任洁江	任瑞芳
刘 俊	刘 骏	刘 博	刘 鹏	刘 颢	刘之阳	刘世春	刘江月	刘健敏
刘银海	刘聪斌	闫 刚	江秀龙	严 艺	严俊杰	杜 宇	李 尧	李 伟
李 军	李 进	李 甜	李 辉	李 蒙	李 霖	李 巍	李小龙	李小禹
李永超	李会展	李宇昆	李牧羊	李承凝	李昭欣	李福君	李福根	李霞林
杨 亮	杨 泰	杨 晓	杨 罡	杨立学	杨启燕	杨晓峰	何晓克	邹 静
张 龙	张 昊	张 猛	张 智	张 鹏	张力文	张义豪	张文良	张好萌
张政政	张顺彪	张家军	张宾栋	张培德	张楚良	张嘉倪	陈一新	陈志友
陈荟棖	范斌斌	林在强	明栋才	金伟光	周 心	周 刚	周秋慧	郑庆苏
单新东	赵 冉	赵 发	赵 坤	赵 卓	赵 艳	赵 锋	赵少莉	赵彦雄
郝 峰	郝利鹏	胡亚豫	胡岳鹏	侯步云	侯海鹰	姚新宇	贺凌华	袁正秋
党春宁	钱兴胜	倪时政	徐秋青	殷幼军	高紫阳	郭 彧	郭晓钊	黄 为
黄 雄	黄梨炎	曹 丽	曹 妍	曹昆鹏	曹鉉淼	龚利杉	盛 名	崔 焱
葛峰志	董杰亮	蒋 捷	蒋小金	蒋振宇	蒋晓琳	韩 方	韩 冰	韩清明
程 东	程 欣	童梅云	曾 筝	谢 伟	谢孝宏	蒲玉波	甄学宝	雷 聪
裴东升	裴春燕	廖胜华	谭 啸	谭博文	翟林炜	薛 晔		

目　录

第四篇　中央企业改革与发展

第五篇　国有资产统计资料

第六篇　国有资产监督管理政策法规选编

第七篇　国有企业履行社会责任和党的建设成果概览

第八篇　大事记

第九篇　附　录

索　引

Contents

Chapter Ⅲ. General Situation of the Supervision and Administration of State-owned Assets in Provinces, Autonomous Regions, Municipalities and cities

Chapter Ⅳ. Reform and Development of China's Central SOEs

Chapter Ⅴ. Statistic Data of State-owned Assets

Chapter Ⅵ. Selected Policies and Regulations on Supervision and Administration of State-owned Assets

Chapter Ⅶ. Fulfilling Social Responsibilities and Party Building of SOEs China Electronics Technology Group

Chapter Ⅷ. Chronicle of SASAC

Chapter IX. Appendix

Index

重要经济文献

第一篇

坚持党的领导 加强党的建设 为做强做优做大国有企业提供坚强保证

——国务院国资委党委书记郝鹏在中央企业、地方国资委负责人会议上的讲话

（2017 年 1 月 13 日）

2016 年，国资监管系统和中央企业坚决贯彻落实党中央、国务院决策部署，积极应对复杂多变的国内外形势，扎实推进改革发展党建各项工作，取得了明显成效。中央企业经济运行企稳向好，圆满实现了年初预定的效益恢复性增长目标；国有企业改革不断深化，企业活力竞争力进一步增强；瘦身健体提质增效扎实推进，供给侧结构性改革取得积极进展；落实全面从严治党责任，国有企业党的建设得到新的加强，党风廉政建设和反腐败工作取得新成效。同时，在落实国家宏观调控政策、履行社会责任、保障和改善民生等方面也做了大量工作，为国家经济社会发展作出了重要贡献。在此，我代表国资委党委向国企国资战线的广大干部职工表示衷心的感谢和诚挚的问候。

关于今年的工作，亚庆主任进行了安排部署，我们一起努力，认真完成好各项任务。下面，我就贯彻落实党的十八届六中全会、全国国有企业党的建设工作会议、中央经济工作会议精神，再讲几点意见。

一、深入学习贯彻习近平总书记系列重要讲话精神，坚决同以习近平同志为核心的党中央保持高度一致

党的十八大以来，习近平总书记围绕坚持和发展中国特色社会主义，就改革发展稳定、内政外交国防、治党治国治军发表了一系列重要讲话。从确立“两个一百年”和中华民族伟大复兴中国梦的奋斗目标，到明确五大发展理念，提出适应、把握和引领经济发展新常态；从统筹推进“五位一体”总体布局，协调推进“四个全面”战略布局，到推进全球治理体系变革，提出实施“一带一路”重大战略；从整顿工作作风，严明党的政治纪律和政治规矩，以零容忍态度惩治腐败，到加强和规范党内政治生活，强化党内监督，推进全面从严治党，形成了一系列治国理政新理念新思想新战略。习近平总书记系列重要讲话，丰富和发展了党的科学理论，是社会主义在当代中国发展实践最宝贵的精神财富，是我们党推进伟大工程、伟大事业和伟大斗争的强大思想武器，是指引我们推进民族复兴伟业的根本遵循和行动指南。

习近平总书记高度重视国企国资改革发展，先后多次发表重要讲话，作出一系列重要指示批示。关于国有企业的地位和作用，总书记旗帜鲜明地指出，国有企业是中国特色社会主义的重要物质基础和政治基础，关系公有制主体地位的巩固，关系我们党的执政地位和执政能力，关系我国社会主义制度，为我国经济社会发展、科技进步、国防建设、民生改善作出了历史性贡献，功勋卓著，功不可没。关于国有企业改革的总体要求，总书记指出要有利于国有资本保值增值，有利于提高国有经济竞争力，有利于放大国有资本功能。关于国有企业发展目标，总书记强调必须理直气壮做强做优做大，提高核心竞争力和资源配置效率，不断增强国有经济活力、控制力、影响力、国际竞争力、抗风险能力。关于加强国有资产监管，总书记指出要深化国有资产监督管理体制改革，加强出资人监督，把管资本为主和对人监督结合起来，提高国有资本运行和配置效率。关于国有企业党的建设，总书记强调国有企业是党领导的国家治理体系的重要组成部分，理所当然要坚持党的领导；国有企业不仅要党的建设，而且一定要把党的建设搞好；国有企业和国有资产必须牢牢掌握在党的手中。总书记的重要讲话和指示批示，为我们进一步推进国企国资改革发展各项工作指明了正确方向。

去年以来，国资监管系统和中央企业党委（党组）按照中央统一部署，扎实开展“两学一做”学习教育，深入学习贯彻习近平总书记系列重要讲话精神。各单位党组织带领广大党员干部采取中心组学习、专题

辅导报告、学习班、培训班、读书会等多种方式，不断把学习引向深入。通过学习，广大党员干部对系列重要讲话的丰富内涵和核心要义领会得更加深入，对其中贯穿的马克思主义立场观点方法理解得更加透彻，思想政治觉悟和理论水平有了新的提升。但我们也要看到，有的单位目前学习还停留在表面，准确把握重要讲话精神的内涵实质不够，在学深学透、入脑入心上还有不小差距；有的对基层单位学习抓得不够紧不够实，学习效果存在层层衰减现象；有的理论联系实际不够，把重要讲话精神转化为推进工作的思路举措方面也存在一定差距，需要我们切实引起高度重视，认真加以解决。

当前和今后一个时期，国资监管系统和中央企业党委（党组）要结合"两学一做"学习教育常态化长效化，以党委（党组）中心组学习为引领，把学习贯彻习近平总书记系列重要讲话精神，特别是关于国企国资改革发展的重要讲话和指示批示精神，作为加强思想政治建设的首要任务，采取更加扎实有效的措施，不断把学习引向深入。一要联系实际学。学习的目的在于应用。要把学习系列重要讲话与个人思想实际联系起来，与国企国资改革发展实际结合起来，把总书记系列重要讲话精神贯彻落实到思想政治水平的提高上、优良作风的铸就上、国企国资改革发展各项工作的有力推动上。二要带着问题学。要增强问题意识、坚持问题导向，把学习系列重要讲话的过程，作为发现问题、查找不足的过程，作为研究问题、找准症结的过程，作为化解矛盾、解决问题的过程，从系列重要讲话中找思路、找办法，使思想认识真正得到提高，使各项工作切实得到改进和加强。三要主动跟进学。总书记系列重要讲话是一个不断发展的、开放的理论体系，面对新形势新任务新要求不断拓展深化，我们要持续跟进学习、持续深化理解。要深刻认识原文就是"真经"，坚持读原著、学原文、悟原理，坚持深入学、全面学、系统学，坚持学而懂、学而信、学而用，切实领会好讲话的核心要义和丰富内涵，更好地武装头脑、指导实践、推动工作。

通过深入系统学习，各单位党组织和广大党员干部要进一步增强"四个意识"特别是核心意识、看齐意识，坚决同以习近平同志为核心的党中央保持高度一致，坚决维护党中央权威，切实把思想和行动统一到党中央大政方针和决策部署上来；要进一步深刻认识推动国企国资改革发展的重大意义，坚定搞好国有企业的信心和决心，切实增强担当精神和进取意识，努力肩负起做强做优做大国有企业的责任和使命；要进一步把学习成果转化为推动国企国资改革发展的思路和举措，努力推动各项工作再上新台阶。

二、贯彻中央从严管党治党要求，全面加强国有企业党的建设

党中央对国有企业党的建设高度重视，党的十八大以来，先后作出一系列重大决策部署，对国有企业坚持党的领导、加强党的建设、全面从严治党，提出了明确要求。特别是在去年召开的全国国企党建会上，习近平总书记发表重要讲话，为新形势下加强和改进国有企业党的建设进一步指明了方向。

国资监管系统和中央企业党委（党组）坚决贯彻落实党中央决策部署，紧紧围绕全面解决党的领导、党的建设弱化、淡化、虚化、边缘化问题，从严落实管党治党主体责任，进一步明确党组织在公司治理中的法定地位，积极推动党建工作总体要求进章程，全面推行党委（党组）书记和董事长"一肩挑"，进一步健全党建工作机构，配齐党务工作人员，扎实开展巡视整改，深入推进党风廉政建设和反腐败工作，国有企业党建工作取得积极进展。同时我们也要看到，全面贯彻落实中央关于加强国有企业党建工作的部署要求，特别是全国国企党建会精神，任务还很艰巨，距离准确深入理解、自觉主动贯彻还有很大差距，很多重大理论和实践问题才刚刚破题，我们必须对表总书记重要讲话精神，拿出有效管用的硬措施，推动国有企业党的建设得到明显改善和加强。

一要坚决贯彻落实全国国企党建工作会议精神。全国国企党建会是一次具有划时代、里程碑意义的重要会议，国资监管系统和中央企业党委（党组）要把学习好、贯彻好、落实好会议精神，特别是习近平总书记重要讲话精神，作为首要政治任务来抓，切实抓紧抓实抓出成效。要进一步统一思想认识。习近平总书记在全国国企党建会上，对要不要国有企业、国有企

业要不要加强党的建设、怎样推进国有企业党的建设进行了深刻阐述，强调坚持党的领导、加强党的建设是我国国有企业的光荣传统，是国有企业的"根"和"魂"，是国有企业的独特优势，要坚持党对国有企业的领导不动摇。我们要切实把思想和行动统一到总书记重要讲话精神上来，把坚持党对国有企业的领导、加强国有企业党的建设，作为坚决同以习近平同志为核心的党中央保持高度一致的重要体现，作为坚决贯彻落实党中央决策部署的具体行动，在认识上不能有任何偏差，在落实上不能有丝毫含糊。要进一步强化责任落实。全国国企党建会召开后，国资监管系统和中央企业党委（党组）就贯彻落实会议精神做了大量工作，各项重点任务正在扎实推进。下一步，对已经明确的任务，要在深化细化具体化上下工夫，建立任务台账，明确工作目标和进度要求，层层落实责任，加强督促指导，确保各项工作落到实处；对一时难以解决的问题，要加大理论研究和实践探索的力度，力争各项重点任务在党的十九大召开前取得重大进展，见到明显成效。要进一步加强宣传交流。深入基层、深入一线宣讲解读会议精神，切实解决"沙滩流水不到头"的问题，推动中央精神在各基层单位落地生根。要注重典型引路，认真总结提炼可复制、可推广的鲜活经验。国务院国资委将适时召开工作推进会，深入开展学习交流，加强督促指导检查。各单位在工作中遇到的共性问题，国资委党委下一步将组织力量进行深入研究，努力推动解决，确保把会议精神和各项部署要求贯彻落实到位。

二要全面落实从严管党治党责任。习近平总书记多次强调，各级党组织和党员领导干部要始终保持全面从严治党的使命感和紧迫感，须臾不可忘记管党治党这个最根本的政治责任。国资监管系统和中央企业党委（党组）要切实履行好主体责任，书记履行党建工作第一责任人职责，专职副书记履行直接责任人职责，班子成员履行"一岗双责"，要通过细化任务清单、责任清单，明确具体人、具体事，层层传导压力、确保责任落实。要强化党建工作责任考核与监督。建立党建工作考核评价机制，坚持中央企业党委（党组）向国务院国资委党委报告年度党建工作、党委（党组）书记向国务院国资委党委述职、基层单位党组织书记抓党建述职评议等做法，加强对党建工作责任落实情况的检查监督。对未能严格履行党建工作责任制的，要加大问责力度，用问责倒逼责任落实。要严肃党内政治生活，不断净化党内政治生态；强化党内监督，做到有权必有责、有责要担当，用权受监督、失责必追究；加强党内法规制度建设，抓好党内法规制度的执行，确保全面从严治党各项要求落实落地。

三要充分发挥党组织领导核心和政治核心作用。习近平总书记指出，中国特色现代国有企业制度，"特"就特在把党的领导融入公司治理各环节，把企业党组织内嵌到公司治理结构之中。国有企业党组织发挥领导核心和政治核心作用，归结到一点，就是"把方向、管大局、保落实"。国资监管系统和中央企业党委（党组）要按照总书记的指示要求，进一步探索创新企业党组织发挥作用的有效途径，切实把加强党的领导与完善公司治理统一起来，不断完善中国特色现代国有企业制度。要抓紧落实党建工作总体要求进章程，进一步明确党组织在公司法人治理结构中的法定地位，使党组织发挥作用组织化、制度化、具体化；继续完善"双向进入、交叉任职"的领导体制，全面推行党委（党组）书记和董事长"一肩挑"；规范企业重大事项决策程序和方式，把党组织研究讨论作为董事会、经理层决策重大问题的前置程序；落实"四同步""四对接"的工作要求，确保党的领导、党的建设在国有企业改革中得到体现和加强。同时，我们必须深刻认识到，国有企业加强党的建设，首先是保证党对国有企业的领导，保证中央大政方针在国有企业的贯彻落实，最终目的是实现国有资本保值增值，推动国有企业做强做优做大。我们要把加强党的领导、党的建设与落实党中央、国务院决策部署结合起来，始终坚持服务生产经营不偏离，把提高企业效益、增强企业竞争实力、实现国有资本保值增值作为国有企业党组织工作的出发点和落脚点，以企业改革发展成果检验党组织的工作成效和战斗力。

四要从严加强企业领导班子建设。习近平总书记强调，国有企业领导人员是党在经济领域的执政骨干，是治国理政复合型人才的重要来源，肩负着经营管理国有资产、实现保值增值的重要责任。把这支队伍建好、用好、管好，对国有企业坚持党的领导、加强党的建设，对做强做优做大国有企业至关重要。国资监管系统和中央企业党委（党组）要从严选拔企业领导人员。按照国有企业领导人员“对党忠诚、勇于创新、治企有方、兴企有为、清正廉洁”的20字标准，严把政治关、品行关、能力关、廉洁关，选好配强企业领导班子特别是主要领导。要从严教育企业领导人员。注重加强党性教育，引导企业领导人员坚定理想信念，坚持共产党人价值观，永葆共产党人的政治本色。注重加强法治教育，引导企业领导人员依法治企、依法办事，做尊法学法守法用法的模范。注重加强廉洁教育，使企业领导人员始终受警醒、明底线、知敬畏，切实筑牢拒腐防变的思想堤坝。要从严监督管理企业领导人员。强化对权力集中、资金密集、资源富集、资产聚集等重点部门和岗位的监管，特别是加强对主要负责人履职行权的监督约束，促进企业领导人员当好国有资产忠诚卫士。加强日常管理，落实经常性谈心谈话制度，注重抓早抓小、抓苗头抓预防，多做咬耳扯袖的工作，防止小毛病演化成大问题。要积极推进选人用人制度创新。坚持党管干部原则与董事会依法选择经营管理者、经营管理者依法行使用人权相结合，扩大选人用人视野，合理增加市场化选聘比例，推行企业经理层任期制和契约化管理，建立市场化退出机制，形成优者上、庸者下、劣者汰的工作局面。

五要切实抓好基层基础工作。习近平总书记指出，要坚持建强国有企业基层党组织不放松，确保企业发展到哪里、党的建设就跟进到哪里、党支部的战斗堡垒作用就体现在哪里，为做强做优做大国有企业提供坚强组织保证。国资监管系统和中央企业党委（党组）要把基层基础工作作为重要任务来抓。要加强基层组织建设。以混合所有制企业、新组建单位、境外机构为重点，全面解决基层党组织“应建未建”的问题，实现基层组织全覆盖，充分发挥基层党组织战斗堡垒作用和党员先锋模范作用。加强党支部建设和工作考核，把思想政治工作落到支部，把从严教育管理党员落到支部，把党支部建设成为团结群众的核心、教育党员的学校、攻坚克难的堡垒。要加强党建工作力量。推动企业按要求配备专职党委（党组）副书记，进一步规范党务工作部门设置，配齐配强党务工作人员，落实党建工作经费，加强党务干部培训，保证有人办事、有条件做事、有能力干事。要坚持全心全意依靠职工群众办企业。健全以职工代表大会为基本形式的民主管理制度，推行厂务公开，尊重职工群众的首创精神和实践经验，维护职工群众合法权益，让职工群众共享企业改革发展成果。

六要持续推进党风廉政建设和反腐败工作。习近平总书记强调，反腐倡廉是一项长期的、复杂的、艰巨的任务，不可能毕其功于一役。关于中央企业党风廉政建设和反腐败工作，下午还要召开会议进行专题部署，我在这里强调几个重点。要进一步抓好作风建设，持之以恒落实中央八项规定精神，既要严肃查处公款吃喝等老问题，又要坚决纠正形式主义、官僚主义等突出问题，加大查处通报力度，坚决防止不正之风反弹回潮。要进一步发挥巡视利剑作用，坚定不移深化政治巡视，强化巡视成果运用，加强对中央企业内部巡视巡察工作的领导和指导，推进巡视向纵深发展，力争实现国资委直属单位和直管协会巡视全覆盖，形成纵向到底、横向到边的巡视巡察监督格局。要进一步加大纪律审查力度，把握运用监督执纪“四种形态”，持续保持惩治腐败的高压态势，坚决减少腐败存量，重点遏制增量。坚持标本兼治，加强对权力运行的制约和监督，努力构建不敢腐、不能腐、不想腐的体制机制，为改革发展营造风清气正的环境。

三、坚定不移深化供给侧结构性改革，充分发挥国有企业的骨干中坚和引领表率作用

推进供给侧结构性改革，是以习近平同志为核心的党中央综合研判世界经济形势、着眼我国经济发展全局作出的重大战略决策，是适应和引领经济发展新常态的重大创新，是推动经济持续健康发展的必然要求。自2015年11月以来，习近平总书记多次在重要会议上对供给侧结构性改革的深刻内涵、根本目的、重点任务和科学方法作出深刻阐述，形成了完整的理论框架和政策体系。在前不久召开的中央经济工作会议上，总书记强调要把推进供给侧结构性改革作为我国经济工作的主线，并对下一步重点工作提出了明确要求，李克强总理对深入推进供给侧结构性改革作出了具体部署。国有企业特别是中央企业，作为我国

国民经济的重要骨干和中坚力量，要在推进供给侧结构性改革中带头发挥作用，主动作出表率。

一要在创新驱动发展中作出表率。创新是引领发展的第一动力，也是推进供给侧结构性改革的关键举措。推进供给侧结构性改革，必须在推动发展的内生动力上实现根本性转变，形成更多依靠创新驱动、更多发挥先发优势的引领性发展。国有企业特别是中央企业，很大程度上代表着国家的创新能力和创新水平，在建设创新型国家中地位重要、作用关键，必须牢固树立创新发展理念，积极承担国家重大科技任务，不断强化自主创新特别是原始创新，努力在事关国家重大战略的行业和领域，突破和掌握一批关键核心技术，促进科技成果转移转化，保持行业先进水平；大力推动协同创新和“双创”工作，构建高效开放的技术创新体系，推动新技术、新产业、新业态蓬勃发展；完善创新体制机制，激发创新活力，为企业持续健康发展提供内生动力，在国家供给侧结构性改革中发挥更加重要的作用。

二要在优化布局结构中作出表率。结构调整是推进供给侧结构性改革的重要任务。当前，我国经济发展面临的问题，供给和需求两侧都有，但主要是在供给侧。最典型的就是，很多行业和产业产能严重过剩，但同时大量关键装备、核心技术、高端产品还依赖进口。供给侧结构性改革，就是要针对我国经济发展面临的结构性问题，优化要素配置，调整生产结构，提高供给体系质量和效率。国有企业特别是中央企业，大多集中在工业领域，资产结构偏“重”，有效供给不足、不能适应需求结构变化的问题十分突出，必须进一步落实好“三去一降一补”重点任务，加快化解过剩落后产能，继续加大“僵尸企业”处置和特困企业治理力度，有效压缩管理层级减少法人户数，推动企业瘦身健体提质增效；大力推进企业调整重组，强化企业间同质业务整合，加快企业内部资源整合，突出做强做优主业，提升企业核心竞争力；优化国有资本投向，充分发挥国有资本投资运营公司的作用，促进国有资本合理流动优化配置，努力实现更高质量、更有效率、更可持续的发展。

三要在振兴实体经济中作出表率。振兴实体经济是供给侧结构性改革的主要内容。习近平总书记在中央经济工作会议上，把振兴实体经济的重要性提到了新的战略高度，强调不论经济发展到什么时候，实体经济都是我国经济发展、我们在国际经济竞争中赢得主动的根基。国有企业特别是中央企业大多处于关系国家安全、关系国计民生、关系国际竞争力的实体经济领域，应当立足产业报国，率先扛起国家振兴实体经济的责任和重担。要加大实体经济投资力度，提升投资效益，严控各类投资风险，防止经济脱实向虚；要落实《中国制造 2025》，加快传统产业改造升级，大力发展高端装备制造，不断提高制造业的智能化、自动化水平；要深入开展“增品种、提品质、创品牌”专项工作，全面提升产品、服务的质量和水平，打造一批具有自主知识产权和较强影响力的品牌；要充分利用国际国内两个市场、两种资源，努力在国际分工中占据更有利的地位，培育一批具有国际竞争力的跨国公司。

四要在全面深化改革中作出表率。深化改革是推进供给侧结构性改革的根本途径。国有企业改革是经济体制改革的中心环节，对供给侧结构性改革具有基础性作用。国有企业特别是中央企业，要坚定不移深化改革，大力推动各项改革政策措施的落实落地，全面推动国有资本投资运营公司、落实董事会职权、市场化选聘经营管理者、部分重要领域混合所有制改革等“十项改革试点”，加快形成有效制衡的公司法人治理结构、灵活高效的市场化经营机制，不断增强企业活力和竞争力。国资监管系统要按照以管资本为主加强国有资产监管的要求，继续推进自身职能转变，制定出资人监管权力和责任清单，完善监管体制和制度，改进监管方式和手段，不断提高监管的科学性、针对性和有效性。要进一步加强出资人监督和外派监事会监督，有效整合监督力量，形成监督合力，切实防止国有资产流失。

四、进一步提振干事创业的精气神，扎实推动国有企业不断做强做优做大

今年是实施“十三五”规划的重要一年，是供给侧结构性改革深化之年，同时将要召开党的十九大，做好今年国企国资改革发展各项工作，意义十分重大。

面对新形势新任务新要求，国资监管系统和国有企业各级领导人员要坚决贯彻落实党中央、国务院决策部署，坚定信心、奋力拼搏，保持良好的精神状态，撸起袖子加油干，努力再立新功、再创佳绩。

一要充分认识自身肩负的责任和使命。国有企业属于全民所有，是推进国家现代化、保障人民共同利益的重要力量。从经济上看，国有企业特别是中央企业在关系国家安全和国民经济命脉的重要行业和关键领域居于主导地位，中央企业经济增加值占全国GDP比重历年基本维持在10%左右，上缴税费占全国财政收入的1/6左右，在国民经济发展中地位重要、作用关键。从政治上看，国有企业是我们党执政兴国的重要力量，国有企业拥有4000多万在岗职工、近80万个党组织、1000多万名党员，对于巩固党的执政地位、巩固我国社会主义制度具有十分重大的意义。各级领导干部要深刻认识国有企业在国家经济社会发展中的重要地位和作用，深刻体会党中央、国务院对国企国资战线广大干部职工的关怀和厚望，进一步增强责任感、使命感、紧迫感，切实承担起监督管理国有资产、实现保值增值的重大责任，切实肩负起做强做优做大国有企业、发展壮大国有经济的重大使命。

二要不断强化敢于担当的精神和勇气。当前，国企国资改革发展正处于爬坡过坎的重要关口。改革进入深水区，瘦身健体提质增效进入攻坚期，面临的任务之重、矛盾风险挑战之多前所未有。国有企业如果能够迈过这个坎、闯过这个关，就有可能浴火重生、再铸辉煌，否则将会进一步分化，不少企业将会面临生死抉择。可以说，现在这个时期比以往任何时候，都更需要各级领导干部讲政治、讲大局、讲担当、讲奉献，为国有企业改革发展、为党和国家事业贡献更大力量。各级领导干部要不断锤炼担当尽责、攻坚克难的精神，敢于动真碰硬，敢于触及矛盾，切实推动解决国企国资改革发展中的重点难点问题。要强化改革创新、开拓进取的意识，发扬企业家精神，面对改革发展中的困难和矛盾，不回避、不退缩，主动想办法、出实招，创造性地推动工作。要始终保持求真务实的作风，埋头苦干、踏实做事，把企业改革发展各项工作抓紧抓实抓到位，努力创造经得起实践检验的工作实绩。

三要持续提高履职尽责的能力和水平。越是在攻坚克难的关键时期，越需要打造一支能力过硬、能打胜仗的高素质干部队伍。各级领导干部要多学习、多调研、多思考，在加快提升自身素质和能力水平上下功夫。要着力提高决策判断能力，善于从复杂环境和条件中找出主要矛盾、理出关键因素，从而作出准确判断。要着力提高市场应变能力，善于审时度势，及时捕捉市场信息，把握市场动态变化，及时在经营计划、营销策略、生产组织等方面作出调整，做到应对及时、调整到位、措施有效。要着力提高风险防范能力，牢固树立风险意识，决策前要充分进行风险评估，当前特别要高度关注投资风险、债务风险、资金风险，不断健全风险防范体系，确保企业稳健经营，实现持续健康发展。

四要积极营造干事创业的良好条件和环境。习近平总书记强调，对国有企业领导人员，既要从严管理，又要关心爱护，树立正向激励的鲜明导向，让他们放开手脚干事、甩开膀子创业。国资监管系统和中央企业要认真贯彻落实总书记的指示要求，努力创造条件、优化环境，为想干事、能干事的人才提供发展平台和空间。要探索建立容错纠错机制，切实为担当者担当、为负责者负责、为干事者撑腰，宽容干部在工作中特别是改革创新中的失误，真正让干部干事创业无后顾之忧。要坚决贯彻执行中央关于企业领导人员薪酬制度改革的精神和要求，不能搞层层降薪、不能搞上下一刀切，建立与选任方式相匹配、与企业功能性质相适应的差异化薪酬分配制度，充分激发干部职工干事创业动力。要牢固树立以人为本的理念，注重加强人文关怀，强化精神激励，不断增强广大干部职工的荣誉感和归属感。要加强宣传引导，讲好国企国资故事，主动回应社会关切，积极营造良好的舆论环境。国资监管系统要进一步强化服务意识，主动帮助企业解决实际困难、争取政策支持，努力为企业改革发展创造良好条件。

当前，国际国内形势依然严峻复杂，面临的不稳定、不确定因素很多，要实现今年提质增效稳定增长的目标，压力仍然很大，任务艰巨繁重。国资监管系统和中央企业要鼓足干劲、再接再厉，始终坚持以提高发展质量和效益为中心，坚持稳中求进的工作总基调，加强形势研判，进一步增强工作的前瞻性、针对性和有效性；要采取扎实有效的措施，向开拓市场、降低成本要效益，向深化改革、加强管理要效益，向调整结构、协同发展要效益，努力完成全年目标任务，为国家经济稳增长作出更大的贡献。同时还要积极履行社会责任，特别是要扎实做好精准扶贫工作，妥善处理好改革发展稳定的关系，为党的十九大胜利召开营造良好的环境。

同志们，让我们更加紧密团结在以习近平同志为核心的党中央周围，全力贯彻落实好党中央、国务院的决策部署，奋发有为、真抓实干，持续推动国有企业做强做优做大，为全面建成小康社会、实现中华民族伟大复兴中国梦作出新的更大贡献。

扎扎实实　埋头苦干 全力推进国企国资改革 发展再创佳绩

——国务院国资委主任肖亚庆在中央企业、地方国资委负责人会议上的讲话

（2017年1月12日）

这次会议的主要任务是，总结2016年工作，分析研判形势，部署2017年工作。

一、2016年工作总体情况

2016年，国资监管系统和中央企业深入学习贯彻习近平总书记系列重要讲话精神，认真贯彻落实党中央、国务院决策部署，按照李克强总理在《政府工作报告》中提出的要求，牢固树立新发展理念，以提高质量和效益为中心，以推进供给侧结构性改革为主线，奋力拼搏，攻坚克难，各项工作扎实推进，取得了明显成效，实现了“十三五”良好开局。

（一）企业运行企稳向好，质量效益逐步改善

我们始终把稳增长作为全年工作的重中之重，加强组织领导，落实目标责任，千方百计提质增效，扭转了收入利润双下降的局面。2016年，国资监管系统企业累计实现营业收入43.6万亿元，同比增长4%；实现增加值10.4万亿元，同比增长7.4%；实现利润总额2.3万亿元，同比增长6.3%；上缴税费总额3.3万亿元，同比增长4.8%。其中，中央企业累计实现营业收入23.4万亿元，同比增长2.6%；实现增加值6.1万亿元，同比增长5.2%；实现利润总额12326.7亿元，同比增长0.5%，扣除政策性降价减利因素外同比增长16.5%，盈利企业达到96家；上缴税费总额2.1万亿元，同比增长3%。今年的结果超出我们的预期，圆满实现了年初预定的效益恢复性增长目标。

一是大力开拓市场，企业产销稳定增长。中央企业密切跟踪市场变化，及时调整优化经营策略，努力提升市场份额。招商局、中国三峡、中广核等23家企业收入增幅超过10%。中国建筑、中国中铁等7家建筑企业累计新签合同额、实现营业收入和利润总额分别同比增长25.3%、5.6%和8.4%。各地国资委大力推动所监管企业向开拓市场要效益，北京、山东、湖北等12省（区、市）国有企业实现营业收入和利润总额增幅均超过10%。

二是狠抓降本增效，成本费用持续下降。深入开展“成本管控、效益否决”专项行动，2016年中央企业百元收入负担的成本费用同比下降0.5元，宝武集团、中煤集团等14家企业成本费用同比下降超过10%。3家电信企业压降销售费用418亿元，3家航空企业压降代理销售费用61亿元，3家石油石化企业桶油操作成本降低1.3美元。许多企业通过加强集中采购推进降本增效，中国中车、东方电气分别节约采购成本21.9亿元和13.8亿元。

三是妥善应对风险挑战，守住了不发生重大风险底线。国务院国资委对中央企业债务风险情况进行全面梳理排查，及时组织企业妥善应对重大债务及资产损失风险，对违规开展贸易业务造成重大损失的企业进行责任追究。中央企业不断加大降杠杆和风险管控力度，2016年平均资产负债率同比降低0.1个百分点，利息支出同比降低1.9%，实现汇兑收益140.1

亿元；同时，利用股票市场、产权市场进行股权融资1976.2亿元，充实了企业资本金。按照市场化债转股总体要求，中钢集团、中国铁物完成了债务重组；武钢与金融机构共同设立发展基金，降低杠杆率5.6个百分点。

四是加强协同合作，共赢效果显著。中央企业以市场化方式加强上下游业务协同，航运企业与货主企业合作不断深化，煤炭企业与电力企业建立互助合作机制，机械装备制造企业与用户企业开展供需合作试点，石油石化油品互供规模逐步扩大。央地合作进一步加强，2016年国务院国资委与地方国资委一同推动中央企业与12个省市开展恳谈对接活动，共创新的发展空间。设立中央企业贫困地区产业投资基金，不断加大对口帮扶和脱贫攻坚的工作力度。

（二）各项措施逐步落地，改革成效不断显现

我们持续加强对国企改革的组织领导和统筹协调，一手抓改革方案出台，一手抓改革举措落地，顶层设计搭建完成，“十项改革试点”梯次展开，各项改革措施逐层落地，良好的舆论氛围正在形成，广大干部职工理解改革、拥护改革、支持改革、投身改革的主动性不断增强，国有企业改革呈现出全面推进、成效初现的可喜局面。

一是准确界定企业功能，分类改革扎实推进。我们积极推进中央企业功能界定与分类工作，起草完成《中央企业功能界定与分类方案》。各地国资委普遍开展了企业功能界定与分类，31个省（区、市）国资委出台了分类的实施意见并完成监管企业分类。北京推动分类考核全覆盖，上海制定了11个涉及功能分类配套文件，进一步提高了监管的针对性。

二是改组组建国有资本投资运营公司，推进步伐不断加快。在10家中央企业开展国有资本投资、运营公司试点。试点企业动真碰硬、真改深改，中粮集团以“管资本”为核心打造四大专业化经营平台；国投多措并举推动子企业成为市场化投资主体，初步形成“小总部、大产业”格局。35个地方国资委已完成改组组建52家国有资本投资、运营公司。重庆渝富集团积极探索股权运作模式，在发挥融资功能和获取资本收益方面取得良好成效。

三是稳步推动混合所有制改革，试点工作取得积极进展。明确首批重点领域混合所有制改革试点企业，确定在10家中央企业子企业开展员工持股试点。中国建材和国药集团混合所有制改革试点取得阶段性成果。上海竞争类企业中2/3已经实现整体或核心资产上市，河南确定的17户混合所有制试点企业中已有14户实现股权多元化，四川发布了336个鼓励和引导社会资本投资的重大项目，总投资额达到9000亿元。

四是加强规范董事会建设，公司法人治理结构进一步完善。83家中央企业建立规范董事会，3家航空企业已纳入规范董事会建设范围，4家中央企业开展了落实董事会职权试点。中国一汽在22家子公司开展规范董事会建设工作，新兴际华全面落实董事会对高级管理人员的选聘、考核以及薪酬管理职权，国投建立专职股权董事队伍。省（区、市）国资委所监管一级企业中有88%已经建立了董事会，22个省（区、市）开展了经理层市场化选聘工作。北京、天津、山东等近20个省（区、市）大力推行外部董事制度，辽宁推动华晨集团等5户企业董事会聘任了24名高级经营管理人员。

五是加快解决历史遗留问题，重点难点问题取得突破性进展。我们会同财政部等12个部门成立专项小组，出台工作方案并完善相关配套文件，加快剥离国有企业办社会职能和解决历史遗留问题。国有企业“三供一业”分离移交工作在10个试点省市取得积极进展，已在全国推开。兵器工业制定操作指引全力推进分离移交工作，中国五矿积极主动对接落实接收单位，国家电网、南方电网进一步做好供电设施接收工作。各地国资委加大工作力度，湖南、天津等地坚持驻地央企和地方国企同一政策、同步推进，河南等地设立接收平台有效解决接收主体问题。

（三）扎实推进结构调整，供给侧结构性改革步伐不断加快

我们把推进结构调整作为实现升级发展的重要举措，深入开展瘦身健体，大力转方式调结构，推动供给侧结构性改革取得重要进展。

一是加快推进重组整合，布局结构不断优化。2016年完成中储粮与中储棉、港中旅与国旅、中粮与中纺、中国建材与中材集团、宝钢与武钢等5对10家中央企业重组，成立了中国航发集团，监管企业户数减少到102家。推动中央企业产业重组合作整合，指导中央企业加快重组整合步伐。重组效果逐步显现，中国中车2016年获得美国芝加哥地铁846辆、伊朗地铁1008辆等出口大单。在行业整体遇到较大困难的情况下，2016年国家电投实现利润132.1亿元，中国远洋海运实现利润160.4亿元。重组整合方式不断创新，专业化整合取得新进展，中国航材、三大航空公司、中国国新成立航材保障共享平台公司，中国国新、诚通集团、中煤集团、神华集团组建中央企业煤炭资产管理平台公司，中航工业将房地产业务整体剥离重组到保利集团。企业内部资源整合力度不断加大，中国通号将21家子公司整合为7家子集团，经营规模增长3倍，管理费用下降23.7%。中央企业间共同设立基金、联合投资、交叉持股等资本合作方式日益增多。国务院国资委推动成立了中国国有资本风险投资基金和国有企业结构调整基金，总规模达到5500亿元。各地国资委加快推进监管企业重组整合，北京、重庆、广东等10个省市制定了相关实施意见或方案。

二是大力化解过剩产能和处置“僵尸企业”，提前完成年度目标。2016年中央企业化解钢铁过剩产能1019万吨，完成率141.7%，分流安置职工33126人；化解煤炭过剩产能3497万吨，完成率109.9%，分流安置职工41945人。宝武集团、鞍钢、神华集团、中煤集团等多家企业提前超额完成任务。积极稳妥开展“僵尸企业”处置和特困企业专项治理工作，2016年完成398户处置和治理工作，安置富余人员11万人，较好地发挥了中央企业的表率作用。各地国资委积极推动去产能工作，甘肃酒钢集团化解100万吨铁产能和140万吨钢产能，分流安置人员3506人。

三是深入推动企业压缩管理层级、减少法人户数，管理效能不断提升。我们先后四次部署中央企业“压减”工作，2016年中央企业累计减少法人2730户，93家企业法人总户数下降。国家电网、中国远洋海运、中航工业等企业法人户数净减少超过120户，国投、航天科技、中国航发等企业净压减比例超过8%。“压减”经济成效明显，减亏43.87亿元，减少管理费用49.11亿元，减少人工成本76.45亿元。中铝公司清理所属企业48户，减少亏损15.51亿元；兵器工业清理所属企业41户，节约成本费用6.14亿元。各地国资委把“压减”作为瘦身健体的重要措施，重庆将17家企业260户子企业纳入压减范围，已完成压减136户。

四是稳步实施“走出去”战略，国际化经营水平不断提高。中央企业积极参与“一带一路”建设和国际产能装备制造合作，中国三峡、中国电建、中核集团、中交集团等承建中巴经济走廊重点项目进展顺利，国机集团、招商局牵头建设的中国—白俄罗斯工业园项目、中远海运比雷埃夫斯港项目取得重大进展。“走出去”层次和水平进一步提高，中广核英国核电项目取得重大进展。各地国资委积极推动企业“走出去”，河北钢铁收购塞尔维亚斯梅代雷沃钢厂，开辟了我国第一个海外全流程钢铁生产基地。

(四)着力推动创新驱动发展，科技创新能力显著提升

我们坚持实施创新驱动发展战略，不断加强创新能力建设，进一步提高科技创新水平，取得了显著成效。

一是自主创新步伐不断加快，创新成果不断涌现。中央企业科技创新取得重大成果，2016年国家科技奖励中，有40家中央企业获得78个奖项，占获奖项目总数的33%。神州十一号载人飞船成功对接天宫二号，首次实现航天员中期在轨驻留，掌握了一批核心关键技术。神华集团400万吨煤制油示范项目一次试车成功，标志着我国在能源战略储备方面迈出实质性步伐。中国移动“第四代移动通信系统(TD—LTE)关键技术与应用”获得2016年度国家科技进步特等奖。直—15直升机首飞成功，水陆两栖飞机AG600总装下线，填补了我国该领域空白。ARJ21—700国产支线飞机完成首次商业飞行，运—20顺利交付使用，中低速磁浮列车正式投入运营，全球首台AP1000核电机组正式进入性能测试的最后阶段，建筑设计集团自主研发的城市建设数字信息技术应用平台达到国际先进水平。各地国有企业狠抓技术研发，北京京东方实现业内新增专利申请量、产品首发覆盖率、智能手机和平板电脑液晶显示屏、中大尺寸高端显示产品市场占有率五个全球第一。

二是大企业“双创”“互联网+”广泛开展，有效带动社会创业创新。截至2016年底，中央企业搭建各类"双创"平台409个，同比增长66%；搭建"双创"孵化器和科技产业园区201个，同比增长57%；开展创新创业活动98项，同比增长36%；发起和参与基金超过200支，总规模超过6000亿元。航天科技、航天科工、中国电科、中国电子、中国旅游等企业依托"互联网+"搭建创新创业网络服务平台。兵器工业着力提升"基础设施、服务平台、核心技术、产业生态"四位一体的北斗高精度服务能力，携手阿里巴巴打造一站式高精度位置云服务平台，目前用户已突破1000万。中国移动参与搭建"百万青年创业就业计划"互联网平台，覆盖全国2000多所高等院校，吸引173万名青年开发者参加创新创意大赛。

三是创新体制机制不断完善，创新发展氛围更加浓厚。我们制定出台推动中央企业科技创新的工作举措，加快中央企业国创投资引导基金、国开创新投资引导基金等创新发展基金建设，举办中央企业熠星创新创意大赛，促进创新驱动发展战略深入实施。中央企业累计出台各类创新制度文件145件，积极探索技术入股、收益提成、内部技术转移等激励方式，充分调动广大干部职工创新激情和创新潜能。地方国资委高度重视创新顶层设计，浙江、福建、深圳等10个省市出台了19件推动创新发展的制度性文件，营造了良好的创新发展环境。

四是运用科技手段助推节能环保，绿色清洁发展水平不断提升。大力推广运用新技术、新装备、新产品，促进传统产业清洁生产、绿色改造。宝武集团、中国中车大力推进能源管理体系和能源管控平台建设，打造绿色低碳制造品牌。中国华能、中国大唐、中国华电等中央发电企业已完成燃煤机组超低排放改造1.9亿千瓦。中国石油、中国石化如期完成国家提升燃油品质阶段性目标，提前一年在东部11省市全面供应国V车用汽柴油。神华集团、中铝公司积极推进绿色矿山示范区建设，生态环境治理成效显著。华润集团、国投着力发展循环经济项目，创新产业废弃物综合利用方式，实现经济效益和社会效益双赢。

（五）大力推进国资委自身改革，国资监管针对性有效性进一步增强

我们按照以管资本为主加强国有资产监管的要求，积极探索，主要做了以下工作。

一是优化整合内部机构，监管职能进一步转变。我们对国资监管职能和工作事项进行全面梳理，研究制定出资人监管权力和责任清单，形成职能转变方案，对内设机构进行了优化调整。山东、河北、陕西等9个省以省委或省政府名义印发了完善国有资产管理体制的实施意见。广东、黑龙江、新疆兵团等35个地方国资委研究制定了监管权力和责任清单，云南精简了36项履职事项，精简幅度超过50%。

二是完善国有资产监督机制，努力防止国有资产流失。新设三个监督局，在加强与监事会监督协同的基础上，分类处置、督办和深入核查委机关、监事会，以及有关监督机构发现移交的问题，组织开展国有资产重大损失调查，形成发现、调查、处理问题的监督工作闭环。中央企业外派监事会不断强化当期和事中监督，加大"一事一报告"力度，全年向国务院报送监事工作专报26份，强化监督成果运用，全年向中央企业印发监督检查情况通报、整改通知和提醒函163份。各地国资委进一步强化依法监管、阳光监管，江苏、浙江、深圳等6个地方国资委专门出台了投资经营责任、资产损失责任追究办法，严防国有资产流失，监督的针对性有效性进一步增强。

三是大力优化国资监管方式，监管效率不断提高。我们出台了分类考核实施方案和分类管理工资总额等政策措施，建立了预算考核分配联动机制，强化企业运行监测分析和重大事项提示预警；进一步加强出资人财务监督，目前已向20家中央企业委派了总会计师。各地国资委不断完善监管方式方法，内蒙古、吉林、青海等31个地方国资委建立了监督工作内部协调机制，广西、海南、西藏等25个地方国资委建立了国有资产信息公开制度，山西、安徽、宁夏等17个地方国资委建立了国有企业信息公开制度。贵州探索运用大数据加强国有资产监管，在贵阳试点建设国有企业大数据监管平台，对企业进行全方位实时监控。江西健全纪检监察、监事会、财务总监、法务总监四位一体的监督体系，有效提高了监管效率。

四是加强政策协调，努力为企业改革发展创造良好环境。针对国企国资改革发展中的突出矛盾和问题，我们及时向党中央、国务院汇报情况提出建议，加强与相关部门沟通，做好政策协调工作，有力推动了相关问题的解决。

（六）落实全面从严治党要求，国有企业党的建设得到新的加强

我们认真开展"两学一做"学习教育，深入学习党的十八届六中全会和全国国有企业党建工作会议精神，全面从严加强国有企业党的建设。

一是"两学一做"学习教育扎实推进，成效明显。我们坚持规定动作落得实、自选动作有创新，广泛采取讲党课、中心组专题学习、开展主题党日活动等多种方式，突出抓好各个环节重点工作，认真查摆问题和不足，坚持边学边改、立行立改，推动全面从严治党要求得到有效落实。国务院国资委党委召开"学习习近平总书记重要指示批示，做强做优做大国有企业"专题研讨会，组织中央企业开展学习研讨征文活动。部署指导中央企业领导班子开好"增强'四个意识'，严守政治纪律政治规矩"专题民主生活会，进一步增强企业领导人员"四个意识"特别是核心意识、看齐意识，自觉在思想上政治上行动上同以习近平同志为核心的党中央保持高度一致。

二是强化责任担当，党建主体责任进一步落实。国务院国资委党委成立督导组，对中央企业落实全国国有企业党建工作会议精神进行督导。研究制定中央企业党建工作责任制实施办法和加强中央企业境外单位党建工作的意见，建立了中央企业党委（党组）向国资委党委报告年度党建工作制度。全面推行董事长、党委书记"一肩挑"，配齐专职党委（党组）副书记。全面开展党组织书记抓党建述职评议考核。认真落实中共中央印发的《党委（党组）意识形态工作责任制实施办法》，牢牢掌握意识形态工作的领导权和主动权。坚持把问责作为全面从严治党的利器，对中煤地质总局原党委书记、原纪委书记落实"两个责任"不力问题严肃问责。

三是从严选拔管理企业领导人员，班子建设明显加强。坚持"对党忠诚、勇于创新、治企有方、兴企有为、清正廉洁"标准，严格选拔、教育、管理、监督中央企业领导人员。按照"补充一批、交流一批、退出一批、储备一批"的思路，选优配强企业领导班子。严格执行企业领导人员选拔任用廉洁从业结论性评价制度，落实谈心谈话和提醒、函询、诫勉等制度。国资委党委对抓党建不力、重大资产损失有责、工作不在状态或存在突出问题的5名正职、21名副职进行了组织调整。

四是坚定不移推进党风廉政建设和反腐败工作，风清气正环境正在形成。坚持把严明政治纪律和政治规矩摆在首要位置，企业领导人员党的观念、纪律意识普遍得到加强。严格落实中央八项规定精神，坚决纠正"四风"，一些群众反映强烈的突出问题得到及时解决。把握运用"四种形态"，严肃查处违纪案件，"不敢腐"的震慑作用逐步增强。不断完善制度，加快构建"不能腐"的体制机制。深化纪律检查体制改革，各级纪检监察机构监督执纪问责的作用持续增强。

五是认真落实中央巡视要求，整改工作取得实实在在的效果。国务院国资委党委对中央专项巡视反馈的意见高度重视，及时成立整改领导小组，多次专题研究部署整改工作，对中央开展巡视的中央企业整改工作加强督促检查，确保整改取得实效。同时加大力度、加快节奏，实现巡视全覆盖，开展对直属单位、直管协会的巡视试点，召开中央企业内部巡视巡察工作座谈会，加强对中央企业内部巡视巡察工作的领导和指导。

总的来看，2016年国有企业在重压下勇于担当，在艰难中拼搏奋进，扭转了收入利润双下降的局面，一些长期亏损企业实现扭亏为盈，一些风险重大企业实现重组有效化解风险。在较好完成生产经营目标任务的同时，国有企业带头落实国家宏观调控政策，积极履行社会责任，为经济社会健康发展作出了重要贡献。成绩来之不易，这些成绩的取得是党中央、国务院正确领导的结果，是各有关部门、各地党委政府和社会各界关心支持的结果，更是国企国资系统广大干部职工努力奋斗的结果。在此，我代表国务院国资委向大家表示衷心的感谢和崇高的敬意。

在充分肯定成绩的同时，也要清醒地看到，当前国企国资改革发展中还存在一些突出矛盾和问题，主要有：企业整体盈利能力与地位作用以及拥有资产的数量还不匹配，资本回报水平有待进一步提高；有的企业结构调整方向还不够明确，调整的内生动力不足；有的企业内部管理构架复杂繁琐，管理层级压缩任务仍然较重，风险防范任务还十分艰巨；推进改革等待观望情绪有待破除，许多难题尚待破解，改革试点有待深化；不少企业包袱还比较沉重；一些企业主业不够突出，也有脱实向虚的愿望；有的企业还不同程度存在党的领导、党的建设弱化淡化虚化边缘化问题等。这些问题的存在，既是企业方面的不足，更是监管的责任，需要引起我们高度重视，切实加以解决。

二、2017年经济形势分析和工作总体要求

中央经济工作会议全面分析了国际国内经济形势，明确提出了今年经济工作总的要求和主要任务。我们要深入学习，深刻领会习近平总书记、李克强总理重要讲话精神，切实把思想统一到中央对经济形势的重大判断上来，把行动统一到中央关于经济工作的重大部署上来。总体上看，我国仍处于可以大有作为的重要战略机遇期，经济社会发展具备很多有利条件和积极因素，同时也面临许多困难和挑战，压力仍然很大。我们要密切关注经济形势，切实加强研判，保持清醒头脑，审时度势，牢牢把握主动权。

从国际来看，2017年世界经济仍将处于艰难复苏进程中。美国经济有望继续温和复苏，新兴经济体的作用继续上升，亚洲国家增长相对较快；新技术革命有力推动着全球经济结构调整，信息技术和其他技术深度融合，各类新型供给能力迅速形成。但影响全球经济复苏的复杂性、不稳定性、不确定性因素依然较多，IMF对今年全球经济增速的预测数据不断变化，最新的只有2.8%。美国特朗普政府的政策及其影响尚待观察，英国脱欧、法德大选等对世界政治经济产生较大变数，保护主义加剧，“逆全球化”思潮明显上扬，地缘政治风险上升，各种干扰和冲击因素频发，全球贸易低迷，世界经济复苏步履维艰，短期增长态势尚待观察。美元利率、汇率变化很大，影响巨大，发达国家货币政策转向也可能对资产价格和商品价格产生直接影响。石油、煤炭、钢铁、有色金属等大宗商品价格和波罗的海干散货指数（BDI）等，既有稳定上涨的趋势，也存在大幅波动的概率。

从国内来看，一方面，经济运行稳的态势在持续，进的力度在加大，新的动能在成长，向好的因素在积累。随着供给侧结构性改革的深入推进和宏观调控效果的逐渐释放，2017年我国经济持续向好的基本面不会改变，经济韧性好、潜力足、回旋空间大的特质不会改变，新经济新动能加快成长，传统产业加速转型升级，经济有望继续保持中高速增长。对此，我们要坚定信心。另一方面，我国正处于经济新常态下“三期叠加”的大环境，经济下行压力依然较大，经济运行仍有不少突出矛盾和问题，市场需求疲弱、投资增长内生动力不足的局面难有明显改观，地区分化、行业分化趋势难以很快扭转，传统动能提升和新动能培育受资金、技术、人才及资源环境制约较多，一些领域风险积聚，这些因素对国有企业拓市场、稳增长、调结构、去产能、降杠杆都形成了较大挑战。

从国有企业自身来看，经济运行总体出现企稳信号，企业实力明显增强，潜力正在挖掘，动力逐步形成，这为我们加快发展提供了良好基础。但也存在一些不稳定不确定因素，需要高度重视。一是结构性矛盾突出，行业和地区分化加剧，新业态、新模式、新产品尚待培育；二是部分企业杠杆率仍然偏高，部分企业资产负债率居高不下，已有风险的处置尚待时日；三是部分企业子企业亏损面较大，资本运营效率有待提升；四是政策性减利因素影响仍将持续，对相关企业效益带来较大压力；五是境外经营风险持续加大，部分企业境外经营效益下滑；六是去产能、处置“僵尸企业”和特困企业治理任务还十分艰巨，仍需要下大力气推进。

面对当前错综复杂的形势和严峻挑战，我们既要未雨绸缪，沉着应对，把问题和困难想得更充分些，把措施和预案准备得更充足些，积极做好应对困难和挑战的准备；更要保持定力，看到有利条件和积极因素，坚定战胜困难的信心和决心，抢抓机遇，防控风险，以钉钉子的精神扎实推进各项工作，在确保稳的基础上奋发有为，实现进的突破。

结合当前形势和任务，2017年推进国企国资改革发展的总体要求是：全面贯彻党的十八大和十八届三中、四中、五中、六中全会，中央经济工作会议，全国国

有企业党建工作会议，中央纪委七次全会精神，深入学习贯彻习近平总书记系列重要讲话精神，紧密团结在以习近平同志为核心的党中央周围，认真落实党中央、国务院关于国企国资改革发展的系列重大决策部署，坚持稳中求进工作总基调，牢固树立和贯彻落实新发展理念，以推进供给侧结构性改革为主线，以提高质量效益和核心竞争力为中心，全面深化企业改革，大力调整布局结构，持续强化创新驱动，着力加强风险管控，不断完善国资监管，全面从严加强党的建设，进一步提高国有资本保值增值水平，不断增强国有经济活力、控制力、影响力、国际竞争力、抗风险能力，全力完成年度目标任务，以优异成绩迎接党的十九大胜利召开。

按照上述总体要求，今年国企国资改革发展的主要目标任务是：

国有企业效益实现稳定增长。中央企业利润总额力争同比增长3%、努力达到6%。当好振兴实体经济的排头兵，国有资本保值增值水平稳中有升，资产负债率继续下降，盈利能力不断增强，实现有质量、有效益、可持续的发展。国有企业改革实现重要突破。以提高企业核心竞争力和资源配置效率为目标，扎实推进各项改革措施落地，不断激发企业活力。国有资本布局结构不断优化。通过深度整合重组，突出精干主业，持续优化国有资本配置，提升国有资本运行效率，放大国有资本功能。国有资产监管效能得到新的提升。深入实施以管资本为主推进职能转变方案，努力使监管职能定位更加准确，监管制度体系更加完善，监管方式更加科学，监管措施更加有效。国有企业党建得到新的加强。管党治党主体责任全面落实，基层基础建设全面加强，解决突出问题和重点难点问题取得明显成效。

三、2017年重点工作

今年要着力抓好以下重点工作：

（一）全力完成生产经营目标任务，力创佳绩多作贡献

稳增长在今年具有特别重要的意义，要深刻认识稳是主基调、是大局的战略思想，在稳中体现控制力。国资监管系统和中央企业都要尽最大努力，争取最好结果，为国民经济平稳健康发展作出更大贡献。一要勇担责任，狠抓落实。各企业要量化细化全年生产经营目标任务，深挖潜力、自我加压，以更加积极的目标统领全年稳增长工作。要把工作抓实抓细，制定可量化、可操作、可考核的工作方案，完善财务预算、考核分配紧密联动的推进机制，确保任务层层分解、压力层层传递、责任层层落实，切实做到目标到岗、任务到人。各地国资委也要按照党委、政府要求，抓紧明确全年目标任务并落实到位。二要主动作为，抢抓市场。牢固树立市场意识，不等不靠。加强对经济周期性、规律性的研究和市场形势的分析研判，根据形势和市场变化适时调整经营策略，抓住市场出现的需求回暖、价格回升短暂机遇加大产销力度，开展好增品种、提品质、创品牌工作，努力增加市场份额。三要严控成本，压缩费用。既要强化全员、全要素、全过程成本管控，更要突出重点，创新成本费用管控方式和机制，增加刚性支出弹性，确保营业成本增幅低于营业收入增幅。严控采购成本，规范管理，健全机制，提高集中采购比例。严控人工成本，严格落实考核分配制度，坚持将考核结果、经济效益与企业负责人薪酬、企业工资总额紧密挂钩；对企业员工总量要加强控制。严控资金成本，大力压降“两金”规模，推动资金集中管理，改善资本结构，提高直接融资比重，降低综合融资成本。四要严控风险，稳健经营。严控债务风险，强化动态监测与识别预警，加强债券特别是短融、超短融债券风险梳理和排查，妥善化解风险，加强负债规模和资产负债率双重管控，有效降低企业负债和杠杆水平。严格控制与主业无关的贸易业务，严禁开展融资性贸易和“空转”贸易。严格投资管理，规范投资决策程序，严控非主业投资比例，严控高负债企业推高企业负债率的新增投资，严控产能过剩行业企业的新增投资。加强现金流管理，努力实现企业资金统一监管。五要加强协同，互利共赢。中央企业和地方国有企业要互相沟通、互相支持、合作互利、共同发展。中央企业之间更要在市场上协调协作，减少恶性竞争。同行业企业要积极探索开展交叉持股、战略联盟等多种方式的合作，实现互利共赢。

(二)加快各项改革政策落实落地,尽快在重要领域和关键环节取得实效

进一步增强责任感、使命感和紧迫感,敢于担当、勇于创新,以提高核心竞争力和资源配置效率为目标,下大力气推动国有企业改革各项政策落地生根、开花结果。一要明确任务,落实责任。紧密结合企业发展战略和实际,明确改革任务,突出改革重点,制定改革方案,细化改革措施,落实工作责任,建立任务台账,狠抓"1+N"文件落实,确保各项改革扎实有效推进。全面推进"十项改革试点",坚持边试点、边总结、边完善,尽快在改体制、改机制、改模式上见实效,加快形成可复制、可推广的经验,以点带面推进改革。赋予试点企业更大改革自主权,一些在企业集团层面开展的试点,可以在二级、三级企业加快推进,大胆探索。各地国资委也要加快改革步伐,尽快在重要领域和关键环节取得突破。二要坚持问题导向,在重点难点领域取得新成效。全面推进中央企业分类改革,落实中央企业功能界定与分类方案及配套措施,推进分类改革、分类发展、分类监管、分类定责、分类考核,推动中央企业对二级企业进行功能分类,逐层明确各级子企业功能类别。深入推进公司制股份制和混合所有制改革,积极探索集团层面股权多元化改革,全面完成国有企业公司制改制,支持中央企业间、中央企业和地方国有企业间交叉持股,大力推进改制上市工作,力求包括集团层面在内的混合所有制改革有所突破,在电力、石油、天然气、铁路、民航、电信、军工等领域迈出实质性步伐,抓好10家中央企业子企业混合所有制员工持股试点。继续推进改组组建国有资本投资运营公司,拓展授权内容,加大授权力度,积极探索有效的运营模式,更加有效发挥国有资本投资运营公司在国企改革中的示范作用。完善公司法人治理结构,大力推进规范董事会建设,制定加强外部董事队伍建设的规范性文件,加强出资人机构与董事会的沟通制度化,建立健全外部董事独立报告、董事会述职并接受质询、董事会决策失误问责追责、董事会内部制衡等制度,加快形成权责对等、运转协调、有效制衡的决策执行监督机制。深化企业内部三项制度改革,加快建立市场化选人用人机制,推进企业经理层成员市场化选聘和职业经理人试点。建立健全与劳动力市场基本适应、与经济效益和劳动生产率挂钩的工资决定和正常增长机制,切实做到收入能增能减和奖罚分明,充分调动广大干部职工积极性。三要加快剥离企业办社会职能和解决历史遗留问题,努力取得突破性进展。扎实推进国有企业"三供一业"分离移交、医疗教育机构深化改革、市政社区职能分离移交和消防机构分类处理等改革,组织开展独立工矿区办社会职能剥离综合试点,在上海、重庆、大连、鸡西、长沙等地开展离退休人员社会化管理试点,进一步加大厂办大集体改革、棚户区改造等工作力度,力争取得突破性进展。

(三)加大供给侧结构性改革力度,坚决打赢瘦身健体提质增效攻坚战

瘦身健体提质增效是推动供给侧结构性改革的重要抓手。按照"三去一降一补"五大任务总体要求,推进瘦身健体提质增效,创造有效供给,优化供给结构,打通供求渠道,更好满足市场需求。一要继续推动企业压缩管理层级、减少法人单位,不断提高集团管控能力和运行效率。根据工作方案,中央企业管理层级3年内应由5~8级减至3~4级以下,法人层级10级以上的企业应减少3~5个层级,法人单位应减少20%左右。中央企业要结合自身实际有计划、有步骤地推进,2017年要力争实现法人单位减少8%。二要加快化解过剩产能,不断提升盈利能力。进一步推进钢铁、煤炭去产能工作,2017年中央企业要化解钢铁过剩产能595万吨、化解煤炭过剩产能2473万吨。积极在有色金属、船舶制造、炼化、建材和电力等产能过剩行业开展去产能工作。积极探索资产债务规范处置的方式方法,鼓励有条件的企业按照市场化、法治化原则开展债转股。三要大力推进"僵尸企业"处置和亏损企业治理,努力止住"出血点"。积极推进"僵尸企业"处置,2017年完成300户"僵尸企业"处置任务。持续推动特困企业改革脱困,确保实现特困企业亏损额下降20%、亏损面大幅缩减,完成500户特困企业专项治理。推动重点亏损企业特别是重要子企业做好业务整合、冗员分流、债务重组、清产核资等工作,力争实现同比减亏50%。各地对已经明确的处置任务,要坚决完成。四要强化上市公司管控,不断增加股东回报。指导上市公司加强市值管理,持续增强价值创造能力，维护投资者合法权益，坚持诚信为本，带头履行社会责任，做负责任的股东。加强上市公司运行情况监测，推进上市公司健康发展。五要加强企业内控体系建设，规范企业运行程序。以风险为导向，以安全高效为目标，以流程优化和有效执行为重点，加快建立和完善内控体系，切实提高企业经营管理水平和风险防范能力。持续提高内部控制信息化水平，企业董事会、监事会、经理层都要纳入内控体系之中，切实做到体系完整、全面控制、执行有效。地方国资委都要把加强内控体系建设作为监管工作重要事项，强化对企业的监督指导，该完善的抓紧完善，该要求的严格要求。

（四）加快科技创新步伐，持续提升创新能力

国有企业尤其是中央企业是我国科技创新的主力军，应当充分发挥引领带动作用，通过科技创新加快提升传统动能培育新动能。一要抓好重大科技任务，力争取得更多重大成果。认真落实“十三五”规划，加强高水平研发机构和国家级研发平台建设，加快推进国家高速列车技术创新中心等国家技术创新中心建设，力争在国家重点实验室、工程实验室、工程中心建设等方面取得新进展。积极承担国家重大科技专项、面向未来的重大科技项目和重大工程、国家重点研发计划等国家科技任务，充分发挥中央企业优势，打造一批产业发展平台，加强与国家重大科技工程衔接，构建具有国际竞争力的现代产业技术体系。二要按照《中国制造2025》的要求，加大技术改造革新力度，努力推动制造业转型升级。加强关键核心技术研发，攻克一批对产业竞争力整体提升具有全局性影响、带动性强的关键共性技术，加快成果转化，努力向高端化、智能化、绿色化、服务化转型发展，向产业链、价值链中高端迈进。三要加快完善创新体制机制，持续激发创新活力。不断完善科技人才评价机制，对科技人才评价要突出中长期目标。认真探索股权、期权、分红等激励措施，提高科研人员成果转化收益分享比例。建立健全管理人员和科技人员发展双通道，让科技人员安心创新事业。四要深入开展“双创”工作，推动形成发展新动能。进一步完善投资引导基金、产业发展基金和企业创新基金三层次的中央企业创新发展基金系。深入实施“互联网＋”行动计划，加强大数据、云计算等基础平台建设，推动各类生产要素实现网络化共享、集约化整合、协作化开发和高效化利用，运用大数据创新生产方式和运行机制，构建开放高效的技术创新体系，促进跨界创新融合，催生新模式新业态不断涌现。

（五）坚持突出精干主业，持续提升企业核心竞争力

企业主业是竞争优势的集中体现，要强化战略引领，明确主业发展目标和重点，把主业做强做实做精，在振兴实体经济中发挥骨干作用。一要进一步突出主攻方向，做强做优主业。国务院国资委将改进优化对中央企业主业的管理，把监管重点放在提升主业竞争力、控制辅业占用资源比例和中央企业投资项目负面清单上，进一步细化完善相关政策措施。中央企业要坚定不移突出主业、做强主业，推动各类资源向主业集中，每个企业均应有全国乃至全球知名的产品和品牌，不断增强核心业务的盈利能力和市场竞争力。二要围绕做强做优做大目标，加快深度调整重组步伐。稳步推动企业集团层面兼并重组，加快推进钢铁、煤炭、电力业务整合，探索海外资产整合。进一步推动实施专业化重组，支持中央企业以优势龙头企业和上市公司为平台，通过股权合作、资产置换等方式整合同质化业务，继续推动航材共享，指导已重组企业做好内部整合。三要围绕服务国家战略，不断优化国有资本投向。即将印发的《中央企业投资监督管理办法》和《中央企业境外投资监督管理办法》，对投资管理提出了明确要求，中央企业要切实贯彻执行。进一步优化国有资本重点投资方向，充分发挥国有资本投资、运营公司功能，加快探索与国有资本投资运营相匹配的业务模式，增强资本运营能力，促进国有资本合理流动优化配置。积极探索发挥国有企业结构调整基金、国有资本风险投资基金的引导带动作用，加大对补短板领域的投资力度，培育发展战略性新兴产业、先进制造业、现代服务业等，加快培育新的经济增长点。加大低效无效资产清理处置力度。四要稳步开展国际化经营，提高国际竞争力。积极参与“一带一路”重大项目建设，在推进能源、资源合作及铁路、公路、港口等基础设施建设中发挥优势，承担一批有代表性的示范项目。扩大国际产能和装备制造合作，继续推动高铁、核电等优势产业全产业链出口，推进钢铁、水泥等领域开展国际合作。优化国际市场布局，参与境外合作园区建设，努力构建全球化的物流、仓储、运营网络体系，提升全球资源配置能力。在国际化经营过程中要充分发挥各自优势，努力扩大市场渠道，掌握关键技术，打造国际品牌，有序开拓国际市场，避免无序恶性竞争。

（六）持续推动职能转变，不断提高监管效能

推进各级国资监管机构职能转变是完善国有资产管理体制的重要举措，要深入落实中央全面深化改革领导小组审议通过的推进职能转变方案，加快实现从以管企业为主向以管资本为主转变。一要继续优化国资监管职能，确保监管更加规范高效。进一步梳理监管职能和各项规章制度，明确出资人监管职责边界，制定完善权力和责任清单，确保国资监管职能定位更加准确，持续提高监管效能。二要强化国有资产监督，严防国有资产流失。强化外派监事会作用，围绕企业财务、重大决策、运营过程中的重要事项和关键环节，董事会和经理层依法依规履职情况，企业内部控制体系的完整性和有效性等重点，着力强化对企业的当期和事中监督。整合各方面监督力量形成合力，增进监督协同，提高监督效能。推动国有资产和国有企业重大信息公开，自觉接受监督。完善委派总会计师制度，扩大试点企业范围。组织开展违规经营投资损失责任追究，加大问责力度。各中央企业也要加大对分子公司的监管。三要加强境外国有资产监管，确保境外资产安全运营和保值增值。落实集团总部和境内投资主体经营管理责任，全面厘清发展方向模式，清理海外资产，深入开展境外投资项目专项监督检查，进一步加强企业内部审计监督，做到境外企业、境外业务审计全覆盖，加强对重点企业、重点业务的年度审计。健全完善境外国有资产监管制度和工作机制，加强对国有企业境外投融资、产权变动和资金的管控，强化境外法律风险防范，逐步开展常态化的监督检查。四要完善监管方式，不断提高监管水平。提升监管信息化水平，全面梳理优化监管流程，建立系统科学有效的标准和制度体系，推进信息化与监管业务深度融合，切实解决信息不对称、监管不到位的问题，消除监管空白点。强化依法监管，严格依据国资监管相关法律法规规定的权限和程序行权履职，健全完善国资监管法规制度体系。强化章程管理，充分发挥董事会和股东代表作用，注重通过公司治理结构体现出资人意志。五要增强服务意识，积极为企业改革发展创造条件。国资监管系统在加强监管的同时，要切实提高办事效率和质量。进一步加强政策协调沟通，积极反映企业困难和政策诉求，为企业健康发展争取各方面支持，想方设法帮助企业纾难解困。深入参与涉外谈判对话，争取有利于国有企业改革发展的国际规则。探索全国国资系统信息共享，交流改革发展经验，不断推动国企国资改革发展再上新水平。

（七）全面从严加强党的建设，为国企国资改革发展提供坚强保证

党的十八届六中全会和全国国有企业党建工作会议为我们全面从严加强党的建设提供了根本遵循，国资监管系统和中央企业要切实抓好会议精神贯彻落实，推动国有企业党建得到新的加强。一要坚持全面从严，切实落实管党治党责任。要牢固树立"四个意识"，始终在思想上政治上行动上同以习近平同志为核心的党中央保持高度一致。要围绕《中央企业党建工作责任制实施办法》的贯彻落实，完善制度，健全机制，把管党治党主体责任落到实处。党委（党组）书记要把管党治党第一责任扛起来，班子成员都要认真履行"一岗双责"，管行政搞业务的负责同志也要担好党建之责。二要坚持两个"一以贯之"，实现加强党的领导与完善公司治理有机统一。中央企业党委（党组）要切实发挥领导核心和政治核心作用，把方向、管大局、保落实。按照规定把党建工作总体要求纳入公司章程，明确党组织在公司治理中的法定地位。把党组织研究讨论作为董事会、经理层决策重大问题的前置程序。按照"对党忠诚、勇于创新、治企有方、兴企有为、清正廉洁"的要求，建设高素质企业领导人员队伍，弘扬企业家精神，引导广大企业领导人员当好国有资产忠诚卫士。配齐配强党务工作人员，实现基层党组织"应建必建"，党组织换届"应换必换"，党务工作力量"应配必配"。三要坚持标本兼治，加强党风廉政建设和反腐败工作。贯彻落实《关于新形势下党内政治生活的若干准则》《中国共产党党内监督条例》，严肃党内政治生活，加强党内监督。坚持把纪律和规矩挺在前面，抓住中央企业系统选举党的十九大代表、中央“两委”人选考察这个重点，坚决把好政治关、廉洁关，营造风清气正的政治生态。锲而不舍加强作风建设，持之以恒落实中央八项规定精神，坚决防止“四风”反弹。把握运用监督执纪“四种形态”，保持惩治腐败的高压态势，构建“不敢腐、不能腐、不想腐”的体制机制。切实抓好巡视整改，做到巡视发现的问题条条要整改、件件有着落，健全整改落实长效机制。四要切实加强宣传舆论引导，为国企国资改革发展营造良好环境。要理直气壮、旗帜鲜明、积极主动地宣传国有企业的地位作用和重要贡献。要不断加大国企国资改革政策的解读力度，及时回应各方关切，最大限度凝聚共识。要讲好国企故事，宣传推广好的典型，唱响主旋律，传播正能量，为国企国资改革发展营造良好环境。

最后，我再强调一下安全稳定工作。安全稳定工作责任重于泰山。去年一些地方接连发生生产安全事故，中央企业和各地国资委要从中汲取经验教训，举一反三，全面严格落实安全生产责任制，加大监督检查工作力度，彻底排查各类安全隐患，切实堵塞安全漏洞，严防重特大事故发生，确保人民群众生命财产安全。要切实维护企业稳定，对涉及面广、容易引发社会稳定问题的重大改革事项，要严格履行决策程序，事先进行风险评估，对关系干部职工切身利益的问题，尤其要高度重视、审慎对待，及时掌握干部职工的思想动态，做到发现在早、预防在先，及时发现倾向性、苗头性问题，将矛盾化解在萌芽状态。要广开渠道、妥善安置因去产能和处置“僵尸企业”而转岗下岗的职工，用心用情做好工作，严防群体性事件发生，要抓紧清理、严防出现农民工工资拖欠问题，切实维护好企业和社会的和谐稳定。

同志们，今年国企国资改革发展的工作任务已经明确，让我们更加紧密团结在以习近平同志为核心的党中央周围，坚定信心，振奋精神，开拓创新，扎实苦干，奋力完成全年目标任务，为推动经济社会发展作出新的更大贡献，以优异成绩迎接党的十九大胜利召开。

国有资产监督管理概况

第二篇

国有资产监督管理体制改革和国有企业改革发展综述

2016年，国资监管系统和中央企业深入学习贯彻习近平总书记系列重要讲话精神，认真贯彻落实党中央、国务院决策部署，牢固树立新发展理念，以提高质量和效益为中心，以推进供给侧结构性改革为主线，奋力拼搏，攻坚克难，各项工作扎实推进，取得明显成效，实现"十三五"良好开局。

一、以管资本为主加强国有资产监管，国资监管针对性有效性进一步增强

(一)国资监管职能不断优化

国务院国资委对国资监管职能和工作事项进行全面梳理，研究制定出资人监管权力和责任清单，形成职能转变方案，对内设机构进行优化调整。山东、河北、陕西等9个省以省委或省政府名义印发完善国有资产管理体制的实施意见。广东、黑龙江、新疆兵团等35个地方国资委研究制定监管权力和责任清单，云南精简36项履职事项，精简幅度超过50%。

(二)国有资产监督不断加强

国务院国资委新设三个监督局，在加强与监事会监督协同的基础上，分类处置、督办和深入核查国资委机关、监事会以及有关监督机构发现移交的问题，组织开展国有资产重大损失调查，形成发现、调查、处理问题的监督工作闭环。中央企业外派监事会不断强化当期和事中监督，向国务院报送监事工作专报26份，向中央企业印发监督检查情况通报、整改通知和提醒函163份。各地国资委进一步强化依法监管、阳光监管，江苏、浙江、深圳等6个地方国资委专门出台投资经营责任、资产损失责任追究办法，严防国有资产流失，监督的针对性有效性进一步增强。

(三)国资监管效率不断提高

国务院国资委出台分类考核实施方案和分类管理工资总额等政策措施，建立预算考核分配联动机制，强化企业运行监测分析和重大事项提示预警；进一步加强出资人财务监督，向20家中央企业委派总会计师。各地国资委不断完善监管方式方法，内蒙古、吉林、青海等31个地方国资委建立监督工作内部协调机制，广西、海南、西藏等25个地方国资委建立国有资产信息公开制度，山西、安徽等17个地方国资委建立国有企业信息公开制度。

二、大力推动国有企业深化改革加快发展，企业不断做强做优做大

(一)企业运行质量效益逐步改善

国资监管系统和中央企业把稳增长作为全年工作的重中之重，加强组织领导，落实目标责任，采取一系列扎实有效的措施提高企业发展质量和效益。国资监管系统企业全年累计实现营业收入43.6万亿元，同比增长4%；实现增加值10.4万亿元，同比增长7.4%；实现利润总额2.3万亿元，同比增长6.3%；上缴税费总额3.3万亿元，同比增长4.8%。其中，中央企业累计实现营业收入23.4万亿元，同比增长2.6%；实现增加值6.1万亿元，同比增长5.2%；实现利润总额12326.7亿元，同比增长0.5%，扣除政策性降价减利因素外同比增长16.5%，盈利企业达到96家；上缴税费总额2.1万亿元，同比增长3%。圆满实现年初预定的效益恢复性增长目标。

(二)各项改革措施加快落地

国资监管系统和中央企业积极稳妥推进改革，一手抓政策措施完善，一手抓改革举措落地，国企改革呈现出全面推进、重点突破、成效显现的局面。

一是国企改革"1+N"文件体系基本完成。继2015年公布实施《关于深化国有企业改革的指导意见》和若干专项配套改革意见或方案之后，国务院国资委会同有关部门加快推进国有企业改革重要配套文件的制定出台工作，国企改革顶层设计基本完成。

各地出台并实施改革方案和相关政策措施760项，开展200多项改革试点。

二是国企分类改革扎实推进。国务院国资委积极推进中央企业功能界定与分类工作，起草完成《中央企业功能界定与分类方案》。各地国资委普遍开展企业功能界定与分类，31个省（区、市）国资委出台分类的实施意见并完成监管企业分类。

三是改组组建国有资本投资运营公司步伐不断加快。国务院国资委在10家中央企业开展国有资本投资、运营公司试点。35个地方国资委已完成改组组建52家国有资本投资、运营公司。

四是混合所有制改革稳步开展。国务院国资委明确首批重点领域混合所有制改革试点企业，确定在10家中央企业子企业开展员工持股试点。中央企业通过上市公司平台引入社会资本1570.3亿元，向上市公司注入优质资产1280.4亿元。

五是公司法人治理结构进一步完善。83家中央企业建立规范董事会，中国节能、中国建材、国药集团、新兴际华开展落实董事会职权试点。省（区、市）国资委所监管一级企业中有88%已经建立董事会，22个省（区、市）开展经理层市场化选聘工作。北京、天津、山东等20个省（区、市）大力推行外部董事制度。

六是解决历史遗留问题取得突破性进展。国务院国资委出台有关指导意见和实施方案，加快剥离国有企业办社会职能和解决历史遗留问题。国有企业“三供一业”分离移交工作在10个试点省市取得积极进展，已在全国推开。

（三）供给侧结构性改革深入推进

国资监管系统和中央企业把推进结构调整作为实现升级发展的重要举措，深入开展“瘦身健体”，大力转方式调结构，推动供给侧结构性改革取得重要进展。

一是布局结构不断优化。国务院国资委推动完成中储粮与中储棉、港中旅与国旅等5对10家中央企业重组，成立中国航发集团，监管企业户数减少到102家。专业化整合取得新进展，中国航材、三大航空公司、中国国新成立航材保障共享平台公司，中国国新、诚通集团、中煤集团、神华集团组建中央企业煤炭资产管理平台公司，中航工业将房地产业务整体剥离重组到保利集团。国务院国资委推动成立中国国有资本风险投资基金和国有企业结构调整基金，总规模达到5500亿元，中央企业间共同设立基金、联合投资、交叉持股等资本合作方式日益增多。各地国资委加快推进监管企业重组整合，北京、重庆、广东等10个省市制定相关实施意见或方案。

二是化解过剩产能和处置“僵尸企业”超额完成目标任务。中央企业全年化解钢铁过剩产能1019万吨，完成率141.7%，分流安置职工33126人；化解煤炭过剩产能3497万吨，完成率109.9%，分流安置职工41945人。积极稳妥开展“僵尸企业”处置和特困企业专项治理工作，全年完成398户处置和治理工作，安置富余人员11万人。

三是压缩管理层级、减少法人户数工作进展明显。中央企业全年累计减少法人2730户，93家企业法人总户数下降。“压减”经济成效明显，减亏43.87亿元，减少管理费用49.11亿元，减少人工成本76.45亿元。各地国资委把“压减”工作作为瘦身健体的重要举措，也取得明显成效。

四是国际化经营水平不断提高。中央企业积极参与“一带一路”建设和国际产能装备制造合作，中国三峡、中国电建、中核集团、中交集团等承建中巴经济走廊重点项目进展顺利，国机集团、招商局牵头建设的中国—白俄罗斯工业园项目、中远海运比雷埃夫斯港项目取得重大进展。“走出去”层次和水平进一步提高，中广核英国核电项目取得重大进展。

（四）创新驱动发展能力显著提升

国资监管系统和中央企业坚持实施创新驱动发展战略，不断加强创新能力建设，进一步提高科技创新水平，取得显著成效。2016年，中央企业获得国家科技奖励79个奖项，占比达到33%；航天航空、高速铁路、移动通信、飞机制造、核电等领域一大批创新成果实现突破和产业化，为企业转型发展奠定坚实基础。“双创”“互联网+”广泛开展，截至2016年底，中央企业搭建各类“双创”平台409个，搭建“双创”孵化器和产业园区201个，发起和参与创新基金200多支，总规模超过6000亿元，管理创新、商业模式创新不断取得新成效，催生新模式新业态不断涌现。创新体制机制不断完善，中央企业累计出台各类创新制度文件

145件，积极探索技术入股、收益提成、内部技术转移等激励方式，充分调动广大干部职工创新激情和创新潜能。地方国资委高度重视创新顶层设计，浙江、福建、深圳等10个省市出台19件推动创新发展的制度性文件，营造良好的创新发展环境。

三、贯彻落实中央全面从严治党要求，国有企业党的建设得到新的加强

（一）"两学一做"学习教育扎实开展

国资监管系统和中央企业坚持规定动作落得实、自选动作有创新，广泛采取讲党课、中心组专题学习、开展主题党日活动等多种方式，突出抓好各个环节重点工作，认真查摆问题和不足，坚持边学边改、立行立改，推动全面从严治党要求得到有效落实。国务院国资委党委召开"学习习近平总书记重要指示批示，做强做优做大国有企业"专题研讨会，组织中央企业开展学习研讨征文活动。部署指导中央企业领导班子开好"增强'四个意识'，严守政治纪律政治规矩"专题民主生活会，进一步增强企业领导人员"四个意识"特别是核心意识、看齐意识，自觉在思想上、政治上、行动上同以习近平同志为核心的党中央保持高度一致。

（二）党建主体责任进一步落实

国务院国资委党委成立督导组，对中央企业落实全国国有企业党建工作会议精神进行督导。研究制定中央企业党建工作责任制实施办法和加强中央企业境外单位党建工作的意见，建立中央企业党委（党组）向国资委党委报告年度党建工作制度。全面推行董事长、党委书记"一肩挑"，配齐专职党委（党组）副书记。全面开展党组织书记抓党建述职评议考核。认真落实中共中央印发的《党委（党组）意识形态工作责任制实施办法》，牢牢掌握意识形态工作的领导权和主动权。

（三）领导班子建设得到明显加强

国务院国资委坚持"对党忠诚、勇于创新、治企有方、兴企有为、清正廉洁"的标准，严格选拔、教育、管理、监督中央企业领导人员。按照"补充一批、交流一批、退出一批、储备一批"的思路，选优配强企业领导班子。严格执行企业领导人员选拔任用廉洁从业结论性评价制度，落实谈心谈话和提醒、函询、诫勉等制度。

（四）党风廉政建设和反腐败工作进一步强化

国资监管系统和中央企业坚持把严明政治纪律和政治规矩摆在首要位置，企业领导人员党的观念、纪律意识普遍得到加强。严格落实中央八项规定精神，坚决纠正"四风"，一些群众反映强烈的突出问题得到及时解决。把握运用"四种形态"，严肃查处违纪案件，"不敢腐"的震慑作用逐步增强。不断完善制度，加快构建"不能腐"的体制机制。深化纪律检查体制改革，各级纪检监察机构监督执纪问责的作用持续增强。

（五）巡视及巡视整改工作取得实效

国务院国资委党委对中央专项巡视反馈的意见高度重视，及时成立整改领导小组，多次专题研究部署整改工作，对中央开展巡视的中央企业整改工作加强督促检查，确保整改取得实效。同时加大力度、加快节奏，实现巡视全覆盖，开展对直属单位、直管协会的巡视试点，召开中央企业内部巡视巡察工作座谈会，加强对中央企业内部巡视巡察工作的领导和指导，巡视巡查工作力度进一步得到增强。

（审稿人：李　伟　撰稿人：付升涛）

中央企业规划发展工作

2016年是"十三五"的开局之年。国资委继续贯彻落实十八大及十八届三中、四中、五中、六中全会精神，围绕中央企业"十三五"改革发展总体思路，积极落实国企国资改革总体要求，加强中央企业战略规划引领，稳步推进布局结构调整，强化投资管理，指导企业落实国际化经营战略，推动中央企业不断做强做优做大。

一、加强战略规划引领，推动实现中央企业“十三五”发展良好开局

（一）组织召开中央企业、地方国资委规划发展工作会

2016年1月，国资委组织召开2016年中央企业、地方国资委规划发展工作会。会议系统总结2015年中央企业、地方国资委规划发展工作，分析研讨“十三五”时期和2016年中央企业发展形势和环境，研究提出“十三五”时期中央企业规划发展工作总体思路，对2016年中央企业规划发展工作进行部署。会议要求中央企业要以转变发展理念促进提质增效，牢固树立五大发展理念，适应、把握和引领新常态，实现经济发展方式转变；要以布局结构调整推进转型升级，努力优化存量、引导增量、主动减量，实现更高水平发展；要以创新驱动转换发展动力，推进科技创新、管理创新和商业模式创新，加快实施创新驱动发展战略；要以国际化经营水平提升扩宽开放发展空间，积极落实“一带一路”等国家重大战略，推动国际产能和装备制造合作。

（二）制定出台《中央企业“十三五”发展规划纲要》

国资委以提高企业发展质量和效益为中心，加快推进供给侧结构性改革，准确把握中央企业发展现状，分析企业发展中存在的突出矛盾和问题，制定出台《中央企业“十三五”发展规划纲要》（以下简称《纲要》）。《纲要》研究提出中央企业“十三五”发展的总体思路，明确做强做优做大中央企业、培育一批具有创新能力和国际竞争力跨国公司的总体目标，提出为顺利实现“十三五”规划目标必须完成的六大主要任务，即：坚持通过创新驱动增强发展动力，坚持通过结构调整转变发展方式，坚持通过开放合作拓展发展空间，坚持通过深化改革激发发展活力，坚持通过提质增效提升发展水平，坚持通过加强党建为发展提供保障，形成做强做优做大企业的不竭动力，推动企业持续健康发展。

（三）配合做好国家“十三五”规划及专项规划编制工作

积极配合国家发展改革委做好国家“十三五”规划的研究制定工作，认真落实国资委所承担的四项牵头和23项参与工作，总结梳理国资委在国家“十三五”规划中所承担重点工作进展情况。积极配合有关部门，对“十三五”国家能源、电力、石化、钢铁、有色金属、物流、战略性新兴产业等各类专项规划以及“中国制造2025”、新能源汽车、全球高速铁路、制造业与互联网融合发展、军民融合产业发展、船舶工业和海洋工程产业发展、新一轮农网改造、服务2025等产业发展政策研提意见，并在规划投资工作中督促中央企业贯彻落实。

（四）继续加强中央企业规划管理基础工作

指导各中央企业按照国家“十三五”规划、各类专项规划和《纲要》精神，认真编制本企业“十三五”规划和三年滚动规划，积极落实“三去一降一补”任务，为实现“十三五”时期改革发展总体目标打下坚实基础。加大对中央企业三年滚动规划的审核力度，完成18家企业的规划审核，指导企业明确战略定位和发展思路、聚焦主业，不断提升质量效益和核心竞争力。

二、积极推进中央企业布局结构调整，推动国有资本更好服务于国家战略目标

（一）出台《关于推动中央企业结构调整与重组的指导意见》

国资委牵头十一部委研究形成《关于推动中央企业结构调整与重组的指导意见》（以下简称《意见》），完成中央企业布局结构调整的顶层设计。《意见》在总结中央企业结构调整与重组所取得的成绩和分析存在突出问题的基础上，提出推进中央企业结构调整和重组的指导思想、基本原则和主要目标。同时，按照中发〔2015〕22号文件精神，结合中央企业的特殊使命，着重从“巩固加强一批、创新发展一批、重组整合一批、清理退出一批”四个方面，提出下一步推动中央企业结构调整与重组的重点工作。巩固加强一批，主要从坚持公有制主体地位出发，根据中央企业实际情况，对巩固加强国家安全保障功能提出具体要求。创新发展一批，主要从搭建调整重组平台、科技创新平

台、国际化经营平台等三个方面，对下一步推进中央企业创新发展的路径提出要求。重组整合一批，从推进中央企业强强联合、推动中央企业间专业化整合、推进中央企业内部资源整合、积极稳妥开展并购重组等四个方面提出明确要求。清理退出一批，主要从大力化解过剩产能、加大力度清理处置长期亏损且扭亏无望企业和低效无效资产、下大力气退出一批不具发展优势的非主业、加快剥离企业办社会职能和解决历史遗留问题等四个方面提出明确要求，通过切实加大清理退出力度，解决好"退得出"的问题。

(二)深入推进中央企业布局结构调整

国资委积极研究《中央企业功能界定与分类方案》，为中央企业改革发展和布局结构优化提供基础。同时加大布局结构调整力度，推进中央企业加快重组和专业化整合，努力创新机制，加大资本支持力度，为中央企业结构调整转型升级提供坚实保障。中央企业不断推进内部资源整合，加大产业改造升级力度，大力发展战略性新兴产业、生产性服务业与科技服务业，积极稳妥化解过剩产能，持续提高产业集中度和竞争力。如：中国电子聚焦发展新型显示、信息安全和信息服务"三大系统工程"，集中配置资源；中远海运、中国五矿、招商局集团等加快重组后的融合，"1＋1＞2"的效果逐步显现；东航集团、通用技术集团加大内部资源整合力度，有效提升企业发展质量和效益，保持利润较好增长；中航工业将房地产业务整体剥离重组到保利集团，不断聚焦核心主业；国投集团将3400万吨煤炭产能，涉及500亿元的资产整体移交中煤集团。

三、加强投资管理，对中央企业重大投资决策履行出资人职责，有效规避投资风险

(一)修订完善中央企业投资管理制度

国资委分别在2006年、2012年制定发布《中央企业投资监督管理暂行办法》(国资委令第16号)和《中央企业境外投资监督管理暂行办法》(国资委令第28号)。两个暂行办法在引导中央企业把握投资方向、规范企业投资行为、防范投资风险，促进中央企业做强做优做大等方面发挥重要作用。当前，经济发展进入新常态，推进供给侧结构性改革进入关键时期，国有企业改革进入攻坚阶段，中央企业投资监管面临的形势发生深刻变化，任务、要求进入深度调整，通过对近十年来中央企业投资监管工作的经验总结，对中央企业投资中出现问题的全面梳理，在继承以往有效经验和做法的基础上，从依法履行出资人职责、实现从以管企业为主向以管资本为主转变的要求出发，国资委组织对两个暂行办法进行修订完善，出台《中央企业投资监督管理办法》(国资委令第34号)和《中央企业境外投资监督管理办法》(国资委令第35号)。新的两个《办法》围绕依法履行出资人职责、以管资本为主加强国资监管的思路，重点从"管投向、管程序、管风险、管回报"四个方面，探索构建权责对等、运行规范、信息对称、风险控制有力的新型投资监管体系。引入投资项目负面清单制度，明确国资委监管底线，划定中央企业投资行为红线。

(二)对中央企业重大投资决策履行出资人职责

一是做好企业投资活动监测分析。编制完成中央企业2015年投资完成情况及2016年投资计划情况报告、季度投资完成情况报告。优化中央企业投资管理信息系统，将数据统计分析功能从国资监管信息外网平台同步到OA内网平台，同时加强信息系统保密管理。

二是对部分中央企业非主业投资项目进行审核。主要从优化中央企业布局结构、加强投资风险防控等角度，对中央企业报送的非主业投资项目从是否符合战略规划方向、是否在企业投资能力承受范围之内等方面进行审核把关。

三是组织开展企业重大投资项目后评价工作。组织召开企业投资后评价工作座谈会，总结2015年后评价工作开展情况、交流有关工作经验，研究布置2016年后评价相关工作。形成《华润(集团)有限公司华润啤酒黄石项目投资后评价》《中国西电集团公司大容量试验系统扩容改造项目投资后评价》两份专题报告，为企业后续投资活动和国资委投资监管工作提供参考。

四是开展中央企业PPP有关情况专题研究。组织开展中央企业参与PPP有关情况专题研究，通过

调查摸底，基本摸清中央企业参与PPP的总体情况，并对存在的问题和风险进行重点分析，提出相关政策建议，形成《关于中央企业参与PPP有关情况的报告》。

（三）中央企业投资总体情况

2016年，中央企业投资完成3.37万亿元，同比增长1.23%，增速较上年提高6.6个百分点，出现企稳回升态势。其中固定资产投资完成2.68万亿元，占比79.5%；股权投资6920亿元，占比20.5%，较上年增加6个百分点。境外投资完成3415亿元，较上年增长8.6%，占中央企业全部投资完成额的10.1%。从资金构成看，中央企业投资中自有资金1.59万亿元，占比47.3%。

从行业看，中央企业各行业投资呈现分化态势。建筑企业投资同比增长41.7%，主要是受国家加大基础设施建设的推动，同时政府大力推广应用PPP模式带动建筑企业股权投资的快速增长。电网企业由于国家加大农网改造，投资增长15.3%；发电企业投资增长6.5%。电信企业因4G投资高峰已过，投资下降23%。冶金、煤炭行业受国家“去产能”影响，投资下滑近24%。石油石化企业因石油价格低迷，投资意愿不振，投资下降25%。

四、推进中央企业“走出去”开展国际化经营，全面提升全球配置资源的能力和水平

（一）推动实施中央企业国际化经营战略

积极推动中白工业园建设，召开8次协调工作组会议，推动30余家企业达成入园意向。2016年9月，国资委带队组织16家中央和地方国有企业代表访问白俄罗斯，进一步推动中白工业园建设，加大精准招商力度，深化中白产业交流与合作。指导有关企业参与希腊比雷埃弗斯港私有化项目投标。协调有关企业有序参与中老、中泰铁路，雅万、中俄、土耳其东西高铁，中石油中亚油气管道，斯里兰卡科伦坡港口城、汉班托塔港及工业园等“一带一路”重点项目建设和中哈产能合作等相关工作。推动成立国协、国同两支中央企业国际化经营基金。

（二）加强中央企业境外投资合作管控力度

印发有关文件，采用负面清单的方式，建立出资人审核把关机制，强化审核把关力度，加强对企业境外投资行为的有效引导和合理管控。组织召开规范中央企业境外经营行为专题会，要求中央企业在加快“走出去”步伐的同时，进一步牢固树立大局意识、规则意识、合作意识、风险意识和责任意识，不断提升国际化经营能力和水平。对中央企业2015年国际化经营总体情况进行评价，并选取5个境外重点项目进行实地检查。组织开发中央企业境外项目信息监测系统，于2016年底完成试运行。

（三）指导中央企业做好境外安全风险防范和突发事件应急处置工作

针对境外恐袭事件、安全形势，印发关于加强在巴机构和人员安全风险防范的有关通知，组织高危国别和地区安全保障培训会和安全形势讲解培训会。与外交部联合举办中央企业境外安全风险防范与应急处置培训，帮助企业分析研判境外安全形势，进一步强化境外安全风险意识，掌握境外安全风险防范与应急处置的基本知识和技能。99户中央企业分管国际化业务的负责人和部门负责人，共计236人参加培训。

五、其他重点工作

（一）指导中央企业积极落实国家重大区域发展战略

按照国务院有关部署要求，指导协调中央企业积极落实国家发展战略，承担京津冀协同发展、振兴东北老工业基地、产业援疆、西部大开发、长江经济带、中部崛起、自由贸易试验区、面向西南开放重要桥头堡、支持福建省进一步加快经济社会发展等区域经济建设重大项目的落实协调和督办工作，为促进经济稳定增长发挥积极作用。

（二）积极组织开展央地对接合作活动

与地方有关部门就央地合作事宜进行沟通和协商，2016年组织开展中央企业与广东、浙江、湖南、海南、黑龙江、江苏、贵州，以及福州、泸州、长沙等省市

的对接合作活动，对相关项目进行审核。

（三）组织开展“央企入赣”和支持赣南等原中央苏区发展相关工作

制定下发《国务院国资委对口支援章贡区（含赣州经济技术开发区）2016—2017年工作计划》；组织召开中央企业支持赣南原中央苏区振兴发展座谈会；协调14户中央企业及央企投资协会赴赣州实地调研；落实李克强总理指示精神，协调推动赣州新能源汽车产业发展。帮助安徽省国资委、金寨县人民政府协调推动中央企业对口帮扶金寨有关工作。

（审稿人：谢　军　撰稿人：曹鋐森）

企业国有资产监管法治建设

2016年，国务院国资委全面贯彻落实党的十八大和十八届三中、四中、五中、六中全会精神，深入学习贯彻习近平总书记系列重要讲话精神，按照全面依法治国和深化国有企业改革要求，紧紧围绕国有资产监管中心任务，以全面推进依法监管、依法治企为主线，稳步开展法治建设各项工作，国有资产监管法治建设工作取得积极进展和明显成效。

一、推动国有资产管理体制完善

一是全力落实职能转变改革任务。研究制定《国务院国资委以管资本为主推进职能转变方案》（以下简称《方案》），按照以管资本为主加强国有资产监管的要求，强化出资人监督，精简43项监管事项，改进国资监管方式和手段。《方案》经中央全面深化改革领导小组第30次会议审议通过。编制《国务院国资委出资人监管权力和责任清单》（以下简称《清单》）并报中央编办，进一步厘清出资人职责边界，明确权责事项。

二是积极推进经营性国有资产集中统一监管。配合财政部研究起草《推进中央党政机关和事业单位经营性国有资产集中统一监管方案》，充分反映国资委系统的意见和建议。

三是督导《关于加强和改进企业国有资产监督防止国有资产流失的意见》的落实。牵头组织5个专项督察组，分别对6家省级国资委和6户中央企业进行督查，促进中央企业和地方国资委加强国有资产监督防止流失。

四是做好重大改革方案的法律审核把关。对企业国有资产交易监督管理办法、落实中央企业董事会职权试点方案、中央企业实施混合所有制改革方案等国企国资改革文件进行深入研究，把好政策法律关。

五是推动做好简政放权工作。认真做好国务院国资委推进“放管服”改革相关工作，向国务院推进职能转变协调小组办公室起草上报专题信息。

二、健全国资监管法规制度体系

一是深入推进国资监管立法工作。围绕国企国资改革发展中心任务，突出以管资本为主，编制国务院国资委2016年度立法计划，保障改革立法需求。重点对《中央企业负责人经营业绩考核办法》《中央企业投资监督管理办法》《中央企业境外投资监督管理办法》等提出审核意见，审核出台规章规范性文件27件，其中向中央备案党委规范性文件6件。2016年，审核规章规范性文件68件次，提出审核修改意见149条，采纳率超过90%。

二是全面开展委内规章规范性文件清理工作。根据国务院统一部署要求，对不利于稳增长、促改革、调结构、惠民生的政策性文件进行清理，宣布废止、失效政策性文件106件（含规范性文件30件），拟修订规章8件。截至2016年底，国务院国资委现行有效规章28件，规范性文件294件。

三是积极参与国家立法。参与《商品流通法》《反不正当竞争法》《电力法》《电子商务法》等法律法规的制定修订工作，积极反映国务院国资委意见，为国企改革发展营造良好法律环境。积极协调确保国务院国资委参与国务院立法计划重点项目的牵头工作，与财政部共同研究起草《企业国有资产基础管理条例》。

四是认真开展国务院文件清理工作。向国务院法制办提出对《国有企业富余职工安置规定》《企业国有资产产权登记管理办法》予以修改的建议。对11个国务院文件牵头提出初步清理意见，并配合其他部门对38个国务院文件提出初步清理意见，顺利完成国务院文件清理工作阶段性任务。

三、全面推进法治央企建设

一是推动落实顶层设计。指导中央企业制定法治央企建设实施方案，并纳入"十三五"规划同步实施、同步推进。组织召开2016年度中央企业法治工作会议，深入分析当前法治工作面临的新形势新任务，对下一步工作进行安排部署。建立法治央企建设进展情况统计通报制度，取得良好效果。

二是指导企业探索开展合规管理。开展中央企业合规管理体系建设试点工作，选择5户中央企业进行试点并取得积极成效。组织合规管理赴美培训团，学习美国企业先进经验和做法并形成培训报告，供中央企业参考。

三是指导协调中央企业重大法律纠纷案件。加强对多发、频发案件的共性研究，全年指导协调中国石油、中国电子、中航集团等中央企业境内外重大法律纠纷案件35件。

四是加强企业法治工作队伍建设。配合中央政法委等部门，起草《关于推行法律顾问制度和公职律师公司律师制度的意见》，充分反映企业实际和诉求。推动落实总法律顾问制度，通过企业章程修订明确总法律顾问制度和职级、职责定位。持续推进法律顾问职业岗位等级资格评审，全年对12个单位663人的等级资格评审进行审核发证工作。

五是积极促进企业法治工作交流学习。组织召开4次部分中央企业法治工作座谈会，针对总法律顾问和法律事务机构设置、公司律师制度等问题，进行交流研讨。以法律风险防范等为主题举办6期法治讲堂，培训规模总计4万多人次。收集汇总形成中央企业法治建设优秀案例库(第二批)六大类50项。

四、做好涉外谈判对话及法律事务工作

一是积极稳妥推进国企议题涉外谈判对话。参加政府间涉外谈判对话近30次，时间紧、任务重、频率高。主要包括参与第24～33轮中美投资协定谈判、第9～12轮中欧投资协定谈判、政府采购协定谈判(GPA)、第2～3轮中加自贸区谈判技术性讨论，以及第27届中美商贸联委会、第8轮中美战略与经济对话、中美经济联委会第11次副手会、第6次中欧经贸高层对话、第8次中英经济财金对话、第4次中法高级别经济财金对话，为国有企业"走出去"营造良好的外部政策法律环境。

二是妥善应对涉外法律事务。指导督促中央企业积极开展经营者集中申报和境外反垄断审查工作，与商务部共同举办两期反垄断法培训班。参与世贸组织第6次对华贸易政策审议，组织中央企业对18个世贸成员国进行贸易政策审议。

三是指导督促中央企业加强境外法律风险防范。组织中央企业编辑出版《"一带一路"沿线国家法律风险防范指引》印尼、沙特、俄罗斯等9个国家分册，建立中央企业涉外法律人才库。

五、深化指导监督地方国资工作

一是强化政策法规专项指导监督。组织举办全国国资委系统政策法规工作研讨培训班，全面部署国资委系统政策法规工作，围绕推动国有资产管理体制完善、推进依法监管和依法治企进行专题培训。组织召开权责清单制定工作专题研讨会议，交流地方国资委权责清单起草经验。加强地方国资委规范性文件备案工作。对省属国有重点企业法制工作第三个三年目标落实进展情况进行摸底。

二是认真做好指导监督综合归口工作。编制国务院国资委2016年度指导监督地方国资工作计划，起草完成2015年度国务院国资委指导监督地方工作总结。积极开展地方调研。组织召开地方国资工作联系点专题调研会议，交流地方国企国资改革工作进展情况。

三是健全指导监督工作交流机制。全年编发4期指导监督地方国资工作简报，编印2015年度地方国资委规范性文件选编。建立课题共同研究机制，组织地方国资委就国资监管职能调整优化和权责清单等课题开展研究。

(审稿人：郭祥玉　撰稿人：杨　泰)

企业国有产权管理工作

2016年，产权管理工作深入贯彻落实党中央、国务院战略部署，紧紧围绕国企国资改革发展大局，结合新形势新任务，真抓实干，锐意进取，在促改革、稳增长、调结构、强监管等方面做了大量扎实有效的工作，为国企国资改革发展实现“十三五”良好开局作出积极贡献。

一、稳妥有序发展混合所有制经济，改革成效逐步显现

坚决贯彻党中央、国务院关于推进混合所有制改革的决策部署，统筹组织混合所有制改革总体工作，一手抓改革举措落地，一手抓改革方案出台，推动混合所有制改革取得重大进展。

（一）混合所有制改革制度不断完善，自上而下、逐层覆盖的制度体系基本形成

一是按照中央全面深化改革领导小组要求，国资委联合财政部印发《企业国有资产交易监督管理办法》（国资委、财政部令第32号，以下简称“32号令”），进一步完善国有资产进场交易制度，明确企业国有产权转让、重大资产转让、企业增资均应充分发挥市场配置资源作用，通过产权市场公开进行，要求相关的交易结果必须通过产权市场对外公开。企业国有产权转让原则上不应对受让方设置资格条件，不得有明确指向性或违反公平竞争原则，为社会各类资本参与国有企业改革提供平等机会。

二是按照《国务院关于国有企业发展混合所有制经济的意见》（国发〔2015〕54号）有关要求，印发《中央企业实施混合所有制改革有关事项的规定》（国资发产权〔2016〕295号），明确中央企业混合所有制改革的组织领导、操作流程、审批权限和工作要求，为中央企业规范开展混合所有制改革提供操作指引。

（二）混合所有制改革试点工作扎实推进，试点的示范、突破、带动作用进一步发挥

一是国资委推动的医药集团和中国建材混合所有制改革试点于2016年底顺利完成。两家企业围绕健全协调运转有效制衡的公司法人治理结构、完善职业经理人制度和市场化劳动用工制度、完善市场化激励和约束机制、建立员工持股制度、建立对混合所有制企业的有效监管机制、建立混合所有制企业党组织发挥领导核心和政治核心作用的有效机制等6个方面开展大量探索工作，在完善公司法人治理、市场化选人用人和考核激励、加强党建等方面取得阶段性成果。

二是按照国务院国有企业改革领导小组部署，国资委与发展改革委共同落实《国务院关于国有企业发展混合所有制经济的意见》（国发〔2015〕54号）提出的电力、石油、天然气、铁路、民航、电信、军工等领域改革试点示范任务。确定第一批中央和地方国有企业试点名单，其中7户企业试点框架方案完成批复。

（三）混合所有制改革举措稳步落地，由先试先行向面上展开推进

混合所有制改革制度框架基本建立后，中央企业按照制度精神持续推进混合所有制改革探索，工作重心由改革试点转向面上推开。截至2016年底，中央企业混合所有制企业户数达到36317户，占中央企业总户数的68.9%，较2015年底提升1.2个百分点。中国石油、兵器工业集团、兵器装备集团、中国中车、恒天集团等多家中央企业制定混合所有制改革方案，不少中央企业通过IPO、上市公司重组整合、投资新设、产权市场增资扩股、并购、转让股权、入股非国有企业、PPP模式等方式开展与各类社会资本的合作。中国石化采用增资扩股和出资新设等方式推进31个混合所有制改革项目，预计可引入非公有资本263亿元；中国黄金等企业将混合所有制改革与PPP等重大投资项目结合起来，服务于地方重点经济建设。

二、综合运用资本市场平台和产权管理手段服务提质增效，在稳增长中发挥重要作用

指导中央企业积极运用股票市场、产权市场、债

券市场三个市场平台和产权管理手段做好增量、盘活存量、主动减量，为实现企业效益恢复性增长作出重要贡献。

(一)充分利用多层次资本市场筹措资金，服务降成本、去杠杆

指导中央企业抓住债券创新品种迭出、交易所债券市场快速发展的有利时机，积极筹措改革发展资金，2016 年发行企业债券、公司债券、银行间债务融资工具 2.3 万亿元，节约财务成本超过 200 亿元，缓解企业资金成本压力，其中发行公司债券近 4000 亿元，较 2015 年翻了一番。同时，指导中央企业密切关注股票市场变化，通过 IPO、增发等多种方式实现股权融资 1275 亿元，充实资本金，降低资产负债率。32 号令印发后，中央企业利用产权市场增资扩股融资 406.6 亿元，拓展新的融资渠道。

(二)优化和创新资源配置方式，提高存量资产利用效率

指导企业采取产权市场公开转让、发行资产证券化产品和可交换债券等方式提升闲置资产利用水平。2016 年，中央企业通过产权市场盘活存量资产 625.6 亿元，平均增值率 11.5%。国家电投等 20 多家中央企业累计发行资产证券化产品 300 多亿元，中化集团子企业发行国内第一单商业房地产抵押贷款支持证券 40 亿元。同时，指导企业利用产权管理手段优化资源配置，批准跨央企集团无偿划转、协议转让、资产置换事项 72 项，涉及净资产额 343 亿元。

(三)灵活运用多种方式处置亏损企业，止住"出血点"

以亏损上市公司专项治理、重点企业脱困和处置"僵尸企业"为抓手推动企业减亏止损。2016 年，中央企业通过产权市场转让亏损企业股权 115 宗，回收资金 255 亿元，减亏 37.6 亿元。指导中央企业制定实施控股 *ST 公司化解退市风险方案，12 户企业通过注入优质资产、剥离不良资产、处置存量资产等方式成功化解退市风险，2 户企业通过资产处置为后续恢复上市奠定基础。中国旅游集团等央企加强与地方的协作，充分发挥各自优势，采取无偿划转等方式处置亏损企业和辅业企业，既精干主业，又扶持地方特色产业。

三、大力优化产权配置，推动供给侧结构性改革取得积极进展

指导中央企业把优化企业产权配置作为企业结构调整、转型升级的重要途径，通过企业产权重组整合提高国有资本运营效率，加快供给侧结构性改革步伐。

(一)以专业化重组为抓手，提升企业内部资源配置效率

积极推动实施战略性重组央企开展内部业务板块的专业化重组，将重组整合落实到位。指导中远集团与中海集团以双方原有 4 个上市公司为平台，在较短时间内完成集装箱运输、码头经营、航运金融业务的优化整合，核心战略资源的配置效率和能力显著提升。指导中央企业以上市公司为平台，通过市场化方式进行资源整合，取得明显成效。中国中铁轨道交通装备制造板块重组上市，涉及净资产规模 200 亿元，促进高端装备制造产业结构优化升级，落实"中国制造 2025"战略；中船重工以风帆股份为平台完成集团公司旗下七大动力资产整合，打造专业化动力业务平台；中国石油、中国五矿利用上市公司平台整合金融业务板块，涉及资产规模近千亿元。

(二)加大企业集团之间相关业务的重组整合力度，在更大范围优化布局结构

针对中央企业产业分布过广、"大而全"的问题，推动企业通过互换上市公司股权、划转相关业务股权建设航材共享平台和煤炭资源整合平台，加强股权合作，实施产业链整合，促进同类业务资源在央企间的优化集聚，完善企业法人治理，防止和减少重复建设。通过划转部分上市公司股权做实诚通集团和中国国新两家国有资本运营公司，发挥国有资本运营公司在推动中央企业布局结构调整及资产重组重点工作中的专业资本运营作用，促进相关中央企业布局结构调整和上市公司优化法人治理结构。指导南方电网与中广核集团围绕国家"一带一路"和清洁能源发展战略，依托各自优势通过股权合作推进东南亚等地区的

电力项目建设，开拓央企抱团出海的新路径。

（三）优化央地间、地区间资源配置，加强国有经济战略协同

截至2016年底，国家电网等中央电网企业通过无偿划转、先代管再划转等方式累计上收地方农电企业1056户，理顺农电产权关系，从根本上破除制约农村电网发展的体制障碍，提高农村电网的供电质量和抗风险能力，补齐农村经济社会发展的一大短板，为农村脱贫攻坚奠定坚实基础。中国旅游集团与河北开展合作，将唐山国丰钢铁划转给河北统一规划运作，实现央企集中精力发展主业和地方企业转型升级的双赢目标，成为央地联手化解过剩钢铁产能的经典案例，得到国务院领导同志的高度肯定。中国石油、中国石化将非主业资产划转给宁夏回族自治区的贫困县，在聚焦主业的同时助力地方脱贫攻坚和民生改善。

四、产权管理工作持续转型，服务大局和中心工作的能力进一步增强

按照以管资本为主加强国有资产监管的要求，持续推动工作转型，夯实基础管理，推进市场功能完善，服务大局和中心工作的能力明显增强。

（一）产权管理工作体系日趋完善，坚决落实管资本的要求

一是管理职责更加清晰。积极适应国资监管新形势新要求，以简政放权为抓手进一步转变产权管理职能，结合32号令和即将印发的上市公司国有股权监督管理办法，系统梳理产权管理职能及工作事项，取消3项、下放8项、授权2项监管事项，并对现行产权管理规章和规范性文件进行全面清理，废止6件，权责边界更加清晰。

二是信息化平台更加完备。在下放审批权限的同时通过信息系统实现动态监控，加强监督。结合32号令的出台，完成企业国有产权交易监测系统的升级工作；同时，加快原有5个专业信息系统整合步伐，建设产权管理信息化工作平台，针对产权形成、运营、流转的关键环节设置事前决策、事中执行、事后管理的全过程监管节点，形成动态监管闭环。

三是队伍建设成效显著。举办中央企业和省级国资委培训班，培训1000余人次。通过案例教学，针对产权管理中的重点难点问题讲解产权管理制度，增强针对性和实用性，培训效果更加突出。

（二）加强产权登记结果运用，产权登记作用进一步发挥

持续开展中央企业产权登记核查，2016年完成对30户企业的核查工作，提升企业产权登记的及时性和准确性，为中央企业结构调整与重组、压减企业户数和处置“僵尸企业”等工作提供依据。指导中央企业努力提升产权登记数据分析应用能力。神华集团、招商局集团等企业以产权登记数据为源头，集合财务管理、人力资源管理、投资管理、项目招投标管理等多个领域数据信息，为相关工作绩效考核提供依据，发挥产权登记在企业经营管理中的决策支撑作用；国家电投将产权登记与公司财务、股权管理信息系统相衔接，实现相关信息集成共享，为企业制定战略规划和优化产业布局等工作奠定基础。

（三）资产评估制度日益扎实，评估管理水平显著提高

出台《关于建立中央企业资产评估项目公示制度有关事项的通知》（国资发产权〔2016〕41号）和《关于加强中央企业评估机构备选库管理有关事项的通知》（国资发产权〔2016〕42号），从加强各利益关联方监督力度、促进评估机构规范执业、发挥评审专家专业作用等方面入手，将资产评估管理工作水平提升至新高度。与中国资产评估协会开展全面业务合作，发挥各自在项目监管和机构监管方面的优势，提高资产评估工作质量和评估机构执业水平。指导中央企业结合工作实际制定评估项目公示和评估机构备选库管理的相关制度文件。国投对持续出现报告质量问题的评估机构采取发送警示函、适时调整出机构库名单等处理措施；航天科工在投资并购项目前期尽调时即开展评估估值工作，发挥资产评估对并购项目定价决策的前置约束和专业支撑作用。2016年，中央企业完成资产评估项目4887项，增值7459.62亿元，平均增值率71.73%，资产评估发现价值、防止流失功能得到有

效发挥。

（四）促进资本市场完善功能、化解风险，更好服务国企改革发展

在产权市场方面，指导产权交易机构按照《中共中央、国务院关于深化国有企业改革的指导意见》中对产权交易市场的资本市场定位，围绕供给侧结构性改革、国有企业“三去一降一补”和提质增效等改革发展任务提升融资和资源配置功能，积极做好自身建设，努力提升服务国企改革发展的能力和水平。明确从事中央企业增资业务的交易机构，优化升级监测系统，将增资业务纳入监测范围。在股票市场方面，加强与证券监管机构的沟通协调，解决各级国资委监管企业控股上市公司壳资源有效利用、通过换股优化国有股权比例、国有企业与控股上市公司资产重组等方面的政策障碍，为国有企业以上市公司为平台实施专业化整合及资本运营创造有利条件。在债券市场方面，加大市场运用力度，促进市场有序发展，高度重视企业债券风险的防控，一方面加强与证监会证券监管部、中国银行间市场交易商协会的信息共享和监管合作；另一方面确定不同类型企业负债警戒线，严格对中央企业集团公司的发债方案进行审核把关，加强对经营困难、资金链较紧张企业的定向指导，督促企业提前制定应对方案，多渠道筹措到期债券兑付资金，防止债券违约事件的发生。

（五）加强研究与分析，信息工作水平显著提升

进一步增强信息工作的政治意识和责任意识，提高综合分析能力和信息报送的敏感性和有效性，信息报送数量和质量明显提高。一方面，结合产权管理信息系统数据，完成《中央企业债券融资情况分析报告》《央企控股上市公司运行情况分析报告》《中央企业产权登记数据汇总分析报告》《中央企业资产交易情况报告》等多个综合性报告。另一方面，紧紧围绕企业深化改革、提质增效、“瘦身健体”等工作，及时挖掘国企国资改革发展新动向、新问题，向国务院、国资委领导上报中央企业持有金融类企业股权有关情况、央企控股境外上市公司资本运作情况及问题、中央企业利用 ETF 盘活存量股权问题、保险资金“举牌”上市公司情况及应对、中国旅游集团与河北省国资委合作处置钢铁产能等多个专题报告，充分发挥信息工作服务领导决策、推动工作进程的重要载体作用。

（审稿人：贾立克　撰稿人：龚利杉）

中央企业财务监督工作

2016 年，国资委和中央企业认真贯彻落实党的十八大及历次全会、中央经济工作会议和国企党建工作会议精神，紧紧围绕各项工作部署和要求，在全力以赴稳增长、积极推进供给侧结构性改革的基础上，不断夯实财务基础管理，强化审计监督和风险管控，稳妥推进各项改革，财务监督工作体系日益创新和完善。

一、综合施策促进提质增效，稳妥推进供给侧结构性改革

（一）持续推进中央企业增收节支

国务院国资委高度重视，国资委领导亲自挂帅，各厅局分工落实，充分发挥好预算、决算、监测闭环管理作用，督促指导中央企业全面推进增收节支。

一是结合财务预算编制指导意见，对成本费用预算管控提出明确要求；结合财务预算审核，重点关注成本费用、人工成本、资金成本、两金压降预算目标的合理性。

二是结合财务决算审核工作，密切关注中央企业成本费用管控及效益联动机制执行情况，以及存在的主要问题。

三是强化动态监测，建立预报分析和定期分析座谈机制，及时跟踪了解企业降本增效措施及成效，编辑整理典型经验和成功做法，加强宣传示范，充分发挥先进企业的引领带动作用，促进中央企业整体降本增效。

四是结合行业特点专题推进，重点做好电信、航空、石油等重点行业提质增效工作。

（二）扎实推进中央企业“两金”压控

在上年工作基础上，深入分析中央企业“两金”压

控难点和重点，研究制定《2016年中央企业"两金"压控工作方案》(国资发评价〔2016〕82号)，要求中央企业结合行业特点和本企业经营管理实际情况，明确清收处置重点，扭住关键环节，针对性制定"两金"压控具体方案，并定期跟踪分析企业压控情况，对部分重点行业开展座谈和督导，及时总结推广先进经验做法。通过"两金"压降工作，中央企业2016年末"两金"占流动资产比重同比下降1.1个百分点，经营活动现金流状况有所改善。

(三)全面推进处置"僵尸企业"

为深入推进供给侧结构性改革，落实"三去一降一补"的工作任务，抓住处置"僵尸企业"这个供给侧结构性改革"牛鼻子"。

一是在全面摸排的基础上，研究确定"僵尸企业"定义和标准，分类界定工作范围。

二是对纳入处置范围的企业全面动员布置，明确目标、任务、要求和验收标准。

三是建立动态跟踪监测机制，及时收集整理典型案例和成功经验，搭建交流平台，并采用座谈会、调研等方式，深入了解企业工作进展和困难，加大督导推进力度。各中央企业积极行动，在确保稳定的同时，完成一批"僵尸企业"处置工作。

(四)大力推动重点企业改革脱困

对一些重点困难企业和亏损大户，建立专项督导工作机制，2016年将10家企业列入改革脱困重点督导名单，指导企业以问题为导向，通过内部业务整合、分流冗余人员、优化体制机制等"内科治疗"强化经营管理，通过债务重组、破产重整、引入战略投资者等"外科手术"改善资本结构，综合施策，标本兼治，促进企业逐步走出困境。通过一系列强有力的措施，10家企业2016年效益同比减亏68%，其中8家企业实现扭亏为盈。

二、探索管理创新，深化全面预算管理

(一)探索出资人预算管理方式，完成2016年财务预算审核

结合国资国企改革，2016年研究探索以管资本为主的出资人预算管理方式，充分发挥董事会及预算管理委员会作用，开展预算董事会沟通和分类前置指导。逐户审核全部中央企业2016年度财务预算，提出促进中央企业稳增长的有关建议并反馈企业。建立重点企业经济效益定期监测分析机制，结合企业月度财务快报，加强对企业预算执行情况的跟踪监测工作，并随财务动态按月反馈企业，按月滚动预测企业效益完成情况，通过重点企业监测和约谈机制，督促企业落实预算审核意见。

(二)提前谋划，布置全面预算管理工作

为更好地发挥全面预算管理的功能，研究印发《关于2017年度中央企业预算编制工作的指导意见》(国资发评价〔2016〕280号)，及时明确2017年度预算编制工作指导思想，修改完善报表及软件，在投资领域、敏感性分析、增收节支、"两金"压降、亏损治理等方面提出新的要求，并进一步完善投资、薪酬等监管报表统一平台、统一部署的预算监管方式，召开视频会议布置2017年预算编制与管理要求。

三、持续改进决算管理方式，增强财务决算功能作用

(一)完成2015年度财务决算审核清算工作

根据分类审核工作要求，研究确定2015年度中央企业财务决算审核重点和关注的问题，建立与决算主审会计师事务所问题沟通机制，提高审核效率效果；逐户核实业绩考核清算结果，撰写决算审核分析报告和批复，分析企业2015年度经济运行和财务绩效变动情况，确认主要经营指标，提出需要整改的问题及要求，并完善问题整改落实结果反馈机制。2015年110家中央企业实现营业总收入22.9万亿元，实现利润总额1.2万亿元，平均国有资本保值增值率105.9%，91家企业实现国有资本保值增值；上缴税金总额2万亿元，占全国财政收入的13%，积极履行社会责任；截至2015年底，中央企业资产总额47.6万亿元。

(二)完成2016年度财务决算布置工作

为做好2016年度中央企业财务决算工作，制定印发《关于做好2016年度中央企业财务决算管理及

报表编制工作的通知》(国资发评价〔2016〕286号),召开决算布置与报表培训视频会,要求企业结合当前宏观经济形势和企业经营发展现状,围绕“三去一降一补”中心任务,充分发挥财务决算功能作用,夯实管理基础,查找管理短板,全面梳理排查、客观分析识别各类风险,研究提出有效的防范措施,加强决算问题整改工作,建立问题清单,实行“销号”制度,强化闭环管理,确保问题整改到位。

(三)开展财务绩效评价工作

一是组织测算并公开出版2016年版企业绩效评价标准值,并收录国际标准和金融企业标准,为社会各界开展企业绩效评价提供服务。

二是推动中央企业开展内部各级子企业财务绩效评价工作,各中央企业在自评的基础上,开展内部各子企业财务绩效、各类重要财务指标的评价分析工作,揭示经营管理短板,提出改进绩效的建议,撰写财务绩效综合评价报告。

三是组织完成全部中央企业2015年度财务绩效评价工作。运用统一测算的标准值,依据经审核的财务决算,对全部中央企业财务绩效进行逐户评价和分析,将评价结果以及需要改进的问题与企业财务部门进行沟通并随决算正式回复企业。

四是组织撰写企业评价结果通报,分析中央企业绩效改进情况、存在的问题以及改进财务绩效的有关要求,印发各企业。

(四)强化财务决算管理功能

一是要求中央企业本着夯实“基本功”、提升“附加值”的原则,着力抓好决算管理工作“五结合”,充分发挥决算管理在夯实经营成果、落实降本增效措施、检查和总结专项工作措施成效、清查核实资产分布结构与运行效率、推动经营管理问题整改等方面的功能。

二是继续坚持问题导向,关注投资回报、“两金”占用、特殊业务和特殊子企业、经营风险等重大事项,及时揭示内部控制薄弱环节,狠抓决算反映问题的督促整改机制。

三是加强决算审计质量管理,推动承担决算审计任务的中介机构不仅关注会计信息质量,还应关注直接影响企业健康发展的重大经营事项。

四、强化企业动态监测工作,完善数据共享机制

(一)紧密结合经济形势,深入开展企业动态监测工作

针对复杂多变的经济形势,紧扣提质增效主题,深入开展企业动态监测工作,实现财务快报提前收集和中央企业全级次报送,建立效益指标预报和快报质量通报机制,快报内容根据监管工作重点设计修改,报表结构得以优化,突出动态监测工作时效性、针对性和有效性;快报分析重点从集团延伸到重点子企业,突出收入、效益、成本费用、负债、现金流、应收账款、存货等重点指标及改进措施的多维度分析,重点关注盈亏大户效益波动原因与影响,组织撰写月度和季度动态监测分析,以及重点企业、重点行业效益专项报告。

(二)推进统计报表整合,建立数据共享机制

为更好发挥数据基础支撑作用,对国资委各类业务监管报表进行系统梳理和分布整合,按照“统一报表管理,提高工作效率,满足监管需要,减轻企业负担”的工作思路,进一步加大整合力度,实现财务、投资、薪酬、考核、资本收益等监管数据的统一管理,推动报表整合工作向管理型、时效性和主动性转变。完善“国有企业财务统计数据网络查询系统”,构建国资监管大数据,深化国资委财务数据共享机制,实现关于中央企业、地方监管企业、国资委系统监管企业和全国国有企业2003—2015年度主要财务指标等公共数据查询功能,以及中央企业成本费用、固定资产投资、人工成本、国有资本收益等专项业务数据查询功能,实现财务、监管数据的互联互通。

五、积极推进国企国资改革,做好政策协调服务

(一)成功设立两大“国家级”基金

为贯彻落实党中央、国务院决策部署,深化国有企业改革,探索管资本为主加强国资监管,促进中央企业结构调整和转型升级,增强整体运营能力,国资委指导帮助中国国新控股有限公司、中国城通控股集团有限公司等2家国有资本运营公司充分研究论证,积极沟通协调有关中央企业和部门,牵头设立两大

"国家级"基金。其中,中国国有资本风险投资基金于2016年8月18日成立,总规模按2000亿元设计,首期规模1000亿元;中国国有企业结构调整基金于2016年9月26日成立,总规模按3500亿元设计,首期募集资金1310亿元。

(二)完成国有企业违规经营投资责任追究指导意见制定工作

为落实十八届三中全会"加强经营投资责任追究"改革举措,牵头研究制定《关于建立国有企业违规经营投资责任追究制度的意见》(国办发〔2016〕63号),指出责任追究制度和工作体系建立的任务目标,明确十大方面54种需追究责任的情形,并对资产损失认定、经营投资责任认定、责任追究处理、责任追究工作的组织实施和工作要求等方面提出要求,旨在通过制度安排进一步防范国有资产流失。

(三)积极推动中央企业总会计师委派工作

根据改革工作进展安排,稳步开展扩大委派试点范围。一是2016年向16家中央企业委派总会计师。二是建立总会计师约谈和交流机制,及时推广先进做法和经验。三是进一步完善委派总会计师职责管理办法,建立总会计师履职责任书制度,并研究起草相关配套管理制度。

(四)组织开展各项财税政策协调工作

一是跟踪了解建筑等行业"营改增"实施过程中出现的问题,协调财税部门提出政策建议。二是与财政部、住建部、银监会等沟通协调,各方全力推动保证金制度改革,2016年6月国务院办公厅印发《关于清理规范工程建设领域保证金的通知》(国办发〔2016〕49号)。三是会同发改委推动中央煤电企业加强中长期合作,联合印发《关于加强市场监管和公共服务 保障煤炭中长期合同履行的意见》(发改运行〔2016〕2502号),为煤炭中长期购销合同的签订和履行提供保障。

六、深入开展审计监督,持续加强各类风险管控

(一)稳步开展经济责任审计

一是坚持离任必审、重组必审与任期审计相结合,按计划组织开展10家中央企业负责人经济责任审计工作。二是改进经济责任审计工作机制,组织召开国资委经济责任审计领导小组会议,完善经济责任审计报告汇报制度,形成工作合力,调整改进经济责任审计报告内容形式,进一步增强报告可用性。三是研究制定和完善经济责任审计项目政府采购等相关工作规范,进一步规范和强化经济责任审计工作组织。四是强化国资委经济责任审计联动机制,科学合理制定审计计划和审计重点,加强审计成果共享,努力实现一次审计解决多个问题,提高审计工作的针对性和审计工作效率。

(二)加强对中央企业内部审计工作指导

为切实发挥内部审计在推动依法治企、合规经营和提质增效、转型升级等方面的价值创造和保障监督作用,促进中央企业不断强化内部监督,制定印发《关于进一步加强中央企业内部审计工作的通知》(国资发评价〔2016〕48号),从充分认识内部审计的重要意义,不断完善内部审计工作体制机制,有效发挥内部审计功能作用,进一步突出内部审计工作重点,切实加强审计问题整改落实,持续提升内审队伍能力水平等六个方面提出要求。对当前和今后一段时期中央企业内部审计工作提出明确要求。

(三)完善监督问题督促整改机制

对审计、巡视、监事会发现和移交问题,按照"资金资产损失未追回不放过、责任人未追究处理不放过、长效机制未建立健全不放过"的原则,逐户跟踪落实,逐项评估整改效果,健全问题整改闭环管理体系。根据分类处理的原则,重大问题逐项核实有关情况并督促企业整改落实,一般问题随决算批复、审计意见一并要求企业落实整改,并探索组织对部分企业经济责任发现问题整改落实情况开展跟踪审计,促进问题整改落实,健全审计监督工作闭环管理体系,提升审计监督工作权威性、有效性。

(四)继续做好大宗商品贸易业务风险防范处置

一是结合2015年度决算对中央企业融资性贸易业务进行专项审核,再次全面排查大宗商品贸易业务,并对日常监督过程中新发现从事融资性贸易业务的企业以及风险敞口大幅扩大的企业,汇总典型案

例，分批在中央企业进行通报，以达到教育和警示作用。二是对个别融资性贸易业务风险形势依然严峻的企业进行跟踪督导，跟踪企业落实处理情况。

为提升中央企业财务监督工作水平，国资委坚持不断增强服务意识，做好税收、财金等政策的沟通协调工作，帮助企业做好重大经营事项的应急处理，促进中央企业做强做优、科学发展。

（审稿人：邬红兵　撰稿人：郭　彧）

全国国有企业资产与财务状况分析

2016年，全国国资委系统监管企业①（以下简称"国资系统监管企业"）认真贯彻落实党中央、国务院决策部署，牢固树立新发展理念，以提高质量和效益为中心，以推进供给侧结构性改革为主线，奋力拼搏，攻坚克难，各项工作扎实推进，实现"十三五"良好开局，为国民经济持续健康发展作出积极贡献。

一、企业运行企稳向好，营业收入规模平稳增长

2016年，国资系统监管企业密切跟踪市场变化，努力提升市场份额，重点行业保持稳产稳销，扭转收入下滑的局面，实现增长目标，全年实现营业收入43.7万亿元，比上年增加2.1万亿元，增长5%。从隶属关系看，中央企业实现营业收入23.3万亿元，比上年增长2.1%，占53.4%，有55家企业营业收入超过千亿元，其中有3家企业超过1.5万亿元；地方监管企业实现营业收入20.3万亿元，比上年增长8.5%，占46.6%，其中实现营业收入超过万亿元的地区有6个。2016年美国《财富》杂志公布的世界500强企业中，有66家国资系统监管企业上榜，其中，中央企业有48家上榜，有3家企业入围前五名；地方监管企业有18家上榜。

单位:亿元

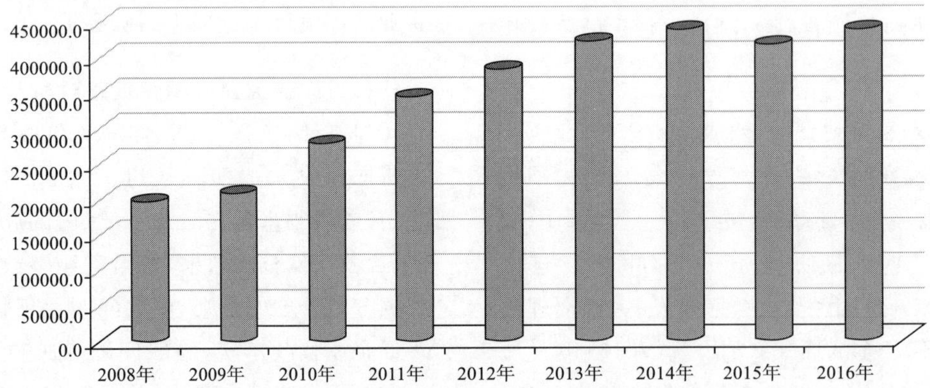

图1　2008—2016年国资系统监管企业营业收入变化

二、国有资本总量平稳增长，保值增值任务圆满完成

国资系统监管企业着力做强做优主业，坚定不移发展实体产业，扩大经营积累，加大有效投资，国有资本规模继续壮大，国有资本盈利质量保持平稳。2016年，国资系统监管企业国有资本总量合计31.8万亿元，比上年增长14.4%，其中：企业经营积累增加1.3万亿元；因国家追加投资、资本溢价、无偿划入等客观因素增加3.1万亿元；因无偿划出、自然灾害损失、上

① 全国国资委系统监管企业包括国务院国资委监管企业和地方各级国资委监管企业。

缴国有资本经营收益等客观因素减少 0.8 万亿元。扣除客观增减因素后，2016 年国资系统监管企业平均国有资本保值增值率为 103.5%。从隶属关系看，中央企业 2016 年末国有资本总量 11.2 万亿元，比上年增长 2.7%，平均国有资本保值增值率为 104.9%，高于国资系统监管企业平均水平 1.4 个百分点，有 22 家企业保值增值率超过 110%；地方监管企业 2016 年末国有资本总量 20.6 万亿元，比上年增长 22%，平均国有资本保值增值率为 102.6%。

三、经济效益扭转下滑局面，实现恢复性增长

2016 年，国资系统监管企业加大"瘦身健体"，提质增效工作力度，深入开展"成本管控、效益否决"专项行动，全年实现利润总额 23960.3 亿元，比上年增加 3082.8 亿元，增长 14.8%；实现净利润 17351 亿元，比上年增长 16.6%，其中，归属于母公司所有者的净利润 10654.6 亿元，比上年增长 14.9%。2016 年，实现盈利的企业有 8.5 万户，盈利面 63.6%；实现利润比上年增加的企业有 7.4 万户，占全部国资系统监管企业的 55.6%。从隶属关系看，中央企业实现利润 12356.8 亿元，比上年增长 0.7%，占 51.6%，其中实现盈利的企业有 97 家，利润超过 100 亿元的企业有 37 家；地方监管企业实现利润 11603.5 亿元，比上年增长 34.8%，占 48.4%，其中实现利润超过 100 亿元的地区有 18 个。从行业看，建筑、交通运输等行业经济效益保持较快增长态势，交通运输企业实现利润 2804.6 亿元，同比增利 740 亿元，增长 35.8%；建筑施工企业实现利润 2639.6 元，同比增利 220.1 亿元，增长 9.1%。电力、通信等行业效益贡献保持稳定，电力企业发电量和售电量基本稳定，实现利润 5169.2 亿元，占实现利润总额的 21.6%；邮电通信企业实现利润 3796.6 元，占实现利润总额的 15.9%。此外，2016 年地方监管金融企业实现利润 3668.7 亿元，占全部地方监管企业实现利润的 31.6%。

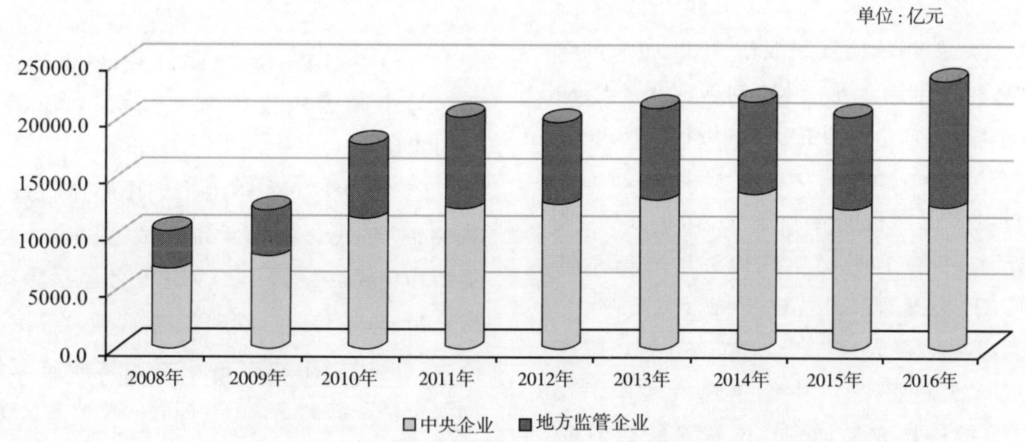

图 2　2008—2016 年国资系统监管企业利润构成及变化

四、职工队伍保持稳定，薪酬水平小幅增长

2016 年，国资系统监管企业在提供社会就业机会、提高职工工资水平的同时，更加注重提高职工队伍整体素质和增加职工福利保障。2016 年，国资系统监管企业从业人员数 3048.9 万人，比上年减少 45.8 万人，下降 1.5%；年末职工人数 2815 万人，同比增长 0.9%。从隶属关系看，中央企业年末职工人数 1294.7 万人，比上年下降 4.3%，占国资系统监管企业职工人数的 46%；地方监管企业年末职工人数 1520.3 万人，比上年增长 2.1%，占比 54%。2016 年，国资系统监管企业实际发放职工工资总额 2.4 万亿元，比上年增长 9.5%；职工人均工资 8.6 万元，比上

年增长 7.9％。2016 年，国资系统监管企业为职工缴纳“五险一金”共计 7380 亿元，比上年增长 7％，其中，基本养老保险 3369.7 亿元，比上年增长 4.8％，基本养老保险覆盖面（参加保险职工人数占年末职工人数的比例，下同）为 93.4％；基本医疗保险 1454.8 亿元，比上年增长 7.7％，覆盖面为 95.4％；失业保险 179.1 亿元，覆盖面为 90.7％。此外，2016 年国资系统监管企业为离退休人员支付养老金及福利性补助 690 亿元，与上年基本持平。

五、社会贡献进一步扩大，努力实现综合价值最大化

2016 年，国资系统监管企业实际上缴税费总额 3.2 万亿元，上缴国有资本收益 3312.9 亿元，两者合计占全国财政收入的 21.9％。从隶属关系看，中央企业上缴税费总额 19368.5 亿元，占国资系统监管企业上缴税费总额的 61.3％，其中上缴税费超过百亿元的企业有 37 家，比上年增加 2 家；地方监管企业上缴税费总额 12234.6 亿元，占 38.7％。2016 年，国资系统监管企业坚持实施创新驱动发展战略，不断加强创新能力建设，提高科技创新水平，科技创新成果不断涌现。2016 年，国资监管企业科技支出共计 7018.9 亿元，比上年增长 6.8％。截至 2016 年底，国资系统监管企业拥有自主知识产权的专利数量 70.9 万项，其中，2016 年新增 14.4 万项。“第四代移动通信系统关键技术与应用”获得国家科技进步特等奖，神州十一号载人飞船成功对接天宫二号，ARJ21－700 国产支线飞机完成首次商业飞行，中低速磁浮列车正式投入运营，一大批科技成果涌现。国资系统监管企业在保持生产经营稳步发展的同时，牢固树立可持续发展理念，加强安全生产管理，加大环境保护投入力度，推动技术改造，大力推进节能减排，更好地实现绿色、可持续发展。2016 年，国资系统监管企业支出的安全生产费用 1438.3 亿元，支出的节能减排费用 355.2 亿元，支出的环境保护及生态恢复费用 544.1 亿元。

（审稿人：邬红兵　撰稿人：王友叶）

中央企业兼并重组工作

2016 年，国务院国资委按照党中央、国务院关于深化国有企业改革的战略部署，积极稳妥推进中央企业兼并重组。通过强强联合式重组、专业化资源整合、企业间业务合作、对外并购等多种方式，推动国有资本向重要行业和关键领域集中，中央企业资源配置进一步优化，竞争实力进一步增强。

一、稳妥推进中央企业重组

2016 年，推动完成港中旅集团与国旅集团、中粮集团与中纺集团、中国建材与中材集团、宝钢与武钢、中储粮总公司与中储棉总公司 5 对 10 家中央企业重组，加上新成立的中国航空发动机集团，中央企业由 106 户调整至 102 户。

（一）中国港中旅集团公司（以下简称“港中旅集团”）与中国国旅集团有限公司（以下简称“国旅集团”）重组

国旅集团 2004 年由中国国际旅行社总社与中国免税品（集团）总公司重组而成，是国内最大的旅行社集团和免税品运营商。主营业务包括旅行服务、免税品经销、旅游综合项目开发与管理、客运交通、电子商务等。港中旅集团主营业务包括旅游文化、房地产、物流贸易和旅游金融等，拥有 100 多家旅行社、130 余家酒店、15 家自然及人文景区。

港中旅集团与国旅集团的重组方式为将国旅集团整体无偿划转并入港中旅集团，成为其全资子公司。重组后的港中旅集团更名为中国旅游集团公司，总部设在中国香港特区。

两家企业都是我国旅游行业龙头企业，重组具有重要意义。一是有利于推动我国旅游产业健康发展。重组能够打造国内最大的旅游龙头企业，进一步提升行业集中度，通过整合行业资源，形成强有力的产业

推动力，带动我国旅游业健康快速发展，为我国打造旅游强国提供有力支撑。二是有利于打造具有更强竞争实力的综合性旅游集团。两企业重组，将进一步增强规模实力，并通过内部资源整合，实现业务、市场、人力、客户、品牌等资源共享和优势互补，推动中央旅游企业做强做优做大，加快打造产业链条更加完整、旅游主业实力更强、业务协同优势明显的综合性旅游集团。三是有利于更好地发挥港中旅集团“在商言政”作用。通过整合国旅集团在港业务，有利于港中旅集团更好地为香港地区经济社会发展提供服务，将中央对香港的政策落到实处，从而提升企业“在商言商、在商言政”的能力。四是有利于更好贯彻落实“一带一路”国家战略。两家企业重组，国际化经营能力将显著提升，能够更好地发挥中央旅游企业在“一带一路”建设中的作用，为落实“一带一路”战略提供“软实力”保障。

（二）中粮集团有限公司（以下简称“中粮集团”）与中国中纺集团公司（以下简称“中纺集团”）重组

中粮集团成立于1949年，主营业务包括食品及相关包装制品加工、制造及销售，粮油糖等农产品贸易、加工、期货、物流及相关服务，酒店、房地产开发经营，土产、畜产品加工、制造及销售。中纺集团成立于1951年，主营业务包括纺织原料、纺织品，油料贸易及物流，相关产品研发及生产。

中粮集团与中纺集团的重组方式为将中纺集团整体无偿划转进入中粮集团，成为其全资子公司，不再作为国资委直接监管企业。

两家企业协同性较强，实施重组对于做强做优做大、更好贯彻落实国家粮食安全战略具有重要意义。一是有利于实现优势互补，打造具有国际竞争力的世界一流企业。两企业业务关联度高，重组能够有效避免同业竞争、重复投资，实现战略协同，加快打造世界一流企业。二是有利于服务国家宏观调控，提升粮油安全保障能力。重组有助于企业进一步完善覆盖全球主要产销地区的粮食经营网络，提高企业物流保障能力、综合加工能力和市场覆盖能力，对国家宏观调控和粮油安全保障提供有力支持。三是有利于深化国有资本投资公司试点改革，优化国有资本布局结构。重组能够进一步发挥中粮集团作为国有资本投资公司平台作用，推动产业集聚，强化核心主业，加快转型升级，不断深化国有资本投资公司试点工作。

（三）中国建筑材料集团有限公司（以下简称“中国建材”）与中国中材集团有限公司（以下简称“中材集团”）重组

中国建材前身为中国新型建筑材料（集团）公司，于1984年成立，2005年重组中国建筑材料科学研究院和中国轻工机械总公司，2009年更名为中国建筑材料集团有限公司。主营业务包括建材产品及装备制造、相关工程技术研究与服务、建材贸易与物流。中材集团成立于1983年，前身为中国非金属矿工业公司。主营业务包括非金属材料制造、非金属材料工程及装备制造、非金属矿勘探采选及加工。

中国建材与中材集团的重组方式为中国建材更名为中国建材集团有限公司，作为重组后的母公司，将中材集团整体无偿划转进入新公司，成为其全资子公司，不再作为国资委直接监管企业。

两家企业重组，一是有利于企业做强做优做大，加快培育具有世界水平的跨国公司。重组后的新集团在水泥、商品混凝土、玻璃纤维、风电叶片等领域产能将达到世界第一，在国际水泥工程和余热发电市场的领先地位将得到进一步巩固。通过深入整合、技术创新等举措，将进一步推动企业降本增效，有效提升规模实力和竞争能力，加快成为世界一流的综合性建材集团。二是有利于减少重复投资、过度竞争，提高企业发展质量效益和水平。两家企业在新材料研发等领域各自为战、重复投入，导致研发力量分散，难以形成合力；在国际工程等领域，产业布局、经营模式、目标客户趋同重叠，存在一定程度的过度竞争问题。通过重组将进一步推动资产、业务、管理的深度融合，品牌、渠道、研发的合作共享，切实优化布局结构、提质增效。三是有利于调整产业结构、推进转型发展，更好落实供给侧结构性改革。两企业重组，可通过关闭低端生产线、淘汰低标号水泥等措施，有效推进水泥去产能。同时，进一步整合科研力量，扩大有效和高端供给，引领行业实现转型升级。四是有利于服务“一带一路”等国家战略，推动装备“走出去”和国际产能合作。中央建材企业是落实“一带一路”战略、推进国际产能合作的重要主体。两企业重组，将进一步优化全球业务布局和服务网络，打造建材领域的国际新名片，更好助推“一带一路”战略实施。同时，两企业在产业链上各有优势，重组将完善海外建材装备、工程、制造、仓储、物流服务体系，有利于协同开展国际工程建设，加快我国建材产能和装备“走出去”。

（四）宝钢集团有限公司（以下简称“宝钢”）与武汉钢铁（集团）公司（以下简称“武钢”）重组

宝钢前身为上海宝山钢铁总厂，始建于1978年，2005年更名为宝钢集团有限公司。近年来，曾先后重组八一钢铁、宁波钢铁、韶关钢铁等地方钢铁企业。武钢前身为武汉钢铁公司，始建于1955年，是新中国第一个特大型钢铁企业。近年来，先后重组鄂钢、柳钢、昆钢等地方钢铁企业。

宝钢与武钢实施联合重组，具体路径为宝钢先更名为中国宝武钢铁集团有限公司，作为重组后的母公司，注册地不变，将武钢整体无偿划入。

两家企业都是我国钢铁行业的骨干企业，为我国国民经济发展作出重大贡献，实施重组具有重要意义。一是落实钢铁“去产能”、推动供给侧结构性改革的必然要求。两企业重组，有利于优化产业结构，提升产业集中度，统筹平衡内部产能，加快淘汰低效落后产能，推动钢铁产业转型升级和供给侧结构性改革。二是优化资源配置、推动中央企业提质增效的迫切需要。两企业产品结构趋同，区域布局重叠，目标客户相同，同质化发展问题突出。实施重组，能够在重点产品、技术研发、销售网络、业务布局、采购管理、物流体系等多领域产生显著的协同效应，有利于减少重复投入，降低运营成本，为中央企业打好提质增效攻坚战作出贡献。三是做强做优做大、加快培育世界一流企业的有效途径。两企业重组，在碳钢领域，高端产品的产量将增长到3000万吨，具备与韩国浦项和日本新日铁住金等世界一流企业相抗衡的实力。重组有利于集中资源开发应用前沿技术，进一步提升战略产品的技术研发能力、市场主导权和定价话语权，扩大战略产品市场份额，打造具有技术研发优势的大型钢铁集团，为提升我国钢铁工业的国际竞争力和影响力作出贡献。

（五）中国储备粮管理总公司（以下简称“中储粮总公司”）与中国储备棉管理总公司（以下简称“中储棉总公司”）重组

中储粮总公司成立于2000年，负责中央储备粮油经营管理，执行政策性粮油收储、销售、调拨及进出口等调控任务。中储棉总公司成立于2003年，负责国家储备棉的经营管理，拥有棉花进口经营权。

中储粮总公司与中储棉总公司的重组方式为中储棉总公司以无偿划转的方式整体划入中储粮总公司，成为其全资子公司，不再作为国资委直接监管企业。

两企业重组，一是有利于做强做优做大中央企业，加快培育具有更强实力的中央储备集团。通过粮、棉、油储备的横向联合，有利于提高产业集中度，加快打造集粮棉油收购、储备、物流、加工为一体的大型企业集团，充分发挥中央企业作为“国家队”的主导作用。二是有利于资源优化配置，有效提升企业发展的质量和效益。重组有利于实现两企业在物流体系、购销网络等方面的互联互通、资源共享，推动优质资源的集聚和存量资产的优化利用，发挥规模效应和整体优势，产生“1＋1＞2”的效果。三是有利于完善国家为农服务体系，增强对粮棉油市场的宏观调控能力。重组有利于企业统筹协调开展粮棉油储备管理和吞吐调节业务，提高服务宏观调控的能力和效率，能够更好地完成粮棉油市场宏观调控任务。

二、大力推进中央企业之间的资源整合与合作

2016年，国资委通过资产重组、股权合作、资产置换、战略联盟等方式，积极探索推动中央企业之间资源整合与合作，不断提高中央企业运行效率。

（一）推动中航工业将房地产业务整合至保利集团

2016年，中航工业的房地产业务涉及资产规模1000亿元、年收入200亿元、利润20亿元、人员2000人。由于该板块不是企业主业，在激烈的市场竞争中发展受限、形势严峻，而保利集团综合实力雄厚，在房地产业务领域具有较强的竞争优势。在上述背景下，

国资委推动中航工业聚焦航空主业，将房地产业务整合至保利集团，进一步推动资源向企业主业配置、向优势企业集中。

两企业开展房地产业务整合，有利于中航工业"瘦身健体"、聚焦主业，有利于保利集团发挥优势、推进国有资本投资公司试点。对于优化调整国有资本布局结构，加快推进中央企业产业重组合作整合，切实解决中央企业存在的同质化发展等问题具有重要的示范意义。

(二)设立中央企业煤炭资产管理平台公司，推动中央企业煤炭业务整合

2016 年 7 月，国资委组织中国国新、中煤集团、神华集团、诚通集团 4 家企业按 36 : 29 : 20 : 15 股比，出资组建中央企业煤炭资产管理平台公司即国源时代煤炭资产管理有限公司(以下简称"国源公司")，加快推进中央企业煤炭资源整合。国源公司成立以来，在国资委组织协调下，按照市场化、法制化、企业自愿的原则，经调查研究、充分协商，通过资产划转、委托管理等方式，截至 2016 年底，完成国投和中国铁工煤炭业务板块移交整合工作，初步探索出一条涉煤中央企业煤炭资源整合优化途径。

三、全面梳理分析中央企业并购有关情况

梳理企业上报材料，形成《2016 年中央企业并购情况分析报告》，对中央企业并购进行总结分析。

(一)总体并购规模持续减少

与全球并购市场的整体活跃相比，2016 年中央企业总体并购规模延续自 2013 年以来的下降趋势，实施并购 230 宗，同比下降 15.44%；交易总金额 1229 亿元，同比下降 22.61%。

(二)海外并购量升规模减，区域分布偏向欧亚

2016 年，有 22 户中央企业实施 41 宗海外并购交易，比 2015 年增加 9 宗；交易金额 554.99 亿元，同比下降 45.67%；海外并购总体占比为 45.17%，低于 2015 年的 64.33%。从区域分布来看，被并购方企业主要集中在欧洲和亚洲，交易金额分别占比 61.19%、19.51%。南美洲、北美洲和大洋洲的并购金额及并购数量占比较低。

(三)并购方式以横向并购为主

中央企业并购的类型分为三类，即实施同类业务整合的横向并购、向产业链上下游延伸的纵向并购、多元化的混合并购。从交易数量和交易规模看，2016 年，中央企业并购方式以横向并购为主，实施横向并购交易 170 宗，占比 73.91%；交易金额 1011.5 亿元，占比 82.28%。

(四)并购资金以自有资金为主

从交易金额看，2016 年中央企业以自有资金支付并购金额总计 644.14 亿元，占比 52.43%，比 2015 年增加 10 个百分点。从交易数量看，采用自有资金实施并购 202 宗，占比 87.83%，比 2015 年高出 24.5 个百分点。

(审稿人：白英姿　撰稿人：王晓方)

中央企业董事会试点进展情况

2016 年，国务院国资委按照习近平总书记"坚持党对国有企业的领导是重大政治原则，必须一以贯之；建立现代企业制度是国有企业改革的方向，也必须一以贯之"的要求，积极推进中央企业董事会建设工作。建设董事会企业范围进一步扩大，董事会结构进一步优化，运作效率进一步提升，发挥作用进一步增强。

一、董事会建设稳步推进

(一)建设董事会中央企业范围不断扩大，公司法人治理结构进一步完善

按照党中央、国务院对中央企业完善现代企业制度、健全国有企业法人治理结构的部署要求，国务院国资委结合企业发展实际，进一步扩大建设董事会中央企业范围。2016 年，新增中国航空发动机集团有限公司等 7 家中央企业列入建设董事会企业范围，建设董

事会企业总数达到85家，占中央企业总户数的83%。同时，根据外部董事配备和到位情况，先后在中国航空发动机集团有限公司等6家企业召开董事会启动会议，有关领导为上述企业的外部董事颁发聘书并讲话，为下一步董事会规范有效运作，充分发挥战略引领、科学决策、推动发展、防控风险等作用奠定坚实基础。

（二）董事会结构不断优化，外部董事队伍建设进一步加强

进一步加强外部董事队伍建设。按照习近平总书记"对外部董事要精心挑选，首先看政治素质，然后必须是专业化的，并且要严格管理并进行决策失误问责追责"的要求，按照业务相关、专业完备、结构互补、新老搭配等原则，根据出资人需要和企业改革发展实际，在选聘外部董事时，注重听取企业意见和需求，精心选配，不断调整优化外部董事配备。2016年为32户企业选配外部董事105名。

广开渠道，拓宽高素质外部董事来源。结合中央企业发展需求，积极面向中管金融企业、地方国有企业、境外企业和民营企业寻找高素质外部董事人选，充实到外部董事人才库。

二、相关改革举措取得积极进展

（一）完善董事会、董事评价制度

对于习近平总书记在全国国有企业党建工作会议上指出的一些外部董事"只拿钱、不理事，只投票、不担责"的问题，深入分析其根源，在对董事的评价中强化"抓发展、促改革"的评价导向，强化考评结果运用，提出切实可行的措施，切实解决外部董事履职动力不足等突出问题。研究出台《中央企业董事会及董事评价暂行办法》（国资党委干一〔2016〕187号），提出实行董事会及董事述职质询、建立董事履职台账、推行外部董事独立报告制度、开展董事会重大决策专项评估等新举措，引导企业董事会、董事在风险可控的前提下，更多支持经理层抓发展、促改革、增效益，强化勇于担当、积极作为的导向。

进一步加强对董事会、董事的评价工作。2016年，对到达评价周期的58户中央企业、257名外部董事开展董事会、董事评价工作，对董事会运行情况和外部董事履职情况进行分档。充分发挥评价结果"指挥棒""风向标"作用，相关评价结果逐一向企业反馈，并督促企业召开专题董事会会议进行研究，提出整改方案。结合企业董事会换届，对个别评价得分不高的外部董事及时进行调整，不断增强董事会功能。

（二）积极推进落实董事会职权试点工作

为认真落实《中共中央、国务院关于深化国有企业改革的指导意见》提出的"要切实落实和维护董事会依法行使重大决策、选人用人、薪酬分配等权利"精神，在认真总结新兴际华等4家企业前期试点工作经验基础上，研究制定《关于落实中央企业董事会职权试点工作的意见》。坚持放管结合，统筹处理好增强活力和强化监管的关系，合理确定试点条件，为进一步扩大试点范围，落实董事会的中长期发展战略规划权、高管人员选聘权、业绩考核权、薪酬管理权、工资总额备案制管理、重大财务事项管理权等6项职权奠定基础。

三、董事培训沟通工作持续加强

（一）注重董事培训，进一步增强中央企业董事履职能力

2016年9月，围绕"供给侧改革与国际商务"专题，组织完成两期国资委—清华大学董事课程培训班。建设董事会中央企业的董事、董秘、专职外部董事等共计200余人次参加培训。6月和10月，分别举办两期董事会运作实务专题培训和新加坡淡马锡董事会运作实务交流活动，有关中央企业董事、董秘和拟任外部董事的有关人员84人参加培训。通过专业化、高质量的培训，提升参与培训董事的专业履职能力，培训工作和培训内容得到参与培训董事、董秘的高度评价。

（二）强化与央企董事沟通工作，组织完成两次董事沟通会

先后两次组织召开董事沟通培训会。邀请国务院国资委综合局局长刘南昌，国际金融中心协会主席、上海国际金融学院院长陆红军分别作了题为"中央企业提质增效工作有关要求"和"多重时代的金融创新与领导力"的专题报告。邀请国务院国资委副秘书长彭华岗作了题为"深化国企国资改革"的专题讲座，并与董事进行沟通交流。两次沟通培训会，中央企业外部董事、董事会秘书及国务院国资委有关厅局近400人参加会议。通过沟通培训会，国务院国资委一方面了解掌握外部董事履职尽责的相关情况，另一方面将国企国资改革发展的重点工作要求及时传递给外部董事，较好体现出资人意图。

（审稿人：杜　量　苏云成　撰稿人：冯伟林　李永超）

国有企业解决历史遗留问题进展情况

2016年，国资系统深入贯彻落实党的十八大和十八届三中、四中、五中、六中全会精神，全面深化国资国企改革，按照党中央、国务院的决策部署和要求，剥离国有企业办社会职能和解决历史遗留问题工作扎实推进，取得积极进展。

一、加快推进剥离国有企业办社会职能和解决历史遗留问题工作

（一）高度重视，认真贯彻落实党中央、国务院决策部署

有关部门深入贯彻习近平总书记系列重要讲话精神，认真落实李克强总理、刘延东副总理、马凯副总理、王勇国务委员等中央领导同志重要指示精神，统一思想，提高认识，把加快剥离国有企业办社会职能和解决历史遗留问题作为深化国企国资改革的前提和重要内容，作为供给侧结构性改革的重大举措，作为国有企业"瘦身健体"、提质增效的重要措施，凝心聚力，扎实推进剥离国有企业办社会职能和解决历史遗留问题工作。

按照中央全面深化改革领导小组工作部署，在国务院国有企业改革领导小组统一领导下，国资委、财政部等有关部门认真调查研究，多次反复修改，研究起草加快剥离国有企业办社会职能和解决历史遗留问题工作方案。2016年3月，《国务院关于印发加快剥离国有企业办社会职能和解决历史遗留问题工作方案的通知》（国发〔2016〕19号，以下简称"国发19号文件"）正式印发，对加快推进国有企业职工家属区"三供一业"分离移交、剥离国有企业办医疗教育等公共服务机构、退休人员实行社会化管理、推进厂办大集体改革、集中解决少数国有大中型困难企业问题等剥离国有企业办社会职能和解决历史遗留问题工作，明确时间安排、政策措施以及工作分工，并提出具体的保障措施。

各级地方党委政府按照党中央、国务院的决策部署和要求，高度重视，精心组织，层层落实责任，统筹谋划，创新工作方式方法，及时化解矛盾问题，积极稳妥推进剥离企业办社会职能和解决历史遗留问题。部分地方党委政府主要领导亲自推动、周密部署。

（二）加强工作组织，完善工作机制

按照国发19号文件要求，在国务院国有企业改革领导小组统一领导下，成立剥离国有企业办社会职能和解决历史遗留问题专项小组，由国务院国资委、财政部、中央组织部、发改委、教育部、公安部、民政部、人力资源和社会保障部、住房城乡建设部、卫生计生委、银监会、国防科工局等部门组成，国务院国资委主任肖亚庆任组长、国务院国资委副主任孟建民和财政部部长助理许宏才任副组长，专项小组下设办公室，国务院国资委党委委员、总会计师沈莹兼任办公室主任。制定《剥离国有企业办社会职能和解决历史遗留问题专项小组工作规则》和《剥离国有企业办社会职能和解决历史遗留问题专项小组办公室工作细则》。组织召开全国国有企业"三供一业"分离移交工作视频会议，动员部署在全国全面推进国有企业"三供一业"分离移交工作，各省（区、市）政府及有关部门、各地市政府及有关部门、中央企业和地方国有企业集团公司及所属企业负责人1万多人参加会议。

各地国有企业改革领导小组积极组织推动剥离国有企业办社会职能和解决历史遗留问题工作，成立剥离国有企业办社会职能和解决历史遗留问题专项机构，制定本地区剥离国有企业办社会职能和解决历史遗留问题工作方案和实施办法，一些省（区、市）将此项工作纳入对地市政府的考核体系。有关地市政府相继出台“三供一业”维修改造标准和具体操作办法。

中央企业集团公司高度重视，精心组织，制定具体实施方案，明确责任，抓住机遇，积极推动所属企业做好剥离国有企业办社会职能和解决历史遗留问题工作。有关中央企业集团公司成立剥离国有企业办社会职能和解决历史遗留问题专项机构，一些中央企业集团公司将此项工作纳入对所属企业的经营业绩考核。哈电集团已基本完成职工家属区“三供一业”分离移交。中车集团剥离医疗机构已完成 94%，“三供一业”分离移交已完成或签订协议的达到 70%左右，厂办大集体改革任务完成过半。

国家电网、南方电网两家电网公司作为“三供一业”供电接收主体的中央企业，树立大局意识，认真落实中央要求，高度重视供电设施接收和改造工作，成立相应的领导小组，建立工作机制，出台工作方案，制定比较详细的工作计划，组建省、市、县三级供电接收实施机构，规范移交接收工作程序，主动与移交企业对接，在已对接的供电项目中，完成分离移交或签订协议的超过 50%。

（三）研究制定配套政策，完善政策体系

2012 年以来，在黑龙江、河南等 10 个省市开展的“三供一业”分离移交试点工作取得显著成效，实现多方共赢，积累宝贵经验，发挥示范引领作用，为在全国推进“三供一业”分离移交工作奠定坚实基础。为贯彻落实国发 19 号文件要求，在总结试点经验的基础上，国资委、财政部研究起草关于国有企业职工家属区“三供一业”有关政策措施。2016 年 6 月，国务院办公厅转发《国资委、财政部关于国有企业职工家属区“三供一业”分离移交工作的指导意见》（国办发〔2016〕45 号，以下简称“国办发 45 号文件”），明确 2016 年开始在全国全面推进国有企业“三供一业”分离移交工作，2018 年年底前基本完成。国资委、财政部等有关部门认真落实文件要求，扎实推进相关工作。

财政部、国务院国资委印发《中央企业职工家属区“三供一业”分离移交中央财政补助资金管理办法》（财资〔2016〕38 号），财政部印发《中央下放企业职工家属区“三供一业”分离移交中央财政补助资金管理办法》（财资〔2016〕31 号）和《铁路、烟草、邮政以及其他中央部门管理企业职工家属区“三供一业”分离移交中央财政补助资金管理办法》（财资〔2016〕35 号）。国务院国资委、财政部、人力资源和社会保障部联合印发《关于加快推进厂办大集体改革工作的指导意见》（国资发分配〔2016〕249 号）。

在制定政策性文件过程中，有关部门通过调研、座谈等多种方式，广泛听取有关方面的意见和建议，反复沟通协调，摸底测算改革成本，努力使政策措施更加切合实际、更具操作性，组织开展多场培训，加强政策宣传，引导合理改革预期。中央组织部以贯彻落实《关于进一步加强和改进离退休干部工作的意见》（中办发〔2016〕3 号）为抓手，开展三轮 9 次调研督查，听取 20 个中央企业贯彻落实情况汇报，及时研究解决新情况新问题，推进国有企业退休干部服务管理工作。发改委、财政部积极贯彻落实东北等老工业基地全面振兴战略部署，加大财政支持力度，着力推进东北地区国有企业“三供一业”分离移交、厂办大集体改革工作。公安部会同发改委、工业和信息化部等 12 个部委印发《关于规范和加强企业专职消防队伍建设的指导意见》（公通字〔2016〕25 号），为企业专职消防队的管理、训练、执勤和综合保障提出政策措施。国务院国资委、卫生计生委积极推进国有企业所办医院参与公立医院改革。教育部积极指导国有企业办职业教育和学前教育机构深化改革工作。国防科工局指导军工企业做好办社会职能分离移交，将此项工作与混合所有制改革试点等其他国企改革专项工作相衔接。中央编办、民政部、人力资源和社会保障部、住房城乡建设部、银监会等部委根据分工积极支持国有企业分离移交办社会职能。

（四）加大财政支持力度，落实资金保障

中央财政加大资金支持力度，中央国有资本经营预算安排 520 亿元专门资金用于支持中央企业和中央下放企业开展“三供一业”分离移交工作，有效降低企业办社会负担，对国有企业落实“降成本”“补短板”等供给侧结构性改革起到重要作用。

各级地方政府将剥离国有企业办社会职能和解决历史遗留问题工作支持资金纳入财政预算。中央企业集团公司积极筹措资金，支持所属企业“三供一业”分离移交。

（五）加强调研督导，促进政策落地

2016年8—9月和2016年12月至2017年1月先后两次组织专项督导，对20个省（区、市）和新疆生产建设兵团、中央企业贯彻落实国发19号文件和国办发45号文件情况进行专项调研督察。同时，2016年底各地和各中央企业都按照要求认真梳理总结剥离国有企业办社会职能和解决历史遗留问题工作进展情况，开展自查并报送自查报告。

建立工作定期报告制度。为全面掌握工作进展情况，专项小组要求各地各中央企业每半年填报《剥离国有企业办社会职能和解决历史遗留问题进展情况表》，建立工作任务台账。各地各中央企业全面摸清办社会职能基本情况，认真分析面临的困难和问题，一企一策研究针对性措施。

二、剥离国有企业办社会职能和解决历史遗留问题工作取得积极进展

2016年，在全国全面推进剥离国有企业办社会职能和解决历史遗留问题工作后，各级地方党委政府、各中央和地方国有企业加强组织领导，统筹谋划，克服困难，敢于啃硬骨头，扎实推进各项工作，取得积极进展。

（一）“三供一业”分离移交在全国全面推进

在2012—2015年10个省（市）先后试点的基础上，2016年“三供一业”分离移交工作在全国全面推开。各地区、各中央企业认真组织实施，移交接收双方积极沟通协商、签订协议，做好工作衔接。不少地市政府协调落实接收单位，帮助解决难点问题，建立绿色通道，特事特办，有序推进分离移交工作。截至2016年底，16个省（区、市）出台国有企业“三供一业”分离移交实施办法，有114个地市出台“三供一业”维修改造标准和具体操作办法。该项工作总体进度达到1/3。

（二）探索推进退休人员社会化管理工作

5个试点城市工作逐步推进。上海、重庆、大连、鸡西、长沙5个城市统筹谋划退休人员社会化管理试点工作，认真制定试点工作方案。长沙市属国有企业退休人员已基本实现社会化管理，拟按调查对接、制定方案、完善政策、签订协议、总结评估等五个阶段推进驻长沙中央企业退休人员社会化管理试点工作。大连市建立市、区、街道三级企业退休人员管理服务中心，市属国有企业退休人员已基本实现社会化管理。重庆市提出2017年底前完成驻渝中央企业、地方国有企业退休人员与原企业分离，统一移交街道和社区属地管理。

同时，有关省市积极探索退休人员社会化管理途径。江西以“社区”移交为抓手，将包括退休人员社会化管理在内的市政社区管理、“三供一业”等办社会职能一揽子移交地方政府，省属国有企业基本完成社区移交，192个社区全部签订社区移交协议。

（三）部分省市探索解决市政社区、医疗、教育等其他办社会职能的有效途径

部分省市主动探索，积极推进剥离教育、医疗、市政社区等公共服务机构。甘肃在办社会职能负担重的窑煤集团、靖煤集团、酒钢集团等3户企业先行试点，一企一策制定方案，2016年完成“三供一业”、医疗机构及康复机构、技工学校、幼儿园等办社会职能管理权分离移交。河北积极探索国有企业办医疗机构资源整合模式，确定冀中能源集团作为试点单位，组建医疗健康产业集团。浙江省属企业将医院、学校与主办企业分离，引入投资者，组建医疗集团、教育集团。

截至2016年底，国有企业关闭撤销、移交地方、改制或专业化管理的企业办教育机构700多个、医疗机构近1000个，关闭撤销、移交地方的企业办消防机构十几个，移交地方、与企业完全脱钩的企业办社区管理机构200多个，移交地方的企业办市政设施300多个。

三、存在的主要困难问题

从各地和企业反映的情况来看，剥离企业办社会职能和解决历史遗留问题工作仍然存在一些困难问题。

（一）工作进展不平衡

地区之间、企业之间存在不平衡问题。部分地区、部分企业仍有畏难情绪，工作推进力度不足，进度较慢。部分省（区）内尚无一个地市出台“三供一业”维修改造标准和具体实施办法。一些中央企业集团公司尚未就所属企业“三供一业”分离移交作出具体安排；对所属企业报送的分离移交方案存在审核时间长、效率低等问题。

（二）部分地方和企业资金落实不到位

部分地方反映，当地财力较弱、国有资本经营预算资金数额较小，筹措资金难度大，剥离办社会职能所需资金尚未落实。一些企业反映，剥离企业办社会职能、厂办大集体改革与去产能、“僵尸企业”处置等改革任务相叠加，分流安置人员数量多、资金需求大。

（三）独立工矿区办社会职能分离移交难

独立工矿区自成体系，部分远离城市，区域内社会公共服务供给不足，市政管网体系尚未覆盖，办社会职能分离移交面临诸多困难。

（四）物业管理移交进展较慢

部分地区没有国有物业管理接收主体，有的老旧小区产权情况复杂，困难职工、离退休人员居住集中的小区实行市场化收费难度较大，物业管理分离移交明显比“三供”移交进度慢。

（审稿人：白英姿　撰稿人：王亚坤）

中央企业收入分配调控和薪酬管理工作

2016 年，面对严峻复杂的经济环境和艰巨繁重的改革发展任务，中央企业坚决贯彻党中央、国务院决策部署，牢固树立新发展理念，坚持稳中求进的工作总基调，紧紧围绕做强做优做大中央企业的目标，以提高质量和效益为中心，以推进供给侧结构性改革为主线，主动作为、开拓创新，各项工作取得积极进展，实现“十三五”良好开局。职工收入分配工作以强化考核分配联动、探索分类调控和充分发挥工资总额的杠杆作用为重点，为全年顺利实现恢复性增长目标奠定基础、提供保障、丰富手段。

一、主要工作

一是强化考核分配联动，为全年实现恢复性增长奠定基础。2016 年，国资委将考核评价与薪酬分配职能整合，成立考核分配局，积极推动考核分配工作融合，协同效应越来越明显。为了确保实现 2016 年恢复性增长目标，研究分档设置确保目标奖、努力目标奖和重点企业奖，并同步实施工资总额特别奖励。根据中央企业年度工资总额清算评价数据统计，有 28 家达到稳增长特别奖励条件，相应实施工资总额特别奖励。79 家企业同口径工资总额较上年增加，其中 67 家企业同口径工资总额增幅高于年初预算；26 家企业同口径工资总额下降，其中 20 家企业降幅超过年初预算，同口径工资总额降幅最大达到 18.6%。总体看，工资总额调控较好地发挥了对中央企业稳增长工作的激励约束作用。

二是完善“三个特殊”单列政策，为中央企业深化供给侧结构性改革提供保障。经济发展新常态下，严格落实“三去一降一补”有关工作要求，从严控制产能过剩行业、经济效益连续下降、劳动生产率低下企业工资总额预算。与此同时，针对部分企业集中反映的科技成果转化激励、发展创新业务、处僵治困等专项工作面临的工资总额增量需求问题，制定完善“三个特殊”（即特殊事项、特殊人员、特殊业务三类 15 个项目）工资单列政策，重点支持企业“瘦身健体”、提质增效，激发改革的内生动力，促进新经济新动能的加快成长。

三是突出分类调控和过程监测，不断提高中央企业人工成本竞争力。在科学研判经济形势的基础上，总体制定适度从紧的年度工资预算调控目标，并根据不同行业效益预测情况，加大分类调控力度。对经营形势稳中向好的军工、交通运输、建筑、商贸、境外投资等行业，适度加大激励力度；对受市场环境影响但总体可控的通信、电子、科研设计等行业企业，保持工资水平相对稳定或适度增长；对产能过剩效益下行的石油石化、冶金、机械等行业企业，从严确定工资预算。在预算执行环节，督促企业建立与经营业绩紧密挂钩的人工成本投入产出评价机制，对效益大幅下降或出现亏损的，要求适当降低企业年金缴费比例或暂停年金计划，福利费原则上不得增长或适当下降。继续运用信息化手段，做好人工成本月度分析和监测预警工作，督促企业落实人工成本控制责任。从2016年主要人工成本投入产出指标看，人事费用率（每百元营业收入人工成本投入水平）和劳动分配率（每百元劳动生产总值人工成本投入水平）分别为8.5％和32.2％，分别下降0.3个和2.3个百分点；人工成本利润率（每百元人工成本创造的利润总额）为62.6％，较上年增加1.5个百分点，扭转近几年来人工成本投入产出水平下滑趋势。

二、工作成效

2016年，中央企业人工成本总额、职工工资总额和职工平均工资分别为21019亿元、13299.4亿元和10.2万元，分别较上年增长4.7％、8.8％和8％。

一是工资分类调控初见成效，不同功能定位企业收入分配特点明显。按照中央企业功能分类统计，2016年66户商业一类企业利润总额增幅为18.1％，高于中央企业整体水平17.4个百分点，同期职工平均工资增长15.7％，工资与效益状况同向变动匹配良好。25户商业二类企业、10户公益性企业利润总额分别下降11.6％、12.7％，考虑其承担大量关系国计民生的国家重大专项任务、基础共性研究任务且易受政策性减利因素影响，对其实施一定的工资保障措施，职工平均工资分别增长4.4％和2.9％，职工工资保持基本稳定。总体来讲，三类中央企业职工工资增长与其功能定位、经济效益和社会贡献基本适应。

二是激励约束机制逐渐完善，重点行业企业工效运行平稳。按行业统计，效益实现快速增长的军工、矿业、建筑、交通运输、冶金等重点行业职工平均工资增幅为8％～14.6％，高于中央企业平均工资增幅；效益下降的石油石化、电力、机械、电信等重点行业工资增幅在1.1％～3.3％，明显低于中央企业平均增幅。按企业统计，利润总额超过100亿元的中国移动、国家电网等37户重点盈利企业实现利润总额1.1万亿元，工资总额支出1万亿元，占全部中央企业两项指标的比例分别为88.9％和76.5％，工资效益继续保持合理关系。亏损的5户企业，职工人数、工资总额分别减少8.9％和3.3％，实现工资水平的下降，体现一定的自我约束机制。

三是收入分配内外部关系进一步改善，分配格局总体向好。2016年，中央企业职工平均工资增幅低于全国城镇单位在岗职工平均工资增幅1.1个百分点，与全国国有企业、地方国资委监管企业职工平均工资增幅基本持平，中央企业职工与其他国有相关单位的工资差距保持在1.33～1.48倍之间，分配关系合理，分配格局总体稳定，“提低、扩中、限高”的效果逐步显现。

（审稿人：赵世堂　撰稿人：李　伟）

中央企业经营业绩考核工作

2016年，面对严峻复杂的经济环境和艰巨繁重的改革发展任务，国资委坚决贯彻党中央、国务院决策部署，坚持稳中求进工作总基调，注重发挥业绩考核的重要功能作用，持续健全考核机制，引导企业牢固树立新发展理念，深入推进供给侧结构性改革，加快“瘦身健体”，提质增效。中央企业咬定考核目标不放松，主动作为、开拓创新，较好地实现年初确定的经济效益恢复性增长目标，一大批优秀企业经营业绩得到巩固，实现“十三五”良好开局。

一、顺利完成2016年度和第五任期考核目标确定工作

（一）完善考核目标确定机制，鼓励企业努力实现“步步高”

紧紧围绕“打好中央企业提质增效攻坚战，努力实现经济效益恢复性增长”任务目标，完善考核目标

确定机制,增强企业增长内生动力。一是实行考核目标分档管理。利润总额和经济增加值目标分三档设置,完成一档目标的企业,根据目标领先程度予以考核加分;未完成一档目标的企业,可退回二档目标计分,解除企业后顾之忧,鼓励企业积极挑战自我、多作贡献,努力实现国有资本保值增值。二是强化业绩考核与薪酬分配联动。考核目标档位、领先程度与工资总额预算紧密衔接,对效益目标低于考核基准值的企业,严格调减工资总额预算,进一步强化"工资是挣来的,不是要来的"理念。

各中央企业勇挑重担,自我加压,53 户企业利润总额考核目标达到第一档目标要求(即利润为正且达到历史最好水平,或者较上年增长 3%或增利 5 亿元以上)。中国移动在科学设定考核目标的同时,下达超额目标任务,鼓励所属企业多作贡献。中航集团明确要求所属企业确保目标不低于基准值,奋斗目标要具有挑战性,亏损企业要力争扭亏。航天科技自我加压,在国资委下达的考核目标基础上再提高 10%来确定所属企业业绩指标,引导深挖潜力。中国电建在目标设置中引入对标机制,追求与同行业一致甚至更高的资本回报水平。

(二)突出抓好盈利大户、降幅较大及亏损企业的目标审核

2016 年 1 月,国资委印发《关于认真做好 2016 年中央企业负责人经营业绩考核工作的通知》(国资发综合〔2016〕12 号),明确要求经营困难的企业要全力遏制下滑势头,政策性减利因素较多的企业要深入挖潜、多向管理要效益,企业利润目标降幅要小于客观因素的影响程度,亏损企业要减亏扭亏。对第五任期(2016—2018 年)国有资本保值增值率目标值低于 100%的,要求企业逐年改善,任期最后一年要达到 100%以上。

2016 年度中央企业经营业绩考核利润总额目标为 10677 亿元,较财务预算数高 3.9%,扣除天然气和电力上网价格下降、电信提速降费与流量不清零等政策性减利因素影响后,中央企业整体利润有所增长。经加权平均计算,第五任期中央企业国有资本保值增值率目标值为 110.66%。

(三)强化考核引导约束,助力中央企业改革发展

国资委注重发挥业绩考核对国企国资改革的推动作用,引导企业聚焦短板、固本强基,努力破解转型升级难题。一是对有"三去一降一补"、改革脱困、国有资本投资运营公司试点等特殊发展要求的行业企业,设置相关分类指标。二是企业消化历史遗留问题、处置"僵尸企业"、实施战略转型、推进重大调整重组及执行国家重大政策等,对考核目标产生重大影响的,给予实事求是考虑。三是引导企业防控风险,防止国有资产流失,对 21 户债务风险管控企业将资产负债率作为分类指标,对 2 户严重资不抵债企业将改革脱困任务完成情况作为约束性指标纳入年度考核。

在国资委考核政策的约束引导下,中央企业坚定不移推进供给侧结构性改革,积极化解落后过剩产能,加大"僵尸企业"和特困企业处置力度,压缩管理层级、减少法人数量。中国国电将特困企业治理和"僵尸企业"处置任务纳入年度考核,并与所属企业薪酬挂钩。中国宝武集团、中煤集团等企业逐级分解压减产能任务,严格考核奖惩,有力支撑企业效益提升。中国国电将特困企业治理和"僵尸企业"处置任务纳入年度考核,并与所属企业薪酬挂钩。中国石化、哈电集团对所属企业因"三供一业"分离移交带来的效益增减,对利润总额指标进行考核还原。

二、顺利完成 2015 年度和第四任期考核结果核定工作

中央企业负责人 2015 年度和第四任期(2013—2015 年)的经营业绩结果的核定,主要把握以下五项原则:一是坚持依法依规。严格执行经营业绩考核办法、经营业绩责任书约定,结合实际细化完善审核规则,规范工作流程,客观、公正地核定考核结果。二是把握总体平衡。坚持"同一行业、同一尺度,同一因素、同样处理",严格考核计分,力争做到考核结果行业内部、行业之间基本平衡,年度考核与任期考核基本衔接、协调一致。三是坚持实事求是。对企业因重大政策性因素、承担国家战略性任务、解决历史遗留问题等对当期经营业绩产生较大影响的,根据国资委认大头、企业自行消化一部分的原则,在审核中给予

实事求是的考虑。对因行业周期性下降未完成考核目标的企业，在区分主客观因素和加强行业对标的基础上，合理核定企业负责人的经营业绩。四是坚持与深化改革、提质增效同向同行。对企业按照规定开展的清产核资，实施减员增效、处置低效无效资产等支出的改革成本，经国资委认定后予以酌情考虑，鼓励企业加快瘦身健体、提质增效。五是从严核定考核级别。坚持A级把严，除责任书约定和政策性因素外，凡考核基本指标未完成、经考虑其他因素调整后完成的，不得进入A级；D级把准，对未完成考核目标的企业，在逐户核清数据、重点分析业绩滑坡原因的基础上，对主要由于投资决策失误、经营严重亏损的企业，考核结果列入D级。

2015年度中央企业负责人经营业绩考核结果是A级46户，占全部中央企业的42.6%，其中电力9户，军工和建筑各7户，机械和商贸各4户，石油石化和通信各3户，房地产、交通和投资各2户，矿业、冶金、电子各1户。B级企业35户，C级企业20户，D级企业7户，分别占全部中央企业的32.4%、18.52%、6.48%。第四任期中央企业负责人经营业绩考核结果是A级企业42户，占全部中央企业的38.5%，其中电力9户，军工8户，建筑6户，机械4户，石油石化、通信、商贸各3户，房地产2户，冶金、电子、交通、投资企业各1户。B级企业42户，C级企业18户，D级企业7户，分别占全部中央企业的38.5%、16.5%、6.5%。

根据中央企业负责人经营业绩考核办法规定，对第四任期业绩优秀及在科技创新、国际化经营、品牌建设、节能减排方面取得突出成绩的中央企业，分别授予任期优秀企业荣誉称号。其中，对中国移动、招商局集团、兵器装备集团、国家电网等39户企业授予"业绩优秀企业"称号，对中国石化、航天科技、中国石油、航天科工等23户企业授予"科技创新优秀企业"称号，对兵器工业集团、中国石油、中国石化、宝钢等9户企业授予"国际化经营优秀企业"称号，对航天科技、航天科工、兵器装备集团、中国石油等10户企业授予"品牌建设优秀企业"称号，对南方电网、国家电网、宝钢、鞍钢等20户企业授予"节能减排优秀企业"称号。

三、修订业绩考核办法，进一步发挥考核的重要引领和激励约束作用

国资委成立以来，始终把业绩考核作为国有资产监管的重要手段，充分发挥业绩考核在落实国有资本保值增值责任、做强做优做大中央企业中的引领作用和激励约束作用，紧紧围绕中央企业改革发展重点任务，不断探索完善中央企业负责人经营业绩考核制度。为贯彻党中央、国务院关于深化国有企业改革和中央管理企业负责人薪酬制度改革的重大部署，落实以管资本为主加强国有资产监管要求，加强对中央企业分类指导、分类考核，国资委在深入研究测算、广泛征求各方意见的基础上，坚持继承与创新相结合、系统设计与重点突破相结合、企业自主经营与出资人导向相结合、目标导向与问题导向相结合，突出中央企业改革发展目标任务要求，着力解决重点难点问题。

新修订的考核办法采取"1+4"的框架，以《中央企业负责人经营业绩考核办法》(国资委令第33号)为主体，并印发《关于印发中央企业负责人经营业绩考核实施方案的通知》(国资发考分〔2016〕310号)，配套年度考核、任期考核、经济增加值考核、任期激励4个实施方案。此次办法修订，主要完善以下五个方面内容：

一是完善考核目标分档管理机制。经济发展新常态下，提质增效压力加大，目标管理的难度越来越大。为充分发挥考核目标的引领作用，更好地激发企业自我加压的内生动力，在认真总结以前年度经验做法的基础上，实行年度经济效益指标目标值分档管理。同时，将企业考核目标值先进程度与考核计分、结果评级、工资总额预算紧密衔接，使业绩考核目标与资源配置、企业职工工资紧密挂钩。通过分档管理，形成"赛跑机制"，鼓励企业主动追求"步步高"。

二是完善功能分类考核。对主业处于充分竞争行业和领域的商业类企业，重点考核企业经济效益、资本回报水平和市场竞争能力，鼓励企业承担社会责任。对主业处于国家安全、国民经济命脉的重要行业和关键领域，主要承担国家重大专项任务的商业类企

业，在保证合理回报和国有资本保值增值的基础上，加强对服务国家战略、保障国家安全和国民经济运行、发展前瞻性战略性产业以及完成重大专项任务情况的考核。对公益类企业，坚持经济效益和社会效益相结合，把社会效益放在首位，重点考核产品服务质量、成本控制、营运效率和保障能力，相关考核指标引入第三方评价。

三是深化经济增加值考核。重点在分类和差异化上下工夫，针对不同功能、资本结构和风险程度的中央企业，提出差异化资本回报要求，分股权和债权计算综合资本成本率，着力引导企业资本投向更加合理，资本结构更加优化，资本纪律更加严格，资本效率进一步提高。对主业处于充分竞争行业和领域的商业类企业股权资本成本率原则上定为6.5%，对主业处于关系国家安全、国民经济命脉的重要行业和关键领域、主要承担重大专项任务的商业类企业股权资本成本率原则上定为5.5%，对公益类企业股权资本成本率原则上定为4.5%。对军工、电力、农业等资产通用性较差的企业，股权资本成本率下浮0.5个百分点。为切实引导企业"降杠杆"，维护资本安全，资产负债率高于上年且在70%(含)至75%的工业企业或75%(含)至80%的非工业企业，平均资本成本率上浮0.2个百分点；资产负债率高于上年且在75%(含)以上的工业企业或80%(含)以上的非工业企业，平均资本成本率上浮0.5个百分点。

四是完善激励约束机制。坚持"业绩升、薪酬升，业绩降、薪酬降"原则，强化业绩考核与激励约束的紧密衔接。认真贯彻执行中央关于深化中央管理企业负责人薪酬制度改革相关规定，明确企业负责人薪酬构成由基本年薪、绩效年薪和任期激励收入三部分构成。绩效年薪以基本年薪为基数，根据年度经营业绩考核结果并结合绩效年薪调节系数确定；年度综合考核评价为不胜任的，不得领取绩效年薪。任期激励收入与任期经营业绩考核结果挂钩，在不超过企业负责人任期内年薪总水平的30%以内确定；任期综合考核评价为不胜任的，不得领取任期激励收入。连续两年年度经营业绩考核结果为D级或任期经营业绩考核结果为D级、且无重大客观原因的企业，对企业负责人予以调整。绩效年薪按照一定比例实施按月预发放，国资委根据年度经营业绩半年预评估结果对企业负责人预发放绩效年薪予以调整。

五是完善董事会企业考核。随着企业法人治理结构的不断完善和董事会职权试点工作的深入开展，对建立规范董事会企业的业绩考核，既要较好体现国资委出资人意志，落实好国有资本保值增值责任，又要适应规范法人治理结构需要，调动董事会积极性。考核办法就落实董事会对经理层的考核权，开展考核工作的主体、方式等进行规定。

四、突出功能定位，深化中央企业功能分类考核

党的十八届三中全会提出准确界定不同国有企业功能的要求，《中共中央、国务院关于深化国有企业改革的指导意见》明确不同类别的企业实行分类考核，《关于国有企业功能界定与分类的指导意见》进一步明确分类考核的主要思路。根据中央全面深化改革领导小组的部署和国务院国有企业改革领导小组的工作安排，国资委会同财政部等有关部门，研究制定《关于完善中央企业功能分类考核的实施方案》(以下简称《分类考核实施方案》)。

《分类考核实施方案》规定，根据中央企业功能定位，兼顾企业经营性质和业务特点，综合考核资本运营质量、效率和效益，以经济增加值为主，将转型升级、创新驱动、合规经营、社会责任等纳入考核指标体系，合理确定不同企业经济效益和社会效益指标，明确差异化业绩考核标准，实施差异化薪酬激励。进一步明确中央企业分三类实施差异化考核，对不同功能定位企业明确差异化的考核导向和考核重点。

同时，为强化分类考核基础管理，根据中央企业战略定位和经济社会发展要求，国资委进一步完善企业功能分类考核体系，探索建立特殊事项管理清单制度，将保障国家安全、提供公共服务、发展重要前瞻性战略性产业、实施"走出去"重大战略项目等纳入特殊事项清单。企业因承担上述特殊事项对当期经营业绩产生重大影响的，在考核时予以适当处理。

五、中央企业业绩考核体系不断健全

2016年,各中央企业认真贯彻国资委最新修订印发的《中央企业负责人经营业绩考核办法》《中央企业负责人经营业绩考核实施方案》《关于完善中央企业功能分类考核的实施方案》等文件精神和要求,结合企业经营特点和发展实际,勇于探索创新,构建各具特色的业绩考核体系,业绩考核的科学性、针对性和引领作用显著增强。

(一)持续深化企业内部分类考核

各中央企业积极推进分类考核,结合经营特点和实际,科学界定企业功能定位,准确把握对所属单位业绩考核的主攻方向,合理设置差异化的考核指标,业绩考核的针对性和有效性进一步增强。国家电网按照功能定位,将所属企业分为电网运营、电网支撑、市场竞争三类,分别设计考核指标体系,建立差异化薪酬结构和决定机制。神华集团、恒天集团根据企业功能定位、所处发展阶段和管理短板等维度,系统分解影响价值的关键因素,设置差异化考核指标和权重。中粮集团根据业务特点和发展阶段确定各经营单位考核指标,分市值类、回报类、运营类、减分项四类指标对所属企业实施差异化考核。

(二)进一步深化经济增加值考核

各中央企业按照国资委差异化资本回报要求,以制度完善、价值诊断、流程再造为重点,强化资本成本理念,全面提升企业价值创造能力。中国华电加强经济增加值和经济增加值率考核,依据排序进行奖励。中国三峡集团对海外业务突出经济增加值考核,着力提升投资回报水平,全年海外业务经济增加值同比增长81%。中国通用技术集团注重从源头降低不合理资本占用,对500万元以上的应收账款逐笔纳入监控清单,每月进行跟踪调度,不清回不销号。中国煤炭科工坚决抵制非主业项目以及收益率低于资本成本的项目投资,避免低效无效投资。

(三)不断加大国际化经营考核

各中央企业深入推进国际化经营战略,不断加大对国际化经营的考核力度,完善"走出去"激励约束机制,推动所属企业加快"走出去"步伐,进一步提升企业国际竞争力和影响力。招商局集团将海外业务收入、经营量、净利润比重纳入年度考核,不断提升所属企业海外业务拓展能力。中国能建对所属企业工资总额预算管理引入国际经营系数,鼓励所属企业做大做强国际业务。中交集团加大对境外单位考核分配政策支持,海外业务逐渐成为企业可持续发展的重要支撑,2016年境外新签合同额同比增幅超过20%,境外营业收入、利润总额增幅均在10%以上。

(四)持续完善考核分配有效联动机制

各中央企业认真落实国资委工作要求,切实加强内部考核分配有效联动,不断激发企业活力,薪酬分配对业绩提升的撬动杠杆作用得到进一步发挥。中国建筑强化业绩考核结果运用,二级企业负责人绩效薪酬占总薪酬比例最高可达80%,业绩考核不合格的,绩效薪酬为零。国家电投完成重组后,重塑考核指标体系,通过"双挂钩"不断加强业绩考核与工资总额联动,优化薪酬分配机制,助推企业挖潜增效。国药集团以推动混合所有制改革为契机,引入灵活高效的市场化考核分配机制,促进企业不断提升盈利能力和资本回报水平。

(审稿人:赵世堂　撰稿人:曹昆鹏)

中央企业收益管理工作

2016年,按照党的十八届三中、四中、五中、六中全会精神,中央企业收益管理紧紧围绕深化供给侧结构性改革、"瘦身健体"、提质增效等中心工作,服务中央企业改革发展,相关工作取得积极进展和显著成效。

一、有力推动中央企业实施供给侧结构性改革

(一)积极支持中央企业处置"僵尸企业"

在反复测算中央企业"僵尸企业"和特困企业专

项治理人员安置费用基础上，联合财政部出台中央企业处置“僵尸企业”有关支持政策，并在2016年首次拨付国有资本经营预算（以下简称“资本预算”）支持资金，为中央企业处置“僵尸企业”、实施供给侧结构性改革提供坚强资金保障。

（二）积极支持钢铁煤炭企业淘汰落后产能

认真测算中央钢铁煤炭企业淘汰落后产能有关成本，推动财政部出台《工业企业结构调整专项奖补资金管理办法》。同时，分年度划出数百亿元资本预算资金，大力支持全国工业企业结构调整专项奖补资金筹集，重点帮助中央和地方钢铁煤炭企业淘汰落后产能，不断优化产能供给结构。

（三）积极支持中央企业转型升级提质增效

积极支持中央企业发展战略性新兴产业，着力提高自主创新和系统集成能力；积极支持中央航运企业优化运力结构，推动中央造船企业优化产能产品结构，提高供给体系质量效率；积极支持中央企业开展国际产能合作，鼓励采购使用中央企业重大装备产品。

二、有效推进中央企业解决历史遗留问题

（一）大力推进中央企业“三供一业”分离移交

2016年是在全国范围内全面推进国有企业“三供一业”分离移交的第一年。为实现顺利开局，联合财政部出台《中央企业职工家属区“三供一业”分离移交中央财政补助资金管理办法》，明确资本预算资金预拨政策，并及时拨付资金，有力推动相关分离移交工作。

（二）大力推进中央企业棚户区改造及配套设施建设

2016年，向中央企业9.6万个棚户区改造项目拨付资本预算支持资金，涉及9.1万户央企职工，有效减轻企业负担，并改善相关职工的生活条件。同时，对2015年资金安排和使用情况进行跟踪，确保资金安全和规范使用，督促企业加快棚户区改造进程。

（三）大力支持有关中央企业解决历史遗留问题

支持有关重点困难中央企业化解历史债务、消化冗员，解决长期积累的问题和矛盾，实施改革脱困；支持有关股权多元化中央企业理顺股权关系，进一步完善公司治理；支持有关中央企业开展电力辅业改制相关工作。

三、不断完善资本预算制度

（一）推动完善中央资本预算制度体系

认真总结中央资本预算制度实施九年来的实践经验，配合财政部制定出台《中央国有资本经营预算管理暂行办法》《中央企业国有资本收益收取管理办法》，研究制定《中央国有资本经营预算支出管理暂行办法》，不断完善中央资本预算制度体系。

（二）切实支持保障和改善民生

积极落实十八届三中全会提出的提高国有资本收益上缴公共财政比例的要求，2016年资本预算划转公共预算比例提高到19%；积极配合财政部等有关部门研究划转部分国有资本充实社保基金具体问题。

四、不断加强中央企业资本预算管理

（一）不断改进资本预算收支管理

在收益管理方面，与财政部进一步协商确定国有资本收益清算的有关具体政策。在支出管理方面，紧紧围绕国家战略部署和国资监管中心工作，进一步聚焦支出安排，并结合实际完善相关支出审核工作。同时，积极探索资本预算中期规划编制。

（二）不断强化资本预算执行监督

建立资本预算执行问题通报制度，2016年对执行存在问题的有关中央企业进行通报批评，并要求相关企业每月报送整改进展；组织开展资本预算执行审计复核，不断加强专项检查工作；认真配合审计署开展稳增长审计、预算执行审计和有关经济责任审计，及时对有关问题组织整改。

五、不断加强指导地方国资委资本预算工作

认真总结地方国资系统资本预算收支和相关管理情况，梳理资本预算管理面临的形势与问题，形成专项报告上报国务院；组织部分地方国资委参与完善资本预算制度研究，赴部分地区开展资本预算工作讲座，研讨交流资本预算有关工作问题。

（审稿人：李　冰　撰稿人：谭　啸）

中央企业国有资本投资和运营公司试点工作

2016年，按照中央深化国有企业改革有关工作部署，国务院国资委不断深化拓展国有资本投资公司试点改革，同时启动国有资本运营公司试点改革，两类公司试点工作取得实质性进展。

一是国有资本投资公司试点取得突破性进展。围绕投资公司功能定位，指导督促首批试点企业中粮集团、国投采取“三调、三试、一创新”系列举措，调战略定位、业务结构、管控模式，试授权放权、混合所有制、市场化选人用人，创新资本运营模式，着力提升国有资本投资管理水平；同时，通过进一步扩大自主经营权，调动试点企业主观能动性，加大改革探索力度。2016年6月，在总结首批试点改革经验基础上，选择确定招商局集团等6家中央企业启动第二批投资公司试点。

二是国有资本运营公司试点工作有序推进。2016年，根据有关工作部署，确定在诚通集团、中国国新开展国有资本运营公司试点改革，并进一步指导两家试点企业制定和完善改组方案，提出优化资本运作模式、现有业务整合剥离、总部职能调整等改革举措。同时，指导两家试点企业分别发起设立国有企业结构调整基金和国有资本风险投资基金，利用金融市场放大国有资本功能，助力中央企业布局结构调整、资源配置优化、产业创新升级。

2016年，经过大胆探索实践，中央企业国有资本投资、运营公司试点改革逐渐形成可借鉴、可复制、可推广的工作经验，得到国务院领导充分肯定。

（审稿人：李　冰　撰稿人：谭　啸）

国际交流与合作

2016年，国务院国资委在以习近平同志为核心的党中央坚强领导下，以党的十八届三中、四中、五中、六中全会精神为指导，积极配合国家总体外交战略，认真贯彻落实深化国企国资改革决策部署，实现“十三五”规划的良好开局。

一、配合国家总体外交战略，抓好组织协调

（一）安排高级别外事活动

9月，全程协调安排国务院国资委主任肖亚庆配合习近平主席欢迎白俄罗斯卢卡申科总统系列外事活动，在两国元首见证下，国资委与白俄罗斯资产委员会签署《合作交流机制框架协议》。10月，协调安排国务院国资委副主任黄丹华参加汪洋副总理与俄罗斯副总理兼总统驻远东联邦区全权代表特鲁特涅夫小范围会谈，并参加中国东北地区和俄罗斯远东地区地方合作理事会第二次会议。5月，配合国务委员王勇出访阿尔及利亚，与外交部及驻阿使馆共同召集11家中央企业负责人参加驻阿中资企业座谈会。11月，积极推动在印度举办“金砖国家国企改革治理论坛”，落实五国领导人倡议，并协调彭华岗副秘书长率团参加作专题演讲。

（二）为国企国资改革发展营造良好外部环境

一是利用各种场合发出正面声音。2016年，利用国资委领导重要外事会见活动，宣传国资委推动国有企业改革发展举措，主动向外方传播国资监管、国有企业改革的“中国经验”，就化解过剩产能与我国内需平衡、国企改革方向与独立市场地位等热点主动发声，争取国际认同。4月，与经合组织合作，研究梳理35个国家履行出资人职责的具体做法，经合组织经深入研究，提出“经营性国有资产集中统一监管”的国有

资产管理模式的建议。

二是积极参与涉外对话。2016年，积极参与中美战略与经济对话、中美商贸联委会、中英经济财金对话和中法高级别经济财金对话等活动，深化经贸合作。敦促美欧相关国家关注解决中央企业赴美、欧投资兴业公平待遇等问题。

三是精心组织援外培训。与商务部合作组织古巴、白俄罗斯、非洲9国的4个援外培训研修班，宣传我国企国资改革经验。

（三）做好中央企业港澳台工作

4月，协调安排国务院国资委副主任王文斌赴香港出席“国家‘十三五’规划与香港的机遇”高峰论坛并致辞。7—8月，落实中央精神，配合国台办，为在大陆就读台湾学生安排8家中央企业京沪等地暑期实习岗位。11月，协调安排资本局局长李冰赴香港出席“大中华独立董事论坛”并作演讲。11月，支持中央企业举办澳门汽车、游艇和公务机展，并协调安排国务院国资委副主任王文斌赴澳门出席相关活动，推动中央企业参与澳门经济发展。

2016年，探索建立沟通平台，接待香港上市公司商会、特许秘书公会、独立非执行董事协会、大律师公会等专业团体来访交流。参与制定相关中央文件，就港澳参与“一带一路”建设方案研究提出意见，积极筹备中央企业港澳工作会议。

（四）配合推进“鼓励社会组织、中资机构参与支持孔子学院和海外文化中心建设”事宜

9月，参与制定《教育部等六部委关于鼓励社会组织、中资机构支持孔子学院建设的意见》，从突出“鼓励”二字，将孔子学院的人脉及教育资源为中央企业配合国家“一带一路”及“走出去”战略所用的角度出发，反馈2条修改建议并被全面采纳。

二、推动中央企业开展国际合作，服务央企“走出去”

（一）主动与重点国家国企监管部门建立对话机制，为企业合作搭平台、造声势、解难题

9月，与白俄罗斯签署《合作交流机制框架协议》，促进两国国企深度合作。初步建立与埃塞俄比亚国有企业部、印度重工业与国有企业部长期交流合作机制，探索建立与波兰国库部、罗马尼亚经济部等“一带一路”沿线和产能合作重点国家对口部门的相关机制。推动中央企业与南非国企的全面合作，在电力、电网、机车、林业、军工等领域形成5组稳固的伙伴关系。

（二）创新方式为中央企业对外合作牵线搭桥，助力中央企业国际合作

8月，与美国科恩集团在京联合举办“中国企业开拓国际市场面临的热点问题研讨会”，推动中央企业与跨国公司开展优势互补合作参与“一带一路”建设。积极推进相关企业对接，促进成果落地。9月，向印度参议员介绍“一带一路”理念及中央企业优势，推动国药集团、中国建材、中航工业、华侨城等开拓印度市场。

三、加强外事管理工作，提升外事服务水平

（一）贯彻新精神、新要求，进一步规范外事管理

一是组织领导不断强化。3月，召开国资委党委外事工作领导小组第三次会议，学习贯彻中央有关精神，总结2015年涉外工作，谋划2016年涉外工作思路，审议国资委2016年度省部级人员因公临时出国团组计划。二是制度建设不断完善。根据中央关于新形势下适度调整部分团组和人员因公临时出国管理政策通知的实施情况，完善国资委有关管理办法，用好政策，充分发挥国资委、中央企业和全国性行业协会商会在配合国家总体外交战略和经济发展中的作用。按照中央巡视组反馈的意见，积极制定整改措施，加大中央企业境外国有资产监督检查力度。三是及时自查提醒。根据有关工作安排，及时对国资委因公临时出国（境）审批情况进行自查。按要求向中办、国办和外交部提供执行八项规定有关情况。

（二）严格执行中央八项规定，严谨计划、严格审批、严保实施

一是按照外交部有关限量管理规定，根据国资委对外交流与合作任务事项，制定省部级、厅局级出访

团组计划。继续以"联合检查组"形式,扩大工作覆盖面。二是严格根据中央有关文件要求,特别针对事由、国别、天数、人数、邀请函、行程等关键因素严格审批。动态关注外交部国别风险提示,杜绝出访团组前往敏感、热点国家(地区)。落实事前公示、事后公开和出访报告报送制度,形成闭环管理。进一步提高出访报告质量,汇编优秀出访报告面向国资委共享。

(三)不断提升外事服务水平

一是积极参与国资委全国性行业协会商会与政府部门脱钩工作领导小组办公室有关工作。协调和指导参加第一批试点的全国性行业协会商会,完成与北京市外办的工作对接;参与第二批脱钩试点有关工作,向参加试点单位解读外交部、港澳办、台办有关文件精神,指导协会与北京市外办进行工作对接。二是与外交部领事司进行沟通,推动领事司向中央企业专职外部董事签发公务护照。

(四)做好外事活动服务相关工作

2016 年,安排外事活动 110 次(国资委领导 47 次,厅局级以下 63 次),接待外宾 270 人次,准备相关背景材料 70 万字、相关宣传和谈话参考 47 份,起草翻译领导涉外信件 46 封,翻译各类英文材料 7 万余字,口译工作量超过 600 小时,拍摄外事活动照片 900 幅。

四、践行"一五三"发展战略,开展国际人才交流与合作

(一)搭建沟通平台,展示国资委及中央企业改革发展成果,落实人才强企战略

4 月,为落实国务院国资委与国家外专局合作框架协议,国资委作为支持单位组织 18 家中央企业参加第十四届中国国际人才交流大会,以"聚创新人才、凝创业智慧、促产业升级、育世界强企"为主题,为中央企业引进复合型海归人才搭建服务平台。

(二)坚持高端引领,紧贴央企需求,着力培养具备全球化经营能力和国际视野的高级管理人才

5 月,举办第四期中央企业青年领导人员国际化经营管理学习交流项目,选派中央企业和国资委机关优秀青年经营管理人员赴韩国三星集团学习其经营管理方面的成功经验。6 月,举办中央企业高管人员领导力学习交流项目,选派中央企业和国资委机关 20 名管理人员赴美国思科公司总部学习领导力、投资与并购战略、数字化转型等内容。

(三)加强国际合作,服务央企发展,培养国际化高级技术人才

2016 年,在国家外专局的大力支持和具体指导下,国资委分别与德国职业教育联盟、美国社区大学联盟等单位合作,连续派出 20 余个团组赴境外培训。

(四)推动人才职业化、专业化,引进国外先进智力体系

与国家外专局合作继续深入开展一批重点引智项目,如国际项目管理师(PMP)、管理会计师(CMA)、国际人力资源管理师、国际焊接资格等国际资质对标项目,通过引入国外先进的智力体系,推进我国专业技术人才培养与国际接轨。

(审稿人:殷长波　撰稿人:石潇桢)

企业领导人员管理

2016 年,国资委党委认真贯彻落实党的十八大及十八届历次全会、全国国企党建会议和习近平总书记系列重要讲话精神,围绕国企改革发展、国资监管中心工作,加强企业领导人员管理,努力建设高素质企业领导人员队伍,推动各项工作取得新进展。

一、加强企业领导人员思想政治建设和作风建设

一是坚持抓好理论武装。督促企业深入开展"两学一做"学习教育,以习近平总书记系列重要讲话精神和治国理政新理念新思想新战略为重点,以企业党委(党组)中心组学习为抓手,加强理想信念教育,引

导企业领导人员筑牢信仰之基、把稳思想之舵，站稳政治立场，增强政治定力。以“一校五院”为平台，根据不同培训对象，实施精准培训，全年安排1465人次企业领导人员参加30期各类培训班。

二是严肃党内政治生活。认真落实《关于新形势下党内政治生活的若干准则》，严格组织生活制度，指导企业开好领导班子民主生活会，提高政治生活的政治性、时代性、原则性、战斗性。坚持请示报告制度，要求企业领导人员在涉及重大问题、重要事项时按规定向组织请示报告。

三是将思想政治建设融入日常管理。加大对贯彻落实党中央、国务院重大决策部署，落实国资委推进供给侧结构性改革、稳增长、抓发展、促改革、强党建等举措的督查力度，并作为班子考核的重要内容和使用、奖惩干部的重要依据。通过参加会议、调研访谈等方式，近距离、有原则、多渠道、多侧面地观察了解，掌握班子成员、外部董事新变化、活情况。坚持谈心谈话制度，对领导人员思想状况定期“问诊”，对努力干事创业的，加油鼓劲；对有苗头性问题的，咬耳扯袖、及早提醒；对存在一定问题的，批评诫勉、红脸出汗。

四是强化党建工作责任意识。结合干部考察、班子宣布、任职谈话等工作，了解并督促联系企业落实党建工作责任制、推进党建工作要求进章程、配齐配强党务工作人员。将党的建设考核同企业领导班子综合考评相衔接，把党建工作作为领导班子及领导人员年度述职的重要内容，切实把管党治党责任落到实处。

二、选优配强企业领导班子和领导人员

按照“对党忠诚、勇于创新、治企有方、兴企有为、清正廉洁”标准，加大企业领导班子调整力度，优化班子结构，增强整体功能。全年对93户企业224人次领导人员进行调整。

一是选优配强正职。把正职选配作为班子建设的关键，突出政治素质和驾驭全局能力，注重选拔敢抓善管，工作有思路、有激情的领导人员，特别是把既能当董事长、又能当党委书记的复合型领导人员培养好、选上来。配合中央组织部对28户中管企业49人次正职进行调整，并对25户国资委管理企业51人次正职进行调整。

二是加强党建工作力量配备。贯彻落实全国国有企业党的建设工作会议精神，完善“双向进入、交叉任职”的领导体制，推动党委（党组）书记、董事长“一肩挑”，加强专职党委（党组）副书记配备，积极推进企业党委换届。截至2016年底，有80户企业实现党委（党组）书记、董事长“一肩挑”；为68户企业配备专职副书记，配合中央纪委和驻国资委纪检组选配30名纪委书记（纪检组长）。

三是加大不称职人员“下”的力度。以日常管理和综合考评为基础，充分运用巡视、纪检、监事会、审计等监督成果，对抓党建不力、重大资产损失有责、工作不在状态或违反有关规定的企业领导人员坚决进行调整。

四是根据企业实际进行精准服务。针对一些企业扭亏脱困任务重的实际，及时跟进了解领导班子运行状况，关注扭亏脱困的具体措施和成效，深入研究加强班子建设的措施。妥善做好新组建的中国航空发动机集团有限公司，以及重组后的中国宝武钢铁集团有限公司、中国旅游集团公司等企业班子建设和班子成员思想稳定工作，确保组建、重组顺利推进。

五是加强年轻干部选拔培养。对班子成员年龄普遍偏大、同一年龄段人员比较集中且有职数空缺的企业，兼顾年龄和综合素质，注意选拔培养优秀年轻干部，跟踪掌握一批40岁左右德才素质好、发展潜力大的后备力量。会同中央组织部，在中央企业层面制定《关于加强和改进中央企业优秀年轻领导人员培养选拔工作的实施意见》，为优化领导人员结构，推动中央企业持续健康发展提供政策支持。

三、推进企业领导人员管理方式改革创新

一是推进落实董事会职权试点。在认真总结前期试点工作经验基础上，研究制定《关于落实中央企业董事会职权试点工作的意见》。统筹处理好增强活力和强化监管的关系，合理确定试点条件，稳步扩大授权事项，将企业中长期发展战略规划权、高管人员选聘权、业绩考核权、薪酬管理权、工资总额备案制管理、重大财务事项管理权等6项职权授权给试点

企业。

二是推进市场化选聘经营管理者和建立职业经理人制度试点工作。指导新兴际华集团董事会选聘5名经理层副职，集团经理层成员全部实现市场化选聘和契约化管理，做到身份相同、管理方式相同，避免干部管理“双轨制”。对宝钢集团等开展市场化选聘企业的试点工作情况进行第三方评估，进一步探索坚持党管干部原则与董事会依法选择经营管理者相结合、市场化选聘与契约化管理相衔接的有效途径。

三是继续开展公开遴选工作。先后对军工、石油石化、汽车等5个行业、13户企业的20个副职岗位实行公开遴选，促进干部资源优化配置。

四是扩大委派总会计师试点范围。截至2016年底，开展委派总会计师试点企业达到18户。

四、进一步强化企业领导人员日常管理监督

一是把考核评价作为从严管理监督干部的基础。对企业领导班子和领导人员开展2013—2015年度任期综合考核评价，结合考核评价对联系企业领导人员逐一“画像”。发挥考核考评“监测仪”“报警器”作用，根据考评结果对问题突出的企业领导班子和领导人员进行谈话提醒或诫勉。

二是严格执行个人有关事项报告制度。对未如实报告个人事项的有关企业领导人员进行函询和严肃处理。对报告个人事项工作情况进行通报，表扬先进，督促后进，提示问题，加强警示。

三是做好重点专项整治。开展干部人事档案专项审核，坚持“存疑必查”，对疑似涂改造假的档案，反复审阅，认真对照政策，慎重研究定性。指导企业对新掌握的“裸官”进行排查清理；要求各企业及时将个人保管的因私证件收交组织人事部门管理；对未经批准因私出国（境）、配偶涉嫌违规投资经办企业等情况进行跟踪了解或函询处理。

四是加强对企业选人用人的指导监督。对企业选人用人及新选拔任用的干部开展“一报告两评议”，对民主评议满意度明显偏低的企业及近年来新提拔的领导人员，要求企业党委进行自查整改。

（审稿人：杜 量 苏云成 撰稿人：冯伟林 李永超）

人才工作和人才队伍建设

2016年，国资委认真贯彻落实党的十八大，十八届三中、四中、五中、六中全会和习近平总书记系列重要讲话精神，紧紧围绕中央企业改革发展实际，以深化人才发展体制机制改革和落实国家重大人才工程为重点，积极推动中央企业深入实施人才强企战略，不断加大人才队伍建设和教育培训工作力度，各方面工作取得新的进展和成效。

一、积极推动人才发展体制机制改革

按照中央组织部的部署要求，举办中央企业学习贯彻《关于深化人才发展体制机制改革的意见》（以下简称《意见》）培训班，对108家中央企业组织人事部门负责人和人才处处长进行培训。培训期间，参训人员深入学习领会习近平总书记重要批示精神，认真听取人才发展体制机制改革重点难点问题专题辅导以及有关企业的特色做法和成功案例，对当前中央企业人才体制机制存在的突出问题和下一步工作重点等进行深入交流研讨。通过培训，中央企业负责人才工作的人员进一步统一思想，增强推进改革的责任感、使命感和紧迫感，坚定敢改真改、动真碰硬的决心，为下一步推动企业人才体制机制改革奠定良好的基础。

按照《贯彻落实〈意见〉主要任务分工方案》的要求，会同国资委有关厅局，对涉及国资委的11项任务分工进行认真研究，制定《国资委落实〈意见分工方案〉的任务分工表》，对有关任务分工逐条提出工作计划，明确改革目标、实施路径和具体成果。2016年，国资委相继在中央企业人才培养、评价、激励等方面出台系列政策措施，有力推动中央企业人才体制机制改革，进一步激发人才创新创造活力。

二、认真落实国家重大人才工程

(一)大力落实国家“千人计划”

按照中央组织部的部署要求,组织召开国家“千人计划”企业创新人才评审工作会议,邀请124名高层次专家,分18个专业组,对中央企业和地方企业参加答辩的534名人选进行评审。评审工作严格按照《引进海外高层次人才暂行办法》和《“千人计划”企业创新人才评审工作细则》有关规定开展,适当向国家“十三五”规划确定的重点领域、新兴和战略性产业、核心技术倾斜,经过审核材料、听取答辩、酝酿讨论和量化评分等环节,产生国家“千人计划”专家推荐人选。截至2016年底,中央企业有488人入选国家“千人计划”,入选专家正日益融入企业科技创新体系,在解决制约产业发展的基础性技术难题,打破西方发达国家、跨国公司的技术封锁和知识产权壁垒,培育一批高水平、创新型科研团队,推动更深入、更高层次的国际交流合作等方面发挥着积极作用。

(二)深入落实国家“万人计划”

按照统筹开发利用好国内国际两种人才资源的要求,鼓励企业通过重大工程实践、深化产学研合作等方式加强高层次科技人才和优秀青年科技人才的自主培养,让国内优秀人才在攻克重大技术难题中得到历练成长。按照中组部、科技部的要求,先后组织中央企业开展创新人才推进计划、青年拔尖人才支持计划等国家“万人计划”项目的评审推荐工作,产生一批符合条件的中央企业优秀人选。2016年,中央企业有49人入选国家“万人计划”,累计入选总数达到101人,得到国家和企业的重点支持,与“千人计划”专家逐步形成相互补充、相得益彰的良好局面。

三、稳步推进北京未来科学城建设

(一)工程建设方面

截至2016年底,北京未来科技城15家参建单位已开发土地面积2159.8亩,土地总体开发率62.3%;完成投资总额200.3亿元,占计划投资总额的62.5%;14家企业6600余人已入驻开展工作,其中科研人员5000余人,占入驻人数的75%。

(二)体制机制创新方面

以国家电网、神华集团、中粮集团、中国商飞等4家人才基地体制机制创新重点联系单位为重点,指导推动入驻单位在科研管理、人才使用、激励机制等方面进行探索实践,取得积极成效。国家电网全球能源互联网研究院积极探索科研人员分红权激励机制,不断提升创新能力和盈利能力;神华集团北京低碳清洁能源研究所采用混合所有制模式组建神华(北京)新材料科技有限公司,实现对核心研发人员的股权激励;中粮营养健康研究院通过开放创新和自主研发两种模式,积极推动人才创新创业,为集团业务转型升级和可持续发展提供有力支撑;中国商飞北研中心建立辐射全球的柔性引才机制,充分发挥海外智力的创新作用。

(三)科技创新方面

通过北京未来科技城平台,入驻单位引进海外高层次人才186人,其中“千人计划”专家63人;建成重点实验室和工程技术中心40个,其中国家级10个;获得立项科技项目328项,其中国家级项目68项。入驻单位在低碳环保、清洁能源、智能电网、核能核电、绿色冶金、大飞机、新材料等重点领域,取得一批具有自主知识产权的创新成果,累计获得国内外专利700多项、省部级以上科技成果65项,转化科技成果43项。

四、扎实开展博士服务团和“西部之光”访问学者工作

按照中央组织部和共青团中央的要求,继续组织开展博士服务团成员选派和“西部之光”访问学者接收工作,支持西部等艰苦边远地区经济社会发展和人才培养。一是完成中央企业第17批博士服务团成员选派工作,选派52名政治素质好、学历层次高、专业能力强的优秀博士赴新疆、西藏等13个省区市进行服务锻炼,为西部等艰苦边远地区经济社会建设贡献力量。二是扎实做好中央企业博士服务团成员服务管理工作,分别赴新疆乌鲁木齐、四川德阳、重庆等

地，参加第16批博士服务团成员的考核工作，组织召开中央企业博士服务团服务锻炼工作座谈会，切实了解人员发挥作用情况，听取有关地方党委组织部门、服务锻炼单位和博士服务团成员的意见建议，为更好开展博士服务团工作奠定良好基础。三是做好“西部之光”访问学者接收工作，根据访问学者专业领域和研修意愿，与13家中央企业组织人事部门进行沟通，落实16名人员的具体接收单位和导师，顺利完成接收任务，为西部地区人才培养提供有力支持。

五、加强中央企业技能人才表彰激励

按照人力资源社会保障部的通知要求，组织中央企业开展第十三届中华技能大奖和全国技术能手推荐工作，邀请具有丰富经验和较高技术权威的中央企业技术技能专家组成评审组，择优遴选确定中华技能大奖和全国技术能手推荐人选。2016年11月，人力资源社会保障部印发《关于表彰第十三届中华技能大奖和全国技术能手的决定》，中央企业有14人获得“中华技能大奖”荣誉称号、140人获得“全国技术能手”荣誉称号。

鼓励中央企业紧贴生产实际，结合行业发展方向，选择行业特点突出、关键岗位技术含量高、企业亟需的工种组织开展职工技能竞赛。大力弘扬工匠精神，进一步加强对优秀技能人才的荣誉激励，对于在技能竞赛中取得优异成绩的人选，由国资委授予“中央企业技术能手”荣誉称号。2016年，授予470名在各类技能竞赛中表现优秀的高技能人才“中央企业技术能手”荣誉称号，进一步营造劳动光荣、技能宝贵、创造伟大的良好氛围。

六、加大中央企业领导人员和高层次专家培训力度

(一)继续组织实施企业经营管理人才素质提升工程

依托该项工程，一是实施企业领军人才培养计划，加强中央企业领导班子和后备干部队伍建设，举办第二期“新任中央企业领导人员培训班”和第五期“中央企业中青年高级管理人员培训班”，培训35名中央企业新任职领导班子成员和40名优秀年轻后备干部。“新任班”和“中青班”已成为中央企业经营管理人才培训的品牌班和特色班，为中央企业长远发展储备一批领军人才，得到中央企业和学员高度肯定。二是实施企业经营管理人才专项培养计划，全年举办7期专项培训班，内容涵盖战略规划、资本运作、人力资源管理、财会、法律、国际化经营等内容，培训企业经营管理人才606人次，有效提高参训人员的专业素养。

(二)认真做好“一校五院”等有关培训班次的学员选调工作

一是结合中央企业领导班子建设实际，选调198名国资委党委管理班子的中央企业领导人员参加“一校五院”40个培训班次的学习，有效提高领导人员的党性修养和履职能力。二是按照中组部人才局要求，推荐38名中央企业优秀专家参加“一校五院”高层次专家国情研修学习，进一步提高中央企业高层次专家的政治理论素养以及报效祖国、奉献人民的责任感和使命感。三是继续与中组部、科技部联合举办2016年度科研院所领导者高级研修班，从中央企业直属科研机构(技术研发中心)、中央级转制科研院所中选调11名负责人参加学习，有力提高科研机构领导者的能力素质。

(三)组织开展中央企业领导人员国际化培训

加强与国际知名跨国公司的合作，加大国际化人才培养力度，组织中央企业各级领导人员分别赴美国通用、思科，韩国三星进行学习交流，进一步提高中央企业各级领导人员的全球视野、战略思维、创新意识、管理能力。

七、中央企业人才资源基本情况

截至2016年底，中央企业人才资源总量1022.65万人，其中出资人代表4.34万人(含内部兼职董事0.82万人)；经营管理人才237.01万人；党群工作者17.28万人；科技人才141.58万人；技能人才623.26万人。

(审稿人：邓　芳　撰稿人：王绥德)

中央企业监督检查工作

2016年，监事会深入学习贯彻党的十八大和十八届三中、四中、五中、六中全会，全国国有企业党的建设工作会议和习近平总书记系列重要讲话精神，以财务监督为核心，以问题和风险为导向，以防止国有资产流失、促进国有资本保值增值为主线，不断强化当期和事中监督，深入开展集中重点检查和境外国有资产检查，切实加大成果报告和运用力度，各项工作取得积极进展，实现第五任期圆满收官和第六任期良好开局。11月29日，国务院召开第156次常务会议，听取国资委关于监事会对中央企业监督检查情况的汇报。会议指出，监事会依法履职，改革创新监督机制，监督检查的针对性和有效性不断增强。

一、扎实开展监督检查

（一）当期监督持续强化

在监事会主席领导下，监事会坚持深入企业一线开展监督检查，全年累计列席企业会议2993次，实地检查子企业1508户，开展各类谈话5281人次，接待来电来信来访312人次，受理举报线索145件，编制各类工作底稿7314份。聚焦监督主业，“一企一策”确定监督重点，将企业贯彻执行党中央、国务院重大决策部署情况作为监督重点，紧扣重大决策和生产经营中的重要事项等，深入核查企业存在的问题和风险。进一步强化财务监督，把会计信息质量作为当期监督的重要内容，坚持深入企业一线开展监督检查。将中央企业推进供给侧结构性改革、“瘦身健体”、提质增效、化解过剩产能、处置“僵尸企业”、开展特困企业专项治理以及低效无效资产处置等纳入当期监督关注重点，切实推动国家宏观政策、重大政策措施在中央企业落实落地。

（二）“两项检查”不断完善

监事会以集中重点检查和境外国有资产检查作为开展监督检查工作的重要抓手。监事会全年两项检查涉及18个办事处、18家企业、11个国家和地区，检查规模为历年最大。监事会主席高度重视“两项检查”，专门出席进驻会议，带队开展实地督导工作，听取现场检查和中期检查总体情况汇报并提出明确工作要求。各办事处进一步改进“两项检查”组织模式，统筹安排检查工作，制定具体详实的方案，认真组织实施，形成一批高质量的报告成果，也为开展任期工作奠定坚实基础。

（三）监管协同深入推进

一是做好重点工作协同。各办事处围绕国企国资改革重点难点工作开展监督检查，及时报告企业动态和异常情况，提出有关工作建议。继续配合国资委做好业绩考核、董事会建设、领导班子评价、经济责任审计。二是积极配合国资委巡视工作，向国资委巡视组提供监事会年度监督检查报告共计39份，反映企业存在的各类突出问题243项，提请重点关注事项53项，提供违法违纪违规线索21件。三是加强与驻国资委纪检组的对口联动机制。畅通监事会移交转送与驻国资委纪检组办理反馈渠道，监事会检查发现的违法违纪线索得到有效落实，形成完整的工作闭环。

二、充分体现监督成果

（一）强化日常成果报送

监事会不断加大当期和事中监督成果归集和报送力度，充分揭示企业经营管理和改革发展中存在的重大问题和风险事项。全年累计向国务院报送监事工作专报26份，国务院领导高度重视，逐份审阅，在其中10份专报上作出明确批示。累计向国资委报送专项（情况）报告250份，报告集中反映有关企业深陷债务危机、财务严重造假、违规融资或拆借资金、违规为民营企业垫资形成重大损失风险以及部分企业开展“僵尸企业”处置和困难企业治理中存在的问题等情况。实时动态反映监督信息，编发《监事会要情》16期。

（二）全面完成年度报告工作

2016年，监事会向国务院和国资委报送105份年度报告，重点反映部分企业经营风险持续加大、个别行业风险积聚、境外资产管控不力、重大投资项目管控薄弱、招标及采购问题频发、与民营企业合作不规范、内部控制流于形式、部分企业领导班子建设有待加强等问题以及部分企业人员涉嫌违法违纪违规问题线索。国务院和国资委领导在33份年度报告上作出明确批示，要求有关单位推动企业扭亏脱困，清理整顿融资性贸易，指导处理产权纠纷案件，研究行业产业共性问题，加强对企业内控、招投标、董事会等的监督，强化企业领导班子建设等。综合105份年度监督检查报告形成汇总报告报送国务院。

(三)规范向企业反馈意见

着力强化成果运用，全年累计向企业印发提醒函和整改通知69份，及时督促有关企业整改问题、化解风险。认真梳理年度和任期监督检查结果，逐户向企业印发监督检查情况通报，集中揭示中央企业在经营发展、重大决策、内部控制、违法违纪违规等方面存在的共性问题和风险，并要求企业对照问题清单，逐项整改落实。监事会主席主持召开专门会议，向企业领导班子反馈意见，既通报检查情况，又明确提出整改要求，充分体现监事会监督的权威性和有效性。

三、平稳实现换届调整

(一)强化派驻权威

7月28日，国资委召开中央企业监事会工作会议，国资委主任肖亚庆在会上发表讲话，深刻分析国有企业实行外派监事会制度的重要意义，充分肯定监事会第五任期工作，对新时期新任期监事会工作和中央企业支持配合工作提出新要求。按照中央企业监事会工作会议精神，在监事会主席领导下，各派驻企业监事会统筹安排、精心组织，统一要求、统一形式、统一流程，逐户召开进驻大会，高质高效完成换届进驻工作。国资委在官方网站公开新一届监事会派驻企业信息。

(二)强化工作衔接

监事会主席高度重视换届移交工作，专门出席业务交接会议，听取有关情况介绍。各办事处按照《关于做好监事会换届调整业务工作有关事项的通知》要求，系统总结监事会第五任期监督检查工作，以量化方式客观反映监督工作成果，归集整理形成监事会任期履职成效报告。认真向新一届监事会介绍企业有关情况以及存在的问题和风险，提示需关注的监督检查重点和工作中应注意的事项，并形成会议纪要，同时，将业务工作移交报告、企业问题清单、移交材料清单以及相关材料一并移交新一届监事会。新进驻企业监事会认真阅研移交资料，以上届监事会工作为基础，迅速熟悉企业情况，第一时间开展实质性检查，保证当期监督工作连续稳定。

(三)强化支持配合

各办事处以进驻新企业为契机，督促企业落实“两个融入、五个必须”工作要求。督促企业要把监事会工作融入企业全局工作，把支持配合监事会工作融入企业日常组织体系。要求企业在重大事项报告、重要信息知情权、重要会议通知、问题整改落实、监督保障等方面，从制度安排、组织机构建设上进一步健全完善企业支持配合体系，为监事会做好新任期监督工作立下规矩、打好基础。

四、改革完善监督运行机制

按照党中央、国务院关于全面深化国企国资改革工作部署和关于监事会工作的一系列重要指示批示精神，深入推进《关于进一步加强和改进外派监事会工作的意见》研究制定工作。贯彻落实全国国有企业党的建设工作会议精神，国资委对改革监督体制机制充分发挥监事会作用进行深入研究和全面部署，结合国资委机构调整和职能转变，提出加强监事会监督的重要举措。一是强化工作领导。调整领导班子分工，除原有一名国资委副主任分管监事会工作外，增加一位委领导，专门协助分管监事会工作，进一步加强对国有资产监督工作的领导。二是强化机构支持。整合国资委监管资源，设立监督一局、监督二局、监督三局，与监事会形成“一前一后”互相配合的关系，负责监事会反映问题的深入核查、分类处置、整改督办工作，组织开展国有资产重大损失调查，提出相关责任追究的意见建议，形成监督工作完整闭环。三是强化运行机制。分别以国资委党委会和主任办公会、分管领导、监事会主席为主体，形成领导决策、分类处置、监督报告等三个平台，推动监督成果综合运用。

五、深入推进内部建设

（一）切实加强党建工作

专门举办监事会深入学习贯彻党的十八届六中全会精神专题学习班，监事会主席和局级干部认真学习贯彻六中全会精神，交流学习体会，研究贯彻举措，处级及以下党员干部分批参加直属机关专题学习班。扎实开展“两学一做”学习教育，监事会主席率先垂范，各党支部认真组织推进，全体党员积极参与，完成党费收缴专项检查、“灯下黑”问题专项治理、“七一”主题党日等规定动作，精心开展创新方式讲党课、重温入党志愿和誓词、签署党员承诺书等自选动作，得到直属机关党委的充分肯定。通过推广“支部工作”APP，建立“两学一做”学习教育微信群，开展“每日一题”学习讨论，营造“随时、随地、随身”学习的整体氛围，切实把党建工作抓在日常、严在经常。稳步推进监事会各党支部的换届选举工作。

（二）着力加强制度建设

相继出台《监事会财务监督检查指南》《监事会集中重点检查工作指南（2016 年）》《监事会境外国有资产检查工作指南（2016 年）》《监事会监督检查工作底稿编制办法（试行）》《监事会列席企业会议工作规则（试行）》《关于规范监事会发现问题企业整改报告有关事项的通知》和《关于建立监事会监督台账有关事项的通知》等；进一步完善《监事会监督检查成果运用办法》，研究制定《监事会监督检查情况公开办法》；对监督检查发现的企业招投标问题进行汇总分析，向中央企业印发《关于中央企业招投标管理有关情况的通报》，研究制定《监事会招投标监督检查工作指南》；整理形成《监事会工作业务制度汇编（2016 版）》，收录现行有效的业务制度规范 35 项，为监事会监督检查工作提供遵循，制度建设渐成体系。

（三）持续加强队伍建设

围绕集中重点检查和境外资产检查、监督检查公文撰写、监事会业务信息系统应用、会计人员继续教育等内容，开展 6 期专题培训。举办讲座 30 次，累计完成 2.2 万个网络课堂学时。组织开展第二届监督检查案例大赛，28 个办事处累计提交案例作品 135 篇，充分展示专职监事的履职能力。在组织各办事处推荐优秀工作底稿的基础上，对 215 份工作底稿进行汇编，评选出 90 份获奖的优秀底稿以及 11 个优秀办事处，并予以通报表彰。组织副局级及以下干部累计填报《工作情况表》934 人次。招录 12 名公务员，继续充实监事会队伍。

（四）不断加强信息化建设

首次专门召开会议部署中央企业年度工作报告报送工作，以问题和风险为导向全面修订格式文本；扎实推进监事会信息化建设，监督检查辅助作业系统全面推广，监督检查业务管理系统试运行，升级后的中央企业综合信息管理系统上线，中央企业舆情监测云平台建成试运行，统一受理举报平台具备开通条件，为监事会有效履职奠定扎实基础。

（五）深入开展研究交流

一是开展深化国有企业改革新形势下国有资产外部监督机制课题研究工作，全面梳理和分析各类国有资产外部监督主体并作了系统比较，对加强国资监督外部监督协同机制进行深入探索。二是加强与地方国资委监事会工作交流，总结以往对国有企业监事会有关工作情况开展书面调研的工作经验，完善《地方国有企业监事会工作情况调查表》，收集、汇总、分析地方国资委填报的监事会工作情况。编校印发《全国国资委监事会工作交流材料汇编（2016 年）》。三是围绕监事会换届、重要会议、监督成果公开、改革完善监督机制等工作，综合运用国资委内外各类宣传平台，开展系列专题宣传活动。报送各类信息 18 篇，其中上报中办、国办信息 8 篇，为历年最多。编辑整理《国有资产管理》“监事会工作专栏”及“央企监事会专栏”稿件 24 篇。

（审稿人：禾　云　李春兰　撰稿人：王晓灿　倪时政）

中央企业专项核查与整改督办工作

2016年，监督二局、三局筹备及组建以来，紧紧围绕国资委中心工作，立足初创实际，一手抓内部建设，一手抓业务组织，边设计边施工、边探索边完善，努力克服困难，砥砺前行，实现良好开局。

一、高效有序完成筹备组建工作

为落实党中央、国务院关于深化国资国企改革战略部署，加强有关监督工作力量，贯彻落实全国国有企业党的建设工作会议精神和国企国资改革系列文件要求，进一步加强国有资产监管，完善监督机制，根据《中央编办关于调整国资委有关职责和机构的批复》(中央编办复字〔2016〕125号)，国资委新成立监督二局、三局，于2016年11月29日在国资委安定门办公区召开成立大会，正式组建运行。

(一)确定主要职能及有关职责事项，明确工作定位

根据国资委领导在监督二局、三局领导班子任前谈话上的指示精神，共同研究提出监督二局、三局主要职能、具体职责事项等建议，经国资委党委会审议，由《关于印发〈各厅局职能及主要工作事项(试行)〉的通知》(国资党委人事〔2016〕302号)最终明确监督二局、三局的具体职能定位。负责有关监督成果在国资委内厅局和所监管企业的利用工作，分类处置、督办和深入核查监督检查发现移交的问题，对共性问题组织开展专项核查，组织开展国有资产重大损失调查，提出有关责任追究的意见建议。拟订监督工作有关制度；对监事会和有关方面移交的需要由企业自行整改落实的问题，向企业印发监督检查情况通报或整改通知，并督促企业整改；对监事会和有关方面移交的可能造成国有资产流失的问题线索，开展延伸检查；涉嫌重大违纪违法的，按照规定程序移交有关部门；对监事会和有关方面提出的有关国有资产监管的工作建议，按照职能分送国资委内相关厅局研究落实并跟踪督促；对监事会和有关方面监督检查发现的共性问题，组织开展专项核查；对所监管企业组织开展国有资产重大损失调查，根据调查结果，提出有关责任追究的意见建议；承办国资委领导交办的其他事项。

(二)确定内设机构及联系企业分工，搭建工作架构

根据国资委机构调整安排，监督二局、三局职能相同，编制相同，行政编制各18人，每个局内设4个处室，现有在编人员分别为14人和12人。根据分工，监督二局联系52家中央企业、涉及10个行业，即石油石化、机械、矿业、电子、电力、化学、建材、交通运输、科研设计和投资；监督三局联系50家中央企业、涉及11个行业(地区)，即冶金、军工、建筑、地勘、仓储、通信、商贸、房地产、服务、农林牧渔和港澳。

(三)调配监督业务工作骨干，充实工作队伍

监督工作涉及面广，专业性强，对人员素质要求较高。为选调适合监督工作的业务骨干，结合国资委内机构调整人员安排要求和干部个人意愿，从业务背景多元化、人员年龄、性别、现任职级合理搭配等因素考虑，拟定具体调配人员方案。在人事局、有关厅局及监事会有关办事处的大力支持下，从原评价局、改组局、分配局、收益局、有关监事会办事处等调配26名业务骨干，及时组建监督二局、三局监督工作队伍。

(四)协调办公场所和专项经费，确保工作顺畅运行

为尽快协调办公场所、办公经费等办公保障条件，与管理局等方面沟通协商，根据国资委内办公用房统一调整进度安排，在安定门办公区配楼获配办公用房；在2017年部门预算盘子已基本确定的情况下，在国资委内现有经费来源渠道中统筹解决监督二局、三局2017年专项办公经费；协调分批采购相关办公设备和家具等。

二、扎实稳步推进局内全面建设

(一)探索建立高效协作的相关工作机制

抓紧建立有关局内工作机制，切实推动工作高效

开展。一是每周例会制度。传达通报有关重要情况，研究局内有关重要事项，布置各处一周工作，推动局内工作按计划有序运转，并及时形成会议纪要报国资委领导。二是信息化共享机制。要求全局人员高度重视监督资源信息共享和动态跟踪，收集汇编相关监督政策制度，促进工作开展。三是业务研讨机制。针对有关专题工作，不定期开展不同范围的业务研讨，碰撞思想，相互启发借鉴，拓展工作思路。四是厅局协同机制。监督二局、三局间及有关方面及时沟通工作方式方法，通过请进来、走出去、联合召开研讨会等方式，推动工作协同联动。五是全面沟通机制。根据业务需要，主动联系审计署、中央纪委、财政部、银监会等单位，虚心学习请教有关工作事项，助力监督二局、三局业务开拓。

（二）编制全面规范的局内工作制度

为推动工作规范开展，使各项工作有据可依、有章可循，成立时立即开始着手拟定有关内部制度。一是完成《监督二局内部办公制度汇编（试行）》《监督三局内部办公制度汇编（试行）》，就总体工作要求、工作分工、会议制度、公文办理、公文传阅、公文归档、内部资料管理、出勤管理、请示报告、挂职及借调人员管理、公章使用、安全保密、办公设备管理、信息报送、OA用户管理、专项经费使用、党支部工作制度等方面作出明确规定。二是初步整理监督工作相关业务制度，包括领导重要讲话、监事会有关工作制度、有关法律法规汇编等；基本完成《国有资产监督管理相关法律法规文件选编（2016）》；印制《中央企业违规经营损失责任追究文件资料选编》。

（三）坚持“三个同步”，扎实推进党的建设

成立以来，始终绷紧加强党建这根弦，坚持党建工作与业务工作同步谋划、同步部署、同步考核。一是将组建党组织列为两局成立的首项工作，在直属机关党委考察同意支部委员候选人预备人选提名的基础上，12月中旬分别召开全体党员大会，分别选举产生支委会，并分别召开支委会第一次全体会议。分别向直属机关党委报送两局党员大会和支委会选举的有关情况。12月下旬收到直属机关党委对两局党员大会选举结果的批复，两局党支部正式成立运行。二是分别深入开展“两学一做”学习教育，及时组织学习习近平总书记在国有企业党的建设工作会议上的讲话精神，组织召开高质量的民主生活会和专题组织生活会，均得到督导组的充分肯定。三是坚持“三会一课”制度，建立定期学习和支部党员轮流授课交流制度，组织开展党小组、中心组学习。四是选举十九大国资委机关有关党代表人选及两局参加国资委机关第二次党代会的代表等，积极推进筹建两局分工会委员会相关工作。五是严守“六大纪律”，切实履行“一岗双责”，逢会必强调廉洁纪律及保密要求，努力打造忠诚、干净、担当的监督队伍。

三、全面启动有关监督业务工作

（一）及时与分工联系企业建立工作联系，调查研究行业共性问题

向中央企业印发工作联系函，通报监督二局、三局主要职能，告知两局各内设处室联系方式和所联系企业范围，要求企业报送对口联系机构和人员信息，初步建立工作联系。同时，对照现有的监事会2015年度监督检查报告、第五任期监督检查报告，监督一局抄送的有关整改通知、提醒函、专项报告等，结合国资委厅局提供的有关国资监管信息，主动梳理行业共性特点、查找风险点和问题点，建立动态跟踪分析机制和工作台账，对于潜在或已经凸显的行业共性问题拟定有关检查思路和工作方案，为下一步工作奠定基础。

（二）制定“两个办法”，落实改革任务分工

着手开展相关政策制度制定完善工作。认真落实国资委贯彻《中共中央、国务院关于深化国有企业改革的指导意见》（中发〔2015〕22号）、《国务院办公厅关于加强和改进企业国有资产监督防止国有资产流失的意见》（国办发〔2015〕79号）、《国务院办公厅关于建立国有企业违规经营投资责任追究制度的意见》（国办发〔2016〕63号），监督二局、三局共同牵头承担中央企业违规经营投资责任追究、监督工作会商机制相关办法的制定工作，并纳入国资委2017年立法计划。文件制定准备阶段，以培训会形式专门请文件起草人进行文件精神解读，搜集查阅中纪委、财政部、银监会等部门相关资料，与国资委内有关厅局、10家中央企业、9个省市国资监管机构进行初步沟通，为研究制定出台相关政策制度奠定基础。

（三）探索"三种方式"，积极开展专项核查

根据干部管理权限和问题性质等，探索以自身为主的"独立核查"、各方协作的"联合核查"、转由企业的"移交核查"等方式分类处置，受理审计署移交的有关企业人员违规事项查处以及监事会移交的5户企业23个问题的整改督办工作。全力推进国资委领导批示首办件有关工作。

监督二局组建不久，收到审计署移送的首办件，要求国资委对有关企业人员违规领取薪酬和投资入股事项进行查处。国资委领导高度重视，要求创新方式、积累经验、打好基础、建立规范，力争为今后工作起到探索、示范作用，先后多次与审计署及有关企业沟通，研究专项核查方式，制定详细的工作方案。监督三局首办件，中航工业所属中国航空技术进出口深圳公司违规收购民营企业股权问题，按照国资委领导"扎实、细致、严谨、有序开展工作，办好首件，取得实效"的批示精神，在与审计署及中航工业集团公司多次沟通、并就有关资产评估问题征询产权局及中国资产评估协会等方面专业意见的基础上，反复研究、细化完善形成具体核查工作方案，力求把工作做深、做实、做细。

（四）把握"三个原则"，稳步启动追责工作

在工作中，坚持"既要强化监管，又要保护干事创业的积极性""既要依法依规，又要结合企业具体实际""既要体现成效形成震慑，又要责任人员信服办成铁案"的原则，积极稳妥推进国有资产损失调查，提出责任追究的意见建议。

（审稿人：刘洪学　撰稿人：裴春燕）

中央企业党建工作

截至2016年底，中央企业系统有党员549.6万人，其中女党员127.9万人，35周岁以下党员138万人，在岗职工党员397.4万人，在岗工人党员131.8万人，离退休人员党员143.9万人，其他党员83025万人。党组织总数28.3万个，其中，党组223个，党委22536个，党总支16986个，党支部24.4万个。

2016年是国有企业党的建设历程中具有里程碑意义的一年，也是加强中央企业党建工作不平凡的一年。党的十八届六中全会开启全面从严治党向纵深推入的新征程；全国国有企业党的建设工作会议，特别是习近平总书记的重要讲话，针对国有企业改革发展和党建工作的一系列重大问题进行深刻阐述，对加强新形势下国有企业党的建设具有重要指导意义。在国资委党委领导下，中央企业各级党组织贯彻落实党的十八届六中全会和全国国企党建工作会议精神，深入学习贯彻习近平总书记系列重要讲话精神，以开展"两学一做"学习教育为抓手，切实加强党建工作制度建设、基层党组织建设和党员教育管理工作，不断提升党建工作的科学化水平，为全面深化国有资产管理体制改革和中央企业改革发展提供坚强保证。

一、加强中央企业基层党组织建设

一是大力推进中央企业党委（直属党委）换届选举等工作。对28户2016年应换届中央企业集团党委（直属党委），通过加强沟通、召开换届选举工作年中推进会、发函、当面沟通等各种方式加强督导，确保2016年全部完成换届选举工作。

二是不断加大对中央企业各级基层党组织换届选举工作的督促指导力度。按照中央巡视组要求，对中央企业党组织换届选举情况、中央企业所属上市公司党组织换届选举情况进行全面调研摸底，掌握相关情况，进行统计分析和督促整改。

三是抓好中央企业直属党委届中任免、党组织关系调整等工作。完成16户次中央企业直属党委书记、副书记，直属纪委书记、副书记的届中任免工作，涉及35人次。对重组、新成立企业，及时完成其党组织领导关系调整工作。按照中办有关要求，做好党组清理规范工作，形成《关于对中央企业二级单位党组清理规范有关工作的调研报告》。

四是指导各中央企业做好基层党组织书记轮训工作。对各中央企业党组织书记轮训情况进行书面摸底调研，形成情况报告并报送中组部。

五是配合开展中央企业巡视工作。配合做好对中央企业的巡视工作，向巡视组介绍12户中央企业党建方面的基本情况、特色做法，并对巡视组提出的中央企业在党建方面的不足进行督促整改，将督促整改情况报巡视办。

二、加强中央企业党员队伍建设

(一)扎实开展中央企业"两学一做"专题教育

一是认真筹划，完善机制，加强督导，深入推进。4月12日，召开动员部署会，印发学习教育实施方案，做出整体安排。积极推进、督导学习教育，及时传达要求，派人参加企业党课和专题学习，了解最新安排和进度，做到工作全覆盖。先后在中央企业较为集中的广东、四川、湖北、上海、北京、东北地区召开6次学习教育片区座谈会。抓好督导工作，起草督导工作方案，细化督导事项，建立联系机制，召开督导组联系协调会议。

二是步步跟进，针对问题细化要求。及时贯彻中央关于学习教育的最新要求，转发4份中央文件，对中央企业进行具体指导。就党费收缴工作、中央企业领导班子"增强'四个意识'，严守政治纪律政治规矩"专题民主生活会等专门下发通知进行指导和督导。推动在"两学一做"学习教育中开展党组织关系集中排查、基层党组织按期换届情况排查、党费收缴工作专项检查、党代表和党员违纪违法未给予相应处理情况排查工作等专项检查。

三是加强宣传引导，营造良好舆论氛围。多次向中央领导和中组部学习教育督导组汇报中央企业学习教育进展情况，得到有关中央领导的充分肯定。先后编发16期简报，在国资委网站刊发专题教育宣传稿366篇。

四是举办中央企业暨国资委直属机关"两学一做"学习教育基层党务骨干培训示范班。中央企业党群部长(组织部长)、部分基层企业党委书记，国资委直属机关各单位党组织负责人近300人参加培训。根据学员在培训中提出的意见和建议，对中央企业党群部门工作力量及职责情况再次进行调研。7月20日，召开加强中央企业党务工作人员力量工作会议，对加强中央企业党务工作人员力量、规范党群部门职责设置提出明确意见，根据会议精神，党务工作力量配备要求多数企业已经落实到位。

(二)做好党员教育管理工作

一是扎实、有序推进"两优一先"评选表彰工作。有5名个人(其中全国优秀共产党员3名、全国优秀党务工作者2名)、4个集体(全国先进基层党组织4个)入选全国"两优一先"表彰对象，在庆祝中国共产党成立95周年大会上接受表彰并聆听习近平总书记重要讲话，其先进事迹陆续在各大主流媒体播出，产生良好社会影响。同时，有序推进中央企业"两优一先"推选表彰，并首次组织推荐评选"两优一先"标兵标杆。经国资委党委会研究决定，表彰30名"两优一先"标兵标杆，优秀共产党员157名、优秀党务工作者109名、先进基层党组织138个。人民日报全文刊登《国资委党委关于表彰中央企业优秀共产党员优秀党务工作者先进基层党组织的决定》，增强宣传效果。6月29日，组织召开庆祝中国共产党成立95周年暨中央企业"两优一先"表彰大会。策划制作电视专题片《不灭的信念——中央企业纪念建党95周年巡礼》，在各中央企业引发广泛共鸣。

二是完成2015年党内统计，开展2016年党内统计工作。参加中组部举办的2016年全国党内统计工作培训班，组织召开在京中央企业2016年党内统计工作培训班，82家在京中央企业98名负责党内统计工作人员参加培训。

三是做好党费收缴使用和管理。收缴在京中央企业2015年度党费。对在京中央企业党的十八大以来党费使用情况进行统计梳理，形成《国资委党委关于党的十八大以来党费使用情况的报告》，并按时报送中组部。4月，按照中央第十四巡视组要求，开展在京中央企业2008年4月以来党员党费核查工作。印发通知，要求各中央企业党委(党组)对党费收缴情况进行全面自查自纠，针对问题，制定措施，立行立改。及时将核查整体情况报告中央第十四巡视组。向中组部转交20笔中央企业党员上缴的大额党费，共计20.92万元。

四是认真做好党员发展工作。制定在京中央企业2016年发展党员计划。12月，对2016年度发展党员情况进行总结，并研究提出2017年度发展党员计划。

五是做好党员教育培训规划中期检查评估工作，12月底形成检查评估报告及统计表报送中组部。

六是做好生活困难党员和老党员走访慰问工作。在2016年元旦春节期间和"七一"前夕，先后两次组织在京中央企业开展走访慰问困难党员和老党员工作，下拨党费937.8万元。

三、完善中央企业党建制度体系

(一)切实加强中央企业党建工作制度建设

一是研究制定两份重要文件。起草关于加强中央企业境外单位党建工作的指导意见，以中组部、国资委党委、外交部党委、商务部党组四部委名义印发，中办转发。要求所有驻外机构都要建立党的组织，开展党的工作，明确境外单位党的工作由国内派出企业党组织和驻在国(地区)使领馆(机构)党委共同领导、分工负责。研究起草中央企业党建工作责任制实施办法，明确企业党委(党组)抓党建的主体责任、党委书记的第一责任、专职副书记的直接责任、班子成员的"一岗双责"，明确追责问责情形和程序。责任制实施办法由中央党建领导小组审定后，拟由中办转发。

二是积极推进党建要求进章程工作。国资委党委印发《关于加快推进中央企业党建工作总体要求纳入公司章程有关事项的通知》，进一步明确中央企业党建工作总体要求纳入公司章程内容，要求各中央企业加快推进章程修订工作。

三是建立实施央企党委(党组)向国资委党委报告年度党建工作制度，2016年所有中央企业报告党建工作。

(二)认真做好党建工作课题研究和国企专委会工作

充分发挥国有企业党建研究专业委员会平台作用，推动国企党建理论研究和实践探索。完成《国有企业党的建设与现代企业制度融合的方式与途径研究》《从严管理干部与完善干部激励保障机制研究》《中央企业基层党组织发挥战斗堡垒作用研究》三个重点课题。指导67家委员单位对3项重点课题、13项调研课题开展196项研究工作；国企专委会对2015年度课题进行评审，收到41家委员单位92个课题报告，评审产生一等奖10个、二等奖15个、三等奖25个，编辑出版《2015年度课题成果汇编》。承办全国党建研究会党建高端智库建设规划国有企业调研座谈会。

(三)深化党建工作述职评议考核体系

在试点开展党委(党组)书记抓基层党建述职评议考核的基础上推动2016年中央企业开展二级单位党组织书记抓党建述职评议考核工作全面落地，并做好即将开展的中央企业党委(党组)书记抓党建述职具体实施工作。

一是与中组部进行多轮沟通，了解最新要求，提出工作建议，认真制定工作方案。11月30日，向中央企业印发《关于2016年度中央企业开展二级单位党组织书记抓党建述职评议考核工作的通知》，起草《国资委党委关于中央企业党委(党组)书记抓党建述职工作实施方案》。

二是召开会议，做好动员部署工作。12月9日，组织中央企业党委(党组)分管党建工作负责同志和相关部门主要负责人召开中央企业二级单位党组织书记抓党建述职评议考核工作动员部署会，传达中组部文件精神及国资委党委有关要求，并邀请中国电科等5家企业党群部门负责人介绍工作经验。整理汇编有关文件，印送给各企业提供工作参考。

三是加强督导，明确企业各项重点工作与时间节点。在制定实施方案、调研检查情况、召开现场述职评议会议、形成述职评议考核工作总结报告等方面，与企业进行沟通，确保述职评议考核工作有序有效开展。

四、贯彻落实全国国企党建会精神

一是参与会议筹备。按照统一安排，中组部、国资委党委对国企党建工作进行大范围调研，形成调研报告，为筹备会议掌握第一手资料。3月，组织在北京、上海、深圳分别召开部分中央企业党建工作调研座谈会。起草向刘云山同志专题汇报材料，很多建议得到中央采纳。参加全国国企党建会文件起草等各项准备工作，为会议顺利召开作出贡献。

二是做好会议精神贯彻落实工作。国企党建会召开后，配合中央组织部梳理明确贯彻落实会议精神30项重点任务，研究制定《贯彻落实全国国有企业党的建设工作会议精神重点任务分工计划》，针对国企党建的重点任务、薄弱环节和突出问题，梳理出重点推进的23项工作，推动中央企业贯彻落实全国国企党建会精神。成立贯彻落实党的十八届六中全会和全国国有企业党的建设工作会议精神督导工作领导小组办公室，国资委党委领导带队专项督查调研有关工作。

五、启动中央企业系统（在京）十九大代表选举工作

一是提前做好工作谋划。提示近两年开展换届选举的中央企业在代表选举时适当考虑十九大选举工作；主动收集十八大选举时的相关文件资料，开展“每日一学”，梳理流程、了解要求。

二是迅速启动各项工作。在中央印发关于做好党的十九大代表选举工作的通知和中组部召开十九大选举工作部署培训会后，迅速起草中央企业系统（在京）十九大代表选举工作方案。向中央企业印发选举工作通知，起草选举工作情况汇报、候选人推荐名额和党代表会议代表名额分配建议方案、选举工作部署会议建议方案等材料。召开选举工作动员部署会议，全面启动中央企业系统（在京）十九大代表选举工作。

三是搭建工作平台，畅通沟通渠道，抓好各项工作。陆续推进中央企业系统（在京）十九大代表选举工作各项任务。2016年底前，对各企业方案逐一进行沟通审定。做好企业十九大代表推荐提名各项督促指导工作，确保“三上三下”程序规范，中央企业系统（在京）基层党组织全覆盖，所有党员都参加。

（审稿人：姚　焕　撰稿人：匡道全）

中央企业宣传思想文化工作

2016年，中央企业宣传思想工作坚持以习近平总书记系列重要讲话精神为指导，高举中国特色社会主义伟大旗帜，深入贯彻党的十八届五中、六中全会，全国国有企业党的建设工作会议和全国宣传部长会议精神，围绕中心，服务大局，强化“四个意识”和践行五大发展理念，抓主线、抓导向、抓制度、抓载体、抓队伍，不断增强创新意识、精品意识和服务意识，着力用党的理论创新成果凝聚思想共识，着力加强理论武装和社会主义核心价值观建设，着力营造有利于国企国资改革发展舆论氛围，着力提高宣传思想工作队伍素质和能力，为做强做优做大中央企业提供思想保证、舆论支持、精神动力、道德滋养和文化条件。

一、持续加强理论武装和形势任务教育，深入学习贯彻党的十八大以来历次中央全会和习近平总书记系列重要讲话精神

（一）采取多种形式学习贯彻中央全会精神，特别是习近平总书记系列重要讲话精神

召开2016年度中央企业宣传思想工作会议，学习宣传贯彻党的十八大以来历次全会精神特别是习近平总书记系列重要讲话精神，以及全国宣传部长会议精神和国资委党委工作要求，总结和部署年度工作。邀请知名专家学者作辅导报告、召开专题座谈研讨会，进一步强化“四个意识”和“四个自信”，引导中央企业学习贯彻中央精神和国资委党委工作部署要求，坚定搞好国企的信心和决心。

（二）抓住党委（党组）中心组学习这个龙头，推进中心组学习制度化、规范化、科学化

印发《中央企业党委（党组）中心组学习要点》，指导各企业把学习中央全会精神特别是习近平总书记讲话精神作为思想理论建设重要内容。加强学习督

导，对部分企业党委（党组）中心组进行旁听督学，适时通报学习内容、形式和次数。搭建学习交流平台，多次组织召开中央企业党委（党组）中心组学习座谈交流会，请中宣部理论局、人民日报理论部领导做中心组学习辅导报告。配合中宣部修改完善《党委（党组）中心组学习规则》。

（三）开展经常性形势任务教育

编辑《关于深化国有企业改革的指导意见》辅导材料印发各企业。与中宣部宣教局、中国政研会、时事报告社等机构联合召开多次中央企业形势任务教育座谈会。组织央企紧密结合形势，开展世情、国情、企情宣传教育，激发干部职工爱党爱国爱企热情。建立并储备40多位专家的理论学习专家库，创新学习教育方式，增强理论武装和形势任务教育工作的影响力感染力。

二、加强新闻宣传和舆论引导，为国企国资改革发展营造良好舆论环境

（一）加强统筹规划，完善顶层设计

修订《国资委新闻宣传工作管理暂行办法》等制度，制定年度及“两会”期间《国资委、中央企业新闻宣传和舆论引导工作方案》。制定《关于国资国企改革发展新闻宣传和舆论引导工作建议》以及贯彻落实《指导意见》、“抓发展、稳增长”、巡视工作等多个专项工作新闻宣传方案。

（二）加强正面宣传，主动对外发声

一是对国资委重要会议、政策法规、重点工作、重大活动和成就进行策划和报道，对央企和地方国资委负责人会议、传达贯彻党的十八届六中全会精神会议以及反腐倡廉建设、提质增效攻坚战、科技创新、“两优一先”表彰、“三供一业”分离移交、产业重组合作整合等会议进行宣传报道；对国务院领导和国资委领导赴有关央企调研等活动进行宣传报道。及时准确通过国资委官网、国资小新媒介向社会各界传达国企国资改革声音。

二是做好重点时期的国企宣传。组织召开重点企业“两会”期间舆论引导工作专题会议，主动举办多次新闻发布和媒体宣传活动；组织国资系统人大代表和政协委员网络访谈，举办“对话新国企 加油十三五”等“两会”访谈节目。

三是围绕中心工作和重点工作开展多个主题宣传。组织开展深化改革、科技创新、加强党建等多个专题报道，召开多次央企改革座谈会，举办多次媒体通气会和记者会，组织编印《国企改革12样本》。

四是通过举办新闻发布会、通气会、媒体和专家沟通会，接受采访，在主要媒体刊发署名文章，开设专栏等形式主动发声，推动国资委机关与媒体的互动沟通。

五是加大涉外宣传工作力度。组织开展中国企业海外形象高峰论坛和国企海外形象建设研讨沙龙，组织开展“一带一路：新兴市场国家机会与经验”等研讨会，组织协调非洲27国主流媒体代表走访央企。

（三）建立完善信息发布制度，积极回应社会关切

更新和公布央企新闻发言人及联系方式，建立例行新闻发布制度，推动建立“4·2·1＋N”新闻发布模式，协调多位国资委领导出席“两会”记者会和国新办媒体吹风会，介绍央企深化改革“瘦身健体”有关情况，组织开展“十项试点改革”、央企负责人薪酬和履职待遇、业务支出、“国企改革进展情况和上半年央企经济运行情况”等主题的媒体和专家通气会，就铁塔模式、社会责任、“十项试点改革”等组织采访，释疑解惑、扩大共识。

（四）加强监测研判，有效开展舆情处置和危机公关

搭建舆情监测平台，建立全生命周期舆情管理体系。持续编发《每日舆情简报》，报送国资委机关和各中央企业。加强重大舆情研判，定期召开央企舆情分析研判例会和开展舆情通报，不定期编发《舆情快报》和《舆情分析报告》，创制《每日经济信息》，完善舆情监测处置暂行办法和工作流程，加大负面舆情处置力度，与新闻宣传主管部门、有关媒体建立负面舆情快速处置绿色通道，突发舆情事件研判处置能力不断提升，指导帮助企业处置负面舆情10余起。

（五）拓展传播阵地，搭建工作平台

一是加强与媒体的沟通协调，与人民日报社、《求

是》杂志社、新华社签订战略合作协议，实现优势互补和资源共享。二是完善自有新闻宣传文化传播平台，策划并开通国资委网站"国企文化"子站、"国企文化"公众账号，协助办好国资委网站，指导办好《国资报告》杂志，运营国资委机关综合信息显示屏，展示和传播相关成果。三是搭建与社会公众沟通平台，组织专家、网络名人以及媒体记者开展"走进央企"系列活动，团结专家学者、记者、意见领袖等各方力量，探索设立"中国企业发展研究基金"。

（六）不断强化内部阵地管理

加大《国资委微博微信管理办法》执行力度，加强对主管主办舆论阵地内容风险管控，防止出现舆论导向偏差；完善国资委新闻发言人热线和新闻发言人邮箱管理办法和操作流程；加强报刊、官方网站新闻和国资委机关综合信息屏管理，规范有序审核委属委管报刊变更名称或主办单位、增刊事项，严格遵守国资委官方网站新闻发布内容审定程序，进一步规范国资委新闻报道拍摄和制作流程。

三、扎实推进精神文明和企业文化建设，积极培育和践行社会主义核心价值观

（一）推进社会主义核心价值观的研究和成果交流

召开央企社会主义核心价值观建设推进会，现场学习和落细落实评估指标体系；做好国企精神研究宣传推广工作，与中央党校联合完成国资委立项《培育和弘扬当代国企精神的实践和研究》软课题；指导中央企业党建政研会开展社会主义核心价值观重点课题研究。举办"央企培育与践行社会主义核心价值观"主题文化沙龙；协调中央主流媒体对央企践行社会主义核心价值的做法和经验进行集中宣传，刊登专家理论文章、企业实践经验等文章30余篇。

（二）开展践行社会主义核心价值观典型宣传

一是大力选树企业典型。策划编辑《中央企业文明单位创建风采录》和组织学习《榜样的力量——企业典型宣传工作经验与案例》等书籍；推荐部分企业入选"核心价值观百家经验单位"并在央视播出经验专题片；贯彻落实习近平总书记关于"石油精神"批示，在人民网发布展示核工业精神、预警机精神、高铁工人精神、大唐电信精神等国企精神，指导帮助提炼港珠澳大桥建设精神、国投罗钾精神等一批国企精神。

二是大力宣传典型个人。组织媒体、专家、艺术家实地报道和采风，筹办相关巡回报告会；开展"央企楷模"网络评选、微信点赞和筹备宣传发布活动。组织和指导央企积极开展全国和首都"道德模范""最美人物""北京榜样"等评选，编印《中央企业全国道德模范群英谱》，组织央企开展首都精神文明建设奖等道德典型选树宣传，推荐7名央企员工为"2015－2016年度首都精神文明建设奖"候选人。结合"两学一做"学习教育，组织开展央企全国道德模范学习宣传、道德讲堂道德模范事迹宣讲活动，协助央视拍摄《劳动铸就中国梦》电视纪录片。

三是策划特色宣传活动，讲好央企故事，评选"最美央企人"。

（三）加强道德建设和开展公益活动，凝聚向上向善正能量

一是持续推进社会诚信体系建设和提升公共文明水平。督促央企贯彻《关于推进诚信建设制度化的意见》，征集央企诚信建设案例，推动央企尽快建立诚信体系。落实中央文明办关于提升中国公民旅游文明素质要求，指导航空、旅游及劳务出境企业切实抓好文明出境、文明旅游工作，完善相关制度，推进宣传教育，召开专题会议部署央企抓住传统节日等重要节点，落实监管责任、加强教育引导、完善制度约束。组织开展"文明旅游我最美"主题宣传活动。推进"讲文明·树新风"公益广告传播工作，组织开展系列公益广告动画视频推广展播，形成常态化、立体化的展播工作机制。响应北京市控烟号召，及时部署在京央企控烟宣传工作。

二是持续推进央企道德讲堂建设和宣传。推动央企全面开展道德讲堂建设，不断创新形式、丰富内涵，组织现场学习观摩活动，涌现出一批示范讲堂，有力促进"四德"宣贯和践行。指导《企业文明》杂志策划开展专题宣传，深度报道央企道德讲堂开展情况、经验做法、亮点特色和今后工作思路。

三是打造志愿服务特色品牌。推动学雷锋志愿服务活动制度化规范化常态化，出台《中央企业志愿服务指导意见》。落实习近平总书记给鞍钢郭明义爱心团队回信精神，大力加强中央企业郭明义爱心团队建设。截至2016年底，央企有爱心团队2.6万支，志愿者超过百万人。坚持聚焦精准扶贫，面向落后地区和红色老区、弱势群体持续推进学雷锋志愿服务活动。同时组织央企开展抗洪救灾志愿服务，挽救人民群众生命财产。举办央企志愿服务品牌暨"中央企业志愿者之歌"宣传推广活动，命名"郭明义爱心团队""健康快车""映山红""灾急送"等10个项目为"中央企业志愿服务品牌"，指导企业创作65首"中央企业志愿者之歌"，央企特色的志愿服务文化初步形成。

（四）加强企业文化建设

广泛开展"最美央企人"岗位实践活动；围绕价值理念体系建设、人文关怀和心理疏导（EAP）、文化融合、品牌文化等专题，指导和参加8个企业文化专题小组开展交流活动；召开央企精益管理文化现场交流会，举办国企创新文化研讨会，强化精益管理、工匠精神等先进理念；编缉出版《中央企业企业文化建设报告》。筹备编制《中央企业文化管理测评标准》，引领国企文化发展。开展跨文化管理调研和"中华文化走出去工作"资源力量调研，召开跨文化管理工作交流会。

（五）推进"五个一工程"工作

一是组建中央企业精神文明"五个一工程"评选委员会书法专委会；开展央企"五个一工程"作品征集和推荐工作。二是指导文学、音乐、影视戏剧、书法等4个专委会开展长篇报告文学《第四极——中国"蛟龙"号挑战深海》研讨会、报告文学征文、"国企好声音"和"职工好歌曲"征集评选等活动；组织开展歌曲歌词创作、报告文学培训班，建立"央企文学""央企音乐"微信订阅号。组织开展精神文明建设工作专项调研，组织多场专题座谈会，系统归纳总结央企精神文明建设工作的特点和经验，查找存在问题及原因，提出有针对性的改进措施。

四、加强组织领导，切实推动落实党委（党组）意识形态工作责任制

印发贯彻落实《党委（党组）意识形态工作责任制实施办法》（以下简称《实施办法》）通知，指导企业落实中央《实施办法》及相关专题会议精神，做到定期听取情况汇报，及时分析研判形势，履行把握正确方向、部署指导工作、加强督促检查、抓好队伍建设等重要责任，每年至少2次专题研究意识形态工作并向国资委党委报告情况。强化意识形态责任制考核评价并纳入干部考核指标，切实做到"守土有责、守土负责、守土尽责"。

召开部分中央企业意识形态工作座谈会，邀请中宣部理论局领导讲授当前意识形态工作形势与任务，明确工作方向。定期分析研判央企意识形态领域情况，督促央企将意识形态工作纳入民主生活会和述职报告。

五、加强政工队伍建设，提升工作能力和水平

（一）积极组织开展各类培训和开展课题研究

通过"走出去、引进来"等方式，与中央党校、中央网信办、清华大学等机构组织开展多次不同范围人员参加，涵盖理论武装、新闻宣传、企业文化、精神文明建设、政工职称等不同专题的境内外培训。党委（党组）中心组学习秘书培训班、新闻发言人培训班、网络宣传研讨班、海外传播力提升研修班等深受央企欢迎，培训成效显著。

（二）指导推进政工职称工作

一是组织做好年度高级和教授级高级政工师评定有关工作。二是落实国务院关于简政放权的政策精神，工作重心逐步从关注和负责具体评审转变为政策制定、业务指导和工作监督上来，不再直接评定高级政工职称，相关工作委托给航天科工培训中心承办。三是由侧重材料评审向人才评价演进，注重将政工职称评定上升为人才评价的手段和途径，注重从能力素质、工作实绩和价值创造等多个维度评价人才，在评价方式和方法方面加大创新研究和实践力度，同时加强中央企业政工评价方法技术培训。四是指导

内容更加全面到位，从重点指导监督正副高级政工职称工作转变为指导监督包括初级、中级、高级和正高级政工师在内的全系列政工职称工作。

（审稿人：夏庆丰　撰稿人：张义豪）

中央企业群众工作

2016年，中央企业群众工作深入学习贯彻十八届六中全会、中央党的群团工作会议和习近平总书记系列重要讲话精神，落实《关于深化国有企业改革的指导意见》及国资委各项工作要求，围绕中心、服务大局，始终坚持党建带工建、党建带团建，不断强化自身建设，着力构建大党建工作格局，切实抓好中央企业工会、青年、统战、女职工等各项工作。

2016年，中央企业群众工作稳步开展，持续推进。组织中央企业工会干部培训班和优秀班组长培训班，完成ARJ21－700及中国极地考察表彰有关工作，启动"创新发展·青年担当"主题实践活动，组织参加第三届中国青年志愿服务项目大赛并取得优异成绩，积极融入"互联网＋"思维，构建中央企业系统"网上共青团·青年之声"媒体矩阵，改版中央企业青年网，组织青联委员开展"行动学习"和"青春央企大讲堂"活动，持续推进中央企业共青团援疆援藏工作，积极推荐申报全国妇联"三八"国际劳动妇女节相关荣誉，推进中央企业统战干部队伍建设和党外代表人士队伍建设，加强中央企业统战群团组织建设，开展中管企业统战工作调研检查工作。

一、工会工作

认真贯彻落实《中共中央关于加强和改进党的群团工作的意见》，加强中央企业工会组织建设，突出工作成效，努力提升中央企业工会工作水平。

一是开展央企工会分片区学习交流活动，加强中央企业工会工作横向交流。指导有关中央企业牵头组织分片区（联络组）学习交流活动，48家中央企业的工会负责同志参加活动。

二是完成ARJ21－700及中国极地考察专项表彰工作。经与人力资源和社会保障部、国家公务员局沟通，同意专项表彰10名中央企业劳动模范和10个中央企业先进集体，并配合人力资源和社会保障部、国家海洋局完成中国极地考察先进集体和先进个人的人选推荐工作，按要求推荐13个先进集体、7名先进个人。

三是举办工会干部和优秀班组长培训班。依托国资委党校，举办两期中央企业工会干部培训班，各中央企业工会负责同志、部分重点二级企业工会主席共计350余人参加培训；分两批在中国兵器工业集团昆明疗养院举办中央企业优秀班组长培训班，有218名优秀班组长参加培训，参训人员范围基本涵盖全部中央企业。

四是完成董事会评价、工会组织批复和其他工作。对中核集团等61户中央企业董事会2015年度工作报告进行审核。对中国黄金、中铝公司等4户企业的工会负责人调整或工会换届工作，按照规定和程序进行批复。

二、统战侨务工作

以推进落实统战工作领导体制和工作机制建设为重点，广泛凝聚各方力量，认真做好中央企业统战侨务工作。

一是开展对中管企业统战工作调研检查工作。在审阅67家中管企业统战工作自查报告的基础上，深入中国中铁、中国石化等8家企业进行实地调研检查，形成《部分中管企业统战工作调研检查报告》，报中央统战工作领导小组审议。

二是推进中央企业党外代表人士队伍建设。印发关于加强新形势下中央企业党外代表人士队伍建设的意见，对中央企业党外代表人士队伍建设的目标原则、内容要求和组织领导等作出明确规定。与中央统战部联合举办第14期全国国有企业党外干部培训班，70名全国国有企业党外干部参加培训。选派7名中央企业无党派、民主党派和侨界党外中青年干部参加中央统战部、中国侨联、中国留学人员联谊会组织的培训班，推荐5名中央企业党外干部参加全国和北京市党外干部挂职实践锻炼。各中央企业充分利用企业干部学院和地方社会主义学院，开展多种形式的培训工作。2016年，中央企业各级党组织累计培训党外干部2100余人次。

三是指导推进中央企业统战干部队伍建设。6月，与中央统战部联合举办首期中央企业分管统战工作领导干部培训班，51家中管企业分管统战工作的党委（党组）副书记和班子成员参加培训。8月和10月，与国家民委联合举办两期中央企业民族工作理论研究班，104家中央企业106名负责民族工作的统战干部参加培训。中央企业各级统战部门充分利用企业党校、干部学院和地方组织工作干部学院，针对统战干部需求开展多种形式的培训工作。中央企业各级统战部门组织开展统战干部培训累计超过1700余人次。

四是开展“爱企业、献良策、作贡献”主题活动。进一步开展以服务企业改革发展和科技创新为目标，以建言献策为主要职能，以党外知识分子命名的统战人士建言献策平台试点工作。指导推进主题活动创新升级，促进统战人士建言献策由“单兵作战”向“团队作战”转变，提升统战工作服务企业改革发展的有效性。

五是加强中央企业统战群团组织建设。召开中央企业侨联青年委员会和留学人员联谊会成立大会，召开党外知识分子和民主党派联络员会议，探索建立中央企业知识分子联谊会和民主党派活动小组。开展国资委党委委员与中央企业党外代表人士联谊交友工作，指导中央企业广泛开展党委（党组）领导与党外代表人士联谊交友活动。指导中央企业建立健全统战人士学习联谊组织，通过抓组织、抓重点人，以点带面，提升统战工作整体协同效应。鞍钢、东风公司等中央企业相继成立留学人员组织。

三、共青团和青年工作

以切实保持和增强团组织和团工作的政治性、先进性、群众性为重点，不断加强青年思想引导，服务企业改革发展，服务青年成长成才，加强团的自身建设，大力推进中央企业共青团组织与工作创新，进一步塑造“青春央企”的良好形象。

一是加强青年思想引导。融入“互联网+”理念，大力推进“网上共青团”建设，举办中央企业系统“青年之声”互动社交平台总编辑专题培训班。截至2016年底，有99户中央企业建立“网上共青团·青年之声”。开展“悦读青春·书香央企”活动，推动中央企业青年网进行改版升级，加强“青春央企”微信公众号、微博账号的运行维护工作，全年发布信息800余条。

二是围绕中心工作，切实服务企业改革发展。组织开展“创新发展·青年担当”系列主题实践活动。开展青年文明号创建活动，推荐186个企业青年集体参加2016年度全国青年文明号的评选表彰工作。开展青年安全生产示范岗创建活动，推报25个集体参加2016年全国青年安全生产示范岗评选表彰工作。

三是以青年为本，积极服务青年成长成才。开展评选表彰工作，选树优秀青年典型。在2016年全国五四评选表彰中，中央企业多个青年集体和个人获得荣誉称号，10名同志获得专项表彰，由共青团中央、全国青联授予“中国青年五四奖章集体”和“中国青年五四奖章”。积极拓宽青年成长渠道，选派14名青年分别赴韩国、蒙古国、印度交流访问，推荐中央企业青年代表参加“2016亚洲青年理事会年会暨亚洲青年论坛”，选拔部分优秀团干部到团中央机关帮助工作。大力开展青年志愿服务活动，在第三届中国青年志愿服务项目大赛中，中央企业团工委推荐10个志愿服务项目，6个通过全国初评入围决赛，取得一金、五银、四铜的好成绩。服务青年实际需求，组织中央企业青年联谊会，加强对青年的人文关怀，积极帮助青年解决实际问题。

四是坚持改革创新，大力加强团的自身建设。指导国家电投等8户企业团委开展换届、选举工作，推动中储粮公司成立系统团委。发挥中央企业共青团协作区平台作用。加强团干部作风建设，深化“团干部如何健康成长”大讨论活动。举办2016年中央企业团委书记培训班，来自79户中央企业的80余名团委书记参加培训。

五是积极做好新形势下的中央企业青联工作。先后举办5个系列主题日活动、5期“行动学习”和3期“青春央企大讲堂”活动，服务委员学习交流。根据团中央和全国青联的要求，启动中央企业青联换届工作。加强港澳地区青年交往交流交融。

六是有序推进中央企业共青团援疆援藏工作。根据中央企业共青团2014－2017年援疆项目和2015－2017年援藏项目安排，继续推进在疆中央企业青年干部挂职工作，选拔28名青年援疆挂职；联合新疆团区委、新疆兵团团委召开中央企业系统2016年援疆工作座谈会，总结第一批中央企业青年援疆挂职工作，安排部署第二批援疆相关工作；7－8月，中央企业团工委分两批组织安排179名来自新疆、西藏、青海三省（区）的各族青少年代表来北京参加融情实践营活动，通过组织参观北京人文历史景点及中央企业，不断增强各族青少年对祖国的认同感与民族的荣誉感；进一步支持新疆农村基层团组织"青年之家"建设，首批60个"青年之家"已经建成，计划2017年其余55个全部建设完成。

四、女职工工作

配合全国妇联继续做好中央企业女职工巾帼建功工作和年度表彰工作，进一步落实《关于进一步加强和改进中央企业女职工工作的指导意见》。一是完成2015年度全国妇联"三八"国际劳动妇女节推荐表彰工作。经国资委和地方有关部门推荐，中央企业有1人获得"全国三八红旗手标兵"荣誉称号，14人获得"全国三八红旗手"荣誉称号，8个集体获得"全国三八红旗集体"荣誉称号，部分中央企业获奖代表受邀参加表彰大会。二是组织中央企业女职工参加由红旗出版社、中国妇女报社、人民网联合主办的第四届书香"三八"——"智慧女性·书香家庭"读书征文活动。三是积极参与配合全国妇联在巾帼建功、妇女权益保障方面的活动，保障中央企业女职工利益。

（审稿人：姚　焕　撰稿人：匡道全）

行业协会商会监督管理与党建工作

国资委负责联系的全国性行业协会307家。国资委联系协会工作正处于体制转换时期，要同时完成好两个方面的主要任务：一是继续履行好协会主管单位职责，做好对协会的日常管理和服务，积极推进协会脱钩；二是贯彻中央精神，按照新的协会党建管理体制要求，全面做好加强协会党的建设各项工作。国资委党委对联系协会工作高度重视，作为一项重要任务，列入重要日程，纳入系统管理。2016年，国资委党委决定成立行业协会商会党建工作局（行业协会商会工作局），标志着国资委联系协会工作进入崭新阶段。

一、积极做好加强协会党建相关基础工作

按照中央关于加强脱钩后协会党建的要求，国资委党委将直接领导有关行业协会党建工作。2016年，国资委党委以扎实做好加强协会党建相关基础工作为目标，在思想、组织和工作方面为加强协会党建全面提供保障，为实现国资委协会党建工作规范化、制度化打下良好基础。

一是切实加强组织领导，为抓好协会党建提供各项保障。为加强组织保障，2016年成立国资委协会党建局（协会工作局），负责加强协会党建各项任务的具体实施。2016年12月2日，国资委副主任刘强出席协会党建局成立大会，对全局同志提出深入学习、强化党建、公道正派、热心服务、团结干事、廉洁自律六项要求。新局成立后，除国资委作为协会业务主管单位的职责正常转入协会党建局外，协会领导人员管理、党建工作管理也及时转入协会党建局，确保工作运行无缝对接，为新机构正常履行职能奠定基础。协会党建局下设综合处、党建处、人事处三个职能处室，分别负责协会脱钩改革和对协会的日常管理服务、协会党的建设工作、协会领导人员管理工作，工作人员来自国资委内有关厅局。为加强工作保障，国资委党委研究明确，在脱钩过渡期间，协会党建工作由国资委党委直接领导，协会脱钩工作也统一归口到协会党建局（协会工作局）具体办理，加强工作融合、加大工作力度，为全面加强协会党建工作提供强有力的工作保障。

二是建立相关制度和规范，为实现协会党建管理有章可循、有据可依、规范开展奠定基础。新局成立伊始，就将抓规范、强基础作为全局工作的重中之重，着手建立加强协会党建管理各项规章制度，研究制定

国资委党委管理的协会领导人员职务名称表、协会领导人员任用管理办法等基础性指导文件，明确“党管干部”“一岗双责”“交叉任职”，以及将党建工作纳入协会章程、实现党的组织和工作全覆盖等系统性、原则性要求和方法，确保加强协会党建工作有章可循、有据可依、规范开展。截至2016年底，这些办法、制度已初步形成并积极征求有关方面意见。

三是积极理顺协会党组织管理关系，明确和建立由委党委直接履行协会党建领导职责的系统管理格局。为落实中央提出的“统一领导、分级管理”要求，确认党委直接领导的直管协会党组织名单，建立相应的代管协会党组织管理体系，形成委党委领导直管协会党委、直管协会党委具体负责代管协会党建工作的规范的两个管理层级，为有序开展管理奠定基础。截至2016年底，14家党组织关系在国资委的直管协会中，已有3家由直属机关党委管理变为国资委党委直接管理，另外11家将于2017年初统一变更为国资委党委直接管理。此外，基于历史情况，国资委307家协会中大部分协会党组织关系在国资委，部分协会党组织关系在其他单位。随着协会脱钩工作的推进，中国煤炭工业协会、中国中小企业国际合作协会、中国电力企业联合会党组织关系将转移至国资委并纳入委党委直接管理职责范围。为确保党组织关系转移的平稳顺利，今后将积极与协会党组织关系所在部委进行沟通协商，努力推动工作向前开展。

四是及时搞好相关工作衔接。随着管理关系的逐步理顺，国资委原主管体制下的协会党建将调整由国资委党委直接管理；协会执纪监督工作按照干部管理权限明确由中央纪委驻国资委纪检组和各直管协会纪委负责；直管协会负责人、党组织负责人考察任用纳入国资委党委管理范围。

协会发展党员、党组织关系接转、党费收缴，以及共青团、工会、妇女工作关系理顺和衔接问题，将积极与中组部、团中央、全国总工会、全国妇联等单位进行沟通协商，尽快形成工作衔接的初步意向。

五是收集完善加强协会党建管理的相关基础信息。组织开展对直管协会领导人员情况的调查摸底，建立协会领导人员和党务、人事工作者基本信息库，编制直管协会领导人员花名册，为国资委党委全面掌握协会组织状况和领导人员情况提供一手资料。

二、按照新的管理规范，扎实推动协会党建工作全面开展

在理顺关系、制定规范、搞好衔接的同时，按照全面从严治党要求和中央有关工作部署，及时开展协会党建各项工作，努力推动协会实现党内政治生活正常化、常态化。

一是要求各直管协会认真开好年度民主生活会。按照中纪委和中组部通知要求，及时对直管协会开好2016年度民主生活会进行系统部署、整体推动，提出规范程序、严格要求、丰富内容、加强指导的工作原则，跟踪了解生活会准备情况，对14家直管协会党委班子和78名班子成员对照检查材料逐一进行审核把关。要求各协会认真组织准备民主生活会，将在协会中进一步形成重视开好民主生活会、重视履行“一岗双责”、自觉践行“两学一做”的良好氛围，有助于为进一步强化协会党的政治生活意识、切实发挥党组织和党员作用奠定新的工作基础。

二是系统部署各协会开展党建述职评议工作。为加强协会党的建设，促进协会党组织书记更好履职，按照中组部关于做好基层党委书记述职评议工作的相关要求，向协会下发通知，对党组织书记述职评议工作进行部署，分层次明确任务和方法步骤，指导督促协会党组织书记以抓好党建为要求更好履职尽责。述职评议将根据述职和平时了解的情况，对直管协会党委书记抓党建存在的问题进行梳理，逐一反馈评价意见，进一步加深协会党组织书记对全面从严治党的理解和认识，提高对党建工作的重视程度，不断增强抓好党建工作的责任感和紧迫感。党组织书记述职评议工作正有序开展，全部工作将在2017年一季度完成。

三是推动协会扎实开展“两学一做”学习教育。按照中组部要求，组织协会围绕“两学一做”学习教育认真召开专题组织生活会和开展民主评议党员工作，要求协会各级党组织围绕“两学一做”学习教育，按照“四讲四有”合格党员标准，严格按照规定的方法步骤，扎实做好集中学习、谈心谈话、征求意见、查摆问

题、批评与自我批评、问题整改等各环节工作，并通过派员列席现场会议等方式对协会落实情况进行督导，旨在进一步增强协会工作人员的党员意识，提高协会系统各级党组织对严肃党的组织生活、落实“三会一课”等基本制度的认识。按照计划，各直管协会将于2017年3月底前完成专题组织生活会和民主评议党员工作。

四是指导协会做好党委按期换届工作。2016年底，指导督促中国商业联合会顺利完成党委换届选举工作，还将指导推动中国企业联合会、中国物流与采购联合会、中国钢铁工业协会、中国纺织工业联合会等单位开展换届选举的前期准备工作，确保各协会党委换届工作如期完成。

五是推动协会党建进章程工作。按照新的党建管理体制要求，加强对国资委第一批54家进入脱钩试点运行协会的工作指导，督促其在变更登记中将党建写入协会章程。随着脱钩改革的深入推进，还将积极推动第二批、第三批试点协会党建进章程工作。

六是明确脱钩后协会登记管理中需党建领导机关审核的有关事项。经与中组部、民政部等部门协商，国资委作为脱钩后行业协会的党建领导机关，将配合民政部承担协会成立登记中的负责人、党建承诺书的审核，变更登记中的法定代表人变更事项审核，备案事项中负责人变动备案、延期换届审核，以及章程核准中的党建工作相关内容的审核4项职责。承担这些职责，有利于更好发挥党建领导机关职责，确保协会“脱钩不脱管”。

三、积极做好协会脱钩试点和日常管理服务工作

国资委在加强协会党建的同时，仍然按照党中央、国务院要求，积极履行作为协会业务主管单位的职责，认真抓好行业协会脱钩试点、协会日常管理和服务等各项工作。

一是积极稳妥推进行业协会脱钩试点。行业协会商会与行政机关脱钩是贯彻落实党的十八大和十八届二中、三中、四中全会精神，加快形成政社分开、权责明确、依法自治的现代社会组织体制的重要举措。国资委274家脱钩协会中，有163家分三批参加试点。2016年，国资委准确把握脱钩改革重点任务，系统推动脱钩改革各项工作，努力确保脱钩过程有序衔接，协会各项业务正常运转，协会作用更好发挥。

扎实推进第一批试点工作。2016年初，为加强工作规范、提高工作效率，按照“五分离，五规范”要求和相关配套政策并结合协会实际，研究制定直管、代管协会两类试点实施方案模版，在试点指导原则、目标要求、任务办法、相关工作、组织要求等方面为逐一制定协会试点实施方案提供统一范式，组织第一批57家协会制定试点实施方案。获民政部核准后，认真组织协会落实试点实施方案中涉及的分离事项。在各协会的积极配合下，顺利完成协会机构分离、职能分离、人员分离、资产财务分离等事项。

及时启动第二批协会脱钩试点工作。在第一批脱钩试点经验基础上，召开第二批协会脱钩试点工作启动会，对脱钩工作进行动员部署。改进实施方案模板，组织相关力量对51家试点方案进行集中审核，确保各协会实施方案体例完整统一、个性突出，并在规定时间内报送民政部。收到民政部批复后，及时转发中国轻工业联合会、中国电力企业联合会，要求两家直管协会组织协调各代管协会配合国资委相关厅局落实分离事项。随后，召开国资委行业协会脱钩领导小组办公室第七次会议，对分离事项落实工作进行布置。

研究确定第三批试点名单。按照民政部通知要求，对原推荐参加第三批试点的协会名单进行确认。其中，中国机械工业联合会、中国钢铁工业协会、中国循环经济协会等49家协会为原推荐试点协会。另外，中国煤炭工业协会、中国包装联合会根据当前改革形势和自身发展需要，向国资委申请参加第三批脱钩试点。经国资委脱钩工作领导小组同意，两家协会及代管协会列入第三批试点名单。

截至2016年底，国资委协会脱钩工作按照脱钩总体方案要求稳步推进，第一批57家协会脱钩试点工作基本完成，第二批51家协会进入办理脱钩分离事项的实质性工作阶段，第三批55家协会试点名单确认并报脱钩联合工作组。

二是指导行业协会适应社会组织管理制度变革，

加快实现市场化转型发展。组织脱钩试点协会赴深圳培训，通过实地参观、经验交流等方式，学习深圳市行业协会市场化转型先进经验，帮助协会提高对脱钩和市场化改革现实重要意义的认识，指导试点协会探索构建市场化运行管理新模式，按照市场化原则加快实现自身转型。指导协会深入学习贯彻中央关于供给侧结构性改革的精神和要求，把握行业发展各类需求，以精准、有效和高质量为目标积极改进服务，在经济社会新的转型发展中更好发挥作用。

三是继续履行好对协会的有关日常管理与服务职责。发扬国资委联系协会工作的优良传统和作风，切实做到规范管理、热情服务。按照民政部要求，完成对国资委联系的307家社会组织的年检初审工作。认真开展社团登记管理事项的前期审查，为各协会协调办理负责人备案、法定代表人变更、章程修改等日常管理与服务事项，力所能及帮助协会解决问题，受到协会广泛称赞。组织委管协会参加社会组织评估工作，积极配合民政部专家评估组，帮助协会做好实地检查及现场应答。按照国务院要求，配合人力资源和社会保障部开展第五至第七批清理取消职业资格许可和认定事项相关工作及专业技术人员、技能人员行业准入证、上岗证清理统计工作，清理完成专业技术人员职业资格项目12项。继续与商务部共同开展授予行业协会商会参与企业信用等级评价资质的审核工作。

（审稿人：张　涛　撰稿人：刘　颢）

中央企业纪检监察工作

2016年，国资委党委和中央企业党委（党组）认真贯彻落实党的十八大和十八届三中、四中、五中、六中全会以及全国国有企业党的建设工作会议精神，深入学习贯彻习近平总书记系列重要讲话精神，按照十八届中央纪委六次全会部署，坚决落实全面从严治党要求，严肃党内政治生活，强化党内监督，加强纪律建设，切实扛起管党治党政治责任。中央纪委驻国资委纪检组（以下简称“驻国资委纪检组”）和中央企业纪检监察机构牢牢把握职责定位，紧紧围绕“不敢腐、不能腐、不想腐”的总目标，抓住监督执纪问责这个“纲”，切实履行监督责任，推动国资委和中央企业党风廉政建设和反腐败工作取得新成效。2016年，中央企业党风廉政建设民意调查结果显示，职工群众对党风廉政建设的满意度、信心度首次超过90%，创下历史新高，其中90.98%的受访职工群众对2016年党风廉政建设和反腐败工作取得的成效表示满意，92.10%的受访职工群众对遏制中央企业腐败现象有信心。

一、认真贯彻落实党中央、中央纪委的部署和要求，层层压实全面从严治党责任

国资委党委认真贯彻落实党的十八届六中全会、全国国有企业党的建设工作会议、中央纪委六次全会精神，多次组织专题学习习近平总书记重要讲话精神，制定下发中央企业党建工作责任制实施办法，召开2016年中央企业党风廉政建设和反腐败工作会议，对中央企业贯彻落实工作作出部署。驻国资委纪检组在广东、吉林分别召开部分中央企业党委书记、纪委书记座谈会，走访调研30多家中央企业，重点约谈6家国资委巡视中央企业的党委书记、纪委书记，督促落实“两个责任”，特别是从观念、体制、制度、政治生态、基础工作五个方面与习近平总书记在全国国有企业党的建设工作会议上的重要讲话对标，着力解决党的建设弱化、淡化、虚化、边缘化问题，推动全面从严治党向企业基层延伸。召开2016年度企业党委换届选举监督工作部署会，转发中央纪委机关、中央组织部关于换届风气督查情况的通报，认真履行中央企业系统（在京）十九大代表选举监督组职责，严把人选的政治关、廉洁关。

二、保持惩治腐败的高压态势，持续强化“不敢腐”的氛围

2016年，驻国资委纪检组和中央企业纪检监察机构接受信访举报39425件（次），初核22195件，同比增长34.7%；立案6787件，同比增长33.1%；给予党纪政纪处分9203人，同比增长32.6%；移送司法机关处理260人，同比增长36.1%；挽回经济损失5.53亿元，同比增长25.7%。

一是加大重点案件查处力度。驻国资委纪检组严肃查处国有重点大型企业监事会17办原主任、正局级专职监事王克勤严重违纪问题，并将其涉嫌违法问题线索移送司法机关处理。严肃查处中央第十四巡视组反馈的中国铁物、中冶集团国有资产重大损失问题，包括5名正职在内的10名原班子成员被开除党籍，5名外部董事受到党内警告处分；对中煤地质总局原党委书记侯慎建、原纪委书记郭守光落实“两个责任”不力问题严肃问责。

二是认真开展问题线索再起底、再梳理。驻国资委纪检组重点梳理查处国资委党委管理领导班子企业的“一把手”问题线索，积极运用第一种形态，扩大谈话函询范围，清理暂存线索，抓紧消减存量。探索建立中央企业领导班子成员以及国资委机关、直属事业单位领导班子成员廉洁档案。

三是落实执纪审查以上级纪委领导为主的要求，加大对中央企业纪检机构执纪审查的指导力度，对转办的问题线索，严格监督把关；坚持企业纪律审查工作情况通报制度；对企业执纪审查不力的问题线索，加强督促跟踪。

四是积极探索运用“四种形态”。驻国资委纪检组先后召开7次中央企业纪委书记座谈会，指导中央企业把握运用“四种形态”。召开地方国资委纪委书记（纪检组组长）研讨会，推动国资国企系统实践“四种形态”。作为中央纪委选定的工作典型，驻国资委纪检组接受中央电视台采访报道，介绍探索实践“四种形态”经验，并被人民日报、中国纪检监察报等宣传报道。

三、着力在加强制度建设上下功夫，加快构建“不能腐”的体制机制

国资委党委修订《关于进一步改进工作作风密切联系群众的具体措施》，印发《关于贯彻落实〈巡视工作条例〉的实施办法》等文件，进一步完善反腐倡廉制度体系；认真梳理分析巡视、外派监事会、审计、执纪审查发现的突出问题，督促指导中央企业重点围绕投资并购、改制重组、产权交易、招标投标、海外资产经营等腐败问题易发多发的领域，查找廉洁风险点，进一步堵塞制度漏洞。驻国资委纪检组与国资委党委联合印发《加强对驻在部门日常监督的意见》，与最高人民检察院反贪总局联合印发《关于在查办涉及中央企业职务犯罪案件过程中加强协作配合的意见》；制定下发《中央企业纪检工作贯彻落实习近平总书记“三个区分开来”重要思想的指导意见》，研究中央企业构建“不能腐”体制机制的指导意见，召开构建“不能腐”体制机制工作推进座谈会，督促指导中央企业结合完善中国特色现代国有企业制度，以党章党规党纪为遵循，按照“全不全”“行不行”“力不力”“新不新”“顺不顺”的“五问”标准狠抓制度建设，不断健全权力运行制约和监督机制。

四、着力在加强思想教育上下功夫，不断筑牢“不想腐”的思想堤坝

驻国资委纪检组坚持以《关于新形势下党内政治生活的若干准则》《中国共产党党内监督条例》为尺子，抓住领导机关和领导干部这个重点，加强对中央企业民主生活会开展情况的监督，着力检查组织生活制度是否健全、批评和自我批评的武器是否用起来等情况，推动企业实现政治生活、政治生态、政治文化的一体建设，让中央企业党内政治生活的“炉子”不断升温，营造风清气正的政治生态。注重经常性教育常抓不懈，结合“两学一做”学习教育，通过集体谈话、集体学习、专题讲座等方式，组织党员领导干部学习党章党规党纪，加强党性修养，增强廉洁自律意识。加大正面宣传力度，在中央纪委、国资委网站和中国纪检监察报宣传国资委和中央企业落实全面从严治党责任、贯彻中央八项规定精神等经验做法；编印《纪检组工作交流》28期，发挥上传下达的作用，为各企业借鉴交流提供平台。深入开展警示教育，在中央企业党风廉政建设和反腐败工作会上通报典型案件，拍摄制作《央企领导人员违纪违法警示录》，深入剖析并通报中煤地质总局落实“两个责任”不力等典型案例，以案说法、警钟长鸣。

五、着力在持之以恒纠“四风”上下功夫，进一步健全落实中央八项规定精神的长效机制

2016年，驻国资委纪检组和中央企业纪检监察机

构查结违反中央八项规定精神案件 854 件，处理 1438 人。国资委和中央企业分 233 批通报曝光 406 起违反中央八项规定精神问题，涉及 806 人。

一是坚持一个节点一个节点地抓。紧盯年节假期，印发通知，早打招呼早提醒，并要求节后及时报送有关情况，指导督促中央企业在每个重要节点通过明察暗访等方式开展监督检查，持续发力加压。

二是组织开展“回头看”。配合中央纪委五室组织中央企业开展“四风”问题整治“回头看”工作，对 6 家中央企业进行督查，并督促国资委直属机关党委开展“回头看”工作。

三是深入开展督查调研，对中央企业落实中央八项规定精神相关制度的制定与落实情况开展调研，对中管企业落实中央八项规定精神情况逐户评价。

四是严格执行月报制度，逐月汇总国资委和中央企业查处违反中央八项规定精神问题数据，报送中央纪委并在国资委网站通报；对中央纪委党风政风监督室转来的 308 件问题线索，建立台账，加大督办力度，及时报送办理结果。

六、扎实推进中央企业纪律检查体制改革

驻国资委纪检组认真落实十八届三中全会关于各级纪委书记、副书记的提名考察以上级纪委会同组织部门为主的要求，会同国资委干部管理部门提名考察中央企业纪委书记 15 人，会同有关方面提名考察中央企业纪委副书记、监察机构正职 44 人。严肃组织纪律，强化组织观念，不允许干部在职位前挑挑拣拣，同时对 2 家违规配备监察机构正职的企业进行通报。指导和督促中央企业开展所属系统纪委书记、副书记的提名考察工作。落实纪委书记考核以上级纪委为主的要求，配合中央纪委组织部、五室考核 46 名中央管理主要负责人企业纪委书记 2015 年履职情况，同步考核 48 名国资委党委管理领导班子企业纪委书记的履职情况，并研究提出 2016 年履职情况考核方案。

七、建设忠诚、干净、担当的纪检监察队伍

驻国资委纪检组加强对中央企业纪检监察机构组织建设的指导，会同国资委有关厅局制定《关于加强中央企业纪检监察机构领导力量的意见》，建议中核集团等 40 家企业纪委副书记按 2 名配备。结合开展“两学一做”学习教育，坚持理论学习与业务学习相结合，第一时间传达学习党的十八届六中全会、全国国有企业党的建设工作会议、中央纪委六次全会精神，组织广大纪检干部深入学习习近平总书记系列重要讲话精神，专题学习党内政治生活准则、党内监督条例、纪律处分条例、问责条例等党内法规，就纪律审查工作中如何开展谈话等组织专题培训。不断加强党的建设，完善内部管理制度，强化自我监督，探索建立纪检组内部考核机制，推动各室和广大干部积极作为、创先争优，努力打造忠诚、干净、担当的纪检监察队伍。

（审稿人：罗景一　撰稿人：钱兴胜）

国资委党委对中央企业开展巡视工作情况

2016 年，国资委党委巡视机构在中央巡视工作领导小组、国资委党委和巡视工作领导小组的领导下，全面贯彻党的十八大和十八届三中、四中、五中、六中全会以及全国国有企业党的建设工作会议精神，深入贯彻习近平总书记系列重要讲话精神，坚决落实中央决策部署，主动对标中央要求，坚定不移深化政治巡视，发现问题、形成震慑，推动改革、促进发展，发挥从严治党利剑作用。2016 年，完成 3 轮对 25 家企业和单位党组织的巡视，实现对中央企业巡视全覆盖。对 4 家企业党组织进行“回头看”，对 6 家企业党组织巡视整改情况开展专项督查。召开中央企业内部巡视巡察工作座谈会，推动巡视工作向纵深发展，各项工作取得显著成效。

一、提高政治站位，深入贯彻落实中央决策部署

（一）及时学习贯彻中央精神，把思想认识行动统一到中央要求上来

国资委党委高度重视巡视工作，把巡视工作放在加强国有企业党的建设和深化国有企业改革的大局中统筹谋划，切实加强组织领导。按照国资委党委部署，巡视机构及时组织巡视干部传达学习党的十八届六中全会和全国国有企业党的建设工作会议精神，深入学习贯彻习近平总书记系列重要讲话精神，深刻领会全面从严治党的战略意义，充分认识严肃党内政治生活和加强党内监督的现实意义，领会精髓、把握实质，增强“四个意识”，特别是核心意识和看齐意识，向以习近平同志为核心的党中央看齐，为开展巡视工作夯实理论基础、提供思想武器、增强精神动力。2016年，每轮中央巡视工作动员部署会议后，国资委党委都及时组织召开会议，传达学习习近平总书记和王岐山等中央领导重要讲话精神，研究贯彻落实意见。巡视机构组织巡视干部原原本本学，认认真真学，反反复复学，真正做到入脑入心，融会贯通，在巡视实践中充分体现中央精神，严格落实中央要求。

2016年，国资委党委召开6次会议专题研究巡视工作，党委负责同志对巡视工作作出批示81次。国资委巡视工作领导小组全年召开6次会议，听取3批25家单位党组织巡视情况汇报。

（二）坚持“一轮一动员”，强化政治担当

为进一步提高巡视干部的责任感和使命感，坚定做好巡视工作的决心和信心，坚持“一轮一动员”，党委主要负责同志和分管国资委领导分别为三轮巡视进行动员部署，要求深入学习领会中央关于巡视工作的新部署新要求，准确理解把握政治巡视内涵，以“四个意识”为政治标杆，以党章党规党纪为政治尺子，把维护党中央权威和集中统一领导作为根本政治任务，把统筹推进“五位一体”总体布局和协调推进“四个全面”战略布局作为基本政治要求，坚定“四个自信”，盯住“关键少数”，查找政治偏差，着力发现党的领导弱化、党的建设缺失、全面从严治党不力，党的观念淡漠、组织涣散、纪律松弛，管党治党宽松软等突出问题，严肃党内政治生活，净化党内政治生态，发挥政治“显微镜”和政治“探照灯”作用。同时，邀请中央巡视办负责人到动员会作政策辅导，答疑解惑，切实提高巡视干部的政治素质和履职能力。

二、强化政治责任，不断加强和改进巡视工作

2016年，国资委党委巡视机构坚决贯彻落实中央关于深化政治巡视的部署要求，聚焦党的领导、党的建设、全面从严治党，紧盯“关键少数”，提高政治站位，强化政治担当，保持战略定力，深入发现、报告及推动解决问题，工作针对性和实效性不断提高。重点是在“六个强化”上取得明显成效。

（一）强化方式创新，加快巡视全覆盖进度

党的十八届三中全会对巡视全覆盖作出明确部署，要求改进中央和省区市巡视制度，做到对地方、部门、企事业单位党组织全覆盖。党的十八届六中全会进一步强调，党委要在一届任期内实现巡视全覆盖。十八大以来，国资委党委贯彻落实中央巡视工作方针，通过11轮巡视，完成对50家（合并前为55家）国资委党委管理主要负责人中央企业党组织巡视全覆盖目标。根据中央巡视办专项检查反馈意见和国资委党委要求，对直属事业单位、离退休干部局、服务中心和直管协会等8家单位开展巡视试点，进一步拓宽巡视监督范围，逐步实现巡视无死角，监督无盲区。分别采取“一拖二”“一拖三”等方式，灵活机动开展专项巡视，2016年第三轮巡视13家党组织，是此前每轮巡视党组织的2倍多，巡视全覆盖的任务正在加速推进。2016年是巡视工作任务最重的一年，同时也是要求越来越高的一年。全年三轮巡视下来，巡视机构起草国资委领导、巡视组组长、巡视办负责人讲话40多份，40多万字，第三轮“一拖二”“一拖三”的巡视组起草的报告是原来的几倍。

（二）强化工作质量，提高巡视成效

各巡视组提高政治站位，强化政治担当，突出问

题导向，把握巡视共性和个性，重点检查被巡视党组织贯彻落实十八届六中全会和全国国企党建工作会精神情况。充分利用巡视条例赋予的方式和权限，勇于监督、善于监督，盯住重点人、重点事、重点问题，深入了解情况，发现问题、形成震慑，坚决维护党中央和巡视工作的权威。2016年，通过企业领导人员管理二局和人事局对被巡视单位55名领导班子成员个人有关事项报告情况进行抽查，发现领导干部瞒报漏报本人和家属名下的住房、股票、因私出国境证件和经商办企业等突出问题，进一步拓宽发现问题的途径和手段。各巡视组对顶风违纪的"四风"问题和需要紧急处理的重大风险问题，及时移交企业党组织，督促其立行立改，在巡视过程中迅速形成震慑，立竿见影，有效打开工作局面。第三巡视组在电信科研院巡视期间，督促企业党组织对已查实的领导人员违纪问题迅速作出处理决定，增强干部职工对巡视组的信任和支持，信访件从寥寥无几增加到数十件。2016年，发现被巡视党组织及其领导班子成员在党的领导弱化、党的建设缺失、全面从严治党不力等方面的问题985个，移交问题线索992个，向被巡视党组织提出整改意见110条，向国资委党委提出意见建议38条，为国资委党委决策提供重要参考。

（三）强化整改落实，发挥"回头看"和专项督查政治导向作用

组织对中国铁建等4家企业党组织开展"回头看"，杀"回马枪"，对6家企业党组织开展专项督查，重点检查巡视整改落实情况，并对执行党的政治纪律和政治规矩情况进行深入检查，对原来没有发现的问题再发现，形成再震慑，释放强烈信号，展现从严治党的坚强意志和韧劲。中央纪委驻国资委纪检组组长江金权及时约谈2016年第一轮巡视的南光集团等6家企业党委主要负责人，对落实主体责任、狠抓巡视整改作出明确要求。2016年，被巡视企业对移交的521件问题线索进行认真调查核实，初核384件，立案84件，谈话函询118人，了结168件。同时，通过国资委和被巡视企业网站，将中国化学工程、中煤集团、中林集团、有研总院等4家企业巡视整改情况向社会公开，接受广大干部职工和社会各界监督。

（四）强化制度建设，提升巡视工作规范化和制度化水平

参照巡视工作条例，结合国企国资改革发展实际，研究出台落实国资委党委贯彻落实巡视条例的实施办法；制定巡视工作领导小组、巡视办和巡视组工作规则等4个文件，对领导小组、巡视办、巡视组以及被巡视党组织4个责任主体的职责作出明确界定；健全涵盖巡视准备、了解、报告、反馈、移交督办、整改等六大环节的16个配套文件，并编印8万字的制度汇编，使巡视工作规范化、科学化水平不断提高。第四巡视组在工作中总结出"十必问""五必看"的做法，建立表单统计分析体系，深入、直观揭示企业存在的问题。

（五）强化对中央企业内部巡视工作领导和指导，推动巡视向纵深发展

中央企业开展内部巡视巡察，实现全覆盖，是贯彻落实习近平巡视工作思想，推进巡视向纵深发展的战略性制度安排。2016年，组织对20家中央企业开展内部巡视巡察工作情况进行深入调研，掌握进展情况，分析存在的问题，提出改进意见。组织召开十八大以来的第一次中央企业内部巡视巡察工作会议，国资委党委书记郝鹏审查会议方案，中央纪委驻国资委纪检组组长江金权和国资委副主任刘强出席会议并讲话。江金权就充分认识企业内部巡视巡察工作的重要意义、扎实推进全覆盖任务、规范机构设置、提高政治站位、深化政治巡视做出工作部署。刘强就贯彻落实会议精神，切实推动巡视工作向纵深发展，构建巡视巡察监督网络格局提出工作要求。研究起草《加强和规范中央企业党委（党组）巡视巡察工作的指导意见》，对内部巡视巡察工作的体制机制、机构设置、人员配备、监督内容、成果运用等做出明确规范。

（六）强化干部队伍建设，为巡视工作提供坚强组织保障

心中有信仰，行动有力量。通过深入开展"两学一做"学习教育，使广大巡视干部坚定理想信念，牢记使命宗旨，扎实履职尽责，严明工作纪律，改进工作作风，打造忠诚干净担当的巡视队伍。深入学习习近平总书记系列重要讲话，特别是关于巡视工作的论述摘编，切实增强“四个意识”，坚定政治方向，提高政治站位，增强政治鉴别力和政治敏锐性，不断提高业务水平和履职能力。第一巡视组开展“人人讲党课”的微党课活动，搭建生动的党建工作平台。第二巡视组认真组织学习中央精神，与党中央保持“同频共振”。第五巡视组把巡视工作融入“两学一做”学习教育中，对标先进，自我加压，全年开展活动21次。第六巡视组努力营造尽职尽责、团结和谐的工作氛围，树立良好的工作作风。为充实巡视干部队伍，改善队伍结构，建立巡视工作人员人才库，由国资委有关厅局和已开展内部巡视的中央企业推荐组织人事、党建、财务审计、纪检监察和巡视干部，52人择优纳入人才库。全年从人才库存中选择13名业务骨干参加巡视工作，为巡视工作有效开展提供坚实的组织保证。

（审稿人：贾春曲　撰稿人：袁正秋）

2017

CHINA' S STATE-OWNED ASSETS SUPERVISION AND ADMINISTRATION YEARBOOK

中 国 国 有 资 产 监 督 管 理 年 鉴

各省(区、市)国有资产监督管理概况

第三篇

北京市

一、北京市国有资产监督管理工作综述

2016年,北京市国资委系统全面贯彻落实中央、市委市政府的决策部署,紧紧围绕服务首都城市战略定位和做强做优做大国有企业两条主线,坚持在落实新发展理念中把握新方位,在首都发展需求中找准着力点,在创新体制机制中打造新亮点,实现“十三五”良好开局。

(一)国有经济平稳较快发展

积极应对错综复杂的经济环境,主动适应把握经济发展新常态,以打好提质增效攻坚战为抓手,明确目标任务,层层压实责任,强化运行督导,圆满完成提质增效任务,市属企业首次实现全面盈利,主要经济指标均保持两位数增长,增速明显高于全国国有企业平均水平,位居四个直辖市之首。截至2016年底,市属企业资产总额39960.2亿元,同比增长16.9%;归属母公司所有者权益8044.9亿元,同比增长12.4%。2016年,市属企业实现营业收入12392.4亿元,同比增长16.5%;实现利润723.5亿元,同比增长23%;上缴税费总额909.7亿元,同比增长19.3%。

(二)供给侧结构性改革深入推进

充分发挥国有企业在供给侧结构性改革中的带动作用,按照“见目标、见措施、见效果”的工作要求,着力做好“去”和“进”两篇文章。在“去”上主动作为,积极化解钢铁、煤炭、水泥过剩产能,提前完成国家下达的年度任务。关闭4家水泥企业,推动保留在北京的水泥公司向科技型环保企业转型。出台《加快推进劣势及不符合首都功能定位的国有企业退出工作的指导意见》,开展亏损企业专项治理,通过兼并重组、产权转让、关闭破产、清算注销等方式,全年清退55户“僵尸”企业,妥善分流安置职工1998人。着力压减企业层级,组织市属企业产权登记摸底清查,下发压减工作通知,明确3年内将企业管理层级控制在3～4级以内,法人户数减少20%的目标任务。在“进”上提升创新能力,完善企业科技创新考核激励机制,加大创新在企业经营业绩考核中的比重。强化预算资金在提升市属国企科技创新能力方面的引导带动作用,促进企业创新能力提升。积极搭建协同创新平台,与国务院国资委签署《中央企业与市属企业协同创新工作方案》,会同中关村管委会发起设立京企云梯科技创新联盟,市属企业与中关村企业达成合作项目128项,“高端智能停车机器人”“E+创新创业加速社区”等项目实现实质化运营。加快推动开放创新,市属企业在美国、德国、西班牙、意大利和日本等国家设立海外研发机构,布局扩展至全球49个国家及地区。

(三)国企改革彰显北京特色

立足首都定位,出台国资国企改革实施方案等11个改革配套文件,形成“1+24”的制度体系,确保国企改革改有方向、改有目标、改有遵循。积极推动15项改革试点,其中深化董事会建设、分类考核、促产权流转等试点形成可复制、可推广的经验做法,同时探索市属企业存量土地综合利用推动产业转型升级,企业设立社保平台、政府购买服务解决企业历史遗留问题等具有北京特色的新机制、新模式。聚焦关键环节,按照“转改开创”四大主题,推动国有经济战略性调整。完成首发集团和公联公司重组,中信建投、数字认证首发上市,金隅集团和郊旅公司整体上市,一级企业混合所有制改革实现突破。创新监管方式,制定《“十三五”时期信息化发展专项规划》,搭建出资人监管信息化平台,在全国率先建立国有企业向出资人信息披露制度,监管针对性有效性进一步提高。在全国率先开展企业内部控制评价工作,强化企业自身监督。加强监事会当期监督和延伸监督,国企领导人员任期审计全覆盖。加强上下联动,注重对各区国资国企改革工作的指导,12个区国资委起草区属国有经济“十三五”规划,14个区国资委起草改革指导意见,全年出台有关国资国企改革发展规范性文件31件;推动市、区国企合作项目14个,涉及金额177亿元。西城区将金融街资本运营中心改组为国有资本运营公司,海淀区海国投公司与天津、河北地区企业发起设

立“京津冀协同票据交易中心”，丰台区国资委设立北京市首支城镇发展基金，区属国企国资改革全面推进。

（四）国企功能作用进一步发挥

带头疏解非首都功能。以“三个率先”为统领，关闭大红门、永外城等批发市场，清退商户1700余个，疏解人口近万人，完成12个重点村整治，涉及5万人。拆除违法建设128万平方米，超额完成三年行动计划任务。积极参与北京城市副中心建设，18家市属企业承担58项重点项目，投资总额350亿元，涉及行政办公区建设、基础设施建设、棚户区改造及土地开发、环境治理、园区建设等多个方面，其中，行政办公区整体结构全面封顶，通州水厂建设完工，广渠路二期建成通车，地铁7号线东延、环球主题公园等重点项目加快推进。积极推进京津冀协同发展，建立京津冀国企国资改革合作机制，在基础设施互联互通、生态环境联防联治、产业发展协同协作等重点领域加强与天津、河北合作，促进区域协调发展。积极打造京冀曹妃甸协同发展示范区、天津未来科技城京津合作示范区等首都产业转移承接载体，强化辐射作用，推动市属企业向具有专业优势的平台聚集。实施金隅集团和冀东集团重组，是京津冀产业协同发展的一次有益创新和尝试，得到习近平总书记“方向十分准确”的高度评价。聚焦治理大城市病，着力提升国企服务保障能力，推动交通治堵，加快轨道交通投资建设，地铁16号线北段建成通车，调整优化公交线路135条。强化环境治理，完成锅炉“煤改气”4230蒸吨和68个村庄“气代煤”任务。

（五）国企党的建设全面加强

全面贯彻党的十八届六中全会和全国国企党建工作会议精神，牢牢把握全面从严治党这条主线，坚持以两个“一以贯之”统领国有企业党的建设，筑牢国有企业的“根”和“魂”。扎实开展“两学一做”学习教育，组织“两优一先”“三亮三比三评”评选表彰，抓实基层党建七项重点任务，凝聚深化国企国资改革的强大合力。切实发挥党组织领导核心和政治核心作用，出台《在深化市属国有企业改革中坚持党的领导加强党的建设的若干意见》，推进将党建工作总体要求纳入企业章程，推动党的建设制度化、规范化、程序化；大力推动基层党组织按期换届选举，完善党组织设置，实现党的组织、党的工作全覆盖；定期组织企业党委副书记、党务干部系列研讨，不断探索加强国企党建新思路。加强企业领导班子建设和人才队伍建设，调整领导班子55家，任免领导人员271人次，首次从企业现职领导人员中聘任专职外部董事，集中向20家竞争类企业委派34名外部董事，竞争类企业基本实现外部董事过半数。出台《市属企业“十三五”人才发展规划》，以全球视野和战略眼光聚集人才。加大宣传力度，举办“国企开放日”“国企楷模·北京榜样”和微电影大赛等活动，开通北京市国资委官方微信，营造国企改革发展良好舆论氛围。深入推进党风廉政建设，强化“两个责任”落实，认真实践监督执纪“四种形态”，不断加大执纪审查力度，全年立案152件，给予党纪处分156人。

二、北京市国有资产总量与结构分析

表1　　2016年北京市所属国有企业指标

项　　目	金　额(亿元)
资产总额	39960.2
所有者权益	13091.0
营业收入	12392.4
利润总额	723.5
净利润	508.0
归属于母公司所有者的净利润	202.1
应交税金总额	985.5
实际上缴税金总额	909.7

表2　　2016年北京市国有企业户数情况

项　目	2015年	2016年	比上年增长(%)
户数(户)	8094	8868	9.6

表 3　2016 年北京市国有资产地区分布情况

地　　区	国有资产（亿元）	占国有资产总量比重(%)
全市国有企业	11927.0	100.0
市属企业	8556.1	71.7
市属监管企业	8043.8	67.4
市属非监管企业	512.3	4.3
区县属企业	3370.9	28.3
东城区	131.6	1.1
西城区	789.5	6.6
朝阳区	224.9	1.9
丰台区	188.6	1.6
石景山区	88.8	0.7
海淀区	392.1	3.3
门头沟区	46.9	0.4
房山区	70.9	0.6
通州区	95.7	0.8
顺义区	311.2	2.6
昌平区	107.3	0.9
大兴区	234.7	2.0
怀柔区	67.9	0.6
平谷区	75.2	0.6
密云县	41.8	0.4
延庆县	4.8	0.04
燕山	0.1	0.001
亦庄经济开发区	498.9	4.2

注：表中国有资产数据为 2016 年度全市单户企业叠加汇总数，表中汇总数与全市总量不等的原因是本表中未考虑集团内部抵消数。

表 4　2016 年北京市国有资产行业分布情况

行　　业	国有资产（亿元）	占国有资产总量比重(%)
第一产业	187.3	0.7
其中：农林牧渔业	187.3	0.7
水利管理业		
第二产业	9202.3	33.0
其中：工业	8668.7	31.1
建筑业	533.6	1.9
第三产业	18456.5	66.3
其中：交通运输业	2382.8	8.6
仓储业	31.1	0.1
批发和零售、餐饮业	726.2	2.6
房地产业	6386.2	22.9
社会服务业	7711.6	27.7
卫生体育文化教育科研	509.1	1.8
其他行业	709.5	2.5

表 5　2016 年北京市国有资产经营规模分布情况

经营规模	国有资产（亿元）	占国有资产总量比重(%)
大型企业	8389.0	30.1
中型企业	8500.8	30.5
小型企业	5694.8	20.5
微型企业	5261.6	18.9
合　　计	27846.2	30.1

注：表中国有资产数据为 2016 年度全市单户企业叠加汇总数，表中汇总数与全市总量不等的原因是本表中未考虑集团内部抵消数。

三、北京市国有资本保值增值综合分析评价

表 6　2016 年北京市国有企业地区和行业国有资本保值增值情况

地　　区	国有资本保值增值率(%)	行　　业	国有资本保值增值率(%)
全市国有企业	103.18	第一产业	105.33
市属企业	103.11	其中：农林牧渔业	105.33

续表

地　区	国有资本保值增值率(%)	行　业	国有资本保值增值率(%)
市属监管企业	103.05	水利管理业	
市属非监管企业	104.04	第二产业	102.22
区县属企业	103.37	其中:工业	101.99
东城区	102.60	建筑业	105.97
西城区	103.46	第三产业	103.81
朝阳区	101.95	其中:交通运输业	100.37
丰台区	101.12	仓储业	102.45
石景山区	100.81	批发和零售	107.91
海淀区	106.41	房地产业	105.43
门头沟区	100.40	社会服务业	103.13
房山区	101.03	卫生体育福利业	79.34
通州区	100.46	其他行业	104.85
顺义区	113.71		
昌平区	102.17		
大兴区	101.43		
怀柔区	100.30		
平谷区	100.14		
密云区	93.85		
延庆区	79.21		
燕山	99.65		
亦庄经济开发区	102.56		

四、北京市国资委监管企业改革发展情况

(一)转方式促发展,高效履行国企经济责任

2016年,市属企业面对错综复杂的经济环境,坚持以供给侧结构性改革为主线,以提高质量和效益为中心,主动作为、真抓实干,企业的质量效益、核心竞争力及影响力不断提升。深度挖潜提升经济效益。北汽集团加快产品结构调整,严控生产成本、利润突破百亿元;首钢总公司开展全要素成本管理,减少非生产性开支,实现扭亏为盈;金隅集团深化产融结合,降低融资成本,利润增长21%。首开集团、北辰集团抓住政策面宽松和市场回暖机遇,加强竞品项目研究,加速房地产去库存化,销售面积、金额达到历年最好水平。市属企业全年实现降本增效160亿元。持续创新培育发展新动能。国管中心出资100亿元与央企共同组建中航发动机集团,助力中国航空发动机国产化;首钢集团与中关村企业合作研发高端智能停车机器人,建成北京单体最大的机械式智能立体车库。北汽集团开拓通航产业新领域,纯电动汽车销量全国第一;京东方实现业内新增专利申请量、中大尺寸高端显示产品市场占有率等五个全球第一。首旅集团创新“互联网+酒店”模式,收购“如家”后,成为中国第二大酒店管理集团。纺织控股更名“时尚控股”,构建时尚产业集团,培育新的产业业态。京粮集团开展跨境电商,同仁堂集团探索远程医疗,新的增长点加快培育。整合资源增强产业竞争优势,电控集团旗下七星电子与北方微电子重组整合,成为国内半导体装备板块的龙头企业。北控集团收购德国最大废物能源利用公司,在固废环保行业排名升至全国第三。首创集团整合下属四家房地产企业,二商集团整合冷链物流业务组建东方食品集团,资源配置进一步优化。

(二)主动融入国家发展战略,自觉承担国企政治责任

市属企业立足自身优势,切实发挥表率作用,主动深度融入“一带一路”、京津冀协同发展等国家发展战略。将“一带一路”沿线国家作为海外业务拓展的重点,市属企业登记注册子企业50户,承担79个项目,国资公司、城建集团、轨道公司共同承建哈萨克斯坦阿斯塔纳轻轨,建工集团与英国企业联合开发曼彻斯特城市新地标,市政路桥、京投公司等企业采用PPP模式拓展外埠市场,竞争力和影响力进一步增强。加快推动京津冀协同发展,曹妃甸产业先行启动区签约39个项目,京津合作示范区土地确权、规划设计取得重大突破。首农三元工业园、北京现代第四工厂竣工投产,京台高速北京段建成通车,累计发行京津冀交通一卡通1.6万多张,覆盖9个城市。

(三)立足首都战略定位,模范践行社会责任

坚持环境友好、绿色发展,建工集团依靠自主知识产权,牵头建设首个土壤污染修复国家工程实验室。

市政路桥集团建成大兴建筑垃圾资源化处置厂,全面提升废弃物资源化利用水平。北京排水集团建成小红门污泥处置中心、高安屯再生水厂等污水污泥处理设施,污水处理及污泥无害化处置能力进一步增强。坚持公益并行,保障改善民生,市属企业利用自有土地,承担全市1/3的保障房建设任务。国资公司运营养老驿站20余家,开设首家全科门诊,实现养老、医疗进社区。

五、北京市国资委监管企业并购重组与完善法人治理结构情况

(一)整合资源,推动市属企业并购重组

按照"资产同质、经营同类、产业关联"的原则,积极推动国有资本向优势企业、优势产业集中,不断形成具有核心竞争力的大企业集团和优势产业集群。实施首发集团、公联公司合并重组,推动同类企业资源整合,打造符合行业特点的道路投融资建设运营平台,北京市国资委直接出资企业调整至44家。实施金隅股份与冀东集团战略重组,有效化解区域过剩产能,推动京津冀产业协同发展。完成京车公司股权专业化重组,进一步推动轨道交通产业链上下游资源的集聚。

(二)规范企业董事会建设,促进董事会工作科学化、规范化

一是深化董事会建设试点。按照"成熟一家、推进一家"的原则,稳步扩大深化董事会试点范围,11月25日启动城建集团试点工作,试点重点增加在深化国有企业改革中坚持党的领导加强党的建设、建立中国特色现代国有企业制度等内容,对董事会职权进行适当调整。

二是规范企业董事会建设。提高董事会工作报告的互动性和实效性,组织国资公司、纺控公司、城建集团、新奥集团等企业,结合京津冀协同发展规划,围绕首都战略新定位和改革发展新要求,专题听取董事会各项工作及"十三五"规划的制定情况,与企业董事会成员互动交流,现场打分并综合各方意见形成总体评价。推动市属国企因企制宜加强专委会建设,充分发挥专委会在增强董事会运作中的独立性、有效性,防范决策风险,提高决策质量等方面的作用。加强董秘队伍建设,聚焦国资国企改革主题,结合董秘履职实际,举办2016年市属国有独资公司董事会秘书专题培训班。

三是充分发挥外部董事职能作用。修订《市属国有独资公司外部董事选聘办法》,制定《市属国有独资公司专职外部董事管理办法(试行)》,集中向竞争类企业委派外部董事,竞争类企业基本实现外部董事过半数。开展外部董事评价,综合分析任职企业董事会评价、外部董事自我评价、监事会评价并结合外部董事履职报告以及董事会会议记录反映情况,对2015年底在任的91名、99人次外部董事和通过国管中心外派的5名、6人次外派董事进行评价,形成《2015年度市属国有独资公司外部董事履职评价报告》,针对发现的问题,对部分外部董事进行约谈,督促勤勉尽责履职。拓展培训渠道,搭建多维沟通交流平台,建立定期集中座谈交流、日常交流、工作动态发布常态化机制,促进外部董事信息分享、相互借鉴、强化履职的良好氛围。

(三)强化监督工作协同,增强监督管理合力

修订《市国资委监督协同工作暂行办法》,启动监督工作联席会议和监事会参与经济责任审计试点工作,初步建立起国资委各监督部门沟通交流平台,切实提升监管合力。探索与企业内部监督力量的协同整合,尝试推行企业内部监督资源整合工作,在提质增效工作的督导方面发挥良好效果。研究探索监事会工作创新,编制《监事会专项检查项目工作指南》,科学管理专项监督检查的通用与具体项目规范。贯彻落实监督工作"可追溯、可量化、可考核、可问责"原则,开展监事会履职记录制度的调研工作,拟制《监事会履职记录》。组织赴美洲、欧洲、非洲的3个境外专项检查组对同仁堂、首创、首钢、建工4家集团的6户境外子企业开展监督检查。加大问题整改督办力度。2015年年报揭示42户企业的问题和风险210个,提出建议165条。2014年度问题整改完成率为94.1%,同比提高14.1个百分点。2008—2014年,报告反映企业问题1358个,综合完成率达到98.1%。

六、北京市国资委监管企业建立和完善经营业绩考核体系情况

（一）围绕企业功能定位，深化一企一策分类考核

开展2015—2017年任期考核签约工作。紧扣国资国企改革目标和国有经济“十三五”规划任务要求，按照“落实战略任务、紧扣功能作用、转变发展方式、推进创新驱动、关注长远发展”的原则，全面实施“一企一策”分类考核。完成2016年度考核指标签约工作。以提质增效为核心，与监管企业签订年度考核责任书，切实加强业绩考核目标管理，引导企业增强国有经济功能作用和运行质量，切实守住稳增长增效益的基本盘。开展2015年度经营业绩考核清算工作。对照签约目标，总结企业经营指标和重点任务完成情况，做好年度考核清算工作。落实薪改要求，兑现企业负责人年度薪酬。

（二）围绕提质增效要求，强化收入分配调控力度

2016年，市属企业收入分配调控工作紧紧围绕提质增效工作要求，强化工效联动机制。制定和发布各行业工资指导线和人工成本数据，明确工资总额与企业效益的联动机制，充分调动企业提质增效的主动性和积极性。优化收入分配结构，创建和谐分配关系。深化企业内部收入分配制度改革，发挥工资总额预算管理调控作用，实现工资增长向关键岗位和一线职工倾斜，引导企业理顺内部收入分配关系。规范工资支出管理，严肃收入分配纪律。落实巡视整改要求和市属国有企业高管薪酬自查自纠专项工作会议精神，顺利推进高额补贴清理，确保整改范围不留死角、整改措施不留余量，整改目标不留折扣；同时配合市人力社保局等单位共同开展全市国有企业工资内外收入监督检查工作，与清理高额补贴、规范履职待遇业务支出等工作有效衔接，共同构建规范国有企业收入分配行为的制度体系和工作机制。

七、北京市国资委监管企业负责人考核与选人用人机制改革情况

（一）科学调整配备，发挥领导班子的中坚和引领作用

围绕做强做优企业，优化领导班子结构和效能。做好北控集团重组市政总院有限公司、工业设计院转企改制及股权多元化改革、首发集团重组公联公司后企业领导班子的配置调整工作，为企业规范高效运转和长远发展提供坚实的组织支撑；筹建京津冀城际铁路投资有限公司党总支，坚持在企业改革调整中党的组织及工作机构同步设置、党组织负责人同步配备、党的工作同步开展。适应企业功能作用和产业发展对领导人员能力素质和领导班子建设的要求，加强分析研判，以正职领导人员为重点，调整市属企业领导班子55家，任免企业领导人员271人次，调整补充17家企业正职30人。其中，新提拔领导人员32名，涉及25家企业，正职7名。完成27名经理层成员试用期满考察工作。办理双管单位任免39家、103人次，其中涉及7家单位15名正职。研究13家市属企业和11家双管企业的党委换届和补选人选。经过调整补充，进一步优化企业领导班子综合结构，增强领导班子的整体效能。研究在市场化程度较高的竞争类企业开展职业经理人制度试点。加大经理层市场化选聘力度，完善企业领导人员选任机制。在华夏银行开展2名副行长内部竞聘，为领导人员队伍注入新的活力。加大领导人员交流力度，激发队伍活力。统筹发挥市国资系统内部及外部两种资源的作用，对内加强企业间的领导人员交流，实现全系统的班子优化；对外按照全市乃至全国干部队伍建设部署，推进与中央单位、市级党政机关、区级的领导人员交流，培养治国理政的复合型人才。2016年，交流45人，其中企业间交流16人；结合区级换届，交流6名领导人员到区任职，安排16名区和党政机关领导干部到企业任职；交流到中央企业3人，接收师职军转干部4人。

（二）精心筹备组织，强化民主测评激励导向作用

对57家市属国有企业领导班子和538名领导人员进行2015年度民主测评，结果显示，领导班子满意率、满意度平均为89.6%和97%，比2014年度分别提升5.7和0.8个百分点，领导班子满意率达到历年最高值。领导人员优秀率平均为79.9%，比2014年提高0.4个百分点。加强民主测评结果的分析与运用，要求各单位党委对照全系统、所在行业测评情况和本单位近三年测评结果进行比较分析，并制定有针对性、可操作性和实效性的改进措施。对于成绩不够理

想或下降幅度较大的领导班子和领导人员,安排与企业主要领导及当事人谈心谈话,及时作出调整。

(三)切实从严管理,加强企业领导人员监督

一是对56名企业一级领导人员和759名企业中层领导人员个人有关事项进行抽查核实,对11名一级企业领导人员和49名企业中层领导人员个人有关事项报告进行全面查核验证。全系统全年对拟提拔或转任重要岗位的1232名人选全部开展个人有关事项核查,对于瞒报、漏报等情况作出相应处理。

二是开展规范领导人员配偶、子女及其配偶经商办企业工作,梳理出需规范清理的30人,需领导人员本人作出书面承诺79人,保证依纪依法依规从事经商办企业活动。

三是对市属国有企业领导人员兼职、返聘进行进一步清理,对发现的违规兼职308项责令企业履行免职程序,规范企业领导人员廉洁从业行为。

八、北京市国资委监管企业党的建设和廉政建设情况

(一)牢牢把握“根”和“魂”,全面加强监管企业党的建设

一是扎实开展“两学一做”学习教育。坚持统筹谋划、分类指导,层层推动学习教育扎实有序开展。为全力打好转型升级、提质增效攻坚战,在全系统广泛开展“三亮三比三评”活动,进一步增强工作动力、激发改革活力、凝聚发展合力。深入开展建党95周年庆祝活动,评选表彰一批先进基层党组织、优秀共产党员和党务工作者,全国先进基层党组织1个、北京市先进基层党组织10个、优秀共产党员15名和优秀党务工作者16名。

二是进一步完善党建工作机制。出台《关于在深化市属国有企业改革中坚持党的领导加强党的建设的若干意见》,研究起草《关于加快将党建工作总体要求纳入企业章程的通知》,明确企业章程应纳入的基本内容和工作要求,从制度上确立党组织在法人治理结构中的法定地位。深入推进抓党建述职评议考核工作,57家市属一级企业党委书记全部进行书面述职。

三是不断提升基层党建工作水平。严格落实基层党组织按期换届选举制度,全面排查基层党组织按期换届情况。“金字塔式”垒查党员组织关系,确保应联尽联、应找尽找,摸清底数、理顺关系。“拉网式”筛排党代表和党员违纪违法情况。“剥茧式”分解党费收缴专项检查,稳妥开展党费收缴补交工作。着力营造敢于创新、勇于创新、善于创新的良好氛围,跟踪培养、考核验收2015年度25个北京市国资委基层党建创新项目,开展2016年党建工作创新项目立项评选和成果推广应用,2个项目被立项为北京市基层党建创新项目孵化工程培育型项目。聚焦深化国资国企改革给党建工作带来的新要求,开展京外境外企业党建工作调研和党支部组织设置和职责任务研究。

(二)从严管党治党,全面加强党风廉政建设

一是层层落实党风廉政建设主体责任。加强对党风廉政建设的统一领导,推动主体责任向基层延伸。制定印发《市国资委党风廉政建设约谈制度》《市国资委廉政谈话制度(试行)》和《市国资委党委落实党风廉政建设主体责任全程记实工作制度》等制度,推动责任落实不断制度化、规范化。落实市委巡视反馈意见,19家被巡视企业党委举一反三抓整改,着眼长效立规矩,制定并完成1321项整改措施,建立完善制度1101项。

二是弛而不息正风肃纪。坚持抓、经常抓,对18家企业开展“四风”问题专项检查,对53家市属企业“三公经费”支出使用情况进行检查。2016年,查处“四风”问题16起,给予党纪处分24人,对6起违反中央八项规定精神问题典型案例进行通报曝光。

三是坚决遏制腐败蔓延势头。2016年,全系统纪检监察机构处置问题线索2344件,谈话函询386件;依规依纪诫勉谈话468人,给予纪律轻处分112人,纪律重处分44人,严重违纪涉嫌违法移送司法机关4人。

四是深入开展纪律教育。继续深入企业与班子成员面对面进行集体促廉谈心。坚持开展“廉政谈话三个一”,对2013年以来新任职企业领导人员及机关新任职处级领导干部134人进行集体廉政谈话。组织开展“纪律教育在身边”征文及“我的家规家训家

风”征集宣传教育活动，推动形成浓厚的纪律氛围，倡导树立良好家风。

五是打造忠诚干净担当纪检监察队伍。修订印发《市属国有企业纪委书记述职制度》和《市属国有企业监督工作报告制度》，组织开展一级企业纪委书记年度述职工作，督促企业纪委全面履行监督责任。举办全系统纪委书记理论研修班，强化业务素质和履职能力。组织纪检监察干部参加各类培训讲座200余人，从企业抽调50余名纪检监察干部到北京市纪委、北京市国资委纪委“以干代训”，不断提高监督执纪能力。注重用身边典型案例开展警示教育，引导企业领导人员汲取教训，引以为戒，自觉遵守党纪国法。加强日常管理监督，发现苗头性、倾向性问题，及时进行谈话提醒，坚决防止“灯下黑”。

（撰稿人：石　磊）

天津市

一、天津市国有资产监督管理工作综述

2016年，天津市以“四个一批”为重点深化国企改革，以防风险为主加强国资监管，取得积极进展和成效。

（一）国有经济总体运行趋于平稳

天津市国有及国有控股企业资产总额和所有者权益实现稳步增长，资产总额63968.7亿元，同比增长10.5%；所有者权益14832.1亿元，同比增长10.1%；实现营业总收入11046.1亿元，利润总额333.9亿元。推进供给侧结构性改革，全面完成国有钢铁企业化解过剩产能工作任务。出台化解钢铁过剩产能实现脱困发展的指导意见，成立指导协调小组及办公室，设4个帮扶小组和8个综合工作组，统筹推动国有钢铁企业创新创业、腾笼换企、产能合作、职工安置等工作。全年压减炼钢产能370万吨、炼铁159万吨，封存炼钢设备系统4座、炼铁设备2台，分流安置职工11932人。

（二）国企改革加快推进

2016年，累计出清出让企业214户，盘活资产20.3亿元，产权转让回收资金11.7亿元，安置职工3882人。完成80户国有企业混合所有制改革，引入资金213亿元；实现上市挂牌6户，天津银行在香港特区发行H股上市，填补天津金融企业上市公司空白，金鼎线材、海光药业等5户企业在新三板挂牌，资本市场融资73亿元，资产证券化率比上年提高10个百分点。去行政化改革试点工作进展顺利。首批确定企业班子健全、经济效益好、管控水平高的58户二级企业进行试点，压实集团主体责任，48户企业实现身份转换。

（三）创新创业工作成效明显

积极搭建创新创业平台。2016年，建成双创平台31个，其中众创空间18个、孵化器13个，“双创企业”达到483家。国企自己设立或吸引外部资本共同设立种子基金、引导基金7支，基金规模7090万元。加强创新创业人才队伍建设。建成三个层次1250人的拔尖人才培养梯队，其中，专业技术带头人和技术骨干近400人。在高端人才引进上，组织部分企业拿出24个高端职位进行“猎头打包”，4人正式入职，企业人才寻访服务费下降一半。加强创新创业机制建设。制定印发《关于市属国有企业创新创业的指导意见》，将职工发展与企业发展紧密联系，将职工收益与企业增效紧密挂钩，用机制把优秀人才拴住用好。

（四）国资监管方式不断优化

完善国资监管机制。围绕国资监管向管资本转变，制定3个国有资本投资运营公司组建方案。分四批对天津市国资监管清单进行修改，废止12件不适应管资本要求、不符合新的改革任务要求的制度文件，加大简事放权，对“审核、核准、事前备案和决定事项”，取消10项、调整7项的权限；对“事后备案、报告事项”取消5项，进一步厘清监管权限。推进规范的董事会建设。93%的企业建立比较规范的董事会，其中22户配备外部董事，22户配齐职工董事。58户市场化选聘经营管理者和推行职业经理人制度试点企业全部建立董事会，其中42户配备外部董事，19户配备职工董事，20户实现外部董事多于内部董事。加强出资人监督。外派监事会完成对35家市管企业及其

所属55户二级子企业的年度监督检查,提出问题163项,揭示风险45项。组织开展对37家派驻市管企业及其所属的102户重点子企业债务风险防控情况开展专项检查,重点关注企业债务规模结构、债务的真实性、融资决策的合规性、资金使用的合规性、或有负债的合规性和应付账款核算的合规性等情况,督促企业进行整改,加强企业管理和自我约束。强化债务风险防控。从市国资委到各集团都成立债务风险防控工作领导小组,制定印发市管企业债务风险防控的指导意见,明确"一个底线、两个确保"工作目标和控债、降本、内控、预警等八项任务。选取反映企业偿债和盈利能力的8项主要指标,构建债务风险三级预警体系,一级债务风险预警系统实现上线运行。市管企业平均资产负债率比年初下降0.42个百分点,平均融资成本比年初下降0.78个百分点。

二、天津市国有资产总量与结构分析

截至2016年底,天津市国有企业4133户,同比减少0.4%;资产总额63968.7亿元,同比增长10.5%;所有者权益14832.1亿元,同比增长10.1%;实现营业总收入11046.1亿元,同比下降9.7%;实现利润总额为333.9亿元,同比下降21.2%。

表1　2016年天津市所属国有企业指标

项　目	金　额(亿元)
资产总额	63968.7
所有者权益总额	14832.1
营业总收入	11046.1
利润总额	333.9
净利润	216.0
应交税金总额	443.1
上缴税费总额	448.6

表2　2016年天津市国有企业户数情况

项　目	2015年	2016年	比上年增长(%)
户数(户)	4149	4133	−0.4

表3　2016年天津市国有资产地区分布情况

地　区	国有资产(亿元)	占国有资产总量比重(%)
市属	8089.8	65.5
区属	4259.4	34.5
滨海新区	1877.2	15.2
和平区	60.3	0.5
河东区	0.8	0.0
河西区	52.5	0.4
南开区	22.9	0.2
河北区	30.4	0.2
红桥区	15.0	0.1
东丽区	493.7	4.0
西青区	408.0	3.3
津南区	8.0	0.1
北辰区	88.3	0.7
武清区	471.3	3.8
宝坻区	259.4	2.1
宁河区	116.8	0.9
静海区	253.6	2.1
蓟州区	101.1	0.8

表4　2016年天津市国有资产行业分布情况

行　业	国有资产(亿元)	占国有资产总量比重(%)
农林牧渔业	42.3	0.2
工业	2103.1	9.6
建筑业	2039.4	9.3
交通运输业	1091.4	5.0
仓储业	116.7	0.5
批发零售业	1326.7	6.1
金融业	1221.1	5.6
房地产业	3922.5	18.0
社会服务业	9564.1	43.8

表 5　2016 年天津市国有资产经营规模分布情况

经营规模	国有资产（亿元）	占国有资产总量比重(%)
大型企业	1843.2	8.4
中型企业	7315.0	33.5
小型企业	8211.4	37.6
微型企业	4466.0	20.5
合　　计	21835.6	100.0

三、天津市国有资本保值增值综合分析评价

2016 年，天津市国有及国有控股企业国有资本保值增值率完成 100.9%，其中，市级企业国有资本保值增值率完成 101.2%，区属企业国有资本保值增值率完成 100.2%。

表 6　2016 年天津市国有企业行业国有资本保值增值情况

行　　业	国有资本保值增值率(%)
工业	97.4
批发零售业	101.8
社会服务业	101.5
房地产业	100.2
交通运输业	100.5
建筑业	100.7
仓储业	101.0

表 7　2016 年天津市国有企业地区国有资本保值增值情况

地　　区	国有资本保值增值率(%)
全市国有企业	100.9
市属企业	101.2
区属企业	100.2
滨海新区	99.8
和平区	140.6
河东区	100.4
河西区	79.4
南开区	145.3
河北区	97.3
红桥区	100.1
东丽区	101.6
西青区	100.0
津南区	101.0
北辰区	96.3
武清区	99.6
宝坻区	101.3
宁河区	99.8
静海区	100.8
蓟州区	99.1

四、天津市国资委监管企业股份制改革和上市融资情况

2016 年，天津市将国企改革重点聚焦到二、三级企业，从“四个点位”进行重点突破，着力“瘦身健体”提质增效。

一是出清一批空壳企业。对人员已分流、企业主体资格还在的“壳”企业和“僵尸”企业，实行清算注销或依法破产。对其厂房、设备、土地等资产，统筹规划，“腾笼换企”。建立绿色通道，优化工作流程，降低出清成本。全年出清企业 164 户，盘活资产 20.3 亿元，安置职工 3616 人。

二是出让一批低效企业。坚持一企一策、分类指导，通过产权转让、母子公司整体打包出让、无偿划转等方式盘活低效资产，提高国有资本配置效率。全年出让企业 50 户，产权转让回收资金 11.7 亿元，安置职工 266 人。

三是混改一批潜力企业。按照“宜控则控、宜参则参、控则有为、参则有序”和“开放性、市场化”原则，

推进盘存量、引增量、强总量。通过合资新设、项目混合、增资扩股、股权收购等方式,推进企业混合多元。积极吸引社会资本参与国企产权多元化改革,引入优势资源,优化股权结构,放大国有资本功能。2016年,完成80户国企混改,引入资金213亿元。

四是上市一批优势企业。利用境内外多层次资本市场,推进国有企业股份制改造,扩大融资规模,并购整合资源,促进转型升级,实现做强做优做大。6家国企实现上市挂牌,其中,天津银行在香港特区发行H股上市,资本市场融资73亿元,资产证券化率同比提高10个百分点。

结合国企改革,积极选择企业班子健全、经济效益好、管控水平高的竞争类国有企业开展企业去行政化改革试点,规范推进市场化选聘、契约化管理,发挥党组织对国有企业选人用人的领导和把关作用。2016年,确定58户二、三级企业开展职业经理人和市场化选聘经营管理者改革试点,48户二、三级试点企业完成身份转换。

五、天津市国资委监管企业完善法人治理结构情况

(一)董事会建设取得新进展

以推进科学决策、规范运营、有效监督,实现国有资本保值增值为目标,大力推进市管企业建立现代企业制度,健全完善法人治理结构。2016年,调整充实董事会人员55人次,其中内部董事任免40人次,推进2户企业配齐职工董事。继续做好外部董事的选配工作,全年向市管企业选派9名外部董事。截至2016年底,配备职工董事的企业22户,配备外部董事的企业22户。积极推进国资委监管企业及其二、三级企业完善法人治理结构工作,45户二、三级企业开展落实董事会职权工作,为进一步深化国企改革奠定基础。

(二)监事会监督得到加强

监督效能不断提高。围绕揭示问题和风险,不断强化日常监督。2016年,监事会列席企业董事会等会议260余次,深入110余户重点二级子企业和重点项目建设现场检查调研。聚焦国有资产安全,组织开展监事会2015年度监督检查工作,对35家派驻市管企业及其所属55户二级子企业进行年度监督检查,以权力集中的部门和岗位为重点,聚焦“四资一项目”,重点对企业经营管理和财务运行情况、重大事项决策和实施情况、董事会经理层履职情况和市国资委的工作要求落实情况开展全面检查,形成35份监督检查报告,提出问题163项,揭示风险45项。贯彻落实防控债务风险工作安排,开展企业债务风险防控专项检查,对37家市管企业及其所属102户二级子企业债务的安全、控债、降本、内控、考核、预警、预案等七方面工作开展专项检查,形成37份监督检查报告,揭示问题195个。监督检查成果运用实现突破。初步搭建起领导决策平台,基本形成监事会报送监督报告,监事会工作处与有关处室调查核实,党委会和主任办公会专题研究,相关业务处室督促整改或移送纪检等部门处置相结合的工作机制。推进“一事一报告”,监事会向市国资委报送6份专项报告,揭示5家市管企业及其所属子企业存在的重大问题和风险40余个。

六、天津市国资委监管企业建立和完善经营业绩考核体系情况

加强国有企业分类考核,制定下发《天津市市管企业负责人经营业绩考核办法(试行)》《天津市市管金融企业负责人经营业绩考核办法》,在原考核办法的基础上进行修订,进一步加强市管(金融)企业分类考核,完善企业负责人经营业绩考核体系。

(一)《天津市市管企业负责人经营业绩考核办法(试行)》构建市管非金融企业负责人经营业绩考核体系

一是明确考核导向。确立7个方面的考核导向,提升发展质量和效益,提升资本运营能力,发挥企业功能定位,推动经济结构调整,做好创新驱动发展,推进精细化经营管理和推动国际化经营。

二是突出分类考核。针对市管企业不同类别功能定位,突出不同考核重点,科学设置考核指标和权重,合理确定差异化考核标准,实施科学分类考核。

其中竞争类企业重点考核企业经营效益、资本回报水平和市场竞争能力，功能类企业重点考核融资能力和风险控制等专项任务指标，公共服务类企业重点考核服务质量、产品安全和成本控制等社会效益指标。

三是实施目标管理。按照天津市经济发展要求，结合企业经营状况，科学确定企业负责人经营业绩考核指标和目标值。选取企业效益、成本控制等共性指标作为基本指标，根据企业类别和实际情况，围绕企业短板、重点任务等个性指标作为分类指标。将深化改革、创新创业、财务风险控制等重点任务指标纳入经营业绩考核体系。根据企业历年经营状况和水平确定考核原则值，在原则值的基础上，参考行业对标，最终核定企业的考核指标目标值，实现业绩考核目标管理。

四是规范考核流程。明确考核目标值核定程序，经企业上报考核目标建议值、国资委审核、双方沟通确认后签订经营业绩责任书；明确考核结果完成情况确认程序，根据企业上报的经营业绩总结分析报告、财务决算报告，对考核结果完成情况进行审核，经与企业进行沟通后形成最终考核结果。

五是考核与奖惩。将考核结果与薪酬挂钩，根据经营业绩考核结果对企业负责人实施奖惩，实现"业绩升、薪酬升，业绩降、薪酬降"，同时，将考核结果作为企业负责人评价任免的重要依据，实现目标管理、过程控制、结果考核和薪酬兑现的紧密衔接和有机统一。

(二)《天津市市管金融企业负责人经营业绩考核办法》构建市管金融企业负责人经营业绩考核体系

针对市管金融企业的特殊性，建立起国资委与国有股东共同协商核定企业考核指标的考核体系，考核指标更加突出经济效益和风险防控能力，突出金融企业的特点。

一是经济效益和收入规模类指标占到70%，风险防控、经营管理、重点工作任务等分类指标占30%。

二是考核程序上，企业要根据市国资委总体要求并对标行业先进企业，经企业董事会审定提交考核指标建议值，核定指标环节上充分与金融企业的国有股东沟通，协商确定企业的考核指标。

三是加强金融企业的任期考核，增设国有资本保值增值率等任期考核指标，实现对金融企业的任期考核，发挥中长期激励约束作用。

四是考核与薪酬紧密挂钩，依据薪酬改革意见的要求，考核结果与企业负责人的绩效年薪和任期激励收入紧密挂钩，并对出现重大问题、重大风险的企业扣发绩效年薪和任期激励收入。

七、天津市国资委监管企业党的建设和廉政建设情况

一是以"两学一做"学习教育为抓手，思想政治建设持续加强。通过分类制定方案、深入组织动员、强化党课宣讲、严格专题研讨，推动学习教育扎实开展。通过以上率下示范学、创新方式深化学、分类指导督促学，强化学原文、读原著、悟原理，增强"学"的效果。通过专项整治，深入整改突出问题，增强"做"的成效。抓好党委中心组理论学习，全年开展专题学习633余次，组织专题讲座131场。利用网站、企业报、官方微信，宣传栏等载体，广泛深入宣传十八届六中全会精神，举办宣讲报告会1089场，4万余人参加。深化社会主义核心价值观宣传教育，开展"讲国企故事，展国企风采"活动，推动企业精神文明创建，组织开展主题活动1354个。加强新闻宣传和新媒体建设，深化与新闻媒体合作，将先进典型拍摄成微视频，弘扬先进事迹。整合天津国企新媒体资源，制作"天津国资宣传"企业微信公众账号展示名录，加强党建工作宣传。制定突发舆情事件宣传报道预案，健全完善沟通协调机制，加强网络舆情监控引导。全年处理不实网络舆情信息800条，为企业改革发展营造良好舆论环境。

二是以调整优化领导班子和人才培养为牵引，干部人才队伍建设不断加强。结合国企深化改革、调整重组，充实调整10家市管企业领导班子28人次、6家市管企业董事7人次。选派8名市管干部参加井冈山、延安干部培训，1名市管干部参加中央党校进修。加强后备干部选拔培养，深入推进"678工程"建设，积极调整充实后备人才梯队，后备人才库保持300人以上。深化人才队伍建设，完善人才工作机构，建立形成市国资委、市管集团党委和企业党组织职能对接、紧密衔接的三级党管人才新体系。加强领军拔尖人

才培养,启动新一轮"131"人才培养工程,推进"拔尖人才培训工程",建立三个层次1800人的人才培养梯队。强化干部监督管理,严格领导干部个人有关事项报告制度,对900余名领导干部个人有关事项进行重点抽查和随机抽查。全面清理国资系统现职和退(离)休领导人员社团兼职情况,兼职人次下降84%,局级兼职人次下降91%。

三是以强化基层党组织整体功能为重点,基层党建工作水平有效提升。抓好基层党建"三级联述联评联考",组织推动市管集团党委书记、二级公司党组织书记和基层党支部书记逐级开展抓党建述职评议考核工作。整顿软弱涣散党组织,深入查摆国企党建工作存在的问题和差距,建立工作台账和问题清单,逐项推动整改落实。推动市管集团党委对17个超规格设置的基层党组织进行整改纠正,撤销7个超规格设置的驻津企业党委,取消2家驻津企业党的工作属地管理。认真开展党员组织关系集中排查,组织专门力量对系统20万党员逐一进行组织关系排查,通过查找取得联系的党员共计6784人,纳入正常组织管理6709人,处置不合格党员328人。强力推动基层党组织换届选举,通过建立换届台账,强化跟踪指导、重点督查推动,全系统完成换届选举基层党组织4665个、推动279个调整建制或新组建的基层党组织进行换届选举,年度换届计划完成率100%,实现基层党组织"应换尽换"。

四是以落实"两个责任"为依托,党风廉政建设和反腐败工作进一步深化。建立完善责任体系,与各集团公司党委、集团公司党委与所属企业党组织逐级签订党建目标责任书,逐级细化分解党建工作目标任务。指导推动企业建立完善三层九项责任体系,通过全面分解细化,促进"两个责任"有效落实。深入开展纪律教育,组织市管国有企业党委书记、董事长、总经理和纪委书记、部分集团二级公司主要负责同志及市国有企业监事会主席170余人参加国有企业全面从严治党研讨班研讨学习,进一步强化各级责任意识。持续抓好作风建设,深入贯彻落实中央八项规定。盯住"五一""十一"、元旦、春节等重要时间节点,及时下发通知部署推动,建立节日期间"四风"问题24小时快速处置机制,明确"三个严禁""九条高压线"和"七项承诺"规定。指导企业开展"四风"问题一对一交叉检查,组织纪检监察干部、党风建设监督员和职工代表开展明查暗访,对"四风"问题全面监督,有效遏制"四风"问题蔓延。

(撰稿人:张宾栋)

河北省

一、河北省国有资产监督管理工作综述

2016年,面对经济下行压力加大的严峻形势,面对去产能、治污染、调结构的艰巨任务,河北省国资系统在河北省委、省政府的领导下,认真贯彻习近平总书记系列重要讲话特别是对河北的重要指示批示精神,牢固树立五大发展理念,主动适应经济发展新常态,抢抓京津冀协同发展战略机遇,实施改革攻坚、转型升级、动能转换、提质增效、风险防控、党建保障等"六大工程",较好地完成各项年度目标任务,实现"十三五"良好开局。

一是实施改革攻坚工程,坚持以全面深化国企改革统领各项工作,强化制度设计,启动改革试点,优化资源配置,解决历史遗留问题,依靠改革破解发展难题。二是实施转型升级工程,制发《省国资委监管企业"十三五"发展规划纲要(指引)》《省国资委"十三五"物流业发展规划》《省国资委监管企业京津冀协同发展规划》,以规划为引领,加快推进国有企业产业结构调整。三是实施动能转换工程,积极化解过剩产能,加速科技创新,推动商业模式创新,供给侧结构性改革取得新成效。四是实施提质增效工程,经济效益实现新提升。五是实施风险防控工程,高度重视风险化解,强化出资人监督,进一步完善监管体系和监管方式,监管效能不断提升。六是实施党建保障工程,全面贯彻全国国有企业党的建设工作会议精神,扎实推进"两学一做"学习教育和基层党建重点任务落实,切实加强党风廉政建设和反腐败工作,做好巡视整改,为改革发展提供坚强保障。

二、河北省国有资产总量与结构分析

(一)总体情况

2016年,河北省具有独立法人资格的国有及国有控股企业(以下简称"国企")3003户,比上年减少1.6%;资产总额25080.32亿元,同比增长20.4%;净资产6181.97亿元,同比增长14.5%;实现营业总收入8722.42亿元,同比减少1%;实现利润199.89亿元,同比增长28.7%。其中,省国资委监管企业资产总额、净资产、营业收入、利润总额分别实现9968亿元、2914.9亿元、7061亿元和109.1亿元,同比分别增长6.1%、7.7%、-2%和36.1%。职工人数68万人,比上年减少7.6%。

表1　2016年河北省所属国有企业指标

项　目	数　量
资产总额(亿元)	25080.32
负债总额(亿元)	18898.36
归属于母公司的所有者权益(亿元)	4692.08
净资产(亿元)	6181.97
营业总收入(亿元)	8722.42
营业收入(亿元)	8486.70
利润总额(亿元)	199.89
归属于母公司所有者的净利润(亿元)	57.01
净利润(亿元)	135.11
应交税金总额(亿元)	312.46
实际上缴税金总额(亿元)	294.31
平均职工人数(万人)	68.00
国有资产总量(亿元)	4457.72
资产负债率(%)	75.35
净资产收益率(%)	2.33
总资产报酬率(%)	2.08
总资产周转率(%)	0.38
国有资本保值增值率(%)	101.39

(二)户数分布情况

2016年,河北省国企3003户,比2015年减少50户,其中增加的360户国企中新投资设立190户、划转15户、新设合并10户、收购2户;减少的410户国企中,隶属关系改变188户(主要来自冀东水泥被央企收购减少)、撤销关闭74户、歇业49户、报表类别改变42户(全部由于渤海投资集团报送方式由合并表变为单户表)、改制30户、出售7户、破产3户。

1. 按隶属关系划分。河北省3003户国企中,市县属国企1702户,减少6.5%;省属国企1301户,增长5.5%,各占全省国企总户数的56.7%和43.3%。省属国企中,省国资委监管企业1085户,增长6.6%。

2. 按经营规模划分。河北省3003户国企中,大型、中型、小型和微型企业分别为120户、441户、1004户和1438户,分别占全省国企户数的4%、14.7%、33.4%和47.9%。

表2　2016年河北省国有企业户数情况

项　目	2015年	2016年	比上年增长(%)
户数(户)	3053	3003	-1.6

(三)国有资产总量分布情况

2016年,河北省国有资产总量4457.7亿元,同比增长14.1%;国有资本保值增值率为101.39%,比上年增加1.5个百分点。

1. 按隶属关系划分。省属国企国有资产总量2091.1亿元,同比增长7.3%;市县属国企国有资产总量2366.6亿元,同比增长20.6%,分别占全省国有资产总量的46.9%和53.1%。

表3　2016年河北省国有资产地区分布情况

地　区	国有资产(亿元)	占国有资产总量比重(%)
省属国有企业汇总	2091.1	46.9
市县属企业汇总	2366.6	53.1
唐山市	1173.8	26.3
张家口市	259.2	5.8

续表

地　　区	国有资产(亿元)	占国有资产总量比重(%)
沧州市	253.5	5.7
石家庄市	243.1	5.5
秦皇岛市	103.7	2.3
衡水市	81.8	1.8
承德市	78.3	1.8
保定市	48.7	1.1
邢台市	42.1	0.9
廊坊市	37.5	0.8
定州市	36.2	0.8
邯郸市	8.2	0.2
辛集市	0.6	0.0
国企汇总	4457.7	100.0

2. 按行业分布。国有资本主要集中在工业、社会服务业和交通运输业,分别占全省国有资本的33.7%、29.7%和16.1%。工业企业内部,冶金和煤炭国有资本总量分别为1411.4亿元和826.8亿元。

表4　　2016年河北省国有资产行业分布情况

行　　业	国有资产(亿元)	占国有资产比重(%)
农林牧渔业	7.4	0.2
工业	1502.2	33.7
建筑业	327.1	7.3
地质勘查及水利业	0.9	0.0
交通运输业	719.6	16.1
仓储业	56.1	1.3
邮电通信业	0.0	0.0
批发和零售业	142.7	3.2
金融业	163.0	3.7
房地产业	65.7	1.5
信息技术服务业	3.0	0.1

续表

行　　业	国有资产(亿元)	占国有资产比重(%)
社会服务业	1322.0	29.7
卫生体育福利业	1.4	0.0
教育文化广播业	43.6	1.0
科学研究和技术服务业	35.3	0.8
机关社团及其他	67.9	1.5
国企汇总	4457.7	100.0

3. 按经营规模划分。河北省大型、中型、小型和微型企业国有资本及权益总额分别为1728.3亿元、896.4亿元、1023.4亿元和809.6亿元,分别占全省国企的38.8%、20.1%、23%和18.2%。

表5　　2016年河北省国有资产经营规模分布情况

经营规模	国有资产(亿元)	占国有资产比重(%)
大型企业	1728.3	38.8
中型企业	896.4	20.1
小型企业	1023.4	23.0
微型企业	809.6	18.2
合　　计	4457.7	100.0

4. 按增减因素构成划分。2016年,河北省国有资产总量增加707.92亿元,国家投资是最主要的增加因素,使得2016年国有资产总量增加328.84亿元,其中唐山曹妃甸地区2016年新投资企业35户,分别注资2亿元和5.2亿元,合计增资167亿元;单户注资较大的是张家口金融控股集团(36.76亿元)、唐山曹妃甸发展投资集团(21.89亿元)和河北交通投资集团(18.64亿元)。经营积累是导致国有资产总量增加的第二大因素,2016年增加148.90亿元;其次是无偿划入106.11亿元,主要来自唐山城建投(10.12亿元)、定州城建投(31.05亿元)和张家口城建投(18.12亿元)。

2016年,河北省国有资产总量减少158.28亿元,经营减值直接导致国有资本及权益减少94.48亿元,无偿划出使得国有资产总量减少42.12亿元，主要来自曹妃甸投资公司和曹妃甸发展投资集团，分别划出31.2亿元和5.93亿元。

三、河北省国有资本保值增值综合分析评价

2016年，河北省国有企业国有资本保值增值率101.4%，比上年增长1.5个百分点，整体完成保值增值任务。

（一）按隶属关系划分

省属国企保值增值率102.6%，比上年增长3.1个百分点。市县属国企国有资本保值增值率100.2%，比上年降低0.2个百分点，其中邯郸、辛集、秦皇岛等六个市未实现保值增值任务。

（二）按行业分布划分

仓储业、批发零售业和金融业保值增值率最高，分别为106.5%、105.9%和105.7%；工业企业保值增值率100.9%，河北省支柱产业的冶金、煤炭行业全行业保值增值率分别为101.8%和98.4%。

表6　2016年河北省国有企业地区和行业国有资本保值增值率情况

地　区	国有资本保值增值率(%)	行　　业	国有资本保值增值率(%)
定州市	109.3	农林牧渔业	96.2
廊坊市	108.1	工业	100.9
衡水市	107.6	煤炭工业	98.4
邢台市	105.7	石油和石化工业	109.8
承德市	103.6	冶金工业	101.8
沧州市	101.8	建材工业	
石家庄市	100.1	化学工业	105.4
张家口市	99.8	森林工业	
唐山市	99.6	食品工业	70.0
保定市	97.5	烟草工业	
秦皇岛市	94.4	纺织工业	100.6
辛集市	93.0	医药工业	94.3
邯郸市	53.0	机械工业	97.0
市县属企业汇总	100.2	军工工业	152.5
省属企业汇总	102.6	电子工业	107.4
全省国有企业汇总	101.4	电力工业	109.1
		市政公用工业	99.0
		其他工业	102.4
		建筑业	100.8
		地质勘查及水利业	99.6
		交通运输业	99.0
		仓储业	106.5
		邮电通信业	
		批发和零售业	105.9
		金融业	105.7
		房地产业	95.0
		信息技术服务业	103.3
		社会服务业	104.4
		卫生体育福利业	100.7
		教育文化广播业	115.3
		科学研究和技术服务业	102.7
		机关社团及其他	102.3

（三）按经营规模划分

截至2016年底，大、中、小、微型国企国有资本保值增值率分别为101.8%、103.3%、102.7%和100.1%，整体上均实现国有资本保值增值任务。

四、河北省国资委监管企业改革发展情况

(一)国有企业改革不断深化

一是制度框架基本搭建完成。参照中央"1+N"国企改革政策体系,结合河北省国企实际,在《关于深化地方国有企业改革的实施意见》基础上,制发《关于改革和完善全省国有资产管理体制的实施意见》等"1+19"个改革文件,形成"1+19"的国企改革政策体系,明晰国企改革的总体目标、主要任务和时间表路线图,细化改革配套举措,国企改革立柱架梁的工作基本完成。

二是十项改革试点全面启动。在唐山三友开展落实董事会职权试点,在河北建投、河北国控开展国有资本投资、运营公司试点,在河北建投、省资产管理公司开展省属企业负责人薪酬制度改革试点。混合所有制企业员工持股、市场化选聘经营者、总会计师委派等一系列试点工作有序推进。

三是解决历史遗留问题实现突破。将开滦集团、冀中能源确定为试点单位,指导两家企业与属地政府签订23份"三供一业"分离移交框架协议,39.86亿元财政补助资金拨付到位。厂办大集体改革争取财政补助资金1.7亿元,进入扫尾阶段,32户企业已基本完成职工安置工作。

四是重点改革举措加快落地。完成220户省属国有企业功能界定分类,确定主业处于充分竞争行业的商业类企业204户、承担重大专项任务的商业类企业14户、公益类企业2户。

(二)转型升级迈出新步伐

一是传统产业改造升级步伐加快。河钢集团品种钢比例同比提高13个百分点,高端产品产量同比提升120%,吨钢综合售价提升145元;《河钢产业升级和宣钢产能转移项目方案》获得批准。河北港口集团黄骅港散货港区矿石码头一期、唐山港曹妃甸港区煤码头二期工程建成投产。

二是新兴产业和现代服务业不断壮大。河北建投乐亭菩提岛海上风电场等项目开工建设;参与发起设立京津冀票据交易中心、租赁资产交易中心,促进三地金融服务同城化发展;推进环京津区域新型城镇化项目,打造国家级养老产业示范区。开滦集团延伸煤化工产业链条,己二酸进入国际市场。河北招标集团加快布局电子招投标。

三是国际产能合作成效明显。抢抓国家"一带一路"战略机遇,河钢集团2016年6月完成对塞尔维亚斯梅代雷沃钢厂的收购,成为我国第一个海外全流程钢铁生产基地。习近平总书记视察时提出,把河钢斯梅代雷沃钢厂打造成中国—中东欧合作和"一带一路"建设的标志性工程。河钢接手后迅速扭亏,提前一年实现盈利。河北建投与国开行、中非发展基金等共同设立我国首个海外基础设施开发平台,以电力、港口等基础设施投资带动技术、标准和装备"走出去"。开滦集团依托矿业工程生产服务平台,全年创效1.58亿元。

四是绿色发展扎实推进。全面完成中央环保督查组反馈意见问题整改任务。省国资委监管重点企业全年累计投入资金80多亿元,实施250余项节能环保工程。

(三)供给侧结构性改革取得新成效

一是超额完成去产能年度任务。2016年,河钢集团压减炼铁产能156万吨、炼钢产能166万吨,开滦集团、冀中能源退出煤矿27处、压减煤炭产能930万吨,均超额完成全年目标任务;去产能涉及职工1.47万人,已通过转岗、再就业等方式妥善安置。

二是科技创新取得新成果。河钢集团与东北大学组建"河钢东大产业技术研究院",荣获世界钢铁工业可持续发展卓越奖。开滦集团35项科研成果荣获中国煤炭工业科学技术奖,被评为国家级信息化和工业化深度融合示范企业。河北建投传统水务运营管理模式被列入国家21项"互联网+"重大工程储备项目。河北建工承建的河北奥体中心项目被评为中国钢结构金奖项目。

三是企业管理层级大幅压缩。根据企业发展战略、行业特点,"一企一策"优化企业组织架构,提高集团总部对重大事项集中管控和资源配置的能力。河钢集团启动以产线为独立市场单元的组织结构扁平化变革;河北建投集团对已有的五级公司制定清理退出方案;河北港口集团重新核定新机构各部室总编制

定员和主要职责。

（四）提质增效取得新进展

一是大力开拓市场。唐山三友大力做精高端产品，新产品销售收入占总销售收入的30%以上；粘胶短纤维出口总量稳居国内第一。二是推动产融结合。强化银企战略合作，积极协调金融机构帮助企业开展融资服务。指导企业发行各类债券，有效缓解资金压力。三是深入基层帮扶。建立省国资委领导分包责任制，由委领导、监事会主席分包1～2户企业，实行重点帮扶，协调解决企业实际困难。帮助省国资委属五所学校争取各类经费支持1000万元。

五、河北省国资委监管企业并购重组与完善法人治理结构情况

2016年，河北省国资委积极推进战略重组，对产业相近、主业相同的监管企业实施整合重组。完成冀中能源与华药集团、河北航投、煤炭工业石家庄设计研究院，开滦集团与河北国和投资，河钢集团与省机械研究院等涉及8家企业的重组。推进专业化整合，河北国控化工公司重组三友集团、开滦集团、冀中能源集团等国有民爆企业，挂牌成立河北国控民爆集团；冀中能源集团整合集团内部国有企业医疗机构，组建华北医疗健康产业集团；河北粮产集团整合省粮食局下属企业。

积极推进公司制股份制改革，省国资委监管企业公司制改革面达到100%；股权多元化企业679户，占比53%；混合所有制企业436户，占比34%，省国资委监管企业上市公司10家，资产证券化率36.1%。起草建立健全企业公司法人治理结构的实施意见，进一步理顺党委会、董事会、股东会、监事会和经理层的关系，明确权责边界，规范运行机制；制定关于落实省国资委监管企业董事会职权工作试点的实施意见，对唐山三友集团开展落实董事会职权试点工作，依法将行使重大决策、选人用人、薪酬分配等16项职权落实到董事会；健全外派董事会制度，公开征集建立外部董事人才库，拓宽外部董事来源渠道，为河钢集团等9家企业遴选外部董事；通过市场选聘方式，为省资产管理公司选拔高级经营管理人员，初步明确董事会市场化选聘和管理职业经理人的方式和途径；印发《关于深化省属国有企业负责人薪酬制度改革的实施意见》等文件，明确企业负责人薪酬差异化的分类和确定方式，建立科学合理的分配格局。

六、河北省国资委监管企业建立和完善经营业绩考核体系情况

2016年，重新修订《河北省国资委监管企业负责人经营业绩考核暂行办法》，确定注重创新驱动发展，促进企业加大科技研发投入以及科技成果转化，不断提高产品自主创新能力和核心竞争力的考核导向，对监管企业2015年度经营业绩指标完成情况进行考核。

一是进一步突出全员考核。逐步建立对集团领导、子公司和集团职能部室等多个层级的全面绩效考核评估体系，做到人人有考核。二是考核内容更加全面细化。经济责任和管理责任并举，在不断完善经济责任考核的前提下，强化管理责任考核，实现考核全覆盖，推动管理水平提升。三是着重突出全过程考核。建立日记录、周点评、月监督、季考核、年奖惩工作机制，对重大和重要事项，以及基建技改、短平快、重点增效项目按周监控、月度考核，不仅考核结果，更注重关键节点和过程考核，推动重要事项有效落地。四是逐级分解考核指标。推进自主管理，按"看得着、管得往"的原则，将集团各项指标层层分解、重点事项和工作层层细化，相关指标分解到子公司、车间、班组、岗位、机台和生产线，责任到位、考核到人。

七、河北省国资委监管企业负责人考核与选人用人机制改革情况

围绕推动企业转型升级、做强做优，以经营业绩为重点，全面科学地考核评价企业领导班子和领导人员，充分发挥对企业领导班子和领导人员的激励约束作用。认真组织完成监管企业领导班子和领导人员2015年度综合考核评价工作，考核企业15家，企业领导人员161人。对评价为"一般"等级的两家单位领导班子，通知其进行整改，并对部分班子成员作出适当调整；对评定为"基本称职"的2名企业领

导人员进行组织谈话,指出问题和不足,限期改进;对评价为"不称职"的1名企业领导人员予以免职。

坚持德才兼备、以德为先、注重实绩、群众认可的选人用人导向,不断加强企业领导班子和人才队伍建设。一是选优配强企业领导班子。着重提拔企业生产经营一线成长起来、取得突出实绩的优秀干部。2016年,调整充实监管企业领导班子成员95人。二是进一步规范双向进入、交叉任职的领导体制。对符合条件的监管企业党组织领导班子成员通过法定程序进入董事会、监事会、经理层;经理层成员与党组织班子成员进行适度交叉任职。对全部监管企业党组织书记、董事长分设的,调整为一人担任。三是进一步加强领导班子后备人才梯队建设。建立监管企业后备干部和中长期培养对象人才库。与北京市国资委沟通协商,积极推进企业干部交流挂职工作。

八、河北省国资委加强国资监管工作情况

一是企业风险防范工作有序推进。制定《监管企业全面风险管理工作实施办法》,指导企业编制上报《企业全面风险管理年度报告》,初步形成较为完善的国有资产监督风险管理体系。

二是出资人监督不断加强。优化内部机构设置,省国资委压缩处室5个,精简人员编制29名。制定出资人监管权责清单,公布八类106项具体事项和22项事中事后监督管理制度。强化监事会监督,实行"一事一报告"制度,全年提交各类报告105份,揭示问题和提醒关注事项476项。实施外派监事会、审计、财务、纪检和巡察联席会议制度,实现监督信息共享,形成发现、报告、调查、处理的监督工作闭环,这种做法得到国务院国资委的高度肯定。加强审计监督,开展企业任中审计、离任审计和物流业务专项审计,发现并整改问题70余项。

三是安全生产和信访稳定工作较为平稳。安全生产保持稳定态势,安全生产事故同比下降60%,未发生较大以上安全生产责任事故。依法依规开展信访工作,较好完成信访受理、转办、交办、反馈等工作。

九、河北省国资委监管企业党的建设和廉政建设情况

一是深入贯彻全国国企党的建设工作会议精神。省国资委领导和监事会主席带队深入企业宣讲会议精神,举办全省国有企业领导骨干务虚会,召开全省国有企业党的建设工作会议。

二是国企党建工作制度体系进一步完善。全面加强党对国有企业的领导,制定《进一步加强国有企业党的建设的实施意见》。扎实推进党建入章程,明确企业党组织在公司法人治理结构中的法定地位。制定意识形态责任制《一细则两清单》,强化党委的意识形态主体责任。制定《监管企业落实党建工作责任制实施办法》,在部分监管企业中试行党建工作专项考核。

三是推动党建重点任务落实。完成2968家企业基层党组织换届。开展党员组织关系集中排查,对135名不合格党员按政策规定进行处置。党费核查补缴工作取得明显成效。

四是党风廉政建设和反腐败斗争深入推进。进一步夯实"两个责任",制定《省国资委领导班子成员"两个责任"细目分解表》《省国资委监管企业党委主体责任和纪委监督责任清单》。印发《省国资委监管企业实践运用监督执纪"四种形态"工作意见》,得到省纪委主要领导的肯定。持之以恒纠正"四风",对企业"政治+业务"进行巡察,深入开展问题线索"清仓"行动,受理信访举报998件,立案查处146件,移送司法机关2人,党政纪处分292人,组织处理114人,诫勉谈话154人,保持违纪必究、有腐必惩的高压态势。

五是巡视整改工作取得实在效果。全面落实省委巡视组对国资委提出的整改要求,抓紧推进整改工作。针对省委巡视组对18家监管企业指出的问题,制定整改措施1715项,健全完善规章制度1330项。

此外,河北省国资委监管企业积极履行社会责任,对口帮扶86个贫困村,全年完成帮扶项目526个。组织企业参加"7·19"特大洪灾抢险和灾后重建,树立国有企业的良好形象。

(撰稿人:胡岳鹏)

山西省

一、山西省国有资产监督管理工作综述

2016年，山西省国资系统贯彻落实省委、省政府和地方党委、政府决策部署，积极应对挑战，奋力攻坚克难，深化国有企业改革，完善国资监管体系，加强党对国有企业的领导，力促企业运行企稳向好，各项工作取得新的进展，实现"十三五"良好开局。

一是强化投资拉动。2016年，完成投资1296亿元，完成率104.3%；其中，90个省重点工程完成投资635.9亿元，完成率111.7%。高度重视招商引资项目储备，参加5场国内重大招商推介活动，赴波兰、澳大利亚等国开展招商引资项目推介，全年招商引资在建项目29个，引资338.9亿元。大同积极开展京津冀地区招商引资，主动承接东部地区加工贸易产业转移；太原加大有效投资力度，推动重点项目建设，充分发挥投资对稳增长的关键作用。

二是加强协同合作。省属企业加强同行业企业之间业务协同、互助合作，共赢效果明显。晋煤将煤层气业务资产注入太原煤气化上市公司，在化解上市公司退市风险的同时，告别晋煤集团无上市公司时代；同煤加强指标跨省合作，抢(增)发电量113.5亿千瓦时，创造经济价值8亿元；潞安通过互相参股、股权置换、股权转让等方式，构建煤电一体化新格局；国际能源与新奥集团合作，探索综合能源增值服务、分布式能源，寻找新的增长点；高速集团与央企建立战略合作关系，实现抱团取暖。太原引进战投参与狮头股份公司重大资产重组，带动投资30亿元，建设合成油及配套润滑油项目。

三是积极开拓市场。紧盯市场变化，变革营销模式，着力拓展国内外市场。太钢成为山西省首个海关AEO企业和首批外贸综合服务企业培育对象；焦煤推进全省炼焦煤集中统一销售，打造"焦煤在线"电子商务平台，累计线上交易量3748万吨；晋煤启动煤化工交易中心，搭建现货电子商场交易平台，争取尿素市场定价权；太重、建工主动对接"一带一路"，抢占国外市场；能投建立"物流＋服务"营销模式；山煤发挥进出口牌照作用，参与山西省"中西部现代物流中心"建设；汾酒"文化＋品牌"联动，突破营销瓶颈。

二、山西省国有资产总量与结构分析

(一)总体情况

表1　　2016年山西省所属国有企业指标

项　目	金　额(亿元)
资产总额	25953.37
所有者权益	5827.27
营业总收入	12628.31
利润总额	－14.49
净利润	－85.61
归属于母公司所有者的净利润	－61.38
应交税费总额	612.85
实际上缴税费总额	539.33

按照《企业国有资产监督管理暂行条例》和《企业国有资产统计报告办法》规定的汇编范围，2016年纳入统计范围的国有企业(含国有控股参股，下同)5672户，比2015年减少27户。其中，22户省属监管企业下属子企业3072户，比2015年减少47户(其中，增加230户，增加的主要原因是新投资设立；减少277户，减少的主要原因是山西省投资集团有限公司所属的143户子企业划转至金控集团)；省属非监管企业348户，比2015年增加15户；地市国有企业2252户，比2015年增加5户。

表2　　2016年山西省国有企业户数情况

项　目	2015年	2016年	比上年减少(%)
户数(户)	5699	5672	0.48

(二)国有资产分布情况

2016 年,山西省国有企业合计国有资产总量 4022.35 亿元,比 2015 年增加 534.21 亿元,其中国有资产主要集中在省属企业,省属企业国有资产总量为 2899.92 亿元,占全部国有资产的比重达到 72.10%。

表 3　2016 年山西省国有资产地区分布情况

地　　区	国有资产(亿元)	占国有资产总量比重(%)
省属企业:	2899.92	72.10
省属监管企业	2785.87	69.26
省属非监管企业	114.05	2.84
各市:	1122.42	27.90
太原市	408.32	10.15
大同市	6.33	0.16
阳泉市	19.14	0.48
长治市	104.62	2.60
晋城市	209.02	5.20
朔州市	1.62	0.04
晋中市	207.2	5.15
运城市	15.27	0.38
忻州市	27.8	0.69
临汾市	66.6	1.66
吕梁市	56.5	1.40
合　　计	4022.35	100.00

从经营规模来看,国有资产主要集中在大型企业,2016 年占到全省国有资产总量的 84.02%。

表 4　2016 年山西省国有资产经营规模分布情况

经营规模	国有资产(亿元)	占国有资产总量比重(%)
大型企业	3379.63	84.02
中型企业	231.34	5.75
小型及微型企业	411.37	10.23
合　　计	4022.35	100.00

三、山西省国有资本保值增值综合分析评价

2016 年,山西省国有企业保值增值率实现 97.02%,比 2015 年增加 2.26 个百分点。

表 5　2016 年山西省国有企业地区国有资本保值增值情况

地　　区	国有资本保值增值率(%)
省级企业:	97.08
省属监管企业	96.92
省级非监管企业	100.97
各市:	96.83
大同市	72.69
阳泉市	80.50
晋城市	100.47
临汾市	100.98
忻州市	63.58
吕梁市	91.98
晋中市	101.23
运城市	100.35
朔州市	81.00
长治市	98.23
太原市	97.30
合　　计	97.02

从分布结构来看,省属监管企业实现 96.92%的保值增值率,省属非监管企业保值增值率为 100.97%;市级及市级以下企业保值增值率为 96.83%。

四、山西省国资委监管企业改革发展情况

(一)加快改革方案设计进度

进行 3 轮国企改革专题调研,组织完成王一新副

省长布置的9个课题调研报告;参加省委省政府布置的12个课题调研并组织起草总报告,基本形成山西省国企国资深化改革实施意见的雏形。出台发展混合所有制经济的实施意见和企业负责人薪酬管理办法,起草功能界定与分类方案;起草《省属企业加强党的领导和完善法人治理结构实施办法》和《省属企业外部董事管理办法》两个框架性指导文件;制定加强党的领导和完善法人治理结构的工作计划,以及外部董事管理的5个配套文件。

(二)部分重点任务取得进展

一是改革试点全面铺开。启动焦煤改组为国有资本投资公司试点,同煤深化改革、做强做优试点,晋能深化改革、做实企业试点和汾酒集团混合所有制改革试点;在10户二级以下企业开展员工持股试点,6户二级企业开展经理层市场化选聘和任期制、契约化管理试点。二是财务等重大信息公开。省属企业按期进行四次公开,信息公开深入到四级子公司,扩展到全省11个市;上海财经大学公布的全国各省省属国有企业财务透明度排名,山西省连续两年位列第一。三是企业三项制度改革。制定深化企业三项制度改革的细则,改进工资总额管理办法;出台科技型企业股权和分红激励实施细则,开展研发团队股权激励试点。四是万家寨引黄工程体制改革。成立山西黄河万家寨水务集团公司,推进转企改制各项工作,形成过渡期组织架构,清产核资、审计和资产评估等工作有序开展。

(三)努力解决历史遗留问题

15家省属企业的543户大集体企业,有7家326户改革总体方案得以批复实施,改革面60%。"三供一业"分离移交方案已征求有关部门意见,同煤集团分离企业办社会职能试点工作正式启动,与大同市政府签署首批职工家属区"三供一业"分离移交框架协议。煤焦公路销售体制改革职工已经转岗分流安置80.7%。省直机关所属企业脱钩改革强力推进,全年2户企业宣告破产、2户企业实施注销。为32户特困企业的2.2万余名职工解决医保补助费用2315.6万元,受惠职工人数和补助资金总额均为历年最多。

各市加强对市属企业改革的组织领导和统筹协调,改革成效不断显现。太原出台《关于深化国有企业改革的实施意见》,稳步推进混合所有制改革;大同开展国有资本投资运营公司试点;阳泉实施分类监管,完成28户党政机关所办企业脱钩改革;临汾健全完善法人治理结构制度体系;运城启动11户企业的破产或产权制度改革。

五、山西省国资委监管企业完善法人治理结构情况

为确保省属企业完善法人治理结构工作能够有序开展、扎实落地、取得实效,山西省结合自身实际,出台《关于省属国有企业加强党的领导和完善法人治理结构的实施办法》《关于印发山西省属国有企业外部董事管理办法(试行)的通知》等文件,从制度层面明确企业股东会、党委会、董事会、监事会、经理层的构成,规范其相互权责关系,加强和改进对领导人员管理,强化企业外部监督,进一步加强和改进党对国有企业的领导,充分发挥党组织的政治核心作用,理顺省属企业的决策、执行、监督和运行机制,并制定《关于推进省属国有企业加强党的领导和完善法人治理结构的工作计划》予以落实。

六、山西省国资委监管企业建立和完善经营业绩考核体系情况

(一)经营业绩考核体系调整的基本情况

2016年,山西省国资委对《山西省监管企业领导人员年度(任期)经营业绩考核办法》(晋国资发〔2012〕1号)文件中的监管企业年度考核指标体系做出调整,为2016年度省监管企业目标制定提供依据。主要是对年度考核指标体系中的基本指标和辅助指标进行调整,其他指标保持不变。调整后的指标设置及权重如下:基本指标包括利润总额(权重40分)和增加值(权重10分),辅助指标包括经济增加值(权重20分)和营业收入(权重10分)。

(二)完成2015年度及第四任期(2013—2015年)监管企业经营业绩考核工作的基本情况

2015年,山西省国资委18户监管企业营业收入

完成 13673 亿元,利润总额完成 32 亿元,工业增加值完成 2144 亿元。

根据《山西省监管企业领导人员年度(任期)经营业绩考核办法》(晋国资发〔2012〕1 号)的规定及《省监管企业领导人员 2015 年度经营业绩责任书》的目标要求,对山西省 18 户监管企业进行年度及任期(2013—2015 年)考核,考核认定 2015 年度 A 级企业 5 户:山西国新能源发展集团有限公司、山西国际能源集团有限公司、太原重型机械集团有限公司、山西杏花村汾酒集团有限责任公司、山西建筑工程(集团)公司,B 级企业 3 户:山西能源交通投资有限公司、山西省投资集团有限公司、山西中条山有色金属集团限公司,C 级企业 10 户:山西晋城无烟煤矿业集团有限责任公司、山西焦煤集团有限责任公司、山西晋能有限公司、山西潞安矿业(集团)有限责任公司、阳泉煤业(集团)有限责任公司、太原钢铁(集团)有限公司、山西省经贸投资控股集团有限公司、山西省国有资产投资控股集团有限公司、山西煤炭进出口集团有限公司、大同煤矿集团有限责任公司。

山西省国资委监管企业第四任期(2013—2015 年)经营业绩考核指标为:国有资本保值增值率、三年主营业务收入平均增长率。

经考核认定第四任期(2013—2015 年)A 级企业 7 户:山西国际能源集团有限公司、山西国新能源发展集团有限公司、山西中条山有色金属集团限公司、山西省经贸投资控股集团有限公司、山西省投资集团有限公司、山西建筑工程(集团)公司、山西能源交通投资有限公司,B 级企业 8 户:山西焦煤集团有限责任公司、山西晋城无烟煤矿业集团有限责任公司、山西潞安矿业(集团)有限责任公司、山西杏花村汾酒集团有限责任公司、大同煤矿集团有限责任公司、阳泉煤业(集团)有限责任公司、太原钢铁(集团)有限公司、太原重型机械集团有限公司,C 级企业 3 户:山西省国有资产投资控股集团有限公司、山西煤炭进出口集团有限公司、山西晋能有限公司。

(三)完成 2016 年监管企业经营业绩目标责任签订工作的基本情况

为落实山西省政府提出的 2016 年山西省经济增长目标要求,根据 2016 年总体经济形势、行业发展趋势,结合监管企业自身优势、特点,以及新的经济增长点,提出 2016 年山西省国资委监管企业经营业绩考核目标值,22 户监管企业 2016 年营业收入目标值 12366 亿元,利润总额目标值 26 亿元,增加值目标值 2130 亿元。依据山西省国资委与 22 户监管企业制定的经营业绩目标,于 2016 年 1 月 25 日在山西省国有资产监督工作会议上,山西省国资委主任分别与 22 户监管企业的董事长签订《省监管企业领导人员 2016 年度经营业绩责任书》。

七、山西省国资委监管企业负责人考核与选人用人机制改革情况

(一)创新与改进领导班子和领导人员考核方式

首次提出个人工作绩效考核理念,建立三个关键项目指标和一个创新项目指标的"3+1"年度个人绩效考核指标体系模式,第一次纳入省属企业领导人员综合考核评价体系,改变以往领导人员缺乏定量考核指标的问题。

(二)组织开展省属企业党委干部选拔任用"一报告两评议"

有 2222 人参加"一报告两评议"评议工作,总计有效票 2158 票,有效票达到 97.1%,评议结果面向省属企业进行会议通报。与全省总体情况比较来看,2015 年省属企业四项民主评议指标平均满意度在全省处于前列水平。省国资委党委对 80 分以下的企业主要领导进行约谈,对新提拔任用干部民主评议为"不了解"平均比例超过 10%的 3 户企业组织人事部门负责人进行约谈,综合分析这些企业产生问题的原因,提出整改措施,作出书面整改报告。

(三)干部推荐考察工作

坚持党管干部和德才兼备、以德为先、以廉为基的原则,坚持注重实绩、群众公认、任人唯贤、公道正派的选人用人导向,认真执行省属企业领导人员选拔任用各项规定,严格开展"六查",完善干部推荐考察任免工作流程,圆满完成企业人员推荐考察工作。截至 2016 年底,先后对太钢等 20 户省属企业领导人员 84 人进行任免调整,其中新提拔 19 人。

八、山西省国资委监管企业党的建设和廉政建设情况

（一）开展“两学一做”学习教育

坚持党委中心组集中学习和班子成员带头讲党课，采取专题研讨、讲座、宣讲、知识竞赛、“微党课”等多种形式，认真学习党章党规，党的十八大，十八届三中、四中、五中、六中全会精神和习近平总书记系列重要讲话精神。开展党费收缴、组织关系、违规兼职取酬、软弱涣散基层党组织和“灯下黑”问题专项整治，收缴欠交少交党费 8930.72 万元；排查出失联党员 967 人、没有落实组织关系的党员 514 人；对国有企业落实党建工作“四对接、四同步”情况开展专题调研；指导省属企业党委按期完成换届。

（二）落实从严管党治党责任

贯彻落实党的十八届六中全会和全国国有企业党建工作会议精神，起草贯彻落实中办发〔2015〕44 号文件的实施意见和山西省国有企业党建工作责任制实施办法。制定实施“六定”制度、党委议事规则制度、落实主体责任情况定期检查和分析通报制度；开展企业党委书记抓党建专项述职。制定《山西省国资委系统“十三五”期间发展党员工作规划》，举办两期入党积极分子培训班，推动党员发展工作科学化、规范化和制度化。

（三）加强企业领导班子建设

起草《关于加强省属企业领导人员监督管理的意见》，制定《省属企业领导班子及成员责任追究典型问题通报的暂行规定》。开展领导职数管理、领导人员选拔任用和任职回避制度执行情况督导检查，改进国有企业领导人员选拔任用工作，加强省属企业领导人员后备干部队伍建设。对 34565 名省属企业管理人员进行排查，清理未经批准兼职人员 90 人，清缴违规兼职取酬所得 530.47 万元，彻底治理省属企业存在的违规兼职行为。

（四）推进党风廉政建设和反腐败工作

修订《关于落实党风廉政建设党委主体责任的意见》，提出 9 项刚性要求。完善并落实党委约谈制度和“一案双查”制度，全年追究主体责任给予处分 57 人，组织处理 114 人；追究监督责任给予处分 7 人，组织处理 23 人；对省属企业 36 起党风廉洁建设责任追究典型案例进行通报，并约谈相关领导。加大纪律审查力度，全年接收信访举报 3630 件，处置问题线索 1335 件，初步核实线索 1119 件，立案 650 件，处分 1139 人。深化“四风”整治，查处违反八项规定案件 92 件，给予党政纪处分 109 人，组织处理 110 人。开展省委专项巡视整改，制定整治方案，分解整改任务，组织 3 次推进会，认真落实 135 项整改措施，全面完成 38 项整改任务。

（撰稿人：杨　亮）

内蒙古自治区

一、内蒙古自治区国有资产监督管理工作综述

2016 年，内蒙古自治区国资委深入学习贯彻党的十八大和十八届三中、四中、五中、六中全会精神，深入学习贯彻习近平总书记系列重要讲话精神和考察内蒙古重要讲话精神，认真贯彻落实自治区党委、政府决策部署，坚持稳中求进工作总基调，牢固树立新发展理念，以提高质量和效益为中心，以推进供给侧结构性改革为主线，国企国资改革发展各项工作扎实推进，取得较好成效，实现“十三五”良好开局。

坚持稳中求进，全力以赴稳增长。着力打赢提质增效攻坚战，制定实施自治区直属企业提质增效工作方案，采取多种措施稳增长、增效益，努力遏制国有企业利润下滑态势，确保国有经济的整体平稳运行。截至 2016 年底，自治区国有企业资产总额 1.89 万亿元，实现营业收入 1736.9 亿元，同比增长 7.4%。其中，国资委 14 户监管企业资产总额 3463.3 亿元，实现营业收入 1106.5 亿元，同比增长 1%。

蹄疾步稳促改革，加快推动各项改革举措落实落

地。健全完善现代企业制度，积极推进公司制股份制改革，80%以上区直企业完成改革任务；积极推进公司董事会建设，60%以上的区属企业已在集团公司层面建立董事会。稳妥推进混合所有制改革，大力推进国有企业改制上市。加快推进供给侧结构性改革，加快处置低效无效资产，有序推进剥离企业办社会职能。加大先行先试力度，开展盟市国有资产监管体制建设、规范董事会建设、推进混合所有制改革、剥离企业办社会职能、深化企业内部三项制度改革、改组设立国有资本运营公司、员工持股、改组设立国有资本投资公司等8项改革试点，较好地发挥示范、突破、带动作用。

以管资本为主深化放管服改革，不断提高监管效能。积极推进国资监管职能转变，大力压减审批审核事项，权力清单由2015年的50项压减至18项，相应明确18项监管责任事项。加强监管企业分类考核，根据企业实际科学制定考核指标，认真组织企业负责人年度及任期经营业绩考核，建立考核分配联动机制。积极改进财务监督方式，规范企业融资工作，深入推进内部审计全覆盖，开展总会计师年度述职评议。建立监督协调会商机制，整合监督工作力量，形成监督合力。完善外派监事会监督机制，加强当期和事中监督，强化监督成果运用。健全纪检监察、巡视监督机制，大力推进纪检监察工作人员全覆盖。研究制定《自治区直属部门单位企业脱钩改革和经营性国有资产集中统一监管工作推进方案》，稳步推进经营性国有资产集中统一监管。

优化国有资本布局结构，着力拓展国有经济发展新空间。坚持以市场为导向、以企业为主体，有进有退、有所为有所不为，始终把优化布局结构作为国企国资改革的一个重点来抓，不断增强国有经济整体功能和效率。研究制定《自治区本级国有经济“十三五”布局和结构调整规划方案》，促进国有资本合理流动，推动国有资本向重要行业和关键领域、基础设施建设领域集中，向前瞻性战略性产业集中，努力放大国有资本功能，切实发挥国有企业的引领带动作用。紧紧围绕自治区的“六大基地”建设，立足自治区产业基础和发展优势，积极筹备组建旅游、大数据等一批国有企业集团，着力拓展国有经济发展新空间。

聚精会神抓党建，为国企国资改革发展提供根本保证。认真贯彻落实全国和全区国有企业党建工作会议精神，坚持问题导向和目标导向，以落实中组部和国务院国资委党委提出的30项重点任务为抓手，深入推进全面从严治党。严格落实党建主体责任，组织开展系统企业党组织书记抓党建工作述职评议。推动企业修改章程，将党的领导和党建工作总体要求纳入其中，细化规范党组织参与重大问题决策的规则和程序。深入开展“两学一做”学习教育，坚持因企因人制宜、精准精细施策，突出经常教育，突出以上率下，推动全系统学习教育取得积极成效。全面加强企业领导班子和人才队伍建设，健全完善企业领导人员考核评价机制，加强企业领导人员管理，加大教育培训力度。大力加强党风廉政建设和反腐败工作，强化“两个责任”落实，正确把握运用“四种形态”，持之以恒贯彻落实中央八项规定精神和自治区28项配套规定，加大纪律审查力度，严肃查处违规违纪行为。

二、内蒙古自治区国有资产总量与结构分析

表1　2016年内蒙古自治区所属国有企业指标

项　目	金额(亿元)
资产总额	18878.8
所有者权益	7884.7
国有资产总量	7031.8
营业收入	1736.9
利润总额	—13.2
净利润	—28.4
归属于母公司所有者的净利润	—29.7
应交税费总额	113.5
实际上缴税费总额	121.7

表2　2016年内蒙古自治区国有企业户数情况

项　目	2015年	2016年	比上年增长(%)
户数(户)	1316	1632	24.0

表 3　2016 年内蒙古自治区国有资产地区分布情况

地　区	国有资产（亿元）	占国有资产总量比重(%)
区属企业	1278.78	18.19
包头市	432.41	7.52
锡盟	64.18	1.12
兴安盟	59.04	1.03
赤峰市	1274.68	22.16
鄂尔多斯市	1465.70	25.48
乌海市	31.76	0.55
巴彦淖尔市	166.03	2.89
呼和浩特市	802.79	13.95
呼伦贝尔市	753.03	13.09
乌兰察布市	273.79	4.76
阿拉善盟	135.71	2.36
通辽市	293.92	5.11

表 4　2016 年内蒙古自治区国有资产行业分布情况

行　业	国有资产（亿元）	占国有资产总量比重(%)
农林牧渔业	461.26	5.18
其中：农业	252.62	2.84
林业	72.35	0.81
畜牧业	0.25	0.00
渔业	−0.01	0.00
工业	1864.25	20.93
煤炭工业	20.96	0.24
石油和石化工业	0.51	0.01
冶金工业	874.92	9.82
建材工业	12.28	0.14
化学工业	7.55	0.08
森林工业	0.00	0.00
食品工业	1.47	0.02
烟草工业	0.00	0.00
纺织工业	0.23	0.00
医药工业	0.00	0.00
机械工业	8.54	0.10
军工企业	0.01	0.00
电子工业	1.01	0.01
电力工业	495.56	5.56
市政公用工业	321.32	3.61
其他工业	119.91	1.35
建筑业	1370.21	15.38
地质勘查及水利业	449.12	5.04
交通运输业	757.55	8.50
其中：铁路运输业	6.07	0.07
道路运输业	657.13	7.38
水上运输业	0.00	0.00
航空运输业	68.93	0.77
仓储业	16.30	0.18
邮电通信业	0.75	0.01
批发和零售业	44.68	0.50
金融业	174.98	1.96
房地产业	323.24	3.63
信息技术服务业	34.78	0.39
社会服务业	3181.96	35.72
卫生体育福利业	7.26	0.08
教育文化广播业	63.52	0.71
科学研究和技术	34.63	0.39
机关社团及其他	123.22	1.38

注：表中国有资产数据为 2016 年度单户企业叠加汇总数，表中汇总数与总量不等的原因是本表未考虑内部抵消数。

表5　2016年内蒙古自治区国有资产经营规模分布情况

经营规模	国有资产(亿元)	占国有资产总量比重(%)
大型企业	1701.59	19.10
中型企业	1396.84	15.68
小型企业	3061.86	34.37
微型企业	2747.45	30.84

注:表中国有资产数据为2016年度单户企业叠加汇总数,表中汇总数与总量不等的原因是本表未考虑内部抵消数。

三、内蒙古自治区国有资本保值增值综合分析评价

表6　2016年内蒙古自治区国有企业地区和行业国有资本保值增值情况

地　区	国有资本保值增值率(%)	行　业	国有资本保值增值率(%)
呼伦贝尔市	97.12	农林牧副渔业	97.29
赤峰市	107.54	工业	97.94
锡林郭勒盟	99.34	建筑业	101.80
鄂尔多斯市	103.46	地质勘查及水利业	101.43
巴彦淖尔市	99.61	交通运输业	98.99
呼和浩特市	106.29	仓储业	101.97
乌兰察布市	116.73	批发零售业	103.40
兴安盟	100.47	金融业	105.51
通辽市	96.12	房地产业	116.82
包头市	93.75	社会服务业	102.92
乌海市	132.32	卫生体育服务业	94.12
阿拉善盟	114.30	教育文化广播业	101.30
		科学研究和技术服务业	114.59
		其他	107.77

四、内蒙古自治区国资委监管企业改革发展情况

认真贯彻落实党中央、国务院和自治区党委、政府关于全面深化国有企业改革的决策部署,进一步完善改革政策体系,加快推动各项改革举措落地落实,广大干部职工投身改革的积极性、主动性不断增强,国企改革呈现出全面推进、重点突破的可喜局面。积极推进公司制股份制改革,14户监管企业中,有13户完成改革任务。积极推进企业负责人薪酬分配、履职待遇、业务支出等管理制度改革,探索企业负责人副职薪酬差异化管理。稳妥推进混合所有制改革,包钢混合所有制资产总额已占公司总资产的66%,蒙能引进华锐、东方电气等民营企业参股建设风电项目。大力推进国有企业改制上市,能建整体上市取得实质性进展,蒙能新能源公司上市正在积极推进。加快推进供给侧结构性改革,包钢化解炼铁产能133万吨,加快处置低效无效资产和僵尸企业。扎实开展专项改革试点,选择包钢等3户企业、呼和浩特市等3个市,开展规范董事会建设、推进混合所有制改革、剥离企业办社会职能、深化企业内部三项制度改革、改组设立国有资本投资运营公司等6项改革试点,截至2016年底,内蒙古国有资本运营公司已设立运营,其他试点工作也取得阶段性成效,较好地发挥示范、突破、带动作用。

五、内蒙古自治区国资委监管企业并购重组与完善法人治理结构情况

推动企业修改章程,将党的领导和党建工作总体要求纳入其中,细化规范党组织参与重大问题决策的规则和程序,14户监管企业已有8户企业完成公司章程修改,保证企业党组织在公司治理结构中的法人地位。积极推进公司董事会建设,有10户监管企业已在集团公司层面建立董事会。积极推进企业领导人员分层分类管理,推行职业经理人制度,包钢等多家企业采取竞争上岗方式选拔中层经营管理人员。

六、内蒙古自治区国资委监管企业建立和完善经营业绩考核体系情况

认真落实国务院国资委、财政部、国家发改委联合印发的《关于国有企业功能界定与分类的指导意见》，2016年3月22日，会同自治区发改委、财政厅联合印发《关于自治区国有企业功能界定与分类的实施意见》（内国资考核字〔2016〕62号），围绕国有资产经营责任制的落实，通过科学界定企业功能，分类考核引导激励，促进自治区国有企业效益从下滑向趋稳并增长转变。

根据出资监管企业功能定位，将出资监管企业分为商业竞争和特定功能两类，兼顾企业经营性质和业务特点，综合考核资本运营质量、效率和效益，以净利润、经济增加值等效益类指标为主，将转型升级、创新驱动、合规经营、社会责任等纳入考核指标体系，合理确定不同企业经济效益和社会效益指标，明确差异化业绩考核标准，实施差异化薪酬激励。

下达12户出资监管企业的年度考核目标，对商业竞争类企业突出资本回报的考核要求，将归属于母公司净利润和盈利水平作为年度考核重点，根据企业主营业务特点和行业绩效水平，加强与同行业或相近行业对标，引导企业提高资本运营效率，提升价值创造能力；对特定功能类企业，强化考核功能性业务完成情况和保障能力，不同企业考核指标及权重不同，引导和支持企业在保证合理回报和国有资本保值增值的基础上，更好地服务国家和自治区战略，保质保量完成自治区的重要专项任务，提高完成功能使命的能力和水平。

完成监管企业2015年度和第四任期经营业绩考核，商业竞争类企业的盈利能力逐年增强，2015年度，7户企业中有3户经营业绩取得90分以上的好成绩，获评A级企业；特定功能类企业的保障能力和服务质量逐年提高，2015年度，5户企业中有3户经营业绩考核得分超过90分，获评A级企业。

七、内蒙古自治区国资委监管企业负责人考核与选人用人机制改革情况

健全完善企业领导人员考核评价机制，对监管企业领导班子履职情况进行考核，首次对企业董事会和董事进行考核。加强企业领导人员管理，严格落实企业领导人员个人事项年度报告制度，协调相关部门对监管企业领导人员学历、学位进行审验，规范监管企业领导人员出国行为，实施企业主要负责人外出报备制度。加强人才队伍建设，与浙江大学合作举办两期现代企业管理高级研修班，培训企业中高层管理人员131名；举办产权管理、账务预决算等18期业务培训班，培训企业专业管理人才900多人。积极参与“草原英才”工程建设，出资监管企业中有2个团队入选自治区产业创新（创业）人才团队，1家单位入选高层次人才创新（创业）基地，6人获评“草原英才”。

八、内蒙古自治区国资委监管企业党的建设和廉政建设情况

认真贯彻落实全国、全区国有企业党的建设工作会议精神，坚持问题导向，着力解决国有企业党的领导、党的建设“弱化、虚化、淡化、边缘化”问题。全面加强党对国有企业的领导。严格落实党建主体责任，组织开展系统企业党组织书记抓党建工作述职评议，积极推动党组织书记落实管党治党第一责任人的责任、班子成员履行“一岗双责”。严格党建工作考核制度，实行党建工作与企业负责人薪酬挂钩制度，对企业发生重大违法案件的相关领导给予党纪处理，并扣减绩效薪酬。推动企业修改章程，将党的领导和党建工作总体要求纳入其中，细化规范党组织参与重大问题决策的规则和程序，党组织关系隶属于自治区国资委党委的43户企业中17户企业完成公司章程修改。深入开展“两学一做”学习教育。坚持学为基础、学做结合、以学促做，坚持因企因人制宜、精准精细施策，突出经常教育，突出以上率下，推动全系统学习教育取得积极成效。与自治区党委组织部在包头市共同组织召开全区国有企业“两学一做”学习教育座谈会，召开4次推进会，派出4个督导组开展4轮督查。突出问题导向、目标导向，对照习近平总书记提出的“五个着力”要求，认真解决存在的突出问题，扎实推进基层党建七项重点任务落实。通过学习教育，强化干部职工的党员意识，规范企业基层党组织的政治生活，形成一批制度

成果。大力加强党风廉政建设和反腐败工作。坚持全面从严管党治党,强化"两个责任"落实,健全组织制度体系,正确把握运用"四种形态",持之以恒贯彻落实中央八项规定精神和自治区28项配套规定。加大纪律审查力度,严肃查处违规违纪行为。2016年,驻自治区国资委纪检组和出资监管企业纪委受理信访举报411件,立案81件,处分131人,挽回经济损失1175.8万元。

九、内蒙古自治区国资监管及国有企业改革发展具有地方特色情况

加快推进经营性国有资产集中统一监管。为深入贯彻落实自治区党委、政府《关于深化改革加强自治区本级经营性国有资产监管工作的实施方案》精神,推进经营性国有资产集中统一监管工作,2016年对31个区直部门单位所属的168家企业进行摸底调研,在此基础上,多次与相关主管部门进行座谈对接,研究制定《自治区直属部门单位所属企业脱钩改革和经营性国有资产集中统一监管工作推进方案》,自治区本级经营性国有资产集中统一监管工作迈出积极步伐。

全力推动包钢提质增效转型发展。按照自治区党委书记李纪恒在包钢调研时提出的"包钢不能倒、包钢要搞好"的指示要求,内蒙古自治区国资委组成17人的调研组深入包钢开展全面系统调研,统一思想,集中民智,研究制定并由自治区政府印发《关于推动包钢提质增效转型发展工作方案》,提出60条具体措施,为推动包钢提质增效、转型发展提供保障,得到自治区党委、政府的充分肯定。多次协调争取自治区政府支持相关部门,缓解包钢资金困难,避免资金链断裂风险。

(撰稿人:赵　发)

辽宁省

一、辽宁省国有资产监督管理工作综述

2016年,在省委、省政府的正确领导下,辽宁省国资监管部门和全省国有企业积极应对错综复杂的国内外经济形势,攻坚克难,真抓实干,推动国企国资改革发展和党建各项工作取得新的进展和成效。

国有经济运行保持平稳。深入开展降本增效专项行动,省属企业"三项费用"同比下降13.1%,应收账款同比下降7.8%,产成品库存同比下降13.3%,平均资产负债率按可比口径比年初下降3.1个百分点,企业负债结构进一步优化,运行效率实现提升,获利能力进一步增强。24户省属企业收入、利润"双下降"局面扭转,上缴国有资本收益15亿元,华晨集团首次进入中国500强企业前100名行列;纳入快报统计的158户市属企业经济效益和税收贡献恢复增长,营业收入、已交税费总额分别同比增长2.1%和6.8%。

推动股权多元化等重点改革。辽宁省国有企业引入各类资本569亿元。本钢集团、华晨集团等10户企业各20%国有股权划转至省社保基金理事会弥补社会养老金不足,对应权益426.57亿元。能源集团研究制定混合所有制改革试点方案,在4户控股子企业进行试点。铁法能源集团控股的铁墙环保、投资集团控股的倚天软件在新三板挂牌,盛京银行A股上市。研究制定《省属企业一企一策改革重组方案》,将政事企脱钩的48户一级企、事业单位进行重组,组建省交投、水资源、环保、地矿、粮食、城乡建设、工程咨询等7户企业集团。各市在脱钩移交的基础上,组建企业集团41家,经营性事业单位转企改制同步推进。稳妥推进东北特钢破产重整。继续规范企业董事会建设,完善董事会年度工作报告制度、董事会及董事履职评价机制等,能源集团、电机集团的规范董事会建设试点工作取得积极进展。持续深化企业劳动用工和收入分配制度改革,坚持劳动用工合同制管理,全面实行工资总额预算管理,建立完善的体现岗位价值和业绩导向的员工薪酬体系。积极推进依法治企,企业对规章制度、经济合同、重大决策的法律审核把关分别达到99%、99%和98%。推动解决历史遗留问题。各市完成中央企业"三供一业"核实和对接,制定分离移交工作方案、设施改造技术标准和费用标准文件,移交企业与接收企业签订分离移交"三供一业"协议项目194个,占全部项目的40%。制定《全省厂办

大集体改革实施方案》。对全省工业类“僵尸企业”情况进行摸底调查。大连市国企离退休人员社会化管理、60年代精减人员和“三供一业”等历史问题基本得到解决，做法得到国务院国资委的认可。

推进供给侧结构性改革。积极推进企业“瘦身健体”，超额完成化解煤炭过剩产能年度任务。2016年，省内引导退出的9个煤矿已全部关闭并通过国家验收，化解产能1200万吨，内退解除安置人员11480人，转岗安置人员11002人。企业积极开展压缩法人层级、管理层级工作，大型企业法人层级、管理层级基本控制在四级左右，水资源集团将水库和供水公司设为集团管理的二级企业，使主营业务四级管理调整为三级管理。

国资监管进一步加强和改进。积极推进简政放权、转变职能。按照以管资本为主加强国资监管的要求，积极推进辽宁省国资委机构职能改革，进一步减政放权，制定国资监管权责清单，依法规范出资人监管职权23项。起草形成下放管理事项意见（草案），初步确定重要子企业名单。加大规范性文件清理力度，2016年清理确认规范性文件136件。加强和完善国资监管方式。加强监事会监督集中检查，揭示出企业体制机制、经营管理等各类问题95个，并督促企业逐项整改落实。加强财务监督，推进全面预算管理，引导企业降成本、增效益、控风险。强化审计监督，完成电机集团、时代万恒等4户企业负责人任期经济责任审计。严格投资管理，全年批复项目9个，总投资57.9亿元。加强业绩考核管理，把辽宁省政府确定的重点目标任务纳入考核体系，加大考核权重，与薪酬分配挂钩。根据企业功能属性，研究推进经营业绩分类考核和工资总额分类调控。改组组建国有资本投资运营公司步伐不断加快。以辽宁省国资公司为依托，按照资本运营公司要求完善内部机构建设，建立健全各项管理制度，发挥投融资平台作用，在银行间市场发行16亿元公司债券，帮助辽宁成大股份有限公司向特定对象非公开发行股票3.2亿股，计划募集社会资金40亿元。沈阳、辽阳、朝阳等进行国有资本运营试点并取得积极进展。

企业党的建设全面加强。深入开展“两学一做”学习教育。深入学习贯彻党章党规和习近平总书记系列重要讲话精神，在沈阳和大连分别举办毛丰美同志先进事迹学习报告会，1900多名党员参加。结合纪念建党95周年，表彰近200名先进典型，选树宣传11名全国、全省先进典型。进一步增强国企国资系统广大党员干部职工“四个意识”特别是核心意识、看齐意识，强化做“四讲四有”合格党员的思想自觉和行动自觉。全面落实企业党建主体责任。深入学习贯彻全国国有企业党建工作会议精神，紧紧围绕全面解决党的领导、党的建设弱化、淡化、虚化、边缘化问题，深入实施企业党组织书记抓党建工作“联述联评”机制，召开2016年度省属企业党委书记、纪委书记述职评议会议，落实企业党委全面从严治党主体责任。各级企业党委认真落实党建工作责任制，进一步明确企业党委的主体责任、党委书记第一责任人责任、党委班子成员“一岗双责”责任。加强基层党组织建设。扎实做好党费收缴专项检查、党员组织关系集中排查、党代表和党员违纪违法排查以及省十二次党代会国企代表推选等基础性工作。省（中）企业召开支部党员大会11480次，上党课10648次；开展党建培训344次、22227人次；创建近700个党支部规范化建设示范点、党员综合服务阵地。积极稳妥推进企业党组织换届工作。瓦轴集团党委被评为全国先进基层党组织。加强企业领导班子建设。坚持“双向进入、交叉任职”领导体制，配合省委组织部完成10户企业领导班子调整和7户新组建集团领导班子配备。坚持党管干部原则与市场化选聘相结合，配合省委组织部完成华晨、交投、水资源、环保等企业集团董事会聘任经理人员工作。加强企业领导人员队伍建设，对部分新组建集团领导人员进行党建工作和经营管理业务培训，强化对企业领导人员的培训、考核和纪律约束。持续推进党风廉政建设和反腐败工作。认真开展反腐倡廉警示教育，省国资委召开学习贯彻省属企业警示教育大会，深刻汲取辽宁拉票贿选案沉痛教训。严格落实中央八项规定，紧盯隐形变异“四风”问题，持续加压发力，一些群众反映强烈的顶风违纪问题及时得到处理。积极践行“四种形态”，持续保持惩治腐败高压态势，严肃查处违纪案件，“不敢腐”震慑作用不断强化。认真整改落实中央巡视和省委巡视反馈意见，开展省国资委党委管理企业巡察工作。

二、辽宁省国有资产总量与结构分析

(一)国有资产地区分布情况

2016年,辽宁省一级国有及国有控股企业(集团)2050户,比上年增加259户。其中,辽宁省国资委监管企业24户、省属非监管企业411户、各市所属企业1615户。全省国有资产总量8770.1亿元,较上年增加2604.9亿元,增长42.25%。其中,省国资委监管企业2240.6亿元、省属非监管企业147亿元、各市所属企业6382.5亿元。

表1　2016年辽宁省国有资产分布情况

项　目	户数(户)	比重(%)	国有资产(亿元)	占国有资产总量比重(%)
省国资委监管企业	24	1.2	2240.6	25.5
省属非监管企业	411	20.0	147.0	1.7
各市企业	1615	78.8	6382.5	72.8
合　计	2050	100.0	8770.1	100.0

辽宁省国资委监管企业24户,国有资产总量2240.6亿元,其中,国有资产总量超过100亿元有3户,超过50亿元有2户,超过10亿元有9户。交通投资集团等10户企业国有资产总量合计为2118.5亿元,占辽宁省国资委监管24户企业的国有资产总量的94.6%,占全省国有资产总量的24.2%。

表2　2016年辽宁省国资委监管企业国有资产分布情况

项　目	国有资产(亿元)	占国有资产总量比重(%)
辽宁省交通建设投资集团有限责任公司	1161.4	51.8
辽宁省水资源管理集团有限责任公司	332.5	14.8
本钢集团有限公司	266.4	11.9
辽宁能源投资(集团)有限责任公司	94.6	4.2
华晨汽车集团控股有限公司	62.8	2.8
辽宁铁法能源有限责任公司	47.0	2.1
抚顺矿业集团有限责任公司	46.3	2.1
沈阳煤业(集团)有限责任公司	43.5	1.9
辽宁省机场管理集团有限公司	32.4	1.4
辽宁省国有资产经营有限公司	31.6	1.4
其他14户	122.1	5.4
合　计	2240.6	100.0

辽宁省省直部门企业的国有资产总量142.7亿元,主要集中在省金融办所属企业、省驻京办所属企业、省新闻出版广电局所属企业、出版集团公司和省教育厅所属企业,这5个部门所属企业国有资产总量98.1亿元,占省直部门所属企业全部国有资产总量的68.7%。

表3　2016年辽宁省省直部门企业国有资产分布情况

项　目	国有资产(亿元)	占国有资产总量比重(%)
辽宁省金融办所属企业	31.8	22.3
辽宁省驻京办所属企业	20.2	14.2
辽宁省新闻出版广电局所属企业	17.3	12.1
辽宁出版集团有限公司	16.1	11.2
辽宁省教育厅所属企业	12.7	8.9
其他	44.7	31.3
合　计	142.7	100.0

辽宁省14个市一级国有企业1615户,国有资产总量6382.5亿元。国有资产总量超过100亿元的有沈阳、大连、鞍山、丹东、锦州、营口、盘锦和葫芦岛8个城市,8个城市的户数合计1075户,占各市企业户

数的66.6%，占全省企业户数的52.4%。8个城市的国有资产总量合计6148.3亿元，占各市企业国有资产总量的96.3%，占全省国有资产总量的70.1%。

表4　2016年辽宁省国有资产地区分布情况

地　区	户数（户）	比重（%）	国有资产（亿元）	占国有资产总量比重（%）
沈阳市	214	13.3	843.1	13.2
大连市	229	14.2	2039.4	32.0
鞍山市	133	8.2	596.6	9.3
抚顺市	122	7.6	28.6	0.4
本溪市	112	6.9	47.5	0.7
丹东市	150	9.3	173.0	2.7
锦州市	78	4.8	319.4	5.0
营口市	100	6.2	1074.9	16.8
阜新市	151	9.3	10.6	0.2
辽阳市	32	2.0	57.8	0.9
铁岭市	35	2.2	8.3	0.1
朝阳市	88	5.4	81.5	1.3
盘锦市	90	5.6	977.7	15.3
葫芦岛市	81	5.0	124.2	1.9
合　计	1615	100.0	6382.5	100.0

（二）国有资产经营规模分布情况

2016年，辽宁省三级以下企业有4177户，其中，一级企业（集团）2050户，二级及以下企业2127户。一级企业主要集中在省直部门所属企业和沈阳、大连、丹东和阜新。

表5　2016年辽宁省国有企业户数情况

项　目	2015年	2016年	比上年增长（%）
户数（户）	3728	4177	12.04

表6　2016年辽宁省企业户数级次分布情况

地　区	企业户数（户）	一级企业（户）	二级及以下企业（户）
全省合计	4177	2050	2127
省国资委监管企业	710	24	686
省属非监管企业	653	411	242
各市合计	2814	1615	1199
沈阳市	563	214	349
大连市	740	229	511
鞍山市	180	133	47
抚顺市	126	122	4
本溪市	143	112	31
丹东市	150	150	0
锦州市	108	78	30
营口市	225	100	125
阜新市	151	151	0
辽阳市	38	32	6
铁岭市	35	35	0
朝阳市	116	88	28
盘锦市	158	90	68
葫芦岛市	81	81	0

2050户一级企业中，有大型企业84户，中型企业232户，小型企业698户，微型企业1036户。84户大型企业国有资产总量4770.1亿元，占全省国有资产总量的54.4%。

表7　2016年辽宁省国有资产经营规模分布情况

经营规模	户数	比重（%）	国有资产（亿元）	占国有资产总量比重（%）
大型企业	84	4.1	4770.1	54.4
中型企业	232	11.3	1204.8	13.7
小型企业	698	34.0	2019.0	23.0
微型企业	1036	50.5	776.2	8.9
合　计	2050	100.0	8770.1	100.0

(三)国有资产行业分布情况

2016年,辽宁省国有资产主要集中分布在社会服务业、工业和交通运输3个产业。3个产业国有及国有控股一级企业户数为850户,占全省总户数的41.5%;国有资产总量7176.5亿元,占全省国有资产总量的81.8%。

表8　2016年辽宁省国有资产行业分布情况

行　业	国有资产(亿元)	占国有资产总量比重(%)
农林牧渔业	108.6	1.2
工业	1052.7	12.0
建筑业	626.0	7.1
地质勘查及水利业	363.7	4.1
交通运输业	1027.1	11.7
仓储业	28.4	0.3
邮电通信业	0.0	0.0
批发和零售业	26.9	0.3
金融业	94.1	1.1
房地产业	253.5	2.9
信息技术服务业	18.6	0.2
社会服务业	5096.7	58.1
卫生体育福利业	2.2	0.0
教育文化广播业	40.1	0.5
科学研究和技术服务业	31.6	0.4
机关社团及其他	0.0	0.0
合　计	8770.1	100.0

(四)上市股份公司分布情况

2016年,辽宁省国有及国有控股上市股份公司有22户,其中:省国资委监管企业8户、省直部门1户、沈阳5户、大连6户、营口1户、朝阳1户。22户上市股份有限公司资产总额3282.7亿元,占全省资产总额的11.8%;所有者权益1228.9亿元,占全省所有者权益的11.7%。营业总收入2192.1亿元,占全省营业总收入的51.7%;利润总额125.4亿元,占全省利润总额的130.3%。国有资产总量355.3亿元,占全省国有资产总量4.1%。

三、辽宁省国有资本增减变动原因和保值增值综合分析评价

(一)国有资产增减变动及原因

2016年,辽宁省国有资本及权益总额9214.9亿元,比上年增长41.65%。其中,国家、国有单位追加投资549.2亿元、无偿划入1231.3亿元、经营积累148.5亿元、资本(股本)溢价37.9亿元、会计调整12.8亿元、无偿划出152.3亿元、经营减值127.2亿元、企业按规定已上缴利润44亿元、产权界定减少10.8亿元。辽宁省国有企业国有资本及权益变动情况为净增加1650.9亿元。因经营积累大于经营减值(差额21.3亿元),国有资本保值增值率100.3%。

表9　2016年辽宁省国有资本及权益增减变动情况

国有资本及权益增减变动情况	金　额(亿元)	比重(%)
一、主要增加因素	2006.0	100.0
无偿划入	1231.3	61.4
国家、国有单位直接或追加投资	549.2	27.4
经营积累	148.5	7.4
资本(股本)溢价	37.9	1.9
中央和地方政府确定的其他因素	15.9	0.8
会计调整	12.8	0.6
其他	10.4	0.5
二、主要减少因素	355.1	100.0
无偿划出	152.3	42.9
经营减值	127.2	35.8
企业按规定已上缴利润	44.0	12.4
产权界定减少	10.8	3.0
经国家专项批准核销	8.0	2.2
中央和地方政府确定的其他因素	7.9	2.2
其他	4.9	1.4

(二)国有资本保值增值结果

2016年,辽宁省国有及国有控股企业国有资本保值增值率为100.3%。

表10　2016年辽宁省国有企业地区和行业国有资本保值增值情况

地　区	国有资本保值增值率(%)	行　业	国有资本保值增值率(%)
全省企业	100.3	农林牧渔业	99.9
省属企业	99.5	工业	98.5
各市	100.5	建筑业	98.5
沈阳市	98.1	地质勘查及水利业	99.3
大连市	100.3	交通运输业	102.6
鞍山市	100.0	仓储业	98.9
抚顺市	97.7	邮电通信业	74.2
本溪市	99.7	批发和零售业	94.7
丹东市	97.9	金融业	103.5
锦州市	100.9	房地产业	99.5
营口市	103.8	信息技术服务业	99.2
阜新市	－1489.1	社会服务业	100.6
辽阳市	98.8	卫生体育福利业	105.4
铁岭市	92.8	教育文化广播业	98.7
朝阳市	94.6	科学研究和技术服务业	99.1
盘锦市	100.7	机关社团及其他	100.0
葫芦岛市	95.0		

四、辽宁省国资委监管企业改革发展情况

2016年，在辽宁省委、省政府的坚强领导下，辽宁省国有企业认真贯彻落实“四个着力”的决策部署，抢抓中央实施新一轮东北振兴战略的重要机遇，坚持总体设计与试点先行相结合、统筹推进和重点突破相结合，全省国有企业改革取得初步进展。

切实加强组织领导和顶层设计，国资国企改革制度体系基本形成。辽宁省委、省政府成立全省国资国企改革领导小组，省委常委、常务副省长谭作钧任组长，统筹推动国资国企改革工作。以省委、省政府印发的《关于进一步深化全省国资国企改革的意见》(辽委发〔2014〕12号)为统领，陆续制定出台《深化省属国有企业负责人薪酬制度改革的意见》等16个改革配套文件和方案，基本形成辽宁省国资国企改革“1＋N”制度体系。

着力推进股权多元化改革，促进企业转换体制机制。按照辽宁省政府部署，全省国有企业通过增资扩股、项目合资合作等方式，积极引入各类资本569亿元参与国企改革，有力推进股权多元化改革和发展混合所有制经济。完成中天证券和交投集团的增资扩股。稳妥推进能源集团控股的4户子企业混合所有制改革试点，并积极争取省属企业部分重点项目列入国家混改试点范围。同时，资产证券化步伐不断加快。形成省属企业资本运作整体方案，成大生物、铁墙环保和倚天软件在新三板挂牌，辽宁省国有控股上市公司27家，股票29只。

加快推进整合重组，实现优势互补和做强做优做大。按照省政府关于推进经营性国有资产集中统一监管和组建企业集团的要求，辽宁省在年底前基本完成省直和市直部门所属企业脱钩工作，在此基础上，省政府整合组建交投集团等7户企业集团，各市也先后组建各类企业集团近41户，有效促进政府职能转变和政企分开。同时，辽宁省国资委研究形成《省属企业一企一策改革重组方案》，按照主业相同、产业相近原则，进一步加大资源整合力度。建工集团并入新组建的城乡建设集团，粮油股份公司并入新组建的粮食发展集团。

大力推进供给侧结构性改革，促进企业提质增效。一是推进煤炭企业去产能。辽宁省属煤炭企业完成2016年化解煤炭产能1200万吨任务，关停国有煤矿9家，分流安置人员10916人，转岗安置人员10880人。二是开展降本增效专项工作。全年省属企业资产负债率下降2.3个百分点，“三项费用”下降5.1%，“两金”占用下降22%。三是稳步解决历史遗留问题，切实减轻企业负担。制定《全省国有企业职工家属区“三供一业”分离移交工作方案》，14个市基本完成中央企业“三供一业”核实和对接，全省签订分离移交“三供一业”协议项目194个。《辽宁省厂办大集体改革工作实施方案》基本制定完成。大连市国有企业退休人员社会化管理纳入国家试点。

切实履行国有企业社会责任，为全省经济社会发展提供重要支撑作用。一是完成充实社保基金任务。

按省政府要求,完成部分省属企业股权无偿划转至省社保基金理事会,对应权益424亿元。省属企业上缴国有资本收益15亿元,用于补充社保基金。二是有力支撑全省重大基础设施建设。新组建的辽宁省交投集团和水资源集团积极搭建融资平台,融资200多亿元,确保全省高速公路网络建设、辽西北供水等一批重大民生工程的顺利实施。三是积极创税和吸纳就业。2016年,全省地方国有企业向社会缴纳各种税费合计356.4亿元,拥有职工93.3万人,负责管理离退休59.4万人,为全省经济社会发展和和谐稳定作出积极贡献。

国有企业党组织领导核心和政治核心作用得到切实加强。配合省委组织部起草《关于加强全省国有企业党的建设的若干意见(试行)》,对加强国有企业党组织领导核心和政治核心地位等方面提出明确要求,切实落实管资本就要管党建的责任。"两学一做"学习教育取得初步成效,组织开展企业万名党员"两学一做"学习教育知识竞赛和理论研讨征文活动。大力推进"共产党员先锋工程"创建,设立企业党员先锋岗5585个、责任区8240个、工程项目2296个,组建突击队1526个。党建工作责任制得到有效落实,连续两年开展企业党组织书记抓党建工作"联述联评联考",实施党建工作与企业改革发展工作无缝对接。

五、辽宁省国资委监管企业建立和完善经营业绩考核体系情况

(一)加强制度建设,完善省属企业业绩考核、薪酬分配等管理法规

结合辽宁省企业实际,在深入调研和研究论证的基础上,完成《辽宁省国资委出资企业负责人经营业绩考核暂行办法》《辽宁省国资委出资企业负责人薪酬管理暂行办法》《辽宁省省属企业负责人履职待遇、业务支出管理办法》的制定工作。

(二)强化国有资本保值增值监管,贯彻落实省属企业经营责任制度

按照业绩考核暂行办法,完成2015年度省属企业经营业绩考核工作,确定考核结果和考核排名。在经济下行压力持续增大形势下,2015年各省属企业采取措施积极应对,17户非煤省属企业实现利润总额-7.13亿元,实现营业收入2378亿元,实现经济增加值-60.92亿元;6户煤炭企业实现利润总额-37.7亿元,实现营业收入329.9亿元,实现经济增加值-58.69亿元。

完成省属企业2016年度经营目标核定工作,与各企业签订2016年度经营业绩目标责任书。按照辽宁省政府的工作部署,在核定目标过程中,对不同功能企业,突出不同考核重点,科学设置业绩考核指标及权重,合理确定差异化考核标准,实施科学的分类考核。加大对省政府确定的国有资本收益上缴、降低资产负债率、吸引社会资本等重点工作目标的考核,并作为扣分指标纳入考核结果。年度考核目标原则上不低于上年考核指标实际完成值,主要经济指标不低于上年水平,管理类指标持续改善;对行业周期下降企业,本着实事求是原则,适当下浮考核基准;对新设立省属企业,实行一企一策。26户省属企业核定上缴国有资本收益15亿元;吸引社会资本242亿元;企业中资产负债率超过70%的10户企业资产负债率下降2个百分点,其余企业资产负债率不超过上年水平;利润总额预计实现8.08亿元;营业收入预计实现2834.69亿元;经济增加值预计实现-84.48亿元,所有指标比2015年完成值均有所改善。

组织开展2015—2017年度省属企业负责人第三任期经营目标核定工作。按照业绩考核暂行办法,结合《省属企业"十三五"改革发展规划》,综合考虑国内外经济形势、企业功能定位和所处行业特点,对各省属企业第三任期经营目标进行重点调研,审核确定各企业指标体系,初步核定第三任期考核目标。

(三)完善省属企业收入分配制度,规范省属企业收入分配秩序

按照省属企业负责人薪酬制度改革方案要求,确定2016年度省属企业负责人基本年薪水平。

按照省属企业负责人薪酬管理暂行办法,依据业绩考核结果,测算2015年度省属企业负责人绩效年薪分配方案,并上报辽宁省委、省政府审定。2015年度,核

定23户省属企业负责人平均薪酬(含任期激励收入,下同)为37.6万元,比上年均有所下降,与职工收入差距大幅减小、国家薪酬制度改革的调控思路相符合。

推进省属企业工资总额分类管理。根据《辽宁省省属企业工资总额预算管理暂行办法》,按照两低于原则和省政府降低成本费用要求,对企业工资总额严格调控,并对所属企业2015年度工资总额清算及2016年度工资总额预算方案进行逐户的审核批复。积极开展工作调研,根据企业经营性质、功能定位、发展阶段等因素,着手研究制定与企业功能定位相适应的工资总额分类管理办法,积极推进工资总额分类调控。

探索建立企业经营管理人员中长期激励与约束机制。进一步完善省属企业中长期激励约束机制政策措施,与省财政厅等部门联合转发国家三部委《国有科技型企业股权和分红激励暂行办法》,明确工作职责和操作程序。

(四)推动省属企业劳动用工和收入分配制度改革工作

为更好的推动三项制度改革工作,制定下发《进一步深化省属企业劳动用工和收入分配制度改革实施方案》,并组织省属企业落实,建立完善三项制度改革工作跟踪调度机制。对省属企业劳动用工及收入分配改革落实情况开展专题调研,下达《省属企业劳动用工和分配制度改革工作调查表》,进一步摸清各企业改革现状。要求各省属企业按照《实施方案》的要求,切实加强工作的组织领导,建立规范系统的企业用工制度,推行市场化用工机制,努力构建规范流畅的员工流动机制;逐步完善管理人员岗位体系建设,强化绩效管理,实现管理人员薪酬能升能降,岗位能上能下;全面实行工资总额预算管理,建立完善体现岗位价值和业绩导向的员工薪酬体系,企业收入分配向企业核心科技人才、优秀高技能人才和生产一线员工适当倾斜。

六、辽宁省国资委监管企业负责人考核与选人用人机制改革情况

(一)完善法人治理结构改革进展情况

研究制定《省属企业董事会选聘高级经营管理人员的指导意见》《关于在中天证券股份有限公司经营层推行市场化选聘和契约化管理的实施意见》《关于在省属二级企业推行市场化选聘契约化管理经营管理者制度的指导意见》,探索企业高级管理人员契约化管理工作。会同省委组织部研究起草《省属企业领导人员管理暂行办法》,完善省属企业领导人员管理工作。

(二)负责人考核与选人用人机制改革情况

制定《省属企业领导班子和领导人员2015年度考核实施方案》,组织实施省属企业领导班子2015年度考核工作,形成分析汇总综合报告。会同省委组织部研究起草《省属企业领导班子和领导人员综合考核评价办法》。协助参与省委组织部对华晨集团、交投集团、水资源管理集团、环保集团开展董事会选聘高级经营管理人员试点工作。

七、辽宁省国资委监管企业党的建设和廉政建设情况

(一)党的建设情况

2016年,辽宁省国资委监管企业围绕省委省政府深化国资国企改革的决策部署,深入学习贯彻党的十八届五中、六中全会和习近平总书记在全国国企党的建设工作会议上的重要讲话精神,适应国企党建工作新形势新要求,充分发挥企业党组织的领导核心和政治核心作用,引领广大党员职工为深化企业改革、推动企业发展提供政治保证和组织保证。

扎实开展"两学一做"学习教育,发挥党员先锋模范作用。一是领导干部和上级单位以上率下。辽宁省国资委班子成员全年到联系点检查指导学习教育和企业改革发展40余次,走访支部20多个;召开推进会、督导会10余次,学习教育整体联动效应明显。二是选树宣传典型向先进看齐。举办2期1900多名企业党员参加的毛丰美同志先进事迹学习报告会;召开纪念建党95周年表彰大会,树立200名"一先两优"典型。三是将学习教育融入中心工作。开展"立足岗位当先锋、推动振兴作贡献"和"在职党员进社区"义务服务日等活动,设立共产党员先锋岗6512个、责任区7225个、突击队1168个、工程项目2169个,参与党员

36565人;27975名党员义务服务日当天走进社区志愿服务,帮助解决问题5759件,认领"微心愿"1042个,慰问困难群众1333人次,彰显国企社会责任和党员风采。

学习贯彻中央和习近平总书记系列重要讲话精神,加强理论武装和宣传思想工作。一是学习贯彻党的十八届六中全会精神,举办宣讲报告会,开展进企业宣讲。二是落实企业党委中心组学习制度,连续两年实行中心组学习情况季度通报。三是强化企业领导班子建设,组织实施省属企业年度考核、主要负责人参加中组部东北地区高级经营管理人员培训班,举办3户新组建企业150名管理人员企业管理实务培训班。四是推动全国国企党建会议精神落实落地,参与起草《全省国有企业坚持党的领导加强党的建设的若干意见(试行)》,下发《贯彻落实全国国企党建工作会议精神重点任务通知》,配合筹备全省国企党建工作会议。五是加强国资国企改革成就宣传,在中央和省级媒体报道九项重点工作,努力营造良好外部环境。

推动基层党建重点任务和巡视整改情况落实,把全面从严治党向基层延伸。一是强化党建重点任务和巡视整改落实过程监督,采取周联络、月报告、季分析和提醒、约谈、函询和通报等制度,开展工作提醒53次、通报2次、函询5次、约谈1次。二是积极落实基层党建重点任务。党费收缴专项检查有序开展,63户省国资委党委管理的省(中)直企业党员补缴党费7821万元;党员组织关系集中排查初见成效,查找到失联党员394名,除对29人组织处置外全部纳入管理;党代表、党员违纪违法排查清理和省第12次党代会国企代表推选工作顺利完成;创建企业党支部规范化建设示范点269个,投入经费236万元;创建"共产党员之家"党员综合服务阵地401个,投入经费531万元,企业配套345万元,党建基础进一步夯实。

强化基本组织、基本队伍和基本制度建设,努力提高党组织凝聚力和战斗力。一是落实"四同步""四对接"要求。指导新组建7户省属企业集团及时成立党组织,理顺隶属关系,将党建要求写入公司章程,努力实现组织和工作全覆盖;配合辽宁省委组织部完成华晨集团、交投集团、水资源集团、环保集团等企业董事会聘任经理人员工作。二是坚持党员队伍日常管理教育发展并举。举办7期发展对象培训班,一线党员比例逐年提升;开展党建培训344次、22227人次;加强党支部书记队伍建设,实现全员轮训。三是开展经常性调研督查。配合中组部和国务院国资委进行全省国企党建调研;与辽宁省委组织部共同开展企业党建重点任务完成情况、落实全国国企党建会议精神情况专项督查;开展企业党费账户开立情况、企业境外单位党建工作情况调研等。四是加强企业党内规章制度建设。省国资委和省属企业出台规章制度性文件148件;连续3年组织企业党组织书记年度述职评议,2016年底开展省属企业党委书记、纪委书记同台述职;指导未单独设立党费账户企业规范设立党费账户,建立"党员活动日"制度,多方面推动重点工作落地。

(二)廉政建设情况

2016年,辽宁省国资委和省(中)直企业各级党组织深入学习习近平总书记系列重要讲话精神,按照省纪委十一届六次全会和省政府廉政工作会议的决策部署,切实履行主体责任,落实从严治党要求;各级纪检监察机构忠诚履行党章赋予的职责,积极践行"四种形态",强化监督执纪问责,党风廉政建设和反腐败工作取得新的成效,反腐败斗争压倒性态势已经形成,党内政治生活呈现出新的气象。

坚持全面从严治党,积极推动管党治党责任落实。一是切实把思想和行动统一到中央精神上来。2016年,习近平总书记多次对国有企业落实全面从严治党责任、抓好巡视整改工作等作出重要指示,特别是全国国企党建工作会议上提出的六个问题,省委常委、常务副省长兼省国资委党委书记谭作钧多次作出批示,并组织召开党委会具体研究落实。省委、省政府等领导对国企加强党建和党风廉政建设、落实全面从严治党责任也提出明确要求。辽宁省国资委及时召开党委会、企业负责人会议学习贯彻,部署工作;召开省(中)直企业党风廉政建设和反腐败工作会议,分解任务、督促落实;召开省属企业纪委书记研讨会,学习贯彻王岐山同志关于把纪律挺在前面、"四种形态"等讲话精神,督促抓好监督执纪问责工作。二是把严明政治纪律和政治规矩摆在首位。辽宁国资委和省(中)直企业党组织始终牢记对党绝对忠诚是最重要的政治纪律、管党治党责任是最根本的政治责任，将政治纪律和政治规矩、组织纪律执行情况作为巡视和执纪审查的重点，并结合“两学一做”学习教育，通过多种形式，学习宣传贯彻廉洁自律准则和党纪处分条例及党内监督条例，营造尊崇党章、严守纪律的氛围。坚决纠正“企业特殊”的错误认识，集中解决党的领导、党的建设弱化、淡化、虚化、边缘化问题。三是逐级传导压力，增强责任意识。通过约谈企业党委书记、纪委书记，开展“两个责任”落实情况专项督查、组织省属企业党委书记、纪委书记专题述职等措施，逐级传导压力，层层压实责任，促进党风廉政建设责任制的落实。为了认真贯彻十八届六中全会全面从严治党的要求，2016 年 11 月，举办省(中)企业及各市国资委落实全面从严治党责任培训班，有力推动国资国企系统管党治党责任要求的贯彻落实。

积极践行“四种形态”，作风和纪律建设扎实推进。一是转变执纪理念，抓早抓小、动辄则咎。聚焦“六项纪律”，坚持纪在法前、纪严于法，用纪律管住全体党员。认真执行省纪委出台的《关于诫勉谈话的具体办理办法(试行)》《关于对省管干部进行谈话函询的暂行办法》，着力提高谈话函询的严肃性、规范性和有效性。二是严抓中央八项规定精神落实。坚决执行辽宁省委出台的《关于贯彻执行中央八项规定精神的实施细则》，细化措施、明确要求。辽宁省国资委和各企业纪检监察机构坚持经常抓、抓经常，从整治“节日腐败”入手，综合运用好抓重要节点、抓具体问题、抓执纪监督、抓通报曝光等有效手段，聚焦“关键少数”，紧盯隐形变异“四风”问题，持续加压发力，对公款吃喝，公款送礼，公款旅游，借婚丧喜庆敛财，违规配备使用公务用车，违规收送礼品、礼金、购物卡、土特产，违规发放各类津补贴和违规出入私人会所等顶风违纪问题，发现一起、查处一起。在“五一”、端午、中秋、国庆、元旦、春节前夕，专门下发通知严明纪律，特别是国庆节前夕，对省属企业查处的 10 起违反中央八项规定精神典型问题进行通报；元旦前夕，对省属企业查处的 7 起违反中央八项规定精神典型问题进行通报，持续释放越往后执纪越严、处理越重的强烈信号，在国资国企系统起到警示教育和震慑的作用。在《中国纪检监察报》上，省纪委充分肯定辽宁省国资委的做法并予以表扬。

持续加大惩治腐败力度，强化“不敢腐”的氛围。一是持续保持惩治腐败高压态势。2016 年，面对严峻复杂的反腐败工作形势，省国资委和各企业纪委坚定不移惩治腐败，集中力量进行纪律审查，重点审查党的十八大后不收敛、不收手，问题线索反映集中、群众反映强烈，现在重要岗位且可能还要提拔使用的领导干部，反腐败工作取得明显成效，不敢腐的震慑作用不断强化。通过案件查处，充分发挥震慑和警示作用，维护党纪国法的严肃性。二是加强和完善问题线索管理。认真贯彻执行《中国共产党纪律检查机关监督执纪工作规则(试行)》，对上级交办、巡视移交、信访举报和执纪审查中发现的问题线索，建立管理台账，实行动态管理，及时进行排查处置。尤其是上级领导批办的重要问题都进行直办快办，使问题迅速查清并得到及时处理。同时，落实查办腐败案件以上级纪委领导为主的要求，要求企业定期上报问题线索情况及调查处理情况，对瞒报、漏报和不按规定及时报告的，予以通报批评。驻省国资委纪检组建立综合室、纪检监察室等部门，综合室负责文字综合、信访、案管、审理等工作，纪检监察室负责问题线索查处工作。通过建立这种分工协作配合的工作机制，加强对企业上报情况的综合分析和监督指导，及时把握“树木”和“森林”状况，运用“四种形态”对问题线索进行及时处理，减少存量、遏制增量取得积极进展。

推进巡视整改工作落实，促进巡视利剑作用有效发挥。一是督促有关企业落实巡视整改任务。按照谭作钧要求，重点对省委巡视过的机场集团、中天证券、沈煤集团和对中央巡视组反馈的东北煤田地质局违规经营等问题进行督促整改。并制定中央巡视组巡视“回头看”反馈意见中提出的有关纪检监察方面问题和需要纪检监察机关配合的整改任务分解和责任分工等四套方案计划。同时，强化责任落实，认真整改各类问题，对存在的立行立改，不存在的搞好预防，并坚持长期治理和防范。二是抓好对辽宁省国资委党委管理企业巡察工作试点。2015 年 10 月，辽宁省国资委专门成立巡察组，对辽宁利盟公司开展巡察试点。通过对辽宁利盟公司的巡察试点，为下一步全面开展省国资委监管企业巡察工作奠定基础。三是充分运用巡视成果，加强党建、深化改革。针对巡视巡察中发现的问题，把加强党的领导和完善公司治理统一起来，认真落实《关于在深化国有企业改革中坚持党的领导加强党的建设的若干意见》，逐步落实党委书记和董事长"一肩挑"并配备专职副书记的有关要求，开展党委书记抓基层党建和党风廉政建设工作、纪委书记抓监督执纪问责工作述职评议，纠正以党政联席会、总经理办公会等代替党委会的问题。贯彻落实《关于深化国有企业改革的指导意见》，调整精简优化国资监管职责，改进外派监事会工作，加强国有资产交易流转监管，防止国有资产流失。

加强廉政宣传教育，正风反腐思想舆论氛围更加深厚。一是注重思想引领，强化党性教育，坚定理想信念。通过个人自学、集中宣讲、专题辅导、研讨交流、完善制度等措施，及时学习掌握党内新法规的精神实质，并印制《学思践悟》读本，发给省属企业和省国资委机关干部学习研读，营造尊崇党章、严守纪律的氛围。强化廉政文化建设，筑牢思想防线。通过创新廉政文化载体、举办党内法规知识竞赛、开展微型党课等灵活多样形式，进一步增强廉洁自律意识、丰富党风廉政教育内涵。二是强化案例警示教育，做到警钟长鸣。在预防、教育上狠下工夫，建立约谈制度，对苗头性倾向性问题及时谈话提醒、警示诫勉，防止小错酿成大错，真正做到抓早抓小抓严，让党员干部时刻牢记纪律这条红线，自觉做到敬畏纪律，遵守纪律。2016 年，结合"两学一做"学习教育，组织开展《准则》和《条例》的学习，组织传达学习《关于部分党员领导干部在谈话函询中不如实向组织说明情况典型案件及其教训的通报》。并适时组织召开省(中)直企业学习贯彻全省警示教育大会精神，营造良好廉洁从业环境会议，深刻反思辽宁拉票贿选案的沉痛教训，杜绝此类问题在国资国企系统再次发生。

深化"三转"，建设过硬队伍。一是完善机构设置，加强纪检监察组织建设。2016 年初，印发《关于进一步加强和改进省属企业纪检监察工作的通知》，明确企业纪检监察机构设置、人员配备，以及辽宁省国资委党委管理企业纪委书记、副书记提名考察办法，为加强组织建设奠定基础。明确企业纪委书记不得分管所在单位纪检监察以外的其他业务工作，不得兼任与纪检监察工作无关的其他职务。二是加强业务培训，提高纪检监察队伍素质。2016 年，以落实全面从严治党责任为专题举办省(中)直企业党委书记、纪委书记和纪检监察干部参加的两期培训班，参训人员教学相长。同时，组织纪检组人员和企业纪检监察干部积极参加中纪委、省纪委组织的各类培训，进一步提升纪检监察干部综合素质和业务能力，使其不断适应党风廉政建设和反腐败工作的新形势新任务新要求。三是加强纪检监察干部的日常监管。按照全面从严治党要求，不断深化对职责定位的认识，强化监督执纪问责。结合"两学一做"学习教育，深入学习习近平总书记在全国国有企业党的建设工作会议上的讲话精神，增强纪检监察干部党的观念、担当意识，切实担负起国有企业党建和党风廉政建设及反腐败工作责任。认真贯彻中央纪委、省纪委打铁还需自身硬的要求，不断强化各企业纪检监察系统内部管理和监督。

(撰稿人：曹　妍)

大连市

一、大连市国有资产监督管理工作综述

2016 年是"十三五"规划开局之年，是党中央、国务院支持东北全面振兴发展重要之年，是深化国资国企改革攻坚之年，也是国内外经济形势极为严峻和复杂的一年。面对困难和机遇，大连市国资系统全体人员戮力同心，迎难而上，以改革为引导，以创新为动力，以市场为导向，按照供给侧结构性改革的要求，全面深化国资国企改革，各项工作稳步推进，经济运行稳中向好，为"十三五"国企经济快速发展奠定良好的基础。截至 2016 年底，出资企业资产总额 2903 亿元，同比增长 9.4%，净资产 1410 亿元，同比增长 9.3%。2016 年，出资企业积极应对经济运行的困难和压力，

总体保持平稳发展态势。2016年，出资企业营业收入保持增长，累计实现营业收入596亿元，同比增长1.4%；效益指标实现大幅增长，扣除5户政策性亏损的公用类企业，累计实现利润总额19.2亿元，同比增长62.4%；实际上缴税金32.9亿元，与上年同期持平。

（一）市直党政机关所属企业脱钩改制工作基本完成

按照"一企一策"原则，积极协助行业主管部门确定脱钩改制工作方案，协调财政、人社、税务、工商等职能部门，建立脱钩绿色通道，加快办理各项手续。市直党政机关所属122户企业脱钩改制工作基本完成。大连市脱钩改制工作位列省政府绩效考核第一名。

（二）市属国有企业历史遗留问题基本解决

通过创新国有资本收益金使用方式，采取政府出一部分，企业筹一部分的办法，筹资8000余万元，历经两年努力，基本完成系统内企业离退休人员的社会化管理移交工作；完成25户国有企业自办46户中小学校分离工作；剥离企业办社会和市属国有企业"三供一业"分离移交除特殊情况外基本完成。大连市国企历史遗留问题基本解决，其做法得到国务院国资委的认可。

（三）国资监管制度体系逐步完善

大连市国资委认真落实党中央、国务院决策部署，全面抓好顶层设计，"1+N"文件体系基本制定完成。先后出台《中共大连市委大连市人民政府关于全面深化国资国企改革的若干意见》，以及《大连市人民政府关于改革和完善国有资产管理体制的实施意见》等在投资监管、重大事项管理、重大事项合法性审查、平台公司管理、企业内部审计管理八方面11个配套政策措施，为国资国企改革提供制度保障。

（四）"三位一体"监管机制基本形成

建立监事会日常监督、纪检监察监督和财务风险监督相协同的"三位一体"监督机制，严防国有资产流失。通过监事会对"三重一大"的前置审查制度，纪检书记、总会计师直接委派制度等，实现市国资委对企业重大事项的直审，企业监管与上级组织的直通。全年审计发现问题40项，整改完成29项，正在整改11项。

（五）国资监管信息化系统搭建完成

大连市国资委历时两年时间完成国资监管信息网络建设，通过构建"一个中心，两个平台，三个体系，五个层次"，实现大连市国资委与出资企业财务系统互通互联、数据自动采集分析，使大连市国资委以更加直观有效的方式对出资企业财务、风险、投资、资金等各项业务进行实时管控，提高监管效率和效果。大连市国资监管信息化系统是对国资监管手段的一次突破，标志着大连市国资委风险管控信息化水平迈入全国国资系统前列。

（六）企业改革重组整合有力推进

按照"整合资源、转变机制、激发活力、提质增效"的原则，先后组建水务、地铁、城建三大集团。按照"一企一策"的原则，重点推进热电集团与金重集团的资产重组工作；完成装备制造类企业股权集中整合；大连港集团将信息化板块全部整合到大连港口岸物流网公司，瓦轴集团将下属公司车加工设备及相关人力资源整合成立轴承配件制造分公司，从而增强企业盈利能力和市场竞争力。

（七）改组组建国有资本投资运营公司

按照国务院63号文件要求，大连市国资委以大建投集团、装备投集团、三寰控股集团为基础，分别改组组建国有资本投资运营公司试点，理顺国有资本投资运营公司的功能定位和内部管理体制，改善国有资本的分布结构和质量效益，推动国资监管由管资产向管资本转变，以此实践和完善国资监管部门—投资运营公司—实体企业的三层架构国资监管体制。

（八）企业转型升级步伐加快

战略新兴产业蓬勃发展，重工·起重集团的海洋工程和核电设施、瓦轴集团的高铁轴承和高端精密轴承项目、冰山集团的ORC余热发电机组、热电集团的储能电站、大橡塑的"锂电池隔膜生产线"等具有国内外先进水平的产品，进一步开拓国内外市场。2016年，新兴产品贡献率达到33%，比例逐年提高。大连港集团以"一带一路"战略为引领，成功开通"中韩俄国际物流大通道”,助力企业快速发展;重工·起重集团研制的国内首台三代核电技术“华龙一号”机型核环吊远销巴基斯坦;瓦轴集团历时三年自主研发出航母阻拦索高速大载荷轴承,实现航母轴承“中国造”;热电集团储能电站项目的建设,积极推动大连市储能产业的发展,改变储能产业格局;盐化集团利用资源优势开发海盐世界主题公园,发展旅游产业和健康产业,为资源类企业转型发展探索新途径;机场集团完成旅客吞吐量1525万人次,同比增长7.8%,继续保持增长态势;公交集团运送乘客8.7亿人次,地铁运营公司运送乘客1.3亿人次,供水公司完成原水供应5.38亿吨,自来水集团日均供水量达到111万立方米,燃气集团全年供气量2.84亿立方米,全力保障市民生活、出行,有力支撑起城市功能。

(九)科技创新活力有效释放

通过软硬件平台建设,优化创新发展环境,激发企业创新活力。2016年,12户重点企业科技研发投入12.8亿元,占营业收入的2.84%。2016年,出资企业获得省部级奖励项目5个,市级奖励项目13个;专利申请量797项,其中发明专利授权量107项;引进高端科技人才22人,培养骨干科技人才150人,10人入选辽宁省“百千万人才工程”。组建大连国资创新园,通过建立国资国企科技研发聚集地,打造“技术研发、聚集人才、成果转化”三大枢纽;建立企业与“一所四校”的科技研发联盟,提高企业科技研发和成果转化能力;建立新技术、新成果交易中心,引进国内外的创新技术项目,实现“产学研用”一体化。出资企业有国家级技术中心5个,国家工程技术研究中心2个,院士工作站1个,博士后工作站8个。广大职工大力弘扬工匠精神,在各自的工作岗位上钻研技术,提高技能,勇于创新,发挥一线工人在创新中的主体作用。其中,9家生产制造企业一线职工获得省部级奖励项目1个,市级奖励项目1个,发明专利48项,提出合理化建议8122条,采纳4359条。全系统2人荣获全国五一劳动奖章,2人荣获辽宁省五一劳动奖章,6人获得大连市五一劳动奖章。

(十)降本增效成效显著

出资企业按照“三去一降一补”任务要求,眼睛向内狠抓压减,通过加强成本管理、内部机构改革等一系列措施,切实降低生产运营成本。2016年,全系统企业百元收入负担的成本费用同比下降0.2元,平均资产负债率同比降低1.49个百分点,利息支出同比降低11.7个百分点,管理费用同比降低0.6个百分点。全系统转让股权、处置无效、闲置资产4.16亿元,正在转让处置股权及资产23.6亿元。大化集团财务费用同比降低1.69亿元;瓦轴集团通过社会化招标采购,原材料采购成本降低9%;热电集团管理部门由22个压缩到12个;大连港集团、重工·起重集团、大建投集团、机场集团、热电集团、等企业进行车改,处置车辆106台,每年节减成本300余万元。

二、大连市国有资产总量与结构分析

截至2016年底,大连市地方国有控股企业(含企业化管理事业单位,不含金融企业)706户(含三级企业),其中一级子企业219户。国有资产总量2212亿元,市属1239亿元,占56%;县区973亿元,占43.9%。2016年,实现利润18.2亿元,上缴税金44.8亿元。其中,大连市国资委出资企业,国有资产总量1026亿元,实现利润19.2亿元,上缴税金32.9亿元。

表1　2016年大连市所属国有企业指标

项　目	金　额(亿元)
资产总额	5973.0
所有者权益	2793.0
营业收入	697.0
利润总额	18.2
净利润	5.2
归属于母公司所有者的净利润	−3.9
应交税金总额	47.1
实际上缴税金总额	44.8

表2　2016年大连市国有企业户数情况

项　目	2015年	2016年	比上年增长(%)
户数(户)	662	706	6.6

表 3　2016 年大连市国有资产地区分布情况

地　　区	国有资产（亿元）	占国有资产总量比重（%）
合　计	2212.0	100.0
市　属	1239.0	56.0
监　管	1025.0	46.3
非监管	204.0	9.2
大连市县区国有企业汇总	973.0	44.0
金州新区	209.0	9.4
长兴岛临港工业区	241.0	10.9
旅顺口区	279.0	12.6
普兰店市	136.0	6.1
高新技术产业园区	92.0	4.2
长海县	9.0	0.4
瓦房店市	3.5	0.2
庄河市	3.5	0.2
保税区	0.4	0.01

表 4　　2016 年大连市国有资产行业分布情况

行　　业	国有资产（亿元）	占国有资产总量比重（%）
投　　资	1557	70.4
交　　通	316	14.3
工　　业	84	3.9
公　　用	122	5.4
其　　他	131	5.9
文　　化	2	0.1

表 5　2016 年大连市国有资产经营规模分布情况

经营规模	国有资产（亿元）	占国有资产总量比重（%）
大型企业	1146	51.8
中型企业	347	15.7
小型企业	643	29.1
微型企业	76	3.4

三、大连市国资委监管企业资本运作与融资情况

2016 年，大连市国资委充分发挥投融资平台公司职能作用，积极开展资本运作，引导企业通过产融结合提质升级。5 家平台公司通过发行短融、中票、公司债等实现直接融资 132 亿元，累计盘活股权和土地存量等 20 亿元。大建投集团利用 PPP 模式为 202 轨道延伸工程和快轨 3 号线融资 83 亿元，进一步增强政府再投资和公共产品供给能力。

四、大连市国资委监管企业完善法人治理结构情况

完善国有企业法人治理结构。开展市场化选聘职业经理人试点工作，面向社会公开招聘企业高管、外部董事。加强外部董事管理，对国有股权代表董事进行调整。完善外部董事库建设，提高外部董事选聘水平，发挥外脑作用。进一步理顺董事会、党委会、监事会、经理层的职责和决策程序，建立协调运转、有效制衡的工作机制。加强监事会建设，完成对 37 户企业派出监事会、监事人员调整工作。完成领导干部兼职清理工作，规范调整兼职超过 3 个的企业干部 17 人。

五、大连市国资委监管企业负责人考核与选人用人机制改革情况

认真贯彻落实中央、省、市有关干部选拔任用工作的规章制度，准确把握相关要求。坚持把政治立场坚定、责任心强，想干事、能干事，德才兼备的干部选好用好，通过加强企业领导人干部队伍素质建设，助推国有企业改革发展各项工作。调整充实 16 户企业领导班子，调整干部 39 人次。与市委组织部制定《大连市市属企业负责人综合考核评价办法（试行）》，科学设计考核权重，充分发挥考核的激励约束作用。完成市国资委管理企业的领导班子、班子成员年度民主测评工作。

抓好企业高管培训工作。与中国大连高级经理学院合作，举办 3 期企业高管研讨班，培训企业高管 400 余人次。参训人员 350 余人次。聘请国内顶级专

家学者，从深化国有企业改革、推动企业转型升级、产融结合和现代企业管理等方面进行培训，对于企业高管解放思想、提高开拓创新能力和提升领导力起到积极推动作用。

六、大连市国资委监管企业党的建设和廉政建设情况

国有企业党建工作持续强化。认真组织开展“两学一做”学习教育，健全党的基层组织，加强党员教育管理，增强党组织的凝聚力，发挥党员先锋模范作用。“七一”表彰基层党组织50个，优秀党务工作者40人，优秀共产党员100人。瓦轴集团党委被评为全国先进基层党组织。

加强党风廉政建设。坚持不懈抓好党风廉政建设和反腐败工作，严格落实党委主体责任和纪委监督责任，严格监督执纪问责。对企业党政一把手进行党风约谈36人次，企业主要领导人免职降职2名，立案查处违纪案件67件，结案62件，处分62人。

机关工作作风更加务实。按照以管资本为主加强国资监管的要求，大连市国资委研究制定《大连市国资委履职清单(试行)》，对“审批、审核(核准)、备案”等18项内容进行规范，明确监管边界。强化服务企业意识，先后走访国内外知名企业20余家次，推进企业洽谈项目30余个。积极协调处理大化集团、染化集团、金重集团、大橡塑等企业土地纠纷、债务纠纷等事项，努力挽回企业经济损失。按照市政府“马上就办”的要求，努力打造大连市国资委“优等环境、优良作风、优质服务”和“高效快捷”的“三优一高”机关。

(撰稿人：张　智)

吉林省

一、吉林省国有资产监督管理工作综述

2016年，面对错综复杂的宏观形势和外部环境，面对深化国资国企改革和供给侧结构性改革的艰巨任务，面对企业经济运行持续低位徘徊的严峻态势，吉林省国资委和监管企业认真贯彻落实省委、省政府和国务院国资委的决策部署，戮力改革，合力攻坚，负重前行，各项工作取得积极进展和明显成效。

(一)企业经济运行企稳向好

吉林省国资委始终把稳增长摆在重要位置，切实加强企业经济运行组织，分解落实目标责任，强化运行调度分析，引导和推动企业千方百计提质增效，各项运行指标全部实现正增长，实现“十三五”良好开局。2016年，监管企业资产总额达到7761.1亿元，比上年增加5949.4亿元；所有者权益总额1592.4亿元，比上年增加1125.6亿元；全年实现营业收入543.4亿元，比上年增加229.1亿元；实现利润总额15.9亿元，比上年增加47.5亿元；上缴税费41.9亿元，比上年增加17.7亿元。监管企业运行扭转收入、效益双下降的趋势，实现效益恢复性增长目标，向好因素在不断积累，整体经营形势企稳向好。

(二)国企改革取得标志性成果

1. 改革顶层设计基本完成。紧跟中央“1＋N”改革文件出台进程，在前期制定下发《吉林省深化国有企业改革的意见》及4个配套文件的基础上，吉林省国资委会同有关部门出台吉林省省属国有企业改革攻坚方案、省属国有企业和省直事业单位脱钩方案及完善国资管理体制、企业功能界定与分类等8个改革文件，形成“1＋12”的改革政策体系支撑。

2. 集中统一监管实现重大突破。省属企业脱钩取得良好进展，6户省直属企业和188户中的163户省直部门、事业单位所属企业完成划归吉林省国资委履行出资人职责，涉及脱钩资产5128亿元。组建吉林省直事业单位资产管理中心，分两批与78个事业单位完成对接，涉及脱钩资产83.3亿元，陆续履行报批划转程序。

3. 首批投资运营公司组建运行。完成吉林省农业投资集团、旅游控股集团、吉盛资产公司和国有资本运营公司的改组组建，4户投资运营公司全部注册完毕，融资能力基本形成，国有资本集聚放大效应开始显现。以改组组建投资运营公司为契机，加快脱钩

企业和资产分类整合，推进吉林省属国有资本布局进一步优化。

4. 混合所有制改革积极推进。吉林酒精工业集团引进社会资本完成对梅河阜康70%股权的收购，产业整合的协同效应已经显现，市场话语权进一步提升。引入湖北长投等战略投资者发起粮食产业基金，对吉粮集团相关资产进行重组整合。吉煤集团下属的正方农牧公司在新三板挂牌。

5. 企业综合改革启动实施。吉林森工集团、吉煤集团、昊融集团制定综合改革方案，积极推进内部资源板块的重组整合，合并业务关联公司，清理处置非主业资产和散小股权，进一步优化企业管理流程，推进三项制度改革，企业运营和管理效率得到提升。其他监管企业综合改革正陆续跟进。

6. 解决企业历史遗留问题取得新进展。吉林省国有企业职工家属区"三供一业"分离移交工作全面启动，制定下发实施方案、改造技术要求和费用测算标准，协调推动48户驻省央企、地方国企与属地政府进行对接，大部分已签订移交框架协议。稳妥推进厂办大集体改革，开展集体企业退休人员参加职工医保情况和老工伤人员情况调查统计。妥善化解部分企业的改制遗留问题。

(三)供给侧结构性改革取得显著成效

坚持供给侧发力，着力推进"三去一降一补"，形成五个专项行动方案。

1. 去产能取得突破性进展。吉林省煤业集团关闭14口矿井，去产能1036万吨，分流安置职工10050人。通化钢铁集团压减炼钢产能60万吨，分流安置职工5751人。吉林森工集团关闭2户木材加工企业和2条生产线，减少人造板产能19万立方米，将8600名因停伐导致的富余人员分流安置到森林管护、培育等岗位。吉林省煤业集团、吉林森工集团、吉林粮食资产公司通过兼并重组、破产清算等方式出清4户"僵尸企业"。

2. 去库存接近预期目标。吉林省国资系统内16户房地产企业，通过各种方式累计去库存143.3万平方米。吉林森工集团去人造板库存22.3万立方米，去地板库存18.6万平方米。

3. 去杠杆基金设立进展顺利。吉林省吉盛资产公司筹划发行100亿元"国企改革基金"，已协调相关金融机构达成出资意向，将通过向企业增资和债务置换等方式推动目标企业去杠杆。

4. 提质增效取得积极进展。各企业将降成本工作覆盖到生产经营的各个环节和领域，重点监测的5户生产加工类企业总成本费用较上年都有一定程度的下降。面对市场的倒逼压力和重大机遇，一些企业加大补短板力度，强化内部机制创新，拓展新兴业务领域。吉林银行成立金融市场总部，统筹金融市场、投资银行、资产管理等业务的发展，加快金融产品和服务创新。吉林信托启动内部薪酬管理机制市场化改革，激发调动业务团队活力，努力引进和留住高端人才。吉林金控集团加快推进金融业务板块建设，探索开展农村金融综合服务业务。吉林省投资集团加大对医药、新能源等新兴产业的投资，筹划设立医药并购基金，入股风电、光伏、天然气和秸秆物流收储等项目。吉林水投集团通过多种方式的PPP模式，参与各地水务项目建设，进入净水、污水领域，进一步延伸产业链条。

(四)国有资产监督管理不断强化

1. 监管权责进一步明晰。吉林省国资委认真梳理各项事权，厘清出资人与出资企业的权责边界，制定下发监管事项权力清单和责任清单，清单中只保留战略规划、产权管理、企业负责人业绩考核、薪酬激励等28项依法应由出资人监管的事项，清单以外的事项全部下放企业自主决策。

2. 监管基础进一步夯实。组织开展全省国有企业数据调查摸底，为深化改革提供重要数据支撑。结合经营性资产集中统一监管，切实加强国有资产统计、产权登记、资产评估等基础管理工作，从顶层设计层面对省属国有资本布局结构优化和未来发展进行系统谋划。修订完善企业投资管理、负责人业绩考核、薪酬管理等监管制度。

3. 监督力度进一步加大。强化财务监督、审计监督、监事会监督以及巡视巡察监督的成果运用，加强企业各类重大风险管控。根据审计监督需要，制定加强企业内部审计工作的指导意见和企业领导人员经济责任审计办法，组织开展国有资本预算资金执行情况、企业负责人薪酬和履职待遇业务支出情况的专项检查审计。切实发挥监事会监督作用,各企业监事会上报各类监督检查报告30份,及时督促企业对所发现的104个问题进行整改。

(五)企业党建和党风廉政建设进一步加强

1. 深入开展"两学一做"学习教育。组织系统党员干部认真学习党的十八届六中全会和习近平总书记在全国国企改革座谈会、国企党建工作会上的重要批示和重要讲话精神,组织各企业党委班子成员带头讲党课,积极开展"为国资监管、国企改革献计献策"活动,充分调动企业广大党员投身改革发展的积极性和主动性。

2. 全面落实党建主体责任。与深化国企改革同步,积极理顺企业党的组织关系,指导企业加强党的建设。推动企业党委严格落实抓党建的主体责任和书记的第一责任人责任,认真抓好基层党建述职评议工作。

3. 切实加强企业领导班子建设。根据企业改革发展需要,调整任免企业领导人员19人次。加强日常管理监督,制定出台出资企业领导人员提醒、函询和诫勉谈话实施细则,对6名企业领导人员进行谈话提醒。以提升素质能力为重点,举办3期业务专题培训班,全年培训企业领导人员和后备干部1050人次。

4. 不断强化企业基层党组织建设。连续五年举办二级以上企业党务工作者培训班,2016年培训220人,实现培训全覆盖。指导139户各级企业党组织完成换届,开展"失联"党员排查和党费专项清缴工作,持续推动标准化党支部建设,组织开展的"两创一提升"活动得到省委充分肯定,系统企业有5名共产党员、5名党务工作者和6个基层党组织受到省委表彰。

5. 深入推进党风廉政建设。制定吉林省国资委党委20项主体责任和纪委12项监督责任清单,并推动企业严格落实"两个责任"。高度重视省委对森工集团、吉粮集团巡视"回头看"工作,严格要求企业抓好问题整改。吉林省国资委对森工集团、交投集团开展两轮专项巡察。坚持把纪律和规矩挺在前面,通过多种方式强化企业领导人员的底线思维和红线意识。持续纠治"四风",严肃查处违规决策、设立小金库、以权谋私、违规招投标、侵吞盗卖国有资产等违纪违法行为。

(六)存在的问题和不足

1. 企业运行质量和效益分化严重,结构性矛盾还比较突出。实体企业普遍经营困难,一部分企业同时受到去产能和天然林停伐等政策性因素影响,转型发展压力空前迫切。投融资平台类企业存在扩张过快、偏离主业、融资能力下降、融资成本上升、投融资功能发挥不到位的问题。金融、类金融企业也存在业务单一、创新不足、资产质量下降、风险积聚上升等问题。

2. 企业改革的进展还不均衡,仍有很多难点问题亟待破解。一些企业深化改革与重组整合、脱困转型、历史遗留问题处理交织在一起,难以集中精力投入改革攻坚,改革的进展与预期还有差距;一些企业改革仍停留在解决一些表象问题,很多深层次矛盾和问题还没有触及,攻坚任务任重而道远。

3. 监管责任落实不到位,一些企业存在重大管控风险。这其中既有国资监管制度不完善,监管不到位的问题,也有企业内部治理失衡、内控机制不健全、企业负责人违规决策经营和故意规避监管等方面的问题,形成一些重大风险隐患和资产损失。

4. 企业党建弱化、淡化、虚化、边缘化问题比较突出。一些企业党组织在治理结构中的法定地位不明确,管党治党主体责任落实不到位,党的建设与企业中心工作不同步。企业领导班子和后备干部队伍建设不能满足企业改革发展需要,人才储备不足和逆淘汰现象并存。个别企业党风廉政建设问题还比较突出,相继发生多起重大违法违纪案件。

二、吉林省国有资产总量与结构分析

截至2016年底,吉林省纳入汇总范围内国有企业资产总额13404.7亿元,负债总额9287.8亿元,所有者权益总额4116.9亿元,其中归属母公司所有者权益总额3770.6亿元。所有者权益总额中:资本公积2715亿元,实收资本589.9亿元(其中国有资本483.9亿元),未分配利润246.9亿元,盈余公积75亿元。截至2016年底,汇总范围内企业国有资产总量3442.1亿元,同比增长41.7%;其中省直企业国有资产总量1389.6亿元,同比增长139.3%;省国资委监管企业国有资产总量1297.3亿元,同比增长162.4%;市地企业国有资产总量2052.5亿元,同比增长11%。

表 1　2016 年吉林省所属国有企业指标

项　目	金　额(亿元)
资产总额	13404.7
所有者权益	4116.9
国有资产总量	3442.1
营业收入	1001.0
利润总额	110.6
净利润	84.8
归属于母公司所有者的净利润	91.8
应交税费总额	88.7
实际上缴税费总额	79.9

截至 2016 年底，吉林省纳入汇总范围的国有企业 1233 户，比 2015 年减少 637 户。

表 2　2016 年吉林省国有企业户数情况

项　目	2015 年	2016 年	比上年增长(%)
户数(户)	1870	1233	—34

与 2015 年相比，省直企业国有资产总量占全省国有企业比重增加 16.5 个百分点，其中，省国资委监管企业占比增加 17.3 个百分点，市地国有企业占比减少 16.5 个百分点。

表 3　2016 年吉林省国有资产地区分布情况

地　区	国有资产(亿元)	占国有资产总量比重(%)
省属企业	1389.6	40.37
地市企业	2052.5	59.63
其中：长春地区	1314.4	38.19
吉林地区	631.5	18.35
延边地区	51.1	1.48
通化地区	22.1	0.64
辽源地区	4.7	0.14
白城地区	0.5	0.02
白山地区	0.6	0.02
四平地区	—5.7	—0.17
松原地区	2.9	0.08
长白山管委会	30.4	0.88
合　计	3442.1	100.00

表 4　2016 年吉林省国有资产行业分布情况

行　业	国有资产(亿元)	占国有资产总量比重(%)
农林牧渔业	9.3	0.27
工业	286.4	8.32
建筑业	1119.9	32.54
地质勘查及水利业	27.2	0.79
交通运输业	259.1	7.53
仓储业	236.6	6.87
邮电通信业	0.5	0.02
批发和零售业	—106.3	—3.09
金融业	264.4	7.68
房地产业	69.9	2.03
信息技术服务业	17.8	0.52
社会服务业	1228.7	35.70
卫生体育福利业	0.3	0.01
教育文化广播业	48.2	1.40
科学研究和技术服务业	—19.9	—0.58
合　计	3442.1	100.00

表 5　2016 年吉林省国有资产经营规模分布情况

经营规模	国有资产(亿元)	占国有资产总量比重(%)
大型企业	—115.0	—3.3
中型企业	1196.8	34.8
小型企业	2099.9	61.0
微型企业	260.4	7.5
合　计	3442.1	100.0

三、吉林省国有资本保值增值综合分析评价

表 6　2016 年吉林省国有企业地区和行业国有资本保值增值情况

地　区	国有资本保值增值率(%)	行　　业	国有资本保值增值率(%)
全省企业	103.3	农林牧渔业	78.0
省属企业	102.2	工业	96.8
地市企业	103.7	建筑业	104.2
其中:长春地区	106.0	地质勘查及水利业	99.7
吉林地区	99.9	交通运输业	95.7
延边地区	106.7	仓储业	100.2
通化地区	99.0	邮电通信业	103.8
辽源地区	87.3	批发和零售业	102.9
白城地区	88.5	金融业	106.9
白山地区	87.8	房地产业	83.4
四平地区	104.0	信息技术服务业	106.8
松原地区	94.0	社会服务业	111.7
长白山管委会	101.8	卫生体育福利业	49.1
		教育文化广播业	99.5
		科学研究和技术服务业	182.3

(一)营业收入保持增长

2016 年,汇总范围内国有企业营业总收入同比增加 123.2 亿元,同比增长 11.6%。其中,省国资委监管企业营业总收入 543.4 亿元,同比增长 22.4%;地市国有企业营业总收入 571.6 亿元,同比增长 4.3%。按行业划分营业总收入同比增幅较高的是金融业同比上升 33.7%,房地产业同比上升 47.4%;营业总收入同比降幅较大的是农林牧渔业同比下降 64.1%。

(二)经营效益基本稳定

2016 年,汇总范围内国有企业实现利润总额 110.6 亿元,比 2015 年 110.2 亿元增加 0.4 亿元,增长 0.4%。综合收益总额同比减少 34 亿元,减少幅度 36.4%,归属母公司所有者的净利润同比减少 11.3 亿元,减少幅度 10.9%。建筑业减利 9.7 亿元,下降 23.3%;房地产业减利 12.7 亿元,下降 726.7%;农林牧渔业减利 8.4 亿元,下降 268.5%;工业亏损 22.4 亿元,同比减亏 23.9 亿元。

(三)国有资产总量持续增长,经营积累持续增加

2016 年,汇总范围内国有资产总量 3442.1 亿元,比年初增加 1012.9 亿元,增长 41.7%。增减因素中:无偿划入 763 亿元,国家、国有单位直接或追加投资 74.6 亿元,经营积累 125.4 亿元,分别占增加额的 67.2%、6.6%和 11%;无偿划出 44.7 亿元,经营减值 44.2 亿元,其他因素减少 22.2 亿元,分别占减少额的 36.4%、36%和 18.1%。客观因素依然是促进国有资产总量持续增长的重要因素。

(四)国有资本保值增值能力有所提高

2016 年,汇总范围内国有企业国有资本 483.9 亿元,占实收资本的 82%,比 2015 年微涨 0.9 个百分点,其中国有法人资本 123.4 亿元,占实收资本的 20.9%。2016 年,吉林省国有资本保值增值率 103.3%,比 2015 年提高 1 个百分点,其中,省直非监管企业国有资本保值增值率 102.7%,下降 6.5 个百分点,省国资委监管企业国有资本保值增值率 102.1%,上升 3.7 个百分点;地市级国有企业国有资本保值增值率 103.7%,下降 0.2 个百分点。

(五)企业经营中存在的问题

1. 成本和收入倒挂局面仍需改善。2016 年,全省汇总范围内国有企业营业总成本为 1300.6 亿元,比上年增加 114.5 亿元,增长 9.7%。营业总成本大于营业总收入 118.5 亿元,占营业总收入的 10%,比 2015 年下降 2 个百分点。营业总成本增长率低于营业总收入增长 2 个百分点。同时,营业利润率为 -7%,比 2015 年下降 3.6 个百分点,营业利润率从 2012 年开始,已经连续五年下降。控制成本、提高收入仍是企业健康发展的根本。

2. 三项费用有增无减,挤占盈利空间。2016 年,全省汇总范围内国有企业三项费用(销售费用、管理费用、财务费用)总额 318.5 亿元,同比增加 37.8 亿元,增长 13.5%,涨幅增长 9.1 个百分点。其中,财务

费用109.7亿元，同比增长33.3%；销售费用40.4亿元，同比增长11.5%；管理费用168.4亿元，同比增长3.9%。

3. 银行借款增加，偿付风险加大。2016年，全省汇总范围内国有企业的银行借款余额2408.1亿元，同比增加355.7亿元，增长17.3%，占负债总额的比例为25.9%。持续增加的银行借款导致利息支出114.2亿元，比上年增加27.5亿元，增长31.7%。

4. 资金占用持续增加，资产运营能力继续下降。2016年，全省汇总范围内国有企业存货及应收款项占用资金2400.9亿元，同比增加169.7亿元，增长7.6%；两者占用的资金总额占流动资产总额的40.9%，是货币资金的1.8倍。其中，其他应收款1416.7亿元，同比增加101.9亿元，增长7.8%；存货767.2亿元，同比增加51.2亿元，增长7.2%。

5. 社会贡献程度总体下降。2016年，全省汇总范围内国有企业实际上缴税费总额79.9亿元，同比减少19.7亿元，下降19.8%；实现社会贡献总额645.1亿元，同比减少44.7亿元，下降6.5%；实现工业总产值465.1亿元，同比增加13.3亿元，增长3%。

四、吉林省国资委监管企业改革发展情况

（一）投资运营公司组建及运营情况

1. 组建工作基本完成。按照吉林省委省政府的部署，组建吉林省吉盛资产管理有限责任公司（以下简称“吉盛资产”）、吉林省农业投资集团有限责任公司（以下简称“吉林农投”）、吉林省旅游控股集团有限责任公司（以下简称“吉旅控股”）、吉林省国有资本运营有限公司（以下简称“运营公司”）四个投资运营公司，于2016年9月完成工商注册、申领营业执照。按照投资运营公司组建方案要求和吉林省政府有关文件精神，分批次将部分省属国有企业资产及省直部门和事业单位脱钩企业有步骤地注入上述四户平台公司，充实资产规模，初步发挥平台公司功能，基本形成融资能力。

2. 四户企业初步运营。吉盛资产完成项下各公司并表审计工作，在支持三户目标企业解决经营难题的同时，积极推动组建国企改革基金，十余家金融机构有意向参与投资该基金。吉林农投接收无偿划转的省属两户涉农二级国有企业，积极运作并购省内种子研发、马铃薯产业等涉农目标企业；研究以白城地区作为试点，着手推进建立吉林省地方农业产业投资联盟，吸引地方政府涉农资产注入农投股份公司；发挥省属国有大型农业投融资平台作用，推动设立农业产业基金和开展融资业务。吉旅控股在省属国企旅游行业相关的资产无偿划入基础上，接收部分脱钩企业资产和股权，大部分拟划入脱钩企业办理产权及工商登记变更。运营公司帮助吉煤集团解决中票兑付危机，同时严格按照深化国企改革要求，遵循涉及党建、领导人员管理、履职行权的相关规定起草公司新章程，为下一步其他三家投资运营公司及类似企业提供借鉴和参考。

（二）集中统一监管工作情况

1. 省属国有企业集中监管工作情况。吉林省国有企业改革领导小组印发《省属国有企业脱钩工作方案》（吉国企改组〔2016〕2号）明确，省属企业与原部门脱钩由省国资委集中统一监管。具体工作分省直属企业脱钩和省直部门及事业单位所属企业脱钩两个阶段进行，涉及一级企业194户，资产总额5127.8亿元，在岗职工24911人。其中，省直属企业6户，省直部门及事业单位27个部门所属企业企业188户。第一阶段：6户省直属企业脱钩工作任务于2016年6月基本完成。第二阶段：结合实际分两种形式开展188户省直部门及事业单位所属企业脱钩工作。产权清晰、发展前景较好的40户企业直接划转省国资委监管；事企不分、历史遗留问题较多的148户企业将国有股（产）权划入吉林省国资委，再由吉林省国资委委托企业原主管部门履行监管职责，待条件成熟后再由省国资委直接监管。截至2016年底，188户企业完成163户产权划转。

2. 省直事业单位国有资产集中统一监管工作情况。吉林省国资委组建成立事业单位国有资产管理中心，作为省直部分事业单位脱钩资产接收工作常设机构，按照吉林省委省政府要求，配合省财政厅协调有关省直部门开展划转工作，负责对划入的国有资

产实施管理。吉林省国资委成立工作领导小组，制定相关方案，协调有关主管部门及事业单位填报《省直部分事业单位资产划转审批表》等相关材料，报吉林省财政厅审批。截至2016年底，通过两批对接，确定24个主管部门可划转资产账面价值83.19亿元。其中，土地108宗，房屋469处，资源性资产9项。

(三)解决历史遗留问题情况

1. 国有企业职工家属区“三供一业”分离移交。吉林省政府印发《省国资委等部门吉林省国有企业职工家属区“三供一业”分离移交工作实施方案》(吉政办发〔2016〕67号)。吉林省国资委会同省财政厅、省住建厅召开全省国有企业“三供一业”分离移交工作会议，由省国企改革领导小组办公室印发分离移交工作的通知，要求各市(州)政府尽快落实责任，抓紧制定相关政策标准，建立工作进展月报制度。同时，要求有分离移交任务的驻吉央企和省属以下各级国有企业制定分离移交方案、明确分离移交范围，尽快与所在地政府签订分离移交框架协议和正式移交协议。在吉林省政府督查室的组织下，省国资委、省财政厅、省住建厅和省电力公司组成督查组，对全省“三供一业”分离移交工作开展督查。截至2016年底，全省48户国有企业列入分离移交范围的901个“三供一业”项目，已签订分离移交协议716个，完成率79%。

2. 厂办大集体改革工作。2016年初，吉林省财政厅发文确定，在国家对厂办大集体改革奖补80%基础上，再补助16%，使国家和省级财政合计补助比例达到96%，其余4%由主办国有企业和同级政府共同筹措。吉林省国资委与省人社厅对接，对全省厂办大集体企业退休人员参加职工医保情况和老工伤人员情况开展调查统计，掌握厂办大集体改革所涉及的医疗保险、工伤保险等政策制定情况，以及养老保险政策完善情况，深入研究厂办大集体退休人员参加职工医保政策和老工伤问题解决办法。2016年12月，召开全省厂办大集体改革工作座谈会，听取各市(州)对厂办大集体改革工作的意见和建议，探讨加快推进办法和措施。

五、吉林省国资委监管企业并购重组与完善法人治理结构情况

(一)监管企业并购重组情况

1. 酒精集团产业整合和兼并重组初见成效。按照省政府重点工作安排和部署，酒精集团深入开展产业整合和兼并重组，以吸收合并的方式完成对吉林博大83.74%股权的整合，以现金收购的方式完成对拥有45万吨产能的省内第二大食用酒精生产企业梅河阜康70%股权的收购，食用酒精产能达到130万吨左右，占目前全国食用酒精产能(400万吨)的33%，基本占据行业主导地位，提高省内酒精产业集中度，企业发展势头向好，实现总体扭亏增盈近6亿元。

2. 吉粮集团引资重组取得重大突破。以湖北粮油和五矿信托为主要重组方，发起设立粮食产业基金，组建重组平台公司，对吉粮集团实施重组。

(二)完善法人治理结构情况

吉林省国资委先后起草《关于健全完善省属国有企业法人治理结构建设指导意见》《关于委派总会计师选任管理办法》等文件；制定下发《关于出资企业专职外部董事管理办法》，建立专职外部董事队伍，选聘3名现职企业领导人员出任5户企业专职外部董事。

六、吉林省国资委监管企业建立和完善经营业绩考核体系情况

(一)深化出资企业负责人薪酬制度改革，规范企业收入分配秩序

吉林省国资委2016年制定《吉林省国资委出资企业负责人薪酬管理暂行办法》，对出资企业负责人实行与选任方式相匹配、与企业功能性质相适应的差异化薪酬分配办法。

1. 对吉林省委和省国资委党委管理的出资企业负责人，严格规范企业负责人薪酬结构和水平，加强薪酬支付管理，进一步规范福利待遇。明确规定，不得在兼职企业(单位)领取工资、奖金、津贴、补贴等任何形式的报酬；不得在国家和省规定之外领取由地方政府或有关部门发放的奖金及实物奖励；不得在企业

领取除国家和省规定以外其他福利性货币收入。

2. 对有序落实董事会薪酬管理职权的企业，由董事会合理确定市场化选聘和管理经营管理者的薪酬水平，加强薪酬管理。落实董事会对高级管理人员的选聘、业绩考核和薪酬管理等职权，推动出资企业进一步完善法人治理结构。

3. 企业中选聘职业经理人的薪酬结构和水平，由董事会按照市场化薪酬分配机制确定。同时，对职业经理人实行契约化管理，加强和完善业绩考核，建立退出机制。

(二)加强和改进业绩考核，落实保值增值责任

吉林省国资委2016年修订《吉林省国资委出资企业负责人业绩考核暂行办法》。

1. 实施分类考核。按照《吉林省国资委出资企业功能界定与分类的实施意见》，根据竞争类、功能类和公益类企业不同功能定位，设定不同的考核体系，充分尊重不同类别企业的不同发展规律，体现出资人不同的引导意图。对于功能定位相同的企业，业绩考核在统一原则、目标、内容的基础上，对具有可比性的指标进行统一设置，体现业绩考核的公平性；同时，针对不同企业个性化特点实施精细化、差别化的考核，提高业绩考核的准确性。

2. 促进出资企业实现“稳增长、增效益”。在考核中，落实以管资本为主加强国有资产监管的要求，加大对资本回报和价值创造指标的考核力度。同时，根据企业报送目标值的先进程度，实行差异化计分，引导企业确定高水平的经营目标，加快发展速度，努力创造更多的资本回报，实现国有资本保值增值。

3. 加大业绩考核对企业科技创新的引导力度。落实习近平总书记在“科技三会”上的讲话精神，在业绩考核办法中着重加大对企业科技创新的引导力度，对创新行为所发生的费用按照一定比例视同业绩利润，对创新结果给予加分奖励，促使企业通过科技创新，加快转型升级步伐，不断增强市场竞争力。

(三)落实八项规定要求，规范企业负责人履职待遇、业务支出

落实吉林省委省政府《关于合理确定并严格规范省属企业负责人履职待遇业务支出的实施意见》要求，吉林省国资委出台《关于贯彻〈关于合理确定并严格规范省属企业负责人履职待遇、业务支出的实施意见〉的通知》，进一步细化公务用车补贴标准和商务、外事招待标准，增强操作性；明确各企业相关制度备案和预算审核的程序；要求企业完善制度、强化管理、明确责任、加强监督。

七、吉林省国资委监管企业负责人考核与选人用人机制改革情况

(一)改革完善企业干部管理体制

进一步规范企业领导人员管理体制，明晰企业领导人员管理权限，改革企业领导人员管理方式，实行企业领导人员分层分类管理，切实解决当前省属企业领导人员管理体制不顺、主体不清、权责不明等问题，吉林省国资委在配合省委组织部起草《关于改革和完善省属企业领导人员管理体制的意见》的基础上，起草《省属企业领导班子和领导人员考核评价办法》《关于省管国有企业范围界定的意见》《关于省属企业功能分类实施方案》等配套文件。

(二)改革完善健全企业领导人员选任机制

1. 研究制定企业领导人员选任办法。根据吉林省委组织部“一个意见、五个办法”，研究制定省国资委《关于出资企业领导人员选拔任用工作操作规则》，使党管干部原则与董事会依法选择经营管理者以及经营管理者依法行使用人权有机结合起来，把企业班子分析研判、动议提名正式列入选拔任用程序，严格规范民主推荐、考察、任职等各环节工作，树立正确的用人导向。2016年，调整企业领导人员19人，其中任职9人，免职10人。

2. 规范企业选人用人工作。开展2014年以来选人用人工作专项检查，对部分企业在选人用人程序、个人事项核查、档案材料审核等方面存在的问题，提出具体整改意见。

八、吉林省国资委监管企业党的建设和廉政建设情况

2016年，吉林省国资委和各企业党委认真贯彻落

实中央和省委的决策部署，紧紧围绕全省振兴发展和国企改革攻坚大局，突出全面从严治党主线，切实加强党建和党风廉政建设，各项工作取得新进展、新成效。

(一)党的建设情况

1. 全面落实党的建设主体责任。吉林省国资委党委全年召开2次定期议党会议、5次专题议党会议，9次深入企业调研，解决党建方面问题17个。对省委巡视国资委反馈的5个方面18个具体问题明确责任，持续推进，按时限整改落实。各企业党委全年普遍召开2次以上定期议党会议，累计召开专题议党会议83次，解决各类问题300余个。认真开展党委书记抓党建述职述责评议，对基层党建工作进行检查考核，层层推动各级党组织党建主体责任和书记第一责任人责任的落实。

2. 扎实开展“两学一做”学习教育。认真贯彻“基础在学、关键在做”的要求，省国资委党委建立“双周”学习制度，召开9次中心组学习会，及时组织学习贯彻十八届六中全会、全国和全省国企党建工作会议精神，努力把学习成果转化为推动国资国企改革发展的思路和举措。开展“为国资监管、国企改革献计献策”活动，征集意见建议575条。各企业党委采取多种方式推动学习教育深入开展，召开党委会专题学习149次，党委书记讲党课75次，理论中心组学习132次，坚持理论联系实际，突出问题导向，边学边改，党员先锋模范作用得到进一步体现。在中组部对吉林省“两学一做”督查调研中，监管企业富奥公司党委得到较高评价。

3. 不断强化系统基层党组织建设。各级党委坚持抓基层，强基础，层层推进基层组织建设，持续开展“两创一提升”活动，基层党建得到进一步加强。吉林省国资委直属机关党委完成换届，成立直属机关纪委。指导161个企业基层党组织完成换届，查找“失联”党员879人，清查补缴党费2512万元，助力扶贫1300余万元。加强党务工作者和党员培训工作，全系统举办党组织书记培训班36次，培训1000多人次。吉林银行党委和森工集团露水河林业局党委在全省国有企业党建工作会上介绍经验。

4. 切实加强企业领导班子建设。注重提高班子引领企业改革发展的能力和水平，培养造就高素质的企业领导人员队伍，严格选任标准，规范选任程序，全年调整任免企业领导人员19人次。加强企业后备人才队伍建设，起草企业后备人才队伍建设相关意见。以提高企业领导人员能力素质为重点，举办3期业务专题培训班，全年培训企业领导人员和后备干部1050人次。加强日常管理监督，制定《出资企业领导人员提醒、函询和诫勉谈话实施细则》，对6名企业领导人员进行谈话提醒。督导企业认真召开民主生活会，开展批评和自我批评，规范党内生活，强化党内监督，不断提升班子建设水平。

5. 务实开展群团统战工作。吉林省国资委党委贯彻依靠员工办企业方针，注重加强民主管理指导，维护员工合法权益。以党建带团建工作，不断加强企业基层团组织建设，出资企业建团率达到100%，实现全覆盖，加强党的后备力量。积极开展统战工作，继续开展“同心献智”活动，并专门召开会议，学习传达贯彻全省统战会议精神，成立吉林省国资委党委系统统战工作领导小组，对系统企业统战工作对象进行详细调查，积极推动系统企业党外知识分子队伍建设。

(二)廉政建设情况

1. 落实党风廉洁建设责任制。吉林省国资委党委从严落实党风廉政建设“两个责任”，组织制定20项主体责任清单和12项监督责任清单，认真落实班子成员“一岗双责”。2016年初，组织召开系统反腐倡廉建设工作会议，层层签订《党风廉政建设责任书》，明确廉政建设的责任分工、责任范围、责任内容、责任考核及责任追究等，增强系统内各级领导抓反腐倡廉建设的责任意识。围绕全面从严治党主体责任和党风廉政建设监督责任，约谈18户监管企业党委书记和纪委书记及4户新组建企业筹备组负责人，强化企业党委、纪委责任担当，落实管党治党责任。

2. 认真做好巡视整改和开展巡察工作。吉林省国资委党委和驻委纪检组根据省委巡视组反馈意见，扎实抓好问题整改工作，对独立承担和牵头的七项整改任务进行细化分解落实，建立问题整改台账，明确牵头领导、责任处室，制定实施各项针对性的整改措施。按照吉林省委部署要求，成立省国资委巡察工作领导小组和工作机构，针对违规发放薪酬和资金担保风险事项开展专项巡察，提出整改意见，责令企业及时整改并追究责任。

3. 深入落实中央八项规定纠正“四风”。从严加强作风建设，坚持把纪律和规矩挺在前面，通过多种方式强化企业领导人员的底线思维和红线意识。深入贯彻落实中央八项规定和省委具体规定精神，盯住关键节点，持续纠正“四风”。严肃处理一批企业领导人员顶风违纪行为，释放越往后越严的强烈信号。重大节日之前，吉林省国资委党委和驻委纪检组重点针对公款吃喝、公车私用、违规发放福利等“四风”问题开展抽查抽检工作，持续传导压力，保持高压态势，促进作风持续好转。

4. 严肃查办违纪违法案件。对吉林省委巡视组转交和省纪委督办问题线索进行认真调查核实，对涉嫌违纪问题及时立案处理。加大案件查处力度，严肃查处违规决策、设立小金库、侵吞盗卖国有资产、以权谋私、违规招标投标等行为。2016 年，驻委纪检组受理信访举报件 64 件，初核 21 件，交办转办 24 件，立案 6 件，给予党纪处分 8 人，移送检察机关 1 人。加大通报曝光力度，对机关服务中心违规发放奖金问题、3 起出资企业党员领导干部违反党纪问题进行通报。

（撰稿人：李福君）

黑龙江省

一、黑龙江省国有资产监督管理工作综述

2016 年，黑龙江省各级国资监管机构和国有企业按照党中央、国务院，省委、省政府和国务院国资委的决策部署，主动适应经济发展新常态，迎难而上，积极作为，努力应对困难和挑战，各项工作取得扎实进展。在 2013 年、2014 年的加速下行，2015 年逐步降幅收窄的情况下，2016 年开始由降转升，经济运行企稳回暖趋势明显。

2016 年，黑龙江省地方国有企业实现营业收入 893 亿元、上缴税费 66.4 亿元，同比分别增长 2.3%和 22.9%；利润总额－0.3 亿元，同比减亏 98.8%。省国资委出资企业实现营业收入 526.2 亿元、上缴税费 33.8 亿元，同比分别增长 5.5%和 45.7%；利润总额－13.3 亿元，同比减亏 65.9%。

（一）坚持问题导向，全面深化国有企业改革

一是基本建立改革政策体系。抓顶层设计，结合贯彻落实中央“1＋N”文件，研究制定 7 个实施意见。二是深入推动改革措施落地。坚持问题导向，编制工作台账，明确 16 项重点任务，启动十项改革试点。逐户研究改革发展思路，与 13 户出资企业签订改革目标责任书，推进各项改革措施逐项逐层落地。三是积极推动企业兼并重组。完成省投资总公司与龙兴集团重组，成立省投资集团，实现省级投融资平台的整合。把中煤国际公司划转建设集团，与西藏拉萨城投公司合作，盘活资质，新签合同额近 100 亿元。完成龙睿公司与新世纪公司合并重组，把粮油、斯达、龙涤、哈煤机等困难空壳企业划转龙睿公司管理。哈尔滨市将市政集团、建工集团合并，资信达到特级资质要求，提高市场竞争力。四是稳妥推进混合所有制改革。省国资委组织推进 20 户子公司层面混合所有制改革，12 户企业实现混合所有制。外贸集团天正粮油公司尚志大米加工厂通过股权转让，引入湖南金健米业。铁路集团宝清铁路公司通过与民营方合作，盘活闲置库房，妥善安置职工，增加企业收入。近两年哈尔滨市 39 户国有企业完成股权多元化、混合所有制改革，涉及企业总资产 308.5 亿元。特别是哈药集团通过增资扩股方式引进战略投资者，并推动全方位改革，经济效益高速增长。大庆、鹤岗等地市也成功迈出混合所有制改革的步伐。五是深入开展国有资本投资公司试点。将辰能集团改组为国有资本投资公司，理顺省国资委与企业之间权责。辰能集团积极承接下放权力，充分利用基金功能，放大国有资本影响力，与穗甬控股公司共同发起设立 100 亿元规模的振兴东北混合所有制改革促进基金。六是扎实推进企业分类改革。省国资委根据出资企业行业特点和功能定位，划分为商业一类和商业二类。并将商业一类企业细分为发展型、进取型、脱困型三种类型，实现分类施策、分类考核。七是深入开展三项制度改革。着力解决机制不活、人浮于事、效率低下的顽症。航运

集团由成立之初的7087人减至2024人,减少71%,本部精减到46人。铁路集团本部由156人精减到107人,嫩江铁路公司精减330人,减少35.6%。辰能集团拿效益最好的风险投资公司开展全员竞聘试点,70%人员重新上岗,30%人员进入创业培训中心。哈尔滨物业供热集团清理临时用工3717人,交通集团清理不在岗人员3096人。

(二)围绕脱困求生,全力推进重点企业改革

黑龙江省国资委以龙煤集团改革脱困督导组为抓手,牵头9个专项工作组,全力打好龙煤集团改革脱困攻坚战。

一是妥善分流安置富余人员。全面完成第一批2.25万人组织化分流安置,第二批1.8万人签订三方协议和劳动合同、办理社保关系移交。

二是理顺母子公司管理体制,权属企业"五自经营"意识明显增强,有效激发企业内生动力和经营活力。

三是创新改革思路,以市场化方式成功转让六所医院85%股权,获得高出账面价值2.4倍的17.85亿元资金;多渠道筹措资金全部兑付2012年以来滚存的82亿元债券,化解资金链断裂风险。

四是精简管理机构和人员,总部机关机构和管理人员精简78%和59%,权属公司精简33.9%和43.6%,煤矿(厂处)单位精简44%和39%。

五是完成四个矿业公司"两供一业"分离移交工作,每年可减少亏损3.75亿元,已争取中央财政预拨补助资金54.6亿元。

六是积极稳妥化解过剩产能。规划3年内关闭退出25个煤矿、淘汰产能2054万吨、分流安置职工5.5万人。2016年,完成省内外12个煤矿、752万吨产能退出任务,回撤物资设备3.9亿元,获得国家奖补资金8亿多元。

七是推进辅业改制,30户子企业完成改制任务。龙煤集团全年同比减亏23.7亿元、减亏幅度52.5%,改革脱困取得阶段性进展,得到省委省政府肯定。全省各市地也积极推进重点企业改革,尤其是牡丹江市全力支持恒丰集团转让资产给上市公司,解决7200万股份冻结问题,确保集团控股地位。

(三)坚持稳中求进,推动国有企业提质增效

一是央地融合发展成果丰硕。省国资委成功牵头举办黑龙江省与央企融合发展合作交流会,成功签约合作项目60个,覆盖13个地市和2个省直单位、4所大专院校及科研院所,对接38家中央企业,签约额1342亿元;会上又新生成合作意向和线索57个。

二是提质增效工作成效初显。建设集团实现新签合同额超400亿元的历史性突破,收入、利润均实现双位数增长。中盟集团进一步加强重点指标管控,全年节约标煤9.54万吨。机场集团哈尔滨机场旅客吞吐量突破1600人次万关口,首次超越大连,跃居东北首位。旅游集团超额完成年度经济指标。各市地涌现出一批以大庆客运集团、绥化市秦家粮库为代表的提质增效典型企业。绥芬河市、抚远市分别将城投集团、供排水公司列为试点企业,效益明显提升。

三是投资拉动能力有效提升。省国资委出资企业全年完成项目投资136.6亿元,同比增长5%。辰能集团投资建设的鸡西供水工程全线通水。哈尔滨机场扩建工程新T2航站楼整体"暖封闭",施工进展顺利。中盟集团伊春松籽油项目建成投产,产品在第七届IEOE中国国际食品油产业博览会上荣获健康油脂金奖。铁路集团积极筹措资金,仅用40天完成林碧线抢修改造工程,恢复客运专线,解决百姓出行难题。绿农集团完成50万亩粮源基地建设,新建粮仓规模22.3万吨。

四是科技创新和"互联网+"初见成效。建设集团投入3500万元用于科技创新,获得发明专利4项,实用新型专利34项,省级工法39项。联交所联合6家机构打造互联网"E交易平台",处置企事业单位车改车辆500余台,平均溢价率50%。哈药集团积极研发新品种,治疗肿瘤和乙型肝炎的两款新药有望成为新的经济增长点。

五是积极拓宽融资渠道。省联交所哈尔滨股权交易中心科技创新板正式启动上线,有12家科技型、创新型中小企业挂牌。截至2016年底,哈尔滨股权交易中心累计挂牌企业302家,总注册资本112.42亿元,累计完成融资29.53亿元。同时,哈投股份将江海证券装入上市公司,配套融资50亿元;建设集团申请发行40亿元公司债和43亿元融资。省投资总公司、龙兴集团积极发挥省重点铁路建设项目融资平台功能，合计融资25亿元。哈尔滨城投、西部等集团谋划实施18个总投资1062亿元的PPP项目。大庆城投、国资公司等市属企业全年完成融资53.2亿元。

（四）完善制度机制，不断加强国有资产监管

一是创新激励约束机制。改革完善业绩考核和薪酬分配办法，将改革目标纳入综合业绩考核，既考核企业"赚"了多少，又考核企业"改"了多少，初步建立"目标科学、考核规范、兑现刚性"的综合业绩考核体系和差异化分配的激励约束机制。

二是大力推进经营性国有资产统一监管。省国资委赴34个省直厅局对490户省属企业进行调查摸底，按照"清理退出一批、重组整合一批、创新发展一批"的原则，形成集中统一监管意见，筹备组建交通、粮贸、龙正等企业集团。完成省成套设备局、招标公司产权划转工作。

三是以管资本为主推进职能转变。省国资委在已经取消下放15项管理事项的基础上，进一步调整管理事项。哈尔滨市国资委优化监管流程，合并精简3个职能处室，梳理出18个下放事项。大庆市国资委发布28项监管事项清单，保障企业经营自主权。

四是加强监事会监督检查。省国资委监事会组织开展定期监督检查，检查14户出资企业二级以上独立核算单位174个，占全部单位总数61.3%；检查资产量1184.5亿元，占总资产的84.61%，披露问题风险53个，提醒企业关注事项20个。

五是加强协同配合，充分运用监督检查成果。健全监事会监督检查成果的运用机制，落实整改责任主体，形成"报告、处理、落实、反馈"的封闭运转流程。通过会议推进、约谈企业主要负责人等不同形式落实整改，出资企业整改率达到70%以上。

六是加强产权管理基础工作。全省完成登记国有企业2115户、国有资本2186.31亿元；规范开展资产评估，审核备案218项；完成各类产权交易1093宗，成交额26.67亿元。

七是认真履行出资人监管职责。省国资委对东北特钢、北满特钢、铁路集团、航运集团、联交所等股权多元化企业26次股东会议案进行审议，切实维护出资人权益。大兴安岭地区建立财务报表半年会审制度，及时把控国有资产状况。全省国资委系统进一步落实安全生产责任，加大安全生产监督检查力度，杜绝重特大安全生产事故发生。特别是敢于担当、主动作为，牵头协调哈尔滨市各部门，对航运集团哈港三棵树港区重大火灾隐患进行综合整治，成效明显，得到国务院安委会巡查组的充分肯定。

八是积极做好法律风险防范和案件协调工作。组织企业全面开展法律风险排查，协调八起企业重大法律纠纷案件，避免经济损失2亿多元，有效维护企业的合法权益。

（五）主动"瘦身健体"，妥善解决历史遗留问题

一是加快推进厂办大集体改革。全省企业范围界定、人员身份认定等工作总体完成，界定厂办大集体改革企业3189户，认定在册职工47.16万人。已发放经济补偿金财政补助资金2383户、28.87万人、37.29亿元，核销及折算抵销养老保险1505户、6.06万人、15.84亿元。齐齐哈尔市在全国工作会议上介绍经验做法。伊春市、黑河市等市地严格申报审批程序，保证改革顺利进行。

二是积极推进哈尔滨铁路局和大庆油田分离办社会职能。积极推进哈尔滨铁路局职工家属区"三供一业"分离移交工作，配合国务院国资委研究推动大庆油田分离办社会职能工作。

三是启动国有企业退休人员社会化管理试点。鸡西市被国务院国资委列为试点城市，在调研基础上，起草实施方案。

四是妥善解决企业职教幼教退休教师待遇问题。为全省797户国有企业、1.75万名国有企业职教幼教退休教师，发放生活补贴资金3.02亿元。佳木斯、双鸭山、七台河等地做实做细核算及申报工作，保持稳定。

五是稳妥处置"僵尸企业"。省国资委将出资企业中181户"僵尸企业"分为四类，一企一策制定处置措施。地煤集团加快11户企业改革遗留问题的处理。

二、黑龙江省国有资产总量与结构分析

2016年，黑龙江省地方国有企业在省委、省政府

的坚强领导下，在国务院国资委的正确指导下，攻坚克难，奋发有为，大力落实全省“五大规划”发展战略，着力构建“龙江丝路带”建设，稳增长、促改革、调结构，扎实推进改革发展，千方百计提质增效，成功扭转2015年整体亏损局面，实现黑龙江地方国资“十三五”平稳开局。

截至2016年底，黑龙江地方国有企业总户数2978户，较上年净增加102户。全省地方国有企业年末职工人数70.4万人，较上年减少6.7万人，减少8.6%，其中在岗职工人数58.1万人，较上年减少2.1万人，减少3.5%。年末退休人数73.9万人，较上年增加2.9万人，增长3.9%。在岗职工工资总额182.4亿元，人均3.18万元，同比增加0.1万元，增长3.2%。全省地方国有企业资产总额10248亿元，较上年增加492亿元，增长4.9%。其中城市建设投资类企业53户，资产总额4195亿元，较上年增加82亿元，增长2%。非城投类企业资产总额6053亿元(本报告以下分析以此口径进行)，较上年增加272亿元，增长4.5%；负债总额4010亿元，较上年增加139亿元，增长3.6%；所有者权益2042亿元，较上年增加133亿元，增长6.6%。年末国有资产总量1610亿元，较上年增加96亿元，增长5.7%，其中国家、国有单位直接或追加投资增加49亿元，无偿划入、会计调整和其他因素等增加42亿元，经营净减值减少11亿元，上缴利润因素减少5亿元，资本溢价增加16亿元，产权划转、资产评估减值、清产核资等其他因素净增加5亿元。

黑龙江地方国有企业密切跟踪市场变化，主动调整经营策略，努力提升市场份额，止住连续三年同比负增长的趋势，2016年实现营业收入1169亿元，较上年增加39亿元，增长3.2%。其中，省直企业实现营业收入668亿元，较上年增加36亿元，增长5.6%；地市企业实现营业收入588亿元，较上年增加3亿元，增长0.5%。深入开展提质增效，全力扭亏增盈，连续三年整体亏损局面得到改观，2016年利润总额实现盈利3.6亿元，同比扭亏15.1亿元。其中，省直企业实现利润总额−9.6亿元，较上年减亏21.6亿元；地市企业实现利润总额13.2亿元，较上年减少6.5亿元。全省地方国有企业实现盈利企业1659户，占比55.5%，较上年增加10.9个百分点，亏损企业1332户，占比44.5%；盈利企业总盈利67.2亿元，亏损企业总亏损63.6亿元。

表1　2016年黑龙江省所属国有企业指标

项　目	金　额(亿元)
资产总额	6053.0
净资产	2042.0
营业收入	1169.0
利润总额	3.6
税费总额	86.6

注：表中数据不含城市建设投资类企业。

表2　2016年黑龙江省国有企业户数情况

项　目	2015年	2016年	比上年增长(%)
户数(户)	2876	2978	3.4

(一)国有资产地区分布情况

从地区分布来看，省级国有企业1135户，占全省38.4%，资产总额2595亿元，占全省42.9%。其中，省国资委出资企业576户，占省级企业50.1%，资产总额1795亿元，占省级企业69.2%。市级企业1843户，占全省61.6%，资产总额3458亿元，占全省57.1%。在市级国有企业中哈尔滨市国有企业户数848户，占市级国有企业的46.1%，企业资产总额2232亿元，占地市总体64.5%，指标居地市之首。在省国资委出资企业中，龙煤集团资产总额673亿元，是黑龙江省地方最大企业。在省级部门管理企业中，黑龙江省森林工业总局所属企业101户，资产总额305亿元，是省直部门管理企业中最大的企业集团。

表3　2016年黑龙江省国有资产地区分布情况

地　区	国有资产(亿元)	占国有资产总量比重(%)
合　计	1610.15	100.0
省直属企业	704.72	43.8

续表

地　　区	国有资产（亿元）	占国有资产总量比重（%）
其中：省国资委监管企业	258.62	16.1
非直管企业	446.11	27.7
市地国有企业	905.43	56.2
其中：哈尔滨市	508.40	31.6
齐齐哈尔市	42.34	2.6
鸡西市	3.44	0.2
鹤岗市	18.40	1.1
双鸭山市	10.10	0.6
大庆市	97.38	6.0
伊春市	4.12	0.3
佳木斯市	12.53	0.8
七台河市	3.53	0.2
牡丹江市	162.98	10.1
黑河市	18.56	1.2
绥化市	20.32	1.3
大兴安岭	3.33	0.2

（二）国有资产行业分布情况

黑龙江省地方企业国有资产分布在13个国民经济行业中，主要集中在工业、社会服务业、建筑业、交通运输业、房地产业、仓储业、农牧林渔业、批发零售业等8个行业。工业企业524户，占全省17.5%，资产总额2039亿元，占全省33.7%，存货周转率3.6次，较上年增加0.5次，流动比率0.78次，较上年增加0.11次，资产负债率69.7%，较上年下降7.8个百分点，行业资产质量有所上升，债务风险整体下降；社会服务业276户，占全省9.2%，资产总额1242亿元，占全省20.5%；建筑业205户，占全省6.9%，资产总额689亿元，占全省11.4%；交通运输业127户，占全省4.2%，资产总额633亿元，占全省10.5%；房地产业122户，占全省4.1%，资产总额385亿元，占全省6.4%；仓储业395户，占全省13.2%，资产总额353亿元，占全省5.8%；农牧林渔业558户，占全省18.6%，资产总额335亿元，占全省5.5%；批发零售业465户，占全省15.5%，资产总额193亿元，占全省3.2%。

表4　2016年黑龙江省国有资产行业分布情况

行　　业	国有资产（亿元）	占国有资产总量比重（%）
合　　计	1610.15	100.0
农林牧渔业	150.61	9.4
工业	294.32	18.3
建筑业	101.30	6.3
地质勘查及水利业	13.43	0.8
交通运输业	368.03	22.9
仓储业	71.88	4.5
批发和零售业	−1.19	−0.1
金融业	37.64	2.3
房地产业	22.66	1.4
信息技术服务业	3.50	0.2
社会服务业	505.62	31.4
教育文化广播业	32.13	2.0
科学研究和技术服务业	10.12	0.6

（三）国有资产规模分布情况

截至2016年底，地方国有企业其中，大型国有企业52户，增加2户，占全省2%；中型国有企业371户，减少7户，占全省12.3%；小型国有企业1039户，增加47户，占全省42.4%；微型国有企业1463户，增加52户，占全省43.3%。黑龙江省微小型企业户数多，分布广，规模普遍偏小，点多面广的问题比较突出。

表 5　　2016 年黑龙江省国有资产经营规模分布情况

经营规模	国有资产(亿元)	占国有资产总量比重(%)
大型企业	671.83	41.7
中型企业	423.23	26.3
小型企业	253.86	15.8
微型企业	261.23	16.2
合　计	1610.15	100.0

三、黑龙江省国有资本保值增值综合分析评价

表 6　　2016 年黑龙江省国有企业地区国有资本保值增值情况

地　区	国有资本保值增值率(%)
黑龙江省	106.17
哈尔滨市	103.54
齐齐哈尔市	110.55
鸡西市	119.12
鹤岗市	108.02
双鸭山市	143.95
大庆市	105.13
伊春市	139.31
佳木斯市	135.12
七台河市	177.42
牡丹江市	106.53
黑河市	113.27
绥化市	110.68
大兴安岭	95.92

2016 年,黑龙江省地方国有企业国有资本保值增值率 106.17%,整体实现国有资本保值增值。13 个地市中,除大兴安岭地区减值外(95.92%),其余均实现国有资本保值增值。13 个地市中,保值增值率排在前五位的分别是七台河市、双鸭山市、伊春市、佳木斯市、鸡西市。

四、黑龙江省国资委监管企业改革发展情况

一是稳妥推进混合所有制改革。省国资委组织推进 20 户子公司层面混合所有制改革,12 户企业实现混合所有制。外贸集团天正粮油公司尚志大米加工厂通过股权转让,引入湖南金健米业。铁路集团宝清铁路公司通过与民营方合作,盘活闲置库房,妥善安置职工,增加企业收入。哈尔滨市属哈药集团通过增资扩股方式引进战略投资者,并推动全方位改革,经济效益高速增长。

二是深入开展国有资本投资公司试点。将辰能集团改组为国有资本投资公司,理顺省国资委与企业之间权责。辰能集团积极承接下放权力,充分利用基金功能,放大国有资本影响力,与穗甬控股公司共同发起设立 100 亿元规模的振兴东北混合所有制改革促进基金。

三是扎实推进企业分类改革。省国资委根据出资企业行业特点和功能定位,划分为商业一类和商业二类。并将商业一类企业细分为发展型、进取型、脱困型三种类型,实现分类施策、分类考核。

四是深入开展三项制度改革。着力解决机制不活、人浮于事、效率低下的顽症。航运集团由成立之初的 7087 人减至 2024 人,减幅 71%,本部精减到 46 人。铁路集团本部由 156 人精减到 107 人,嫩江铁路公司精减 330 人,减幅 35.6%。辰能集团拿效益最好的风险投资公司开展全员竞聘试点,70%人员重新上岗,30%人员进入创业培训中心。哈尔滨物业供热集团清理临时用工 3717 人,交通集团清理不在岗人员 3096 人。

五、黑龙江省国资委监管企业并购重组与完善法人治理结构情况

(一)积极推动企业兼并重组

完成省投资总公司与龙兴集团重组,成立省投资集团,实现省级投融资平台的整合。把中煤国际公司

划转建设集团，与西藏拉萨城投公司合作，盘活资质，新签合同额近100亿元。完成龙睿公司与新世纪公司合并重组，把粮油、斯达、龙涤、哈煤机等困难空壳企业划转龙睿公司管理。哈尔滨市将市政集团、建工集团合并，资信达到特级资质要求，提高市场竞争力。

（二）以龙煤集团深化改革为契机完善法人治理结构

进一步理顺龙煤集团母子公司管理体制，权属企业“五自经营”意识明显增强，有效激发企业内生动力和经营活力。

六、黑龙江省国资委监管企业建立和完善经营业绩考核体系情况

黑龙江省国资委认真履行国有资产出资人职责，按照分类监管、分类施策、分类考核的工作原则，进一步发挥考核导向作用，调动企业负责人积极性，有效落实国有资本保值增值责任。

一是突出目标引领作用。通过与企业签订经营目标责任书，逐级传递目标压力，激励企业直面挑战，主动作为，努力实现国有资本保值增值。

二是开展分类分型考核。根据企业行业特点和功能定位，将出资企业分为商业一类企业和商业二类企业。同时，结合企业资产质量和经营状况，进一步将商业一类企业细分为发展、进取、脱困三种类型。实现同一类型同一尺度，分类施策、分类考核。

三是突出重点工作任务考核。鉴于企业资产质量和经营状况的基础差异较大，突出企业年度重点工作考核，围绕改革、发展、稳定和脱困等工作重点，赋予较高权重，并严格督促目标实现。

四是加强行业对标考核。运用企业财务绩效评价体系，科学评价企业现状，引导企业对标找差距，不断提高经营管理水平。

五是强化监管工作考核。对在解决分离办社会职能、妥善处置“僵尸企业”、债务重组等历史遗留问题取得突出成绩的，给予加分；对在党的建设、廉政建设、信访稳定、法律风险、监事会监督检查、产权管理、分配管理等工作出现重大问题的，给予减分。

六是落实社会责任考核。将企业安全生产、节能减排、社会救援、抗灾救灾等社会责任工作纳入业绩考核体系，督促企业全面提升履行社会责任的能力和水平。

七、黑龙江省国资委监管企业负责人考核与选人用人机制改革情况

（一）考核工作情况

2016年2—3月，按照省委统一部署，由省委组织部和省国资委组成联合考核组，采取召开述职述廉会议、填报成绩清单和问题清单、正反向民主测评、个别谈话、查阅资料、“一报告两评议”等方法，对黑龙江省建设集团有限公司等12户企业领导班子及51名班子成员进行2015年度考核，企业参加测评593人，参加个别谈话345人，对60名新选拔任用干部进行民主评议。形成每户企业领导班子和每一名领导人员的考核报告材料，在此基础上，完成9户企业领导班子及43名成员的2015年度考核综合情况报告，完成12户出资企业领导班子及51名成员的2015年度考核综合情况报告，对企业领导班子及成员的民主测评情况进行数据统计和分析，形成多个测评结果统计表，并详细分析领导班子及成员的正、反向测评等情况，提出2015年度企业领导班子及成员考核评价标准的意见、考核具体评价档次及组织处理意见。将考核结果向企业领导班子及成员进行反馈。按照提醒谈话、诫勉谈话、职务调整的工作程序和要求，对涉及的领导班子及领导人员进行组织处理，指出问题和不足，督促限期整改。

（二）选人用人工作情况

一是强化和完善干部选任机制建设。结合近年的工作实践，将中央和省委对企业领导人员选任工作的新精神新要求有机地融入工作实际，制定下发《省国资委党委管理的出资企业领导人员选拔任用运作规程（试行）》，把企业领导人员选任工作纳入科学化、制度化、规范化轨道。

二是启动实施部分企业领导班子配备工作。综合运用年度考核和专题调研积累的成果统筹考虑人岗匹配等综合因素，围绕省投资集团班子组建，向省

委组织部提出出资企业正职领导的选任意见,向国资委党委提出委管正副职的选任意见,顺利完成省投资集团班子组建和部分企业领导人员的选配工作。此次选配涉及7户企业,17名企业领导人员,其中新提职6人,实现交流任职的10人。省投资集团8名领导班子成员平均年龄52.75岁,涵盖经营管理、财务、外贸、党建、金融、法律等多个专业,基本实现年龄结构、知识结构、专业结构的合理搭配。

三是其他加强班子组织建设工作。面向出资企业公开招聘龙煤集团销售副总经理,对新划管的省招标公司提出组织机构和领导班子配备意见,对3名企业班子成员提出经济责任审计意见,及时调整新世纪公司划归龙睿公司后的法定代表人。

(三)基础管理工作情况

一是初步组建省国资委职业经理人和党务领导人员人才储备库。经层层推荐、严格把关,86名各专业优秀的后备人才进入人才库。

二是从严管理企业领导人员的个人事项报告。完成2015年度52名企业领导人员个人事项报告的填报和随机抽查工作,落实"凡提必核"要求,对16名拟提拔和转任重要岗位人选的个人报告事项进行查核。

三是加强企业领导人员备案管理工作。对龙煤集团和建设集团的12名企业领导人员进行任免职备案管理。

四是按照新规定、新要求,集中时间和力量对15户企业48人的档案进行再次审核。此次审核从零开始,每本档案实行三审,既突出"三龄两历一身份"的重点又做到各个信息的全面覆盖、不留死角。此次审核发现新问题23个,新搜集64份补充材料,对11人的信息进行重新认定,进一步夯实夯准企业领导人员的档案信息。

五是加强企业领导人员教育培训工作。组织12名企业正职参加中组部在中国大连高级经理学院举办的"东北地区企业经营管理人员专题研讨班",30余名企业领导人员分两批参加上海华彩咨询公司举办的专题研讨,62名企业领导人员参加全省领导干部网络教育学习。选调2名领导人员参加省管干部进修班;组织118人次的企业领导人员参加"龙江讲坛"报告会,15名企业领导人员参加企业营销专题讲座。

八、黑龙江省国资委监管企业党的建设和廉政建设情况

(一)党的建设情况

截至2016年底,党组织关系在黑龙江省国资委党委管理的9户中央企业、14户省属企业有基层党组织1422个,其中党委136个,党总支103个,党支部1183个,党员24016名。2016年,系统企业各级党组织认真贯彻落实中央和省委、省国资委党委的部署要求,积极履行管党治党责任,围绕中心、服务大局,不断加强思想建设、组织建设、制度建设、队伍建设和党风廉政建设,充分发挥党组织的政治核心、战斗堡垒作用和党员的先锋模范作用,为推进深化改革发展提供坚强保障。

1. 落实责任,强化担当,企业领导班子建设进一步加强。一是贯彻从严治党要求,不断强化责任意识。坚持把抓好党建作为最大的政绩,不断强化"抓好党建是本职、不抓党建是失职、抓不好党建是不称职"的理念,引导督促党组织书记和领导班子成员牢固树立党建"第一责任人"和"一岗双责"意识,以落实领导干部基层党建联系点制度和党组织书记抓基层党建工作述职评议考核制度为重点,建立健全一级抓一级、层层抓落实的党建责任体系,实现党建工作与企业发展"两不误、两促进"。哈电集团、航运集团等企业完善集团党委、基层党委、党支部三级党建工作责任制,确保主体责任落实。

二是加强党委班子建设,强化领导核心作用。坚持把抓好思想政治建设作为加强领导班子建设的关键环节,不断丰富学习载体和形式,通过"三会一课"、中心组学习、专题培训、网上答题等方式,组织领导干部深入系统地学习领会党的先进理论和习近平总书记系列重要讲话精神,强化"四个意识",提升政治理论素养和引领科学发展的能力。辰能集团定期举办"辰能大讲堂",组织党员干部集中学习,不断提升领导班子素质。龙煤集团党委新班子组建以来,紧紧围绕企业中心工作,以建设"五型班子"为方向,努力加强领导班子建设,不断提升凝聚力和战斗力,在引领企业改革求生、脱困发展中较好地发挥领导核心

作用。

三是认真推进整改落实，着力解决基层党建“四化”问题。针对省委巡视反馈的企业党建存在弱化、淡化、虚化和边缘化突出问题，省国资委党委先后两次组成调研组深入企业开展专题调研，全面梳理企业党建工作存在“四化”问题的具体表现，研究制定党建突出问题整改任务书，明确责任主体和整改时限，推动党建工作责任落实。各企业党委深刻剖析，认真查找思想认识不到位、责任意识不强、作风不实、执行制度不坚决等深层次原因，逐一制定整改清单，以台账形式倒逼整改落实。航运集团针对基层班子建设存在的突出问题，推行三年任期制管理模式，开展所属企业班子的任期制选聘，推动基层班子整体素质的提升，职工群众的满意度不断提升。扎实推进落实党员组织关系集中排查清理、党代会代表和党员违纪违法未给予处理排查整改和党费收缴专项检查等几项党建重点任务，切实解决一些党员党的意识不强，长期不在党、不发挥作用的突出问题，党员队伍的先进性和纯洁性进一步增强，在促进改革发展中涌现出一大批优秀典型。“七一”前夕，对系统企业 187 个党组织和 469 名个人进行命名表彰。

2. 坚持抓基层，打基础，企业基层党组织建设不断加强。各企业认真贯彻落实中办发〔2015〕44 号文件精神，坚持“四同步”“四对接”要求，全面加强基础建设，党建工作水平不断提升。一是加强基层党组织调整，配齐配强工作力量。调整软弱涣散基层党组织 40 多个，基层党组织的凝聚力、战斗力进一步增强。省建工集团、龙煤矿建公司等企业坚持施工地点转移到哪里、党组织就设置到哪里、党的工作就开展到哪里，建立健全一线党支部，确保党建工作服务生产、服务发展。旅游集团党委要求所有企业党组织必须设置党务工作办公室，切实保证党的机构健全、人员配备合理、工作开展有序。

二是规范和加强基层党组织创建活动。持续推进“四强”党组织和“标准化党支部”创建达标活动，党组织的凝聚力、创造力和战斗力不断增强。龙煤集团各基层党组织坚持开展以“六好一争”为主要内容的标准化党支部创建活动，有效发挥基层党组织的战斗堡垒作用。鸡西公司落实“三室六有”标准，推进党支部建设规范化、制度化和标准化，公司标准化党支部达到 60%以上。

3. 全面开展“两学一做”学习教育，党员队伍建设不断加强。一是坚持以上率下，注重示范引领。各级党委中心组带头“学”，党委书记带头“讲”，班子成员带头“做”，率先垂范，营造良好的学习氛围。省委和省国资委领导先后多次在国资委党委中心组（扩大）会上为党员干部作专题辅导，发挥示范引导作用。系统企业组织党委理论中心组学习和专题讨论活动 187 次，各级党组织书记深入基层讲专题党课 480 余人次，各级领导班子成员以普通党员身份参加基层党支部集中学习讨论 2350 多人次。

二是强化检查督导，全面有序推进。学习教育活动全面启动后，国资委主管委领导先后两次带领检查组分别深入系统企业，通过听取汇报、召开座谈会、现场查看、个别访谈、查阅工作资料台账等方式对企业“两学一做”学习教育活动进行调研和检查督导，及时掌握了解基层“两学一做”学习教育情况，并针对问题和困难研究措施办法，督导推进学习教育深入开展。7 月 14 日，省国资委召开系统企业“两学一做”学习教育观摩培训暨工作交流座谈会，交流各企业开展学习教育的特色做法和初步成效，并对深入推进学习教育活动进行安排部署，系统企业党委均召开专题会议对学习教育进行推进。

三是注重开拓创新，不断激发学习教育活力。各级党组织坚持结合实际，创新载体，切实把“学”“做”抓活抓实。在创新学习教育载体上，普遍建立党员 QQ 群、微信群、企业微信公众号等学习平台，拓展学习教育形式，增强学习教育灵活性、趣味性和时效性。在创新党课方面，讲党课主体由领导干部讲党课向普通党员延伸，使党课由党组织书记“一人讲”变为广大党员“大家讲”；在党课组织实施上，坚持送党课下基层，变“课堂式”为“流动式”，增强党课教育的有效覆盖；在党课形式上，积极探索开展互动式党课，变“说教式”为“交流式”，激发浓厚的学习教育热情。

四是强化责任落实，注重发挥党支部主体作用。在推进学习教育中注重把任务细化到党支部、把压力传导到党支部，切实推动基层党支部落实工作责任，发挥主体作用。强化支部组织建设，夯实学习教育阵地基础。龙煤集团七台河矿业公司党委围绕如何开好支部会议、如何上好党课等内容,对230余名行政转岗和兼职的基层党支部书记进行培训,切实提升履职能力和水平。

五是坚持知行合一,突出"学""做""改""干"的有机结合。各级党组织坚持把开展"两学一做"学习教育作为推动中心工作,完成改革发展目标任务的强大动力,在夯实"学"的基础上,细化"做"的标准、突出"改"的重点、提升"干"的实效。积极引导党员开展"争创先锋岗、示范区""转型升级当先锋、提质增效做表率""亮党员身份、亮公开承诺、比优良作风"等主题实践活动,把学习教育成果转化为应对当前困难、完成工作任务的强大动力。

4. 坚持制度保障,基层党建工作科学化水平进一步提升。坚持"抓制度促党建、抓党建促发展",不断健全完善党建工作制度机制,提升党建工作制度化、规范化、科学化水平。一是健全完善议事决策制度机制。认真贯彻落实中办发〔2015〕44号文件要求,明确党组织的职责定位,建立健全"双向进入、交叉任职"的领导体制和企业党委工作办法、党委会议规则、党政联席会议、"三重一大"决策、领导干部选拔任用管理等工作机制,确保党组织的政治核心作用有效发挥。

二是健全完善党员教育管理服务制度机制。坚持"控制总量、优化结构、提高质量、发挥作用"新方针,加强积极分子培养和发展对象培训,严把党员入口关,扎实做好发展党员工作。发展新党员600余名,吸收入党积极分子700余名,党员队伍不断壮大。建立健全党委理论中心组学习、"三会一课"、主题党日、党员联系和服务群众、教育培训、困难党员帮扶等制度机制,加强对党员的教育培训和管理服务,突出党员主体地位,增强基层党建工作针对性和可操作性。

三是健全完善党建工作考评机制。坚持从严治党,建立健全民主评议党员、党委书记抓基层党建工作述职评议考核、领导班子成员一岗双责、领导班子民主生活会质量考核等制度机制,强化对基层党建工作的监督和考评,提升党建工作科学化水平。省建工集团党委建立经济工作和党建工作"双十标"绩效考评体系,通过党委主要领导及班子成员述职、职工群众民主评议、工作部门检查等方式对基层党建工作作出综合评价,并把考评结果作为评价政治上强不强、实绩好不好、工作称职不称职的重要标准和选拔任用干部的重要依据,激发党员干部干事创业的积极性和使命感。

(二)廉政建设情况

2016年,黑龙江省纪委驻省国资委纪检组继续深化"三转",聚焦主业,把握运用监督执纪"四种形态",把纪律挺在前面,协助省国资委党委落实全面从严治党要求,开创党风廉政建设和反腐败斗争新局面。

1. 协助各级党委,增强党建"主体责任"意识。强化党委主体责任意识,及时将中央、省委和省纪委关于党风廉政建设的新要求及时传达给省国资委党委和出资企业党委。协助省国资委党委制定《关于落实党风廉政建设党委主体责任和纪委监督责任的实施细则》,列出主体责任和监督责任两项清单,并于2016年12月印发国资委机关各处室(局)和出资企业党委(党总支)、纪委。在日常监督管理中帮助出资企业党委进一步把握主体责任的深刻内涵,选取对照系统内发生的重大案件的问责情况,结合从企业经营活动中梳理出的廉政风险点,严肃明确出资企业各级党的班子成员所肩负的责任,强化守土有责意识、压力传导意识和有责必究意识。

2. 强化监督考核,夯实党风廉政建设基础。重视对出资企业党风廉政建设的监督,经常性开展调研和专项检查考核。受省委党廉办委托,2016年4月中旬开始,对出资企业2015年度落实党风廉政建设责任制情况进行检查考核,完成对12户企业51名企业领导人员的考核,组织593人进行民主测评,个别谈话233人。下半年,参与出资企业党建工作专项调研工作。通过检查考核和调研,对出资企业党风廉政建设情况有了更明确的了解,从而有的放矢,提出符合出资企业实际的整改建议,进一步夯实出资企业党风廉政建设基础。

3. 狠抓作风建设,驰而不息纠正"四风"问题。落实中央八项规定精神、省委省政府九项规定和省国资委七项规定,紧抓重要节点,及时提醒,超前警示。通过不放松地抓作风建设，各级党组织与职工群众联系更加紧密，党员领导干部凝心静气干事创业的务实作风更加牢固。

4. 运用“四种形态”，消除苗头问题抓早抓小。注重运用监督执纪“四种形态”，抓早抓小，消除苗头性问题，处理轻微违纪线索。2016 年，出资企业纪委负责人同下级党政主要负责人谈话 1667 人(次)，任前廉政谈话 430 人(次)、诫勉谈话 154 人(次)、函询 19 人(次)，932 名企业领导人员进行述职述廉。“第一种形态”的运用起到警示提醒、红脸出汗的效果，客观上也减少问题线索的积压。

5. 严肃执纪问责，保持遏制腐败高压态势。不断突出监督执纪问责主业，强势打造“不敢腐”的高压线。2016 年，省国资委纪委初核 16 件，立案调查 8 件，收缴违纪款 216.44 万元；指导出资企业初核查办案件 710 件，给予党政纪处分 838 人。特别强化“一岗双责”“一问三责”在纪律审查中的贯彻落实，对案件中涉及到“两个责任”落实不力的党员领导干部进行普遍的责任追究，以严肃问责倒逼“两个责任”的落实。

6. 指导正风肃纪，净化企业改革发展环境。按省委省政府要求，自 2015 年 9 月开始，从廉政教育、执纪问责、作风建设等方面指导龙煤集团开展正风肃纪工作。截至 2016 年 9 月，受理问题线索 663 件，立案审查 554 件，处分党员干部 755 人。严肃查处虚报套取工资、利用安检收取红包、应收账款背后违纪问题、违规用工、借婚丧喜庆事敛财、违规发放津补贴等违纪问题，并对相关责任领导干部进行问责，维护企业和职工的利益，进一步净化企业改革发展环境。

7. 督促问题整改，确保巡视成效拓展深入。2016 年，黑龙江省纪委驻省国资委纪检组对巡视组反馈意见进行认真梳理，形成问题、任务、责任三张清单，督促企业认真整改。通过建立上下联动机制，9 户出资企业的 147 项整改目标，已完成 78 项，正在整改 31 项，需要长期整改 38 项，建立完善各项制度规定 83 个。对巡视移交的线索，速查速办，涉及到违纪的，严肃查处，进一步发挥巡视工作的利剑作用。

(撰稿人：赵　锋)

上海市

一、上海市国有资产监督管理工作综述

2016 年，上海市国资委及监管企业深入贯彻党的十八大和十八届三中、四中、五中、六中全会，以及全国国有企业党的建设工作会议、全国国有企业改革座谈会精神，全面落实党中央、国务院《关于深化国有企业改革的指导意见》和“上海国资国企改革 20 条”要求，坚持以国资管理创新带动国企改革发展，坚定不移推进供给侧结构性改革，坚定不移加快国有企业创新转型，坚定不移加强国有企业党的建设，国有企业质量效益稳步提升，国资监管效率稳步提高，国有企业党的建设取得成效，国有经济活力、控制力、影响力和抗风险能力明显增强，较好地促进上海经济社会持续健康平稳发展，实现“十三五”良好开局。

二、上海市国有资产总量与结构分析

2016 年，上海市地方国有企业资产总额 174377.71 亿元，同比增长 12%；实现营业收入 30463.99 亿元，同比增长 6.8%；利润总额 3231.66 亿元；归属母公司净利润 1964.16 亿元。上海市地方国有企业创造的生产总值、新增固定资产投资占比均超过全市 20%。实际上缴税金总额 2302.11 亿元，同比增长 27.2%，2016 年上海纳税百强企业中，上海市地方国有企业进入工业榜单的数量超过 1/3，进入第三产业榜单的数量超过 1/5。

表 1　2016 年上海市所属国有企业指标

项　目	金　额(亿元)
资产总额	174377.71
营业收入	30463.99
利润总额	3231.66
归属母公司净利润	1964.16

续表

项　　目	金　额(亿元)
地方生产总值	6263.20
实际上缴税金总额	2302.11
新增固定投资	1490.05

2016年,上海市地方国有企业总数11996户,同比增长4.4%。其中,市属国有企业8042户,区属国有企业3954户。一批企业集团保持国际国内行业领先地位。上汽集团、浦发银行、中国太保、绿地集团等4家企业进入2016年《财富》杂志世界500强。上港集团、申通集团、机场集团、绿地集团等4家企业连续多年排名全球行业前三。上汽集团、锦江国际集团、上海建工等3家企业排名全球行业前十。21家企业进入2016年度中国企业500强。

表2　　2016年上海市国有企业户数情况

项　目	2015年	2016年	比上年增长(%)
户数(户)	11493	11996	4.4

从行业分布来看,上海市国资总量的92.3%集中在前20个行业,82.8%集中在商务服务业、房地产业、道路交通运输业、汽车制造业、货币金融服务业、资本市场服务业、批发业、公共设施管理业、水上运输业、水的生产和供应业等前十大行业。

表3　　2016年上海市国有资产行业分布情况(前10个)

行　　业	国有资产(亿元)	占国有资产总量比重(%)
商务服务业	18439.08	36.1
房地产业	10226.23	20.0
道路运输业	4629.52	9.1
货币金融服务	2319.19	4.5
汽车制造业	1943.43	3.8
资本市场服务	1333.97	2.6
保险业	1069.69	2.1

续表

行　　业	国有资产(亿元)	占国有资产总量比重(%)
批发业	832.09	1.6
水的生产和供应业	777.33	1.5
公共设施管理业	742.34	1.5
合　　计	42312.87	82.8

从资产经营规模看,大型、中型、小型企业国有资产(叠加值)经营规模分布分别为11186.72亿元、13237.39亿元和17845.14亿元,分别占上海地方国有资产总量的21.9%、25.9%和35%。

表4　　2016年上海市国有资产经营规模分布情况

经营规模	国有资产(亿元)	占国有资产总量比重(%)
大型企业	11186.72	21.9
中型企业	13237.39	25.9
小型企业	17845.14	35.0
微型企业	8752.07	17.2
合　　计	51021.32	100.0

三、上海市国有资本保值增值综合分析评价

2016年,上海市市属及16个区国有资本全部实现保值增值。其中,市属国有资本保值增值率105.1%,前十大行业的保值增值率均达到105.2%。

表5　　2016年上海市国有资产地区和行业国有资本保值增值情况

地　区	国有资本保值增值率(%)	行　业	国有资本保值增值率(%)
市属	105.1	商务服务业	104.4
浦东新区	102.1	房地产业	105.4
徐汇区	105.2	道路运输业	98.4

续表

地　区	国有资本保值增值率(%)	行　业	国有资本保值增值率(%)
长宁区	103.4	货币金融服务	115.6
普陀区	110.2	汽车制造业	109.9
静安区	102.8	资本市场服务	109.6
虹口区	103.9	保险业	107.1
杨浦区	102.9	批发业	105.6
黄浦区	105.7	水的生产和供应业	100.3
宝山区	123.0	公共设施管理业	102.5
闵行区	102.5		
嘉定区	100.7		
金山区	101.4		
松江区	103.0		
青浦区	103.5		
奉贤区	114.0		
崇明区	100.5		

四、上海市国资委监管企业改革发展情况

(一)稳妥推进混合所有制改革

坚持公众公司导向,加快公司制股份制改革,市管企业实现公司制全覆盖,成为全国较早完成监管企业公司制改革的省级国资委。积极推进企业集团整体或核心业务资产上市。上海银行IPO上市,创造当年A股市场融资最大规模纪录。上海电影IPO上市,成为国内首家“专业化发行+综合型院线+高端影院经营”的上市公司。东方证券H股上市,创造本市地方国有企业“A+H”最快纪录。截至2016年底,整体上市和核心资产上市企业占竞争类产业集团总数2/3。出台本市国有企业混合所有制改制操作指引、企业增资择优确定投资人操作流程等一系列实施细则,覆盖改革决策、审计、评估、交易、职工权益保障等关键环节,打通政策落地“最后一公里”。

(二)完善制度体系,规范平台运作

优化国资平台运营机制,制定股权运作成本费用列支办法,完善国资运营平台制度体系。注入价值300亿元的国有股权,盘活存量50亿元。创新资本运作方式,“上海国企ETF基金”首募规模152.2亿元,成为2016年全球公募基金行业首募规模最大的权益类基金产品。积极发挥多层次资本市场功能,16家国有控股上市公司融资或注入资产1077.80亿元。实体经济企业控(参)股新三板企业累计37家。62家企业新发行各类债券1.69万亿元。国有企业出让产/股权项目314宗,成交金额504.55亿元。17家企业集团投入440多亿元组建或参与各类产业投资发展基金。截至2016年底,71家境内、9家境外上市公司总市值2.9万亿元,国有股市值1.2万亿元。

(三)管好国有资本,加强国资监管

以完善国资监管体制为重点,管好资本布局、规范资本运作、提高资本回报、维护资本安全。稳妥推进经营性国资集中统一监管,按照“直接监管为主、委托监管为辅”的国资监管体制要求,完成市属金融企业国资统一管理,建立完善金融企业领导人员任期考核办法等制度。市国资委直接监管企业资产总额和营业收入、利润占市属经营性国有企业总量的90%。加快国资监管机构职能转变,坚持“放管服”相结合,完成54件规范性文件的“立改废”。以自贸区制度创新为带动,加强企业章程管理、清单管理、契约管理、协同管理,9家企业完成公司章程修订,11家企业进入第二轮任期制契约化管理周期,全面落实市国资委权力和责任清单,实现国资监管信息公开。持续提升国资监管效率水平。构建“经济运行监测、风险预警跟踪、科学评估评价、事中事后监管”四位一体监管体系。落实境外投资监管措施,通过决策前加强风险研判、过程中加强运营分析,必要时派出专项审计或检查小组实地抽查,实现监管全覆盖、全流程、全方位。完成9家企业经济责任审计,推进企业集团落实整改207个问题。开展工程建设项目管理和研发平台资金使用情况专项审计、国资经营预算资金支持项目支出后评价。完成国资监管数据集中采集平台对企业集团和国资委机关处室双向覆盖,加强监管数据共享,提升监管效能。

五、上海市国资委监管企业并购重组和完善法人治理结构情况

(一)调整优化国资布局结构

发挥国有资本对全市经济发展的支撑作用,不断优化国资布局,实现产业、产品结构调整,品牌、品质能级提升,企业、行业转型升级。加快产业结构调整,制定并实施创新发展、重组整合、清理退出"三个一批"工作方案240个项目。全年新增投资4048.3亿元,同比增长14.5%,85%投入到战略性新兴产业等领域。稳妥退出清理134个不符合上海功能定位的项目和污染大、耗能高的企业。国资在战略性新兴产业、先进制造业、现代服务业、基础设施与民生保障等四大领域的集中度达到75%。深化开放性市场化联合重组,拓展产业链、提升价值链,加强与中央企业、兄弟省市国企、区属国企合作,建科院多元化改革中引入中国国新公司、上实集团,同时上实集团将上海环科、上海环评转让建科院,通过相关资源集中,提升其专业能力,为进一步推进混合所有制改革奠定基础。积极参与"一带一路"和长江经济带国家战略,8家企业投资82.5亿美元实施16个境外项目。截至2016年底,上海市拥有国有境外企业973家,资产总额5876亿元,国有权益1092亿元。

(二)完善法人治理结构

加快构建中国特色现代国有企业制度,坚持党管干部原则与董事会依法产生、依法选择经营管理者、经营者依法行使用人权相结合。完善企业领导管理体制,按照"双向进入、交叉任职"要求,竞争类产业集团基本实现党委书记、董事长"一肩挑"。以"对党忠诚、勇于创新、治企有方、兴企有为、清正廉洁"为标准,完成47家企事业单位155人次领导岗位考察选配。加强规范董事会建设,修订外部董事管理办法,明确外部董事每年向市国资委书面报告履职情况。制定专职外部董事试点方案,拓展外部董事来源,调整配备9家市管企业董监事。重视发挥外部董事在战略决策、选人用人、风险管控等方面的作用,促进董事会成为企业改革发展的决策和推动主体。监事会较好履行监督职能,出台外派监事会主席和专职监事履职目录,制定外派监事团队对董事会、外部董事履职评价办法。监事会主席围绕改革发展重点难点,深入调查研究,为企业出谋划策;开展重大事项专项检查和后评估,强化成果运用,提升监督有效性。

(三)健全长效激励约束机制

深化市管企业领导人员选任管理和薪酬制度改革,按照"市场化选聘、契约化管理、差异化薪酬"的要求,启动市管企业职业经理人薪酬制度改革试点,上海仪电、锦江国际集团等下属10余家企业试点职业经理人制度。上汽集团、上海纺织等将"容错机制"写入公司章程,制定程序性严、操作性强的个性化流程。

六、上海市国资委监管企业加快科技进步转型升级情况

(一)强化规划引领

服务具有全球影响力的科创中心建设,通过"三个坚持",不断完善国有企业科技创新的工作体系。坚持规划引领,44家企业集团完成"十三五"规划编制,27家竞争类企业完成创新转型专项规划编制,6家企业集团完成新一轮三年行动规划编制。

(二)加快机制创新

出台推动国有创投企业市场化运作、国有技术类无形资产转让等试点方案,鼓励国有企业科技创新的配套制度或方案累计达到9个。23家企业在59个项目中投入的88亿元研发等费用视同考核利润。35.48亿元国资收益以资本金方式支持重点项目。坚持引才研发,以"引进多渠道、发展宽跑道、激励双通道"为核心,全系统先后引进海外高层次人才40余名。

(三)推动转型升级

全年系统制造业企业R&D投入强度2.35%,比全市规模以上工业企业高出1个百分点,发明专利申请量增长8%,一批企业初步实现转型升级目标。上海电气自主设计的百万千瓦级超超临界二次再热高效燃煤发电机组投产,完成28台3.6MW风电机组并网发电,创造10万容量海上风电工程一年建成的"上

海电气速度”。联和投资上海兆芯国产 CPU 芯片整体性能接近世界主流水平、和辉光电完成 AMOLED4.5 代项目验收，第 6 代生产线项目工程开工。

七、上海市国资委监管企业履行社会责任情况

（一）主动服务城市社会发展，维护职工权益

2016 年，国资收益支出 97.41 亿元，其中 61.49 亿元用于服务城市社会发展和重大市政工程建设，包括补充本市社保基金 16.2 亿元，上海银行等 IPO 上市 10%国有股权价值划入全国社保基金 18.65 亿元，支持区域治理和重大工程项目 5.72 亿元。配合重大工程建设，建立涉及市属国企重大工程协调机制，落实市委、市政府“五违四必”区域环境综合整治“补短板”工程，基本完成宝山南大、黄浦江两岸公共空间贯通、北横通道等沿线国有企业搬迁清退拆违工作。保障职工基本权益和根本利益，完善工资集体协商、职工收入增长和低收入人员提低、工资集体协商机制。竞争类企业工资集体协商签约率超过 90%，预计 2016 年系统在岗职工平均工资增长不低于 11%；低收入群体占从业人员比重继续下降 0.5 个百分点。

（二）推进国有企业积极履行社会责任

制定发布上海市国有企业更好履行社会责任的若干意见，以建设责任、创新、诚信、绿色、和谐和平安国企为重点，推动社会责任融入企业运营、管理和文化建设。实施促进残疾人就业工作方案，5 家企业推出 66 个岗位招录高校残疾人毕业生。落实“产业援疆带动就业援疆”政策，“莎车页岩砖二期”等 6 个项目新增就业近千人，8 家企业推出 56 个岗位招录新疆籍上海高校毕业生。31 家企业集团综合帮扶金山、崇明、奉贤 1.57 亿元。国资国企承担全市 90%以上的天然气液化气供应，80%以上的保障房建设和旧区改造，以及城市公共交通，75%以上的自来水供应和污水处理，在临港产业园区、国际旅游度假区、虹桥商务区、世博园区、洋山港区等城市功能区域建设中发挥核心骨干作用。

（三）加强安全生产，确保社会稳定

健全安全生产“党政同责、一岗双责、齐抓共管、失职追责”责任体系，推进重点领域隐患排查治理和专项整治，未发生重特大安全生产责任事故。加强信访基础管理，实现信访“按时受理告知率、按时转送交办率、按时办结率”三个 100%，新增信访重复率为零，信访总批次、人次分别同比下降 51.99%、58.31%。

八、上海市国资委监管企业党的建设和廉政建设情况

（一）夯实党建基础，加强文化引领

认真落实全国国有企业党的建设工作会议精神，对照习近平总书记关于加强和改进国有企业党的建设，使国有企业成为“六个力量”的要求，梳理形成并推进 5 个方面 20 项重点工作、57 项具体措施。提高基层党组织能力建设，开展第三轮“万名书记进党校”培训，3000 余名党委书记参加教育培训，全年用于党员教育、帮扶等资金累计 1000 余万元；全系统 3.6 万个班组（部门、网点）实现党员全覆盖，新发展党员中生产一线占 90%，失联党员人数减少 23.8%，13.1 万党员到社区报到，7.4 万党员定期参加公益活动。加强党员队伍思想建设，以“两学一做”学习教育为核心，组织全系统 1.4 万个党组织 20.13 万名党员开展“改革当先锋、为民作表率”主题活动，选树上港集团等一批抓党建、强文化、促改革、保发展的优秀典型，35 个集体和个人被评为全国和本市优秀党员、优秀党务工作者和先进基层党组织。推动建设以“企业党组织和经营者所倡导的，为企业员工广泛认同并自觉践行的价值观和行为准则”为核心的企业文化。

（二）加强党风廉政建设，凝聚改革发展合力

完善党建工作责任体系，出台党风廉政建设责任制党委主体责任清单、制发落实意识形态工作责任制清单，9 家市管企业党建和党风廉政建设责任制执行情况纳入任期综合考评。对 49 名市/委管企业党委书记、760 名二级企业党组织书记进行党建述职评议，1300 余名基层党员职工代表对党委书记履职情况进行民主测评。标本兼治坚决惩治腐败，坚持纪律规矩

挺在前面,持之以恒落实中央八项规定。完成第三批巡视发现问题线索整改,办结市委巡视移交问题线索。严禁违规购买发放消费卡(券)专项治理取得成效。加强正面宣传引导,中央和上海市主流媒体宣传报道国资国企改革和党建成效经验累计120余篇,网络媒体转载2840余篇。加强统战、老干部和群团工作。坚持党建带群建、群建促党建,工会、女职工工作得到提高。成立市国资委团工委,构建团建联盟工作机制。

(撰稿人:张　鹏)

江苏省

2016年,面对复杂严峻的宏观经济环境,江苏省国有企业、国资监管机构认真贯彻省委省政府决策部署,坚持稳中求进工作总基调,坚持新发展理念,以推进供给侧结构性改革为主线,振奋精神,扎实工作,顺利完成全年目标任务,实现"十三五"良好开局。截至2016年底,江苏省地方国有及国有控股企业(以下简称"国有企业")资产总额92281亿元,归属于母公司所有者权益30275亿元;全年完成营业收入10181亿元,实现利润906亿元。其中,省、市国资委履行出资人职责企业(以下简称"监管企业")资产总额47835亿元,归属于母公司所有者权益14634亿元;全年完成营业收入7228亿元,实现利润720亿元。

一、江苏省国有资产监督管理工作综述

(一)企业生产经营稳中有进

一是主业竞争力进一步增强。交通控股全年完成高速公路、铁路等基础设施投资135亿元,高投集团成功中标国家中小企业发展基金,再担保公司成为全国首家获得AAA信用双评级的政策性担保再担保机构,企业主业优势和行业地位不断提高。二是新增长点日益兴起。禄口机场开通南京至温哥华国际客运航线,苏豪集团在缅甸设立服装生产基地,海企集团在坦桑尼亚建设农工贸现代产业园,华泰证券并购美国统包资产管理领域骨干企业,新兴市场特别是海外市场开拓取得重要进展。三是风险防控不断强化。省农信社推进法律、合规、内控、风险一体化管理,汇鸿集团按照上市公司规范加快内控体系建设,钟山宾馆建立集团对子企业的财务工作联系点制度,方源集团、恒实集团提升法律管理水平,省属企业"三重一大"决策制度和内部控制体系进一步完善,有效防范和控制经营风险,全年未新增重特大风险事件。

(二)转型升级取得积极进展

一是供给侧结构性改革扎实推进。省属企业紧密结合实际,发力供给侧,打好攻坚战,存货余额、资产负债率、三项费用支出均同比下降,制约企业发展的一系列短板逐步得到弥补。二是结构调整和产业升级力度加大。省属企业全年实现投资497.6亿元,96%集中在基础设施、能源资源、现代服务业、战略性新兴产业等领域;清理退出劣势企业和低效无效投资60户(项),内部资源进一步向主业集聚。中江集团推进国内工程由合作经营为主向自营实施为主转变,水源公司坚持工程建设管理与资源投资开发并重,粮食集团与沿海集团合作打造绿色生态现代农业,产业层级逐步提升。三是企业创新发展迈出新步伐。盐业集团建设高端食盐生产研发基地,金陵饭店集团对业务流程和管理体系实施信息化再造,体育产业集团在全国率先推进高速公路健身服务区建设,企业技术创新、管理创新、商业模式创新有机结合、加快推进。

(三)国有企业改革继续深化

一是组织领导持续加强。各级党委、政府和国资监管机构高度重视国有企业改革工作。泰州市成立由市政府主要领导担任组长的深化国有企业改革、强化国有资产监管工作领导小组,改革推进力度进一步加大。二是制度体系更加健全。省国资委新印发或报请省委省政府、省两办印发关于省属企业分类等顶层设计文件19个,累计达到30个,进一步健全遵循中央精神、符合江苏实际、指导全省实践的"1+N"改革制度体系。三是一系列改革举措扎实落地。农垦集团通过提升资产证券化水平发展混合所有制经济,惠隆公司着眼完善现代企业制度深化干部选用制度改

革，省属企业重点改革任务稳步推进。南京、淮安市国资委推进企业激励约束机制、内部管控体系等改革试点，无锡、连云港市国资委实现企业外部董事全覆盖，徐州、盐城市国资委妥善处置企业改革后续问题，各地国企改革成效逐步显现。

（四）国有资产监管不断改进

一是监管体制进一步完善。苏州市国资委将地方重点金融企业纳入直接监管范围，扬州市国资委分类推进行业主管部门所属企业出资人变更，宿迁市国资委开展行政事业单位下属企业剥离工作，国资委监管覆盖面进一步扩大。泰兴市组建国资管理中心履行国有资产出资人职责，县级国资管理体制在实践中发展。二是监管制度建设取得新成效。省国资委结合实际制定企业国有资产交易监督管理办法、企业国有资产评估项目公示制度、省属企业分类考核实施方案、省属企业负责人薪酬管理暂行办法等规范性文件，市县国资监管机构根据需要推进规章制度立改废释工作，国有资产监管在制度化、规范化上加快推进。三是监管效能不断增强。省国资委修订出资人审批事项清单，在2014年和2015年两次精简规范的基础上又取消、下放一批审批权力，做到法有授权必须为、法无授权不可为、清单之外无权力。省属企业监事会加强风险事前预警和过程跟踪，推动年度检查、专项检查、日常检查深度融合，问题整改率和整改质量得到提升。常州市国资委增设监事会工作处，镇江市国资委完善分类考核指标体系，南通市国资委构建外派监事会、纪检监察、审计“三位一体”风险监管机制，昆山、沭阳等县（市、区）国资监管机构加强基础和重大事项管理，国资监管针对性有效性明显增强。

二、江苏省国有资产总量与结构分析

表1　　2016年江苏省所属国有企业指标

项　　目	金　额（亿元）
资产总额	92281
所有者权益	34431
归属于母公司所有者权益	30275
国有资产总量	29545
营业收入	10181
利润总额	906
净利润	701
归属于母公司所有者的净利润	417

（一）国有企业分布情况

2016年，江苏省纳入企业国有资产统计的国有及国有控股企业（以下简称“国有企业”）数量为6404户，比上年末净增加274户，其中新增591户，主要是投资新设企业、国资监管范围扩大；减少317户，主要是关闭停业、合并重组或转让退出。

1.企业规模分析。全省国有企业中，大型企业203户、中型企业1122户、小型企业2324户、微型企业2755户，分别占全省国有企业总数的3.2%、17.5%、36.3%、43%；小微企业户数合计占全省户数的79.3%。

2.隶属关系分析。全省国有企业中，省级、市级和县区级企业的数量分别为1974户、2502户和1928户，占比分别为30.8%、39.1%和30.1%。省级企业中，省国资委监管企业及其所属子企业1383户，占省级企业户数的70.1%；市级企业中，南京市位居第一，共计516户，宿迁市仅48户；县区级企业中吴中区209户，位列各区县之首，个别县区没有列报国有企业。

3.行业分布分析。全省国有企业中，社会服务业企业1675户，占全省国有企业数量的26.2%；批发和零售业企业890户，占13.9%；工业企业873户，占13.6%；房地产企业737户，占11.5%。四个行业合计占全省户数的65.2%

表2　　2016年江苏省国有企业户数情况

项　目	2015年	2016年	比上年增长（%）
户数（户）	6130	6404	4.5

(二)国有企业资产分布情况

2016年,江苏省国有企业资产总额92281亿元,比年初增加9329亿元,增长11.2%。全省国有企业归属于母公司所有者权益30275亿元,增加3473亿元,增长13%。

1. 企业规模分析。截至2016年底,大型企业资产总额14586亿元,占全省资产总额的比重由期初的17.8%下降至15.8%;中型企业资产总额21039亿元,占比由21.8%上升至22.8%;小型企业、微型企业资产总额分别为39307亿元、17349亿元,占比分别为42.6%、18.8%。

江苏省资产规模超500亿元的企业有34户(省级企业3户),比上年增加7户;资产总额合计36171亿元,占全省资产总额的39.2%。其中资产规模超千亿元的企业有12户,资产总额合计20676亿元,占全省资产总额的22.4%。

2. 企业隶属关系分析。省、市、县三级资产总额分别达到11935亿元、38581亿元、41765亿元,分别增加74亿元、4040亿元、5215亿元,增长0.6%、11.7%、14.3%;三级资产总额占全省资产总额的比例分别为12.9%、41.8%、45.3%,市县占比超过85%。省级企业资产总额中,已列入国资委监管范围的资产总额10720亿元,占省级资产总额的89.8%。市级企业中资产总额最多的为南京市8807亿元,最少的为扬州市945亿元。

3. 行业分析。截至2016年底,78%的资产集中于社会服务业、房地产业、交通运输业、建筑业,资产总额分别为42121亿元、12868亿元、9055亿元、8495亿元,合计72539亿元;资产总额分别增长12.2%、13.7%、10.2%、15.9%。

(三)国有企业国有资产总量分布情况

2016年,江苏省国有企业所有者权益34431亿元,比年初增加4133亿元,增长13.6%;其中,归属于母公司所有者权益30275亿元,比年初增加3473亿元,增长13%。2016年,江苏省国有企业国有资产总量29545亿元,增加3356亿元,增长12.8%。

表3 2016年江苏省国有资产地区分布情况

地 区	国有资产(亿元)	占国有资产总量比重(%)
省级	2401	8.1
苏州市	5749	19.5
南京市	4201	14.2
镇江市	2331	7.9
盐城市	2273	7.7
淮安市	2020	6.8
无锡市	1991	6.8
南通市	1663	5.6
常州市	1409	4.8
连云港市	1333	4.5
泰州市	1331	4.5
徐州市	1247	4.2
宿迁市	938	3.2
扬州市	658	2.2
合 计	29545	100.0

表4 2016年江苏省国有资产经营规模分布情况

经营规模	国有资产(亿元)	占国有资产总量比重(%)
大型企业	3924	13.3
中型企业	5884	19.9
小型企业	14308	48.4
微型企业	5429	18.4
合 计	29545	100.0

表5 2016年江苏省国有资产行业分布情况

行 业	国有资产(亿元)	占国有资产总量比重(%)
社会服务业	15370	52.0
房地产业	3235	11.0
交通运输业	3005	10.2
建筑业	2400	8.1

续表

行　　业	国有资产（亿元）	占国有资产总量比重（%）
工业	1831	6.2
金融业	1158	3.9
地质勘查及水利业	594	2.0
批发和零售业	563	1.9
教育文化广播业	495	1.7
农林牧渔业	255	0.9
信息技术服务业	208	0.7
科学研究和技术服务业	201	0.7
仓储业	98	0.3
其他	132	0.4
合　　计	29545	100.0

三、江苏省国有资本保值增值情况分析

2016年，江苏省国有企业实现营业收入10181亿元，比上年增长4.3%；实现利润906亿元，下降6.5%；实现净利润701亿元，下降6.8%；其中归属于母公司的净利润为417亿元，下降16.3%。全部国有企业年初国有资本及权益总额为26188亿元，年末国有资本及权益为29545亿元，扣除当年各项客观增减因素，年末国有资本及权益为26897亿元，国有资本平均保值增值率为102.7%。

表6　2016年江苏省国有企业地区和行业国有资本保值增值情况

地　区	国有资本保值增值率（%）	行　业	国有资本保值增值率（%）
省级	107.8	邮电通信业	110.4
泰州市	105.3	金融业	108.6
无锡市	105.3	信息技术服务业	105.9
宿迁市	104.5	农林牧渔业	105.4
连云港市	103.7	科学研究和技术服务业	105.1
常州市	103.1	卫生体育福利业	104.9
南京市	102.6	教育文化广播业	104
徐州市	102.2	批发和零售业	103.4
盐城市	102.2	工业	103.1
淮安市	101.5	交通运输业	102.9
扬州市	101.3	仓储业	102.9
镇江市	100.9	社会服务业	102.2
苏州市	100.8	房地产业	101.9
南通市	100.4	建筑业	101.7

四、江苏省国资委监管企业发展改革情况

一是优化国有资本布局。省国资委贯彻落实中央和省委、省政府关于优化国有资本布局结构的决策部署，通过多次调研和反复论证，形成省属企业布局结构优化调整的工作方案，报省政府。针对部分国有企业主业数量多、业务广而不精等问题，明确要求省属企业准确把握好发展战略定位，聚焦发展主业。省国资委对所监管企业“十三五”期间的主业严格把关，重新界定，基本将主业数量控制在3个以内，并且主业之间能够相互关联。优化资本投向，从严管控非主业投资，推动各类资源向主业集聚，切实压降辅业占用资源比例。2016年，省国资委监管企业围绕主业新增投资96%以上集中在基础设施、能源资源、现代服务业、高新技术产业和战略性新兴产业等领域。截至2016年底，全省国有及国有控股企业资产规模超千亿元的有12户、净资产超过200亿元的有32户。

二是供给侧改革有力推进。省属企业紧密结合实际，发力供给侧，打好攻坚战。在去产能方面，徐矿集团完成夹河、庞庄等6对矿井的关闭工作，压减煤炭产能790万吨，原煤产量1644万吨，下降24.69%；去库存方面，省属企业存货余额521.5亿元，下降10.7%；去杠杆方面，银行借款余额1546.7亿元，下降1.6%，货币资金余额2128.2亿元，增长11.6%，企

业总体资产负债率65.47%;降成本方面,营业成本下降4.3%、财务、销售、管理三项费用支出下降6.56%;补短板方面,梳理出制约改革发展的一系列问题,有针对性地制定解决措施。随着"三去一降一补"深入推进,国有资本加快向重要行业、关键领域和企业主业集中。

三是完善法人治理结构。省国资委会同省委组织部,着力推进省属企业制定落实"三重一大"决策制度实施办法,厘清党委会、董事会等决策主体的决策边界,规范公司治理。加强董事会建设,积极开展外部董事试点工作,先后为中江国际集团、国信集团等5户省属企业新配备6名外部董事,累计有9家企业参与试点,在职外部董事13名。探索建立专职外部董事制度,召开省属企业专职外部董事工作座谈会,完成起草《江苏省省属国有独资公司专职外部董事管理办法(试行)》,修订完善省属国有独资企业董事会及董事评价办法,加强对董事会和董事履职情况的管理。依法推选职工董事配备。水源公司等6家企业按照规定程序,先后配齐职工董事,实现省国资委监管企业职工董事的全覆盖。根据国务院《关于建立国有企业违规经营投资责任追究制度的意见》,制定出台《江苏省省属企业违规经营投资责任追究办法》,对于资产损失程度的划分标准进行明确。

四是稳妥处置"僵尸企业"。省国资委组织省属企业连续7年对劣势企业和无效低效投资进行清理,重点清理四类控股企业(停业、资不抵债、连续三年以上亏损、三级以下)和三类参股投资(连续三年以上无收益、余额300万元以下、三级及以下企业投资),近年来已累计清理整合相关企业和项目近300户(项)。稳妥处置"僵尸企业"。按照"停业、连续三年以上亏损且严重资不抵债"的标准筛选出"僵尸企业"124户,计划在3年内全部出清。2016年,省属企业通过清算注销、产权转让、重组整合等方式完成清理退出"僵尸企业"22户。

五是创新驱动深入推进。省国资委积极推进全省国有企业技术创新,形成技术创新能力和质量效益水平同步提升的良好局面。截至2016年底,全省国有企业有154户子企业被列为省级及以上科技创新型企业。已建立产学研机构的国有企业有97户,有76户企业分别成立博士后工作站、院士工作站和技术中心,其中,国家级博士后工作站12个,省级博士后工作站13个,院士工作站12个,技术中心93个。省盐业集团在企业改革发展中以创新驱动提升企业核心竞争力,全年多个科技项目取得实质进展,盐化工新材料技术中心被认定为国家级企业技术中心,全卤制碱项目被列入2016年国家绿色制造系统集成项目。省农垦集团加大药业板块研发,2016年药业板块营业收入121亿元,同比增长15%;利润总额31.03亿元,同比增长23.41%。2016年,汇鸿集团联合江苏省经信委、江苏省工业设计协会成功举办首届"汇鸿杯"创新设计大赛,征集作品1000多件,5项获奖作品已经与集团相关公司签署合作协议,多件入围作品已经研发成型并获得国外订单。省高投集团从成立至2016年底,累计组建各类基金70支,管理规模超过700亿元,投资企业650家,其中90%是创新创业企业,助推86家企业在境内外资本市场成功上市、借壳或并购重组,还积极联合其他机构发起成立江苏省投贷联动合作联盟、江苏人才创新创业众投联盟、江苏省天使投资联盟等,推动区域创新创业服务资源开发共享,为双创企业提供综合金融服务。

五、江苏省国资委监管企业并购重组和完善法人治理结构情况

一是积极推动国有企业改制上市。按照国家有关规定,对紫金农商行、江苏国泰股份有限公司、苏州规划设计研究院股份有限公司、南京证券股份有限公司等13户拟上市公司进行国资管理审核,向省政府办公厅出具确认其历史沿革合法合规性的答复意见。对江苏银行、苏州银行、无锡国联证券、江苏东强股份有限公司4户企业境内外IPO的国有股转持方案进行确认,排除影响企业上市的障碍。2016年,国有控股及参股企业的江苏银行、井神盐化、弘业期货、无锡农商行、常熟农商行、张家港农商行成功登陆境内外资本市场,截至2016年底,全省国有控股上市公司49户。江苏农垦农业发展股份有限公司、江苏金融租赁股份有限公司、常州恐龙园股份有限公司、苏州工业

区中新集团股份有限公司、苏州银行等企业IPO申报材料上报中国证监会审核。

二是加大国有控股上市公司并购重组力度。认真做好上市公司资产重组方案审核、资产评估结果备案以及募集配套资金、交易作价、业绩补偿等事项的审核把关工作。省农垦集团所属企业参与上市公司西仪股份、常林股份资产重组，上市公司南京港、大港股份发行股份购买资产，江苏国泰、无锡华光股份发行股票吸收合并整体上市方案顺利实施。2016年12月，"＊ST舜船"通过破产重整、资产重组同步推进的方式，成功实现国信集团信托、火电等核心资产上市，成为资本市场重大无先例的经典案例，上市后国信集团能源板块资产证券化率由13%上升到73%，控股的金融资产证券化率由35%上升到62%，大幅提升集团整体国有资产证券化的水平。

三是努力培育上市资源。指导和帮助具备上市条件的省属和市县属企业实施股份制改造，严格按照国家法律法规和政策规定，把好改制方案审核关口，防止国有资产流失。2016年，省国资委对南京天印科技有限公司、江苏一号农场科技股份有限公司、南京凯基生物科技发展有限公司、苏州东吴保险经纪股份有限公司、无锡国联期货股份有限公司、南通飞立股份有限公司、盐城悦达资本股份有限公司、淮安淮信科技有限公司、徐州九州生态园林股份有限公司、连云港中荷花卉种球有限公司等39户拟上市公司股份制改造方案及其股本设置、国有股东身份进行确认，为企业境内外IPO及在新三板挂牌上市奠定基础。在审核确认拟上市公司国有股权历史沿革合规性过程中，追缴苏州市、南通市3户企业应缴未缴国有资产占用费1275万元，维护国有资本权益。

截至2016年底，省国资委监管企业控股、实际控制的9户上市公司净资产1475.81亿元，按净资产占比计算省属企业资产证券化率为41.56%。

四是以上市为主要途径开展混合所有制改革，多措并举发展混合所有制经济。根据中央有关国有企业发展混合所有制经济的意见，江苏省研究出台《省政府关于国有企业发展混合所有制经济的实施意见》(苏政发〔2016〕28号)；会同省财政厅、江苏证监局联合印发《转发国务院国资委等部委〈关于国有控股混合所有制企业开展员工持股试点的意见〉的通知》。初步建立遵循中央精神、符合江苏实际、指导全省实践的混合所有制改革制度体系。混合所有制改革制度框架基本建立后，江苏省国有企业按照上级文件精神，采取多种形式稳妥推进混合所有制改革。在以上市为主要途径开展混合所有制改革的同时，积极拓宽混合所有制改革渠道，通过新办企业、引进战略投资者、员工持股试点、设立股权投资基金等方式发展混合所有制经济，积极探索省属企业集团层面混合所有制改革的实现形式。2016年，禄口机场空港机电有限公司、徐矿集团所属医疗企业、苏豪控股爱涛物业有限公司等企业混合所有制改革顺利实施。其中，徐矿集团通过引入复星医药、泰康人寿设立徐州淮海医院管理有限公司，引入资金10亿元；南京禄口国际机场有限公司所属独资子公司南京空港机电有限公司，通过产权交易市场公开征集2家民营股东投资人，引入增量资金1995万元。截至2016年底，省国资委监管的国有控股、国有实际控制和国有参股企业户数为1155户，占企业总户数的60.6%。通过混合所有制改革，国有企业建立较为规范的法人治理结构，经营活力得到进一步增强。

五是稳妥推进混合所有制企业员工持股试点工作。省委省政府高度重视国有控股混合所有制企业开展员工持股试点工作，国资委牵头做好改革的总体方案，研究确定混合所有制改革员工持股试点企业。为贯彻执行好《试点意见》，规范有序推进江苏省国有控股混合所有制企业员工持股试点工作，省国资委制定混合所有制企业员工持股方案，会同财政厅、证监局选定10户试点企业，逐户下达启动试点的通知。根据试点企业不同类型，因企施策，指导企业制定改革方案；督促试点企业加强组织领导，周密组织实施，按时序进度要求，依法依规、稳妥开展试点工作。

六、江苏省国资委监管企业建立和完善经营业绩考核体系情况

2016年，省国资委根据《江苏省省属企业负责人年度经营业绩考核暂行办法的通知》(苏国资〔2009〕

89号)规定,认真开展企业负责人经营业绩考核工作。一是下达2016年度经营业绩考核目标值。根据企业前三年历史数据分户测算确定2016年度负责人经营业绩考核目标并经委务会通过后下达给企业;二是完成2015年度经营业绩考核工作。2016年在中央企业新的经营业绩考核办法未出台情况下,省国资委印发《关于明确2015年度省属企业负责人经营业绩考核有关问题的通知》,解决原经营业绩考核办法与新薪酬办法的衔接问题,保证2015年度经营业绩考核工作的顺利完成。经过认真测算和严格考核,2015年度省属企业主要负责人经营业绩考核结果为A级11户,B级7户。

根据《中共江苏省委、江苏省人民政府关于深化国有企业改革的实施意见》(苏发〔2016〕2号)部署要求,参照国务院国资委、财政部联合印发的《关于完善中央企业功能分类考核的实施方案》(国资发综合〔2016〕252号),于2016年12月制定印发省属企业分类考核实施方案,明确分类考核的总体要求、基本原则、考核重点、突出内容、结果运用。

根据2016年12月出台的《中央企业负责人经营业绩考核办法》(国资委令第33号),结合前期对浙江、安徽等省考核情况调研结果,再次修改完善江苏省省属企业负责人经营业绩考核办法,增加任期考核内容,强化分类考核,引入目标管理等相关内容。待中央细则出台后进一步补充完善,正式印发。

七、江苏省国资委监管企业负责人考核和选人用人机制改革情况

一是认真做好省属企业领导人员调整配备工作。根据企业改革发展实际需求,做好部分领导班子调整工作。2016年,调整配备省属企业领导班子副职、董事、总会计师18人以及党委副书记、纪委书记、党委委员6人。

二是进一步加强省属企业董事会建设。选优配强外部董事,推动董事会运行正常化规范化。为国信集团、交通控股、苏豪集团、徐矿集团、粮食集团5户企业新配备6名外部董事,分别是:上海丰树管理有限公司物流开发首席执行官吴财文、中国电力投资集团江苏公司原党组书记、总经理顾新,河海大学商学院教授许长新,南京大学新闻传媒学院教授、硕士生导师周凯,江苏高科技投资集团有限公司原董事长徐锦荣,南京财经大学原校长、党委副书记徐从才。定期召开省属企业外部董事工作座谈会,总结外部董事制度试点工作的经验,研究解决董事会建设存在的问题与困难。专题研讨外部董事工作。探索建立专职外部董事制度,起草专职外部董事管理办法。组织国信集团、交通控股 、粮食集团3户企业依法推选职工董事,充分发挥职工代表在企业重大问题决策中的参与和监督作用,促进董事会民主决策。

三是进一步加强企业人才队伍建设。配合省委组织部组织国有企业赴海外和国内一流高校集中招引人才。积极贯彻江苏省"十大领域海内外引才行动计划",组织省属企业赴法荷意三国举办文化产业领域引进海外高端人才暨跨境项目合作洽谈会,8家省属企业和高校拿出高端岗位40个、跨境合作项目46个,现场有117个项目54名高端人才达成合作意向,2个欧洲中心揭牌;赴美英港举办金融领域引进海外高端人才暨跨境项目合作洽谈会,8家省属企业提供50多个岗位需求和20多个合作需求,吸引363名金融、经济、大数据等专业的优秀人才参会,正式签约项目5个,意向引进高端人才和项目团队82人(个);赴清华北大开展专场招聘,由企业董事长或总经理带队,与人才面对面交流,对急需紧缺的特殊人才,进行现场面试,达成就业意向82人。

四是探索选人用人机制改革。积极探索党管干部原则与市场化配置企业经营管理者相结合的有效途径,指导部分省属企业在其二级企业按市场化方式选聘和管理职业经理人。开展试点的二级企业是江苏金融租赁股份有限公司。该公司对职业经理人全部实行市场化聘任管理,聘期三年,首次聘任试用期一年,强化业绩考核,专门聘请外部咨询机构参与考核,考核结果报提名与薪酬委员会备案,考核结果与薪酬和是否续聘紧密挂钩。体育产业集团注重建章立制,通过制定出台职业经理人管理暂行办法等规定,对职业经理人试点工作进行规范。

八、江苏省国资委监管企业党的建设和廉政建设情况

2016年，省属企业党委认真贯彻党的十八大和十八届三中、四中、五中、六中全会精神，深入贯彻习近平总书记系列重要讲话精神，落实全面从严治党要求，围绕做好党建工作、促进改革发展的目标，扎实开展"两学一做"学习教育，较好完成各项工作任务，党建工作取得新进展。

一是认真研究谋划年度工作。2016年2月，召开省属企业党建工作领导小组成员会议，对省属企业全年党建工作提出明确要求，并结合省属企业实际研究制定党建工作要点，推动《关于进一步推进省属企业全面从严治党的意见》落到实处，对省属企业全年党建工作特别是省委组织部提出的七项重点工作进行部署，坚持把党建工作目标与企业生产经营任务同谋划、同部署、同落实。召开省属企业学习型党组织建设推进会，为省属企业领导班子成员配发学习型党组织读书账号。要求省属企业把党组织建设的目标任务要求写入"十三五"规划，贯彻落实把党的建设工作写入企业章程。

二是扎实开展"两学一做"学习教育。根据中央和省委统一部署，组织省属企业各级党组织和广大党员扎实开展"两学一做"学习教育。印发《"两学一做"学习教育实施办法》，认真开展督导，推动企业各级党组织和广大党员"学"出精神，"做"出成效。为企业基层支部和全体党员发放《党章》《习近平总书记系列重要讲话读本》等学习资料5.38万册，确保全覆盖。通过参加动员会，设立联系点，指导企业各级党组织以问题为导向，制定学习计划，推动学习教育精准化、常态化、立体化。通过党委中心组专题学习、党委书记上党课，组织开展各类集中学习培训190多场次。认真抓好"两学一做"学习教育督导，先后开展集中检查和"千组万支"检查督导，深入企业各级党组织了解学习教育开展情况，检查调研15户企业50个不同类型党支部，推动学习教育更加规范有序开展。

三是大力推进基层党建重点任务落实。充分发挥先进典型的示范引领作用。2016年3月，在省属企业各级党组织和广大党员中集中开展主题教育活动，组织400名党员到雨花台烈士陵园凭吊先烈。江苏交通控股公司党委被表彰为全国先进基层党组织，1个单位、2名个人被表彰为全省先进基层党组织、全省优秀党务工作者和优秀共产党员。组织编写《党建工作丛书》，制作《党的十八大以来省属企业党建工作巡礼》电视片。2016年6月27日，隆重召开省属企业庆祝建党95周年暨优秀共产党员表彰会，表彰122名优秀共产党员，组织1400余人开展赞党颂党主题歌咏会。做好省属企业省第十三次党代会代表推选工作。2016年8月，根据省委有关通知精神，召开省属企业党代表选举工作部署会议，严格要求，严格程序，严肃纪律，规范操作，组织省属企业各级党组织采取自下而上、上下结合、充分酝酿的办法开展党代表推选工作。2016年9月30日，召开省国资委所属企业党代表会议，顺利选举产生19名出席省第十三次党代会代表。认真贯彻全国国企党建工作会议精神。2016年10月13日，召开省属企业党委主要负责同志座谈会，传达学习全国国企党建工作会议精神，统一思想，提高认识，明确目标，落实责任，把思想和行动统一到习近平总书记重要讲话精神上来。做好发展党员工作。制定省属企业2016年度党员发展计划，要求企业严格执行有关规定，加大在一线职工中发展党员力度，全年发展党员297名。在省委党校举办2期省部属企业、科研院所入党积极分子培训班，培训入党积极分子259人。

四是认真做好党建基础性工作。为宣传国有企业党建工作，2016年3月挂牌成立《国企·党建》杂志江苏工作站。2016年11月，由省国资委分管领导带队，围绕贯彻落实全国国企党建工作会议精神，对省属企业党建工作进行调研，探索新形势下加强和改进党建工作的新思路、新办法、新举措。编印《党建工作动态》10期，及时反映省属企业深化改革、加强党建工作的特色做法和创新工作。为企业配发《入党积极分子登记表》《预备党员考察表》《入党志愿书》900余份，征订《国企党建》1500余册，配发《组织生活手册》《支部工作本》3000余册，为企业接转党员组织关系1200余人次。与新华网合作，建立江苏国企党建微信公众号，全年编发国企党建信息37期。

（撰稿人：程　欣）

浙江省

一、浙江省国有资产监督管理工作综述

2016年,浙江省各级国资监管机构和国有企业认真贯彻落实省委、省政府决策部署,坚持以提高质量效益为中心,以供给侧结构性改革为主线,扎实做好国资国企改革发展各项工作,保持国有经济稳中向好态势,实现“十三五”良好开局。

2016年,浙江省国有企业累计实现营业收入11165.4亿元、利润总额674.8亿元,分别较上年增长7.8%、13.8%;年末资产总额64749.4亿元、净资产22648.9亿元,分别较上年增长14.7%、13.3%。其中,省国资委监管的省属企业全年累计实现营业收入6247.5亿元、利润总额304.7亿元,分别较上年增长2.3%、21.1%;年末资产总额9489.4亿元、净资产3811.4亿元,分别较上年增长1.6%、7.7%。

(一)强化责任担当,服务大局体现新作为

紧扣省委、省政府决策部署,狠抓重点任务落实,有效服务全省大局。一是服务保障峰会。将服务保障G20峰会作为一项重大政治任务,圆满完成机场、高速公路、油气、场馆等数十项工程改造建设,扎实做好综合整治、交通保障、接待服务、环境保护、安全维稳等工作,为峰会成功举办贡献国企力量。二是推进重组整合。按照全省港口一体化的部署,以省海港集团为平台,完成沿海五大港口和义乌陆港的资产整合;按照补齐交通基础设施建设短板的部署,合并重组省交通集团、省铁路集团,并划入省交通规划设计研究院,做强做大省级交通投融资平台;按照产业转型升级和城市布局调整的部署,平稳有序关停杭钢集团半山基地,加快半山基地资产处置和新产业发展谋划,成为全国城市钢厂关停的典范。三是优化国资布局。按照转型升级系列组合拳的部署,编制实施《省属企业改革发展“十三五”规划》,明确19家省属企业的功能定位,完成各企业主业的重新核定,并出台《省属国有资本布局结构调整优化实施方案》,引导国有企业更好服务全省发展大局。四是扩大有效投资。深入实施项目推进战略,持续抓好基础设施建设、传统产业改造、新产业拓展等重点领域投资。2016年,甬台温、金丽温输气管道主干线等工程基本贯通,全省天然气县县通工程和杭绍台高铁、杭海城际铁路等PPP项目陆续开工。省属企业全年累计完成投资总额760亿元,超过年度目标任务10%。

(二)着力攻坚探索,深化改革取突得新进展

抓好“四个重点”。一是完善改革配套政策。按照中央顶层设计,结合浙江省具体实际,2016年制定出台10多项改革配套政策文件,累计已有20多项,形成浙江省深化国企改革“1+N”文件体系,为后续因企施策、分类改革提供“施工图”。二是推进企业改革重组。制定《省属企业“一企一策”深化改革方案》,加快巨化、二轻、杭钢等集团本级公司制改革。在抓好大交通领域资产整合的同时,加快整合省属医疗、职教、环保、金融等领域资源,相继组建省医疗健康集团、省职业教育集团、省环保集团,以浙江东方为平台打造金融类国有控股上市公司,并推动组建省数据管理公司,作为省属相关产业的发展平台。三是实施国有资产证券化。把加快资产证券化作为深化国企改革、提升治理能力、发展混合所有制经济的主攻方向,全年重点推进宁波港、杭钢股份、浙江东方等重大资产重组,完成省建设集团、浙江交工、浙江外事旅游等公司股份制改造,并有巨化集团、机电集团所属2家公司在新三板挂牌。省属企业资产证券化率51.8%,比2015年末增加5.3个百分点。四是推进改革试点落地。将试点作为推进改革重要抓手,结合实际开展组建国有资本运营公司、职业经理人制度、混合所有制企业员工持股等12项试点工作。其中省国资运营公司已正式成立,物产中大集团正在招聘职业经理人,国有企业“三供一业”分离移交在全省布置,首批5家员工持股试点企业名单也已公布。

(三)坚持提质增效,转型发展呈现新成效

以组织开展“提质增效年”活动为抓手,全力落实“三去一降一补”五大任务。去产能方面。完成17家

省属"僵尸企业"处置,并着力抓好钢铁、海运等领域过剩产能化解。通过关停杭钢半山基地,压减150万吨炼钢产能,带动全省钢铁去产能五年任务一年完成;对省交通集团海运板块3家企业实施破产清算。去库存方面。按照国家分类调控要求,结合实际重点解决房地产去库存问题。完成省商业集团嘉凯城股权债权转让,改善企业财务状况;挂牌出让物产中大集团所属15家房地产项目公司,推动传统房地产业务向养老、代建等服务转型。在房地产去库存带动下,2016年省属企业存货减少450亿元,下降31.6%。去杠杆方面。推动企业深度对接资本市场,着力在优化融资渠道、扩大直接融资、加大银企合作上下功夫。省属企业2016年发行各类债券23单,合计金额349亿元,可节约财务费用9亿元。同时,通过上市公司资本运作,募集资金57亿元。降成本方面。推动企业加大降本增效力度,加强成本费用管控,压缩非生产性支出,加快应收款回收和存货清理。2016年省属企业成本费用增长2.2%,低于营业收入增幅1个百分点;成本费用利润率为5%,同比增加0.7个百分点;年末"两金"占用比例为15%,同比减少4个百分点。补短板方面。贯彻落实省委部署要求,认真开展"补短板"工作,加大抓项目拓市场、抓创新建平台、抓管理防风险、抓班子强队伍等工作力度,着力查找补齐质量效益、创新驱动、管理运营、能力素质等方面的短板问题。

(四)完善监管体系,监管效能得到新提升

以管资本为主转变职能、改进方式、加强监管,提高监管针对性有效性。一是推进职能转变。对接国务院国资委职能转变方案,梳理研究省国资委职能转变和内设机构调整方案。制定出台明确省属企业功能定位实施分类监管意见、企业负责人经营业绩考核与薪酬核定暂行办法,加快推进分类监管、分类考核。研究起草省属国家出资企业统一监管办法,明确省级部门所属经营性资产划转交接工作流程,并将浙江环科咨询公司纳入监管体系。二是突出监管重点。通过出台贯彻《企业国有资产交易监督管理办法》(国务院国资委、财政部令第32号)通知、《上市中介机构选择管理意见》《加强企业内部审计通知》等制度文件,规范和强化重点环节的出资人监督;通过出台《兼职外部董事管理办法》《专职监事管理办法》《职业经理人制度建设意见》《中层队伍建设意见》等制度,促进企业法人治理结构建设和人员队伍建设。三是破解重点问题。紧扣风险防范化解问题,组织开展专项行动,全面排查梳理企业经营风险,形成风险排查情况报告,结合监事会专项检查等工作开展,督促企业细化整改措施,完善内控体系,强化问责追究,维护国有资产安全。紧扣解决历史遗留问题,开展企业办社会职能等专项调查,进一步摸清企业情况底数,积极反应存在困难和政策诉求,为后续工作推进打下基础。四是加强外部监督。理顺外派监事会体制机制,出台《专职监事管理办法》,提升监事会成员履职能力。完善监事会履职报告制度,向省政府逐户报告年度监督检查情况。督促企业做好重大信息公开,广泛接受社会监督。

(五)强化国企党建,从严治党形成新局面

落实全面从严管党治党责任,强化国有企业组织和队伍保障。一是健全党组织参与重大决策机制。把加强党的领导和完善公司治理统一起来,全面推行"双向进入、交叉任职",全省85.3%的国有企业党组织班子成员通过法定程序进入董事会、经理层,为企业党组织参与重大问题决策、发挥政治核心作用提供组织保证。二是严格落实党建工作责任。制定实施省属企业党委党建工作"责任清单",全面推行党组织负责人党建工作述职评议,组织开展"一企一品"党建品牌创建活动和党员组织关系排查、基层党组织换届等专项检查,深化"两学一做"学习教育,夯实基层党建工作基础。三是加强企业领导班子建设。研究完善企业领导人员管理体制机制、考核评价体系等改革思路,探索分层分类管理,促进干部能上能下。2016年,调整配备8家企业20名领导人员,其中部分不胜任、不称职人员被免去职务。四是加强国企党风廉政建设。全面落实党风廉政建设责任制,开展"廉洁国企"建设主题教育和廉洁风险问题线索排查,严肃查处违纪行为,营造风清气正良好环境。配合做好省委专项巡视,认真抓好巡视发现问题整改。2016年,浙江省加强国企党建工作12条做法获中组部肯定,并在《组工通讯》全文刊登。

二、浙江省国有资产总量与结构分析

2016 年,浙江省(含宁波市,下同)上报国有企业 8313 户,比上年同期增长 2.5%;年末资产总额 64749.4 亿元,比上年同期增长 14.7%;所有者权益 22648.9 亿元,比上年同期增长 13.3%,其中归属于母公司所有者权益 20078.1 亿元,比上年同期增长 13.5%。

2016 年,浙江省国有企业实现营业总收入 11165.4 亿元,比上年同期增长 7.8%;利润总额 674.8 亿元,比上年同期增长 13.8%;实际上缴税金 514.6 亿元,比上年同期增长 2.9%。全年平均总资产报酬率为 1.88%,比上年同期下降 0.11 个百分点;平均净资产收益率(含少数股东权益)为 2.4%,比上年同期增加 0.06 个百分点。

表 1　2016 年浙江省所属国有企业指标

项　目	金　额(亿元)
资产总额	64749.4
所有者权益	22648.9
营业收入	11165.4
利润总额	674.8
净利润	510.3
归属于母公司所有者的净利润	374.7
应交税金总额	524.1
实际上缴税金总额	514.6

表 2　2016 年浙江省国有企业户数情况

地　区	户数(户)	比上年增长(%)
全省汇总	8313	2.5
省本级	2797	−0.4
省级监管	1900	−3.5
省级部门	897	6.8
市县汇总	5516	23.4
其中:杭州市	1207	2.8
宁波市	782	0.4
温州市	845	2.1
嘉兴市	735	0.8
湖州市	172	52.2
绍兴市	491	9.6
金华市	350	6.4
衢州市	105	22.1
丽水市	152	0.7
台州市	288	2.1
舟山市	389	2.6

表 3　2016 年浙江省国有资产地区分布情况

地　区	国有资产(亿元)	占国有资产总量比重(%)
全省汇总	19724.3	100.0
省本级	3192.2	16.2
其中:省级监管	2573.5	13.0
省级部门	618.7	3.1
地市汇总	16532.1	83.8
其中:杭州市	4735.4	24.0
宁波市	3202.1	16.2
温州市	1573.6	8.0
嘉兴市	1885.0	9.6
湖州市	1027.5	5.2
绍兴市	1670.8	8.5
金华市	602.6	3.1
衢州市	277.2	1.4
丽水市	372.2	1.9
台州市	495.3	2.5
舟山市	690.1	3.5

2016 年,浙江省国有资产总量 19724.3 亿元,比上年增长 14.4%,增幅较上年增加 1.6 个百分点。

从地区分布看,地市级企业国有资产总量比重有所上升，杭州和宁波占全省的40.2%。省级企业国有资产总量为3192.2亿元，同比增长8.1%，占全省年末国有资产总量的16.2%，所占比重较上年减少0.9个百分点。其中，省国资委监管企业国有资产总量2573.5亿元，同口径增长7.0%，占全省的13%，所占比重较上年减少0.9个百分点；省级部门企业为618.7亿元，占全省的3.1%，所占比重比上年同口径减少0.1个百分点。市县企业国有资产总量为16532.1亿元，增长15.7%，占全省的83.8%，同比增加0.9个百分点。

从各市情况看，杭州市国有资产总量以4735.4亿元位居第一，宁波市以3202.1亿元排在第二位，两市合计占市县企业国有资产总量的48%，占全省企业国有资产总量的40.2%。嘉兴、绍兴、温州和湖州分别达到1885亿元、1670.8亿元、1573.6亿元和1027.5亿元，四市合计占全省企业国有资产总量的31.3%。其他各市的企业国有资产总量均在1000亿元以下，合计占全省企业国有资产总量的12.4%。从各市增长情况看，增加最多的是杭州市、宁波市，分别增加584.8亿元、513.6亿元，增长14.1%和19.1%；其次是绍兴和湖州两市，增加额分别为260.8亿元和238.2亿元，分别增长18.5%和30.2%。

从行业分布看，社会服务业、交通运输业、房地产业和工业是浙江省国有资产总量的主体。社会服务业以其拥有全省55.1%的国有资产总量位居各行业之首，所占比重较上年增加1.9个百分点；其次是交通运输业拥有全省12.8%的国有资产总量；再次是房地产业和工业分别占10.6%和9.2%，四者合计占全省企业国有资产总量的87.7%。另外，建筑业、批发零售业、地质勘查水利业和金融业分别占3.4%、2.8%、2.2%和2.1%，其他行业合计占全省企业国有资产总量的1.7%。

表4　2016年浙江省国有资产行业分布情况

行　　业	国有资产（亿元）	占国有资产总量比重(%)
社会服务业	16255.1	55.1
交通运输业	3772.4	12.8
房地产	3114.1	10.6
工业	2712.9	9.2
建筑业	1011.5	3.4
批发零售业	817.9	2.8
地质勘查水利业	662.7	2.2
金融业	618.3	2.1
其他行业	512.5	1.7

注：行业结构分析为汇总数据，不考虑合并抵消因素。

从企业规模看，小微企业占七成以上。2016年，浙江省国有企业中，小型企业国有资产总量为13838.6亿元，占全省国有企业的46.9%；微型企业7232.9亿元，占到24.5%，两者合计占全省国有企业的71.5%。大型企业国有资产总量为4308亿元，占全省国有资产总量的14.6%，次于微型企业；中型企业国有资产总量占比最低，总量为4097.8亿元，占全省的13.9%。

表5　2016年浙江省国有资产经营规模分布情况

经营规模	国有资产（亿元）	占国有资产总量比重(%)
大型企业	4308.0	14.6
中型企业	4097.8	13.9
小型企业	13838.6	46.9
微型企业	7232.9	24.5
合　　计	29477.3	100.0

注：规模结构分析为汇总数据，不考虑合并抵消因素。

三、浙江省国有资本保值增值综合分析评价

2016年，浙江省国有企业实现利润总额674.8亿元，同比增长13.8%；实现净利润510.3亿元，同比增长16.4%；实现归属于母公司所有者的净利润374.7亿元，同比增长9.5%。从相对指标来看，全年平均总资产报酬率为1.88%，同比减少0.11个百分点；平均净资产收益率（不含少数股东权益）为2.4%，同比增加0.06个百分点。全省国有企业国有资本保值增值率为102.2%。

2016年,省级企业实现利润总额417.16亿元,同比增长14.1%,市县企业实现利润257.62亿元,同比增长13.3%。从11市利润排名情况看,金华、嘉兴和丽水较上年上升1位,温州较上年上升2位,舟山较上年上升3位,宁波、湖州、台州较上年下降1位,绍兴下降5位,杭州、衢州排名不变,杭州保持第一位。

从各地相对获利能力看,杭州和金华较强,净资产收益率(含少数股东权益)分别为2.9%和2.4%。此外湖州、衢州获利能力较好,全年净资产收益率达到2%及以上,分别为2.2%和2%。其他各市资产运行效益较差,净资产收益率在1%以下,绍兴和宁波两市资产运行效益最差,净资产收益率分别为-0.6%和-0.3%。

表6　2016年浙江省国有企业地区和行业国有资本保值增值情况

地　区	国有资本保值增值率(%)	行　　业	国有资本保值增值率(%)
全省汇总	102.2	全省汇总	102.2
省本级	107.2	信息技术服务业	116.5
其中:省级监管	105.0	邮电通信业	114.0
省级部门	116.0	批发零售业	113.4
地市汇总	101.3	金融业	111.5
其中:杭州市	103.1	工业	107.6
宁波市	99.4	科学研究和技术服务业	103.3
温州市	99.9	社会服务业	102.4
嘉兴市	101.8	农林牧渔业	102.1
湖州市	102.5	建筑业	102.0
绍兴市	99.2	教育文化广播业	101.8
金华市	100.9	交通运输业	100.5
衢州市	107.6	房地产业	100.4
丽水市	100.1	地质勘查水利业	100.3
台州市	100.4	卫生体育福利业	100.0
舟山市	100.3	仓储业	98.6

从各地区情况看,省本级企业国有资本保值增值率为107.2%,其中省国资委监管企业国有资本保值增值率105%,省级非监管企业国有资本保值增值率116%。在11个地市中,衢州市以107.6%的国有资本保值增值率位列各市首位,杭州和湖州分别以103.1%和102.5%紧随其后,除宁波、温州、绍兴三市国有资本保值增值率低于100%以外,其他各市均实现保值增值。

从行业情况看,信息技术服务业保值增值率最高,达到116.5 %;其次是邮电通信业,保值增值率为114%;再次是批发零售业,保值增值率为113.4 %。除仓储业以外,其他各行业均实现全行业保值增值。

从单户企业看,全省8313户国有及国有控股企业中,实现国有资本保值增值的有5559户,占66.9%,较上年增加0.3个百分点,其中实现国有资本增值的有4702户,占56.6%,实现国有资本保值的有857户,占10.3%。2016年,企业国有资本未能实现保值增值的有2754户,占33.1%。

四、浙江省国资委监管企业改革发展情况

(一)完善改革政策体系

按照中央"1+N"政策体系的要求,认真开展省属企业改革政策研究,加快完善省属企业改革制度体系,进一步增强改革工作的系统性、针对性、有效性。根据国务院国资委《关于国有企业功能界定与分类的指导意见》(国资发研究〔2015〕170号)及浙江省政府常务会议精神,起草《关于明确省属企业功能定位实施分类监管的意见》,提请浙江省政府办公厅正式印发(浙政办发〔2016〕32号),明确19家省属企业集团本级的功能定位和类别,为因企施策、分类推进改革发展、优化布局、加强监管提供前提依据。研究起草《省属企业"一企一策"深化改革总体方案》,谋划改革施工路线图。研究出台《省属国有资本布局结构调整优化实施方案》《省国有资本运营公司运营管理方案》《关于贯彻落实国资发改革〔2016〕133号文件精神开展国有控股混合所有制企业员工持股试点工作有关事项的通知》和《浙江省国有企业职工家属区"三供一业"分离移交工作方案》等政策文件。

(二)推进省属企业改制上市

贯彻落实省属国有资产证券化工作实施意见和总体方案，积极开展省属企业公司制股份制改革和上市培育工作，着力提升国有资产证券化水平。一是推动建设集团整体上市。牵头协调省建设集团企业离退休人员统筹外费用等历史遗留问题，审核批复整体上市实施方案(浙国资企改〔2016〕2号)，指导企业做好股份制改革、资产剥离重组等相关工作。目前省建设集团股份制改革工作已完成，上市各项工作正在有序推进。二是协调推动省旅游集团外事汽车公司改制上市。批复股改上市总体方案(浙国资企改〔2016〕5号)，并做好后续有关工作跟踪衔接。三是大力推进集团本级公司制改革。巨化集团改制总体思路获省政府批复同意后，正式批复巨化集团改制总体方案(浙国资企改〔2016〕6号)，指导企业研究有关人员费用问题。审核批复浙江省二轻集团改制总体方案，完善杭钢集团公司制改革总体思路，报省政府获批复同意。

(三)加快清理低效无效资产

围绕“提质增效年”活动，深入推进供给侧结构性改革，清理低效无效资产，加快盘活存量国有资本，提高资源配置效率。一是加快杭钢集团转型升级。推动出台《关于支持杭钢集团转型升级的若干意见》，促进相关支持政策落地实施，全面关停400万吨钢铁产能，在妥善安置1.2万余名职工基础上，完成集团总部机构精简改革。指导杭钢编制“十三五”规划，规划新产业布局，相继成立省环保集团、浙江杭钢职教集团。跟踪各项支持政策的落实执行，保持企业平稳有序良好局面。二是积极推进省交通集团水运板块脱困工作。向省政府上报改革重组有关事项的请示(浙国资〔2016〕4号)，研究沟通脱困方案和人员安置等问题，做好与浙江省人社厅、省高院等有关部门沟通协调工作。浙江远洋、海运集团温州公司正式宣告破产。三是稳妥处置“僵尸企业”。根据省政府关于加快供给侧结构性改革的要求，2016年3月下发《关于开展“僵尸企业”摸底调查工作的通知》(浙国资传〔2016〕3号)，全面开展省属企业“僵尸企业”摸底调查，形成情况报告和相关政策建议报省领导决策。2016年6月，浙江省国资委联合12家有关单位制定出台《关于处置“僵尸企业”的指导意见》。2016年，处置完成“僵尸企业”12家，退出房地产、水运、建材、煤炭等过剩领域。

五、浙江省国资委监管企业并购重组与完善法人治理结构情况

(一)大力推动已上市公司资本运作

充分利用现有上市公司平台，加大资本运作力度，持续注入核心资产。2016年，推动多家省属国有控股上市公司开展资本运作，其中有6家公司资本运作事项取得重大进展。一是完成杭钢股份重大资产重组。杭钢股份关停半山钢铁基地，相关资产置出上市公司，注入宁波钢铁和环保产业，重组配套募集资金24.75亿元，转型升级为“以钢铁为基础，涵盖环保、金属贸易电商平台及再生资源业务的产业和资本平台”。二是完成宁波港重组舟山港。宁波港发行股份购买宁波舟山港集团所持舟山港85%股权，宁波港股份有限公司更名为宁波舟山港股份有限公司，宁波舟山港实现以资产为纽带的实质性一体化。三是基本完成江山化工资产重组。江山化工以发行股份及支付现金方式收购省铁路集团所属浙铁大风化工100%股权，整合集团化工板块资产的同时解决江山化工连续亏损问题，后续择机开展配套募资工作。四是有序推进浙江东方资产重组。浙江东方以发行股份方式向省国贸集团购买其持有的浙金信托56%股份、大地期货87%股权及中韩人寿50%股权，向中大投资购买其持有的大地期货13%股权并配套募资，推进省国贸集团金融资产重组上市，2016年底获证监会并购重组委审核无条件通过。五是完成巨化股份定向增发。按每股10.64元的价格发行3亿股，募集资金32亿元。

(二)梯度推进拟上市公司IPO工作

按照重点突破、梯级推进的原则，抓好省属企业IPO上市培育工作。2016年有2家省属企业子企业在新三板挂牌；省交通集团下属浙商证券IPO排在证监会待审核名单前列；省机电下属运达风电IPO工作进入上市辅导；省建设集团、省交通下属交工集团、省旅游下属外事旅游公司等3家培育企业2016年均已

整体变更设立为股份公司。

(三)建立完善推进资产证券化的工作机制

浙江省国资委制定出台《关于加强省属企业上市公司管理有关事项的通知》(浙国资产权〔2016〕12号)和《关于规范省属企业上市工作中介机构选择与管理的意见》(浙国资发〔2016〕8号),建立省属控股上市公司信息沟通机制及推进上市工作例会制度,规范省属企业上市工作选择中介机构管理,确保资本运作规范开展,加快推进省属企业资产证券化。

(四)完善法人治理结构情况

一是修改完善《浙江省省属企业兼职外部董事管理办法》,推进省属企业外部董事制度建设,分别选派2名外部董事赴省商业集团、省国贸集团任职,进行相关工作试点。二是会同浙江省省委组织部制定下发《关于推进省属企业职业经理人制度建设的试行意见》及《关于省属企业职业经理人日常管理若干事项把握原则》,并选择物产中大集团公司本级及省能源集团、省国贸集团等下属企业开展职业经理人制度试点工作。

六、浙江省国资委监管企业建立和完善经营业绩考核体系情况

浙江省国资委认真贯彻落实《中共浙江省委 浙江省人民政府关于深化省管企业负责人薪酬制度改革的实施意见》(浙委发〔2015〕11号),对监管企业实行新的薪酬制度。2016年8月,经浙江省深化国有企业负责人薪酬制度改革联席会议同意,浙江省国资委印发《浙江省国资委监管企业负责人经营业绩考核与薪酬核定暂行办法》(浙国资发〔2016〕4号),对省属企业按功能定位实行分类考核,竞争类企业重点考核企业经济效益、资本回报水平和市场竞争能力,功能类企业重点考核功能职责履行、重大专项任务完成情况和资本保值增值。构建与选任方式相匹配、与企业功能性质相适应、与经营业绩相挂钩的差异化薪酬分配办法。根据新的业绩考核办法,按照"一企一策"的精神,2016年底,浙江省国资委与16家省属企业签订年度和任期(2016—2018年)经营业绩考核责任书。

七、浙江省国资委监管企业负责人考核与选人用人机制改革情况

(一)浙江省国资委印发《关于进一步规范省属企业领导人员兼职事项的通知》(浙组〔2016〕10号)

开展省属企业领导人员兼职清理规范工作,对省属企业领导人员兼职情况进行全面排查。通过清理规范,有6家企业退出14名领导人员23项兼职事项,对12家企业29名领导人员39项兼职事项进行审核批复。此外,还组织省属企业对退离休人员在企业和社会团体兼职情况进行全面自查清理。

(二)印发《关于进一步加强省属企业中层管理人员队伍建设的指导意见》

进一步规范企业中层人员选拔任用及监督管理工作,对8名省属企业组织部长、财务部负责人任免职进行审核批复。组织开展省属企业选人用人工作培训班,邀请有关专家讲解干部工作政策、程序,进一步帮助省属企业组织人事部门对政策程序的理解把握。

八、浙江省国资委监管企业党的建设和廉政建设情况

(一)党的建设情况

1. 扎实组织开展"两学一做"学习教育。按照浙江省委统一部署,在省委组织部指导下,浙江省国资委研究制定《关于在全省国有企业中开展"两学一做"指导方案》。成立浙江省国资委"两学一做"学习教育协调小组,加强对省属企业学习教育的指导。2016年5月,召开省属企业"两学一做"学习教育动员部署会,2016年9月,召开省属企业"两学一做"学习教育推进会,省属企业2614个基层党支部制定落实学习教育计划,组织专题学习讨论,组织基层党组织专题学习讨论3274场,培训党务骨干4881人次。扎实推进"万场党课到基层"行动。16家省属企业党委领导班子成员带头到所在支部、联系点支部讲党课147场,企业中层管理人员讲党课1173场。开展集中督导,浙江

省委督导组和浙江省国资委督导组到16家省属企业、200多个党支部进行实地督查。指导省属企业基层党组织建立问题清单、整改清单、责任清单等，着力补齐党员队伍和党组织建设存在的短板。按照“两学一做”学习教育总体部署，在省属企业开展全国、全省“两优一先”，浙江省第二批“千名好支书”“万名好党员”和省属企业“最美党员职工”推选工作。获评“全国先进基层党组织”1家，“浙江省先进基层党组织”1家、“浙江省优秀共产党员”2人、“浙江省优秀党务工作者”1人，浙江省“千名好支书”19人、“万名好党员”50人。

2. 全面推进基层党建重点任务。为贯彻落实全面从严治党要求，着力解决党员队伍和基层党建工作中存在的突出问题，2016年下半年召开省属企业基层党建重点任务推进会，部署推进基层党建各项重点任务。一是根据省委组织部《关于对党代会代表和党员违纪违法未给予相应处理情况进行排查清理的通知》(浙组通〔2016〕30号)和省委组织部排查协调工作会议精神，按照“一盘棋”思想，对违排工作进行细化落实，处理违纪违法党员28名。二是将省属企业党员志愿服务工作作为加强国企服务型党组织建设、发挥党员先锋模范作用、提升国企党建水平的重要抓手，通过党员志愿服务网格化、品牌化、主题化、长效化建设，构建起覆盖全体党员的党员志愿服务体系，有效促进国企党员志愿服务系统化、社会化、常态化。在杭州G20峰会期间，国企党员在志愿服务中亮身份、作表率，参与志愿服务党员数13164人次，参与服务保障G20峰会党员数13069人次。

3. 加强省属企业基层组织建设。一是按照《中国共产党发展党员工作细则》，严把质量关，抓好发展党员工作。确保党员发展工作有序、稳妥开展。二是坚持党的组织及工作机构、党组织负责人及党务工作人员同步配备，配齐配强党务工作者队伍。组织开展省属企业基层党组织党务骨干轮训，对省属企业120多名党务骨干进行培训。三是根据“一企一品、一支部一特色、一党员一闪光”原则，探索建立省属企业党建品牌创建机制。按照每家省属企业都有1～2个具有创新性、借鉴性、复制性的党建品牌的要求，开展“一企一品”党建品牌创建工作。

4. 强化党建工作责任落实。印发《中共浙江省国资委委员会关于省属企业党委履行党建工作责任清单的通知》，明确企业党委党建工作九大方面责任，进一步督促企业党委履行党建工作主体责任。在省属企业全面推行党组织负责人党建工作述职评议工作。2016年一季度，浙江省国资委将评议工作与省属企业领导班子年度考核相结合，在述职、述廉、述法的同时进行述党建工作，有17家省属企业党委书记就企业党建工作取得的成绩及履职过程中存在的问题进行述职汇报。

5. 组织开展纪念中国共产党成立95周年系列活动。为庆祝中国共产党成立95周年，下发《中共浙江省国资委委员会关于开展中国共产党建党95周年纪念活动的通知》(浙国资党建〔2016〕1号)，对省属企业开展建党95周年纪念活动进行部署。一是印发《关于做好省属企业优秀共产党员、优秀党务工作者和先进基层党组织评选工作的通知》，评选省属企业优秀共产党员25名、优秀党务工作者24名、先进基层党组织23个，用榜样的力量鼓舞人、带动人。二是组织召开庆祝中国共产党成立95周年纪念大会。举行省国资委党校揭牌仪式，重温入党誓词，对省属企业“两优一先”对象进行表彰，并邀请参会人员参观“党在我心中”摄影展。三是组织各企业在“七一”前开展困难党员和老党员慰问活动，慰问困难党员和老党员403名，其中生活困难党员312名，建国前入党老党员91名，慰问金额855810元。

(二)廉政建设情况

1. 加强纪律建设，强化政治监督。把严明政治纪律和政治规矩放在首位，认真落实“把纪律和规矩挺在前面”要求，严肃执纪问责，督促国资国企各级党组织和党员干部牢固树立政治意识、大局意识、核心意识、看齐意识，始终在思想上政治上行动上同以习近平同志为核心的党中央保持高度一致。开展省属企业基层党组织换届情况专项检查，严明换届纪律要求，保障换届工作风清气正。严把干部选拔任用政治关、廉洁关，2016年驻省国资委纪检组回复党风廉政意见征求函36人次，省属企业纪委回复党风廉政意见征求函252人次。加强监督检查，保证政令畅通。把全面从严治党要求融入国资监管和企业改革发展的全过程,围绕中心、服务大局,加强对政治纪律执行情况的监督检查,着力推动中央、省委重大决策部署贯彻执行,严肃清理规范企业领导人员兼职、持股、退休返聘等情况,严格落实干部"能下"制度,2016 年有 6 名不胜任、不称职的省属企业领导人员被调整职务。紧扣"廉洁国企",狠抓纪律教育。浙江省国资委党委印发《关于在省属企业开展"廉洁国企"建设专题教育的通知》,组织国资国企系统广泛开展"廉洁国企"建设专题教育,认真学习贯彻廉洁自律准则、党内政治生活准则、党纪处分条例、问责条例、党内监督条例等党内法规,加强守纪律讲规矩对照检查,不断增强党员干部的党性观念和纪律意识。开展省属企业学习贯彻党的十八届六中全会精神集中培训,举办省属企业反腐倡廉专题报告会,对省国资委机关部门主要负责人进行集体廉政谈话,编印《国有企业领导人员职务犯罪典型案例剖析》读本,办好《浙江国资纪检监察》信息,每周向省国资委机关干部发送廉政短信,营造全面从严治党良好氛围。各省属企业以"廉洁国企"建设专题教育为载体,开展富有企业特点的党风廉政宣传教育活动。

2. 从严治党,推动工作。牢牢抓住主体责任这个"牛鼻子",持续用力、步步深入,推动全面从严治党主体责任"落地生根"。浙江省国资委党委召开省属企业工作会议暨全省国资监管工作会议、省属企业反腐倡廉建设工作会议、省属企业负责人会议,每季度召开党风廉政建设工作专题分析会,及时研究部署国资国企系统全面从严治党各项工作。2016 年,浙江省国资委党委召开会议研究党风廉政建设和反腐败工作 10 次,涉及议题 19 个。明确任务要求,强化责任检查,制定印发 2016 年度省国资委党委党风廉政建设工作责任分工及委机关、省属企业党风廉政建设工作要点,组织省属企业和委机关、直属单位主要负责人签订党风廉政建设责任书,理顺外派监事会党风廉政建设责任体系和管理机制,深化省属企业党委履行主体责任报告工作,修订完善党风廉政建设责任制考核标准,并由委党委领导班子成员带队对省属企业责任制落实情况进行检查考核,发现问题,推动整改,进一步压紧压实主体责任。各省属企业党委带头履责,推动形成一级抓一级、层层抓落实的工作局面。认真贯彻执行《中国共产党问责条例》,对党的领导弱化、党的建设缺失、管党治党不严不实、"四风"和腐败问题频发、巡视整改不到位等问题,严格责任追究,实行"一案双查",推动失责必问、问责必严成为常态。2016 年,省国资委和省属企业各级党委对党员领导干部问责 127 人次。

3. 深入开展正风肃纪工作,严格落实中央八项规定精神。坚持把贯彻执行中央八项规定精神和浙江省委"28 条办法""六个严禁"作为经常性工作来抓。浙江省国资委制定下发《关于做好 2016 年贯彻落实中央八项规定精神强化正风肃纪工作的通知》,明确工作部署,重申纪律要求。积极开展落实中央八项规定精神"回头看",全面自查制度建设和执行情况,剖析存在问题和不足,提出改进具体措施,巩固作风建设成果。组织开展"走进企业、直面矛盾、破解难题、助企发展"专项行动,持续改进作风。2016 年,浙江省国资委"三公"经费支出同比下降 27%。省属企业各级党组织坚持抓常抓细抓实,着力深化作风建设,取得积极成效。加大查处曝光力度。把顶风违纪行为作为执纪审查重点,紧盯重要节点和隐形"四风"问题,省国资委机关和省属企业联动,加大正风肃纪力度,从严查处公车私用、公款吃喝送礼、公款旅游、违规发放津补贴、借婚丧喜庆敛财、出入私人会所等问题,坚决防止"四风"问题反弹回潮。2016 年,省国资委和省属企业集团本级开展明查暗访 146 次,检查单位 265 家(次),发现违规违纪问题 23 人,公开曝光"四风"典型问题 16 起,有效发挥警示震慑作用。

4. 实践监督执纪"四种形态",严肃查处腐败案件。积极探索国资国企实践"四种形态"有效途径,召开省属企业把握运用"四种形态"研讨会,把监督触角延伸到前端,综合运用诫勉谈话、组织处理、纪律处分等多种方式开展执纪。2016 年,浙江省国资委党委书记开展廉政谈话 10 人次,纪检组开展一般性廉政约谈 40 人次、约谈提醒 23 人次,对违规违纪的两名党员干部进行严肃处理。各省属企业通过明查暗访、专项检查、领导干部报告个人有关事项抽查核实、移交问题线索等途径和方法,及时发现和处理违纪苗头,谈话提醒 241 人、约谈函询 47 人、诫勉谈话 25 人、组织处理 44 人。其中,反映失实予以澄清了结的 56 件(次),党纪轻处分和组织调整 44 人,党纪重处分和重大职务调整 17 人。加强省属企业违纪违法案件报送工作，完善从巡视、监事会、审计、干部人事、财务等监督领域发现问题线索工作机制，强化协作配合，进一步规范问题线索的集中管理和处置，提高执纪审查水平。2016 年，纪检组受理信访举报 121 件、承办省纪委交办信访件 101 件，省属企业纪委受理信访举报 231 件，做到件件有回音、事事有着落。

5．狠抓巡视整改，用好巡视成果。浙江省国资委党委全力配合省委专项巡视工作。对省委巡视组反馈的问题照单全收，主动认领责任，提出 26 项整改任务、83 条整改措施。加强对巡视反馈和移交问题线索的跟踪督办，开展廉洁风险和问题线索大排查，指导被巡视省属企业抓好巡视发现问题整改。被巡视省属企业党委对巡视整改工作高度重视，巡视整改工作不断深化。被巡视企业制定整改措施 219 项，健全完善规章制度 106 项，有力促进企业经营管理和党风廉政建设。积极探索开展企业巡察工作，把监督向基层延伸。扎紧制度笼子，加强制度规范。注重把全面从严治党要求贯穿到国资监管制度之中，不断织密制度笼子，强化源头防治实效。2016 年，省国资委出台省属企业党委履行党建工作责任清单、企业负责人经营业绩考核与薪酬核定暂行办法、上市中介机构选择与管理意见、兼职外部董事管理办法、专职监事管理办法、省属企业中层管理人员队伍建设意见等制度措施，并通过重大信息公开、经营风险排查、不动产管控情况检查、员工持股情况调查、企业内部审计、违规经营投资资产损失责任追究等工作，抓好制度执行和落实。省属企业集团本级围绕财权、物权、事权、用人权，完善廉政风险管理和内部控制制度，出台反腐倡廉制度 90 项。开展效能监察，促进企业管理。围绕开展"提质增效年"活动，省属企业着眼提能、增效、保廉，对物资采购、招标投标、安全生产、节能降耗等工作业务开展效能监察，推进企业规范管理和廉洁从业。

九、浙江省国资监管及国有企业改革发展具有地方特色情况

（一）深化改革举措扎实

一是改革政策文件陆续出台。各地普遍出台深化国有企业改革的实施意见或方案，有的形成地方特色的体系，明确改革的指导思想、基本原则、主要目标和任务举措，扎实推进国资国企工作。同时，找准改革着力点和突破口，在推进企业经营者业绩考核与薪酬制度改革、规范董事会监事会建设、加强经营损失责任追究等改革重点领域，出台相关配套政策。二是分类改革扎实起步。省政府办公厅转发国资委《关于明确省属企业功能定位实施分类监管的意见》，明确省属企业功能定位及分类方案；制定出台省属企业负责人经营业绩考核与薪酬核定暂行办法及配套实施方案，构建分类考核体系。各地积极开展监管企业功能界定工作，明确监管企业分类标准，并在分类改革、分类考核等方面进行有益探索。三是现代企业制度建设加快推进。国资委出台省属企业职业经理人制度建设试行意见，并建立首批 56 名外部董事人才库。宁波、温州等地出台规范董事会建设意见，并在竞争类企业引入外部董事。绍兴市制定市场化选聘高管办法，鼓励引导二级以下企业开展职业经理人制度试点。四是混合所有制改革步伐加快。国资委指导推动企业落实省属国有资产证券化工作实施意见和总体方案，截至 2016 年底，省属国有资产证券化率为 51.8%。各地也把培育企业上市作为混合所有制改革重要抓手，加快推进企业资产证券化工作。

（二）转型发展加快推进

一是服务地方经济发展。各市国资委紧紧围绕建设"两美"浙江和五水共治等重大决策部署，引导企业加快实施一批事关全省和区域经济转型升级和长远发展的重大项目，推进与各级国企和优秀民企战略合作，嘉兴、衢州等地在基础设施和社会公共领域探索 PPP 模式，为地方经济发展作出积极贡献。二是加强规划引领。浙江省国资委编制出台省属企业改革发展"十三五"规划，宁波等地也出台市属国有经济"十三五"发展规划，明确今后一个时期国有企业改革创新、结构调整、转型发展的思路举措。三是推进产业重组整合。国资委加快推进港口、交通等重点产业整合，统筹配置省属医疗、职教、信息服务等领域资源，完成省交通集团与铁路集团合并重组、省医疗健康集团组建揭牌，研究提出省职业教育集团组建框架思路。各地也普遍加大产业重组整合力度，按照同行业同板块归类重组的思路，以优化布局结构、提升配

置效率为目标,集中资源培育大企业、大平台。

(三)完善监管成效明显

一是梳理完善监管职能。浙江省国资委组织开展委机关职能梳理,以管资本为主推进职能转变。设立浙江省国资国企改革发展研究中心。各地也认真梳理职能,规范行权履职方式,杭州市实施"五个清单"管理,金华、义乌等地扎实做好审批权限精简下放工作。二是改组组建浙江省国有资本投资运营公司。调整浙江省国有资本运营公司为省属一级企业,并划入省铁路集团非银行金融类国有股权,提升其资本运作能力和投融资水平。各地也积极搭建国有资本运营平台,切实发挥平台载体作用。义乌市以国资公司为中心,构建"1+8"的国有资本布局架构;衢州市积极推动平台开展投融资、并购重组等资本运作;丽水市研究制定国资公司市场化改革方案。三是切实加强出资人监督。完善外派监事会报告制度,向省政府逐户报告企业年度监督检查情况;强化企业财务监管,推进企业资金竞争性存放管理;改进企业工资分配管理机制,对集团本部工资实施限高调控。嘉兴市制定出台国有企业资产损失责任追究办法,围绕重点领域和重要环节,依法依规开展监督工作。四是稳步推进统一监管。杭州市有序实施行政事业单位经营性资产划转;湖州市大力推进经营性国有资产统一监管和盘活重组,新组建四大集团;台州、舟山等地采取直接监管、委托监管等方式,稳步推进经营性国有资产监管全覆盖。

(四)党的建设不断加强

一是"两学一做"学习教育扎实推进。各地深入开展"两学一做"学习教育,广泛采取讲党课和专题学习等多种方式,加强基层支部建设,突出抓好学习教育各项重点工作,引导广大党员发挥先锋模范作用。二是领导班子建设持续加强。各地着力完善干部选拔任用机制,探索实施分层分类管理,加快推进"人才强企"战略,优化人才队伍结构,提升领导班子功能。三是党风廉政建设和反腐败工作不断深入。各地坚持将党风廉政建设和反腐败工作与国资国企工作同布置、同检查、同实施,强化"两个责任"落实,持之以恒贯彻落实中央八项规定精神,保持惩治腐败高压态势。

(撰稿人:朱平海)

宁波市

一、宁波市国有资产监督管理工作综述

2016年,宁波市国资国企系统按照全国全省国资工作会议要求和宁波市委、市政府总体部署,以贯彻落实《中共宁波市委、宁波市人民政府关于全面深化国资国企改革的意见》为主线,着力提升国有资本战略引导力,着力健全国企治理和经营机制,着力完善国资监管体制,着力加强和改进党对国企的领导,国资国企整体运营平稳有序,实现"十三五"良好开局。23户市属国企资产总额3354.97亿元,同比增长2.38%;净资产1219.61亿元,同比增长14.44%;国有资本保值增值率114.32%,同比下降3.62个百分点;整体负债率63.65%,同比下降3.83个百分点;实现营业收入280.75亿元,同比增长3.74%;实现利润总额14.27亿元,同比增长96.86%。

(一)坚持走在前列,勇挑服务大局重担

始终围绕宁波市委"补短板创优势提升城市综合竞争力"决策部署,走在前列,切实发挥抓手作用和引导作用。一是有效投资持续发力。各企业克服融资压力大、财务成本高等难题,全年完成有效投资突破500亿元,再创历史新高,有效保障重点项目推进。其中,城投鄞奉片区、姚江北岸等功能区块开发进展有序,并主动投入海绵城市等新项目建设;交投三门湾大桥、机场三期等重大基础设施项目按期推进;开投奥体中心、轨道交通、中山路整治等重点民生工程建设取得阶段性成果,这些为提升宁波城市能级打下扎实基础。慈溪、北仑、梅山等区(市)也多渠道推进国企融资工作,为地方发展作出重要贡献。二是转型升级推进得力。推动生产性服务业发展成效明显,工投集团以和丰创意广场、模具产业园为载体,参与中国制造2025试点示范城市建设;组建市再担保公司等,服务宁波市政策性融资担保体系构建。宁兴集团11

号馆项目建设推进有序，加快会展业发展步伐。旅投公司成立旅游项目开发运作平台，为推动旅游产业发展创造条件。种子公司甬优12超级稻再破浙江省水稻高产纪录。推动生活性服务业升级亮点纷呈，轨道交通集团客运总量破1.4亿人次；机场物流集团旅客量首次突破700万人次，增幅位居浙江三大机场首位。公交总公司优化调整线路48条；原水集团、供排水集团通力合作，全年优质供水6.5亿立方米。三是文传服务发展尽力。演艺集团开展“创作年”活动，着力打造《大江东去》等系列舞台精品，彰显宁波文化软实力。报业传媒集团打造新一代媒体融合数字技术平台，广电集团推进新闻频道上星等“三上”工作，新闻传播成效和舆论引导能力再上新台阶。

(二)坚持干在实处，狠抓改革举措落地

始终以深化改革为主线，扎扎实实地抓紧抓好改革举措的落实。一是制度体系基本建立。2016年，相继出台七项规范性改革配套文件，宁波市国资国企改革“1+20”制度体系基本建立。奉化、鄞州、大榭等区也陆续出台相关改革配套文件。二是整合重组有序推进。研究制定《市属经营性资产整合和市国有资本投资运营公司组建方案》，为下步实施整合重组做好准备。商贸集团全面理顺路林市场经营体制，下属企业兼并重组工作进展顺利；奉化整合一批国有资产，成立市国投公司；大榭全面完成国企公司制改造，着手实施整合重组。三是分类改革不断深化。出台《关于分类推进出资企业子企业改革发展的指导意见》，完成对13户重点市属国企子企业的功能分类工作，为下步分类改革发展和分类监管打下扎实基础。四是分配制度持续优化。根据企业不同功能分类，探索建立经营者差异化薪酬分配方式，率先在功能类企业试行。起草《市属国企负责人薪酬制度改革实施意见》及测算方案，已经获浙江省联席会议批复同意。五是混改工作取得进展。推进宁波热电重大资产重组，推动宁波能源集团整体上市。机场集团翔鹰股份在新三板挂牌成功上市。报业集团甬派传媒股份制改造完成。稳妥实施混合所有制国企员工持股制度，宁波广播影视艺术中心等企业推进股权激励试点。

(三)坚持提质增效，夯实国企发展基础

始终立足打赢提质增效攻坚战，向资产管理、债务管理和成本管理要质量要效益。一是盘活存量资产成效明显。市属国企存量房产去库存达到33.6万平方米，超额完成全年目标；土地去化1293亩，回笼资金132.4亿元。二是优化债务结构取得进展。从控制新增债务规模，创新融资结构方式入手，在“三路一桥”等增量项目和“五路四桥”等存量置换上，积极推进PPP模式取得进展，进一步优化债务结构。余姚、象山、鄞州等区县(市)创新债务管理，债务风险防控有力。三是强化成本管理多措并举。率先在浙江省内出台具可操作性的《市属国有企业资金管理办法》，推动企业以资金集中管理、筹融资招投标等方式，降低资金成本，提高资金使用效益。各企业全年完成直接融资200亿元，引进国家专项基金63.6亿元，降低融资成本超过2亿元。规范工资总额及收入分配管理，加强人工成本管控。余姚、宁海等县(市)也创新国企融资方式，推进资金竞争性存放管理，都取得良好效益。

(四)坚持规范运作，健全企业法人治理

始终以健全公司现代治理为目标，提升企业决策、执行、监督主体行为规范性和有效性。一是加快规范董事会建设。深化工投集团规范董事会建设试点，企业治理主体、决策机制、议事规则和报告制度进一步完善，并扩大对工投集团董事会的授权范围，部署开展第二批试点工作，规范董事会建设步伐不断加快。二是强化监事会监督实效。修订并实施《市属国企监事会监督检查成果运用办法》，有效整合监事会与出资人、审计、纪检监察等监督力量，先人一步构建以流程管理、问题反馈、联动督处、跟踪督改为主要内容的监督闭环体系。鄞州、宁海等区县也建立监事会发现问题的反馈和整改有效机制。实现市属国企外派监事会全覆盖，监督的全面性得到加强。市国资委还印发子企业监事会工作指导意见，重在提升集团管控力和防范风险能力。修订专职监事管理办法、专职监事薪酬考核办法，进一步规范其履职行为、激发工作积极性。三是发挥审计监督作用。研究提出年度内部审计工作要点，组织召开市属国企内部审计工作座谈会，企业内部审计工作得到强化。

对两位委管企业领导人员实施任期经济责任审计,对部分企业开展财务收支和基建项目审计。海曙、镇海、东钱湖等地十分重视所属企业内审工作,成效也较为明显。

(五)坚持统筹协调,提升监管服务合力

始终坚持强化监管和优化服务相统一,组织开展"制度执行年"活动,保障监管职责履行到位,防止国有资产流失。一是国有产权管理更加规范。理顺产权交易中心管理体制,推动建立统一的交易规则。加强产权交易过程监管,保障国有产权有序流转。规范增资扩股选择投资者行为,开展进场交易试点。二是国企运营监管更加严格。制定出台投资后评价管理办法,形成投资监督评价链条。优化监督检查工作体系,提升监管服务工作效率。加强评估管理,实施专家评审制度,全年核准备案资产评估项目 54 个。出台《市属国有企业违反国资监管制度责任追究办法(试行)》,加大问责整改力度。研究制定市属国企重大信息公开办法,扎实推进"阳光工程"建设。象山、鄞州全面推进国企信息化管理,监管效率有效提升。继续加大市属国企"五项费用"预算管理,2016 年度预算数同比下降 9.53%。高新区、保税区、江北区等加大规范力度,所属企业公务消费下降比较明显。三是国有资本经营预算管理更加完善。执行 2016 年国有资本经营预算,组织收缴国企利润 30078 万元,主要用于市国资投资运营公司资本金、交投公司贴息补助等重要项目。完成 2017 年国有资本经营预算编制,竞争性企业的国有资本收益收缴比例提高到 20%。四是企业法制和安全保障更加有力。建立健全法律事务机构和总法律顾问制度,企业制度、合同等法律审核比例和质量不断提高。依法履行安全生产出资人监督指导职责,强化企业主体责任落实,提升安全生产标准化水平。五是区县(市)国资监管指导工作更加有效。进一步落实市本级与区县(市)工作联系制度,继续开展业务交流和培训,推动区县(市)做好深化国企改革工作,帮助提升监管能力和水平。慈溪完成国资监管权力清单梳理。鄞州积极推进区级行政事业国有资产集中统一监管。杭州湾新区着力构建国资管理体系。

(六)坚持从严从实,加强国企党的领导

始终围绕管党治党新要求,重点加大国企干部队伍管理力度和作风建设。一是党建要求不断提高。出台《市属国企公司章程管理办法》等,将党建工作总体要求纳入公司章程。加强企业党委书记抓党建述职评议考核,增强企业党委管党治党意识和力度。开展党员组织关系等集中排查,扎实推进基层党组织建设全面进步、全面过硬。启动"3522 锋领行动计划",按照"四强四好四优"标准,全面打造国企"锋领前哨"。二是干部管理不断趋严。完善企业领导班子和成员的综合考核评价机制,改进任期管理和年度考核。建立健全谈心谈话制度,严格落实领导干部个人有关事项报告制度,强化对企业领导班子的日常了解、分析和监管。开投公司大力推进选人用人机制改革,率先实施中层领导岗位全员竞聘。市国资委在全系统实施"国企精英人才培育工程",举办企业领导人员主体班、高级研修班和"国资国企改革大讲堂",稳步提升干部队伍综合能力素养。三是反腐倡廉不断推进。严格落实党委主体责任、班子成员"两岗两责",建立健全"四专三书一报告"等制度。专门设立党风廉洁建设办公室,专职负责日常监督管理工作。严格落实巡视反馈意见整改,建立健全长效机制。组织开展市属国企正风肃纪明查暗访专项行动 48 次,检查企业 171 户(次)。抓早抓小实践"四种形态",全年市属国资国企主要领导人员、纪委书记与下级党政主要负责人专题谈话 247 人次,对 17 户企业上年度的 58 个违规违纪事项在绩效考核中实施扣分扣薪。各市属重点国企相继成立纪检监察机构,配备纪检监察人员,纪检监察组织队伍建设得到加强。

(七)坚持注重转型,强化机关自身建设

始终按照"以管资本为主加强国有资产监管"要求,打造"忠诚、干净、担当"的国资监管干部队伍。一是提升党性修养,务求忠诚干事。认真组织纪念建党 95 周年系列活动,高标准深入开展"两学一做"专题教育,干部忠诚国资事业、忠诚党的事业的信念不断得到强化。二是强化规范履职,务求担当干事。通过遵循国资监管事项清单制度,厘清出资人身份边界,正确运用法治化、市场化的监管方式行权履职。加大机关中层干部选拔交流力度,组织开展"双服务、双提升”专项活动，干部干事热情和担当精神进一步得到激发。三是坚持正风肃纪，务求干净干事。认真学习贯彻落实《廉政准则》和《处分条例》，抓早抓小抓实，筑牢干部拒腐防变的思想防线；加强督查和追责，保持反对“四风”高压不减、强度不变，促使干部坚守不腐的行为底线。同时，在宁波日报等媒体上专题解读国资监管履职纪实，积极打造“阳光国资”，主动以媒体监督促进干部干净干事。

二、宁波市国有资产总量与结构分析

2016年，在宁波市委、市政府的正确领导下，宁波市国企立足打赢提质增效攻坚战，围绕向资产管理、债务管理、成本管理要质量要效益，在盘活资产存量、放大资本功能、强化降本增效等方面出实招、求实效，市属国有经济总体保持平稳，国有资本基础支撑、战略引导和民生保障作用增强。

表1　2016年宁波市所属国有企业指标

项　目	数　量
资产总额(亿元)	9995.82
净资产(亿元)	3288.89
营业收入(亿元)	410.35
利润总额(亿元)	0.32
实际上缴税金总额(亿元)	33.02
负债合计(亿元)	6706.92
净利润(亿元)	−8.92
国有资产总量(亿元)	3202.15
平均职工人数(人)	60858.00
国有资本保值增值率(%)	99.44
总资产报酬率(%)	0.81
成本费用利润率(%)	0.06
主营业务收入增长率(%)	−4.54
资产负债率(%)	67.10
流动比率	2.19

表2　2016年宁波市国有企业户数情况

项　目	2015年	2016年	比上年增长(%)
户数(户)	779	782	0.39

表3　2016年宁波市国有资产地区分布情况

地　区	国有资产(亿元)	占国有资产总量比重(%)
市本级汇总	1188.61	37.12
其中：直接监管企业	964.11	30.11
委托监管企业	41.46	1.29
单一资产监管企业	183.04	5.72
县市区汇总	2013.53	62.88
其中：大榭开发区	92.04	2.87
保税区	38.89	1.21
江东区	23.65	0.74
镇海区	170.30	5.32
东钱湖	22.58	0.71
海曙区	110.02	3.44
奉化市	165.60	5.17
高新区	32.21	1.01
慈溪市	219.36	6.85
宁海县	89.64	2.80
鄞州区	231.44	7.23
北仑区	18.54	0.58
梅山保税区	0.31	0.01
余姚市	337.19	10.53
象山县	99.04	3.09
杭州湾新区	144.11	4.50
江北区	218.61	6.83

表 4　2016 年宁波市国有资产经营规模分布情况

项　　目	国有资产(亿元)	占国有资产总量比重(%)
大型企业	1182.36	36.91
中型企业	551.92	17.24
小型企业	829.68	25.91
微型企业	638.19	19.93
合　　计	3202.15	100.00

表 5　2016 年宁波市国有资产行业分布情况

行　　业	国有资产(亿元)	占国有资产总量比重(%)
农林牧渔业	15.87	0.50
制造业	5.29	0.17
电力、热力、燃气及水生产和供应业	39.69	1.24
建筑业	171.89	5.37
批发和零售业	6.26	0.20
交通运输、仓储和邮政业	312.22	9.75
住宿和餐饮业	1.00	0.03
信息传输、软件和信息技术服务业	0.87	0.03
金融业	2.30	0.07
房地产业	369.94	11.55
租赁和商务服务业	1778.89	55.55
科学研究和技术服务业	7.03	0.22
水利、环境和公共设施管理业	443.05	13.84
居民服务、修理和其他服务业	0.14	0.00
卫生和社会工作	7.79	0.24

三、宁波市国有资本保值增值综合分析评价

2016 年，宁波市各级国资监管机构不断完善国有监管制度体系，加强对国有资本运营质量及监管企业财务状况的监测，加快优化国有资本布局结构，规范调整存量，科学配置增量，国有资本保值增值成效明显，在推进全市重大区块开发、重大项目建设和民生项目等方面发挥重要作用。

表 6　2016 年宁波市国有企业地区和行业国有资本保值增值情况

地　　区	国有资本保值增值率(%)	行　　业	国有资本保值增值率(%)
市本级汇总	100.22	农林牧渔业	97.49
其中：直接监管企业	100.10	制造业	107.02
委托监管企业	101.89	电力、热力、燃气及水生产和供应业	99.66
单一资产监管企业	100.40	建筑业	100.05
县市区汇总	98.92	批发和零售业	104.32
其中：大榭开发区	101.23	交通运输、仓储和邮政业	96.30
保税区	99.20	住宿和餐饮业	98.86
江东区	100.50	信息传输、软件和信息技术服务业	105.75
镇海区	101.27	金融业	101.55
东钱湖	100.10	房地产业	99.19
海曙区	98.99	租赁和商务服务业	100.12
奉化市	93.59	科学研究和技术服务业	104.42
高新区	102.43	水利、环境和公共设施管理业	98.09
慈溪市	98.68	居民服务、修理和其他服务业	98.95
宁海县	98.35	教育业	74.78
鄞州区	100.14	卫生和社会工作	100.00
北仑区	93.05	文化、体育和娱乐业	100.40
梅山保税区	115.16	社会保障	102.45
余姚市	99.05		
象山县	96.67		

四、宁波市国资委监管企业改革发展情况

坚持统筹推进，多措并举积极推进监管企业的改革发展。一是编制出台市属国资国企“十三五”规划。联合宁波大学专家团队，经广泛征求意见和多次修改，编制完成《宁波市属国资国企“十三五”发展规划》。二是推进市属国有资产资源整合。研究制定《市属经营性资产整合和市国有资本投资运营公司组建方案》，为下步实施整合重组做好准备。三是深化子企业分类改革。出台《关于分类推进出资企业子企业改革发展的指导意见》，进一步明确全资和控股子企业功能定位，对分类完善监管方式、分类健全公司治理、分类进行考核分配等提出新的要求。四是强化改革专项督察。根据宁波市委深改领导小组统一部署，组织开展推进国资国企改革专项督察，并在宁波市委深改领导小组会议上专题汇报改革进展情况。五是协同推进市属国企实质性启动 PPP 试点。“五路四桥”项目引进中国人寿 117 亿元资金；“三路一桥”项目完成招标和协议签订，并进入财政部项目库；厨余垃圾处理项目被财政部列为第二批示范项目，项目公司已完成组建。六是提升资产证券化水平。推动宁波热电重大资产重组；支持开投公司参与宁波银行、大地保险等定向增发；支持机场集团翔鹰股份在新三板挂牌上市，报业集团甬派传媒完成股份制改造并申请新三板挂牌。七是稳妥推进重点企业混改。推动具备条件的企业加快股份制改造、引进战投等工作，稳妥推进宁波广播影视艺术中心、国投咨询、市种子公司、国际物流发展等引进战略投资者或开展股权激励试点。

五、宁波市国资委监管企业完善法人治理结构情况

着力推进规范董事会建设，深化监事会监督转型调整，充分发挥内部审计监督作用。一是规范董事会建设工作不断深化。指导工投董事会结合企业实际建章立制，建立健全董事会运作支持与服务体系，保障董事会运作规范有效。通过组织开展规范董事会建设试点评估，研究深化扩大规范董事会授权工作，使规范的董事会真正成为企业改革发展的决策中心和推动主体。扩大规范董事会建设试点范围，公布第二批试点企业名单。组织开展董事会向出资人报告工作，明确国资委与董事会的职能定位，有力推动国企法人治理结构的进一步完善。二是监事会监督转型调整初显成效。扩充监事会主席和专职监事队伍，向 22 家市属国企和 2 家重要二级子企业派驻监事会。修订并实施《市属国企监事会监督检查成果运用办法》，有效整合监事会与出资人、审计、纪检监察等监督力量，构建以流程管理、问题反馈、联动督处、跟踪督改为主要内容的监督闭环体系。出台《加强市属国有企业子企业监事会工作指导意见》，按照“外派、内设、专职”原则，指导开投公司和交投公司开展相关试点工作，重构子企业监事会，推进子企业监事会由虚入实。出台《专职监事管理办法》《专职监事薪酬与考核办法》《外派监事会企业年度工作经费预算操作办法》等相关制度，进一步完善监事会管理制度体系。落实监事会报告责任，以专题主任办公会议的形式听取监事会主席年度工作报告。三是企业内部审计工作推动有力。加强对市属国企内部审计工作的指导力度，研究推出市属国有企业 2016 年内部审计工作要点，首次由委组织召开市属国有企业内部审计工作座谈会，明确年度审计工作重点。开展开投、交投等企业委管干部任期经济责任审计，实施产权中心财务收支专题审计、安排开投、商贸、机场公司等建设项目二审工作，对企业进行全面“体检”，指出企业管理不足，提出建议，推动企业精细化管理，提质增效。

六、宁波市国资委监管企业建立和完善经营业绩考核体系情况

根据市属国企功能定位，围绕“创新导向、绩效导向和改革导向”，大力推进分类考核。一是有序推进国企负责人薪酬制度改革。认真履行深化市属国企负责人薪酬制度改革联席会议办公室日常工作职责，起草《宁波市属国企负责人薪酬制度改革实施意见》及测算方案，获得浙江省联席会议批复同意。探索建立与选任方式相匹配、与企业功能性质相适应、与经

营业绩相挂钩的经营者差异化薪酬分配方式，已率先在功能类企业试行。二是切实做好企业经营者业绩与薪酬考核。完成 2015 年度市属国企包括投资公司、目标责任制企业、新增企业及甬商所经营者业绩与年薪考核，同步下达 2016 年经营目标计划。落实第四任期考核。三是规范工资总额及收入分配管理。完成 2015 年度市属国企工资总额清算和 2016 年度市属国企工资总额预算编制及市属国企本部人员工资总额预算备案管理工作。研究发布 2016 年市属国企工资总额增长调控线。会同宁波市农业局研究完善种子公司经营者薪酬考核及分红权激励办法。完成 171 家市属国企 2016 年度职工薪酬调查数据审核并上报国务院国资委。

七、宁波市国资委监管企业负责人考核与选人用人机制改革情况

从严抓好企业领导人员管理监督和考核。一是加强日常分析研判。认真做好企业领导班子和领导人员基本数据分析工作，有针对性地提出意见建议。建立谈心谈话制度，加强对企业班子运行情况和领导人员现实表现的跟踪了解，累计谈心谈话 3 家企业领导人员 28 人次。开发企业领导人员管理信息系统，夯实干部工作信息化基础。二是从严选拔企业领导人员。选优配强企业领导班子，坚持人选来源多元化，推动干部人才跨领域、跨体制之间的流动。调整企业领导人员 3 人次，交流机关干部到企业 2 人、专职监事到企业 1 人，接收安置军转干部 2 人。三是从严管理企业领导人员。组织开展市属国企领导班子和领导人员年度考核及“一报告两评议”工作。严格落实领导干部个人有关事项报告制度。严格执行领导干部兼职规定和市属国企主要领导人员请假报告制度，审批各类兼免职 30 余人次。加强因公、因私出国(境)管理，实行年初统一报备、证件集中管理、出国审核审批制度，确保监管实时到位，收集管理各类因私出国(境)证件 149 本，审核批准各类出国(境)61 人次，系统内未发生一起违法违规事件。四是抓好干部人才队伍建设。组织开展“三重三跨”挂职锻炼，协调 18 名干部到委机关和市属国企挂职。继续抓好第二期国企精英人才培训工作，组织精英班学员 62 人次赴重庆大学进行访学活动。组织 125 人次参加市属国资国企党组织负责人“两学一做”学习教育专题培训班和宁波市国资国企干部综合素质培训班培。

八、宁波市国资委监管企业党的建设和廉政建设情况

以从严治党、落实党建主体责任为抓手，注重“抓基础、抓重点、抓管理、抓提升”，大力加强基层党组织建设。一是因企制宜，深入推进“两学一做”学习教育，全面开展“四讲四有”学习讨论、“三亮三比”对标创优、“国企锋领大家谈”体会文章展评、“身边的共产党员”手机拍客大赛、党课视频集中演示等活动，营造浓厚的比学氛围，弘扬清风正气，为国资国企改革发展凝聚正能量、增添新动力。牢牢抓住支部书记这个关键群体，全面开展支部书记“向我看齐”践诺创先活动。组织召开市属国企“两学一做”推进会，对各企业开展学习教育情况进行分析总结，对善始善终推进“两学一做”学习教提出要求、明确任务。二是规范基层党组织设置和组织生活开展。轨道交通集团和机场集团党组织隶属关系顺利移交党工委。各级基层党组织全面建立基层组织生活日，有序推进基层党组织五星级评定和企业党员锋领指数考评工作。三是全面启动“3522 国企锋领”行动计划。整合企业各类创先争优活动，实施“3522 国企锋领”行动计划，着力培育一批“四优锋领党员”“四强锋领支部”和“四好锋领书记”，推进创先争优常态化、党建工作制度化和长效化，激励国企各级党组织和广大党员充分发挥“强港工程先锋、都市建设先锋、民生服务先锋”三个作用。四是加强典型宣传，认真组织建党 95 周年系列活动。积极组织企业开展全省“千名好支书、万名好党员”评选活动，结合建党 95 周年，在市属国资国企开展“先进基层党组织、优秀共产党员和优秀党务工作者”评选推荐工作，并组织召开市属国资国企系统庆祝建党 95 周年大会，隆重表彰“两优一先”先进典型。制作完成“国企党建风采”宣传片，总结提炼企业党建工作特色做法，分别在《宁波日报》《组织工作动态》和《组工志》等宣传媒体进行宣传和介绍。五是贯彻落实全国国企党建工作会议精神。

协调举办"市属国企党组织负责人培训班"和"入党积极分子培训班",认真学习全国国有企业党建工作会议精神,不断提高基层党务工作者和党员的综合素质。紧紧围绕全面解决党的领导和党的建设弱化、淡化、虚化、边缘化问题,围绕全系统国企党建工作情况,开展调查研究,完成《关于在深化国有企业改革中坚持党的领导加强党的建设的若干意见(征求意见稿)》。六是深入开展思想政治工作和精神文明建设。指导企业抓好《宁波市培育和践行社会主义核心价值观落细落小落实行动纲要》的贯彻落实,做好文明城市创建、文明单位创建工作,组织企业广泛开展"道德讲堂"活动,制定国企窗口行业"优质服务,诚信为本"主题活动实施方案,开展城乡结对、和谐企业创建,形成良好的精神文明创建氛围。组织企业积极推荐报送好人典型,1 人被评为"宁波好人",并荣获"浙江好人"称号。组织市属国企网络文明传播志愿者开设 150 余个微博、博客、论坛,开展网络文明传播活动。着力打造 30 支企业志愿者服务队伍,注册志愿者人数 5000 余名,志愿服务活动广泛开展,培树一批志愿服务先进典型。七是加强国企国资党风廉政建设。制定下发 2016 年度市属国资国企纪检监察工作要点,明确工作任务。组织召开市属国企反腐倡廉建设大会,市国资党工委与各责任对象签订《2016 年度党风廉政建设责任书》。参加市属国企专题民主生活会,深入了解企业党委履行主体责任和领导人员遵守廉洁自律规定情况。对轨道交通建设指挥部、机场迁建指挥部两家单位及宁兴等八家市属国企实施落实党风廉政建设主体责任专项检查。通过召开市属国企纪委书记座谈会等形式,及时传达学习国企党建工作会议和中央、省市纪委全会等会议精神,提出贯彻落实具体要求,并查找自身存在"短板",明确今后监督工作重点方向。注重宣传教育,筑牢思想道德防线,对市国资委机关 15 名和市属国企 6 名新任职领导干部逐一开展任前廉政谈话,对 18 名来自市直机关、高校及市属国企的"三重三跨"挂职干部开展集体廉政谈话。印发《市属国企违反国资监管制度责任追究办法(试行)》,从造成经济损失大小、产生不良影响轻重两个方面,就违规者实施责任追究的方式、程序等作出明确。

(撰稿人:谢孝宏)

安徽省

一、安徽省国有资产监督管理工作综述

2016 年,安徽省国资委及其监管的省属企业认真学习贯彻党的十八大和十八届三中、四中、五中、六中全会精神,深入学习贯彻习近平总书记系列重要讲话特别是视察安徽重要讲话精神,认真贯彻落实党中央国务院及安徽省委、省政府的决策部署,各项工作扎实推进,取得明显成效。2016 年,安徽省省属企业累计实现营业总收入 6500 亿元,同比增长 6.5%;利润总额 301 亿元,同比增长 50.9%。净利润 239 亿元,同比增长 97%。年末资产总额 13571 亿元、所有者权益总额 4867 亿元,同比分别增长 5.3%和 11%。截至 2016 年底,安徽省省属企业与全国省级监管企业相比,资产总额和营业收入位居全国第八位、中部第二位,利润总额位居全国第六位、中部第一位,同比增利位居全国第一位。

(一)坚持提质增效,企业运行稳中向好

一是努力开拓市场。安徽省属企业面对竞争压力,着力在增品种、提品质、创品牌上下工夫,努力扩大市场份额。安徽省海螺集团实施"一区一策、一厂一策、差别施策",增强渠道控制,行业内效益持续领先。叉车集团叉车产销超过 8.6 万台,市场占有率连续 26 年保持国内第一。二是狠抓降本增效。安徽省国资委注重推动对所监管企业精准帮扶工作,帮助企业解决实际困难,引导企业开源节流,降本增效。淮北矿业集团严控亏损源、扎牢出血点、强力提双效,同比减亏增利 23 亿元;淮南矿业集团建立利润考核体系,推行经营自主管理,同比减亏增利 30 亿元。三是加大项目投资力度。安徽省国资委牵头制定《安徽省省属企业"十三五"发展规划纲要》,提出重大投资项目安排。引江济淮试验工程顺利推进,合安高铁开建,庐铜铁路主体工程基本完成。望东长江大桥等 4 个高速公路项目建成,安徽省海螺集团等多家企业多个项目已完成投资或开工建设。建

立与金融机构、基金公司等对接合作平台,有23户省属企业与金融机构签约融资需求项目186个,融资额达到3878亿元。2016年,安徽省属企业直接融资合计938.3亿元。四是积极防范化解风险。安徽省积极推动风险防控制度化工作,修订高风险投资业务监管办法,制定加强担保管理的意见。积极推进非主业和三级以下企业清理整合,2016年清理整合企业96户。

(二)扎实推动转型升级,供给侧结构性改革步伐加快

一是大力化解过剩产能。安徽省国资委在充分调研的基础上,制定"三煤一钢"企业化解过剩产能实现脱困发展实施方案,提前完成年度目标任务,并通过部级联席会议验收抽查。截至2016年底,3户煤炭企业化解煤炭产能909万吨,100%完成年度目标任务;分流安置职工23008人,合计完成年度计划107.2%。2016年,通过落实化解产能目标任务,"三煤一钢"企业减亏增利135亿元。妥善处置企业债务风险,与中国建设银行签署320亿元的市场化债转股合作框架协议,成为安徽省落实支持国企市场化去杠杆的首批落地项目。二是结构调整取得积极进展。协调马钢集团大力推进产品结构调整,品种钢比例提升至45%,汽车板增长33%。支持铜陵有色铜冶炼工艺技术升级改造项目,"奥炉改造工程"全面开工建设。支持江汽集团投资20.4亿元建设高端及纯电动轻卡建设项目,建成后预计可实现销售收入170亿元。军工集团、交控集团等多家企业调结构促发展方面也取得重要成果。三是加快省属企业"走出去"步伐。依托"一带一路"国家战略,安徽省属国有企业积极参加海上丝绸之路推介会等高端对外商务洽谈活动。截至2016年底,海螺集团等13户省属企业在境外有项目投资,注册设立企业47户。四是与央企合作成效显著。2016年,安徽省与央企合作开工项目235个,投资规模2851.73亿元;实际完成投资2601.42亿元;竣工项目209个,投资规模2454.95亿元;新签约项目272个,投资规模3120.23亿元,超额完成"四个2000亿元"年度目标任务。

(三)大力推动创新发展,创新引领的新动能加快积聚

一是科技创新成果不断涌现。安徽省马钢股份公司荣获第十六届全国质量奖,全年获得安徽省科技进步奖5项、授权专利280项。交控集团马鞍山大桥获得国际桥梁大会乔治·理查德森奖。淮北矿业股份、华塑股份公司、临涣焦化公司、金岩高岭土公司被评为国家级高新技术企业。江汽集团国内首个"国家电动客车整车系统集成工程技术研究中心"揭牌。叉车集团主持及参与制定国家和行业标准8项。二是管理创新水平不断提升。安徽省国元集团积极推进内部协同创新,在国内率先开展"保险+期货"试点,通过"农业保险+互联网金融"结合的模式,帮助农户解决融资难题。皖北煤电集团引进芬雷公司对选煤厂实施专业化管理,并总结提炼出可复制的模块化操作模式,在省内外选煤厂进行推广应用。省建工集团拥有自主知识产权的CES协同办公系统,获得中国建筑业信息化特优案例、安徽省企业管理创新一等奖。三是体制机制创新不断完善。安徽省国资委积极谋划推动省属企业开展自主创新和"双创"活动。深入推进省属企业"538英才工程",选拔第二批拔尖、高端和领军人才160名,为企业创新发展提供人才支撑。江汽集团建立技能大师工作室、职工创新工作室等"双创"载体,累计开展攻关项目2000多个,产生直接经济效益近亿元。

(四)突出问题导向,国资监管效率进一步提升

一是出资人监管的有效性不断增强。安徽省国资委针对企业运营管理中的突出问题,加强重点环节监管。制定出台违规经营投资责任追究暂行办法和企业国有资产交易监督管理办法,强化责任追究,规范交易行为。完成2015年度省属企业经营业绩考核,审核确认省属企业2016年经营业绩目标,并研究提出省属企业负责人考核评价系数确定办法。制定省属企业经营管理综合评价试点方案,并启动江汽集团综合评价工作。出台省属企业负责人薪酬管理暂行办法,进一步明确企业负责人薪酬构成、计算方式、日常管理以及监督检查等内容。加强国有资本经营预算工作,全年收缴国有资本收益18.9亿元,下达2016年国有资本预算支出项目计划15.4亿元,安排支持项目25个。加强全面预算审核,2016年,分别调增资产22.4亿元、收入8.6亿元、利润8.7亿元。健全完善合法性审查机制,出台全面推进法治国企建设意见,2016年,安徽省国资委被评为全国国资委系统和全省"六五"普法先进集体。二是监事会监督的针对性不断增强。安徽省国资委各监事会坚持3/4以上的工作时间在企业,2016年列席监管企业董事会、集团办公会、总经理办公会、经济活动分析会等600多次,全年审阅各类评估报告近100份,提出建议500多条。2016年,出具11份监事会主席风险提示函和1份监督检查建议函。组织召开5次企业整改情况专题汇报会,有关省属企业负责人对监事会2015年监督检查揭示的302个问题,进行专题汇报、逐项说明。三是市县国资监管的科学性不断增强。安徽省市级国资监管机构积极探索履行出资人职责的有效方式,努力提升监管科学化水平。合肥市出台目标管理等40多项制度,修订国有产权转让等7项管理办法。淮北等其他各地市也根据各地实际情况出台相关制度措施,着手从制度上加强国资国企监管,保障国有资本的增值保值。

二、安徽省国有资产总量与结构分析

表1　2016年安徽省所属国有企业指标

项　目	金　额(亿元)
资产总额	38578.8
所有者权益	15343.4
国有资产总量	12421.6
营业收入	8588.8
利润总额	739.7
归属于母公司所有者的净利润	502.6
应交税金总额	508.6
实际上缴税金总额	457.4

表2　2016年安徽省国有企业户数情况

项　目	2015年	2016年	比上年增长(%)
户数(户)	3062	3212	4.9
省属企业(户)	1587	1632	2.8
省直单位企业(户)	133	150	12.8
市县企业合计(户)	1342	1430	6.6

表3　2016年安徽省国有资产地区分布情况

地　区	国有资产(亿元)	占国有资产总量比重(%)
省属企业	2514.6	20.24
省直单位企业	191.8	1.54
市县企业合计	9715.2	78.21
其中:合肥市	2546.7	20.50
芜湖市	1635.8	13.17
淮北市	379.0	3.05
淮南市	407.9	3.28
蚌埠市	832.8	6.70
铜陵市	344.4	2.77
马鞍山市	784.8	6.32
宿州市	490.3	3.95
亳州市	377.2	3.04
安庆市	391.9	3.16
滁州市	35.0	0.28
池州市	94.8	0.76
宣城市	191.8	1.54
黄山市	249.4	2.01
阜阳市	402.0	3.24
六安市	551.3	4.44
合　计	12421.6	100.00

表4　2016年安徽省国有资产行业分布情况

行　业	国有资产(亿元)	占国有资产总量比重(%)
农林牧渔业	20.4	0.16
工业	1140.4	9.18
建筑业	429.5	3.46
地质勘查及水利业	0.0	0.00
交通运输业	700.8	5.64
仓储业	23.5	0.19
批发和零售业	141.5	1.14
金融业	952.5	7.67

续表

行　　业	国有资产(亿元)	占国有资产总量比重(%)
房地产业	927.4	7.47
信息技术服务业	1.1	0.01
社会服务业	7875.6	63.40
卫生体育福利业	55.2	0.44
教育文化广播业	131.5	1.06
科学研究和技术服务业	14.5	0.12
机关团体及其他	7.7	0.06
合　　计	12421.6	100.00

表 5　　2016 年安徽省国有资产经营规模分布情况

经营规模	国有资产(亿元)	占国有资产总量比重(%)
大型企业	1828.9	14.7
中型企业	2159.7	17.4
小型企业	6710.9	54.0
微型企业	1722.1	13.9
合　　计	12421.6	100.0

三、安徽省国有资本保值增值综合分析评价

表 6　　2016 年安徽省国有企业地区和行业国有资本保值增值情况

地　　区	国有资本保值增值率(%)	行　　业	国有资本保值增值率(%)
省属企业	106.0	农林牧渔业	106.7
省直单位企业	159.5	工业	106.6
市县企业合计	103.1	建筑业	106.3
其中:合肥市	105.9	地质勘查及水利业	0.0
芜湖市	103.5	交通运输业	104.6
淮北市	101.2	仓储业	105.3
淮南市	96.2	批发和零售业	104.7
蚌埠市	102.3	金融业	102.6
铜陵市	100.0	房地产业	109.2
马鞍山市	101.2	信息技术服务业	101.8
宿州市	103.0	社会服务业	102.6
亳州市	104.4	卫生体育福利业	102.7
安庆市	101.6	教育文化广播业	188.6
滁州市	103.2	科学研究和技术服务业	106.0
池州市	99.1	机关团体及其他	117.0
宣城市	100.0		
黄山市	102.5		
阜阳市	107.7		
六安市	100.3		

四、安徽省国资委监管企业改革发展情况

安徽省国资委持续加强对国企改革的组织领导和统筹协调,一手抓改革方案出台,一手抓改革举措落地,国有企业改革成效初显。

(一)改革政策框架基本形成

2016 年 5 月,安徽省国资委以省委、省政府名义印发《深化国企国资改革实施意见》,明确今后一个时期安徽省深化国企国资改革的主要目标和重点任务。一是注重完善配套政策。陆续出台《深化农垦体制改革》《国有科技型企业股权和分红激励实施细则》《剥离企业办社会职能工作方案》《推进"三供一业"移交实施意见》《省属企业布局结构调整和重组意见》《员工持股改革实施办法》等一批重要制度文件,初步形成安徽省深化国企国资改革的政策框架体系。二是注重试点先行。研究制定《规范董事会建设试点方案》《职业经理人制度试点方案》《省属企业改革发展基金组建

方案》等一批重点改革方案。三是注重政策补充完善。《省属企业功能界定与分类方案》《分类考核办法》《国资委职能转变方案》等完成调研起草工作。

(二)企业改制上市成效明显

2016年，安徽省属企业上市工作取得重大进展，华安证券公司、安徽天然气公司成功上市。完成铜陵有色股份公司定向增发及员工持股计划。省建工集团整体上市获证监会无条件审核通过。省交规院等一批企业首发上市已报证监会审核，淮南矿业集团整体改制方案起草基本完成，同时储备一批上市(挂牌)后备资源。2016年，安徽省属企业已形成上市发行一批、报会在审一批、培育储备一批推进上市的良好格局，省属企业通过优先股的方式引入社会资本以及实施员工持股也取得突破，完成安徽省铁路建设投资基金公司股份制改造和增资扩股，顺利实施国元证券公司员工持股计划，开创A股上市券商的先例。

(三)解决历史遗留问题取得突破

安徽省国资委会同安徽省直有关部门成立解决历史遗留问题专项小组，开展调查摸底，出台工作方案并完善相关配套文件，全面推进解决企业历史遗留问题。以实施国有企业"三供一业"移交为突破口，通过召开安徽省国有企业"三供一业"移交推进会，按照"先移交后改造"的要求，全面启动移交工作。

五、安徽省国资委监管企业并购重组与完善法人治理结构情况

安徽省国资委积极研究推动省属企业资产整合重组工作。通过股权划转，完成省国资运营公司对省产权交易中心重组工作。推进海螺集团重组淮海实业相山水泥公司，实现省属企业资源整合和市场整合。扎实推进徽商集团资产与债务重组工作，完成徽商期货、徽商齐云山庄、徽商离退休管理中心等移交工作。

安徽省国资委积极推动以建立外部董事制度、健全董事会机构、规范董事会运作为重点，研究制定开展省属企业规范董事会建设试点方案。配合有关部门研究制定《安徽省国有科技型企业股权和分红激励实施细则》。积极指导省属企业深化"内部三项制度"改革。

六、安徽省国资委监管企业建立和完善经营业绩考核体系情况

(一)强化分类考核

按照国有企业功能定位的规定，结合省属企业实际，将省属企业分为竞争类、保障类和公益类三类，实行分类考核。对于竞争类企业，重点考核企业的经济效益、资本回报水平和市场竞争能力；对于保障类企业，在保证合理回报和国有资本保值增值的基础上，加强对发展前瞻性战略性产业以及完成重大专项任务情况的考核；对于公益类企业，重点考核产品服务质量、成本控制、营运效率。

(二)改进安全考核办法

修订原有安全考核办法，在制度层面建立责任追究机制，通过加大对生产安全责任事故的处罚力度，防范和减少生产安全事故。

(三)完善创新考核措施

安徽省国资委通过进一步完善创新考核措施，以提高考核政策支持力度，鼓励企业加大自主创新投入，实现创新发展。

(四)制定环保考核细则

安徽省国资委通过制定考核实施细则，对年度内发生环境责任事故、环境保护违法违规事件或被节能减排和环境保护主管部门通报的，给予企业负责人年度考核结果以降级处理或扣分处理，加大督促企业落实节能减排和环境保护责任，逐步建成资源节约型和环境友好型社会企业，实现绿色发展。

(五)优化工作考核方法

安徽省国资委注重优化改进工作考核方法，加大问责力度。对执行国有资产监管规定不到位，受到安徽省国资委通报批评的，对企业落实巡察、审计及监事会监督检查反馈情况整改落实不力的，扣减年度考

核得分，进一步强化国资监管合力。

(六)加强企业管理短板考核

省国资委充分发挥职能处室专业优势，突出降成本、减费用，结合企业经营管理水平及风险控制能力等因素，通过"一企一策"设定的"短板"考核指标对企业实施考核。

七、安徽省国资委监管企业负责人考核与选人用人机制改革情况

(一)积极做好企业领导班子和领导人员队伍建设

2016年，安徽省国资委配合安徽省委组织部做好省委管理企业领导人员的考察和任免工作。配合完成10户企业党委换届"两委"委员建议人选考察工作，并协助省委组织部调整省委管理企业领导人员25人。提出叉车集团等13户企业党委专职副书记及纪委书记配备建议，选配7户企业党委专职副书记和4户企业纪委书记。做好省国资委党委管理企业领导班子企业党委换届考察工作，指导完成9户企业党委换届工作，实现企业党委、纪委领导班子的正常更替和过渡。

(二)开展企业领导班子和领导人员2015年度综合考核

安徽省国资委积极做好监管企业指标评分工作。牵头组织对13户企业2015年度领导班子和领导人员，履行发展和党建工作职责情况的现场考核，并向省委考核办提出考核评价等次建议，及时反馈考核结果，约谈考核等次"较好"及以下企业主要负责人，督促其制定整改方案，落实整改要求。

(三)推动企业领导人员日常监督工作落地

2016年，安徽省国资委督促13户省属企业、徽商职业学院82名领导人员报告个人有关事项，并按10%的比例抽查核实。指导企业按时完成中层管理人员个人有关事项报告汇总工作。督促26户省属企业(不含皖中、华强)对十八大以来领导人员个人有关事项报告抽查核实情况进行梳理、汇总、上报。规范企业领导人员因私出国(境)管理。开展企业选拔任用工作专项监督检查。

(四)大力推进省属企业领导人员教育培训工作

安徽省国资委配合省委组织部，拟定2016年度企业领导人员春季、秋季班次调学计划，累计培训企业领导人员260人次。加强专题培训，160多名企业领导人员和中层经营管理人员参加学习。成立专项督查组，对13户企业贯彻落实《干部教育培训条例》及安徽省实施办法情况进行督查，并形成督查情况报告报省委组织部。

(五)认真落实深化国资国企改革重点工作任务

安徽省国资委先后派员赴山东、广东、陕西、深圳、上海等省市国资委调研，学习了解他们在规范董事会建设、推行职业经理人制度建设、国有企业党的建设和干部管理等方面的好经验好做法。积极推进职业经理人制度建设，并加强试点工作的跟踪指导，开展试点情况评估。及时总结经验，结合外省的做法，草拟《省属企业实行职业经理人制度试点的实施意见》，积极推进职业经理人工作。

八、安徽省国资委监管企业党的建设和廉政建设情况

2016年，安徽省国资委严格落实党章规定和廉政建设要求，聚焦工作任务，企业和国资委党委党建工作及廉政建设得到持续推进。

(一)党的建设情况

一是扎实推进"两学一做"学习教育。2016年，安徽省国资委党委指导监管企业严格按照时间表和施工图，认真开展"两学一做"学习教育、"讲看齐、见行动"学习讨论、"五大发展见行动"专题讨论，大力开展"争创学习型党组织、争当学习型党员""亮身份、作承诺、当先锋、树形象"、基层组织建设提升年、"支部书记培训工程"等活动。指导督促监管企业举办各类辅导班、专题培训班700余个，11000余人次参加培训，4400余名基层党组织书记"上讲台、讲党课"。安徽省国资委也在机关开展"两学一做"学习教育等活动。圆满完成安徽省第十次党代会代表选举推荐工作。二是认真落实党建主体责任。省国资委党委坚持把

党建工作与业务工作同谋划、同部署、同推进。修订完善《省国资委党委工作规则》，并报省委备案。积极参与起草安徽省省属企业党建工作考核办法、加强国有企业党的建设工作意见等。组织开展省属企业党建和发展业绩“双百分考核”。指导企业对照《安徽省2016年度基层党建工作“三个清单”》，逐条梳理问题，逐项落实任务。三是企业领导班子建设明显加强。按照安徽省省属企业领导人员管理权限，配备7户企业党委专职副书记和4户企业纪委书记。2016年，调整企业领导人员17人，配合安徽省委组织部调整安徽省委管理的企业领导人员25人。四是巡视整改工作取得实效。安徽省国资委党委对中央巡视组“回头看”和安徽省委巡视组反馈意见，梳理确定45个整改问题和163项整改任务，形成问题清单、任务清单和责任清单，全面开展整改。截至2016年底，163项整改任务中，已完成90项、占55.2%；取得阶段性成效65项、占39.9%。

(二)廉政建设情况

一是纪检监察组织建设得到加强。截至2016年底，安徽省国资委监管的28户省属企业纪委负责人均配齐到位，各集团本部均单独设立纪检监察机构，配备纪检监察干部192人，二级及以下企业配备专职纪检监察人员795人，全年组织培训纪检监察人员1316人次。二是权力运行逐步规范。2016年，安徽省国资委指导监管企业各级修订完善落实“两个责任”制度189个、作风建设制度101个、“三重一大”决策制度171个、廉洁风险防控制度192个，制定履职待遇、业务支出管理制度127个，权利运行逐步规范。三是加大查处执纪力度。安徽省纪委驻安徽省国资委纪检组全年受理信访举报件636件，全部予以办理，办结问题线索25件。先后组成7个督查组对省属企业作风建设进行督查，公开通报曝光14起典型违纪问题、30名违纪人员。开展作风督查421次，查处违反中央八项规定精神问题49起、同比增长44%，处理127人，给予党纪政纪处分65人。2016年，安徽省纪委驻省国资委纪检组开展两轮针对监管企业的专项巡察工作，巡察的12户企业完成整改任务531项，完成率89.1%，完善各类制度391个。

（撰稿人：张政政　刘世春）

福建省

一、福建省国有资产监督管理工作综述

2016年是“十三五”开局之年，在福建省委、省政府的坚强领导下，在国务院国资委的有力指导下，福建省国资系统牢牢把握“稳中求进、改革创新”的总要求，积极应对经济下行压力，抓改革、促发展，保增长、创效益，国企国资各项工作扎实推进。

(一)生产经营取得新成绩

科学组织生产运行，狠抓降本增效，取得良好经营业绩。截至2016年底，福建省纳入国有资产统计范围的国有及国有控股企业资产总额35273.32亿元，同比增长18.1%；实现营业收入9178.86亿元，增长24%；实现利润总额419.64亿元，增长13.7%。其中福建省属企业资产总额13065.3亿元，同比增长14.4%；所有者权益2828.7亿元，同比增长14.6%；累计实现营业收入2414.4亿元，同比增长7.8%；实现利润总额130.2亿元，同比增长46.2%；已交税费总额125亿元，同比增长3.9%。

(二)国企改革取得新进展

把握工作重点，推进各项改革政策措施逐步落地。一是顶层设计文件陆续出台。福建省委、省政府出台《关于深化国有企业改革的实施意见》，福建省国资委相继制定加强和改进企业党建工作、企业分类监管、加强监督防止流失等改革配套文件，并组织召开福建省国有企业改革座谈会，全面部署推进国有企业改革工作。二是企业改制重组力度加大。福建中旅集团公司与福建华闽实业(集团)有限公司合并设立福建省旅游发展集团有限责任公司，打造旅游产业龙头；福建厦门经贸集团有限公司并入福建省电子信息(集团)有限责任公司，实现文化创意产业资源整合；福建新龙马汽车股份有限公司与国能电动汽车瑞典公司完成重组，打造新能源汽车生产基地；福建奔驰

汽车工业有限公司与北汽集团重组,着力推动做大做强;福建建工集团总公司的公司制改革方案获省政府批准,所出资企业层级全面完成公司制改制。福建省级行政机关所办(属)企业的脱钩整合工作有力推进,将近年接收的酒店等旅游资产集中划转给福建省旅游发展集团有限责任公司,将业务关联的科研、设计院所划转给福建省招标采购集团有限公司、福建省电子信息(集团)有限责任公司。三是推进解决历史遗留问题。成立省剥离国有企业办社会职能工作专项领导小组,统筹推进福建省"三供一业"分离移交工作,完成国资系统企业情况排查,涉及分离移交供水7.35万户、供电7.56万户、供气1.67万户、物业管理7.64万户。各企业、各地市全面启动"三供一业"分离移交工作,企业总体保持安定稳定。

(三)转型发展取得新进步

抓供给侧结构性改革,推动产业转型升级。一是"走出去"步伐加快。福建省国资委出台《关于鼓励省属企业"走出去"发展若干意见》,推动传统产业和具有竞争优势的企业开展国际产能和装备制造合作。福建省三钢(集团)有限责任公司、中国武夷实业股份有限公司携手"抱团走出去",与肯尼亚企业签署《钢铁厂项目合作意向书》。中国武夷实业股份有限公司深耕海外市场,连续22年入选全球最大承包商250强,2016年荣获福建省首个境外工程鲁班奖。二是大力推进科技创新。福建省国资委出台《关于促进省属企业科技创新的实施意见》,召开福建省国资系统科技创新工作会议,推动企业实施创新驱动和人才优先发展战略。61户福建省属工业企业拥有自己的研发机构,拥有省级以上重点实验室8个(国家级2个),省级以上企业技术中心31家(国家级6家),工程研究中心6个(国家级2个),研究院(所)13个,设计院(所)8个,博士后流动工作站6个,高新技术企业49个,创新型企业24个。三是项目建设进展顺利。福建省属企业全年累计完成投资758.4亿元。厦门钨业硬质合金及深加工、马尾船政(连江)特种船舶、福建奔驰VS20多功能乘用车、星云大数据福建应急通信保障能力建设示范工程、江山炸药生产基地、沈海复线宁德漳湾至连江浦口宁德段、莆田平海湾一期5万千瓦海上风电、福鼎热电厂等一批重大项目建成投产;华佳彩6代高技术面板、晋华存储器生产线建设、厦门联芯12英寸集成电路、漳州古雷炼化一体化等一批百亿元重大项目动工建设。四是资本运作成效显著。全面推进企业改制上市,福州市属海峡环保IPO顺利通过中国证监会发审会审核,福建建工集团总公司、福建省招标采购集团有限公司积极推进整体上市;福建省投资开发集团有限责任公司权属企业福建省福投新能源投资股份公司完成新三板挂牌,福建省能源集团有限责任公司权属福能期货公司、漳州市属海峡生物科技公司和片仔癀酒店完成挂牌申报。福建省属国有控股上市公司全年再融资累计募集资金95.5亿元,创历年新高。大力支持企业发展基金业务,福建省属企业已设立基金30多只,规模超过300亿元,鼓励各类基金积极参与省属企业改革重组、改制上市、产业项目投资,推进产融结合,加快转型发展。截至2016年底,福建省属国有控股上市公司境内11家、境外2家,新三板挂牌公司4家,总市值1200多亿元,福建省属企业资本证券化率为43.23%。

(四)完善监管取得新实效

推进国资委自身改革,国资监管针对性、有效性进一步增强。一是放权到位。福建省国资委持续抓好"两个清单"落实工作,在主动取消32项审批审核事项的基础上,又将上市公司投向非主业、参股非国有控股的权限全部下放,同时下放部分资产评估项目备案权。2016年,福建省国资委受理企业报批事项280件,较2014年减少25%,连续两年下降。全面完成2004年以来国资监管制度文件的清理工作,废止失效的32件,修改后有效的4件,继续有效的86件,进一步完善国资监管规章制度体系。二是监管到位。福建省国资委全年新制定规范性文件24件,特别是在投资决策、改革改制、资产评估、内部审计、监事会工作等方面出台一批工作指引,使企业经营决策程序更加科学规范。完成福建省属企业外派监事会监督全覆盖,5个外派监事会全年列席企业各类会议480多场次,直接提醒建议30多次,谈话90多人次,提交各类报告26份。与福建省审计厅联合开展省属企业高风险业务专项清查,追回高风险贸易逾期资金17.2亿元,行文禁止开展融资性贸易和委托贷款业务。稳步落实企业法制工作第二个"三年目标",指导协调企业妥善处理境内外法律纠纷案件7起，涉及金额8.7亿元。全省国资系统有6家单位和6名个人获得省(部)级"六五"法治宣传教育表彰，创历届之最。三是服务到位。推进福建省属企业与莆田、南平、三明、龙岩、漳州和平潭等市区的项目对接合作，累计签订合作项目122个，总投资1630.6亿元。出台《关于进一步加强省属企业对接合作的通知》，举办福建省属企业产销对接会，新增项目合作协议6项，合作金额近10亿元。推动省属企业交叉持股，福建省能源集团有限责任公司、福建省高速公路有限责任公司、福建省投资开发集团有限责任公司等企业参与青山纸业、三钢闽光、福能股份和华映科技等定增募资工作。帮助企业筹集发展资金，发行债券296.9亿元，企业节约融资成本5.7亿元，积极争取国开行、进出口银行提供福建省属企业"十三五"规划项目融资。组织企业在邮轮产业、远洋渔业、军民融合、旅游全产业链开发等开展分工协作，促进抱团发展。开展机关作风整顿，以改善服务态度、改进服务质量、提高服务效率为重点，努力打造"学习型、能力型、服务型"机关，致力于将福建省国资委打造成为"国企之家"。

(五)党建工作取得新突破

落实全面从严治党要求，国有企业党的建设得到有力加强。一是"两学一做"学习教育扎实推进。深入基层企业开展党建调研。各企业建立学习教育联系点706个，下基层督导624次，组织集中学习2.5万次，党组织书记带头讲党课949次，中层以上领导干部参加专题研讨4092次，整改突出问题171条，新建制度机制47项。将抓党建促脱贫攻坚工作纳入党建工作议事日程，选派33名机关和企业优秀干部挂职扶贫、科技服务，与地方政府对接项目134个，总投资1502.1亿元，推动精准扶贫。福建省国资委和福建省高速公路有限责任公司在全省"两学一做"学习教育推进会上作大会交流，得到福建省委的充分肯定。二是领导班子建设持续加强。选拔配备11名福建省管企业领导人员、3名直管企业领导人员，调整充实160多名企业后备人才，组织2期60多人次素质能力提升培训班，赴意大利、浙江大学进行培训。同时，认真组织开展福建省属企业主要负责人述职述廉工作，加大企业党建工作考评分值的比重；联合福建省委组织部修订出台省管企业领导班子和领导人员综合考核评价暂行办法，强化企业主要负责人抓党建工作第一责任人的意识。三是国企党建工作基础更加稳固。贯彻全国国企党建工作会议精神，进一步加强和改进企业党建工作。督促落实企业党建"有机构、有人员、有经费、有活动、有作为"基本要求，深化推广"133"党建工作新模式；推进基层党建重点任务落实落地，排查失联党员777名，为697名党员重新理顺组织关系；督促169个基层党组织按期完成换届；归口补缴党费4700多万元。全年推荐5个集体、8名个人获得四项全国荣誉和九项省级荣誉。推出"再上新台阶、建设新福建，国资国企在行动"专栏，宣传18家所出资企业改革与党建工作亮点、成效，组织召开"建设新福建，国企当先锋——省属国企党代表畅谈贯彻党代会精神"专题研讨会，专访实业类省属国企负责人及党代表，共话国企事业，回应社会关切。创建"八闽国资"官方微信，改版《福建国资》杂志，提升影响力。四是从严管党治党责任有效落实。深入贯彻"五抓五看"要求，认真履行"两个责任"，严格落实企业主要负责人和纪委书记述职述廉、"三重一大"决策月报告和企业负责人外出请假制度。全年立案91件，党纪政纪处分58人，查处违反中央八项规定精神23起，处理32人，通报曝光典型问题五批10起，对8名党员领导干部实施党风廉政建设责任追究。各级党组织切实担负起管党治党政治责任，坚持把纪律和规矩挺在前面，有效运用"四种形态"，落实中央八项规定精神成效明显，"四风"问题得到有效遏制。福建省纪委驻福建省国资委纪检组工作成绩突出，被福建省纪委推荐为全国纪检监察先进集体。

二、福建省国有资产总量与结构分析

截至2016年底，福建省纳入国有资产统计范围的国有及国有控股企业(含厦门市，以下简称"国有企业")有5949户，比上年增加360户；资产总额35273.32亿元，增长18.1%；所有者权益11509.68亿元，增长18.7%；归属于母公司的所有者权益9256.37亿元，增长16.4%；全年实现营业总收入9178.86亿元，增长24%；实现利润总额419.64亿元，增长13.7%；实现归属于母公司所有者的净利润225.58

亿元,增长6.4%。

(一)企业户数有所增加

2016年,福建省纳入国有资产统计范围的企业有5949户,比上年增加360户。其中,省级监管企业1505户,同比增加131户;省级非监管企业270户,同比减少8户;地市企业4174户,同比增加284户。

(二)资产分布相对集中

从企业隶属关系看,福建省国有企业资产主要分布在省、市两级国资委监管企业,两级监管企业资产总额28266.51亿元,占福建省国有企业资产总额的80.1%;其中省级监管企业资产总额13065.27亿元,占全省的37%,地市监管企业资产总额15201.25亿元,占全省的43.1%。非监管企业资产总额7006.80亿元,占全省的19.9%;其中省级非监管企业资产总额241.98亿元,占全省的0.7%,地市非监管企业资产总额6764.82亿元,占全省的19.2%。

从地区分布看,福建省地市所属国有企业资产总额21966.07亿元,占福建省国有企业资产总额的62.3%。其中:厦门市国有企业资产总额9069.03亿元,占地市国有企业资产总额的41.3%;泉州市3316.44亿元,占15.1%;福州市2888.12亿元,占13.1%;漳州市1676.35亿元,占7.6%;龙岩市1528.84亿元,占7%;三明市901.24亿元,占4.1%;南平市883.83亿元,占4%;平潭区681.04亿元,占3.1%;莆田市581.11亿元,占2.6%;宁德市440.06亿元,占2%。地市国有企业资产总额增速最快的是福州市,同比增长28.4%;增长额最大的是厦门市,同比增加1523.05亿元。

从行业分布看,福建省国有企业资产总额行业分布排名前三位的是社会服务业、房地产业、交通运输业。其中,社会服务业资产总额11095.24亿元,占行业合计的24.4%;房地产业8276.17亿元,占18.2%;交通运输业7151.60亿元,占15.7%。三个行业资产总额共计26523.01亿元,占58.2%。

(三)营业收入大幅增长

2016年,福建省国有企业实现营业总收入9178.86亿元,同比增长24%。从企业隶属关系看,福建省国有企业营业总收入主要分布在省、市两级国资委监管企业,两级监管企业营业总收入8419.04亿元,占全省国有企业营业总收入的91.7%;其中省级监管企业营业总收入2414.36亿元,占全省的26.3%,地市监管企业营业总收入6004.68亿元,占全省的65.4%。非监管企业营业总收入759.82亿元,占全省的8.3%;其中省级非监管企业营业总收入95.06亿元,占全省的1%,地市非监管企业营业总收入664.76亿元,占全省的7.2%。

从地区分布看,福建省地市国有企业营业总收入6669.44亿元,占福建省国有企业营业总收入的72.7%。其中,厦门市国有企业营业总收入5426.77亿元,占地市国有企业营业总收入的81.4%;龙岩市317.66亿元,占4.8%;泉州市260.69亿元,占3.9%;漳州市231.46亿元,占3.5%;福州市199.11亿元,占3%;三明市80.48亿元,占1.2%;莆田市62.90亿元,占0.9%;南平市55.76亿元,占0.8%;宁德市26.09亿元,占0.4%;平潭区8.51亿元,占0.1%。地市国有企业营业总收入增速最快的是龙岩市,同比增长158.4%;增加额最大的是厦门市,同比增加1339.23亿元。

从行业分布看,福建省国有企业营业总收入行业分布排名前三位的是批发零售业、工业、房地产业。其中,批发零售业营业总收入5491.37亿元,占行业合计的52.6%;工业1787.30亿元,占17.1%;房地产业823.85亿元,占7.9%。三个行业营业总收入共计8102.52亿元,占福建省国有企业的77.7%。

(四)企业效益稳中有升

2016年,福建省国有企业实现实现利润总额419.64亿元,增长13.7%;实现归属于母公司所有者的净利润225.58亿元,增长6.4%。

表1　2016年福建省所属国有企业指标

项　目	金　额(亿元)
资产总额	35273.32
所有者权益	11509.68
营业总收入	9178.86

续表

项　　目	金　额(亿元)
利润总额	419.64
净利润	309.67
归属于母公司所有者的净利润	225.58
应交税金总额	439.93
实际上缴税金总额	443.15

表 2　2016 年福建省国有企业户数情况

地　　区	2015 年	2016 年	比上年增长(%)
全省合计(户)	5589	5949	6.44
省级企业(户)	1699	1775	4.47
其中:省级监管企业(户)	1374	1505	9.53
省级脱钩企业(户)	47		
省级非监管企业(户)	278	270	−2.88
地市企业(户)	3890	4174	7.30
其中:福州市(户)	396	405	2.27
厦门市(户)	1565	1740	11.18
漳州市(户)	333	387	16.22
泉州市(户)	518	523	0.97
三明市(户)	165	170	3.03
莆田市(户)	122	119	−2.46
南平市(户)	256	266	3.91
龙岩市(户)	238	277	16.39
宁德市(户)	276	260	−5.80
平潭市(户)	21	27	28.57

表 3　2016 年福建省国有资产地区分布情况

地　　区	国有资产(亿元)	占国有资产总量比重(%)
全省合计	9211.48	100.00
省级监管	1589.01	17.25
省级非监管	91.76	1.00

续表

地　　区	国有资产(亿元)	占国有资产总量比重(%)
地市汇总	7530.71	81.75
福州市	1093.34	11.87
厦门市	2423.16	26.31
漳州市	441.01	4.79
泉州市	1341.01	14.56
三明市	453.52	4.92
莆田市	298.05	3.24
南平市	398.59	4.33
龙岩市	581.58	6.31
宁德市	180.63	1.96
平潭区	319.84	3.47

表 4　2016 年福建省国有资产行业分布情况

行　　业	国有资产(亿元)	占国有资产总量的比重(%)
农林牧渔业	66.66	0.41
其中:农业	11.18	0.07
林业	36.29	0.22
畜牧业	1.10	0.01
渔业	−1.43	−0.01
工业	1506.80	9.24
煤炭工业	57.89	0.36
石油和石化工业	0.00	0.00
冶金工业	291.75	1.79
建材工业	52.23	0.32
化学工业	81.91	0.50
森林工业	6.83	0.04
食品工业	59.22	0.36
烟草工业	0.09	0.00
纺织工业	7.97	0.05
医药工业	37.08	0.23

续表

行　　业	国有资产(亿元)	占国有资产总量的比重(%)
机械工业	152.59	0.94
军工工业	75.64	0.46
电子工业	78.46	0.48
电力工业	253.55	1.55
市政公用工业	305.52	1.87
其他工业	62.31	0.38
建筑业	1945.05	11.93
地质勘查及水利业	87.65	0.54
交通运输业	3081.41	18.90
其中:铁路运输业	11.44	0.07
道路运输业	2539.82	15.58
水上运输业	64.13	0.39
航空运输业	117.03	0.72
仓储业	39.88	0.24
邮电通信业	0.02	0.00
批发和零售业	755.38	4.63
金融业	549.74	3.37
房地产业	2660.55	16.32
信息技术服务业	94.70	0.58
社会服务业	5274.89	32.35
卫生体育福利业	9.63	0.06
教育文化广播业	115.86	0.71
科学研究和技术服务业	52.86	0.32
机关社团及其他	64.43	0.40

表5　2016年福建省国有资产经营规模分布情况

经营规模	国有资产(亿元)	占国有资产总量比重(%)
大型企业	1095.06	6.72
中型企业	5774.99	35.42
小型企业	6357.78	38.99
微型企业	3077.68	18.88

续表

经营规模	国有资产(亿元)	占国有资产总量比重(%)
合　　计	16305.51	100.00

注:按照经营规模分类统计,差额表不参与汇总,无法按照会计报表编制进行合并抵消,故各经营规模合计数大于全省国有资产合计数。

三、福建省国有资本保值增值综合分析评价

表6　2016年福建省国有企业地区国有资本保值增值情况

地　　区	国有资本保值增值率(%)
福州市	100.97
厦门市	104.69
漳州市	113.95
泉州市	101.16
三明市	102.35
莆田市	102.39
南平市	100.86
龙岩市	101.25
宁德市	107.74
平潭区	99.94

表7　2016年福建省国有企业行业国有资本保值增值情况

行　　业	国有资本保值增值率(%)
农林牧渔业	100.10
其中:农业	104.54
林业	101.43
畜牧业	72.73
渔业	102.72
工业	104.57
煤炭工业	88.91
石油和石化工业	0.00

续表

行　　业	国有资本保值增值率(%)
冶金工业	125.23
建材工业	104.27
化学工业	86.09
森林工业	96.19
食品工业	100.47
烟草工业	100.71
纺织工业	103.03
医药工业	109.95
机械工业	82.22
军工工业	98.28
电子工业	106.42
电力工业	124.75
市政公用工业	102.08
其他工业	94.02
建筑业	102.01
地质勘查及水利业	99.99
交通运输业	101.88
其中:铁路运输业	98.02
道路运输业	101.07
水上运输业	105.69
航空运输业	104.22
仓储业	107.67
邮电通信业	102.32
批发和零售业	105.59
金融业	107.87
房地产业	106.62
信息技术服务业	105.40
社会服务业	103.80
卫生体育福利业	98.15
教育文化广播业	103.06
科学研究和技术服务业	96.98
机关社团及其他	102.68

四、福建省国资委监管企业股份制改革与上市融资情况

(一)股份制改革情况

中闽能源股份有限公司实现ST摘帽和再融资。2016年3月,中闽能源成功实现ST摘帽,6月24日,启动再融资工作。

福建省福投新能源投资股份公司完成改制,实现新三板挂牌上市。2016年5月23日该公司顺利完成股改工作,改制后国有资本占股80%,民营资本占股20%。并于2016年10月18日正式在新三板挂牌,成为福建省营业收入规模最大的新三板公司。

福建省南平铝业股份有限公司成都公司于2016年12月23日完成整体股份制改制。改制后更名为"四川福蓉科技股份公司"。

福州和声钢琴股份有限公司新三板挂牌。经福建省商务厅和福建省国资委批准,福建省电子信息(集团)有限责任公司将香港宝利裕有限公司持有的福州和声钢琴公司75%股份,无偿划转给福建华闽实业有限公司,实现和声钢琴公司由外资企业向中外合资企业的转变。2016年10月完成股份制改造,福州和声钢琴股份有限公司正式成立,并在新三板挂牌。

(二)上市融资情况

2016年5月,福建省国资委召开推进省属企业资本证券化工作座谈会,进行再动员再部署。多管齐下推进企业改制上市,福建建工集团总公司、福建省招标采购集团有限公司积极推进整体上市;福建省投资开发集团有限责任公司权属福建省福投新能源投资股份公司完成新三板挂牌,福建省能源集团有限责任公司权属福能期货公司完成挂牌申报。福建省属国有控股上市公司全年再融资累计募集资金95.5亿元,创历年新高。截至2016年底,福建省属国有控股上市公司境内11家、境外2家,新三板挂牌公司4家,总市值1200多亿元,福建省属企业资本证券化率43.23%。

五、福建省国资委监管企业并购重组与完善法人治理结构情况

(一)并购重组情况

1. 福建省招标采购有限责任公司引进福建省投资开发集团有限责任公司对福建省招标中心有限责任公司增资扩股,增资后,福建省招标采购有限责任公司占51.03%股份,投资集团占48.97%股份。

2. 福建省三钢(集团)有限责任公司收购重组福建三金钢铁有限公司,设立三钢罗源钢铁有限公司,实现低成本扩张和沿海战略布局。

3. 福建省能源集团有限责任公司将其持有的国电泉州热电公司23%股权和石狮热电公司46.67%股权以7.84亿元交易对价协议转让注入到福建福能股份有限公司,壮大上市公司的规模,避免同业竞争。

4. 福建省厦门轮船有限公司收购漳州海达航运有限公司25%股权,为厦门湾开拓新业务开辟新航线、实现公司客运转型。

5. 福建奔驰汽车工业有限公司引进战略投资者,与北汽集团战略重组。2016年9月19日,召开重组后的第一届董事会,产生新的董事会和经营班子,完成股权转让的工商注册登记变更手续。

6. 福建新龙马汽车股份有限公司引进战略投资者,与国能电动瑞典公司、国研科技战略重组。2016年8月18日举行新龙马重组项目交接仪式。2016年10月,股权转让和外商投资分别获得福建省发改委、福建省商务厅批准。

7. 福建星网锐捷通讯股份有限公司完成升腾资讯40%股权和星网视易48.15%股权收购,实现对升腾资讯和星网视易100%控股。

8. 福建福日电子股份有限公司子公司中诺通讯顺利收购具有较强的研发和市场能力的迅锐通信,进一步提升主业规模和盈利能力,为做大做强通讯产业打下基础。

9. 福建省电子信息(集团)有限责任公司以福建福光有限公司为平台完成对国营8450厂的兼并重组。

10. 福建省船舶工业集团有限公司增资扩股福建一帆新能源装备制造有限公司,股权比例为公有资本占比60%、非公资本占比40%;重组后改名为福建福船一帆新能源装备制造有限公司。

11. 福建省新能海上风电研发中心有限公司引入央企作为战略投资者,股权比例为公有资本占比71%(上海勘测研究院37%、福船34%)、非公有资本29%。

12. 福建海峡科化股份有限公司通过增发股份吸收合并永安日升民爆公司,2016年12月完成工商变更,重组后的海峡简化控制三明市炸药产品的销售平台,提升企业在当地炸药市场的占有率,增强企业控制力,延伸炸药的产业链。

13. 福建省国有资产管理有限公司并购南平保安及南平蓝盾保安公司80%股权。

14. 福建省海洋丝路投资发展有限公司以增资扩股的方式成功并购新日鑫公司,占股51.52%。

(二)完善法人治理结构情况

1. 进一步加强企业领导班子建设。一是严格按照习近平总书记提出的国有企业领导人员"对党忠诚、勇于创新、治企有方、兴企有为、清正廉洁"20字标准,调整配强企业领导班子。2016年,福建省国资委在对所出资企业班子调查和分析的基础上,提出加强所出资企业领导班子建设的建议意见,并配合福建省委组织部对省管企业领导班子进行充实调整,新选拔配备10名省管企业领导干部。二是认真组织开展企业主要负责人述职述廉工作。全部15家福建省管企业主要负责人围绕2015年度企业经营管理情况、贯彻落实重大决策部署情况、党建和党风廉政建设工作情况等进行大会述职述廉,4家直管企业主要负责人作书面述职述廉。福建省国资委主要负责人代表出资人对企业述职述廉进行现场点评,总体评价、指出工作亮点、提出存在问题、明确希望要求。通过此项工作,探索建立所出资企业主要负责人述职述廉工作的长效机制,并以此促进企业领导人员更好地担负起企业改革发展、国有资本保值增值的履职责任和抓好企业党建和党风廉政建设工作的政治责任、主体责任,切实落实"一岗双责",推动企业实现又好又快发展。三是严格按照有关规定要求,配合福建省委组织部做好2015年度省管企业领导班子选人用人"一报告两评议"工作,加强对干部选拔任用工作的民主监

督，进一步规范干部选拔任用行为，防止和纠正用人上的不正之风，不断提高选人用人公信度。

2. 积极推进企业董事会和监事会建设。一是贯彻落实中共中央、国务院《关于深化国有企业改革的指导意见》精神，积极推动福建省出台《关于深化国有企业改革的实施意见》，明确完善现代企业制度的目标任务，重点推进董事会和监事会建设，推行集团层面建立健全企业外部董事、外派监事会制度。二是学习借鉴国务院国资委和部分兄弟省市的先进经验，加强与有关部门的沟通协调，联合福建省委组织部共同研究制定《福建省推进省管国有企业董事会建设的指导意见（试行）》及其配套文件。福建省国资委将福建省国资委党委会集体研究讨论的建议意见反馈给福建省委组织部，并初步达成“外部董事由福建省国资委按照有关规定进行聘任和管理”的一致意见。三是按照福建省委、省政府的工作部署，进一步加大力度推进外派监事会工作，设立5个外派监事会，任命5名外派监事会主席（其中正厅1名、副厅3名、正处1名），配备9名专职监事，实现18家所出资企业以及省产权交易中心外派监事会全覆盖。

六、福建省国资委监管企业建立和完善业绩考核体系情况

2016年，福建省国资委按照国有资产监管工作的新要求和国有企业改革发展的新形势，不断健全完善业绩考核体系。省市国资委普遍建立企业负责人经营业绩考核制度，“考核层层落实，责任层层传递，激励层层连接”的责任体系逐步得到确立和完善，国有资本保值增值制度体系和组织体系进一步健全。

（一）健全完善业绩考核办法

一是做好新旧考核办法的衔接工作，及时化解新办法可能遇到的新问题、新事项。积极配合省委组织部，修订完善《省属国有企业领导班子和领导人员综合考核评价办法》。二是在修订经营业绩考核办法的基础上，根据工作需要和业绩考核中存在的新情况新问题，召开经营业绩考核工作培训会，进一步加强对各设区市国资委、所出资企业和会计师事务所的业务指导，确保业绩考核工作顺利开展。三是加强对新纳入业绩考核范围的福建省国有资产管理公司、福建省水利投资开发集团有限公司、福建省港航建设发展有限公司等企业的业务指导，制定省产权交易中心新一任期的负责人业绩考核方案，推进企业国有资本保值增值责任的层层落实。

（二）充分发挥业绩考核导向作用

一是按照福建省国资委关于进一步推动企业资本证券化工作的指导意见，研究制定企业在二级市场增减持上市公司股票影响当期业绩利润的认定政策，鼓励企业开展市值管理和价值投资，推动产业发展和资本运作“双轮驱动”、相互促进。二是按照福建省委关于支持所出资企业“走出去”发展的若干意见，研究制定经省国资委备案的“走出去”投资项目，从投产建设起前三年每年产生的亏损额影响当期业绩利润的认定政策，鼓励企业“走出去”发展。三是继续开展管理绩效考核工作。管理绩效考核占企业负责人经营业绩考核总分的15%，评价指标包括年度重点管理工作、基础管理指标和发展创新指标。同时，对企业在经营管理、科技创新、重点项目建设、抓龙头铸链条、资本证券化、党建工作等方面有显著成效和突出贡献的，酌情给予适当加分，以充分反映不同企业的努力程度和管理难度。企业在节能减排、环境保护、安全生产、廉洁自律、维稳等方面发生不良事项的，予以扣分。2016年，福建省国资委组织专家对所出资企业管理绩效进行评议，提出评价意见，对企业管理中存在的问题和不足提出建议。

（三）开展经营业绩考核工作

下发考核工作通知，明确分类考核方法，核定2015—2017年度任期企业考核范围和个性指标，优化经济增加值资本成本率确定原则；实行考核软件标准化，确定考核指标计分方式，顺利完成2015年度企业负责人经营业绩考核工作，印发2015年度企业负责人经营业绩考核评价报告。同时，按照国务院国资委统一部署，结合福建省所出资企业实际情况，开展财务绩效定量评价，进一步修正部分企业的评价标准值，重点分析企业的盈利能力、债务规模、资产规模和质量等，积极引导企业开展对标管理，改进财务绩效。

七、福建省国资委监管企业党的建设和廉政建设情况

(一)党的建设情况

截至2016年底,隶属福建省国资委党委管理的企业党组织1384个(不含属地管理),其中党委116个,党总支81个,党支部1187个,有党员24139人,同时还协助管理大唐福建、中铝瑞闽和福建奔驰3家党组织。

一是扎实开展"两学一做"学习教育。各企业建立学习教育联系点706个,下基层督导624次,组织集中学习2.5万次,党组织书记带头讲党课949次,中层以上领导干部参加专题研讨4092次,整改突出问题171条,新建制度机制47项。

二是全面落实基层党建重点任务。按照福建省委组织部关于抓好基层党建重点任务的要求,及时部署、全面落实。排查失联党员777名,经查找取得联系697名;督促219个基层党组织按期完成换届;归口补缴党费4700多万元。2016年10月,中组部基层党建第七督导组对福建省属企业基层党建重点任务落实情况给予高度评价,称是其所督导5个省份中国有企业做得最好的。

三是探索创新国企党建工作新模式。积极探索出一套国企党建工作"133"新模式,纳入福建省委省政府《深化国有企业改革的实施意见》和福建省委印发的《关于在深化国有企业改革中坚持党的领导加强党的建设的实施意见》,被中央媒体称为"党领导国企的福建样本"。健全完善党建工作联系片制度,分片分主题开展党建工作交流活动。大力开展"双培养"工程,将业务骨干培养成党员,将党员培养成业务骨干,树立55个标杆党组织,167名标杆共产党员。

四是持续加强党建工作责任制。对各企业落实全面从严治党主体责任情况进行检查,深入开展企业党建"五个有"达标行动,健全完善省属企业负责人向福建省国资委党委作年度述职述廉述党建制度,党建分值提高至总分的30%。全面开展基层党组织书记抓基层党建述职评议考核工作,把党建工作按照12分的标准纳入企业业绩管理考核体系,强化考核结果运用。

(二)廉政建设情况

2016年,福建省国资委监管企业认真贯彻落实党的十八届六中全会、十八届中央纪委第六次全会以及习近平总书记系列重要讲话精神,按照福建省委、省政府和福建省纪委的部署要求,坚决落实全面从严治党要求,严肃党内政治生活,强化党内监督,加强纪律建设,切实扛起管党治党政治责任,福建省属企业党风廉政建设和反腐败工作取得新的成效。

一是加大压力传导,夯实"两个责任"。坚持把落实全面从严治党要求与深化企业改革发展相结合,把党风廉政建设与企业经营管理工作同研究、同部署、同落实、同考核、同奖惩,逐级签订党风廉政建设责任书,将履行"两个责任"及落实福建省委"五抓五看"要求作为重要内容,建立健全责任传导机制,形成责任分解、检查监督、倒查追究环环相扣的责任链,推动全面从严治党向基层延伸。

二是实践"四种形态",严厉惩治腐败。坚持把纪律挺在前面,准确把握运用"四种形态",强化监督执纪问责。建立健全谈话提醒机制,开展任前廉政谈话、教育提醒谈话、诫勉谈话、信访谈话等,使咬耳扯袖、红脸出汗成为常态。加大执纪审查力度,保持惩治腐败力度不减。2016年,省国资系统处置问题线索320件,同比增长166%;立案91件,同比增长153%,党政纪处分58人,挽回经济损失24.35万元,追回欠款17.2亿元。

三是突出常态长效,持续纠治"四风"。持之以恒贯彻中央八项规定精神,深入开展违反中央八项规定精神突出问题专项整治,通过组织明察暗访、通报曝光、督促整改等方式,持续发力加压,坚决制止和纠正"四风"问题。2016年,查处违反中央八项规定精神问题23起,处理32人,党政纪处分21人次,责任追究8人次,通报曝光五批10起。探索开展落实中央八项规定精神"1+X"专项督查工作,制定企业负责人履职待遇和业务支出管理暂行办法的配套制度,福建省船舶工业集团有限公司、福建省交通运输集团有限责任公司、福建建工集团总公司3家企业开展规范公务接待与商务接待试点,进一步健全作风建设长效机制。

四是强化监督制约，规范权力运行。严格落实“三重一大”决策制度和决策事项专项报告制度。2016年，上报“三重一大”事项3443项，促进企业669亿元投资和77项福建省在建重点项目顺利运行。加强对企业“一把手”的监督，认真开展企业负责人述职述廉工作，通过述职述廉、询问、点评、测评和意见反馈，加大压力传导，促进企业“一把手”忠诚履职、规范行权。

五是深化落实“三转”(转职能、转方式、转作风)，加强队伍建设。健全机构队伍，15家福建省属企业全部单设监察室，配备3名以上人员，在大部分重要子企业设立纪委并选优配强专职纪委书记、副书记，建立健全纪检监察工作机制。企业纪委书记(纪检组长)围绕监督执纪问责，持续深化“三转”，在全面从严治党中找准定位，精准执纪，清理职责外分工，聚焦主业、履责担当。企业纪检监察干部通过轮岗交流、教育培训、办案实训、理论研讨和抽调参加福建省委巡视组专项巡视等方式，进一步增强履职能力。

八、福建省国资监管及国有企业改革发展具有地方特色情况

(一)简政放权，提升效率

一是做好“两个清单”工作。福建省国资委持续抓好“两个清单”落实工作，在主动取消32项审批审核事项的基础上，又将上市公司投向非主业、参股非国有控股的权限全部下放，同时下放部分资产评估项目备案权。2016年，福建省国资委受理企业报批事项280件，较2014年减少25%，连续两年下降。2016年8月，启动“两个清单”修订工作。

二是制定完善监管制度。2016年，福建省国资委新制定规范性文件24件，特别是在投资决策、改革改制、资产评估、内部审计、监事会工作等方面出台一批工作指引，使企业经营决策程序更加科学规范。全面完成2004年以来国资监管制度文件的清理工作，废止失效的32件，修改后有效的4件，继续有效的86件，进一步完善国资监管规章制度体系。

三是推进法治国企建设。稳步落实企业法制工作第二个三年工作目标，持续跟踪、指导企业完善总法律顾问制度，指导协调企业妥善处理境内外法律纠纷案件7起，涉及金额8.7亿元。全系统有6家单位和6名个人获得省(部)级“六五”法治宣传教育表彰，创历届之最。组织“企业重大法律纠纷案例分析研讨会”和“模拟法庭”，对近年来各所出资企业发生的法律纠纷案件进行全面、系统的梳理，对一些典型的、带有普法性的案例，从案件的基本情况、诉讼结果、案件的启示等方面进行深入剖析，邀请福建省高院审判员和知名律师进行点评，并印发《案例汇编》，达到警示教育、举一反三的目的。

四是加强课题研究工作。2016年1月，福建省国资委完成国务院国资委课题《经营性国有资产集中统一监管问题研究》；9月，提交的《推进经营性国有资产统一监管加快政府职能转变》论文，获得福建省直机关“创新驱动与供给侧结构性改革法治保障”研讨会二等奖；福建省法制办设立“国资监管条例立法研究及草案起草”课题项目，由福建师大法学院牵头、福建省国资委配合，课题成果已提交福建省法制办通过专家评审。这些成果对推动福建省国资监管地方立法工作具有积极意义。

(二)加强审计监督

一是开展企业高风险业务专项清查工作。针对企业日益暴露的经营方面风险隐患，与福建省审计厅联合开展企业高风险业务专项清查。根据专项清查的结果，约谈部分企业，对相关高风险业务的开展与风险防范提出具体要求。并向8家相关的所出资企业分别下发高风险贸易业务整改意见的函，督促企业抓紧清理收回逾期资金和提出高风险贸易业务的整改、清退措施并组织实施。

二是督促企业抓好审计整改落实工作。根据福建省审计厅对有关所出资企业负责人的经济责任审计的审计结果，按照福建省政府《关于进一步加强审计整改工作的意见》的精神，加强对所出资企业经济责任审计整改情况的督查，对审计报告揭示问题的整改情况进行跟踪落实，督促相关企业认真整改，积极开展后续审计工作。

(撰稿人：李宇昆)

厦门市

一、厦门市国有资产监督管理工作综述

2016年,厦门市国企国资认真贯彻落实市委、市政府决策部署,积极应对复杂多变的经济形势,开拓市场,调整结构,强化管理,改革创新,国有企业生产经营快速增长,经济效益大幅提升,对拉动厦门产业投资、推动转型升级、增加经济总量、带动进出口增长和促进产业发展发挥重要作用。截至2016年底,厦门市国有企业资产总额9069亿元,同比增长19.2%;1—12月,实现营业收入5426.8亿元,同比增长32.6%(中央企业同比增长2%;地方监管国企同比增长5.6%);利润总额174.7亿元,同比增长5.1%(中央企业同比增长-4.7%;地方监管国企同比增长13.8%);上缴税费240.7亿元,同比增长22.8%(中央企业同比增长-2.5%;地方监管国企同比增长7.9%)。其中,市国资委监管19家国有企业合计资产总额6862.7亿元,同比增长23.3%;负债总额4543.9亿元,同比增长19.5%;所有者权益2318.9亿元,同比增长31.5%;营业收入5189.4亿元,同比增长34%;利润总额127.6亿元,同比减少4.7%。所出资企业的净资产、营业收入和利润总额分别占全省国资国企总额的25.8%、64.2%和36.6%。已交税费总额212.5亿元,同比增长22.6%;在岗职工人数13.2万人,同比增长8.2%。2016年,国贸控股集团荣登“2016年世界著名品牌500强”;厦门建发集团(第117位)、厦门国贸控股集团(第141位)、厦门象屿集团(第207位)3家企业位居“2016年中国企业500强”榜单;厦门建发股份(第45位)、厦门国贸股份(第90位)、厦门象屿股份(第98位)、厦门信达股份(第192位)进入《财富》“中国500强”榜单。

(一)开拓市场和配置资源能力进一步增强

面对复杂的经济形势和激烈的市场竞争,厦门国有企业积极调整经营策略,优化产品结构,完善销售网络,创新商业模式,精耕细作传统市场、大力开拓新兴市场、积极拓展海外市场,千方百计扩大市场份额,资源配置不断优化。厦门建发集团供应链板块实现营业收入1074亿元,连续三年保持在千亿元规模以上,加快输出“悦华酒店”品牌,莆田悦华酒店正式亮相迎宾,平潭国宾馆、福建外贸中心酒店启动代建代管;厦门国贸控股集团加大供应链板块归核发展,实现大宗贸易铁矿、钢材、铜、煤炭等核心产品量利双赢,贸易额分别达到246亿元、157亿元、219亿元和77亿元;厦门港务控股集团全年完成港口货物吞吐量1.24亿吨、集装箱吞吐量960万标箱、国际邮轮旅客突破20万人次,增速居全国前列。新辟外贸航线21条,其中海上丝绸之路航线净新增2条,箱量同比增长39.7%;厦门翔业集团致力空港建设服务,厦门机场旅客吞吐量列居全国第11位,货邮吞吐量列居全国第12位,境外航线旅客排行业第九位,加大酒店产业布局,新增投资黄山太平湖白鹭宾馆、上海航友宾馆、南京空港宾馆达产达效;厦门海翼集团财务公司获得固收类有价证券投资及委托投资业务资质、工程类保函资质,拓宽和提升金融服务范围和水平;厦门信息集团开发“一路智慧”交通停车、智能公交、智慧出租产品在全国70多个城市、56家公交企业及40家出租企业应用,为百姓出行提供便捷服务。

(二)结构调整和供给侧改革成效进一步显现

厦门国有企业深入开展“瘦身健体”,大力转方式、调结构,推动供给侧改革取得良好进展。厦门象屿股份在原有的五大核心产品供应链的基础上进一步整合、提炼,构筑形成农副产品供应链、金属材料及矿产品供应链、能源化工供应链、机电产品、民生物资供应链的“3+X”供应链服务体系;厦门国贸控股集团通过组建新队伍、构建新体系、搭建新模式、构筑新文化,整合旗下四家非上市、非金融类的企业,成立国贸中顺公司,实现资源共享,有效发挥集约效应和规模效应;厦门建发集团积极探索城市运营新模式,与湖里区国投合资成立湖里建发城建集团有限公司,搭建市属、区属企业协同发展新平台;厦门海翼集团全力推进厦工整合瘦身和提质增效,分流人员、去产能、去库存、降成本取得良好成效;厦门路桥集团推进游艇旅游资源、

人才、业务整合，逐步向专业化、规模化发展，依托五缘湾游艇母港，聚焦漳州、泉州、金门三角区域开发游艇码头，形成辐射全省及台湾地区的游艇旅游网络；厦门夏商集团以黄金香食品为核心实体，推进生猪供应链整合，不断做强做大核心主业，增强核心竞争力；公交集团整合维修、检测、汽车销售、综合培训等分散业务资源，打造共享、集成的汽车后服务品牌；厦门市政集团推动内部建材及三产业务板块整合重组，增强集团内部协同优势，促进各业务板块融合发展。

（三）创新驱动和转型升级发展步伐进一步加快

国有企业努力开创新产业、新市场、新业态、新技术、新模式，优化产业结构、产品结构，提升产业层级，不断挖掘经济新亮点。厦门建发集团、厦门国贸控股集团、厦门象屿集团深耕供应链投资运营服务，依托先进的供应链管理理念和完善的一体化流通服务以及强大的资源支撑，为客户提供供应链全价值链流通服务，与客户分享供应链互利共赢、多点盈利的增值收益；厦门象屿集团发挥供应链服务优势，积极投身国家粮食战略，仅三年间在黑龙江省搭建一个有利于区域经济增长、农民增产增收、企业增质增效、共生共赢的价值生态圈，提升现代化农业全产业链综合服务能力，创新"象屿升级模式"，受到中央政治局常委刘云山的充分肯定；厦门特房集团推进产业结构调整和资源整合，着力培育新业态、新模式，构建住宅产业、工程设计、建筑施工、物业服务、产融投资、生活服务、园林绿化、资产运营、酒店运营、现代农业、文体产业、健康产业、信息技术和代建业务等"13＋1"业务板块，打造全产业链竞争优势；厦门港务集团构建绿色智慧港口升级2.0版"单一窗口"，实现报关率98%、报检率100%，均为全国最高，被国检作为先进经验向全国国检系统推广复制；厦门国贸金海峡投资积极发展分离式保函、消费类金融和科技型担保业务，形成"拓广新产品、拓宽产品线、拓展新区域"服务发展方向；厦门厦工"二O"项目进入工信部15个强基项目名录，获得国家开发银行1.6亿元扶持资金。

（四）产城融合和匹配城市发展战略功能进一步发挥

国有企业积极匹配、支持和服务城市发展战略，主动融入城市发展，营造美丽厦门一流营商环境，提升厦门城市竞争力、影响力，在推动厦门"三个转型"发展中加快自身的转型升级发展。国有企业加快自贸区项目发展发挥引领带动作用。厦门国有企业投资厦门自贸区建设和发展项目218个，投资总额632亿元。其中，82%入驻企业已开业运营，135家企业累计营业收入达到188亿元，各企业积极利用招商空间开展招商，带动超过1700多家企业和投资项目入驻。厦门住宅集团、厦门路桥集团、厦门市政集团等国有企业积极加快岛外新城建设，推动产城融合促进转型发展，重点建设环东海域东部新城、马銮湾新城、翔安南部新城，完善提升集美新城，加快推进同安新城，促进产城融合，结合企业实际，在加快形成厦门环湾城市带中，实现企业自身的转型升级发展；厦门火炬集团、厦门信息集团积极打造产业聚集智慧发展的园区经济，火炬高新区、软件园快速发展，吸引众多知名企业入园；厦门轨道集团加快轨道交通建设进展良好，轨道交通1～4号线年度计划投资100亿元，实际完成投资110.8亿元，完成年度计划的111%，6号线正式启动开工建设。

（五）履行社会责任和惠民利民发展的作用进一步凸显

国有企业坚持改革发展成果与厦门人民共享，积极履行社会责任，依法经营诚实守信、提高产品质量和服务水平，在城市建设、民生保障、人居环境、公共服务以及维护职工合法权益、带动税收上缴、解决居民就业、捐资教育体育、参与社会公益事业等方面充分发挥表率、示范和带动作用。在实现经济效益的同时，国有企业积极融入厦门市经济发展与城市建设。

1. 引领自贸区发展方面。国企组自贸区项目218个，投资总额632亿元。82%入驻企业开业运营，135家企业累计营业收入达到188亿元。同时，各企业积极利用招商空间开展招商，带动1700多家企业和投资项目入驻。

2. 承担重点项目建设方面。厦门市属国企全年重点项目（含代建）投资计划完成335.5亿元，实际完成462.05亿元，完成计划137.72%，占全市重点项目总投资的32.86%。12家国企承担的127个、76.86

亿元的金砖项目也在全力以赴地进行。

3. 批零销售方面。12家国企重点二级子企业(纳入市统计范围)全年实现批发零售销售额2682.34亿元,较上年增长12.53%,占全市批发零售销售总额的28.65%。

4. 税收贡献方面。所出资企业全年上缴税金212.5亿元(同比增长22.6%),其中本地税金140.15亿元(同比增长13.17%),占全市一般公共预算总收入的12.94%。

5. 社会贡献方面。所出资企业全年实现社会贡献(包括净利润、工资、税金、利息支出和捐赠)合计496.3亿元,同比增长23%,平均社会贡献率(社会贡献额与总资产的比值)7.23%,高于全国地方国有企业平均水平2.72个百分点。

(六)国资监管和服务企业发展水平进一步提升

指导推进厦门国有企业加快"走出去"发展步伐,与国家开发银行联合举办"政银企"合作洽谈会并签署"走出去"战略合作协议,与厦门市发改委、厦门市商务局等部门联合推动建立"走出去"发展联盟。鼓励支持企业加大创新创业投资,对新兴产业投资公司、创业投资公司的对外投资项目以及企业到自贸区新设公司,采取事后报告制度,并探索实行综合评价办法。2016年,指导推动国有控股上市公司实现再融资35亿元,激活现有财政沉默资产和可经营性国有资产,增拨国有企业资本金152.73亿元。配合财政局初步梳理出838.5亿元资产,将通过适当方式注入企业,增强国有企业投融资能力、支持企业做大做强做优。指导产权交易中心充分发挥国有资本流动要素平台功能,实现国有资产流转87.3亿元、国有产权交易19.5亿元,股权托管股数229亿股,实现股权质押融资42亿元。2016年,指导批复企业发债684.50亿元,实际发行558.4亿元,节约资金成本超过3亿元;为企业办理资产评估备案、核准106项,账面净资产值294.59亿元,评估值450.13亿元,增值52.8%;协调处理国有企业重大法律纠纷案件40件,有力维护企业合法权益;对13名企业领导人员和3家企业开展审计,下发审计整改通知、审计评议意见书15份,纠正企业存在的问题,规范企业的经营活动。

二、厦门市国有资产总量与结构分析

截至2016年底,厦门市国有及国有控股企业(以下简称"国有企业")资产总额9069亿元,同比增长19.21%;负债总额5933.4亿元,同比增长16.17%;所有者权益3135.6亿元,同比增长25.44%,其中,归属于母公司所有者权益2423.1亿元,同比增长21.15%;营业收入5426.8亿元,同比增长32.59%;利润总额174.7亿元,同比增长5.11%。

表1　2016年厦门市所属国有企业指标

项　目	金　额(亿元)
资产总额	9069.0
所有者权益	3135.6
营业收入	5426.8
利润总额	174.7
净利润	124.0
归属母公司所有者的净利润	89.0
应交税金总额	240.3
实际上缴税金总额	240.7

表2　2016年厦门市国有企业户数情况

项　目	2015年	2016年	比上年增长(%)
户数(户)	1565	1740	11.18

注:以上户数为纳入国有资产统计报表范围的所有国有及国有控股企业。

厦门市下设思明、湖里、海沧、集美、同安、翔安六个区。从国有资产地区分布情况看:厦门市市属企业国有资产总量2117.7亿元,占厦门市国有资产总量的87.39%,6个区所属国有企业国有资产总量305.5亿元,占厦门市国有资产总量的12.61%。

表 3　2016 年厦门市国有资产地区分布情况

地　　区	国有资产（亿元）	占国有资产总量比重(%)
市属企业	2117.7	87.39
区属企业	305.5	12.61
其中:思明区	28.5	1.18
湖里区	46.8	1.93
海沧区	92.5	3.82
集美区	75.7	3.12
同安区	46.4	1.91
翔安区	15.6	0.65

从行业分布看，厦门市企业国有资产分布的行业前五位是房地产业、社会服务业、交通运输业、批发和零售业和金融业；分别占单户国有资产合计数的31.18%、28.09%、14.74%、10.96%和5.09%，占全部国有资产的90.06%。

表 4　2016 年厦门市国有资产行业分布情况

行　　业	国有资产（亿元）	占国有资产总量比重(%)
农林牧渔业	8.0	0.17
工业	181.3	3.75
建筑业	211.3	4.36
地质勘查及水利业	0.1	0.00
交通运输业	714.9	14.74
仓储业	16.1	0.33
邮电通信业	0.0	0.00
批发和零售业	531.8	10.96
金融业	247.0	5.09
房地产业	1512.0	31.18
信息技术服务业	21.1	0.44
社会服务业	1362.3	28.09
卫生体育福利业	2.6	0.05
教育文化广播业	19.2	0.40
科学研究和技术服务业	20.9	0.43
机关社团及其他	0.6	0.01
合　　计	4849.2	100.00

注:这里的合计是单户国有资产的简单加总,不是指报表合并的国有资产数。

从企业经济规模看，厦门市国有资产主要集中在大中型企业，大中型企业 456 户，占总户数的 26.2%，大中型企业单户国有资产总量 2659.9 亿元，占厦门市单户国有资产总量的 54.85%；小微型企业 1284 户，占总户数73.8%，小微型企业单户国有资产总量 2189.3 亿元，占厦门市单户国有资产总量的 45.15%。

表 5　2016 年厦门市国有资产经营规模分布情况

经营规模	国有资产（亿元）	占国有资产总量比重(%)
大型企业	363.1	7.49
中型企业	2296.8	47.36
小型企业	1253.6	25.85
微型企业	935.7	19.30
合　　计	4849.2	100.00

注:这里的合计是单户国有资产的简单加总,不是指报表合并的国有资产数。

2016 年，厦门市国有资产数量继续保持增长的趋势，国有企业所有者权益稳步提高，总体上看，厦门市国有企业克服国内外复杂经济形势的不利影响，国有企业保持稳中有进、进中向好发展。

三、厦门市国有资本保值增值综合分析评价

截至 2016 年底，厦门市国有企业年末归属于母公司的所有者权益 2423.1 亿元，比年初数 1938.6 亿元，增加 484.5 亿元，增长 24.99%；年末国有资产总量 2423.2 亿元，比年初数 1938.6 亿元，增加 484.6 亿元，增长 24.99%。

表 6　2016 年厦门市国有企业地区和行业国有资本保值增值情况

地　　区	国有资本保值增值率(%)	行　　业	国有资本保值增值率(%)
厦门市	104.69	农林牧渔业	103.86
市属企业	104.17	工业	93.57

续表

地　　区	国有资本保值增值率(%)	行　　业	国有资本保值增值率(%)
区属企业	108.16	建筑业	102.68
其中：思明区	102.71	地质勘查及水利业	124.36
湖里区	107.42	交通运输业	106.30
海沧区	118.77	仓储业	104.53
集美区	106.84	邮电通信业	
同安区	100.91	批发和零售业	107.27
翔安区	102.49	金融业	107.26
		房地产业	111.13
		信息技术服务业	107.62
		社会服务业	102.84
		卫生体育福利业	97.82
		教育文化广播业	100.23
		科学研究和技术服务业	105.54

2016年，厦门市和各区的国有企业全部实现国有资本的保值增值，各行业也基本实现国有资本的保值增值。

四、厦门市国资委监管企业改革重组情况

一是积极推进国有企业改革。推动厦门市委、市政府印发《厦门市深化国有企业改革的实施意见》，抓紧抓好发展混合经济、分类管理、薪酬管理、业绩考核等改革配套文件的起草和修订。积极稳妥推动国有企业改革，指导保安公司、市政工程公司、市政开发建设总公司等企业实施公司制改革；推动路桥信息、杉工智能和同步天成3家企业挂牌新三板；牵头起草拟订体育集团组建方案；指导推动建发集团研究旅游会展控股集团的整合组建；成立"海翼集团提质增效促进转型升级发展工作领导小组"，研究推动海翼转型升级为新兴工业投资平台。

二是大力推进市属企业供给侧改革。严格贯彻落实中央、省、市关于供给侧改革的部署要求，指导推动市属国企抓好"三去一降一补"等工作，按照一企一策原则推动企业开展提质增效工作，着力推动企业加快去库存，着力降成本，补短板。指导房地产企业加快去库存。部署对涉企收费进行全面清查，深入企业调研，指导市属国企做好"降成本、优环境"等工作，推动产权交易中心采取落实降费措施减免有关企业产权交易费用，推动厦门华润燃气、厦门新阳热电采取措施降低供气(汽)价格，促进厦门港务集团研究优化港口收费措施。

五、厦门市国资委监管企业完善法人治理结构情况

一是指导推进国有企业加快规范的董事会建设。做好所出资企业董事会2015年度报告工作，对所出资企业2013—2015年度董事会建设及运行情况开展摸底调查，总结所出资企业董事会建设及运行的有效经验、存在的主要问题，促进企业提升董事会建设及运行的规范性与有效性。研究起草《厦门市属国有企业外部董事选聘和管理暂行办法》和《厦门市人民政府国有资产监督管理委员会关于向试点企业选派外部董事的工作方案》。

二是不断加强和完善监事会监督。下发的《关于做好市国资委出资企业监事会2015年度检查工作的通知》(厦国资董〔2016〕12号)，要求各国有企业全力支持配合监事会开展年度检查工作，各监事会针对企业执行法律法规、三重一大、财务会计、高管人员的履职以及企业存在的问题等开展深入、全面检查，形成监督检查报告。总结厦门市国有企业监事会成立以来的工作做法和经验以及所取得成效，上报国务院国资委。

六、厦门市国资委监管企业建立和完善经营业绩考核体系情况

一是抓好企业负责人业绩考核和薪酬管理工作。顺利地完成2015年度国有企业负责人经营业绩考核工作，确定所监管国有企业负责人的绩效考核的分数及其2015年度薪酬，下发2015年度所监管国有企业负责人经营业绩考核结果。并就2015年度所监管企业报送的企业绩效薪酬结算方案、企业负责人年薪之外的其他货币性收入进行审核、批复，对其职务消费

情况进行备案。

二是确定2016年度企业负责人经营业绩考核目标值。在对企业2016年预算编制、目标值申报及2015年度主要经营指标完成情况进行充分调研的基础上，对企业2015年主要经营指标完成情况和2016年预算情况进行分析，出具预算审核及目标建议值审核报告，提出2016年所监管企业负责人经营业绩考核目标值，并签订2016年度企业负责人经营业绩考核责任书。

三是进一步深化业绩考核与薪酬管理。开展所出资企业2015年度企业经营绩效评价工作，为考核评价企业及其领导班子提供依据；抓好企业负责人业绩考核与薪酬管理制度后续修订工作，形成《厦门市国资委所出资企业负责人经营业绩与薪酬管理试行办法(征求意见稿)》，出台《厦门市国有企业负责人履职待遇和业务支出管理暂行办法》。

七、厦门市国资委监管企业负责人考核与选人用人机制改革情况

一是建立健全企业干部选任制度。坚持实干实绩、德才兼备的用人导向，调动各类人才投身企业发展的积极性。注重抓好后备干部队伍建设，严格企业领导人员绩效考核，促进完成企业任务和不断提高企业管理水平，为企业增强竞争力提供有力保证。

二是重视抓好企业各类人才培养机制。开展企业人才“双培养”工作，注重在各类技术骨干和生产经营骨干中培养发展党员，同时，把优秀党员培育发展成为技术骨干和经营骨干，加强对党员的思想教育和业务培训，做到重要岗位有党员，主要骨干是党员，关键时刻见党员。通过加强基层党建工作，充分发挥党支部的战斗堡垒作用，调动起广大职工主动融入企业中心工作积极性。

三是积极试点外部市场化选聘。国有企业不断深化人事制度改革，探索建立适应现代企业制度要求和市场竞争需要的选人用人机制。聚焦并优化经营管理人员招募管理办法，积极试点职业经理人契约化管理，加快提升国有企业经营管理队伍职业化。

八、厦门市国资委监管企业党的建设和廉政建设情况

一是加强思想政治建设。推动国有企业在“两学一做”学习教育中持续加强和改进党的建设，强化各级党委的政治核心作用，推进基层党组织建设，突出落实“把全面从严治党落实到每一个支部”的要求，充分发挥党支部主体作用，着力抓质量特色，确保“两学一做”学习教育无死角、全方位、出成效。市直管国有企业各级党组织开展专题党课437堂，参与11142人次。落实党内学习制度，采取举办培训班、座谈会等形式，分层、分阶段组织广大党员职工学习培训，利用北大、清华、人大等高校雄厚师资为企业高级经营管理人、经营管理人才举办各类培训班27期，参训人数3185人次，为企业转型升级发展提供智力支撑；举办3期市属国有企业基层党组织书记培训班，有505人参加培训。

二是把党建优势转化发展优势。国有企业把提高企业效益、增强企业市场竞争力、实现国有资本保值增值作为企业党组织工作的出发点和落脚点，注重发挥基层党组织的战斗堡垒作用和党员先锋模范作用，在抗击“莫兰蒂”台风和“金砖会晤”筹备工作中，国有企业基层党组织和党员冲锋在前，发挥模范表率作用，涌现出一批生动感人的事迹。把党建工作与企业文化建设有机融合，实施以“项目带动创党建品牌”，组织开展“企业党建十大品牌”评选活动，引导党组织和党员结合企业实际创先争优。

三是不断完善党建工作机制。出台《中共厦门市委国有资产监督管理工作委员会关于深化落实党风廉政建设党委主体责任的实施意见》，下发《关于促进市属国有企业规范运营，确保持续健康发展的通知》，促进企业加强党建，确保健康安全发展。扎实开展党员组织关系排查，将41位党员都纳入党组织的有效管理之中；做好党组织按期换届排查工作，指导34个国企党组织完成换届选举；做好党费收缴管理工作，完成党费补缴工作，补缴党费5780万元。

四是推动“两个责任”落实。认真贯彻落实中央纪委十八届六次全会精神，聚焦监督执纪问责，牢固

树立“四个意识”,紧扣“六项纪律”,把握运用“四种形态”,确保上级纪委的各项决策部署落到实处。全年立案36件,党纪政纪处分31人,查处违反八项规定精神问题20件,党政纪处分18人,配合上级纪委追究路桥集团及下属公司工作人员严重违纪违法窝案、翔业集团下属公司腐败窝串案等问题,让失责必问成为常态。落实“制度+科技”的工作要求,持续推进廉政风险防控。制定完善《厦门市直管国有企业纪委工作考核办法》,廉政风险防控信息系统平台在全市10家市直属国企和1家区属国企推广,试运行效果明显。

(撰稿人:刘聪斌)

江西省

一、江西省国有资产监督管理工作综述

2016年,在省委、省政府的坚强领导下,江西省国资系统认真贯彻落实马凯副总理的指示精神和省委、省政府的决策部署,主动适应经济发展新常态,先行先试、攻坚克难,奋力拼搏、锐意创新,统筹做好稳增长、促改革、调结构、转职能、抓开放各项工作,全省国资国企改革发展工作取得明显成效,打造国企改革“江西样板”宣传工作被中央宣传部、国务院国资委列为全国国有企业改革12个样板进行重大典型宣传,相关经验做法编入《国企改革12样本》一书。

(一)省属国有经济稳健发展

2016年,江西省出资监管企业资产总额10061.8亿元、净资产2727.2亿元、累计营业收入3685.2亿元、利润总额63.3亿元、累计完成增加值522.4亿元,分别增长17.6%、11.4%、5.1%、10.4%和5.3%。与上年相比,省出资监管企业资产总额、营业收入由全国排名第20位、第16位分别前移5位、1位,同列全国第15位。江铜集团、新钢集团、省高速集团、省水投集团、省建材集团等企业效益快速提升,利润总额实现40%以上的增长。各地市级投融资平台公司扩容明显,推动当地国资总量快速增长,市属国企资产总量、经营效益等主要经济指标均实现两位数快速增长,南昌市、赣州市、九江市、上饶市四市资产超千亿元。

(二)国资监管方式不断完善

制定出台《省推进法治机构建设提升监管服务水平实施方案》,开展监管提升活动。深入实施清单管理和“三管三转”,在下放两批、38项审核事项的基础上,再下放和整合3项权利。牵头推进全省国有企业车改工作,启动省属国有企业集团层面公务用车改革。适应职业院校管理体制调整新形势,着力提升职教集团内涵建设,推动所属职业院校改革发展事业再上新台阶。依法履行出资人职责定位,向省投资集团、国控公司、大成公司分别单独印发运营管理办法,国有资本投资运营公司改革试点取得初步成果。南昌、赣州、抚州、景德镇、萍乡等多数设区市的国企改革“1+N”文件体系初步形成。新余市国资委进一步增强对地方政府投融资平台公司的监管考核科学性,宜春、上饶、鹰潭等设区市国资委推动平台公司整合,服务地方经济发展作用进一步发挥。制定出台“1+5”经营业绩考核制度(即《江西省属国企负责人经营业绩考核办法》和《省出资监管企业经营业绩考核分等晋级细则》《省国资委监管企业年度目标考核实施细则》《省国资委监管企业对标考核实施细则》《省国资委监管企业经济增加值考核实施细则》《省国资委监管企业任期经营业绩考核实施细则》),加强对企业收入分配的事中监控和事后监督,有效遏制企业人均工资过快增长的势头。进一步加强和完善法务总监制度,启动法治国企建设,加大重大涉法纠纷案件的协调指导力度,全年止损、挽损20亿元。强化监事会监督,当期监督揭示企业风险问题385个,年度监督检查揭示企业风险问题104个,提出建议441条,有效防控企业风险。

(三)创新驱动促进转型升级

完善促进创新的体制机制。印发《关于加强出资监管企业科技创新工作推动产业转型升级的实施意见》,与省工信委共同制定《江西省重点创新产业化升

级工程产业化项目遴选办法》和《江西省重点创新产业化升级工程重点产业骨干工程项目遴选办法》，明确加强省属国有企业科技创新等工作的目标、任务和具体举措。

推进科技创新和产品创新。江铜集团、江钨集团、江中集团、新钢股份等企业荣获11项国家或全省科技进步奖、专利奖。江钨集团全年获得授权专利86项，其中发明专利50项，专利授权总量达到550项，金环公司的“大型立环磁选机磁系结构”发明专利获得第18届中国专利优秀奖，为江西省获得的唯一国家专利奖项目。江铜集团、新钢集团、江钨控股集团等企业多个产品入选国家名牌产品。新钢集团全年开发新产品39个，汽车用钢成功打入整车制造及配套企业，产品中标多个国家、省级重点工程项目。

探索推进业态创新。通过大力实施“互联网＋”行动计划，加快多元业态融合发展步伐，逐步形成更多新业态、新模式。江铜集团贵冶智能工厂建设项目和“互联网＋”矿山大数据中心分别列入国家示范或重大工程项目。省投资集团所属天然气控股公司建立省内首个LNG“互联网＋”平台，吸引供应商达到50余家。省属国控公司与江西省大型商贸制造企业进行合作，布局物流战略初显成效。省出版集团加快文化金融领域创新步伐，出版领域物流网产业蓬勃发展。省金控集团丰富金融业态模式，创新业务品种，为江西省实体企业提供金融支持。省铁投集团发起设立的国内首支市场化运作的省级铁路产业基金成功募集300亿元，稳步推进在航空产业领域的战略布局。

(四)多措并举减轻企业负担

有效降低企业运营成本。省出资监管企业全年享受“80条”政策“红利”达到6.38亿元。通过挖潜革新，省出资监管企业全年成本费用总额增幅低于同期营业收入增幅1个百分点，平均成本费用利润率1.7%，同比增加0.1个百分点。江铜集团加强考核、精细管理，全年实现降本增效3.6亿元；新钢集团抓采购控成本、强创新优结构扭亏增利15.1亿元，实现利润3亿元；江中集团严控费用开支，累计期间费用较上年同期下降34.9%；省投资集团强化资金管理，全年降低财务费用1.4亿元，下降16.1%。省民爆投资公司内部整合有序推进，集团管控模式初步形成。

大力化解过剩产能和处置“僵尸企业”。省能源集团关闭矿井20对，完成去产能任务年度计划的152%(计划完成320万吨，实际完成485万吨)，安置职工2.3万人，争取到中央拨付的奖补资金8.8亿元。督促省出资监管企业对长期亏损企业和低效无效资产进行调查摸底，“一企一策”研究制定处置方案，对低效无效、限期扭亏不达目标的企业，坚决关停并转，强力堵漏止血。大成国资公司梳理出355户“僵尸企业”，平稳有序地推进129户“僵尸企业”出清，总结形成分类处置、托底安置、平台整合等系列经验做法。其中，洪钢公司制定《依法破产清理退出总体方案》，已向法院申请进行破产清算。

全面推进省属国有企业社区移交工作。通过签订目标责任书，省国资委班子成员挂点督导，层层压实责任，实施时间任务倒排，用半年左右时间完成192个社区的移交签约工作，标志着江西省地方国企社区移交工作基本完成，受到国务院国企改革领导小组的充分肯定，江西省在全国国有企业“三供一业”分离移交工作视频会议上作了典型发言。

二、江西省国有资产总量与结构分析

表1　2016年江西省所属国有企业指标

项　目	金　额(亿元)
资产总额	21116.22
所有者权益	7739.55
营业收入	5205.01
利润总额	143.65
净利润	94.49
归属于母公司所有者的净利润	85.76
应交税金总额	209.10
实际上缴税金总额	206.47

表 2　2016 年江西省国有企业户数情况

项　目	2015 年	2016 年	比上年增长(%)
户数(户)	2037	2271	11.49

表 3　2016 年江西省国有资产地区分布情况

地　区	国有资产(亿元)	占国有资产总量比重(%)
南昌市	2807.80	47.59
赣州市	688.08	11.66
九江市	643.92	10.91
新余市	265.81	4.51
上饶市	401.53	6.81
景德镇市	178.17	3.02
宜春市	200.10	3.39
抚州市	108.95	1.85
吉安市	144.82	2.45
萍乡市	79.15	1.34
鹰潭市	319.39	5.41
省外汇总	54.25	0.92
境外汇总	7.53	0.13
合　计	5899.51	100.00

表 4　2016 年江西省国有资产行业分布情况

行　业	国有资产(亿元)	占国有资产总量比重(%)
农林牧渔业	34.64	0.59
工业	780.58	13.23
建筑业	1136.07	19.26
地质勘查及水利业	93.54	1.59
交通运输业	1292.78	21.91
仓储业	19.12	0.32
批发和零售业	94.88	1.61
金融业	48.16	0.82
房地产业	1095.93	18.58
信息技术服务业	0.16	0.00
社会服务业	1016.50	17.23
卫生体育福利业	0.19	0.00
教育文化广播业	101.81	1.73
科学研究和技术服务业	13.48	0.23
机关社团及其他	171.66	2.91
合　计	5899.51	100.00

表 5　2016 年江西省国有资产经营规模分布情况

经营规模	国有资产(亿元)	占国有资产总量比重(%)
大型企业	1938.36	32.86
中型企业	1760.38	29.84
小型企业	1339.18	22.70
微型企业	861.60	14.60
合　计	5899.51	100.00

三、江西省国有资本保值增值综合分析评价

2016 年，江西省国有资本保值增值率 100.39%，省属企业国有资本保值增值率 100.84%，省出资监管企业国有资本保值增值率 107.67%，设区市企业国有资本保值增值率为 100.17%，省属国有资本保值增值情况优于市属国有资本。

表 6　2016 年江西省国有企业地区和行业国有资本保值增值情况

地　区	国有资本保值增值率(%)	行　业	国有资产保值增值率(%)
南昌市	107.95	农林牧渔业	101.04
赣州市	85.07	工业	98.66
九江市	100.96	建筑业	101.09
新余市	94.61	地质勘查及水利业	99.81
上饶市	102.72	交通运输业	101.61

续表

地　区	国有资本保值增值率(%)	行　　业	国有资产保值增值率(%)
景德镇市	101.16	仓储业	100.36
宜春市	100.3	批发和零售业	90.64
抚州市	99.97	金融业	129.58
吉安市	101.25	房地产业	104.39
萍乡市	102.07	信息技术服务业	102.23
鹰潭市	101.99	社会服务业	100.7
		卫生体育福利业	110.1
		教育文化广播业	107.77
		科学研究和技术服务业	108.99
		机关社团及其他	100.36

四、江西省国资委监管企业改革发展情况

一是探索有江西特色的混合所有制改革模式。省旅游集团混改基本完成，引进非国有资本16亿元。江铜集团混改引进战投工作取得实质性进展；江西国际公司混改方案印发；省招标咨询集团混改取得阶段性成效，在省产交所进行挂牌，引进战投工作有序推进。为进一步规范混改工作，制定《省出资监管企业混合所有制改革操作指引（试行）》，进一步用制度成果固化混改试点经验，形成具有江西特色的混改模式。

二是深化重点领域和关键环节改革。相继出台省属国有企业董事会规范运作、企业领导人员能上能下暂行办法等配套文件。推进企业经理层成员任期制和契约化管理，深化职业经理人制度试点。在省出资监管企业全面推广江铜集团"三自"改革等五项改革试点成果，进一步凝聚全员参与改革发展的热情和创造力。省建材集团公司制改造基本完成，省投资集团公司制改造取得实质性进展。

三是加快推进企业上市融资。11月11日，国泰集团实现首发上市，成为13年来首次登陆国内A股主板市场的江西企业。12月16日，安源管道在新三板正式挂牌。新余国科和江西国科已完成上市辅导，盐业集团正式完成股份制改造，智明星通、同济监理等中小企业已完成新三板上市材料报审工作。建工集团、中国瑞林、江西水务公司和省出版集团所属华章汉辰与华章东信的上市工作正在加快推进。赣能股份完成向国投电力的定向增发，融资21.58亿元；新钢股份发行20亿元超短期融资券；江铜集团启动非公开发行A股和H股项目，拟发行100亿元公司债项目获证监会批准。

四是扩展企业发展空间。依托江西海外能源资源开发联盟，推动江铜集团牵头发起设立江西海外资源能源开发基金，基金总规模3亿美元，完成首期募集1.5亿美元并开始运营。省建工集团公司"两外"（省外、海外）市场业务份额占比高达67%。江西国际公司列250家最大国际承包商第103位，较上年前移36位。江中集团与国药集团开展战略合作，对接央企助推优势产业发展、实现合作共赢。央企入赣工程成绩喜人，130个签约项目的注册、进资、开工占比分别达到90.8%、89.2%和87.7%。

五、江西省国资委监管企业并购重组与完善法人治理结构情况

一是推进重点企业市场化战略重组。基本完成江西钨业控股集团的重组整合，组建江西钨业股份公司，启动上市准备工作。新组建的省军工控股集团，积极打造有较强竞争力的地方军工集团；组建省绿色产业集团，为整合江西绿色优势产业打下坚实基础；组建省地产开发集团，开展所属企业整合工作。省属国控公司完成对南冶资产公司的重组整合，江西报业传媒集团、省文化演艺发展集团、省广电传媒集团等企业改革重组工作有序推进。

二是坚持党的领导和完善公司治理相结合。制定印发《关于在省出资监管企业推广应用江中集团完善法人治理结构改革试点工作经验的指导意见》（赣国资领管字〔2016〕265号），结合各出资监管企业功能定位及企业实际和公司制改造、混合所有制改革、改制上市的进展情况，分类推动建立完善企业法人治理结构，加强董事会规范化建设和规范化运作，加快建立健全现代企业法人治理组织、制度和工作体系。根据全国国有企业党的建设工作会议精神和中央组织

部、国务院国资委党委制定印发的《中央企业董事会及董事评价暂行办法》(国资党委干一〔2016〕187号),修改完善并出台《江西省省属国有企业董事会规范运作和董事会、董事评价暂行办法》(赣国资发〔2016〕1号),全面推进省属国有企业董事会规范化建设和规范化运作,加强对董事会、董事的评价工作和激励约束。制定印发《关于扎实推动国有企业党建工作要求写入公司章程的通知》(赣组字〔2017〕50号),推动各监管企业完成集团层面"党建入章"工作。结合混合所有制改革和公司制改制,进一步推动江西钨业控股集团有限公司、江西省建材集团有限公司、江西省盐业集团股份有限公司等监管企业法人治理结构建设。

六、江西省国资委监管企业建立和完善经营业绩考核体系情况

一是贯彻执行《关于深化省属企业负责人薪酬制度改革的意见》(赣发〔2015〕12号)。首次根据(赣发〔2015〕12号)文件,兑现出资监管企业负责人2015年度薪酬,规范出资监管企业负责人的薪酬管理。

二是按照新的考核办法确定2017年度及2017—2019年度任期经营业绩目标。根据2016年制定出台的《江西省属国企负责人经营业绩考核办法》,按照分类管理、分档加分原则,在强化国有资本保值增值、提高经济效益的前提下,突出问题导向,一企一策,完成企业2017年度经营业绩目标及2017—2019年任期经营业绩目标的确定工作。

三是出台《对因违法违纪受到处分的省出资监管企业领导人员进行经济处罚的暂行规定》。对在本单位任职期间由于违纪违法,受到党纪政纪处分的省出资监管企业领导人员,其个人绩效薪酬(含当年绩效年薪、任期激励、中长期激励等)、奖金等的扣减作出明确规定。

四是督促指导出资监管企业开展公务用车改革。由省国资委牵头起草并以江西省车改领导小组名义正式印发《江西省国有企业公务用车制度改革实施意见》和《江西省属国有企业公务用车制度改革实施方案》,稳步推进14户出资监管企业集团本部公务用车改革方案的制定和工作落实。

五是推进企业负责人履职待遇和业务支出预、决算的规范化和制度化管理。根据《江西省属国有企业负责人履职待遇业务支出管理实施意见》(赣府厅发〔2015〕8号)文件的要求,指导企业做好履职待遇和业务支出管理预算、决算工作。出台《规范出资监管企业负责人业务招待活动的暂行规定》,进一步完善履职待遇业务支出的管理制度。

七、江西省国资委监管企业负责人考核与选人用人机制改革情况

按照协调推进"四个全面"战略布局和深入贯彻"五大发展理念"的要求,贯彻落实深化国有企业改革和国有企业负责人薪酬制度改革文件精神,省委组织部、省国资委党委制定印发《江西省省属国有企业领导班子和领导人员综合考核评价办法》(赣组字〔2016〕83号),创新完善考核评价内容和方式方法,强化考核结果运用,进一步提高考核工作制度化、科学化、规范化水平。探索推行职业经理人制度。2016年,江西省国资委党委进一步深化市场化选聘企业领导人员工作,组织相关企业对2015年市场化选聘的9名企业领导人员进行考核,并根据考核结果,免去1名企业领导人员聘用职务,由企业自行安排,解除1名企业领导人员劳动合同。对其他7名企业领导人员,由聘用企业签订聘用合同,实行任期制、契约化管理。推进企业经理层成员任期制和契约化管理,在国有企业选人用人机制改革方面不断试、不断闯,印发《关于在省属国有企业经理层开展职业经理人制度试点工作的通知》,明确下一步职业经理人制度试点工作的基本思路、主要内容、实施步骤和工作要求。

八、江西省国资委监管企业党的建设和廉政建设情况

(一)开展"两学一做"学习教育

突出国企主题,结合国资国企改革发展实际,围绕打好全省国有企业提质增效攻坚战和打造国有企业改革"江西样板"重点工作,开展"两抓两争两促"主

题活动，即“抓学习、抓作风，争创先进基层党组织、争当优秀共产党员，促进企业改革创新、促进企业提质增效”，体现国资国企系统特色。举办省属企业“两学一做”学习教育专题培训会和座谈推进会，各级党组织举办专题培训52期，培训人员2600余人次，实现基层党组织书记培训全覆盖。组织省属国有企业经营管理人员学习党章党规和学习贯彻习近平总书记系列重要讲话精神特别是视察江西重要讲话精神及五大发展理念的“两个全覆盖”集中轮训工作，分10期对1500人进行全覆盖培训。创建“江西国资党建微信平台”，推送“两学一做”等各类党建工作信息，引导党员利用网络自主学习、互动交流，扩大学习教育覆盖面。组织基层党组织和党员分4个专题查找存在的突出问题及其具体表现，梳理问题清单，建立整改台账，认真进行整改，省属企业各级党组织查找出问题3636个，完成整改2942个。

（二）持续推进“连心、强基、模范”三大工程

大力推行党建+国企改革、创新发展、生产经营、企业文化、履行社会责任、维护职工权益等，使党建工作与改革发展相互统筹、渗透、贯穿，为企业改革发展、提质增效增添动力。江铜党委积极探索“党建+3+X”、实现企业党建与中心工作同频共振的典型经验做法在国务院国资委《国企改革简报》专题刊载。继续以“四进四联”为载体深入开展“连心”工程，省属企业有6200余名党员干部深入农村、社区及基层单位进行“连心”活动，结对帮扶群众3521人，提供帮扶资金1300万元，帮助职工群众解决1500多个困难和问题。完善党内帮扶体制机制，做好春节、元旦、“七一”走访慰问老党员和困难党员活动，开展帮助改制困难企业党员实现“微心愿”活动，帮助实现“微心愿”906个。召开省属企业“模范工程”推进会暨“五一”劳模代表座谈会，德兴铜矿党委被评为全国先进基层党组织，2个企业党组织被评为全省先进基层党组织，6名党员被评为全省优秀共产党员，3名党务工作者被评为全省优秀党务工作者；江西军工靶场有限公司党支部被评为全省抢险救灾先进基层党组织。

（三）在国企改革中同步谋划党建工作

加强国企党建工作顶层设计。按照党的十八届六中全会和全国国有企业党的建设工作会议精神要求，制定《关于在深化国有企业改革发展中坚持党的领导加强党的建设的实施意见》，对全省国企党建工作进行规范指导。总结提炼改革发展中同步开展党建工作的典型经验做法。形成《江西铜业集团积极探索“党建+”实现企业党建与经营工作同频共振》《党委开展“出题领题解题破题”主题活动推动江西建材打好提质增效攻坚战》《抓好工程项目支部建设江西建工推动基层党建落地生根》等经验材料在国务院国资委《国企改革简报》登载，进一步宣传江西国企党建工作品牌。

（四）加强党员教育培训和管理工作

推进企业党组织书记、党务工作人员和入党积极分子三大培训工程，省属企业举办培训2055期，培训党员60701人次，培训学习7842学时。江铜集团武山铜矿党委《“微型党课”活动助推党员经常性教育》党员培训做法，入选中组部党员教育培训案例。着力抓好党员组织关系排查、党费收缴工作专项检查等七项重点任务，继续深化“五星创评”和整顿软弱涣散党组织，完成整顿软弱涣散基层党组织22个。党费补缴工作基本完成，补缴党费4587万元；推动202个“应建未建”企业实现党组织全覆盖；督促195个“应换未换”党组织完成换届；联系查找并妥善处置失联党员383名；认真做好党员发展和服务管理工作，全年发展党员851人。其中，发展35岁及以下党员586人，占比68.8%；发展生产、工作一线工人党员823人，占比96.7%，党员队伍结构进一步优化。

（五）强化党风廉政建设抓好责任落实

始终把落实全面从严治党责任作为重大政治任务紧抓不放，重视省国资委和出资监管企业的党风廉政建设，加快构建“不能腐”的体制机制。采取述责述廉、签字背书、工作约谈、召开专题民主生活会和年度民主生活会等方式，强化党内监督。适应纪律检查体制改革，进一步加强机关作风建设。认真落实巡视整改要求，坚持立行立改，定期调度情况，强化督查督办，确保整改工作到位。截至2016年底，针对巡视反馈意见梳理出的29项问题已基本完成整改。综合运用专项巡查、约谈和监事会监督等手段，系统推进省出资监管企业和直属单位党风廉政建设，践行监督执纪“四种形态”，全年函询112件，诫勉谈话113人，组织处理43人，党纪政纪处分72人，查处违反中央八项规定精神问题10起。切实做好信访维稳工作，全年接待来访群众473批1253人次。

（撰稿人：朱德志）

山东省

一、山东省国有资产监督管理工作综述

2016年，山东省国资监管系统和国有企业认真贯彻落实中央和省委、省政府决策部署，以提高发展质量效益为中心，以深化供给侧结构性改革为主线，攻坚克难，积极作为，推动各项工作取得新的成效，实现“十三五”良好开局。

(一)国有经济发展质量效益稳步提升

2016年，山东省地方国有企业实现营业收入15544亿元，实现利润667亿元，资产总额达到55880亿元，同比分别增长44.2%、86.9%和65.3%。其中，省管企业实现营业收入8007亿元、利润总额212亿元，资产总额20456亿元，同比分别增长22.5%、23.7%和34%，增速创近4年最好水平。在主要经济指标大幅增长的同时，国有企业社会贡献水平进一步提升。2016年，山东省地方国有企业上缴税费总额845亿元，完成固定资产投资2172亿元，同比分别增长40%和89.1%。

(二)国有企业改革持续深化

省属国企改革制度框架基本搭建完成，各市普遍制定比较完备的国企改革“1＋N”制度体系。省属企业公司治理建设实现重大突破，一级企业全部实现股权多元化。加快完善公司治理结构，省管企业董事会成员基本配齐，监事会实现全覆盖，高管人员契约化管理全面推行，65名体制内高管摘掉“官帽”，规范的公司治理框架基本搭建完成，制约现代企业制度建设的体制性难题得以根本解决。稳妥推进混合所有制改革，出台省属国有企业发展混合所有制经济的意见和员工持股试点工作实施细则，首批试点的58户企业全部完成方案制定，各项工作扎实推进。持续深化内部改革，制定《省属企业优化内部组织结构和压缩管理层级的指导意见》。完善中长期激励措施，深化企业负责人薪酬制度改革，修订省管企业负责人薪酬管理办法，部署开展非上市公司中长期激励试点工作。深化财务和审计监督，推动企业按照上市公司标准，对各项财务管控制度进行全面修订完善，省管企业财务管理的规范化程度和财务信息质量明显提升。2016年，山东省两次在全国性会议上发言介绍国企改革经验做法，并作为5个样本省份之一入选《国企改革12样本》，国企改革走在全国前列。

(三)国有经济结构调整取得积极进展

编制省属国资国企改革发展“十三五”规划，绘就今后五年省属企业调整布局、转型升级的蓝图。省政府成立省属国有资本布局结构调整投资决策委员会，着手谋划对省属企业中相关相近产业进行重组整合。全省国有企业深入落实供给侧结构性改革部署，扎实推进“三去一降一补”五大任务。省属钢铁、煤炭企业2016年化解过剩产能任务提前完成。济钢产能调整和山钢转型发展、肥矿集团改革重组两项重大任务取得突破性进展。“僵尸企业”处置和亏损企业治理成效明显，省管企业列入年度计划的125户“僵尸企业”全部出清，105户大额亏损企业全年减亏60亿元以上。加快解决历史遗留问题，制定进一步解决省属企业办社会职能和历史遗留问题工作方案。根据国家部署，全面启动“三供一业”分离移交工作。落实“四视同三激励一奖励”科技创新鼓励政策，省管企业2016年新增国家级科研项目8项，新建国家级技术中心1个，全年科技支出达到81亿元，同比增长8%。交工集团客车、新能源客车的市场占有率上升至全国第二位。全省国有企业积极参与“一带一路”国家战略，烟台港集团在几内亚的港口建设项目、潍柴集团与白俄罗斯的合资项目等一大批重大项目开工建设。

(四)以管资本为主的监管模式初步建立

省市两级国资监管机构按照以管资本为主的要求，积极推进职能转变，大力实施简政放权，监管科学

化水平明显提升。强化服务企业功能，帮助解决一批老大难问题。改革国有资本授权经营体制，省属国有资本投资运营公司达到 13 家，国有资本授权经营体制改革迈出重要步伐。加强分类改革、分类监管，出台省属国有企业功能界定与分类方案。深入开展经营绩效综合评价，以“亲情查体”方式对企业进行“问诊把脉”，解决一批企业“看不见、不愿改”的问题。省属经营性国有资产统一监管基本完成，国有文化资产管理理事会组建运行。青岛市国资委将“服务市直企业相互支持协同发展”列为基本职能，进一步加大服务企业力度。日照市通过“统、转、纳、聚、购”五条渠道，把不同类型的经营性国有资产全部纳入统一监管体系。

（五）国有企业党的建设进一步加强

全省国资系统深入贯彻全国、全省国企党建工作会议精神，积极推进党建工作总体要求进章程，完善“双向进入、交叉任职”领导体制，促进党的领导与完善公司治理的有机统一。扎实开展“两学一做”学习教育，创新基层党组织建设载体，成立驻省外党建工作综合协作区，建成“省管企业智慧党建平台”，规范开展换届，基层党组织更加牢固。各级国企国资党组织认真落实全面从严治党主体责任和监督责任，抓好党风廉政建设和反腐败工作，查处一批重要案件，有效发挥震慑作用。2016 年，省国资委直查直办案件 12 件，督办 61 件，给予党纪处分 16 人次。省管企业立案 259 起，给予党纪政纪处分 501 人次，组织处理 260 人次，移送司法机关 25 人，挽回直接经济损失 1.14 亿元。

二、山东省国有资产总量与结构分析

（一）国有资产指标及分布情况

2016 年，山东省纳入国有资产统计范围的企业 7010 户，国有资产总量 12581 亿元，较上年增长 34%；资产总额 55880 亿元，较上年增长 29%；负债总额 38317 亿元，较上年增长 29%；所有者权益 17563 亿元，较上年增长 29%。资产负债率 68.57%，较上年增加 0.04 个百分点。

2016 年，山东省国有企业累计实现营业总收入 15544 亿元，较上年增长 19%；实现利润总额 667 亿元，较上年增长 24%；净利润 457 亿元，其中，归属于母公司所有者的净利润 276 亿元。国有资本保值增值 102.98%，较上年增加 1.95 个百分点。

表 1　2016 年山东省所属国有企业指标

项　　目	金　额(亿元)
资产总额	55880
所有者权益总额	17563
国有资产总量	12581
营业收入	15544
利润总额	667
净利润	457
归属于母公司所有者的净利润	276
应交税费总额	906
实际上缴税费总额	845

（二）国有企业户数情况

2016 年，山东省国有企业 7010 户，比上年增加 594 户。

表 2　2016 年山东省国有企业户数情况

项　目	2015 年	2016 年	比上年增长(%)
户数(户)	6416	7010	9.26

（三）国有资产按隶属关系分布情况

从隶属关系看，省属企业国有资产总额 2903 亿元，占全省企业国有资产的 23.08%；市及市以下企业国有资产总额 9678 亿元，占全省企业国有资产的 76.92%。

表 3　2016 年山东省国有资产地区分布情况

地　区	国有资产(亿元)	占国有资产总量比重(%)
省属企业	2903	23.08
地市企业	9678	76.92

续表

地　区	国有资产(亿元)	占国有资产总量比重(%)
其中:济南市	1283	10.19
青岛市	2807	22.31
淄博市	123	0.98
枣庄市	125	1.00
东营市	293	2.33
烟台市	913	7.26
潍坊市	1091	8.67
济宁市	271	2.16
泰安市	458	3.64
威海市	583	4.63
日照市	485	3.86
莱芜市	247	1.96
临沂市	248	1.97
德州市	290	2.30
聊城市	168	1.34
滨州市	167	1.32
菏泽市	126	1.00
合　计	12581	100.00

(四)国有资产行业分布情况

按行业分布看,国有资产主要分布于租赁和商务服务业,交通运输、仓储和邮政业,制造业,采矿业,房地产业五个行业。五个行业国有资产合计达到9669亿元,占全省国有资产的77%。

表4　2016年山东省国有资产行业分布情况

行　业	国有资产(亿元)	占国有资产总量比重(%)
农、林、牧、渔业	21	0.17
采矿业	1482	11.78
制造业	1545	12.28
电力、热力、燃气及水生产和供应业	442	3.51

续表

行　业	国有资产(亿元)	占国有资产总量比重(%)
建筑业	534	4.24
批发和零售业	198	1.57
交通运输、仓储和邮政业	1951	15.51
住宿和餐饮业	6	0.05
信息传输、软件和信息技术服务业	102	0.81
金融业	716	5.69
房地产业	1412	11.22
租赁和商务服务业	3278	26.05
科学研究和技术服务业	67	0.53
水利、环境和公共设施管理业	583	4.63
居民服务、修理和其他服务业	36	0.29
教育	23	0.18
卫生和社会工作	4	0.03
文化、体育和娱乐业	139	1.10
公共管理、社会保障和社会组织	43	0.34
合　计	12581	100.00

(五)国有资产按经营规模分布情况

从经营规模分布情况看,大型企业309户,国有资产4461亿元,占总量的35.46%;中型企业1174户,国有资产2452亿元,占总量的19.49%;小型企业2582户,国有资产3546亿元,占总量的28.18%;微型企业2945户,国有资产2122亿元,占总量的16.87%。

表5　2016年山东省国有资产经营规模分布情况

经营规模	国有资产(亿元)	占国有资产总量比重(%)
大型企业	4461	35.46
中型企业	2452	19.49
小型企业	3546	28.18
微型企业	2122	16.87
合　计	12581	100.00

三、山东省国有资本保值增值综合分析评价

2016年，扣除客观增减因素后，全省企业国有资本保值增值率为102.98%，比上年增加1.95个百分点，实现国有资本保值增值的核心目标。

从隶属关系看，省属企业国有资本保值增值率100.02%，较上年增加1.38个百分点；市及市以下企业国有资本保值增值率103.87%，比上年增加2.2个百分点。

从具体行业看，除卫生和社会工作(98.65%)、住宿和餐饮业(71.23%)两个行业外，其他各行业均实现国有资本保值增值。其中，排名前五位的行业分别为：科学研究和技术服务业(115.49%)，信息传输、软件和信息技术服务业(108.57%)，建筑业(106.35%)、制造业(105.17%)、金融业(104.87%)。

表6　2016年山东省国有企业地区和行业国有资本保值增值情况

地　　区	国有资本保值增值率(%)	行　　业	国有资本保值增值率(%)
省属企业	100.02	农、林、牧、渔业	101.54
地市企业	103.87	采矿业	101.86
其中：济南市	104.01	制造业	105.17
青岛市	109.04	电力、热力、燃气及水生产和供应业	102.04
淄博市	99.95	建筑业	106.35
枣庄市	88.86	批发和零售业	103.56
东营市	106.16	交通运输、仓储和邮政业	101.32
烟台市	103.89	住宿和餐饮业	71.23
潍坊市	100.65	信息传输、软件和信息技术服务业	108.57
济宁市	100.27	金融业	104.87
泰安市	100.00	房地产业	101.37
威海市	99.86	租赁和商务服务业	104.55
日照市	106.31	科学研究和技术服务业	115.49

续表

地　　区	国有资本保值增值率(%)	行　　业	国有资本保值增值率(%)
莱芜市	99.23	水利、环境和公共设施管理业	102.24
临沂市	97.49	居民服务、修理和其他服务业	102.27
德州市	101.66	教育	100.67
聊城市	103.30	卫生和社会工作	98.65
滨州市	98.03	文化、体育和娱乐业	103.73
菏泽市	110.66	公共管理、社会保障和社会组织	101.61

四、山东省国资委监管企业改革发展情况

(一)国有资本投资运营公司组建工作纵深推进

山东省委、省政府对改建和新建国有资本投资运营公司高度重视，将其作为全面深化国企改革的重要环节和构建"以管资本为主"国资监管新模式的关键举措加快推进。在2015年改建7户、新建4户的基础上，2016年又改建山钢集团、鲁商集团2户企业，省管企业中投资运营公司达到13户，数量居全国首位，13家公司的资产总额占全部省管企业的90%。在组建工作中，山东省国资委按照省委、省政府决策部署，坚持系统化、市场化、规范化的原则，牢牢把握投资运营公司的功能定位，坚决杜绝简单"翻牌"，防止"穿新鞋走老路""新瓶装旧酒"。构建以管资本为主的监管模式，山东省国资委累计向投资运营公司下放34项权力，实现应该由企业自主决策的事项全部下放企业董事会。公司治理主体框架基本搭建完成，配齐董事会和监事会成员，完善议事规则和制度体系，普遍对高管人员实行契约化管理。组织结构和管控方式逐步调整优化，各企业加大组织结构调整力度，精简总部机构和人员，落实财务管控和战略管控要求，推进依法依章程管理。资本运作水平不断提升，通过投资导向、结构调整和资本经营，努力盘活存量、做好增量，积极退出劣势企业，提高国有资本配置和运行效率。2015年改建的7户投资运营公司，2016年实现营业

收入5093.47亿元，同比增长24.25%；利润总额达到152.34亿元，同比增长22.27%，其中山东能源、山东黄金分别增长132.06%和66.56%。

(二)解决省属企业办社会职能和历史遗留问题取得重大进展

国有企业办社会职能和历史遗留问题严重制约国有企业公平参与市场竞争，历来是困扰国有企业改革发展的老大难问题。2016年，山东省国资委在省委、省政府的坚强领导下，坚持重点突破、难点攻坚，在解决老大难问题上取得突破性进展。一是加强顶层设计。经省政府第80次常务会议专题研究，省政府印发《进一步解决省属企业办社会职能和历史遗留问题工作方案》，明确11项改革任务的主要内容、时间安排、责任分工和保障政策，绘就解决国企办社会职能的路线图和时间表。二是启动"三供一业"分离移交。省政府印发《山东省国有企业职工家属区"三供一业"分离移交工作方案》(鲁政办发〔2016〕76号)，全面启动"三供一业"分离移交工作。坚持多渠道筹资，中央财政为兖矿、山东能源两户中央下放企业提供补助资金41.6亿元。三是积极推进办社会职能解决。加强组织领导，省政府和国资委建立工作协调机制和定期调度、工作督查等制度。坚持分类指导、分步实施，采取分离移交、重组改制、关闭撤销、专业化运营管理等不同方式推动办社会职能和历史遗留问题的解决。抓住重大改革的机遇，济钢、肥矿、龙矿等一批办社会职能顺利实现移交。深化教育、医疗机构改革，山东能源成立医疗健康投资公司，对所属部分医院进行整合，兖矿集团与华润医疗就在医疗健康领域投资合作签订框架协议，鲁商集团所属职业院校实现产业化发展，年均实现利润近亿元。

(三)积极推动省属企业优化内部组织结构和压缩管理层级

2016年6月，山东省国资委在深入调研的基础上，制定出台《关于省属企业优化内部组织结构和压缩管理层级的指导意见》(以下简称《指导意见》)，推动省属企业"瘦身健体"，实行扁平化管理，进一步提升经营效率和管理水平。《指导意见》明确优化内部组织结构和压缩管理层级的总体要求、工作重点和保障措施。根据《指导意见》，省属企业管理层级原则上控制在三级以内，一般不超过四级。省属企业所属法人单位力争减少20%左右。各省属企业对优化内部组织结构和压缩管理层级高度重视，加强领导，普遍制定切实可行的工作方案，建立工作调度与考核机制，通过深化机构改革、加强内部重组整合、治理亏损企业、处置"僵尸企业"等措施，推动任务目标的实现。截至2016年底，完成调整产权层级35户，完成压减法人单位181户。

(四)规范实施企业改制和事业单位转企改制工作

依法依规做好企业改制和国有股权转让方案的审核批复工作。历时十年之久的凯远集团改制后续工作画上圆满句号，既实现国有资本保值增值，又维护职工群众的合法权益，为困难企业成功改制创造经验。积极推进整建制移交国资委的10家事业单位改革，将其托管给省国投公司。10家事业单位改革进展顺利，其中3家改革方案已批复、4家方案报批、另外3家制定完善方案。同时作为成员单位，配合做好山东省从事生产经营活动事业单位转企改制方案审核工作，逐一明确事业单位转企后出资人。

(五)深入开展省管企业经营绩效综合评价工作

经营绩效综合评价是山东省国资委创新监管方式、提高服务水平的一项重要举措。委内专门成立领导小组，出台《省管企业经营绩效综合评价办法》及配套文件，建立417人的专家库，举办评价专家培训班，建立长效机制。着眼三年评价一遍的目标，2016年组织三批，先后完成对山东黄金、鲁商集团、华鲁集团、山东机场、盐业集团、鲁华集团6户企业的评价工作。这项工作自2015年开展以来，已对5批11户企业进行综合评价，累计查找突出问题221项，揭示重大风险57项，提出整改建议163项。综合评价工作的开展，有效促进省管企业经营管理水平和发展质量效益的提升。

(六)积极推进"法治国企"建设

山东省国资委制定出台《关于全面推进法治国企建设的意见》，指导推动依法治企工作向国内同行业先进水平迈进。推进总法律顾问制度建设，专门出台意见推动总法律顾问实现高管化、专业化、全覆盖。省管企业总法律顾问专职率、持证上岗率分别达到80%和100%。建立重大法律纠纷案件通报制度，每年对企业重大法律案件进行总结分析，提出防范、改进的意见建议，印发省管企业贯彻落实。完善法律风险防范机制，印发《关于加强省管企业法律风险防控工作的指导意见》，省管企业三项法律审核率实现100%。

五、山东省国资委监管企业并购重组与完善法人治理结构情况

（一）省管企业并购重组情况

2016年，山东省管企业并购重组取得新进展。山东重工集团潍柴动力通过认购新股和二级市场增持德国凯傲集团股份，持股比例达到43.26%，巩固对凯傲集团的控制力；凯傲集团成功并购美国物流公司德马泰克，迈出开拓美洲市场的关键一步，合并后该公司将成为智能内部物流解决方案的全球领先供应商之一。山东高速集团收购泰山财险19.7054%股权，实现持股39.4%，成为控股股东；收购香港上市公司一中国新金融，拓宽境内外资金联动渠道，截至2016年12月29日中国新金融收盘，投资增值11亿元；入股山东东平农村合作银行和肥城市农村信用合作联社，分别持股9.9%，均为并列第一大股东。鲁信集团公司出资28.775亿元增资省金融资产管理公司，股权占比28.41%，借助资产管理公司牌照优势，探索建立省级不良资产收储处置平台。

2016年，山东省实施省属经营性国有资产实施统一监管。2016年8月8日，山东省人民政府办公厅印发《省属经营性国有资产统一监管实施计划》。按照"划转重组一批"的思路，山东省发展改革委等31个部门所属的具有一定资产和经营能力的184户企业，按照产业相近、业务相关、优势互补的原则，国有产权分别划入13户省管一级企业。截至2016年底，完成划转企业的资产、人员、债权、债务的全面接管。按照"整合发展一批"的思路，对资产规模较大、资产质量较好的企业，以其为主体重组整合其他企业，组建或改建为省管一级企业。省粮食局、省水利厅、省科学院、省农科院、省地矿局和省煤田地质局六部门所属221户企业，将整合重组为鲁粮集团、水发集团、山科集团、种业集团、地矿集团和泰山地勘集团6户省管一级企业。2016年，山东省国资委与省粮食局、省水利厅、省科学院、省农科院、省地矿局和省煤田地质局研究6户企业集团组建方案，推进新集团组建工作。

（二）完善法人治理结构情况

进一步提升董事会建设水平。创新董事会年度工作报告审议形式，2016年4月，山东省国资委首次会同山东省社保基金理事会，采取会议形式审议董事会年度工作报告。在调研座谈基础上，印发《关于切实加强省管企业董事会规范运行有关问题的通知》，指导企业建立健全董事会会议制度、完善董事会议事规则、理清与其他治理主体职责边界、划分母子公司董事会决策权限、明确董事会工作机构职责，省管企业董事会的组织结构基本健全、制度体系基本完善。2016年10月，印发《省管企业外部董事履职指南》，系统介绍外部董事履职需要"做什么"、应该"如何做"以及工作的基本方式方法。在2015年调研基础上，2016年7月，印发《山东省国资委履行多元投资主体公司股东职责暂行规定》，对山东省国资委履行多元投资主体公司股东职责予以规范。明确山东省国资委内部对表决事项审议的职责、分工和程序等，确保行权履职的及时、有序、合规。

进一步提高监事会监督水平。2016年12月，印发《省属企业专职监事履职评价暂行办法》，对履职评价的适用范围、要点指标、评价方式、实施程序、结果使用以及责任追究等作出清晰界定。以山东省政府办公厅的名义起草《关于加强和改进企业国有资产监督防止国有资产流失的实施意见》，提交省政府常务会议审议。坚持监事会对企业经济运行情况定期分析制度，各监事会按季度报送企业经济运行情况分析报告，山东省国资委季度经济运行分析会分别听取17户企业监事会的工作汇报。进一步完善监事会揭示问题网上督办制度，2016年底新公示企业问题和风险35项，并对企业往年问题整改情况进行督办。2016年4月，山东省国资委首次组织召开专门会议对监事会年度报告逐户审议，促进监事会报告的成果运用，全年运转各监事会报送的年度、季度报告和专项、专

题报告90余份。2016年7月,组织公务员监事到厦门和上海国家会计学院进行培训,进一步提升队伍专业素质和履职能力,监事会人员结构更加优化。

六、山东省国资委监管企业建立和完善经营业绩考核体系情况

(一)修订完善企业负责人经营业绩考核办法

为更好地适应国企国资深化改革和业绩考核顶层设计的需要,切实履行企业国有资产出资人的职责,在以管资本为主的监管模式下,2016年2月26日,山东省国资委出台并印发《山东省省管企业负责人经营业绩考核办法》(以下简称《考核办法》),就做好2016—2018年任期业绩考核工作提出具体意见。《考核办法》按照继承发展、适时求变的总基调,以契约化为基础,实行任期考核与年度考核相衔接、考核结果与奖惩任免相挂钩的考核制度。在考核内容和权重上,更加体现企业功能特点,突出分类考核和个性化考核;在考核指标上,更加体现企业本质属性,突出质量效益考核导向;在考核目标确定上,更加体现企业发展实际,突出考核目标与规划目标、预算目标的衔接;在考核计分上,更加激励先进性,突出依据考核目标先进性分档计分;在考核结果应用上,更加注重激励性,突出依据考核得分确定不同激励单元。其中,考核指标的设置举足轻重,考核指标分为基本指标、个性化指标和限制性指标:基本指标包括利润总额、国有资本保值增值率和经济增加值;个性化指标指体现企业行业特点和发展阶段、针对企业提高核心竞争力、增强可持续发展能力及防控经营风险中的"短板"的考核指标;限制性指标包括承担重大专项任务完成、国有资本回报、国有资本安全、财务风险、安全生产、廉政建设等,企业未完成任务或出现重大问题的,在经营业绩考核中扣分。

(二)进一步完善经营业绩考核目标确定的内在动力机制

为促进企业又好又快发展,山东省国资委进一步完善经营业绩考核目标确定的内在动力机制,对考核目标按照先进性分档计分,保证企业提报先进考核目标的积极性。考核目标先进且按时完成的企业,能有较好的考核结果;业绩完成情况较好,但提报的目标不合适,不具有前瞻性和激励性,不能得到相对较高的考核得分。这种考核目标提报先进程度与实际完成情况共同影响考核结果的机制,实现先进考核目标、保质保量完成和优异考核结果的有机统一,一定程度上缩小目标考核的局限性。

(三)提报2016—2018年任期及分年度省管企业负责人经营业绩考核目标

为做好2016—2018年任期及分年度的经营业绩考核工作,根据新修订的《考核办法》和考核目标提报内在动力机制的要求,山东省国资委组织省管企业针对利润总额、国有资本保值增值率、经济增加值三个基本指标和个性化指标提报2016—2018年任期及分年度经营业绩考核目标,在尊重企业发展规律和发展意愿的基础上,通过与企业的沟通确定最终的考核目标。同时,允许企业在经济形势发生巨大变化或企业发展格局出现战略性调整的情况下,适时对下一年度的考核目标进行合理的调整,以保证企业的考核目标能够与时俱进,发挥激励企业发展的作用。

(四)审核确认2015年度考核结果

依据经审核的企业财务决算,严格按照经营业绩考核的有关规定,统一客观因素调整原则和标准做好考核结果确认工作。在具体确认过程中,注重以下几个方面:一是鼓励企业加大科技创新力度,提高科技创新水平,在确认利润总额时,科技创新投入视同实现利润。二是支持企业承办政府交办事项,从考核角度鼓励企业积极完成政府交办任务,在考核结果确认时给予一定的考虑。三是加大企业保值增值考核力度,适当调整考核级别限制规定。重视企业国有资本保值增值情况,对于归属于母公司净利润是负值的,限制最高考核级别。四是适当考虑市场因素对效益的影响,不挫伤企业发展的积极性,对于主要产品受价格波动较大的,参照权威数据适当考虑市场因素对企业效益的影响。按照以上原则,完成17户考核企业2015年度考核结果审核确认工作,其中,A类企业5户,占29%;B类企业10户,占59%;C类企业2户,占12%。

七、山东省国资委监管企业负责人考核与选人用人机制改革情况

（一）加强董事监事人才储备和选聘力度，不断完善省管企业公司治理结构

一是进一步加强省属企业董事监事人才库建设。对职业经理人和董事、监事三个人才库应用系统进行优化，增加建立子库、库间共享等功能。与有关省直部门、各省管企业和各市组织部门、国资监管机构对接，与近30家单位实现共建共享，人才库服务全省国有企业改革的功能作用进一步凸显。组织开展董事、监事人才库入库评审，产生48名外部董事、36名外部监事入库人选。

二是配齐配强外部董事和专职监事队伍。通过人才库中遴选、派出专职外部董事等方式，配齐省管企业董事会。从人才库中考察遴选10名专职监事，派驻20户省管企业，与公务员身份监事、职工监事一起共同组成监事会，进一步优化监事会专业结构。结合省国资委机关干部调整，调整各企业监事会派驻人员，适当增加企业身份监事会主席。新选聘2名专职外部董事，壮大专职外部董事队伍。

三是确保董事监事发挥作用。提出加强外部董事，特别是专职外部董事履职保障的意见，落实外部董事参加有关会议、了解企业情况等权利，促进其充分发挥作用。

（二）全面推行高级管理人员契约化管理，深化省管企业干部人事制度改革

一是基本实现高管契约化管理全覆盖。对未实行契约化管理的8户委管班子企业情况进行研究，研究确定鲁华能源、上海齐鲁、产权交易中心、齐鲁股权交易中心4户企业实行高级管理人员契约化管理。截至2016年底，除机场、高铁、盐业等承担公益性、重大基础建设任务和行政职能的企业外，基本实现省管企业高管契约化管理全覆盖。

二是指导企业制定契约化管理工作实施方案和高管人员选聘办法。研究确定4户企业实施方案，明确高管人员岗位设置与岗位职责、基本条件与任职资格、选拔方式与程序等相关措施。指导山东重工面向全球公开招聘6名经理层人员，经过初选、笔试、面试，当场公布得分，1名原副总经理落选，实现高管人员能上能下。指导山东产权交易中心组织开展高管人员选聘，选聘总经理1名、副总经理3名。

三是不断深化高管契约化管理各项工作。在总结前两批高管契约化管理试点工作经验基础上，研究高级管理人员契约化管理具体措施，明确省管企业各公司治理主体在契约化管理中的职权，对高管人员选聘方式及流程作了进一步细化。举办首期省管企业高管契约化管理工作研讨会，坚持问题导向，选取省国投公司等4户企业，从运转机制、业绩考核等不同角度介绍经验做法，有效解决部分企业在推进高管契约化管理过程中的难点问题。

（三）加强企业领导人员管理监督，培养中国特色社会主义企业家队伍

一是加强企业家队伍建设。完成《新形势下我省企业家队伍建设问题研究报告》，被确定为全省社科重点课题并顺利结题，在此基础上起草印发《关于加强省属企业企业家队伍建设的若干意见》。二是完善企业领导班子和领导人员考核评价机制。会同山东省委组织部出台《省管企业领导班子和领导人员综合考核评价暂行办法》，区分不同岗位职责对领导班子和领导人员实行分类分层考核。按照新的考核办法对19户企业领导班子和91名企业领导人员进行考核，全部进行综合分析研判，给出评价等次，逐一反馈考核结果，提出整改要求。三是建立企业领导人员综合分析研判信息化管理平台。开发建设省管企业领导班子和领导人员综合考核评价系统，实现网上测评、数据统计等基本功能，并在年度考核中投入使用，985名企业人员参与网上测评。四是加强企业领导人员的交流调整力度。全年调整企业领导人员126人次，重点加强企业领导人员队伍年轻化、专业化建设，截至2016年底，多数委管班子企业配备45岁以下的领导人员。五是从严抓好企业领导人员监督工作。严格落实干部选拔任用“凡提四必”要求，防止企业领导人员“带病提拔”。全年有3人因个人事项查核、信访举报被暂停选拔任用程序，并受到企业党委诫勉处理。六是配合做好省属企业统一监管工作。配齐配

强新纳入委党委管理的山东特检集团等企业领导班子,为公司发展奠定基础。按照省属经营性国有资产统一监管要求,协调省有关部门共同做好相关企业组建方案制定工作,明确企业领导班子管理体制问题。

八、山东省国资委监管企业党的建设和廉政建设情况

(一)扎实开展"两学一做"学习教育

山东省国资委党委将学习教育作为一项重要政治任务,先后召开4次会议进行专题研究。按照山东省"两学一做"学习教育推进会要求,及时召开省管企业学习教育推进会,传达学习会议精神。先后组织召开5次调度会,对存在的问题进行整改。成立3个督导组,先后深入39户省管企业督导65次,真正做到边学边改。采取无记名方式开展省管企业党员群众问卷大调查,累计发放问卷5310份,实现对38户企业全覆盖,调查对象涵盖企业经营管理人员、普通职工、离退休人员和服务对象、业务伙伴等四个层面。坚持典型引路,注重发掘各省管企业在学习教育中的典型事例,创办省国资委学习教育专刊,刊发22期,选取优秀典型材料60余篇。

(二)进一步明确党组织在企业治理中的法定地位

在已将党建工作总体要求写入企业章程的基础上,根据全国、全省国企党建会议最新精神,又对企业章程进行修订完善,在章程中单设一章,分七条对企业党组织的职责权限、机构设置、运行机制和基础保障等作出具体规定,将党组织发挥领导核心和政治核心作用纳入法制化轨道。指导企业健全党委会议事规则,明确党组织参与重大问题决策的具体内容和程序,把党组织研究讨论作为董事会、经理层决策重大问题的前置程序。起草《关于省管企业党委参与重大问题决策若干问题的指导意见》,报山东省委组织部征求意见。

(三)夯实省管企业党委从严治党主体责任

组织调研组到26户省管企业开展省管企业党建综合调研,基本掌握工作现状,特别是存在的问题,并制定相关工作措施。继续开展省管企业党委书记抓基层党建工作述职评议考核工作,逐级压实党建工作责任。举办省管企业基层党组织书记和党务工作者、党的十八届五中、六中全会精神等培训班次,为企业领导人员和基层党务工作者"加满油、充足电"。指导省管企业党员领导人员民主生活会,成立督导组到各企业进行督导。迎接中组部、省委组织部多次党建工作检查。

(四)推动省管企业党建工作全面过硬

以上海和深圳为中心建成首批两个党建工作协作区,为驻外省管企业搭建学习教育交流平台。积极探索"互联网+党建"模式,建成"山东省管企业智慧党建平台",省管企业全系统1万多个基层党组织、20.9万名党员信息全部录入。指导省管企业从完善和加强制度建设入手,全力建设过硬党支部,各企业普遍制定出台党建思想政治工作考核办法,对基层党建工作进行积分量化、目标管理,与生产经营同考核、同奖惩。

(五)扎实完成党建工作重点任务

2016年,保质保量完成山东省国资委党委管理党组织关系企业党费补交工作,2214个基层党组织、26662名党员补交党费。在全面完成二级及以下企业党组织换届的基础上,首次启动省管一级企业党委换届工作。制定《关于省管一级企业党委换届工作的实施方案》,成立指导委员会和工作机构,对企业党委换届工作总体把关、分类督导。采取自下而上、上下结合方式,向省委推荐全国全省先进组织和优秀个人。2个基层党组织、2名优秀共产党员、2个优秀党务工作者受到省委表彰,1名优秀共产党员受到全国表彰。

(六)廉政建设情况

省国资委党委落实全面从严治党主体责任,坚持不懈抓好党风廉政建设和反腐败工作,为省管企业健康发展提供坚强保证。一是从严从紧,抓好责任落实。注重督促推动与考核评议结合,确保责任落实到位。1月17日,山东省纪委十届七次全会召开后,立即于19日组织召开反腐倡廉工作会议,传达学习全会精神,部署工作任务;每季度组织企业纪委交流工

作情况，推动责任落实；对企业2015年度落实党风廉政建设责任制情况进行检查考核，并召开专题会议督促狠抓问题整改，形成工作闭环；组织开展企业党委、纪委落实“两个责任”述职评议工作，倒逼责任落实。

二是长管长严，抓好纪律建设。突出抓早抓小，坚持教育和警示并用，紧盯关键节点，严肃过节纪律；用好约谈、函询等手段，约谈企业领导人员29人次，诫勉谈话7人次，函询19人次。省管企业纪委谈话1959人次，其中纪委负责人同下级企业主要负责人谈话710人次，领导人员任前廉政谈话825人次，约谈294人次，诫勉谈话43人次，函询87人次。

三是创新求实，抓好执纪监督。聚焦造成国有资产流失的问题，打出监督“组合拳”。多措并举深挖问题，巡察4户企业，深挖管党治党不力及经营管理等方面的问题80余项；紧盯重要节点灵活开展巡回检查；创新监督机制，建立监督检查工作联席会议制度，形成监督合力。狠抓问题整改，被巡察企业完成整改任务53项，完成率达到91.4%。加大监督纵深，强化源头预防，加强对“三重一大”决策事项、招投标管理等重点领域监督，开展物资采购专项治理；在企业全面推广职工代表民主评价工作；制定违规经营投资责任追究实施办法等六项重要制度，扎紧制度笼子。

四是动真碰硬，狠抓正风肃纪。紧盯国企国资改革突出问题，严厉惩治腐败。严肃查处枣矿集团违规组织职工疗养问题，通报七起违反中央八项规定精神典型问题；受理信访举报311件，直查直办12件，督办62件，党政纪处分16人次，尤其在企业“一把手”惩处上取得突破，给予肥矿原董事长孔青留党察看一年处分，给予枣矿原董事长、党委书记江卫党内严重警告处分；严肃查处6起违规经营决策造成国有资产损失案件，追缴绩效薪金80余万元。省管企业受理信访举报2975件，立案259起，给予党纪政纪处分501人次，组织处理260人次，移送司法机关25人，挽回直接经济损失1.14亿元。

五是全面过硬，抓好队伍建设。在省管企业纪检系统率先启动“两学一做”学习教育，通过考试测验，组织纪检干部培训等，实现队伍素质全面提升、全面过硬。

（撰稿人：范斌斌）

青岛市

一、青岛市国有资产监督管理工作综述

2016年，青岛市政府国资委认真贯彻落实市委、市政府部署要求，面上工作全面推进，点上工作重点突破，在经济下行压力加大的情况下，青岛国有企业发展态势良好，到10月底，企业资产总额、营业收入和利润总额分别增长22.8%、4.1%、26.4%。在全国37个省（自治区、直辖市）和计划单列市当中，青岛市国资委监管企业利润总额排在第七位，资产总额排在第11位，营业收入排在第13位；在全国15个副省级城市当中，青岛市国资委监管企业的利润总额排在第二位，资产总额排在第二位，营业收入排在第三位，国有经济发展的质量和水平走在全国前列。

近年来，中央出台一系列文件，形成国资监管“1+N”制度体系，市政府国资委对接顶层设计，落实上级要求，研究制定《关于深化国有企业改革的意见》，市委、市政府于2016年2月印发实施，成为推进青岛国企国资改革的“总抓手”。

同时，陆续出台20个配套文件，形成比较完备的青岛国企国资“1+N”制度体系，原则、重点、底线、红线等清晰明了，使国企国资改革发展始终保持正确方向；简政放权、混合所有制改革、薪酬激励、风险防范、责任追究等各方面的制度规定都比较完备、系统，责任明确、措施细化、操作性强，构建形成简政放权、放管结合、优化服务的国有资产监管工作新机制。

简政放权方面，通过实施“推动市直大企业发展改革60条意见”已经进行两次大的放权，市政府国资委审批事项压减70%以上。2016年，又按照企业经营事项的性质进一步放权，特别是对企业投资、中介机构选聘等事项，授权企业董事会依法依规依程序自主决策。三次大的放权，使企业市场竞争的主体地位更加突出。

放管结合方面,简政放权的同时,把好核心关口,对企业集团层面的产权变动、业绩考核、改革调整事项等重大核心事项,由市政府国资委依法依规依程序严格管理。突出风险防范管理,不断完善制度,强化责任,2016年制定出台国有房产出租、非银行金融业务等方面的规定,加强国有资产基础管理。

优化服务方面,建立服务国资委监管企业相互支持协同发展工作机制。将"服务国资委监管企业相互支持协同发展"列为市政府国资委的基本职能,在企业产品、资金、投资等资源互助分享和交流协作上进行协调服务。实行班子成员分工负责和项目管理制,市政府国资委党委每周都研究和梳理需要推进和解决的企业重点事项,设立项目工作组,逐项推动解决落实,2016年排出的32个重点事项都已经落实解决。

二、青岛市国有资产总量与结构分析

截至2016年底,青岛市国资委监管和区(市)所属国有独资及控股企业(以下简称"青岛市国有企业")1149户。其中,青岛国资委监管国有企业851户;青岛市政府部门管理企业等197户;区(市)国有企业101户。青岛市国有企业资产总额12082.03亿元,所有者权益3697.8亿元,其中国有资产总量2788.27亿元。2016年,青岛市国有企业实现营业收入2518.74亿元、利润205.55亿元、实际上缴税费188.68亿元。

(一)国有资产结构分析

国有企业资产总量构成。截至2016年底,青岛市国有企业资产总额中,流动资产5225.31亿元,占资产总额的43.25%;非流动资产6856.71亿元,占资产总额的56.75%。流动资产构成中,货币资金、应收款项(包括应收账款、应收票据和其他应收款)和存货占比较高,分别为25.68%、38.76%、22.28%,合计占全部流动资产比重86.72%。

国有企业资产总额分布结构。截至2016年底,青岛市国有企业资产总额中,市国资委监管企业资产总额9148.43亿元,占75.72%;政府部门管理企业等资产总额863.78亿元,占7.15%;区(市)国有企业资产总额2069.8亿元,占17.13%;大型国有企业资产总额4069.34亿元,占33.68%;中型国有企业资产总额3275.07亿元,占27.11%;小微型国有企业资产总额4737.62亿元,占39.21%。

国有企业国有资产总额分布结构。截至2016年底,青岛市国有企业国有资产总额中,市国资委监管企业国有资产总额1832.99亿元,占65.74%;政府部门管理企业等国有资产总额358.79亿元,占12.87%;区(市)国有企业国有资产总额596.49亿元,占21.39%;大型国有国有企业资产总额939.12亿元,占33.68%;中型国有企业国有资产总额755.81亿元,占27.11%;小微型国有企业国有资产总额1093.34亿元,占39.21%。

国有企业所有者权益构成。截至2016年底,青岛市国有企业所有者权益总额中,实收资本865.6亿元,占所有者权益总额的23.41%;资本公积1647.5亿元,占44.55%;少数股东权益440.71亿元,占11.92%;未分配利润506.89亿元,占13.71%;盈余公积96.11亿元,占2.6%;一般风险准备41.05亿元,占1.11%;其他权益80.04亿元,占2.16%。

(二)国有资产运营分析

国有企业营业收入构成。2016年,青岛市国有企业实现营业收入2518.74亿元。其中,市国资委监管企业实现2245.77亿元,占93.29%;政府部门管理企业等实现80.18亿元,占3.33%;区(市)国有企业实现81.47亿元,占3.38%。

国有企业利润总额构成。2016年,青岛市国有企业实现利润205.55亿元。其中,市国资委监管企业实现利润207.19亿元,占100.8%;政府部门管理企业等实现利润2.41亿元;区(市)国有企业实现利润-4.05亿元。

国有企业实际上缴税金构成。2016年,青岛市国有企业实际上缴税金188.68亿元。其中,市国资委监管企业上缴167.98亿元,占89.03%;政府部门管理企业等上缴14.04亿元,占7.44%;区(市)国有企业上缴6.65亿元,占3.52%。

(三)企业运营状况

2016年,24家市国资委监管企业资产总额同比增长30.97%,国有资产总额同比增长21.13%,营业收入同比增长13.72%,利润总额同比增长21.7%,上缴税金同比增长6.43%;国有资本保值增值率113.66%。

表1　2016年青岛市国有企业主要指标

项　目	金　额(亿元)
资产总额	12082.03
净资产	3697.80
营业收入	2518.74
利润总额	205.55
实际上缴税金总额	188.68

表2　2016年青岛市国有企业户数情况

项　目	2015年	2016年	比上年增长(%)
户数(户)	1074	1149	75

表3　2016年青岛市国有资产地区分布情况

地　区	国有资产(亿元)	占国有资产总量比重(%)
市　级	2191.78	78.61
区　级	596.49	21.39
合　计	2788.27	100.00

表4　2016年青岛市国有资产经营规模分布情况

经营规模	国有资产(亿元)	占国有资产总量比重(%)
大型企业	346.76	12.44
中型企业	1125.70	40.37
小微型企业	1315.81	47.19
合　计	2788.27	100.00

表5　2016年青岛市国有资产行业分布情况

行　业	国有资产(亿元)	占国有资产总量比重(%)
农林牧渔业	3.62	0.13
其中:农业	2.44	0.09
林业	0.81	0.03
畜牧业	0.23	0.01
渔业	－0.01	0.00
工业	396.66	14.23
煤炭工业	0.00	0.00
石油和石化工业	0.00	0.00
冶金工业	1.22	0.04
建材工业	1.77	0.06
化学工业	47.37	1.70
森林工业	0.44	0.02
食品工业	2.01	0.07
烟草工业	0.00	0.00
纺织工业	6.42	0.23
医药工业	0.00	0.00
机械工业	15.51	0.56
军工工业	0.55	0.02
电子工业	190.19	6.82
电力工业	4.26	0.15
市政公用工业	65.35	2.34
其他工业	61.59	2.21
建筑业	100.68	3.61
地质勘查及水利业	6.07	0.22
交通运输业	623.23	22.35
其中:铁路运输业	0.00	0.00
道路运输业	289.41	10.38
水上运输业	34.20	1.23
航空运输业	108.86	3.90
仓储业	12.79	0.46
邮电通信业	0.00	0.00
批发和零售业	21.53	0.77

续表

行　　业	国有资产（亿元）	占国有资产总量比重(%)
金融业	166.22	5.96
房地产业	558.78	20.04
信息技术服务业	5.74	0.21
社会服务业	808.01	28.98
卫生体育福利业	14.12	0.51
教育文化广播业	61.29	2.20
科学研究和技术服务业	9.53	0.34
机关社团及其他	0.00	0.00
合　　计	2788.27	100.00

三、青岛市国有资本保值增值综合分析评价

2016年，青岛市国有资本保值增值率109.04%。从全市国有资产涉及的16个行业看，工业、地质勘查及水利业、交通运输业、邮电通信业、批发和零售业、金融业、房地产业、信息技术服务业、社会服务业、教育文化广播业、科学研究和技术服务业、机关社团及其他等实现保值增值；农林牧渔业、建筑业、仓储业、卫生体育福利业等未实现保值增值。

表6　　2016年青岛市国有企业行业国有资本保值增值情况

行　　业	国有资本保值增值率(%)
农林牧渔业	98.11
其中：农业	96.49
林业	102.07
畜牧业	101.42
渔业	0.00
工业	105.50
煤炭工业	0.00
石油和石化工业	0.00
冶金工业	130.54
建材工业	111.70
化学工业	99.71
森林工业	92.67
食品工业	115.51
烟草工业	0.00
纺织工业	100.78
医药工业	0.00
机械工业	98.23
军工工业	615.79
电子工业	114.93
电力工业	119.95
市政公用工业	89.76
其他工业	103.46
建筑业	96.08
地质勘查及水利业	100.47
交通运输业	102.75
其中：铁路运输业	0.00
道路运输业	100.10
水上运输业	84.88
航空运输业	102.55
仓储业	99.82
邮电通信业	0.00
批发和零售业	114.96
金融业	101.55
房地产业	101.33
信息技术服务业	125.23
社会服务业	130.10
卫生体育福利业	94.25
教育文化广播业	101.66
科学研究和技术服务业	107.71
机关社团及其他	0.00

四、青岛市国资委监管企业优化监管体制情况

2016年，青岛市对接中央顶层设计，市委、市政府于2月印发《关于深化国有企业改革的意见》，成为推进青岛国企国资改革的"总抓手"。同时，陆续出台20个配套文件，形成比较完备的青岛国企国资"1+N"制度体系，原则、重点、底线、红线等清晰明了，使国企国资改革发展始终保持正确方向；简政放权、混合所有制改革、薪酬激励、风险防范、责任追究等各方面的制度规定都比较完备、系统，责任明确、措施细化、操作性强，构建形成简政放权、放管结合、优化服务的国有资产监管工作新机制。

（一）国资监管工作

融入"三中心一基地"建设。出台并实施《市直大企业深度融合"三中心一基地"建设行动计划》，建立青岛市国资委监管企业技术创新激励机制，融入建设国家东部沿海重要的创新中心，市国资委监管企业国家级研发机构达到17个，占青岛市的三成以上；加强海港、空港和基础设施建设，融入建设国内重要的区域性服务中心，青岛港与全球15个重点港口进行交流合作，青岛机场通航国内城市增至70余个；大力发展游轮游艇和海洋高端设备检测产业，融入建设国际先进的海洋发展中心；推动青岛的制造业名牌企业升级发展，在建设具有国际竞争力的先进制造业基地方面发挥主力军作用。

深化混合所有制改革。企业上市工作取得新进展，启动青岛港、青岛银行回归A股工作，推进1家企业上市，对上市金融企业保持国有股权不降低，确保国有控制力。同时，推动7家条件相对成熟的企业进入上市程序，储备11家企业作为新的上市资源，形成国有企业上市梯队。按照中央和市委、市政府要求，在国信、华通等企业所属企业中选择符合条件的5家企业开展员工持股试点。

实施薪酬制度改革。严格落实中央精神和市委、市政府要求，制定《市直企业负责人薪酬制度改革实施意见》，严格规范企业负责人薪酬，以市委、市政府名义下发实施。按照采取限高、分类、对标、导向等措施，完成2015年度企业经营业绩考核测算，23户市国资委监管企业董事长2015年度薪酬水平，符合中央、省、市薪酬制度改革的规定。

强化激励机制。企业管理团队激励方面，实施国有股权收益增量分享激励试点，探索完善中长期激励机制，鼓励优秀企业家干事创业；技术骨干和优秀人才激励方面，全面完成承担的青岛市人才工作目标责任分解任务，研究提出《推动国有企业人才体制机制创新意见》，加大市场化选聘力度，明确支持和激励政策；职工激励方面，建立职工工资正常增长机制，明确企业负责人薪酬增幅不能高于职工工资增幅，确保职工群众充分享受到发展成果。

规范企业法人治理。深入贯彻落实"四个工作细则"，组织对企业落实情况进行抽查。研究起草《关于加强市直企业董事会专门委员会建设的指导意见》《市直企业外部董事管理办法（试行）》《关于在市直企业开展外部董事试点的通知》《市直企业职业经理人管理办法（试行）》等文件，启动外部董事、监事、职业经理人人才库建设，建成100多名的外部董事、职业经理人人选库。

强化风险防范。严格执行国务院办公厅《关于建立国有企业违规经营投资责任追究制度的意见》要求，召开专题会议，督促企业开展梳理排查，严格落实责任追究机制。印发《关于加强非银行金融业务风险防控工作的通知》，并召集企业进行部署，督促企业对已开展的相关业务进行全面排查，进一步完善制度，加强监管，依法依规开展金融业务。继续组织进行"四合一"审计，开展年度监督检查，对存在的问题督促企业及时整改。

加强经营预算管理。完成2016年度国有资本收益收缴工作。组织22户企业上缴5.75亿元，比预算增长12%。提出国有资本经营预算编制建议，配合财政部门报经市人大审议通过后执行，重点用于解决涉及职工群众切身利益的历史遗留问题、公共财政支出和支持企业创新。

（二）国企分类改革

竞争类优势大企业。支持海信加大技术研发投入，大力发展智能电视产业，海信电视全球销量占有率为7.2%，位居全球第三位。同时，推动智能交通、

光通信、精准医疗等新产业发展,其中海信自主研发的计算机辅助手术系统,技术居世界前列,打破我国高科技数字医疗设备完全依赖进口的现状。全力协助青啤调整优化政策,实施市场化激励机制,调动营销人员积极性,加强产品销售,并进一步采取节能降耗,压缩营销费用。支持青啤国际化发展,产品远销全球90多个国家和地区,出口量占全国的50%以上。支持青岛港深入开发建设国际邮轮港,结合项目建设,分期分批注入相关资产,做实做强邮轮港开发建设公司,发展高端旅游新业态。研究理顺澳柯玛产权关系和管理体制,为长远发展奠定基础。支持澳柯玛实施"互联网+全冷链"的战略,打通全冷链产品线,并启动建设全国同行业第一个互联网工厂。

功能类企业。研究通过帮助城投调整资产负债结构、增加资产等方式,使其资产负债率保持在优良区间。支持城投集团加快建设市民健康中心,主体工程基本完成,一期工程为市民提供床位2000张,是青岛市占地面积最大的医疗综合体。支持城投集团加快推进与东方航空合作落地事宜,培育发展基地航空公司。支持华通集团建设禹城路停车场项目,缓解市民停车难问题。协助企业发债融资,项目总投资8200万元,2017年6月竣工后,将为市民提供320个停车位。支持华通集团加快科技馆项目建设,目前一期完成部分主体工程,2019年建设使用后将填补青岛市级大型综合科技馆设施的空白。支持华通与航天科技集团等央企合作,做强军民融合业务板块。在国信开展国有投资运营公司试点工作,探索在企业内部采取市场化机制,在薪酬、用人、分配等方面进行改革。充分发挥国投集团作为全国副省级城市中,唯一具有参与处置银行不良贷款资质的资产管理公司的优势,重点支持其增资扩股,引进投资者,增强实力,扩大业务。

公共服务类企业。加快胶东新机场建设,年底完成航站楼主体结构施工的50%以上。推动青岛机场融入"一带一路"战略,新增直达法兰克福、旧金山、温哥华等空中航线8条,加密大阪、仁川等空中航线12条。支持地铁集团加快地铁项目建设,年底前有七条线同时在建,其中3号线全线开通运营,成为省内首条开通的地铁线路,开启市民出行的"地铁时代"。支持水务集团做好董家口海水淡化项目,向华电公司、中石化直供淡化海水,替代自来水用于生产,这是青岛市首个淡化海水企业直供项目。支持能源集团与大唐发电合作,建设天然气热电联产项目。能源集团利用大唐发电产生的余热,向市民家庭进行供暖,主要是新增对四方区、李沧区的供热能力,项目总投资50亿元,建成后将新增供热面积1300万平方米,并且实现烟尘零排放。支持交运集团发展校车产业,在城乡全域覆盖基础上,利用互联网技术提供校车定制化服务,温馨校车公司成为全国最大的专业校车公司,并成为全国"交通质量奖"唯一获得者。

新兴产业企业。组建海检集团,研究海洋高端设备检验检测关键技术,填补国内空白。做好成立青岛市咨询集团的前期基础工作,加快发展青岛市高端服务业。中路保险山东分公司正式开业,大力发展现代金融业。完成旅游集团的组建工作,并启动二次重组工作,通过整合优质旅游资源,打造"航母"级现代旅游企业,推动青岛市旅游业快速发展。

老国有企业。完成老国有企业搬迁任务,海湾、青钢、双星等所属21户老企业全部关停,市区每年减少工业废水排放量20%,粉尘排放量减少68%。坚持搬迁改造和转型升级同步推进,推动老国有企业走上绿色、高端、高效的新型工业化道路。推进新钢厂转型专业化优特钢企业,高端产品比例从之前的10%增长到54%,同时打造集电商、物流、金融等功能为一体的钢铁服务平台。青钢新厂一期项目已正式投产。同时稳步推进青岛特钢重组,成立联席会议办公室,公开征集3家合作意向企业。完成中介机构招标和委派,启动审计评估和尽职调查,依法依规依程序推进重组工作。搬迁到董家口的双星新厂投入使用的智能化生产线,是全球首个商用车胎工业4.0工厂,智能化的生产流程使劳动强度降低60%以上,劳动生产率是过去的3倍以上。海湾所属海晶化工新厂、双桃精细化工新厂建成投产,碱业公司董家口新厂加紧建设。

五、青岛市国资委监管企业负责人经营业绩考核与薪酬管理工作情况

参照中央企业和省管企业业绩考核与薪酬管理

办法的规定，结合市情企情，完善形成《青岛市市直企业负责人经营业绩考核与薪酬管理办法》。根据企业功能性质定位，对竞争类、功能类和公共服务类企业实施分类考核。将企业科技创新、转型升级、安全生产、扶贫开发、人才发展体系建设等纳入考核，完善综合考核评价体系。建立与国有企业负责人选任方式相匹配、与企业功能性质相适应的差异化薪酬分配办法。企业负责人薪酬与业绩严格挂钩，业绩升、薪酬升，业绩降、薪酬降，薪酬结构和水平严格执行薪改规定。

完成2015年度市国资委监管企业负责人经营业绩考核与薪酬管理工作。在实施专项审计稽查的基础上，计算形成23户市国资委监管企业2015年度经营业绩考核指标完成情况，并积极协调市安监局、财政局和交通委等部门，提供企业安全生产、社会效益和行业监管等情况，按规定纳入考核结果。严格落实薪酬制度改革要求，按规定计算形成年度薪酬建议，报市政府研究同意。

组织完成2015年度市国资委监管企业负责人薪酬兑现工作。印发《关于做好2015年度企业负责人收入分配工作的通知》，组织市国资委监管企业完成2015年度薪酬兑现工作。

六、青岛市国资委监管企业收入分配调控与劳动用工管理工作情况

一是完善工资总额预算管理。以市场价位为导向，以绩效考核为基础，坚持工资总额增长低于经济效益增长、平均工资增长低于全员劳动生产率增长的原则，初步建立起职工工资总额和职工工资水平的“双控”机制，取得较好效果。按照国务院国资委工作部署，开展2015年度职工薪酬调查，加强对数据信息的横向对比和纵向分析，指导企业规范工资管理。

二是完善三项制度建设。指导市国资委监管企业建立完善以合同管理为核心，以岗位管理为基础，员工能进能出的市场化用工机制；指导企业按照市场化要求，优化人力资源配置，建立人员“能上能下、能进能出”的用人机制；指导企业健全内部分配制度，职工薪酬与企业经营效益、工作业绩挂钩，完善收入“能增能减”的分配机制。

三是规范职工福利保障。指导市国资委监管企业科学统筹工资与福利的关系，按照相关政策标准支付工资及各项福利待遇，严禁无故拖欠职工工资，特别是农民合同工工资及福利待遇。会同市人社局等部门，开展农民工工资专项检查工作，确保市国资委监管企业零欠薪。

四是指导企业规范招聘。强化市国资委监管企业公开招聘方案发布和公开招聘回避等工作要求，指导企业公开公平公正实施招聘。贯彻落实国家和省关于做好高校毕业生就业工作要求，鼓励企业积极吸纳高校毕业生就业。2016年，市国资委监管企业招聘9777人。

七、青岛市国资委监管企业党的建设、党风廉政建设和精神文明建设情况

国有企业党建工作。完成2016年国资委党委系统党内年报统计工作。截至2016年12月22日，国资委党委有18个党委、16个党总支、197个党支部、4121名党员。

研究制定《关于在市属企业全体党员中开展“两学一做”学习教育的工作方案》，抽调精干力量，成立市属企业“两学一做”学习教育工作办公室，全力协调推进市属企业“两学一做”学习教育工作。完成市直企业1800多个基层党组织的换届整改，调整、新建、整治90多个软弱涣散基层党组织，所有基层党组织全部按规定及时完成党费补缴，推进基层党建重点任务和难点工作的整改落实。配合市委组织部制定市直企业党建工作调研方案，对全市国有企业党建工作进行统计调研，为全市国有企业党建工作的开展提供依据。制定贯彻全国国有企业党建工作会议精神工作方案，组织召开座谈会，及时传达学习习近平总书记在全国国有企业党的建设工作会议上的重要讲话精神。组织制定《关于进一步加强我市国有企业党的建设工作的意见》，进一步加强党对国有企业的领导。

国有企业党风廉政建设。制定《关于市直企业领导人员外出报备等有关事项的通知》，对市国资委监管企业正、副职外出报备工作进行理顺调整。建立内部廉政风险防控机制，围绕监管重点领域，出台《关于

深化国有企业改革的意见》《市直企业负责人薪酬制度改革实施意见》和《关于进一步加强资产出租管理工作的通知》《关联交易管理的通知》《市直企业开展国有股权收益增量分享激励试点》等，从程序要求和实际操作上，抓紧抓实廉洁国企建设各项措施落地。研究起草《关于加强市直企业董事会专门委员会建设的指导意见》《市直企业外部董事管理办法(试行)》《关于在市直企业开展外部董事试点的通知》和《市直企业职业经理人管理办法(试行)》四个文件。推进国有企业人才体制机制创新，研究提出《推动国有企业人才体制机制创新意见》，加大市场化选聘人才的力度，明确人才保障和激励措施。

国有企业精神文明建设。印发《青岛市政府国资委党委系统2016年宣传思想暨精神文明建设工作要点》，指导企业抓好2016年度宣传思想文化工作和各项主题教育活动的落实。精心组织国资委系统学习贯彻党的十八届六中全会精神，组织国资委系统企业宣讲骨干参加全市培训，在扩大覆盖面、增强系统性、学以致用上下功夫。广泛开展"中国梦·小康情"主题教育活动，组织企业紧扣全面建成小康社会的生动实践，开展演讲、征文、座谈等多种形式的宣传教育活动。扎实开展"百千万"理论惠民宣讲活动。指导国资委系统企业根据形势任务安排理论宣讲，宣讲300多场次，受益的党员干部职工累计达到5万人次，青啤集团、国信集团、青岛港集团等9个单位被评为青岛市首批理论讲堂。积极培育和践行社会主义核心价值观，指导国资委系统企业开展文明单位创建，分类指导，严格把关，召开创建工作现场推进会和集中测评会，形成良好的创建工作机制，文明创建工作成效显著。

(撰稿人：韩　冰)

河南省

一、河南省国有资产监督管理工作综述

2016年，河南省委、省政府深入贯彻落实党中央、国务院深化国企改革重大决策部署，深入学习习近平总书记系列重要讲话精神，针对河南国企改革相对滞后、产业结构不尽合理、历史包袱沉重、工业企业亏损严重等突出问题，树立"改革则活、不改则死"的意识，增强责任感、紧迫感，全面打好国企改革攻坚战，各项改革加快推进，一批制约国企改革发展的老大难问题成功破题，国有企业经济下滑态势得到初步遏制，国企改革发展和国资监管工作呈现新气象、新局面、新态势。

(一)以国有工业企业改革为重点，国企改革全面提速

河南省领导把国企改革摆在关键位置，亲自上手、一线指挥。2016年6月21日，省委、省政府召开深化国有工业企业改革会议，成立省深化国有工业企业改革领导小组，30个省直部门主要负责同志任小组成员，领导小组下设6个工作组和4个企业改革指导组，各市县也成立高规格的国企改革领导小组。对标中央和国家深化国企改革"1＋N"文件，制定出台50多项改革文件，基本形成与中央改革政策全面对接、符合河南实际的国有企业改革政策体系。

截至2016年底，各项改革措施加快落地，改革成效不断显现，主要表现为"两完成、六加快"。"两完成"：省管工业企业完成清产核资和产权明晰工作，企业家底基本摸清，为下一步深化产权制度改革奠定基础。明确拟压减企业层级和户数，全年压缩64户。"六加快"：一是混合所有制改革加快推进。指导省管工业企业选定36户子企业实施改革试点，筛选9户企业开展首批员工持股试点，公开发布50多项招商项目，引进一批战略投资者。第一、二批17户混改试点企业中，14户实现股权多元化，5户在新三板挂牌。随着中原证券回归A股，省管企业控股上市公司增加到14家，其中"A＋H"2家。省管各级企业中混改户数达到61%。二是法人治理结构加快健全。以明确企业各治理主体权责为重点，完善制度体系，强化子公司的独立法人地位，各集团企业下放一批管理事项，7户企业开展规范董事会建设试点，省管企业外部董事增加到14人，19户企业市场化选聘高管人员41人。三是内部三项制度改革加快实施。积极推行竞聘制、任期制、岗薪制等改革，推进总部机构"瘦身"，

压减管理职数，省管工业企业全年精减管理人员736人，分流安置富余人员5355人。四是内部监督制度加快完善。各企业针对重点人员、重点岗位和重点领域，制定实施管理制度200多项，充分发挥纪检监察、监事会、财务、法务、审计及职工民主监督的作用，健全监督链条。五是企业办社会职能加快剥离。省属国有企业"三供一业"分离移交协议签订全面完成，部分市县和企业已启动维修改造工程，教育、医疗、消防机构剥离改制和退休人员社会化管理有序推进，争取中央和省级专项补助资金60亿元。六是"僵尸企业"处置加快启动。完成省管企业层面的调查摸底工作，初步统计"僵尸企业"168户，涉及资产347亿元，职工近2万人，在"三煤一钢"启动处置试点。

(二)经济运行总体平稳，呈现稳中向好态势

市场开拓力度加大。省管企业全年销售商品煤1.1亿吨，销售钢材811万吨，甲醇、氧化铝、尼龙产品等销量分别增长22.9%、12.8%和9.2%，成套煤机液压支架打入美国市场，郑州机场旅客吞吐量突破2000万人次。资金风险得到防控。指导"三煤一钢"成立债权人委员会，加大与金融机构的沟通协调力度，全年兑付到期债券500亿元，没有出现违约行为。各企业加大直接融资力度，注册发行永续票据等各类债券310亿元。项目带动作用凸显。省管企业在建项目206个，全年完成投资193亿元，新开工项目53个。平煤神马集团已二酸已内酰胺项目顺利投产，安钢集团年产120万吨冷轧薄板项目基本建成。安全生产形势总体稳定。省管企业在困难形势下坚持思想不松、力度不降、投入不减，严格落实安全生产主体责任，全年未发生重大安全生产事故。

(三)优化布局结构，供给侧结构性改革成效初显

把推进供给侧结构性改革作为实现升级发展的重要举措，深入实施"三去一降一补"，不断推动结构调整，加快转型步伐。去产能超额完成。2016年，省管煤炭企业退出产能1825万吨，完成率101.3%，关闭矿井75对，分流安置职工3.5万人，争取国家奖补资金17.6亿元。各地积极推进去产能工作，神火集团化解煤炭产能318万吨，分流安置人员1952人。去库存效果明显。加强库存管理，减少库存资金占用，提高资产周转率，省管企业库存商品同比下降22.9%。其中，煤炭库存下降68.4%，安钢钢材库存下降19.6%。去杠杆稳步推进。加大不良资产处置力度，改善债务结构，省管企业平均资产负债率同比降低1.7个百分点，带息负债下降4.7%。支持企业市场化、法治化债转股，在我委的协调推动下，建设银行与河南能源集团、平煤神马集团、安钢集团签订总额350亿元的金融债权转股权合作框架协议，可降低三户企业负债率6.8个百分点。降成本成效显著。开展全链条、全环节、全方位成本控制，严控非生产性经营支出，省管企业营业成本同比下降15.8%，销售费用下降14.8%，财务费用下降5%。补短板加快推进。强化企业管理，促进提质增效；工业企业加大技术改造力度，金融、商贸物流和文化企业积极创新商业模式，加快向产业高端发展；实施创新驱动战略，突破一批关键共性技术。

(四)国资监管效能进一步提升

省国资委及部分市县国资监管机构制定出资人权力和责任清单，厘清权责边界。推进国有企业功能界定与分类，省管企业功能分类实施方案基本确定。在全国率先向企业下放投资备案权，出台5个配套文件，推动投资监管由事前备案向事中监管、事后报告转变，由直接监管向清单式、制度化监管转变。在省装备投资集团开展授权经营试点，将九项出资人权利授予企业董事会行使。抓好企业战略、招投标、业绩考核与薪酬等重大事项监管，强化资产统计、产权管理、财务监督等基础监管，产权交易进场率100%。做好国有资本收益收缴，省管企业完成预算收入2.6亿元，安排支出3.6亿元。强化外派监事会监督，省管企业监事会全年检查企业25户，发现问题392项，提出整改建议344条。加强对市县国资工作的指导监督力度，三级国资监管机构的联动性进一步增强。

(五)国有企业党的建设明显加强

贯彻落实全国、全省国企党建工作会议精神，推动全面从严治党要求有效落实。扎实开展"两学一做"学习教育，引导广大党员坚定理想信念，增强"四种意识"，举办先进事迹巡回报告会14场，召开企业基层服务型党组织建设座谈会和学习安钢"四个三"党建经验交流现场会,涌现出河南国际集团党委等一批先进基层党组织。建立党建工作联席会议制度,压实党委书记党建第一责任人职责,做好党委书记抓基层党建工作述职评议。加强基层党组织建设,整治软弱涣散党组织24个,省管企业2035个基层党组织完成换届,省管企业党员补交党费1.2亿元。做好新闻宣传、思想政治、群团和统战等工作,增强职工队伍的凝聚力和责任感。进一步加强企业领导班子建设,全年调整省管企业领导人员41人次。坚持和完善"双向进入、交叉任职"领导体制,省管企业基本实现党委书记、董事长"一肩挑"。深入开展反腐败斗争,做好巡视整改工作,持之以恒推进作风建设,夯实"两个责任",把握运用"四种形态",严肃查办违纪案件,省管企业纪委立案360件、查处609人;省国资委纪委直接立案6件、查处6人,移送司法机关3人。

二、河南省国有资产总量与结构分析

2016年,河南省4302户(各级法人户数)地方国有企业实现营业总收入6152.6亿元,同比下降7.2%;利润总额89.6亿元,同比增长1300%;上缴税费296亿元,同比下降7%。截至2016年底,资产总额28214.5亿元,较年初增长13.3%;净资产8195.6亿元,较年初增长9.2%。

表1　2016年河南省所属国有企业指标

项　目	金　额(亿元)
资产总额	28214.5
净资产	8195.6
营业收入	6152.6
利润总额	89.6
净利润	32.8
归属于母公司所有者的净利润	22.4
本年应交税费总额	313.4
实际上缴税费	296.0

(一)国有企业户数情况

2003—2010年,因全省国有企业改组改制工作的逐步深入,地方国有企业户数总体呈现缩减态势。全省地方国有企业总户数(三级以上户数)从2003年的7011户减至2010年的3622户,累计净减少3389户,年均递减9.9%。2011—2012年,受全级次上报和河南省煤炭企业兼并重组小煤矿工作的全面开展等因素影响,2012年河南省地方国有企业(各级户数)达到4062户。2013年、2014年分别为4042户、4049户,较2012年略微减少。2015年、2016年户数稳中有增,分别为4169户、4302户,总户数基本保持在4000户左右。

表2　2016年河南省国有企业户数情况

项　目	2015年	2016年	比上年增长(%)
户数(户)	4169	4302	3.2

(二)国有资产地区分布情况

省辖市国有资产主要集中在郑州、洛阳等工业大市,其中,郑州、洛阳两省辖市国有资产总量分别占市级国有资产总量的49.1%和16.9%,国有资产区域集中度在提高。

表3　2016年河南省各省辖市国有资产地区分布情况

地　区	户　数(户)	比重(%)	国有资产(亿元)	比重(%)
郑州市	477	20.9	2045.7	49.1
洛阳市	329	14.4	703.3	16.9
南阳市	220	9.6	96.0	2.3
新乡市	195	8.5	212.9	5.1
开封市	138	6.0	41.3	1.0
安阳市	136	6.0	30.4	0.7
驻马店	133	5.8	110.5	2.7
信阳市	126	5.5	37.1	0.9
焦作市	112	4.9	221.7	5.3
平顶山市	101	4.4	45.9	1.1
三门峡市	76	3.3	142.8	3.4
漯河市	72	3.2	184.1	4.4

续表

地　区	户　数（户）	比重（%）	国有资产（亿元）	比重(%)
周口市	58	2.5	140.6	3.4
商丘市	35	1.5	58.5	1.4
鹤壁市	30	1.3	73.4	1.8
濮阳市	30	1.3	4.7	0.1
济源市	9	0.4	12.5	0.3
许昌市	5	0.2	0.9	0.0
合　计	2282	100.0	4162.3	100.0

注:国有资产总量为企业国有资本及权益与其他国有资金之和。

（三）国有资产行业分布情况

2016年,河南省国民经济16大类行业中,国有资产主要分布在社会服务业、工业和交通运输业三大产业,三大产业国有及国有控股企业总户数1788户,占全省总户数的41.6%,汇总口径国有资产总量7029.1亿元,占全省国有资产总量的63.4%。

表4　2016年河南省国有资产行业分布情况

行　业	户数（户）	比重（%）	国有资产（亿元）	比重(%)
农林牧渔业	115	2.7	128.3	1.2
工业	1039	24.2	2484.3	22.4
建筑业	211	4.9	1020.0	9.2
地质勘查及水利业	108	2.5	240.5	2.2
交通运输业	141	3.3	1417.4	12.8
仓储业	588	13.7	28.8	0.3
邮电通信业	2	0.0	1.6	0.01
批发和零售业	815	18.9	175.6	1.6
金融业	48	1.1	450.9	4.1
房地产业	284	6.6	1251.7	11.3
信息技术服务业	41	1.0	36.0	0.3
社会服务业	608	14.1	3127.4	28.2
卫生体育福利业	19	0.4	444.9	4.0

续表

行　业	户数（户）	比重（%）	国有资产（亿元）	比重(%)
教育文化广播业	119	2.8	186.6	1.7
科学研究和技术服务业	149	3.5	43.0	0.4
机关社团及其他	15	0.3	53.6	0.5
合　计	4302	100.0	11090.5	100.0

注:1. 国有资产总量为企业国有资本及权益与其他国有资金之和。

2. 汇总口径未进行合并抵消,包含重复计算因素。

（四）国有资产经营规模分布情况

2016年,河南省4302户国有企业按规模划分为:大型企业154户,占3.6%;中型企业675户,占15.7%;小型企业1464户,占34%;微型企业2009户,占46.7%。154户大型企业资产总额11856.1亿元,占全部汇总口径资产总额的32.3%;国有资产总量2976.2亿元,占全部汇总口径国有资产总量的26.8%。中型、小型和微型企业的资产总额分别占全部的32.6%、22.7%和12.4%,国有资产总量分别占全部的26.1%、33%和14.1%。大型、中型、小型和微型企业的户均资产占用总量分别为77亿元、17.7亿元、5.7亿元和2.3亿元。

表5　2016年河南省国有企业经营规模分布情况

经营规模	资产总额（亿元）	营业收入（亿元）	国有资产（亿元）
大型企业	11856.1	3252.1	2976.2
中型企业	11968.5	2439.7	2893.2
小型企业	8316.4	1017.0	3659.5
微型企业	4536.7	270.6	1561.5
合　计	36677.7	6979.4	11090.5

注:1. 国有资产总量为企业国有资本及权益与其他国有资金之和。

2. 汇总口径未进行合并抵消,包含重复计算因素。

三、河南省国有资本保值增值综合分析评价

截至2016年底,河南省地方国有企业国有资本

及权益 6698.4 亿元，较年初 6214.3 亿元增加 484.1 亿元，增长 7.8%，扣除客观因素后国有资本保值增值率 102.8%。增加的主要因素是国家追加投资(396.4 亿元)、经营积累(327.7 亿元)、无偿划入(34.2 亿元)等，减少的主要因素是经营减值(152.8 亿元)。经营积累占国有权益增加因素比例不足四成，反映出河南省地方国有企业依靠自身积累，实现国有资本及权益增长的能力还有待加强。

表 6　2016 年河南省国有企业行业和地区国有资本保值增值情况

地　区	国有资本保值增值率(%)	行　业	国有资本保值增值率(%)
郑州市	100.5	农林牧渔业	100.6
驻马店市	100.2	工业	96.0
漯河市	102.8	建筑业	101.5
鹤壁市	101.2	地质勘查及水利业	101.1
三门峡市	99.5	交通运输业	116.1
安阳市	98.1	仓储业	97.7
周口市	108.7	邮电通信业	101.8
新乡市	98.2	批发和零售业	100.2
许昌市	100.2	金融业	107.1
南阳市	92.0	房地产业	102.8
焦作市	101.6	信息技术服务业	99.9
信阳市	103.9	社会服务业	101.8
洛阳市	108.7	卫生体育福利业	103.6
济源市	159.8	教育文化广播业	106.5
开封市	98.9	科学研究和技术服务业	105.5
濮阳市	104.7	机关社团及其他	110.5
商丘市	97.5		
平顶山市	99.5		

四、河南省国资委监管企业混合所有制改革和上市融资情况

(一)混合所有制改革情况

以省政府名义印发《省属国有工业企业发展混合所有制经济的实施意见》，确立试点先行、逐步推开的总体思路，探索形成“五个结合”的工作运行机制(试点探索与全面推进相结合、分类推进与分层推进相结合、内部整合与外部重组相结合、与完善法人治理结构相结合、与资产证券化相结合)，实现“完成一批、实施一批和谋划一批”的梯次推进格局，规范有序积极推进混合所有制改革。截至 2016 年底，省管企业混合所有制企业户数占全部国家出资企业户数的 61%，涌现出平煤神马、中原证券、郑煤机等一批混合所有制企业成功案例；公开发布 300 多项招商项目，引进一批战略投资者；在 26 户省管企业子公司层面开展以产权多元化、完善法人治理结构、新三板挂牌、提高资产证券化率、员工持股为主题的混改试点，14 户实现股权多元化，5 户挂牌上市。

(二)上市融资情况

支持企业利用股票市场开展融资，中原证券 2016 年 12 月底完成 A 股发行，2017 年 1 月 3 日成功在上交所上市募集资金 28 亿元，成为河南省首家“A＋H”金融企业；推动 10 家公司挂牌新三板，涉及股本总额 12.27 亿元，各类国有股东持股 6 亿股；支持 3 家上市公司完成增发业务，涉及 5.32 亿股份、44.76 亿元；投资集团等 4 家单位增减持参股上市公司股份事项 16 起，涉及净增持股份 7672 万股。

五、河南省国资委监管企业并购重组与完善法人治理结构情况

(一)并购重组方面

围绕省委、省政府重大战略部署，立足国有经济布局和结构调整，重点在煤炭、电力、粮食、工程施工、现代物流等领域，从省管企业外部、省管企业之间、省管企业内部等三个层面，实施优化重组、强强联合重组和解困重组，优化资源配置，促进国有资本合理流动，打造专业化、品牌化、规模化企业集团，提高运营效率和效益。深化与中央企业战略合作，成功举办“央企河南行”活动，省政府与 5 家中央企业签署战略合作协议，截至 2016 年底，全省在建央企合作项目 446 个，央企全年到位资金 1016 亿元。推动省管企业

积极融入"一带一路"战略,加快"走出去"步伐,持续深化与沿线国家在基础设施、工程承包、资源开发、金融服务、影视文化等领域的合作。河南航投与卢森堡货航在北京成功签署《合资合同》,合资成立以郑州为基地的本土货运航空公司,豫—卢"双枢纽"战略持续发力。河南物资集团全面实施"运贸一体化"战略,确保郑欧班列实现每周往返高频均衡对开。河南机场集团加强与俄罗斯空桥、国泰航等15家航空公司以及德国宝马、戴姆勒、微软、联想和辛克、DHL等知名品牌企业及大型货代企业合作,强化国际货运航线网络辐射能力,扩大航空货源集疏网络布局。中原出版传媒集团按照全方位、多层次原则,先后在澳大利亚悉尼、德国柏林、吉尔吉斯斯坦比什凯克设立海外发展分中心。洛钼集团通过收购巴西、刚果(金)矿产股权巩固在全球特殊合金行业的领先地位。

(二)法人治理结构改革方面

通过顶层设计、完善章程、规范运作、重点企业带动等措施,积极推进企业治理结构完善。截至2016年底,省管企业已建立法人治理结构的基本框架,股东会、董事会、监事会、经理层等"三会一层"初步完善,企业党组织、工会和职代会基本健全,省管企业二、三级子公司法人治理结构比较健全完善的企业比例达到62.7%。

一是推动《关于完善国有企业法人治理结构的实施意见》(以下简称《意见》)以省委、省政府名义顺利出台。《意见》体现《公司法》和《企业国有资产法》等法律精神,贯彻《关于深化国有企业改革的指导意见》《关于在深化国企改革中坚持党的领导加强党的建设的实施意见》等中央文件精神,借鉴国务院国资委,上海、深圳、浙江等先进省市经验做法,充分结合河南省国有企业法人治理结构实际,对股东会、董事会、经理层、监事会、党组织等各治理主体的功能定位、职责权限、运行机制进行明确规定。

二是党组织两个核心作用有效发挥。省委组织部发文将郑煤集团、交投集团、物资集团等11户省管企业的党组织隶属关系调整为省国资委管理,省管企业党组织隶属关系基本理顺。11户规模较大的省管企业配备专职党委副书记,绝大部分省管企业实现董事会、经理层、党委会成员的交叉任职。党建工作进章程工作正在扎实推进。

三是董事会建设逐步规范。建立82名专业人才组成的省管企业外部董事人才库,在7户企业开展规范董事会试点工作,引入外部董事14人,建设集团实现外部董事过半。9户省管企业设置27个专门委员会,对公司董事会发挥职能起到积极作用。在机械装备集团等企业开展落实董事会职权试点改革,向企业董事会授予中长期发展战略规划、高级管理人员选聘等六项职权。

四是经理层管理不断创新。组织力量对竞争类企业开展经理层身份转换进行专题研究,拟选择企业开展试点,探索由"体制内干部"向"体制外职业经理人"转变。郑煤机等8家企业市场化选聘职业经理人试点不断深化,对市场化选聘的24名高管人员全部实行市场化薪酬。

五是监事会工作进一步强化。国有独资企业由出资人选派专职监事与职工监事共同组成监事会。对国有控股企业,国有股东推荐的监事在监事会中占据多数。对国有参股企业,由国有股东按照持股比例和公司章程向企业推荐监事人员。规模较小或业务简单的企业,可以设一至二名监事,不设监事会。截至2016年底,省管企业配备监事122人,职工监事37人。

六、河南省国资委监管企业建立和完善经营业绩考核体系情况

根据宏观经济形势变化和省管企业经营实际,以"增效益、控风险、促转型"为导向,以分类定责考核为抓手,做好业绩考核工作。

一是修订完善业绩考核办法。按照中央和河南省委、省政府深化国资国企改革的决策部署,落实以管资本为主加强国有资产监管要求,加强对省管企业分类指导、分类考核,在深入研究测算、广泛征求意见的基础上,坚持继承与创新相结合、系统设计与重点突破相结合、企业自主经营与出资人导向相结合、目标导向与问题导向相结合,突出省管企业改革发展目标任务要求,着力解决重点难点问题,对《办法》进行修改完善。

二是深入开展分类定责考核。结合企业实际，暂将交投集团、航投公司、铁投公司、机场集团作为商业二类(功能类)企业进行考核，其余企业作为商业一类(竞争类)企业进行考核。功能类企业指标设置实行“一企一策”，在认真分析企业经营特点和行业特征基础上，为企业量身打造考核指标体系；竞争类企业紧扣效益和风险制定指标，引导企业提质增效和防控风险。

三是完成年度三项考核评价清算工作。对省管企业2015年度经营业绩进行考核，在河南省政府国资委网站上公布考核结果。在考核的26户企业中，河南投资集团、中原证券公司、河南国际集团、中原信托公司、河南交投集团、河南机场集团和郑州粮批公司7户企业为A级；B级企业10户；C级企业7户；D级企业2户。根据标准值，对2015年度综合绩效进行评价，省管企业综合评价得分49.23分，位于全国国有企业较低水平，中原信托公司、河南国际集团、郑州粮批公司、河南投资集团位于同行业优秀水平。结合企业年度财务决算报告和审计报告，对省管企业2015年度国有资本保值增值结果进行审核确认，结果显示，29户企业中20户企业实现保值增值，其中河南国际集团等5户企业位于同行业优秀水平。

七、河南省国资委监管企业负责人考核与选人用人机制改革情况

(一)监管企业负责人考核方面

根据省委关于年度综合考核的新要求，对考核办法进行重新修订，拓展考核内容，优化考核程序。修改完善考核方案，突出领导班子和领导人员履职尽责考核，实行“多考合一”，将述职、述学、述廉、抓党建考核与“三严三实”专题教育同步进行。会同省委组织部制定考核工作方案，明确考核内容、程序等内容，对考核工作提出具体要求。抽调人员组成6个考核组，深入29户省管企业对255名领导人员进行年度考核评价。在对各考核组考核报告综合分析研判的基础上，会同省委组织部起草《省管企业领导班子和领导人员2015年度综合考核工作主要情况报告》和评优标准，先后多次修改完善，得到省委组织部领导的好评。

(二)选人用人机制改革方面

一是继续探索开展职业经理人制度试点工作。对2015年以来开展试点的8户省管企业进行跟踪指导，督促完善相关制度，规范契约化管理，起草《省管企业市场化选聘职业经理人进展情况报告》。积极推动中原证券公司、河南粮批公司开展试点准备工作，引进国务院国资委职业经理研究中心，指导企业做好方案设计、相关制度制定等基础工作。二是积极推动省管企业领导人员选任改革。赴上海、浙江、山东、湖南、深圳、长沙等省市学习考察企业领导人员管理体制、选拔任用、考核评价等有关工作情况，并起草有关调研报告。会同省委组织部研究起草《关于进一步改革和完善省管企业领导人员管理的若干意见》(以下简称《若干意见》)，该文件作为河南省深化国有企业改革的“1+N”配套文件，以省委办公厅名义正式印发。《若干意见》明确要求按照“管少、管好、管住”的原则，改革省管企业领导人员管理体制，由过去的分层管理，调整为分层分类管理。按照新的管理体制，省国资委党委只负责竞争类省管企业领导人员的管理，其中，企业经理层成员由企业党委和董事会管理，省管重要骨干企业的董事长、党委书记仍由省委管理。

八、河南省国资委监管企业党的建设和廉政建设情况

(一)党的建设情况

2016年，河南省国资委党委和省管企业各级党组织，以深入学习习近平总书记系列重要讲话精神为主线，坚持党对国有企业的领导不动摇，坚持服务企业改革发展不偏离，聚焦解决“四个化”“八个不”突出问题，全面加强国有企业思想建设、组织建设、队伍建设和党风廉政建设，国有企业党的建设得到新的加强，为国企改革攻坚、做强做优做大提供坚强政治保证和组织保证。

一是深化学习，党员干部政治站位有了新提升。国资委党委以开展“两学一做”学习教育为契机，先后召开党委(扩大)会、中心组学习会，举办省管企业“学习贯彻习近平总书记系列重要讲话精神”专题辅导报

告会、“学习贯彻党的十八届六中全会精神”专题培训班、“强化‘两个责任’落实，推进全面从严治党”专题培训班，系统深入学习习近平总书记系列重要讲话精神特别是关于加强国企党的建设重要论述。省管企业各级党组织带领广大党员干部采取中心组学习、专题辅导报告、学习班、培训班、读书会、理论宣讲等多种方式，推动学习全面覆盖、步步深入。

二是统筹谋划，国企党建制度改革取得新突破。全面对标全国、全省国企党建会确定的重点目标任务，围绕“完善领导体制、理顺党建体制、落实党建责任”等制约国企党建工作难点问题，积极与省委组织部等有关部门沟通对接，研究制定加强国企党建工作的“六大机制”和“30项重点年度任务”明确国企党建工作的工作思路和目标方向，构成国资委党委抓好党建工作“总体设计”和“主要抓手”。理顺党建领导体制，省委组织部专门下发文件，将交投集团、投资集团等首批11户企业党组织隶属关系调整为省国资委党委管理。

三是强基固本，基层党建工作取得新成效。坚持把国有企业基层党建作为工作重心，抓基层、打基础，做到企业工作业务发展到哪里，党的组织就延伸到哪里，使各级党组织领导核心和政治核心作用得到有效发挥。定期召开省管企业党委抓基层党建工作述职评议会，同时将述职延伸到企业各级党组织，以述职评议加压力增动力，形成一级抓一级、层层抓落实的党建责任格局。在“两学一做”学习教育期间举办“践行先锋模范标准，做合格共产党员”先进事迹巡回报告会，选树平煤神马集团张国华等8名先进典型，讲述自己的故事、分享身边的感动，14场报告会听众近2万人，在广大职工干部中引起强烈反响。

四是注重融合，安钢集团“四个三”党建工作法在省管企业得到全面推广。安钢集团作为唯一一家地方国企代表在全国国有企业党建工作会议上介绍“四个三”党建工作法，受到刘云山的充分肯定。2016年，省委组织专门下发文件、国资委党委先后两次召开经验交流会，对学习推广“四个三”党建工作法进行安排部署。各省管企业把学习践行“四个三”党建工作法与深化改革转型发展结合起来，与扭亏脱困中心任务结合起来，与完善法人治理结构结合起来，与“两学一做”学习教育结合起来，坚定解危脱困的信心，激发企业的内生动力，增强党组织的感召力影响力，有力地助推改革攻坚、转型发展。

（二）廉政建设情况

认真学习贯彻习近平总书记系列重要讲话精神，坚持把党风廉政建设和反腐败工作融入国资监管和企业改革发展全过程，切实肩负起全面从严治党主体责任和监督责任，把纪律和规矩挺在前面，强化监督执纪问责，不断把党风廉政建设和反腐败斗争引向深入。

一是严明纪律，责任意识不断强化。深入学习贯彻廉洁自律准则、纪律处分条例、党内政治生活若干准则和党内监督条例，不断严明党的纪律特别是政治纪律。围绕履行主体责任、监督责任，加强监督检查。坚持“两个责任”情况报告制度，开展责任落实约谈，传导压力，压实责任。召开落实“两个责任”述责述廉会议，28家省管企业党委书记、纪委书记和国资委副处级以上干部参加会议，3家省管企业党委书记、4家省管企业纪委书记分别就主体责任、监督责任落实情况进行述责述廉，并接受现场提问和民主测评，取得良好效果。对落实“两个责任”不力的严格追究责任，2016年有30名企业党员干部因落实“两个责任”不力受到责任追究。

二是纠风不止，清风正气逐步形成。坚持严格落实中央“八项规定”精神、省委省政府若干意见和省政府国资委23条实施细则，着力狠刹“四风”。紧盯“关键少数”、重要节点，进行节前提醒教育、节中检查监督、节后通报问责，不断压缩不良风气的生存空间。对执纪审查中发现的“四风”问题线索深挖细查，决不放过。2016年，省管企业查处违反“八项规定”问题25起，处理55人，给予党政纪处分40人。开展专项治理，集中整治领导干部违规在社团组织兼职取酬，违规收送红包礼金和党员干部出入隐蔽场所违规吃喝等问题，对不出入隐蔽场所、不违规收送红包礼金作出承诺。领导干部违规收送红包礼金问题专项治理“回头看”活动上缴红包礼金217万元。省管企业各级党组织把贯彻落实准则、条例等党内法规作为改进作风的重要抓手，引导党员干部以身作则，逐步形成以廉为荣、干事创业的清风正气。

三是积极实践，执纪效果显著提升。坚持把纪律和规矩挺在前面，积极实践监督执纪“四种形态”，按照“五类标准”对问题线索分类处置，综合运用批评教育、诫勉谈话、通报批评、组织处理、纪律处分等手段，提升执纪审查的综合效果。国资委纪委和省管企业纪检监察机构处置反映问题线索862件，其中谈话函询119件次，组织处理63人。加大纪律审查特别是国资委纪委直接查办案件的力度，建立省管企业纪律审查人才库，实施协作办案，有力提升办案效率效果。2016年，省国资委纪委和省管企业纪委查处违纪案件366件，给予党政纪处分615人，移送司法机关6人，刑事处理22人。规范案件管理，做好审理工作，确保依法依纪安全文明办案。积极抓好防逃追逃追赃工作，集中清理国资国企系统工作人员持有身份证、出国(境)证件，集中排查失联、外逃人员情况，成功规劝擅自脱岗离境到加拿大的某国企副总主动回国接受组织审查。

四是加强教育，崇廉氛围更加浓厚。深入宣传习近平总书记关于全面从严治党重要论述、中央纪委和省纪委关于党风廉政建设和反腐败工作的决策部署。结合“两学一做”学习教育，加强党章党规党纪教育。围绕“中原清风·廉洁双节”活动，组织协调《九品巡检暴式昭》《全家福》等优秀廉政剧目在省管企业巡回演出，学习警示教育读本《蜕变》《鉴史问廉》，观看《永远在路上》等。开展反腐倡廉宣传教育月活动，各省管企业组织开展党委中心组集体学习、警示教育、“学思践悟”阅读实践、反腐倡廉调研访谈等。广泛开展廉洁文化系列活动，在元旦、春节、中秋节期间集中编发廉政短信提醒廉洁过节。推进省管企业廉洁文化建设，营造崇廉拒腐的浓厚氛围。

九、河南省国资监管及国有企业改革发展具有地方特色情况

(一)建立高规格的国企改革推进工作机制

2016年，河南省委、省政府把深化国企改革作为事关全省改革发展大局的“三大攻坚战”之一，省委书记谢伏瞻、省长陈润儿把国企改革摆在关键位置，累计主持召开40多次省委常委会、省政府常务会、改革领导小组会，贯彻习近平总书记关于国企改革的重要论述和中央国有企业改革“1+N”政策文件精神，结合河南实际主持制定50多项改革实施文件，基本形成与中央改革政策全面对接、符合河南实际的国有企业改革政策体系；先后召开全省深化国有工业企业改革会、全省国有企业党建工作会、全省深化国有企业改革推进会，对国企改革工作进行动员部署，全省国企改革氛围空前浓厚，呈现出全面发力、纵深推进的强劲态势。省委成立深化国有企业改革领导小组，陈润儿省长担任组长，30个省直部门主要负责人任小组成员，领导小组下设6个工作组和4个企业改革指导组，最大限度凝聚合力。营造改革氛围。通过各种会议宣讲国企改革重大意义，媒体掀起宣传热潮凝聚改革共识。建立激励机制、容错纠错机制，为改革者撑腰，为创新者鼓劲，为担当者担当。

(二)在全国率先完成企业剥离办社会职能任务

剥离企业办社会职能是深化国企改革的重要内容，对于国有企业减轻负担、轻装上阵至关重要，是把国有企业真正推向市场，与其他所有制企业平等竞争的前提条件，是解决长期制约企业发展突出问题的必由之路。2016年，省委、省政府把剥离企业办社会职能作为深化国企改革的四项重点工作之一，先后制定出台《加快剥离省属国有企业办社会职能工作的实施意见》和“三供一业”分离移交、国有企业自行管理的社会保险属地化管理、退休人员社会化管理服务三个专项工作方案，紧扣“三供一业”维修改造、公共服务机构分类处置、社区管理组织移交、退休人员社会化管理等任务，建立台账，倒排进度，加强调度，全面推进，确保2017年6月底前全面完成剥离办社会职能任务。一是企地同责、压实责任。明确企业是移交主体，当地政府是接收主体，要求各地算清政治账、经济账、良心账。任务较重的地方和企业多由主要负责同志直接主抓，有力保障各项任务落实。二是统筹调度，督导落实。先后组织召开4次全省推进会、6次全省调度会、60余次座谈会，开展调研30余次，对28个市县、22户企业开展3轮全面“体检”，建立协同联动工作机制。分项设立台账，每日督报情况，实施“挂图作战”，联合其他部门成立5个专项督导组，先后赴重点市县和重点企业开展7

轮督导，全力解决突出问题。三是强化保障，有序推进。加强政策宣传，做好思想疏导，分类明确处置方式，落实各项资金保障，实现“企业交得出、地方接得住、后续服务好”。

（三）全国国企党建工作会介绍安钢集团“四个三”党建工作法

10月11日，全国国企党建工作会上，安钢集团作为唯一地方国有企业，介绍“四个三”党建工作法。

2016年，安钢党委认真贯彻中央、省委和省政府国资委党委的决策部署，落实全面从严治党主体责任，积极探索、实践“四个三”党建工作法，着力发挥领导核心和政治核心作用，为安钢实现全年盈利目标提供坚强保证。2016年，安钢一举集团实现扭亏为盈，取得脱困转型的重大阶段性成果。

一是坚持“三个讲清”，脱困转型的信心决心更加坚定。面对生死存亡的严峻考验，集团公司党委牢牢把握大局，持续深入讲清形势、讲清任务、讲清责任，为打赢生存保卫战提信心、鼓干劲、聚合力。通过领导干部带头讲、各种会议反复讲、深入职工当面讲、微信平台大家讲，把严峻形势讲透、目标任务讲明、利益攸关讲清，增强敢打必胜的信心和勇气。各级党群组织层层传递压力，层层落实责任，积极开展“创先争优”、劳动竞赛、网上大练兵等活动，季评先进班组、标杆个人，离退休老同志讲创业故事、讲优良传统，用安钢精神凝聚安钢力量，用安钢力量战胜安钢困难。2016年3月，市场形势出现好转，及时警醒自己，不沾沾自喜，不被眼前的短暂繁荣所迷惑，横下一条心，苦练内功，补齐短板，努力解决深层次矛盾和问题。进入10月，市场剧烈波动，环保压力空前，及时制定实施“决战四季度、挖潜保盈利”行动方案，吹响冲锋号，全体总动员，使干部职工始终保持奋发进取的精神状态。

二是推进“三个转变”，脱困转型的内生动力更加强劲。坚持“以变求生存”，全力推动观念转变、模式转变、作风转变。牢固树立“适应市场、提高效益”指导思想，深化“全面降本、全面增效、全面挖潜、全面堵漏洞”工作理念，落实“预知、预测、预防、预控”工作方针，贯彻“精细严实”工作作风，使干部职工的思想观念更加贴近市场、适应竞争。持续深化“板块＋专题”的运营模式，优化管理流程，提升经营效果。铁前板块，“稳产、高产、低成本”的理念深入人心，一体化降本运行模式更加顺畅；钢后板块，销售龙头作用日益突显，“底薪＋提成”及销售新机制、新政策落地，高效品种订单和直供直销比例大幅提升；非钢板块，合资合作成效显著，承包经营试点逐步推开，分子公司闯市场、创效益的主动性进一步增强。全面深化国有企业改革，完善公司法人治理，调整理顺管理架构，积极推进混改试点，加快剥离办社会职能，极大激发经营管理活力。集团公司领导带头，大力推进作风转变，在脱困、改革、环保三场攻坚战中，各级领导干部主动担当，冲锋在前，一级做给一级看，一级带着一级干。面对百年不遇的“7·19”特大暴雨，广大干部职工挺身而出，众志成城，抗洪抢险，是安钢精神、安钢作风的又一次集中展现。

三是突出“三个管好”，脱困转型的战斗堡垒更加坚实。集团公司党委认真履行全面从严治党主体责任，管好党、管好人、管好思想，切实增强党组织的凝聚力、战斗力。以厂处级干部为重点，管好人。发挥党组织在选人用人中的领导和把关作用，改进干部考核推荐办法，拓宽选拔任用通道，在全公司范围内选拔40岁以下优秀年轻干部，面向社会公开选聘职业经理人，强化履职考核和结果运用，经过严格的综合考评，16名厂处长退出领导岗位，探索建立“能上能下、能下能上”新机制，激发干事创业热情。以基层党组织建设为重点，管好党。扎实推进“两学一做”学习教育，强化大抓基层的鲜明导向，坚持“三会一课”制度，开展党委书记述职评议，组织基层党建学习观摩，抓好基层党组织换届等工作，广大党员党的意识、纪律意识和党性观念明显增强，以实际行动做“四讲四有”合格党员；加强党风廉政建设，完善反腐倡廉制度体系，抓好专项治理、效能监察等工作，党组织的凝聚力战斗力进一步提升。以学习系列重要讲话为重点，管好思想。认真学习习近平总书记系列重要讲话精神和全国、全省国企党建工作会议精神，切实增强搞好安钢的责任感使命感。大力开展弘扬安钢精神教育，深化群众性精神文明创建，树正气、聚人心、集众智，保持安钢思想稳定、队伍稳定、大局稳定。

四是完善"三个体系",脱困转型的"双核心"作用更加凸显。把党的政治优势和现代企业制度优势结合起来,完善决策、执行、监督三个体系,充分发挥党委在公司治理结构中的领导核心和政治核心作用。在决策体系中,把党委研究讨论作为董事会、经理层决策重大问题的前置程序,针对国企改革、机构设置、干部调整、职工利益等重大事项,先经党委常委会集体研究讨论,充分发挥党委的把关定向作用。在执行体系中,围绕生产经营、转型发展等中心工作,各级党组织积极做好宣传动员、解疑释惑、激励引导,发挥思想政治工作优势,不断提高干部职工的执行力,推动集团公司各项决策部署的高效落实。在监督体系中,党委积极发挥主导作用,统筹纪检监察、监事会、审计、工会等监督资源,形成监督合力,实现对领导班子、生产经营关键环节、重要领域的监督全覆盖。借鉴巡视工作经验,开展专项巡察,全年分两批巡察12家单位,发现问题45项,及时抓好督促整改,对违规违纪人员严肃追责、形成震慑。

(撰稿人:严俊杰　李昭欣　裴东升　李会展)

湖北省

一、湖北省国有资产监督管理工作综述

2016年,湖北省国资监管系统和国有企业深入学习贯彻落实党的十八届六中全会和全国国有企业改革座谈会等会议精神,特别是习近平总书记关于国企国资改革发展系列重要论述,紧紧围绕供给侧结构性改革主线,坚定不移深化国有企业改革,坚持以管资本为主推进职能转变、优化监管方式,各项工作取得积极成效。

(一)地方国有经济运行平稳,实现稳中有进

截至2016年底,湖北省全级次汇编国有企业户数2992户,同比增加196户。全省国有企业资产总额35633.9亿元,同比增长22.4%;负债总额23985.11亿元,同比增长24.97%;所有者权益总额11648.79亿元,同比增长17.43%;完成营业总收入3950.04亿元,同比增长7.87%;实现利润总额306.95亿元,同比减少8.17%;实现净利润总额251.85亿元,同比减少8.26%;上缴税金220.81亿元,同比减少5.84%。

湖北省国资委18户出资企业资产总额8297.88亿元,同比增长12.86%;所有者权益总额2967.30亿元,同比增长9.30%;实现营业总收入740.04亿元,同比增长3.92%;实现利润总额36.58亿元,同比减少24.06%;实现净利润23.10亿元,同比减少29.05%;上缴税费总额43.90亿元,同比减少16.35%。

(二)各项改革措施逐步落地,改革成效不断显现

加强国企改革顶层设计,扎实推进企业分类改革。湖北省委办公厅、省政府办公厅印发《关于在深化国有企业改革中坚持党的领导加强和改进党的建设的实施意见》。省政府出台《湖北省加快解决国有企业职工家属区"三供一业"分离移交等历史遗留问题工作实施方案》。湖北省国资委印发《关于进一步深化省出资企业改革的指引》等系列规范性文件。完成省出资企业的功能界定,将省出资企业分为商业一类(10个)、商业二类(6个)和特殊功能类(2个),为推行分类改革、分类发展、分类监管、分类考核奠定基础。武汉、鄂州、咸宁、荆州、神农架林区等完成对监管企业的分类。

改组组建国有资本投资运营公司,发展步伐不断加快。支持湖北省宏泰国有资本投资运营集团有限公司(以下简称"省宏泰国资集团")完成对湖北能源等6家企业的国有股权划转,资产规模达到235亿元,提升资本运营实力。武汉国资公司重点打造零售综合商业和现代金融服务"双千亿元"产业链,在全国商业零售和超市连锁类企业排名前三,基金投资总规模57亿元,已投项目110个,其中新三板挂牌29个。武汉金控集团加快布局金融和类金融业务,已控股、参股各类金融企业30家。

推进股权多元化改革,增强企业活力。对中南工程咨询设计集团有限公司(以下简称"中南设计集团")7家子公司全面实施股份制改造,植入员工持股。

支持湖北省铁路建设投资集团有限公司小贷公司增资扩股并实施员工持股。在湖北省高新技术产业投资有限公司(以下简称"省高新投")开展股权投资项目员工"跟进投资"试点,实现员工与公司发展的利益绑定。省出资企业二三级企业股权多元化的改制面接近60%,员工持股企业达到41家。武汉市国资委监管各层级企业混合所有制户数达到65%以上,其中商贸控股、国资公司、武建集团等企业各层级子公司90%以上为混合所有制企业。随州市国资委将混合所有制改革与地方招商引资工作有效结合,成功推进6家本地企业与央企省企嫁接合作。

推进"三供一业"分离移交,加快历史遗留问题解决。先后两次对国有企业家属区"三供一业"进行调查,摸清全省底数。以省政府办公厅名义印发《加快解决国有企业职工家属区"三供一业"分离移交等历史遗留问题工作实施方案》,并以省政府名义召开专题会议进行部署,在全省全面启动剥离国有企业办社会职能和解决历史遗留问题工作。各地国资委普遍启动"三供一业"分离移交工作。襄阳市顺利完成鄂西化工厂等企业2万多户职工的水电户表改造任务,将51家企业86个职工住宅区移交城区政府属地管理。

(三)扎实推进结构调整,供给侧结构性改革步伐加快

重组整合不断深化。省出资企业户数由2013年初的33家调整到目前的18家。武汉市国资委推动新港投集团、港务集团资产注入港航发展集团;推进地铁集团与地产集团、汉正街控股集团联合成立置业公司,开发地铁上盖物业。黄石市国资委推进公交、供水、环投、文旅投、铁投、医养等10家企业重组,增强"造血"功能。襄阳市国资委将市能源集团与燃气热力公司重组成新的能源集团,着力打造集能源投资、开发、管理于一体的能源产业发展平台。

"瘦身健体"初见成效。全面梳理省出资企业法人级次,督促对各级子公司进行清理,压缩管理层级。湖北省长江产业投资集团有限公司(以下简称"省长投集团")整合二级公司6家、退出三四级公司15家。三环集团有限公司对三环车灯公司等14家非主业、非核心企业实施清理退出。省宏泰国资集团全年退出"僵尸企业"20家。黄石市国资委关闭黄石地区4处矿井,去煤炭产能66万吨,对冶金公司、轴承厂等长期经营亏损或停顿企业进行重整,组建金安集团,盘活资产,提升效益。

创新能力有效提升。中南设计集团"变质岩区深埋长大隧道支护效果与施工关键技术研究"经交通部鉴定达到国际先进水平。湖北工业建筑集团有限公司(以下简称"湖北工建集团")成功晋升房屋建筑工程施工总承包特级资质和市政公用工程施工总承包特级资质。湖北盐业集团有限公司新建的食盐质量追溯体系得到工信部、中盐协会一致好评。省高新投完成总规模91.6亿元的86支子基金立项,积极投资新能源汽车、新材料、智能制造、智慧医疗等新兴产业领域;打造面积超过2万平方米的高投海山文创空间、高投创业资本汇"双创"基地孵化器,2016年入孵企业92家。

(四)坚持合作共赢开放发展,不断壮大国企实力

央企合作不断深化。5月25—26日,在襄阳市成功举办第三届湖北省与在鄂央企项目对接洽谈活动,集中签约仪式上,武汉、襄阳、荆州、湖北省交通投资集团有限公司(以下简称"省交投集团")等4家单位分别与武船重工、华润新能源、中国一冶等22家企业签订新能源、智慧城市、基础建设和"双创"等项目协议22个,投资总额1400多亿元。组织召开湖北碳排放权交易中心战略投资与合作座谈会,完成省政府与中国电子、中粮集团战略协议签署工作。2011—2016年,全省与央企签订项目合作协议658个,投资总额19215.54亿元。2016年,新增与央企签约项目112个,投资总额3613.67亿元。新开工签约项目80个,涉及投资额2042.67亿元,包括总投资50亿元的中海油清洁能源项目、总投资45亿元的华电集团华中总部研发基地项目等。

重大项目建设取得积极进展。省交投集团完成高速公路建设投资227亿元,全年建成通车高速公路119千米。省铁投集团投资建设的武汉至孝感城际铁路12月1日正式开通运营,汉十高铁全线控制性工程两桥三隧有序推进,超额完成全年目标任务。湖北机场集团投资建设的武汉天河机场第二跑道建成并投入使用,T3航站楼全面封顶。

"走出去"战略稳步推进。中南设计集团援亚美尼亚中文学校海外项目得到国务院领导和外方充分肯定。三环集团高端球轴承产品进入荷兰DAF重卡公司市场,并搭建汽车零部件供应链跨境电商平台。湖北工建集团承建越南、印尼等国电厂项目,已完工的土耳其伊斯肯德伦火电厂工程获得国家优质奖。宜昌安琪集团在海外市场启动运行莫斯科区域总部平台,埃及项目建设进展顺利。武汉地铁集团在新加坡成功发行2.9亿美元企业债,融资成本仅为2.37%。

(五)推进依法监管,国资监管针对性有效性进一步增强

监管职能逐步优化。按照以管资本为主加强国资监管要求,扎实推进简政放权和依法监管。省国资委制定出资人监管权力清单和责任清单,将出资人监管事项由2013年的44项精简到18项。清理省国资委制定的规范性文件90件,宣布废止30件、修订14件。武汉市国资委全面构建出资人管规则、管程序、管重点的监管体系,向企业下放企业国有资产评估备案管理、投融资管理等权力,只保留13项监管事项。荆州市国资委在制定权力、责任清单基础上,编制程序清单,让权力运行更加透明。

国有资产监督得到强化。编制《湖北省省级国家出资企业产权登记概况》,全面收录全省国有产权总量、分布、结构等信息。强化企业运行监测分析和重大事项提示预警,在关注原有主要财务数据基础上,进一步关注企业融资、参股资本收益和成本费用管控情况。强化监事会监督成果运用,全年针对企业26项风险和52个问题下发风险提示函和问题整改通知书,督促企业整改落实。黄石市国资委研究制定《市属企业国有资产损失责任追究实施细则》,加大国有资产损失责任追究力度。

寓监管于服务之中的理念不断强化。省国资委大力倡导"服务企业就是发展自己"的理念。协调银监局、三峡集团等部门单位,帮助省宏泰国资集团完成对湖北银行、长江证券的增资。协调华电、大唐等央企加强与光谷联交所在碳交中心建设上的资本合作。协调省直有关部门将沲水水库划转鄂旅投公司、将鲁湖农场划转省联投集团。十堰市国资委成立专门领导小组,全力做好东风公司十堰基地转型发展及厂办大集体改制的协调服务工作。黄石市国资委先后17次赴宝钢黄石公司、经纬纺机等企业协调解决问题。

二、湖北省国有资产总量与结构分析

截至2016年底,湖北省国有企业资产总额35633.90亿元,增加6521.90亿元,同比增长22.40%。

表1　2016年湖北省所属国有企业指标

项　目	金额(亿元)
资产总额	35633.90
负债总额	23985.11
所有者权益总额	11648.79
营业总收入	3950.04
利润总额	306.95
净利润	251.85
归属于母公司所有者的净利润	236.12
应交税金总额	229.34
实际上缴税金总额	220.81

(一)国有企业资产总额经营规模分布情况

按企业规模分类看,规模以上大型企业资产总额19561.02亿元,占全省资产总额54.9%;中型企业资产总额6454.06亿元,占全省资产总额18.11%;小微型企业资产总额9618.82亿元,占全省资产总额26.99%。

表2　2016年湖北省国有企业资产总额经营规模分布情况

经营规模	资产(亿元)	占资产总额比重(%)
大型企业	19561.02	54.90
中型企业	6454.06	18.11
小微型企业	9618.82	26.99

(二)国有企业户数情况

截至2016年底,全省全级次汇编国有企业2992

户，同比增加196户。

表3　2016年湖北省国有企业户数情况

项　目	2015年	2016年	比上年增长(%)
户数(户)	2796	2992	7.01

（三）国有企业规模情况

全省国有企业2992户中，规模以上大型企业73户，占汇编企业总户数的2.44%，同比减少6户；中型企业478户，占汇编企业总户数的15.98%，同比增加39户；小微型企业2441户，占汇编企业总户数的81.58%，同比增加163户。

表4　2016年湖北省国有企业户数经营规模分布情况

经营规模	2015年	2016年	比上年增长(%)
大型企业(户)	79	73	－7.59
中型企业(户)	439	478	8.88
小微型企业(户)	2278	2441	7.16

（四）国有企业资产总额地区分布情况

按分布区域看，全省国有企业资产总额主要集中于"两圈一带"几个主要地市，省级国有企业资产总额仅占全省总额的24.37%，武汉市级国有企业资产总额几乎占全省总额的半壁江山。其他市州所占国有企业资产总额比例都不到10%。

表5　2016年湖北省国有企业资产总额地区分布情况

地　区	资产(亿元)	占资产总额比重(%)
省属国有企业汇总	8685.30	24.37
市县属国有企业汇总	26948.60	75.63
武汉市	17093.08	47.97
黄石市	1784.15	5.01
十堰市	161.74	0.45
宜昌市	2583.74	7.25

续表

地　区	资产(亿元)	占资产总额比重(%)
襄阳市	794.94	2.23
鄂州市	262.68	0.74
荆门市	503.25	1.41
孝感市	659.01	1.85
荆州市	475.07	1.33
黄冈市	1101.47	3.09
咸宁市	470.88	1.32
随州市	401.35	1.13
恩施州	316.91	0.89
仙桃市	3.07	0.01
潜江市	152.46	0.43
天门市	160.00	0.45
神农架林区	24.78	0.07

（五）国有资产行业分布情况

按行业分布看，全省国有企业权益资产总量主要分布在社会服务业、建筑业、交通运输业、房地产业、工业制造业等行业。其中，社会服务业国有资产总量6159.01亿元，占全省国有企业权益资产总量的63.19%；建筑业国有资产总量814.81亿元，占全省国有企业权益资产总量的8.36%；交通运输业国有资产总量795.13亿元，占全省国有企业权益资产总量的8.16%；房地产业国有资产总量727.29亿元，占全省国有企业权益资产总量的7.46%；工业制造业国有资产总量338.91亿元，占全省国有企业权益资产总量的3.48%。上述五个行业国有资产总量合计占全省国有企业权益资产总量的90.64%。

表6　2016年湖北省国有资产行业分布情况

行　业	国有资产(亿元)	占国有资产总量比重(%)
农林牧渔业	24.21	0.25
工业	338.91	3.48

续表

行　业	国有资产(亿元)	占国有资产总量比重(%)
建筑业	814.81	8.36
地质勘查及水利业	111.77	1.14
交通运输业	795.13	8.16
仓储业	19.64	0.20
邮电通讯业	0.00	0.00
批发零售业	28.06	0.29
金融业	548.26	5.62
房地产业	727.29	7.46
信息技术服务业	0.75	0.01
社会服务业	6159.01	63.19
卫生体育福利业	2.33	0.02
教育文化广播业	136.14	1.40
科学研究和技术服务业	14.30	0.15
机关社团及其他	26.77	0.27

(六)国有资产按经营规模分布情况

按经营规模分布看,在全省国有企业中,规模以上大型企业国有资产总量 5442.73 亿元,占全省国有企业权益资产总量的 55.84%;中型企业国有资产总量 1742.51 亿元,占全省国有企业权益资产总量的 17.88%;小微型企业国有权益资产总量 2562.14 亿元,占全省国有企业权益资产总量的 26.28%。

表 7　2016 年湖北省国有资产经营规模分布情况

经营规模	国有资产(亿元)	占国有资产总量比重(%)
大型企业	5442.73	55.84
中型企业	1742.51	17.88
小微型企业	2562.14	26.28

三、湖北省国有资本保值增值综合分析评价

截至 2016 年底,全省全级次汇编国有企业年初国有资本及权益总额 8149.17 亿元,年末国有资本及权益总额 9747.38 亿元,扣除客观增加因素 1402.83 亿元,加上客观减少因素 79.53 亿元,确认年末国有资本及权益为 8424.08 亿元,同比增加 1549.65 亿元,平均国有资本保值增值率为 103.37%,同比减少 2.93 个百分点。

表 8　2016 年湖北省国有企业国有资本及权益变化情况

项　目	金　额(亿元)
年初国有资本及权益总额	8149.17
本年国有资本及权益增加	1737.57
国家、国有单位直接或追加投资	700.39
无偿划入	349.22
资产评估增加	11.60
清产核资增加	0.22
产权界定增加	3.90
资本(股本)溢价	53.47
接受捐赠	0.00
债权转股权	3.17
税收返还	0.57
减值准备转回	0.00
会计调整	78.82
中央和地方政府确定的其他因素	201.47
经营积累	334.73
本年国有资本及权益减少	151.77
经国家专项批准核销	1.56
无偿划出	31.80
资产评估减少	0.16
清产核资减少	0.34
产权界定减少	1.40
消化以前年度潜亏和挂账而减少	8.81
因自然灾害等不可抗拒因素减少	0.03
因主辅分离减少	0.00
企业按规定已上缴利润	20.30
资本(股本)折价	2.10
中央和地方政府确定的其他因素	13.03

续表

项目	金额（亿元）
经营减值	72.24
年末国有资本及权益总额	9734.98
年末其他国有资金	12.40
年末合计国有资产总量	9747.38
年末合并国有资产总量	8387.55

四、湖北省国资委监管企业股份制改革与上市融资情况

（一）有序推进混合所有制改革

一是政策体系逐步完善。出台《湖北省国有控股混合所有制企业开展员工持股试点实施办法》，制定《省出资企业发展混合所有制经济的意见》。二是重点改革有序推进。湖北省鄂西生态文化旅游圈投资有限公司加大与民企合作，所属32家子公司已有10家实施混改。省联投集团陆续引进一批行业领军的大型民营企业，组建合资公司，快速推进一批“两型”社会重点建设项目。湖北蓝天盐化有限公司引进广东盐业、新都化工、公司员工增资扩股，改制为混合所有制公司，实现多方优势有机结合和互补。三是组织全省7家国有企业开展国有控股企业员工持股试点。

（二）上市融资情况

截至2016年底，全省国有控股上市公司14户。其中，省交投集团控股的湖北楚天高速公路股份有限公司（600035）2016年非公开发行股份277418030股，其中发行股份购买资产部分190085929股，用于支付对价88199.874万元，发行股份募集配套资金部分87332101股，募集资金40522.096万元。

五、湖北省国资委监管企业并购重组与完善法人治理结构情况

（一）加快推进调整重组

陆续将省建筑科学研究设计院、省城市规划设计院、省人防图审中心等4家企业划转中南设计集团，打造工程咨询设计产业龙头。推动湖北省联投控股有限公司对湖北工建集团增资10亿元，省长投集团有限公司占53.6％，湖北省联投控股有限公司占33.33％，省宏泰国资集团占13.07％，湖北工建集团在集团层面的股权多元化改革基本完成。推进以武汉光谷联合产权交易所参控股的14家交易场所公司国有净资产引入省宏泰国资集团增资，组建湖北交易控股集团有限公司。完成湖北省鄂西生态文化旅游圈投资有限公司重组湖北南方集团公司。

（二）完善法人治理结构情况

一是深入推进规范董事会建设。截至2016年底，湖北省国资委18户出资企业全部建立董事会，覆盖率达到100％。其中，13户出资企业建立比较规范的董事会，4户国有独资企业外部董事过半。二是重点推进，分类指导。重点对新组建的企业和拟进行混合所有制改革的企业进行调研跟踪，完成湖北机场集团规范董事会建设工作。三是强化监管，依法履职。对出资企业董事会工作报告进行审议，通报存在的问题，反馈审议意见。召开部分国有独资公司董事会2015年工作报告专题会议，依法履行出资人职责；旁听出资企业董事会27次；充分利用董事会管理信息系统，及时掌握董事会运作情况，监督企业规范董事会运作。四是完善外部董事人才库建设。截至2016年底，18家省出资企业中，除特殊功能类企业外，实现外部董事配备全覆盖。外部董事总数为63人，内部董事总数为54人，内外部董事比例为6∶7，实现外部董事比例大于内部董事。修订《湖北省国资委出资企业外部董事管理暂行办法》，对外部董事的管理进行进一步规范和完善。五是充分发挥监事会监督制衡作用。进一步理顺监事会的派驻方式，实行人员与机构相统一，“外派与内设”“派会与派员”相结合的方式，深入推进日常监督，落实当期监督各项制度，加强对企业负责人履职行为、企业决策程序的监督，充分发挥监督检查成效。2016年，5个监事会监督13家省国有企业，实地检查企业集团总部及所属重要子企业112户，涉及资产2737.5亿元。

六、湖北省国资委监管企业建立和完善经营业绩考核体系情况

一是为落实中央和省委省政府对省属国有企业改革的要求,健全业绩考核体系,着手修订《湖北省国资委出资企业负责人经营业绩考核办法》,进一步完善目标值确定机制,提高考核的针对性、有效性、公正性。二是核定省出资企业2015年度和2013—2015年任期经营业绩考核结果。2016年2月29日,湖北省国资委向各出资企业印发《关于认真做好2015年度和2013—2015年任期经营业绩目标完成情况考核工作的通知》,要求落实有关规定和要求。省国资委依据《考核办法》,结合企业年度财务决算报告和任期经营业绩专项审计报告,在企业自评的基础上进行严格核查,最终审核确定企业负责人年度和任期经营业绩考核结果。三是科学确定省出资企业2016年度和2016—2018年任期经营业绩考核目标确定工作。根据全省经济工作会议精神和省政府对省属企业的目标要求,湖北省国资委对18家省出资企业报送的业绩目标逐户进行严格审核。

七、湖北省国资委监管企业负责人考核与选人用人机制改革情况

坚持以深化企业人事制度改革为主线。湖北省国资委党委研究制定《关于完善省国资委党委管理的企业领导人员管理体制》,理顺省属企业领导人员管理体制,明确省出资企业领导人员的管理层级和管理责任,进一步扩大企业对经营管理人员的选人用人自主权。扎实推进"123"企业家培育计划,完成企业投融资专业人才的选拔工作,按程序分批次启动入选人员赴美国学习培训。完成对口新疆、西藏干部来湖北省出资企业挂职及湖北省出资企业干部到新疆挂职工作,选派部分中央在鄂企业及省出资企业优秀年轻干部到湖北省国资委机关挂职锻炼。做好部分省出资企业和中央在鄂企业推荐市厅级副职后备干部和中长期培养对象工作,并向省委组织部、省妇联分别推报培养对象和后备女干部人选。

八、湖北省国资委监管企业党的建设和廉政建设情况

截至2016年底,党的日常工作由湖北省国资委党委管理(或协助管理)的企业84户。其中中央在鄂企业66户、省属企业18户。归口管理企业有党员342549名,建立各级基层党组织17117个,其中党委1193个、党总支1338个、党支部14586个。

(一)坚持把加强党的建设作为主责主业,压紧压实国有企业管党治党责任

层层传达学习全国国有企业党的建设工作会议特别是习近平总书记重要讲话精神,增强各级党组织做好国有企业党的建设工作的思想自觉和行动自觉。湖北省委出台《关于在深化国有企业改革中坚持党的领导加强和改进党的建设的实施意见》(鄂办发〔2016〕46号),采取30条措施加强和规范国有企业党建工作。开展以学习《意见》,修改企业《章程》、企业党委议事规则,整治党建工作责任制不落实、党组织不按期换届、党建工作机构不健全等问题为主要内容的"一学二改三整"工作。建立国有企业党建工作任务指导书制度,组织开展湖北省属国有企业党委书记抓党建工作述职评议考核,层层传导压力,逐级压实责任。

(二)坚持把落实党管干部原则作为根本保证,着力打造高素质国有企业经营管理者队伍

分层分类明确国有企业领导人员选拔任用条件和程序,全面推行"双向进入、交叉任职"领导体制,实行党委书记、董事长"一肩挑"。出台《关于进一步完善省出资企业领导人员管理体制加强企业领导人员分类分层管理的意见》。扎实开展国有企业领导人员履职尽责考核工作,从严管理领导人员,认真落实"一报告两评议"制度,并作为调整选配企业领导人员的重要依据。出台企业领导人员履职待遇、业务支出等规定,规范职务消费行为。持续推进"123"企业家培养计划,大力培养选拔高素质企业领导人员。扩大选人用人视野,建立并完善市场化选聘机制,面向全国公开选聘省属企业领导班子成员。

(三)坚持把抓基层强基础作为工作根基,进一步强化国有企业基层党组织战斗堡垒作用

扎实开展“两学一做”学习教育,制定国企指导方案、督导方案,建立月报制度和督导清单,确保学习教育在国企落地落实。结合国企特点,精心组织开展支部主题党日活动,严肃党内政治生活。坚持问题导向,开展党建工作重点任务整治,督促湖北省属企业逐级制定任务指导书和党组织书记承诺书,制发《党支部工作手册》,完成党员组织关系集中排查、党费收缴等专项任务,不按期换届基层党组织已基本完成换届整改。着力壮大基层骨干力量,按照“双经历、复合型”要求,从企业党员管理骨干和一线岗位能手中选拔基层党组织书记。大力实施“企业党支部书记素质提升工程”,连续5年举办示范培训班。

(四)坚持把强化思想政治引领作为重要法宝,着力提供坚强思想保证和强大精神力量

组织湖北省国资委党委归口管理企业认真学习习近平总书记系列重要讲话精神,全覆盖推进六中全会精神宣讲工作。制定下发《国有企业理论宣讲和百姓宣讲全覆盖实施方案》,指导企业积极开展全民阅读活动,大力推动学习型党组织和学习型企业的创建。开辟“聚焦国企改革”专栏,“青春国企湖北”微信公众号,利用《国企党建》杂志大力宣传国有企业党建工作的典型经验和探索,全年发布国资国企新闻120余篇。打造“三号”(党员先锋号、工人先锋号、青年文明号)联创等国企党建品牌,涌现“百姓电工——左光满”等一大批国企党员典型。授予128家企业“委级文明单位”称号,组织企业开展“荆楚楷模”“中国好人”推荐评选和国企青年创新创业大赛活动,全年5人入选“荆楚楷模”、1人入选“中国好人”。

(五)坚持把严纪律转作风作为关键保障,为国有企业改革发展营造风清气正的环境

认真落实党委主体责任,以召开专题会议、印发文件等形式,对全年党风廉政建设工作进行部署。层层签订责任书,压紧压实主体责任。深入推进作风建设,召开湖北省国资委党委(扩大)会传达学习有关的重要文件和领导讲话精神223篇(份)、违纪案件类通报27篇(次)。对财务票据以及公车配备使用、办公用房、业务招待、公款送礼等问题开展专项整治。从源头上防治腐败,以宣教月活动为抓手,积极开展形式多样的廉政教育活动,企业受教育人数近50万人次。深入开展落实党风廉政建设主体责任纪实试点工作,修订主体责任清单,明确59项主体责任。扎实开展巡视整改工作,对县市国资监管领域、归口管理省属企业巡视问题整改分别进行督办的同时,对省委巡视组反馈湖北省委的问题逐一进行整改,确保各项问题条条有着落、件件有回音。积极支持监督执纪问责工作,自觉接受湖北省纪委驻省国资委纪检组的监督。

(撰稿人:杨立学　陈志友　李小龙　廖胜华　刘　俊　张家军　邓　巧　平本栋　丁磊磊　殷幼军　李　霖　叶明丽)

湖南省

一、湖南省国有资产监督管理工作综述

(一)监管体制不断完善

2016年,湖南省国资委对直接移交的93户企业,加强分类监管和重组整合,发挥专业化监管优势,着力加强党的建设、产权管理、财务监督、业绩考核、薪酬分配、监事会监督等方面工作,确保移交企业“接得了、稳得住”,没有出现大的不稳定问题,政企政资分开工作基本完成。规范产权管理,全年办理193户企业国有产权登记,省属国有资产进场交易项目222宗、成交金额31.83亿元。完成资产评估备案项目48个,涉及资产账面值185.9亿元,评估增值率84%。加强国有资本经营预算管理,对预算执行实施动态监管,形成从预算到决算、再到项目竣工评价的闭环管理。进一步规范监管企业负责人依法合规经营行为,拟订《湖南省省属国有企业违规经营投资损失责任追究办法(试行)》。监事会监督进一步改进和加强,省派监事会开展专项监督或调研180余次,撰写专项监

督检查、调研报告和监事会专用函86份，揭示企业问题和风险320条，提出意见和建议235条。完成监事会换届调整工作。

(二)出资人职能进一步强化落实

市属经营性国有资产集中统一监管有序推进，长沙市采取直接移交、委托监管、依法退出、转企移交等方式，推进全市64家单位所办的90户企业实施政企政资分开；衡阳市7家政府融资平台公司全部移交市国资委管理；岳阳市出台《关于进一步明确市管国有企业管理体制的通知》，理顺市管国有企业管理体制；常德市、邵阳市对市直机关单位、全额拨款事业单位和群团组织所属经营性国有资产进行全面清理。市州国资监管基础性工作得到夯实。益阳市健全国资监管政策法律体系，制定《益阳市企业国有资产监督管理办法》《监管单位经营业绩考核办法》等一系列政策文件；湘西自治州所辖八县市均设置国资监管机构，实现"机构、职能、人员、经费"四个到位。市州监事会监督体系不断健全。岳阳市、永州市出台国有企业监事会暂行办法；湘潭市派出正处级外派监事会；长沙市设立董事监事管理中心，监督的针对性有效性进一步增强。

(三)企业运营质效明显改善

2016年，面对经济下行和转型升级的双重压力，全省国资系统监管企业较好完成效益恢复性增长目标。全省国资系统监管企业资产总额17303.26亿元；累计实现营业收入4065.45亿元，同比增长15.7%；实现利润77.6亿元，同比扭亏增利93.8亿元；创造税收160亿元，同比增长7.1%。其中省属监管企业资产规模达到6450.46亿元；累计实现营业收入3449.59亿元，同比增长13.5%；实现利润22.21亿元，同比扭亏增利78.78亿元；创造税收130.75亿元，同比增长9.2%。省属监管企业中，华菱集团、建工集团、中联重科、湖南有色、交水建集团、湘电集团、二十三冶7户企业实现营业收入超过百亿元；现代投资、湘投控股、建工集团、轻盐集团、长丰集团、华菱集团、粮油集团、交水建集团、高信创投、安居投、兴湘集团11户企业实现利润超过亿元。市属国有企业中，长沙市属国有企业实现营业收入304.7亿元，居市州国资委之首，常德、怀化、衡阳、郴州、株洲、娄底等市的市属国有企业实现利润同比增长，湘潭、张家界、益阳等市的市属国有企业实现扭亏为盈。

二、湖南省国有资产总量与结构分析

(一)国有资产总体营运情况

2016年，湖南省国有企业户数2442户，较上年增加271户；年末企业职工总数40.13万人，年末在岗职工34.33万人；资产总额25532.48亿元，同比增长16.83%；负债总额15392.60亿元，同比增长18.76%；所有者权益10139.88亿元，同比增长14.02%；国有资本及权益总额9076.19亿元，同比增长13.53%；营业总收入3764.39亿元，同比增长21.36%；利润总额161.62亿元，同比增长98.21%；净利润133.68亿元，同比增长111.12%；国有资本保值增值率102.64%，比上年增加2.67个百分点。

表1　2016年湖南省所属国有企业指标

项　目	2015年	2016年	比上年增长(%)
户数(户)	2171	2442	12.44
资产总额(亿元)	21853.95	25532.48	16.83
负债合计(亿元)	12961.08	15392.60	18.76
所有者权益(亿元)	8892.87	10139.88	14.02
国有资本及权益总额(亿元)	7994.46	9076.19	13.53
营业总收入(亿元)	3101.91	3764.39	21.36
利润总额(亿元)	81.54	161.62	98.21
净利润(亿元)	63.32	133.68	111.12
归属于母公司所有者的净利润(亿元)	76.51	129.20	68.87
实际上缴税费总额(亿元)	165.61	194.14	17.23
资产负债率(%)	59.88	60.29	增加0.41个百分点
净资产收益率(%)	0.97	1.40	增加0.43个百分点
总资产报酬率(%)	1.22	1.31	增加0.09个百分点

续表

项　　目	2015 年	2016 年	比上年增长(%)
总资产周转率(次)	0.16	0.16	持平
国有资本保值增值率(%)	99.97	102.64	增加 2.67 个百分点
现金净增加额(亿元)	557.13	503.91	−9.55

注:企业户数包括各级母子公司;净资产收益率计算时分母、分子均含少数股东损益。

(二)国有资产总量及结构分布

2016 年,纳入全省企业国有资产统计范围的国有企业国有资产总量 9145.88 亿元,较上年 8022.07 亿元增加 1123.81 亿元,增长 14.01%。

1. 从国有资产总量规模分布情况来看,国有资产主要集中在中、小型企业。国有资产总量分布呈“中间大,两头小”的状态,86.16%的国有资产集中在中小型企业,其中户数占比和总量占比最高的为小型企业,分别为 44.37%和 56.74%;其次为中型企业,户数占比 16.63%,总量占比 29.42%;大型企业户数占比 2.95%,总量占比 5.86 %,大型企业的户数比及总量比较上年均有所下降。

表 2　　2016 年湖南省企业国有资产经营规模分布情况

经营规模	户数(户)	比重(%)	国有资产(亿元)	占国有资产总量比重(%)
大型企业	72	2.95	536.29	5.86
中型企业	406	16.63	2690.63	29.42
小型企业	1083	44.37	5189.28	56.74
微型企业	880	36.05	729.67	7.98
合　　计	2441	100.00	9145.88	100.00

2. 从隶属关系及户均指标来看,国有资产主要集中在市州区县国有企业。市州区县国有企业 1324 户,占全省国有企业总户数的 54.24%;国有资产总量 7766.24 亿元,占全省国有资产总量 84.92%。

表 3　　2016 年湖南省企业国有资产按隶属关系分布情况

隶属关系	户数(户)	户均资产(亿元)	户均所有者权益合计(亿元)	户均国有资产总量(亿元)	户均营业总收入(亿元)	户均利润(亿元)
全省国有企业	2441	10.46	4.15	3.75	1.54	0.07
市州国有企业	1324	14.04	6.03	5.87	0.79	0.10
省属国有企业	1117	6.22	1.93	1.24	2.44	0.03
省级监管企业	1093	5.30	1.69	1.05	2.42	0.02
省级非监管企业	24	48.04	12.69	9.67	3.29	0.38

3. 从国有资产总量地区分布来看,地区间国有资产存量差别仍然较大。省属国有企业国有资产总量 1379.64 亿元,占全省国有资产总量 15.08%;市州国有企业国有资产总量为 7766.24 亿元,占全省国有资产总量的 84.92%。

从地区分布情况来看,主要分布在几个经济基础较好的地区,如长沙市、株洲市、常德市。国有资产总量前五名分别是长沙市(2803.91 亿元)、株洲市(1316.37 亿元)、常德市(1270.79 亿元)、湘潭市(472.5 亿元)、永州市(389.95 亿元),占全省国有资产总量的 68.38%。

与上年相比,国有资产总量增长幅度大的是省级监管企业及长沙市、常德市、株洲市、湘潭市国有企业。

表 4　2016 年湖南省企业国有资产地区分布情况

地　　区	国有资产(亿元)	占国有资产总量比重(%)
全省合计	9145.88	100.00
省属小计	1379.64	15.08
省级监管企业	1147.58	12.55
省级非监管企业	232.06	2.54
市州区县企业	7766.24	84.92

续表

地　　区	国有资产(亿元)	占国有资产总量比重(%)
长沙市	2803.91	30.66
株洲市	1316.37	14.39
常德市	1270.79	13.89
湘潭市	472.50	5.17
永州市	389.95	4.26
岳阳市	338.95	3.71
郴州市	256.68	2.81
怀化市	256.12	2.80
衡阳市	192.50	2.10
湘西州	184.76	2.02
张家界市	182.07	1.99
邵阳市	92.22	1.01
娄底市	5.70	0.06
益阳市	3.73	0.04

4. 从国有资产总量的行业分布情况来看,国有资产仍集中在少数行业。全省国有企业国有资产总量从行业来看主要集中在房地产业、社会服务业和建筑业三大行业,拥有国有资产总量7482.02亿元,占全省国有资产总量的81.85%,国有资产总量在上述三个行业的占比较上年的76.95%增加4.9个百分点。

表5　2016年湖南省企业国有资产行业分布情况

行　　业	国有资产(亿元)	占国有资产总量比重(%)
全省国有企业行业汇总	9145.88	100.00
农林牧渔业	51.15	0.56
其中:农业	36.46	0.40
林业	3.53	0.04
畜牧业	6.88	0.08
渔业	0.47	0.01
工业	316.29	3.46
煤炭工业	2.58	0.03
石油和石化工业	5.26	0.06

续表

行　　业	国有资产(亿元)	占国有资产总量比重(%)
冶金工业	7.43	0.08
建材工业	5.12	0.06
化学工业	12.74	0.14
森林工业	0.43	0.00
食品工业	—17.19	—0.19
烟草工业	0.00	0.00
纺织工业	3.68	0.04
医药工业	3.66	0.04
机械工业	55.16	0.60
军工工业	10.01	0.11
电子工业	10.45	0.11
电力工业	128.16	1.40
市政公用工业	79.24	0.87
其他工业	19.05	0.21
建筑业	2450.51	26.79
地质勘查及水利业	193.19	2.11
交通运输业	491.55	5.37
其中:铁路运输业	1.40	0.02
道路运输业	357.14	3.90
水上运输业	66.92	0.73
航空运输业	56.48	0.62
仓储业	21.89	0.24
邮电通信业	0.00	0.00
批发和零售业	146.48	1.60
金融业	246.75	2.70
房地产业	2561.41	28.01
信息技术服务业	7.06	0.08
社会服务业	2471.17	27.02
卫生体育福利业	84.73	0.93
教育文化广播业	15.89	0.17
科学研究和技术服务业	32.03	0.35
机关社团及其他	55.78	0.61

三、湖南省国有资本保值增值综合分析评价

2016年，湖南省国有企业年初国有资本及权益总额7994.46亿元(年初国有资本及权益总额比上年末7243.06亿元增加751.40亿元，系期初数调整及企业户数变动所致)，年末国有资本及权益总额9076.19亿元，增长13.53%。其中，客观因素增加1012.12亿元，经营积累308.84亿元;客观因素减少141.77亿元，经营减值97.46亿元。扣除客观增减因素后的国有资本保值增值率102.64%。较上年增长2.67个百分点。

按隶属关系看，省属国有企业国有资本保值增值率100.7%，较上年增长1.84个百分点，其中省国资委监管企业国有资本保值增值率100.49%，较上年增长2.66个百分点;省属非监管企业国有资本保值增值率101.67%，较上年下降1.33个百分点。市州企业国有资本保值增值率103.01%，较上年增长2.81个百分点，全省14个市(州)中有3个市未实现国有资本保值增值。

从行业分布上看，除工业、交通运输业、信息技术服务业外，其余行业均实现国有资本保值增值。其中国有资产总量占比较大的建筑业、房地产业、社会服务业的国有资本保值增值率分别为102.99%、105.71%和102.09%。

表6　　2016年湖南省国有企业地区和行业国有资本保值增值情况

地　　区	国有资本保值增值率(%)	行　　业	国有资本保值增值率(%)	行　　业	国有资本保值增值率(%)
全省合计	102.64	农林牧渔业	101.20	建筑业	102.99
省属小计	100.70	其中:农业	99.14	地质勘查及水利业	105.04
省级监管企业汇总	100.49	林业	93.61	交通运输业	90.13
省级非监管企业汇总	101.67	畜牧业	117.55	其中:铁路运输业	83.49
市州区县企业汇总	103.01	渔业	91.76	道路运输业	86.20
长沙市	104.00	工业	91.99	水上运输业	101.59
株洲市	101.25	煤炭工业	96.23	航空运输业	101.21
常德市	102.60	石油和石化工业	100.04	仓储业	105.24
湘潭市	100.71	冶金工业	149.23	邮电通信业	—
岳阳市	99.86	建材工业	93.28	批发和零售业	114.09
永州市	101.30	化学工业	83.20	金融业	103.49
郴州市	119.06	森林工业	62.77	房地产业	105.71
怀化市	101.03	食品工业	82.48	信息技术服务业	98.94
衡阳市	106.09	烟草工业		社会服务业	102.09
邵阳市	100.67	纺织工业	86.49	卫生体育福利业	100.35
张家界市	99.69	医药工业	126.92	教育文化广播业	101.18
湘西州	100.41	机械工业	97.87	科学研究和技术服务业	106.36
娄底市	102.43	军工工业	85.53	机关社团及其他	103.74
益阳市	96.37	电子工业	68.23		
		电力工业	108.72		
		市政公用工业	98.68		
		其他工业	98.64		

国有资本主要变动因素分析：一是政府投入、资产评估及经营积累等因素增加权益1320.96亿元。其中客观因素增加1012.12亿元，占本年增加权益的76.62%，主要是国家、国有单位直接或间接追加投资532.19亿元，无偿划入304.26亿元，资产评估增加61.89亿元，中央和地方政府确定的其他因素增加39.60亿元，资本(股本)溢价29.36亿元，会计调整22.05亿元；主观因素增加即经营积累增加308.84亿元，占本年国有资本及权益增加的23.38%。二是消化潜亏挂账、资本(股票)折价及经营亏损等因素减少权益239.23亿元。其中客观因素减少141.77亿元，占本年减少权益的59.26%，主要是消化以前年度潜亏和挂账而减少43.87亿元，资本(股本)折价20.1亿元，无偿划出18.72亿元，清产核资减少16.8亿元，中央和地方政府确定的其他因素减少11.64亿元，企业按规定上缴利润11.02亿元，产权界定减少10.33亿元，资产评估减少9.2亿元；主观因素减少即经营减值97.46亿元，占本年国有资本及权益减少的40.74%。

四、湖南省国资委监管企业改革发展情况

2016年，省属监管企业围绕"三去一降一补"大力推进供给侧结构性改革。去产能方面。华菱集团退出炼钢产能150万吨，提前完成年度钢铁去产能任务；湘煤集团关闭矿井9对，争取中央专项奖补资金8亿元。初步摸清省、市两级"僵尸企业"底数，有16户一级企业中的211家子企业，涉及资产总额220亿元、负债197亿元。去库存方面。截至2016年底，省属监管企业存货总额降至686.9亿元、同比减少21.8亿元，库存产成品总额112.6亿元、同比下降6%。其中，湘电集团库存量降至49.9亿元、同比下降18.3%；海利集团、新物产集团库存较年初分别下降18.5%和16.1%。去杠杆方面。企业直接融资力度加大，截至2016年底，省属监管企业银行借款同比下降10.1%，财务费用同比下降11.9%，综合资产负债率降至70.5%、同比下降0.9%。企业上市工作力度加大，2016年湘煤集团所属湘煤立达、黑金时代在新三板挂牌上市，省国资委控股上市公司达到12家、新三板挂牌企业3家。降成本方面。1—12月，省属监管企业成本费用支出低于同期收入增幅2.2个百分点，其中三项费用支出346.2亿元、同比下降1.4%，远低于同期收入增幅。华菱集团全年挖潜近50亿元；吨钢成本在2015年的基础上再降81元，吨钢边利提升178元。高新创投开展债券资金置换工作，平均融资成本由年8%降至6%，节约财务费用800多万元。补短板方面。对接央企加强产融学合作，促成签署合作协议44个，意向投资金额1.6万亿元；联合举办保险资金运用项目对接会，汇总推介项目58个，融资需求629亿元。华菱集团、建工集团、交水建集团、中联重科、湘电集团、长丰集团、湘投集团等企业按照产业关联、互利共赢的原则，积极构建"走出去"企业联合体，在"一带一路"沿线国家达成合作意向或签署正式协议的项目20多个；省建筑设计院深化中俄在旅游文化产业上的合作；黄金集团参与南非、巴西、智利的黄金有色金属资源开发等。

2016年，省属监管企业向市场要效益、向创新要效益，创新发展成效明显。新组建的交水建集团参与北海市公路、桥梁、水利、地下管廊和海绵城市等项目建设，投资规模200亿元。新天地集团现代安保板块实现营业收入3.1亿元、增长47.6%，实现利润7726万元、增长237%，首次超过民爆板块成为集团主要的利润增长点。长丰集团全年实现整车销售9万辆、同比增长111.48%，利润总额5.15亿元、同比增长278%，多项经济指标创历史最好水平。建工集团向PPP经营全面转型，全年承接PPP项目36个、任务量358亿元，集团全年实现利润6.3亿元、同比增长46.5%。华升集团的"苎麻生态高效纺织加工关键技术及其产业化"项目，荣获国家科学技术进步二等奖，是苎麻行业乃至整个麻纺行业的历史性突破。黄金集团创新性地进军互联网+有色行业，并购南方稀贵金属交易所，打造有色产品网上交易平台，全年交易额突破6000亿元，贡献净利润4750万元，同比增长352%。

五、湖南省国资委监管企业并购重组与完善法人治理结构情况

(一)加快推进国有资本布局结构调整与企业重组整合

研究制定《省属国有资本布局结构调整与企业重

组整合总体方案》，从战略高度对湖南省国有资本布局结构调整和企业重组整合进行整体设计，经省政府常务会议审议通过。推进华菱集团与财信金控资产重组，方案经省政府常务会议和省委深改领导小组会议审议通过，中国证监会正式下发批文。完成组建省交通水利建设集团；推动组建省担保集团、省现代农业产业控股集团，其中，省担保集团组建方案经省政府常务会议审议通过；推动发展集团合并整合安居投、黄金集团改革重组，其中，发展集团合并整合安居投方案经省政府常务会议审议通过。

（二）着力完善现代企业制度，健全法人治理结构

1. 着力推进规范董事会建设。制定出台《湖南省国资委2016年推动监管企业规范董事会建设工作方案》和《湖南省国资委监管企业董事会年度工作报告暂行规定》等文件，提出董事会建设工作的总体要求、基本思路、重点工作和保障措施，完成和启动9户监管企业外部董事过半数的规范董事会建设。制定出台《湖南省省属监管企业外部董事管理暂行办法》不断完善外部董事人才库，省国资委外部董事人才库外部董事人选达到168名。制定公司章程修订模板，明确党组织在公司治理结构中的法定地位，参与企业重大问题决策，发挥政治核心作用。

2. 稳妥有序推进混合所有制改革试点和员工持股试点。制定《关于鼓励和规范国有企业投资项目引入非国有资本的实施办法》《关于国有控股混合所有制企业开展员工持股试点的实施细则（试行）》等政策文件。继续深化长丰集团、海利集团、华天集团混合所有制改革。启动省建筑设计院、省交通规划勘察设计院混合所有制改革。根据《关于地方国有企业开展员工持股试点有关事项的通知》（国资厅改革〔2016〕564号）的有关要求，选择5～10户企业开展首批员工持股试点，通过优化国有企业股权结构，建立利益共享、风险共担的长效激励约束机制，形成资本所有者与劳动者利益共同体。

3. 继续深化企业内部三项制度改革，建立健全以合同管理为核心，以岗位管理为基础的市场化用工制度，形成企业管理人员能上能下、收入能增能减、员工能进能出的合力流动机制。华菱集团、湘电集团、湘煤集团等企业已初步建立市场化的用工用人制度，取得一定的效果。

六、湖南省国资委监管企业建立和完善经营业绩考核体系情况

2016年，围绕以管资本为主加强国有资产监管，持续深化与社会主义市场经济制度相适应的企业薪酬分配制度改革。进一步健全完善分类考核。根据竞争类、功能类、公益类企业的不同功能性质和发展阶段，突出不同考核重点，合理确定企业分类考核指标，要求分类指标考核目标须比上年改善。竞争类企业，主要考核企业主业竞争能力、成本费用控制、科技投入、应收账款回收和债务风险等。功能类企业，主要考核企业重大专项或重大工作任务完成情况或进度情况、保障能力、投融资额度、成本费用控制、风险防控等情况。平稳推进企业负责人薪酬制度改革。重新修订《省国资委监管企业负责人经营业绩考核办法》和《省国资委监管企业负责人薪酬管理办法》，企业负责人薪酬与职工收入差距进一步缩小，省国资委监管企业主要负责人2015年度平均薪酬较上年下降14%，低于职工平均工资增幅18.5个百分点，企业主要负责人平均薪酬与职工平均工资倍数由2014年的6.51倍缩小到5.36倍。核定56户监管企业负责人2015年薪酬水平和19户企业2013—2015年任期激励收入。2015年，56户企业主要负责人年度平均薪酬为31.24万元，较上年下降13.1%。

2016年，认真做好业绩考核各项工作。将政资政企分开后纳入监管范围的企业全部纳入考核范围，根据企业的行业特点、发展阶段，下达考核目标，实现考核范围全覆盖，促进出资人职责和保值增值责任的落实。严格核定2016年考核目标。2016年，47户监管企业营业收入计划为2147.6亿元，同比增长10.3%，考核利润目标为-9.59亿元，比上年减亏25.2亿元，经济增加值考核目标为-62.39亿元，比上年增加40亿元；国有资本保值增值率为98.4%，比上年提高0.5个百分点。客观核定2015年度和2013—2015年任期考核结果。审核确定19户监管企业负责人2015年度和2013—2015年任期经营业绩考核结果。2013—2015年，19户企业实现营业收入5402.4亿元，较上

一任期年均增长7%,国有资本保值增值率为102.69%,实现国有资本保值增值。

七、湖南省国资委监管企业负责人考核与选人用人机制改革情况

(一)抓好监管企业领导班子配备

1. 配优配强企业领导班子。在研究制定企业重组方案筹划班子配备时,同步考虑组织机构治理结构设置。按期选拔到位交水建集团领导班子,确保交水建集团如期挂牌成立,及时补充交水建集团下属路桥、交科院等企业空出的领导岗位。针对近些年国企党建工作出现弱化、虚化、淡化的问题,强化党组织功能配置,调整配强企业党委班子。对董事长、党委书记由一人担任的企业,总经理必须兼副书记;对董事长、党委书记分设的企业,除总经理兼党委副书记外,另设一名副书记,专职抓党建工作,确保党建工作不踏空、不虚化、有人抓。全面实施纪委书记专职化、交流任职。2016年,湘电集团、轻盐集团、三湘集团、资产管理公司和湖南农业集团等企业配强党委书记、副书记。

2. 依法落实企业选人用人权。严格落实企业对经理层的选用权和管理权,实行任(免)前备案管理制度,并逐步将经理层的考核评价、薪酬分配和监督管理下放到企业;按照"确定标准、规范程序、参与考察、推荐人选"的要求,坚持对经理层人员选拔的标准、程序、人选严格把关,审阅选拔方案,派人参与考察,监督选拔过程。2016年,依法对轻盐、兵器、交水建、华天、三湘、资产管理公司18个经理层岗位进行调整和配备。

(二)推进企业干部人事制度改革

抓好外部董事的选聘。相继聘任4名华菱集团外部董事、5名轻盐集团外部董事、4名兵器集团外部董事,启动对交水建、湘投等企业外部董事的遴选工作。抓好选人用人制度改革。在全国率先制定出台《省属国有企业实行职业经理人制度指导意见(试行)》,选择华天集团以及华菱集团、兵器集团2户企业的二级子公司开展建立职业经理人制度试点。加大竞争性选拔力度,对现代投资7个高级管理岗位实行竞争性选拔。

八、湖南省国资委监管企业党的建设和廉政建设情况

(一)按照党要管党、从严治党的要求,不断夯实企业党建基础

1. 以落实企业党组织法定地位为取向,着力提升企业党建科学化水平。2016年,在持续推行《省属监管企业党委(党建)工作述职制度》和《省属监管企业党委(党组)书记联席会议制度》的基础上,制定出台《省属监管企业党建工作考核评价暂行办法》,对企业党建工作考核评价的总体要求、基本原则、考评内容、考评办法、结果运用等作出具体规定,将党建工作考评结果与企业经营业绩考核挂钩,使企业党建工作的"软指标"变成"硬任务"。统一印发《公司章程》中关于"党组织"一章的"修改模板"。

2. 以省直单位政企政资分开为契机,着力整体推进企业党的建设。出台《关于在深化省属国有企业改革中加强和改进党的工作的几点意见》,要求在改革中坚持党的建设同步谋划、党的组织及工作机构同步设置、党组织负责人及党务工作人员同步配备、党的工作同步开展。在对93户企业进行监管分类、重组整合的同时,对党建工作实行体制对接、机制对接、制度对接和工作对接,确保党的领导、党的建设在国有企业改革中得到充分体现和切实加强。

3. 以"两学一做"学习教育为载体,着力严格党内政治生活。开展"岗位作贡献、合格见行动、全力提质增效稳增长"主题实践活动,创建党员先锋岗2125个、党员责任区2361个、党员示范岗2252个,委机关支部和企业结对帮扶31个。分期分批对系统各级党组织书记开展轮训,培养学习教育的明白人和操盘手。整顿软弱涣散基层党组织92个;集中摸排失联党员1219名,与937名重新取得联系,组织处理108名;清理16名违纪违法未给予相应处理的党员;对未按期换届的1021个基层党组织逐级建立台账;补交党费3012.8万元。

(二)加大执纪监督力度,切实抓好党风廉政建设工作

1. 推动"两个责任"落地生效。研究起草《湖南省

省属国有企业违规经营投资损失责任追究办法》，加强国有企业经营投资风险防控，健全国有资产损失责任追究制度。对43户企业落实党风廉政建设责任制情况进行检查考核，对落实“两个责任”不力的30名企业负责人进行约谈，13名企业负责人和1名机关处长进行诫勉谈话，1人给予党纪处分。2016年，国资系统企业召开党风廉政建设专题会议130多次，完善制度规章40多项，签订党风廉政建设责任书2000多份。

2. 加大监督执纪问责力度。2016年，提醒和任前廉政谈话156人，函询24人，对严重违纪的21人予以党纪立案，12人采取“两规”措施，其中10人已移送司法机关立案侦查，给予4人党纪政纪轻处分、16人党纪政纪重处分，立案数和党纪政纪处分人数同比分别上升525%和400%。

3. 集中开展纠“四风”、治陋习专项整治工作，发现和查处违反中央八项规定精神问题12起，党纪政纪处分30人，诫勉谈话3人，缴退违纪款项40.2万元；监管企业查处11起，党纪政纪处分43人。

4. 做好巡视发现问题的整改工作。国资委机关建立完善制度24项，废止28项，巡视组反馈的五个方面18个问题、37个具体问题全部整改销号。20户接受巡视的省属企业将问题整改列为“一把手工程”，逐项整改、逐一销号，进一步扎紧制度笼子。

（撰稿人：刘江月）

广东省

一、广东省国有资产监督管理工作综述

2016年，在广东省省委、省政府的正确领导下，全省国资系统认真贯彻落实党的十八大及十八届三中、四中、五中、六中全会精神，学习贯彻习近平总书记系列重要讲话精神，贯彻落实中共中央、国务院《关于深化国有企业改革的指导意见》（以下简称《指导意见》）及配套文件，牢固树立创新发展理念，狠抓各项改革政策落地；深入推进供给侧结构性改革，大力推进“三去一降一补”重点工作；优化国有资本布局，全面提升企业创新能力和核心竞争力；团结拼搏、开拓创新，圆满完成全年任务，实现广东省省属国资系统“十三五”规划的良好开局。

（一）突出系统部署，推进《指导意见》及其配套文件的贯彻落实

2016年，中央国企改革“1+N”政策体系基本形成，为国企改革提供基本遵循依据。广东省国资系统在坚决贯彻落实中央文件精神的同时，兼具突出广东特色，侧重突出问题导向。一是出台国资国企改革纲领性文件。按照广东省委、省政府工作安排，广东省国资委牵头起草《中共广东省委、广东省人民政府关于深化国有企业改革的实施意见》（以下简称《实施意见》），于2016年7月以广东省委省政府名义印发执行。《实施意见》保留中央文件《指导意见》的八章条目及核心内容，不折不扣地贯彻落实中央文件精神，并充分吸纳其他改革配套文件的重要精神到广东省《实施意见》文件中。同时，结合广东的实际，力补短板，相应增加“调整优化国有资本布局结构、推进国有企业创新发展、推进国有资本运营”三章内容。广州、深圳、珠海、佛山、惠州、揭阳等市结合本地实际，先后出台国资国企改革意见及相应配套文件，在全省形成良好的改革氛围。

二是及时出台改革配套文件。2016年，广东省国资委认真贯彻落实中央“1+N”国企改革文件精神，研究形成涵盖权责清单、国企党建、监督合力、选人用人、薪酬制度、激励约束、容错机制等改革重点任务的系列国企改革配套文件。其中有关国有企业领导人员薪酬制度、履职待遇两份改革配套文件，在全国国资系统率先出台。各地市国资委纷纷结合本地实际，出台有关薪酬改革、履职待遇、业务支出等相关配套文件，注重薪酬改革与企业领导人员选任方式相匹配、与优化薪酬结构相结合，强化薪酬管理。

三是不断完善投资监管。广东省国资委结合广东实际，组织制定《广东省省属企业投资监督管理办法》，有序下放审核事项，充分释放企业活力。建立广东省省属企业投资项目库，重点强化事前、事中、事后动态监管，优化省属企业投资管理方式。珠海市国资

委出台《珠海市市属国企投资项目后评价工作指引》，将投资项目后评价纳入企业日常评价体系、企业负责人年度考核及任期考核当中，促进企业管理人员科学决策。

(二)突出试点先行，以点带面推动改革

一是深入推进体制机制创新试点工作。广东省国资委一步一个脚印，扎实推进自2015年开始的所属50家二三级企业体制机制创新试点工作，充分发挥改革试点的示范作用。重点从体制机制上对这些试点企业实施综合改革，并"一企一策"制定改革方案，充分激发企业内生动力。恒健控股公司与建信信托公司分别出资持股51%和49%，组建总额200亿元的广东省国有企业重组发展基金，基金采取"母基金+子基金"形式运作，充分撬动社会资本参与深化国资国企改革。母基金首期规模15亿元，已设新能源、旅游、地下管廊等五个子基金，配套支持体制机制创新试点改革。截至2016年底，广东省国有企业重组发展基金已完成对16户试点企业的投资工作，3家企业已实现在全国中小企业股份转让系统挂牌；共计22家企业开展员工持股方案制定工作，其中9家企业完成员工持股。深圳市实施基金群战略，优化国资布局结构，全系统基金群规模达到2355亿元。

二是积极推进国有资本投资、运营公司试点。广东省国资委于2016年1月初正式下发文件，正式推动粤海控股公司、恒健控股公司分别开展国有资本投资、运营公司试点。根据广东省国资委权责清单及企业请示，多次前往试点企业进行面对面的沟通交流，专项协调解决改革过程中遇到的重点难点问题。指导试点企业落实改革实施方案，稳妥推进授权管理；在广东省国资委53项权责清单的基础上，进一步给予粤海控股公司董事会14项授权，给予恒健控股公司董事会9项授权。深圳市国资委以投控集团对标新加坡淡马锡公司作为综合改革试点，探索国资市场化监管运营体制机制。

三是稳步开展混合所有制企业员工持股试点。广东省国资委制定《广东省国有控股混合所有制企业开展员工持股试点的实施细则》，全省首批试点企业为5～10户，在全省国资系统内通过主动申报、专家评分、竞争筛选的方式进行试点企业公开公平公正选取。广州市国资委探索推进竞争性企业集团层面混合所有制改革试点，市属海格通信、广电运通、广州浪奇、广药白云山等上市公司结合定向增发等推进员工持股，实施"二次混改"。深圳市国资委深化混合所有制改革，完成2家企业混改工作，对3家企业的混改方案出具立项批复；积极开展管理层和核心骨干持股工作，加强与国务院国资委、国家发展改革委等部门的沟通，努力在员工持股范围、持股对象、持股比例等方面寻求突破。

(三)突出示范引领，推进国有企业供给侧结构性改革

广东省国资系统坚决贯彻落实广东省省委省政府关于供给侧结构性改革的决策部署，大力推进"三去一降一补"重点工作，优化国有资本布局，提升企业创新能力及竞争力。

一是全面启动出清重组"僵尸企业"工作。广东省政府于2016年初出台《关于全省国企出清重组"僵尸企业"促进国资结构优化的指导意见》以及《省属国企出清重组"僵尸企业"促进国资结构优化的实施方案》，广东省国资委出台省属企业出清关停企业工作指引和全省国企优化重组特困企业的实施意见。在实际操作中，广东省国有"僵尸企业"划分为关停企业及特困企业两大类，通过"兼并重组一批、关闭破产一批"，推进关停企业出清；通过"兼并重组盘活一批、资本运营做实一批、创新发展提升一批、关闭破产退出一批"，加快特困企业优化重组。截至2016年底，全省完成国有关停企业出清重组2394户，实现国有特困企业脱困427户，妥善安置职工17000多人。其中省属企业完成国有关停企业出清重组406户，实现国有特困企业脱困171户，妥善安置职工4000多人。

二是积极开展去库存、去杠杆工作。广东省国资委会同省建工集团积极构建住房租赁平台，指导推进省属国企专业化住房租赁平台组建工作，培育和发展广东省住房租赁市场。租赁平台建鑫公司组建工作顺利完成，建鑫公司积极与各地市政府对接，试点工作有序推进，已与肇庆、佛山、汕头、清远、东莞等市开展合作。抓住国家降杠杆的有利机遇，与工商银行、建设银行等金融机构合作，在省广晟公司、省交通集团、广州交通投资公司开展市场化债权转股权试点，涉及金额达到350亿元。

三是降本增效成果明显。广东省各地、各省属企业采取各种有效措施，千方百计降低成本，特别是加强资金集中统一管理，实现“统一监管、统一预算、统一信贷、统一调控、统一结算”五统一，提高经济效益。成本费用实现同比降幅超过10%的省属企业有6户，特别是贸易企业降成本成果显著，其中广物控股集团成本费用同比降幅达到45.65%，商贸集团成本费用同比降幅为28%。省丝纺集团严控人工成本和各项费用支出，集团总部管理费用同比降幅达到18%。粤电集团精细管理控成本，集团营业总成本同比降低19.34%。广新置业对施工工程各步骤采取精细管控，使建设成本每平方米节约112元。广州市属广药集团探索原材料集中采购模式，节约成本近5亿元。

此外，全省国资系统积极开展战略合作。广晟公司正加快落实揭阳中德中小企业合作基金、广晟汕头基金、广晟韶关基金。省盐业集团与茂名、梅州、阳江、湛江等地合作进行“三旧”改造开发和盐场棚户区改造项目。广轻控股与潮州市政府合作建设中国(潮州)工艺美术城项目，打造公益美术特色小镇。广州万宝、韶关市国资委及韶铸集团三方签署战略合作框架协议，力争将韶铸集团打造成为华南地区铸锻件龙头企业。

(四)突出动能转换，推进国有企业转型发展

着眼于改革举措的落地和资本布局的优化，广东省国资委出台《广东省省属企业实施创新驱动战略加快转型升级的指导意见》，重点建立综合排名和单项奖励机制、项目跟投机制、创新项目贴息机制、超额研发投入后补助制度等七个机制。广东省国资委在广泛调研和充分借鉴兄弟省市经验、用足用好国家和广东省相关政策的基础上，制定《关于加快创新创业推动省属企业发展的若干措施》，将更好激发省属企业活力，做强主业、做优结构、做大增量，促进企业转型升级和发展壮大。省属企业拥有高新技术企业58家，拥有国家级实验室、技术中心、博士后工作站及省级科研机构等各类研发机构193个。

广州市出台《关于推动市属国有企业加快创新驱动发展的若干意见》及研发补助办法，大力实施创新驱动战略，组建广州市国资国企创新战略联盟，成为国内首个地方性国企创新联盟。深圳市出台《关于促进市属国有企业创新发展的若干措施》，在加强创新基础、创新激励机制、培育创新人才、加大创新投入、大力服务“双创”等方面形成28项措施。省机场集团在完成国家级航空枢纽建设、铁投集团在推进城际轨道建设中，积极探索成立“项目+资源”等综合回报模式，努力增强企业发展后劲。珠海格力电器全年申请专利突破6000项，拥有1个国家重点实验室、2个国家级技术研究中心。

广东省国有企业积极培育增长新动能，突出动能转换，优化国有资本布局结构。广业公司坚持以“跨界、融合、共享”的发展理念谋划新一轮的创新驱动发展，大数据业务发展取得新成效，科技创新项目取得新进展。省联合电服公司与广物控股集团签署战略合作协议，完成预付卡系统的全面升级改造工作，精心策划推出第三方支付品牌“粤通宝”。产权交易集团构建“全口径、全领域、全链条”的非标准化权益交易资本市场，交易宗数稳居全国近300家同业机构第一位。深圳市设立国资改革与战略发展基金及管理公司——鲲鹏资本，首期160亿元出资已到位。江门建设集团与粤科金融集团各出资5亿元组建市区域创新母基金。佛山市金控公司与深圳市创新投资集团合资成立佛山市红土创新创业产业引导基金管理有限公司，双创基金第一批子基金已完成募集。顺德设立创新发展城市建设基金，撬动更多的社会资本。汕头、汕尾、云浮、梅州、潮州等市组建粤东西北发展股权基金，为地方经济发展搭建融资平台。

二、广东省国有资产总量与结构分析

2016年，广东省国有企业(不含央企、其他省份驻广东省企业，下同)的资产总额73696.45亿元，同比增长11.12%；实现营业收入15130.54亿元，同比增长5.35%；实现利润总额1620.51亿元，同比增长2.05%；实现净利润(归属于母公司)759.2亿元，同比增长7.84%。

表1　2016年广东省所属国有企业指标

项　　目	金额(亿元)
资产总额	73696.45
所有者权益合计	27634.11
营业总收入	15130.54
利润总额	1620.51
净利润	1226.07
归属于母公司所有者的净利润	759.20
本年应交税费总额	1399.52
本年实际上缴税费总额	1361.82

表2　2016年广东省国有企业户数情况

项　目	2015年	2016年	比上年增长(%)
户数(户)	9771	9899	1.31

2016年,广东省国有企业9899户,其中省直企业3082户,各市企业6817户。在省直企业中,广东省国资委监管企业为2480户(其中一级企业集团20户),其他省直部门监管的企业有602户。

2016年,广东省国有资本总量21433.45亿元,其中省直企业4895.09亿元,各市企业16538.37亿元。在省直企业中,广东省国资委监管企业年末国有资本总量3960.88亿元,其他省直部门监管企业934.21亿元。

表3　2016年广东省国有资产地区分布情况

地　　区	国有资产(亿元)	占国有资产总量比重(%)
全省合计	21433.45	100.00
省直国有企业	4895.09	22.84
其中:省国资委监管企业	3960.88	18.48
其他省直部门监管企业	934.21	4.36
各市国有企业	16538.37	77.16
广州市	5412.89	25.25
深圳市	5720.00	26.69
珠海市	1439.44	6.72
汕头市	125.19	0.58
佛山市	673.09	3.14
韶关市	112.31	0.52
河源市	116.75	0.54
梅州市	15.35	0.07
惠州市	288.79	1.35
汕尾市	29.28	0.14
东莞市	592.73	2.77
中山市	380.74	1.78
江门市	465.89	2.17
阳江市	86.88	0.41
湛江市	191.58	0.89
茂名市	226.19	1.06
肇庆市	228.36	1.07
清远市	120.87	0.56
潮州市	99.29	0.46
揭阳市	75.41	0.35
云浮市	137.33	0.64

2016年,全省国有企业资产仍主要集中在珠江三角洲地区,珠江三角洲地区国有企业的资产总额55047.84亿元,占全省地市的94.85%。特别是广州和深圳的国有企业,资产总额占全省国有企业的份额从2006年的47.96%上升到2016年的55.16%,两个中心城市作为广东省区域经济发展的龙头,呈现出不断加快发展的态势。

国有企业户数有所增加,国有资产总额也维持高速增长的态势。2016年国有企业9899户,比上年增加128户。国有资产总额21433.45亿元,比上年增加3002.37亿元,增长16.29%。

表 4　2016 年广东省国有资产行业分布情况

行　业	国有资产（亿元）	占国有资产总量比重(%)
农林牧渔业	62.52	0.29
工业	1630.37	7.61
建筑业	1390.51	6.49
地质勘查及水利业	89.97	0.42
交通运输业	6967.59	32.51
仓储业	126.18	0.59
邮电通信业	6.68	0.03
批发和零售业	476.75	2.22
金融业	—89.31	—0.42
房地产业	2425.21	11.32
信息技术服务业	191.87	0.90
社会服务业	7818.74	36.48
卫生体育福利业	13.97	0.07
教育文化广播业	173.3	0.81
科学研究和技术服务业	101.89	0.48
机关社团及其他	47.24	0.22
合　计	21433.45	100.00

2016 年，在国民经济 16 个大行业中，全省国有企业的资产主要分布在交通运输业、社会服务业、工业、房地产业和建筑业这五个行业。这五个行业的国有资产总量 20232.42 亿元，占全省国有企业的 94.4%。

表 5　2016 年广东省国有资产经营规模分布情况

经营规模	国有资产（亿元）	占国有资产总量比重(%)
大型企业	1133.98	5.29
中型企业	5248.14	24.49
小型企业	10159.92	47.40
微型企业	4891.42	22.82
合　计	21433.45	100.00

三、广东省国有资本保值增值综合分析评价

2016 年，广东省国有企业国有资本保值增值率 103.96%。其中，广东省国资委监管企业国有资本保值增值率 103.14%；其他省直部门监管企业国有资本保值增值率 103.66%；各地市国有企业国有资本保值增值率 104.19%。

分行业情况看，16 个国民经济行业中，14 个行业实现国有资本保值增值。分地市情况看，21 个地市中，有 18 个地市实现国有资本保值增值。

表 6　2016 年广东省国有企业地区和行业国有资本保值增值情况

地　区	国有资本保值增值率(%)	行　业	国有资本保值增值率(%)
全省合计	103.96	全省合计	103.96
省直国有企业	103.23	农林牧渔业	95.31
其中：省国资委监管企业	103.14	工业	106.52
其他省直部门监管企业	103.66	建筑业	103.12
各市国有企业	104.19	地质勘查及水利业	110.88
广州市	105.54	交通运输业	101.79
深圳市	104.46	仓储业	101.80
珠海市	104.02	邮电通信业	104.38
汕头市	100.39	批发和零售业	110.99
佛山市	99.71	金融业	108.22

续表

地　　区	国有资本保值增值率(%)	行　　业	国有资本保值增值率(%)
韶关市	102.86	房地产业	103.73
河源市	100.34	信息技术服务业	109.29
梅州市	95.33	社会服务业	104.17
惠州市	104.07	卫生体育福利业	100.43
汕尾市	100.97	教育文化广播业	106.68
东莞市	104.13	科学研究和技术服务业	101.60
中山市	102.77	机关社团及其他	98.67
江门市	101.84		
阳江市	100.74		
湛江市	96.73		
茂名市	103.12		
肇庆市	107.11		
清远市	103.56		
潮州市	100.66		
揭阳市	101.69		
云浮市	100.65		

四、广东省国资委监管企业改革发展情况

(一)以五年规划为导向引领企业迈步大发展

2016年,广东省国资委扎实开展"十三五"规划编制工作,以规划引领企业发展,于下半年正式出台《广东省省属国有资本优化布局与结构调整"十三五"规划纲要》。该轮规划着力体现与企业主业梳理结合、与投资管理结合、与创新驱动结合、与经营业绩考核相结合等"四结合"的特点,充分强调可操作性,显著体现四个特点:一是以国有资本布局结构优化调整为主题。突出问题导向,着力谋划解决省属国资布局欠优、结构欠合理等现实问题。二是突出"创新驱动和转型升级"主线。提出培育"互联网+大数据"、装备制造、新能源、新材料等主业,突出抓好创新驱动七项机制落实。三是强调任务分解和落实,压实每个省属企业做强主业的任务。四是突出战略协同。提出建立利益共享和分成的考核引导机制,通过产权重组、合资合作、技术联盟、委托经营等多种形式,实现省属国资"一盘棋"格局。

为加强战略管理,提高规划编制的针对性及导向性,广东省国资委在出资人及省属企业两个层面同步推进"十三五"规划编制。经过逐户走访、督导,有力指导和推动省属企业完成"十三五"发展战略规划编制工作;着重从规划目标、发展重点、落实路径等方面,对各省属企业战略规划进行审核,下发审核意见。

(二)结合管资本要求出台新的投资监督管理办法

广东省国资委于2016年8月正式印发《广东省省属企业投资监督管理办法》,进一步完善省属企业投资管理方式。具体做法包括:一是下放投资决策权限,提升企业活力和决策效率。对投资项目实行分类、分级管理,非限额以上投资项目由省属企业自行决策,限额以上投资项目报省国资委审核。二是建立

省属企业投资项目库。1000万元以上投资项目自开展可行性研究阶段起纳入项目库，定期报送项目进展，进行事前、事中动态监管。三是完善投资项目后评价、综合评价等制度。省属企业组织开展投资项目后评价，形成项目后评价报告每年定期报送省国资委。广东省国资委按任期每三年对省属企业的投资工作进行综合评价，实施奖惩。

（三）以重点项目为抓手引领企业做强做优做大

广东省国资委大力支持各省属企业按照广东省省委、省政府的统一部署，主动融入广东经济社会发展规划和产业布局，努力成为全省重点项目尤其是公共基础设施项目建设的中坚力量，同时积极发挥重点项目在产业布局结构优化中的引领和带动作用，使之成为企业做强做大的重要支撑。2016年，省属企业投资建设的重大项目及平台129个，投资额9176亿元。其中，87个项目纳入省重点项目计划，投资额7571亿元，占全省重点项目计划的16.53%。省属企业承担的省重点项目主要集中在基础设施建设领域79个，投资额7237亿元，占全省基础设施重点项目计划的29.97%，占省属投资额的95.59%；对广东省高速公路、轨道交通（铁路）通车里程位列全国第一发挥至关重要的作用，为全省社会经济保持平稳运行、实现区域平衡发展作出重要贡献。

（四）围绕国家“一带一路”战略加强国际化经营管理

为积极响应国家“一带一路”战略部署，广东省国资委鼓励有实力的省属企业积极稳妥“走出去”，利用国内外两个市场两种资源，获取重要资源、关键技术、知名品牌及市场渠道。一是稳步推动企业实施境外投资。粤电集团约旦Attarat2×277MW油页岩循环流化床矿电联营项目、航运集团香港屯门新仓码项目等项目顺利完成决策、抓紧推进。二是结合广东省政府部署积极研究到“一带一路”国家发展。积极研究、协商粤电集团和广业公司参与埃塞俄比亚华坚工业园建设、广业公司下属广业投资集团在伊朗投资200万吨/年高硫燃料油脱硫项目。三是积极参与广东国际铁路产业经济区建设。2016年11月30日，该产业经济区首列“广州—南亚”公铁联运国际货运班列开通暨“广东广物国际铁路经济产业园运营有限公司”揭牌，标志着广东省省属国资国企积极融入国家“一带一路”战略取得新成效。

五、广东省国资委监管企业并购重组与完善法人治理结构情况

（一）谋定后动，稳步推进企业并购重组

一是注重顶层设计，战略上给予高度重视。在广东省省委省政府重要改革文件《关于深化国有企业改革的实施意见》中明确：“积极推进省属企业之间的重组整合，对未能进入省属企业前3名的业务板块，鼓励由位居该板块前3名的省属企业重组整合”，“推动有实力的国有控股上市公司通过并购重组，实现对战略性产业的介入，发展优势产业。”在顶层设计的纲领性文件中明确优化国资布局的重要战略意义。

二是充分利用上市平台融资，实现产业升级。广新集团属下上市公司省广股份定增22.4亿元用于进行产业并购，加快公司在大数据方面的布局，通过对用户数据的精准化处理，提高专业化服务水平，进一步扩大客户群体范围和市场发展空间。广晟公司属下中金岭南定增募资15.2亿元用于尾矿资源综合回收及环境治理开发项目、新材料开发、有色金属商品报价线上交易平台架设，打造有色金属产业链综合服务系统。白云机场发行35亿元可转债，为机场扩建筹集低成本资金。

三是利用已有上市平台，通过并购重组做强主业。广业公司和贵糖股份以2.4亿元并购广西糖业资产；交通集团粤高速向复兴集团、保利地产等战略投资者定增44亿元，用于购买路桥资产；广晟公司所属风华高科收购台湾光颉科技，取得高精密度片式组件技术，并与被收购方在产品、技术、市场和客户资源等方面形成优势互补，做强做优主业，完善国际化布局。

四是积极推动并购上市公司，实现战略性布局。广东省国资委推动省属企业通过资本市场实施并购重组，进入战略性新兴产业。2016年，广晟公司收购控股东江环保，布局固废处理新兴产业；广新集团增持东莞上市公司生益科技，成为第一大股东，实现公

司产业链的积极延伸与拓展;广物控股集团收购新三板公司深圳巨正源,布局石化行业,加快转型升级。

(二)建章立制,完善企业法人治理结构

1. 在省属企业范围内全面推行外部董事制度。2016 年,广东省国资委在前期试点基础上,按照"准公共性企业原则上外部董事人数不少于董事会全体成员的 1/3、竞争性企业(含平台类企业)原则上外部董事多于内部董事"的原则,启动省属企业内全面推行外部董事制度的工作。一是适应新政策、新形势的变化,对原有的外部董事管理办法进行修订,增加专职外部董事的相关内容,相应调整外部董事类型、来源、选聘、管理等内容,明确规范外部董事职责、权利、义务。2016 年 11 月,广东省国资委与广东省省委组织部联合印发新修订的《广东省省属国有独资公司外部董事管理暂行办法》。二是经过单位集中推荐、资格审查、综合比选、推荐考察、党委研究、征求意见等环节,在省属企业选拔 11 名专职外部董事人选,并根据省属企业董事会专业结构需要和人选专业特长,选派到 18 家省属企业任职,每家企业安排 1～2 名专职外部董事,每名专职外部董事同时在 2～3 家企业任职。三是通过推荐、自荐及邀约报名等方式,进一步充实兼职外部董事人才库,增补一批法律、财务、金融、投资等方面的专业人才,入库人员现有 130 多名,为下一步选派兼职外部董事打好基础。

2. 实施省属企业国有产权首席代表报告制度。按照《广东省省属企业国有产权首席代表报告制度》,广东省国资委对各监管企业国有产权首席代表上一年度的履职情况进行评议,并向产权代表本人反馈评议结果。从实施的情况看,这一制度有效增强省属企业董事长对国有资本保值增值的责任担当意识和维护出资人权益的自觉性,对省属企业规范决策和企业领导人员规范履职起到积极的促进作用。

3. 大力推进股份制改革,完善法人治理结构。广东省国资委积极策划和推动省属企业子公司股份制改革。2016 年 4 月,推动粤海集团所属广东华金合金材料实业有限公司完成股份制改造,促进体制机制转变,增强企业的市场竞争力和活力,加强企业运营效率,并于 2016 年 11 月实现新三板挂牌。积极推进粤电集团所属广东阳江港港务公司股份制改造,打造现代港口物流服务;支持广业集团所属深圳南联食品有限公司进行股份制改造,完善法人治理结构,为下一步对接多层次资本市场做好充分准备。

六、广东省国资委监管企业建立和完善经营业绩考核体系情况

(一)突出创新,完善提升省属企业考核工作体系

根据中央改革文件精神,广东省国资委结合省属企业实际及近年考核工作的实践,于 2016 年 11 月 8 日印发《广东省省属企业负责人经营业绩考核办法》。新的考核办法落实以管资本为主加强国资监管的总目标,全面启动制度化确定企业净利润基准值机制,突出出资人对资本回报的刚性要求;完善市场化大数据对标考核工作,引导企业树立市场意识,准确把握市场运行趋势,进一步增强考核的针对性、导向性和客观性,提高考核的精准度;发挥考核的引领功能,在加强经济效益指标考核的同时,把党的建设、创新驱动、重点工作、资本运营、结构调整和安全生产等纳入考核内容,全面落实国有企业政治责任、经济责任和社会责任。其中,2015 年省属企业大数据对标考核结果报告书得到省领导的认可。

(二)突出规范,稳步推进薪酬管理市场化改革

为深入贯彻落实国有企业薪酬制度改革精神,广东省国资委于 2016 年初对《广东省省属企业薪酬管理办法》进行重新修订,并出台《广东省省属企业工资总额预算管理暂行办法》。新的办法将薪酬管理模式由原来的计划式机制调整为与企业效益增长情况相适应的工效联动机制,规范薪酬管理口径,从主要针对工资性支出的薪酬概念扩展到全面人工成本范畴;建立工资总额预算管理制度,实现工资总额增减与宏观经济、企业效益、人工成本以及工资水平紧密挂钩,进一步推动省属企业薪酬管理趋向规范化和市场化。

2016 年是广东省省属企业工资总额预算管理元年,薪酬分配工作的重点是指导省属企业根据实际建

立工效联动机制，逐步形成市场化的工资决定和正常增长机制。广东省国资委积极引导企业转变思维，加强学习研究新机制。目前各省属企业已基本建立工资与效益挂钩的联动机制。

根据中央薪改办要求，广东省国资委跟踪落实全省省属企业负责人2015年薪酬制度改革情况并形成报告。整体来看，广东省30家较大规模的省属企业负责人的薪酬核定均能按照国家及省的有关规定执行，较好地体现"业绩升，薪酬升；业绩降，薪酬降"的理念。继2015年完成各地市国有企业负责人薪酬制度改革实施方案的批复之后，全省各地市全面启动国有企业负责人薪酬制度改革工作，其中部分地市（区）着手开展县（区）以下国企负责人薪酬制度改革方案的制定工作。

（三）指导各地市完善履职待遇和业务支出管理制度

根据《广东省省属企业负责人履职待遇和业务支出管理办法》，广东省国资委指导深圳、东莞、中山等地市（区）落实相关规范要求。截至2016年底，全省22个地市基本完成相关制度的制定工作。

七、广东省国资委监管企业负责人考核与选人用人机制改革情况

（一）强化企业领导班子建设力度

广东省国资委党委严格落实对党忠诚、勇于创新、治企有方、兴企有为、清正廉洁"20字"要求，着力建设高素质国有企业领导人员队伍。选人用人进一步规范。严格执行选人用人程序，严把人选考察甄别关口，2016年协助省委组织部选配省属企业正职17名；选配纪委书记10名；选聘企业经营班子副职10名。后备人才教育培养进一步强化。结合任期考核对企业中层管理人员、党外干部进行摸底。继续举办全面风险管理研修班，与广东省省委组织部人才处合作举办省属企业优秀经营管理人才培训班，取得较好的培训效果。

（二）首次实施监管企业负责人任期综合考核

2016年，广东省国资委会同广东省委组织部开展省属企业领导班子和领导人员2013—2015年三年任期综合考核，通过听取企业班子述职、综合测评、个别谈话、征求意见等方式，对企业领导班子和领导人员近三年任期履职情况进行考核，并对领导班子和领导人员进行分析研判，形成综合评价报告，为进一步优化企业领导班子结构和调整企业领导人员配备打下良好基础。

（三）积极稳妥推进选人用人机制市场化改革

广东省国资委始终坚持党管干部原则与市场化选人用人相结合，努力探索实践党管干部、市场化机制产生干部、企业法人治理结构规范运作三者结合的有效方式，积极建立适应现代企业制度要求和市场竞争需要的选人用人机制。2016年，广东省国资委大力推动省属企业贯彻实施《关于推进市场化选聘省属企业高级管理人员工作的指导意见（试行）》，研究起草现任企业领导人员转任职业经理人的指导意见，指导省属企业扎实推进市场化选聘及建立职业经理人制度。结合任期考核等工作，广东省国资委对省产权交易集团市场化经营班子运作情况开展跟踪调研，指导董事会进一步完善和规范管理，深化改革效果。积极推动企业"三项制度"改革，引导企业逐步健全管理人员竞争性选聘制度和员工市场化公开招聘制度，并将企业选聘任中层正职的职业经理人纳入备案管理。从2016年底省属企业党建工作调研了解到的情况看，市场化竞争性选聘已成为企业引入管理人才的主渠道。

八、广东省国资委监管企业党的建设和廉政建设情况

截至2016年底，隶属于广东省国资委党委的基层党组织有2969个，其中党委310个、党总支169个、党支部2490个，党员50326名，其中在职党员32130名。

2016年，广东省国资系统深入学习贯彻习近平总书记系列重要讲话精神，突出抓好党的十八届六中全会、全国国企党建工作会议精神及广东省委十一届八次全会精神的贯彻落实，认真履行全面从严治党主体责任，在深化国企改革发展中牢固坚持党的领导加强党的建设，各项工作都取得明显成效，为做强做优做大国有企业，提供坚强的组织保障。

(一)管党治党责任进一步落实

认真贯彻党中央及广东省委关于全面从严治党的工作要求,严格落实党建工作主体责任。一是党建工作制度上实现重大突破。配合广东省省委组织部制定出台《关于在深化国企改革中坚持党的领导加强党的建设的实施意见》,制定出台《省属企业议事决策贯彻落实民主集中制操作规程》,修订《省属企业负责人经营业绩考核办法》,首次设立党建工作指标。省属企业党建工作制度体系基本形成。二是党建工作内容上实现重大突破。集中开展企业公司章程修订工作,各企业按要求把党组织的机构设置、职责分工等纳入公司章程,严格落实党组织在公司法人治理结构中的法定地位。三是党建工作力量上实现重大突破。会同广东省省委组织部在全国率先开展集中选配省属企业专职党委副书记工作,从省属企业、机关事业单位和高校中选拔优秀干部充实国企党建工作队伍,21户省属国企专职党委副书记全部配备到位,进一步强化党建工作队伍。

(二)"两学一做"学习教育成效明显

严格按照广东省委的部署要求,广东省国资委结合国资国企实际扎实推进学习教育。一是在"学"这个基础上,学习培训抓出特色。先后组织四期"广东国企学习论坛",举办两期学习教育示范培训班,举行党课巡回宣讲。各企业突出特色全面开展学习。广东省国资委和各企业领导班子成员带头讲党课400多次,全系统开展培训1300多次。二是在"做"这个关键上,作用发挥树立榜样。广东省国资委党委围绕如何在工作岗位上做合格党员,组织各省属企业开展不同特色的活动。在中国共产党成立95周年之际,广东省国资委党委在全系统树立起一批先进典型,对省国资委系统49名优秀共产党员、50名优秀党务工作者和49个先进基层党组织进行表彰。省国资委系统6个先进基层党组织、7名优秀党务工作者受到广东省省委的表彰,广东省交通集团有限公司西部沿海高速运营公司被评为全国先进基层党组织。

(三)党风廉政建设深入推进

认真落实党风廉政建设"两个责任",深入推进党风廉政建设和反腐败工作。一是党风廉政建设制度日益完善。制定《关于落实"三个区分"原则激发省属企业改革创新活力的意见》,既严格执纪,又保护党员干部干事创业的积极性;制定《关于对省属国有企业开展内部巡察工作的指导意见》,明确巡察工作的重点、程序、组织机构和工作纪律;制定《省属企业党风廉政建设防控廉洁风险常见问题清单》,进一步加强对省属企业廉洁风险常见问题的防控。二是加大执纪审查力度。广东省纪委驻省国资委纪检组和各省属企业纪委按照上级纪委部署,落实全面从严治党要求,加强执纪审查工作,不断巩固"不敢腐"的震慑效果。全年收到信访举报件680件,立案195宗,"两规"11人,已移送司法机关处理17人。其中,广东省纪委驻省国资委纪检组立案56宗,各省属企业纪委立案139宗。三是领导人员家属经商办企业行为更加规范。认真开展规范领导干部配偶、子女及其配偶经商办企业行为有关工作,组织省属企业党委对企业领导人员亲属经商办企业事项进行初核。四是执纪问责力度持续加大。组织5轮对8户省属企业的专项巡察,发现问题106项,根据巡察移交问题线索立案34宗。指导省属企业开展内部巡察,有效延伸监督执纪的触角。建立问题整改情况督导机制,通过开展整改情况"回头看",全面检查、指导省属企业巡视巡察问题整改工作并进行通报,督促企业以问题整改为契机,提升廉洁风险防控工作水平。

(四)基层党建工作全面夯实提升

把抓好基层党建作为工作重点,认真解决省属企业基层党建工作长期积累的问题。一是基层党建重点任务顺利完成。开展党员组织关系集中排查,稳妥推进基层党组织按期换届,抓好党费收缴工作。二是书记项目和挂点帮扶基层党组织制度深入实施。各级党组织书记以书记项目为抓手切实履行好第一责任人责任,广东省国资委主任、党委书记李成带头推进书记项目,各企业精心组织,开展200多个各具特色的党建书记项目。深入实施挂点帮带服务基层党组织制度,省国资委班子成员和省属一、二级企业党员领导人员分别挂点联系1个基层企业党组织,帮助基层党组织解决一批实际问题。三是各企业基层党建工作特色明显。广东省广新控股集团有限公司研究制定《关于在深化国有企业改革中推动落实基层党建"加减乘除"

工作方法的意见》，广东恒健投资控股有限公司党委在省属企业中首先明确党建工作经费按照公司上年度职工工资总额的5%安排，广东联合电子服务股份有限公司党委自主研发"党建网＋党务管理系统＋手机微信端"的党建信息化综合平台。

（五）社会主义核心价值观建设和群团工作取得明显成效

认真贯彻落实省委部署，积极培育和践行社会主义核心价值观，扎实做好群团工作。一是社会主义核心价值观建设深入推进。抓好核心价值观主题广场的创建工作，推动云浮广业硫铁矿集团有限公司等4户单位被评为省级"车间里的价值观"主题教育实践活动示范点，白天鹅宾馆等3户企业入选广东省"新品牌"。二是群团工作有声有色。联合团省委、省直机关工委开展"展翅计划"，推广开展兼职实习、勤工俭学等项目。组织实施新生代产业工人"圆梦计划"，指导各省属企业选送超过200名职工就读大学。积极组织申报全国、全省"两红两优"等评先活动，19人获评省"优秀共青团员"，15人获评省"优秀共青团干部"，7个单位获评省"五四红旗团委"。

（撰稿人：刘健敏）

深圳市

一、深圳市国有资产监督管理工作综述

2016年，深圳市国资国企在市委、市政府正确领导下，直面挑战、积极进取、勇担使命，坚持以"五大发展理念"和深圳质量、深圳标准为指引，以供给侧结构性改革为主线，以改革激活力、优结构、促发展、惠民生，国有经济保持有质量的稳定增长。

2016年，深圳市国有企业资产总额12331亿元，所有者权益总额7005亿元；全市国有企业累计实现营业总收入1726亿元，利润总额370亿元，上缴税金242亿元。市属国企资产规模、营业收入再创历史新高，总资产首次突破万亿元大关，达到10956亿元，增长7%；净资产6239亿元，增长17%；国有净资产4826亿元，增长21%；营业收入1492亿元，增长9%；实现利润总额341亿元，上缴税金234亿元，均创市国资委成立以来历史第二高。在全国37个省级监管企业系统中，市属国企总资产排名第14名，利润排名第四，成本费用利润率继续稳居第一。

（一）坚持遵循市场规律，深化国资国企改革

深圳市国资国企认真贯彻落实中央关于国企改革"1＋N"文件精神，发挥特区优势，勇于先行先试，改革工作取得新进展新成效。

顶层设计基本成型。市委深改组审议通过深化市属国企改革实施方案，明确新一轮国企改革的思路原则、四大路径、六大目标和十大任务，聚焦监管体制、现代企业制度、国企党建、创新驱动、布局优化、做强做优做大等重点，勇当全国国企改革排头兵和试验田。市国资委围绕权责关系、结构调整、选人用人、激励约束等领域，形成12个配套改革文件，致力增强改革制度间的系统性、协同性。深圳特色的"1＋12"改革文件得到国务院国资委的肯定，中央电视台等国家主流媒体进行广泛报导，成为新时期深圳特区继续引领全国改革的生动写照。

重点改革全面展开。规范推进混合所有制改革，完成盛波光电、特发物业等3家企业混改工作。制定管理层和核心骨干持股办法，放宽持股范围、对象和比例，全年推进6家企业开展持股工作，完成1家。制定专职外部董事管理办法，完成水务、创新投等企业专职外部董事配备工作。落实市委、市政府促进人才优先发展的要求，出台专门办法，推进13家中小企业开展市场化选聘试点，建立110人的后备人才库。出台市属企业负责人薪酬制度改革方案和经营业绩考核办法，构建与选任方式相匹配、短期效益和长期发展相结合、突出分类考核的薪酬分配体系。

监管体制更趋完善。按照管资本要求，市国资委完成新一轮内设机构及职能的优化调整。制定国资监管权责清单，下放或取消23项权限，保留17项。落实市委、市政府部署，积极探索国资市场化监管运营"深圳模式"，推进投控对标淡马锡，打造国际一流国有资本投资公司。完善区级国资监管，宝安和龙华建立起"1＋8"、龙岗建立"1＋6"、光明建立"1＋4"等各具特色的国资监管制度体系。各区（新区）在整合推

进街道出资企业统一监管,组建金控、产业服务等平台公司,设立产业、创新、创投基金等方面做了大量工作,取得良好成效。

(二)坚持资源优化配置,系统推进资本运作

上市融资取得重大进展。重点推动建科院及中新赛克两家企业的IPO,两家企业的IPO上市申请均获证监会受理;赛格集团核心资产整体上市获证监会审核通过。为提升国有资本证券化水平,进一步推动优质资源向上市公司集中,赛格集团稳步推进赛格股份重大资产重组,重组方案获得证监会审核通过,待证监会核准后继续推进资产过户和配套融资等后续工作。

并购重组大力推进。投控成功收购天音控股公司,完成深圳湾科技与高新建、体育中心与体育风尚整合,有序推进深深房等资产重组;地铁与万科重组取得重大突破;天健集团完成对粤通公司整合;巴士完成对深业下属出租车资源整合。市国资委牵头各区,完成全市88家"僵尸企业"出清重组,超额1/3完成省政府下达的任务。

基金群战略开创新局面。总规模1500亿元的国资改革与战略发展基金完成设立,并开始运作,已相继成立深圳市重大产业基金、下一代蓝全球创新技术并购等子基金。各类特色基金快速发展,投控参与发起设立国内规模最大的国家级国有资本风险投资基金,并积极争取落户深圳;创新投荣获清科中国创业投资本土机构第一名;远致富海入选最佳回报中资私募机构前十名;地铁积极打造前海基金小镇。全系统基金群规模超过2500亿元。

(三)创新驱动发展成果丰硕

服务"双创"成绩耀眼。圆满完成全国"双创周"主会场任务,李克强总理亲临现场并给予高度评价。深圳湾品牌享誉海内外,获得国家发改委的赞许,"北有中关村、南有深圳湾"唱响全国。创新投、高新投、中小担全年扶持48家中小微企业上市,累计达到394家,其中深圳287家;全年扶持109家企业挂牌新三板,累计达到308家。赛格众创空间荣获"国家级科技企业孵化基地"。

创新生态体系持续优化。市国资委出台全国地方国资首个综合性创新政策文件及考核、激励、创新成果转化等相关制度,得到高度肯定;安排自主创新专项资金2965万元,奖励扶持项目51个;首次对优秀创新团队和特殊人才予以重奖,奖励资金495万元。市属国企新增国家级研发平台5个、产业技术创新联盟6个、各类研发机构16个。

创新转型亮点频出。全系统战略性新兴产业营业收入同比增长36%,利润增长39%。投控积极打造金控平台,推进实施"一区多园"模式。巴士、东部公交圆满完成6597台纯电动公交更换任务,双双荣获"全国交通运输节能减排先进单位"。农产品、免税、天健、振业、特发等18家企业分别获得"深圳百强企业"和"深圳质量百强企业"。

(四)"走出去"迈出实质性步伐,推进市属国资国企国际化布局

发挥战略指导作用鼓励市属国企"走出去"。市国资委根据国家"走出去"战略布局及有关援外计划、深圳产业发展规划等,结合企业实际,从战略层面开展以下部署:一是引导企业在"十三五"期间重点面向非洲、东南亚等国家扩大电力能源项目投资合作,加强海空港项目投资建设,提高产业园区建设的规模和水平,促进农产品、免税商品的贸易发展。二是鼓励支持市属国企利用各自优势参与"一带一路"沿线国家基础建设互通互联、资源开发、经贸合作、金融合作、人文交流、生态保护等领域的国际合作与交流。三是加快推进重点企业"走出去"步伐,更大力度支持深圳能源境外能源投资项目、地铁集团境外城市轨道交通运营项目、盐田港集团东南亚国家港口及临港产业园区项目、燃气集团开拓国际清洁能源项目、农产品国际贸易业务以及深圳机场、盐田港集团等企业加快完善"一带一路"沿线国家城市的航线布局。四是支持有条件企业建设海外孵化器,打造深圳在海外的科技创新中心,推进深圳建设国际化创新城市,促进高新科技项目回深圳投资,助力市属国企深度融入全球产业链。五是探索开展基金的国际化运营,利用基金群开展跨国并购,支持产业集团参与发起设立境外基金。六是推进实施"抱团出海"策略,鼓励市属国企与国际化程度较高的央企民企合作,组织市属国企抱团出海,加强境外合作交流。

坚持创新发展提升企业国际化经营水平。指导市属国企在"走出去"国际化布局中践行创新驱动发展战略，进一步提升国际竞争力：一是坚持市场创新，以战略目标为导向，积极实施“走出去”，利用国际国内两个市场，两种资源，将国内非经济性产能有效转换成项目所在国的经济性产能，实现互利共赢。二是坚持技术创新，在投资设备和技术选择上要高标准、严要求。三是坚持管理创新，在项目建设和运营管理上，要树立品牌意识，以国际同类先进企业为标杆，努力提升“走出去”企业的经营能力和管理水平。

完善海外投资配套制度营造良好发展条件。加强国资海外投资配套措施建设，为企业“走出去”发展营造良好条件。一是加强境外国有资产监管。在市属国企改革促进发展“1+12”系列文件的基础上，市国资委出台《深圳市属国有企业境外投资监督管理暂行规定》（以下简称《规定》）。《规定》对国资国企境外投资的总体原则，投资监督管理体系、投资管理程序、风险防控举措、责任追究等进行规定，进一步加强企业境外投资活动的监督管理，促进企业境外投资活动依法合规、健康有序地开展。二是业绩考核予以倾斜。针对企业在海外收购资源项目、开展生产经营活动难度很大、短期内难以实现整体盈利的情况，研究实行考核单列，在考核政策和办法上适当倾斜。三是加大资金引导力度。加强“走出去”金融支持，为企业与金融机构“走出去”牵线搭桥；对企业申报的符合国家战略和企业发展战略的境外项目，在国有资本收益预算中适当予以支持；对海外投资实施效果突出、取得显著经济效益和社会效益的给予企业或管理团队专项奖励。四是加强人才培养。结合市属国资国企深化市场化选人用人机制改革，加大国际化人才市场化选聘和配置力度，鼓励“走出去”企业逐步推进境外经营管理人才本土化。

二、深圳市国有资产总量与结构分析

表1　2016年深圳市所属国有企业指标

项　目	金额(亿元)
资产总额	12331
所有者权益	7005
国有资产总量	6008
营业收入	1726
利润总额	370
净利润	278
归属于母公司的所有者净利润	200
应交税金总额	255
实际上缴税金总额	242

表2　2016年深圳市国有企业户数情况

项　目	2015年	2016年	比上年增长(%)
户数(户)	1702	1803	5.9

2016年，深圳市国有企业并表企业户数1803户，比2014年净增加101户，增长5.9%。

表3　2016年深圳市国有资产地区分布情况

地　区	国有资产(亿元)	占国有资产总量比重(%)
深圳市属企业	5410	90.05
宝安区	185	3.08
大鹏新区	42	0.70
福田区	70	1.17
光明新区	45	0.75
龙岗区	70	1.17
龙华区	12	0.20
罗湖区	1	0.02
南山区	108	1.80
坪山区	25	0.42
盐田区	40	0.67
各区合计	598	9.95
合　计	6008	100.00

表4　2016年深圳市国有资产行业分布情况

行　　业	国有资产(亿元)	占国有资产总量比重(%)
电力、热力生产和供应业	372.50	6.20
道路运输业	1798.81	29.94
资本市场服务	339.86	5.66
房地产业	1109.84	18.47
商务服务业	987.00	16.43

深圳市国有资产主要分布在道路运输业、房地产业、商务服务业、电力、热力生产和供应业和资本市场服务五大行业。2016年,全市国有资产总量6008亿元。其中,五大行业国有资产总量合计为4608亿元,占比76.7%。道路运输业主要是地铁、机场、港口和高速公路企业;工业企业主要是电力、供水、燃气和电子生产制造企业;金融业主要是证券、创投和担保公司。

表5　2016年深圳市国有资产经营规模分布情况

经营规模	国有资产(亿元)	占国有资产总量比重(%)
大型企业	5308	88.3
中型企业	116	1.9
小型企业	167	2.8
微型企业	417	6.9
合　　计	6008	100.0

从国有资产总量看,深圳市国有企业仍以大型企业为主,占全市国有资产总量的88.3%,中小微型企业所占比重较小。

三、深圳市国有资本保值增值综合分析评价

2016年,深圳市国有企业经营效益良好,较好完成国有资本保值增值任务,国有资本保值增值率103.8%。

全部行业2016年均实现国有资本保值增值。其中,邮电通信业保值增值率为131.5%,保值增值水平最高;邮电通信业、房地产业、卫生体育福利业、金融业、批发和零售业、信息技术服务业、仓储业和科学研究和技术服务业等8个行业的保值增值率超过110%。

表6　2016年深圳市国有企业地区和行业国有资本保值增值情况

地　区	国有资本保值增值率(%)	行　　业	国有资本保值增值率(%)
市属国企	103.8	金融业	116.3
		建筑业	106.1
		批发和零售业	113.5
		房地产业	120.4
		工业	103.2
		科学研究与技术服务业	111.3
		仓储业	111.5
		邮电通信业	131.5
		卫生体育福利业	116.5
		信息技术服务业	112.5
		教育文化广播业	109.3
		社会服务业	107.8

四、深圳市国资委监管企业股份制改革与上市融资情况

2家企业积极推进IPO上市工作。重点推动建科院及中新赛克两家企业的IPO,两家企业的IPO上市申请均获证监会受理,在排队审核过程中。

1家市属国企整体上市工作取得重大进展。赛格集团核心资产整体上市获证监会审核通过。为提升国有资本证券化水平,进一步推动优质资源向上市公司集中,赛格集团于2015年启动赛格股份重大资产重组,期间克服土地房产处置、赛格地产股东超过200人、房地产企业核查等问题,顺利取得合法合规经营相关证明,重组方案获得证监会审核通过,待证监会核准后再完成资产过户和配套融资等后续工作。

3家市属国企完成混合所有制改革。盛波光电完成引进战略投资者工作,通过引进外部战略性资源有效支持企业加快发展;特发物业圆满完成引进

战略者同时实施管理层核心骨干持股；城交中心完成引进战略者同时实施管理层核心骨干立项和总体方案审核后，正在联合产权交易所履行公开挂牌程序。

五、深圳市国资委监管企业并购重组与完善法人治理结构情况

（一）加大力度推进2家市属国有控股上市公司并购重组工作

圆满完成天健集团整合粤通公司工作。在市政府协调支持下，历时近2年，克服法定图则变更、资产评估基准日变更、土地资产处置等一系列困难的基础上，9月29日，投控公司与天健集团正式签署《深圳市粤通建设工程有限公司股权转让合同》，粤通公司整合重组工作圆满完成。

顺利完成深南电重大资产重组。积极推进深南电出售其持有的中山房地产公司股权，构成重大资产重组事项。该部分股权通过竞拍，以较起拍价格溢价12倍的价格10.3亿元被深圳市欧富源科技有限公司拍得。该公司按照协议约定向深南电支付19.52亿元交易价款，双方正积极办理相关股权交割手续。

（二）以管资本为主深入实施基金群战略，推进并购重组

完成设立混合型并购基金。根据市委市政府《关于支持企业提升竞争力的若干措施》要求，推动混合型并购基金及其管理公司按要求迅速完成设立，首期基金160亿元出资全部到位。该基金与市场化机构开展商业谈判，签约合作发起设立首支商业化子基金。

完成设立重大产业发展基金。根据市委市政府《关于支持企业提升竞争力的若干措施》及关于华星光电G11代线项目投资进展要求，及时会同其他相关部门起草重大产业发展基金的组建方案及管理办法，在提交市政府审定后，设立重大产业发展基金。80亿元注册资本全部到位，完成投资36亿元。

（三）创新方式、主动作为，支持市属国企利用资本市场加快发展

一是支持投控公司面向市场开展对上市公司天音控股的收购，成为其第一大股东。二是为进一步提升市属国资控制力，抓住时间窗口，争取战略主动，增持农产品股份2%；市属国资持股比例提升至34%，稳固第一大股东地位。三是推进完成深圳国际以股代息工作，完成后市属国资持股比例提升至44.26%，以股代息金额4.15亿港元，有力支持深圳国际加快发展，也为后续资本运作提供空间。

六、深圳市国资委监管企业建立和完善经营业绩考核体系情况

一是圆满完成2015年度企业负责人经营业绩考核工作。考核结果显示，企业利润总额创历史新高，在积极履行经济责任、政治责任、社会责任方面充分发挥基础支撑作用；分类考核的定位更加明确，年薪的市场化导向更加清晰，力促企业做优做大做强，实现国有资本增值保值。二是深入贯彻落实中央深化国有企业改革相关精神，优化完善企业负责人、高级管理人员、员工三层次绩效考核体系，制定出台《关于进一步完善市属国有企业收入分配制度健全能高能低薪酬分配机制指导意见》，构建以市场化为导向、薪酬能高能低的收入分配机制，不断激发市属企业改革发展动力。三是制定出台《深圳市属国有企业负责人经营业绩考核办法》，同时废止原《深圳市属国有企业负责人年度经营业绩考核办法》和《深圳市属国有企业负责人任期经营业绩考核试行办法》，将直管企业分为功能类、公益类、商业类，对不同功能企业，突出不同考核重点，科学设置业绩考核指标和权重，合理确定差异化考核标准，实施科学的分类考核，促进考核的公平公正、有利于建立长效激励机制，推动考核体系与企业改革发展需要相衔接。四是强化对企业可持续发展和创新发展的支持，对符合供给侧结构性改革要求和企业发展转型规划的前瞻性战略性项目实施单列考核；对符合规定的可量化创新投入费用、品牌建设投入等，在考核中视同利润，鼓励企业注重创新突破和长远发展。五是推动董事会对高管人员的考核评价工作，高管差异化考核成效逐渐显现，经营责任传导机制有效落实，积极促进董事会履职能力提升。

七、深圳市国资委监管企业负责人考核与选人用人机制改革情况

组建专职外部董事队伍，着力提升市属国企董事会治理水平。根据市属国企领导人员队伍管理实际、董事会建设以及董事队伍建设现状，开展专职外部董事队伍建设，着力打造外部董事占多数，内部董事、专职外部董事和兼职外部董事合理搭配、规模适中、专业互补的董事会。2016 年初，在对职位要求、人选来源、队伍规模、履职规范、激励约束等内容进行充分调研的基础上，从现职企业领导人员中初步遴选首批专职外部董事入库人选，并结合市属国企领导班子换届和企业领导人员调整配备工作，逐步推进专职外部董事队伍组建工作。

出台一批市属国企领导人员选拔任用制度文件。配合推进国有企业改革的需要，立足市属国有企业领导人员管理实际，2016 年先后出台《深圳市属国有企业领导人员后备人才队伍建设工作方案》(深国资委〔2016〕105 号)、《关于开展市属中小企业经营班子整体市场化选聘试点工作的意见》(深国资委〔2016〕104 号)、与市纪委、市委组织部联合印发《关于市委管理正职的企业纪委书记选拔任用有关事项的通知》(深纪发〔2016〕4 号)等制度。

开展市属中小企业经营班子整体市场化选聘试点。根据中央"建立职业经理人制度，合理增加市场化选聘比例"精神，结合市属国有企业行业特点、实际情况和领导班子建设需要，出台《关于开展市属中小企业经营班子整体市场化选聘试点工作的意见》，并启动市属中小企业经营班子整体市场化选聘试点工作，确定 9 家直管企业下属 13 家中小企业作为首批试点企业。

八、深圳市国资委监管企业党的建设和廉政建设情况

2016 年，在深圳市委、市政府和市纪委的坚强领导下，市国资委纪委(派驻七组)围绕中心、服务大局，聚焦主业、强化监督执纪问责，在落实全面从严治党和保障市属国资国企改革发展上取得新成效新进展。

落实"两个责任"，推进党风廉政建设。有效落实"两个责任"，各级党组织把党风廉政建设摆在突出位置，紧密结合"两学一做"学习教育活动，实践监督执纪"四种形态"，把预防腐败的要求体现和落实到企业各项经营管理之中，切实做到"有责必查责、失责必问责"。有效开展谈话提醒，全年累计开展谈话提醒党员干部 924 人次，其中咬耳扯袖 830 人次，红脸出汗 94 人次。有效实施党风廉政建设责任考核，把落实"两个责任"列为基层党建书记述职述廉内容之一，与企业年度经营业绩考核、领导班子和领导干部年度考核结果相挂钩，作为履职评定、奖励惩处、选人用人的重要依据。

加大执纪审查力度，严肃查办违纪违法案件。突出办案主业，注重抓早抓小，切实规范案件审查程序，执纪审查工作取得一定成效。各级纪检监察机关对市属国资系统立案 11 宗，给予党纪处分 11 人，移送司法机关 4 人；受理信访 172 件，初核 168 件，通报曝光典型案例 7 个。突出联动协同，完善合作机制，主动加强与公安、检察院、法院等单位的沟通协作，发挥协同优势，查办盐田国际咨询有限公司原总经理贪污公款案、粤剧团副总经理违纪案等一批案件。突出查案治本，针对办案中发现的问题，责成相关企业进行整改。针对物资采购存在的问题，推动建立大宗物资集中采购试点，东部公交通过在联交所开展新能源汽车集中采购，节省资金 1.53 亿元。

提升监督效能，深入推进正风肃纪。着力推动企业纪检监察体制改革，加强对国企监督工作的领导，联合深圳市纪委、市委组织部印发《关于市委管理正职的企业纪委书记选拔任用有关事项的通知》，在直管企业试点推行纪委书记兼监事会主席模式。着力完善国资监督机制，深化"六位一体"大监督格局，创推"综合监管"模式，获《中国改革报》深度报道，并入选国务院国资委《国资改革 50 案例》。全年受理直管企业纪委"三重一大"决策事项报告 302 份，议题 951 个，会议纪要 494 份。

强化源头预防，筑牢拒腐防变的防线。开展教育预防，邀请市纪委业务部门开展廉政教育，及时讲解《准则》《条例》，组织 30 多批次 3500 多名党员干部进

行学习培训。开展警示预防，联合检察机关开展“预防职务犯罪走进大国企·深圳行”系列活动，举办专题讲座，增强国资系统党员干部拒腐防变能力和廉洁自律意识。

加强队伍建设，提高企业纪检干部综合能力。健全企业纪检监察机构，提出健全完善专职纪检监察部门初步方案。选优配齐部分国企纪检监察人员，结合直管企业换届的契机，先后选派6名纪委书记到盐田港、能源、水务、粮食、农产品、创新投等企业任职，并兼任监事会主席。提升国资系统纪检监察干部能力，注重传帮带，从深业集团、天健集团等企业抽调人员跟班培训。

（撰稿人：谢　伟）

广西壮族自治区

一、广西壮族自治区国有资产监督管理综述

2016年，广西壮族自治区国资委内设机构16个，监事会办事处6个，工作人员106人，对39家国有企业履行出资人职责（包括15家科研院所类企业），对广西农村信用社联合社、广西北部湾银行2家金融机构进行监督管理。2016年4月，自治区党委、政府决定将自治区直属文化企业移交自治区国资委管理，6月自治区编委会下文将自治区文化企业国有资产监督管理办公室并入自治区国资委，自治区国资委设立文化企业国有资产监督管理处，对外保留“自治区文化企业国有资产监督管理办公室”牌子。2016年6月底，按照自治区党委关于自治区纪委派驻机构全覆盖的部署要求，自治区纪委派驻国资委机构纪检组正式入驻国资委，同时取消自治区国资委纪委，自治区国资委纪检监察一室、二室划归自治区纪委派驻国资委机构纪检组，不再属于自治区国资委内设机构。

2016年，广西壮族自治区国资委系统232户企业资产总额、所有者权益、营业收入、利润总额、应交税费分别为25367.09亿元、7863.58亿元、5706.55亿元、164.28亿元和230.43亿元，同比分别增长19.85%、11.97%、15.98%、13.58%和14.31%。其中，自治区国资委管理的40户国有企业资产总额、所有者权益、营业收入、利润总额、应交税费分别达到11543.15亿元、3262.54亿元、4502.81亿元、108.47亿元和155.78亿元，同比分别增长16.59%、17.73%、18.38%、42.55%和17.06%。从主要指标来看，全系统国有企业资产总额、所有者权益、营业收入、利润总额、应交税费均呈两位数增长态势，特别是自治区本级企业主要经济指标大幅增长，营业收入、利润不但超额完成年初双增8%的目标任务，而且利润增幅接近43个百分点，企业的整体效益达到近年最好水平。从单户企业来看，全系统营业收入增长的国有企业126户，其中56户企业营业收入增幅超过20%，增加营业收入661亿元；盈利企业156户，实现利润182亿元，亏损额超过5000万元的企业仅有8户。

非国有企业广西壮族自治区农信社资产总额、所有者权益、营业收入、利润分别达到7175亿元、575亿元、296亿元和87亿元，同比分别增长1.97%、8.75%、-0.47%和1.06%。

（一）狠抓企业稳增长提质增效

广西壮族自治区国资委积极支持、引导和服务企业稳增长提质增效，指导企业确定年度营业收入、利润双增长8%的目标任务。开展稳增长调结构防风险专题调研，领导带队逐一走访了解企业生产经营形势，共商企业稳增长对策，帮助反映和协调解决实际问题120个。加强企业经济运行分析跟踪，及时掌握企业经济运行情况，对潜在经营问题和风险进行预警提示。快速高效审核企业申报事项，全年批复企业申报投融资、资产转让、对外合作等事项160项。实施企业年度投资计划管理，改进和优化企业投资审批方式，2016年自治区国资委管理企业计划投资总额1067.3亿元，比2015年实际完成投资701.9亿元，增长52%。指导帮助企业解决融资难、融资贵问题，搭建银企合作对接平台，为企业重大投资项目融资提供支持，其中北投集团等7家企业获得农发行广西区分行审批贷款25个，金额214.49亿元，其中贷款投放项目22个，金额94.26亿元。鼓励引导企业抓住“一带一路”机遇，支持企业在境外合作开发资源、对外承揽

建设工程、设立营销网点、开展对外贸易、加强高新技术合作等,企业面向东盟为主"走出去"扩大开放合作取得积极进展,2016年各企业在18个国家和地区有合作项目,在140多个国家设立经销机构,在境外投资办厂、承包工程、设立分支机构,注册境外子公司42家(统计含港、澳、台地区),总资产达到217.17亿元、销售收入193.66亿元。规范企业经营止损,明确禁止企业开展无真实货权的融资性贸易,组织对企业融资性贸易、虚假贸易行为进行摸底调查,督促企业谨慎开展高风险经营活动,降低经营风险损失。规范国企与民企合作行为,强调同股同权同责,纠正国企超股比担保、超股比投入、风险全担等不合理、不合规行为,止住不规范经营和利益输送等,避免造成国企重大损失。

(二)加快企业经济布局和结构调整

广西壮族自治区各级国资监管机构着眼于适应经济发展新常态和做强做优做大国有企业的要求,积极推进国有企业转方式调结构,做精做优做强企业主业和关联产业,在企业经济布局和结构调整优化中不断增强可持续发展能力。强化企业战略导向指引,编制《自治区国资委管理企业经济布局和结构调整方案》并经自治区党委全面深化改革领导小组会议审议通过,明确今后五年企业国有经济布局及结构调整的基本思路、主要目标和七大主要任务。编制《自治区国资委管理企业"十三五"发展规划》,同时指导各企业编制"十三五"发展规划,增强对企业发展战略的指引。推动国有资本向大企业集中,通过开展企业市场化整合重组、资产划转和支持企业股权收购并购以及企业自身的业务扩张等途径,积极打造一批综合实力较强的龙头企业,进一步提升国有资本的集中度,提高国有资本运营效率,其中广投集团2016年营业收入实现1166亿元,率先成为全区第一家营业收入超千亿元的企业集团。引导企业把资金、人才等资源用于集中发展主业或与主业相关联的产业链上,按照做精做强做优主业的导向,对企业投资项目提出原则性指导意见建议,对进入非主业领域进行审批备案,对风险防范作了必要提示。发挥业绩考核的引导作用,对重点考核企业进行深入调研,科学调整考核指标权重,将A类企业"经济增加值(EVA)"指标权重由15%调整为20%,"营业收入"指标权重由10%调整为5%,通过业绩考核指标"一升一降"调整引导企业更加注重结构调整、科技投入、创新发展、节能减排等持续发展能力的培育,不断提升发展质量。

(三)深入推进国企国资改革攻坚

坚持整体推进、突出重点、抓住难点,积极稳妥推进全区国企国资改革迈出新步伐。紧跟国家层面出台的政策,相应出台《自治区国资委监管企业功能界定与分类的意见》《贯彻落实国务院关于改革和完善国有资产管理体制若干意见的实施意见》《国有资本投资运营公司试点方案》《自治区混合所有制企业实行员工持股试点的意见》《加强和改进企业国有资产监管防止国有资产流失的实施意见》《广西农村产权交易市场建设及试点方案》六项重点改革政策文件,与其他相关政策文件配套一起形成广西"1+20"的顶层政策体系框架。加大力度实施政企分开,研究制定加快推进自治区党政机关事业单位和群团组织与所属企业脱钩方案,自治区国资委牵头成立自治区政企分开联席会议,采取统一监管、无偿划转、改制重组退出、下放属地管理、清算关闭和歇业封存一批壳企业六种方式分类分批推进脱钩工作,脱钩工作完成情况纳入区直单位年度绩效考核体系,顺利完成新华书店集团、出版传媒集团、电影集团、文化产业投资集团、演艺集团、广电网络公司等6户文化类企业由自治区党委宣传部、财政厅、文化厅、新闻出版广电局移交自治区国资委管理工作,区直单位一批经营性资产陆续划转宏桂集团、新发展集团、交通投资集团等有关企业。加快国有企业重组整合,15户科研院所企业划转有关集团,科研院所企业重组整合基本完成;桂江公司整体并入港务集团、鱼峰集团整体并入西江集团,文投集团、电影集团、演艺集团重组成立文化产业集团,监管企业由40户整合重组至26户。进一步整合旅行社资源,广西中国国际旅行社等3户旅行社企业由宏桂集团划转旅发集团。积极稳妥推进有色集团破产重整。稳妥发展混合所有制经济,自治区人民政府印发《关于推进国有企业发展混合所有制经济的意见》,明确自治区国有企业发展混合所有制经济的政策要求;向国家发改委和国务院国资委申报4户企业作为地方混合所有制改革试点项目或备选项目;支持企业以上市公司发展混合所有制,组织19户上市公司和6户重点企业座谈交流，研究加快企业上市的有关措施，2016年全区有21户国有企业上市，占全区企业上市比率达到50%。开展国有资本投资运营公司试点，指导广投集团、宏桂集团制定国有资本投资公司、运营公司试点方案，围绕试点工作研究出资人权限下放，以管资本为主进一步探索管少管住管活的新机制。积极处理国企改革遗留问题，完成自治区国资委系统所办教育机构、医疗机构摸底调研统计，进一步落实国有企业办中小学退休管理人员、教辅人员待遇和移交管理事项；开展全区各类挂靠企业、职工投资关联企业和职工持股清理工作；研究制定自治区国有企业"三供一业"分离有关政策文件，积极推进国有企业"三供一业"分离工作。

(四)认真履行国有资产监督管理职责

加强依法治企，进一步完善监管制度体系，积极推进《广西企业国有资产监督管理条例》地方性法规立法工作；指导企业健全完善法律风险防范机制、法律顾问制度和法律工作体系，提升企业合规管理能力和依法治企能力；指导协调8件企业重大法律纠纷案件和有关企业风险排查、应对工作，维护国有资产安全。加强财务监督，密切关注企业经济运行动态，加强企业关键财务指标的动态监测，开展无真实货权流转贸易业务专项清查，及时提醒督促企业防范财务风险；推进企业全面预算、决算管理，督促企业整改存在问题；审核批复8户改制企业的清产核资结果，指导6户文化类企业清产核资。指导督促企业开展全面风险管理，健全公司法人治理机制，强化"三重一大"决策管理。指导企业完善投资管理制度，进一步规范企业投资行为；开展企业投资项目后评价，针对企业投资管理的突出问题，加强指导和督促整改；抓好企业重大投资项目审批，督促企业履行重大投资决策程序和加强子企业投资行为管理；对物资集团、西江集团、铁投集团等企业风险问题开展调查，坚决纠正违规行为；研究制定区外投资管理办法，加强企业区外投资风险管理；抓好企业违规经营责任追究管理规定的贯彻落实工作，以责任追究倒逼企业合规经营。加强产权管理，改进企业资产评估方式，建立企业资产评估管理信息系统和专家审核模式，把好审核质量关；组织对7户企业负责人进行任期经济责任审计；全面开展2014—2015年国有资本经营预算执行情况检查，组织企业申报2016年国有资本收益，逐户核实企业上缴数额。加强薪酬管理，指导自治区本级200多户国有企业以及14个市深化国有企业负责人薪酬制度改革；印发实施《自治区国资委履行出资人职责企业负责人薪酬管理暂行办法》，研究起草《自治区国资委履行出资人职责企业负责人薪酬管理暂行办法实施细则》及自治区国有企业收入分配制度改革指导意见、工资总额分类管理实施方案等政策文件；指导监管企业做好2015年度工资总额清算工作，逐步理顺企业内部分配关系；加快规范职工福利体系建设，加强企业试行企业年金、补充医疗保险的指导，对企业违规发放福利进行纠正。加强监事会监督，把"外派监事会"作为企业内部监事会建设的基本模式，逐步推行"委派监事"制度；加强对子企业监事会的业务指导，构建母子公司监事会上下联动机制，部分企业实现二、三级子企业设立监事会的全覆盖；落实披露问题整改，推动监事会成果运用，将企业落实监事会披露问题整改情况上报自治区人民政府；撰写2015年度监事会专项审计报告和年度监督检查报告，梳理企业风险问题督促整改，全年办理监事会报告480份。加强安全生产监督，做好企业安全生产隐患排查治理工作，督促企业落实安全生产主体责任，紧盯重大危险源，注重源头治理，有效防范重特大事故的发生。

二、广西壮族自治区国有资产总量与结构分析

表1　2016年广西壮族自治区所属国有企业指标

项　目	金额(亿元)
资产总额	28805.79
所有者权益	9216.30
国有资产总量	8257.38
营业收入	6197.84
利润总额	209.82
净利润	155.70

续表

项　　目	金额(亿元)
归属母公司所有者的净利润	132.60
应交税金总额	282.72
实际上缴税金总额	276.73

表2　2016年广西壮族自治区国有企业户数情况

项　目	2015年	2016年	比上年增长(%)
户数(户)	3909	4171	6.70

表3　2016年广西壮族自治区国有资产按隶属关系分布情况

隶属关系	国有资产(亿元)	占国有资产总量比重(%)
自治区本级	2767.23	33.51
其他企业		
其中:		
南宁市	1047.78	12.69
柳州市	1731.26	20.97
桂林市	390.47	4.73
梧州市	261.13	3.16
北海市	141.46	1.71
防城港市	201.57	2.44
钦州市	353.43	4.28
贵港市	245.62	2.97
玉林市	270.55	3.28
百色市	274.09	3.32
贺州市	84.15	1.02
河池市	52.32	0.63
来宾市	241.67	2.93
崇左市	194.65	2.36

表4　2016年广西壮族自治区国有资产按经营规模分布情况

经营规模	国有资产(亿元)	占国有资产总量比重(%)
大型企业	4466.40	54.09
中型企业	2119.57	25.67
小型企业	1235.80	14.97
微型企业	435.61	5.28
合　计	8257.38	100.00

三、广西壮族自治区国有资本保值增值综合分析评价

表5　2016年广西壮族自治区国有企业地区和行业国有资本保值增值情况

地　区	国有资本保值增值率(%)	行　业	国有资本保值增值率(%)
南宁市	102.72	农林牧渔业	101.55
柳州市	100.71	工业	100.82
桂林市	108.16	建筑业	102.14
梧州市	100.86	地质勘查及水利业	101.34
北海市	100.38	交通运输业	99.49
防城港市	101.37	仓储业	102.3
钦州市	102.97	邮电通信业	159.46
贵港市	100.01	批发和零售业	98.89
玉林市	110.51	金融业	111.75
百色市	113.7	房地产业	102.89
贺州市	98.85	信息技术服务业	113.69
河池市	102.84	社会服务业	101.22
来宾市	100.5	卫生体育福利业	101.19
崇左市	100.62	教育文化广播业	105.09
		科学研究和技术服务业	109.88
		机关社团及其他	100.65

四、广西壮族自治区国资委监管企业改革发展情况

实施监管企业分类管理。广西壮族自治区国资委研究出台《自治区国资委监管企业功能界定与分类的实施意见》(桂国资发〔2016〕56号),将区直属企业划分为商业类和公益类。结合目前对监管企业划分A、B类和金融类分别进行考核的实际情况,将商业类进一步细分为商业一、二、三类,公益类细分为公益一类和公益二类。自治区国资委按照不同企业分类实行分类改革、分类发展、分类监管、分类定责、分类考核,推动企业与市场深度融合,形成权责明确、分类分层、规范透明的国企国资监管体系。

精简下放监管审批权限。广西壮族自治区国资委21项非行政许可审批项目不再列入广西区行政审批项目目录,调整为出资人内部管理事项。梳理产权管理规章规范性文件,以产权转让和资产评估工作聚焦监管重点领域,向7户监管企业下放资产评估备案管理权限。研究制定投资担保审批负面清单,在全国省级国资系统率先探索投资担保负面清单管理机制,进一步优化和完善监管企业投资担保监管制度,树立投资担保底线思维,同时投资担保负面清单考虑企业作为市场主体应有的经营自主权,主要从管投向、管程序、管回报、管安全四个角度,建立投资担保硬约束指标和防线,规定列入负面清单的投资担保项目企业不得投资和对外担保,负面清单之外的投资担保项目由企业依据相关法律法规和公司章程进行投资,充分尊重企业的市场主体地位,体现以管资本为主的国有资产监管新要求。

推进国有资本投资、运营公司试点。在广西国资委"权力清单"和"责任清单"规定范围内,通过国有资本投资、运营公司重点监管好国有资本布局、规范资本运作、提高资本回报、维护资本安全。选定有专业化投资管理经验的广西投资集团作为国有资本投资公司试点,选定有资本运作经验的广西宏桂集团作为国有资本运营公司试点。研究制定《广西投资集团有限公司改组为国有资本投资公司试点方案》《广西宏桂资产经营(集团)有限责任公司改组为国有资本运营公司试点方案》,方案明确试点企业战略定位、产业布局、产权改革、治理结构、管控体系、市场化机制等内容,并报自治区政府审定。

加快推进国有企业供给侧结构性改革。积极围绕"三去一补一降"实施供给侧结构性改革。贯彻落实自治区党委政府"41条"降成本政策措施,指导企业加强内部管理和对标学习,通过精细化管理严控成本费用要质量要效益,实现降本增效、增收节支,2016年监管企业财务费用同比下降9.00%,增加利润9亿元。出台《自治区本级国有"僵尸企业"处置方案》,坚持分类施策、因企制宜、精准处置,加快推进关停企业出清和特困企业重组,通过对国有"僵尸企业"中的关停企业,兼并重组一批、关闭破产一批,对特困企业,兼并重组盘活一批、资本运营做实一批、创新发展提升一批、关闭破产退出一批等方式,力争到2018年底,自治区本级国有特困企业基本脱困,国有"僵尸企业"基本实现市场出清。压缩监管企业管理层级,基本实现集团公司四级以下企业销注和改革工作,确保出资人职责履行到位,进一步提高企业市场竞争力和经济效益。2016年,指导监管企业清理整合所属三级以下企业170户。深入实施创新驱动发展战略,坚持传统产业改造升级与新兴产业培育壮大相结合,切实发挥骨干企业的辐射带动作用,努力推动自治区国有资本"十三五"期间力争在基础设施与公共事业、战略性新兴产业、现代服务业、先进制造业等重点领域集中度达到80%左右,企业战略性新兴产业、高新产品、新业态营收占总营收20%以上,服务产业(含服务业、现代服务业)营收占比提升到40%以上,传统制造业和建筑业营收占比下降到30%左右。鼓励支持企业上市,支持广投集团协议收购上市公司广西梧州中恒集团股份有限公司20.52%股份并成为第一大股东,实现新增1家国有控股上市的目标;鼓励指导国有股东加强市值管理,支持国宏集团利用股市处在低位的契机以自有资金1000万余元增持五洲交通210万余股;指导港务集团、柳钢集团2家持有上市公司股权比例较高的国有股东开展发行可交换公司债券前期工作;指导玉柴集团参股的广西玉柴物流股份有限公司、新发展集团参股的桂林海威科技股份有限公司

做好上市前各项准备工作。培育支持新兴产业发展,对企业投资进入机器人、无人机、物流服务、健康养老、旅游休闲等新兴产业及时研究、加快审批,其中现代物流服务业企业总投资290.2亿元,比2015年增长26.54%;运用国有资本预算支出作为支持手段,积极推进企业加快进入高端装备制造、节能环保、新能源等战略性新兴产业,培育新的增长点,安排国有资本预算支持建工集团建筑现代化产业园和汽车集团V6发动机生产基地建设等4个项目;灵活运用业务板块整合、剥离或退出劣势业务等产权处置方式,服务和推动21户企业在企业内部、跨企业、跨区域优化资源配置,调整优化结构,打造产业发展新优势。

五、广西壮族自治区国资委监管企业并购重组与完善法人治理结构情况

2016年,广西国资委按照管少、管大、管活的原则,加大产业链相关、业务相近、资源优势互补国有企业的重组整合力度,全面深化改革推动国有企业提质增效,进一步增强国有企业活力、控制力、影响力和抗风险能力。研究重组整合方向指引,广西国资委于2016年12月印发《自治区国资委监管企业重组整合方案》(桂国资发〔2016〕91号)。推动广西科研院所划转工作,2016年把广西国资委监管的15家科研院所成建制划转企业集团作为一项重要工作来抓,成功划转15个科研院所到有关企业集团,成建制划转科研院所到各大企业集团公司管理,有利于实现国企优势互补,提高综合竞争力,划转双方均得到不同程度的促进提升。大力推进集体公司层面兼并重组,完成桂江公司整体并入港务集团,鱼峰集团整体并入西江集团,文投集团、电影集团、演艺集团重组整合成为文化产业发展集团。

健全公司法人治理结构。把加强党的领导与完善公司治理统一起来,完善国企"双向进入、交叉任职"领导体制,健全国企党组织议事决策机制,广西国资委与自治区党委组织部联合印发《关于落实全国国有企业党的建设工作会议精神任务分解表通知》(桂组通字〔2016〕154号),从制度层面明确和落实国企党组织在公司治理体系的法定地位和作用,要求各监管企业将党建工作总体要求纳入公司章程,要求党委集体研究讨论是国有企业重大决策必经的前置程序,从制度层面明确和落实国企党组织在公司治理体系的法定地位和作用。同时,广西国资委研究起草《规范董事会建设指导意见》《董事会及董事评价办法》和《董事会选聘经理层成员工作的指导意见》,进一步总结推广企业规范外部董事试点成果;探索市场化选聘职业经理人,面向市场公开选聘北部湾银行行长、副行长(2名)。

六、广西壮族自治区国资委监管企业建立和完善经营业绩考核体系情况

科学商定考核目标。从2016年1月下旬开始,广西国资委结合自治区党委、政府2016年促进企业稳增长调结构控风险工作部署,对28户考核企业进行深入细致的调研,商谈2016年度及2015—2017年任期考核目标。重点了解各企业2015年经济运行情况与特点、2016—2017年市场环境分析与研判及目标建议值的测算、2016年科技投入、节能减排及安全生产投入预算安排、完成2016年度及2015—2017年任期考核目标拟采取的主要措施等情况。按照做强做优企业的总体要求,结合企业实际,对年度考核内容进行调整:科学调整考核指标权重,2016年竞争类企业"经济增加值(EVA)"指标权重由15%调整为20%;"营业收入"指标权重由10%调整为5%;完善对预算工作的考核机制,在综合评议指标中增加"凡未按有关要求编制预算报表,年末主要指标执行情况与预算出现20%以上较大偏差的扣0.5~2分。通过这些指标调整,引导企业更加注重结构调整,重视预算管理,提升发展质量,增强可持续发展能力。

认真做好考核完成情况总结分析。严格对照经营业绩考核办法和业绩责任书,认真核实2015年度业绩考核指标完成情况,细致梳理影响考核目标完成情况的相关因素和特殊事项,依据经审核的企业财务决算报告、专项审计报告和经审查的统计数据,结合企业负责人年度总结分析报告,对企业负责人年度经营业绩考核的完成情况进行考核,形成企业负责人年

度经营业绩考核与奖惩意见。同时，认真分析企业经营管理中存在的突出矛盾和问题，总结经验，查找不足，明确经营业绩提升路径和业绩考核工作改进重点。

积极研究制定新划入文化类企业经营业绩考核方案。2016 年 7 月，6 户文化类企业划入广西国资委管理。经整合，形成广西新华书店集团股份有限公司、广西出版传媒集团有限公司、广西文化产业集团有限公司、广西广播电视信息网络股份有限公司等 4 户企业。10 月底，广西国资委对这 4 户企业进行专题调研，了解企业基本情况及近三年财务状况、经营业绩考核情况，以及财政厅文资办和行业主管厅局的考核情况。在着重探讨研究 2016 年及以后年度的经营业绩考核意见建议，包括指标设置、权重的分配、如何引入第三方考核等基础上，广西国资委为文化类企业量身打造经营业绩考核方案，做到既切实做好文化类企业国有资产监管，履行出资人职责，又建立有效的激励和约束机制，引导文化类企业做强做优做大，实现国有文化资产的保值增值。

七、广西壮族自治区国资委监管企业负责人考核与选人用人机制改革情况

抓好企业领导班子和领导人员年度考核工作。如期开展 2015 年度 21 户广西壮族自治区党委管理正职企业和 19 户广西壮族自治区国资委管理班子企业的领导班子及领导人员年度考核工作。研究制定考核方案，及时做好与企业的沟通对接，有计划地安排企业召开年度考核述职测评大会时间和参会人员，保证各企业考核工作的有序进行。在开展年度考核工作同时，进行企业中层领导选拔任用“一报告两评议”工作，了解企业干部选拔任用情况。根据民主测评综合评价量化得分结果，结合企业党委初评等次建议，对广西壮族自治区党委管理正职企业的 108 名副职领导人员和广西壮族自治区国资委管理班子企业 68 名企业领导人员考评等次提出建议意见。

抓好企业领导班子充实配备。会同广西壮族自治区党委组织部对部分企业领导人员进行推荐、考察和调整配备。对建工集团、柳钢集团、北部湾国际港务集团、宏桂集团、物资集团、机场集团、农信社、北部湾投资集团、金融集团、文化产业集团 10 家企业领导人员进行调整补充；建工集团、北部湾投资集团、铁路投资集团、北部湾国际港务集团 4 家企业党委副书记进行交流任用；向自治区纪委提供推荐监管企业纪委正副职领导备用人选有关材料，并会同自治区纪委、自治区党委组织部深入有关企业、机关行政部门推荐考察专职纪委书记人选，截至 2016 年底有 26 户监管企业配备纪委书记(其中 16 家设有专职纪委书记，10 家企业纪委书记暂时没有分设)。抓好自治区国资委管理班子企业和科研院所领导班子建设，对国宏集团、化工研究院领导班子进行调整补充。会同自治区党委组织部按有关程序和规定做好汽车集团领导班子升格管理的推荐考察工作，选齐配强新一届领导班子，并按干部管理权限进行重新任命。协助自治区党委组织部到广投集团进行副厅级领导人选和大藤峡水利枢纽总会计师人选考察工作。对 6 户文化企业划入自治区国资委监管提出领导班子任免建议。结合企业整合重组，对桂江公司并入铁路投资集团、鱼峰集团并入西江集团；电影集团、文化产业投资集团、演艺集团重组成为文化产业集团，以及 15 户科研院所并入相关企业的领导班子安排提出意见建议，对原企业部分领导人员进行重新安置，并科学合理配备企业重组后的领导班子。2016 年，新提拔监管企业领导 25 人，平职交流企业领导 22 人，从党政机关到企业任职 13 人，办理到龄免职退休 8 人，批复企业领导人员兼职事项 32 人次，批复更换职工监事人选 7 人次。

八、广西壮族自治区国资委监管企业党的建设和廉政建设情况

突出全面从严治党主线，深入开展“两学一做”学习教育，着力抓好基层党建重点任务和党风廉政建设，充分发挥企业党组织的领导核心和政治核心作用，国有企业党建工作取得新成效，为全区国企国资改革发展稳定提供坚强的政治保证。

强化思想政治理论学习，及时传达学习党的十八届六中全会和全国国有企业党建工作会议精神，

举办自治区直属企业学习贯彻党的十八届六中全会和全国国有企业党建工作会议精神专题培训班，组织企业党委书记、专职副书记、纪委书记开展专题学习研讨；扎实抓好企业各级党委中心组学习、党支部学习和党员干部理论学习，增强企业党员干部职工的政治意识、大局意识、核心意识、看齐意识。开展“两学一做”学习教育，认真组织专题学习讨论，突出主题上好党课和手抄党章；广泛开展“我是党员”主题实践活动、纪念建党95周年演讲比赛和优秀党员、优秀党务工作者、先进基层党组织评比表彰等系列活动，表彰316名优秀党员、218名优秀党务工作者、219个先进基层党组织；组织委领导及委机关党支部书记、企业党组织负责人及党务工作者到延安、井冈山开展革命传统教育。抓好企业基层党建工作，对28户设党委企业进行年度考核，组织开展国有企业党委书记抓基层党建述职评议考核工作，落实企业党建工作责任；指导新建企业、改制企业及重大项目、经营网点等调整设置基层党组织；接收文化企业及中国铁塔广西分公司等9户企业党组织关系，新增基层党组织数90个，新增党员1375人；指导任期届满的企业党组织换届；依托自治区国资委党校，举办企业党建研讨会和党务干部培训班；抓好党员发展和教育管理，集中排查党员组织关系，做好失联党员查找联系工作；做好党员发展规划，全年发展新党员612名；指导企业做好党费收缴、使用和管理工作，对2008年以来党费收取情况进行全面核查，抓好企业党员欠缴党费的清理上缴工作，45户企业(含驻桂央企)3.17万党员累计补缴党费1.63亿元。积极有序推动任期届满企业党组织换届，有17户需换届的集团一级企业党组织按期换届。

落实党风廉政建设主体责任，理清企业党委22项主体责任和纪委25项监督责任；指导督促企业落实自治区党委巡视组巡视反馈问题整改要求；严肃执纪问责，自治区国资委党委约谈企业领导人员30人次；贯彻落实自治区党委、纪委关于纪检监察体制机制调整的决定，配合做好派驻纪检组的成立等工作。在企业中认真查处“四风”和腐败问题，累计查办问题线索505件，谈话函询144件，立案审查85件；给予党政纪处分145人，组织处理141人次，批评教育265人次；收缴违规违法所得1510余万元，达到以案明纪，查处一案、警示一片，释放执纪必严的强烈信号，强化“不敢腐”的氛围。开展自治区直属企业党代会代表和党员违纪违法未给予相应处理情况排查清理，排查出违纪违法未给予相应处分、处理的各级党代表，人大代表、政协委员中的党员，受到刑事追究和行政处罚的党员30名，已按规定进行处分和处理。

(撰稿人：邓明甫)

海南省

一、海南省国有资产监督管理工作综述

2016年，海南省国资委和省属企业紧紧围绕做强做优做大国有企业的发展目标，锐意进取、开拓创新，全力以赴提效益、稳增长、促改革、调结构、抓监管、强党建、惠民生，推动国资国企改革发展取得明显成效，实现“十三五”良好开局。

打好提质增效攻坚战，企业经济运行稳中向好。2016年，全省国资国企坚持以效益为中心、为导向的发展理念，各项主要指标稳中有进、稳中向好，截至2016年底，海南省地方出资企业(含海南农垦系统企业)948户(含各级子公司、控股公司)，全省国有企业资产总额4919.16亿元，净资产1976.17亿元，2016年累计实现营业收入490.85亿元，累计实现利润总额17.35亿元，已交税费总额31.67亿元。2016年省国资委监管的省属重点监管企业17户(一级企业)，资产总额1139.8亿元，净资产671.2亿元，2016年累计实现营业收入372.9亿元，累计实现利润总额8.3亿元，已交税费总额20.2亿元。

狠抓项目建设，夯实产业基础。省属企业60个项目完成投资81亿元，完成年计划投资的102.5%，一批体现“海南精神”和“海南速度”的重点项目得到省委省政府表彰。海南发控承担的红岭水利灌区、博鳌乐城先行医疗试验区、文昌木兰湾开发区顺利铺开建设；海钢集团推进的博鳌国宾馆一地办会升级改造

工程,实现博鳌亚洲论坛"一地办会"目标,圆满完成亚洲论坛接待任务;海建集团承建的南海博物馆、省路桥公司承担的东方滨海新区等一批重点项目进展顺利,体现海南国资国企的担当和责任。

以规划为引领,不断优化结构布局。主动融入海南发展大局,完成编制海南国资国企"十三五"发展规划,明确战略定位、主业方向、发展目标、布局结构和投资项目,提出资产总额、净资产、营业收入、利润总额实现"翻番"的发展目标,策划一批重大项目,为未来五年长远发展指明方向、夯实基础。

加强与央企和市县合作,加快转型升级。深化与中央企业战略合作,扩大中央企业在海南的投资,增强对地方经济的拉动力,实现借船出海。7月,在北京成功举办海南省与中央企业推进热带海洋经济合作恳谈会,省属企业与央企签订14个合作项目,投资额406亿元。积极推进2015年和2016年签约项目落地。16个项目正按期推进,其中9个项目在海南注册地方法人公司或形成正式合资协议,部分项目开工建设。特别是海南发控与中石油合资海南油气销售公司项目、与中国盐业总公司合资发展绿色盐生产基地项目等全面落实。海垦控股集团先后与中粮、保利等产业龙头企业开展合作,签订合作项目61个,协议金额282亿元,其中7个项目动工建设。省国资委把与市县政府的战略合作作为做强做优做大国有企业的重要抓手,不仅推动县域经济的发展,受到市县政府的欢迎,而且逐步解决省属企业项目少、落地慢的问题,形成既有利于支持地方经济发展,又有利于企业发展壮大的良性发展局面。以搭建互动机制和合作平台,实现合作共赢、携手发展为目的,根据"合作项目化、项目具体化"的要求,先后与东方市、海口市、定安县、陵水黎族自治县、三亚市、澄迈市、儋州市7个市县签署战略合作协议,推进218个项目,总投资金额1744.5亿元,呈现出项目明显增多、力度明显加大、结构明显改善的特点。与"十二五"相比,项目总数增加129个,增长144.4%,投资资金增加803.5亿元,增长85.4%;产业类项目的投资比重提高25.9%。

深化国企改革,进一步释放体制机制活力。建立完善"1+N"改革制度体系,出台12个改革配套文件,深入开展规范性文件废改立工作,废止规范性文件15件,清理失效规范性文件7件。扎实推进分类改革。制定《海南省国有企业功能界定与分类实施方案》,明确企业分类的原则、范围、做法和流程。提出对省属一级企业的分类意见,其中17家重点监管企业定为商业类,监狱、戒毒、粮食系统企业定为公益类,进一步提高监管的针对性。制定《海南省省属国有企业负责人薪酬制度改革工作实施方案》,组织核定省属企业负责人基本薪酬标准。出台《海南省省属国有企业负责人经营业绩考核评价及薪酬审核实施办法》《海南省省属国有企业负责人经营业绩考核评价实施细则》《海南省省属国有重点监管企业领导人员能上能下暂行办法》和《海南省省属国有企业负责人履职待遇、业务支出管理暂行办法》,形成国有企业领导人员能上能下的选人用人机制,严格规范省属企业负责人薪酬福利外的履职待遇、业务支出。

积极打造平安国企、和谐国企,为改革发展营造良好环境。根据省委省政府部署,各中央驻琼企业、省属企业、省国资委机关承担37个行政村、2770个贫困户、11769名贫困人口的扶贫任务。国有企业充分发挥自身优势,争取各方资金,投入贫困村基础设施建设和产业扶贫,筹集资金8685万元,开展精准扶贫帮困工作。2016年,省扶贫办下达年度脱贫任务831户,实际完成脱贫1152户,全面完成年度脱贫目标。建立健全法治信访制度和工作体系,注重源头治理,开展化解信访积案集中攻坚活动,保证全系统和谐稳定。全年来访人次下降40%,来信来访平均办结率97%,各类矛盾纠纷和积案得到有效化解。积极吸取江西丰城电厂事故教训,全面落实安全生产责任体系,全线深入开展安全大排查工作,组织安全生产和消防安全培训,积极做好防台、防汛工作,实现全系统无重特大安全生产事故。

二、海南省国有资产总量与结构分析

截至2016年底,全省国有企业资产总额为4919.16亿元,负债总额为2942.99亿元,所有者权益为1976.17亿元(其中少数股东权益99.18亿元,归属母公司所有者权益1876.99亿元),资产负债率59.83%;实现营业收入490.85亿元,实现利润总额17.35亿元,净利润7.15亿元。

表1　2016年海南省所属国有企业指标

项　目	金　额(亿元)
资产总额	4919.16
所有者权益	1976.17
营业收入	490.85
利润总额	17.35
净利润	7.15
归属于母公司所有者的净利润	5.03
应交税费总额	34.50
实际上缴税费总额	31.67
合计国有资产总量	1897.88

2016年,海南省经营性国有资产946户,比上年增加14户。其中,一级企业322户,二级企业290户,三级及以下企业334户;省属企业582户,地市级企业222户,县级142户;大型企业13户,中型企业117户,小型企业332户,微型企业485户;国有独资公司569户,有限责任公司270户,上市股份有限公司4户,非上市股份有限公司38户,非公司制独资企业26户,其他非公司制企业3户,企业化管理事业单位18户,其他19户。

表2　2016年海南省国有企业户数情况

项　目	2015年	2016年	比上年增长(%)
户数(户)	932	946	1.5

海南省各市县(含洋浦开发区管委会)所属企业364户,资产总额3264.74亿元;负债总额2152.98亿元;所有者权益总额1111.75亿元。从全省看,国有资产主要集中分布在省属企业及海口市和三亚市。

表3　2016年海南省国有资产地区分布情况

地　区	国有资产(亿元)	占国有资产总量比重(%)
海南省	1897.88	100.00
省属企业汇总	770.55	40.60
省直部门监管企业	142.63	7.52
其他监管企业	30.94	21.69
国资委重点监管企业	596.98	31.46
市县级监管企业汇总	1127.33	59.40
地市级监管企业汇总	688.81	61.10
儋州市	23.59	1.24
三亚市	169.66	8.94
海口市	495.62	43.96
洋浦经济开发区	−0.06	0.00
海南县级监管企业汇总	438.52	23.11
保亭县	5.02	0.26
定安县	3.54	0.19
东方市	19.27	1.02
乐东县	14.31	0.75
屯昌县	9.86	0.52
文昌市	34.11	1.80
白沙黎族自治县	1.11	0.06
昌江黎族自治县	18.90	1.00
临高县	−0.07	0.00
陵水黎族自治县	64.53	3.40
琼海市	38.84	2.05
琼中县	20.76	1.09
万宁市	70.19	3.70
五指山市	2.19	0.12
澄迈县	135.94	7.16

三、海南省国有资本保值增值综合分析评价

扣除客观影响因素后,海南省国有资本保值增值率101.35%,比上年的99.38%,增加1.97个百分点。

表4　2016年海南省国有企业地区国有资本保值增值情况

地　　区	国有资本保值增值率(%)
海南省	101.35
省属企业	100.48
省直部门监管企业	103.08
其他监管企业	97.37
国资委重点监管企业	100.02
市县级国资监管企业	102.03
地市级监管企业	100.25
儋州市	100.29
三亚市	100.75
海口市	99.98
洋浦经济开发区	108.26
海南县级监管企业汇总	104.49
保亭县	98.09
定安县	111.31
东方市	98.75
乐东县	886.97
屯昌县	97.53
文昌市	97.24
白沙县	74.61
昌江县	99.97
临高县	114.36
陵水县	109.20
琼海市	99.93
琼中县	100.07
万宁市	98.53
五指山市	99.56
澄迈县	101.22

2016年,海南省国有资本基本实现保值增值。市县发展情况与上年基本持平,部分国资机构建设完善的地区,国有资本保值增值情况稳定,如儋州、三亚等地;后发地区呈现两极分化,有的实现较快速增长,有的则未完成保值增值任务。市县中发展最好的是乐东、定安、陵水、临高等地,万宁、白沙等地由上年增值较快转为未完成保值增值任务。造成市县保值增值率波动较大的原因:一是各市县经济发展水平较低,基数小;二是各市县国有资产总量偏小,多数企业处于停产关闭状态,国有企业改制任务完成得不够彻底;三是过分依赖少数几家体量较大的平台企业,一家企业的经营波动对整个地区的国有资本经营情况影响很大。从行业看,建筑业、交通运输业、批发和零售业、金融业、信息技术服务业、社会服务业、卫生体育福利业、教育文化广播业科学等行业国有资本保值增值率超过全省总体水平。

四、海南省国资委监管企业股份制改革与上市融资情况

2016年,海南省稳妥发展混合所有制改革。提请省政府出台《关于省属国有企业推进混合所有制改革有关事项的通知》,指导企业稳妥推进混合所有制改革。165户二级及以下企业发展混合所有制,占全部企业的33.3%。海汽集团正式首发上市,募集资金3亿元用于企业产业结构调整。海南矿业8805万非公开发行股票已获证监会核准通过。省国资委联合建信信托、建行海南分行发起设立省属企业改革发展基金,首期募集5亿元,以培育上市为目标,开展对省属企业上市后备资源的筛选、整合和培育,有21家企业列入培育对象,2家企业培育前期工作已经基本完成。国有资本经营预算管理改变过去"撒胡椒面"的做法,集中统一委托改革发展基金管理和运作,实现市场化滚动发展。探索混合所有制企业员工持股。明确以省建设项目规划院、省建筑设计院等人力资本主导型单位为试点,采取增资扩股、出资新设等方式,探索实行员工持股,支持对企业经营业绩和持续发展有直接或较大影响的科研人员、经营管理人员和业务骨干等持股,并制定退出机制。选择农垦农场公司制改革试点单位,试行员工持股。

五、海南省国资委监管企业并购重组与完善法人治理结构情况

整合优质资产资源。组建水务集团、金融控股公

司、房地产集团、农垦资产管理公司。加快组建新的省粮油集团、旅游集团和省信息产业投资公司。在农垦系统组建海南农垦草畜科技股份有限公司、南繁产业集团、商贸物流产业集团、南平医疗养生产业园开发建设投资5家公司。根据省委省政府的改革部署,指导农垦剥离企业办社会职能,将医院、公安、学校移交地方管理。开展省属困难企业摸底调查工作,制定《处置"僵尸企业"的指导意见》,初步列出25家"僵尸企业"清单,采取扭亏增盈、整合重组、改制创新、清理退出"四个一批"的方式进行处置。海口、三亚、五指山、保亭、白沙等市县妥善解决历史遗留问题也取得积极进展。

规范企业法人治理结构。开展省属企业公司章程修订工作,把党的领导融入公司治理各环节,使党组织发挥作用组织化、制度化、具体化。11家省属重点监管企业建立董事会,占省属重点监管企业的69%。以规范董事会建设为核心,指导企业制定党委会、董事会、经营班子议事规则及专门委员会议事规则。加强对董事会及董事的考核评价,每年要求提交董事会工作报告及董事履职情况。

有序推进董事会授权试点工作。2016年,海南省国资委以海垦控股、海南发控为试点企业,把投资计划、薪酬管理、部分产权管理和重大事项决策等出资人(股东会)权利,授权公司董事会行使的工作任务,下发省国资委《关于海南省农垦投资控股集团有限公司授权事项的批复》和《关于授权董事会职权的批复》,有效地推进董事会授权工作向前发展。

六、海南省国资委监管企业建立和完善经营业绩考核体系情况

科学设置业绩考核指标,层层落实主体责任。制定《省属企业2016年提质增效工作方案》,部署安排省属企业全面落实并要求市县国资机构制定方案推动相关工作;围绕企业提质增效重点工作任务设定2016年度经营业绩考核指标,组织签订经营业绩责任书,明确16家重点监管企业和2家委托考核企业2016年度考核任务目标;印发《关于报送省属企业提质增效工作进展情况的通知》。分阶段要求企业报送提质增效工作进展,对照经营目标责任书及全面预算方案,梳理重点指标的控制落实情况,合理预判全年经营成果,查找存在的主要困难和问题。

完善业绩考评制度,建立与业绩直接挂钩的薪酬兑现体系。出台《海南省省属企业负责人经营业绩考核评价及薪酬审核实施办法》的基础上,制定《海南省省属企业负责人经营业绩考核评价实施细则》。以上述制度为依据,测算提出2015年度12家国资委重点监管企业及8家委托考核企业的负责人经营业绩考核结果,组织批复兑现17家企业负责人2015年度薪酬。

七、海南省国资委监管企业负责人考核与选人用人机制改革情况

健全企业负责人经营业绩考核评价机制,加强企业领导班子建设和薪酬分配管理。推动出台《海南省省属企业负责人经营业绩考核评价及薪酬审核实施办法》,制定《海南省省属企业负责人经营业绩考核评价实施细则》。与省委组织部联合下发《2015年度企业领导班子及成员考核方案》,完成对13家企业党政领导班子、76名领导班子成员,6家董事会、37名董事会成员及2名董秘进行年度考核评价。积极贯彻落实《关于深化海南省省属国有企业负责人薪酬制度改革的实施意见》。

落实干部从严管理,严格日常监督管理。省国资委党委书记与省属企业负责人签订《党建工作责任书》和《党风廉政建设责任书》,明确国有企业党委主体责任,次年通过对企业上一年度落实党建、人才工作目标责任制情况以及选人用人工作情况进行专项检查,实现全系统干部选拔任用"一报告两评议"及向离退休干部通报组织人事工作情况制度化、常态化。

注重"人才强企"战略,拓宽人才选拔培养渠道。加强企业人才工作的调研和指导。认真落实《关于深化人才发展体制机制改革的意见》等文件精神,组织开展企业经营管理人才发展体制机制改革调研工作,提交《关于深化省属国有企业经营管理人才发展

体制机制改革的调研报告》。组织企业推荐2016年"特贴"专家和"省优"专家人选4人、申报海南省少数民族和贫困地区人才贡献奖1人、参加面向2017届高校毕业生网上招聘双选月活动。2016年，各企业招录高校毕业生331人。面向社会招聘中、高层管理人员、法律、财务等专业技术人员211人。组织实施《2016年度省国资委系统培训工作计划》，开展18个培训班次（含重点班次3个），累计参训1725人次。

八、海南省国资委监管企业党的建设和廉政建设情况

从严管党治党责任进一步夯实。制定《省国资委系统企业党建工作目标责任考评细则》和《省国资委党建工作巡查制度》，与省属企业签订《党建工作责任书》和《党风廉政建设责任书》，层层传导压力、级级落实责任。坚持把抓党建和党风廉政建设情况纳入省属企业领导班子及其成员年度综合考核评价内容，组织开展企业党委书记抓党建工作述职评议会议。

基层党建工作得到新加强。在省委的统一部署下，省国资委党委组织开展党员组织关系集中排查工作，各企业按要求建立《党员基本信息表》和党员信息库。组织开展省国资委系统基层党组织换届工作，按照自下而上、分级负责、时间服从质量的原则，顺利完成省国资委机关、中央驻琼企业和省属重点监管企业二、三级党组织换届工作，剩余部分省属一级企业换届工作正按计划有序推进。

巡视整改工作成效显著。研究制定巡视整改十大专项行动，将从严从快查处问题线索与建立长效化监督机制结合起来。巡视整改期间，省属企业及其二三级企业领导人员304人清退违规报销职务消费670余万元；120人清退上缴购物卡及商场消费费用240余万元；追回违规报销款项91.78万元。全系统立案9件，移交有关部门办理的案件线索2件，涉案18人，办结遗留案件1件，给予党纪政纪处分2人，挽回经济损失19.80万元，向司法机关移交涉嫌犯罪的案件线索2件。通过抓好巡视整改，一些长期以来制约国资国企改革发展的问题得到有效解决，促进各项深化改革、加快发展措施的落实。

九、海南省国资监管及国有企业改革发展具有地方特色情况

农垦体制改革全面推进。根据省委省政府的改革部署，出台《关于海南农垦农场公司制改革的指导意见》，东昌、蓝洋等14家试点农场完成公司化改造，整合后的12家农场公司已正式挂牌运作。制定《关于海南农垦农场公司制改革鼓励创新规范行为的指导意见》，促使农场成为真正的市场主体，激发农场改革活力。研究起草《推进农垦土地资源资产化和资本化的实施方案》，促进农垦的资源优势转化为产业优势。海垦控股集团大力推进"八八战略"，组建果业、茶叶、草畜、南繁、商贸物流、南平医疗养生产业园等8家产业集团；桂林洋国家热带农业、万宁槟榔城、三亚凤凰谷乡村文化旅游区等园区相继开工建设。全面开展农垦系统清产核资工作，按期完成78家二级单位的清产核资工作。

（撰稿人：张嘉倪）

重庆市

一、重庆市国有资产监督管理工作综述

2016年，重庆市国资系统深入学习贯彻习近平总书记系列重要讲话精神，认真贯彻落实市委、市政府系列决策部署，牢固树立新发展理念，奋力拼搏，攻坚克难，国企国资改革扎实向前推进，国企党建从严从实的态势初步形成。

（一）企业经济运行总体平稳

重庆市国资委监管的37户市属国有重点企业实现利润总额290亿元。消化历史遗留问题28亿元，企业付出改革成本12亿元，利润总额同口径增长24%。在290亿元利润中，经营性利润77.2亿元，大幅增加89.5亿元，增幅由负转正（2015年经营性利润－12.3

亿元)。重庆农商行、重庆银行、重庆渝富集团、重庆三峡银行、市地产集团、市水务资产公司、市城投集团、西南证券公司8家企业利润总额在10亿元以上；重庆药品交易所公司、重庆商社集团、重庆股份转让中心公司、重庆三峡银行、市水务资产公司、重庆农商行、重庆银行等16户企业经营性利润增长在10%以上。市国资委监管企业上缴国有资本经营收益57.4亿元,同比增长10.4%。落实"企业减负30条",三项费用同比下降4.2%。剔除金融及类金融企业的平均资产负债率为63.4%,同比减少0.1个百分点,比全国国有企业低3个百分点。

市级部门所监管国有企业实现利润39亿元,同比增长9%;区县所属国有企业实现利润77亿元,同比增长1.1%。中央和外地在渝企业(不含在渝金融企业)实现利润446.6亿元,同比增长4.4%。

(二)供给侧结构性改革取得进展

重庆能源集团关闭矿井7对,压减煤炭产能119万吨,分流减员5457人。市属国有房地产企业消化库存57.4万平方米。重庆对外经贸集团通过去房地产库存,盘活资产9000万元。永川区通过清理盘活存量资产,有效提升国有资产运行质量,利润同比增长24%。新设立的重庆渝康公司收购处置问题资产项目25个,资产规模135亿元。全年清理处置"僵尸""空壳"企业231户,分流安置在职职工6500人。万州区、涪陵区、江北区等区县也积极行动,关闭清算一批"僵尸""空壳"企业。全年压缩四级以下企业法人层级136户。全面启动剥离企业办社会职能工作,出台剥离企业办社会职能"1+4"方案,154户市属国企厂办大集体,启动改革92户、完成24户。

(三)现代企业制度改革扎实推进

在市城投集团、重庆交通开投集团、重庆三峡担保集团等企业探索落实重大事项决策权、选人用人权、薪酬分配权"三项职权"改革试点。全面落实重庆市委、市政府《深化市管企业负责人薪酬制度改革实施意见》。落实企业内部薪酬分配自主权,在全国首批将国企工资总额管理权限全面下放。明确国企市场化选聘的高级职业经理人薪酬不受企业工资总额限制,不搞层层降薪。制定出台"企业负责人综合考评+企业经营业绩考核、薪酬分配、监事会主席考核、党建考核办法"等"1+4"综合考核办法。选取重庆农商行、重庆商社集团、重庆对外经贸集团下属市场化程度较高的二级企业开展市场化选聘职业经理人试点,选聘职业经理人19名。

(四)混合所有制改革稳妥实施

市属国有重点企业全部完成公司制改造,近51%的企业为混合所有制企业。推动企业上市。重庆商社集团、建工股份实现整体上市;对渝三峡、建峰化工两个上市公司进行资产重组。推进市属国企与央企、民企股权合作。完成中国兵装集团对重庆汽车金融公司的增资工作,推动重庆机电集团所属军工集团与中国兵装集团合作。规范推进政府和社会资本合作(PPP)模式。市属国有重点企业正在实施的PPP项目25个,总投资1541亿元,引入社会资本296亿元。组建战略性新兴产业股权投资基金和中新互联互通投资基金等各类基金40只,已投项目61个,涉及投资474亿元,带动项目总投资超过1000亿元。选取重庆机电集团下属长江轴承公司、重庆能源集团下属能投科技公司、市水务资产公司下属三峰环境公司等7家二、三级企业开展混合所有制员工持股试点。重庆银行推行的骨干员工通过延期兑现绩效薪酬购买本公司股票已全面完成,激励效果明显。

(五)创新驱动产生新的发展动力

认真贯彻落实重庆市委四届九次全会精神,出台《关于加快推进市属国有企业创新驱动发展的实施意见》,制定研发准备金制度、创新奖励专项资金等系列鼓励措施,推动企业开展创新。2016年,7户市属国有工业企业R&D投入占营业收入比重达到1.11%,同比增加0.07个百分点。市属国有重点企业拥有各类创新平台191个,其中国家级技术创新平台17个。实施创新项目1832项,其中国家级项目55项、市级项目307项。专利授权总量4362项,拥有中国驰名商标21个、重庆著名商标77个。庆铃集团在引进消化国外先进技术基础上,形成发动机研发平台。中国四联集团研发的高精度智能压力变送器填补国内空白。重庆商社集团"世纪购"、重庆对外经贸集团"渝贸通"正探索新的商业模式。市城投集团的"射频识别智能交通管理技术物联网国家地方联合工程中心”被国家发改委评为2016年国家地方联合工程中心、西部地区创新能力建设项目。重庆银行推出的“好企贷”金融产品，利用大数据分析技术打破中小微企业融资信息壁垒；西南证券公司开展“上市公司股权激励行权融资业务试点”；重庆联交所集团新增环保资源交易品种等，拓展新业务，提供新产品。

（六）国资监管更加严格，加大简政放权力度

将市属国有重点企业分为商业一类、商业二类、公益类，根据企业不同类型实施分类监管。改革国有资本授权经营体制，制定《市属国有资本投资、运营公司规范运行的指导性意见》，明晰权责边界，推动重庆渝富集团、市水务资产公司、市地产集团3户企业改组为股权类国有资本运营公司，庆铃集团、重庆钢铁集团、重庆化医集团等13户国有资本投资公司规范运行。设立市国资委国有资产审计办公室，依法履行市属企业国有资产出资人审计职责。严格监事会主席履职考核，强化监事会当期和事中监督，分类处理和运用监督成果。强化依法监督，严格依据国资监管法律法规规定行权履职。加强国有企业境外投资监管，从严控制境外投资审批，对没有存续价值的境外存量资产逐步退出转型。

（七）风险防控及安全稳定整体可控

全面清理整顿国企境外投资风险、融资风险、互联网金融风险，严控国企高风险融资性贸易业务。重庆农商行、重庆银行、重庆三峡银行的不良贷款率均控制在1%以内。加强安全生产隐患排查，全年没有发生较大以上事故，一般责任事故起数、死亡人数、直接经济损失分别同比下降23.8%、27.3%、46.8%。重庆机场集团积极参与杭州G20峰会安全保障，受到国家民航局通令表彰。积极应对供给侧结构性改革中信访稳定工作的新情况新问题，全系统信访总量件次、人次同比分别下降9.5%、9.8%，圆满完成市委、市政府提出的“四个零发生”和“六个坚决防止”目标。

（八）企业社会责任履行到位

助推全市内陆开放高地建设。西永微电园公司累计验放跨境电子商务进出口货值占重庆全关区的72.5%。市属国有投融资企业实现融资1418亿元，投资958亿元，较好完成全市重大基础设施和公益项目投资任务。新增高速公路292千米；新增轨道交通10千米；完成公租房建设391万平方米；累计完成21.8万户水表改造；新增棚户区改造融资89亿元。高速公路减免通行费13.4亿元，公交和轨道“优惠乘车”“一小时免费换乘”为市民节约出行成本12.8亿元。悦来污水处理厂项目投入运营，石马河西片区截污干管建设项目有序推进。开展精准扶贫。筹集扶贫专项资金4.1亿元，支持城口、酉阳、彭水、巫溪4个重点贫困县的565个扶贫开发项目。建立5000万元贫困大学生助学基金，拿出3600个工作岗位为贫困大学生提供就业。服务“三农”和中小微企业发展。截至2016年底，3家市属国有银行小微贷款余额超过1600亿元，涉农贷款余额超过1800亿元，分别占到全市小微企业贷款和涉农贷款总额的45%和40%，成为重庆市金融支持小微企业发展和“三农”发展的核心力量。

二、重庆市国有资产总量与结构分析

截至2016年底，重庆市国有企业资产总额55148亿元，同比增长15.1%；负债总额36758亿元，同比增长17%；所有者权益18390亿元，同比增长11.4%。2016年，营业总收入5112亿元，同比增长3.1%；实现利润总额468亿元，同比下降0.3%；归属于母公司所有者的净利润345亿元，同比增长10.9%；上缴税金442亿元，同比增长13.3%；工业总产值1037亿元，同比增长7.6%；劳动生产总值（增加值）1274亿元，同比增长19.3%。

年末合并国有资产总量16219亿元，同比增加2535亿元，增长18.5%。从隶属关系看，市国资委监管企业国有资产总量4762亿元，同比增长5.8%，占29.4%；区县政府监管企业国有资产总量8832亿元，同比增长15.9%，占54.5%；其他市级部门监管企业国有资产总量2625亿元，同比增长68%，主要是统计范围变化所致，占16.1%。从国民经济行业分布看，国有资产总量主要集中于社会服务业、建筑业、房地产业、交通运输业四大行业，国有资产总量均在1500亿元以上，合计14186亿元，占87.5%。从产业结构看，一、二产业比重下降，第三产业比重稳步增加，第一产业（农林牧渔业）272 亿元，占 1.7%；第二产业（工业、建筑业）4841 亿元，占 29.8%；第三产业 11106 亿元，占 68.5%。

表 1　2016 年重庆市所属国有企业指标

项　目	金额(亿元)
资产总额	55148
所有者权益	18390
国有资产总量	16219
营业收入	5112
利润总额	468
净利润	367
归属于母公司所有者的净利润	345
应交税金总额	434
实际上缴税金总额	442

表 2　2016 年重庆市国有企业户数情况

项目	2015 年	2016 年	比上年增长(%)
户数(户)	3293	3590	9.02

表 3　2016 年重庆市国有资产地区分布情况

地　区	国有资产(亿元)	占国有资产总量比重(%)
市国资委监管企业	4762	29.36
市级主管部门管理企业	2625	16.18
区县企业	8832	54.45
其中：万州区	246	1.52
涪陵区	689	4.25
渝中区	119	0.73
大渡口区	233	1.44
江北区	259	1.60
沙坪坝区	451	2.78
九龙坡区	358	2.21
南岸区	239	1.47
北碚区	211	1.30
綦江区	756	4.66
大足区	303	1.87
渝北区	321	1.98
巴南区	359	2.21
黔江区	203	1.25
长寿区	406	2.50
江津区	138	0.85
合川区	364	2.24
永川区	427	2.63
南川区	116	0.72
璧山区	484	2.98
铜梁区	253	1.56
潼南区	137	0.84
荣昌区	160	0.99
梁平区	78	0.48
城口县	62	0.38
丰都县	145	0.89
垫江县	102	0.63
武隆县	152	0.94
忠县	17	0.10
开州区	241	1.49
云阳县	113	0.70
奉节县	239	1.47
巫山县	3	0.02
巫溪县	62	0.38
石柱土家族自治县	78	0.48
秀山土家族苗族自治县	131	0.81
酉阳土家族苗族自治县	76	0.47
彭水苗族土家族自治县	101	0.62

表 4　2016 年重庆市国有资产行业分布情况

行　　业	国有资产（亿元）	占国有资产总量比重(%)
农林牧渔业	272	1.68
工业	478	2.95
建筑业	4363	26.90
地质勘查及水利业	490	3.02
交通运输业	1796	11.07
仓储业	39	0.24
邮电通信业	2	0.01
批发和零售业	253	1.56
金融业	382	2.36
房地产业	2480	15.29
信息技术服务业	8	0.05
社会服务业	5547	34.20
卫生体育福利业	14	0.09
教育文化广播业	49	0.30
科学研究和技术服务业	46	0.28

表 5　2016 年重庆市国有资产经营规模分布情况

经营规模	国有资产（亿元）	占国有资产总量比重(%)
大型企业	1156	7.13
中型企业	5652	34.85
小型企业	7441	45.88
微型企业	1970	12.15
合　　计	16219	100.00

三、重庆市国有资本保值增值综合分析评价

2016 年，重庆市国有资本保值增值率 102.1%，较 2015 年减少 1.4 个百分点，实现国有资本保值增值目标。市国资委监管企业、其他市级部门监管企业国有资本保值增值率分别为 102.4%、101.1%，分别较上年同期减少 3.4 个百分点，区县政府监管企业国有资本保值增值率 102.1%，较上年同期增加 0.3 个百分点。从行业分布看，有 11 个行业保值增值率呈下降趋势，工业、仓储业、信息技术服务业、卫生体育福利业 4 个行业未实现保值增值。

表 6　2016 年重庆市国有企业地区和行业国有资本保值增值情况

地　　区	国有资本保值增值率(%)	行　　业	国有资本保值增值率(%)
市国资委监管企业	102.44	农林牧渔业	101.24
市级主管部门管理企业	101.06	工业	94.16
区县企业	102.13	建筑业	103.09
其中：万州区	109.96	地质勘查及水利业	100.03
涪陵区	100.66	交通运输业	100.28
渝中区	101.50	仓储业	88.48
大渡口区	100.71	邮电通信业	102.66
江北区	100.43	批发和零售业	103.34
沙坪坝区	102.37	金融业	102.38
九龙坡区	102.97	房地产业	101.90
南岸区	103.05	信息技术服务业	92.47
北碚区	99.33	社会服务业	102.81
綦江区	101.13	卫生体育福利业	96.94
大足区	107.92	教育文化广播业	103.46
渝北区	100.78	科学研究和技术服务业	111.32
巴南区	104.69		
黔江区	102.84		
长寿区	102.95		
江津区	100.03		
合川区	101.29		
永川区	104.76		
南川区	99.28		
璧山区	99.82		
铜梁区	101.65		

续表

地　　区	国有资本保值增值率(%)	行　　业	国有资本保值增值率(%)
潼南区	100.02		
荣昌县	101.17		
梁平县	113.43		
城口县	100.21		
丰都县	99.83		
垫江县	101.07		
武隆县	101.37		
忠县	100.17		
开州区	103.54		
云阳县	99.28		
奉节县	101.43		
巫山县	97.48		
巫溪县	99.95		
石柱土家族自治县	99.48		
秀山土家族苗族自治县	102.55		
酉阳土家族苗族自治县	96.42		
彭水苗族土家族自治县	110.99		

四、重庆市国资委监管企业改革发展情况

2016年，重庆国企改革专项小组认真学习贯彻落实党的十九大精神，按照中央国企改革精神和重庆市委、市政府决策部署，坚持质量第一、效益优先，以提高国有资本效率、增强国有企业活力为中心，以供给侧结构性改革为主线，着力破解国有企业结构性、体制性、机制性障碍。通过整体部署、全面推进、重点突破，"一企一策"项目化、清单式推动国企国资改革攻坚，取得积极成效。一是加强对国企国资改革的领导把关推动改革任务落地见效，专项小组成员单位、各企业层层细化任务、层层压实责任，全部成立专司改革的工作机构，形成"主要领导亲自抓、分管领导具体抓、相关部门共同抓"的改革合力。对标对表中央精神，因地因企制定改革措施。对照中央出台的国企改革顶层设计"1＋N"改革文件和实施方案，专项小组及时逐一研究制定重庆贯彻实施方案，制定出台《市国资委以管资本为主推进职能转变实施意见》等贯彻实施文件4个，累计出台改革文件27个、配套方案18个，基本形成重庆国企国资改革框架体系。把全市国企改革方案、重点任务细化分解为由市级主导的改革项目46项和企业主导的"一企一策"改革项目505项，挂单落实、逐项销号。二是承接中央关于剥离企业办社会职能改革试点和退休人员社会化改革试点，两项试点均提前完成年度任务。重庆渝富集团开展改组组建国有资本运营公司试点被国务院国资委作为实践模式全国推广。三是国企国资重点改革任务取得实质性突破。采取市场化法治化债转股等改革措施，推动以重钢股份为重点的困难企业扭亏脱困，解决重钢股份公司困境，成功摆脱经营危机，资产负债率由105%降到30%，重钢股份7000多员工稳定就业，17万股民保持稳定。重庆化医集团着力优化产品结构，逐步退出基础化工，通过改造、引进、环保搬迁、重组整合等方式盘活存量资产，顺利启动与中国建设银行的78亿元债转股工作。重庆能源集团制定深化改革转型发展方案，重点对煤电板块实施重组整合，着力化解融资性贸易风险和债务危机，基本完成企业办社会职能移交工作。重庆粮食集团把降债务、止出血作为改革脱困的主要抓手，制定《脱困振兴计划》全力推动红蜻蜓公司止损扭亏，加快退出房地产领域，积极化解大豆国际贸易风险，成立债权人委员会推进市场化法治化债转股。

五、重庆市国资委监管企业并购重组情况

2016年，重庆国资系统企业专业化重组全面展开。制定工业企业专业化重组等重组方案，择机稳妥推进。将36户市属国有房地产企业重组整合到市地产集团所属康田公司、市城投集团所属渝开发公司、重庆建工集团所属置业公司3户主业为房地产的企业，推动市属国有资本逐步从房地产行业有序退出。制定14户市属国有建筑企业关闭退出路径和时间

表，关闭退出2户。按照“能退则退”的要求，重庆旅游集团从奉节、丰都等区县旅游景区退出，为社会资本进入开发腾出资源和市场空间。重庆渝富集团、重庆兴农担保集团分别吸收整合金融后援公司、农畜产品交易所。区县所属国有企业也加快重组整合步伐，如沙坪坝区将原有16户国有企业整合为4户，城口县将原有24户国有企业整合为9户。

六、重庆市国资委监管企业建立和完善经营业绩考核体系情况

根据中央关于国有企业负责人薪酬制度改革精神，依据《重庆市深化市管企业负责人薪酬制度改革实施意见》，重庆市国资委拟定《市属国有重点企业主要负责人经营业绩考核暂行办法》和《市属国有重点企业负责人薪酬管理暂行办法》。遵循社会主义市场经济规律和企业发展规律，结合企业功能定位、经营性质和业务特点，对企业负责人实行分类考核，并按权利、义务、责任相统一的要求，建立健全科学合理、可追溯的资产经营责任制，突出考核导向，明确考核标准，引导企业提高国有资本运营效率，不断提升价值创造能力，增强国有经济活力，放大国有资本功能，实现国有资本保值增值。

七、重庆市国资委监管企业负责人考核机制改革情况

重庆国资系统强化监督考核，坚持将经营业绩考核结果同企业负责人的激励约束紧密结合，即业绩升、薪酬升，业绩降、薪酬降。企业负责人严格执行“基本年薪＋绩效年薪＋任期激励收入”的薪酬体系。主要负责人基本年薪不超过上年度市管企业在岗职工平均工资的2倍，其他副职负责人基本年薪，则根据其任职岗位、承担的责任和风险等因素，由企业按公司治理程序在主要负责人基本年薪的0.6～0.9倍之间确定。绩效年薪由基本年薪、年度考核评价系数、绩效年薪调节系数确定。年度考核评价系数根据年度经营业绩考核结果确定，最高不超过2。绩效年薪调节系数依据企业功能性质、所处行业、资产总额、利润总额、平均职工人数、盈余现金保障倍数以及国际化经营系数、净资产收益率、资产负债率等因素确定，最高不超过1.5。参与市场竞争程度高的商业一类企业绩效年薪调节系数高于参与市场竞争程度较高的商业二类企业，商业二类企业高于公益类企业，规模大的高于规模小的企业。

八、重庆市国资委监管企业选人用人机制改革情况

2016年，重庆国资系统扎实探索选人用人机制，从严落实干部管理。一是在已有“1＋7”管理制度体系基础上，研究制定《重庆市市属重点国企领导班子和领导人员综合考核评价办法》等“1＋4”综合考核评价制度，形成经营业绩、党建工作、综合测评“三位一体”的综合考核评价体系。二是大力推进企业班子的年轻化、专业化建设，实施企业内外的干部交流任职，在企业内部提拔（重用）17人，提任副职的一半年龄在45岁以下，最年轻的仅37岁，在企业之间交流任职12人，13名党政干部交流到企业任职，已完成企业领导人员任免手续98人次，涉及企业33户。三是从严开展谈话函询诫勉、个人事项报告核查、信访举报核查、干部档案专项审核等工作，从严执行规范经商办企业行为、退休等规定，结合巡视、审计、回访等情况及时调整不称职、不胜任的企业领导人员，4人被函询诫勉，2人暂缓提拔，5人被免职撤职，4人改任资深经理或辞职，1人提前退休，25人到龄退休。重庆市委巡视组巡视重庆市国资委时，未提出重庆市国资委党委在国企选人用人方面的问题。四是着力实施党性教育和专业培训“两手抓”，举办3期国资大讲坛，组织实施政治理论、国资国企改革、供给侧结构性改革、上市工作等专题培训17个，其中2个项目列入重庆市2016年主体班，12个项目列入重庆市2016年专题班，培训人数4000余人次。

九、重庆市国资委监管企业党的建设和廉政建设情况

（一）党的建设情况

2016年，重庆国企党的建设得到新的加强。层层

传导全面从严治党责任压力，落实国有企业党组织领导核心和政治核心地位。把党组织内嵌到公司治理结构之中，将党建工作总体要求纳入国有企业章程。37户市属国有重点企业中，35户已修订，剩下2户完成内部程序。推行党组织先议、会前沟通、会上表达、会后报告"四步法"，确保党组织参与企业经营管理重大问题决策落到实处。继续推进企业领导班子建设制度化规范化，制定《市属国有重点企业领导班子和领导人员综合考核评价暂行办法》，形成经营业绩、党建工作、综合测评"三位一体"的综合考核评价体系。从严选人用人管人，从严标准条件，从严选用程序，认真落实"四必"要求，全年任免调整企业领导人员98人次，领导班子结构有效优化。从严加强企业领导人员监督管理，认真开展企业领导人员及亲属经商办企业清理规范、个人事项报告核查、信访举报核实等工作，着力推进企业领导人员能上能下，15人被诫勉谈话或撤职免职降职。抓实"两学一做"学习教育活动，推动全面从严治党向基层延伸、向经常性教育延伸。制定《国有企业党组织工作活动基本规范》，国有企业党的组织和党的工作实现全覆盖。组织开展"四个专项排查"，基层党建7个方面突出问题得到较好解决，党员组织关系排查、基层党组织按期换届、党费清缴补交等基本完成。把纪律和规矩挺在前面，持之以恒落实中央八项规定精神，狠抓巡视、纪检、审计、监事会发现问题的整改，坚决遏制腐败蔓延势头，营造风清气正的企业发展环境。2016年，查处违反中央八项规定精神的问题27件，处分32人。市国资系统各级纪检监察机构立案238件，结案235件，给予党纪政纪处分334人，其中移交司法处理51人。

(二)廉政建设情况

2016年，在重庆市委的坚强领导下，在市纪委的有力监督指导下，市国资系统党风廉政建设和反腐败工作取得新的成效。一是全面从严治党的责任意识明显增强。国有企业落实全面从严治党主体责任，已经成为国资系统的广泛共识。始终把落实好主体责任放在心上，抓在手上，敢于"黑下脸"来管，敢于较真碰硬，成为国企各级党组织的自觉行动。二是全面从严治党的体制机制更加健全。推进党的领导融入公司治理，从修订公司章程抓起，使修订公司章程过程成为强化党的意识、强化党组织领导核心和政治核心作用的过程。重庆国企落实党组织法定地位的做法，在全国国企党建工作会议上交流发言。出台《关于在推进国有企业改革发展中落实全面从严治党的意见》《关于落实党风廉政建设党委主体责任和纪委监督责任的实施意见》《关于落实国资系统党风廉政建设"两个责任"配套制度的通知》等系列文件，制度的笼子织得更紧更密。三是企业领导人员选任和管理更加严格。坚持国企领导人员"二十字"标准和"五看"要求，从严选人用人管人，从严标准条件，从严选用程序，认真落实"四必"要求，全年任免调整企业领导人员98人次，领导班子结构有效优化。从严干部考核，制定《市属国有重点企业领导班子和领导人员综合考核评价暂行办法》，形成经营业绩、党建工作、综合测评"三位一体"的综合考核评价体系。从严日常管理监督，全年15人被诫勉谈话或撤职免职降职。四是巡视整改取得实实在在的效果。认真落实重庆市委"五人小组"、市委巡视工作领导小组交办的12项任务，调查核实巡视移送问题线索18件，对16户企业巡视整改情况开展"回头看"，切实纠正国有企业违规担保、国有企业职工搞车身广告、执行"三重一大"决策制度不规范、企业领导人员违规兼职等问题。五是作风建设不断深化。把纪律和规矩挺在前面。把握运用好监督执纪"四种形态"，特别是运用好第一、第二种形态，及时开展谈话函询，让"红红脸、出出汗"成为常态。对"四风"问题露头就打，全年查处违反中央八项规定精神的问题27件，给予党纪政纪处分32人。六是腐败蔓延势头得到有效遏制。持续保持惩治腐败高压态势，全力支持驻市国资委纪检组监督执纪问责，任何人不准插手干涉办案、不准打招呼、不准为被调查人说情。全年市国资系统立案238件，结案235件，给予党纪政纪处分334人。七是纪检队伍自身建设进一步加强。驻市国资委纪检组聚焦中心任务，专职负责监督执纪问责，敢于较真碰硬，敢于担当责任，为国企改革发展提供坚强的纪律保障。各企业纪委深化"三转"，纪委书记一律不再分管人财物、工程项目等监督范围内的事项，监督执纪问责的能力持续提升。

(撰稿人：高紫阳)

四川省

一、四川省国有资产监督管理工作综述

2016年，面对复杂严峻的宏观经济形势和艰巨繁重的改革发展任务，四川省国资系统始终坚持在全省工作大局中谋划和推动改革发展，主动作为、创造性地开展工作，着力推动国有企业发展壮大、国有资本保值增值，在全省"两个跨越"中较好地发挥排头兵和主力军作用。2016年，纳入省国资委快报统计的中央在川企业资产总额21414亿元、所有者权益8999亿元，实现收入7047亿元、利润－35.6亿元。全省地方国有企业资产总额45101亿元、所有者权益15413亿元，实现营业收入6018亿元、利润483亿元，完成固定资产投资额1992亿元，同比分别增长19.6%、15.6%、11.3%、30.8%、29.4%。其中：27户省属监管企业资产总额8604亿元、所有者权益2839亿元，实现营业收入2353亿元、利润135亿元，同比分别增长15.2%、18.2%、16.1%、98.5%，各项目标任务超额完成，实现"十三五"良好开局。

(一)坚持以改革促发展，抓重点、破难点，坚定不移推动改革落地见效

纳入四川省委改革台账的35项目标年度任务全面完成，多项改革走在全国前列，得到中央深改办、国务院国资委以及四川省委、省政府充分肯定。"1＋20"文件出台，21个市(州)全部制定出台改革方案，国企改革制度体系基本形成；以规范董事会为重点，推进董事会制度建设"由虚入实"，法人治理结构更加规范化；在全国率先基本完成省属企业三项制度改革预定目标，"管理人员能上能下、员工能进能出、收入能增能减"的市场化经营机制初步建立，2016年分流富余人员5900多人、节约人工成本2.9亿元；国企股权多元化取得重大进展，省属一级及下属法人公司有40%为混合所有制企业，全省地方国有控股上市公司总市值达到4100多亿元；四川发展(控股)、四川商投集团、旅投集团等重点企业改革取得阶段性成果，中国二重、川化股份等企业实现扭亏。

(二)坚持稳增长促发展，国有企业"瘦身健体"、提质增效取得新成效

针对经济下行压力，突出抓重大项目、抓降本增效、抓创新发展、抓金融支撑、抓考核激励等五大抓手，采取"一揽子"针对性措施，推动国有企业主要经济指标保持两位数增长。成都天府国际机场、汶马高速等一批重大项目推进顺利，省属企业全年完成固定资产投资超过600亿元；全面开展"成本管控、效益否决"专项活动，以降本节支、挖潜增效为重点加强成本管控；引导国有企业加大研发投入、科技创新和成果运用力度，由国有企业牵头组建的产业技术联盟达到58个；着力推动高水平银企对接，省属企业与国开行、建设银行等8家金融机构签署战略合作协议，获得超过10000亿元的综合授信；成都市通过债务置换、优质资本注入等方式，改善平台企业财务状况，近两年补充国企资本金8亿多元，降低企业负债2个百分点；实施提质增效专项考核，给予2015年经营效益优秀的川投、能投、川航3户企业专项奖励。四川省抓国有企业稳增长促发展的经验做法，由国务院国资委在全国进行推广。

(三)坚持全方位推进开放合作，服务四川省发展大局

省属企业已经成为四川省对外开放合作的排头兵和先行军。聚焦重大产业发展，积极引进各类知名企业在川发展，在第16届西博会上，首次举办省属企业与省内外企业合作项目签约仪式，签约36个重大产业项目、总投资4400多亿元；推动省政府与中国商飞成功签订战略合作协议，四川发展(控股)牵头组建100亿元的军民融合产业基金。推动省属企业与市州进行战略合作，围绕脱贫攻坚实施"国企入凉"行动，在凉山州实施2600多亿元的项目；支持雅安地震灾区发展，计划投资5000亿元。主动融入"一带一路"发展战略，组建省属国企首个海外综合投融资平台——中国四川国际投资有限公司；双流机场成功承办第22届世界航线发展大会，累计开通国际(地区)航线92条。10户省属企业在境外成立分(子)公司或

办事机构30多个，累计完成海外项目投资400多亿元。

(四)坚持依法规范履职，国资监管针对性、有效性得到加强

在全国较早出台省属企业功能界定与分类监管指导意见，大力推进简政放权，取消和下放出资人审批事项14项；在全国率先出台省国资委出资人审批事项管理试行办法，公布省国资委出资人审批事项清单。切实加强重点领域和关键环节监管，编制完成《四川省属国有资本"十三五"布局结构调整规划》，认真学习贯彻国务院32号令，对5户省属企业主要负责人开展经济责任审计，制定出台省属企业财务总监委派试点意见。完善监管制度，出台《关于加强和改进企业国有资产监督防止国有资产流失的意见》等文件；加大监事会监督检查力度，建立发现问题整改台账，并首次将问题整改落实情况纳入企业考核。督促指导企业狠抓信访稳定和安全生产，未发生重大群体性事件，企业安全生产形势总体稳定。

(五)坚持全面从严治党，国有企业党的建设得到提升

全面贯彻落实党的十八届六中全会等重要会议精神，坚持把国有企业党的建设抓在手上、落在实处。压紧压实党建工作责任，全面修订国有企业公司章程，将党建工作要求写入公司章程，明确企业党组织在决策、执行、监督各环节的权责边界和工作方式，创新开展国有企业党委(党组)书记抓党建工作述职评议。把加强反腐倡廉作为国资国企改革发展的内在要求，创新性地将党风廉洁责任制考核结果与薪酬绩效、奖励惩处、选拔评优"三挂钩"，推动"两个责任"有效落实；建立国资系统内部交叉巡查制度，在交投集团等5户企业开展交叉巡查工作；对125个项目实行效能监察，处理59人挽回损失3405万元；加强舆论宣传，在中央、省级以上主流媒体播放、刊发和转发国资国企改革新闻报道稿件800多篇。

(六)充分发挥国资国企优势，推动精准扶贫取得实效

大力推进产业扶贫，实施"国企入凉"行动，与凉山州签订产业项目18个，投资金额2600亿元；四川发展(控股)入股凉山州商业银行等3个项目完成；省属企业与小凉山彝区签订价值上百亿元的重大项目合作协议；投入2000多万元，指导阿坝州金川县完善旅游发展规划，实施"幸福农庄"等项目；省能投集团投入300万元完成宜宾屏山县农网改造。选派70余名干部，驻村帮扶48个贫困县67个贫困村，投入1.8亿元建设新农村、修桥修路、安全饮用水项目等，省国资委对口帮扶的屏山县万涡村人均收入由2015年的3500多元增加到2016年的6800多元、金川县科尔纳村人均收入由5500元增加到6700元。四川发展慈善基金会为贫困地区募集资金6000多万元，铁投集团等企业出资300余万元设立教育基金。

二、四川省国有资产总量与结构分析

截至2016年底，四川省地方企业国有资产统计报表汇编企业4512户，资产总额46940.03亿元，负债总额30871.35亿元，归属于母公司的所有者权益14604.22亿元，年末国有资产总量14005.92亿元，国有资本增值保值率102.05%，实现营业总收入6126.89亿元，利润总额500.90亿元，归属于母公司的净利润301.60亿元，上缴税费421.20亿元。与2015年比较，资产总额增长25.98%，归属于母公司的所有者权益增长23.45%，营业总收入增长11.05%，利润总额增长26.59%，归属于母公司的净利润增长19.16%。

表1　2016年四川省所属国有企业指标

项　目	金　额(亿元)
资产总额	46940.03
所有者权益	16068.68
营业总收入	6126.89
利润总额	500.90
净利润	386.92
归属于母公司所有者的净利润	301.60
应交税费总额	404.59
实际上缴税费总额	421.20

表2　2016年四川省国有企业户数情况

项　目	2015年	2016年	比上年增长(%)
户数(户)	4132	4512	9.20

(一)国有资产总量的地区分布中成都市比重最大,分布状况与各地区经济发展水平基本一致

2016年,省本级国有资产总量2155.79亿元,占全省的15.39%,成都市国有资产总量5458.21亿元,占全省的38.97%。省本级与成都市合计占全省的54.36%。其他20个地区合计总量仅占全省的45.64%,分布差异仍然较大,其中,宜宾市995.28亿元,占比7.12%,泸州市超过800亿元,绵阳市、眉山市超过400亿元,阿坝州、甘孜州未达百亿元。国有资产总量的地区分布状况与各地区经济发展水平基本一致。

表3　2016年四川省国有资产地区分布情况

地　区	国有资产(亿元)	占国有资产总量比重(%)
省本级	2155.79	15.39
成都市	5458.21	38.97
宜宾市	995.28	7.12
泸州市	871.07	6.23
眉山市	476.60	3.40
绵阳市	476.59	3.40
南充市	380.31	2.72
巴中市	372.85	2.66
乐山市	363.81	2.60
遂宁市	328.88	2.35
雅安市	262.68	1.88
凉山州	260.81	1.86
内江市	248.28	1.77
自贡市	207.74	1.48
资阳市	207.36	1.48
德阳市	197.95	1.41
广元市	196.24	1.40
达州市	163.11	1.16
攀枝花市	150.44	1.07
广安市	113.98	0.81
甘孜州	72.57	0.52
阿坝州	45.37	0.32
合　计	14005.92	100.00

(二)国有资产行业分布主要集中于社会服务业、交通运输业、建筑业、工业和房地产业,其中社会服务业比重超过四成

2016年,社会服务业的国有资产总量6522.57亿元,占全省的46.57%,为行业总量中最高,另有4个行业国有资产总量超过1000亿元,分别为建筑业1888.90亿元、交通运输业1799.63亿元、房地产业1609.28亿元、工业1271.01亿元,与社会服务业的差距明显,以上5个行业的国有资产总量合计比重为93.47%。

其他行业中,金融业、地质勘查及水利业、教育文化广播业、批发和零售业、农林牧渔业的国有资产总量超过100亿元,分别占全省的2.13%、1.12%、1.05%、0.86%、0.75%;其他4个行业所占比重不足1%,3个行业国有资产总量不足50亿元,1个行业不足1亿元。

表4　2016年四川省国有资产行业分布情况

行　业	国有资产(亿元)	占国有资产总量比重(%)
社会服务业	6522.57	46.57
建筑业	1888.90	13.49
交通运输业	1799.63	12.85
房地产业	1609.28	11.49
工业	1271.01	9.07
金融业	298.91	2.13
地质勘查及水利业	156.49	1.12
教育文化广播业	146.37	1.05

续表

行　业	国有资产(亿元)	占国有资产总量比重(%)
批发和零售业	120.19	0.86
农林牧渔业	104.38	0.75
信息技术服务业	32.20	0.23
仓储业	30.31	0.22
科学研究和技术服务业	25.64	0.17
邮电通信业	0.04	0.0003
合　计	14005.92	100.00

(三)大型和小型企业在四川省国有经济中的比重较大,结构呈哑铃型

2016年,四川省大型企业国有资产总量6703.93亿元,占全省的47.87%,小型企业国有资产总量3912.95亿元,占全省的27.94%,在全省国有经济中的份额较大。此外,中型企业国有资产总量2402.70亿元,微型企业国有资产总量986.34亿元。

表5　2016年四川省国有资产经营规模分布情况

经营规模	国有资产(亿元)	占国有资产总量比重(%)
大型企业	6703.93	47.87
中型企业	2402.70	17.15
小型企业	3912.95	27.94
微型企业	986.34	7.04
合　计	14005.92	100.00

三、四川省国有资本保值增值综合分析评价

2016年,面对复杂严峻的宏观经济形势,四川省国资系统坚决贯彻落实国务院国有企业提质增效有关工作要求以及四川省委省政府促进经济提质增效稳增长、推进供给侧结构性改革相关政策措施,紧紧围绕中央和省委省政府决策部署,针对全省地方国有企业提质增效存在的突出困难与问题,迎难而上,提出"加强组织领导、明确年度双八双十奋斗目标、坚定不移深化改革、推进创新开放、强化精益管理、提升监管服务水平"六大工作举措,压紧压实工作责任和目标考核,强化监测分析和督促指导,及时协调解决困难与问题,企业运营效率和质量效益进一步提升,全年保值增值率为102.05%。

(一)国有资本实现保值增值

2016年,随着企业经营积累的实现,国有企业实现保值增值的任务,年末国有企业国有资本及权益13984.60亿元,年末国有资产总量14005.92亿元,较2015年增长23.27%,由生产经营产生的经营净积累为249.38亿元,国有资本保值增值率102.05%。另外,国家及国有单位直接资金投入1021.32亿元,资产净划入416.94亿元。

(二)不同级次、不同区域和不同行业企业国有资本保值增值水平存在差异

2016年,省本级企业国有资本保值增值率103.41%,省级监管企业国有资本保值增值率103.37%,高于全省平均水平1.32个百分点,24户省级监管企业中16户实现保值增值;市(州)企业国有资本保值增值率101.81%,21个市(州)中17个市(州)企业实现国有资本的保值增值,宜宾市最高为106.84%,其次是阿坝州106.07%和泸州市104.82%,4个市企业未实现保值增值,分别是德阳市99.45%、广元市99.71%、眉山市99.86%和攀枝花市99.89%;13个行业保值增值水平存在差异,实现保值增值的行业有11个,最高为金融业111.72%,其次为教育文化广播业109.42%,工业和信息技术服务业超过105%,未实现保值增值的行业有3个,最低为邮电通信业95.93%。

表6　2016年四川省国有企业地区和行业国有资本保值增值情况

地　区	国有资本保值增值率(%)	行　业	国有资本保值增值率(%)
省本级	103.41	金融业	111.72
宜宾市	106.84	教育文化广播业	109.42
阿坝州	106.07	工业	107.45

续表

地　区	国有资本保值增值率(%)	行　业	国有资本保值增值率(%)
泸州市	104.82	信息技术服务业	106.00
广安市	103.59	科学研究和技术服务业	104.29
绵阳市	102.64	批发和零售业	103.50
资阳市	102.34	地质勘查及水利业	102.78
巴中市	101.69	社会服务业	101.39
乐山市	101.63	房地产业	101.12
自贡市	101.22	建筑业	101.09
成都市	101.18	仓储业	100.67
南充市	100.91	交通运输业	99.98
凉山州	100.72	农林牧渔业	99.78
雅安市	100.68	邮电通信业	95.93
内江市	100.66		
遂宁市	100.55		
甘孜州	100.21		
达州市	100.19		
攀枝花市	99.89		
眉山市	99.86		
广元市	99.71		
德阳市	99.45		

四、四川省国资委监管企业改革发展情况

四川省国资系统坚持把抓改革强活力作为首要任务，重点领域和关键环节改革实现新突破，走在全国前列。

(一)国企改革制度体系基本形成

在《关于深化国资国企改革促进发展的意见》基础上，配套制定发展混合所有制经济、专职外部董事队伍建设等20个专项改革方案，形成“1+20”改革制度体系。21个市(州)也全部制定出台改革方案，四川省国资国企改革呈现出上下呼应、整体联动、有序推进的良好态势。

(二)企业体制机制更加完善

把加强党的领导和完善公司治理统一起来，明确和落实企业党组织在公司法人治理结构中的法定地位。出台规范建设董事会、董事会选聘高级管理人员等制度，全面落实企业董事会在重大决策、薪酬考核、选人用人等方面的职权，推进董事会制度建设“由虚入实”。富润公司等6户企业落实董事会选人用人职权改革取得阶段性成效，有色科技等3户企业经理层整体市场化选聘稳步推进。省属企业已累计市场化选聘150余名高管人才。在全国率先基本完成省属企业三项制度改革预定目标，“管理人员能上能下、员工能进能出、收入能增能减”的市场化经营机制初步建立。2016年，分流富余人员5900多人、节约人工成本2.9亿元。省属企业签订劳动合同覆盖率达100%，四川发展(控股)基本实现在岗职工公开选聘、本部中层管理人员竞聘上岗、直接出资企业高管人员市场化选聘“3个100%”。加大薪酬制度改革力度，基本建立与企业选人用人方式相匹配、与企业功能性质相适应的差异化薪酬制度。完善职工工资总额管理，探索建立中长期激励机制，混合所有制企业员工持股指导意见、省属非上市企业实施中长期激励试点指导意见即将出台。

(三)国企股权多元化取得重大进展

省属企业一级公司层面已全部完成公司制改造，近两年新设立的省属二、三级国有企业基本实行股权多元化。川航、川商投等5户企业混合所有制改革试点有序推进，省属一级及下属法人公司有40%为混合所有制企业。制定推进省属国有企业资产证券化的实施方案，确定31户上市培育企业名单，新华文轩2016年8月在上交所挂牌上市，成为我国首家A+H两地上市的出版传媒企业。川化股份司法重整取得实效。全省地方国有控股上市公司总市值达到4100多亿元。

(四)重点企业改革取得阶段性成效

17户在川央企和省属企业分别实现营业收入超过100亿元，其中国网四川电力公司、成都铁路局等5户企业超过500亿元。四川发展(控股)加快推进转型发展，四川金控集团完成挂牌，将有力推动四川

省西部金融中心建设;川商投资集团二次重组取得实质性成效,长江集团、外贸集团、物流股份等企业股权和资产划入;组建省旅投集团,打造旅游产业转型发展平台、旅游资源战略整合平台、国有资本旅游投资平台。同时,坚持化解当前危机与长远转型发展相结合,着力推进企业改革脱困。对川煤集团,一手抓债务风险化解,千方百计帮助解决年内到期的20亿元短融债兑付问题,研究提出"一揽子"化解47.5亿元市场债务风险方案,一手抓过剩产能退出,全年关闭9对矿井、退出435万吨产能,为全省推动供给侧结构性改革作出贡献;化工控股集团分块搞活转型升级改革取得重大阶段性成效,泸天化股份实现经营性保壳,川化股份扭亏为盈、为2017年恢复上市奠定基础;中国二重通过主动退市、司法重整、人员分流等改革"组合拳"成功实现扭亏;攀钢集团改革转型步伐加快。川投、铁投、交投、能投、华西、川商投等企业,加快推进国有资本投资公司改造工作。

五、四川省国资委监管企业并购重组与完善法人治理结构情况

(一)企业并购重组情况

按照"一企一策"推进国企转型发展、重组整合,加快做强做优做大国有企业。一是重点国有企业改革重组取得进展。围绕打造金融控股、产业投资引领、企业改革发展三位一体的国有资本运营平台,加快推进四川发展(控股)转型发展,四川金控集团完成挂牌,四川银行也将在2017年组建,将有力推动四川省西部金融中心建设;围绕打造全国知名、西部一流的综合性商贸流通企业,川商投资集团二次重组取得实质性成效,长江集团、外贸集团、物流股份等企业股权和资产划入,已实现挂牌运营;围绕打造旅游产业转型发展平台、旅游资源战略整合平台、国有资本旅游投资平台,组建省旅投集团。二是积极推进川投集团、能投集团改组为国有资本投资公司。三是推进化工控股分块搞活转型升级工作取得成效。泸天化股份实现经营性保壳,能投集团重组川化股份为2017年恢复上市奠定基础。四是在川央企改革脱困取得实质性进展。中国二重通过主动退市、司法重整、人员分流等改革"组合拳"成功实现扭亏;攀钢集团改革转型步伐加快。五是推进国有资本退出,四川商投集团开展对川纺集团资产、负债、人员等情况的清理核实工作。

(二)完善企业法人治理结构情况

以规范董事会为重点,法人治理结构更加规范化。一是深入推进董事会选人用人职权改革。把加强党的领导和完善公司治理统一起来,明确和落实企业党组织在公司法人治理结构中的法定地位。研究出台《关于省国有重要骨干企业董事会选聘高级管理人员的指导意见(试行)》,明确董事会市场化选聘经理层的具体程序、相关要求等,形成与现代企业制度相适应的选人用人新机制。富润公司等6户企业落实董事会选人用人职权改革取得阶段性成效,有色科技等3户企业经理层整体市场化选聘稳步推进。四川省属企业已累计市场化选聘150余名高管人才。二是加快推进外部董事队伍建设。出台《关于深化省属国有企业董事会改革建立专职外部董事队伍的意见》《关于加强外部董事履职管理服务的意见》,修改完善《企业董事会及董事评价办法》,召开专职外部董事队伍建设工作推进会,积极推进外部董事评审委员会组建,切实抓好11名受聘兼职外部董事的服务管理。

六、四川省国资委监管企业建立和完善经营业绩考核体系情况

(一)推进省属监管企业薪酬制度改革

一是进一步规范省属监管企业负责人薪酬,明确组织任命企业负责人薪酬结构、薪酬水平、信息披露等问题。修订《四川省省属企业负责人经营业绩考核办法》,突出分类差异化考核、与经济形势的结合、创新发展改革驱动、价值创造、与薪酬改革制度的接轨;完善《四川省省属企业负责人薪酬管理暂行办法》,重点修改薪酬构成、薪酬支付管理与监督、增加福利性待遇规范等内容。二是研究起草《关于省属企业董事会对高级管理人员开展经营业绩考核与薪酬管理的

指导意见》，规范企业董事会合理确定高管人员的薪酬结构和薪酬水平。对于市场化选聘的企业高管人员，企业应严格按照市场对标结果确定其薪酬水平，尤其注重效益和薪酬的双对标；对现有经理层成员转化为市场化身份交由董事会实行契约化管理的高管人员，原则上在组织任命企业负责人薪酬标准的25%～35%区间内浮动。三是着力强化创新激励，在企业经营业绩考核中加大研发投入所占权重，将企业新增研发费用等实际发生费用的80%视同利润进行考核。

(二)深化省属监管企业收入分配制度改革

按照“管制度，管导向，重规范，重监督”的思路，制定《四川省属监管企业工资总额管理暂行办法》，突出工资总额分类管理，强化监督追责机制。积极推进科技型企业的中长期激励的试点工作，印发《四川省国有控股上市公司实施股权激励工作指引》。在“依法合规、增量激励、稳妥推进、激励与约束相结合”的原则下，制定《四川省省属非上市企业实施中长期激励试点的指导意见》，明确试点范围、试点条件、激励对象等内容，四川商投集团有序推进试点工作。

七、四川省国资委监管企业负责人考核与选人用人机制改革情况

(一)强化企业领导班子管理

坚持以制度引导班子管理，以规范促进班子建设，修改完善《省属企业领导班子及领导人员综合考核评价办法》和《省属企业党委会议事规则》。组织开展第二次企业中高层管理人员履职能力测试，完成企业领导人员全覆盖谈心谈话，对企业领导人员档案、个人事项进行抽查核实。

(二)初步形成首批企业领导班子功能结构模型

能投集团、华西集团等4户企业功能结构模型初步完成，按中央、四川省委关于国企班子建设的新精神进行修改完善。

(三)大力实施人才强企战略

制定《省属国有企业全面实施“人才强企”战略指导意见》，召开工作推进会，在清华大学举办首个国有企业经营管理人才递进培养项目，在中央党校、浦东干部学院等举办国有企业党委书记培训班、党建工作研究与创新专题培训班等，共同举办全省国有企业党的建设暨改革创新研讨班、现代产业发展系列专题培训班等，举办国有企业参与“一带一路”建设专题讲座，努力培养造就一大批懂市场、懂经营、懂战略、懂管理的优秀企业家、职业经理人和企业后备人才。参与重点领域急需紧缺人才援助彝区行动，选派援彝专业干部17名。指导省属企业加大人才自主培养和引进力度，进一步改善企业人才队伍结构。产业振兴基金公司总经理林罡荣获首届“四川杰出人才奖”，省属企业3人入选全省“千人计划”。

八、四川省国资委监管企业党的建设和廉政建设情况

四川省国资委全面贯彻落实党的十八届六中全会等重要会议精神，把国有企业党的建设抓在手上、落在实处，为国资国企改革发展提供坚强保障。

(一)党的建设情况

按照中央和省委、省政府重要会议精神，制定方案，强化督导，压紧压实党建工作责任。全面修订国有企业公司章程，将党建工作要求写入公司章程，做到党建工作与公司治理“双加强”。完善“双向进入、交叉任职”领导体制，全面推行企业党委书记、董事长由一人担任，党员总经理兼任党委副书记，省管企业配备专职副书记。完善决策程序，明确企业党组织在决策、执行、监督各环节的权责边界和工作方式。创新开展国有企业党委(党组)书记抓党建工作述职评议，并将述职评议结果在全省国资系统通报，作为工作考核的重要依据，有效传导党建工作的责任和压力，使党建工作由“软指标”变为“硬约束”。深入推进“两学一做”学习教育，增强“四个意识”，认真落实“三会一课”制度等基层党建八项重点任务，把党内政治生活严在经常、抓在日常。严格落实按期换届制度，委机关和省属企业年内全面完成党委(党组)换届工作。加强基层服务型党组织建设，组织召开现场会总结推广示范点建设经验。创新开展“三带三促”活动，

选树表彰一批"两优一先"先进典型。

(二)强力推进党风廉洁建设和反腐败工作

坚持把加强反腐倡廉作为国资国企改革发展的内在要求,围绕发展抓廉洁、抓好廉洁促发展。以学习贯彻《条例》与《准则》为契机,推动政治纪律与政治规矩各项要求有效落实、巩固强化。组织省属企业层层签订党风廉洁建设责任书,并创新性地将责任制考核结果与薪酬绩效、奖励惩处、选拔评优"三挂钩",推动"两个责任"有效落实。认真贯彻省属国有企业系统化防治腐败工作会议精神,及时制定实施方案,推动工作落到实处。深入推进纪检体制机制改革,研究制定制度规范,推进省属企业纪委书记、副书记人选提名考察等工作规范化;根据四川省纪委关于统一派驻纪检机构的部署,配合做好相关工作;建立国资系统内部交叉巡查制度,在交投集团等5户企业开展交叉巡查工作;深入推进与中央在川企业"五同共建"工作。坚持不懈改作风树新风,扎实开展违规收送礼金专项整治,组织省属企业全面撤销廉政账户。认真开展中央和省委巡视反馈意见整改"回头看",积极配合四川省委巡视组对省国资委和8户省属企业开展巡视。对125个项目实行效能监察,挽回损失3405万元、处理59人。狠抓案件查办,立案调查8件,初核线索243件,审理驻川央企及省属国企违纪案件8起,党纪政纪处分6人。全省国资系统风清气正、崇廉尚实、干事创业、遵纪守法的良好政治生态进一步形成。

(撰稿人:李牧羊)

贵州省

一、贵州省国有资产监管理工作综述

在贵州省委省政府的正确领导下,贵州省国资委及监管企业紧紧抓住提质增效和供给侧结构性改革等重点工作发力攻坚,主要经济指标较快增长,实现"十三五"良好开局。27户监管企业全年实现营业收入2820.5亿元,同比增长15.3%;利润总额280.3亿元,同比增长11.9%。其中,18户独资、控股及有实际控制力的企业实现营业收入1978.3亿元、利润总额264.6亿元、增加值625.9亿元,分别同比增长14.8%、14.1%和13.2%;9户参股企业实现营业收入842.2亿元,同比增长16.5%,实现利润总额15.7亿元,同比减少14.9%,实现增加值260.1亿元,同比增长10.9%。27户监管企业中9户监管企业营业收入超过100亿元,其中,茅台集团、开磷集团、瓮福集团超过400亿元。截至2016年底,27户监管企业资产总额5597.1亿元,负债总额3454.1亿元,所有者权益2143亿元。

(一)生产经营较快增长,发展质量效益进一步改善

省国资委把2016年确定为提质增效攻坚年,抓生产、强管理、控成本、防风险、增效益。一是抓责任落实。成立提质增效工作领导小组,制定实施方案,明确25条工作措施。与监管企业签订目标责任书,实行月调度、季总结,推动提质增效各项工作落地落实。各企业迅速行动,主要领导亲自挂帅,提出方案、分解任务、明确责任,有力有序落实各项工作。二是抓降本增效。实施成本管控,开展降本节支、挖潜增效。独资和控股企业亏损数由6户减少到3户;成本费用利润率15.1%,单位成本对利润贡献较大;人工成本总额同比下降10.3%;净资产收益率11.8%,在全国地方国资委监管机构中列第一位,高于全国平均水平7.8个百分点;应收账款、存货增幅分别低于营业收入,增加7.8个百分点和11.2个百分点,资金周转效率和资产运营质量明显提高;首钢水钢推进流程再造,同比减亏9.1亿元。开磷集团在矿山推行全成本管理,减少成本8.5亿元。三是抓风险防控。指导企业强化内部管理、完善内控体系,守住重大风险底线,提高运行质量和风险防控能力;指导督促企业提高依法治企水平,妥善处理法律纠纷,一批法律风险得到化解;组织企业开展重大风险梳理排查,排查出324项风险源并加强防控;强化债务规模管控,企业平均资产负债率53.7%,较2015年底下降0.9个百分点,低于全国地方监管企业平均水平16.1个百分点。

四是抓协同发展。推进政企合作，协调省财政厅、建设厅等部门，帮助企业解决发展资金、资质提升、项目建设等实际问题；推进地企共建，与贵阳市、黔东南州等地方党委、政府开展座谈，推动地企合作共赢；推进银企合作，与多家银行、证券公司等金融机构开展合作，帮助企业解决融资难问题，化解一批债务危机；推进企企合作，鼓励支持监管企业协同发展、抱团取暖；协调帮助部分企业与铁路、公路、电力等单位建立上量协作，企业生产经营成本大幅降低。

（二）加快结构调整，供给侧结构性改革开局良好

抓"三去一降一补"五大任务落实，提高产品服务供给质量，推动企业转型发展、创新发展。一是化解过剩产能。首钢水钢压减150万吨粗钢产能；盘江资本、水矿控股、六枝工矿去煤炭产能562万吨，安置职工6519人；协调争取到位专项奖补资金14.3亿元。二是推进重点项目建设。核准监管企业"十三五"发展规划，核定主营业务。全年30个项目列入省发改委重大项目库，33个项目进入全省"千企改造"盘子；加大对传统产业的改造，投资新兴产业，全年完成投资130亿元。开磷大水工业园全水溶多功能磷复肥装置建成投产，高浓度磷肥生产能力提升至每年570万吨，完成贵阳龙洞堡国际机场三期扩建工程试验段建设、首钢贵钢城市钢厂搬迁。三是培育新生动能。落实大数据发展战略，筹办中央企业助力国家大数据（贵州）综合实验区建设座谈会暨签约仪式（集中签约88个项目，涉及签约金额860.6亿元）、监管企业大数据应用现场观摩会、监管企业大数据应用推进会等，引导监管企业推进大数据产业发展和应用；加大科技创新投入，推动科技成果转化，全年转化科技创新成果30项；开展品牌质量工作，提升产品服务质量，茅台股份公司获得省长质量奖，瓮福集团、贵绳集团、习酒公司获得省长质量提名奖。四是开拓新兴市场。支持企业开展国际化经营、区域化市场扩张，12户监管企业开展海外业务，瓮福、七冶、开磷等企业新承接哈萨克斯坦、印度、以色列等国外项目15个。

（三）重点改革深入推进，企业活力进一步提升

整体谋划、重点突破，扎实抓好各项改革政策的落地落实。一是推进"十项改革试点"。大力推进"三供一业"分离移交工作，编制完成遵钛集团、六枝工矿、贵绳集团等企业分离移交方案并组织实施；启动西能、机场信息公开试点，基本完成建工集团层面三元混合所有制改革；产投、黔晟、盘江两类公司试点有序推进；规范董事会建设、三项制度改革、专职外部董事、职业经理人、企业薪酬分配差异化改革等试点扎实推进。二是现代企业制度建设。完成省建筑院公司制改革，规范设立董事会，26户监管企业集团层面建立规范的公司治理结构，"三会一层"运转协调有效；监管的610户二、三级子企业中，550户改造为公司制；完成茅台、产投规范董事会建设试点评估，核准独资企业2015年度董事会工作报告。三是推进改革脱困。建立3.1亿元基金池，全年累计转贷总额12亿元；六枝工矿债转股合作协议签订并加快推进落实；水钢、贵钢、六枝、遵钛狠抓减员增效，分流安置人员5924人；积极稳妥推进"僵尸企业"处置，关闭注销25户低效无效子企业。四是推进薪酬制度改革。积极争取多项政策支持，建立符合中央要求、体现企业实际的业绩考核和薪酬体系。突出目标导向、责任落实、分类考核、激励约束，将提质增效、参与大扶贫及企业党建等纳入绩效考核体系。组织开展兼职取酬专项治理和履职待遇、业务支出整改落实，大力推进公务用车改革，进一步规范企业负责人薪酬和待遇管理。五是推进股改上市工作。31家企业进入上市（挂牌）企业后备资源库，物资集团下属储运公司整体改制上市有序推进，西南能矿新能源公司完成增资扩股和新三板申报工作。贵阳银行A股挂牌上市，成为中西部地区第一家登陆A股资本市场的城市商业银行，是贵州省第一家登陆A股资本市场的金融企业。六是推进混合所有制改革。推进监管企业子公司层面混合所有制改革，全年新组建设立子公司16个，其中混合所有制公司11个，子公司层面混合所有制比例达到54.9%。

（四）监管职能不断优化，针对性实效性切实增强

依法监管、科学监管，落实国有资本保值增值责任，国有资本保值增值率110.2%。一是抓"简政放权"。坚持"放管服"结合，改进和优化国资监管职能，对25项76条国资监管权力清单、责任清单进行全面梳理，缩减到23项50条；完成规范性文件"立改废"工作，简化办事程序，提升服务效能。二是抓出资人监督。强化参股企业股权行使和派往参股企业人员管理，增加参股企业话语权，维护股东权益；强化产权管理，严格落实进场交易、资产评估核准备案等制度，严防国有资产流失；强化财务监管，开展总会计师年度述职，推进总会计师委派制度落地；强化预决算管理，提升会计信息质量；强化投资事项非主业审核，严格落实投资责任；加强对国有产权交易信息监测，通过国资委选择确定的产权交易机构完成各类产权交易50宗，交易金额(含债)33.7亿元。三是抓监事会监督。加强当期和事中监督，突出监督针对性，全年揭示企业问题223个；强化问题整改，对近两年来监事会揭示的71个重大问题，由省国资委班子成员带队督促企业限期整改。四是抓法治国企建设。推进法治国企建设，协调处理监管企业重大法律纠纷10余起，挽回经济损失近8亿元。五是抓监管手段创新。探索应用大数据手段加强国资监管，建成“数据铁笼——国资监管云平台”项目，上线运行财务信息管理系统、国有企业产权登记系统。

(五)全面推进从严管党治党，国企党建得到进一步加强

牢固树立抓好党建是最大政绩的理念，始终坚持党对国企的领导不动摇。一是落实管党治党主体责任。增强“四个意识”，抓好全国国有企业党的建设工作会议精神贯彻落实，对70户系统企业党委(党组)履行抓基层党建工作责任制落实情况进行考核考评，对党组织书记抓党建开展述职评议，督促企业党委(党组)履行主体责任。二是抓好“两学一做”学习教育。对系统70户企业及5522个基层党组织开展全覆盖督导，举办“两学一做”示范培训班97个，培训党务干部、党组织书记15700余人次；建立党员责任区5065个、党员先锋岗3226个、先锋队310支，搭建“共产党员工程(项目)”“党员项目攻关”等特色载体857个。三是深化企业基层党组织建设。推进学习型、服务型、创新型党组织建设，深化“达标创先”暨“样板党支部”创建活动，完成软弱涣散党组织排查整顿；开展党员组织关系排查，联系到失联党员1707人，占失联党员总数的98.4%；开展党费收缴专项检查，补缴党费2.46亿元。四是加强领导班子和人才队伍建设。选好配强企业干部，对茅台集团、水矿集团、盘江集团等4户企业进行调整充实；严格执行干部选拔任用各项规定，强化干部的日常监督管理，对苗头性倾向性问题及时谈话、打招呼、提要求；强化干部教育培训，全年累计培训企业领导人员1200余人次；加大人才培养、使用和引进力度，全年企业引进各类人才1526人，其中引进博士11人、硕士67人。五是推进党风廉政建设和反腐败工作。严格执行《廉洁自律准则》《纪律处分条例》各项规定，开展专题宣讲、干部约谈、专项检查等各项工作，增强企业党员干部职工廉洁自律意识、党纪党规意识；严格监督执纪，全年约谈机关和企业3988人，受理信访举报620件，立案130件，党政纪处分102人。六是强化宣传思想工作。培育和践行社会主义核心价值观，开展“明礼知耻·崇德向善”系列活动，加强正面宣传，营造良好改革发展环境。举办“产投杯”五人制足球赛、“国酒茅台杯”合唱大赛、开磷杯“‘两学一做’看行动、提质增效当先锋”演讲比赛等活动。七是督促指导国有企业履行社会责任。落实大扶贫战略，推动监管企业参与扶贫帮扶工作，12户系统企业结对帮扶12个贫困县，帮助引进各类资金3.3亿元，引进项目111个，培训党政干部、技术人员、致富带头人等4882人次，用于扶贫开发的资金达到9.8亿元。省国资委机关建立帮扶雷山县大塘镇精准扶贫“1+4+6”机制，抽调省国资委机关及系统企业干部160余人开展驻村工作，机关驻村工作队员先后走访群众506户1937人次，省国资委领导、监事会主席先后实地调研精准扶贫工作25人次，帮助协调慰问资金物资共计161.7万元。

二、贵州省国有资产总量与结构分析

表1　2016年贵州省所属国有企业指标

项　目	金　额(亿元)
资产总额	31917.49
所有者权益	11407.76
国有资产总量	10407.34
营业收入	4060.71

续表

项　　目	金　额(亿元)
利润总额	394.70
净利润	287.66
归属于母公司所有者的净利润	222.44
应交税费总额	410.34
实际上缴税费总额	388.49

表2　2016年贵州省国有企业户数情况

项　目	2015年	2016年	比上年增长(%)
户数(户)	1183	1069	-10.66

表3　2016年贵州省国有资产地区分布情况

地　　区	国有资产(亿元)	占国有资产总量比重(%)
省属企业	3438.61	33.04
其中:省国资委监管企业	1494.55	14.36
市(州)企业合计	6968.73	66.96
其中:贵阳市	4569.22	43.90
六盘水市	194.96	1.87
黔东南州	160.51	1.54
安顺市	155.53	1.49
铜仁市	438.05	4.21
毕节市	113.59	1.09
黔西南州	99.42	0.96
遵义市	636.09	6.11
黔南州	701.61	6.74
合　　计	10407.34	100.00

表4　2016年贵州省国有资产行业分布情况

行　　业	国有资产(亿元)	占国有资产总量比重(%)
农林牧渔业	72.70	0.70
工业	1318.33	12.67
建筑业	2476.32	23.79
地质勘查及水利业	505.52	4.86
交通运输业	479.12	4.60
仓储业	10.96	0.11
批发和零售业	2337.70	22.46
金融业	212.16	2.04
房地产业	1098.91	10.56
信息技术服务业	2.80	0.03
社会服务业	1795.94	17.26
卫生体育福利业	1.21	0.01
教育文化广播业	77.24	0.74
科学研究和技术服务业	18.43	0.18
合　　计	10407.34	100.00

表5　2016年贵州省国有资产经营规模分布情况

经营规模	国有资产(亿元)	占国有资产总量比重(%)
大型企业	5834.06	56.06
中型企业	1767.46	16.98
小型企业	2198.98	21.13
微型企业	606.84	5.83
合　　计	10407.34	100.00

三、贵州省国有资本保值增值综合分析评价

表6　2016年贵州省国有企业地区和行业国有资本保值增值情况

地　　区	国有资本保值增值率(%)	行　　业	国有资本保值增值率(%)
省属企业	103.03	农林牧渔业	99.99
其中:省国资委监管企业	111.69	工业	112.48

续表

地　　区	国有资本保值增值率(%)	行　　业	国有资本保值增值率(%)
市(州)企业合计	101.3	建筑业	100.49
其中:贵阳市	101.62	地质勘查及水利业	99.91
六盘水市	97.63	交通运输业	100.80
黔东南州	99.41	仓储业	101.13
安顺市	100.28	邮电通信业	39.71
铜仁市	101.53	批发和零售业	101.96
毕节市	105.45	金融业	114.77
黔西南州	100.24	房地产业	101.05
遵义市	99.92	信息技术服务业	104.85
黔南州	100.79	社会服务业	102.52
		卫生体育福利业	52.18
		教育文化广播业	103.69
		科学研究和技术服务业	102.75

四、贵州省国资委监管企业改革发展情况

(一)坚持统筹兼顾,推进改革试点

一是稳步推进集团层面改革。积极培育贵州新兴城镇化建设主力军,推进七冶集团、省建筑院、省城乡规划院、省建工集团重组整合方案设计;督导和帮助贵州盐业集团拟订《贵盐集团改革实施方案》,通过3年改革成功转型;吸引战略投资者投资开磷股份,为首次公开募股(IPO)创造条件;加大引战力度,支持帮助物资集团发起设立现代物流产业基金;优化集团构架,西南能矿形成改革发展"一体两翼三型三板块"战略体系,省级矿产资源投融资平台建设初步形成。

二是股份制改造上市取得积极进展。贵阳银行、华创证券成立产业投资基金,对开磷股份增资16亿元,并以此为杠杆吸引更多战略投资者投资开磷股份,为首次公开募股(IPO)创造条件;监管企业31家分子公司进入上市(挂牌)后备资源库,加快推进监管企业下属二级、三级公司(610户)进行公司制改造,完成550户公司制改造,开磷瑞阳公司、西南能矿新能源公司等新三板挂牌取得实质进展。

三是稳步推进两类公司试点改革。积极指导产投集团推进国有投资运营公司改革试点工作,成功设立文旅基金、并购基金、中小企业发展基金,总规模超过300亿元;指导黔晟国资完成《国有资本运营公司改组组建方案》,有序开展"持股管理、资产管理、资本运作、产权债权收购及处置"等核心业务;支持帮助盘江资本构建"国有资本运营公司—产业投资型企业—产品生产企业"三层架构,通过国有资本的优化布局、股权运作等,确保国有资本实现保值增值。

四是持续深化三项制度改革。开磷集团"三项制度"改革试点成效明显,其做法作为典型经验在国务院国资委"国企改革简报"上刊发;起草《关于监管企业缩短产权链条压缩法人管理层级工作的指导意见》等文件,在未来2～3年内全面压缩企业管理层级,预计2019年末基本完成清理整合工作;起草《关于进一步深化监管企业劳动用工和收入分配制度改革的实施意见》,不断增强监管企业活力和竞争力。

五是启动"三供一业"分离移交和厂办大集体改革。遵钛集团、六枝工矿、贵绳集团编制完成"三供一业"分离移交方案,拨付专项资金帮助六枝工矿等启动"三供一业"分离移交工作,积极向中央财政申请补助资金,指导贵州化肥厂等企业拟定厂办大集体改革方案并组织实施。

(二)坚持提质增效,供给侧结构性改革成效明显

一是加强统筹谋划。对监管企业提质增效全面安排部署,并与监管企业签订《目标责任状》,督促监管企业抓好落实。围绕"去产能"任务,制定《省国资委关于推进监管企业供给侧结构性改革的总体方案》,重点推进首钢水钢完成压缩150万吨粗钢产能任务,盘江资本、水矿控股、六枝工矿去煤炭产能850万吨任务。

二是帮助困难企业度过难关。对困难企业的转贷资金总量从年初的1亿元递增到3.1亿元。累计帮助水矿集团、贵旅集团、贵绳集团、省煤矿院、开磷集团、首钢水钢等企业使用倒贷资金10亿元以上;指导遵钛集团、六枝工矿等困难企业做好引战重组、严控成本、维护稳定等工作。

三是切实减轻企业负担。加强沟通协调力度，积极赴省工行、省建行、国开行等金融机构协调，寻求合作支持；与省农行、省工行共同推进六枝工矿、水矿集团的债转股等债务化解相关工作。省政府同农业银行总行签署六枝工矿债转股合作框架协议，成为贵州省第一单债转股企业实施协议。

四是抓好"僵尸企业"处置。开展两次摸底调查，监管企业中特困企业 22 户，其中集团层面 4 户，二三级子公司(含参股企业)18 户，主要涉及煤炭、冶金、有色、化工、机械制造等行业，基本完成 10 户以上企业清理退出。

五、贵州省国资委监管企业并购重组与完善法人治理结构情况

坚持把引进战略投资者作为产权制度改革的关键，积极稳妥发展混合所有制，健全完善协调运转、有效制衡的公司法人治理结构。

(一)混合所有制改革成效凸显

贵州建工集团与上海绿地控股集团实施战略重组成效显著，实现利润总额同比增长 65.64%；西南能矿天然气能投公司完成增资扩股，引进投资者 IDG 资本北京泰坦公司、国开金融、昆仑信托等，成立贵州天然气能源投资控股集团股份有限公司。

(二)员工持股试点取得实质性进展

建工集团完成混合所有制员工持股方案，二级公司层面与集团层面同步实施。通过产权交易所挂牌竞价，全面推进三元混合所有制员工持股试点，极大地激发和调动了干部职工干事创业的积极性和劳动热情。

(三)法人治理结构不断完善

坚持完善"双向进入、交叉任职"领导体制，推行党委书记和董事长"一肩挑"，进一步完善"双向进入、交叉任职"领导体制，19 户监管企业中，16 户企业的党委书记、董事长由 1 人担任。党委委员进入董事会、经理层 116 人，占党委委员总数的 78%。注重规范企业董事会、经理层、党委会和监事会制度建设，指导企业按照现代企业制度的要求建立相关规范，逐步形成相互制衡、相互配合的管理体系，同时，积极解决董事会和经理层的重叠问题，逐步减少决策层和执行层的交叉，防止内部人控制现象发生。突出抓好国有企业党组织在公司法人治理结构中法定地位的落实落地，加大对监管企业章程修订的督促指导力度，制发《省国资委关于抓紧修订并将党建工作纳入公司章程的通知》(黔国资通办〔2016〕184 号)，同时研究起草《监管企业公司章程参考文本(党的建设部分)》供企业参考，督促指导监管企业重点围绕党组织的职责权限、机构设置、运行机制和基础保障等方面对公司章程进行修改。完成对 22 户企业(由省国资委核准或审查公司章程的企业 26 户)修订的公司章程审核。

六、贵州省国资委监管企业建立和完善经营业绩考核体系情况

实施监管企业负责人薪酬制度改革，健全完善考核体系。紧紧围绕薪酬制度改革政策和国有企业改革"1＋N"文件，省委关于建立目标、责任、激励、约束"四位一体"机制的新要求，着力构建新的监管企业负责人经营业绩考核和激励约束机制，重新制定印发《省国资委监管企业负责人经营业绩考核办法》《省国资委监管企业负责人薪酬管理办法》。新修订的两个办法，一是突出目标导向，把目标的先进程度与考核计分相挂钩，紧紧围绕省委、省政府确定的发展目标，激励企业"跳起来摘桃子"，引领企业多出力、作贡献。二是强化责任落实，在加强经济效益指标考核的同时，把生态建设、节能环保、安全生产、党的建设等纳入考核内容，全面落实国有企业的政治责任、经济责任和社会责任，引导企业有大担当、大作为。三是强化分类考核，健全完善与企业功能性质和行业特点相适应的分类考核办法，在纵向考核企业经营实绩的同时，横向与国内同行业先进水平进行对标考核，提高考核的针对性、导向性、客观性和精准度。四是强化激励约束，坚持责权利相统一，建立健全新的薪酬机制和可追溯的资产经营责任制，将考核结果与企业负责人激励约束紧密结合，实现业绩升、薪酬升，业绩降、薪酬降。五是突出价值创造，引导企业提升以经济增加值为核心的价值管理水平，促进企业进一步优

化资源配置,实现转型升级,不断增强企业核心竞争能力和可持续发展能力。

七、贵州省国资委监管企业负责人考核与选人用人机制改革情况

(一)对监管企业负责人实施考核

组织考核组到18户监管企业对企业领导班子和170余名企业领导人员进行年度考核,全面了解掌握监管企业领导班子运转情况,正确评价企业领导人员德才表现和工作实绩。考核中,召开民主测评会议,由企业主要负责人员代表领导班子述职述廉,与会人员对领导班子运转、领导班子成员工作、省管干部德和勤的专项测评,选人用人工作和新选拔任用干部进行民主测评。综合民主测评、省领导及相关部门对考核对象年度工作的评价意见,把年度考核情况与历年考核、平时了解的情况、重大事项专项考核等结合起来研判分析,形成考核评价意见,确定年度考核等次。

(二)探索选人用人新机制,探索市场化选聘经营管理者和职业经理人制度

起草《省管企业市场化选聘职业经理人试点指导意见(征求意见稿)》,在产投集团、西能集团所属二级子公司开展市场化选聘职业经理人试点工作。通过采取公开遴选、竞聘上岗、人才中介机构等市场化方式,产投集团下属企业深圳贵金融资租赁公司市场化选聘1名职业经理人作为公司总经理,西南能矿权属子公司能矿锰业选聘2名职业经理人。通过市场化选聘,把优秀人才吸引到企业领导人员队伍中来,构建职业经理人队伍,培育职业经理人文化,进一步增强企业核心竞争力。

八、贵州省国资委监管企业党的建设和廉政建设情况

(一)强化企业党组织书记管党治党责任落实

坚持重点抓党委、关键抓"一把手",督促和指导监管企业层层开展党组织书记述职评议考核工作。组织部分监管企业党委书记开展党委书记抓党建工作情况述职,同时督促企业层层开展述职工作,将管党治党责任落到实处。

(二)强化国有企业党建工作责任制的落实

把抓党建工作考核作为落实党建工作责任制的重要抓手,对监管企业党建工作进行全面检查考核。突出抓好党建工作综合考核评价机制建设,制定《省国资委系统企业党建工作考核细则》,把有效落实从严管党治党责任作为考核企业党委及党委成员的重要内容。突出抓好考核工作。组建检查考核组,对监管企业进行全面检查考核。突出抓好考核结果应用,将党建考核所得分值按照10%的权重折算计入监管企业负责人绩效指标,纳入经营业绩考核和责任奖惩体系。突出抓好问题督促整改。印发督促整改通知,把考核中发现的问题书面通报给企业党委及党委书记,督促加强整改并实行跟踪督办。

(三)用"约谈常态"敲响廉政警钟

2016年,全系统预防提醒谈话3311人,询问示警约谈195人,纠错诫勉约谈277人,问责处分约谈205人。充分运用约谈工具,有效解决纪检干部队伍思想松懈的问题。2016年,约谈警示纪检干部141人,其中诫勉谈话22人,谈话提醒100人,口头批评4人,民主生活会批评13人,书面检查2人。此外对涉及违纪的纪检干部进行严肃执纪,党内警告处分1人,行政警告1人。

(四)全面提升纪律审查质效

高度重视查办案件的治本功能,强力推动、精准发力、严查快办。2016年,全系统立案154件,党政纪处分124人。

(撰稿人:张顺彪)

云南省

一、云南省国有资产监督管理工作综述

云南省国资系统坚持把稳增长作为工作的重中

之重，加强组织领导，落实目标责任，确保企业平稳运行。一是认真贯彻落实《云南省人民政府关于稳增长开好局若干政策措施的意见》。及时出台实施意见，各企业积极争取在税费减免、电力市场化交易、金融支持等方面支持。监管企业2016年降低用电成本16亿元。二是加强调度稳生产。强化季度经济运行分析，建立工业企业旬报工作制度，明确稳增长目标任务，细化工作举措，强化责任落实。三是强化风险防控。通过组建改革资金池、股权投资等途径，及时解决企业资金问题，缓解资金压力。高度关注困难较大企业现金流，提前应对，守住不发生重大风险底线。四是狠抓减亏增盈。加大市场拓展，扩大产品销量，最大限度释放产能。云锡控股主营产品销量同比增长9.2%，冶金集团金属总产量同比增长超过5%。狠抓降本增效，成本费用持续下降。云天化集团三项费用同比下降15亿元。

截至2016年底，17户监管企业资产总额11414亿元，同比增长27.35%，云投集团、建投集团和城投集团3户企业资产超千亿元；净资产总额3177亿元，同比增长22.47%；实现收入5050亿元，同比增长20.69%；完成增加值1791亿元，同比增长5.98%；完成固定资产投资576亿元，同比增长89.15%；上缴税费176亿元，同比增长14.13%；实现利税154亿元，同比增长2.87%。

二、云南省国有资产总量与结构分析

表1　2016年云南省所属国有企业指标

项　目	金额(亿元)
资产总额	31221.74
所有者权益	10703.82
国有资产总量	7817.38
营业收入	5937.14
利润总额	106.24
净利润	106.24
归属于母公司所有者的净利润	54.45
应交税金总额	266.83
实际上缴税金总额	241.01

表2　2016年云南省国有企业户数情况

项　目	2015年	2016年	比上年增长(%)
户数(户)	3609	3997	10.75

表3　2016年云南省国有资产地区分布情况

地　区	国有资产(亿元)	占国有资产总量比重(%)
省属监管企业	1343.14	17.18
省级非监管企业	1029.47	13.17
州市国有企业	5444.77	69.65
其中:昆明市	2950.84	37.75
保山市	560.28	7.17
曲靖市	276.41	3.54
玉溪市	325.64	4.17
大理州	159.75	2.04
昭通市	195.79	2.50
红河州	257.24	3.29
普洱市	145.09	1.86
楚雄州	155.02	1.98
文山州	52.34	0.67
临沧市	117.07	1.50
德宏州	92.48	1.18
西双版纳州	84.78	1.08
丽江市	44.70	0.57
迪庆州	11.65	0.15
怒江州	15.69	0.20
合　计	7817.38	100.00

表4　2016年云南省国有资产行业分布情况

行　业	国有资产(亿元)	占国有资产总量比重(%)
农林牧渔业	202.53	2.59
工业	614.06	7.86
建筑业	590.82	7.56

续表

行　　业	国有资产(亿元)	占国有资产总量比重(%)
地质勘查及水利业	185.64	2.37
交通运输业	1656.23	21.19
仓储业	24.10	0.31
邮电通信业	0.00	0.00
批发和零售业	116.15	1.49
金融业	6.61	0.08
房地产业	720.64	9.22
信息技术服务业	12.72	0.16
社会服务业	3595.59	45.99
卫生体育福利业	2.44	0.03
教育文化广播业	52.73	0.67
科学研究和技术服务业	31.02	0.40
机关社团及其他	6.09	0.08
合　　计	7817.38	100.00

三、云南省国有资本保值增值综合分析评价

表5　2016年云南省国有企业地区和行业国有资本保值增值情况

地　区	国有资本保值增值率(%)	行　　业	国有资本保值增值率(%)
昆明市	100.92	农林牧渔业	95.31
保山市	102.4	工业	93.41
曲靖市	101.6	建筑业	103.79
玉溪市	99.71	地质勘查及水利业	99.74
大理州	104.23	交通运输业	100.67
昭通市	100.38	仓储业	101.94
红河州	100.42	邮电通信业	
普洱市	103.88	批发和零售业	102.67
楚雄州	100.56	金融业	65.97
文山州	100.58	房地产业	102.96
临沧市	99.88	信息技术服务业	104.63

续表

地　区	国有资本保值增值率(%)	行　　业	国有资本保值增值率(%)
德宏州	110.63	社会服务业	100.75
西双版纳州	99.35	卫生体育福利业	107.51
丽江市	102.18	教育文化广播业	108.08
迪庆州	101.63	科学研究和技术服务业	129.77
怒江州	102.99	机关社团及其他	100.15

四、云南省国资委监管企业改革发展情况

(一)全面推进深化改革

坚持一手抓改革政策制定，一手抓改革举措落地。一是完善政策体系。制定下发《关于国有企业发展混合所有制经济的实施意见》《关于云南省国有企业分类监管的实施意见》等系列文件，形成“1+19”制度体系，对深化改革形成有力支撑。二是加快推进战略重组。成功实施建工、十四冶、西南交建3户企业整合重组，组建建设投资控股集团；重组设立贵金属新材料控股集团；协调推进中国铜业集团总部落户云南；加快组建七彩通航；城投集团成功控股成都会展公司。兰坪铅锌矿维权及追偿工作依法推进，冶金集团对金鼎公司实施托管，生产经营基本稳定；稳步推进白药股权混改工作，引入民营企业新华都集团，引进资金220亿元，理顺体制、激活机制；世博、文产投引入华侨城实施增资扩股，推进煤化工集团改革脱困。三是改组组建国有资本投资运营公司。能投集团构建国有资本投资公司平台，完成对云南盐化的重组工作，互动推进产业发展平台和投融资平台建设；经云南省政府批复同意圣乙公司更名为云南省国有资本运营公司，设立国资专项改革发展资金池，探索建立市场化激励约束机制和职业经理人制度。四是完善法人治理结构。建立专职外部董事制度，从监管企业现职领导人员中选配7名经验丰富的领导在11户企业担任专职外部董事。修订完善企业章程，明确党组织在法人治理结构中的法定地位。五是加快解决遗留问题。下发《云南省国资委、云南

省财政厅关于国有企业职工家属区“三供一业”分离移交工作的实施意见》，积极推进“三供一业”分离移交工作。完成昆明煤矿机械总厂破产清算工作，妥善处理云锡控股和物流集团房地产板块、昆明焦化制气厂等问题。

(二)扎实推进供给侧结构性改革

一是全力以赴去产能。通过扎实细致工作，昆钢控股完成125万吨铁、280万吨粗钢的去产能任务，分流安置员工5988人。煤化工集团退出18对矿井、压减产能357万吨，分流安置员工14335人。二是千方百计去库存。监管企业的锡、铅、锌、铝、橡胶等大宗商品库存稳步降低，钢材库存保持在30万吨以下，煤炭、铅锌等商品库存处于历史低位。城投集团及相关房地产公司，强化营销，商品房去库存稳步推进。三是综合施策去杠杆。云锡控股与建设银行总行合作，成功实施全国首单地方国企市场化债转股项目，总规模100亿元，首期23.5亿元资金全部到位。由8户企业与云尚基金共同组建规模为500亿元的国有企业转型升级基金。昆钢控股、云锡控股分别增加资本性投资22亿元，冶金集团、云天化集团分别增加资本性投资28亿元，城投集团增加资本金15亿元，冶金集团等企业加大不良资产剥离力度，有效降低企业负债率。四是稳妥处置“僵尸企业”。在摸底调查的基础上，研究制定出清“僵尸企业”工作方案，通过兼并重组、债务重组、清算注销或破产关闭等措施，稳妥处置53户“僵尸企业”，有效激活生产要素，提高资源配置效率。

(三)加快推进转型升级

一是抓规划引领转型升级。编制下发《省属企业“十三五”发展规划纲要》，明确功能定位，引导企业优化内外部资源，做强做精主业，推进优化重组，消除同质化无序竞争。二是项目推进调整结构。围绕“五网”基础设施建设和八大重点产业发展，加快实施一批新项目。云天化集团炼化配套项目进展顺利、建投集团棚户区改造项目完成投资210亿元、冶金集团铝一空气电池和零排放移动式生态环保厕所项目加快建设、沧源机场实现通航、云投集团和工投集团大力发展大数据产业、世博新区核心区建设取得突破、物流集团云南新钢综合物流园区等项目加快推进。三是创新驱动支撑转型升级。开展监管企业“十二五”期间科技创新评选表彰，健全完善创新机制，加大关键技术攻关和转化应用。“云南白药第三方检测技术示范中心”国家项目、贵金属集团国家企业技术中心加快推进，云锡控股获得国家科学技术进步二等奖1项、云天化纽米科技成为国内唯一能够稳定生产5微米隔膜产品的制造商。四是资本运营助推转型升级。成功完成云天化股份和驰宏锌锗定向增发工作，分别融资16亿元和47亿元；完成能投集团持有的川云水电资产的证券化工作；成功实现建工钢构、科力新材、云能中汇在新三板挂牌。创新直接融资工作，多渠道融入资金，监管企业全年直接融资超过1000亿元。五是国际化经营优化空间布局。加快国际化经营步伐，推进一批重大项目建设。云投集团与柬埔寨政府签订柬埔寨暹粒吴哥国际机场BOT协议，获得吴哥国际机场55年特许经营权。万象赛色塔综合开发区项目顺利通过商务部达标考核，万象国际商业旅游中心(一期)运营持续改善；农垦集团稳步推进老挝和缅甸橡胶资源整合；能投集团加快同心桥水电站、仰光塔克轄燃气发电项目等重大能源资源项目建设；昆明长水机场开通国际航线61条，国家门户枢纽机场建设成效显著。

五、云南省国资委监管企业并购重组与完善法人治理结构情况

(一)并购重组情况

一是完成三户省属建筑企业的整合重组。通过整体并入整合重组设立国有资本投资公司的方式，推进完成建工集团、十四冶集团、西南交建三户建筑施工企业的深化改革整合重组工作。2016年4月21日，云南省建设投资控股集团有限公司在昆明正式挂牌成立，注册资本260亿元，资产总额1840亿元，净资产465亿元。二是完成贵金属新材料集团组建。为切实解决云南省贵金属产业发展面临的困难和问题，进一步深化贵金属产业改革，通过将贵研所和贵研铂业从云锡分离出来独立运作，以贵研所和贵研铂业为依托，开展并完成贵金属新材料集团组建工作。三是完成世博集团、文产投集团引入华侨城集团的工作。

为推进云南旅游产业供给侧结构性改革,助推云南旅游产业的大发展,使云南旅游产业迈向特色化、高端化和国际化。云南方通过世博集团、文产投集团增资扩股的方式引入华侨城集团。2016 年 12 月 2 日,经省政府批准,省国资委、世博集团与华侨城集团签订增资扩股协议。此次并购重组完成后,华侨城集团出资 92 亿元分别持有世博旅游集团、文投集团 51%股权,云南省国资委代表云南省政府分别持有 49%股权。四是完成云南盐化重大资产重组工作。2015 年 11 月 19 日,能投集团启动对云南盐化的重大资产重组工作,将能投集团拥有的优质天然气资产注入云南盐化并同步剥离严重亏损的氯碱化工资产,增强云南盐化的盈利能力,实现云南盐化转型发展。2016 年 4 月 26 日,云南盐化召开第三次临时股东大会,审议通过此次重大资产置换方案,重大资产置换协议正式生效。五是开展与中国铝业公司的合作。为充分发挥云南省和中铝公司在有色金属产业方面的互补性,云南省国资委积极推动和中铝的合作,双方就中国铜业注册地变更事宜达成一致。2016 年 3 月 7 日,中铝公司下属企业中国铜业注册地从北京变更到昆明,并于 4 月 13 日在昆明举行中国铜业揭牌仪式,合作取得阶段性成果。

(二)完善法人治理结构情况

各企业按照现代企业制度要求,建立股东(会)、董事会、经理层、监事会,公司法人治理结构更加完善。一是明确党组织在法人治理结构中的法定地位。各企业认真落实全国全省国企党建会议精神,通过修订《公司章程》,补充党组织权责、地位、党建工作总体要求等条款,进一步明确党组织研究讨论是董事会、经理层决策重大问题前置程序,构建党组织发挥领导核心和政治核心作用组织化、制度化的体制机制。二是加强企业董事会建设。承办国务院国资委改组局在昆明召开的 11 省市落实董事会职权试点工作座谈会。完善外部董事制度,7 名企业领导人员转任 11 户企业专职外部董事,《省属企业外部董事管理办法》数易其稿后征求有关部门意见,待进一步修改完善后报省委省政府审批。三是积极开展市场化选聘高级管理人员。牵头起草《省属企业市场化选聘高级管理人员的指导意见》经省政府常务会议、省委深改组会议审议通过,印发实施。开展富滇银行、城投集团、诚泰保险等企业开展市场化选聘高级管理人员试点工作。

六、云南省国资委监管企业建立和完善经营业绩考核体系情况

(一)认真贯彻落实分类监管要求,对省属企业进行功能界定和分类

按照《云南省国有企业分类监管的实施意见》要求,根据省属企业功能性质、发展目标及行业特征,对省属企业的功能进行界定,形成《省属企业分类方案》。根据《省属企业分类方案》,昆钢控股等 11 户企业为商业一类企业;云投等 5 户企业为商业二类企业;机场集团为公益类企业。对不同类别的企业,根据功能性质和行业特点,实行分类监管、分类考核。

(二)积极推进省属企业收入分配制度改革,全面建立完善考核分配制度体系

一是全面修订完善《云南省省属企业工资总额预算管理办法》。新修订的工资总额预算管理办法,坚持市场化改革方向,根据企业功能性质及企业类别,对商业一类企业、商业二类企业和公益类企业实施差异化调控管理,商业类企业和公益类企业所属子企业工资总额预算实行报告制度,公益类企业集团母公司工资总额预算实行备案制度,进一步落实企业内部收入分配自主权。

二是出台《云南省国有控股混合所有制企业员工持股试点实施办法》(以下简称《实施办法》)。《实施办法》明确云南首批试点企业户数 5~10 户,在符合条件的省属企业和昆明市属企业实施,省属一级企业和除昆明市以外的州市企业暂不实施,并对试点企业应当具备的条件、审核程序、试点方案制定及试点工作的组织实施等方面作出具体规定。

三是积极推进省属企业负责人薪酬制度改革。全面修订省属企业管理者经营业绩考核办法,按照现代企业制度要求,落实董事会对企业高级管理人员的考核权责,实行分层考核;根据企业的功能性质

和分类，实行分类定责、分类考核，商业类以经济效益、国有资本保值增值和市场竞争能力为重点进行考核，其中商业二类企业，对其承担的重点工作和重大专项任务等功能性业务进行考核，并引导其逐步向商业一类转变；公益类企业以社会效益为导向，重点考核主营业务核心指标发展水平和发展质量。全面修订省属企业管理者薪酬管理暂行办法，按照分类分级管理原则，实行与企业负责人选聘方式相匹配、与企业功能性质相适应的差异化分配办法，对组织任命的企业管理者，薪酬结构由基本年薪、绩效年薪和任期激励收入三部分组成，薪酬水平实行分类限高，分类设置绩效年薪的确定因素，薪酬收入与经营业绩考核结果和职工平均工资紧密挂钩，突出绩效导向，强化激励约束；对市场化选聘的企业管理者实行市场化收入分配机制；对亏损企业建立减亏增效激励机制。出台省属企业负责人履职待遇业务支出管理办法，明确省属企业负责人履职待遇、业务支出的具体内容、相关标准和管理要求，为严格规范省属企业负责人的履职待遇、业务支出提供制度遵循。出台企业领导人员薪酬扣减管理办法。对企业领导人员受到到党纪处分、行政处分和组织处理等三种类别，根据受处分的轻重程度，明确企业领导人员薪酬扣减的具体方法和标准。

（三）认真开展省属企业管理者经营业绩考核及薪酬兑现工作

一是根据《云南省省属企业管理者经营业绩考核暂行办法》，省国资委与17户省属企业董事会签订2016年度经营业绩责任书，明确各企业年度考核目标。二是根据《云南省省属企业管理者薪酬管理暂行办法》和2015年初云南省国资委与18户省属企业董事会签订的年度经营业绩责任书，对18户省属企业董事会经营业绩进行考核，经考核A级企业5户，B级企业8户，C级企业4户，D级企业1户。三是严格执行中央和云南省有关国有企业负责人薪酬制度改革文件精神，按照《云南省省属企业管理者薪酬管理暂行办法》，结合企业管理者年度经营业绩考核结果，对18户省属企业管理者2015年年薪进行兑现。

七、云南省国资委监管企业负责人考核与选人用人机制改革情况

（一）企业负责人考核情况

省国资委党委以年度综合考核评价为抓手，进一步完善激励约束机制，全面、科学地考核评价省属国有企业领导班子和领导人员。一是严格考核程序。按照《云南省省属国有企业领导班子和领导人员综合考核评价办法（试行）》规定的发布考核预告、召开考核动员会、综合民主测评、个别谈话、查阅相关资料、深入二三级企业实地调研考核等9个方面的考核程序，对省属企业实施考核评价。二是完善考核内容。坚持以经营业绩为导向，进一步完善考核指标体系，把严守党的政治纪律和政治规矩、全面深化改革、依法治企、安全生产、生态文明建设、从严治党责任等纳入对省属企业领导班子和领导人员考核评价的重要内容。三是健全考核体系。省国资委党委根据《云南省省属国有企业领导班子和领导人员综合考核评价办法（试行）》，起草《云南省省属企业领导班子和领导人员任期综合考核评价实施细则》，对省属企业董事会任期进行规范统一，任期考核增加分管省领导评价和民意调查等内容。

（二）选人用人情况

一是认真抓好企业党委集中换届。云南省国资委党委配合省委组织部完成13户企业的党委换届工作。加强工作统筹。制定下发《关于做好省属国有企业党委换届工作的通知》，拟定企业党委换届考察工作手册、换届工作流程图，统筹谋划部署，狠抓责任落实。明确换届政策。明确省属国有重要骨干企业党委委员（常委）职数为9个，其中党委书记1名，党委副书记2名，纪委书记1名；结合省属企业班子建设需要和领导人员队伍实际，明确换届提名年龄等条件，新提名进入党委领导班子的，原则上要能任满一届。广泛谈心谈话。坚持领导班子成员必谈，坚持企业党委推荐的人选必谈，坚持重要岗位的负责人必谈，着重听取企业正职对换届人事安排的考虑，与党委书记反复交换意见；注重听取班子成

员、中层干部对班子建设的意见及对相关人选的评价看法。从严推荐考察。以最严格的标准、最严密的程序、最严肃的纪律开展省属企业党委换届考察工作，确保新提名人选质量，人选全过程差额推荐、差额考察，体现好中选优，优中选强。优化班子结构。在13户换届企业全面落实党委书记、董事长由一人担任；规范党委副书记配备，对超配的副书记进行调整，1名副书记由党员总经理(总裁、行长)兼任，1名专职副书记同时兼任工会主席；纪委书记不再兼任其他职务。严肃换届纪律。严格执行“九严禁”“九一律”等换届纪律要求，严防“带病提名”和“带病提拔”。组织推荐的候选人均高票当选，各企业领导班子呈现出结构更好、合力更强、干劲更足的新状态，换出心齐气顺劲足的好面貌。

二是探索做好国企改革重组中的人事工作。全面落实省委、省政府深化国企改革、推进整合重组的要求，认真做好新成立云南省能源投资集团有限公司、云南贵金属新材料控股集团公司的领导班子配备工作；认真做好建工集团、十四冶集团和西南交建3户企业整合重组为云南省建设投资控股集团有限公司的领导班子配备工作。协助省委组织部研究起草《省属企业改制重组后党组织设置及干部管理的若干意见》，研究探索省属企业改革重组后的干部管理机制。

八、云南省国资委监管企业党的建设和廉政建设情况

(一)党的建设情况

一是坚守履职定力，着力落实全面从严治党要求。注重顶层设计。配合省委组织部起草《关于在全省深化国有企业改革中坚持党的领导加强党的建设的实施意见》，出台《云南省国资委党委管理企业党员积分制管理实施意见》，指导云天化集团开展混合所有制企业党建工作试点。拧紧责任发条。制定下发《云南省国有企业党委书记抓党建工作责任清单》和《云南省国有企业基层党组织基础党务台账清单》，逐一细化明确各级党组织和党组织负责人抓企业党建工作的责任，层层签订抓基层党建工作责任书。推动落细落小。配合省委组织部筹备全省国有企业党建工作会议，组织召开省属企业党的建设暨纪检监察工作会议，组织省属企业党委书记抓基层党建工作述职评议考核，纳入经营业绩、“四好”领导班子等综合考核体系，实打实传导压力。

二是强化理论武装，着力坚定党员干部理想信念。突出主要内容重点学。专题培训企业“两学一做”学习教育骨干150名，组织党员干部突出抓好习近平总书记系列重要讲话和考察云南重要讲话精神的学习领会，扎实抓好《党章》等原著的学习研读。突出班子成员带头学。省国资委党委组织中心组学习12次，党委书记3次、班子成员8次讲党课，29人次参加支部专题研讨。各企业党委组织中心组学习110次，书记讲党课102次，领导班子成员讲党课616次，其他县处级领导干部讲党课7128次。突出支部作用集中学。省国资委机关和省属企业4700余个党支部充分发挥学习教育主体作用，认真落实“三会一课”等制度，坚持每月一次集中学习，组织党员干部认真开展学习研讨，广泛开辟学习专栏，建立微博、微信、QQ群等学习交流平台，营造浓厚的学习氛围。

三是聚焦作用发挥，着力加强企业基层组织建设。与时俱进抓组织。根据企业股权结构、项目发展、地域分布等情况变化，指导企业着力强化党组织的领导核心和政治核心作用，党组织覆盖面达到100%。发挥优势抓融入。部分企业党组织开展导入ISO9000系列标准，举办入党积极分子、基层党务骨干和基层党组织书记示范培训，发展新党员3027人。组织实施“双向培养”活动，先后把1.5万名党员培养成为生产经营骨干，把1.3万名生产经营骨干培养成为党员。创建“党员先锋岗”“党员责任区”2.9万个，培育基层党建工作示范点26个。表彰先进抓氛围。积极开展向全国优秀共产党员耿家胜和“最美云岭国企人”学习活动，认真组织优秀共产党员、优秀党务工作者和先进基层党组织评比表彰。着眼长远抓创新。制定《关于加强企业基层服务型党组织建设的实施意见》，进一步引导企业把基层党建工作重心向服务转移、工作方式向服务转变、工作成效由服务体现。依托中央党校，联合农垦集团党委开展的“国有企业境外党组织建设新路径”课题研究圆满结题。

四是树牢问题导向，着力推动基础工作集中整治。坚持立体化排查。区分整治类别，细化整治内容，采取党员、党小组和党支部自查，集团党委抽查，省国资委党委督查等方式，逐级严格自查，摸清整治工作底数。坚持菜单化建档。督导省属企业党委逐一清理基层党组织不按期换届选举、“三会一课”制度执行不到位、党费缴纳不规范、不坚持程序标准发展党员和党员档案管理不规范、党组织关系接转不及时等方面存在问题，实事求是建立整治台账，制定整改方案，细化整改措施。坚持项目化督导。配合省委组织部积极推进昆钢控股、云投集团等14户企业党委班子换届工作。指导企业完成基层党组织换届1010个；整治“三会一课”制度落实不到位问题342个；督导企业党员缴纳2008年4月以来欠交少交的党费1.0204亿元；规范党员档案管理1338件；清理整治因机构合并、撤销党组织关系和机构隶属关系变更未及时转接的党组织62个；排查出失联党员5221人，取得联系4788人，全部规范组织管理；整顿提高软弱涣散基层党组织242个；排查清理党代会代表和党员违纪违法未给予相应处理143人。

五是注重能力提升，着力增强企业干部队伍素质。持续加强企业领导班子建设。坚持和完善“双向进入、交叉任职”的领导体制，调整充实21户省属企业，补充调整102名企业领导人员；做好省属企业专职党委副书记选配调整，落实好纪委书记专职专责要求。协助做好建投集团、贵金属集团班子配备工作。研究起草省属企业外部董事管理办法，5名企业领导人员转任专职外部董事。持续强化企业人才队伍建设。制定省属企业人才发展规划纲要，加大人才引进力度，引进管理、金融、新材料专业人才近300人。举办国有企业改革培训班和省属企业转型升级能力专题培训班，积极推进职业经理人制度建设，研究出台省属企业市场化选聘高级管理人员指导意见，加大市场化选聘力度。配合省委组织部完成15户企业党委换届领导班子成员候选人全额定向推荐考察工作。

（二）廉政建设情况

一是认真学习贯彻中央精神，提高履行监督执纪的政治责任意识。认真组织纪检监察干部深入开展“两学一做”学习教育，把学习党章党规、习近平总书记系列讲话纳入“两学一做”学习教育重要内容；组织全体纪检监察干部深入学习十八届中央纪委六次全会和省纪委九届八次、九次全会精神，统一思想、明确任务；组织18户省属企业纪委书记参加学习贯彻《中国共产党廉洁自律准则》《中国共产党纪律处分条例》座谈会；组织18户省属企业开展“党在我心中——党章党规知识竞赛”活动；组织省属企业党员参加党章党规知识测试网络答题活动，省属企业25922名党员参加网上答题；督促引导省属企业开展廉洁教育，参加培训77938人次，其中中层以上企业领导820多人，组织18000多人次到警示教育基地开展教育，筑牢拒腐防变的思想防线。

二是抓牢抓实主体责任，坚定不移推进从严治党。召开省属企业党的建设暨纪检监察工作会议，由主要领导与18户省属企业，分管领导与处室、监事会负责人签订责任书40份，机关党委专职副书记与15个党支部层层签订责任书；各省属企业负责人与二级企业领导人员、二级企业与所属企业层层分别签订责任制责任书，进一步明确党风廉政建设的责任主体、责任内容、责任考核、责任追究等；原省国资委纪委调整、修订年度党风廉政建设责任制检查考核评分标准，由省国资委领导亲自带队，完成代省委对省国资委监管的18户省属企业年度党风廉政建设责任制考核，省属企业2200多名中层以上干部填写个人报告事项。驻省国资委纪检组（原省国资委纪委）和各省属企业纪委进行廉政谈话1609人次，出具有关人员廉洁自律复函1357人次，出具省国资委机关16名领导干部的廉洁自律情况书面意见，出具省属企业29名领导人员出国（境）征求意见复函。

三是驰而不息纠“四风”，巩固作风建设成果。省国资委领导、监事会主席、巡视员、副巡视员、正副处级以上党员领导干部115人撰写个人自查报告，并在各自支部组织生活会上带头进行对照检查；向17户省属企业、16个州市国资监管机构书面征求到14条意见建议；在元旦、春节、“五一”、端午、中秋、国庆期间，纪检组组成多个明察暗访组，对省国资委机关、省属企业16个单位84个部门开展6次明察暗访，并提出要求，约谈有关负责人，省属企业纪委查处违反中央八项规定精神问题7起，处理10人，均给予党纪政纪处分;开展监督执纪“四种形态”调查研究,撰写《关于落实监督执纪“四种形态”的调研报告》。制定《云南省国资委开展坚决纠正和防止“不作为乱作为”问题集中整治工作方案》,集中治理部分人员“工作动力不足、大胆开拓不够”等突出问题;按照省纪委、省监察厅开展“小金库”问题整治工作要求,明确对清理出的“小金库”逐一建立台账制度,整改一个销账一个。省属企业自查发现私设“小金库”9个,涉及金额1038.33万元,处理问题5个,给予提醒诫勉谈话13人,处理13人。

四是督促检查省属企业整改巡视移交和审计移送问题,严肃责任追究。对巡视发现的四类14个方面的问题,严格督促企业整改。约谈7户省属企业纪委书记,对21件巡视移交问题线索研究提出处理意见,跟踪督办。巡视移交问题已办结并上报省委巡视办。诫勉谈话4人,函询6人,党政纪立案3件、处分5人。省审计厅移送省国资委,交由纪检组负责督促落实整改问题36个,涉及8户省属企业。通过自办、转办、督办,基本办结,建立完善相关制度56个;问责63人,其中,诫勉谈话44人,党政纪立案19件、处分19人。被巡视、审计的企业纪委严格按照巡视整改意见,建立销号制度,积极配合集团党委抓好整改工作,有序推进,确保事事有着落,件件有回音。

五是持续高压反腐,强化“不敢腐”的震慑效应。驻省国资委纪检组和各省属企业纪委认真落实信访举报“日清、周转、月报、季结”要求,对实名举报和上级交办件,做到件件落实。2016年,省纪委驻省国资委纪检组收到信访举报件266件,同比增长26.75%。转企业办理194件(其中督办40件,自办12件)。国资国企纪检系统处置问题线索73件。立案69件,同比上升76.92%(其中纪检组初核问题线索11件,立案6件),谈话函询8件,给予党纪政纪处分61人,其中开除党籍10人;涉嫌犯罪移送司法7人。严肃查处袁黔文等一批重大典型案件,形成强大震慑。回复省纪委对违纪省管企业领导人员纪律处分征求意见11人,审理省纪委移送处理案件2件和纪检组(原纪委)自办案件5件、问责审理3件,指导企业审理案件26件。认真组织开展对受处分人员的回访教育和申诉复查工作,驻省国资委纪检组对省纪委委托的5位省属企业领导人员进行回访,17户省属企业对199人进行回访,确保执纪监督的严肃性。

六是把纪律和规矩挺在前面,把握运用“四种形态”。驻省国资委纪检组起草《省国资委党委关于委机关落实全面从严治党实践“四种形态”(第一种形态)的实施意见》,经省国资委党委讨论通过印发实施。加大谈话函询力度,形成常态。省国资委和省属企业谈话函询52人次,诫勉谈话169人次,工作约谈和谈话提醒1404人次,任前廉政谈话1609人次。“咬耳扯袖、红脸出汗”425人,省属企业问责120人次,党纪轻处分和组织处理70人,党纪重处分和重大职务调整24人,开除党籍移送司法7人。

七是持续推进廉洁风险防控工作,努力构筑“不能腐”的机制。起草《云南省国有企业违规经营投资资产损失责任追究办法(试行)》,经省政府常务会议、省委深化改革领导小组会议讨论通过,省政府办公厅正式行文印发,协助省国资委有关处室制定印发《云南省省属企业领导人员受到处分绩效年薪和任期激励收入扣减办法(试行)》《云南省省属企业负责人履职待遇、业务支出管理办法》,扣减一批受处理人员的年薪,规范企业领导人员的履职待遇和职务消费事宜,织密反对奢侈浪费的制度篱笆;各省属企业相继建立全面从严治党的配套制度,不断扎紧制度的笼子,确保责任有人担,工作有人抓,事情有人管。截至2016年底,省属企业编制职权目录29322项,制定防控措施48469条,收集廉洁风险信息41579条,确定预警对象9891人,实施处置处理2245起。围绕提质增效,企业广泛开展效能监察工作。17户省属企业立项701项,结项605项,发现案件线索6件,立案2人,处理人数10人,查出违规金额38.1万元,挽回经济损失1162.16万元,增加经济效益31731.9万元,制定和完善规章制度1772项。

八是加强纪检监察队伍建设,提高执纪监督问责水平。组织纪检监察干部参加中央纪委、省纪委在省外培训25人;纪检组干部全员参加省纪委“学习贯彻党的十八届六中全会精神培训班”;举办为期3天、177人参加的省属企业纪检监察干部培训班,省国资委配合省纪委、省委组织部调整配备省属企业纪委书记6人,充实纪委副书记4人,调整充实二、三级企业纪检监察专兼职干部75人，新增纪检监察机构12个。按照省委对省属企业党委换届的统一安排和省纪委、省委组织部的要求，先后两批组织对15户省属企业120名纪委委员候选人考察工作；加强监督，严格换届纪律，确保换届风清气正。

（撰稿人：李　进）

西藏自治区

一、西藏自治区国有资产监督管理工作综述

2016年，在自治区党委、政府坚强领导下，在国务院国资委关心支持下，西藏自治区政府国资委党委团结带领全委系统广大干部职工，认真学习贯彻习近平总书记系列重要讲话特别是在全国国有企业党的建设工作会议上的讲话精神，贯彻落实党中央、国务院和自治区党委、政府一系列决策部署，按照“五位一体”总体布局和“四个全面”战略布局，牢固树立“五大”发展理念，坚持稳中求进工作总基调，落实自治区“663”发展思路和供给侧结构性改革各项措施，攻坚克难保增长，积极稳妥推改革，务实创新谋发展，依法依规强监管，从严从实抓党建，勇挑重担惠民生，扎实有效保稳定，各项工作取得明显成效，实现“十三五”开门红。

（一）简政放权优化监管程序

牢牢把握出资人职责定位，进一步明确国资监管边界，大力推进简政放权，努力把该管的管好、不该管和可管可不管的坚决不管，主动取消下放一批监管事项。印发实施《区政府国资委权责清单》及配套服务指南、流程图和《区政府国资委出资企业重大事项审批、核准、审核上报、备案目录（试行）》，企业经营自主权和法人财产权进一步得到落实，以管资本为主的格局初步建立。

（二）建章立制力推科学规范

根据实施权责清单要求，大力推进国资监管制度建设，全面清理政策和规范性文件，保留35件，废止和失效37件，修订22件，新制定54件，国资监管各项工作进一步纳入法治化、制度化轨道。制定出台发展战略和规划管理、企业负责人履职待遇和业务支出管理、对外捐赠管理、企业领导人员经济责任审计管理、重大财务事项报告管理、企业内部审计管理、推进出资企业法治建设的意见等制度措施，《自治区国有企业负责人经营业绩考核办法》《自治区政府国资委国有独资企业外部董事管理办法》《关于加强出资企业全面风险管理的指导意见》《自治区政府国资委出资企业主业确认工作管理办法》等履行审批程序，在健全完善现代国有企业制度方面迈出坚实步伐。

（三）提升水平强化资本监管

扎实推进产权登记、资产评估、进场交易监管等基础工作，筑牢防止国有资产流失的防线。加强财务监督，以提高质量和效益为中心强化全面预算管理和财务动态监测，加强对企业的风险管理。推行外派监事会制度，西藏自治区国有重点企业监事会6月23日挂牌成立，填补全国唯一未建立外派监事会制度的空白。《西藏自治区国有重点企业监事会暂行办法（试行）》印发实施，《西藏自治区国有重点企业监事会监督检查工作实施细则（试行）》通过自治区国企改革工作领导小组会议审议，第一外派监事会进驻企业工作有序推进。

二、西藏自治区国有资产总量与结构分析

表1　2016年西藏自治区所属国有企业指标

项　　目	金　额(亿元)
资产总额	1929.21
所有者权益	659.12
国有资产总量	576.95
营业收入	196.66
利润总额	43.41

续表

项　　目	金　额(亿元)
净利润	39.32
归属于母公司所有者的净利润	35.04
应交税金总额	19.77
实际上缴纳金总额	19.38

表 2　2016 年西藏自治区国有企业户数情况

项　目	2015 年	2016 年	比上年增长(%)
户数(户)	411	472	14.84

表 3　2016 年西藏自治区国有资产地区分布情况

地　　区	国有资产(亿元)	占国有资产总量比重(%)
区直国有企业	338.25	58.63
拉萨市	175.46	30.41
山南地区	11.99	2.08
那曲地区	3.61	0.63
林芝地区	12.93	2.24
昌都地区	14.70	2.55
日喀则地区	16.13	2.80
阿里地区	3.88	0.67
合　　计	576.95	100.00

表 4　2016 年西藏自治区国有资产行业分布情况

行　　业	国有资产(亿元)	占国有资产总量比重(%)
农林牧渔业	9.30	1.61
工业	26.30	4.56
建筑业	51.44	8.92
房地产业	137.05	23.75
金融业	61.37	10.64

续表

行　　业	国有资产(亿元)	占国有资产总量比重(%)
批发和零售业	8.32	1.44
交通运输业	11.92	2.07
社会服务业	264.64	45.87
其他行业	6.61	1.15
合　　计	576.95	100.00

表 5　2016 年西藏自治区国有资产经营规模分布情况

经营规模	国有资产(亿元)	占国有资产总量比重(%)
大型企业	295.60	51.23
中型企业	125.78	21.80
小型企业	134.40	23.29
微型企业	21.17	3.67
合　　计	576.95	100.00

三、西藏自治区国有资本保值增值综合分析评价

表 6　2016 年西藏自治区国有企业地区和行业国有资本保值增值情况

地　　区	国有资本保值增值率(%)	行　　业	国有资本保值增值率(%)
区直国有企业	105.76	农林牧渔业	98.43
拉萨市	104.21	采矿业	
山南地区	106.92	工业	113.59
那曲地区	94.53	建筑业	100.84
林芝地区	103.28	房地产业	105.65
昌都地区	98.80	金融业	115.90
日喀则地区	101.96	批发和零售业	107.01

续表

地　区	国有资本保值增值率(%)	行　业	国有资本保值增值率(%)
阿里地区	97.24	交通运输业	122.75
		社会服务业	101.92
		其他行业	91.69

四、西藏自治区国资委监管企业改革发展情况

(一)发展质量实现新提升

推动企业提质增效提效益。自治区政府国资委根据经济形势及企业实际，在年初提出保增长目标，制定印发《出资企业提质增效工作实施方案》，指导企业克服经济下行压力，充分发挥市场主体作用，提升增量、盘活存量，推动国有资本合理流动、有序进退。监管企业紧紧咬住经济效益增长目标，加强市场开拓，精耕细作主业，优化产品结构，完善营销网络，效益水平稳步提升。纳入考核的16户出资企业(不含西藏航空)中，14户实现盈利，完成增加值26.89亿元，人均产值136.09万元。企业主营业务利润率增加2.74个百分点；净资产收益率增加1.64个百分点；负债总额92.18亿元，资产负债率同比减少4.74个百分点。企业竞争能力、获利能力、抗风险能力和保值增值能力全面提升，运行质量明显提高。在全力以赴保增长的同时，监管企业积极履行政治责任和社会责任，带头落实国家和自治区宏观调控政策，全力支持民生工程建设，勇于承担急难险重任务，为经济社会发展作出重要贡献。

强化资本运作功能增活力。高争民爆2016年12月9日在深交所挂牌交易，首发募集资金3.79亿元。西藏矿业非公开发行股票募集资金4.69亿元，上市公司大股东西藏矿业发展总公司持股比例由2009年的17.69%上升至19.93%，国有控股地位得到加强。国资公司回购银行不良资产9.37亿元，成功融资3.07亿元。

培树安全绿色理念促发展。结合提质、降本、增效要求，围绕节能减排，指导和督促企业坚守生态保护底线，发展绿色低碳经济。高争建材和高新雪莲余热发电量累计8635万千瓦时，折合标煤10613吨，同比增长60.56%，节约成本6500万元。高争建材被国家评为“超额完成”万家企业节能目标责任企业，荣获自治区考核第一名。自治区国资委系统连续六年安全生产无死亡事故。

加速重大项目建设保增长。紧紧围绕补短板，藏中建材年产120万吨新型干法水泥生产线建设项目完成投资9.15亿元；高争建材高原补氧和低氮燃烧、除尘脱硝等技术改造项目顺利完成，干法水泥回转窑联合富氧燃烧系统获得国家专利；高新雪莲二线项目技改工作加快推进，水泥有效供给能力将进一步增强；中兴商贸携手中远海运开启首列拉萨—宁波舟山北仑港“西藏号班列”，动工建设拉萨城市物流配送中心项目，推动物流产业转型升级。高争集团完成天然饮用水项目前期工作。

(二)体制创新迈出新步伐

重指导加强顶层设计。坚持问题导向，强化政策设计，全面深化改革重组促进国有企业做强做优做大的实施意见已经多次修改完善，绘就做强做优做大改革发展新蓝图，构建西藏自治区国企国资改革的“四梁八柱”。《关于在深化国有企业改革中坚持党的领导加强党的建设的实施意见》《西藏自治区区管国有企业负责人履职待遇业务支出管理暂行办法》经区党委办公厅印发施行，《关于改革和完善国有资产管理体制的实施意见》经区政府办公厅印发施行；防止国有资产流失、国有企业功能分类、发展混合所有制经济、完善国有企业法人治理结构等相关配套政策措施制定完成，正在履行相关程序，基本搭建起自治区国有企业改革的主体框架。

重探索稳妥推行试点。继续在高争建材、吉圣高争开展职业经理人选聘试点，在高争建材和中兴商贸开展两化融合管理体系贯标试点。中兴商贸市场化选聘副总经理、财务总监、营运总监提高经营管理水平，汽工贸引进职业经理人管理团队对汽车维修业务进行流程再造。坚持顶层设计和先行先试相结合，市场化方向与问题导向相结合，整体推进与重点突破相

结合,通过试点,总结经验,完善措施,努力推出可推广、可复制的有效做法和典型经验,为全面深化自治区国企国资改革提供强有力的实践支撑。

五、西藏自治区国资委监管企业并购重组与完善法人治理结构情况

(一)整合重组力度加大

根据国务院国资委十项改革试点和自治区有关要求,对相关企业按产业和功能归类合并重组,加大特色优势产业领域横向和纵向重组整合力度,突出主业,打造规模优势和集聚效应。高争集团整合重组工业物资运销公司,中兴商贸完成内部重组,提高产业集中度,减少同质化竞争,增强产业协同能力。藏北金萨公司破产工作有序推进,西藏火柴厂股权处置工作加快工作步伐。

(二)法人治理结构不断完善

研究制定《关于进一步完善国有企业法人治理结构的指导意见》,建立职业经理人制度、董事会及董事评价、外部董事人才库外部董事管理办法等制度措施,进一步完善公司法人治理结构制度框架,促进企业建立现代企业制度,转变体制机制。制定国有独资公司及国有控股公司章程指引,进一步理顺出资人、董事会、监事会和经理层之间的关系,规范企业的管理和运作水平。

六、西藏自治区国资委监管企业建立和完善经营业绩考核体系情况

研究制定企业负责人经营业绩分类考核办法、工资总额预算分类管理办法等规范性文件,积极适应“管资本”的监管体制和深化国企改革的要求,将分类考核、科学考核、价值考核的理念,融入考核目标确定与考核结果核定工作中,重点实施经济效益考核,引导企业提高经济效益和运营效率;合理设置指标权重,引导企业明确改革发展重心;不断改进考核目标值确定机制,加大短板考核力度;逐步推进综合业绩考核,不断丰富深化业绩考核内涵。

七、西藏自治区国资委监管企业负责人考核与选人用人机制改革情况

(一)坚持依法考核,发挥激励约束导向作用

按照“业绩升、薪酬升,业绩降、薪酬降”的激励约束原则,积极探索和不断丰富激励机制,增强激励的有效性和针对性,发挥考核分配杠杆作用,引导企业提质增效、转型升级,提升管理水平和运营质量,不断增强盈利能力,积极落实国有资本保值增值责任。根据考核分配办法及其配套实施细则规定,综合企业年度财务决算审计报告、经营业绩总结分析报告和基薪调节系数计分指标总结分析报告等,开展2015年度企业负责人经营业绩考核工作,形成《2015年度委监管企业负责人经营业绩考核结果和薪酬分配方案》,完成2015年度企业负责人薪酬兑现通知、薪酬手册审核、备案等一系列工作。

(二)推进国有企业领导人员选聘管理创新

研究制定《关于建立职业经理人制度的指导意见》,深入推进市场化选聘职业经理人试点工作,中兴商贸市场化选聘副总经理、财务总监、营运总监,努力提高经营管理水平;汽工贸引进职业管理团队对汽车维修业务进行流程再造,有效制止维修业务亏损的势头,扭转亏损局面。创新企业领导人员教育培训工作,在区党委组织部支持下,在清华大学和大连高级经理学院举办经营管理人员培训班。选派7名干部到国务院国资委和中央企业挂职锻炼,多渠道、高起点培养自治区企业家队伍。

八、西藏自治区国资委监管企业党的建设和廉政建设情况

(一)党的领导得到新加强

“干”字为要,力推国有企业党建工作上水平。紧密结合国企国资改革发展实际,不断加强领导班子的思想政治建设,提高干部考察质量,完善干部选拔任用方式,优化领导班子结构,增强领导班子整体功能。按照建立中国特色现代国有企业制度要求,督导企业

将党建工作总体要求写进公司章程，明确党组织在公司治理中的法定地位，落实企业"三重一大"决策党组织研究讨论前置程序，促进党的领导和公司治理深度融合。落实党委书记、董事长"一肩挑"、党员总经理兼任党委副书记、选拔配备专职党委副书记工作要求，积极开展国有企业党委换届改选工作。创新企业党建工作的内容和方式，始终把企业改革发展稳定中的难点作为党建工作的重点，及时选树党内先进典型，充分发挥基层党组织的战斗堡垒作用和党员的先锋模范作用。

"实"字托底，力推"两学一做"学习教育出成果。全面深入学习党章党规，学习习近平总书记系列重要讲话和治国理政新理念新思想新战略、特别是治边稳藏战略思想以及中央第六次西藏工作座谈会、全国国有企业党的建设工作会议、中央统战工作会议、中央民族工作会议和全国民族团结表彰会议精神，不断提高党组织的凝聚力、号召力、战斗力，提高党员领导干部和职工的责任意识、党员意识和纪律意识。组织自治区国资委系统党员领导干部讲党课、谈体会293次，邀请中央和区党委党校教授、讲师团成员专题讲座27次。扎实开展基层党建七项重点任务，补交党费80余万元，选派137名干部到34个点驻村工作，对接扶贫4760名困难群众。

(二)深入推进党风廉政建设

坚决贯彻中央和区党委要求，深入推进党风廉政建设，强化主体责任落实，扎实开展巡视整改，强化成果运用。区国资委和相关企业制定完成整改措施289项。健全企业纪检机构，严明纪律和规矩，践行"四种形态"，加大监督执纪问责力度，对117人次进行谈话，5人进行函询，配合区纪委严肃查处西藏矿业、甘露藏药违法违纪案件，为改革发展营造风清气正的环境。

九、西藏自治区国资监管及国有企业改革发展具有地方特色情况

(一)合资合作规模和成效不断提高

推动"央企助力富民兴藏"，西藏国旅与中青城投、中兴商贸与中远海运物流、圣水公司与中信国安达成合资合作意向，建立战略合作伙伴关系。配合有关市(地)和部门在第三届"藏博会"促成7家中央企业签约15个，总金额117.37亿元。引进23名中央企业干部到区国资委机关和出资企业援藏任职，天路股份、矿业股份与中国电建、中冶集团合资合作关系持续深化。

(二)"走出去"层次和质量不断提升

天路股份嫁接中央企业优势资源，稳步实施"走出去"战略，投资2.5亿元，持股中电建安徽长九新材料股份有限公司10%的股份，参与安徽池州神山灰岩矿项目建设。中兴商贸动工建设拉萨城市物流配送中心项目，积极谋划与广物控股建设粤藏物流园区，共同支持运营中国—南亚班列。西藏航空与尼泊尔共同组建喜马拉雅航空公司，成功首航加德满都至科伦坡航线，积极参与"一带一路"和"南亚大通道"建设。

(三)职工民生不断改善

坚决贯彻落实吴英杰书记"坚定不移地增进人民福祉""放权让利、排忧解难"的指示精神，积极引导企业结合经营实际将收益分配更多向职工倾斜，职工工资收入水平稳步提高。2016年，区国资委出资企业人均收入(含高管)9.18万元，较上年同期7.98万元增长14.95%。2011—2016年，区国资委出资企业人均收入(含高管)年平均增长19.65%。坚决落实自治区维稳措施，深入开展矛盾纠纷排查调处和信访工作，强化安全生产责任制，有序开展扶贫助困活动，帮助困难职工、患重大疾病职工、遗属遗孤和困难职工子女等群体解决实际问题，累计发放慰问金、助学金194万元、2110人次，完成棚户区改造项目12个、2146户。区国资委系统全年无群体性上访，实现"三稳定、三不出"。

(四)驻村扶贫工作深入开展

区国资委及监管企业34个驻村工作队逐户走访，识别认定1169户4760名贫困群众，落实项目34个、资金833.85万元，筹集慰问金44万元，改善贫困群众生产生活条件。组织监管企业积极参加"10·17"扶贫日宣传活动，捐款325万元。

(撰稿人：马玉芳)

陕西省

一、陕西省国有资产监督管理工作综述

2016年,面对复杂多变的国内外经济形势和艰巨繁重的改革发展任务,陕西省国资委紧紧围绕陕西省委、陕西省政府的决策部署,攻坚克难,奋力拼搏,较好地完成各项目标任务,在陕西省经济社会发展中发挥重要作用。

(一)稳增长降本增效成效显著

始终把实现企业持续健康发展作为全年工作的重中之重,采取多种措施稳增长、增效益,遏制企业利润大幅下滑趋势,运行质量企稳向好。一是超额完成年度目标。1—12月,陕西省国资委监管企业(以下简称"监管企业")累计实现营业收入8741.6亿元,同比增长10.7%;实现利润总额192.2亿元,同比增长21.4%;完成固定资产投资967亿元,实现恢复性增长。截至2016年底,资产总额21743.6亿元,同比增长10.9%;所有者权益5979.1亿元,同比增长8.6%,全面完成省委、省政府下达的年度目标任务。二是大力开拓市场,企业经营亮点纷呈。各省属企业千方百计开拓市场、改革创新、挖潜增效,工作卓有成效。陕煤化集团以"治亏创效求生存,深化改革谋发展"为主线,紧扣"五项指标、五项任务",大幅改善运行质量,实现利润30亿元,收入首次突破2000亿元;陕建集团立足主业不断提升工程质量水平,构筑"5+1"特级资质体系,居全国省级建工企业之首,营业收入达到761亿元,收入、利税增幅均超过10%;陕西能源集团加快转型升级,积极改革创新,规模效益齐头并进,实现营业收入200亿元、利润总额22亿元;陕汽控股集团坚持客户导向,不断优化商业模式,调整营销策略,汽车销量增长36.4%,市场份额同比提升0.5个百分点;法士特、陕西高速集团营业收入顺利突破百亿元,2016年全省营业收入超过百亿元的企业11户,实现利润超过十亿元的企业7户。三是各市国资委加强指导协调,稳增长工作成效明显。西安市坚持"四个强化",精准发力,推动市属企业收入增长8%以上;渭南市以管资本为主加强国资监管,全面深化改革,市属企业利润完成年度目标的131.7%;榆林市推进企业内部组织变革和业务流程重组,提高运营效率。

(二)国企国资改革扎实推进

按照中央、省委关于国企改革的统一部署,立足省情企情,坚持问题导向,积极稳妥、有力有序推进国企国资改革各项工作。一是积极构建陕西省国企改革政策文件体系。落实国家"1+N"国企改革顶层设计,出台陕西省深化国企改革的实施意见及相关配套文件,形成"1+13"改革政策文件体系,制定改革要点分工、改革任务台账等3个工作推进方案。全省11个市(区)中7个市(区)正式印发国企改革实施意见及配套文件。二是稳步推进改革任务落地。全面实施省属企业分类管理、分类考核,规范企业负责人薪酬待遇。新组建陕西铁路集团、东庄水利枢纽工程公司等3个企业集团,完成1户企业首发上市、3户企业"新三板"挂牌交易。西安、渭南、铜川、榆林等市完成市属企业的分类。42户省属企业"一企一策"改革方案通过"三审三改"后进入实施阶段。三是扎实推进改革试点工作。在陕金控、陕西能源、陕西电子信息、陕国投、秦风气体等18户集团公司及权属企业开展国有资本投资运营公司、混合所有制经济、混合所有制企业员工持股、规范董事会建设、董事会选聘经理层成员和薪酬分配差异化六项改革试点。四是稳妥解决历史遗留问题。对全省国有企业办社会情况进行调查摸底,印发《关于加快剥离国有企业分离办社会职能和解决历史遗留问题工作的实施意见》《关于国有企业职工家属区"三供一业"分离移交工作实施意见》,召开工作推进会议。五是加强学习培训。陕西省委省政府召开全省国企改革座谈会,全面安排部署国企改革工作并进行再动员。举办9期改革政策培训班,6次编印下发中央、省改革文件,分3批组织省属企业和各市(区)国资委参加国家部委轮训。各省属企业、各市(区)国资委举办改革专题培训150多期(次)。省政府成立国企改革领导小组及办公室,各市(区)政府和省属企业也都成立国企改革领导机构和工作机构。

(三)布局结构调整不断优化

以推进供给侧结构性改革为契机,以加快重大项目建设为抓手,以提升科技创新能力为支撑,大力转方式调结构,助推企业转型升级。一是以优化结构为导向加快重大项目建设。聚焦转型升级,精心筛选确定监管企业"十三五"100个重大项目,重点支持推进。延长石油靖边园区项目全面实现达产达效,聚烯烃年产量达到103万吨,成为陕西省首个突破百万吨的单项能化项目。陕有色光电科技1GW太阳能光伏电池项目一期投产,陕西燃气杨凌天然气应急储备调峰项目建成投产。二是积极推进科技创新。组织推荐省级认定企业技术中心7家,申请省科技计划项目55个;组织38户省属企业和省内18所高校进行项目对接暨科研成果推介。省属工业企业研发投入量化考核由30户扩大到55户,获奖企业22户,获奖资金809万元,研发投入强度达到1.6%,高于全省1%的平均水平。延长石油集团"延长油区千万吨大油田持续上产稳产勘探开发关键技术"获得国家科技进步二等奖;陕煤化黄陵矿业集团荣获第四届中国工业大奖;陕有色集团主持或参与制定国际标准4项、国家标准44项、行业标准53项,获得省部级奖项17项;陕建集团7项工程荣获"鲁班奖",7项工程荣获国家优质工程奖,在中国建筑行业竞争力200强企业中排名第六位。陕西土建集团坚持以科技创新带动企业发展,积极推进高层次研发平台建设,构建"校企研发平台+校园众创空间+种子天使基金"三位一体深度合作模式,科技成果转化效果明显,企业财务绩效行业对标名列前茅。三是全力做好去产能和"僵尸企业"处置工作。陕煤化集团关闭18处矿井,退出煤炭产能1815万吨,化解炼铁产能60万吨,分流安置职工10584人,圆满完成退出产能目标任务。完成对省属"僵尸企业"的调查摸底,配合省级有关部门制定"僵尸企业"处置及人员安置方案。四是积极开展多层面战略合作。组织举办省市国有企业战略合作签约大会,签约78个项目,涉及金额135亿元。与宝鸡市政府联合举办"十三五"国企进宝投资项目建设推进会,在宝鸡计划投资建设项目173个,总投资1612.9亿元。在富平县和安塞县召开合作发展座谈会暨项目签约活动。联合省发改委、省中小企业局召开省属国企与民企战略合作项目对接洽谈会,35户省属企业和119户民营企业推出178个合作项目。五是抢抓"一带一路"机遇"走出去"。召开省属企业"一带一路"建设座谈会,举办"走出去"促进会。延长石油集团、陕煤化集团、陕西地矿集团、中陕核集团等企业参与中亚地区油气煤资源勘探开发,陕西省最大的境外投资项目陕有色集团印尼200万吨/年电解铝项目积极推进。法士特集团在东欧变速器销售增长近万台,泰国曼谷变速器工厂大量配套沃尔沃等整车企业,产量翻番。陕建集团海外市场拓展至27个国家,13户监管企业境外投资239亿元。

(四)提质增效成效初显

把提质增效作为提升企业发展能力的重要抓手,从抓落实、抓销售、抓项目等7个方面,细化落实21条措施。两次召开系统企业提质增效工作推进会,建立委领导包抓制度。各企业也成立领导机构,落实专人负责此项工作。一是推动企业"瘦身健体"。针对企业短板,完善对标指标体系,持续深入开展对标考核工作。延长石油集团梯次推进18项重点改革任务,总部和涉油板块在岗员工精简幅度20%以上,用工总量下降4719人。陕西能源集团等企业对标先进,主动整合管理层级取得成效。陕旅集团"三级架构、两级管理"模式成为样板。西部机场集团重组汽车运输、旅客服务业务板块,强化集团战略管控,实现资本权利上移、经营责任下沉。二是着力加强成本费用管控。持续开展精细化管理,监管企业成本费用利润率2.2%,同比增长0.2个百分点;在营业收入持续增长的同时,销售费用同比下降5.1%;经营活动现金流量增长13%。陕煤化集团注重从成本定额管理向供应链优化转变,集团商品煤平均成本、钢材平均制造成本分别下降11.9%、9.3%。陕西高速集团围绕"降人工成本、减财务费用、节建养投资"三个关键点,严字当头,精算细控,三项费用同比下降6.9%。陕建集团清收应收账款55.7亿元,压缩管理人员1149人,管理费用下降5.3%。三是切实解决品种品质品牌短板问题。召开系统企业增品种提品质创品牌工作推进会。新产品产值同比增长23.3%,29户企业44个产品荣获陕西省名牌产品。法士特集团坚持大品牌建设、大市场拓展、大质量发展战略,先后完成东风轻卡等20多种新产品开发项目,新产品试制一次通过率高达98%。陕西粮农集团深挖市场需求,研发新增50多个产品。延长壳牌公司坚持严控油源质量,全力确保"源"品质,着力提升"软"品质,客户满意度和客户推荐品牌等方面全面超越竞争对手。陕西地电集团加强管理、提升品质,供电可靠率提高到城市99.96%、农村99.84%,综合电压合格率提高到98.56%。陕汽控股集团坚持文化引领,品质奠基,打造商用车知名品牌,品牌价值150.15亿元,成功入选中国品牌价值500强。

(五)国有资产监管不断完善

陕西省各级国资监管机构牢牢把握出资人定位,围绕优化国资监管、确保国有资产保值增值目标,以管资本为主加强国有资产监管。一是加快推动国资监管职能转变。以陕西省政府名义印发《关于改革和完善国有资产管理体制的实施意见》。按照"放管服"要求,编制国资监管权力清单和责任清单,梳理国资监管审批事项73项,确定第一批取消18项,下放9项。完成监管企业公共服务事项清单编制,确定公共服务项目45项,并上网公布。二是不断加强监事会监督。省政府首次听取监事会工作汇报,监督检查情况受到省政府领导的重视和关注。监事会全年提交监督检查报告48份,反映揭示问题255个,提出建议177条,监督的针对性、时效性和有效性进一步增强。三是切实加强日常监管。推进和落实企业总法律顾问制度,加强财务预决算审核和国有资产定期统计分析;做好国有资本经营预算、业绩考核和薪酬管理等工作。完成监管企业及各级法人企业1605户产权登记工作;通过产权市场转让国有产权16宗,涉及资产7.61亿元。延长石油、陕西燃气、陕西能源、陕汽控股、陕西地电等企业强化法制体系建设,依法治企水平不断提升。四是市(区)国资监管得到加强。印发《2016年度指导监督各市(区)国资工作计划》,指导各市(区)加强国资监管机构和制度建设。西安市国资委加强区(县)国资监管工作指导,出台简政放权、激发国企活力等实质性举措。杨凌国资监管机构实现单设,安康市国资委编制从2人增加至11人。五是认真做好省人大专题询问工作。这是省国资委2004年6月成立以来,省人大首次对企业国有资产管理情况进行专题询问。省国资委以人大询问为契机,接受监督,认真准备,全面梳理总结国资监管的相关情况,为进一步加强和改进国资监管工作提供翔实的基础资料,受到省人大的充分肯定。

(六)企业党建切实加强

陕西省委召开国企党的建设工作会,全面安排部署国企党建工作。各级国资监管机构和省属企业党委坚决贯彻落实中央、省要求,全面从严落实管党治党和意识形态责任。一是"两学一做"学习教育扎实推进。组织系统企业的8580个基层党组织17.7万余名党员深入开展"两学一做"学习教育,加强督导检查,每月排序通报情况,完成"四个专项排查"工作,基层组织建设水平全面提升,广大党员的先锋模范作用进一步发挥。二是党建工作责任制进一步落实。成立巡察机构,建立巡察制度,组建3个巡察组对6户监管企业开展巡察。指导25户企业集团党组织换届(基层2803个党组织),理顺20户企业党组织关系。扎实推进基层党组织分类管理,党组织的凝聚力和战斗力得到提高。三是领导班子建设持续加强。坚持从严选拔企业领导人员,全年补充调整企业领导人员158人次,核查105名领导人员个人事项报告。大力推进人才强企战略,举行陕西省属企业深化人才体制机制改革专题培训,在吸引人才、人才平台建设和人才项目资助方面支付人才补助资金780万元,5人获得国务院特殊津贴。四是党风廉政建设深入推进。印发省属企业领导人员鼓励激励、容错纠错、能上能下三项机制文件,不断夯实"两个责任",抓好巡视整改工作,严格监督执纪问责,全系统反腐倡廉工作取得明显成效。五是安全稳定工作进一步加强。各企业认真落实"一岗双责"的总要求,坚持"发展是第一要务、稳定是第一责任",把安全稳定与生产经营工作同谋划、同部署、同落实,有效维护企业改革发展稳定的良好局面。

(七)积极履行社会责任

一是保障经济平稳发展。陕西省国资委监管企业全年上缴税金572.3亿元。石油石化、电力、煤炭、粮食、交通等企业,自觉服从国家的经济运行调度安排,为保障经济平稳快速发展做了大量工作。二是带头落实绿色发展理念。延长石油集团、陕有色集团等加快循环产业园建设,陕金控集团积极搭建绿色金融服务平台，实现经济效益和社会效益双赢。三是主动承担扶贫攻坚任务。充分发挥监管企业资金、人才、管理等方面的优势，积极推进旅游扶贫、光伏扶贫、电商扶贫等，全年投入产业扶贫资金6610万元，为陕西省脱贫攻坚贡献力量。四是扶弱济困热心慈善。认真落实军转干部解困政策，为生活困难军转干部审核发放困难补助882万元。积极参与社会公益事业，对外捐赠2686万元。五是积极参与民生工程。持续加大支持全省保障性住房、陕南移民搬迁、城际铁路等建设力度，累计投资超过200亿元，在促进就业、棚户区改造、文化惠民和支持地方建设等方面作出积极贡献。

二、陕西省国有资产总量与结构分析

（一）主要财务指标

2016年，在宏观经济形势依然复杂的背景下，陕西省国有企业发展稳中有进，稳中向好，实现国有资本的保值增值。

表1　2016年陕西省所属国有企业指标

项　目	金　额（亿元）
资产总额	34727.48
所有者权益	9341.07
营业总收入	9651.50
利润总额	285.58
净利润	207.61
归属于母公司所有者的净利润	127.79
应交税费总额	731.89
实际上缴税费总额	667.70

截至2016年底，陕西省国有企业资产总额34727.48亿元，同比增加3683.42亿元，增长11.87%。实现营业总收入9651.50亿元，同比增加870.37亿元，增长9.91%。实现利润总额285.58亿元，同比增加53.08亿元，增长22.83%。上缴税费667.70亿元，比上年减少14.50亿元，下降2.13%。2016年，陕西省国有企业国有资本保值增值率101.35%，实现国有资本的保值增值。全年固定资产投资1320.68亿元，比上年减少220.27亿元，下降14.29%。

（二）国有企业户数情况

截至2016年底，陕西省国有企业4026户，比2015年底增加153户，增长3.95%。

表2　2016年陕西省国有企业户数情况

项　目	2015年	2016年	比上年增长（%）
户数（户）	3873	4026	3.95

从隶属关系看，省级企业2035户，比上年增加138户，增长7.27%，其中：省国资委监管企业1935户，增长7.02%；省级非监管企业100户，增长12.36%。市级以下1991户，增长0.76%。

从盈亏状况来看，盈利企业2282户，比上年增加146户，占56.68%；亏损企业1744户，增加7户，占43.32%。

（三）国有资产按隶属关系分布情况

2016年，陕西省企业国有资产总量7723.23亿元，同比增加1025.02亿元，增长15.3%。

表3　2016年陕西省国有资产地区分布情况

地　区	国有资产（亿元）	占国有资产总量比重（%）
省属企业	4277.20	55.38
监管企业	4227.78	54.74
非监管企业	49.42	0.64
市属企业	3446.03	44.62
西安市	2227.08	28.84
宝鸡市	91.72	1.19
咸阳市	185.02	2.40
铜川市	14.09	0.18
渭南市	82.24	1.06
延安市	138.78	1.80
榆林市	358.19	4.64
汉中市	56.46	0.73

续表

地　　区	国有资产(亿元)	占国有资产总量比重(%)
安康市	97.59	1.26
商洛市	170.27	2.20
杨凌示范区	24.59	0.32
合　　计	7723.23	100.00

2016年,省级企业国有资产总量4277.20亿元,比2015年底增加292.58亿元,增长6.84%,占全省的55.38%。其中,省国资委监管企业为4227.78亿元,比2015年底增加295.74亿元,增长6.88%,占全省的54.74%;省级非监管企业为49.42亿元,增加1.84亿元,增长3.72%,占全省的0.64%。市属企业为3446.03亿元,增加732.44亿元,增长21.25%,占全省的44.62%。在市属企业中,西安市企业国有资产总量占比最大,为全省的28.84%。

(四)国有资产按行业分布情况

表4　2016年陕西省国有资产行业分布情况

行　　业	国有资产(亿元)	占国有资产总量比重(%)
工业	2344.98	30.36
煤炭工业	420.07	5.44
石油和石化工业	567.01	7.34
冶金工业	176.62	2.29
化学工业	382.35	4.95
机械工业	181.93	2.36
电力工业	263.01	3.41
建筑业	928.22	12.02
交通运输业	1428.83	18.50
批发和零售业	214.47	2.78
金融业	428.61	5.55
房地产业	703.54	9.11
社会服务业	1310.65	16.97
其他	363.93	4.71
合　　计	7723.23	100.00

从行业分布来看,工业占用国有资产总量最大,为2344.98亿元,占30.36%,其中,石油和石化工业、煤炭工业和化学工业占比较大,国有资产总量分别为567.01亿元、420.07亿元和382.35亿元;其次是交通运输业,国有资产总量为1428.83亿元,占18.50%。

(五)国有资产按经营规模分布情况

表5　2016年陕西省国有资产经营规模分布情况

经营规模	国有资产(亿元)	占国有资产总量比重(%)
大型企业	956.14	12.38
中型企业	2649.15	34.30
小型企业	2357.31	30.52
微型企业	1760.63	22.80
合　　计	7723.23	100.00

从经营规模来看,2016年末,大型企业占用国有资产总量956.14亿元,占全省的12.38%;中型企业为2649.15亿元,占34.30%;小型企业为2357.31亿元,占30.52%;微型企业为1760.63亿元,占22.80%。

三、陕西省国有资本保值增值综合分析评价

2016年,陕西省企业国有资本保值增值率101.35%,实现国有资本保值增值。

表6　2016年陕西省国有企业地区和行业国有资本保值增值情况

地　　区	国有资本保值增值率(%)	行　　业	国有资本保值增值率(%)
省属企业	101.06	工业	103.26
监管企业	101.07	煤炭工业	123.21
非监管企业	100.00	石油和石化工业	95.53
市属企业	101.76	冶金工业	91.72
西安市	101.34	化学工业	102.64

续表

地　　区	国有资本保值增值率(%)	行　　业	国有资本保值增值率(%)
宝鸡市	117.69	机械工业	100.55
咸阳市	99.24	电力工业	108.44
铜川市	90.85	建筑业	101.73
渭南市	99.96	交通运输业	99.08
延安市	98.78	批发和零售业	108.53
榆林市	103.61	金融业	107.73
汉中市	99.89	房地产业	106.20
安康市	102.03	社会服务业	94.78
商洛市	101.90	其他	102.77
杨凌示范区	96.99		

从隶属关系来看，省级企业保值增值率为101.06%。市属企业为101.76%，其中西安、宝鸡、榆林、安康、商洛5个市实现国有资本增值，保值增值率分别为101.34%、117.69%、103.61%、102.03%和101.90%；咸阳、渭南、汉中、杨凌、铜川和延安6个市(区)出现国有资本减值。

分行业看，国有资产占用量在500亿元以上且实现国有资本增值的主要有：工业2344.98亿元、保值增值率103.26%，建筑业928.22亿元、保值增值率101.73%，房地产业703.54亿元、保值增值率106.20%。

工业行业中，国有资本占用量较大行业分别是：石油和石化工业567.01亿元、保值增值率95.53%；煤炭行业420.07亿元、保值增值率123.21%；化学工业382.35亿元、保值增值率102.64%；电力工业263.01亿元、保值增值率108.44%。

四、陕西省国资委监管企业股份制改革与上市融资情况

大力提高企业融资能力。为进一步加快省属国有企业股份制改革，提高国有资产证券化水平，以陕西省政府名义印发《关于加快省属国有企业股份制改革推进国有资产证券化的意见》(陕政办发〔2016〕52号)。指导国有控股上市公司利用股票市场做好资本运营，完成陕煤股份、兴化股份资产重组工作，化解2户企业退市风险。审核批复西部证券配股增发工作，募集资金50亿元。指导监管企业利用债券市场低成本筹集发展资金，审核批复延长石油集团、陕煤集团、陕西能源集团等8户企业发行各类债券1100亿元，较上年增长150%。指导监管企业利用产权市场处置低效无效资产，审核批复陕海投、陕西物流集团等企业股权转让事项。

扎实推进产权管理基础工作。充分利用产权登记、上市公司国有股权管理、国有产权交易监测三个信息系统对企业国有产权占有及变动情况进行动态监管和统计分析。截至2016年11月底，省国资委监管企业及各级国有法人企业1605户(不含文化企业)完成产权登记工作，其中一级企业28户，二级企业521户，三级企业755户，四级及以下企业301户，产权链条最长为5级。省国资委监管国有控股上市公司15户，资产总额2145.03亿元，净资产968.15亿元，净利润14.15亿元，全年融资16.57亿元。监管企业全年通过产权市场转让国有产权16宗，涉及资产总额7.61亿元，转让标的评估值3.02亿元，成交额4.40亿元。企业实物资产转让进场交易55宗，涉及资产总额1.62亿元，成交额1.56亿元。

积极推动混合所有制经济发展。省国资委调研监管企业国有民营企业双向参股情况，形成《陕西省国资委监管企业发展混合所有制经济推进国有民营企业双向参股情况调查报告》。为进一步深化陕西省国有企业混合所有制改革，促进各种所有制经济共同发展，提高国有资本配置和运营效率，在全面调研的基础上，提出省属企业混合所有制经济发展的基本思路及六大途径，确定6户试点企业。

五、陕西省国资委监管企业建立和完善经营业绩考核体系情况

合理确定考核目标。年初与30户监管企业及5户省属金融企业，就2016年度企业负责人经营业绩

考核目标值进行沟通,分解落实省委下达国资委的年度目标考核任务,组织签订责任书,确保营业收入8720亿元,利润总额130亿元,所有者权益增长5%,科技投入强度平均达到1.8%,年度投资额保持上年投资力度不变。根据企业功能定位对企业下达分类考核指标,实施分类考核。按照企业分类,对竞争类企业重点考核企业经济效益、国有资本保值增值和市场竞争能力;公共服务类企业在保证合理回报和国有资本保值增值的基础上,重点考核企业成本控制、产品服务质量、运营效率和保障能力;功能类企业在确保完成重大专项任务和国有资本保值增值基础上,重点考核企业专项任务完成情况、资本回报水平和成本控制等。完善对标指标体系,持续深入开展企业对标考核工作。针对企业短板,结合国资委关于稳增长、调结构、提质增效的要求,调整部分企业的对标标杆,修订企业对标指标,进一步完善企业对标考核指标体系。

年度目标责任考核结果公平公正。企业年度考核结果分为A、B、C、D四个级别,本次年度考核拟定级别为A、B、C三个级别。得分在88分以上的15户企业,考核结果拟定为A级,占43%;得分在73~88分之间的15户企业,考核结果拟定为B级,占43%;得分在73分以下的5户企业,考核结果拟定为C级,占14%。任期目标责任考核结果分为A、B、C、D四个级别,本次任期考核拟定级别为A、B、C三个级别,得分在84分以上的13户企业,考核结果拟定为A级,占43%;得分在75~84分之间的14户企业,考核结果拟定为B级,占47%;得分在75分以下的3户企业,考核结果拟定为C级,占10%

做好企业薪酬改革。制定规范省属企业负责人履职待遇和业务支出意见。按照中共中央、国务院有关精神,结合省属企业实际,制定印发《关于进一步规范陕西省属企业负责人履职待遇、业务支出的意见(试行)》。制定省属国有企业领导人员鼓励激励办法。根据省委关于党政干部鼓励激励有关精神,结合省属企业实际,制定《陕西省省属国有企业领导人员鼓励激励办法(试行)》。开展差异化薪酬改革试点,按照省国企改革领导小组部署,指导陕国投、秦风气体开展差异化薪酬改革试点并完成方案的报批工作。

六、陕西省国资委监管企业监事会监督检查情况

当期监督有序推进。一是以评价企业生产经营和国有资本保值增值为重点,认真组织实施监事会年度集中检查。按照有关规定和年度工作计划,以财务检查为核心,对35户监管企业2015年度的生产经营管理情况,年度目标任务完成情况及企业负责人履职情况等进行集中检查,涉及二、三级企业114户,资产规模7836.22亿元,提交年度监督检查报告35份,发现和揭示问题风险事项193个,提出监督意见建议147条。二是以财务监督和"三重一大"事项决策程序为重点,强化日常监督和过程监督,重点关注企业负责人履职行为和生产经营风险。提交专项报告13份,发现和揭示问题风险事项31个,提出监督意见建议30条。三是继续组织开展境外国有资产检查,对海外投所属喀麦隆、坦桑尼亚两个国家的境外项目进行实地检查,不断拓展监事会对境外资产检查的广度。四是加大监督检查成果运用力度。综合各监事会年度监督检查和日常监督情况形成的监事会年度综合分析报告继续报送省政府,使省政府领导通过监事会渠道对省属企业现状作进一步了解;在检查核实的基础上,及时安排各监事会就一般性问题与董事会、经理层交换意见,提出纠正和改进的建议,并监督企业进行整改,有效推进企业经营管理水平的提升和风险的化解,各企业按照要求提交整改报告。

监管机制进一步健全。一是陕西省政府首次听取监事会工作专题汇报,监督检查情况受到省政府领导的重视和关注。监督手段信息化有了突破,为每个监事会配备财务软件,举办专职监事财务审计专业知识的专题培训。二是学习借鉴兄弟省市的好经验好做法,结合陕西省工作实际提出监督检查工作的改革思路,起草《监事会月度工作报告制度》,两项工作均受到国务院国资委的肯定。三是创新成果运用方式,将监事会报告反映的问题,根据省国资委内设处室职能,形成11个报告节本分送有关处室跟踪督办,监督成果运用质量明显提高。

七、陕西省国资委监管企业党的建设和廉政建设情况

2016年是全面从严治党向纵深推进的一年。在陕西省委的坚强领导下，陕西省国资委系统各级党组织和广大党员认真贯彻落实中央、省委决策部署和省国资委党委工作要求，深入学习贯彻全国、全省国有企业党建工作会议精神，以全面从严管党治党为主线，以"两学一做"学习教育为重要抓手，全面推进国有企业党的思想建设、组织建设、作风建设、制度建设和反腐倡廉建设，省国资委系统党的建设工作取得明显成效，为国有企业改革发展、实现追赶超越提供坚强政治保障，打下坚实组织基础。

全面从严管党治党意识不断增强。召开系统企业党建暨纪检监察工作会议、"两学一做"学习教育动员部署会议、纪念建党95周年暨"两学一做"学习教育推进会议等多次会议，及时将中央、省委从严管党治党重要精神及重大决策部署传达到系统企业，自上而下统一思想认识。通过学习贯彻党的十八届六中全会精神和全国、全省国有企业党的建设工作会议精神，各级党组织和广大党员对以习近平同志为核心的党中央加强国有企业党的建设重大意义的认识更加深刻，各级党组织和党员领导人员对肩负的管党治党责任更加明确，全系统党员的理想信念更加坚定，党要管党、从严治党和加强国有企业党的建设理念更加深入人心。

企业领导班子活力战斗力进一步提升。紧紧围绕建设中国特色现代国有企业制度，在深化改革中坚持党的领导、加强党的建设，明确和落实党组织在公司法人治理结构中的法定地位，对企业党委会、董事会、监事会、经理层职数进行核定，确立"双向进入、交叉任职"基本规则，纠正一些企业以党政联席会代替党委会的做法，发挥党委的核心作用和董事会的决策作用。扎实推进规范董事会建设试点，指导试点企业健全责权对等、运转协调、有效制衡的决策执行监督机制。经省委同意，印发省属企业领导人员鼓励激励、容错纠错、能上能下三项机制文件。完成延长石油集团、陕煤化集团、陕西能源集团等29户企业领导班子补充调整，调整配备158人次；完成陕西建工集团、陕西地方电力集团等省属12户企业党委、纪委候选人预备人选的审查批复工作；协助完成国家无线电频谱所等7户中央驻陕企业领导班子换届调整工作。对105名企业领导人员个人重大事项报告进行核查，完成32户企业261名企业领导人员人事档案审核和"三龄两历"认定工作，组织完成系统"享受国务院特殊津贴专家""三秦学者"等人选的遴选和推荐工作。

基层党组织建设进一步得到加强。扎实开展"两学一做"学习教育。省国资委党委先后组织召开系统企业专题会议5次，印发分类排序通报6期，向相关企业发出整改通知18份、对2户企业党建突出问题进行通报批评。推出系统企业十大亮点，全系统8500多个基层组织、近18万名党员做到全覆盖。在省委5个工委三次督查排序中位次不断攀升。集中开展"四项排查"工作。党员组织关系集中排查方面，排查出1531名失联党员，找回1362人，对无法找回的169名党员进行组织处理。党员、党代表违纪违法未处理排查方面，排查出77名违纪违法党员，其中74名在排查前已作相应处理，3名给予组织处理。基层党组织按期换届排查方面，截至2016年底，全系统各级党组织换届整改率达到91%，监管企业集团公司一级党委除个别情况特殊外，按要求完成换届整改。同时，理顺20户企业的党组织关系。党费收缴工作集中清理方面，系统企业补缴党费1.52亿元。省委领导在"四项排查"工作送阅件上作了"好"的批示。认真开展基层组织建设提升年活动。按五大类65项标准进行基层组织建设提升年活动分类排序考核通报，基层组织建设水平普遍提升。基层组织广泛开展党建创新，党建工作亮点纷呈。延长石油集团实施"531"党建示范工程，以示范建设促进整体水平提高，不断增强党组织的战斗力；陕煤集团推行党建质量管理体系建设，形成规范化运行、程序化控制、标准化考核、持续化改进的党建工作新机制；有色金钼集团"五个注重"助推"微型党课"增活力，推动学习型党组织建设向纵深发展；燃气集团实施人才优先发展战略，创新人才选拔任用方式，完善人才培训机制，助推企业快速发展；陕汽集团"1234"党建工作法助推企业转型发展；法士特集团探索"下沉服务型"党建模式，持续增强组织活力；中铁一局"围绕项目抓党建、抓好党建促项目"，精心打造党建工作品牌工程；国家电网省电力公司以党

员服务队为抓手，深化 95598 光明服务工程，有效推进服务型党组织建设；大唐集团宝鸡热电厂“集中公开答辩，打造入党考量‘升级版’”，有效保证党员发展质量，为优化党员队伍奠定坚实基础。

宣传思想工作有效开展。系统企业党委中心组理论学习、意识形态工作责任进一步落实。组织“四德”先进人物进企业等各类巡回宣讲报告 65 场(次)，系统企业先后涌现出 10 名“中国好人”和“陕西好人”；召开法士特集团曹晶先进事迹新闻发布会，系统企业“工匠精神”得到弘扬。25 户省属企业文明单位受到命名表彰，“第三届国企好新闻”评选、编辑出版企业文化专著、职工文艺创作成果三项工作走在全国地方国资宣传系统前列。

群团作用得到充分发挥。系统企业各级党组织领导并充分发挥工会组织和职代会作用，广泛开展“爱企业、献良策、作贡献”主题实践活动，厂务公开、民主管理、民主监督工作得到加强。8 户新组建省属企业集团的工会组织及时批复成立并依法开展工作。组织开展系统企业团委书记述职评议考核和业务培训，“我为重点工程献青春”主题实践、青年创新创意大赛等活动成效显著。各级党组织认真落实《陕西省国资委处置群体性事件工作预案》和《关于加强和改进维护稳定信息工作的意见》，开展“信访工作基础业务规范建设年”活动，召开 4 次系统企业信访稳定工作会议，6 次有关企业专题研判会，妥善处置监管企业群体性上访事件 16 起，保持稳定发展良好局面。

党风廉政和反腐败工作成效明显。2016 年，省国资委党委进一步夯实“两个责任”，制定并落实省国资委党委、党委书记及党委班子成员的党风廉政建设主体责任清单，指导督查 42 户监管企业建立党委主体责任清单。与监管企业党委及机关 18 个处室签订党风廉政建设责任书，细化任务，夯实责任。省国资委党委坚持问题导向，全面落实省委巡视工作要求，认真开展问题整改。按照省委要求，在省国资委党委成立巡察机构，首批开展 6 户省属企业的巡察工作。加大对系统企业案件查处力度，全年移交司法 5 人、党纪处理 86 人、政纪处理 94 人，对 45 名企业党员领导干部进行约谈，对 6 起违反中央八项规定精神的典型问题通报曝光。

(撰稿人：党春宁)

甘肃省

一、甘肃省国有资产监督管理工作综述

2016 年，甘肃省政府国资委和省属国有企业深入学习贯彻党的十八大及其历次全会精神和习近平总书记系列重要讲话精神，按照甘肃省委省政府决策部署，牢固树立新发展理念，主动适应把握经济发展新常态，积极应对各种困难和挑战，各项工作取得积极成效，实现“十三五”良好开局。

一是国企国资改革配套制度措施不断完善。坚持抓配套制度体系建设，对接中央关于国企国资改革“1＋N”政策体系，按照省委省政府《关于深化国有企业改革的实施意见》要求，制定出台加强和改进党对国有企业的领导、完善国有资产管理体制等 11 个配套方案；针对省属企业改革发展的薄弱环节，制定省属企业规范董事会建设方案等 22 项“自选动作”方案。省属企业制定各类改革方案 500 多项，完善各类经营管理制度 700 多项，甘肃省国企国资改革的框架制度体系基本健全完成。

二是省属企业“5＋5”改革试点有序推进。坚持改革试点先行，5 户省属企业改革试点初步形成一些好的经验做法。酒钢集团通过深化经营管理体制机制改革焕发生机活力，扭转连续 14 个月亏损局面，2016 年实现利润总额 20.35 亿元，同比增利 108.81 亿元，得到国务院国资委和省委省政府肯定，其经验做法在《人民日报》《甘肃日报》等报刊以及国务院国资委和省委改革简报上刊发；省国投集团按照“三通道一平台”功能定位，初步形成国有资本投资运营公司雏形，资本运营水平不断提升，融资功能有效发挥，积极向省属企业提供借款、担保和过桥贷款，支持实体经济发展；省公航旅集团通过资源整合，提升投融资能力，在国际资本市场成功发行 5 亿美元债券；省民航机场集团通过深化改革，服务保障水平不断提升，新增航线 45 条，加密航线 14 条，中川机场旅客吞

吐量突破千万人大关。2016年，启动董事会选聘高级经营管理者、混合所有制企业员工持股、剥离国有企业办社会职能、开展“双创”示范引领、改组国有资本投资公司等新5项改革试点，逐步完善方案、积极推动。

三是现代企业制度不断健全。坚持以规范董事会建设为重点，出台“1+17”配套文件，设立外部董事监事管理中心，储备董事监事人才240多名，14户省属企业配备外部董事，12户实现外部董事占多数。加快公司制股份制改革步伐，34户省属企业集团层面完成公司制改革，13户企业整体或主业完成股份制改造，混合所有制企业273户，占比33.8%。酒钢集团与国内彩铝龙头企业北京天成开展混合所有制合作，40万吨铸轧铝深加工项目开工建设，西北永新等9户企业完成公司章程修订和报批。加快推进资本证券化，28户企业纳入全省上市后备库，陇神戎发在深交所创业板首发上市，白银有色集团成为国内有色行业首家整体上市的大型企业集团，开创甘肃省国有大型企业整体上市先河；新增金川科技、华龙证券2户新三板挂牌企业，华龙期货、华龙证券在新三板增资扩股，华龙证券引资96.2亿元，成为新三板创立以来融资额排名第二的挂牌企业。企业内部“三项制度”改革不断深化，积极推进市场化选聘经营管理者，探索经理层任期制契约化管理，授权商业一类省属企业行使工资总额管理权，市场化选人用人和劳动分配机制取得新进展。

四是国资监管体制进一步完善。坚持以管资本为主加强国有资产监管，大力推进甘肃省国资委自身职能转变，建立国资监管权力清单和责任清单，不断健全国资监管制度体系，探索建立监督工作会商、监督信息共享、监督成果运用和监督意见反馈整改机制。加强出资人监管。加快转变国资监管职能，坚持简政放权、放管结合、优化服务相结合，加强事中事后监督，取消、下放11项审批事项，将依法应由企业自主决策的事项下放到位。不断健全国资监管制度体系，修订36个规范性文件，废止45个规范性文件。加强财务监督，向21户省属企业派出财务总监。加强产权管理，省属企业国有资产交易全部依法在产（股）权交易中心公开竞价交易。加强监事会监督。建立监事会及监事考核评价、监督检查要情月报告和年度综合报告、境外资产监督管理等制度，会同省委组织部制定《省属国有企业监事会派驻工作方案》，拟将省属国有企业外派监事会由5个增加到12个，加强监督力量，提高监督质量。加强审计、纪检监察和巡视监督。指导省属企业建立内部审计、重要报告备案等制度，加快推动企业建立和完善内部审计部门向董事会负责的工作机制。成立巡察组，对省属企业开展巡察，实现巡视巡察监督全覆盖。

通过开展提质增效攻坚行动，实行“成本管控、效益否决”，全方位降本增效；开展分离移交省属企业办社会职能试点，解决历史遗留问题，努力减轻企业负担；围绕战略风险、市场风险、运营风险、财务风险和法律风险等风险点，全面加强风险管控，督导企业稳健经营。汇编的33户省属企业全年完成营业收入4896.13亿元，同比下降2.36%；实现利润总额8.71亿元，同比增利154.36亿元；已缴税费总额126.73亿元，同比增长15.16%。在全国省属企业效益排序中，从2015年底的倒数第一位上升到2016年底的正数第19位，呈现出缓中趋稳、稳中有进、进中向好的态势。

二、甘肃省国有资产总量与结构分析

表1　2016年甘肃省所属国有企业指标

项　目	金额(亿元)
资产总额	16809.14
所有者权益	5219.76
营业收入	5297.53
利润总额	54.97
净利润	30.65
归属于母公司所有者的净利润	30.18
应交税金总额	172.95
实际上缴税金总额	155.13

表 2　2016 年甘肃省国有企业户数情况

项　目	2015 年	2016 年	比上年增长(%)
户数(户)	1615	1743	7.93
省属企业(户)	1028	1140	10.89
省属监管企业(户)	808	888	9.90
省属非监管企业(户)	220	252	14.55
市(州)属及以下企业(户)	587	603	2.73

表 3　2016 年甘肃省国有资产地区分布情况

地　区	国有资产(亿元)	占国有资产总量比重(%)
全省国有企业	4717.62	100.00
省属企业	2995.86	63.50
省属监管企业	2686.79	56.95
省属非监管企业	309.07	6.55
市(州)属及以下企业	1721.76	36.50
兰州市	1109.35	23.52
天水市	103.02	2.18
嘉峪关市	44.36	0.94
武威市	62.38	1.32
金昌市	15.38	0.33
酒泉市	1.62	0.03
张掖市	104.59	2.22
庆阳市	1.51	0.03
平凉市	85.82	1.82
白银市	127.36	2.70
定西市	32.71	0.69
陇南市	21.16	0.45
临夏州	5.34	0.11
甘南州	7.14	0.15

表 4　2016 年甘肃省国有资产行业分布情况

行　业	国有资产(亿元)	占国有资产总量比重(%)
农林牧渔业	37.05	0.79
工业	1185.42	25.13
建筑业	760.66	16.12
地质勘查及水利业	86.97	1.84
交通运输业	1257.42	26.65
仓储业	17.39	0.37
邮电通信业	0.06	0.00
批发和零售业	24.97	0.53
金融业	28.14	0.60
房地产业	149.95	3.18
信息技术服务业	2.81	0.06
社会服务业	1101.63	23.35
卫生体育福利业	0.33	0.01
教育文化广播业	38.81	0.82
科学研究和技术服务业	26.05	0.55

表 5　2016 年甘肃省国有资产经营规模分布情况

经营规模	国有资产(亿元)	占国有资产总量比重(%)
大型企业	202.05	4.28
中型企业	1262.50	26.76
小型企业	2161.51	45.82
微型企业	1091.56	23.14
合　计	4717.62	100.00

三、甘肃省国有资本保值增值综合分析评价

表 6　2016 年甘肃省国有企业地区和行业国有资本保值增值情况

地　区	国有资本保值增值率(%)	行　业	国有资本保值增值率(%)
全省国有企业	101.73	全省国有企业	101.73
兰州市	100.95	农林牧渔业	99.86

续表

地　　区	国有资本保值增值率(%)	行　业	国有资本保值增值率(%)
天水市	99.47	工业	99.99
嘉峪关市	115.93	建筑业	102.79
武威市	109.93	地质勘查及水利业	101.74
金昌市	86.84	交通运输业	100.46
酒泉市	92.46	仓储业	99.94
张掖市	106.84	邮电通信业	
庆阳市	100.71	批发和零售业	44.03
平凉市	99.57	金融业	25.28
白银市	99.51	房地产业	100.87
定西市	101.48	信息技术服务业	113.78
陇南市	130.68	社会服务业	99.72
临夏州	98.13	卫生体育福利业	221.90
甘南州	106.80	教育文化广播业	113.59
		科学研究和技术服务业	121.95
		机关社团及其他	306.64

四、甘肃省国资委监管企业改革发展情况

新兴产业发展步伐加快。快速发展新能源、新材料、生物医药、现代服务业等新兴产业，加快培育新的经济增长点。金川集团、白银公司、甘肃稀土等企业在新材料产业上迈出重要步伐，省公航旅集团完成甘肃省首个通用航空机场和首批两个房车露营地建设，八冶集团加快健康养老项目建设，省物产集团积极探索“互联网＋供应链”模式，积极拓展物流电商业务。

开放合作水平不断提升。酒钢集团中建钢构兰州钢结构制造基地项目建成投产、甘肃电投引进韩国LG商事投资武威热电项目、省建投集团境外订单同比增长385%，酒钢集团牙买加氧化铝厂项目、金川集团印尼红土镍矿项目开工建设，白银公司秘鲁多金属尾矿项目投产，省属企业全球配置资源能力和国际化经营水平不断提升。

自主创新步伐不断加快。2016年，省属企业承担省级重大科技计划项目5项，获得甘肃省科技奖及企业技术创新示范奖14项、申请专利1086项、授权专利833项，其中发明专利150项，有10户企业18个产品获得甘肃名牌产品称号。靖煤集团“急倾斜厚煤层走向长壁综放开采关键理论与技术”，获得国家科技进步二等奖；省建投《建筑工程质量评价标准》(GB/T50375－2016)，被国家知识产权局认定为国家知识产权优势企业；西北永新“一种元胡止痛滴丸制备及其制备工艺”获得第十八届中国专利优秀奖。

五、甘肃省国资委监管企业并购重组与完善法人治理结构情况

加快推进省属企业间的战略重组整合，充分发挥省国投集团国有资本投资运营平台功能，完成兰州电机、三毛集团兼并重组，有序推进省属电子电器类企业的整合重组；组建甘肃能源化工投资集团，对靖煤、窑煤、省煤投公司等省属煤炭企业进行整合重组，并积极争取列入国家发改委混合所有制改革试点；组建甘肃金控集团、甘肃资产管理公司等企业，整合省内金融资源，推进甘肃省金融产业加快发展；依托长城电工集团改组设立国有资产管理公司，对6户破产存续和改制留存企业进行整合重组，进一步盘活有效资产，提高资本运营效率。

以建设规范、高效、协同的战略型决策型董事会为重点，推动企业健全完善法人治理结构，制定出台《省属国有企业规范董事会建设实施方案》等18个健全公司法人治理结构、规范董事会建设的配套制度，省属监管企业全面启动规范董事会建设工作。加强外部董事人才库建设，拓宽外部董事来源渠道，从省属国有企业现职领导人员中选聘一批经验丰富的人员转任专职外部董事，建立240人外部董事人才信息库。新成立省属国有企业外部董事监事管理中心，健全外部董事委派和管理的保障性制度，实现12户省属国有企业有外部董事占多数、4户企业委派外部董事。规范监事会设置，以外派和内设两种方式实现监事会监督全覆盖，制定《甘肃省省属国有企业监事管理办法》和《甘肃省省属国有企业外派监事会及监事考核办法》。完善外部董事占多数条件下党组织“双向进入、交叉任职”的领导体制，保证法人治理结构各

层面都有一定数量党组织成员,充分发挥董事会的决策作用、监事会的监督作用、经理层的经营管理作用、党组织的政治核心作用。

六、甘肃省国资委监管企业建立和完善经营业绩考核体系情况

督导企业认真落实《甘肃省省属监管企业负责人经营业绩考核办法》等配套制度。按企业功能定位,将省属企业划分为商业一类、商业二类以及公益类企业进行分类考核。突出发展质量和效益,加强对商业一类企业利润总额指标的考核权重,并将工业企业主要产品生产成本纳入考核,引导企业不断改善经营管理、降本增效、持续做强做优做大。突出省属企业供给侧结构性改革等国企国资改革重点工作考核,将企业深化改革任务完成情况纳入企业负责人年度经营业绩考核,通过考核倒逼、引导企业强管理、补短板、增活力。突出企业创新驱动发展的考核,将企业研发投入视作利润,引导企业加大研发投入,加快科技成果转化,进一步完善自主创新体系,提升核心竞争力。突出国际化经营的考核,在考核专项评价中增加国际化经营考核内容,引导企业"走出去"参与国际产能合作,加快培育一批具有较强国际竞争力的跨国经营公司。突出企业党的建设的考核,将企业党建工作纳入考核,把全面从严管党治党要求落实到国企国资改革的具体实践之中,不断加强党对国有企业的领导。

七、甘肃省国资委监管企业负责人考核与选人用人机制改革情况

结合"一企一策"深化改革、党委换届、规范董事会建设等工作,调整优化企业领导班子,健全完善委管班子企业及其分(子)公司"双向进入、交叉任职"的领导体制。制定《甘肃省国有企业党委会议事规则指引(试行)》,明确把党组织研究讨论作为董事会、经理层决策重大问题的前置程序,坚持党管干部原则与董事会依法选择经营管理者,以及经营管理者依法行使用人权结合起来,把党组织选拔任用与市场化选聘经营管理者结合起来,明确党组织在确定标准、规范程序、参与考察、推荐人选等方面的职责,保证各级党组织对干部人事工作的领导权和对重要干部的管理权。严格执行民主集中制,健全完善企业领导人员动议提名、组织考察、讨论决定等干部选任工作程序,强化工作流程,坚持把党管干部原则与公司法人治理结构的工作规则结合起来,形成靠制度管人、按程序办事的工作机制。全面梳理调研委管班子企业董事长、党委书记任职情况,对条件成熟的企业调整配备党委书记人选,实行党委书记、董事长"一肩挑",对部分规模较大的企业配备专职党委副书记。加强委管企业及其分(子)公司领导人员的党性教育、宗旨教育、道德教育、警示教育,严格企业领导人员日常管理,规范和落实述职述廉、谈心谈话、轮岗交流、个人有关事项报告、兼职管理、因公临时出国管理、人事档案管理等制度。加大企业领导人员综合考核评价力度,强化考核结果运用,推进企业领导人员能上能下,对推动改革不力、在提质增效攻坚战中不作为、考核评价中不称职的企业领导人员进行责任追究和组织调整。

八、甘肃省国资委监管企业党的建设和廉政建设情况

认真贯彻落实全国全省国有企业党的建设工作会议精神,会同省委组织部制定《关于甘肃省国有企业党组织把方向管大局保落实的实施意见》《甘肃省国有独资公司章程指引》《甘肃省国有控股公司章程指引》等文件,明确国有企业党组织功能定位、职责任务、工作措施。"两学一做"学习教育扎实推进。坚持规定动作落实到位、自选动作有所创新,采取中心组学习、领导干部讲党课、主题党日活动等方式开展学习教育,突出抓好"四个专题"研讨内容,认真查摆问题和不足。坚持边学边改、立行立改,以学促做、以学促改,以"两个攻坚、两个保障、两个打造"和"十个一"自选动作为载体,组织开展争做"四讲四有"党员、争创"党员先锋岗"和"党员示范区"等实践活动。成立6个督导组深入基层一线对省属暨中央在甘企业"两学一做"学习教育开展督导。通过开展学习教育,广大党员干部"四个意识"进一步增强,干事创业的活力动力得到有效激发。基层党建工作不断加强。坚持把加强党的领导与完善公司治理结合起来,围绕"四个

同步”“四个对接”，推动企业党建工作进章程，明确党组织在企业决策、执行、监督各环节的权责和工作方式，着力发挥党组织的领导核心和政治核心作用。组织召开国资委系统纪念建党95周年大会、学习全国、全省国企党建工作会议精神专题会议和国资委系统企业党委书记抓基层党建工作述职评议会，集中整顿委系统企业软弱涣散基层党组织，开展失联党员排查、党费清缴补交、违法违纪党员处理、党组织换届等基层党建重点工作，进一步加强党对国有企业的领导，夯实省属企业基层党建基础管理工作。党风廉政建设和反腐败工作取得新成效。坚持标本兼治、综合治理、惩防并举、注重预防的方针，制定企业落实全面从严治党主体责任实施办法，健全落实党风廉政建设责任制度机制。紧盯关键环节，深入排查各类廉洁风险点，分级分类制定廉洁风险防控措施。坚持把严明政治纪律和政治规矩摆在首要位置，企业领导人员党性观念、纪律意识得到加强。成立巡视巡察机构，加大执纪问责力度，严肃惩治腐败行为，查处违法违纪问题，不敢腐、不能腐、不想腐的体制机制逐步形成。

（撰稿人：李　军）

青海省

一、青海省国有资产监督管理工作综述

2016年，面对错综复杂的宏观经济形势和艰巨繁重的改革发展任务，在国务院国资委和省委、省政府的正确领导下，青海省国资系统紧紧围绕全省经济社会发展大局，迎难而上，攻坚克难，全省国有经济保持良好发展势头。2016年，全省地方国有企业资产总额5796.34亿元，所有者权益1967.75亿元，实现营业总收入1026.70亿元，利润总额28.7亿元，同比分别增长10%、5.1%、11.9%和1690%。其中，16户省国资委出资企业资产总额4594.39亿元，所有者权益1382.45亿元，实现营业收入993.88亿元，利润总额28.16亿元，同比分别增长14.5%、6%、11.5%和1168.49%。

（一）创新引领发展，顶层设计基本完成

持续加大工作调研，盯住制约青海省国有企业改革发展的重点问题，贯彻落实中央“1＋N”国资国企改革文件精神，基本形成以《省委省政府关于深化国资国企改革的指导意见》为引领，若干配套文件为支撑的青海省国资国企改革“1＋N”政策体系，建立起青海国资国企改革的顶层设计。印发实施《指导意见》和改革完善国有资产管理体制、国有企业发展混合所有制、企业负责人履职待遇业务支出管理办法等9个配套文件，全面深化省属出资企业重点改革工作的实施意见、加快剥离国有企业办社会职能的工作方案、加强和改进企业国有资产监督防止国有资产流失的实施意见等3个文件计划印发；以开展混合所有制企业员工持股试点的实施意见、国有企业职工家属区“三供一业”分离移交工作实施方案、国有企业违规经营责任追究办法等7个文件履行程序后将陆续出台。

（二）突出改革重点，放管结合理顺关系

实施企业公司制股份制改造，国有企业公司制改革覆盖面达到95%以上，走在全国前列，企业法人治理结构不断完善。制定下发省国资委权力清单和责任清单，依法依规明确省属出资企业重大事项审批、核准、审核上报、备案项目34个，全面体现“管多、管少、不管”并举的出资人角色，努力把过去越位、错位的归位，让企业更加适应和引领市场。全面推进出资企业财务预算管理，基本建立以预算目标为中心的责任体系。对企业功能进行界定，研究探索企业分类改革、分类发展、分类监管、分类考核的有效模式，初步建立起与考核结果、企业负责人选任方式相匹配的差异化薪酬分配体系。坚持党管干部的原则，完善企业党委会、董事会、经理层双向进入、交叉任职机制。强化企业党组织的法定地位，陆续开展企业公司章程修订工作，将企业党建工作纳入企业章程，理顺企业党委、董事会、经理层和监事会权责。

（三）先行先试探索，创新国企发展模式

积极推进盐湖股份企业法人治理结构、国投国有资本投资公司、三江集团国有资本运营公司改革试

点。盐湖股份细化分解八类30项改革任务，已完成7项。修订《公司章程》，完善20余项董事会建设、绩效问责、独立董事引入等制度。国投公司建立以资本为纽带的“公司总部—运营部门+投资企业”二级管控体系，重塑总部以“管资本”为主的职能定位。三江集团调整集团公司机构，突出战略投资、财务资金、资本运营等职能，建立企业董事会、监事会、经理层等法人治理结构。除上述三项改革试点外，研究提出企业三项制度改革、内部市场化改革、混合所有制改革、授权董事会、股权激励、高级经理人选聘、市场化选聘经营者、企业员工持股、剥离企业办社会、企业重大信息公开披露等十项改革试点，正在筛选试点企业，开展试点方案设计等前期工作。

(四)推进资本运作，不断优化国资布局

采取提升、改造、重组、退出“四个一批”的方式处置“僵尸企业”，15户退出企业中13户已按方案停产，投资集团、三江集团、运输集团等6户企业处置不良国有资产645万元，祁连纤维、西矿锌业等企业职工利益诉求的到妥善解决。制定木里矿区“一企一策”整合调整优化发展方案，实施省投资集团“发展一批、合作一批、注入一批、处置一批”一揽子改革脱困举措。筹备组建省国有资产管理公司，加大对出资企业低效无效资产处置力度，支持企业盘活存量，优化资产结构。依托国投公司等融资平台提供各类借款86.5亿元，有效解决西钢集团、省投资集团债务兑付风险，最大限度稳住企业生产。积极开展青运集团、聚能钛业、青海绿电股份、盐湖机电等企业上市前期工作，推进省投资集团兼并重组黄河再生铝、四川会东大梁矿业资产重组，批准设立青海公务用车服务公司、茶卡盐湖文化旅游公司等11家企业，支持企业进入新领域、发展新产业、打造新优势。

(五)激励约束结合，营造敢想敢为环境

印发《关于建立容错机制鼓励支持省属出资企业改革创新的意见》，提出“四个区别开来”和“三个免责范围条件”，配套建立“三项工作制度”，支持出资企业敢想、敢做、敢为。印发《国企改革重大事项社会稳定风险评估办法》、转发国务院国资委、财政部令第32号《企业国有资产交易监督管理办法》，制定《加强和改进企业国有资产监督防止国有资产流失的实施意见》以及国有企业领导重大经营责任追究办法等，多领域、多层次、多方式综合施策，帮助企业最大限度降低风险，确保改革方向的正确性，聚焦推进改革的精准性。针对长期羁绊国有企业发展的社会负担问题，印发《关于加快剥离国有企业办社会职能的工作方案》，采取分离移交、重组改制、关闭撤销、政府购买服务、专业化运营管理等多种方式，力争用四年的时间，剥离企业办社会职能和解决历史遗留问题。

二、青海省国有资产总量与结构分析

2016年，青海省国有企业整体运营状况稳中有升，企业资产总额、所有者权益、营业收入、利润总额等各项主要经济指标均呈现稳步上涨的态势，国有经济的综合实力和影响力进一步提高，这主要得益于我国经济延续趋稳向好态势，主要工业品价格持续回升，政策措施综合发力，重点产业、重点行业、重点企业生产经营保持稳定，产能利用率提高等多重因素效应。

(一)资产总量情况

2016年，青海省国有企业平稳运行，612户地方国有企业资产总额6814.83亿元，比上年6018.94亿元增加795.89亿元，增长13.22%，户均资产10681.55万元，比上年9834万元增长8.62%，户均资产突破亿元，资产总量持续增长。

(二)按隶属关系划分

青海省国资委出资企业资产总额4640.02亿元，占全省国有企业资产总额的68.09%，比上年资产总额增长7.65%；省级部门管理的企业资产总额431.08亿元，占6.32%；市州企业资产总额1743.73亿元，占25.59%。

(三)企业资产结构情况

2016年，青海省地方国有企业所有者权益总额(净资产)2183.48亿元，比上年增长5.74%。其中：归属母公司所有者权益1968.31亿元，比上年增长4.85%。年末国有资本及权益(国有资产总量)1801.66亿元，剔除政府追加、核减投资及无偿划入、划出等客观增减因素后，年末国有资本及权益1747.76亿元，国有资本保值增值率为101.10%。

(四)按隶属关系划分

青海省国资委出资企业净资产总额1409.23亿元，占全省国有企业净资产总额的64.54%，国有资本及权益1059.10亿元，占全省国有企业国有资本及权益的58.78%，比年初增长6.68%，剔除客观因素后国有资本及权益1010.32亿元，国有资本保值增值率101.76%；省级部门管理的企业净资产总额138.02亿元，占全省的6.32%，国有资本及权益119.65亿元，占全省的6.64%，比年初增长4.12%，剔除客观因素后国有资本及权益117.23亿元，国有资本保值增值率101.92%；市州县属企业净资产总额636.23亿元，占全省的29.13%，国有资本及权益622.90亿元，占全省的34.46%，与年初基本持平，剔除客观因素后国有资本及权益620.20亿元，国有资本保值增值率99.89%。

(五)营业收入情况

2016年，青海省国有企业认真落实中央、省委、省政府的各项决策部署，以供给侧结构性改革为主线，进一步“去产能、去库存、去杠杆、降成本、补短板”，企业营业收入稳步增长，全年青海省地方国有企业实现营业总收入1064.33亿元，比上年增长10.34%，突破千亿元大关，再创历史新高。按隶属关系划分：省国资委出资企业营业总收入979.42亿元，占全省国有企业营业总收入92.02%，比上年增长10.73%；省级部门管理的企业和市州县属企业营业收入为44.36亿元和40.55亿元，分别占全省国有企业营业收入的4.17%和占3.81%，比上年略有提升。

(六)经营效益情况

青海省国有企业聚焦重点，狠抓落实，经济社会发展呈现稳中有进、进中向好态势，实现“十三五”良好开局。2016年，青海省国有企业累计实现利润28.12亿元，比上年增加27.5亿元，增长4435.38%，经济效益持续增长，多数企业扭亏为盈或减亏。省国资委出资企业利润回升是影响全省国有企业利润的主要因素。

表1　2016年青海省所属国有企业指标

项　目	金　额(亿元)
资产总额	6814.83
负债总额	4631.35
所有者权益	2183.48
营业收入	1064.33
利润总额	28.12

表2　2016年青海省国有企业户数情况

项　目	2015年	2016年	比上年增长(%)
户数(户)	612	612	持平

(七)国有资产地区分布情况

从地区分布来看，省国资委出资企业、西宁市国有企业、海西州国有企业国有资本及权益总额较大，分别为1059.10亿元、367.23亿元和184.96亿元，占全省国有资产总量的58.78%、20.38%和10.27%。上述地区企业国有资产总量占全省的92.63%。

表3　2016年青海省国有资产地区分布情况

地　区	国有资产(亿元)	占国有资产总量比重(%)
省级企业	1178.75	65.43
监管企业	1059.10	58.78
非监管企业	119.65	6.65
市(州)企业	622.91	34.57
西宁市	367.23	20.38
海东市	40.51	2.25
海西州	184.96	10.27
海南州	20.83	1.16
海北州	5.59	0.31
黄南州	2.99	0.17
果洛州	0.62	0.03
玉树州	0.18	0.01
合　计	1801.66	100.00

(八)国有资产行业分布情况

从行业分布情况看,青海省企业国有资产主要集中在社会服务业和工业。其中,社会服务业企业国有资本及权益总额1263.75亿元,占全省国有资产总量的70.14%,与上年基本持平;工业企业国有资本及权益总额283.49亿元,占全省国有资产总量的15.73%,同比增长8.82%,工业企业主要集中在化学、冶金、煤炭和电力行业。国有资产总量增幅前三位的行业分别是:建筑业增长252.53%,农林牧渔业增长57.81%以及信息技术服务业增长47.68%。下降幅度最大的是教育文化广播业,降幅为5.32%。

表4　2016年青海省国有资产行业分布情况

行　　业	国有资产(亿元)	占国有资产总量比重(%)
农林牧渔业	13.83	0.77
工业	283.49	15.73
建筑业	56.51	3.14
地质勘查及水利业	58.3	3.24
交通运输业	11.3	0.63
仓储业	4.71	0.26
批发和零售业	10.16	0.56
金融业	70.76	3.93
房地产业	12.89	0.72
信息技术服务业	4.46	0.25
社会服务业	1263.75	70.14
卫生体育福利业	3.18	0.18
教育文化广播业	3.37	0.19
科学研究和技术服务业	4.96	0.28
合　计	1801.66	100.00

(九)国有资产经营规模分布情况

2016年,青海省大型企业国有资本及权益总额1310.30亿元,占全省国有资产总量的72.72%,同比增长5.39%;中型企业国有资本及权益总额96.41亿元,占全省国有资产总量5.36%,同比下降3%;小型企业国有资本及权益总额255.88亿元,占全省国有资产总量14.20%,同比上升1.53%;微型企业国有资本及权益总额139.07亿元,占全省国有资产总量7.72%,同比增长3.71%

表5　2016年青海省国有资产经营规模分布情况

经营规模	国有资产(亿元)	占国有资产总量比重(%)
大型企业	1310.30	72.72
中型企业	96.41	5.36
小型企业	255.88	14.20
微型企业	139.07	7.72
合　计	1801.66	100.00

三、青海省国有资本保值增值综合分析评价

2016年,青海省国资委监管企业国有资本保值增资率为101.11%,比2015年下降0.57个百分点,从地区看,受国内外整体经济形势及青海省国资委监管企业整体产业结构影响,重点国有企业分布的西宁、海西地区国有资本保值增值幅度较小。从行业看,国有资本分布的13个重点行业中有2个行业没有实现保值增值。

表6　2016年青海省国有企业地区和行业国有资本保值增值情况

地　　区	国有资本保值增值率(%)	行　　业	国有资本保值增值率(%)
省级企业		农林牧渔业	107.18
省国资委监管企业	101.76	工业	103.69
省级非监管企业	102.02	建筑业	100.70
州地市企业		地质勘查及水利业	100.99
西宁市	99.65	交通运输业	108.78
海东市	99.81	仓储业	102.18
海西州	100.35	批发和零售业	102.61
海南州	100.82	金融业	104.07

续表

地　　区	国有资本保值增值率(%)	行　　业	国有资本保值增值率(%)
海北州	100.23	房地产业	86.38
黄南州	95.68	信息技术服务业	102.87
果洛州	113.81	社会服务业	100.37
玉树州	100.44	卫生体育福利业	97.28
		教育文化广播业	101.17

四、青海省国资委监管企业优化资本布局和上市融资情况

推进企业兼并重组。推进省投资集团兼并重组黄河再生铝、四川会东大梁矿业资产重组，批准组建东台吉乃尔锂资源股份有限公司、青海盐湖比亚迪资源开发有限公司等11家混合所有制企业。推动国有资本进入新领域、发展新产业、打造新优势。

大力处置“僵尸企业”。采取提升、改造、重组、退出“四个一批”的方式处置“僵尸企业”，15户退出企业中13户已按方案停产，投资集团、三江集团、运输集团等6户企业处置不良国有资产645万元，祁连纤维、西矿锌业等企业职工益诉求得到妥善解决。

推动企业提质增效。实施省属出资企业扭亏脱困、提质增效一揽子举措，支持企业盘活存量，优化资本结构，强化节本增效。组成5个帮扶工作组深入格尔木、茫崖、木里等地，帮助企业协调落实国家和省有关税费减免、降本增效扶持政策，支持企业改革调整和项目建设，东台锂资源整合、木里矿区整治等取得阶段性成效，金属镁一体化、高温钛合金技术研发等重大项目顺利实施。

解决企业发展融资需求。积极开展青运集团、聚能钛业、青海绿电股份、盐湖机电等企业上市前期工作。批准企业发行人民币公司债96亿元，美元公司债5亿美元，备案企业各类质押、抵押贷款19.90亿元；筹备组建省国有资产管理公司，加大对出资企业低效无效资产处置力度，支持企业盘活存量，优化资产结构。2016年，依托国投公司等融资平台提供各类借款86.5亿元，有效解决西钢集团、省投资集团债务兑付风险，最大限度稳住企业生产。

五、青海省国资委监管企业建立和完善经营业绩考核体系情况

一是根据《中共中央国务院关于深化国有企业改革的指导意见》(中发〔2015〕22号)和《关于青海省改革完善国有资产管理体制的意见》(青政〔2016〕42号)精神，反复修改完善省属出资企业负责人经营业绩考核办法和薪酬管理办法，合理设置业绩考核指标及权重，全面实施分类考核，建立与考核结果、企业负责人选任方式相匹配的差异化薪酬分配体系。制定《青海省省属出资企业负责人经营业绩考核办法》和《青海省省属出资企业负责人薪酬管理办法》(以下简称两个《办法》)。经省政府同意后，正式印发各企业。二是依据《青海省国有企业负责人履职待遇业务支出管理办法》(青政〔2015〕15号)，对企业负责人履职待遇、业务支出管理情况进行督查，进一步规范省属出资企业收入分配秩序，企业负责人各项费用支出明显下降。

六、青海省国资委监管企业负责人考核与选人用人机制改革情况

优化班子抓关键。一是严格把关，规范程序，选优配强企业领导班子，考察、提任西部矿业、盐湖股份、投资集团、国投公司、创安公司、西钢集团、青海银行12名副职领导人员。配合省委组织部完成三江集团和水电集团3名正职领导提任交流。与省委组织部积极衔接，按照全省地方党政换届选举工作的安排，配合省委组织部完成西钢集团、水电集团2名中层正职提任地方党政交流任职。从委管企业中推荐产生12名领导班子成员和23名中层正职管理人员作为省管企业后备干部，为企业间管理人员交流创造条件。二是督促企业领导班子落实“两个责任”和“一岗双责”。严格企业领导班子管党治党责任，科学合理制定2016年度监管企业《党建工作责任书》，根据不同行业和企业在共性考核指标的基础上，衔接制定每家企业的个性化考核指标，将党建工作考评与经营目

标考评工作相结合,共同作为企业负责人年度考核的重要内容,并组织召开党建工作主体责任落实大会,交流企业党建经验,找准企业党建工作差距,落实签订《省属出资企业党建工作责任书》。三是推进职业经理人制度试点工作,认真贯彻落实省委《青海省深化人才发展体制机制改革的实施意见》,推进国有企业经营管理人才体制机制改革,研究制定《青海省国有企业职业经理人管理办法(试行)》,指导企业董事会面向高端人才市场选聘职业经理人,打造职业经理人团队。四是推进企业人才发展项目,配合省人才办开展"人才体制机制""高端创新人才千人计划""创新科技人才"等专题调研;完成"千人计划""万人计划""西部之光访问学者""援青干部"等项目的组织申报和对接工作,进一步拓宽人才工作范围,选送4名"西部之光访问学者"赴省外院所、企业开展为期一年的挂职,选拔产生4名"首席技师"参与全省评比,推荐产生的18名引进及培养人才得到"高端创新人才千人计划"特殊支持经费655万元;针对企业深化改革和转型升级、结构调整的要求,在大连高级经理学院举办一期企业领导人员创新能力培训班,40余名企业中高级企业领导人员受训。

加强履职待遇业务支出管理。下达2016年和第三任期(2016—2018年)企业经营业绩考核指标,与企业签订目标责任书。组织实施2015年度出资企业负责人经营业绩考核工作和年薪计算工作;组织实施第二任期(2013—2015年)省属出资企业负责人经营业绩考核工作。兑现企业负责人绩效年薪。根据"两低于、两同步"原则和2016年青海省工资指导线,测算2016年企业效益等指标及人员变动等数据,下达各企业2016年度的工资总额,加强对企业收入分配的调控。安排部署出资企业2016年农民工工作,对省属出资企业农民工工资发放情况进行督查,召开专题会议,协调解决能源集团鱼卡公司和国投矿业拖欠农民工工资事宜,保障农民工合法权益,维护社会稳定。根据国务院国资委工作安排,组织开展2016年国资委系统监管企业职工薪酬调查工作,进一步加强出资企业薪酬管理基础工作。

七、青海省国资委强化基础监管工作情况

加强企业财务预算管理。建立出资企业国有资产评估公示制度。加强出资企业财务动态监测,强化对企业盈利能力、债务风险、负债率等方面分析,对企业经营过程中发现的经营、财务风险给予警示,对企业财务管理中存在的问题提出整改或改进意见。做好财务预(决)算、绩效评价以及全省国有资产统计工作。指导地方国资监管机构进一步完善国有资产统计工作体系,对出资企业财务人员、地方国资委财务监督工作人员进行相关培训,切实提高地方国资监管机构财务监管工作能力。

积极推进分类考核和薪酬改革。制定《青海省省属出资企业负责人经营业绩考核办法》和《青海省省属出资企业负责人薪酬管理办法》,全面实施分类考核,建立与考核结果、企业负责人选任方式相匹配的差异化薪酬分配体系。对企业负责人履职待遇、业务支出管理情况进行督查,进一步规范省属出资企业收入分配秩序。组织实施第二任期(2013—2015年)省属出资企业负责人经营业绩考核工作,兑现企业负责人绩效年薪。下达2016年和第三任期(2016—2018年)考核指标,签订目标责任书。组织开展2016年国资委系统监管企业职工薪酬调查工作,下达2016年度出资企业工资总额指标,有效调控企业收入分配。

深入推进监事会监督检查工作。研究提出《2016年省政府国资委派出监事会工作要点》,研究制定《青海省政府国资委派出监事会监督检查工作规范》《青海省政府国资委派出监事会换届、专职监事调整规则》。认真开展专项检查,督促企业整改落实有关问题。做好企业领导人员任期经济责任审计,结合专项检查督查工作对省属出资企业经济责任审计工作开展情况进行监督检查。落实监事会主席联席会议制度。研究、探讨监事会工作中的新情况、新问题,不断改进工作方式方法,提高工作的质量和效果。

全面推进国资监管法治建设。加强规范性文件管理,对省国资委成立以来制发的规范性文件进行集中清理。积极推进《青海省国有资产监督管理条例》酝酿工作。制定《省国资委重大行政决策制度》,推进决策科学民主法治化。全面总结验收省属出资企业

"六五"普法工作，制定国资委及国资委出资企业"七五"法治宣传教育规划。大力开展法治宣传教育，先后组织国资委各处室、各市州国资委、省属各出资企业参加国资委系统《法治讲堂》和"全面推进法治企业建设专题培训班"，邀请省政府法制办领导开展法治培训，有效提升国资监管系统工作人员法治思维和法治能力，确保各项工作依法开展。

八、青海省国资委监管企业党的建设和廉政建设情况

（一）党的建设情况

2016 年，省国资委党委在省属出资企业 1000 多个基层党组织开展基层党建七项重点工作任务，取得显著成效。一是夯实企业基层党组织和党员发挥作用的基础。围绕健全完善出资企业党的基层组织体系，坚持做到在新建经济组织的同时建立党的组织，调整经营管理机构的同时调整党组织设置，配备经营管理人员的同时配备党务工作人员，实现党组织在企业的全覆盖。二是重点抓好省属出资企业党组织关系排查、党费收缴、党组织按期换届专项检查等重点任务。排查失联党员 1602 人，查找取得联系的党员 1248 人，党费收缴专项检查出 12400 名党员需补交党费，排查出未按期换届党组织 323 个，督促 257 个党组织整改换届，基层基础得到进一步夯实。三是持续抓好主题创建活动的开展。在继续开展"四强四优"和"六好党支部"争创活动、"国有企业标杆党支部达标创建工程"等基础上，开展"省属国有企业党员能力提升'四个一'工程"，推进省属国有企业党内教育培训工作从"关键少数"向全体党员覆盖、从面上学习向服务生产经营转变、从碎片化学习向系统性学习转变、从理论性学习向实用型学习转变。四是创新企业基层党组织活动载体。组织企业努力探索主业和党建工作的契合点，深入开展"党员责任区""党员责任岗""党员先锋岗""岗位承诺、挂牌上岗""一个党员一面旗"等多种形式的主题实践活动，有力推动企业扭亏脱困、提质增效、保增稳产、改革创新。五是组织开展省属出资企业党组织书记抓基层党建工作述职工作。首次采取"三述三评"的方式，在省属出资企业全覆盖开展基层党组织书记述职工作，全面完成各个层面党组织书记述职评议考核工作。六是认真抓好省属出资企业"两学一做"学习教育中召开好专题组织生活会和民主评议工作。18 户企业 795 个党支部、12388 名党员按照要求先后开展完成组织生活会和民主评议党员，组织生活会中各支部平均查摆问题 3.8 个，支部书记平均查摆问题 2.3 个，支部书记收到的批评意见数共计 1282 条，支部组织生活会数量质量进一步提高。七是扎实推进省属出资企业关工委工作。建立健全省国资委系统关心下一代工作委员会，对企业成立关工委工作组织并开展工作做出全面安排，省属出资企业关工委工作实现人员、经费、办公地点三保障，省属出资企业关工工作推进有效。同时，完成企业党委与企业主要负责人党风廉政责任书签定和省属出资企业党建工作和"三基"建设责任目标考核等工作。

（二）廉政建设情况

坚持从思想认识、工作措施上紧跟中央和省委要求，以"六项纪律"为准绳，准确把握和运用监督执纪"四种形态"，从信访受理、线索处置、谈话函询，到执纪审查、调查谈话、审理报告，全面体现纪在法前、纪严于法，及时纠正不廉洁、不清正等苗头性问题，切实做到关口前移、防微杜渐。完善廉政机制。坚定不移地把落实"两个责任"作为凝聚战斗力的重要保障，围绕贯彻省委、省政府和省纪委工作部署要求，突出落实"一岗双责"和抓"一把手"关键少数两个重点，压实党组主体责任，切实提高反腐倡廉工作的系统性和针对性。进一步完善《关于在深化国有企业改革中坚持党的领导加强党的建设的意见》，推进出资企业党建与改革发展体制机制和制度对接；印发《关于省属监管企业党委落实"两个责任"的实施意见》，分层次落实企业党委的主体责任、党委书记的第一责任和班子成员的分管责任，切实做到党风廉政建设和反腐倡廉工作与经营管理同研究、同部署、同考核、同问责。省国资委与 18 户出资企业党委书记签订党风廉政责任书，构建横向到边、纵向到底的党风廉政建设目标责任体系。注重考核监督。2016 年初，召开两委干部述职述廉大会，强化内部考核监督；对 18 户省属出资企业党委书记履行主体责任开展专项述职；对 16 位省

属出资企业纪委书记进行年度述职考评。通过追究“为官不为”的责任，强化“为官必为”的意识，增强“为官会为”的能力，营造“为官愿为”的环境，进一步激发领导干部争先进位、谋事干事的工作热情。强化预警防范。将出资企业信访、来访和巡视、监事会发现的问题线索集中管理，加大案件直查直办和督办力度。落实中央和省委对国有企业领导人员的新要求，建立完善“约谈提醒制度”，约谈企业领导班子成员 6 人，累计诫勉谈话 46 人次；对两委机关及委属单位大部分“一把手”进行工作常规约谈，使咬耳扯袖、红脸出汗成为常态。狠抓问题整改。针对省纪委上半年调研检查反馈的问题，制定下发《省纪委调研检查反馈问题整改工作方案》，提出“六个坚决整改”要求，落实责任清单和整改时限，确保各类问题得到全部整改，有效杜绝违纪、违法苗头性问题。针对省属出资企业在财务管理方面存在的问题，组成 4 个工作组分赴省投资集团、西部矿业等 8 户企业开展财务专项检查，对发现的违规违纪和廉政隐患问题进行全面整改落实。

（撰稿人：韩清明）

宁夏回族自治区

一、宁夏回族自治区国有资产监督管理工作综述

2016 年是国企国资改革立柱架梁、发展击楫勇进的攻坚之年，也是在重点领域和关键环节取得突破性进展的一年。面对复杂多变的市场环境和艰巨繁重的改革发展稳定任务，宁夏回族自治区各级国资监管部门和国有企业坚决贯彻落实自治区党委、政府的决策部署，坚持以扭亏增盈为重点、深化改革为动力、规范监管为手段、加强党建为保障，迎难而上，探索创新，执着前行，各项工作取得明显进展和成效。

（一）坚持综合施策，坚决打赢扭亏增盈攻坚战

积极应对经济下行和企业效益下滑的严峻形势，组织引导企业借东风、鼓干劲、扭亏损、稳增长，坚定不移地补短板、去产能、改革供给侧，积极开拓市场，努力节本增效，防范经营风险，全力以赴打好扭亏增盈和提质增效攻坚战，企业运营呈现出降中趋稳、稳中向好、逐月回升态势。截至 2016 年底，全区国资部门监管和统计资产企业实现利润 49.78 亿元，同比减利增亏 66.7 亿元；上缴税费 75.99 亿元，增长 14.2%；资产总额 6917.33 亿元，净资产 1892.53 亿元，分别增长 13.5%和 23%；净资产收益率 2.05%；国有资本保值增值率 101.57%。其中，自治区国资委监管和统计资产 24 户企业实现利润 38.76 亿元，同比减亏增利 61 亿元；上缴税费 69.48 亿元，增长 11.93%；资产总额 5504.2 亿元，净资产 1185.75 亿元，同比分别增长 9.9%和 16.3%；净资产收益率 2.46%；国有资本保值增值率 101.43%。国有企业结束连续 18 个月亏损局面，利润、税费、增加值同步增长，实现“十三五”的良好开局，为自治区经济社会发展作出应有贡献。

（二）加强政策研究，改革顶层设计趋于完善

深入研究和贯彻落实中央、自治区深化国企国资改革的各项政策要求，深化完善改革顶层设计，提请自治区党委、政府出台《自治区属国有企业重组改革实施方案》《分类分层监管办法》《加强和改进监事会工作实施意见》3 个规范性文件；制定印发《经营业绩考核实施办法》《信息公开指导意见》《“三项制度”改革指导意见》《指导监督工作实施办法》《法治国企实施意见》等 9 个配套落实文件；《混合所有制改革意见》《违规经营责任追究办法》2 个规范性文件提请国有资产管理改革专项小组审议。经过各方共同努力，新一轮国企国资改革制度体系基本确立，改革政策的顶层设计趋于完善。

（三）坚持重点突破，国企改革持续深入推进

牵头组织实施深化国企改革各项目标任务，推动国企改革扎实有序发展。一是加大国企改革重组力度。按照自治区党委、政府部署和要求，在实施区直机关企业脱钩移交基础上，坚持“归并集中、做实做强、理顺体制、统筹兼顾”原则，对 32 户区属国有企业实施改革重组，改组组建建投、旅投、交投、农投和国

投5家国有投资运营集团公司，监管企业形成“9+6”发展格局，国资监管构建起新型监管体系，优化国有经济布局，增强企业发展活力和竞争力，向着提升国有企业整体实力迈出坚实的一步。二是健全完善公司治理结构。积极推进董事会规范化建设，推行外部董事占多数制度，向宁夏电投等11户企业董事会外派董事17名，董事结构进一步优化，董事会运行机制更加规范。按照“一企一策”原则，研究制定新组建5家国有投资运营集团公司章程，对10户企业章程进行修改完善，将企业党委权责和工作方式首次写入公司章程，确立党委在公司法人治理结构中的法定地位。三是稳妥推进混合所有制改革。制定印发《关于开展混合所有制改革试点申报工作的通知》，摸清9家申报开展试点企业改革思路、员工改革意愿等情况，为开展试点工作奠定基础。指导宁夏德坤环保科技实业集团等企业开展混改试点，优化完善试点方案，全力推动推进。研究制定《关于自治区属国有控股混合所有制企业开展员工持股试点有关事项的通知》，明确开展试点的范围、路径、保障措施等，适时选择若干家企业开展员工持股试点。四是积极剥离企业办社会职能。研究制定并提请自治区政府印发《自治区国有企业职工家属区“三供一业”分离移交工作方案》，成立移交工作小组，组织力量摸清涉及的65家国有企业18.04万户职工和1000多万平方米移交区域等情况，精准对接，加快推进。宁夏能源铝业和宁夏宁房公共服务公司率先签订分离移交框架协议，标志着宁夏“三供一业”分离移交工作进入实质性推进阶段，这项工作走在全国前列。青铝、银川铁路、铁发集团等所属小区勘察、设计工作完成，费用测算工作正在积极推进。

（四）积极转变职能，国资监管方式不断优化

围绕职能定位，优化监管方式，提高监管效能，切实防止国有资产流失，努力实现以管企业向管资本转变。一是优化国资监管边界。依据出资人权力清单和责任清单，对国资委行权履职事项进行全面梳理，拟定监管事项19大项34小项，下放事项八大项10小项，科学界定国资监管边界。在2015年清理废止27件规范性文件基础上，2016年又对自治区国资委党委和国资委规范性文件进行清理，决定修订完善2件、废止8件。二是强化国有产权管理。对9宗账面价值6978万元国有产(股)权和资产转让项目评估结果备案，依法在国有产权交易机构公开处置，交易增值达到38.7%，增强国有产权交易行为的公开度和透明度。完成2015年度3.66亿元企业国有资本收益申报、审核和收缴工作，编制2017年度监管企业国有资本经营预算建议草案。三是规范企业财务监督。加强企业财务动态监测，指导建立财务预算指标体系和管理制度，提升企业财务管理水平。对34户区属国企2015年度财务决算进行全面审计，规范企业财务管理。协调完成神华宁煤、中色东方和宁夏能源铝业等企业清产核资和处置低效无效资产，严格核销程序，着力帮助企业减负脱困。四是改进经营业绩考核。科学确定企业年度经营目标，修订业绩考核办法，优化考核指标体系，按照企业功能定位实施分类考核。突出考核重点，将监事会揭示问题整改、党建工作等纳入考核范围，业绩考核更加精准科学。组织完成16户监管企业和13户区直机关脱钩企业2015年度经营业绩考核工作，依据考核结果核定企业负责人薪酬标准。五是严格资产损失责任追究。对2007年以来企业国有资产损失情况进行摸排梳理和审核确认，提出处理意见上报自治区政府。对宁夏担保集团2015年以来出现的代偿、逾期项目进行核实，集体约谈领导班子，暂缓发放企业负责人绩效年薪，限期化解风险。六是提升监事会监督效能。坚持问题和风险导向，以检查财务、监督董事和高管人员履职行为为重点，不断强化监事会监督检查，及时揭示问题，提出意见建议，防范经营风险。截至2016年底，监事会提交各类报告150份，累计揭示各类风险及问题137个，提出整改意见建议184条，内容涵盖企业改革发展、生产经营、财务管理、重大事项、高管履职等方面。严格落实监事会监督检查揭示问题整改办法，将揭示问题公示并建号督促整改，约谈整改不力的14户企业负责人，完成问题整改114个，整改率83.2%，监事会监督效能进一步提升。七是打造法治国资国企。会同自治区人大法工委、财经委和自治区政府法制办赴山东国资委和区内五市国资委开展《宁夏回族自治区企业国有资产监督管理条例》立法调研工作。指导企业建立健全总法律顾问制度，集团公司均单独设立法律事务机构,配备专职法律顾问,重要决策、经济合同、规章制度三项法律审核率均达到95%以上,法治国资国企建设迈出坚实步伐。

二、宁夏回族自治区国有资产总量与结构分析

2016年末,纳入国有资产统计范围的全区三级以上国有独资、国有控股和参股企业(以下简称"宁夏国有企业")663户,属于地方政府履行出资人职责的国有净资产总量1267.2亿元,比2015年增长7.4%;户均占有国有净资产1.91亿元,比2015年减少0.3亿元。

表1　2016年宁夏回族自治区所属国有企业指标

项　　目	金　额(亿元)
资产总额	5504.20
所有者权益	1185.75
营业总收入	697.80
利润总额	38.76
净利润	27.14
归属于母公司所有者的净利润	24.69
应交税金总额	66.28
实际上缴税金总额	69.48

表2　2016年宁夏回族自治区国有企业户数情况

项　目	2015年	2016年	比上年增长(%)
户数(户)	530	663	25

表3　2016年宁夏回族自治区国有资本地区分布情况

地　　区	国有资产(亿元)	占国有资产总量比重(%)
区属国有企业	797.48	62.93
地市企业	469.72	37.07

续表

地　　区	国有资产(亿元)	占国有资产总量比重(%)
其中:银川市	272.02	21.47
石嘴山市	47.73	3.77
吴忠市	76.40	6.03
中卫市	43.06	3.40
固原市	30.52	2.40
合　　计	1267.20	100.00

表4　2016年宁夏回族自治区国有资本行业分布情况

行　　业	国有资产(亿元)	占国有资产总量比重(%)
农林牧渔业	79.30	6.26
工业	430.83	34.00
建筑业	40.65	3.21
地质勘查及水利业	1.86	0.15
交通运输业	5.98	0.47
仓储业	4.65	0.37
批发和零售业	4.96	0.39
金融业	101.81	8.03
房地产业	34.56	2.73
信息技术服务业	5.61	0.44
社会服务业	554.54	43.76
教育文化广播业	1.70	0.13
科学研究和技术服务业	0.73	0.06
合　　计	1267.20	100.00

表5　2016年宁夏回族自治区国有资本经营规模分布情况

经营规模	国有资产(亿元)	占国有资产总量比重(%)
大型企业	822.33	64.89
中型企业	119.35	9.42

续表

经营规模	国有资产（亿元）	占国有资产总量比重(%)
小型企业	224.33	17.70
微型企业	101.19	7.99
合　　计	1267.20	100.00

三、宁夏回族自治区国有资本保值增值综合分析评价

2016年，宁夏回族自治区国有企业国有资本保值增值率为101.57%，比2015年增加3.9个百分点。其中，宁夏区属国有企业国有净资产综合保值增值率101.43%，比2015年增加5.28个百分点；市县属企业综合保值增值率101.88%，比2015年增加1.11个百分点。

表6　2016年宁夏回族自治区国有企业地区和行业国有资本保值增值情况

地　　区	国有资本保值增值率(%)	行　　业	国有资本保值增值率(%)
自治区国有企业	101.57	自治区国有企业	101.57
区属国有企业	101.43	农林牧渔业	101.12
银川市	102.39	工业	100.69
石嘴山市	101.02	建筑业	101.36
吴忠市	100.05	地质勘查及水利业	95.32
固原市	98.77	交通运输业	97.53
中卫市	105.72	仓储业	101.31
		批发和零售业	108.92
		金融业	107.67
		房地产业	107.13
		信息技术服务业	100.07
		社会服务业	101.22
		卫生体育福利业	54.35
		教育文化广播业	94.36
		科学研究和技术服务业	99.21

四、宁夏回族自治区国资委监管企业党的建设情况

宁夏回族自治区国资委党委认真贯彻落实中央关于深化国企国资改革政策精神，按照自治区党委、政府的决策部署，充分发挥党委把方向、管大局、促落实作用，找准党建工作与国资监管、国企发展的结合点，努力将党的政治优势、组织优势转化为国有企业的创新、发展竞争优势。

（一）强化主体责任意识，履行全面从严治党责任

始终把国有企业党建工作摆在突出位置，找准党建工作与生产经营的结合点，坚持在围绕中心、服务大局中统筹谋划党建工作。一是强化看齐意识，把握工作重点。落实中央和自治区党委关于加强党的建设重大决策部署，紧扣中央《关于在深化国有企业改革中坚持党的领导加强党的建设的若干意见》，把开展“两学一做”学习教育、明确国有企业党组织在公司治理结构中的法定地位、理顺企业党组织隶属关系、推进星级基层服务型党组织作为重点，制定《2016年党建工作要点》，层层签订《党建暨党风廉政建设工作目标责任书》，将责任具体到人，进一步明确党建工作方向和目标。二是强化担当意识，落实“一岗双责”。完善党委班子分工负责党建工作例会制度，全年召开12次党委会专题研究党建工作。结合“下基层”活动，调整细化党委班子成员党建工作联系点，明确分工、落实责任，指导抓好基层党建工作。三是强化一线意识，加强调查研究。深入神华宁煤集团等20余户企业调研督导加强党的建设工作，全面掌握第一手资料，把党委书记带头抓党建要求落到实处；调研形成的《关于国有企业党建工作的调研报告》由自治区党建研究会《党建研究专报》刊发，自治区党委领导作出批示。

（二）扎实开展“两学一做”学习教育

结合国企实际，制定“两学一做”学习教育实施方案，建立十大项35小项督导工作清单，明确任务，压实责任。一是严抓“学”。按照学习教育全覆盖要求，各级党组织充分利用网站、微信、短信等新媒体扩大学习覆盖面，针对退休党员、野外作业党员实际，隶属

国资委党委的56户企业党组织全年编印发放“两学一做”学习资料及口袋书等10664册，组织集中学习760余次，党委书记及班子成员讲党课750余次。二是深入“查”。按照“三查三树”要求，各企业党组织负责人深入基层，听取意见建议，摸排党员队伍建设、生产经营存在的问题，扎实推进“三查三树”深入开展。56户企业查找党员在思想、作风、生产经营等方面存在的问题810条，整改630条。三是对标“做”。各企业党组织结合自身实际，突出针对性和实效性，分类制定目标要求，认真开展党员无违章、“夺旗争星树标杆，立足岗位创一流”劳动竞赛等活动，引导广大党员在确保国有资本保值增值的实践中争先创优。

(三)全力抓好基层党建重点任务

认真贯彻落实基层党建重点任务推进会精神，围绕七项重点任务，明确目标要求，列出问题清单，提出具体措施，集中推动解决。一是集中开展党员组织关系排查工作。按照应查尽查、全员覆盖的要求，各企业采取集中查、重点查、协同查的方式，每月两次统计，按月进行分析，采取面上通报、点上指导、重点约谈等方式，全面推进排查工作，全年排查出流动党员283人、口袋党员252人，失联党员中取得联系的党员1204人、找回率为99.3%。二是集中开展党代会代表和党员违纪违法未给予相应处理情况排查清理工作。经排查，56户企业有各级各类代表85人，2013年以来受到刑事责任追究的51名党员已全部给予党纪处分或组织处理。三是集中开展基层党组织按期换届情况专项检查工作。举办国有企业党组织换届选举专题培训班，着力解决基层党务工作者换届工作知识缺乏等问题，截至2016年底按期完成换届的党组织1878个，任期届满未换届的党组织506个，全年完成换届整改的党组织316个。四是集中开展党费收缴工作专项检查工作。针对一些党组织对党费收缴相关规定把握不准确、理解不透彻，造成部分党员未能足额交纳党费的问题，集中开展专项检查工作，全年完成党费收缴工作专项检查的党支部87个，补交党费党员1650人，补交党费3200万元。

(四)强化企业领导班子建设

始终把抓班子、带队伍作为重要职责，着力在提高素质强化管理上下工夫，不断提升区属国有企业领导人员能力和水平。一是重点项目打基础。结合企业经营管理人员业务需求，以“国资国企大讲堂”为平台，设置“菜单”式个性化培训项目，邀请成就突出、理论素养高、在国内有影响的企业家讲座，让“企业家”培训“企业家”。2015—2016年，举办资本运作、财务管理、人力资源管理等专题讲座11期，涉及企业经营管理人员3500余人次，选派208名区属国有企业中高级经营管理人员分别到新加坡国立大学苏州研究院、浙江大学、重庆大学等国内知名院校研修，提升企业家自身综合素质。二是扩大视野增活力。针对宁夏国有企业资本运作人才缺乏的实际，组织实施市场化招聘企业管理人员，完成宁夏再担保集团公司公开招聘2名高级管理人员工作，为企业领导班子注入活力。三是分类考核激励创业。以任期目标为依据，以品德、业绩、能力要素为主要指标，根据董事会成员、党组织负责人、经营管理层的不同岗位责任和履职要求，对14户国有企业进行分层分类考核评价，综合考评领导人员的能力素质、履职行为和履职效果，使经营业绩考核更具科学性针对性。对3名连续两年综合得分排名在本企业领导班子末位的企业负责人进行提醒谈话，着力解决企业高管人员不作为、慢作为等问题。

(五)着力推进星级基层服务型党组织建设

各企业党组织以“六有”为目标，围绕生产经营和建好队伍，大力开展“四强四优”活动，实施“8+X”服务项目，为推动国有企业发展凝聚力量。一是调整理顺党组织设置。指导10家集团公司在制定或修订《公司章程》，明确党组织的地位、职责、机构编制和经费，从组织和机制上确立党组织在公司法人治理结构中的法定地位。对涉及改革的36户企业党组织隶属关系调整由6家投资集团党委管理，确保党的领导、党的建设在国企改革中不断线、有加强。二是深入开展评星定级工作。按照“基层党组织自评、党员群众测评、上级党组织评定、结果公示”评定程序，企业分别列出成绩清单、问题清单、任务清单、责任清单“四个清单”，切实把评星定级的过程，作为推动基层党组织全面进步、全面过硬的过程。三是加强党员教育管理。大力开展“三建四关心”活动，促进关怀慰问由节日向常态化转变，由党内向全体员工延伸。严把国企发展党员“入口关”，重点在青年职工、一线职工、专业技术骨干中发展党员，全年发展党员1394人，其中来自生产一线的达到63.4%以上。四是广泛开展创先争优活动。大力实施基层党建创新项目，以“红旗党支部”“五好班组”“党员示范岗”“青年文明号”等创建活动为载体，开展“微型党课”大赛，总结推广国网宁夏电力公司共产党员“六行六亮”等一批企业党建创新做法，让企业各级党组织学有标杆、赶有目标。

五、宁夏回族自治区国资委监管企业党风廉政建设和反腐败工作情况

2016年，在自治区党委、纪委的正确领导下，国资委党委和驻国资委纪检组认真贯彻落实党风廉政建设主体责任和监督责任，切实加强党风廉政建设和反腐败工作，努力为国资国企改革创造良好环境，为企业健康发展提供坚强保障。

（一）积极履行监督职责

进一步深化“三转”，切实发挥好“探头”作用。一是印发《2016年自治区国资委党委党风廉政建设和反腐败主要任务分工》，逐级签订党风廉政建设责任书1978份，机关处级以上干部签订廉洁承诺书，对廉洁自律作出庄严承诺。二是结合“廉洁企业”考核、中央“八项规定”精神回头看等活动，先后多次对各企业党委主要负责人履行党风廉政建设主责、纪委履行监督专责情况进行监督检查，对存在问题进行督促整改，确保任务落到实处。三是及时传达中央、自治区关于全面从严治党、深入推进党风廉政建设和反腐败斗争的新情况、新精神，督促驻在部门落实全面从严治党主体责任，全年召开6次党委会议专题研究党风廉政建设工作，8次中心组学习党风廉政建设方面有关文件和规定，做到层层学习，层层传导压力，严格执行党的纪律要求。

（二）加大执纪审查力度

始终保持惩治腐败的高压态势，坚持把纪律挺在前面，严格审查程序，做到有案必查，有查必果。一是加大问题线索处理力度。对问题线索，严格按照五类处置标准，集体排查、建档立卡、动态管理，反映问题轻微或是可查性较弱的问题线索，坚持抓早抓小，本着有则改之无则加勉的原则，及时发出函询通知或是约请谈话，让被反映人把问题如实讲清楚，函询回答、谈话记录一律装入个人廉洁档案以备存查。驻国资委纪检组全年受理问题线索81件，谈话函询11件，初核24件，立案5件，给予党政纪处分7人，移交司法机关1人，收缴违纪违规资金289万元；严肃查处宁夏环境科学研究院原院长严重违纪违法问题，并进行通报，引起极大的震慑，起到很好的警示和教育效果。二是持之以恒落实中央八项规定精神。认真开展“八项规定”精神回头看活动，要求各企业在公务接待、办公用房等方面，严格执行中央和自治区有关规定，自觉规范行为，牵头对21家区管企业进行拉网式检查，对发现的问题，责令限期整改，严肃查处5起12名人员违反中央八项规定精神问题，分别给予党内处分、诫勉谈话、批评教育等处分。

（三）深化“廉洁企业”建设

继续深化“廉洁企业”建设，以企业廉洁文化建设为基础，健全完善反腐倡廉制度、强化对权力的监督和制约，切实维护企业和谐稳定，为企业创造风清气正的经营环境。深化源头治理，各企业根据上一年度“廉洁企业”建设考核情况反馈，先后梳理制定“两个责任”清单，及时完善“五不”分管和主要负责人末位表态发言制度，进一步健全廉洁风险防控机制，不断强化对权力的监督和制约。

（四）高度重视自身建设

牢固树立政治意识、大局意识、核心意识、看齐意识，自觉把执纪监督问责工作放到国资国企大局中去思考、谋划、部署和开展。积极开展学习，不断提升纪检监察业务理论水平，使纪检监察工作有方法、有信心、有办法。驻国资委纪检组及各企业纪委全年举办纪检监察业务培训班4期，参训人员247人，充分利用自治区纪委的各类培训班，培训企业纪检监察人员69人，参加中纪委各类培训班58人。不断强化纪律审查以上级纪委为主的意识，通过领办、督办、交办的方式，加强对企业纪律审查的领导和指导工作，提高企

业纪委纪律审查能力;驻国资委纪检组先后对宁夏建工集团公司纪委等企业的4条问题线索进行领办,处分4人,追回直接经济损失75万余元。

(撰稿人:李　巍)

新疆维吾尔自治区

一、新疆维吾尔自治区国有资产监督管理工作综述

2016年,新疆维吾尔自治区各级国资监管机构和国有企业认真贯彻中央和自治区各项决策部署,紧紧围绕社会稳定和长治久安总目标,积极适应经济发展新常态、落实新发展理念,大力推进供给侧结构性改革,着力稳增长、转方式、促改革、补短板、防风险,各项工作取得新的成效,为新疆经济社会发展发挥重要作用。

(一)国有经济实现平稳健康发展

2016年,自治区国有及国有控股企业资产总额10448.88亿元,同比增长22.67%;净资产3728.56亿元,增长27.95%;实现营业收入1388.24亿元,增长24.51%;利润总额104.33亿元,增长45.08%;上缴税费70.58亿元,增长19.75%。自治区本级监管企业资产总额3129.85亿元,增长21.11%;净资产1038.26亿元,增长15.14%;实现营业收入908.17亿元,增长52.92%;利润总额47.40亿元,增长205.41%;上缴税费38.43亿元,增长19.38%。

(二)积极开展提质增效工作

制定《新疆维吾尔自治区国有企业开展提质增效工作方案》,提出28条降本、提质、增效的措施,取得明显成效。一是精简机构,压缩管理层级。有色集团通过优化人力结构和管理流程,将集团18个部室压缩为13个,推行“公司一车间一班组”三级管控模式,撤销工段72个,减少二级部门73个,全员劳动生产率较同期提高40%,年度经营实现扭亏为盈,增利9.52亿元;金投公司合并凯迪投资、凯迪创投、凯迪矿业三家所属公司的层级,推行扁平化管理,提高企业运行效率。二是推行精细化管理。中泰集团对标世界先进水平,与思科公司合作开展“中泰全产业数字化及产业物联网建设项目”,深化“中泰一杜邦安全管理全面提升项目”,全面提升管理水平,年度利润增加21.73亿元,增长14倍;新投集团以市场倒推成本,以成本倒推改革,实施全方位精准管理,全面推进集团资金监管信息化系统建设管理平台,加大资金监管力度、提高使用效率;新能源集团按季调整项目贷款适用利率,并采用保理、银行承兑汇票等多种方式进行工程结算,优化负债结构,降低财务费用;能源集团制定成本费用控制标准,建立健全成本管控责任制度和目标考核机制,推行目标成本管理缺陷纠偏机制,提高资金集中度,提升成本管控水平,成本费用同比下降13%。三是积极开展创新活动。市场开拓、商业模式创新取得新进展,国际合作集团建成“新疆购”电子商务平台。产权交易所完成排污权交易平台建设。新投集团开展“在位股权激励机制”创新发展模式,各企业重视科技研发,有色集团申请专利18项,成功研制出锂辉石矿选矿药剂。中泰集团申请专利29项,开发出高聚合度树脂、消光树脂两类新产品。新投集团下属蓝山屯河公司获得“国家级技术企业”称号。四是加大“瘦身健体”工作力度。制定《自治区国资委直接监管企业处置重组低效无效企业实施方案》,采取“重整盘活、兼并重组、清算注销、出售转让”方式,启动低效无效资产的处置工作。

(三)稳步推进国资国企改革

一是国企改革配套文件的制定工作取得阶段性成果。修改完善《自治区党委、自治区人民政府关于深化国有企业改革的实施意见(送审稿)》等6个改革文件。二是改革试点工作稳步推进。在中泰集团、新投集团、金投公司、广电网络等10户企业启动实施国有资本投资运营公司、薪酬分配差异化改革、混合所有制员工持股等九项改革试点工作。中泰集团“科学开展员工评价管理、建立健全干部选拔任用机制、探索推进差异化薪酬分配”、蓝山屯河“择优聘用、员工能进能出,强化考核、干部能上能下,拉开差距、收入能高能低,优化结构、提高管理效能”、八钢公司实施“双线并举+柔性管理”、激发干部活力,实施“5+2”

管理机制、激发现场活力，实施效薪联动机制、激发员工活力，实施员工能力护航、突出保障作用等“三项制度改革”相关改革经验被国务院国资委《国企改革简报》推广。三是努力解决国有企业历史遗留问题。八钢公司、新化化肥等企业5所医院、3所幼儿园与属地政府签订移交框架协议。

（四）优化国有资本布局结构

紧紧围绕新疆社会稳定和长治久安总目标，结合企业发展实际，在产业、创新等层面加快推进国有经济结构调整，不断提高资源配置效率。一是扩大在金融领域的投资布局，更好地服务于产业类企业的融资发展。开展设立资产管理公司、基金投资公司和人寿保险公司筹备工作。新业集团增资哈密商业银行。二是加快布局现代服务业步伐。新投集团、中泰集团、新能源集团、交建集团等布局环保、物流产业，推动企业实现全产业链经营。三是抓住“一带一路”战略机遇，积极引导企业“走出去”。中泰集团在塔吉克斯坦开展棉纺项目、交建集团在霍尔果斯开展物流园项目、国际合作集团在吉尔吉斯斯坦建设经贸产业园，项目有序推进。

（五）不断完善国资监管体制机制

一是进一步简政放权。新疆国资委牢牢把握出资人代表定位，进一步转变监管方式，加大简政放权力度，取消、下放审批、备案事项6个，制定国资委监管权责清单。二是创新监管方式。修改完善《自治区国资委监管企业投资监督管理暂行办法》等制度，建立监管企业资产评估项目公示制度。完善监管企业经营业绩考核目标形成机制，改进考核办法，强化绩效与薪酬有效衔接。健全审计评估中介机构退出机制，优化中介机构选聘程序等。强化经济运行动态监测，坚持季度经济运行分析制度，按月度编报“全区企业财务快报”数据与分析，编制区本级监管企业财务绩效评价报告，建立年度审计问题清单，实施管理建议书专项咨询审计。三是加强监事会监督。健全监事会监督工作机制，积极推进日常监督、专项检查和年度集中检查有机结合，不断强化监督成果应用，向企业发出主席函2份、提醒函13份、纠正函1份，向国资委党委报送专项报告8份。

（六）持续加强国有企业党建和反腐倡廉工作

一是深入推进“两学一做”学习教育。新疆国资委将全面从严治党向纵深推进作为首要政治任务，扎实推进“两学一做”学习教育，国资系统思想建设、作风建设、组织建设进一步加强，为国资国企各项工作提供坚强保障。二是全面落实国有企业党建工作主体责任。完成国资系统党建“十三五”规划（草案）编制工作，制定《2016年国有企业党建工作要点》，继续开展企业党组织书记抓党建述职点评工作，全面落实党建工作责任制。不断加强基层党组织规范化建设，开展基层党组织基础工作集中整治，积极推动“把加强党的领导”写入企业章程，成功召开国资委党代表会议，推荐13名代表参加自治区第九次党代会。认真开展基层党组织基础工作集中整治。三是扎实推进党风廉政建设和反腐败工作。国资系统全年受理来信来访108件（次），立案核查32件（次），结案23件，纪律处分、组织处理、行政处理及诫勉谈话32人，经济处罚11人，移送司法机关29人，转报自治区纪委2件3人。收回、挽回经济损失2254.2万元。对落实“两个责任”不力的2个单位党组织进行问责。

二、新疆维吾尔自治区国有资产总量与结构分析

表1　　2016年新疆维吾尔自治区所属国有企业指标

项　目	金额(亿元)
资产总额	10448.88
所有者权益	3728.56
营业收入	1388.24
利润总额	104.33
净利润	86.76
归属于母公司所有者的净利润	57.52
应交税金总额	68.84
实际上缴税金总额	70.58

表 2　2016 年新疆维吾尔自治区国有企业户数情况

项　目	2015 年	2016 年	比上年增长(%)
户数(户)	952	946	—0.63

表 3　2016 年新疆维吾尔自治区国有资产地区分布情况

地　区	国有资产(亿元)	占国有资产总量比重(%)
自治区本级	844.40	22.37
伊犁州	195.26	5.17
阿勒泰地区	65.36	1.73
塔城地区	12.82	0.34
博州	68.91	1.83
克拉玛依市	290.16	7.69
石河子市	32.94	0.87
昌吉州	149.72	3.97
乌鲁木齐市	1380.89	36.58
吐鲁番市	21.58	0.57
哈密市	239.57	6.35
巴州	237.47	6.29
阿克苏地区	196.81	5.21
克州	1.31	0.03
喀什地区	31.92	0.85
和田地区	5.71	0.15

表 4　2016 年新疆维吾尔自治区国有资产行业分布情况

行　业	国有资产(亿元)	占国有资产总量比重(%)
农林牧渔业	91.26	2.42
工业	225.63	5.99
建筑业	246.47	6.53
批发业	15.87	0.42

续表

行　业	国有资产(亿元)	占国有资产总量比重(%)
零售业	15.91	0.42
交通运输业	178.62	4.73
仓储业	17.48	0.46
住宿业	18.03	0.48
餐饮业	—0.04	0.00
信息传输业	6.89	0.18
软件和信息技术服务业	11.13	0.29
房地产开发经营	128.02	3.39
物业管理	0.70	0.02
租赁和商务服务业	2429.14	64.35
其他未列明行业	389.73	10.32

表 5　2016 年新疆维吾尔自治区国有资产经营规模分布情况

经营规模	国有资产(亿元)	占国有资产总量比重(%)
大型企业	2039.42	54.03
中型企业	675.92	17.91
小型企业	847.43	22.45
微型企业	212.06	5.61
合　计	3774.83	100.00

三、新疆维吾尔自治区国有资本保值增值综合分析评价

2016 年,新疆国有及国有控股企业国有资本保值增值率 101.97%。

按产业结构划分:第一产业企业 164 户,国有资本保值增值率 99.51%;第二产业企业 201 户,国有资本保值增值率 100.31%;第三产业企业 581 户,国有资本保值增值率 102.3%。

按企业规模划分:大型企业 36 户,国有资本保值增值率 101.98%;中型企业 151 户,国有资本保值增值率 103.85%;小型企业 476 户,国有资本保值增值

率100.64%；微型企业283户，国有资本保值增值率99.47%。

按监管类型划分：自治区本级监管企业63户，国有资本保值增值率102.66%；地州市监管企业294户，国有资本保值增值率102.08%；自治区非监管企业589户，国有资本保值增值率100.73%。

表6　2016年新疆维吾尔自治区国有企业地区和行业国有资本保值增值情况

地　区	国有资本保值增值率(%)	行　业	国有资本保值增值率(%)
乌鲁木齐市	101.82	农林牧渔业	99.48
昌吉州	101.37	建筑业	102.25
吐鲁番市	97.31	批发业	103.86
和田地区	97.35	零售业	109.42
石河子市	96.39	交通运输业	98.11
克州	80.14	仓储业	96.23
喀什地区	96.66	住宿业	102.56
阿克苏地区	102.18	餐饮业	104.60
巴州	101.06	信息传输业	109.30
伊犁州	99.56	软件和信息技术服务业	100.98
塔城地区	101.00	房地产开发经营	106.46
博州	100.66	物业管理	99.77
阿勒泰地区	100.20	租赁和商务服务业	102.08
克拉玛依市	104.79	其他未列明行业	103.73
哈密市	101.01	工业	98.09

四、新疆维吾尔自治区国资委监管企业股份制改革与上市融资情况

（一）股份制改革情况

完成天山西部林业局伊犁木材加工厂的改制方案。启动畜牧厅下属新疆呼图壁种牛场改制程序，清产核资、财务审计和资产评估工作基本完成并形成审计、评估报告初稿。完成新疆粮油集团下属八一面粉厂、新疆粮油（集团）粮油收储有限责任公司增资扩股及股权转让工作。对新疆道路桥梁工程总公司非经营性资产（国有资产）从破产资产中予以剥离。

（二）企业上市融资情况

一是指导已启动上市工作的企业实现上市。指导交建集团准备上市各项工作，拟于2017年实现上市。由于经营业绩下滑、证监会最新审核意见发生变化，新疆宝地矿业股份公司的上市审核过程较为缓慢，经与证监会相关人员多次沟通，争取到暂时中止上市审核，待2016年报经营业绩好转再择机恢复审核。二是加强拟上市项目指导和培育。2016年1月，指导新投集团所属新疆蓝山屯河股份公司制定上市工作计划，并启动上市工作。2016年7月，新疆蓝山屯河股份公司组织银行证券、中信建投和安信证券进场尽职调查，根据尽职调查结果，重新调整确定上市工作计划。新疆有色集团下属新疆亚欧稀有金属股份有限公司正在办理部分房地产的更名、确权工作，并与券商沟通，做好相关准备工作。

五、新疆维吾尔自治区经营性国有资产集中统一监管工作情况

2016年7月，派出4个工作组到相关厅局就企业纳入监管的方式、范围和方法步骤等征求意见建议，对274家厅局所属企业情况进行梳理分析，制定《自治区区级机关所属企业统一纳入国资监管工作方案》（以下简称《工作方案》）。2016年9月6日，自治区人民政府党组会议研究通过《工作方案》。2016年11月，自治区人民政府印发《关于印发自治区区级机关所属企业统一纳入国资监管工作方案的通知》，集中统一监管工作迈出实质性步伐。新疆国资委经与有关企业主管厅局沟通协商，确定12个厅局所属50户企业为首批纳入国资监管试点单位，监管方式采取委托监管。2016年11月22日，新疆国资委印发《关于区级机关所属企业（试点）统一纳入国资监管工作有关事宜的通知》（新国资发〔2016〕403号）和《关于加快推进党政机关所属企业统一纳入国资监管工作的通知》，明确试点企业纳入

国资监管的时限、步骤和具体要求。各主管厅局高度重视，分别成立统一纳入国资监管工作领导小组和工作机构，研究制定具体工作措施。各地州市上报本级党政机关所属企业统一纳入国资监管工作方案和企业情况统计表。2016 年 12 月 31 日，新疆国资委向试点的 12 个厅局下发《关于做好试点企业清产核资工作的通知》，12 个厅局 50 户企业陆续进入清产核资工作阶段，为下一步工作奠定较好基础。

六、新疆维吾尔自治区国资委监管企业完善法人治理结构情况

新疆国资委以建立权力机构、决策机构、监督机构和经营管理者之间权责清晰、管理科学、协调运转、有效制衡、失职问责的企业法人治理结构为目标，不断推进监管企业完善法人治理结构。

(一)加强企业领导班子建设

根据企业领导班子整体运行及年龄知识结构等情况，制定企业领导班子和领导人员调整工作方案，充实部分企业领导班子和领导人员。按照干部管理权限，结合监管企业领导班子实际，2016 年对国际合作公司、雪峰科技、新业集团、交建集团、边疆宾馆、产权交易所等 6 家监管企业 9 名企业领导人员进行考察调整。注重企业后备干部队伍建设，根据领导班子建设结构调整实际，合理确定后备干部推荐比例，统筹研究确定比照正、副处级管理的 21 名后备干部及中长期培养对象。

(二)切实加强董事会建设

一是完善公司法人治理结构相关机制。指导直接监管企业董事会设立专门委员会，制定落实党委会、董事会、经理层、监事会议事规则等法人治理各项规章制度，积极引入外部董事，建立健全权责对等、运转协调、有效制衡的决策执行监督机制，规范董事长、总经理行权行为，落实“三重一大”决策制度，使公司法人治理工作做到依法行事、有章可循，规范明确，逐步形成较为完善的决策、执行、监督、制衡有效的公司法人治理结构。二是落实董事会选人用人权。继续推进董事会选聘经理层工作试点，在雪峰科技试点选聘集团公司 1 名董事会秘书，实行任职试用制和任期目标责任制考核评价，明确试用不合格不予聘任，未完成经营目标及业绩指标，董事会考核评价不称职或基本称职的将给予解聘。三是积极推进直接监管企业市场化选聘经营管理者和职业经理人制度试点工作。通过前期论证，总结相关经验，起草试点工作方案，指导交建集团、雪峰科技起草具体实施方案。

七、新疆维吾尔自治区国资委监管企业并购重组情况

(一)乌鲁木齐环鹏有限公司无偿划转至新疆中泰(集团)有限责任公司

2016 年 3 月，经新疆自治区国资委和乌鲁木齐市国资委批准同意，乌鲁木齐市国资委所属乌鲁木齐国有资产经营(集团)有限公司下辖全资子公司乌鲁木齐环鹏有限公司 100%股权划转至新疆国资委所属国有独资公司新疆中泰(集团)有限责任公司，划转基准日为 2015 年 12 月 31 日。通过划转，有利于国有经济布局优化调整和产业整合，可实现两家公司优势互补，同时实现环鹏公司化工生产基地顺利关停，改善地区生态环境。

(二)新疆中泰(集团)有限责任公司重组新疆美克化工股份有限公司

2016 年 10 月，新疆中泰(集团)有限责任公司(以下简称“中泰集团”)与美克投资集团有限公司(以下简称“美克集团”)正式签署战略合作框架协议，拟重组美克集团控股子公司新疆美克化工股份有限公司(以下简称“美克化工”)，中泰集团通过增资方式控股 52%成为美克化工第一大股东。重组后中泰集团可充分借助美克化工与德国巴斯夫公司、中石化深度合作的平台，引进国际一流技术，建立国际化的化工生产管理体系，在 PVC 应用拓展、精细化工产品研发等多个领域抢占国际精细化工行业的制高点；中泰集团还可实现对乙炔化工及精细化工产业链上下游的整合，完善产业链，提升资源利用率，增强竞争能力、盈利能力。

八、新疆维吾尔自治区国资委监管企业建立和完善经营业绩考核体系情况

(一)稳步推进监管企业负责人薪酬制度改革

结合中央、自治区有关文件精神,按照监管企业实际,修订完善监管企业负责人薪酬管理办法,广泛征求相关单位意见建议,规范监管企业负责人基本年薪、绩效年薪支付管理。梳理新、老政策差异,开展对比测算和运行评估,做好部门、政府沟通汇报,积极争取政策,做好衔接过渡。

(二)完善监管企业负责人经营业绩考核机制

按照分类定责、分类考核要求,结合企业功能界定和分类,突出不同考核重点,合理设置监管企业负责人经营业绩考核指标及权重。对主业处于充分竞争行业和领域,以经济效益最大化为目标的监管企业,突出质量效率、保值增值和风险控制考量,在以往利润总额、净资产收益率、经济增加值等基本指标基础上,将国有资本保值增值率、"3+2"主业确定和经营性现金流不得为负等指标纳入年度考核指标体系,引导企业聚焦主业、挖潜增效。对承担政府战略任务、重大民生项目或重大专项任务的监管企业,结合企业所在行业特点,针对性地设置工作任务或社会效益指标,引导企业努力完成专项任务,努力实现经济效益、社会效益有机统一。坚持分类分层考核,改进目标确定机制,优化考核实施程序,建立健全激励约束,完善短期目标与中长期目标相协调、发展速度和质量效益相统一、既立足当前又着眼长远的考核体系。

九、新疆维吾尔自治区国资监管及国有企业改革发展具有地方特色情况

(一)扎实开展"访惠聚"和集中整治

新疆国资委始终坚持围绕中心、服务大局,紧盯新疆工作总目标不放松,认真处理发展和稳定的关系,切实履行国资系统维护稳定的政治责任。按照自治区党委要求,切实落实"访惠聚"六项任务。认真落实"3+1"机制和"1+7"联系群众制度,加强村后备干部和入党积极分子培养,协助村"两委"圆满完成换届工作。深入推进"去极端化",对"三股势力"进行深入揭批,组建500人的国有企业网络评论员队伍,组织专家讲座56场(次)、组建"国资宣讲团"和"草根宣讲团"开展巡回宣讲760场(次)、文化体育活动400余场(次)、受教育人数16.4万余人次,走访约谈重点人群5065人次。加强对"起名、割礼、婚礼、葬礼"四项活动的管理服务,强化重点人群帮教和宗教事务管理,有效挤压宗教极端势力滋生蔓延的空间。

(二)积极推进资源资本化改革

新疆国资委与国土厅等部门联合向自治区人民政府上报《利用部分矿产资源支持区属大企业发展的工作方案》,将中泰集团等8家企业作为资源资本化运作平台;建立资源资本化推进工作机制,开展国土厅与监管企业双向挂职工作。自治区人民政府原则同意将三塘湖矿区石头梅一号露天矿探矿权以协议有偿方式出让给能源集团,向能源集团注入不少于70亿元的注册资本金。

(三)履行社会责任情况

一是大力推进扶贫攻坚工作。新疆国资委始终引导国有企业增强政治担当和责任担当,积极履行政治责任、稳定责任和社会责任,把扶贫工作作为重要抓手抓紧抓实。召开2次协调推进会,研究部署脱贫攻坚工作。通过调查摸底、建档立卡,采取"一户一策",探索一二三产业融合发展,实施特色产业扶贫。2016年,自治区国资委机关投入资金470万元,实施项目6个,帮助470户贫困户脱贫。引进资金110万元,引进项目7个,160户贫困户受益。为402户村民落实扶贫无息贷款1079万元,成立养殖合作社,开办"国资双语夜校",协调3000余万元开展民生项目建设。二是开展"民族团结一家亲"活动。根据自治区党委要求,新疆国资系统党员干部结对子21623对,认亲戚6887户。按照"全年不少于6次对结对认亲户进行走访慰问"的要求,开展走访慰问活动,通过勤走访、常团聚,在面对面交流互动中给群众讲政策、问困难、送温暖,知民情、解民忧、聚民心,进一步拉近干群关系,使各族群众争做热爱党、热爱祖国、热爱中华民族大家庭的模范,努力形成民族团结人人有责、人人共建、人人珍惜、人人共享的良好局面。

(撰稿人:谭博文)

新疆生产建设兵团

一、新疆生产建设兵团国有资产监督管理工作综述

2016年,新疆生产建设兵团国有资产监督管理委员会以提高质量和效益为中心,以推进供给侧结构性改革为主线,攻坚克难,各项工作扎实推进,取得明显成效,实现"十三五"的良好开局。国有企业改革发展和国有资产监督管理工作走上新的台阶,取得长足的进步,为兵团的经济发展和社会进步作出新的贡献。

截至2016年底,兵、师国资委监管企业资产总额3987.32亿元,较上年增长16.34%;所有者权益总额934.75亿元,较上年增长13.99%;实现利润总额27.09亿元,较上年下降11.99%。其中兵团国资委监管企业资产总额685.81亿元,较上年增长21.69%;所有者权益总额191.25亿元,较上年增长6.78%;实现利润总额14.64亿元,较上年增长27.72%。

(一)实现国有经济稳步增长

一是按时召开季度经济运行分析会,密切关注企业经济运行中存在的突出问题,及时分析经济运行情况,加大对集团企业整体经营情况、效益状况和所属重要二级子企业经济运行情况的分析审核力度,实现企业的平稳健康发展。二是认真开展提质增效活动,明确目标责任、坚持创新驱动、坚持"走出去"和"引进来"和深化国企改革,增强发展活力等一系列措施,打好提质增效攻坚战。三是加强全面风险管理体系建设,加大对企业经济运行信息分析和重大经营风险的预测预警,发挥好企业财务风险预警平台作用,实施动态监控,将各种风险消除在萌芽状态。四是加强基础管理,完善投资监管体系,在投资规模和产业布局上把关,确保投资项目符合企业发展规划和职能定位。

(二)积极推动国企各项改革试点工作

根据中央《关于深化国有企业改革的指导意见》等文件精神,结合工作实际,起草《兵团关于深化国有企业改革的实施意见》《兵团关于国有企业发展混合所有制经济的实施意见》等相关文件。确定围绕落实董事会职权、市场化选聘经理人、国有资本投资运营公司等十项改革试点任务。以混合所有制改革为突破口,加快推进股份制改革,在兵师两级开展混合所有制改革试点。新疆通用航空有限责任公司等3家企业纳入全国混合所有制试点企业名单,选择兵团投资公司下属的新疆生产建设兵团招标有限公司,开展员工持股试点。

(三)不断优化经济布局,实现转型升级新突破

紧紧抓住"丝绸之路经济带"建设和兵团向南发展战略机遇,加快推进产业结构调整优化与转型升级。加大资源整合力度,引导国有资本向公共服务领域、基础产业、支柱产业和战略性新兴产业投入,推进优势产业整合,促进优势资源向重点行业集中、向优势企业集聚。推进兵团红星发电有限公司2×660MW工程和阿拉尔天盈石油化工有限公司15万吨/年天然气制乙二醇项目建设,出资10亿元组建新疆银行,新疆通用航空有限公司引进L410飞机等项目。牢牢把握对口援疆重大历史机遇,深化与中央企业的战略合作关系,推动监管企业在南疆布局发展,充分利用兵团绿博会、亚博会等会展平台,积极开展招商引资工作。与新兴际华集团有限公司、中信集团有限公司等大型企业集团签署战略合作框架协议,部分合作项目开展项目建设的前期工作。

(四)进一步完善国资监管职能

根据国有企业功能界定,实施分类监管,制定下发《关于兵团国有企业功能界定与分类的实施意见》,将兵团国有企业分为商业类和公益类,明确如何分类推进改革、促进发展、实施监管、定责考核、明确治理结构和完善激励机制。进一步突出国资监管重点,精简优化监管职能,规范国有资产监管机构依法履行出资人职责,起草并印发《兵团国资委实施监管权力清单和责任清单》,确定审批事项20项,下放4项审批权限,取消1项审批权限,明确兵团国资委监管权力边界,实现在法律法规框架内依法行权履职。

(五)认真开展“两学一做”学习教育,切实加强和改进党的领导

按照兵团党委统一部署,以“两学一做”学习教育为抓手,坚持与国资委中心工作相结合,党员干部廉洁自律意识不断增强,工作作风有了新的转变。全面落实党建工作责任制,进行党建对标管理。加强基层党组织书记培训,不断优化基层党组织设置,健全基层组织体系,积极推动群团、统战工作。严格对企业领导人员管理,改进选用方式,合理增加市场化选聘比例,优化结构,增强活力。以规范董事会建设为重点,完善国有企业领导人员科学管理机制,加强领导人员日常监督管理和综合考核评价。认真落实“两个责任”,严明政治纪律和政治规矩,进一步加强党风廉政建设和反腐败工作。严肃查办违法违纪案件,进一步增强国有企业领导人员纪律意识、廉洁从业意识,营造风清气正、廉洁高效的发展氛围。

二、新疆生产建设兵团国有资产总量与结构分析

截至2016年底,纳入统计范围的兵团各级次国有及国有控股企业(以下简称“兵团企业”)共计1467户(含农牧团场,下同),资产总额5666.13亿元,同比增长13.54%;负债总额4397.06亿元,同比增长12.51%;所有者权益总额1269.07亿元,同比增长17.28%。资产负债率为77.6%,比上年降低0.86个百分点。全年实现营业总收入2279.46亿元,同比增长5.6%,实现利润总额40.16亿元,同比减少30.14%,扣除所得税费用后,实现净利润25.23亿元,同比减少45.12%。2016年,兵团企业年末合计国有资产总量为954.56亿元,同比增长20.65%。

表1 2016年新疆生产建设兵团所属国有企业指标

项目	金额(亿元)
资产总额	5666.13
所有者权益	1269.07
营业总收入	2279.46
利润总额	40.16
净利润	25.23
归属于母公司所有者的净利润	17.30
应交税费总额	91.37
实际上缴税费总额	90.75
年末国有资产总量	954.56

(一)国有企业户数情况

截至2016年底,兵团国有企业1467户(含农牧团场),比上年增加162户,增长12.41%。

表2 2016年新疆生产建设兵团国有企业户数情况

项目	2015年	2016年	比上年增长(%)
户数(户)	1305	1467	12.41

(二)国有资产地区分布情况

从地区分布来看,兵团国资委监管企业、第八师、第十二师、第二师和第一师国有企业占用国有资产比重较大,占用国有资产总量分别为141.46亿元、117.41亿元、79.96亿元、73.62亿元和70.42亿元,分别占全兵团国有资产总量的14.82%、12.3%、8.38%、7.71%和7.38%。上述单位占用兵团国有资产总量合计为50.59%。

表3 2016年新疆生产建设兵团国有资产地区分布情况

地区	国有资产(亿元)	占国有资产总量比重(%)
第一师	70.42	7.38
第二师	73.62	7.71
第三师	62.45	6.54
第四师	59.53	6.24
第五师	31.47	3.30
第六师	66.65	6.98

续表

地　　区	国有资产(亿元)	占国有资产总量比重(%)
第七师	66.76	6.99
第八师	117.41	12.30
第九师	22.09	2.31
第十师	30.15	3.16
第十一师	57.13	5.98
第十二师	79.96	8.38
第十三师	53.53	5.61
第十四师	18.81	1.97
兵团国资委监管企业	141.46	14.82
兵团直属企业	3.12	0.33
合　　计	954.56	100.00

（三）国有资产行业分布情况

2016年，从行业分布情况看，兵团企业国有资产主要集中在农林牧渔业、工业和社会服务业。其中，农林牧渔业占用国有资产382.5亿元，占40.07%；工业占用国有资产195.73亿元，占20.5%；社会服务业占用国有资产193.33亿元，占20.25%。工业主要集中在化学、电力和食品行业。

表4　　2016年新疆生产建设兵团国有资产行业分布情况

行　　业	国有资产(亿元)	占国有资产总量比重(%)
农林牧渔业	382.50	40.07
工业	195.73	20.50
建筑业	62.00	6.50
地质勘查及水利业	18.40	1.93
交通运输业	7.74	0.81
仓储业	1.59	0.17
批发和零售业	45.42	4.76
金融业	7.68	0.80
房地产业	31.18	3.27
社会服务业	193.33	20.25
科学研究和技术服务业	8.99	0.94
合　　计	954.56	100.00

（四）国有资产按经营规模分布情况

从规模划分情况来看：大型企业占用国有资产234.72亿元，占24.59%；中型企业占用国有资产335.68亿元，占35.17%；小型企业占用国有资产323.09亿元，占33.85%；微型企业占用国有资产61.07亿元，占6.39%。

表5　　2016年新疆生产建设兵团国有资产经营规模分布情况

经营规模	户　数(户)	国有资产(亿元)	占国有资产总量比重(%)
大型企业	197	234.72	24.59
中型企业	372	335.68	35.17
小型企业	443	323.09	33.85
微型企业	455	61.07	6.39
合　　计	1467	954.56	100.00

三、新疆生产建设兵团国有资本保值增值综合分析评价

2016年，纳入统计的16家单位中，11家实现国有资本保值增值，未实现国有资本保值增值的单位5家。国有资本保值增值率超过110%的有1家，第十一师保值增值率110.54%。

表6　　2016年新疆生产建设兵团国有企业地区国有资本保值增值情况

地　　区	国有资本保值增值率(%)
第一师	91.12
第二师	105.63
第三师	105.81
第四师	106.44
第五师	90.21
第六师	92.90
第七师	105.24

地　　区	国有资本保值增值率(%)
第八师	100.48
第九师	99.78
第十师	102.83
第十一师	110.54
第十二师	105.07
第十三师	108.37
第十四师	95.54
兵团国资委监管企业	102.09
兵团直属企业	102.69
兵团企业汇总	101.52

2016年,兵团企业从行业分析上看,大部分行业实现国有资本保值增值,其中,建筑业国有资本保值增值率110.46%,房地产业国有资本保值增值率110.16%,批发和零售业国有资本保值增值率108.68%,金融业国有资本保值增值率106.55%,农林牧渔业国有资本保值增值率105.69%。

表7　2016年新疆生产建设兵团国有企业行业国有资本保值增值情况

行　　业	国有资本保值增值率(%)
农林牧渔业	105.69
工业	99.11
建筑业	110.46
地质勘查及水利业	100.66
交通运输业	101.37
仓储业	97.72
批发和零售业	108.68
金融业	106.55
房地产业	110.16
社会服务业	101.73
科学研究和技术服务业	17.86
兵团企业汇总	101.52

四、新疆生产建设兵团国资委监管企业改革发展情况

兵、师国资系统紧紧围绕"两个坚持""三个有利于"的国有企业改革方向,以增强企业内生动力和市场竞争力为突破口,深入推进国有企业改革工作。为加大公司制股份制改制力度,金石期货公司通过引进新加坡方作为战略合作方成功完成混合制改革,进一步完善法人治理结构,实现当年扭亏增盈。兵团设计院集团公司对下属的建筑分院、环评中心和建通公司,开展员工持股改革试点。截至2016年底,兵团国家出资企业总计2991户,其中,完成公司制改制2840户,占全部企业户数的95%;混合所有制企业1740户,占全部企业户数的58.2%。

五、新疆生产建设兵团国资委监管企业并购重组与完善法人治理结构情况

为增强监管企业市场竞争力,优化国有资本布局,兵师国资委加大对监管企业资源整合重组的力度。五师积极推进新赛股份公司并购重组,六师引进战略投资者入股百花村股份公司成功实现产业升级转型,九师引进南京恰尔维食品公司和新浪江苏团队对绿翔牧业进行重组改制,十三师积极打造矿产资源经营平台,为新三板挂牌打好基础。兵团医药公司成功引进重庆医药集团进行重组,快速拓展新疆及周边地区市场。

在加快企业改制重组步伐的同时,兵师国资委以董事会建设为抓手,指导监管企业完善现代企业制度建设,明确权责,优化运行机制,董事会人员结构发生积极的变化,有效地提高企业董事会的规范化运作。兵团国资委监管的8户企业中有6户企业设有外部董事,企业外派董事和独立董事的比例逐步扩大,董事会成员的知识结构、专业结构更加优化,有效保证董事会依法决策和科学决策,有力地促进企业董事会建设和法人治理结构的进一步规范完善。

六、新疆生产建设兵团国资委监管企业建立和完善经营业绩考核与薪酬体系情况

根据党中央、国务院关于深化国有企业负责人薪酬制度改革系列文件精神，兵团国资委对《兵团国资委监管企业负责人经营业绩考核暂行办法》(兵国资发〔2010〕200号)进行修订，2016年1月出台《兵团国资委监管企业负责人经营业绩考核办法(试行)》(兵国资发〔2016〕8号，以下简称《考核办法》)和《兵团国资委监管企业负责人薪酬管理办法(试行)》(兵国资发〔2016〕9号，以下简称《薪酬办法》)。

修订后的《考核办法》《薪酬办法》有以下几方面的特点：一是对企业实施分类考核。根据企业功能、定位、作用不同，将企业分为商业类和公益类。对不同功能企业，提出不同的考核要求。商业类企业，重点考核经营业绩指标、国有资本保值和市场竞争能力；公益类企业，重点考核成本控制、产品服务质量、营运效率和保障能力。二是明确企业负责人薪酬确定办法。基本年薪按照兵团企业分类划级结果，在不超过上年度兵团本级国有企业在岗职工平均工资(以下简称“职均工资”)的3倍以内确定。绩效年薪以职均工资为基数，根据企业负责人年度业绩考核评价结果并结合绩效年薪调节系数(绩效年薪调节系数依据企业规模、经济效益和功能定位确定)，在不超过职均工资的5倍以内确定，于考核年度后一次性兑现，切实体现“业绩升、薪酬升，业绩降、薪酬降”的考核分配原则。三是对超额完成任期经营业绩目标的企业负责人实行任期激励。任期激励收入按照不超过企业负责人任期内年薪总水平的30%确定，于任期末根据任期考核评价结果一次性支付。企业负责人年度和任期综合考核评价为不称职的，不得领取绩效年薪和任期激励收入。四是实行差异化薪酬管理办法。对组织任命的企业负责人，由兵团国资委进行考核，薪酬分配严格执行中央和兵团的有关规定；对市场化选聘的企业负责人，由董事会或总经理根据业绩合同进行考核，实行市场化薪酬分配机制。五是规范企业负责人福利性待遇。企业负责人享受的符合国家规定的企业年金、补充医疗保险、住房公积金等福利性待遇，一并纳入薪酬体系统筹管理。

七、新疆生产建设兵团国资委监管企业负责人考核与选人用人机制改革情况

2016年，对企业领导班子和领导人员年度和综合考核，坚持经济效益和社会效益相统一，科学设置考核指标，合理确定考核目标。加大履行政治责任、社会责任等情况的考核评价，将维稳戍边、民族团结一并纳入考核评价体系，体现以德为先，全面考评领导班子及成员的能力素质、履职行为和履职结果，引导企业更加注重班子团结、企业党建、科学管理等的软实力提升。按照领导干部报告个人有关事项两项党内法规要求，认真落实企业领导人员个人有关事项报告制度，加强监管企业领导人员的选拔任用和日常管理工作，将企业领导人员个人有关事项报告、查核结果的运用贯穿到企业领导人员选拔任用全过程，对企业领导人员职务变动、任职提升、交流任(挂)职等建立逢动必查、逢提必审的选人用人机制，自觉接受组织的监督。

八、新疆生产建设兵团国资委监管企业党的建设和廉政建设情况

进一步加强党员思想教育，加强作风建设，扎实开展各项教育实践活动。一是加强基层党组织建设。按照“参与决策、带头执行、有效监督”原则和与现代企业制度相适应的要求，探索实践国有企业党组织促进企业改革发展的有效途径，着力推进国有企业党建工作领导体制、管理制度创新，努力形成企业党组织与公司治理结构职责明确、有机融合、运行协调的工作体制和运行机制。2月，与监管企业党委签订党建工作责任书，下发《兵团国资委监管企业2016年党建工作要点》。二是加强人才队伍教育管理。突出抓好监管企业人才工作的宏观管理，指导监管企业人才队伍建设，大力推进人才管理体制改革，形成人才能进能出、岗位能高能低、待遇能升能降的灵活机制。组织选派机关、企业各类人才参加处级公务员培训班、供给侧结构改革专题研讨班、兵团高层次人才培训班、深化国资国企改革发展专题研修班等方面的学习培训。三是深入开展兵团党风廉政建设和反腐败斗争，不断增强廉政意识，筑牢思想防线，不断促进兵团国资委系统反腐倡廉建设。按照兵团党委的统一部

署，以“两学一做”学习教育为抓手，认真学习贯彻《中国共产党廉洁自律准则》和《中国共产党纪律处分条例》，深入开展“四风”及稳定变异“四风”问题、企业干部损害职工利益问题专题治理工作。建立和完善与国资监管、国有企业改革发展新形势、新任务相适应的拒腐防变教育长效机制、反腐倡廉制度体系和权力运行监控机制，认真落实党风廉政建设责任制。加强对企业“三重一大”决策制度执行情况以及企业重点岗位和关键环节的监督检查，针对存在问题提出整改要求。把握运用“四种形态”，严肃查处违纪案件，“不敢腐”的震慑作用逐步增强，不断完善制度，加快构建“不能腐”的体制机制。深化纪律检查体制改革，各级纪检监察机构监督执纪问责的作用持续增强。

（撰稿人：黄　雄）

2017

CHINA' S STATE-OWNED ASSETS SUPERVISION AND ADMINISTRATION YEARBOOK

中国国有资产监督管理年鉴

中央企业改革与发展

第四篇

中国核工业集团公司

【基本概况】 2016年是党和国家迈向新步伐的重要一年，也是中国核工业集团公司(以下简称“集团公司”)改革发展取得新进展的一年。2016年，在党中央、国务院、中央军委的正确领导下，在上级部委的大力支持和帮助下，集团公司全体员工齐心协力，奋力拼搏，努力抢抓机遇、积极应对挑战，实现“十三五”良好开局。集团公司努力克服核电降负荷降价，天然铀、核燃料市场下行，人民币贬值，铀产品增值税政策调整等不利因素，积极提质增效，全力以赴保增长，产业经济实现稳中有进。

【主要指标】 2016年，实现营业总收入776.7亿元。利润总额128.4亿元，比2015年奋斗目标增长32.4%。经济增加值(EVA)76亿元，同比增长5.9%。主要经济指标创历史最好水平。“两金”占流动资产比重49.5%，优于国资委考核目标0.4个百分点。资产负债率降至69.8%，自集团公司成立以来首次低于70%。各项指标均超额完成国资委的考核目标，连续11年获得国资委考核A级。

【改革发展】 集团公司积极贯彻落实全面深化国有企业改革的各项要求，加快现代企业制度建设，以推进供给侧结构性改革为主线，积极推动“瘦身健体”、提质增效，压减管理层级，提高管理效能，发展的质量和效率得到进一步提升。

建设规范董事会试点有序推进，公司治理不断完善，董事会议大事、把方向、防风险的作用更加突出，党建工作要求纳入集团公司章程。进一步完善核电公司和中核控股的产业定位，优化产业发展机制，完成中核控股公司化改制。同辐公司股改上市取得积极进展，增资扩股方案得到财政部和国资委批复。对接多层次资本市场，中核凯利、中核控制的新三板挂牌工作有序推进。积极推动职业经理人市场化选聘工作，同辐公司中同蓝博成为集团公司首家试点单位。事业单位分类改革不断深化，形成军工科研院所分类方案。

积极稳妥处置“僵尸企业”，确认10户企业纳入国资委“僵尸企业”及特困企业名单，衢州铀业、金宏铀业人员分流安置工作全面完成。西核公司综合改革方案通过党组审议。进一步优化产业结构，提升资产质量，全系统通过注销、股权转让和破产等方式压减8户企业法人，获得国资委肯定。深入开展亏损企业专项治理，狠抓责任落实、建立长效机制，中核辉等34户企业扭亏为盈，亏损户数、亏损额较2015年分别减少32%和51%。积极推进“三供一业”分离移交，妥善解决历史遗留问题，争取财政补助资金4.3亿元，签署30项分离移交(框架)协议。高度重视改革调整中的信访维稳，有力保障各项改革措施平稳推进。

【重大项目】 核电安全高效运行，在建项目有序推进。在运核电机组达到16台，总装机容量1326.1万千瓦，全年实现发电量875.26亿千瓦时，整体运行指标连续四年国内领先，达到世界先进水平。海南2号、福清3号机组建成投产。自主三代核电项目华龙一号示范工程建设顺利，工程节点全部按期实现，首台蒸汽发生器研制成功，首炉元件实现批量生产，标准梳理全面铺开，华龙一号融合工作赢得技术和舆论上的主动。三门1号机组完成热试。田湾6号机组实现FCD，2号机组十年换料大修创国内最短工期纪录。秦山核电圆满完成G20峰会保安全保发电任务，受到国家核应急办公室通报表扬。

核燃料循环产业取得新进展，生产任务全面完成。国内首个千吨级绿色铀矿山新疆伊犁大基地全面建成。加强与中石油、中石化、神华集团等合作，巴彦乌拉、大营、纳岭沟等重要铀矿权掌控工作取得重要进展。全球首条工业规模高温气冷堆燃料元件生产线投产，AP1000燃料元件自主化生产线全面建成，具备生产能力。

核技术应用及相关产业加快发展。同辐公司医药中心全国布局稳步推进。中核控股首个国产化质子治疗示范中心项目落户天津，医疗产业资源整合取得进展，健康管理业务开拓不断加快，消防工程市场占有率大幅提升。新能源产业稳步发展，山东潍坊风电二期等3个风电项目、河北临城光伏项目成功并网发电，在运装机容量达到120万千瓦，新增资源储备超过300万千瓦。中核融资租赁公司正式运作。

大力推进与各级政府的合作，达成广泛的共识和意向。与多家中央企业签署战略合作协议，推动浮动堆、高温气冷堆、低温供热堆、快堆等重点领域的科研和产业合作。

【重大创新】 2016年，集团公司坚持以科技创新为抓手培育核心竞争力，持续加大科技研发投入力度，全年研发投入24亿元，其中自主投入超过10亿元。大力实施“龙腾2020”科技创新计划，一批科技项目取得新突破。

ACP100通过IAEA通用反应堆安全审查，海南示范项目厂址可研和设计取得积极进展。核电DCS工程样机研制取得突破，首台套产品成功对接快堆示范工程。核电厂老化管理科研项目取得成效，有力支撑秦山一期核电许可证延续工作。

2016年，集团公司获得国家科技进步二等奖1项。获得国防科技进步奖43项，其中一等奖7项。获得中国专利优秀奖2项，完成专利申请2100件，获得发明专利授权1180件。华龙一号总设计师邢继获得中国科协“全国优秀科技工作者”称号。通辽铀业CO_2+O_2原地浸出采铀工程项目获得中国工业大奖提名奖。

【党建工作】 党的领导是中核集团重要的政治优势和组织优势。2016年，集团公司深入贯彻落实习近平总书记“七一”讲话、全国国有企业党建工作会议和六中全会精神，制定贯彻落实全国国有企业党的建设工作会议精神重点任务若干措施，全面落实从严治党，反腐败、严监督、强党建，为改革发展筑牢思想政治基础。集团公司发布央企首例“十三五”党建规划，获得国务院国资委党委充分肯定。

结合改革发展实际，将“两学一做”落到实处。开展形式丰富的“两学一做”学习教育，全体党员思想认识进一步提高，理想信念进一步坚定，“四个意识”进一步增强。各级党委党组以“两学一做”为抓手，真学实做，充分调动广大党员的积极性、创造性，在企业发展、提质增效、科技创新等领域涌现一批先进典型。加强基层党组织建设，全面开展“四排查”工作，得到中组部充分肯定。发挥核干院党校作用，基层党支部书记网上培训实现全覆盖。大力宣传核工业精神，宣传文化和群团工作取得实效。

全面落实从严治党，党风廉政建设取得新成效。加大监督执纪问责工作力度，保持惩处违纪高压态势，强化震慑态势，以查处问责关键少数的方式，教育警示大多数党员干部，进一步强化各级党员干部对纪律的敬畏和对责任的担当。驰而不息抓作风建设，深化落实中央八项规定精神，圆满完成集团公司“四风”问题整治与“回头看”工作。新建、修订涉及“四风”方面制度180项，出台资金支付与费用报销“十不得”规定，着力构建“不敢腐”“不能腐”“不想腐”的长效机制。

落实中央“党管保密”的要求，完善集团公司保密管理体系，确保国家秘密安全。离退休党员“两项建设”不断加强，老同志政治待遇得到有效落实，中核四川环保工程公司离退办和核工业二一六大队宁杰分别被授予全国离退休工作先进集体和个人荣誉称号。新闻宣传工作取得新成绩，中央电视台宣传41次，《解密中核》得到广泛好评。集团公司积极践行央企社会责任，开展扶贫帮困，累计投入帮扶资金达到1000万元。

【安全环保】 安全环保工作进一步加强。持续推进重点风险隐患排查整改，明确77项集团公司级安全环保风险的针对性治理方案。开展“安全规程年”活动，注重安全环保管理提升，强化全系统安全标准化运行机制，着力构建安全发展长效机制。积极应对反恐防暴形势，切实落实核安保措施，有效保障涉核目标安全。2016年，集团公司核与辐射安全保持良好记录，工业安全形势平稳，未发生较大及以上安全生产事故，环境安全受控。

（撰稿人：王　健）

中国核工业建设集团公司

【基本概况】 2016年，中国核工业建设集团公司（以下简称“中国核建”）承担着提质增效稳增长和调整结构促转型的双重任务，面对复杂外部环境和严峻经营压力的双重挑战，中国核建党组带领广大干部职工，齐心协力、开拓进取，统筹开展“两学一做”学习教育，全面推动深化改革、着力推进转型升级，有针对性地解决突出问题和矛盾，千方百计化解下行风险，完成稳增长的硬任务，改革发展各项工作取得一定的成绩。

【改革发展】 完善深化改革顶层设计与配套衔接。为深入贯彻落实党中央、国务院关于深化改革指导意见，研究制定深化改革的总体方案，完成"1＋9"文件体系的"1＋7"配套文件，明确改革总体要求和主要目标，从加快完善现代企业制度、坚定推进内外部资源重组整合、积极发展混合所有制经济等7个方面推出42项具体举措；制定发布中国核建《深化改革实施方案督查考核办法（试行）》，形成推动深化改革督办协调的配套办法，有力有序统筹推进深化改革措施落地。

积极探索党的领导与公司治理有机统一。贯彻党的十八届六中全会和全国国有企业党的建设工作会议精神，贯彻习近平总书记提出的两个"一以贯之"要求，将加强党对国有企业的领导与完善现代企业制度统一起来，发挥党的领导和公司治理两个优势。明确制度安排，把党的领导写进公司章程，融入公司治理各环节，在各级公司章程中明确党建工作总体要求，明确党组织在决策、执行、监督各环节的权责和工作方式，使党组织发挥作用组织化、制度化和具体化。按照规范董事会试点要求，完成中国核建董事会组建，健全公司治理体系和工作制度，重大决策事项得到有效落实。各单位建立党委书记、董事长一肩挑领导机制，从机制上解决党的领导和公司治理"两层皮"的问题。

改革试点有序推进。中国核建列入混合所有制改革试点单位之一。内部试点进一步扩大，推出第二批9家深化改革试点单位。中核新能源混合所有制改革战略投资人引入工作圆满收官，募集资金12亿元；中核晶环实施契约化经营管理及职业经理人制度；其他单位结合自身特点，积极研究深化改革的工作方案。

【企业管理】 登陆资本市场，股份公司成功上市。股份公司上市是中国核建集团多年来的重要目标任务。2016年进入IPO冲刺阶段，高质量完成中国证监会的反馈意见回复、初审会和发审会的问题澄清、封卷、路演、询价以及募集资金的使用和安排。6月6日，中国核建成功登陆A股市场，发行5.25亿股流通股票，资本市场反映热烈，给出较好的评价和较高的估值。上市第二月纳入摩根斯坦利中国指数。截至2016年底，二级市场股价平稳、信息披露充分、完整合规，符合监管要求，市场形象良好。股份公司成功登陆A股市场，有效提升和改善公司治理结构和资本结构，这是中国核建集团发展史上的一个里程碑，也标志着中国核建集团开启资本市场发展新阶段。

基础管理持续夯实。强化运营管理基础，加强经济运行分析，增强指标压力传递，及时出台"保增长"方案，全力保障年度稳增长任务。完善财务管理体系，深化会计标准化建设，财务报表网报平台基本建设完成，财务分析支撑决策作用进一步增强。"营改增"工作顺利推进。不断提高资金集中管理水平。

投资管理持续改进。加强制度建设，制定《投资项目审核权限（试行）》等制度，进一步规范投资项目的权限边界。强化股权管理，系统梳理所属企业股权结构、法人层级和管理层级。综合考虑子公司对股东的利润贡献及开拓市场实际，统筹开展增资工作。夯实计划管理，促进投资审核工作前移，增强投资计划的科学性和有效性。2016年中国核建投资计划执行率同比提高12%。

降本减费持续推进。建立更加有效的资金配置机制，全力保障投融资业务资金需求，灵活运用多种融资工具，降低融资成本，2016年中国核建综合融资成本同比下降0.5个百分点，降幅11.61%。合理安排和调剂资金，在符合规定范围内使存款形式多样化，存量资金实现效益最大化。加强预算执行的有效性和准确性，严控"三公"经费支出，年度费用增速减缓。

风险防控工作成效凸显。落实中央法治建设精神，部署法治央企建设，持续开展工程项目规范运行情况检查，工程规范管理长效机制逐步建立，"依法经营、规范管理"水平进一步提高。加强法律审核，对法律纠纷案件化解和加强法律风险防控作出全面部署，完善总部规章制度体系建设，对现有规章制度开展全面立改废，逐步改变制度多、执行少的现象。将风险管理融入日常经营管理，通过加强财务预警分析，定期召开经营例会，保证公司健康运营。加强内控审计管理，针对重要业务流程及管理薄弱环节进行整改，实现内控全覆盖。

安全质量环保水平全面提高。完善安全质量监管体系，落实四项安全生产管控指标要求，与各单位签订《安全生产责任书》，落实主体责任，强化安全考核。加强过程管控，按照"全覆盖、零容忍、严执法、重实效"要求，组织多次全系统安全质量检查和专项督查。持续推进安全生产标准化建设，持续开展"安全月""质量月"活动，全面宣传贯彻安全文化。

压减工作全面推进。为贯彻落实党中央、国务院关于促进中央企业深化改革"瘦身健体"的要求，研究制定工作方案，对扭亏无望的、持续亏损、不符合战略发展要求的，坚决清理关闭。

【重大项目】 高温气冷堆推广取得突破。在习近平主席与沙特阿拉伯国王萨勒曼见证下，与沙特能源城签订《沙特高温气冷堆项目合作谅解备忘录》；在刘延东副总理见证下，与印尼原子能机构签订《关于印尼高温气冷堆发展计划的联合项目协议》，海外市场宣传与推广取得明显成效。大力推进国内高温气冷堆项目开发建设。

军工工程保质保量。积极履行保军职责，加强工程管理，以高度责任感完成在建工程建设任务，军工工程合同履约率100%。核电工程稳中提质。坚持做强做精，在建国内外核电机组23台，年度内同时在建机组数最高峰值达到27台，工程进度、质量、安全管理有效、总体受控。2016年，多次召开核电市场开发研讨会议，加大市场开发力度和深度，积极化解遗留的商务结算问题。坚持成本领先，全面开展核电新项目的前期准备工作，通过推进土建安装一体化，优化工序、集约资源，不断降低成本，新签核电合同额同比增长61%。

工业与民用业务优化升级。聚焦中高端市场和项目，大项目逐步增多，全年新签合同额保持增长态势。优化业务结构，向基础设施领域发力，在道路桥梁、地下综合管廊等领域取得进展。

优化区域布局，拓展新疆、宁夏、青海、东北等市场区域。国际化经营稳步发展。紧跟国家"一带一路"倡议，大力拓展国际市场，深耕蒙古、马来西亚等市场，国际工程市场布局稳步发展。优化国际市场开发模式，探索尝试BOT、F+EPC等模式。打开国际贸易大宗商品进口业务领域，探索国际业务产融结合。

【多元化业务】 水电业务持续向好。在电力供需矛盾突出、国内电价下行的压力下，全力优化电站运行、加强电力营销，实现发电机组安全、可靠运行，全年发电突破65亿千瓦时大关。新疆阿尔塔什等重点工程项目有序推进。加大优质清洁能源获取力度，完成陕西合阳光伏等项目收购，一批风电、光伏项目按计划投产运行。不断优化布局，借助电改东风，积极开发售配电市场。电源开发坚持向电力负荷中心转移，作为中国核建清洁能源产业平台的作用得到进一步凸显。

环保水务产业链进一步完善。持续扩大环保水务及产业链规模，日水处理能力达到165万吨；光伏业务营收同比增长67%，进入国内光伏EPC品牌前列。

金融平台助力作用初显。资本控股、产业基金和融资租赁公司先后成立，金融业务布局形成。2016年，首次在香港特区发行离岸人民币债券15亿元，打通境外融资渠道。资产管理工作稳步推进。绵阳老基地项目、宜昌老基地项目和青岛科技园项目总体进展顺利。仪征振华资产处置工作年底前完成整体产权挂牌，加大不良资产处置力度。

【重大创新】 积极响应国家创新驱动发展号召，以"双创"为载体，集约创新资源，探索模式创新，成立股份公司科技创新中心，检维修技术研发中心，并与南华大学、上海交大等共同设立协同创新中心13家。注重技术创新，突破巴基斯坦高温条件下混凝土配合比的技术问题；参与编写制定LNG领域首个国家设计规范；在核电不锈钢水池自动焊、混凝土裂缝控制技术等方面，保持国际先进水平。积极鼓励内部创新，营造创新氛围，面向一线立项科技创新项目22个。2016年，获得专利授权106项、其中发明专利35项，获得省部级科技奖12项。

【党建工作】 党的建设与队伍建设不断加强。中国核建党组从履行管党治党主体责任出发，对中国核建党建工作实行统一部署，统筹推进党的建设各项任务。在庆祝建党95周年之际，组织召开党建工作会议，评选表彰“一优两先”先进典型，为广大干部职工树立学习的榜样和标杆。按照中央统一部署，扎实开展“两学一做”学习教育，各级党组织坚持高标准、严要求，广泛征求意见，聚焦突出问题，高质量开展“三会一课”、学习研讨，引领学习教育扎实有效展开。坚持党管干部原则，践行国有企业领导人员“对党忠诚、勇于创新、治企有方、兴企有为、清正廉洁”新标准，不断优化干部结构，2016年，通过内部选拔和外部引进相结合方式组织开展党组管理干部选任工作。统筹推进各类人才队伍建设，畅通人才成长通道，不断激发人才队伍活力。中核五公司罗开峰荣获“中华技能大奖”称号，是中国核建第二位获此殊荣的技能人才；中核二三魏海涛荣获“全国技术能手”称号。

党风廉洁建设力度持续加大。牢记“高线”和“底线”要求，专题学习《中国共产党纪律处分条例》等党内法规，不断强化党员干部的纪律规矩意识，筑牢拒腐防变的思想防线。严格落实全面从严治党主体责任和监督责任，通过层层签订《党风廉政建设责任书》逐级向下传导压力。狠抓基层项目部的党风廉洁建设，确保落实“两个责任”的压力切实传导到基层不衰减。紧扣“六大纪律”，坚持政治巡视，对4家单位开展内部巡视工作，进一步压实责任。围绕企业生产经营加强监督管理，加强对重点人、重点事、重点环节的监督，促进规范经营，不断深化和巩固巡视整改工作成果。

【信息化建设】 信息化管理流程持续优化。提高信息化管理水平，重点推进核电多项目管理信息系统（ENPower）的推广与应用，综合项目管理信息系统上线、加快财务核心业务系统的建设，管理的信息化、流程化基础愈加扎实。

【企业文化建设】 企业文化富有活力。注重思想引领，发布中国核建2016年企业文化建设、新闻宣传、群团工作要点。坚持正确舆论导向，创新文化传播方式，通过宣传展示先进典型、举办“七一”升旗仪式、开展“弘扬工匠精神寻找中国核建工匠”活动等方式，力促企业文化核心理念深入人心，中国核建核级焊工中核二三未晓朋亮相中央电视台《新闻联播》“大国工匠”栏目。大力实施品牌建设工程，发布并更换集团公司标识，升版VI手册，赋予品牌丰富内涵，提炼“美好生活核你共建”品牌口号，参加大型展览，展示品牌形象，提升品牌美誉度。切实履行社会责任，开展扶贫帮困、援疆援藏等公共事业。组织开展丰富多彩的群团工会活动，激发员工活力。

（撰稿人：李小禹）

中国航天科技集团公司

【基本概况】 2016年，中国航天科技集团公司（以下简称“集团公司”）坚决贯彻党和国家的方针政策和战略部署，以“发展航天事业、建设航天强国”为己任，紧紧围绕保成功、保交付、保增长、抓党建、抓改革、抓管理“三保三抓”任务目标，圆满完成以天宫二号和神舟十一号载人飞行任务、新一代运载火箭长征五号、长征七号首飞等为代表的一系列重大航天工程任务，全年宇航发射次数首次突破20次创历史新高，多型战略战术导弹武器装备研制、生产、试验、演习保障任务取得一系列重大突破和重大进展，出色履行富国强军使命，为我国国防现代化建设、维护国家安全与世界和平作出重要贡献。集团公司坚持从严治党、深化改革、创新发展、提质增效，完成规范董事会建设、强化战略管控、加快改革创新、夯实基础能力，在航天技术创新、国际化发展、体制机制改革、人才队伍建设、党的建设等方面，都取得突出成绩，在外部宏观经济下行压力增大的形势下，经济规模实现快速增长，继2015年首入世界500强后第二次上榜，成绩比上年提高93名，较好地完成全年型号任务、产业发展和经济增长目标，实现集团公司“十三五”发展的良好开局，为推动航天强国建设、建成国际一流大型航天企业集团、成为国家科技创新排头兵夯实基础。

【主要指标】 2016年，集团公司资产总额3872.3亿元，同比增长8.4%；营业收入2132.1亿元，同比增长11%；利润总额177.02亿元，同比增长14.1%；资产负债率52.9%，成本费用率93.28%，增加值551.7亿元，同比增长10.6%，圆满完成全年经济指标任务和国资委经营业绩考核指标，连续13年获得国资委经营业绩考核A级。

表1　　2016年中国航天科技集团公司主要经济指标

项　目	2015年	2016年	比上年增长(%)
资产总额(亿元)	3571.62	3872.32	8.42
所有者权益(亿元)	1595.75	1825.02	14.37
营业收入(亿元)	1920.16	2132.10	11.04
利润总额(亿元)	155.07	177.02	14.16
净利润(亿元)	138.57	158.00	14.02
归属于母公司所有者的净利润(亿元)	116.44	132.61	13.89
技术开发投入(亿元)	676.32	689.98	1.98
利税总额(亿元)	208.39	231.01	10.9
应交税金总额(亿元)	53.23	53.99	1.43
全员劳动生产率(万元/人·年)	28.30	31.50	11.3
净资产收益率(%)	9.38	9.24	减少0.14个百分点
总资产报酬率(%)	4.69	4.95	增加0.26个百分点
国有资本保值增值率(%)	112.60	110.60	减少2个百分点

【改革发展】　2016年，集团公司按照国家统一部署，落实国企改革"1＋N"系列文件要求，研究制定集团公司总部管控模式调整方案，明确2016年集团层面76项主要工作、41项重点事项，二级单位层面改革举措737项、主要工作1101项、改革重点事项855项，有效推动国家改革政策要求和集团公司改革举措落地实施。审批13户厂办大集体企业改革实施方案，推动乐凯、七院等单位"三供一业"分离移交。挂牌成立中国航天科技国际交流中心，重组整合成立新四维公司，基本完成民用产业全民所有制企业改制，有序推动事业单位改革等国家政策性改革任务。"瘦身健体、提质增效"取得明显进展，全年净压减法人单位80户，压减比例位居军工集团第一、央企第四，调整减少27户5级公司。同时，根据国家有关政策要求，结合集团公司改革发展实际，在骨干员工激励、市场化选聘经营管理者和职业经理人、专职董事等方面，主动改革，出台《航天技术应用及服务产业骨干人员激励计划试点方案》《航天技术应用及服务产业投资管理改革指导意见》等配套文件，以及若干业务领域改革实施方案，积极创新实践，发挥好示范、突破和带动作用。

坚持正确的选人用人导向，不断深化人事、劳动、分配制度改革，全面推进人才队伍建设。全年调整补充二级单位领导班子成员83人次，干部交流占28%，调配型号"两总"119人次，遴选委派8名专职董监事；全面实施领导人员和型号两总履职绩效考评；坚持"凡提四必"，全年对3125名干部个人有关事项报告进行抽查核实。制定人才队伍建设"十三五"发展规划，强化高层次人才的选拔培养，全年有1人获得中华技能大奖，5人获得全国技术能手，3名海外专家入选"千人计划"，93名专家获国务院政府特殊津贴。研究制定航天技术应用及服务产业骨干人员激励计划试点方案，11家符合条件的公司开展分红权、虚拟股权、超额利润奖励、EVA奖励等激励试点。合理核定、有效管控工资总额和人工成本，加大"保成功""保增长"奖励力度。加大对领导人员、型号"两总"等重点人才培训力度，拓展科技、管理、技能等人才培训手段，人才队伍能力、素质和作风实现稳步提升。

【重大项目】　2016年，集团公司科学调配资源、严格控制风险、强化质量管理，集中精力组织实施各项型号科研生产试验任务，取得新的历史突破。全年完成22次宇航发射任务，成功将天通一号、风云四号、白俄罗斯通信卫星、高景一号等40颗星(船/器)送入预定轨道，截至2016年底，由集团公司研制的在轨航天器数量145颗，圆满完成天宫二号和神舟十一号载人飞行任务圆满成功，实现长征五号、长征七号首飞，有力提升进入空间、运用空间能力和战略核威慑能力，极大增强我国国防实力和国际竞争力。集团公司克服经济形势下行的困难，全力落实"保增长"，实现产业收入1280亿元、利润89.9亿元，产业规模不断扩大，经济效益稳中有升。归核聚焦主业，实施主业动态调整和内部业务重组论证，推动卫星应用、物联网等领域系统级重大项目协同论证，完成海陆空天一体化宽带卫星通信网络项目及北京城市副中心智慧城市建设项目论证工作。卫星应用系统集成及特色终端项目新签合同超过14亿元；工业机器人项目收入与利润增长超过30%；乐凯工业探伤胶片在集团公司内部100%替代进口，并打入其他军工领域。重点关注项目扭亏成效突出，多晶硅项目实现减亏1.25亿元，碳纤维项目扭亏为盈；实施神舟硅业处置、航天置业清理、海南航天发射场配套区项目移交等相关工作；资产证券化进一步推进。九院企业资产整体注入航天电子、十一院无人机业务重组上市、中国卫通整体上市、航天模塑IPO等工作取得进展；航天电子再融资22.6亿元；联合12家中央企业和金融机构，成立国华军民融合产业发展基金，首期融资规模达到302亿元。

表2　2016年中国航天科技集团公司长征系列运载火箭发射情况

序号	空间飞行器	运载火箭	发射时间	发射地点
1	高景一号商业遥感卫星、“八一少年行”中学生科普卫星	长征二号丁运载火箭	2016.12.28	太原卫星发射中心
2	首颗全球二氧化碳监测科学实验卫星及3颗微纳卫星	长征二号丁运载火箭	2016.12.22	酒泉卫星发射中心
3	风云四号卫星	长征三号乙运载火箭	2016.12.11	西昌卫星发射中心
4	天链一号04星	长征三号丙运载火箭	2016.11.22	西昌卫星发射中心
5	云海一号01星	长征二号丁运载火箭	2016.11.12	酒泉卫星发射中心
6	脉冲星试验卫星及4颗微纳卫星	长征十一号运载火箭	2016.11.10	酒泉卫星发射中心
7	远征二号上面级、实践十七号卫星	长征五号运载火箭	2016.11.03	海南文昌航天发射场
8	神舟十一号飞船	长征二号FY11运载火箭	2016.10.17	酒泉卫星发射中心
9	天宫二号空间实验室	长征二号FT2运载火箭	2016.09.15	酒泉卫星发射中心
10	高分十号卫星	长征四号丙运载火箭	2016.09.01	太原卫星发射中心
11	“墨子号”量子科学实验卫星、稀薄大气科学实验卫星、西班牙科学实验小卫星	长征二号丁运载火箭	2016.08.16	酒泉卫星发射中心
12	高分三号卫星	长征四号丙运载火箭	2016.08.10	太原卫星发射中心
13	天通一号01星	长征三号乙运载火箭	2016.08.06	西昌卫星发射中心
14	实践十六号02星	长征四号乙运载火箭	2016.06.29	酒泉卫星发射中心
15	载荷组合体	长征七号运载火箭	2016.06.25	海南文昌航天发射场
16	北斗卫星导航系统第23颗卫星	长征三号丙运载火箭	2016.06.12	西昌卫星发射中心
17	资源三号卫星02星	长征四号乙运载火箭	2016.05.30	太原卫星发射中心
18	遥感卫星三十号	长征二号丁运载火箭	2016.05.15	酒泉卫星发射中心
19	实践十号返回式科学实验卫星	长征二号丁运载火箭	2016.04.06	酒泉卫星发射中心
20	北斗卫星导航系统第22颗卫星	长征三号甲运载火箭	2016.03.30	西昌卫星发射中心
21	北斗卫星导航系统第21颗卫星	长征三号丙运载火箭	2016.02.01	西昌卫星发射中心
22	白俄罗斯通信卫星一号	长征三号乙运载火箭	2016.01.16	西昌卫星发射中心

【走向海外】 集团公司境外资产主要分布在中国香港特区、新加坡和欧洲。境外投资的行业主要涉及卫星应用、制造业、电子通信、新能源与新材料等方面。2016 年，纳入合并范围的境外企业共计 69 户，其中纯境外企业 38 户，境外转回境内投资企业 31 户。境外经营规模最大的企业是 3 户香港上市公司，分别是亚太卫星、航天控股、中国航天万源。截至 2016 年底，集团公司纯境外资产总额 125.2 亿元。国际市场拓展成绩突出。泰国通信卫星、沙特探空火箭等 11 个宇航国际项目，白俄罗斯 A300、沙特彩虹无人机等 24 个军贸项目均实现顺利签约，6 个型号完成军贸立项，宇航国际项目和军贸项目签约额分别达到 5.8 亿美元和 10.2 亿美元。民用产业国际市场持续拓展，国际化收入同比增长 16.8％。

【党建工作】 2016 年，集团公司党的建设和党风廉政建设扎实推进，深入开展全面从严治党，理论武装和理想信念教育持续强化，党风廉政建设和反腐败工作深入推进，党建工作主体责任得到有效落实。扎实推进“两学一做”学习教育，深入学习党章党规和习近平总书记系列重要讲话精神，党组成员带头深入基层给党员干部讲党课；开展党员先锋岗主题实践活动、先进事迹报告会等一系列活动，有效激励全体员工岗位建功。逐级签订党建工作责任书，开展党组织书记述职评议，推动党建工作进公司章程；10 余家单位完成党委换届选举，21 家党组织开展党代会年会制试点；圆满完成党建“四排查”工作，各级党组织特别是民用产业领域党组织规范化建设取得重要突破。对 9 家二级单位进行内部巡视并狠抓整改；建立信访举报问题线索处置长效机制，严肃查办违规违纪行为。围绕航天事业创建 60 周年、首个“中国航天日”等开展专题宣传，全方位展示集团公司重大成就和良好形象。

【信息化建设】 2016 年，集团公司信息化建设总体情况较好，在重点型号、重点领域和重点环节均取得较大突破，效果显著。组织完成“航天制造 2025”行动纲要、集团公司“十三五”信息化专项规划、集团公司科研生产数字化仿真分析专项规划的编制并正式印发；实现 16 家单位 AVIDM 5.0 系统上线应用，搭建三级协同研制平台并完成 32 家单位跨院协同应用实施；研究形成《集团公司经营管理系统选型报告》，以人力资源系统、专家库、决策支持系统数据库等系统为试点，开展集团公司经营管理统一平台的技术验证；集团公司科研生产信息化基础条件建设项目通过现场竣工验收，集团公司信息化条件建设项目完成指挥控制系统相关软硬件的招标采购工作；组织部署 G20 峰会、十八届六中全会等重要活动期间网络安全保障工作，顺利通过 2016 年公安机关网络安全执法检查，全年未发生网络安全责任事故。

【履行社会责任】 2016 年，集团公司积极履行社会责任，有 161 人次到定点扶贫县调研和帮助工作，投入专项扶持资金 1430 万元，帮助建档立卡贫困人口脱贫数 4546 人；完成广播电视安播、节能减排和信访维稳等任务；组织广大离退休人员开展纪念中国航天事业创建 60 周年系列活动；全年未发生重大环境污染责任事故；先后投入技改资金 2.3 亿元，实施锅炉煤改气（电）等技改与绿色工艺优化 133 项、能源审计等创新管理 39 项；全集团万元增加值能耗 0.156、同比下降 3.12％，二氧化硫排放量 1435.65 吨、相对于上年同期下降 3.11％，化学需氧量排放量 893.78 吨、同比下降 3.19％，氮氧化物排放量 1007.79 吨、同比下降 3.66％，氨氮排放量 208.58 吨、同比下降 2.01％。集团节能减排与环保技术服务中心在环评工作中引进质量管理经验，形成的项目荣获第 41 届国际质量管理小组大会金奖。

（撰稿人：杜　宇）

中国航天科工集团公司

【基本概况】 中国航天科工集团公司（以下简称“航天科工”）是中央直接管理的国有特大型高科技企业。2016 年，在党中央、国务院、中央军委的坚强领导下，在国家有关部门和各军兵种与各战区、有关地方各级党委和政府的大力支持下，航天科工全面实施转型升级发展战略，一以贯之抓战略、抓队伍、抓基层、抓基础、抓党建，圆满完成年度经营计划指标和国资委考核的经营业绩目标，队伍建设拾级而上，体制机制逐步完善，产业结构进一步优化，绩效指标持续提升。连续九年位居央企A级行列；首次进入世界企业500强，位列第381位；连续3个任期获得“业绩优秀企业奖”，连续4个任期获得“科技创新企业奖”，企业的价值创造能力、创新发展能力以及凝聚力持续增强。

【主要指标】 2016年，航天科工实现营业收入2031.66亿元，同比增长16.02%；利润总额148.85亿元，同比增长10.02%；经济增加值103.79亿元，同比增长12.48%；全员劳动生产率27.95万元/人·年，同比增长16.1%；资产总额2571.23亿元，同比增长7.72%；国有资本保值增值率110%，处于行业优秀水平。

2016年中国航天科工集团公司

主要经济指标

项　目	2015年	2016年	比上年增长(%)
资产总额(亿元)	2387.01	2571.23	7.72
所有者权益(亿元)	1066.22	1218.16	14.25
营业收入(亿元)	1751.20	2031.66	16.02
利润总额(亿元)	135.29	148.85	10.02
净利润(亿元)	116.71	128.50	10.10
归属于母公司所有者的净利润(亿元)	92.40	95.91	3.80
年度科技支出(亿元)	208.82	227.28	8.84
应交税金总额(亿元)	52.73	55.91	6.01
全员劳动生产率(万元/人·年)	24.07	27.95	16.10
净资产收益率(%)	11.95	11.25	减少0.70个百分点
总资产报酬率(%)	6.51	6.35	减少0.16个百分点
国有资本保值增值率(%)	112.07	110.00	减少2.07个百分点

【改革发展】 2016年，航天科工深入贯彻“一主两翼三创新”战略思路，军用、民用产业的战略地位得到巩固和加强，“三创新”体制机制不断完善；“两工程”有效控制成本；“三挂钩”政策持续发力，投资观、人才观和效益观逐步转变；“四方案”在转型升级提质增效中发挥基础性作用；“五重大一专项”“N重点创新项目”论证与实施全面推进。事关转型升级二次创业第二阶段战役成败的“三突破”方案编制完成并开始实施，为全面落实“十三五”规划、《深化改革总体方案》提供基本支撑。规范董事会建设和“三重一大”决策进一步规范。军工科研院所改革工作正按照国家统一部署，稳步有序推进。

资本运营能力进一步增强。资本运营外延收入对营业收入增长贡献率32%，超额完成20%年度目标。资产证券化率同比提升4.89个百分点。并购凯天环保、江苏奥雷、得利多富等12家企业，实现环保综合治理、光电器件、金融支付等业务领域拓展。混合所有制改革总体方案编制完成，湖南航天实现改制，启动河南航天改制，明确七院重组方案。加大公司清理整顿力度，清退非主业和低效企业38户，完成4家“僵尸企业”和特困企业治理，全级次单位亏损面为2%；历史遗留问题平稳有序处理。

人才队伍建设卓有成效。加大优秀年轻干部选拔使用力度，健全干部监管制度。开展重大工程项目专项科技创新团队和管理、技能创新团队评选建设。建立在线“专家池”，盘活和用好内外部人才智力资源，高层次人才队伍不断壮大。建立人才利用专有云开展双创活动的保障机制，以及高层次人才选拔和交流共享机制。深化劳动用工和收入分配制度改革，基于实际绩效激励机制核定的绩效工资占比达到80%，人工成本利润率指标持续优化。

【重大项目】 2016年，国家重点工程和重点型号及能力建设任务取得重大进展。快舟一号甲通用型固体运载火箭完成首次商业发射，将吉林一号视频星和搭载的两颗立方星送入预定轨道。发布实施五大商业航天工程，引领我国商业航天产业发展。军民融合产业发展势头强劲，信息安全、智能传感器等9个新兴领域保持20%以上增速。年度新签合同同比增长20.9%；与成都、昆明等合作伙伴签署10项战略协议。全年有207个项目获批立项，其中国家级项目26个；获得各类国拨资金同比增长35%。国家发改委“互联网+”重大工程、工信部安全可靠攻关平台和智能制造试点示范等项目成功获批。取得自主可控联合攻关平台关键资质，自主可控技术总体集成与优化能力得到中央机关、国家机关和军方认可。中标国家省级电子政务二期试点项目和第三代后勤保障装备项目。圆满完成咸阳等地自主可控安全可靠试点任务。国内首个城市地下管线综合管理试点项目通过验收，并在四川、江苏、陕西等地推广。

【走向海外】 国际化经营业务结构持续优化，国际化经营实现营业收入同比增长29%；自营产品出口增长12.7%，国际工程承包增长126%。与白俄罗斯工业部签署合作协议。“一带一路”沿线国家市场开拓取得突破。推动“中国制造2025”与德国“工业4.0”对接，与德国西门子公司在智能制造等领域深化合作。国际工业互联网在德国落地。境外企业收入成为国际化经营收入重要支撑，马凯副总理赞誉IEE公司为中卢高科技领域合作典范。

【重大创新】 2016年，航天科工创新型企业建设取得新进展。组建3个国家级工程中心、4个国防科技工业创新中心；5个民用产业研发中心纳入省部级研发体系。实施16个重点创新项目，设立18个“三创新特区”，支持智慧农业等57个新经济业务发展。成立3个军民融合成果转化平台和14个研发支撑机构，湖南航天新材料研究院成立且运行良好，相继成立深圳航天工业技术研究院、微电子系统技术研究院和航天通信技术研究院。获得国家科技进步奖一等奖1项，国防科技进步奖特等奖1项、一等奖6项；累计有效专利16528件，其中发明专利8935件。内外部双创工作蓬勃兴起。在双创领域布局“两条战线、两套打法、两个目标”，成为国家首批28个双创示范基地之一，并顺利通过第三方评估；荣获“年度央企双创示范奖”。建立内部“三期三池一企业”双创项目培育机制，举办项目路演、创客座谈会、双创训练营等活动，鼓励跨单位协同创新和创新成果共享应用。航天云网众创空间向社会提供数万项知识产权及专家库等各类资源，帮扶1941个双创项目，涉及工业制造等十余个门类；在北京、江西等地设立线下辅导中心，启动建设社会双创生态系统。

【党建工作】 深入贯彻党的十八届六中全会精神，党组织的领导核心和政治核心作用得到强化。全面开展“两学一做”学习教育，各级党组织开展专题学习研讨13438次、讲党课8098人次，党员干部“四种意识”明显增强。推广党委书记季度例会制度，建立全级次党委书记抓党建述职评议考核工作机制，逐级压实全面从严治党主体责任。召开第八次党建工作会，将全面从严治党贯穿转型升级全过程。强化监督执纪问责取得新成效。打造综合监督预警平台，覆盖骨干单位的保障监督体系有效运转；实施亮牌警示整改后评价及通报机制，保障监督体系作用进一步发挥。开展“四风”整治“回头看”，严肃查处违纪问题。二级单位纪委书记全部实现专职化，各级纪检监察机构力量明显加强。实施党委、纪委书记履职不力经济问责、纪委书记提名考察和年度考评以上级纪委会同干部部门为主制度。中央专项巡视74项整改措施全部完成。深化内部巡视，实现第一轮三年巡视全覆盖。

【信息化建设】 “三大平台”建设扎实推进。专有云发布需求476.4亿元、成交105.9亿元，资源整合和利用率大幅提升。航天云网入驻企业超过50万户，交易额207.7亿元，资源整合、能力协同作用初显。智慧企业运行平台圆满完成一期七大试点业务及党建云、大额资金与票据、在线审计的建设任务，并在国密网、商密网上线试运行，初步实现企业运行监控预警自动化。启动“三哑”试点改造，“一级哑”企业全面消除，“非哑”企业占比达到60%；4个智能制造样板间竣工验收。

【履行社会责任】 组织编写并发布2016年度社会责任报告，深度阐释航天科工社会责任价值观“您的安全——我们的责任”。认真落实国务院定点扶贫任务，在云南省昆明市东川区和曲靖市富源县持续开展科技、教育、文化等多领域的扶贫项目建设。在南方暴雨、江苏阜宁龙卷风等灾害的救灾工作中，航天科工研发的应急救援装备为抗震救灾作出积极贡献。成为2016年唯一获得“全国人民防空先进单位”荣誉称号的中央企业。2016年，对外捐款捐助总计612.47万元。以中国航天事业创建60周年、首个“中国航天日”为契机，开展形式多样、内容丰富的航天科普宣传活动，极大地提升航天科工的社会影响力。

（撰稿人：韩　方）

中国航空工业集团公司

【基本概况】 2016年，中国航空工业集团公司(以下简称“航空工业”)党组带领全体干部职工，勤勉尽职、扎实工作，推动改革发展取得新的进步，全面完成国资委经营业绩考核目标，航空科研生产任务全面完成，深化改革实现重大突破。航空工业连续四个任期获得国资委考核A级；在2016年《财富》世界500强中排名第143位，较2015年上升16位。

航空工业的业务定位于“军航与防务、民用航空、工业制造、现代服务业”四大领域。军航与防务是航空工业的使命与核心业务；民用航空是航空工业军民融合的大平台和主渠道；工业制造以“技术同源、产业同根、价值同向”为发展原则，以“高新技术、高端装备、高附加值”为发展方向，主要包括高端汽车零部件、电子核心产业、工业机器人与智能装备、新能源与新材料等；现代服务业包括非银行金融、工程建设、物流等有助于支撑航空主业发展的业务领域。

【主要指标】 2016年，航空工业实现利润总额167.8亿元，同比增长7.79%。EVA 26.6亿元，同比增长11.6%。从运营质量看，成本费用总额占营业收入比重同比减少0.2个百分点。从规模总量看，营业总收入3712亿元，同比增长6.05%；资产总额8679.3亿元，同比增长1.93%。

2016年中国航空工业集团公司主要经济指标

项　目	2015年	2016年	比上年增长(%)
资产总额(亿元)	8515.0	8679.3	1.93
所有者权益(亿元)	2691.1	2867.4	6.55
营业收入(亿元)	3500.4	3712.0	6.05
利润总额(亿元)	155.6	167.8	7.79
净利润(亿元)	101.7	108.8	7.02

续表

项　目	2015年	2016年	比上年增长(%)
应交税金总额(亿元)	153.0	153.8	0.56
全员劳动生产率(万元/人·年)	18.5	19.4	4.72

【企业改革】 在贯彻落实党中央、国务院关于中央企业“瘦身健体”、提质增效的战略部署中，主动作为、迅速落实、真抓真改，成立领导小组和工作机构，建立常态化工作机制，以瘦身健体、提质增效为契机，全面推进各项改革工作。

根据自身重点和难点，梳理形成灭“三无”、去“僵尸”、缩层级、减户数、控两金、清亏损、降负债七项重点任务，制定下发《关于深入推进“瘦身健体”、提质增效工作的命令》(总经理7号令)，将工作任务逐项逐年分解到法人单位，明确时间节点，并将完成情况与经营者考评、薪酬挂钩；成立六个集团督导组，强化督导检查，促进各项工作落实到位。2016年，全面完成相关任务，并超额完成国务院国资委“压减”考核指标。其中，完成10家“僵尸”及特困企业处置；最高产权层级从11级压缩到7级；法人户数减少220余户、净减190户；亏损户数减少27.7%，亏损额下降21.2%。

【组织优化】 改革军品管理模式，顺应军队装备管理体制变革，针对突出问题，整合内部军品管理资源，加快从装备供应商转变为战斗力提供商。裁撤原装备公司，其下属军品单位由集团直接管理。整合原防务工程部、装备公司以及分散在总部相关部门的军品管理职能，组建新的集团工程管理系统，构建“集团抓总、主机牵头、体系保障”的军品管理架构，强化对集团军品业务的集中统一管控。改革后，军品管理人员由240余人缩减至110人，减少54%；明晰与部队用户的对口关系，提高协作效率，更好地响应部队需求；增强航空武器装备建设顶层规划、集中管控、统筹推进的能力；压缩管理层级，补齐在装备规划论证、体系化发展、技术标准等方面的短板，强化军品计划与综合、科研、生产与保障全过程、全寿命统筹决策和协调管理的能力。

着眼于打造更加精简高效、管理顺畅、管控有力的集团总部，进一步明确集团总部核心职能，重新界定总部部门职能，按照优化职能、精简数量、分级管理、突出主业、加强协调的思路进行调整。调整后，总部部门从15个核减为12个，同比裁减20%；项目办和管理办从26个核减为16个，同比裁减38%；处、室从60个核减为49个，同比裁减18%；人员编制从460人核减为286人，同比裁减38%。突出总部党的建设、战略管控、资源调配、创新驱动、主业运营、资本运作、风险防控等核心职能，整合设立党组办公室、规划发展部、资本管理部、民机产业部、科技质量部、产业拓展部、审计与法律部等部门，并对其他部门职能进行优化整合，有利于相关管理职能的集中统筹，有利于聚焦主业发展，有利于对接市场和客户需求。

实施直属单位"三定"工作，统一规范部门设置，直属单位本部机构数量压缩36%，人员编制压缩28%，领导职数压缩23%。成员单位管理扁平化改革，已在西飞公司开展试点，撤销"总厂一生产厂"两级建制，将原有的6个总厂、9个专业厂、41个生产厂整合为20个专业厂，领导干部减少37.7%，一般管理人员减少23.7%，辅助工人减少30.8%。

【聚焦主业】 落实供给侧结构性改革、国企分类改革精神，坚持航空报国的初心，进一步优化业务布局结构。截至2016年底，国务院国资委考核的核心主业收入占总收入比重48.6%，同比增加5.5个百分点。

强化主业管理，明确"军航与防务、民用航空、工业制造、现代服务业"四大业务领域，重新核定直属单位主业，推动资源整合与业务重组。整合航空研究院、基础院和经济院中的同类项，重组设立新的中国航空研究院，加强战略性、前沿性和基础技术研究。以625所为基础，整合组建航空制造技术研究院，强化先进航空制造技术研究。整合通用航空资源，将幸福控股、中航重机并入通飞公司，加快通航产业发展，促进通航制造与航空运营相辅相成。统筹整合航空技术同源相关产业，将汽车公司并入机电公司，增强协同发展效应。整合文化传媒业务，组建集团全资的新中航文化公司。调整理顺通飞公司、机电公司、中航资产等企业的产权和管理权关系。

坚决退出非主业。通过出售转让、破产清算及注销等方式减少非主业单位94户，处置非主业资产450亿元。完成林业及地产主体业务退出，积极推动船舶、客车、钾肥、煤炭、一般性贸易等非主营业务退出。制定下发《长期股权投资实施细则》，加强投资制度化管理。

加强与央企战略合作。以地产业务整合为契机，与保利集团在国际贸易、医疗、文化传媒等领域开展战略合作，实现优势互补、合作共赢。发挥锻造业务优势，整合国机集团8万吨大型模锻压机等项目，共同打造高端航空模锻件供应商。与国新集团战略合作，围绕供给侧结构性改革、"一带一路"、国际产能合作等共同开展境外投资，风险共担、利益共享。

【机制创新】 探索混合所有制改革，推进资产重组整合，启动实施5项，完成2项。启动IPO项目1项，再融资项目5项，累计融资47亿元。下属江航公司列入国防科工局混合所有制改革试点。

积极推进三项制度改革，推进劳动用工和薪酬分配改革，用工增幅首次实现下降0.72%，清退非必须返聘员工5000余人；完善工资总额预算管理，修订经营者年薪制办法，理顺薪酬分配关系。耐世特股权激励、中航光电限制性股票激励等中长期激励试点按计划推进。

【航空产业】 航空装备科研生产进展顺利。全年交付民机367架。全球在研最大的水陆两栖飞机AG600总装下线；全新研制的新一代涡桨支线飞机"新舟"700冻结总体技术状态，其驾驶舱内饰系统获得"中国优秀工业设计奖"金奖；"新舟"600F获得10架确认订单；中法合作研制的AC352直升机实现首飞，AC311A直升机获得民航型号合格证；运12飞机相继取得中美型号合格证，并获得4架意向订单；西锐公司SF50单发涡扇飞机取得美国型号合格证并交付用户。同时，全力保障C919首飞，确保ARJ21批产和航线运营需求。

深入落实《国务院办公厅关于促进通用航空业发展的指导意见》(国办发〔2016〕38号)精神，制定下发集团党组《关于加快通用航空产业发展的决定》(航空党组〔2016〕51号)，明确通航制造业的主业定位及开放发展的思路。扎实推进"爱飞客"通航产业聚集示范区建设，布局9个城市，4家正式开工建设。同时，以虚拟现实、高端装备和无人机为切入点，开展产业拓展，大力推动军民融合产业。

【走向海外】 贯彻落实“一带一路”国家战略，加快国际化开拓步伐。全年实现国际化收入936.9亿元，同比增长11.1%，占总收入25.3%；跨国指数14.8%，同比增加2.2个百分点。截至2016年底，航空工业各所属单位在“一带一路”沿线和相关的45个国家在执行和在跟踪项目204个，项目金额703亿美元。

开拓国际市场，L15飞机等军贸重点产品实现批量交付和出口签约，737MAX内襟翼、方向舵等转包生产批量产品实现首件交付。积极参与组织2016年珠海国际航展。特别是我国自主研制的歼20、运20等“20系列”先进主战装备参展，成为本届航展最大的亮点，展现我国航空武器装备发展的新成就，得到国内外的广泛关注和高度评价。

【科技创新】 大力加强自主创新和科技攻关，突破一批关键性技术，保障产品研制顺利推进。坚持创新驱动发展模式，按照从基础研究、应用研究、先期技术开发、演示验证到工程发展的路径，体系性安排预研，系统性提高技术成熟度，为型号发展奠定基础。

强化科技创新组织推动，成立科技创新领导小组，从组织建设、技术创新和机制建设等方面进行全面、系统梳理，统一设计集团公司科技创新架构。充实加强集团科技委组织和业务建设，将科技委论证评审作为重大项目立项的前置程序，进一步提升项目论证的科学性。

继续构建协同创新体系，对内注重各类研究中心的整合，建立共性和基础研究平台和中心，打破内部壁垒，形成创新合力。将中国航空研究院、基础院、经济院整合为新的航空研究院和航空制造技术研究院，强化航空基础研究和制造技术研究。对外继续推进“中航工业产学研结合创新工程”，有针对性地与国内外高等院校、科研机构建立战略合作关系，形成围绕基础研究和前沿探索研究的科技战略合作联盟。

2016年，获得国防科技奖60项。申请专利7651项，申请数量年增长率超过15%。不断深化管理创新，从事航空产品生产的单位全部实施AOS流程管理体系建设试点。

【信息化建设】 贯彻落实“中国制造2025”，大力推进协同创新、“两化”融合、智能制造等工作。组建国防科技工业航空技术创新中心和智能制造创新中心；10家所属单位通过工信部两化融合管理体系贯标评定。结合高端制造业的特点，大力推进智能制造和智慧院所体系建设，“新一代涡桨支线飞机协同开发与云制造”等4个项目列入工信部智能制造试点示范工程，11个项目列入工信部智能制造专项。发布航空工业“两化”融合“十三五”规划和统一IT架构总体要求V2.0版。

【双创工作】 贯彻落实国家“双创”“互联网+”战略部署，发挥高科技产业优势，按照“搭平台、建生态、走出去、引进来”发展思路，以“创新创业+军民融合”为目标，积极探索推进“双创”工作，构建面向全社会的开放式生态体系，取得初步成效，可概括为“十百千万”。“十”是指与地方政府共建10个区域“双创”基地；“百”是指牵引地方政府、创投机构意向创投资金100亿元，近100个优质项目进入孵化；“千”是指上线企业用户超过5000家，直接服务中小微企业超过3000家，对接相关省市明确高科技需求项目超过1000项；“万”是指汇聚创业资源1.2万项，线上网络平台汇聚航空工业技术资源1万余项，注册用户超过30万个，正在孵化的近百个项目落地后新增就业岗位数万个。基本实现“搭平台、建生态”的第一步目标。航空工业“爱创客”双创平台已成为央企主要双创项目之一，并入选“中国‘互联网+创新创业’典型实践”前十强。

正在孵化的近百个项目落地后，将产生直接科技与经济成果，新增数万个就业岗位。例如：通过转化应用无人机电控技术，成功研发出国内首台智能挖掘机，打破国外垄断，填补国内空白；新型助力助行外骨骼机器人项目获千万元投资，并申请五项专利，在医疗康复、助老助残、单兵增强等军民细分市场潜力较大，预计5年内实现收入3亿元以上，创造1000余个就业岗位；正在孵化的虚拟现实（VR）眼镜、VR航空游戏以及VR航空训练等项目，可同时应用于军事训练和大众教育、娱乐领域，具有上百亿元规模的潜在市场。

【党建工作】 深入学习领会党的十八届六中全会、全国国有企业党的建设工作会议和中纪委七次全会精神，把“两学一做”学习教育作为党建工作的龙头任务，切实增强“四个意识”，全面强化党的建设。加强制度建设，修订集团公司和所属单位章程，积极推动党的领导与企业治理结构相融合；基本完成二级单位党委书记、董事长和法人代表‘三职一肩挑’调整工作；将“两个责任”落实情况纳入对各单位的年度经营业绩考核。扎实推进并基本完成中央巡视反馈意见整改落实。全面加强党风廉政建设和反腐败工作，严查违纪违规问题；首次实施审计发现问题问责。扎实开展落实中央八项规定精神、“四风”问题整治情况“回头看”，推动作风建设向常态治理深入。

（撰稿人：翟林炜）

中国船舶工业集团公司

【基本概况】 中国船舶工业集团公司（以下简称“中船集团”）组建于1999年7月1日，是在原中国船舶工业总公司所属部门企事业单位基础上组建的中央直属特大型国有企业，是国家授权投资机构，由中央直接管理。

截至2016年底，中船集团拥有近50家下属单位，分布在北京、上海、广东、江苏、江西、安徽、广西、香港特区等地，拥有中国船舶工业股份有限公司、中船海洋与防务装备股份有限公司、中船钢构工程股份有限公司3家上市公司，现有员工近7万人，年用工总量15.7万人。中船集团在中国香港及美国、俄罗斯、泰国等8个国家和地区设有驻外机构。

中船集团正努力打造军工核心突出、民船产业综合竞争力世界领先、非船装备特色鲜明、多元产业协调发展、公司治理体系先进的国内领先、世界一流创新型海洋装备集团。旗下聚集一批实力雄厚的造修船企业和船舶配套企业，包括江南造船（集团）有限责任公司、沪东中华（造船）集团有限公司、上海外高桥造船有限公司、广船国际有限公司、中船黄埔文冲船舶有限公司、沪东重机有限公司、中国船舶动力有限公司等，还拥有中国船舶及海洋工程设计研究院、上海船舶研究设计院、广州船舶与海洋工程设计研究院3家船舶研究设计机构，以及中船第九设计研究院工程有限公司等知名工程咨询、设计、总包单位。

通过近年来的改革发展，中船集团在业务上已经形成以军工为核心主线，立足船海主业，非船装备、现代服务业、科技产业等多元产业协调发展的产业格局。中船集团能够设计、建造符合世界上任何一家船级社规范、满足国际通用技术标准和安全公约要求、适航于任一海区的现代船舶和具有国际先进水平的大型海洋工程装备，产品种类从普通油船、散货船到具有当代国际先进水平的液化天然气（LNG）运输船、20000TEU以上超大型集装箱船、大型液化气体运输船（VLGC）、液化乙烯（LEG）运输船、超大型油船（VLCC）、自卸船、各型化学品船、豪华客滚船、超深水半潜式钻井平台、自升式钻井平台、大型海上浮式生产储油船（FPSO）、多缆物探船、深水工程勘察船、大型半潜船等，形成多品种、多档次的产品系列，产品出口到150多个国家和地区。

【主要指标】 2016年，面对错综复杂的国内外经济形势和长周期深度调整的船舶海工市场，中船集团在党中央、国务院、中央军委的亲切关怀下，在国家有关部委、军队主管部门、地方各级政府的帮助支持下，持续深入推进全面从严治党，牢固树立和贯彻落实新发展理念，坚持以提高发展质量和效益为中心，以供给侧结构性改革为主线，以“创新驱动、人才驱动、资本驱动、改革驱动、管理驱动”为新的发展动力，坚持“改革创新、开放合作、调整结构、持续发展”的工作方针，努力破解改革攻坚难题，积极应对各类风险挑战，全年实现营业收入1984.8亿元，利润总额19.7亿元，实现“十三五”发展的平稳开局。其中，船海主业的产品高端化趋势更加明显，全年承接民船订单667万载重吨，年底手持订单2853万载重吨，接单和手持订单居全球第一；全年造船完工969万载重吨/384万修正总吨，在建高端船型占比继续保持在50%以上；同时，贸易、物流、金融等现代服务业围绕服务民船主业和提升盈利贡献进一步站稳坐实，科研院所加快产业化发展步伐，盾构机、陆用电站、陆用环保等非船装备业务市场开拓成效显著。2016年，中船集团首次迈进世界500强，位列第349位。

【改革发展】 2016年，中船集团统一思想提高认识，扎实稳妥推进全面深化改革重点工作。深入学习贯彻全国国有企业改革座谈会精神，举办深化改革与资本驱动业务专题培训班，开展深化改革解放思想大讨论。调整集团全面深化改革领导小组及其办公室，密切跟踪研究国有企业改革"1+N"政策文件，持续优化完善集团深化改革总体工作方案，积极推进混合所有制改革。出台《强化科研院所投资公司管理，推动国有科技型企业改革的若干意见》。全面启动"三供一业"分离移交。完成钢构工程重大资产重组，实现工程总包业务上市，扭转上市公司发展困境，实现业务定位调整。

中船集团全面构建以董事会为核心的现代公司治理体系，中船集团董事会首年运行实现规范有序、良好开局，初步构建涵盖基本制度、专项制度、具体制度三个层级的董事会制度体系，制定和修订《集团公司章程》《董事会议事规则》等13项规章制度，明确和落实中船集团党组在中船集团法人治理结构中的法定地位，董事会坚持科学决策、民主决策，在战略引领、重大决策、风险管控和监督执行等方面发挥重要作用。

2016年，中船集团不断深化人事制度改革，制定《全面加强人才工作、激发人才活力的指导意见》，明确"十三五"时期加强干部人才工作的31项政策措施，同步制修订14项干部人事制度，构建全面推进人才工作的"1+N"政策制度体系，加快构建以市场化为导向、以建立"三能"机制为重点、以"五大人才工程"为载体、以激发各类人才活力为关键的人力资源工作新格局。2016年，中船集团新增"万人专家"1人、全国技术能手3人，实现自主培养"万人专家"的突破。同时，中船集团制定《劳动用工和收入分配制度改革工作方案》。严控人工成本支出，实现工资总额与经济效益同向变动，支持减员增效，全年减少劳动用工2.4万人。

【重大项目】 2016年，中船集团突出"稳"字，努力实现民船产业平稳运行，全年批量承接40万吨矿砂船、全球最大双相不锈钢化学品船、全球首艘极地凝析油船、国内首制南极磷虾捕捞科考船、新一代极地科学考察破冰船、亚洲首制支线双燃料集装箱船、国内领先1500吨深潜坐底起重工程船等高技术船型订单，产品结构进一步优化，产品高端化趋势日益明显；豪华邮轮工程取得实质性进展，豪华邮轮船东公司、豪华邮轮造船总包公司组建成立，国内首个2+2艘13.35万吨大型豪华邮轮建造意向书顺利签署；全年交付全球首制极地甲板模块运输船、全球最大半冷半压式3.75万立方米液化乙烯运输船和亚洲最大10万吨级半潜船、国内首制3.8万吨双相不锈钢化学品船以及4.5万吨集装箱滚装船等一批代表性产品；打造中船品牌的主建船型"三位一体"工作体系及机制各项工作全面启动；深入推进提质增效工作和造船模式升级，造船水平稳步提升，高端制造持续发力，旗下沪东中华荣获国内工业领域最高奖项——中国工业大奖企业奖，外高桥造船自升式钻井平台JU2000E获得中国工业大奖项目提名奖。2016年，中船集团着力打造中船动力产业板块，全年完工低速机511万马力，承接288万马力，全球市场占有率达到20%，组建全球动力服务公司，初步建立研发生产售后全体系、低中高速机完整谱系、沪苏皖三地协同发展的产业格局。

2016年，中船集团大力实施供给侧结构性改革，深入推进布局优化转型升级，一方面，主动减量、优化存量，压减过剩产能；另一方面，做好增量、调整结构，优化产业布局。在压减过剩产能方面，中船集团"一企一策"提出压减产能的路线图和时间表；通过严控新增投资，使2016年新批立项建设项目同比下降92%；加快存量资产的处置，广船国际、中船绿洲、海鹰集团整体搬迁有序推进，沪东中华配件公司完成整体搬迁。在优化产业布局方面，中船集团大力调整投资结构，重点支持军民融合项目、大型邮轮、动力服务公司、科技产业化发展，中船邮轮科技公司、中国邮轮投资公司、中船芬坎蒂尼邮轮产业发展公司相继成立，300亿元邮轮基金完成各方股东审批和签约，上海中船国际邮轮产业园揭牌；设立感知海洋探测产业基金，抓紧组织实施一批产业项目；全面推进实施南京、无锡、上海临港、九江、钦州等产业园区和基地建设。

【走向海外】 2016年，中船集团强化战略互融与需求共鸣，加快"走出去"步伐，与跨国集团、行业企业开展多领域、多层次合作，与瓦锡兰、曼恩、麦基嘉、西门子等世界知名企业不断深化合资合作，与 NYK、日本船级社、DNV GL 等合作伙伴建立起定期双边技术交流机制；船用柴油机业务国际化运营不断加快，实现全资控股 Win GD 公司，国际份额进一步提升，组建设立中船海洋动力技术服务有限公司，加快国际服务网点建设。

【重大创新】 2016 年，中船集团始终把科技创新作为第一动力，加快创新驱动引领产业发展。一是科技创新顶层谋划明显加强。2016 年，中船集团成立科技委，加强全局性、战略性、先导性、综合性问题研究；召开中船集团科技创新大会，发布一系列政策文件，对科技创新工作进行全面系统部署，建立"1+N"科技创新制度体系，形成推动科技创新的顶层框架设计，未来科技创新工作方向更加明确、环境更加优化；全面启动"双创"工作，发布指导文件，"中船海创网"对外发布并上线试运行，推动科技与经济深度结合的机制和平台初步形成。二是研发机构和平台建设持续加强。2016 年，中船集团科技创新体系进一步完善，海洋工程总装研发设计国家工程实验室获批设立，外高桥造船成为国家创新企业百强工程首批试点，中国船舶工业综合技术经济研究院成为工信部首批 19 家产业技术基础公共服务平台之一，江南造船正式成立江南研究院，"船舶智库"建设稳步推进，正式发布"中国造船业景气指数"和"新造船价格中国指数"；科技创新协作网络进一步拓展，围绕豪华邮轮自主建造、国家低速机创新工程、智能船舶等技术热点开展产学研用联合研发。三是低速机创新工程、大型邮轮创新专项、智能船舶、船舶智能制造共性技术等重大创新工程加快实施，巩固中船集团在船海关键领域研发的领先地位。四是关键产品技术研发扎实推进。2016 年，中船集团 3.88 万吨智能示范散货船开建，大型集装箱滚装船、双向不锈钢化学品船、极地科考破冰船、大功率救助船等一批高技术船舶完成工程化开发，Spar、LNG-FSRU、FPS 等海工装备，WHR 余热回收系统，1200 吨海工吊机，动力定位系统，物探系统，溢油检测系统等研制工作有序推进。五是科技成果质量水平持续提升。2016 年，中船集团发布国际标准 15 项；全年获得专利授权 1061 件，其中发明专利授权 281 件，分别增长 20.8%和 121%，累计有效专利持有量 3396 件，其中发明专利 879 件，分别增长 15.4%和 41.8%；全年获得国家科学技术进步奖 2 项、国防科学技术奖 7 项。

【党建工作】 2016 年，中船集团深入学习贯彻党的十八大、十八届历次全会和习近平总书记系列重要讲话精神，始终把讲政治放在首位，牢固树立"四个意识"，特别是核心意识和看齐意识，自觉在思想上政治上行动上同以习近平同志为核心的党中央保持高度一致，按照中央"四个全面"战略布局和五大发展理念要求，统筹推进各项工作，认真开展"两学一做"学习教育，着力开展"四排查"工作，大力加强基层组织建设，推进全面从严治党向基层延伸，党建工作取得新成效，为改革发展提供坚强保证。为全面贯彻落实好十八届六中全会和全国国企党建工作会精神等管党治党要求，中船集团将国企党建 30 条重点任务，结合实际细化分解为 80 条具体措施；围绕全面从严治党、深化国企改革、法治央企建设、军民深度融合、学党章党规和系列讲话等，组织开展党组中心组学习和专题学习研讨；开展成员单位"党委书记抓基层党建工作述职评议"试点，完成 20 家成员单位党委换届，强力推进"四排查"工作，把全面从严治党压力层层传递。中船集团扎实开展"两学一做"学习教育，按照中央统一部署，党组把"两学一做"学习教育作为首要政治任务，成立专门领导小组，研究制定《实施方案》，抓住"学"这个基础，把党章这个总规矩立起来；抓住"做"这个关键，强化纪律和规矩意识，加强党性锻炼和道德修养，提出"军工报国、党员先行、提质增效、岗位建功"十六字"结合点"，提振干事创业的精气神，把"四讲四有"合格党员要求尤其是责任担当，体现到攻坚克难完成岗位工作和生产经营任务中；党组成员和各级党员领导干部坚持做到"四个带头"——"带头讲党课、带头参加学习教育、带头开展批评和自我批评、带头强党建抓发展"，党组成员先后 4 次集中深入 25 个成员单位、32 个基层党支部分别讲党课、参加学习教育、指导民主生活会、组织生活会和民主评议党员，带动全集团 45 个成员单位党委、936 个党支部和 25466 名党员认真开展学习教育。2016 年，中船集团深入开展党风廉政建设和反腐败工作，持续推进"两个责任"

和《中国共产党问责条例》落实，坚决把纪律和规矩挺在前面，驰而不息反对“四风”，不断完善反腐倡廉的制度体系，出台践行监督执纪“四种形态”的指导意见，持续发挥巡视利剑作用，努力营造风清气正的良好环境。

【履行社会责任】 2016年，面对持续低迷的航运和造船市场，中船集团主动回应利益相关方关切，全面履行政治责任、经济责任和社会责任。中船集团始终把保军作为履行政治责任的首要任务，紧紧围绕建设海洋强国和强大国防的国家战略，积极适应国防军队改革、海军战略转型以及装备采购体制改革的新要求，全面完成年度各项军工科研生产任务，有力地支撑国防现代化建设。中船集团积极履行央企经济责任，坚持做稳主业、坚持效益导向、坚持强化管理、坚持质量至上，统筹推进各项工作，经济发展实现稳中有为、稳中向好，确保国有资本持续保值增值。中船集团主动回应各方关切，积极履行社会责任，努力营造和谐共享的发展局面，大力建设“诚信中船”，践行绿色发展理念；牢固树立为客户创造价值的经营理念，秉承“以人为本”的管理理念，让集团的发展成果惠及全体员工，实现企业与员工的共同发展；积极参加扶贫、捐赠、救灾等公益活动，主动回馈社会，不断加大对云南鹤庆定点扶贫力度，助力鹤庆打赢脱贫攻坚战。

（撰稿人：王光睿）

中国船舶重工集团公司

【基本概况】 中国船舶重工集团公司（以下简称“中船重工”）是我国海军装备科研生产的主体力量，承担着航母、核潜艇、常规潜艇、水面舰艇、水中兵器等研究、设计、生产、试验、保障任务；是我国船舶工业的国家队、主力军，民用船舶和海洋工程形成国际化、大型化、批量化、系列化、专业化，主流船型建造周期达到或接近国际先进水平，在甲板机械、舱室设备等配套领域居行业领先地位；坚持适度相关多元发展，在动力与机电装备、战略新兴产业等领域形成一批知名品牌和优势产品。拥有资产4300亿元，员工16万人，连续第七年进入《财富》世界500强，位列全球造船集团之首。

2016年，中船重工以强烈的看齐意识以及坚决贯彻落实党的理论和路线方针政策、决策部署的行动自觉，紧密围绕“四个全面”战略布局，深入贯彻新发展理念，积极适应和引领经济发展新常态，聚焦国家经济发展战略，以建设军民融合、技术领先、产融一体的创新型领军企业为发展目标，不断完善党组织发挥领导核心和政治核心作用，董事会、监事会、经理层依法依规按程序履职、尽责、行权的管理体制和运行机制，加强集团公司总部战略与财务管控职能建设，制定“十三五”发展规划、全面深化改革总体方案以及科技创新的主要任务、“法治船舶”的建设目标和组织人事工作的重点举措，推进全面深化改革和军民融合、调结构转方式，推进专业化、规模化、集约化、国际化，推进“瘦身健体”、提质增效，经济发展质量和效益不断提高，总体实力显著提升。

军民融合发展取得显著成效。牢记保军首责，精心组织科研生产，全面完成军工科研生产任务。民品业务结构持续优化，民品营业收入同比增长25%。坚持“不承接边际利润小于零或现金流为负订单”的底线原则，新接高附加值船舶订单增多，年末手持民船订单每修正总吨均价同比提高10.7%；开工建造40万吨矿砂船、2万箱集装箱船等，完工交付新型VLCC、海洋科考船等。大力发展非船产业，非船占集团公司营业收入的比重达到61.9%；加快发展新能源等战略性新兴产业，风电产业实现营业收入同比增长17.1%、占集团公司制造业的9.9%。承担的三峡升船机、港珠澳大桥、射电望远镜等国家重大工程项目交付使用，替代进口的西气东输30MW级燃压机组运行3000小时。

【主要指标】 2016年，中船重工实现营业收入2800亿元，同比增长27%；利润55亿元，为上年的2.2倍；经济增加值是年度考核目标的120%；实现利税总额同比增长7.2%；承接合同金额同比增长20%。

【改革发展】 公司治理与运行模式不断完善。集团公司与所属公司制企业将党建工作要求写入公司章程，明确党组织在公司治理中的法定地位。实行公司制的二级企业除1家情况特殊外均实现董事长兼任党委书记、总经理兼任党委副书记、党员领导同志“一岗双责”的领导体制，构建党组织发挥领导核心和政治核心作用，董事会、监事会、经理层依法依规按程序履职、尽责、行权的管理体制和运行机制；建立党委的25家科研院所全部实现双向进入、交叉任职，为有效落实“一岗双责”提供制度和组织保障。新的集团公司科技委重组成立，总部16个部门按新职能组建运行，地区公司作为集团公司派驻机构逐步转换职能与角色。

资源重组整合扎实推进。贯彻落实中央关于供给侧结构性改革“去、降、补”的任务要求，集团内造修船资源通过重组整合推进军民融合，计划核减产能500万吨，武船与北船、大船与山船两两重组稳步推进。

深化产融一体发展。坚持产业为本、资本为魂，以产业聚资本、汇资本促产业，利用股票市场、通过资产证券化规范发展混合所有制、在资本层面实现军民融合，全年在A股市场直接融资149.7亿元，新增中电广通、华舟应急、久之洋3家上市公司，成功打造出全球技术门类最全、国内最大的动力装备上市公司——中国动力，集团公司资产证券化阔步迈进。

海外股权投资26亿美元，在中国香港参与中国邮储银行、光大证券港股上市基石投资，并成为中国邮储银行第二大股东，发起设立军民融合海洋防务基金、首期规模120亿元全部募集到位；与中央军委装备发展部共同出资设立装备预研船舶重工联合基金等，金融服务实体科研与产业发展能力进一步增强。

加强干部和人才队伍建设。把领导班子建设管理与法人治理结构建立完善相结合，对54家单位领导班子进行85次考察，任免领导干部366人次，新进班子74人中“70后”占比58.1%。完善领导人员常态化岗位交流工作机制，任职满10年的领导班子正职完成交流轮岗的占比76.8%，跨单位交流任职92人。

首次设置院士、首席专家、高级专家、专家4个高级技术人才岗位序列和首席技能专家、高级技能专家、技能专家3个高级技能人才岗位序列，聘任首批高级人才48人，初步构建高级人才团队。

【重大创新】 技术创新体系进一步完善。集团公司制定《关于推进科技创新若干重大措施的意见》等制度规定，加强科技创新总体统筹与体系化推进。组建海洋工程机电设备、动力系统、检测试验、水下设备研发试验检测国家工程试验室、国防科技工业海洋防务技术创新中心。设立的“智·海”创新平台上线211项技术需求，其中35项需求完成技术对接、落实解决方案。

一批新产品研发成功。具备自主成套能力的8500kW级大容量发电模块研制完成。拥有自主知识产权的低速机排放后处理装置获得由中国船级社颁发的全球首张低速机SCR系统型式认可证书。国内单机功率最大的低温热水有机郎肯循环发电装置投入运营。新型高性能LNG气化器工程样机安装运行。百万千瓦级堆外核测量系统研制项目打破国外技术垄断。电力推进、化学电池等一批新产品陆续推向市场。

一批原创性科研开发取得新成果。全年发布国际标准6项、国家标准3项、国军标12项、国内船舶行业标准156项。

【党建工作】 巡视“利剑”作用进一步发挥。加强巡视工作组织领导，调整充实集团公司巡视工作领导小组成员。组织4个巡视组，对13家成员单位进行巡视和巡视反馈。大力核查处理中央巡视组移交的问题线索，建立集团公司协作办案机制，严肃查处顶风违纪行为。

“两学一做”学习教育扎实开展。认真贯彻落实中央统一部署，深入开展“两学一做”学习教育，积极推进学习教育常态化制度化，党组成员带头讲党课，成员单位领导班子成员490人讲党课682次，讲课人数占班子成员总数的85%。加强过程督导，被督导单位超过成员单位总数的50%。在做实“规定动作”的基础上，开展富有特色的“自选动作”。“党员示范项目”“党员产品质量擂台”“军厂联动、百日攻坚”等主题活动蓬勃开展，领导干部骨干带头作用、基层党组织战斗堡垒作用、党员先锋模范作用得到进一步发挥。

【履行社会责任】 加大帮扶力度，精准扶贫，在云南勐腊、丘北两县开展定点扶贫工作，2016年直接投入资金260万元，并组织勐腊县、丘北县优秀师生代表赴北京参观学习，持续开展“爱心助学”活动。

（撰稿人：丁　娜）

中国兵器工业集团公司

【基本概况】 中国兵器工业集团公司(以下简称"集团公司")是国家国防安全的基础、陆军装备研制生产的主体、全军毁伤打击和信息化装备发展的骨干、国家实施"走出去"和"一带一路"战略的支撑、国家推进军民融合深度发展的主力,除了为陆军提供装甲突击、远程压制、防空反导等主战装备之外,还向各军兵种提供制导弹药、光电信息、红外夜视、高能毁伤等战略性、基础性产品。在全面履行好军品科研生产核心使命的同时,坚持走军民融合发展道路,积极推进军工技术民用化、产业化,培育打造汽车零部件、北斗产业、石油化工、特种化工、工程机械、铁路产品、民爆、光电信息、智能制造、应急产业等先进制造业板块和贸易流通、金融服务等现代服务业板块,与140多个国家建立军贸和经贸往来关系。2016年,集团公司连续12年、4个任期蝉联国务院国资委业绩考核A级,并获得"业绩优秀""科技创新""节能减排"三项任期特别奖,获得中央组织部、国资委党委中管企业领导班子2013—2015年任期综合考核评价优秀等级,世界500强排名上升至第134位。集团公司有51家子集团和直管单位,主要分布在全国20个省(自治区、直辖市),2016年末资产总额3692.95亿元,人员总量25.2万人。

【主要指标】 2016年,集团公司全面深入推进实施全价值链体系化精益管理战略,高质量完成军品科研生产等各项重点任务和年度预算目标,呈现出效益规模加快提速、盈利结构加快优化、发展质量加快改善的良好势头,圆满完成国资委下达的"稳增长"目标任务。

2016年中国兵器工业集团公司主要经济指标

项 目	2015年	2016年	比上年增长(%)
资产总额(亿元)	3368.20	3692.95	9.64
所有者权益(亿元)	1310.41	1460.05	11.42
营业收入(亿元)	3869.42	4071.24	5.22
利润总额(亿元)	119.60	135.26	13.09
净利润(亿元)	93.97	105.04	11.78
归属于母公司所有者的净利润(亿元)	50.47	56.67	12.28
技术开发投入(亿元)	110.40	118.00	6.88
利税总额(亿元)	194.17	220.11	13.36
应交税金总额(亿元)	100.20	115.07	14.84
全员劳动生产率(万元/人·年)	20.03	21.50	7.34
净资产收益率(%)	7.54	7.55	增加0.01个百分点
总资产报酬率(%)	4.96	5.05	增加0.09个百分点
国有资本保值增值率(%)	107.06	107.35	增加0.29个百分点

【改革发展】 集团公司强力推进"处僵治困"工作,51家子企业纳入国资委"处僵治困"政策范围,亏损企业专项治理工作初见成效,全年分流安置职工1万余人,同比减亏36.7%、减亏额10.1亿元。按照"因企施策、分类处置"的原则,定目标、定标准、定责任推进"压减"工作,完成40户子企业的清理退出,占总任务的25%。统筹协调推进"三供一业"分离移交,19家子集团、37户三级及以下单位签订105项移交协议,占全部"三供一业"移交项目的28%,协议金额45亿元。积极稳妥地在7家企业开展混合所有制改革,一机集团列入军工企业混合所有制改革试点;在5家市场化程度较高、以民品为主的子集团板块开展职业经理人公开竞聘试点,对凌云股份董事、高管和骨干员工实施股权激励,在千寻公司、中兵康佳探索三级企业管理层股权期权激励。不断优化融资模式,一机集团宏远电器、夜视集团奥雷德、中兵通信等3家企业登陆新三板,北方股份、中南钻石两

家企业入选全国首批60家单项冠军示范企业。集中力量打造汽车零部件、工程机械设备、铁路产品、石油化工、特种化工、民爆、光电信息、北斗产业、智能制造、应急产业等先进制造业板块和贸易流通、金融服务等现代服务业板块，其中，人造金刚石、硝化棉产销量位居世界第一，矿用车、火车轴等产品产销量居国内第一。2016年，与国资委发布的绩效标准值相比，7项主要绩效指标中，集团公司2项指标（应收账款周转率、带息负债比率）优于优秀值，3项指标（净资产收益率、存货周转率、国有资本保值增值率）优于良好值。

【重大项目】 集团公司认真贯彻落实党中央、国务院、中央军委决策部署，出色履行核心使命，成功交付一批高新技术武器系统，突破和掌握一批重大核心关键技术，实现兵器科技由战术层面向战略层面的突破，步入与发达国家同台竞技和局部领域领跑并存的新阶段。大力发展北斗产业，北斗地基增强系统“全国一张网”“全国一个平台”上线运行，具备在全国主要经济区域提供实时动态厘米级、事后处理毫米级和快速辅助定位能力，高精度位置云服务平台“千寻云踪”的用户量突破1000万、日调用服务次数超过3亿次。获得4项北斗国家标准和7项北斗专项标准的主办权，“国家卫星导航与位置服务质量监督检验中心”获得国家认监委批准建设。在李克强总理的见证下，集团公司与俄方签署《中俄卫星导航芯片联合设计中心谅解备忘录》，标志着北斗全球发展战略取得实质性进展。

【走向海外】 集团公司坚决贯彻落实党中央决策部署，积极促进军贸与海外能源资源开发、国际产能合作、国际工程承包、民品出口的良性互动。2016年，集团海外净资产170亿元，占集团净资产总额的11.6%；海外业务实现营业收入1524亿元，占集团营业收入的37.4%；海外业务实现利润总额33亿元，占集团利润总额的24.4%。军贸出口成交生效收汇等指标持续保持高位，有力促进动态保军。军贸溢出效应发挥积极成效，全年生产油气当量959万吨，完成石油贸易6570万吨、同比增长64%，克服国际油价持续低迷等不利因素影响，石油业务实现销售收入1223亿元、利润25.8亿元，投资权益15.3亿美元的伊拉克艾哈代布油田、缅甸油田全部收回投资；缅甸L铜矿、刚果（金）卡莫亚铜钴矿建成投产，缅甸SK铜矿产量创历史新高，获得刚果（金）庞比铜钴矿项目75%权益，新增铜资源量81万吨、钴资源量12万吨，全年销售铜40万吨、钴1835吨，矿产业务实现销售收入175亿元、利润2.28亿元；国际工程承包实现项目成交21亿美元、合同生效7亿美元，收入、利润分别同比增长22%和60%，习近平总书记见证签约的巴基斯坦拉合尔轨道交通橙线以及老挝南湃水电站、埃塞输电线路等重点项目进展顺利。

【重大创新】 集团公司坚持技术创新和体制机制创新“双轮驱动”，出台“科技创新改革20条”指导意见，进一步发挥市场在资源配置中的决定性作用，促进科技体制机制创新，激发创新动力活力，筑巢引凤吸引集团外部科技资源，鼓励多出创新成果、多出转化效益、多出精品工程。持续推进科技创新人才队伍建设，健全完善以20个专业领域、51个关键分领域、550个关键子领域为主体框架的集团公司专业技术体系，评选集团公司首席科学家13名、科技带头人71名；88人入选军委科技委、装备发展部专家组，新增1名全国工程勘察设计大师；新增“千人计划”专家9名、获批“万人计划”专家1名，“千人计划”专家总数达到58人，继续位居中央企业首位。获批建设“高机动防暴车辆技术国家工程实验室”“国家企业技术中心”，“高灵敏度太赫兹探测器及阵列组件”项目列入国家科技部“重大科学仪器设备开发”重点研发计划。一批科技成果获得国家科技进步奖、国家级技术发明奖，获得国防科学技术奖56项，其中科技进步特等奖1项、一等奖4项、二等奖20项、三等奖29项，技术发明三等奖2项。全年新产品贡献率33.19%，申请专利4092件，授权2299件，被国家知识产权局评选为“2016年度国家知识产权示范企业”。

【党建工作】 集团公司扎实开展“两学一做”学习教育，党组成员带头到所在党支部讲党课，在全集团开展“我为什么要入党”主题微党课，组织全体党员深入学习习近平总书记系列重要讲话和党章党规，增强践行“四个意识”特别是核心意识、看齐意识的思想自觉和行动自觉；深入开展党组织强基工程和党员创新工程，党员创新工程立项4913项，建立党员责任区、示范区1117个，实现节创价值1.9亿元。坚持把纪律和规矩挺在前面，把握运用好监督执纪“四种形态”，强化监督检查和问责，对违规违纪行为进行严肃处理，保持惩治腐败的高压态势。持之以恒加强作风建设，全面开展“四风”问题整治工作“回头看”，严肃查处、认真整改违反中央八项规定的问题。剑指问题开展3轮20家单位内部巡视，对“两个责任”不到位、落实党组决策不严不实、选人用人不规范等问题，逐项跟踪、狠抓整改。深入推进“讲好兵器故事”引起广泛反响，《求是》杂志刊发党组纪念人民兵工创建85周年专题文章，中组部主持编辑的《红色基因》一书首次把人民兵工精神纳入党的伟大精神，在央视等主流媒体开展“感动兵器的故事”“大国工匠”“走进兵器”等专题宣传活动。组织老领导、老专家、老模范开展“弘扬兵工精神、传承兵器文化”正能量主题活动，激励全集团干部员工不忘初心、继续前进。

【信息化建设】 集团公司大力推广信息化协同示范平台的建设与应用经验，同时组织数字化基础较好，在协同平台、数字化建设及应用等方面积累较多经验的子集团和直管单位开展数字化工厂试点建设。管理信息化方面，加强集团公司信息资源建设，进一步完善建立人力资源、财务、投资、科研预算、运营管理、采购、质量、节能环保、知识产权等主题数据资源库，构建相对完整的中央数据仓库，不断发挥集团公司管理数据的支撑作用。同时推进子集团管理数据中心建设和应用，顺利完成北方公司、西北工业集团、北重集团三家子集团的管理数据中心建设和应用试点推进工作。

【履行社会责任】 集团公司高度重视社会责任实践活动，在节能减排、扶贫开发、公益捐赠等方面作出积极的探索与实践。集团公司认真贯彻执行国家节能减排法律法规和国资委工作部署，积极淘汰落后工艺、设备和装置，改造、停用燃煤锅炉，原煤使用量比2015年下降5.84%；保持监督检查高压态势，开展环保飞行检查、能源环保专项检查及能源环保统计专项检查；狠抓环境风险管控，完成剧毒危化品专项整治工作；开展最佳节能实践，公布重点用能设备经济运行能效最优值及最佳实践报告；超额完成国资委下达的2016年度目标，荣获国资委2013—2015年任期节能减排特别奖，全年未发生环境污染事故，取得较好的经济效益和社会效益。认真做好扶贫开发和社会捐赠工作，积极开展云南省红河县和黑龙江省甘南县定点扶贫工作，全年向两个定点扶贫县投入扶贫资金460万元，开展扶贫项目11个。全年对外捐赠累计1048.1万元，集团公司定点扶贫案例作为优秀案例入选扶贫基金会和社科院联合发布的《中国扶贫蓝皮书》。持续提升社会责任管理能力和水平，《集团公司2015年社会责任报告》连续五年荣获权威机构的五星评级，蝉联“金蜜蜂2016年优秀企业社会责任报告·领袖型企业奖”，荣获中国企业200强公众透明度奖中的“最佳环境信息披露”奖，包揽国内社会责任报告三大奖项。

（撰稿人：王菲菲）

中国兵器装备集团公司

【基本概况】 中国兵器装备集团公司（以下简称“兵器装备集团”）是中央直接管理的国有重要骨干企业，是国防科技工业的核心力量，是我国最具活力的军民结合特大型军工集团之一。2016年，在党中央、国务院、中央军委的坚强领导下，兵器装备集团深入学习贯彻习近平总书记系列重要讲话精神，坚持稳中求进，认识把握新常态，践行新发展理念，制定实施领先发展战略，坚持党的领导、加强党的建设、狠抓改革调整、突出创新驱动、强化风险防控，全面完成年度目标任务，各项工作成效显著，“十三五”和领先发展战略实现良好开局。兵器装备集团反映质量效益的主要经济指标位列中央企业和军工集团前列，连续10年获得中央企业年度经营业绩考核A级，位列《财富》世界500强第102位，位居我国国防科技工业首位。

【主要指标】 2016年，兵器装备集团主要经营指标创历史新高，实现营业收入4726.8亿元，同比增长7.33%；实现利润总额305.6亿元，同比增长8.2%；实现净利润238.3亿元，同比增长7.48%。净资产收益率同比增加0.65个百分点，投资回报率不断提升。

2016年中国兵器装备集团公司
主要经济指标

项　目	2015年	2016年	比上年增长(%)
资产总额(亿元)	3918.8	3603.8	－8.04
所有者权益总额(亿元)	1241.7	1084.6	－12.65
营业收入(亿元)	4404.2	4726.8	7.33
利润总额(亿元)	282.4	305.6	8.20
净利润(亿元)	221.7	238.3	7.48
归属于母公司所有者的净利润(亿元)	19.7	38.6	96.14
科技投入(亿元)	158.6	172.7	8.89
利税总额(亿元)	528.5	585.8	10.85
应交税金总额(亿元)	355.6	386.1	8.57
全员劳动生产率(万元/人·年)	35.10	38.55	9.83
净资产收益率(%)	19.83	20.48	增加0.65个百分点
总资产报酬率(%)	9.30	9.19	减少0.11个百分点
国有资本保值增值率(%)	120.53	107.23	减少13.30个百分点

【改革发展】 紧紧围绕“1＋N”文件体系，积极稳妥推进深化改革，被国家列为国企改革12个样本之一，在全国国企改革座谈会上作经验交流。

供给侧结构性改革取得实效。按照国务院国资委统一安排，加快“瘦身健体”、提质增效，形成总体方案，制定三年滚动清理计划，建立长效机制，全年完成7户“处僵治困”、25户“压减层级”任务。大批亏损企业实现扭亏，兵器装备集团全级次亏损面同比下降13.95个百分点；所属天威集团破产重整稳步推进，确保大局稳定。

军工改革取得新突破。积极适应国防和军队改革需要，加大内部资源整合力度，三家弹厂整合取得实质性进展，两家炮厂整合正式启动，有力推进国家西南大弹基地和压制火炮科研生产基地建设。所属自动化研究所进入中央深改组国有企业重点领域混改首批试点单位。

现代企业制度进一步完善。军工集团法人治理模式探索获得国务院国资委肯定。按照尊重历史、市场化、互利共赢原则，着眼解决兵器工业集团和兵器装备集团两家长期合并报表不规范问题，全面启动所属北方公司重组改制，引入战略投资者，推动北方公司由全民所有制向治理规范的多元化股权结构转变。

三项制度改革持续深化。制定《全面深化人事用工分配制度改革指导意见》，所属重庆长安汽车股份有限公司制定股权激励计划获国务院国资委批复。全年提拔党组管理的领导人员82人，退出25人；从业人员、职工总数分别同比减少1.7%和4.5%；人工成本利润率95%，同比增加5个百分点，能上能下、能增能减、能进能出格局初步形成。人力资源价值创造能力不断提升，每万名职工中研发人员数1117人，高技能人才占技能人员比例34.62%，人均EVA10.6万元/人。

剥离企业办社会职能和解决历史遗留问题稳步推进。厂办大集体改革试点、40个“三供一业”分离移交项目和20户企业棚户区改造有序开展。

【重大项目】 聚焦特种产品、汽车主业，优化投资结构，强化资源整合，深化资本运作，产业布局进一步完善。

按照建设世界一流军队要求，大力推进先进军工体系建设。进一步加强顶层设计和战略牵引，统筹谋划装备发展，大力开展装备体系论证，一批重大项目获批立项。狠抓科研生产过程管理，全面完成装备保障任务。积极组织参加珠海航展，参加第八届中国国际警用装备博览会，参赛装备在“金鹰－2016”、澳大利亚国际陆军轻武器技能大赛等赛事的多个科目中获得第一。

持续优化资源配置，大力推进汽车等现代产业体系建设。汽车产业加快推进重庆鱼嘴基地和成都零部件产业园建设，加快布局新能源汽车、智能汽车，加快构建商业生态圈；产业链布局不断完善，汽车金融、汽车零部件、汽车物流等保持良好发展势头。充分发挥汽车产业全球协同研发体系作用，整车产品家族化、平台化、体验化、智能化水平不断提高，欧尚、CS15等一批重点新产品成功上市上量，搭载无人驾驶技术的首款汽车完成国内首次、国际第二次长距离连续道路测试，全球第一款48伏新能源车型成功投产。所属长安汽车入选“2017国家品牌计划”，品牌知名度大幅提高。输变电产业积极推进国家重点项目建设，世界首台1000千伏现场组装特高压变压器一次调试成功，多项关键核心技术处于行业领先水平。

深化合资合作，积极稳妥推进并购重组，提升资源配置效率。与重庆、四川、湖南等地签订战略合作框架协议，与东风汽车签署战略合作协议。积极推进实施市场化并购，所属西仪股份并购苏垦银河获证监会审核通过。全面完成所属民生物流股权优化，实现和长安汽车物流业务整合，促进汽车产业协同发展。

【走向海外】 持续深化合资合作模式，2016年所属6家境内企业在境外设立企业18家。所属长安汽车合资合作模式由单向产品技术引进，向产品技术平台和联合开发并进转变。所属保变电气参与印尼、越南等“一带一路”国家电源和电站项目、远距离直流输电项目的设计和建设，成为中国唯一一家获得投标资质且成功进入英国国网市场的厂家和中国唯一一家成功进入美国GE能源的合格供应商。

【重大创新】 强化创新顶层谋划，深入贯彻落实全国科技创新大会精神，召开科技创新大会，全面部署“十三五”科技创新工作。科技创新体系建设有力推进，截至2016年底，拥有1家国家级重点实验室、1家国家工程实验室、1家国防科技重点实验室、3家国防科技工业创新中心、8家国防认定技术中心、12家国家级企业技术中心，50%以上的企业达到国家级创新型企业标准。科技成果转化和知识产权管理持续加强，2016年科技投入占比5.2%，新产品贡献率51.2%；获得专利授权2008件，累计拥有有效专利14477件，专利拥有量稳居央企前列。关键核心技术研究取得突破，高效DCT设计分析技术等36项关键技术攻关和CS95等38项重点新产品开发进展顺利，研制完成国内单柱容量最大的1000kV并联电抗器产品。创新型人才队伍建设不断加强，新入选国家“千人计划”和“万人计划”各1人，入选科技部“十二五”重大科技创新成就团队1个、优秀人才1人。

【党建工作】 深入学习贯彻党的十八届六中全会、全国国有企业党的建设工作会议精神和习近平总书记系列重要讲话精神，牢固树立“四个意识”，坚决落实中央要求，深入开展“两学一做”学习教育，推动全面从严治党要求有效落实，受到中组部表扬。

做好党建工作顶层设计。制定《中国兵器装备集团公司党组关于推进全面从严治党的规划纲要(2016—2020)》《中国兵器装备集团公司党组关于在深化改革中加强和改进企业党的建设的指导意见》。

进一步落实党建主体责任。将党建工作要求纳入公司章程，积极推进党委书记、董事长“一肩挑”及党员总经理兼任党委副书记，推动完善党委“三重一大”决策制度。创新工作模式，搭建集团总部党建工作平台，首次召开全行业党建工作现场示范交流会，每月召开党建工作例会，党建工作先进经验得到上级机关充分肯定。加强思想政治教育，开展庆祝建党95周年、纪念红军长征胜利80周年等系列活动。

坚持党管干部原则，持续深化“四好”班子建设。严格选拔、教育、管理、监督企业领导人员，选优配强领导班子，严格执行企业领导人员选拔任用廉洁从业结论性评价制度，严格落实谈心谈话和提醒、函询、诫勉等制度，兵器装备集团选人用人做法和成效得到上级机关充分肯定，在中组部座谈会上作经验交流。

扎实推进党风廉政建设和反腐败工作，加快构建不敢腐、不能腐、不想腐的体制机制。深化纪检监察专项改革，制定《纪检监察专项改革实施方案》，从6个方面将纪检监察专项改革细化为18项任务和27项具体措施。持续推进中央专项巡视整改，全面完成年度整改计划。完成3轮20家单位内部政治巡视和选人用人专项检查，把握运用“四种形态”，查处一批违规违纪行为。严格贯彻落实中央八项规定精神，全年业务招待费同比下降24.6%，会议费同比下降34.4%。

【信息化建设】 加快信息化建设，深入推进两化融合发展。2016年，信息化投资占比0.32%，投资金额10.5亿元。加强规划引领，制定《“十三五”数字化兵装规划》《“十三五”高端智能装备产业发展规划》。加快集团财务信息系统升级等重点项目建设；推进数字化异地协同平台建设，异地协同研发能力得到提升。工业和信息化部“长安汽车智能制造试点示范项目”取得实效。推动所属企业采用云计算等新技术，开展“互联网+”项目建设；打造移动金融服务平台，促进结算吸存、资金集中管理。

【履行社会责任】 积极履行社会责任，树立良好企业公民形象。持续加强安全生产，落实安全生产主体责任，重视本质安全，推进安全生产标准化建设，安全生产保持平稳态势，圆满完成年度目标。坚持绿色发展，加快技术改造，持续推进产业结构调整，万元工业总产值综合能耗同比下降 3.4%，二氧化硫排放量同比下降 3.29%。认真贯彻落实党中央、国务院扶贫开发工作部署，制定《集团公司定点扶贫"十三五"规划》，出资 3 亿元参股中央企业贫困地区产业投资基金；多举措推进精准脱贫，投入定点扶贫资金 4000 万元，选派 3 名扶贫驻地干部，在云南泸西县、砚山县启动实施 25 个扶贫项目，得到上级机关和地方政府充分肯定。持续强化社会责任管理，发布年度社会责任报告，系统展示良好企业公民形象。

（撰稿人：明栋才）

中国电子科技集团公司

【基本概况】 中国电子科技集团公司（以下简称"中国电科"）是由中央直接管理的国有大型骨干企业，主要从事国家重要军民用大型电子信息系统的工程建设，重大装备软件和关键元器件的研制生产。

2016 年，中国电科全面贯彻党的十八大和十八届三中、四中、五中、六中全会精神和习近平总书记系列重要讲话精神，牢固树立新的发展理念，认真贯彻落实党中央、国务院、中央军委的重大决策部署，主动担当、积极进取，圆满完成各项任务，实现"十三五"良好开局。坚持党的领导，坚持用习近平总书记系列重要讲话精神武装广大党员干部，扎实开展"两学一做"学习教育，围绕军工科技企业特色抓党建，持之以恒抓好党风廉洁建设，广大党员干部"四个意识"显著增强，党建价值创造能力进一步提升；现代企业制度建设深入推进，第一届董事会正式规范运行，以"企业化、市场化、集团化、国际化"为方向的全面深化改革顶层设计基本完成，业务和组织体系优化、中长期激励机制建设等重点领域改革取得新进展；按照"十三五"规划纲要确定的"一五五三"总体发展战略和稳增长、优结构、强能力、上水平的工作总基调，围绕安全和智慧两大事业扎实有效地开展工作，经营管理水平持续提升，连续 12 年获得中央企业经营业绩考核 A 级和 4 个任期业绩考核 A 级。连续四次荣获任期"业绩优秀企业"，连续两次荣获"科技创新优秀企业"；财务绩效评价成绩连续两年位列中央企业第一名；首次进入《财富》世界 500 强，位列第 408 位。在中共中央组织部和国务院国资委党委组织实施的中管企业领导班子 2013－2015 年任期综合考核评价定级中，中国电科等 12 户企业领导班子获评"优秀"。

【主要指标】 2016 年，中国电科实现营业收入 1813.08 亿元，同比增长 9.23%；利润 181.64 亿元，同比增长 12.45%。

2016 年中国电子科技集团公司主要经济指标

项　目	2015 年	2016 年	比上年增长（%）
资产总额（亿元）	2201.12	2494.69	13.34
所有者权益（亿元）	1175.70	1391.28	18.34
营业收入（亿元）	1659.90	1813.08	9.23
利润总额（亿元）	161.53	181.64	12.45
净利润（亿元）	145.93	164.98	13.05
归属于母公司所有者的净利润（亿元）	101.20	107.06	5.80
技术开发投入（亿元）	289.72	340.83	17.64
利税总额（亿元）	66.21	70.87	7.04
应缴税金总额（亿元）	70.52	78.12	10.78
全员劳动生产率（万元/人·年）	29.38	32.90	12.00
净资产收益率（%）	11.43	10.38	减少 1.05 个百分点
总资产报酬率（%）	8.33	8.00	减少 0.33 个百分点
国有资本保值增值率（%）	112.05	111.17	减少 0.88 个百分点

【改革发展】 贯彻中央关于全面深化改革的一系列精神，积极推进改革顶层设计和重点领域改革工

作，制定完成全面深化改革总体方案，在业务布局优化、组织架构调整、运行机制创新等方面提出系统改革方案和实施路径。现代企业制度建设进展顺利，集团层面，建立法人治理结构核心制度体系，创造性提出现代国有企业“1+3”权责表，第一届董事会规范运行，召开定期会议，决策作用有效发挥；成员单位层面，完善子集团和专业公司章程，规范现代企业制度，明确其授权体系。主营业务组织体系持续优化，推进以母子公司体制为基本模式的“三层架构、两级经营”建设，深化总部组织机构改革，制定《集团公司总部组织机构和职能调整改革方案》，改革后，总部设14个部门（增加经济运行部和风险控制部2个部门），11个重大项目办公室和3个驻外代表处，完成声光电公司与9所重组整合、远东国际脱困改革方案并启动实施，开展47所脱困帮扶工作，打造智慧院等5个新业务发展平台，进一步强化集团总部的管控力和市场主导能力，提高总部的管控效率。强化市场导向，积极推动重大项目办公室机构和人员建设，积极为总部打造一支有较强市场运作能力的骨干队伍。深化人才发展体制机制改革，组织制定《集团公司深化人才发展体制机制改革的指导意见》，针对人才培养支持机制，以及人才评价、流动、激励和人才引进机制等提出政策措施。出台《集团公司科技创新人才流动管理办法》，鼓励和推动科技创新人才进行有序流动。加强薪酬体系建设，深入推进五元体系建设，强化规范管理，实现重点单位五元薪酬体系的全覆盖。加大改革试点探索，积极对接国家8个“全面创新改革试验区”建设，部分成员单位纳入当地改革试点。

【重大项目】

1. 重大军工任务方面。

中国电科认真履行国家安全责任，遵循习主席“能打仗、打胜仗”的指示精神，坚持以军为核心，主动作为抢抓市场机遇，完成军工电子分规划编制，军工任务全面完成。一是军工任务再创佳绩，400余项重点军工科研生产任务按计划、保质量交付部队。部分军用关键元器件打破国际禁运，完成关键技术攻关，达到国际先进水平。顺利完成天宫二号、神舟十一号、尖兵六号系列卫星、长征七号运载火箭等重大航天任务设备研制交付和任务保障。二是集团主导顶层策划，“市场”开拓成效明显。主动适应“军委管总、军种主建、战区主战”新格局，积极谋划和推进重要体系设计与建设，主动对接军委机关、军兵种和战区，着力加强能力体系论证。三是新概念新模式综合保障系统建设取得实质性突破。中国电科持续推进军地一体化联合保障站建设，探索基于性能的保障模式，加强军民融合培训，得到军队的高度认可。

2. 重大民品项目方面。

聚焦电子信息行业的重要领域和关键环节，着力国家安全和信息化领域的应用，通过打造“安全、智慧”两大事业，支撑国家综合治理能力和人民幸福生活指数提升。积极发挥央企责任，以信息化手段支撑国家开展G20/B20峰会、应对“南海仲裁案”、参加乌镇“世界互联网大会”等重大活动。打造拳头产品，市场竞争力不断提升。视频监控领域全球市场份额19.5%，全球第一名；动力电池全国排名第五名；太阳能光伏电池排名第14名；电子装备制造、应急指挥、民用雷达等产品国内市场领先。维护国家稳定，助力社会综合治理安全。2010年总承的重庆应指工程项目是国内最大的城市应急防控联防系统，完成项目建设开发。深圳织网工程、新疆综治、福州公安云平台等项目建设稳步推进。策划重大项目，服务国计民生。承接北京城市副中心重大项目，成功中标相关总体方案和顶层设计项目，积极推动智慧灯杆示范工程建设。与7个城市达成顶层设计建设性意见，谋划国家大数据中心先导示范区，大数据发展理念得到李克强总理肯定。中标南京、哈尔滨、福州等地轨道交通总包和信号系统项目。

3. 资产经营方面。

瞄准国家战略，加快推动子集团、专业公司的组建和实体化运营，完成智慧院、神州网信、天地信息、司法及政府大数据等公司的组建，完成海康威视收购S. H. L公司实现海外并购零的突破，同时不断推进网安、装备子集团内部资源整合；加快实施上市公司平台发展战略，统筹组织相关上市公司开展资本运作，完成四创电子、卫士通、国睿科技等资产重组及融资，实现51所中电微通试点挂牌新三板，推进锂离子电池、新能源装备等上市平台的培育；完成资产经营公司组建，统筹集团内部土地资源，并依托奥地利欧洲科创园探索海外创新业务发展；加快投资公司金融平台建设，完成融资租赁公司、电子信息产业基金、信息安全并购基金组建；强化集团与国家开发银行战略合作，协议明确“十三五”1000亿元的融资意向；以重点产业园、重大能力建设专项等重大建设项目为抓手，提升集团公司主业研发生产能力，积极推进海康MRAM项目、力神青岛动力电池基地建设项目、涞水电子科技园项目、北京信息大厦等重大项目。

4. 与地方及企业的合作。

2016年，与地方的合作，完成与广东省人民政府、湖南省人民政府、新疆维吾尔自治区人民政府、黑龙江省人民政府、乌鲁木齐市人民政府、贵阳市人民政府、吴忠市人民政府和龙岩市人民政府等8个战略合作协议的签订工作；与企事业的合作，完成与中国建筑总公司、招商局集团有限公司、国家测绘地理信息局与招商局集团（三方）、东风汽车公司、中国保险信息技术管理有限责任公司以及北京建工集团等7个战略合作协议的签订工作。

【走向海外】 以国家“走出去”战略和“一带一路”建设为契机，积极开拓南亚、非洲、中东、东南亚、中亚、欧洲等重点市场，国际化经营取得显著成效，有力支撑国家战略实施。主要业务已覆盖北美、拉美、欧洲、亚洲、非洲等110多个国家和地区，拥有40家境外子公司和40多个海外办事处，2016年国际化经营实现收入242.8亿元，较上一年度增长23.8%，占集团总收入12%，成为支撑中国电科发展的重要业态。

对外贸易成果丰硕。军品出口方面，预警机产品积极探索主导项目管理机制与办法，推动从“简单销售”到“事前谋划”的转变；综合电子信息系统产品积极开拓阿塞拜疆、土库曼斯坦、埃及和埃尔及利亚市场，实现重大项目落地。民品出口方面，安防监控产品出口突破90亿元，位列国际市场份额第一位；国家信息化产品签订伊朗智慧城市重大项目，并实现对赞比亚和柬埔寨出口；太阳能光伏出口首次突破10亿元大关，并初步落实斯里兰卡重大项目合作意向；消费类电池出口总额达到8亿元，形成新动能；成功举办东非一中国空管高层论坛，有力推动中国空管标准输出和成套装备对外出口。

海外经营积极拓展。成功收购英国老牌入侵报警市场领先企业S. H. L公司，进一步巩固全球安防监控产业龙头地位；与印度签订630MW太阳能产业园项目合资合作协议，标志着境外海外制造迈出第一步；完成柬埔寨子公司、缅甸合资公司和印尼子公司注册运行，当年业务有序推进并实现盈利，进一步拓展海外本土化经营网络；在奥地利新设中国电科欧洲科技创新园有限公司，并立项实施科技创新园建设项目，将成为中国电科在欧洲开展技术交流、创新研发的重要基地。

国际合作进展顺利。与微软成立合资公司，致力提升信息基础设施产品研发和服务能力；围绕POWER系列高端服务器处理芯片技术实质性推进与IBM的战略合作；积极参与中俄总理定期会晤框架下“中俄航天合作分委会”“中俄卫星导航项目合作分委会”“中俄工业合作分委会”相关工作；积极开展与悉尼科技大学在联合实验室、合作研究、人才培训引进等方面工作；有效推动与柯林斯关于通用无线电通信导航设备新业务的谈判，有力支撑国家大飞机战略；积极支持中俄、中乌、中白、中意、中法等军技合作，有力支撑国内武器装备研制；与霍尼韦尔、泰雷兹、欧洲微电子中心、俄技集团等知名企业合作取得明显进展。

国际工程稳步推进。草签孟加拉平安达卡项目的咨询标合同；完成尼泊尔警用通信二期和斯里兰卡医疗设施项目的合同洽谈，进入融资申请和政府审批阶段；智慧文莱工作稳步推进，将开展智慧教育、智慧交通和智慧医疗项目的洽谈。

【重大创新】 “核高基”科技重大专项。二代砷化镓器件达到国际先进水平，40GHz以下产品实现自主保障；三代氮化镓器件技术与国际同步发展，20GHz以下产品进入工程化应用；空间行波管突破长寿命阴极等关键技术，产品主要技术指标达到或接近国际先进水平，部分产品抗辐照指标优于国外产品水平，打破国外长期的封锁禁运。

“极大规模集成电路及装备”科技重大专项。围绕突破具有自主知识产权的键合与解键合设备和建立高能离子注入机工艺研发平台，解决关键零部件的国产化，形成产业化配套能力和市场竞争能力的目标。

“新一代宽带无线移动通信网”科技重大专项。在5G方面已经率先启动研究，在低损耗宽带芯片封装等关键技术上取得重大突破。在仪器仪表方面，率先研发出国内首套基于毫米波频段的5G通信测试系统，解决5G高频段、大带宽、多波形的验证难题。

重大科学仪器专项。完成70余项测试仪器型号项目初样审定、产品规范审定、集中测试及70余项项目需求论证、中期评估工作。技术成果填补国内空白，打破国外对我国毫米波频段高端仪器的严格禁运。

世界上首个实现保形升降、驻空飞行的平流层飞艇，创新性的解决技术难题，是世界上升空最高、体积最大的保形升降平流层飞艇。

频率范围覆盖S－W波段的系列化GaN功率MMIC货架产品，突破关键技术，成功研制出整体国际先进、部分指标国际领先的2－6/6－18GHz GaN宽带功率MMIC，打破国外垄断。

固定翼无人机网络化自主集群技术，创新性地解决多项核心关键技术，于2016年10月成功试验67架固定翼无人机的网络化集群编队，刷新当时美国保持的50架的世界纪录。

国内首部具有自主知识产权的太赫兹视频合成孔径雷达，攻克多项关键技术，关键性能指标达到国内领先水平，填补国内在太赫兹视频成像领域的空白。

高比能锂氟化碳电池工程化，在国内率先研制出超高能量密度、高安全性锂原电池系统，电池比能量达到国际先进水平。

毫米波空间行波管关键技术及应用方面，研制出国内首支V波段和Q波段空间行波管，效率为35％和45％，达到国际先进水平。

2016年，中国电科全面推进科技创新体系重构，加强信息科学研究院和各类重点实验室建设；推进协同创新，搭建国内创新资源汇聚平台，逐步推进天地一体化信息网络产业技术创新战略联盟落地，牵头组建新型智慧城市建设企业联盟，筹建天地一体化信息网络创新联盟；拓展国际合作视野，与国外大公司建立常态化技术合作推进机制，开展深层次的技术合作，提升国际技术合作深度。

2016年，承担科技项目2219项，2203项按计划执行，计划完成率99.28％。完成科技创新项目3000余项，发明专利授权922项，获得国防科技奖45项，获得国家科技进步二等奖1项。

【党建工作】

1. 党的建设方面。

中国电科党组切实落实全面从严治党责任，抓好中央重要精神贯彻落实，层层压实责任，确保中央重要战略部署迅速落实，“四个意识”显著增强。抓好“两学一做”学习教育，创新采用“问卷答题引导学”“化小专题交流学”“考量工作结合学”“对照言行自省学”的“四学”方式，推动思想政治教育经常化；加强督导压实，狠抓“四查”，完成24个成员单位党委按期换届，推动组织建设规范化、政治生活严肃化；开展党建重点难点课题研究，树立合格党员标尺，广泛开展特色争创活动，基层党组织和党员作用充分彰显。围绕军工科技企业集团特色抓党建，以优化“量化有效型”党建工作体系为抓手，深化实施党建工作、竞争优势和企业文化同步提升的“三位一体”党建工作格局；开展全覆盖的党委书记述职评议考核，推动党建责任落实；围绕国家重大国防工程、重点项目开展宣传教育，坚持用国家安全使命责任意识来教育人、凝聚人，用大国重器、国家队的荣誉感来激励人、鼓舞人。坚持正确的选人用人导向，完成38家单位领导班子换届考察和补充调整，组建中国电科大学，加强科技领军人才培养，抓好领导班子和干部人才队伍建设。加强作风建设，贯彻落实中央八项规定精神，修订党组22条具体措施，驰而不息反对“四风”，党组成员深入18家重点单位开展调研，切实落实联系群众制度，强化责任考核，以问责倒逼全面从严治党责任落实。全面加强企业文化和品牌建设，并通过世界互联网大会、珠海航展等进行展示，提升文化软实力和品牌影响力，为企业改革发展注入文化动力。加强统战和群团工作，筹办海外高层次人才联谊会，培育“大国工匠”精神，抓实“精英电科”“智汇电科”“大爱电科”青年品牌工程，和谐集团建设成效显著。

2. 反腐倡廉方面。

中国电科党组深入落实中央八项规定精神，持续强化作风建设，守住所有重要时间节点，开展廉洁提醒。加强监督检查，按照中央纪委部署，组织开展“四风”问题整治情况“回头看”，在各单位自查的基础上，对22家单位进行检查，并选择其中6家单位，进行“回头看”的“再回头”，夯实整改成效。全系统有29人因违反中央八项规定精神被严肃处理。

党组与总部职能部门和成员单位主要负责人签订《党风廉政建设责任书》。强化责任制考核，全年对落实“两个责任”不力的4名党委书记、3名纪委书记诫勉谈话，给予负有领导责任的7名党组管理干部党政纪处分，并将考核与绩效挂钩，扣罚23家成员单位整体绩效和18名党组管理干部的个人绩效，以严肃问责倒逼责任落实。严把干部选用“廉政关”，在重要人事任免工作上，纪检组长从酝酿阶段开始，全程参与，总部纪检监察与审计部出具33批次、335人次廉洁意见。

深入践行“四种形态”，全年各级党组织同下级部门负责人谈话提醒784人次、函询54人次、诫勉谈话124人次，开展领导干部任前谈话414人次，各项数据相比上一年均有增加。全系统初核问题线索72件，立案48件，给予党政纪处分51人，行政处分44人。党组巡视组先后完成3轮、10家单位巡视，开展262个巡视专题、专项，谈话涉及2000余人次，现场受理来信来访108件次，发现问题185个，其中，党的领导弱化、党的建设缺失、从严治党不力这“三大问题”，在每家被巡视单位内都不同程度存在；发现违纪问题线索11个，向总部相关部门和成员单位提出意见建议139个。

党组纪检组利用新媒体手段，设计在线答题平台，组织“遵党规、守党纪、学讲话”答题活动，党组领导带头，全系统3万余名党员参加，引导“两学一做”走向深化；党组巡视组编印典型案例集，以身边人身边事为镜鉴，达到巡视一个教育一片的效果；直属纪委组织总部与在京单位集体观看《永远在路上》专题片，强化警示教育，增强党员干部“不敢”意识。多层次开展业务培训和经验交流，全面提升纪检监察干部履职能力，全年两次组织集中培训，基本做到纪委书记、纪检处长、业务骨干全覆盖。

【信息化建设】 在信息化规划和顶层设计工作方面，编制《中国电子科技集团公司“十三五”信息化总体规划》正式印发实施；编制《中国电科智能设计与制造系统方案》，计划2017年建设方案通过评审后组织实施。

在信息基础环境建设方面，组建基于互联网加密隧道的电科蓝网，覆盖集团公司所有级次522家成员单位。统一建设覆盖所有二级成员单位的互联网网站群。建成集团公司互联网网络安全监测预警系统，将160家成员单位的互联网网站纳入监测预警，并每月发布《中国电子科技集团公司网络安全监测预警月报》。

在综合管理信息化建设方面，文事会一体化系统在集团总部试运行。人力资源管理系统一期上线试运行，实现基本信息和薪酬的自助查询。财务信息化4个模块上线试运行，实现集团公司的预算管理、合同管理、网上报销等功能。资产经营管理系统一期上线运行，实现集团公司股权信息、经营情况、资产信息、投资计划的管理，以及企业绩效评价等功能，在压减亏损企业工作中发挥巨大作用。

在科研生产经营信息化建设方面，优化完善统计信息系统，实现集团公司全级次单位统计数据在线直报；优化合同管理模块，实现合同信息全级次采集。目标制定与考核管理系统上线试运行，实现五大业态及日常经营活动的分析、管控、调度与目标调整。决策支持平台完成指标体系梳理和设计，借助电子大屏形成直达领导办公室的经济运行态势和重大项目动态实时展示能力。

【履行社会责任】 2016年8月30日，在工信部有关司局的主导下，第四届中国电子信息行业社会责任年会暨中国电子科技集团公司2015年社会责任报告发布会在京举行，中国电科作为中国电子工业标准化技术协会社会责任委员会的主任委员单位，发起并联合24家国内外知名企业共同发布2015年度社会责任报告。中国电科连续四年获得社科院“五星卓越级”报告，连续三年荣获年度优秀企业公民称号，先后获得国资委社会责任管理提升先进单位、“国资委和谐发展战略重点联系单位”（四家之一）、工信部首批社会责任示范基地（两家之一）、“金蜜蜂”社会责任领袖型企业、国防科技工业管理创新二等奖等一系列荣誉，为引领推动央企、电子信息行业企业社会责任工作发展，发挥积极作用。

持续开展定点扶贫与支援龙岩老区发展工作，在陕西省绥德县、四川省叙永县，积极投身精准脱贫攻坚工作，当年投入扶贫经费680万元，有关扶贫支撑单位支持经费46.86万元，扶贫项目涉及产业、教育、困难人群帮扶、基础设施、志愿服务等领域。全面完成国资委节能减排年度阶段考核指标，开展危险废物专项治理和宣传活动。

质量安全形势稳定，杜绝重大事故。中国电科承担的各项科研生产任务基本按计划节点保质完成，产品质量稳定，总体受控。在"长征七号""天宫二号""神舟十一号"等各项任务中，确保全年各项重大发射任务圆满完成。紧密围绕集团"十三五"发展规划，以"建设具有中国电科特色的质量工作体系"为统揽，策划部署装备质量综合提升工程。

中国电科圆满完成上级机关下达安全生产任务及考核指标。荣获全国"安全生产月""安全生产万里行"活动先进单位称号。完善"1＋Y＋X"安全生产制度体系架构，修订《中国电科安全生产管理基本制度》，加强海洋新业务，哈铁、平联等重大工程安全工作指导，组织新成立、兼并重组单位同步落实安全生产工作，确保安全管理适应新形势的变化。全面开展安全达标"回头看"，促进真正实现"管理精细化、本安上水平、人员受教育"目标。系统开展危险化学品安全专项提升工作，促进危险化学品采购、储存、使用、生产、输送、废弃处置等各环节安全管理水平全面提高。

（撰稿人：蒋晓琳）

中国航空发动机集团有限公司

【基本概况】 2016年，中国航空发动机集团有限公司（以下简称"中国航发"）正式组建成立，航空发动机及燃气轮机国家科技重大专项（简称"两机"专项）启动实施，由此开启我国航空发动机自主研制的新篇章。

中国航发组建以来，坚决贯彻党中央、国务院、中央军委的决策部署，认真学习习近平总书记系列重要讲话精神，牢固树立"四个意识"，牢记使命、牢记责任，坚持国家利益至上，坚持强军首责，秉持"动力强军、科技报国"的使命，大力实施"创新驱动、质量制胜、人才强企"战略，坚定走自主研发道路不动摇，制定中长期发展战略及"十三五"规划，绘就集团发展蓝图，提出建成世界一流航空发动机集团的远景目标。突出抓好集团组建和科研生产、经营管理各项工作，确保两促进、两不误。坚持业务与党建工作两手抓、两手硬。稳步推进改革，压缩管理层级，实施两级管理，构建精干高效的集团总部。建立健全法人治理结构，在建立现代企业制度方面迈出实质性步伐。深入贯彻军民融合战略，着力构建"小核心、大协作、专业化、开放型"的科研生产体系，坚持业务聚焦、资源聚焦、精力聚焦，全力加快航空发动机自主研发和制造生产。

【主要指标】 集团坚持聚焦主业，推进产业结构调整，加大投资清理，推进"三供一业"分离移交，加大科研生产交付，强化财务管理，经济效益和运行质量不断改善，主要经济指标完成年度目标。实现营业收入446.02亿元，利润总额20.21亿元，同比增长3.06%，实现经济增加值3.12亿元。成本费用总额占营业总收入比率96.1%，同比改善0.9个百分点，降本增效取得较好成效，航空主业收入占比从58%提高到67.2%，聚焦主业成效初显。

2016年中国航空发动机集团有限公司主要经济指标

项　目	2015年	2016年	比上年增长（%）
资产总额（亿元）	1167.92	1263.35	8.17
所有者权益（亿元）	496.50	575.27	15.87
营业收入（亿元）	510.20	446.02	－12.58
利润总额（亿元）	19.61	20.21	3.06
净利润（亿元）	14.90	16.00	7.38
归属于母公司所有者的净利润（亿元）	7.41	10.01	35.09
技术开发投入（亿元）	79.28	66.42	－16.22

续表

项　目	2015 年	2016 年	比上年增长(%)
利税总额(亿元)	31.87	31.95	0.25
应交税金总额(亿元)	12.88	11.74	−8.85
全员劳动生产率(万元/人·年)	15.50	16.60	7.10
净资产收益率(%)	3.04	2.99	减少 0.05 个百分点
总资产报酬率(%)	3.10	2.81	减少 0.29 个百分点
国有资本保值增值率(%)	103.06	102.93	减少 0.13 个百分点

【改革发展】 集团以组建为契机，着力深化改革，打好“瘦身健体”、提质增效攻坚战。一是逐步理顺管理关系，压缩管理层级，实施两极管理，并明确主体单位两级管理、管理层级不超过三级、股权层级不超过四级的总体要求。重新定位并组建中国航空发动机研究院，搭建集团基础研究平台。完成航发控制管控模式调整，明确控制系统各厂所专业化分工定位。成立资产公司，打造专业化投资平台，促进产融结合。二是大力推进投资清理。启动投资清理 55 户，压减企业 16 户，超额完成国资委下达的“压减 8 户”的任务指标。集团主要领导牵头督办，有序推进 6 户“僵尸企业”及特困企业处置。三是积极与地方政府对接，加快剥离企业办社会职能，切实减轻企业负担，保障集团轻装上阵。

实施人才强企战略，大力推进人事、分配、考核、薪酬制度改革，为“两机”专项的顺利实施提供有力支撑。一是加强人才队伍建设。着力打造忠诚干净担当的干部队伍，选优配强各级领导班子和领导干部，启动部分型号“两总”系统人员调整。着力加强技术、技能人才队伍建设，开展高端人才选拔培养工作，引进海外高层次人才 13 人，组织开展各类技能人才比武竞赛活动，分层、分级培训各类骨干 900 余人次。二是推进劳动用工与薪酬分配改革。优化人力资源结构，推行用工总量和人员结构计划管理，职工总数减少 2000 人，技术人员比例提升至 26.1%。完善薪酬体系，强化业绩导向，将工资总额与科研生产任务、经营效益考核直接挂钩。三是调整考核导向，明确三个 100 分的考核原则，重点考核科研生产任务，适当考核经济指标，同步考核基础管理。下达科研生产责任令，签订经营业绩考核责任书，形成新的考核体系。

【重大项目】 2016 年，“两机”专项全面启动实施，科研生产任务积极推进，重点型号研制稳步实施，军民燃产品持续发展，多个型号取得定型/鉴定、首飞/首航等阶段性成果。产品交付量再创新高，产品质量稳步提升，服务保障能力不断加强，有力保障部队战训需求。中法合作研制的涡轴—16 发动机配装 AC352 直升机成功实现首飞，大型客机发动机验证机首台核心机成功点火。积极开展资本运营，启动航发动力非公开发行股票募集资金 100 亿元，发挥资金杠杆效应，吸引外部资金 55 亿元。与四川省共同推动设立四川航空发动机产业引导基金，支持集团驻川单位发展。

【走向海外】 多层面开展国际合作，明确“学技术、学管理，不依赖、为我所用，引进、消化、吸收、再创新”的国际合作三原则。推进国际合作深层次转变，积极拓宽对外合作渠道，建立与国际主要航空发动机企业的联系，与法国赛峰集团和美国霍尼韦尔公司签署战略合作框架协议，探索建设海外研发中心。借助“一带一路”区域合作平台，结合国家援建项目，加速推动民用燃机“走出去”，以车载式和固定式备用电源及小型燃气轮机发电机组为基础，拉动燃机全系列产品出口，在缓解有关国家用电紧张、提高区域电网安全等方面发挥积极作用。

【重大创新】 强化科技创新，推进管理创新，以体制机制改革激发创新活力，全力推动创新型集团建设。坚定走自主研发的道路不动摇、今后不再测仿的决心不动摇、国际合作为辅的原则不动摇，着力夯实技术基础，推进自主研发体系建设。高度重视研究院所，充分发挥研究院所龙头作用，提升自主研发能力。启动集团创新基金，支持引领未来发展、提升能力、解决短板以及重大原始创新项目。积极推动新技术、新理念的研究与应用。系统梳理国内外航空发动机增材制造技术发展现状和应用需求并提出集团发展思路，完成航空发动机基础技术平台建设方案初步论证。2016 年，有 1 项成果获得国家科学技术进步二等奖，19 项成果获得国防科技成果奖，申请发明专利

1332项。以实施中国航发运营管理体系(AEOS)为主线,开展管理理论、工具和方法的创新应用工作,全面提升管理水平。聚焦企业运营主价值链,重点进行产品研发体系、生产制造体系、供应商管理体系、服务保障体系建设。

【党建工作】 坚持将思想建党放在首位,以"两学一做"学习教育为抓手,扎实开展"百千万学习计划""使命、责任、担当"大讨论等活动,围绕科研生产以学促做。坚持党建工作"四同步",把党建工作总体要求写入集团章程,将党组织嵌入到公司治理结构中。筑牢党的组织基础,成立集团直属临时党委和总部党委,撤销1个党组、5个分党组。大力选树宣传先进典型,策划并配合中央媒体集中宣传"太行"发动机总设计师张恩和的先进事迹,传播强大正能量。将党风廉政建设和反腐败工作与集团组建、"两机"专项实施同步考虑、同步推进。以严肃问责推进"两个责任"落实,把握运用"四种形态",强化监督执纪问责,持之以恒落实中央八项规定精神,严防"四风"问题反弹,着力构建"不敢腐、不能腐、不想腐"的有效机制。集团党组明确提出"五个决不允许"的廉洁从业要求。实现对直属单位党政主要领导约谈全覆盖,自上而下开展约谈2000余人,层层签订党风廉政建设责任书。大力营造风清气正、务实担当的良好氛围,为集团改革发展提供坚强的纪律保证。

【信息化建设】 制定中国航发信息化和智能制造"十三五"规划,启动"数字化航发125工程",开展9个信息化试点项目建设,通过"试点应用、重点突破",快速实现集团信息化整体能力提升。组建中国航发信息技术中心,建设信息化标准体系和编码体系。明确中国航发仿真能力和数据中心建设思路,推进五项智能制造关键技术研究,自上而下牵引各单位向数字化、智能化方向转型升级。以综合管控平台为集成环境,推进生产管控、科研项目管控等应用系统滚动建设,提前完成航发网组建工作。

【履行社会责任】 成立由集团领导担任组长的工作协调小组,定期专题研究相关问题;各所属单位成立由主要领导牵头,相关部门具体负责的企业社会责任领导机构。依托"吴大观志愿服务队"等志愿组织,广泛开展志愿活动,组织志愿活动100余次,组织志愿者活动20000余人次,投入资金320余万元。组织开展航空科普、国防教育等活动,普及航空知识、增强国防意识,产生较好的社会反响。聚焦扶贫攻坚,实施精准扶贫,各所属单位派出专职扶贫干部7人,投入专项资金230余万元,受到地方政府的高度评价。

(撰稿人:李福根)

中国石油天然气集团公司

【基本概况】 中国石油天然气集团公司(以下简称"中国石油集团")是国有重要骨干企业和中国主要的油气生产商和供应商之一,是集油气勘探开发、炼油化工、销售贸易、管道储运、工程技术、工程建设、装备制造、金融服务于一体的综合性国际能源公司,在国内油气勘探开发中居主导地位,在全球35个国家和地区开展91个油气合作项目。在《美国石油情报周刊》公布的世界50家大石油公司综合排名中位居第三,在《财富》杂志公布的全球500家大公司排名中位居第三。

【主要指标】 面对国际油气价格低位震荡、市场供需延续宽松态势等严峻形势和挑战,中国石油集团突出油气主业发展,及时调整生产经营策略,着力稳增长、调结构、补短板、提效益、防风险,全力以赴打好开源节流降本增效攻坚战,整体经营业绩好于预期。全年实现营业收入18719亿元、利润总额507亿元、税费3497亿元,守住公司整体不亏损和自由现金流为正两条底线,实现"十三五"良好开局。

表1　2016年中国石油天然气集团公司主要经济指标

项　目	2015年	2016年	比上年增长(%)
资产总额(亿元)	40341	40698	0.9
所有者权益(亿元)	23983	24449	2.0
营业总收入(亿元)	20168	18719	−7.2
利润总额(亿元)	825	507	−38.6

续表

项目	2015年	2016年	比上年增长(%)
净利润(亿元)	562	268	−52.3
归属于母公司所有者的净利润(亿元)	446	124	−72.2
应交税费总额(亿元)	3381	3497	3.4

【油气业务】 2016年,国内新增探明石油地质储量6.49亿吨,连续11年超过6亿吨;新增探明天然气地质储量5419亿立方米,连续10年超过4000亿立方米。国内原油产量10545万吨、天然气产量981亿立方米,分别占全国原油、天然气总产量的53.4%和73.2%。海外油气权益当量产量7601万吨。

国内加工原油14709万吨,生产成品油9932万吨,成品油销售量11303万吨,占国内市场份额40%左右。车用汽柴油全部达到国Ⅴ标准,并向北京市场供应京Ⅵ标准车用汽柴油。国内天然气销售量1315亿立方米,占国内市场份额的68.4%。油气管线延展长度达到8.12万千米,覆盖全国30个省(自治区、直辖市)和香港特别行政区。

【改革发展】 企业改革在重点领域和关键环节取得新进展。总部机关优化职能定位和机构设置,完善专业公司管理体制;天然气与管道业务实现油气管输与销售分开运营,做实天然气销售,新成立五大天然气销售地区公司;中亚天然气管道合资合作完成股权交割,新组建的中油工程和中油资本成功上市;科技体制机制改革、扩大企业经营自主权等方案在部分单位顺利开展试点;未上市托管业务和矿区业务改革不断深化。持续优化生产运行和布局结构、深入开展开源节流降本增效、实施亏损企业专项治理,持续推进供给侧结构性改革、加强改革和管理,提高发展质量和效益。

【重大项目】 重点产能建设项目进展顺利。国内方面,塔里木油田凝析气轻烃深度回收工程开工建设。海外方面,南苏丹3/7区脱瓶颈项目机械完工;坦桑尼亚天然气处理厂项目成功实现产品气外输;阿布扎比曼德油田一期、乍得2.2期和伊拉克西古尔纳油田地面建设工程、委内瑞拉MPE3扩建工程等有序推进;伊拉克巴士拉天然气公司老厂改造项目前期工作顺利展开。

重点管道建设项目稳步推进。国内方面,西气东输三线东段、陕京四线宝坻—香河—西集联络线等管道项目建成投运;陕京四线输气管道、中俄原油管道二线、西气东输三线中卫—靖边联络线等开工建设;锦州—郑州、云南成品油管道等工程建设稳步推进。海外方面,中亚天然气管道C线哈萨克斯坦段4号及8号压气站正式投产;中哈原油管道二期(哈南线)巴佐伊压气站实现60亿立方米/年输气能力;中俄东线天然气管道中国境内段工程建设有序进行;哈萨克斯坦卡沙甘油田海底油气管线修复工作全面完成,首批原油成功外运;加拿大激流管道一期工程冬季施工段全部完成,夏季施工段进度达到90%,站场建设基本完工。

重点炼化建设项目取得新进展。国内方面,长庆石化、大庆炼化、锦州石化、乌鲁木齐石化等汽柴油质量升级技术改造项目顺利投产;云南石化1000万吨/年炼油、神华宁煤400万吨/年煤制油等项目装置陆续中交;宁夏化肥项目进入收尾和开车准备阶段;华北石化1000万吨/年炼油升级改造项目稳步推进。海外方面,哈萨克斯坦奇姆肯特炼厂升级改造一期工程进展有序;阿尔及尔炼厂改扩建、马来西亚聚丙烯等项目全面铺开。

【国际油气合作】 借助国家"一带一路"战略的实施,不断深化和拓展油气领域的国际合作,先后与俄罗斯、委内瑞拉、秘鲁、莫桑比克、阿尔及利亚等国政府和能源公司签署多项合作协议及备忘录。

在中亚—俄罗斯地区,与俄罗斯天然气工业股份公司签署《在中华人民共和国境内开展地下储气库、天然气发电项目合作谅解备忘录》《中国石油集团与俄气公司标准及合格评定结果互认合作协议》《中国石油集团与俄气公司开展天然气发动机燃料领域可行性研究合作的谅解备忘录》。

在拉美地区,与委内瑞拉国家石油公司签署《中国石油集团和委内瑞拉国家石油合作项目进展备忘录》,与秘鲁能源矿产部签署《中秘深化油气合作谅解备忘录》。

在非洲地区，与莫桑比克国家石油公司签署合作框架协议。双方将全面推动在油气勘探开发、生产、天然气加工和销售领域的合作。

【科技创新】 大力推进科技创新，支撑主营业务发展。组织推进国家油气重大科技专项，启动“十三五”计划36个项目和16个示范工程。开展研发攻关，取得一批科研成果，创新天然气古生界富集规律认识和地震联合反演解释技术，保障长庆油田探明油气储量持续稳定增长；完善大庆油田新一代精准挖潜技术，支撑主力油田采收率超过50%；开发国V标准清洁汽柴油生产技术和聚烯烃等新产品，推动油品质量升级和炼化产品结构调整；高温高密度油基钻井液技术研发、油气管道装备国产化等取得新进展；井下油水分离同井注采、碳一化工等技术研究有序推进。

四项重大科技成果获得国家科技奖励。“古老碳酸盐岩勘探理论技术创新与安岳特大型气田重大发现”和“大型乙烯装置成套工艺技术、关键装备与工业应用”获得国家科技进步二等奖；参与完成的“复杂结构井特种钻井液及工业化应用”成果获得国家技术发明二等奖；“裂缝储层含油气饱和度定量计算方法”获得中国专利金奖。

【信息化建设】 围绕建设“共享中国石油”目标，坚持业务主导、统筹推进，信息化建设取得一系列重要成果，各业务领域信息系统应用持续深入，管理水平和效率效益大幅提升，在企业提质增效、转型升级中发挥着越来越重要的作用。一是ERP应用集成建设取得显著进展。搭建完成ERP2.0、系统集成、决策支持和用户访问四大平台，成功部署在云计算环境中运行，并完成ERP系统在未上市业务、炼化领域的实例整合。二是物联网覆盖范围进一步拓展。油气生产物联网系统全面完成在大庆油田、新疆油田等7家油气田的示范建设，启动在大港油田、华北油田等6家油气田的推广实施，新增4000余口油气水井、近300座站库现场实施和数据接入。三是云技术平台建设应用持续深化。重点在云平台架构设计、软件研发、安全加固、资源纳管以及云服务开发等方面进行提升完善，具备2200台服务器、4.5PB存储的服务能力，累计供给1.6万个虚机，形成能源行业最大的“企业云”。ERP、加油站管理等40个核心应用系统成功云化，实现资源共享、按需调度，处于全球石油公司领先水平。

【党建工作】 专题研究部署企业党建工作。深入贯彻中央全面从严治党要求，第一时间传达学习党的十八届六中全会、全国国有企业党的建设工作会议精神和习近平总书记关于大力弘扬石油精神的重要批示，专题召开以“加强党的建设、弘扬石油精神”为主题的领导干部会议，制定下发实施意见，突出全面从严、强化融入中心、注重改革创新、发挥“四个作用”，着力解决党建工作弱化、淡化、虚化、边缘化等问题，企业党的建设得到全面加强。

扎实开展“两学一做”学习教育。成立领导小组和工作机构，制定实施方案，党组领导带头学习讨论、带头讲党课、带头过双重组织生活，党组先后两次召开专题民主生活会，以上率下、树标立规。各级党组织坚持全覆盖、常态化、重创新、求实效，做实规定动作，做好自选动作，推动全面从严治党向基层延伸。党内政治生活呈现新气象，广大党员“四个意识”进一步增强，践行“四讲四有”、争做合格党员氛围愈益浓厚。

深入推进党风廉政建设和反腐败工作。集团公司党组坚决同以习近平总书记为核心的党中央保持高度一致，坚定不移加强党的领导，落实主体责任，发挥表率作用，推进全面从严治党各项工作。各级党组织积极发挥政治核心作用，以“两学一做”为契机，层层压实责任，建立横向到边、纵向到底的党建、党风、反腐败责任体系。各级纪检监察机构把纪律和规矩挺在前面，持续保持反腐败高压态势，积极实践监督执纪“四种形态”，持之以恒反对“四风”，党风廉政建设和反腐败斗争取得新成效。具体表现为：始终保持惩治腐败高压态势，积极探索实践“四种形态”，持之以恒落实中央八项规定精神，不断深化内部专项巡视，持续推进合规管理和电子监察，深入开展反腐倡廉教育，严把干部选拔任用关。

【履行社会责任】 中国石油集团始终坚持将企业发展与业务所在地可持续发展结合起来，关注民生和社会进步，与当地分享发展机遇和资源价值，积极参与社区建设，促进经济和社会和谐发展。全年在全球主要社会公益上的总投入超过6亿元。

表2　2016年中国石油天然气集团公司社会公益投入情况

项　　目	投入金额(万元)
扶贫减困	19767.4
赈灾捐赠	191.9
支持教育	8955.9
公益捐赠	23984.5
环保公益	9240.9
总　　计	62140.6

扶贫减困。聚焦民生、产业、智力、医疗四大领域，结合公司业务和受援地资源、市场优势，创新模式、精准扶助，帮助当地获得经济自我发展能力。全年在新疆、西藏等7个省(自治区、直辖市)13个县(区)投入7599万元开展基础设施改造、教育培训和健康医疗等扶贫项目40个。

教育事业。继续推进传统的支持教育项目，包括设立奖学金和助学金，资助家庭经济困难学生等。2016年，中国石油集团奖学金表彰优秀学生635人，发放奖学金399万元。探索支持教育的新模式，倡导全社会关注并携手解决教育公平问题。与中国扶贫基金会合作开展"旭航"助学公益项目，通过中国石油集团加油站平台与广大司机朋友共同资助贫困地区高中学子实现大学梦想；实施"益师计划"，将先进的教学理念和教学方法带到贫困地区，改善当地教师的业务素质和教学水平。

带动地方发展。坚持开放合作、互利共赢，在上中下游领域，全面扩大与当地资本的合资合作，在建设运营中培养本地供应商和承包商，创造就业岗位，带动关联产业发展，回馈当地民众。2016年，中国石油抚顺石化公司支持地方招商引资和产业园区建设，为抚顺高新技术开发区齐隆化工等近10家企业提供裂解碳五、碳九、乙烯焦油等原料，并通过互供管线为相关配套企业及时运送原料，推动工业园区化工深加工企业的发展。园区逐步形成有机化工、精细化工、碳纤维、合成橡胶、塑蜡等五大产业集群聚集地，创造经济价值的同时解决社会就业。

服务海外社区。尊重业务所在地的文化习俗，致力于与东道国建立长期稳定的合作关系，推动东道国经济社会全面发展。2016年，凭借本土化运营方面的卓越表现，获得印尼政府授予的2015年度印尼本土化份额履行承诺奖。凭借在中哈油气合作、促进哈萨克斯坦社会经济绿色可持续发展、增进两国人民友谊等方面作出的突出贡献，获得哈萨克斯坦总统纳扎尔巴耶夫签发的哈萨克斯坦共和国国家二级"友谊勋章"。

(撰稿人：任洁江)

中国石油化工集团公司

【基本概况】　中国石油化工集团公司(以下简称"中国石化")是1998年7月国家在原中国石油化工总公司基础上重组成立的特大型石油石化企业集团，注册资本2749亿元，董事长为法定代表人，总部设在北京。对其全资企业、控股企业、参股企业的有关国有资产行使资产受益、重大决策和选择管理者等出资人的权力对国有资产依法进行经营、管理和监督，并相应承担保值增值责任。主营业务范围包括：实业投资及投资管理；石油、天然气的勘探、开采、储运(含管道运输)、销售和综合利用；煤炭生产、销售、储存、运输；石油炼制；成品油储存、运输、批发和零售；石油化工、天然气化工、煤化工及其他化工产品的生产、销售、储存、运输；新能源、地热等能源产品的生产、销售、储存、运输；石油石化工程的勘探、设计、咨询、施工、安装；石油石化设备检修、维修；机电设备研发、制造与销售；电力、蒸汽、水务和工业气体的生产销售；技术、电子商务及信息、替代能源产品的研究、开发、应用、咨询服务；自营和代理有关商品和技术的进出口；对外工程承包、招标采购、劳务输出；国际化仓储与物流业务等。

截至2016年底，中国石化是中国最大的成品油和石化产品供应商、第二大油气生产商，是世界第一大炼油公司、第二大化工公司，加油站总数位居世界第二，在2016年《财富》世界500强企业中排名第四位。

【主要指标】 2016年，面对复杂严峻的经营环境，中国石化认真贯彻公司党组和董事会的决策部署，坚持稳中求进工作总基调，聚焦提质增效升级，加快转方式调结构，统筹推进各项工作，取得好于预期的经营成果。

2016年中国石油化工集团公司主要经济指标

项 目	2015年	2016年	比上年增长(%)
资产总额(亿元)	20585.08	21593.91	4.90
所有者权益(亿元)	10529.79	10729.01	1.89
营业收入(亿元)	20472.72	19692.20	-3.81
利润总额(亿元)	621.22	529.03	-14.84
净利润(亿元)	440.94	281.99	-36.05
归属于母公司所有者的净利润(亿元)	225.91	83.57	-63.17
利税总额(亿元)	3920.11	3747.11	-4.41
应交税费(亿元)	415.15	600.20	44.57

【生产经营】 2016年，中国石化坚持以市场为导向、以效益为中心，加强产销优化，保持生产经营平稳运行。国内上游业务保持勘探投入力度不减，成功发现顺北油气田，四川盆地永页1井、北部湾涠4井、内蒙古拐参1井试采获高产油气流，扩大资源基础；开发上突出效益导向，大力压减无效低效产量，生产原油3565.51万吨、天然气215.90亿立方米；大力开拓天然气市场，销售天然气267亿立方米。炼油业务紧紧抓住创效好时机，大力调整结构，努力做大总量，加工原油2.37亿吨。化工业务密切产销衔接，狠抓结构调整，大力拓市扩销，生产乙烯1105.86万吨，化工产品经营总量6996万吨。油品销售业务巩固提升网络优势，全力扩大零售规模，境内成品油经营量1.73亿吨；加快发展非油业务，完成营业额351亿元。

聚焦转方式调结构、提质增效升级，加强投资管理和优化，推进一批重点工程建设。涪陵页岩气田一期、元坝气田等产能建设全面完成；四大炼化基地建设取得积极进展，茂湛基地中科项目开工建设；中天合创煤化工项目建成试车；一批储运设施建成投用；油气输送管道隐患整治攻坚战提前一年完成，罐区隐患整治攻坚战取得积极进展，“碧水蓝天”环保专项行动全面完成，“能效倍增”计划有序推进；金融、地热、节能环保等产业加快布局，地热新增供暖能力863万平方米；积极开展对外合作，古雷石化项目顺利推进，完成川气东送管道重组引资，伊朗雅达项目一期实现达产，沙特延布炼厂正式投产，南非炼油和销售项目进展顺利。

【改革发展】

1. 企业改革管理。

2016年，中国石化根据党中央关于深化国有企业改革的一系列决策部署，以结构性改革为主线，狠抓严细实管理，全力提效率增活力打造竞争力，为公司打赢转方式调结构攻坚战打下坚实基础。

密切跟踪深化国有企业改革进展，积极参与国家油气体制改革等重大课题研究，提出建设性意见和建议。贯彻党中央深化国有企业改革决策部署，落实公司“十三五”改革发展规划，召开公司改革管理工作会议，明确公司深化改革的原则要求、目标任务和严细实管理的重点内容，出台以《中国石化深化改革实施指导意见》为统领的配套改革措施，初步形成政策框架体系。

扎实推进各项改革任务。研究制定《中国石化困难企业扭亏脱困指导意见》，明确“四个一批”的扭亏脱困路径，建立五项常态化工作机制，“一企一策”制定实施方案；国务院国资委挂牌督导的2户“僵尸企业”完成关闭撤销，5户特困企业实现扭亏为盈。出台《中国石化直属机构和法人单位设立变更撤销管理办法》，编制完成压缩管理层级、减少法人户数实施方案，形成“瘦身健体”工作计划。推进石油工程内部改革，完成石油工程在华北、华东地区的整合重组。启动销售公司股份制改造，完成川气东送管道重组引资。推进落实精细化工业务体制机制完善、共享服务中心建设、东北油田扩大经营自主权试点、高桥石化提升调整等专项改革，取得阶段性进展。全面提速“四供一业”分离移交工作，52个项目完成或进入方案联审批复，其他办社会职能稳步推进。

严细实管理取得新提升。修订《强化提升中国石化“三基”工作指导意见》，进一步突出“三基”工作着力点。持续开展管理诊断下基层服务，总结推广中原油田、镇海炼化、浙江石油等37家企业和基层单位的管理理念和经验做法，推动公司基础管理工作整体上水平。按照管理制度化、制度流程化、流程信息化方向，完成投资、原油库存、股权管理等流程梳理和制度完善，探索推进制度、流程和职责三位一体。开展总部和企业两个层面制度评估，总部层面废止147件无效制度，企业层面废止1621件制度，进一步精简优化制度，提升制度有效性。完善绩效考核机制，突出分类和差异化考核，推动公司预算目标完成、生产运行成本和管理运行费用“双下降”以及全年效益任务实现；研究制定《中国石化股权激励管理办法》，引导上市公司不断提升中长期业绩。推进内控风控一体化建设，组织检查115家企业内控实施细则，对部分修订内容缺失等问题较多的企业加大整改督促力度；将内控要求嵌入信息系统提高内部控制信息化水平；动态监控调整风险应对策略和应对措施，实现重大重要风险由年度监控为季度监控。

2. 人事管理。

2016年，公司人事工作紧紧围绕公司发展战略和“十三五”发展规划，突出重点，聚焦主业，服务发展，为公司持续健康发展提供坚强的组织保证和人才支撑。

领导班子和干部队伍建设。坚持党对国有企业的领导和党管干部原则，认真落实管党治党责任，保证党对干部人事工作的领导权和对重要干部的管理权。坚持和完善双向进入、交叉任职的领导体制，把加强党的领导与完善公司治理统一起来，全年40家具备换届条件的直属单位党委完成换届选举。聚焦转方式调结构、提质增效升级中心任务，选优配强各级领导班子，推进干部考察工作机制常态化。加强干部制度建设，制定出台以《中国石化领导人员选拔任用暂行办法》为核心、其他配套制度为补充的“1＋6”制度体系。坚持严格程序、严把入口，落实“十二不准”纪律要求，不断提高选人用人工作质量和公信度。

劳动与薪酬管理。进一步深化劳动用工和收入分配制度改革，引导和鼓励企业自觉控制用工总量、优化用工、提高人工成本投入产出效率。持续严控用工总量，用工总量不断减少，2016年末公司用工总量75.2万人，比上年减少9.3万人。完成规范劳务派遣工作。加强系统内人力资源统筹配置，持续优化统筹配置方式，完善配套政策措施，解除员工后顾之忧。促进企业自觉优化用工，建立鼓励自觉优化用工、严控用工总量的激励约束机制。妥善开展富余人员分流安置。加强人工成本管理，修订《中国石化人工成本管理办法》及配套文件。完善薪酬分配制度，探索资本、技术、管理要素参与分配的报酬机制，研究提出领导人员薪酬管理体系优化方案，健全海外用工分配制度。

人才队伍建设与培训开发。稳妥推进完善人才成长通道建设工作，10家单位开展先行先试，抓好配套制度建设。推进深化人才发展体制机制改革，制定《关于深化人才发展体制机制改革的十项措施》。完善人才流动配置信息平台建设，改进完善人才评价工作，加强国际化人才和高层次人才培养，统筹开展各类人才队伍建设，一批人才脱颖而出，其中1人获得“中华技能大奖”称号、3人获得“全国技术能手”称号、42人获得“中央企业技术能手”称号、30人获得“中央企业青年岗位能手”称号。围绕公司转方式调结构中心任务开展培训，重点人才培训取得明显成效。开发远程培训课件，完善系统功能，培训基础建设取得新的进展。在全国40个城市组织招聘统一初选考试，大力引进优秀毕业生。

【重大项目】 2016年，中国石化安排油田地面、炼化、管道储运等重点工程项目26项(96个)，实现30套炼化装置、10条长输管道和4座油气储运设施建成投用，完成14家企业(含2家合资企业)295套装置大修改造任务。武汉80万吨/年乙烯及配套工程获得国家优质工程金质奖，榆林—济南输气管道、桥东油田青东5块新区产能建设地面工程、海南原油商业储备基地、武汉分公司油品质量升级改造二期工程4个项目获得国家优质工程奖。

油田地面重点工程。涪陵页岩气田累计建产70亿立方米/年，元坝气田产能建设地面工程全面完成，涪陵页岩气田二期产能建设地面工程顺利推进。

炼油化工重点工程。扎实推进绿色低碳发展，各炼厂加快实施汽柴油质量升级改造工作，全年有5个催化汽油吸附脱硫(S-Zorb)项目、12个柴油质量升级项目建成投产，提前完成国Ⅴ标准车用汽柴油质量升级任务。中天合创煤化工、南京3000吨/年S-MTO催化剂、茂名润滑油加氢异构化、德阳清洁能源回收等项目建成投产；金陵亨斯迈环氧丙烷项目完成中间交接，进入生产准备阶段。茂湛基地中科项目开工建设，中安联合煤化工项目恢复建设，中沙(天津)聚碳酸酯、海南第二套芳烃项目启动总体策划，古雷炼化一体化项目前期工作进展顺利。

管道储运重点工程。广西LNG、金坛盐穴地下储气库、仪征—长岭原油管道复线、江西成品油管道二期、安庆800万吨/年配套成品油管道、贵阳—重庆成品油管道、百色—昆明成品油管道、绍兴—杭州成品油管道等项目建成投用。天津实华原油商储基地、湛江原油商储基地准备投油运营，天津LNG、重庆涪陵LNG工厂项目全力推进现场施工，川气东送管道增压工程、甬台温成品油管道项目施工收尾，文23储气库建设加快推进。

【走向海外】 2016年，面对复杂的国际经营环境和严峻的安全形势，中国石化紧紧围绕“建设世界一流能源化工公司”的战略目标，发挥集团化、一体化优势，坚持“引进来”与“走出去”协调发展，积极稳妥发展国际化经营业务。

境外油气勘探开发。坚持以经济效益为中心，实行油价与投资联动机制，更加注重内涵式发展。全年在埃及、阿根廷等取得13项商业发现，探井商业成功率达68.4%，新增2P+2C储量879万吨油当量。伊朗雅达项目一期顺利达产，澳大利亚APLNG项目第二条线建成投产，全年权益油气产量4295万吨油当量。深入开展降本增效、改革脱困，优化投资管理，强化风险防控，全年累计投资下降46%，生产成本降低22亿元、下降9.8%，销售桶油现金操作成本降低1.38美元、下降10.1%。积极推进新项目收购，优化资产结构，伊朗、伊拉克新项目谈判取得进展，中标埃及6号、7号勘探区块。妥善处置低效无效资产，提高抗风险能力。北海资产剥离增加现金流6607万元。

境外石油工程服务。面对国际油价低位徘徊、工作量大幅下滑、服务价格不断下跌、停待队伍居高不下等重重困难，大力推进海外区域资源优化，灵活调整经营策略，推动项目提质增效，努力破解生存发展困局。2016年新签合同额28.61亿美元，完成合同额23.79亿美元。

境外炼化合资合作。积极稳妥地推进和发展境外炼化投资合作项目。一批已投资的境外炼化项目运营良好。2016年1月20日，习近平主席与萨勒曼国王亲自出席延布炼厂项目投产启动仪式，是中国“一带一路”建设的标志性项目。重点推进南非炼油及销售业务、博茨瓦纳润滑油业务的收购、伊朗天然气制甲醇项目、俄罗斯阿穆尔天然气化工项目的前期工作。同时，组织开展多项境外炼化仓储投资及并购项目的前期研究工作。

境外炼化工程服务。2016年，炼化工程板块在境外执行的项目有39个，合同总额97.59亿美元。全年新签合同额17.44亿美元，完成合同额22.45亿美元。其中，与伊朗ODCC公司联合中标伊朗阿巴丹炼厂产品升级项目，项目合同总额11.74亿美元。全年在沙特新签项目3个，合同额3.38亿美元。

【科技创新】 2016年，中国石化立足当前、着眼长远，加快实施创新驱动发展战略，科技创新支撑引领作用进一步发挥。制定实施科技项目、科技经费、科技成果转化推广与激励等管理办法和细则，探索实施股权和分红激励机制等，科技创新活力得到进一步激发。突出战略引领和问题导向，集中攻克一批关键核心技术。全年申请专利6563件，获得专利授权4878件；荣获国家技术发明二等奖4项，中国专利金奖1项、优秀奖9项。

油气勘探开发方面。深化页岩气勘探技术攻关，在重庆永川实现页岩气重大突破。塔中北坡奥陶系油气成藏理论认识和勘探技术取得突破，支撑顺北油气田的发现。研发成功175℃高温随钻测量系统。规模化推广应用可控震源高效地震采集技术。元坝天然气净化技术实现工业应用，产品达到一类天然气标准。

炼油方面。沸腾床渣油加氢示范装置实现长周期稳定运行。劣质油浆生产优质针状焦技术实现工业应用。催化柴油转化生产高辛烷值汽油技术在多套装置推广应用。

化工方面。合成气制乙二醇、双炉膛裂解炉、丁二烯尾气选择加氢等技术实现工业转化。煤制低碳烯烃、烯烃催化裂解、裂解汽油抽提苯乙烯等成套技术实现推广应用。

【党建工作】 2016年,中国石化认真贯彻落实党中央、国务院重大决策部署及中组部、国务院国资委党委工作安排,毫不动摇坚持党的领导,从严从实加强党的建设,坚持思想建党与制度治党相结合,坚持加强党的领导与完善公司治理相统一,坚持党建工作与生产经营相融合,坚持抓基层打基础,充分发挥各级党组织把方向、管大局、保落实的重要作用,为中国石化持续健康发展提供坚强保证,实现"十三五"良好开局。

扎实开展"两学一做"学习教育。围绕打造"四讲四有"党员队伍,聚焦突出问题,分层分类制定工作方案,坚持以上率下、以学促做,抓好学习研讨和调研督导,开展基层党建专项检查,确保学习教育高标准启动、高质量运行,党员队伍的政治意识、大局意识、核心意识、看齐意识进一步增强,用科学理论武装头脑、指导实践的思想自觉和行动自觉进一步增强。

严格落实党建工作责任制。组织召开全系统党建工作会议,深入学习贯彻习近平总书记系列重要讲话精神,对党建工作进行全面安排部署,推动全面从严治党要求在中国石化落实落地。健全党建工作责任体系,明确班子成员"一岗双责",初步形成明责、履责、考责、追责的党建闭环管理。开展党委书记抓党建述职评议,党组集中听取11家直属单位党委书记现场述职,党组书记逐一点评,充分肯定成绩,严肃指出问题,传递压力和责任。坚持"突出融合、注重实效"的考核导向,连续第3年开展覆盖全系统的党建考核工作,促进党建工作整体水平提升。

加强党对群团工作的领导。大力开展"当好主力军、奉献在岗位、建功十三五"等群众性劳动竞赛和"青字号"活动,群团组织作用得到有效发挥。开展各级干部"走基层、访万家"活动,充分发挥群团组织桥梁纽带作用,营造和谐稳定的发展环境。各级干部累计走访4万多个班组、50多万名员工,解决实际问题3万余个,帮扶救助困难职工5万余人次。

加强党建制度建设。将党建工作总体要求写入公司章程,制定实施党建工作责任制、党建工作述职评议、基层党支部分类定级等一批制度,为落实全面从严治党要求提供制度保障。

【信息化建设】 2016年,中国石化紧紧抓住新一轮科技革命和产业变革的历史性机遇,积极落实国家信息化战略要求,以"智能制造"和"互联网+"为主线,发力"两化"融合,加快推进信息化建设,着力打造产业竞争新优势,为打赢转方式调结构、提质增效升级攻坚战注入强劲动力。公司《推进"两化"融合、打造新型能力的典型做法》荣获第23届全国企业管理现代化创新成果一等奖。

推进智能制造,推动生产运营模式创新。2016年12月7日,公司智能工厂试点建设项目通过验收。经过5年努力,成功打造中国石化智能工厂1.0版,公司智能工厂建设整体处于国际领先水平。镇海炼化智能工厂获评国家"智能制造试点示范项目",建设成果亮相上海"国际工业博览会"。智能化管线管理系统建成投用,实现51家企业3万多千米长输和厂际管线的数字化、可视化,在快速应对自然灾害、及时消除隐患等方面发挥重要作用。

推进"互联网+"新业态,推动商业服务模式创新。2016年4月18日,中国最大的工业品电子商务平台——易派客投入商业运营并向社会开放。全年成交金额突破400亿元,增长态势良好。油品销售企业以网上营业厅、手机APP和微信为载体,为客户提供加油卡充值、积分兑换等服务。"石化e贸"(化工产品销售电商)成功上线并在化工销售公司推广。完成炼油销售、燃料油销售等电商系统建设。

推进集成共享的经营管理平台建设,构建一体化经营管控新模式。中国石化122家股份及资产公司ERP大集中系统全部成功上线,进一步整合规范了业务流程,加强集团管控能力,优化整体供应链,推进管理创新。2016年7月8日,中国石化IT共享服务业务上线运行,可提供重要系统应用监控、信息安全等共享服务。12月26日,中国石化电商统一支付平台完成首笔在线支付业务,成功上线试运行,能够满足易派客电商B2B在线支付需求。完成电子招投标系统推广,实现工程招标采购业务"策划管理、交易监控、结果跟踪”等全过程信息化管理。

强化信息化统筹管理，推动“两化”融合水平迈上新台阶。召开公司信息化大会，进一步明确信息化统筹管理、推进“两化”深度融合的工作思路和目标任务，发布公司“十三五”信息化发展规划。组织企业“两化”融合管理体系贯标工作，累计实现15家企业贯标。

【履行社会责任】 “中国石化光明号”健康快车希望之旅。2016年，中国石化健康快车驶入河南洛阳、贵州安顺、四川资阳三地，免费治愈3248名白内障患者。

情暖驿站·满爱回家。2016年，继续开展“情暖驿站·满爱回家—关爱春节返乡务工人员”大型公益活动，并在原有内容基础上进行升级。活动范围拓展至广东、广西和湖南三省（自治区），218座加油站建立“情暖驿站”；免费服务社会公益由“6＋X”升级为“1＋10＋X”；为务工人员提供1万个“爱心微红包”（1次免费加满油资格、1份摩托车意外驾乘险、1套安全保暖衣物、1份易捷福袋）；向微型面包车返乡车主提供免费加油项目，在韶关、茂名、河源3个市4座加油站，为1000辆返乡微型面包车免费加油。

爱心加油站。“爱心加油站”是中国石化的公益品牌项目，以加油站为服务窗口，专设爱心服务台，提供热水、茶包、小药箱等物品和服务项目。2016年10月，中国石化江苏石油公司和江苏省住房城乡建设厅、江苏省总工会共同在南京市湖西街加油站举行中国石化爱心加油站—江苏环卫驿站启动仪式，这标志着中国石化在江苏省13个市首批171座环卫驿站正式启用，为环卫职工提供“洗洗脸、歇歇脚、暖暖身、乘乘凉、热热饭、充充电、看看报”等贴心服务。

支持社会普法，弘扬法治精神。中国石化大力开展社会普法和法治宣传活动，连续5年向中国法律援助基金会累计捐赠1000万元，为贫困地区困难群众提供法律援助服务。2016年，公司200多名“1＋1”行动志愿者奔赴12个西部省（自治区、直辖市）和新疆生产建设兵团的115个县（区），开展法律援助服务，办理各类法律援助案件6.5万多件，10万多人直接受益，为困难群众挽回经济损失39.17亿元，受援人满意度达到99%；开展法制宣传讲座654场次，接待法律咨询7万余人次，化解社会矛盾6753件，有力地弘扬社会主义法治精神，维护社会和谐稳定。

服务农忙。2016年，公司加强成品油资源统筹平衡，增加资源投放，周密组织资源供应，完善支农惠农政策，优化服务措施和项目，确保农忙时期农业用油稳定供应。

抢险救灾。2016年，中国石化金陵石化、高桥石化、仪征化纤和扬子石化积极参与“4·22靖江仓储点爆炸事故”救援行动。

扶贫减贫，勇担使命。公司围绕基础设施建设、产业帮扶、支援教育、劳务培训、医疗健康、提供平台等重点领域开展对口支援及扶贫开发工作，坚持“输血”和“造血”扶贫方式相结合，高效推进精准扶贫，致力帮助贫困地区提高可持续发展能力，有效实现脱贫致富。

援藏援青。2016年，公司投入援藏资金2997万元，实施扶贫项目8个，为提升当地经济社会发展水平和人民生活水平发挥扶持和促进作用。援青由对口支援茫崖行委调整为泽库县，并计划2016—2018年投入资金3000万元，建设泽库县电子商务中心。

定点扶贫。2016年，公司在6个定点扶贫县投入资金8873万元，实施扶贫项目54个，切实培养当地经济社会发展的内生动力，改善生活质量，提升生活水平。其中，投入资金500万元实施甘肃东乡县农村供水改造工程，解决6个乡镇683户3775人的饮水困难；投入资金870万元修建通村道路40千米；投入教育扶贫资金506万元。

志愿服务。公司大力弘扬和传承志愿精神，开展志愿服务活动，由提倡到自觉，由“做好事”到“做好人”，由企业单一到多省联动、多企联合，传递社会正能量。志愿精神正成为一种特殊的“石化文化”。2016年，中国石化志愿者服务人数达80万人次，累计服务时长达150万小时。

（撰稿人：单新东）

中国海洋石油总公司

【基本概况】 2016年，中国海洋石油总公司（以下简称“中国海油”或“公司”）党组深入贯彻落实中央决策部署以及国务院国资委要求，以“十三五”规划为引领，紧扣求生存、谋发展、促改革、强党建的主线，团结带领公司全体干部职工积极应对低油价带来的严峻挑战，咬定效益目标不放松，攻坚克难，顽强拼搏，付出超乎寻常的努力，最终取得好于预期的经营业绩，超额完成国务院国资委下达的利润奋斗目标。一是油气勘探开发取得良好成效。国内勘探获得12个新发现，成功评价19个含油气构造，海外勘探获得2个新发现，成功评价巴西Libra等6个含油气构造，尼日利亚Owowo West构造勘探获得成功。国内自营勘探新发现油气储量继续保持高位，桶油发现成本处于近10年最低。在操作费投入创新低的情况下，通过精细化管理，继续保持高生产时率，生产操作成本持续降低。二是中下游板块有效发挥平衡作用，炼化产业改革重组效果显著，经营业绩创历史新高；液化天然气（LNG）进口量和销售量也突破历史纪录，LNG进口任务完成率119%，公司整体抗风险能力显著增强，使公司经受住低油价冲击的严峻考验。三是专业服务板块与油公司抱团取暖，大力实施协调发展战略，全力拓展海外和系统外市场，取得较好成效。四是金融板块注重加强产贸融结合和风险管控，创新业务模式，开拓新的业务增长点，经营业绩稳定增长；贸易板块实施销贸储运融一体化战略，海外贸易创历史新高，全年贸易量突破8000万吨大关。金融和贸易板块为公司抵御低油价冲击作出积极贡献。

2016年，公司在《财富》杂志“世界500强企业”排名中位列第109位；在《石油情报周刊》杂志“世界最大50家石油公司”排名中位列第30位，比2015年上升2位。截至2016年底，公司的穆迪评级为Aa3，标普评级为A+。

【主要指标】 2016年，中国海油生产原油7697万吨、天然气244.9亿立方米（含煤层气）。其中，国内生产原油4555万吨、天然气129.2亿立方米；海外生产原油3142万吨、天然气115.7亿立方米。加工原油3231万吨，生产成品油738万吨；进口LNG 1652万吨，天然气发电215亿千瓦时。全年实现节能量23万吨标准煤，万元产值综合能耗0.3519吨标准煤（2015年可比价），主要污染物排放量均控制在计划指标范围内。全年实现营业收入4377.41亿元，同比增长2.74%；利润总额105.3亿元，同比下降76.64%；净利润103亿元，同比下降75.04%。在消化176亿元资产减值基础上，超额完成国务院国资委下达的80亿元利润奋斗目标。全年缴纳利税费730.25亿元，同比下降11.1%；资产总额11577.6亿元，比年初下降0.4%；净资产6750.09亿元，比年初增长0.87%；全员劳动生产率138.14元/人·年，同比增长29.99%；总资产报酬率1.55%，国有资本保值增值率104.08%。

2016年中国海油石油总公司主要经济指标

项　目	2015年	2016年	比上年增长（%）
资产总额（亿元）	11623.83	11577.55	-0.40
所有者权益（亿元）	6691.74	6750.09	0.87
营业收入（亿元）	4260.79	4377.41	2.74
利润总额（亿元）	450.73	105.30	-76.64
净利润（亿元）	412.66	103.00	-75.04
归属于母公司所有者净的利润（亿元）	289.59	116.42	-59.80
技术开发投入（亿元）	63.70	47.80	-24.96
利税费总额（亿元）	821.42	730.25	-11.10
应缴税金总额（亿元）	711.16	611.64	-13.99
全员劳动生产率（万元/人·年）	106.27	138.14	29.99
净资产收益率（%）	6.30	1.53	减少4.77个百分点
总资产报酬率（%）	4.56	1.55	减少3.01个百分点
国有资本保值增值率（%）	107.30	104.08	减少3.22个百分点

注：2016年利税费总额口径调整为实缴数。

【改革发展】 2016年，公司积极顺应国企改革新趋势，以向国有资本投资公司转型为主线，坚持问题导向、目标导向和结果导向相结合，准确把握改革次序、节奏和力度，积极稳妥推进各项改革工作。一是加强改革总体筹划和顶层设计。出台公司深化改革实施意见，确定重点领域改革任务，明确责任分工和具体要求，确保改革顶层设计的方案落地。二是全面实施“三项制度”改革。全面推行领导班子和领导人员任期制和年薪制，加大直管领导人员交流、竞争性选拔力度和年轻干部培养使用。通过分类清理非主体和低端岗位用工、市场化业务外包、人员分流安置等多种形式，减少直接用工。全面构建公司薪酬福利制度体系，重点推进科技型企业股权和分红激励，安技服公司试点工作取得积极进展。三是加快产业发展的改革调整步伐。通过建立精简高效的组织架构、推进惠炼一体化基地组建、重组销售体系和科技体系等措施，顺利完成炼化产业改革重组工作；从公司战略高度推进天然气改革，在现有条件下初步理顺天然气产业发展的价格机制、协调机制和运行机制。

【重大项目】 2016 年，中国海油国内上游在建项目 13 个，其中投产项目 5 个，包括蓬莱 19－9 油田调整与埕北油田设备设施整体升级改造等重大项目顺利完工。全年安装导管架 5 座，组块 6 座，铺设海管 40 千米、海缆 36 千米，建成产能 375 万立方米。公司国内中下游 1 亿元以上在建工程项目 17 个，其中炼化板块 9 个，LNG 及管网相关项目 8 个，全年实现机械完工项目 6 个、竣工验收项目 6 个，新增原油加工能力 300 万吨、国Ⅴ汽油生产能力 120 万吨、国Ⅴ柴油生产能力 500 万吨；新建天然气长输管道 430 千米、新增液化天然气储运每年 220 万吨、基建设施投用面积 81.2 万平方米。惠炼二期项目顺利完成 2500 吨乙烯裂解装置二号丙烯塔等 121 台大件设备吊装和关键设备组焊安装，在重量、高度、技术难度、方案创新等方面创下国内外石化行业多项“第一”。

【走向海外】 2016 年，中国海油坚持以突出效益为中心，以管理创新为手段，继续深化对外合作，持续优化全球业务布局，努力追求经济产量，提高海外资产价值，实现海外业务可持续发展。截至 2016 年底，公司海外业务覆盖 40 多个国家和地区，建立多个海外油气生产基地，海外资产占总资产 38.8%。中海油继续入选年度“普氏能源 250 强”榜单，再次获得《亚洲企业管治》杂志 2016 年“最佳投资者关系公司（中国）”“最佳企业管治”“亚洲最佳 CEO（投资者关系）”称号。获得《财资》杂志“年度企业大奖——铂金奖”、《大公报》“金紫荆奖”之“最具品牌价值上市公司”奖。董事长杨华获得《大公报》“金紫荆奖”之“最具影响力上市公司领袖”奖。2016 年，海外原油产量 3142 万吨，天然气产量 115.7 亿立方米。中海油服在原有海外市场规模基础上，进入远东、沙特及阿曼 3 个新市场，海外新签合同 128 个，合同金额 44.1 亿元。海油工程频创国际项目佳绩，俄罗斯亚马尔（Yamal）、缅甸 Zawtika、巴西 FPSO 等在内的 7 个公司级国际项目实施运营。海油发展基本完成海外市场布局，“两外”收入逐年递增，海外系统外收入占海外总收入的 54%。气电集团国际业务运行稳健，全年进口 LNG1652 万吨，同比增长 26%，创历史新高。

【重大创新】 2016 年，公司积极实施科技创新驱动战略，完善科技创新体系，成功召开公司第八次科技大会和首届创新大会，全面部署和推进“十三五”科技规划。全年科技投入 47.8 亿元，其中研发投入 20.6 亿元。完成公司“十三五”35 个科技重大项目顶层设计，进一步聚焦稠油高效开发、深水油气田勘探开发、海上低渗天然气及陆上非常规油气勘探开发等领域关键核心技术攻关，推进科技规划落地。统筹做好国家重大专项、国家重点研发计划项目、公司科技重大项目等各级科研项目组织管理工作，全年实施各级科研课题 1151 个，其中国家与省部级 96 个。成功验收“新疆钻井试验平台建设”等 6 个项目，科研条件平台建设取得系列成果。全年取得省部级以上获奖成果 35 项，其中国家级科技成果奖 2 项、省部科技成果奖 11 项、行业科技成果奖 22 项。其中，“南海北部陆缘深水油气地质理论技术创新与勘探重大突破”荣获国家科技进步二等奖，“一种脱烯烃催化剂的制备方法”荣获第十八届中国专利优秀奖。全年获授权专利 834 件（其中发明专利 452 件），发布技术标准 108 项（其中国家标准 17 项、行业标准 30 项、企业标准 61 项），推进“模块钻机”和“管道完整性管理”两项国际标准。

【党建工作】 2016 年，中国海油始终坚持党对国有企业的领导不动摇，充分发挥各级党组织的领导核心和政治核心作用，使党建成为重要的竞争力。一是扎实开展“两学一做”学习教育。党组通过带头讲党课、开展党建基层调研、听取所属单位党建专题汇报、召开海外党建工作座谈会等多种形式加强对“两学一做”学习教育的指导检查。创新开展党组接待日活动，通过组织党务人员培训、建立e支部平台等方式，加强对基层党建工作的有效指导。各级基层党组织创新开展微党课、晒进度、党员领办制等活动，增强基层党建活力。二是切实落实党建工作责任制。总公司成立党建工作领导小组，按中央要求配备专职副书记，进一步落实党建主体责任，强化党建工作的责任传递和压力传导，推动“两个责任”层层落实，初步形成党建工作齐抓共管的良好局面。三是持续强化党风廉政建设和反腐败工作。加强党风廉政建设和反腐败工作制度体系建设，加强纪检、监察和党组巡视组力量的配备，部署开展党组专项巡视，较好地发挥巡视的震慑作用。严格督促落实中央八项规定精神，驰而不息纠正“四风”，加大对顶风违纪问题的查处力度。四是认真落实党管干部要求。严格落实个人有关事项报告和抽查核实制度，积极践行“四种形态”，强化日常监督管理教育，使从严管理监督干部成为常态。着眼后备干部培养，加强各层级干部能力培训和党性教育，为干部队伍有序接替奠定基础，增强干部队伍的生机活力。

【信息化建设】 中国海油信息化工作继续坚持“业务驱动、IT引领”方针，按照“厚平台、易应用”的建设原则，积极落实公司创新驱动的发展战略，深入开展IT与业务融合，在夯实应用基础等方面开展一系列卓有成效的工作。一是加强基础能力建设。发布“十三五”信息化规划，重点推动“互联海油”建设；推动5座“绿色节能”数据中心及园区基础网络全部落成投用；开展技术路线标准化建设，集团云管理平台、Domino协同办公等平台陆续上线；启动集团合同管理系统和科技管理系统的实施等工作，助力集团化管控。二是推动“互联网+”创新应用。结合降本增效推动“云大物移”等新技术在海油的创新应用，研究部署集团基础设施云平台；搭建移动应用开发平台，实现协同办公OA等系统的移动接入；完成海油“一卡通”建设及在气电集团53座加气站的实施，成为国内同行业首家集团层面实现加油站、加气站共用一套零管系统的企业；在终端销售领域，完成中国海油电商平台应用建设。三是加快海外资源共享。选取中东迪拜为核心节点，因地制宜开展中东非洲区域中心建设；对呼叫中心和运维服务管理ITSM等系统进行海外版定制开发，建成专业的海外坐席，海外信息化支持服务体系得到初步建立。四是保障信息系统安全。通过对互联网出口统一管理、动态口令管理平台的部署和优化、终端安全管理的实施和推广、网络与信息安全风险评估、安全测评和网络与信息系统安全生产现场检查等措施，不断提高信息安全保障能力，有效建立起信息安全保障体系。

【履行社会责任】 2016年，中国海油积极履行社会责任，持续做好社会公益，全年投入资金13608万元。20多年来，爱与责任从未停歇，实施“精准扶贫”，累计投入扶贫资金超过5.7亿元，帮助海南、甘肃、内蒙古、西藏等定点扶贫县市落实扶贫项目，促进当地居民脱贫致富，增强地方“造血”能力。持续做好爱心助学、健康快车、母亲水窖、“法律援助1+1”等公益慈善事业，取得良好的实施效果及社会反响。持续倡导和推动志愿服务，汇聚“蔚蓝力量”，开展清洁海滩、环保宣传、走进蔚蓝、社区服务等公益爱心活动，发起中国青年海洋意识大型调查和“蔚蓝力量，关爱海洋”青年微公益行动等项目，促进海洋生态环境保护。2016年，中国海油“蔚蓝力量”入选央企十大志愿服务品牌。在2016年中国公益年会上，中国海油荣获“2016年度中国公益企业”称号。

【提质增效】 2016年，中国海油党组立足保生存的底线思维，在巩固前两年“质量效益年”活动成果基础上，深入开展以提质增效为核心的“质量效益年”活动3.0版，以“精、细、深、实”为标准，以改革创新释放空间，以作风建设激发潜力，以制度机制巩固成效，全力打好提质增效攻坚战。通过加强精细化管理，加强投资管理，加强一体化管理，有序推进压减和扭亏等工作，公司降本取得百亿元以上的效果，为公司完成生产经营业绩作出重要贡献。2016年，公司继续推广“QC质量小组”活动，7个QC质量小组获得国家优秀QC小组称号，259个基层QC小组获得行业QC小组称号。通过提升质量管理，中海油服钻井事业部“海洋石油981”钻井平台获得中国质量领域的最高荣誉“中国质量奖”；海油工程、气电集团珠海LNG获得中国质量协会“全国实施卓越绩效模式先进企业”、中国施工企业管理协会“国家优质工程金质奖”；中海油服油田化学事业部获得全国石油与化学工业联合会“质量标杆企业”。

（撰稿人：万友元）

国家电网公司

【基本概况】 国家电网公司（以下简称“公司”）成立于2002年12月29日，是经国务院同意进行国家授权投资的机构和国家控股公司的试点单位。公司连续12年被评为中央企业业绩考核A级企业，名列中国企业500强榜首，在《财富》世界500强企业排名第二位，是全球最大的公用事业企业。

公司作为关系国民经济命脉和国家能源安全的特大型国有重点骨干企业，以投资建设运营电网为核心业务，承担着保障安全、经济、清洁、可持续电力供应的基本使命，致力于成为党和国家要求的“六个力量”。

公司经营区域覆盖26个省（自治区、直辖市），覆盖国土面积的88%以上，供电人口超过11亿人。公司稳健运营菲律宾、巴西、葡萄牙、澳大利亚、意大利、中国香港等国家和地区的境外资产。

2016年，公司贯彻党中央、国务院决策部署，落实三届一次职代会暨2016年工作会议精神，推动“两个转变”取得成效。

【主要指标】 2016年，公司资产总额33898亿元，营业收入20946亿元，实现利润866亿元，资产负债率55.9%。固定资产投资5210亿元，同比增长11%，其中电网投资4977亿元，同比增长10.1%。公司开工110(66)千伏及以上输电线路5.3万千米，变电（换流）容量3.1亿千伏安（千瓦）；投产线路4.8万千米、变电（换流）容量3.1亿千伏安（千瓦）。完成售电量36051亿千瓦时，同比增长4.5%。全员劳动生产率70.9万元/人·年，增长8.6%。

【改革发展】 坚决贯彻党中央、国务院关于全面深化改革的决策部署，成立深化改革工作领导小组，下设办公室，各二级单位也相应成立以主要负责人为组长的领导小组和工作机构。建立深化改革协调推进工作机制，召开办公室会议5次、贯彻落实中发9号文件精神工作协调小组会议16次，研究解决有关改革问题，协调督导改革进展。编发《办公通报》5期、《贯彻落实中发9号文件改革信息》16期。制定《国家电网公司全面深化改革工作实施方案》，提出将公司所属企业分为电网监管类企业和市场竞争类企业、分类推进改革的总体思路；确定到2020年的改革总体目标和2017年的改革近期目标；提出顶层设计全面深化改革工作等7个方面78项改革重点任务。

推进电力改革试点。为推动中发9号文件和配套文件尽快落地实施，参与有关部委相关细则办法研究编制，《售电公司准入和退出管理办法》《有序放开配电网业务管理办法》《省级输配电定价管理办法（试行）》《电力中长期交易规则》等重要文件出台。对《优先发电权优先购电权计划管理办法》等征求意见并修改完善，推进《电力法》修订。配合做好省级综合试点和专项试点方案上报和批复工作。安徽、湖北、宁夏首批3个省（自治区）输配电价正式实施，北京、冀北等5个省级电网输配电价获得批复。北京电力交易中心和26家省级电力交易中心建成并实现相对独立运作，新增注册市场主体超过5000家。做好售电侧市场服务，支持增量配电业务放开，落实《售电公司准入与退出管理办法》和《有序放开配电网业务管理办法》，2016年11月，国家发改委、国家能源局确定延庆智能配电网等105个项目为第一批增量配电业务放开试点，公司经营区域内有82个。国网河北、北京电力两个“集约”试点取得实效。国有企业“三供一业”分离移交改造接收232个小区、37.2万户。

【电网建设】 特高压工程投产“三交一直”，在建“三交六直”，在建在运线路长度、变电（换流）容量分别超过3万千米、3亿千伏安（千瓦）。苏通GIL管廊、扎鲁特—青州特高压直流核准开工。公司负责的11条大气污染防治输电通道全部核准建设。特高压跨区跨省输送电量1861亿千瓦时，同比增长16%；输送西南水电1076亿千瓦时，同比增长5.8%，通道利用小时数最高5300小时。渝鄂背靠背、川渝第三通道等工程加快建设。建成青海果洛750千伏输变电工程，西北750千伏电网建成“43站134线”，线路长度18859千米、变电容量13040万千伏安，形成覆盖陕西、甘肃、青海、宁夏、新疆五省（区），联接大型煤电、水电、风电和光伏基地的750千伏坚强送端网架。截至2016年底，公司500千伏线路长度12.8万千米、变电（换流）容量9.2亿千伏安（千瓦）。依托500千伏电网，逐步实现220千伏电网分区运行。配电网投资达到2620亿元。完成新一轮农网改造升级投资1718亿元，与24个省（自治区、直辖市）政府签署战略合作协议，完成3.6万个小城镇（中心村）电网改造、78.2万眼机井通电、2.2万个自然村新通及改造动力电任务，实现“两年攻坚战”阶段目标。陕西镇安等5个抽水蓄能电站和7个调相机工程开工建设。江西洪屏、浙江仙居抽水蓄能电站投产。

编制张家口可再生能源示范区智能电网规划，推进±500千伏柔性直流电网工程前期工作，500千伏统一潮流控制器工程开工建设，虚拟同步发电机工程实现挂网运行，压缩空气储能工程完成技术路线研究论证。经营区配电自动化总体覆盖率30.85%，110千伏变电站光纤覆盖率达到100%。启动北京亦庄等7个智能配电网试点示范工程。新装智能电能表7476万只，“多表合一”信息采集累计接入163万户。建成“六纵六横两环”高速公路电动汽车快充网络。向社会发布“e充电”APP，车联网平台接入公司4.4万个、社会6.3万个充电桩。

【国际业务】 贯彻落实“一带一路”建设、国际产能合作等重要国家战略。稳健投资运营菲律宾、巴西、葡萄牙、澳大利亚、意大利、中国香港6个国家和地区骨干能源网，带动技术、标准、设备、服务全方位“走出去”。成功中标希腊输电公司24%股权，签约收购巴西最大配电和新能源公司54.64%股权，获得巴西特里斯皮尔斯水电送出二期特许权。首个大型输电特许权绿地项目巴西特里斯皮尔斯一期投运，美丽山特高压输电特许权项目一期全面开工，二期顺利推进。

开展国际产能合作。优化整合资源，拓展工程总承包、电工装备输出及技术咨询服务。在国家元首见证下签署多个合作协议，巴基斯坦±660千伏默拉直流输电项目获得电价批复并签约，埃及500千伏骨干输电网工程总承包项目第一阶段投运，首个海外跨国联网工程±500千伏埃塞俄比亚—肯尼亚直流输电项目开工建设，公司新签工程总承包、装备出口、技术咨询合同总额33亿美元，其中“一带一路”国家超过23亿美元。推动构建全球能源互联网，推进电网基础设施互联互通，与周边国家电力交易电量33.2亿千瓦时。

与全球可持续电力合作组织、世界可持续发展工商理事会等交流合作。召开全球能源互联网大会，举办全球可持续电力合作组织北京会议、IEC发展战略高层圆桌会议，公司领导参加G20工商峰会、IEC第80届年会、欧电联国际会议等重要会议并发言，提出能源转型方案。在IEC发布《全球能源互联网》白皮书，在IEC和IEEE发布7项、新发起2项国际标准，在国际大电网委员会主导成立4个工作组。

【科技创新】 完成世界首个大电网超算平台建设，研发首个广域频率紧急控制系统，研制世界首个±1100千伏直流穿墙套管样机，完成首台±800千伏网侧接入750千伏系统特高压换流变压器、首台1000千伏全解体特高压交流变压器现场组装和试验，组织研制世界首条500千伏交流海底电缆，研制世界电压等级最高的500千伏高压直流断路器样机和世界首个500千伏统一潮流控制器（UPFC）样机，研制世界电压等级最高、容量最大的±500千伏/300万千瓦柔性直流换流阀样机。建成投运全球首个200千伏高压直流断路器示范工程，±500千伏柔性直流电网、虚拟同步发电机等示范工程加快建设。制定虚拟同步机、特高压GIL设备等25个重点领域专利布局，完成900项发明专利价值评价。推进智能电网国家技术创新中心规划方案编制，推进5个国家重点实验室建设。优化海外研究院立项模式，建立“自主立项专项”和海外创新基金通道。完成第四批科技攻关团队选拔。贯彻全国科技创新大会精神，编制公司2030年中长期科技规划，发布公司技术标准战略纲要，实施十大科技创新工程。新发布国际标准7项、国家标准60项、行业标准176项。获中国专利优秀奖14项、中国标准创新贡献奖6项，其中，中国标准创新贡献奖一等奖项目3个，首获中国标准创新贡献奖组织奖。

2016年，获得国家科学技术奖9项，其中，"互联电网动态过程安全防御关键技术及应用"获得国家科学技术进步奖一等奖，"±800千伏特高压直流输电换流阀关键技术及应用"获得国家技术发明二等奖。获得其他省部级科学技术奖一等奖20项，获得2016年度环境保护科学技术奖4项。"张北国家风光储输示范工程"获第四届中国工业大奖，"向家坝—上海±800千伏特高压直流输电示范工程"获全国质量奖卓越项目奖。

【信息化建设】 启动SG－ERP 3.0建设，通过"微应用"覆盖多场景，贯穿发电、输电、变电、配电、用电和调度6个生命周期。信息系统规模和应用持续扩大，日业务量峰值483万笔，在线人数峰值56万人，同比分别增长15%和14%。一体化电量与线损系统接入厂站6万个、高低压用户8615万户。

开展"创新应用示范、平台优化提升、基层创新试点"三类132项重点工作，完成年度试点任务，其中75个项目获评2016年信通新技术创新发展行动计划优秀成果。加强大数据、云计算、移动互联应用，共建的"大数据分析技术国家工程实验室"获批。

2016年，公司新增通信光缆6.2万千米、设备6万台（套）、业务通道3.7万条，同比增长4.9%、16.3%和9.3%。实现220千伏及以上变电站光纤专网全覆盖，110千伏、66千伏、35千伏覆盖率持续提升，分别达到99.6%、93%和92.8%。完成关键信息基础设施网络攻防演习，推进公司网络与信息安全风险监控预警平台试点建设工作。加强芯片安全管理，推进公司国产密码应用，配合国家能源局完成公司国产密码应用规划调研统计。举办4期区域网络安全攻防对抗赛与2016年度总决赛。

【党建工作】 截至2016年底，公司系统党组织总数34066个，其中党组39个、党委2357个、党总支2111个、党支部29559个。党员总数62.6万人，占职工总数的35.2%。在岗党员498219人、离退休党员126427人，其他党员1095人。

深入学习党的十八届六中全会和全国国有企业党的建设工作会议精神。贯彻《关于新形势下党内政治生活的若干准则》《中国共产党党内监督条例》，强化"两个责任"落实。开展"两学一做"学习教育，在总部（分部）、各单位分别开展"讲规矩、转作风、作表率"和"三亮三比"主题活动，推进"四讲四有"具体化。将党建工作要求纳入公司章程，明确党组织在公司治理中的法定地位。建设学习型党组织，推进党委（党组）中心组学习规范化制度化。扎实开展各单位党委（党组）书记抓党建述职评议考核，公司有关单位党组清理规范工作有序推进，1.65万个基层党组织完成换届选举，党费收缴使用管理得到规范。落实公司党风廉政建设约谈和报告工作规定，扎实开展贯彻中央八项规定精神常态化监督检查和"四风"问题整治情况"回头看"。深入开展"电网先锋党支部"创建活动，基层党支部战斗堡垒作用进一步发挥。累计建立4095支共产党员服务队，成为中央企业志愿服务品牌。公司4个党组织荣获全国先进基层党组织，9个单位、24名个人荣获全国五一劳动奖状、奖章，56个集体荣获全国工人先锋号，2名职工获得中华技能大奖。公司评出10名特等劳模、10名"国网工匠"、151名劳模、100个先进集体、230个一流班组（工人先锋号）、200名优秀班组长。

【履行社会责任】 积极服务新能源发展，累计并网风电装机1.32亿千瓦、太阳能光伏发电装机容量0.72亿千瓦。发挥特高压电网大范围配置资源优势，外送西南水电1074亿千瓦时，同比增长7.4%，多措并举缓解"三北"新能源消纳矛盾。全年消纳清洁能源发电11893亿千瓦时，同比增长15.2%。坚持"你用电、我用心"，优化业务流程，高压业扩工程接电时间平均缩短10%，95598故障报修直派市县实现全覆盖。深化民主管理，广大职工提出合理化建议24.4万条，在央企首次发布"163"卓越管理白皮书。"国家电网"品牌跃居中国500最具价值品牌榜首。

对外捐赠项目748个，捐赠金额1.36亿元。落实中央打赢脱贫攻坚战部署，实施"国网阳光扶贫行动"，建成湖北第一批19.8MW、青海玛多县10MW扶贫光伏电站。向定点扶贫5个县区（湖北长阳土家族自治县、秭归县、巴东县、神农架林区、青海玛多县）捐赠3400万元，围绕"项目精准、对象精准"，重点解决革命老区安全饮水问题、扶持发展农产品种植、实施助学扶智和"救急难"等71个项目，惠及建档立卡贫困人口9000人。"特高压电网奖学金"项目覆盖20所高校,180名电力学子。援助西藏阿里地区措勤县2900万元,帮助实施项目建设。

(撰稿人:王春娟　周秋慧)

中国南方电网有限责任公司

【基本概况】 2016年,中国南方电网有限责任公司(以下简称"公司")着力保安全、稳增长、促改革、抓管理、强党建,坚决打好提质增效攻坚战,主要经营指标创历史最好水平,实现"十三五"良好开局。全系统没有发生较大及以上人身事故,没有发生对公司和社会造成重大不良影响的电力安全事件。全网最高统调负荷1.5亿千瓦,同比增长4.1%;全年完成售电量8297亿千瓦时,增长6.1%;西电东送电量1953亿千瓦时,增长3.2%;客户年平均停电时间22.3小时,下降7%;中心城区客户年平均停电时间4.6小时,下降7.6%;第三方客户满意度测评79.5分,同比提高0.5分,广东、广西、云南、贵州电网公司及广州、深圳供电局在地方公共服务评价中名列第一;公司连续10年获得国资委经营业绩考核A级,获得第四任期业绩优秀企业奖,连续两年被国际三大评级机构授予国家主权级信用等级,在世界500强企业排名第95位,首次进入前100名。

【主要指标】 2016年,公司主要经济指标除总资产报酬率有所下降外,其余指标均较2015年有所提升。其中,利润总额增长9.79%,达到212.66亿元,首次突破200亿元。

2016年中国南方电网有限责任公司主要经济指标

项　目	2015年	2016年	比上年增长(%)
资产总额(亿元)	6400.10	6892.98	7.70
所有者权益(亿元)	2464.45	2716.93	10.24
营业收入(亿元)	4694.26	4732.81	0.82
利润总额(亿元)	193.69	212.66	9.79
净利润(亿元)	144.57	160.26	10.85
归属于母公司所有者的净利润(亿元)	139.67	154.78	10.82
技术开发投入(亿元)	20.59	50.63	145.90
利税总额(亿元)	508.66	530.38	4.27
应交税金总额(亿元)	365.95	384.90	5.18
全员劳动生产率(万元/人·年)	50.74	53.47	5.40
净资产收益率(%)	6.15	6.19	增加0.04个百分点
总资产报酬率(%)	5.00	4.65	减少0.35个百分点
国有资本保值增值率(%)	106.05	106.19	增加0.14个百分点

【改革发展】 承接上级改革部署,结合电力行业和公司实际,研究制定公司关于深化改革的1号文件及相关配套实施方案,形成公司改革文件框架。编制印发公司"十三五"发展规划及9个专业领域规划,这是公司首个企业五年发展规划。积极配合各级政府制定完善电力体制改革配套文件和实施方案,配合推进广西、云南、贵州电改综合试点及广东售电侧改革试点工作。云南、贵州输配电价获得批复并得到严格执行;广西输配电价于2016年底获得批复;广东、海南输配电价改革工作有序开展。相继成立广州电力交易中心及其市场管理委员会,以及贵州、广东、广西、云南电力交易中心,全年完成跨省区市场化交易电量135亿千瓦时,同比增长122%;完成省内市场化交易电量1519亿千瓦时,占网内售电量的18.4%。加快实施业扩投资界面延伸和客户资产接收,全网延伸投资48.4亿元,接收客户资产101亿元,有效解决服务"最后一公里"问题。积极布局市场化配售电业务,全系统成立6家售电公司,成交市场化交易电量2.4亿千瓦时,在售电侧改革中发挥示范作用。大力压减法人层级,管制业务实施"两级法人、四级管

理”，竞争性业务法人层级控制在四级以内。研究出台支持综合能源、金融服务、科技创新、国际化等竞争性业务发展的具体措施；在公司系统公开选聘南网能源公司总经理岗位，迈出市场化选聘高管的第一步。制定推进职工持股企业改革的指导意见，明确先规范股权、再分类盘活的“两步走”改革路径。公司改革工作得到国家发改委的高度认可，指出“南方电网公司对改革的认识体会完全符合中央精神，符合改革方向和要求，为电力体制改革作出十分重要的贡献”。

【走向海外】 在习近平主席和柬埔寨洪森首相的共同见证下，公司与柬埔寨皇家集团签署柬埔寨国家电网投资建设谅解备忘录，备忘录的签署，标志着公司迈出参与柬埔寨电力建设的第一步。在国家能源局的总体部署和大力支持下，与周边国家电网互联互通项目取得新进展。牵头圆满完成我国电力物资援缅救灾工作，得到国家能源局表扬。越南永新燃煤电厂一期BOT项目、老挝南塔河1号水电站BOT项目进展顺利。

【科技创新】 公司牵头制定的IEEE国际标准《电力用户需求响应效益评价技术导则》正式发布，实现公司制定国际标准“零”的突破；负责或参编国家、行业标准150余项，有效提升行业话语权。全年实施国家重大科技项目11项，荣获中国电力技术发明奖1项、中国电力科技进步奖14项(其中一等奖2项)、全国电力职工技术成果奖117项(其中一等奖11项)，均创历史最好成绩。全年新增专利2562件，累计拥有有效专利突破8000件，荣获中国专利优秀奖2项。投入专项经费5250万元大力支持职工创新，实施项目1310个。

【安全生产】 落实防范主网九大运行风险的33项重点工作，如期实现云南电网与主网异步联网运行，走出大容量、远距离送电的新路子；有效管控昌江核电投产后海南“大机小网”、西电东送通道长时间满负荷运行等15个一般及以上事故风险，保障复杂大电网的安全稳定运行。针对2016年上半年安全事件多发的严峻形势，下大气力开展专项整治，深入开展安全监督检查，发现问题10652项，整改完成率98%；建立并完善“人巡+机巡”协同巡检模式，发现并处理紧急、重大缺陷2617处，消缺率100%。由公司负责整改的1960处输配电线路跨越电气化铁路、高速公路、加油站等交叉点隐患已全部完成。充分发挥“灾前防、灾中守、灾后抢”的应急处置机制作用，成功应对“妮妲”“莎莉嘉”“海马”等强台风侵袭。圆满完成博鳌亚洲论坛和长征七号、长征五号火箭发射等6次特级保供电任务。立足提高电网防灾抗灾能力，完成28个重要城市保底电网规划。

【电网发展】 完成公司“十三五”电网规划、固定资产投资规划和配电网建设改造、农村电网改造升级等专项规划。金中直流、永富直流、鲁西背靠背直流、清蓄电站等七项重点工程建成投产。滇西北直流、海南联网二回等在建工程按计划推进。落实国家加大新一轮农村电网改造升级的决策部署，开展示范点工程建设，全年完成农网改造投资324亿元，同比增长87.3%，中央预算内投资全部完成；完成216个贫困县农网改造投资214亿元，实现66个贫困村通动力电。

【提质增效】 全面落实国资委提质增效、“瘦身健体”等工作部署，落实精益管理理念，突出价值创造和经营管控，将25项关键指标、76项工作举措全面分解落实，按月跟踪分析，经营效益持续向好，资产质量稳步提升，财务结构更加优良。下大气力增供扩销，持续开展业扩报装受限专项治理，解决存量业扩受限88.6万千伏安；落实客户全方位服务“三项机制”(客户需求传递机制、客户服务协同机制、客户服务评价机制)，优化简化业扩流程，缩短客户平均接电时间，增供电量22亿千瓦时。严格输配电成本分项控制，成本费用利润率同比增加0.4个百分点。加强现金流统筹调度，全年实现资金运作效益23.6亿元，财务费用下降18.9%。加强物资采购管理，网省两级采购集中度94.2%。开展资产产权证明专项清理，推动权证补办29项。15家县级供电企业完成“子改分”，按期完成国资委“瘦身健体”年度任务。扎实做好国家审计整改工作。完成内部审计项目5663项，促进增收节支5.1亿元。积极配合监事会开展当期监督，按要求做好问题整改。

【党建工作】 按照中央部署要求，扎实开展以“四讲四有四争先”为主题的“两学一做”学习教育，坚持"一周一学""一月一讲""一季一议""全年一评"。围绕重点工作实施"书记项目"和"支部行动计划"9155项，公司系统获得1个"全国先进基层党组织"和21个省部级先进荣誉。开展"四个专项排查"，其中基层党组织按期换届率100%，工作经验在《中央企业党建工作简报》上刊登。强化管党治党责任落实，将企业党建、党风廉政建设两个指标的考核权重由原来的12%提高到20%。开展二级党组清理规范工作，把党建工作总体要求纳入公司章程，公司及13家二级子公司按照程序完成章程修改工作。坚持党管干部原则，按照"好干部"标准和国企领导人员"20字"要求，选优配强各级领导班子。严格执行干部选拔任用程序，落实中组部"凡提四必"要求，防止用人失察、"带病提拔"，公司2016年度选人用人工作总体"满意与基本满意"率98%。加强年轻干部选拔培养，建立公司系统40岁左右优秀处级干部库、30岁左右优秀年轻干部库。坚持党管人才，加强经营管理、专业技术、技能人才队伍建设，健全人才培养支持机制和激励约束机制，持续推进人才发展六大工程。加强党管意识形态工作，出台公司党组意识形态责任制实施办法；强化品牌运营能力建设，开展品牌战略研究；公司在主流媒体、网站刊载报道超1.2万篇次，央视报道总时长超367分钟；"万家灯火、南海有我，公司供电服务已至三沙"的主题传播在捍卫南海主权的舆论中，获得各方点赞。着力为职工排忧解难，建成模范"职工之家"50个、"职工小家"212个，解决598个基层站所的职工用餐和789个站所的值班休息问题，基本满足一线的现实需要。落实离退休人员"两个待遇"，开展老红军走访慰问等活动。坚决落实中央扶贫工作部署，全年完成扶贫投资6695万元、扶贫项目434个，帮助36973人实现脱贫；与云南迪庆州、广西东兰县签订"十三五"精准扶贫对口帮扶协议；广西电网的驻村干部罗伟用生命点燃扶贫攻坚之火，光荣事迹令人感动。

坚持高标准和守底线相结合，认真贯彻执行《中国共产党廉洁自律准则》《中国共产党纪律处分条例》。把遵守政治纪律和政治规矩摆在首位，不断强化党员干部党纪党规意识。出台巡视、问责、"不能腐"机制建设等12项管党治党制度，制度的笼子扎得更紧更密。保持惩治腐败高压态势，积极实践"四种形态"，开展谈话合计14342人次。对广西、云南、贵州、海南电网开展政治巡视，充分发挥"尖兵"和"利剑"作用。扎实开展巡视整改五个专项治理"回头看"和"四风"问题整治情况"回头看"，持续巩固深化整治成果。

【履行社会责任】 积极落实国家绿色发展政策，努力发挥区域资源优化配置平台作用，在发电侧推动"清洁替代"，助力能源转型升级，非化石能源发电量占比首次过半，达到50.7%。全力实施西电东送战略，推动送、受端政府签订"十三五"西电东送框架协议；充分发挥资源优化配置大平台作用，探索建立跨省区市场化交易机制，千方百计多消纳云南富余水电165亿千瓦时；特别是针对贵州2016年三季度以来缺煤少水、电力供应紧张情况，调减贵州送出电量29.6亿千瓦时，利用通道能力增送云南水电，并协调完成"疆电送粤"10亿千瓦时，保证西电东送年度计划的有效执行。强化节能发电调度管理，优先安排高效、清洁机组发电，全年减少标煤消耗1117万吨，减排二氧化碳、二氧化硫分别为2971万吨、16.6万吨。大力支持新能源有序协调发展，全网风电、光伏发电量同比分别增长51%、170%，基本全额消纳。继续深挖电网节能潜力，全网综合线损率6.38%，同比下降0.34个百分点；县级供电企业线损首次全部降至10%以下。出台公司电能替代工作指导意见，开展电能替代项目362个，全年新增电量超过45亿千瓦时。新增电动汽车充电站73个，充电桩1303台，建成珠三角城际、海南岛环岛东线、京港澳高速电动汽车充电网络，开发应用电动汽车充电智能服务平台。持续开展节能服务、合同能源管理，连续四年超额完成国家"两个千分之三"的需求侧管理目标。公司以第一名的成绩获得国务院国资委第四任期节能减排优秀企业奖。

（撰稿人：刘之阳）

中国华能集团公司

【基本概况】 2015年，在党中央、国务院正确领导下，中国华能集团公司（以下简称"公司"）系统深入贯彻落实党的十八大和十八届三中、四中、五中、六中全会精神，认真落实中央企业负责人会议精神，坚持"五个突出抓"和"四个狠下工夫"，攻坚克难，真抓实干，在安全生产、提质增效、资本资金运作、结构调整、改革创新、全面从严治党、干部队伍和人才队伍建设等各项工作均取得新的成绩，圆满完成年度目标任务，实现公司"十三五"良好开局。

安全生产总体平稳。保障能力不断提升。深化依法治安工作，完善安全责任体系，推进安全管理升级。开展安全生产大检查，强化安全风险管控，加强应急能力建设。设备可靠性保持行业领先。煤矿企业落实重大灾害防治措施，强化"三违"整治。基建工程实现零伤亡。加强节能管理和技术改造，推进节能降耗技术集成应用，公司综合、煤机、燃机以及100万千瓦级超超临界等6个主力机型供电煤耗保持行业领先。累计6921万千瓦机组完成超低排放改造，占煤电装机的59%。提质增效取得积极成效。经济效益实现预期目标。圆满完成国资委下达的稳增长奋斗目标。加强发电企业间合作，及时反映行业困难，争取政策支持，有效缓解经营压力。加大营销工作力度，一手抓基数电量，一手抓交易电量，圆满完成年度发电量目标。健全燃料管理制度，构建三级管理体系。强化降本节支，严控各项可控成本。加强物资集采管理，集采率、上网采购率分别同比增加21.3和15.5个百分点。

资本资金运作取得新成绩。资本布局不断优化。部分新能源资产及区域资产整合有序推进。资产处置有序推进。以供给侧结构性改革为契机，推进"僵尸企业"和特困企业处置。"三供一业"分离移交有序展开。资金管理得到加强。存量资金归集度稳步提升。设立百亿产业基金，破解部分企业融资难题。大力压控"两金"占用，应收账款和存货余额分别压减83.9%和61.7%。结构调整稳步推进。印发公司产业发展战略和"十三五"规划、"十三五"创建世界一流企业总体规划，以及煤电产业、清洁能源、煤炭产业、信息化及"互联网+"等专项规划。发展全过程管理得到加强。科学把控项目开发节奏。推进设计优化管理，加强工程质量监督和造价对标。

重点项目开发取得新进展。公司低碳清洁能源装机比重达到29%。优化发展清洁高效煤电。公司首个百万千瓦级超超临界二次再热电厂——莱芜电厂全面建成。公司热电联产和30万千瓦及以上超临界、超超临界煤电装机比重达到80%。国际化工作稳步推进。在"一带一路"沿线国家布局项目开发。积极推进巴基斯坦萨希瓦尔煤电、柬埔寨桑河二级水电项目建设。落实国家煤炭产能调整要求。煤炭物流体系初步形成。金融产业开展业务创新，组建成立投资管理公司，供应链金融模式实现突破。科技产业为电力企业提升竞争力提供技术支撑。改革创新扎实推进。主动适应电力市场化改革。主动参与地方改革政策制定。国企改革和内部改革有序展开。印发2016年深化改革重点工作安排，初步形成公司深化改革"1+N"文件体系。优化总部职能管理，集团公司与股份公司整合成立营销部、燃料部，优化党建工作部、纪检监察部等部门职能设置。完善核电、煤化工等产业，以及有关区域管理体制。推进压减管理层级和法人户数工作。

科技创新迈出新步伐。出台公司深入实施创新驱动发展战略、推进创新创业工作指导意见。石岛湾高温气冷堆示范项目建设稳步推进。建成国内首套燃烧前二氧化碳捕集示范装置，并通过科技部技术验收。IGCC发电关键技术、发电机组次同步谐振控制与保护技术、高混凝土坝结构安全关键技术获得国家科技进步二等奖。

企业管理得到加强。制定法治华能建设实施方案，建立考评体系。建立区域竞争力对标评价体系。内控测评与评价工作实现常态化。完成系统内大额资金规范支付稽核。"三重一大"事项决策管理制度得到较好落实。强化内部审计监督，构建长效机制。加强投资闭环管理。大力推行依法公开招投标和阳光化采购。软科学研究取得新成果。推进管理创新，2项成果获得国家级创新成果一等奖，3项成果获得国家级创新成果二等奖。保密管理、应急管理等工作得到加强。

全面从严治党不断深化。认真落实管党治党责任。编制公司"十三五"党的建设工作纲要。规范党建机构设置，配齐配强党建工作力量。认真开展"四个排查"。开展三级党组织书记示范培训班。推进党支部规范化建设，深化党员示范行动。“两学一做”学习教育扎实开展。加强和规范党内政治生活，落实“三会一课”制度。党风廉政建设深入推进。深入学习贯彻《准则》《条例》等党内法规，加强党内监督。建立重点监督对象廉洁档案，开展企业主要负责人党风廉政情况和履行主体责任情况评价。深化落实中央八项规定精神和公司改进工作作风30条具体要求。完善巡视巡察制度，巡视整改长效机制不断完善。干部队伍和人才队伍建设不断加强。从严管理干部，强化有关事项报告和人事档案核查等日常监督。认真践行社会主义核心价值观，丰富“道德讲堂”建设，推动“三色文化”内化外行推进精准扶贫，关心困难职工。扎实做好维稳、信访、统战、团青等工作。

【主要指标】 经营绩效。发电量6216亿千瓦时，其中国内发电量6108亿千瓦时，同比增长1.1%；煤炭产量6214万吨，同比下降5.8%。供电煤耗302.34克/千瓦时，同比下降3.44克/千瓦时。

发展绩效。投产新机468万千瓦，其中低碳清洁能源项目178万千瓦。截至2016年底，公司境内外全资及控股电厂装机容量达到16554万千瓦，同比增长3.1%。

2016年中国华能集团公司主要经济指标

项　目	2015年	2016年	比上年增长(%)
资产总额(亿元)	9718.96	10028.52	3.19
所有者权益(亿元)	1696.07	1756.13	3.54
营业收入(亿元)	2682.26	2460.71	−8.26
利润总额(亿元)	305.72	138.80	−54.60
净利润(亿元)	205.89	68.09	−66.93
归属于母公司所有者的净利润(亿元)	48.67	−5.70	−111.71
技术开发投入(亿元)	3.05	4.14	35.74
利税总额(亿元)	571.34	366.83	−35.79
应交税金总额(亿元)	365.45	298.74	−18.25
全员劳动生产率(万元/人·年)	76.64	69.14	−9.79
净资产收益率(%)	12.39	3.96	减少8.43个百分点
总资产报酬率(%)	6.12	3.88	减少2.24个百分点
国有资本保值增值率(%)	106.8	96.47	减少10.33个百分点

【改革发展】 2016年，深入开展资本布局调整，完成集团公司所属部分区域火电资产注入股份公司，实现两项一定规模的股权融资工作，优化集团公司资产股权布局结构。完成多项低效无效股权处置工作，为集团公司实现扭亏减亏，获得现金流入作了应有的贡献，推进分离移交“三供一业”工作，对具有代表性的单位进行实地调研，监督并指导各企业结合自身实际情况制定分离移交工作方案。

在人事、分配、薪酬等方面加强顶层设计，制定一系列改革文件，制度体系不断完善。一是制定《关于完善所属企业董事会建设的指导意见》，明确董事会职权、工作机构设置、会议制度和议事规则，并对董事会和董事评价期限、内容、途径和方式分别进行规定。二是制定《关于开展市场化选聘企业经理层工作的指导意见》，对聘任方式、人选条件、聘任程序、聘任管理和退出机制作出规定。金融基层企业经营班子成员全部通过市场化选聘产生，北京聚鸿物业公司正在推进市场化工作。三是制定《关于完善市场化用工管理的指导意见》，重点对“员工身份去行政化、经理层职业化、用工管理契约化、薪酬待遇市场化、退休管理社会化”等作出规定。金融基层企业实现全员市场化用工，煤炭企业一线作业岗位市场化用工6784人。四是制定《关于推进市场化薪酬管理体系的指导意见》《关于推进科技企业工资总额分类管理的意见》，明确指导思想、基本原则和主要内容等。五是制定《关于化解过剩产能、处置“僵尸企业”和治理特困企业职工分流安置工作的指导意见》，明确职工分流安置的适用范围、基本原则和具体措施，2016年完成人员安置3037人。

在企业考核方面，一是进一步传递国资委要求和考核压力。将国资委专项任务纳入考核，确保重大专项落实；扩大科技创新考核范围，纳入经营绩效；将技术投入比率纳入经营难度系数。二是完善差异化考核，引导发挥好协同服务类、经营保障类企业作用：以保量、控价为重点设计燃料公司计分规则，对置业公司、招标公司考核服务满意度，对清能院考核科技创新为主、兼顾效益绩效。三是完善对标考核，加大对标考核权重，个性化设置协同服务企业对标考核规则。

【重大项目】 2016年1月15日，香港公司成功完成5亿美元永续债券的私募发行工作。此次发行的永续债券票面利率4.3%，11家境外投资者参与，债券获得超额认购，是华能首次在境外发行永续债券。

2016年2月25日，四川省发改委核准大渡河硬梁包水电站项目。硬梁包水电站位于四川省甘孜藏族自治州泸定县境内，为大渡河干流梯级调整规划28级开发方案中的第14级。电站安装4台27万千瓦的混流式水轮机组，并根据闸址至厂址间河道的生态流量要求，在坝下安装1台3.6万千瓦的轴流式水轮发电机组，总装机容量111.6万千瓦，是华能在川首座百万级装机水电站。

2016年2月27日，在广东省—中央企业“十三五”战略合作对接会上，华能集团与广东省政府签署了《广东省人民政府中国华能集团公司“十三五”战略合作框架协议》。根据协议，华能集团与广东省将按照“优势互补、市场主导、互利共赢”的基本原则，开展全方位、多层次、多方式“立体化”合作。

2016年3月1日，重庆矿产公司实施的第一口煤层气井——綦煤2井煤层气试气点火成功，成为重庆市构造煤分布区第一口成功获得工业气流的煤层气参数井，为该地区煤层气的地面抽采提供重要的技术支撑和宝贵的成功经验。截至12月20日，綦煤2井达标连续稳产近5个月，累计生产煤层气245626立方米，标志着重庆矿产公司在渝南地区的煤层气勘探取得重大突破。

2016年3月14日，华能集团与韩国电力公司在集团公司总部签署《项目合作谅解备忘录》。根据备忘录内容，华能集团与韩国电力将积极发挥各自优势，共同投资、建设、运营和管理相关电力项目。

2016年3月20日，全球首座模块式高温气冷堆核电示范工程反应堆压力容器在华能石岛湾核电站吊装就位，标志着国家重大科技专项——高温气冷堆核电示范工程建设进入全面安装阶段。

2016年4月8日，江苏南京化工园热电联产项目1号机组顺利通过96小时试运行，正式投产运营，该机组是国内首台建成投产的5万千瓦等级热电联产高参数背压机组。12月6日，华能首个并网运行的高参数背压机组——南京电厂化工园热电项目2号机组通过“72+24”小时满负荷试运行。南京电厂化工园热电项目2台机组全部建成投产。

2016年5月13日，山东日照电厂第二套城市集中供热系统开工建设。该工程将对日照电厂4号机组(68万千瓦)进行抽汽供热改造，并建设电厂第2座供热首站，敷设27千米的城区供热管网，建设1座区域换热站和2座中继泵。11月5日，日照城市集中供热2号管线工程竣工。

2016年5月28日，在湖南省—中央企业“加强产融学合作，推进湖南‘十三五’发展”座谈会上，华能集团与湖南省人民政府签署“十三五”战略合作框架协议。根据协议，华能集团与湖南省将按照“优势互补、共同发展”原则，建立战略合作关系，充分发挥各自资源优势、技术优势，加强在能源领域的全面合作，实现强强联合、合作共赢。

2016年5月26日，江苏灌云热电联产项目浇注首仓混凝土，正式开工建设。该项目由股份公司独资建设，建设3台220蒸吨高温高压燃煤锅炉、2台25兆瓦背压式汽轮发电机组及配套热网工程。采用国内最高参数的25兆瓦级背压机组，热效率高达90.8%。

2016年5月28日、6月22日，轮台电厂2×35万千瓦热电联产工程两台机组先后完成168小时试运行，工程全部投产。

2016年6月3日，华能集团与云南省政府在昆明签订《帮扶云南省拉祜族、佤族脱贫攻坚合作协议》。根据协议，华能集团将通过澜沧江公司对口帮扶澜沧拉祜族自治县、沧源佤族自治县、耿马傣族佤族自治县、双江拉祜族佤族布朗族傣族自治县的拉祜族、佤族聚居区，从2016年至2019年投资参与实施精准扶贫。

2016年6月24日，华能集团与中国海洋石油总公司在集团公司总部签署战略合作框架协议。根据协议，合作双方将发挥各自优势，打造战略联盟，在天然气上游、LNG接收站及天然气发电业务领域开展战略合作，在天然气、热力和电力供应等方面深化互惠合作，助力双方企业产业结构调整升级，实现强强联合、共同发展。

2016年7月10日，依托天津IGCC电站建成的我国首套燃煤电厂燃烧前二氧化碳捕集装置，完成72小时满负荷连续运行测试，标志着我国燃烧前二氧化碳捕集技术取得重要进展，向近零排放的煤基能源清洁发电迈出关键一步。

2016年7月14日，江苏省发改委核准江阴燃机热电联产项目。该项目位于江苏省江阴市祝塘镇，规划建设2台40万千瓦级燃气一蒸汽联合循环供热机组，并留有扩建条件。

2016年7月中旬，威海电厂6号机组节能先进技术集成应用及示范项目已全部顺利完成，厂用电率达到2.23%，供电煤耗达到278.52克/千瓦时，能耗指标创60万千瓦级机组最好水平，实现行业领先。机组各项烟气污染物排放指标全面优于国家超低排放限值。

2016年8月9日，华能集团与水电水利规划设计总院在集团公司总部签署战略合作框架协议。

2016年8月26日，华能集团与中国船舶工业集团公司在中船集团总部签署战略合作框架协议。

2016年10月13日，华能集团与柬埔寨皇家集团公司在柬埔寨首都金边签署关于加强电力能源开发合作的框架协议。

2016年10月17日，国家能源局、国务院扶贫办印发文件《关于下达第一批光伏扶贫项目的通知》，正式批复华能沾化清风湖100兆瓦帕光伏扶贫电站项目。

2016年10月30日，大坝电厂二期2台33万千瓦纯凝发电机组的供热改造工程圆满完成，具备750万平方米供热能力，对青铜峡市城区进行集中供热，同步替代供热范围内燃煤小锅炉，每年可节约标煤2.36万吨。

2016年11月1日，太仓电厂灰场光伏项目入选江苏省2016年度省“光伏领跑者计划”项目，成为股份公司首个纳入“光伏领跑者计划”的项目，填补华能在江苏区域光伏发电的空白。

2016年11月9日，莱芜电厂“上大压小”扩建工程7号机组顺利完成168小时满负荷试运行。该厂两台百万千瓦级超超临界二次再热机组全部投产，标志着集团公司首个百万千瓦级超超临界二次再热电厂全面建成投运。

2016年11月11日，华能集团与法国电力集团在集团公司总部签署合作框架协议。

2016年11月11日，华能集团与大同煤矿集团公司在京举行战略合作协议签约仪式。

2016年11月18日，华能集团、中石油集团和三峡集团旗下资本板块合资成立的华能投资管理有限公司在北京正式挂牌。

巴基斯坦时间2016年11月22日，华能山东如意巴基斯坦萨希瓦尔2×66万千瓦燃煤电站工程1号机组锅炉水压试验一次成功，锅炉本体安装、受热面系统的管道焊接及一次密封工作全部完成，比计划提前70天。当地时间12月12日，该工程2号机组锅炉水压试验一次成功，比里程碑计划提前78天。

2016年12月14日，资本公司成功发行首期30亿元公司债券，期限5年，票面利率4%。

2016年12月25日17时，河南分公司渑池热电联产项目2号机组顺利通过168小时满负荷试运行，该项目2台35万千瓦机组全面投产。

【走向海外】 2016年，华能集团公司积极推进国际化发展战略，稳步开拓海外市场。截至2016年底，华能集团公司境外电力装机容量达到1001万千瓦，在国内电力企业中处于领先地位，境外投资总额217亿元，拥有境外资产总额588亿元，分布在四大洲7个国家(澳大利亚、新加坡、缅甸、英国、墨西哥、柬埔寨和巴基斯坦)。电源类型包含火电、天然气发电、风电和水电等。境外技术服务和技术出口超过20个国家和地区。华能集团公司积极参与“一带一路”建设，柬埔寨桑河二级水电项目按计划有序推进，计划于2017年首台机组投产发电，2018年全部机组投产发电。巴基斯坦萨希瓦尔煤电项目计划于2017年6月实现全部机组投产发电。

【重大创新】 科技创新迈出新步伐。贯彻全国科技创新大会精神，出台公司深入实施创新驱动发展战略、推进创新创业工作指导意见。国家重大科技专项石岛湾高温气冷堆示范项目完成两台反应堆压力容器吊装。国家700℃超超临界发电技术关键部件验证试验平台进入长周期测试阶段，开发出拥有自主知识产权的高温合金材料。建成我国首套燃烧前二氧化碳捕集示范装置，并通过科技部技术验收。完成威海、上都、临河电厂节能一体化示范项目，10项节能技术为行业首创。煤炭产业应用新技术新装备新工艺，实现减员增效。IGCC发电关键技术、发电机组次同步谐振控制与保护技术、高混凝土坝结构安全关键技术获国家科技进步二等奖，获得省部级科技成果奖19项、专利授权455项，其中发明专利122项。

集团公司积极推进管理创新，建立系统内部管理创新成果的立项、创造、推荐、申报、评审和推广应用工作机制，管理创新成果由“基层企业推荐—二级单位审核—集团公司评审”，坚持公开透明，优秀成果由集团公司向中电联和中企联推荐参加行业级和国家级成果评选。公司从系统内各单位抽调专家组建涵盖各业务领域的管理创新专家库，为科学、严谨、规范地评审管理创新成果提供保障。2016年，集团公司邀请外部专家授课培训、专项指导，全方位提高集团公司管理创新成果的申报水平，系统各单位申报成果132项，其中30项被评为集团公司优秀成果。在第23届全国企业管理现代化创新成果评审中，小湾水电厂“以扶贫开发为抓手的水电站企地和谐共建管理”、集团公司“电力集团公司集中精准采购管理”2项成果获得一等奖，澜沧江国际“海外水电项目跨境融资租赁管理”、日照电厂“以燃料优化为核心的燃料全过程管理”、岳阳电厂“发电企业以超前预控为导向的安全生产管理”获得二等奖。

【党建工作】 党建工作取得新进展。认真学习贯彻党的十八届六中全会和全国国有企业党的建设工作会议精神，深入学习贯彻习近平总书记系列重要讲话精神，认真落实管党治党责任。编制公司“十三五”党的建设工作纲要，制定贯彻落实全国国有企业党的建设工作会议精神22项重点任务，抓好督促检查和落实。将党建工作总体要求纳入企业章程。规范党建机构设置，配齐配强党建工作力量。统筹推进“两学一做”学习教育，建立组织协调、工作督导、联系基层和双周通报工作机制，加强和规范党内政治生活，落实“三会一课”制度，开好领导班子民主生活会和支部组织生活会，开展民主评议党员工作，基层基础工作不断夯实。认真开展“四个排查”，基层党组织100%按期完成换届，党费收缴使用管理更加规范，党员组织关系更加理顺；党组清理规范工作基本完成。开展三级党组织书记示范培训班，深化党组织书记抓党建述职评议考核，强化党建工作责任制落实。推进党支部规范化建设，深化党员示范行动。小湾电站党委、海门电厂运行党支部2个先进集体和杨印廷等4名先进个人荣获国资委“一先两优”称号。

反腐倡廉和作风建设进一步加强。扎实推进“两个责任”落实，制定下发《党风廉政建设监督责任清单》《党风建设和反腐败工作任务分工》，建立“两个责任”定期汇报机制，公司党政主要负责同志约谈总部各部门、各二级单位主要负责人109人次，党组纪检组组长约谈二级单位党政主要负责人、纪委书记136人次，听取情况汇报117次。积极探索运用监督执纪“四种形态”，建立纪律谈话室336个，各级党组织开展纪律谈话1.6万余次。严肃执纪问责，全年立案31件，处理115人，问责42个党组织、213名党员领导干部。坚持不懈推进中央专项巡视整改，3次组织15个巡察组，巡察全部二级单位，延伸巡察116个基层企业，发现问题1500余个，大力推进整改落实。招投标领域整改取得明显成效，公司集采率、上网采购率分别同比增加21.3和15.5个百分点。加强对关键少数的监督，明确541名干部、基层单位374名一把手为重点监督对象，建立廉洁档案“活页夹”，日常监督管理进一步加强。严格执行中央八项规定精神，督促落实公司改进工作作风30条要求，针对“四风”问题2次组织开展“回头看”检查，全力整改落实发现的869个问题，全年查处5起违反中央八项规定精神的问题，给予党纪处分13人，组织处理5人。加强对纪检干部的管理和监督，严肃处理5名纪检干部。

【信息化建设】 2016年，集团公司在大数据应用上以统一数据中心为基础，通过在线经营分析应用平台的建设，将分散在各领域、各层级的数据在集团层面集中并加以分析利用，实现机组运行数据、经济活动数据和生产经营数据的自动采集、交换与共享，提升数据的准确性和实时性水平，实现对主要生产经营管理指标的实时监管，提高市场预测和快速应对的能力。集团电子商务平台的建设从系统硬件部署及技术开发架构均采用互联网架构，在电力企业中最早采用阿里云部署，打通内外网信息通道，在安全可控的前提下实现物资采购业务的全流程管理。系统上线以来，访问量650多万次，实现采购金额230多亿元。该项目还获得电力信息化专委会颁发的2017年度电力企业信息技术应用创新优秀成果奖。同时公司正逐步将移动门户、网络培训等更多应用部署在云环境上，走出一条"互联网＋"信息化建设新道路。

2016年，集团公司进一步加强信息化顶层设计，在推进信息化建设方面取得较好的成绩。一是集团公司《信息化及"互联网＋"发展"十三五"战略规划》正式印发。按照创建世界一流企业和建设"数字华能"的要求，开展国内外电力企业的信息化对标，并编制完成《信息化及"互联网＋"发展"十三五"战略规划》。二是信息化重点项目取得新进展。在线经营分析系统在总部层面全面建成并投入使用。ERP系统完成大部分风电企业和新增单位的推广实施工作。生产实时监管系统应用范围进一步扩展，污染物排放监管功能不断优化完善。新电子商务平台上线应用，覆盖全集团范围火电、水电、风电、光伏、煤炭等板块19个产业/区域公司及所属上百家基层企业。各管理领域信息化应用统筹推进，OA标准化、基建管理、网上报销、审计管理等应用在试点单位上线运行；法律事务管理、物资管理、主数据管理等应用进一步优化完善功能，不断拓展业务应用的广度和深度。三是信息化基础设施建设进一步加强。集团公司异地容灾中心全面开展建设工作，虚拟化资源池和HANA存储资源池完成扩容建设。

【履行社会责任】 2016年，华能集团公司牢固树立"三色公司"社会责任观，重点履行"四大责任"，努力做好"五个表率"，致力推进"五大发展"，构建具有华能特色的"3455"社会责任履责模式。制定实施《创建世界一流企业和谐发展战略实施方案》《社会责任管理提升工作计划》《社会责任工作推进计划》，形成以"创建世界一流企业和谐发展战略"为引领，以社会责任"管理提升计划"和"工作推进计划"为两翼，相互依托、有机衔接的"一体两翼"履责机制。

2016年，集团公司针对近年来社会关注的大气污染、生态环保、节能减排、社会关爱等热点话题，重点开展清洁高效煤电、重大科技创新示范、定点扶贫对口援助等社会责任品牌项目建设，继续打造绿色煤电天津IGCC示范电站、石岛湾高温气冷堆示范工程、澜沧江"百千万工程"等社会责任品牌项目，展示华能作为负责任央企的实际行动。公司先后荣获"企业社会责任报告领袖奖""中国扶贫·企业贡献奖"、首届责任品牌"年度十佳企业"等殊荣。

2016年，集团公司党组高度重视定点扶贫和对口支援工作。时任总经理曹培玺、党组书记黄永达分别带队，深入陕西横山、青海尖扎、西藏墨脱、澜沧江流域等中西部贫困地区调研，传达中央扶贫精神，视察脱贫攻坚情况。结合贫困县脱贫实际，公司及时调整《2015—2017年定点扶贫和对口支援项目资金计划》，重点突出精准扶贫、精准脱贫要求，集中向教育、医疗等领域倾斜，扎实推进中央企业"百县万村"活动、贫困大学生救助、教育医疗设施改善等重点项目。2016年，集团公司定点扶贫县数112个、扶贫项目12个，派出扶贫工作队30个、扶贫干部77人、第一书记20人，深入扶贫一线开展工作。对外捐赠总金额57598万元，其中扶贫捐赠56333万元，占比97.8%。

【其他事项】 2016年6月1—7日，国家"十二五"科技创新成就展在北京展览馆举行，华能集团公司、清华大学、中国核工业建设集团公司在重大专项展区，联合展示华能山东石岛湾高温气冷堆示范工程建设进展、高温气冷堆关键技术突破等情况。

2016年6月13日，华能集团公司总经理曹培玺在北京参加国务院总理李克强和德国总理默克尔共同出席的中德经济顾问委员会座谈会。在上午举行的中德经济顾问委员会第三次全体会议上，曹培玺作了题为《凝聚能源转型共识，深化中德电力合作》的引导发言，向两国经济顾问介绍华能的总体情况、发展理念及与德国企业交流合作情况。

2016年6月16日，国家能源局和西藏自治区在拉萨召开西藏能源工作座谈会，共商加快推进西藏能源发展的重大举措。华能集团公司与西藏自治区政府签订“十三五”电力援藏协议。华能集团公司还与西藏自治区政府召开座谈会，并签订《“十三五”期间进一步深化能源经济领域战略合作协议》。

2016年6月24日，国家能源局和中国电力企业联合会在北京联合召开2016年电力可靠性指标发布会，发布2015年度全国电力可靠性指标排行榜，华能集团公司有8台火电机组入围，数量居五大发电集团之首。

2016年7月20日，国务院国资委公布2015年度和2013—2015年任期中央企业负责人经营业绩考核结果，华能集团公司圆满完成考核指标，获评年度及任期双A级企业，在46家获评年度考核A级的央企中排名第八位，并被授予任期“业绩优秀企业”特别奖、“节能减排优秀企业”奖。

北京时间2016年7月20日晚，《财富》发布2016年世界500强排行榜。华能集团公司排名提升7位，以432.239亿美元的营业收入位列第217位。华能集团2009年7月首次进入世界500强名单，排名第425位，2015年位列第224位。

2016年8月27日，由中国企业联合会、中国企业家协会发布的2016中国企业500强名单出炉，中国华能集团公司排名第47位；在2016年中国100大跨国公司名单中，集团公司排名第27位。

2016年10月20日，在西安召开的中国大坝工程学会2016学术年会暨国际水库大坝研讨会上，小湾水电站拱坝工程获得第二届碾压混凝土坝“国际里程碑工程奖”。

2016年11月15日，在联合国第22届气候变化大会边会上，中国华能集团公司技术经济研究院和意大利国家电力公司（ENEL）研究院共同展示双方合作成果——《能源转型：欧洲进展和中国动态》。

（撰稿人：王晓茜）

中国大唐集团公司

【基本概况】 中国大唐集团公司（以下简称“集团公司”）成立于2002年12月29日，是中央直接管理的国有特大型发电企业集团，是国务院批准的国家授权投资的机构和国家控股公司试点。注册资本金为人民币180.09亿元。

集团公司实施以集团公司、分子公司、基层企业三级责任主体的管理体制和运行模式，资产分布于国内31个省（自治区、直辖市）及境外美国、缅甸、柬埔寨、老挝等多个国家和地区；拥有上市公司5家、分公司6家、省发电公司13家、专业公司11家，各级境外单位26家；截至2016年底，按管理口径统计，除母公司外有各级子企业427家；集团公司员工总数97091人，资产总额7063亿元，发电装机规模1.4亿千瓦，其中清洁能源装机比重达到32%。2016年，集团公司发电量4760.8亿千瓦时，供热量20069万吉焦，煤炭产量165.6万吨。2016年居世界500强排行榜第406位。

【主要指标】 2016年，集团公司实现利润总额107.13亿元，净利润83.56亿元，归属于母公司净利润13.63亿元，经济增加值完成13.84亿元，超额完成国资委年度考核目标值和保增长任务。

2016年中国大唐集团公司主要经济指标

项　目	2015年	2016年	比上年增长(%)
资产总额(亿元)	7295.46	7062.90	−3.19
所有者权益(亿元)	1325.58	1305.69	−1.50
营业收入(亿元)	1661.61	1585.83	−4.56
利润总额(亿元)	173.16	107.13	−38.13
净利润(亿元)	100.32	83.56	−16.75
归属于母公司所有者的净利润(亿元)	11.53	13.63	18.21

续表

项　目	2015年	2016年	比上年增长(%)
技术开发投入(亿元)	1.67	2.90	73.65
利税总额(亿元)	423.72	328.06	-22.57
应交税金总额(亿元)	250.56	220.93	-11.82
全员劳动生产率(万元/人·年)	80.56	83.38	3.50
净资产收益率(%)	7.94	6.36	减少1.58个百分点
总资产报酬率(%)	5.5	4.02	减少1.48个百分点
国有资本保值增值率(%)	108.61	104.02	减少4.23个百分点

【改革发展】 2016年,集团公司深入学习贯彻党的十八大,十八届三中、四中、五中、六中全会与习近平总书记系列重要讲话精神,认真贯彻中央经济工作会议精神,以及全国国有企业党的建设工作会议、全国国有企业改革座谈会精神,将改革作为企业的中心工作,深入推进各项改革任务,取得积极进展。

健全公司法人治理结构。作为电力行业首家建设规范董事会单位,积极开展规范董事会建设,不断健全法人治理结构。制定"三重一大"决策制度办法、公司章程、董事会议事规则等基本制度及配套制度。董事会下设战略与投资、提名、薪酬与考核、审计与风险管理四个专门委员会。董事会外部董事占多数,外部董事勤勉履职,发挥各自专长,注重调查研究,实现科学决策、高效执行和有效监督。建设符合大唐特色的规范、高效、和谐董事会,实现董事会决策的科学民主高效,以及与经营管理的畅顺有效衔接。

积极推进供给侧结构性改革。按照国家发改委、国家能源局《关于促进我国煤电有序发展的通知》要求,集团公司上报"取消、缓核、缓建"煤电项目9个、总容量929万千瓦。积极推进"僵尸企业"及特困企业治理,在深入研究的基础上,通过强化管理和改造提升、债务重组、兼并重组、关闭撤销、破产重整、破产清算六种方式,结合企业实际对23户企业开展处置工作,取得显著成效。严格落实国家化解煤炭过剩产能政策要求,额吉煤矿完成关闭、退出300万吨产能,分流安置职工34人,并顺利通过国家发改委、国务院国资委验收。按照国资委优化产权结构、"瘦身健体"工作要求,中国大唐确立将管理层级、法人层级原则上压缩到三级、最多不超过四级,企业法人户数减少20%的目标。集团法人户数由2016年5月的716家减少至573家,减少143家,并计划于2019年6月前全面完成任务。

大力推进大部制改革。制定印发大部制改革工作方案,召开大部制改革研讨推进会进行工作部署,研究批复大唐国际、物资集团等13家二级单位的大部制改革方案,并按计划进行实施。通过大部制改革,机构进一步精简,干部人事制度改革进一步深化,本部员工的专业层次、年龄结构、学历水平、整体素质都得到显著的提高,干部员工的积极性、主动性进一步发挥,对提高二级企业管控能力、理顺管理体制、激发人才活力等方面发挥积极作用,为提升履职管控能力、做优二级本部奠定坚实基础。

统筹推进区域一体化管理。在大唐吉林发电公司开展区域一体化试点,试点取得积极成效,并及时总结试点经验,分别于3月、7月,召开集团公司区域一体化改革推进会议。2016年,在宁夏发电分公司、山西发电公司、江苏发电公司开展区域一体化管理工作。

【重大项目】

1. 大唐抚州发电2×1000MW新建项目。

江西大唐国际抚州发电项目位于江西省抚州市临川区鹏田乡,距离抚州市27千米。一期工程新建2×1000MW超超临界燃煤发电机组,由大唐国际发电股份有限公司(股比51%)和法国电力集团(股比49%)共同出资建设。2015年12月29日,1号机组高质量投产,建设工期仅22个月,比计划提前4个月,创国内百万机组最短记录;2号机组于2016年4月27日一次性高质量通过168小时试运,正式投产发电,标志着抚州发电公司一期2台1000MW工程全面竣工投产,成为集团公司"十三五"开局第一台投产的百万机组。该项目是全国第一个做社会稳定风险评估的项目单位;是国家能源局"三定"方案公布之后正式核准的第一个电源项目；是江西省第一个百万千瓦机组项目；是大唐集团入赣第一个发展落地、“十二五”期间唯一在建并投产的百万千瓦机组项目；是大唐国际发电公司第一个中法合作的项目；是全国第一个在时速超过200千米的电气化高铁上开通货运的企业。项目的建设对于优化江西电源结构，保障电力供应，提升抚州电源支撑水平，推动江西省地方经济发展都具有十分重要的意义。

2. 大唐托克托电厂五期2×660MW扩建项目。

托电五期2×660MW扩建项目位于内蒙古自治区呼和浩特市托克托县新营子镇，距离呼和浩特市70千米。由大唐国际发电股份有限公司、北京能源投资(集团)有限公司、中国大唐集团公司和内蒙古蒙电华能热电股份有限公司分别按40%、25%、20%和15%的比例共同出资建设。2016年12月25日，9号机组一次性高质量通过168小时试运，建设工期仅19个月，比计划工期提前4个月，创同区域、同类型机组最短记录；10号机组于2017年2月24日高质量投产，托克托电厂装机总容量6720MW，一跃成为全世界装机容量最大的火力发电厂。托克托电厂是国家“西电东送”，“输煤输电并举”发展战略重点能源建设项目，托电五期扩建项目不新增水源，不新增灰场，不增加厂外铁路专用线，不增加输电线路，最大程度利用已有设施，有效降低工程造价。该项目设计年发电量66亿千瓦时，同步建设脱硫、脱硝、除尘等高效环保装置，烟尘、二氧化硫、氮氧化物排放浓度分别不高于5、35、50毫克/立方米，达到超低排放标准。项目的建设，对优化华北电网结构，保障京津及冀北地区电力供应，带动和促进当地及周边区域经济发展具有十分重要的意义。

3. 大唐华银湖南攸县电厂“上大压小”新建工程项目。

大唐华银湖南攸县电厂“上大压小”新建工程项目位于湖南省株洲市攸县网岭镇，公司以煤电一体的方式同步建设2台630MW超临界燃煤发电机组及年产30万吨的柳树冲煤矿。项目由大唐华银电力股份有限公司与山西晋城无烟煤矿业集团有限责任公司、湖南发展投资集团有限公司矿业公司、株洲市国有资产投资控股集团有限公司按照38∶38∶19∶5股比共同出资建设。1、2号机组分别于2016年7月26日、11月18日一次性通过168小时试运，并正式投入商业化运营，作为集团公司“提高移交水平、创建精品工程”试点项目，实现高水平精品移交。项目大胆采用新技术、新工艺、新方法，成功开发应用PIC(机组智能控制)系统，获得中电建协科技进步一等奖。作为湖南省重点工程，项目建成投产后，既为长株潭地区和湘南电网提供重要电源支撑，也进一步带动当地经济社会的发展。

【走向海外】 中国大唐国际业务板块涉及“一带一路”沿线、东南亚，非洲、欧洲、大洋洲、北美等地区20多个国家。截至2016年底，境外装机42.12万千瓦，其中水电装机36万千瓦，风电装机6.12万千瓦，待开发项目600多万千瓦。累计境外资产124.89亿元，境外机构26家，驻外员工500多人，聘请当地员工近200人，有效的带动国内产能向境外输出，国际业务呈现良好发展态势。

境外资产运营保持稳定。2016年，集团公司境外4个在役电力项目保持安全稳定运行，未发生人身事故、设备事故和考核事故，发输电资产经营情况持续向好。2016年4月，环境公司完成收购美国德克萨斯州祥云风电项目(装机6.12万千瓦)。海外公司缅甸太平江水电站项目发电形势平稳，三季度已全面实现盈利，提前完成年度扭亏增盈的任务。柬埔寨电站电网项目电费回收足额及时。截至2016年12月，境外项目年度累计发电13.49亿千瓦时，年度累计输电21.62亿千瓦时；年度累计实现营业收入5.53亿元，同比增收3136万元；年度累计实现利润9118万元，同比增利455万元。

“一带一路”项目加快推进。2016年，集团公司积极参与“一带一路”建设，成立“一带一路”建设工作领导小组，统筹国际业务改革发展各项工作；由国际合作部牵头，会同国际业务相关分子公司，研究制定国际业务“十三五”专项规划。积极开拓“一带一路”沿线国家电力市场，在老挝、巴基斯坦等国家电力项目前期工作取得积极进展。

对外承包工程业务进展顺利。2016年，大唐科技工程公司执行的对外承包工程项目3个，分别为泰国NPP5A汽轮发电机组(10万千瓦)工程总承包、泰国

PP9汽轮发电机组（13.5万千瓦）工程总承包项目和印度卡德罗尔燃煤机组（2×66万千瓦）烟气脱硫工程承包项目。泰国两个总包项目正在进行工程收尾工作，印度电站脱硫项目按计划推进。截至2016年12月，对外承包工程业务累计实现产值1.74亿元。

海外技术服务业务稳步推进。2016年，集团公司执行中的海外技术服务项目15个。截至2016年12月，累计完成营业总额9687.03万元。在外工作人数333人，业务涉及印尼、土耳其、印度、柬埔寨、泰国、赞比亚、塔吉克斯坦、吉尔吉斯斯坦、马来西亚、越南、圣多美与普林西亚等11个国家。尤其是2016年12月30日，中国大唐承揽的圣普电力紧急援助项目。在接到任务后，中国大唐用最短的时间组织经验最丰富的技术队伍，第一时间赶赴圣普现场进行援助，保障圣普的电力供应，成功完成任务，赢得圣普人民的喝彩，树立中国大唐讲政治、顾大局、有担当的企业形象。

国际贸易业务保持平稳。2016年，集团公司累计完成国际贸易总额23.14亿元，其中煤炭贸易18.51亿元，年度累计进口煤炭617.3万吨，设备贸易4.63亿元。

【科技创新】 2016年，大唐集团强化科技创新顶层设计，不断增强科技创新能力，积极推进管理创新，创新型企业建设取得显著成效。

科技创新能力不断增强。坚持创新示范推动产业升级，互联网融合关键技术在大型能源集团的研究示范达到国内领先水平，获得中国电力科技进步一等奖；大型燃机静止变频启动系统技术国产化示范填补国内空白；主持编制中国电力企业首个ISO标准和IEC标准，荣获IEEE标准协会年度企业卓越贡献奖。2016年，集团公司新增授权专利1476件，累计授权专利4300件，均居五大集团首位。

科技产业加快发展。积极拓展外部市场，环保工程、科技工程、水务工程、脱硝催化剂、除灰渣等业务板块中标外部合同总额27.17亿元。特许运营等相关业务持续稳定生产，脱硫、脱硝装置全部实现达标排放，脱硫减排电耗、石灰石耗、水耗率同比分别降低3.27%、10.78%、22.73%。科技产业板块经营业务稳步发展，实现营业收入121.19亿元，实现利润16.39亿元。

管理创新成果丰硕。集团公司董事长、党组书记陈进行荣获中国企业管理最高奖"袁宝华企业管理金奖"。集团公司荣获7项国家级、行业级奖项，其中，全面创新管理课题获得第二十三届国家级企业管理现代化创新成果一等奖；风电技术研究课题获得中国产学研合作创新成果一等奖；项目两优化管理课题获得中国管理科学奖；业务与资源集约化管理课题获得中国管理卓越奖；中国特色现代国有企业制度课题获得全国组织工作重点课题调研成果优秀奖。积极组织系统企业参评中国电力创新奖，获得五项奖励。

【党建工作】 2016年，大唐集团切实加强党建思想政治工作，深入开展党风廉政建设，扎实推进"两学一做"学习教育，进一步加强干部人才队伍建设，营造风清气正、干事创业的良好氛围。

深入开展"两学一做"学习教育。在"两学一做"学习教育中，强化顶层设计，注重示范引领，加强学习研讨，坚定理想信念，各级党组织开展研讨9612次，集中学习23861次，讲党课11172人次。突出实践特色，通过"十项举措""十项活动"实现与中心工作"两不误、两促进"。

深入推进党风廉政建设。严明政治纪律规矩，着力增强"四个意识"，确保中央决策部署在系统企业落到实处深处。认真落实"两个责任"，一级压实一级，逐级签订责任书5176份。加强廉政教育，组织辅导授课65次、传统教育57次、巡回演讲27场。准确把握运用"四种形态"，抓早抓小、防患未然，组织谈话提醒688次涉及4847人。严格执行党内法规，对照准则条例特别是"六大纪律"，各级领导人员查找并整改问题543项。严格落实中央八项规定精神，系统企业公车运行费、国内差旅费和业务招待费同比继续明显下降。

切实加强干部队伍建设。集团公司严格落实好干部标准和国有企业领导人员20字要求，深化干部人事制度改革，完善领导人员选拔任用管理办法、选人用人工作监督检查办法等12项制度，提升工作规范性严肃性。加强各级班子建设，对超过半数分子公司党政主要负责人进行调整，带动班子建设水平和综合能力整体提升。按照"培用结合、严善并举"原则和"四重八看"导向选好用好各年龄段干部，先后调整配备干部255人次。加大年轻干部培养交流力度，新提任部门副主任及以上干部56人，45岁以下占55.1%。

大力加强企业文化建设。新华社、中央电视台、人民日报等主流媒体相继对中国大唐延安红色招聘、光伏扶贫、超低排放改造等进行深入报道，有效提升公司形象和影响力。成立集团公司社会责任工作领导小组及工作机构，《集团公司2015年社会责任报告》被中国企业社会责任研究中心评为五星级，荣获联合国全球契约组织可持续发展先锋企业入围奖。组织系统33家企业举办第十届“企业开放日”活动，邀请2000多名社会各界人士走进大唐、了解大唐，进一步树立企业的良好形象。

【信息化建设】 2016年，集团公司信息化水平得到进一步提高并处于行业前列。生产、资金和燃料三大调度中心完成竣工验收，为集团公司集中管控提供有效手段。全面计划管理系统、项目全过程管理系统、物资管理系统、资本运营管理系统、审计信息系统投入使用，基本形成三级贯通、流程统一、高效协同的管控平台，有力提升集团公司管理水平。网络与信息安全工作开创新局面，圆满完成G20峰会、两会等重要活动的网络与信息安全保障工作，集团公司荣获2015年度公安部央企网络安全信息通报工作先进单位，并在2016年公安部组织的国家信息安全通报机制培训会议上受邀进行优秀典型演讲。

【履行社会责任】 结构调整稳步推进。电源结构持续优化。全年完成电源投产容量635.87万千瓦，清洁可再生能源占比达到43.4%。2016年风电投产166.15万千瓦，风电开工规模达到339.7万千瓦，创历史新高。一批大型清洁煤电优质项目取得实质进展，老挝北本水电项目获得核准，老挝萨拉康水电项目和西藏地区等水电项目开发取得阶段成果。

安全生产保持平稳。认真贯彻落实国家安全生产的要求和部署，强化责任和制度落实，全面推进本质安全企业建设，保持安全生产稳定局面，圆满完成“两节”“两会”、G20峰会的保电、保空气质量任务。

节能减排深入推进。2016年，集团公司积极履行社会责任，大力推进节能减排，完成供电煤耗306.94克/千瓦时，同比下降2.34克/千瓦时，完成发厂用电率3.91%，同比下降0.04个百分点。深入推进燃煤机组“超低排放”改造，截至2016年底，“超低排放”机组容量达到157台、6454.5万千瓦，占在役煤电机组的67.8%，处于行业领先进水平。污染物排放控制保持行业先进水平。

精准扶贫取得显著成效。集团公司认真贯彻中央扶贫开发工作会议精神，深入落实习近平总书记关于扶贫开发工作的系列重要讲话精神，将扶贫工作作为重大政治任务和社会责任，发挥央企示范带动作用，全力推进定点扶贫、援疆援藏、解决无电人口用电、落实精准扶贫等工作，为加快贫困地区脱贫致富进程、推动有关地区经济社会发展，作出积极贡献。2016年，集团公司在老、少、边、穷地区积极主动开展民生扶贫、产业扶贫、智力扶贫以及社会捐赠等工作，捐赠总额超过1000万元。

（撰稿人：周　刚）

中国华电集团公司

【基本概况】 中国华电集团公司（以下简称“中国华电”）是国家实施电力体制改革、由国务院批准组建的五家全国性国有独资发电企业集团之一。2002年12月29日，中国华电在人民大会堂揭牌成立，注册资本120亿元，主营业务为：电力生产、热力生产和供应；与电力相关的煤炭等一次能源开发；相关专业技术服务。

中国华电坚决落实党中央、国务院和国资委关于供给侧结构性改革、“三去一降一补”等重要决策部署，加快转型发展和改革创新步伐，推进做强做优做大，着力建设以电为主、产业协同、清洁低碳、安全高效的世界一流能源集团。截至2016年底，中国华电发电装机容量14300万千瓦，资产总额7791.45亿元，控股煤矿产能达到5580万吨/年，资产主要分布在山东、贵州、黑龙江、四川、福建、江苏等32个省（自治区、直辖市）以及俄罗斯、柬埔寨、印尼等国家。控股华电福新能源股份有限公司、华电国际电力股份有限公司、华电能源电力股份有限公司、国电南京自动化股份有限公司、贵州黔源电力股份有限公司、沈阳金山能源股份有限公司、华电重工股份有限公司等上市公司。

【主要指标】 2016年，中国华电在党中央、国务院以及国资委的正确领导下，积极应对电力产能总体过剩，发电利用小时持续下滑，煤炭价格大幅上涨等多重困难和挑战，加快结构调整，着力提质增效，深化改革创新，加强党的建设，各项工作取得积极成效，实现"十三五"良好开局。全年实现利润131.23亿元，同比下降48.49%；销售收入1874亿元，同比下降5.16%；保值增值率104.3%，同比减少13个百分点；核准电源项目1283万千瓦、投产811万千瓦，发电装机1.43亿千瓦，清洁能源装机占37%；完成供电煤耗303.1克/千瓦时，同比下降2.1克/千瓦时；二氧化硫实时排放绩效0.27克/千瓦时，同比下降13%；氮氧化物实时排放绩效0.3克/千瓦时，同比下降23%。

2016年中国华电集团公司主要经济指标

项　目	2015年	2016年	比上年增长(%)
资产总额(亿元)	7613.07	7791.45	2.34
所有者权益(亿元)	1403.02	1438.93	2.56
营业收入(亿元)	1975.62	1873.71	−5.16
利润总额(亿元)	254.78	131.23	−48.49
净利润(亿元)	189.17	85.45	−54.83
归属于母公司所有者的净利润(亿元)	76.20	23.96	−68.56
技术开发投入(亿元)	3.75	6.91	84.27
利税总额(亿元)	324.64	291.84	−10.10
应交税金总额(亿元)	244.29	203.00	−16.90
权益劳动生产率(万元/人·年)	79.2	71.8	−0.93
净资产收益率(含少数股东权益)(%)	14.42	6.02	减少8.4个百分点
净资产收益率(不含少数股东权益)(%)	15.84	4.44	减少11.4个百分点
总资产报酬率(%)	6.63	4.41	减少2.2个百分点
国有资本保值增值率(%)	117.20	104.30	减少12.9个百分点

【重大项目】 中国华电认真落实国家能源战略和产业政策，滚动调整"十三五"发展规划，优化调整结构布局。全年新核准电源项目中，清洁能源占比76%。抓住国家推进大型水电基地建设契机，加快水电发展步伐，金沙江上游水电开发实现新突破，流域装机规模最大的叶巴滩水电站获得核准；中国华电首个抽水蓄能电站福建周宁电站开工建设，大古水电站实现大江截流，全年投产水电159万千瓦。积极布局天然气发电和燃气分布式能源，山东青岛天然气热电联产、天津军粮城扩建燃机、上海莘庄二期三联供、江苏金湖分布式等一批项目获得核准，河北石家庄燃机和北京通州、广东江门、深圳坪山等分布式项目开工建设。有序推进新能源开发，资源储备增加明显，全年核准风光电446万千瓦，投产122万千瓦。落实国家煤电调控"三个一批"要求，严控常规煤电建设。积极开拓热力市场，供热规模稳中有增。坚持"优选、严控、精建"和"四策划一优化"原则，严格把好工程建设质量关，合理控制工程投资，新疆喀什热电联产项目荣获国家优质工程奖。

【改革发展】 按照国家全面深化改革和创新驱动战略部署，持续加大改革创新力度。继续深化总部"抓总"、区域"做实"、基层"强基"管控体制改革，进一步加大对二级单位授权力度。根据形势变化和发展需要，优化调整总部组织架构，研究推进投资决策、国际业务、监督体制等系列改革。按照"一个区域一个管理主体"的原则，对部分新能源企业、云南区域三家企业实施管理整合。深化劳动用工制度改革，推行发电企业大定员管理，研究提出金融、科工企业员工契约化管理办法和指导意见，有序推进全员业绩考核试点工作。

【生产经营】 2016年，中国华电深入开展提质增效工作，内挖潜力，外拓市场，提升效益，归属母公司净利润、净资产收益率、保值增值率等主要经营指标继续保持同类型企业前列。坚持以用户为中心，加大市场营销力度，积极争取计划电量和优先发电权，抓好大用户直接交易，全年争取市场电量1240亿千瓦时，超过平均装机占比。加强厂内燃料管理，推进入厂煤标准化实验室和燃料智能化试点建设，开展燃料管理评价，提升燃料管理水平。推进招标和物资集中采购平台建设，加大集中采购力度，降低采购成本。积极推进“瘦身健体”，压缩管理层级，减少法人企业户数，批复103家企业压减方案，压减法人企业8户。深化7S管理和星级企业创建，全面推行精益管理，深入开展对标管理。推进全面风险管理体系建设，抓好内部试点单位督导，强化负债率和负债规模双控管理。全面实施法制工作新五年规划，加强规章制度、合同和法律纠纷案件管理，积极配合监事会开展外部监督检查，促进企业依法合规经营。

【安全环保】 深入贯彻国家安全生产工作部署和要求，强化组织领导，健全管控体系，全面落实安全生产责任制，强化“四不两直”暗查暗访，深入开展环保技改和输卸煤系统“双治理”，扎实推进煤矿安全质量标准化建设，提升现场安全管理水平。建立事故约谈制度，严格事故责任追究，提高执规问责效果，保持安全管理高压态势。加强设备管理，创新技术监督，37台火电机组获得能效对标竞赛优胜奖，不连沟、小纪汗、肖家洼等煤矿被评为国家级安全高效矿井。落实国家环保要求，新投煤电机组全部实现超低排放，推进现役煤电机组超低排放改造，全年新增超低排放机组3418万千瓦，累计达到4532万千瓦，占到煤电装机的51%。进一步健全环保监督管理体系，做好碳排放权交易准备，推动“互联网+环保监管”信息化平台建设，强化环保监督检查，有效防控环保风险。

【走向海外】 落实国家“一带一路”倡议，积极推动境外绿地项目开发，越南沿海二期项目完成立项决策和国家发改委备案，按期实现融资关闭；印尼巴淡、巴厘岛和柬埔寨额勒赛等项目运营稳定。大力拓展工程承包、技术服务和国际贸易业务，执行的技术服务合同1000万千瓦。

【信息化建设】 网络安全统一管控项目列入国家信息安全专项，顺利通过专家评审，在央企中率先实现集团级互联网、广域网和移动网接入的安全统一管理，网络安全受到公安部的表彰。完成4个区域ERP全模块推广实施，实现ERP合同模块在三级以上单位全覆盖，深化燃机备件联储联备、重大合同和物资集中采购管理ERP应用。办公自动化、档案、商密“三合一”信息系统上线试运行，华电上海数据中心一期正式投运，信息化管理水平得到提升。

【党建工作】 学习贯彻十八届六中全会、全国国有企业党的建设工作会议精神，强化理论武装，指导推动实践。深入开展“两学一做”学习教育，坚持领导带头、上下联动、学做结合，推动全面从严治党向基层延伸，得到中央督导组充分肯定。落实党建工作责任，建立实施“党员活动日”制度，有序推进二级单位党组改党委和基层党委按期换届，分片区调研督导基层党建，严格二级单位党建工作考评。加强反腐倡廉建设，扎实推进“两个责任”落实，坚决防止“四风”反弹。以强化考核评价和管理监督为抓手，加强领导班子和干部队伍建设，加大干部公开选拔和交流力度。强化人才队伍建设，规划建设22家员工技能培训中心，制定发电和煤炭产业主要岗位能力培训标准，组织开展火电精密点检、人力资源管理、水电检修、煤矿瓦斯管理等技能大赛。加强社会责任管理，发布国内首份温室气体排放报告，积极参与精准扶贫和社会公益事业，西藏自治区尼玛县电力援藏项目并网发电。

（撰稿人：李　甜）

中国国电集团公司

【基本概况】 中国国电集团公司（以下简称“国电集团”）是经国务院批准，于2002年12月29日成立的以发电为主的综合性电力集团，主要从事电源的开发、投资、建设、经营和管理，组织电力（热力）生产和销售；从事煤炭、发电设施、新能源、交通、高新技术、环保产业、技术服务、信息咨询等电力业务相关的投资、建设、经营和管理；从事国内外投融资业务，自主开展外贸流通经营、国际合作、对外工程承包和对外劳务合作等业务。2010年，国电集团入选世界500强企业。2016年，位列世界500强第345位。

国电集团按照能源“四个革命、一个合作”的总要求，认真贯彻“五大发展理念”，大力实施“一五五”战略，坚持绿色低碳发展，产业布局和电源结构持续优化，盈利能力和抗风险能力大幅提升，综合实力显著增强。在国资委第一任期至第四任期考核和2006—2007年、2009—2015年考核中荣获13个"A"级。

截至2016年底,国电集团可控装机容量1.43亿千瓦,产业遍布全国31个省(自治区、直辖市)。煤炭产量5872万吨。新能源发展独具特色,风电装机2583万千瓦,位居世界第一。以节能环保及装备制造为主的高科技产业在发电行业处于领先地位,累计承担国家科技支撑计划、863、973等国家级科研项目24个,拥有专利2209项,被命名为国家"创新型企业"。

国电集团牢牢把握"稳中求进、稳中求优"的原则,扎实做好"做强主业、转型升级,深化改革、完善机制,强化管理、提高质量,优化资产、防范风险,加强党建、创建和谐"五篇文章,全力打造效益国电、绿色国电、创新国电、廉洁国电、幸福国电,全面提升企业发展质量和效益,努力开创一流综合性电力集团建设的新局面。

【主要指标】

2016年中国国电集团公司主要经济指标

项　目	2015年	2016年	比上年增长(%)
资产总额(亿元)	7863.10	7964.88	1.28
所有者权益(亿元)	1423.10	1456.24	2.28
营业收入(亿元)	1917.70	1814.64	-5.68
利润总额(亿元)	227.40	131.46	-72.98
净利润(亿元)	150.20	79.39	-89.19
归属于母公司所有者的净利润(亿元)	51.50	17.85	-188.52
技术开发投入(亿元)	24.85	30.01	17.19
利税总额(亿元)	498.60	395.52	-26.06
应交税金总额(亿元)	271.20	246.35	-10.09
全员劳动生产率(万元/人·年)	68.82	66.39	-3.66
净资产收益率(%)	10.94	5.52	减少5.42个百分点
总资产报酬率(%)	5.73	4.08	减少1.65个百分点
国有资本保值增值率(%)	111.19	104.51	减少6.68个百分点

【改革发展】 国电集团高度重视改革工作,通过召开党组会、党组中心组学习等形式,及时传达学习贯彻习近平总书记关于国有企业改革系列重要讲话和指示精神,以及国企改革"1+N"文件精神,研究制定深化改革总体实施方案,明确改革的指导思想、总体目标、主要任务和重点措施,出台40多个相关配套文件。

一是完善现代企业制度。国电集团把加强党的领导与完善公司治理统一起来,组织修订《中国国电集团公司章程》,进一步确立集团党组在公司法人治理结构中的法定地位。制定实施《中国国电集团公司党组工作规则》,修订《中国国电集团公司贯彻落实"三重一大"决策制度实施办法》,进一步明确党组、董事会、经理层、职工代表大会等治理主体的关系、权责边界、决策内容和决策程序,建立起更加有效的公司治理结构和运行机制。

二是加强供给侧结构性改革。国电集团认真贯彻国家宏观调控政策,带头调整投资结构,严控火电投资规模,更加注重发展清洁可再生能源。年度投资额从2014年的760亿元,降至2016年的582亿元,重点投向电源主业、风电优势产业和存量技术改造板块,取得积极成效,可再生能源装机比重达到30%。编制实施资产处置三年规划,确定29家"僵尸企业"及特困企业,全力做好不良资产处置工作。完成三年规划处置项目79项,涉及资产总额82.1亿元,累计收回资金26.4亿元。其中,完成化解煤炭过剩产能69万吨。成立压减工作领导小组,完成组织机构摸底盘查工作,制定《压缩管理层级减少法人户数工作实施方案》,明确压减工作三年总体目标任务。组织召开压减工作专题会议,与各二级单位签订《"压减"工作目标责任书》,已压减85家企业,五六级企业全部撤销,管理层级控制在4级以内。

三是发展混合所有制经济。国电集团坚持以上市为发展混合所有制企业的基本形式，积极做大做强做优上市公司。国电集团有7家上市公司。2016年，国电集团依托上市公司国电电力，成功向其注入新疆、宁夏、江苏、浙江区域7家企业资产，完成整合国电燃料公司晋北煤矿资产等工作，涉及总资产176亿元，权益净资产评估值33亿元，合计控股装机容量172万千瓦。在增量资产方面，积极引入非公资本参股投资新建项目，在保持控制力的前提下，尽可能降低国有股权比重。2016年有2个项目引入民营资本。

四是全面实施"四个集中管控"。国电集团认真落实中央专项巡视意见，全力抓好整改落实工作，全面实施"四个集中管控"改革，即在投资、招标采购、燃料、财务等四个重点领域全面加强集中管控，完善制度、流程和组织体系，把该收的权力坚决收上来，充分发挥集中管控优势，堵塞管理漏洞，提高经营绩效，取得重要进展和成效。

五是深化选人用人、劳动用工和收入分配制度改革。选人用人方面，制定实施多项制度，进一步完善干部人事制度体系。在领导人员考核方面，修订《二级单位领导人员考核办法》及相关配套文件，设置正职"411"、副职"311"考核体系，将"党建""党廉"纳入正职考核，引入门槛得分和否决事项机制，全面落实"两个责任"及"一岗双责"，实现对领导人员的精准考核，并将考核结果与领导人员年薪兑现紧密挂钩，作为岗位调整的重要依据。研究制定企业负责人薪酬分配制度，企业领导人员基薪由简单按规模确定，调整为按利润、规模和管理水平确定，并根据考核结果适当拉开班子副职收入差距。坚持分配向效益好的企业、向一线和艰苦边远地区倾斜，建立艰苦边远地区津贴制度，惠及4000多名艰苦地区一线人员。制定《人员调配管理暂行办法》，明确员工招聘和调配的方式、条件、工作流程及规范上报材料。

六是加强营销体制改革。积极深化电力营销体制机制改革，完善三级电力营销体制，加强各级营销机构队伍建设，强化电力营销职能。制定实施《省级售电公司组建方案》，明确售电公司的组建原则、组建模式、实施要求等，组建15家省级售电公司。

【重大项目】 深入实施"一五五"战略，坚定不移控规模、提质量、防风险，推动企业转型升级。严格执行国家促进煤电有序发展的产业政策。组织实施"三个一批"调控方案，主动转让、取消和放缓煤电建设规模1600万千瓦，其中转让前期项目4个281万千瓦；取消前期项目5个650万千瓦，暂缓核准和推迟建设项目6个662万千瓦。指导二级单位积极稳妥处理遗留问题和后续工作，千方百计规避风险，减少损失。煤电调控决心大、行动快、动作实，得到国家能源局的肯定。此外，研究政策、研究市场，坚持有进有退、有舍有得，动态梳理前期项目，调整推进策略，优化开发方案。加大重点前期工作的力度和深度，做深做细可研、风险防控和比选评优等研究论证，落实好边界条件，提高项目成熟度。重点推进大气污染防治外送电和大中城市热电项目，择优建设风险可控、效益较好的配套热网。2016年，上海庙、湖东、长滩3个外送电项目532万千瓦列入国家规划；太一搬迁重建的老厂土地补偿政策与太原市政府基本达成共识，邯郸热电"退城进郊"方案论证有序推进；太原二热力、驻马店和荆州热网扩网项目经董办会审议通过后批复实施；国电智深参与漳州核电DCS开发工作取得新进展。

2016年1月，国电泰州发电公司二期工程全部建成投产，该项目由中国国电集团公司牵头，联合多家单位合作研发，自主建设，具有完全自主知识产权。其中，3号机组是世界首台百万千瓦超超临界二次再热燃煤发电机组，发电效率47.82%，发电煤耗256.8千瓦时，排放指标远低于国家超低排放限值，是当今世界上发电效率最高、供电煤耗最低、环保指标最优的火力发电机组。成果入选国家"十二五"重大科技成就展，习近平总书记等党和国家领导人亲临展台，对成果给予高度评价。4号机组试运168小时期间，主要性能指标优于该工程3号机组。

2016年12月，国电廊坊2×35万千瓦热电联产项目投产。该项目实现锅炉水压、汽轮机扣盖、厂用受电、点火吹管、汽轮机冲转、首次并网、168小时试运7个一次成功，在168小时试运期间，发电负荷率达到95%以上，供电煤耗、综合厂用电率、炉效、机效等主要生产指标优良；粉尘、二氧化硫、氮氧化物等环保排放值均低于设计值并优于超低排放标准。

【科技创新】 国电集团高度重视科技创新工作，

大力实施创新推动战略，被授予国家创新型企业，拥有2家科研院，2家科技型上市企业，打造8个国家级科研平台、3个北京市技术中心、8个企业技术中心及39个实验室，获得省部级以上科技成果奖107项，专利2400多项，其中，发明专利400多项。

1. 中国国电百万千瓦超超临界二次再热燃煤发电技术达到世界领先水平。由国电集团牵头攻关的超超临界二次再热百万千瓦燃煤发电技术，在机组系统设计、装备制造研究等方面取得重大突破，实现机组系统、参数、结构、材料、控制五大领域的创新，其中6项技术是首次成功应用于百万等级火电机组。2016年8月30日和2016年9月9日，该项目分别通过国家科技部和国家能源局组织的项目验收。项目成果入选国家"十二五"重大科技成就展，2016年6月3日，习近平总书记等党和国家领导人亲临展台指导，对成果给予高度评价。2016年6月25日，国电泰州电厂荣获国家能源院授予的"国家节能减排示范电站"称号。依托该项目，获得专利授权36项，其中发明专利22项。

2."燃煤电厂烟气污染物超低排放关键技术与应用"获得中国电力技术发明奖一等奖。历经10余年攻关，形成15项发明专利，率先发明燃煤烟尘、SO_2、NOx达到燃气发电排放限值的深度减排技术，并首次工程示范，实现燃煤电厂多煤种、宽负荷、变工况等复杂条件下三大污染物的超低排放。

3."基于在线测控的锅炉—SCR脱硝—空预器系统协同优化关键技术与应用"获得中国电力科学技术进步奖一等奖。通过对脱硝机组空预器堵塞的机理研究和脱硝系统内流场和组分浓度场分布特性研究，揭示锅炉—SCR脱硝—空预器系统运行耦合影响机理，明确包括预防空预器堵塞在内的锅炉—SCR脱硝—空预器系统协同优化技术方向；提出锅炉与SCR脱硝系统协调优化技术；研制直接抽取式高精度微量氨测量仪和蜂窝催化剂防堵防磨装置；开发空预器蓄热片间飞灰沉积与板结模式的控制技术。获得专利20项(发明6项)，形成电力行业标准2项、国电集团企业标准1项。应用于24台机组，典型机组供电煤耗降低7.4～8.8千瓦时，喷氨量降低12.28%，喷氨自动投运率95%以上，解决空预器堵塞问题。

4. 国电联合动力技术有限公司低风速兆瓦级风电机组关键技术研究与机组研发项目达到国际先进水平。联合动力以降低低风速地区的风电度电成本为目标，攻克低风速风电机组整机叶片集成优化设计、基于最优能量捕获的低风速控制技术、先进控制降载荷技术等多项难关。项目从高效率、高可靠性、环境适应性、易维护性四大方面的20余个创新方向开展科研攻关，获得专利20项(发明专利14项、实用新型专利3项、软件著作权3项)、制定国家标准2项。历经4年多的研究开发、生产制造、测试验证及优化提升，研制出适用于低风速区域的UP1500—97、UP2000—115、UP2000—121等系列化风电机组。该项目成果曾荣获中国电力创新一等奖、中国电力科技进步奖三等奖。

5. 海上风电技术取得突破。作为牵头单位承担国家"863"计划项目"海上风电场建设关键技术研究"，攻克海上风电新型单桩基础设计与施工关键技术，在世界范围内首次提出"无过渡段"单桩基础施工方案，不仅缩短施工工期，而且解决传统单桩过渡段因灌浆材料导致的失效问题，研制的大型扶正导向架，通过沉桩垂直度实时监测与校正成套施工工艺技术，实现打桩过程中单桩的有效导向和纠偏，垂直度误差小于2‰，在江苏龙源海上风电场施工过程中更是创造单桩沉桩误差0.19‰的世界纪录，经中国电机工程学会组织鉴定，该成果达到国际领先水平，荣获中国电力科技进步一等奖。

6. 建成"数字化风电场"示范项目。项目研究风电场场级数字化监控系统、数字化区域(省)监控系统和集团云监控技术，创建符合集约化管理要求的数字化管控体系。提升风电开发企业的综合技术水平和管理水平，完成各类风机设备的数据归一化管理和传输标准的制定，研发机组亚健康诊断算法，开创机组亚健康三级管理模式，整合无人机视频检测、振动监测、油液分析和功率预测等风电场辅助服务，为运行维护管理提供有力的技术支撑。研究成果成功应用到河北区域公司，涵盖的风电装机达到117万千瓦，建成场级监控、区域级(省级)监控和集团级监控三位一体的数字化管控系统。

【安全生产】 2016年，国电集团坚决贯彻落实习近平总书记、李克强总理等中央领导同志的重要指示批示精神，严格按照“党政同责、一岗双责、齐抓共管、失职追责”和“五落实五到位”要求，全面落实安全生产责任，针对重点领域、薄弱环节加大隐患排查力度，分3批次着力开展安全生产大检查，同时，针对防洪防汛、液氨、输煤制粉、供热安全等重点领域开展专项安全检查346次，对124家企业开展安全性评价和专项评估，组织分子公司开展安全检查5883次，分层分级落实整改。以现场和设备管理为突破口，扎实推进安全生产标准化建设，2016年，铜陵、荆门等42家火电企业通过国电集团组织的现场安全文明生产标准化验收，累计2/3的火电企业已经达标，现场管理和面貌持续向好，设备可靠性显著提升。

推进安全监督体系建设，印发《安全生产监督工作规定》等5项制度，建立国电集团、分子公司、基层企业的三级安全监督网络，对所有安全监督人员登记备案，对89家发电企业、224位安全机构负责人进行岗位培训，落实持证上岗要求；编制典型安全事故案例，深入开展安全警示教育，全年完成6期安全生产培训班，强化安全意识，持续培育敬畏制度、尊崇标准的安全文化。

2016年，国电集团未发生较大及以上安全事故，98%的企业安全生产无事故，127个大修技改现场“零事故”，279家发电企业连续安全生产超过3000天。顺利完成“两会”、G20峰会、“两节”等重大会议和节日的安全生产和保电任务。

【海外业务】 国电集团积极融入“一带一路”建设，结合自身实际，有序开拓境外业务。2016年4月8日，国电集团召开“走出去”工作座谈会，提出“十三五”时期国电集团开展海外业务工作的总体思路；完成“十三五”海外业务专项规划，发布关于进一步做好国际业务的指导意见，提出到2020年，国电集团境外在运和在建发电装机容量占国电集团总装机容量比例达到2%，360万千瓦；加拿大9.9万千瓦风电投产运营，南非24.5万千瓦风电项目正在建设；完成加拿大德芙琳二期风电项目立项工作；组织开展巴基斯坦凯桥风电项目前期研究并完成项目立项工作，开展印尼电力市场调研和开拓工作；在印度政府出台火电站减排法规后，积极寻找当地有实力的合作伙伴。

积极配合国家总体外交，参加中国—中东欧国家领导人峰会、丝路国际论坛、达沃斯论坛以及杭州B20峰会、澜沧江—湄公河国家合作展等国家级多边和双边外交活动；积极参与国际合作机制，2016年新加入5个国际合作机制和平台，包括成为国际商会中国国家委员会环境与能源委员会主席单位，中国国际商会丝绸之路商务理事会副理事单位等；搭建国际交流平台，先后组织基层单位赴法国电力、西门子、韩国东南发电公司等开展合作交流30余次，接待德国能源署、国际能源署等国际机构和邀请GE、三菱电机、剑桥能源等企业前来国电集团开展技术交流。

【党的建设和精神文明建设】 2016年，国电集团党组学习贯彻党的十八大和十八届历次全会精神，坚决与以习近平总书记为核心的党中央保持高度一致，落实全面从严治党，切实扛起主体责任，始终把加强企业党的建设作为头等大事来抓，党建工作取得明显成效，为企业改革发展提供坚强保障。

一是扛起主体责任，推动管党治党责任有效落地。国电集团党组把学习贯彻十八届六中全会和国有企业党建工作会议精神，特别是习近平总书记重要讲话精神作为重大政治任务，连续召开党组会和党组扩大会，制定工作方案，拟订5个方面65条具体措施。按照中央要求，把管党治党的总体要求依法纳入公司章程，增设党组工作机构，修订党建述评考制度和经营业绩考核办法，形成具有国电特色的党建考核机制，切实把党建工作由“软指标”变成“硬约束”。

二是注重工作实效，扎实开展“两学一做”学习教育。集团党组率先垂范，开展专题学习研讨，举办专题党课，召开专题民主生活会。公司系统各级党委组织专题学习3300多次、学习研讨1700多次，党支部专题学习研讨8000多次，各级班子成员和党支部书记讲党课9000多人次。国电集团组建3个督导组，通过骨干培训会、工作推进会、片区座谈会、支部交流会，强化督促指导。国电集团“五个注重”的典型做法在共产党员网、国资委网站广泛宣传。

三是建强基层组织，战斗堡垒作用有效发挥。认真落实中组部和国资委党委的要求，完成党员组织关系、党费收缴、按期换届选举等四项专项排查，开展党的组织生活专项检查，加强党务人员培训，推动补齐基层党建短板。积极组织开展“立业一五五 建功十三五”主题实践活动，深化创先争优，大同二厂、瀑布沟公司党委分别荣获全国先进基层党组织和中央企业先进基层党组织标杆称号。

四是丰富活动载体，精神文明建设成果丰硕。深化“为核心价值观代言、为一五五战略添彩”主题实践活动，经验做法在央企系统推广交流。开展“爱国爱企爱家庭、争做文明国电人”等活动，推进厂风班风家风建设。龙源电力张晞荣获首届“最美央企人”。大渡河“双同”爱心帮扶项目、荆门电厂严昌筠、平煤六家矿曹占金入选中宣部等11个部委联合举办的学雷锋志愿服务“四个100”。

五是创新工作方式，团青工作活力显著增强。加强青年思想引导，深入开展“我为社会主义核心价值观代言”“我的中国梦、青春国电梦”主题教育活动，举办“青年争当首席师”五四主题团日活动，得到团中央、中央企业团工委的高度评价。首届青年营活动、青年故事会、“浪漫国电”交友活动等受到青年欢迎。加强自身建设，团组织公开述职率100%。

【履行社会责任】 2016年，国电集团大力实施“一五五”战略，不断深化“双提升”工作，综合价值创造能力不断提升，为经济社会可持续发展作出积极贡献。

一是完善工作机制，推动履责工作。将社会责任管理工作与国电集团“一五五”战略相结合，努力打造“效益、绿色、创新、廉洁、幸福”国电，促进企业履责行为融入中心、推动发展。进一步完善涵盖履责重点、日常运营管理等内容的社会责任指标体系，根据指标变化及时跟进优化。连续9年成功发布年度社会责任报告。国电集团所属国电电力、龙源电力、平庄能源等企业结合实际相继发布年度社会责任报告。

二是打造绿色国电，奉献清洁能源。2016年，国电集团坚持绿色发展，深入推进安全生产标准化建设，加强设备治理和节能环保改造，供电煤耗308.5克/千瓦时，同比降低1.9克/千瓦时，安全环保形势总体平稳，未发生较大及以上安全事故，98%发电企业安全生产无事故，279家发电企业连续安全生产1000天以上，脱硫、脱硝机组比重都达到100%，超低排放机组超过50%。

三是结构持续优化，绩效显著提升。国电集团有效应对政策市场环境变化的严峻挑战，生产经营、改革发展和党的建设取得明显成效，累计完成发电量5052亿千瓦时，售热量21636万吉焦，煤炭产量5872万吨，可控装机容量达到1.42亿千瓦。清洁可再生能源占比达30.3%，60万千瓦及以上火电机组占比50.4%，风电全年投产300万千瓦，继续保持世界第一。

四是参与公益事业，助力和谐发展。坚决贯彻中央关于打好扶贫攻坚战的决策部署，制定“十三五”定点扶贫工作规划，设立专项扶贫基金，出资3亿元参与设立由国资委统一管理的中央企业扶贫产业投资基金，大力推进内蒙古宁城县、青海曲麻莱县、山西右玉县定点扶贫工作。大力开展援疆援藏援青工作，高度重视地企合作，支援贫困地区发展，为加快贫困地区脱贫致富进程、推动有关地区经济社会发展作出贡献。2016年，国电集团援疆投资项目12个，完成投资额377700万元；援藏投资项目2个，完成投资额28500万元；援青投资项目2个，完成投资额64500万元。积极开展“百县万村”活动，投入资金63.5万元，惠及人数328人。

五是强化文化管理，加强品牌建设。紧紧围绕企业提质增效中心任务，总结提炼衡丰公司精益管理经验，编撰《精益衡丰》案例故事集，国资委在衡丰公司召开“中央企业精益管理文化现场会”进行推广。开展“以人为本、生命至上”安全文化主题活动，组织安全宣讲、警示教育、知识竞赛1200余场，创作文化产品2700多件，有力促进安全生产。全面实施国电集团品牌建设战略规划，把品牌建设融入企业发展战略、生产经营管理、科学技术创新、对外交流合作，为推进国电集团品牌建设奠定基础。

（撰稿人：赵 卓 甄学宝）

国家电力投资集团公司

【基本概况】 2016年是国家电力投资集团公司（以下简称“国家电投”）重组后的第一个完整年，在党组和董事会的正确领导下，国家电投深入贯彻落实党中央、国务院的决策部署，坚持稳中求进工作总基调，坚持新发展理念，立足战略定位，围绕"弯道超车"，沉着应对各种困难和挑战，推进转型发展，各项工作取得新成绩，实现"十三五"良好开局。在电价下调、煤价上涨、利用小时下降等不利因素影响下，经济效益保持稳定，经营质量进一步改善，安全质量管控能力得到提升，全面超额完成国资委各项考核目标和集团公司年度目标。全年发电量3969亿千瓦时，增长4.24%。供电煤耗下降2.6克，存量"两金"占用压降72%，资金集中度有新的提高。全年实现利润132.12亿元，净利润87.6亿元，利润与净利润分别位居五大发电集团第二位、第一位。清洁能源比重达到42.9%，继续保持五大发电集团领先地位。等比例控股的辽宁红沿河核电4台机组安全稳定运行，控股建设的山东海阳核电加快推进，山东国核示范CAP1400示范工程前期工作进展顺利。2016年，国家电投成功获得穆迪A2、惠誉A、标普A—国际信用评级，并首次在境外发行12亿美元债券。

【主要指标】

2016年国家电力投资集团公司主要经济指标

项　目	2015年	2016年	比上年增长(%)
资产总额(亿元)	7738	8761.07	13.22
所有者权益(亿元)	1362.43	1553.44	14.02
营业收入(亿元)	1924.04	1959.35	1.84
利润总额(亿元)	139.57	132.12	—5.33
归属于母公司所有者的净利润(亿元)	18.19	29.01	59.48
技术开发投入(亿元)	24.58	22.43	—8.75
利税总额(亿元)	223.89	209.37	—6.49
应交税金总额(亿元)	221.29	207.83	—6.08
全员劳动生产率(万元/人·年)	58.34	58.88	0.93

续表

项　目	2015年	2016年	比上年增长(%)
净资产收益率(%)	6.97	6.05	减少0.92个百分点
总资产报酬率(%)	5.05	4.15	减少0.9个百分点
国有资本保值增值率(%)	106.45	106.58	增加0.13个百分点

【改革发展】 贯彻落实党中央和国务院关于深化国企国资改革的重大部署，围绕解决制约长远发展的体制性、机制性和结构性矛盾，坚持目标导向和问题导向，制定深化改革总体实施方案，统筹协调推进内部改革。主要领域四梁八柱性质的改革主体框架基本确立。

国家电投董事会制度正式建立，法人治理结构逐步完善，运作机制在实践中不断改进。总部权力清单A版发布实施，优化权责界面，推动总部职能转变，激发基层活力。组建内蒙古公司、铝电公司，理顺辽宁、江苏、广东、河南等省区资产管理关系，符合国有资本投资公司特点的管理架构更加牢固。专职董监事队伍建设得到加强。两级公司治理体系进一步理顺，集团化管控体系基本形成。

落实二级单位董事会职权试点正式启动。制定并实施三项制度改革方案。积极探索职业经理人制度、市场化分配机制、差异化薪酬体系，取得初步成效。市场化用工、员工多通道职业发展等试点有序推进。

2016年，化解煤炭过剩产能240万吨，处置9户"僵尸企业"、治理4户特困企业的任务全部完成。核电板块资产和区域电力资产上市持续推进，完成18个新能源区域生产运营中心组建，发展投资基金迈出积极步伐。公车改革任务全部完成。

【重大项目】

1. 澳大利亚太平洋水电公司及特拉格风电股权收购项目。2016年，国家电投收购澳大利亚太平洋水电公司及特拉格风电公司。国家电投在澳大利亚、智利和巴西的运行电力总装机容量100.68万千瓦，在建电力总装机10.87万千瓦，开展前期工作的电力项目装机40余万千瓦，是澳大利亚第二大风电运营商、智利最大中资企业和第三大水电运营商。

2. 巴基斯坦KE股权收购项目。2016年10月28日，国家电投与阿布拉吉集团在北京签署KE公司股权转让协议。KE公司成立于1913年，是巴基斯坦唯一一家从事发、输、配、售及电力服务纵向一体化业务的电力公司。运营5座发电厂，总装机容量224.3万千瓦，拥有69个输变电站和21817座各类配电站，拥有250万用户，覆盖面积6500平方千米。

3. AP1000三代核电自主化依托项目。2016年，国家电投积极推广先进的核电技术，AP1000自主化依托项目建设扎实推进，三门1号、海阳1号通过冷试、热试，进入装料前最后测试阶段。

海阳核电项目是山东省第一座核电站，也是建国以来山东省单体投资最大的项目。项目规划建设6台百万千瓦级核电机组，并预留两台扩建场地，一期工程1、2号机组为1250兆瓦AP1000核电机组，3、4号机组"两评报告"获批，项目申请报告上报国家发改委。

4. 国家重大科技专项CAP1400。2016年，CAP1400技术通过IAEA安全评审，屏蔽电机主泵试验台具备试验条件，主管道、堆内构件等关键设备研制、关键材料取得实质性进展，CAP1400示范工程具备开工条件。

CAP1400示范电站是国家电投投资控股，电站位于山东威海市荣成石岛湾，被列为大型先进压水堆国家科技重大专项，建设2台CAP1400压水堆核电机组。

【走向海外】 国家电投紧跟中央战略部署，以绿色、高效、清洁能源开发和电站服务业为主导，积极参与国家"一带一路"倡议实施，有效推进国际产能和装备制造合作，不断带动我国电力产业上下游企业协同开拓国际市场，跨国经营发展能力和盈利能力不断提高，发展格局初步形成，规模和范围不断扩大。

2016年，国家电投完成对澳大利亚太平洋水电和特拉格风电的并购。正式签署收购巴基斯坦卡拉奇电力公司的协议。缅甸伊江项目配合调查工作取得积极成效。南非、土耳其、保加利亚等国家核电市场开发取得积极进展。

截至2016年底，国家电投在美国、澳大利亚、南非、土耳其、巴基斯坦等13个重点国家设立集团公司代表处，境外业务涉及36个国家，境外资产382亿元，在运电力装机126万千瓦，在建电力装机1005万千瓦，开展施工准备项目装机298万千瓦；正在执行的境外电站工程总承包项目11个，装机容量1350万千瓦；正在执行的境外电力工程咨询设计、电站运维服务等项目35个。

国家电投的跨国经营发展目标：截至2020年，境外装机争取达到800万千瓦，占集团公司装机5%；至2030年，境外装机争取达到4000万千瓦，占集团公司装机13%。

【重大创新】 核电技术创新实现新突破。大型先进压水堆重大专项进展顺利，CAP1400反应堆通过国际原子能机构安全评审，多项重大技术创新的安全性、经济性和环境相容性处于世界领先水平。NuPAC填补国内空白，成为首个通过中美两国政府核安全监管机构行政许可的反应堆保护系统平台，也为中国三代核电技术进入欧美市场提供技术准入。核电关键设计软件自主化技术研究课题通过国家能源局组织的验收。燃料定型组件研制成功，标志着国内自主化高性能燃料研发的又一突破性进展。示范工程具备开工条件。AP1000自主化依托项目三门、海阳核电两个1号机组完成冷试、热试，全球首堆进入装料前最后测试阶段。CAP1700和小型模块化反应堆概念设计顺利完成。先进核电领域的创新突破，在推动我国核电技术向国产化、自主化迈出关键步伐同时，也成为增强公司未来核心竞争优势的重要动力。

国家电投被正式确定为重型燃气轮机重大专项实施责任单位。完成项目组织管理体系顶层设计，项目建议书通过国家评审。重燃公司核心技术团队初步形成，自身建设迈开实质性步伐。集团公司成为唯一牵头组织实施两个国家重大专项的中央企业。

海上核动力平台、低温供热堆概念设计，钍基熔盐堆、铅冷快堆等四代核电技术研发积极推进。高效光伏电池技术、超临界CO_2循环发电技术、高效宽负荷超超临界机组、大规模水光互补技术及应用、烟气多污染物协同脱除关键技术研究等完成节点目标。与此同时，光伏制造实现突破，转换效率提高20%。

霍林河循环经济示范项目微电网技术成为国内风电消纳的范本。山东院设计的机组效率、能耗指标打破世界纪录。

环保领域取得新成果。建有国内最大的原烟气净化综合实验基地、国内首套万吨级二氧化碳捕集装置、国内最大的活性焦干法脱硫脱硝、国内首个燃煤电厂PM2.5控制技术试验平台、重庆市首个放射性废水处理实验平台等多个行业领先的科研平台，拥有行业内首家通过合格评定国家认可委员会(CNAS)认证的催化剂性能检测中心。成功研制具有自主知识产权的远达蜂窝管式湿式电除尘技术(YD—HTW)达到国内领先水平。不同失活类型的催化剂开发再生工艺技术和专用关键设备，建立催化剂再生中试平台和生产线，打破国外少数厂家对催化剂再生技术的垄断，降低催化剂换装投资成本40%以上。

【党建工作】 国家电投深入贯彻落实党的十八届六中全会和全国国有企业党的建设工作会议精神，牢固树立政治意识、大局意识、核心意识和看齐意识；扎实开展"两学一做"。充分发挥党组织的领导核心和政治核心作用，全面落实从严管党治党责任，从严加强各级领导班子建设，切实加强基层基础工作，持续推进党风廉政建设和反腐败工作；制定和落实党建工作48个行动项；坚持和完善"大党建、强体系、聚人心、创价值"；修订发布"5条禁令、30个不准"；建立通报曝光机制，有效运用监督执纪"四种形态"，以问责倒逼责任落实；认真开展党组织书记述职考核评议，夯实党建责任，党中央各项决策部署得到强有力的执行。

【信息化建设】 2016年，国家电投信息化工作卓有成效。在信息化建设方面，引进BPM、推进以ERP为核心的资源管理系统建设，优化业务流程，提高资源配置能力；加强运营监控平台建设，实现火电、水电、新能源各业态的实时生产情况的采集、分析和监控；开展数据交换平台方案设计，以期实现数据全生命周期管理，未来通过有效配置即可支撑和服务于应用。

在基础设施方面，优化网络架构，提升传输保障能力；构架企业弹性云平台，实现持续交付和快速迭代，为信息化建设提供有力支撑；全面加强信息安全能力，完成集团内外网安全隔离架构设计及重点单位落地实施。

2016年，国家电投获得信息化方面的省部级奖励42项，其中电力行业信息化成果一等奖1个，全国电力行业设备管理创新成果一等奖1个，相关二等奖10个。

【履行社会责任】 国家电投制定《国家电力投资集团社会责任工作规划(2016—2020)》，积极推进落实信息公开改革试点工作。截至2016年底，国家电投有"映山红"爱心助学工作站42个，服务点283个，注册"映山红"青年志愿者12368名，星级志愿者662名。国家电投及所属单位用于"映山红"爱心助学的捐款金额达到528万元，累计资助8329人；捐建"映山红"希望小学12所、"映山红"爱心书屋43个、"映山红"多媒体教室11所、"映山红"爱心画室3所，捐赠学习用品折合人民币273万元。2016年，国家电投"映山红"爱心助学志愿者公益行动被国资委文明办授予"中央企业志愿服务品牌"。国家电投从产业、民生、智力三大方面对西藏自治区、河南省商城县、四川省美姑县和喜德县、陕西省延川县、湖南省邵阳武冈市、青海省贵南县、河北省丰宁县、贵州省纳雍县等困难地区开展扶贫援助工作。截至2016年底，员工志愿服务达到40832人次，投入扶贫与援助资金3243.54万元，完成计划的101%，实施扶援项目45个，培训各级骨干305人次，直接帮扶脱贫3869人。

(撰稿人：周　心)

中国长江三峡集团公司

【基本概况】 中国长江三峡集团公司(以下简称"中国三峡集团")已经发展成为全球最大的水电开发建设运营管理企业和中国最大的清洁能源集团，业务遍布国内30个省(自治区、直辖市)以及全球47个国家和地区。

中国三峡集团在长江干流拥有葛洲坝、三峡、向家坝、溪洛渡、白鹤滩、乌东德已建和在建特大型水电站6座，其中排名全球前10位的有5座，全球70万千瓦以上水轮发电机组占比超过2/3，已建、在建水电可控总装机7500万千瓦。

中国三峡集团将新能源作为第二主业进行打造并致力于成为海上风电引领者，国内新能源投产装机超过700万千瓦。其中，海上风电投产、并购和在建项目近90万千瓦，储备优质海上风电资源近1000万千瓦。

中国三峡集团围绕"一带一路"和重点区域市场开展清洁能源投资和工程承包业务，初步完成海外业务的全球布局，境外可控及权益总装机超过1500万千瓦，境外资产规模超过1100亿元。

中国三峡集团初步形成工程建设与咨询、电力生产与配售、流域调度与运行、国际投资与承包、新能源开发与运营、资本运作与金融服务、资产管理与基地服务等七大业务板块，拥有全资和控股子公司24家、控股上市公司2家，境内从业人员规模超过2.3万人。

【主要指标】 2016年，中国三峡集团完成发电量2626亿千瓦时，同比增长30.7%；实现营业收入783.1亿元，同比增加23.3%；实现利润总额380.31亿元，同比增长10.3%。截至2016年底，集团公司可控装机6903万千瓦，其中国内水电装机占全国水电总装机的15.25%。

2016年中国长江三峡集团公司主要经济指标

项　目	2015年	2016年	比上年增长(%)
资产总额(亿元)	5633.74	6600.63	17.16
所有者权益(亿元)	3094.06	3502.63	13.20
营业收入(亿元)	635.17	783.10	23.29
利润总额(亿元)	344.70	380.31	10.33
净利润(亿元)	288.18	239.17	－17.01
归属于母公司所有者的净利润(亿元)	221.78	138.88	－37.38
技术开发投入(亿元)	14.88	16.92	13.71
利税总额①(亿元)	447.86	489.74	9.35
应交税金总额②(亿元)	170.51	265.08	55.46
全员劳动生产率(万元/人·年)	312.89	294.81	－5.78
净资产收益率(含少数股东部分)(%)	9.86	7.25	减少2.61个百分点
总资产报酬率(%)	7.81	7.69	减少0.12个百分点
国有资本保值增值率(%)	108.62	110.83	增加2.21个百分点

注：1. 利税总额＝利润总额＋应交税金总额－应交所得税；
2. 2016年金沙江资产重组所得税80亿元(扣除重分类)。

【改革发展】 中国三峡集团深入学习贯彻习近平总书记系列重要讲话精神和关于中国三峡集团改革发展的重要批示指示，准确把握党中央、国务院关于深化国有企业改革精神实质，持续深化体制机制改革，不断加强和改进党的领导，加快建立健全现代企业制度，全面推进供给侧结构性改革，坚定不移做强做优做大。一是加强组织领导；二是加强改革发展专题研究；三是深化内部体制机制改革；四是积极开展混合所有制改革。中国三峡集团基本形成业务板块化、板块专业化、专业市场化、市场国际化、管控集团化，确定站在新的历史起点上发展战略定位和改革总体思路，为加快建成全球最大、世界一流、具有较强创新能力和国际竞争力的跨国清洁能源集团和国有资本投资公司奠定良好的基础和条件。

为进一步深化三项制度改革，中国三峡集团深入总结原职级体系的经验和不足，从强化岗位价值和业绩导向、理顺职务层级关系、健全完善职业发展通道的角度出发，研究制定《中国长江三峡集团公司干部职位职级体系总体设计方案》及相关实施文件，为进一步规范干部管理、促进干部交流打下良好基础。通过系统分析、行业对标等方式对当前收入分配体系现状进行深入研究，坚持突出价值创造、绩效和市场导向，研究制定《中国长江三峡集团公司深化收入分配制度改革方案》及相关配套制度，明确"四管一放两加强”的薪酬管控模式，提出既适应当前收入分配理念又符合集团公司改革发展需要，既强化收入管控又增进内部分配活力的改革方案。

【重大项目】 2016年，中国三峡集团作为国内最大的清洁能源集团和世界最大的水电开发企业，积极推进三峡—葛洲坝梯级和金沙江下游梯级水电站的建设和运营管理，积极发展风电、太阳能发电等新能源业务，稳步实施“走出去”战略和“一带一路”战略，不断拓展国际业务。全年新增装机948万千瓦，累计可控、在建、权益总装机规模1.18亿千瓦。

重点工程项目建设取得新成果。世界上规模最大、技术最复杂、建设难度最高的升船机——三峡升船机成功实现试通航，金沙江乌东德、白鹤滩水电站建设稳步推进，溪洛渡、向家坝水电站建设收尾有序。海上风电引领者战略取得重大突破。国内首座最大装机规模的响水海上风电项目建成投产，福建兴化湾海上风电样机试验风场、福建三峡海上风电产业园全面开工建设，大连庄河30万千瓦海上风电项目通过核准。新能源业务发展稳步提升。新能源业务项目核准（备案）超过270万千瓦，发电量首次突破100亿千瓦时；中标光伏领跑者项目30万千瓦，获得甘肃金塔10万千瓦光热项目开发权，内蒙古四子王幸福风电一期全面建成投产。资本运作成果丰硕。圆满完成溪洛渡、向家坝水电站资产证券化工作，实现水电开发与资本市场的有机对接；战略重组湖北能源效益显著，湖北能源发电量、利润总额均创新高。

【走向海外】 2016年，中国三峡集团充分发挥公司资金、技术、品牌优势，积极实施“编队出海”，探索出多种国际化经营模式和内部专业化协同机制，国际化经营取得新突破。

国际投资并购取得新成果。在顺利接管巴西朱比亚、伊利亚两电站近500万千瓦电站资产的基础上，成功收购杜克能源巴西水电资产、德国梅尔海上风电项目和几内亚凯乐塔水电站51%股权，国际化经营持续向价值链高端跃升。尼泊尔上马蒂和巴西卡什瑞拉水电站全面建成投产。与丝路基金合作开发的巴基斯坦卡洛特水电站“三通一平”项目基本完成，导流洞、主厂房、溢洪道等主体工程进展顺利。巴风二期项目开工建设。签署秘鲁圣加旺Ⅲ水电站、老挝南公1水电站、缅甸羌达风电等项目特许经营权协议。

国际工程承包业务实现新发展。全年新签合同额18.2亿美元，同比增长192.8%。积极推动优质承包项目向投资项目转换，转型升级迈出新步伐。加强在建项目管理，几内亚苏阿皮蒂水电站一期围堰戗堤提前合拢，马来西亚沐若电站全面完工并正式启用，苏丹上阿特巴拉水利枢纽项目具备整体移交验收条件，厄瓜多尔可尼尔防洪工程投入使用，乌干达伊辛巴水电站项目临建获评“中国海外工程示范营地”。

2016年，中国三峡集团新增境外装机769万千瓦，截至2016年底，境外可控、在建、权益总装机规模超过1500万千瓦，“走出去”取得一系列重大成果，“三峡品牌”成为代表中国水电企业带领中国水电产能“走出去”的一张闪亮名片。

【重大创新】 2016年，中国三峡集团积极推进科技创新体系建设，完成科技制度修编。加强重大技术审核把关，为工程建设提供技术支撑。承担国家“十三五”重大科技专项22项，成功组织一系列高层次、多学科学术研讨会，取得一系列重要科研成果，12项“双创”工作，激发职工创新活力，64项职工技术创新成果获得集团公司表彰。完善技术标准体系，完成国家、行业标准12项，发布三峡标准40项。加强信息化建设，OA系统改造取得阶段性成果，建筑市场管理系统、移民管理系统等不断深化运用。

中国三峡集团紧跟管理创新发展的新趋势、新要求，树立先进的管理理念，创新管理方式方法，把创新渗透于管理整个过程中，不断优化内部资源配置，充分发掘企业内部潜力，增强集团公司核心竞争力。2016年，在风险管控、投资控制、融资管理、信息化建设等诸多管理方面取得显著提升。完善风险评估和管控机制，健全以风险为导向的内控体系，严格落实全面风险管理和内控工作责任制，确保各类重大风险可控在控。创新建立大水电投资管控新机制，完成投资控制总限额确定机制、静控动管机制、限额（优化）设计机制、投资控制激励约束和考核机制、投资控制成效和风险管控机制等五项机制设计，新机制初见成效。强化融资管理，成功发行国内最大规模绿色公司债券，所属公司长江电力成功发行双币种零利息可交换债券，发行规模、溢价水平、币种结构都创近年来中资企业可交换债发行记录。深化信息化建设，以应用为先导，以主营业务为重点，构建“架构一体、应用协同、安全可靠、规范标准、管理统一、资源共享”的信息化平台体系，支撑核心业务流程，通过国际一流的信息化与工程建设、电力生产、经营管理深度融合，促进建设、生产和管理的规范化、程序化、标准化，提升集团在信息化环境下的可持续发展能力。

【党建工作】 2016年，集团公司党组深入学习贯彻党的十八届六中全会和全国国有企业党的建设工作会议精神，认真履行全面从严治党责任，扎实开展“两学一做”学习教育，管党治党的氛围不断巩固深化，党的建设工作进一步得到加强。一是坚决贯彻落实全国国有企业党的建设工作会议精神。对照“四化”问题逐项分析检查整改，着力推动党建重点工作落实落地。修订完善集团公司现行章程，督促指导二级单位党建进章工作。研究制定二级单位党委议事决策的指导意见，进一步明确党委参与重大问题决策的内容和途径。二是扎实开展“两学一做”学习教育。制定学习教育实施方案，成立学习教育协调领导小组，加强对学习教育的领导和指导。党组成员带头讲党课、带头参加学习研讨、带头分享学习体会，通过召开座谈会、到基层调研、参加联系点活动指导和推动基层单位抓好学习教育。围绕“建功‘十三五’，党员做先锋”主题，先后组织“两学一做”知识竞赛、主题征文、网上答题等活动。三是认真履行全面从严治党主体责任。建立党建工作例会制度，召开集团公司首次党建工作会议，对党建工作重点任务进行统筹安排和检查督办。建立党委书记和纪委书记述职评议制度，开展8家单位党委书记的现场述职评议，加大述职评议结果运用力度，用考核逐级压实全面从严治党责任。四是夯实基层党建工作基础。认真组织开展党员组织关系、基层党组织换届、党费收缴、党代会代表和党员违纪违法未给予相应处理情况排查工作，针对发现的问题修订完善制度。在所有新组建公司和海内外项目建立党组织，基本实现基层党组织设置无盲区、全覆盖。认真落实“三会一课”、组织生活会、民主评议党员等基本组织生活制度，抓好党员日常教育管理。围绕大型水电工程建设、大型电站运营、海上风电引领、大型水电“编队出海”等中心工作，打造具有三峡特色的党建工作品牌。成立集团公司党校，加强集团公司党员教育培训。加强党建宣传工作，推出三峡党团微信公众号“CTGRed三峡红”。

2016年，中国三峡集团党组、党组纪检组认真贯彻党的十八大及十八届历次中央全会精神，深入学习贯彻习近平总书记系列重要讲话精神，严格履行全面从严治党政治责任；严格遵从党章和党内法规制度，严肃党内政治生活；分三轮对16个单位进行常规巡视，实现巡视监督全覆盖；查处违反中央八项规定精神问题5个；加强对选人用人、招投标、合同管理、境外业务及新能源业务等重点领域和关键环节的监督；始终保持惩治腐败高压态势，全年受理问题线索103件，立案调查25件，运用“四种形态”对496人予追责；调整配备纪委书记、副书记13人。不断推进管党治党从宽松软走向严紧硬，为集团公司健康发展提供坚强纪律保证。

【信息化建设】 2016年，集团公司工程数字化建设取得新进展，物联网、移动应用、大数据等IT技术在集团水电工程建设中创新应用，人员设备定位、施工管理APP、危化品管理等开创数字化管理新局面；三峡枢纽管理区地理信息系统土地、房产、绿化、环保、消防、船闸辅助、综合、公众服务等专题和移动应用整体上线；工程管理系统（TGPMS）在长龙山抽蓄工程建设中同步应用，并在首都新机场建设中发挥重要作用，助力国家京津冀发展战略实施；长江电力生产管理系统（ePMS）智能化应用取得新成绩；在国际水电界独创应用的移民管理信息系统为移民工作提供强大的平台，《中国长江三峡集团公司基于“互联网＋”的水电工程移民管理创新模式》入选《中国“互联网＋”行动》百佳实践案例；海外业务信息化取得新突破，多语言版本的TGPMS系统和移民管理系统在海外多个工程中应用，取得良好效果，自主研发的电力生产管理系统在老挝实现电站集群化应用；新能源监控系统建成，实现生产运行数据的实时监控；集团财务、人力资源、招投标与电子商务、企业微信号等系统应用均有新的突破；指挥中心升级改造，集宣传展示、应急指挥、视频会议等功能于一体，多方位发挥信息化价值。

【履行社会责任】 2016年，中国三峡集团贯彻落实党中央、国务院和国资委的一系列决策部署，牢固树立和贯彻落实“创新、协调、绿色、开放、共享”发展理念，不断深化社会责任理念，切实加强履行社会责任工作，立足战略高度制定“十三五”社会责任规划，不断完善履行社会责任工作相关管理制度；围绕充分发挥枢纽综合效益、倾力打造精品工程、维护自然生态平衡、推动移民可持续发展、构筑和谐劳动关系、当好全球企业公民等社会责任核心议题，扎实推进社会责任工作；发布2015年度社会责任报告，加强同利益相关方的沟通。

2016年，中国三峡集团在做好国家级定点扶贫、对口支援、援疆援藏、精准扶贫、移民后续帮扶、生态环境保护、赈灾救危以及社会公益捐赠等工作的同时，分别出资20亿元和16亿元帮扶云南、四川两省少数民族精准脱贫（分4年拨付），全年无偿捐赠各类资金16.7亿元，为相关地区的经济社会发展作出贡献，充分发挥中央企业在履行社会责任方面的表率作用，获得第十一届人民企业社会责任奖“年度企业奖”、2016年“四川十大扶贫爱心组织”、四川省“2014—2015年度定点扶贫先进单位”。

（撰稿人：严　艺）

神华集团有限责任公司

【基本概况】 神华集团有限责任公司（以下简称“神华集团公司”或“公司”）是于1995年10月经国务院批准设立的国有独资公司，属中央直管国有重要骨干企业，是以煤为基础，集电力、铁路、港口、航运、煤制油与煤化工、新能源开发为一体，产运销一条龙经营的特大型能源企业，是我国规模最大、现代化程度最高的煤炭企业和世界上最大的煤炭供应商。主要经营国务院授权范围内的国有资产，开发煤炭等资源性产品，进行电力、热力、港口、铁路、航运、煤制油、煤化工等行业领域的投资、管理；规划、组织、协调、管理神华集团所属企业在上述行业领域内的生产经营活动。总部设在北京。由神华集团独家发起成立的中国神华能源股份有限公司分别在中国香港、上海上市。神华集团在2016年度《财富》全球500强企业中排名第270位。

截至2016年底，神华集团公司有全资和控股子公司22家，生产煤矿49个，投运电厂总装机容量8305万千瓦，拥有2155千米的自营铁路、2.63亿吨吞吐能力的港口和煤码头以及拥有船舶40艘的航运公司，总资产9793亿元，在册员工20.23万人。

2016年，神华集团公司认真贯彻中央决策部署，努力践行五大发展理念，坚定推进供给侧结构性改革，大力实施清洁能源发展战略，生产经营取得可喜成绩。完成自产商品煤量4.2亿吨、商品煤销量5.2亿吨、发电量3303亿度、铁路货运量3.97亿吨、油品化工品产量894万吨、港口吞吐量2.47亿吨，航运量7924万吨，实现营业收入2479亿元、利润总额361亿元。国有资本保值增值率处于行业优秀水平，企业经济贡献率连续多年居全国煤炭行业第一，年利润总额在中央直管企业中名列前茅，安全生产多年来保持世界先进水平。

【主要指标】

2016年神华集团有限责任公司主要经济指标

项　目	2015年	2016年	比上年增长（%）
资产总额（亿元）	9315.40	9792.59	5.12
所有者权益（亿元）	4945.65	5155.10	4.24
营业收入（亿元）	2364.32	2479.40	4.87
利润总额（亿元）	318.53	360.56	13.19
净利润（亿元）	199.90	259.26	29.69
归属于母公司所有者的净利润（亿元）	87.40	127.34	45.70
技术开发投入（亿元）	26.89	15.97	—40.60
利税总额（亿元）	786.62	835.89	6.26
应交税金总额（亿元）	468.09	475.33	1.55
全员劳动生产率（万元/人·年）	54.12	60.50	11.79

续表

项　目	2015 年	2016 年	比上年增长（%）
净资产收益率（%）	4.03	5.13	增加 1.10 个百分点
总资产报酬率（%）	4.56	4.93	增加 0.37 个百分点
国有资本保值增值率（%）	102.89	104.57	增加 1.68 个百分点

【改革发展】 2016 年，神华集团公司全面推进深化改革工作，全面落实从严治党工作要求，强化党组在经营决策中的“把方向、管大局、促落实”作用，增加常务会议议题党组前置性审批环节，规范总经理办公会管理。优化授权手册，制定《建设法治神华实施方案》。清理“两金”占用，开展清产核资工作。推进物资管理改革，推行煤炭、电力、铁路板块联储共备，率先在央企推进供应商诚信体系建设。

多项经营指标创历史最好水平。2016 年，实现利润同比增长 13%，位居央企前列。通过降成本实现增利 76 亿元。新能源累计并网 735 万千瓦。发挥董事会的战略引领和管控作用，发挥集团公司外部董事、中国神华独立董事的智慧和能力，在子分公司力推现代企业制度的建立和完善。中国神华连续 3 年保持上交所信息披露工作 A 级评价，荣获“2016 CCTV 中国十佳上市公司”。

一体化运营模式进一步优化。2016 年，神华集团公司被国务院确定为 7 家第二批国有资本投资公司试点单位之一，神华宁煤神耀科技有限公司成为中央企业首批开展员工持股试点的 10 户企业之一。国有资本投资公司试点方案完成编制并上报。

三项制度改革、管理层级压减和“僵尸企业”处置、特困企业治理等改革工作稳步实施。压缩清理 5 级以下经营性机构，完成 11 家法人机构退出注销，关闭 5 家困难企业，获得人员安置补助资金 1.45 亿元，17 家企业经改造提升扭亏或大幅减亏。推进“三供一业”分离移交，获得国有资本经营预算补助资金 994 万元。组建内蒙古煤焦化有限公司，整合神华煤焦化业务。推进三项制度改革，公司党组管理干部退出领导岗位 15 人，处级干部退出领导岗位 149 人，减员 15156 人，完成年初减员目标。

人力资源管理和服务水平稳步提升。神华集团公司向各部委、各行业协会推荐“千人计划”专家 4 名，“万人计划”专家 4 名，创新团队 1 个，享受政府特殊津贴 10 名。评出教授级高级专业技术人才 30 名。完成各级职业资格鉴定 1.2 万人次。通过 ERP 系统加强了分公司机构编制、劳动用工、人工成本等领域集中管控。启动人事档案数字化建设，完成首批 402 名党组管理干部人事档案数字化工作。人力资源招聘管理系统上线运行。

各业务板块协同配置资源，一体化高效运行。煤炭板块落实国家去产能政策，提前半年完成全年去产能任务，响应国家迎峰度冬保供应要求，加大先进产能生产力度。开展煤炭提质增效，商品煤发热量完成 4913 大卡、同比提高 30 大卡，生产特种煤 4436 万吨、同比增加 350 万吨。煤电板块加强电厂煤场和燃煤中转接卸管理，保障集团一体化运营库存处于合理水平。公司内部直供电交易完成 20.75 亿千瓦时，节约内部用户电费 1.17 亿元，增加发电企业收入 4.76 亿元。8 台机组被国家能源局评为电力可靠性“金牌机组”，发电机组等效可用系数 94.79%，创历史最好水平。神华百万千瓦机组达到 16 台，居全国第一。运输板块持续优化运输组织，提升服务品质。启动机车长交路研究，规范货票管理，加大 2 万吨列车和“3+0”单元万吨开行对数，提升铁路运输能力。优化船舶进出港管理，实现黄骅港 7 万吨级船舶自引通航。加强航运与销售对接，保障运力需求。

【重大项目】 2016 年，神华集团公司全面实施绿色发展战略。公司遵照中央“三去一降一补”总体要求和化解煤炭过剩产能措施，果断关停 5 座矿井、压减产能 787 万吨，率先提前半年完成“去产能”任务。在下半年煤价上涨时，带头执行国家发改委、国务院国资委调控政策，积极增产降价稳定市场，并与五大电力企业签署中长期合同，平抑煤炭价格，使煤炭价格回归合理区间。积极承担 G20 杭州峰会期间保空气质量、保电力供应任务，保障峰会用电。在东北地区冬季供暖煤炭短缺、运力告急关键时刻，紧急调拨 1500 辆车皮满载取暖用煤驰援黑龙江，缓解当地燃眉之急。

电力板块率先开展煤电超低排放探索，完成京津冀地区全部燃煤电厂超低排放改造项目，绿色发电改造占比全国第一。碳减排项目积极推进，二氧化硫、氮氧化物和化学需氧量排放总量分别同比下降30%、23%和20%，火电机组供电煤耗同比下降5.02克/千瓦时，产品能耗和污染物排放完成情况好于计划。

神华集团公司与中核集团、中广核集团等企业签订战略合作协议，与美国泰拉能源公司、Solar Reserve签署谅解备忘录，为进入核能、光热储能等新能源领域打下基础。积极研发储备新技术，与相关新技术公司沟通协调，储备清洁能源战略落地的重要战略性探索项目。

神华集团公司落实国家能源局下发的《关于建立可再生能源开发利用目标引导制度的指导意见》(国能新能〔2016〕54号)和《关于建立监测预警机制促进风电产业持续健康发展的通知》等有关新能源建设精神，完成可再生能源发展及千万千瓦装机路线图研讨评估，确定公司新能源开发工作思路。公司坚持走规模与效益并重道路，追求高质量发展。完成乌拉特中旗40MW、东台四期300MW海上风电、赣榆一期44.5MW、影峡第一风电场B区200MW、澳大利亚范斯山风电场、横山二期、铜川二期、青山二期、诸城六期、栖霞二期、康保350MW等项目立项及可研12个项目的批复工作，新能源新增并网143万千瓦，累计并网735万千瓦。启动光热发电项目前期工作，国华玉门光热发电项目入选中国首批光热发电示范的20个项目名单。

以重点工程为抓手，实施绿色发电计划。神华集团公司完成12台汽轮机通流改造，平均降低供电煤耗14克/千瓦时，供电煤耗全口径下降5克/千瓦时，8年来降幅最大；完成2015能源审计问题整改任务(30条)的96.7%。实施大气行动计划，新增34台超低排放机组，累计81台机组实现超低排放，装机容量4370.4万千瓦，占煤电装机总容量的58%；完成192台燃煤工业锅炉达标治理与替代工作，累计完成534台，完成率65%。实施水行动计划，整改取水问题15项，区域调水项目3项，节水回用工程21项，污废水处理工程33项。完成神宁煤业400万吨/年煤间接液化、黑山、大南湖二矿和红沙泉等4个建设项目的环评审批以及黄骅港三期、三道沟、石槽村、李家壕、河曲CFB、乌东煤矿和准东五彩湾等7个建设项目的竣工环保验收。

以碳盘查为抓手，有效开展碳减排顶层设计。在全面盘查家底基础上，制定《"十三五"碳排放管控行动计划》，拟订九项重点、32项具体工作；谋划建设碳资产中心，按照"五统一"原则，审慎应对全国碳市场形势。2016年开发备案自愿减排项目(CCER)21个。

【走向海外】 神华集团公司以国家"一带一路"战略为指引，以公司"1245"清洁能源发展战略为导向，坚持风险可控的总原则，充分发挥公司在煤炭、电力、新能源和煤炭贸易等方面的比较优势和一体化运营优势，积极推进新能源和可再生能源技术开发，获取海外优质风电资源，探索发展现代煤化工产业，加强科技创新国际合作，将公司建设成世界一流的清洁能源供应商和技术方案提供商。

2016年，神华集团公司印尼南苏1号(2×35万千瓦)和爪哇7号(2×100万千瓦)两个燃煤电厂项目全面进入建设施工阶段。公司在印尼先后成立神华国华(印尼)南苏发电有限公司、神华国华(印尼)爪哇发电有限公司和神华国华(印尼)天健美朗发电有限公司，负责相关项目的建设和运营。公司高品质建设并运营印尼南苏电厂，获得印尼"2016年度最佳IPP奖"等荣誉。同时，在印尼开展6个项目前期工作。

神华集团公司稳步推进北美页岩气开发及其下游化工项目。截至2016年底，美国页岩气项目累计实现产气量12.43亿立方米；海外公司权益气量6.26亿立方米。新能源产业深度参与国际市场，启动美国燃气发电项目前期工作，成立"神华北美清洁能源中心"，参与国际新能源技术研发。持续跟踪美国天然气发电、光热发电、希腊风电等项目。对外推荐申报国家优质投资项目。参与修编初可研、可研报告编制大纲。

神华集团公司积极推进澳大利亚沃特马克煤炭项目，与澳新州政府就澳大利亚沃特马克煤炭开发项目返还2.6亿澳元勘探权区域变更作为补偿达成共识，为最终推进项目开发创造重要条件。2012年2月27日，神华集团完成澳大利亚塔斯马尼亚州Woolnorth风电场75%的股权收购，投资额8860万澳元；

2013年2月5日，完成Musselroe风电场75%股权的收购，投资额8920万澳元。2016年底，神华集团在澳洲风电装机30.775万千瓦。

按照国家总体部署，神华集团公司积极落实国家"一带一路"战略和周边外交工作会议精神，坚持"三位一体"的项目开发原则，与蒙古国政府就推进蒙古塔本陶勒盖煤炭项目（TT项目）协商谈判，推动以超低排放为特色的清洁燃煤电厂项目"走出去"，引进先进清洁能源技术，推动风电、太阳能领域国际合作。

神华集团公司成功参股三峡集团老挝华潘煤电项目，获得"一带一路"沿线国家新的项目开发权。海外业务延伸至美国、俄罗斯、澳大利亚、印度尼西亚、拉脱维亚、波兰、希腊、蒙古等国家，涉及煤炭、铁路、页岩气、火电、风电等行业。

【重大创新】 神华集团公司坚持创新发展，推进经济发展方式转变。积极实施科技领先战略，取得一批高水平的科技成果，企业核心竞争力进一步增强。2016年，公司新获得专利授权1009件（发明专利234件），主持制定2项行业标准正式发布实施，1项专利获得第十八届中国专利优秀奖。参与制定1项国家标准获批，43项科技成果获得省部级及以上科技奖励，"智能煤矿建设关键技术与示范工程"获得国家科技进步二等奖，"煤炭开采水资源保护与利用"国家重点实验室正式挂牌成立。400万吨/年煤间接液化示范项目顺利建成，产出合格油品，为国家实现石油替代战略，保障国家能源安全开辟新路。以煤电为核心、集供应"电、汽、冷、热"为一体的清洁能源供应模式——"富平模式"开始建设，被国家能源局列为综合能源供应创新试点。"大型燃煤电站污染物近零排放改造技术研究及工程应用"荣获"中国电力科学技术进步奖"和"中国电力创新奖"一等奖。"神宁炉"干煤粉气化技术成功取得美国技术许可。

节能环保升级改造持续加强，碳减排工作积极推进。2016年，神华集团公司编制完成"十三五"节能环保专项规划。完成自愿减排项目备案21个，装机规模195万千瓦，每年减少二氧化碳排放量332万吨。完成汽轮机通流改造12台、燃煤工业锅炉治理192台，燃煤工业锅炉治理总体进度完成率达到65%；二氧化硫、氮氧化物和化学需氧量排放总量分别同比下降30%、23%和20%。火电机组供电煤耗同比下降5.02克/千瓦时。能源审计问题整改率97%。

神华集团公司落实公司党组决定，推进大物流运输。2016年，大物流服务客户20余家，覆盖货物品种20余类，全年承担伊泰、政华等社会煤炭运输7264万吨，非煤品运输1933万吨。

积极推动煤炭产业结构调整。2016年，神华集团公司入股国有企业结构调整基金，参与组建中央企业煤炭资产管理平台公司。带头与五大电力企业签订长协合同，为抑制煤价过快增长、维护煤电行业健康稳定发挥积极作用。继续推进超低排放改造，超低排放机组85台4565万千瓦，占集团煤电总装机的62%。其中，达到天然气发电排放标准的近零排放燃煤机组57台2838万千瓦，占集团煤电总装机的39%。陕西富平综合能源供应示范工程入选国家第一批增量配电业务改革试点。

加大投资规模和节奏管控力度。2016年，严格审查拟建、在建项目投资风险。公司批复下达投资较上报投资总额压缩幅度43.2%；暂缓或不予批复项目17项；严格投资审核关，批复核减投资39亿元。煤电板块通过对25个项目开展"清思想、清指标、清合同、清造价"专项排查整改，停建电厂、储煤基地项目4个，缓建项目2个。

【安全生产】 全面强化责任落实，安全生产状况总体平稳。2016年，神华集团公司按照"党政同责、一岗双责、失职追责"的要求，重新修订下发《神华集团公司安全生产责任制》，突出"失职追责"，强化责任约束，实现安全生产责任"全覆盖"。全年没有发生重大及以上安全生产事故，煤矿亿吨死亡率、亿元产值事故死亡率继续保持国内领先、国际先进水平。其中，煤矿亿吨死亡率为0.5，相当于全国平均水平的3.2%；亿元产值事故死亡率为0.003，相当于全国工矿商贸企业平均水平的3.1%。公司重点考核的344个三级生产建设单位，有338个（占98.3%）消灭伤亡事故，实现安全生产。

全面加强业务保安，形成齐抓共管安全生产格局。煤炭板块研究制定《神华集团公司煤矿"十三五"重大灾害防治规划及2016年实施计划》，召开全集团煤矿重大灾害治理工作经验交流会。加强煤炭生产领域岗位标准作业流程完善，启动《神华煤矿岗位标准作业流程》第二期项目，修订已有的 11 个专业、208 个岗位、1668 项标准作业流程，新增补 1100 余条岗位流程。下发《神华集团公司 2016 年电力业务指导意见》，不断夯实安全基础，提升安全管控水平。

继续开展“专家会诊”，全面排查和预防系统性安全风险。组织开展煤矿主要生产系统及重大灾害防治评估，重点开展煤化工工艺安全会诊和铁路运输系统检查会诊。由 15 名专家组成工作组，对 16 个灾害严重矿井会诊评估，发现各类安全隐患问题 497 条，其中重大隐患 23 条，下发专家会诊评估情况通报。2016 年，公司对煤矿未来 3 至 5 年矿井开拓系统及生产布局、一通三防、水害防治、机电运输、监控通讯等主要生产系统的合理性、可靠性和水、火、瓦斯、冲击地压等重大危险源管控与重大灾害防治情况进行全面系统的评估分析，逐一提出针对性的解决方案。“十二五”期间，公司煤矿累计投入 35 亿元，完成 372 项重大灾害防治工程，连续 6 年杜绝重大灾害事故。2016 年，由国家铁路局组织对神华铁路板块开展全面“体检”，“检查会诊”经验作为行业安全监管工作创新成果，在全国铁路系统推广。

不断完善安全管控体系，夯实安全基础工作。2016 年，神华集团公司组织编制《选煤厂安全风险预控管理体系要求》《矿山救护安全风险预控管理体系要求》和《火力发电安全风险预控管理体系要求》3 项行业标准及《光伏发电安全风险预控管理体系要求》企业标准，以及《采掘工作面探放水设计规范》《工作面受火灾威胁程度评估方法》等 6 项煤矿企业规范，制定下发《神华集团煤炭板块安全监督检查标准》，以煤矿为试点，推行安全监察工作表单化、标准化。

完善应急预案的编制、优化和备案工作，规范应急培训和演练。组织新《煤矿安全规程》宣贯培训，举办 5 期学习培训班，有 2800 多人参训。推进煤矿安全视频系统建设应用，井工煤矿的 35 个关键部位、露天煤矿的 21 个重点场所安装 2574 台视频探头。公司组织对所属 29 个子分公司、344 个矿(厂、段)进行全面审核，其中 12 个子分公司达到本安二级、12 个达到本安三级；本安一、二级企业达标率达到 44.5%。印发《神华集团公司节能环保风险预控管理体系要求》，组织对 27 个子分公司和 144 家基层单位进行体系和现场检查，分类指导，分级管控。公司成立 11 个督查组，对 17 个子分公司的 43 个单位进行“四不两直”突击抽查，找准管理短板，提出解决办法，推动工作深入开展。

【党建工作】 神华集团公司认真贯彻落实中央全面从严治党系列重要部署，深入学习十八届六中全会和国有企业党建工作会议精神，牢记宗旨，压实责任，夯实基础，创新载体，发挥各级党组织的政治优势，为推进企业改革，加快清洁能源战略落地提供坚强政治保障。

2016 年，神华集团公司制定神华党建工作“十三五”规划、廉政建设创优争先三年规划。强化党组织在公司治理结构中的法定地位。修改完善党组、董事会和经营层规章制度，在组织架构、决策程序、深化改革各个方面，实现体制、机制、制度和工作对接。

大力推进党员素质提升工程，探索实施党建项目化管理，执行党建工作“两个 1%”，开展“四个排查”专项整治，搭建党建信息化综合管理平台。全面推行子分公司党委书记、董事长由一人担任，党员总经理兼任党委副书记工作，为企业改革发展提供坚强政治保证。

着力改进作风、严明纪律、惩治腐败，推动公司党风建设和反腐败斗争不断向纵深发展。公司党组、党组纪检组对 23 家子分公司 32 名党政主要负责人约谈，组织开展 39 名子分公司纪委书记述职，对 18 家子分公司“两个责任”落实、中央八项规定精神执行及问题线索处置等方面开展督导检查，完成 47 家子分公司巡视全覆盖，对部分子分公司进行巡视“回头看”。公司党风廉洁建设和反腐败工作得到中纪委、国资委纪检组充分肯定。

坚持以思想政治建设为先导，扎实推进“两学一做”学习教育。构建“四对照、四查找、四学习、四整改”常态化学习教育机制。开发“两学一做”学习教育平台，建立全覆盖、立体化网络体系。中组部、国资委、《人民日报》等上级单位或主流媒体刊载“两学一做看神华”系列报道。公司荣获“全国百家优秀党建云平台暨基层党建宣传示范单位”称号。拓宽党员思想教育主阵地，新设立神华党校西柏坡分校。截至2016年底，公司设立企业党校19个。

以落实主体责任为目标，全面加强党建基础工作。修订神华集团公司及子分公司章程，将党的建设纳入企业法人治理结构。构建并落实领导班子成员抓党建工作"一岗双责"责任体系。指导公司所属4038个基层党组织按时换届。排查7.5万名党员档案，补缴2008年4月至2015年底的党费，重新厘清党员发展程序，规范支部活动记录，核查党员现实表现。强化统战基础工作，成立统战工作机构，落实新形势下加强统战工作指导意见。神华集团公司承担起中央企业侨联的相关工作，召开中央企业侨联三届三次全委会。

坚持党管干部和党管人才，深化干部人事制度改革。坚持正确的选人用人导向，强化选拔任用程序和考核，实现对各级干部有效监督。强化意识形态建设，新闻舆论、企业文化、精神文明和信访维稳工作协同推进。深入开展党建理论研究，开展"国有企业应用互联网推进全面从严治党的探索与实践"研究。推进企业文化和精神文明建设。修订《企业文化建设纲要》，坚持"一主多优、开放包容，继承创新、循序渐进"原则，推进企业文化升级。信访维稳工作呈现持续向好新态势。上访总量大幅回落，源头化解工作进一步加强，信访制度改革有序推进，信访秩序进一步规范。未发生大规模群体事件和个体极端事件，信访维稳形势有序可控，被国务院国资委评为"中央企业维护稳定工作先进集体。"

坚持党对群团工作统一领导，群团组织优势得到充分发挥。拓展困难职工帮扶救助，修订困难职工子女大学助学金管理办法和困难职工大病救助基金管理办法，发放大病救助金686万元、困难职工子女大学助学金162.5万元，186名大病困难职工和325名困难职工子女得到帮助。

命名第三批8个劳模创新工作室，并对三批31个工作室资助创新经费465万元。举办第十五届(电力)职工技能大赛和煤炭采制化专业技能大赛，18名职工获得"神华技术能手"和"中央企业技术能手"称号。2名职工获得"全国技术能手"称号。开展"青年之声"服务平台建设，完善线上线下服务支持体系，实现对团员青年的有效覆盖。

以互联网思维创新党建工作。构建"大党建"工作格局。按照"对党组织进行全过程管理、对党员进行全生命周期管理、对党建数据进行全方位应用"的理念，整合党建、纪检、人力、工会、宣传、信访等方面资源，搭建神华党建信息化综合平台，神华党的建设工作信息化大格局初步形成。同步开发PC客户端和移动客户端，使神华党的建设工作走上信息化、高效化、智能化、科学化发展轨道。

【信息化建设】 神华集团公司通过SH217工程建设，建立起大集中系统建设和管办分工高效运作模式，强化集团信息化顶层设计和整体管控力，保证信息化总体规划与集团战略耦合，形成标准化、可分析利用的数据资源，构建起先进的IT架构体系，打造自顶向下一体化信息安全管理体系，建起先进、经济、高效的云数据中心。2016年，神华集团从产业链各环节出发，重点谋划智慧生产、智能调度、能源互联网、电子商务、共享服务五个数字神华建设。

以物联网和大数据为基础建立智慧生产体系。煤炭板块，数字矿山锦界示范矿井建设成果在榆神能源公司推广，并启动数字露天矿项目。电力板块，北京燃气热电、万州电厂、安庆电厂等智能电站，实现一键启停、无人值守及一体化平台基础上的流程驱动智能电站。港口板块，自动堆取料大幅提高自动化水平。煤化工板块，完成数字化规划，筹备启动集中式MES系统建设。

构建贯穿产业链、供应链、价值链的智能调度平台。2016年，神华集团公司建成生产运营监测系统、发运系统和外购煤管理系统，ERP系统实现统一平台全覆盖，实现公司管控一体化及人力、财务、物资、销售等业务标准化，建成"管办分离""六统一、大集中"的信息化建设体系。编制下发《神华集团数据资源管理办法》《神华集团公司软件资产管理办法》《神华集团信息系统等级保护定级管理办法》和《神华集团计算机病毒防护管理办法》。加强信息安全管控，保障信息系统安全稳定高效运行。2016年，公司信息安全能力建设及宣贯服务和安全开发体系建设两个项目完成验收。网络安全防护体系建设取得实质成果。圆满完成G20峰会等重大活动期间信息安全保障工作。对外构筑综合清洁能源垂直电子商务平台。神华销售电子商务平台在珠海高栏港试点完成第三方物流、供应链金融业务上线，实现与外部社会资源整合共赢。公司物资采购及大物流电子商务系统规划实施。

搭建具有神华特色的区域清洁能源互联网，实现神华由传统能源提供者，向综合清洁能源生产、配置和使用专家转变。2016年，涵盖“电、热、汽、冷、水”多类型多形态网络系统的富平能源互联网示范工程可研通过公司审核批复，开始实施项目工程智慧能源管理系统建设。

【履行社会责任】 2016年，神华集团公司实施“1245”清洁能源发展战略，以“供应清洁能源”作为履行社会责任核心主题，通过对安全、环保、创新、员工、公益慈善等核心议题的持续关注和改进，探索走出一条具有神华特色的“责任实践之路”。履行社会责任工作得到中组部、民政部及社会各界高度认可，公司连续三年荣获“全国煤炭工业社会责任报告发布优秀企业”“中国工业企业履行社会责任五星级企业”和“中华慈善奖”荣誉称号。

神华集团公司坚持共享发展，实现企业发展成果惠及利益相关方。2016年，公司投入5850万元，参与实施援青、援藏、定点扶贫等工作，采取精准扶贫措施，加快当地基础设施、产业发展、民生事业等援建项目建设。神华公益基金会出资3亿元入股中央企业贫困地区产业投资基金，捐赠支出1.52亿元，持续开展神华爱心行动、神华爱心学校、神华爱心书屋等公益慈善项目，其中，出资5515.98万元，救助白血病儿童200名，先天性心脏病儿童2300名；向四川省、重庆市、贵州省台江县捐赠图书307.1万册，建成1545所神华爱心书屋。

【领导关怀】 神华集团公司的发展得到党中央、国务院的亲切关怀、重视和支持。特别是习近平总书记对一个企业、一项工程给予高度关注，作出重要指示，充分体现党中央对神华集团的关心、厚爱和寄予殷切希望。2016年7月19日，习近平总书记深入神华宁煤400万吨煤制油项目考察时，看到现场热火朝天的建设场面，发表热情洋溢的即兴讲话，发出“社会主义是干出来的”伟大号召。12月28日，习近平总书记对该项目顺利建成投产又作出重要指示，指出神华宁煤煤制油项目对我国增强能源自主保障能力、推动煤炭清洁高效利用、促进民族地区发展具有重大意义，是对能源安全高效清洁低碳发展方式的有益探索，是实施创新驱动发展战略的重要成果。

2016年，中央深改办、中财办、国资委党委纪检组、国务院深化改革督导组、国家安监总局、国家发改委、国家能源局领导先后到神华调研督导深化改革、党的建设、反腐败、统战、去产能、保供应、稳煤价、煤电超低排放等工作，对神华的各项工作做了全面检阅，都对神华集团的各项工作给予高度评价和充分肯定。

（撰稿人：童梅云　侯海鹰）

中国电信集团公司

【基本概况】 中国电信集团公司(以下简称“中国电信”)由上市公司和存续公司组成。集团公司作为母公司，总部设22个二级部门，在全国31个省(自治区、直辖市)和世界主要国家/地区设有分支机构。控股的中国电信股份有限公司在中国香港特区和纽约两地上市，在境内设有31个省级分公司、6个直属机构及运营单位、6个专业子/分公司，在境外设有1个子公司；控股的中国通信服务股份有限公司在中国香港上市，目前包括21个省市实业资产；控股的号百控股股份有限公司在上海上市。

2016年，全集团深入贯彻中央精神，以全面加强党的建设为统领，聚焦“256”重点工作，深化改革，推进转型，加快发展，从严治企，实现“十三五”良好开局。

一是抓党建，全面从严治党要求有效落实。认真把握“全面”“严”“治”的内涵和要求，毫不动摇坚持党的领导、理直气壮加强企业党的建设。严格党建责任，建立党建工作责任制和考核办法，层层压实党建工作责任，层层签订党风廉政责任书。开展“两学一做”学习教育，拧紧思想的螺丝，增强政治意识、核心意识、大局意识和看齐意识。严肃党内生活，召开民主生活会，开展批评与自我批评；认真开展“三会一课”，突出党性锻炼，严守党的政治纪律和政治规矩。夯实党建基础，开展党组清理规范工作，完善党务机构，充实党务力量。加强作风建设，开展执行中央八项规定精神情况调查、“四风”问题整治“回头看”，有效遏制“四风”问题。推进反腐倡廉，各项“硬”措施密集实施，初步形成不敢腐、不能腐的长效机制。

二是定战略，企业转型升级踏上新征程。在综合研判国民经济、行业趋势和企业实际的基础上，6月底对外发布转型升级战略3.0，提出“做领先的综合智能信息服务运营商”的发展目标，并对网络智能化、业务生态化、运营智慧化进行整体布局：在网络智能化方面，制定并发布CTNet2025网络重构规划，加快推动网络智能化演进步伐；在业务生态化方面，协同内部资源、强化外部合作，积极构建智能连接、智慧家庭、互联网金融、物联网、新兴ICT五大生态圈；在运营智慧化方面，增强数据运营能力、网络运营能力、客户服务能力和销售渠道能力，为企业转型升级提供有力支撑。

三是促发展，各项生产经营任务全面完成。围绕用户需求，不断提升服务质量，深入推进划小承包和倒三角综合支撑体系建设，企业发展实现新的跨越：收入结构持续优化，新兴业务的收入占比显著提升，企业的抗风险能力进一步增强，国有资本进一步保值增值，用户规模持续扩大，已成为全球最大的LTE FDD运营商、全球最大的FTTH运营商、全球最大的IPTV运营商。

【主要指标】 2016年，中国电信集团公司实现营业收入4144.6亿元，同比增长6.7%，实现利润总额245.5亿元，同比下降5%；净利润181.3亿元，同比减少4.3%，归属母公司所有者净利润117.2亿元，同比减少4.2%。截至2016年底，中国电信集团公司合并资产总额8048.8亿元，同比增长4.1%。所有者权益4607.1亿元，同比增长1.9%。国有资本及权益总额从2016年初的3492.7亿元增长到2016年底的3538.6亿元，剔除客观因素影响后，国有资本保值增值率108%。

2016年中国电信集团公司
主要经济指标

项　目	2015年	2016年	比上年增长(%)
资产总额(亿元)	7730.1	8048.8	4.1
所有者权益(亿元)	4520.6	4607.1	1.9
营业收入(亿元)	3883.4	4144.6	6.7
利润总额(亿元)	258.3	245.5	-5.0
净利润(亿元)	189.5	181.3	-4.3
归属于母公司所有者的净利润(亿元)	122.4	117.2	-4.2
技术开发投入(亿元)	116.3	124.5	7.1
利税总额(亿元)	398.7	355.6	-10.8
应交税金总额(亿元)	209.2	110.1	-47.4
全员劳动生产率(万元/人·年)	40.1	41.2	2.7
净资产收益率(%)	3.7	4.0	增加0.3个百分点
总资产报酬率(%)	3.4	3.2	减少0.2个百分点
国有资本保值增值率(%)	106.0	108.0	增加2.0个百分点

【改革发展】 2016年，中国电信持续推进企业全面深化改革，推广便捷客户的智能服务，持续提升4G、光纤宽带等业务的服务能力。推广流量争议“退一补一”、光纤宽带“先装后付”，手机上网、固定上网用户满意度保持行业第一。全网星级服务客户达到1.36亿户，新型信用体系纳管1.42亿户移动用户。推广“主动服务、智慧预警”，智能客服累计服务量达到1.87亿次。

公司深化基层单元的市场化改革，积极构建大众创业、万众创新的“双创”体系，激发企业内部的创新创业活力，促进社会的创新创业活动，成为国家首批“双创”示范基地。在移动、宽带等基础业务领域，持续推进划小承包，完善面向一线的“倒三角”支撑体系，广大员工普遍从“被动接活催着干”变成“主动要活比着干”和“精打细算想着干”。在新兴业务领域，推进混合所有制经济，不断完善实体孵化器建设，在浙江杭州、四川成都和上海等全国创新创业群体聚集度高的地区，建立7个各具特色的双创示范基地。

加强人才队伍建设，为转型变革提供人才支撑。一是以党建为统领，加强经营管理人才队伍建设。制定经营管理人员培训管理实施细则，绘制地市公司级总经理学习地图。着力增强党性教育，在中国井冈山干部学院举办1期省级公司总经理"两学一做"暨党性修养专题研修班。加大企业转型3.0战略宣贯力度，提升地市公司总经理对战略的理解和执行能力。二是进一步完善专业人才管理体制机制，加强高层次专业人才队伍建设。在行业应用、网络运营两个重点领域，试点高层次专业人才工作站制度，为高层次专业人才提供实战式平台，加强高层次专业人才培养，充分发挥高层次专业人才的作用，聚力解决企业发展重点难点专业问题。组织完成平台与核心网技术、电源与基础设施、无线与移动、财务、法律等专业的人才选拔，进一步完善高层次专业人才队伍的覆盖面。三是系统加强小CEO能力培养。重点面向支局长、店长、实体渠道经理、商客渠道经理以及后端维护单元负责人等5支前后端重点小CEO骨干队伍，连续第二年开展大规模的小CEO骨干和师资的千人培训。四是推广实战培训，加强高技能人才培养。倡导工学结合、训产合一，深化实战培训项目在全国范围内的应用推广，通过以赛代训和"培训＋实践"等方式，帮助一线员工学习知识，提升技能，改善业绩。

【重大项目】 2016年，中国电信积极贯彻落实国务院宽带中国国家战略、推进网络提速降费等相关工作要求，加快光网、4G等新一代信息基础设施建设。

移动网络。推动4G网络高、低频段差异化部署，4G基站达到90余万套站，农村区域4G网实现广覆盖，城市区域实现深覆盖；覆盖区域内网络质量、用户体验与其他运营商整体可比，部分重点城市保持领先。

有线宽带。加快光网建设，推进宽带普及提速。截至2016年底，FTTH覆盖住宅达到3.7亿户，较上年末增加1亿户。南方城镇地区光网建设基本完成，覆盖率达到90％；行政村光网覆盖率大幅提升19个百分点，达到65％。北方城市光网覆盖大幅提升至60％。

承载网络。引入1T平台核心路由器，以IDC和云为重点开展IP骨干网络架构优化。截至2016年底，163网省际带宽将达到160T，同比增长60％；国际出口再扩容400G，达到1490G；城域网出口达到360T。以减少网络时延为目标，京津冀IDC打破行政区划限制上联163核心节点，内蒙古、贵州云基地直连北上广等6个163核心，IDC和云的网络性能得到较大提升。

云计算。2016年，继续推进云资源池整合，内部IT、业务网资源池整合为"一朵云"，实现统一规划、建设和管理。全网云资源池能力同比提升93％，新购服务器中超50％为定制化服务器，业务网平台云化率达到72％。

重大科研开发。一是推进网络重构关键技术研究。深入研究NFV、SDN等方面的关键技术问题，开展基于NFV的VoWiFi现场试验并下发工作通报，自主开发NFV编排器原型，提出NFV分层解耦总体思路、搭建测试环境并用于vIMS分层解耦测试。二是统筹推进5G技术研发。成立5G工作领导小组及5G联合开放实验室，统筹协调并系统推进5G工作。搭建5G关键技术评估体系并完成与业界主流公司的交叉校准，提升国际标准制定话语权。作为IMT－2020(5G)推进组核心成员，牵头超密集组网等多个子组研究工作，有力支撑国家5G领跑战略。全面参与IMT2020(5G)推进组5G技术研发试验，共同促进产业发展。三是推进新技术应用与标准化。组织开展LTE FDD三载波聚合现场试验，深入研究4G异构网总体技术方案；积极组织编制并推进六模全网通终端行业标准发布；完成4G国际漫游卡和终端技术规范；发布VoLTE终端技术规范。开展VoLTE IMS系统及运营商间VoLTE业务互通测试，保障现网部署。宽带光网实现XG－PON系统互通，创新性地提出GPON向XG－PON升级方案；提出宽带接入网演进的目标架构、10G PON技术引入和部署策略。开展400G WDM技术摸底测试，率先发布低时延光网络白皮书，引领政企专线网络向低时延方向演进。

【走向海外】 中国电信继续全方位落实"走出去"战略和"一带一路"发展战略，力争尽快成为在亚太区域具有领先优势、在新兴市场具有鲜明特色的综合智能信息服务运营商。截至2016年底，中国电信主业在海外有分支机构30家；实业有海外分支机构

39家，覆盖国家（地区）超过50个。在经营方面，2016年海外收入同比增长25%，持续保持两位数快速增长，增速远超国际主流跨国运营商平均增速。在创新方面，携手互联网企业，基本形成在重点区域的运营外包能力布局和自有运营外包管理力量；增值及创新的平台类产品不断延伸；成功交付多个智慧城市的行业标杆性项目。在“一带一路”沿线重点项目拓展方面，紧密依托国家政策导向、结合自身产业优势，重点聚焦“中非共建非洲信息高速公路”项目、“数字哈萨克2020”项目、“丝路光缆”项目等，集中解决区域互联中“通而不畅”的问题，同时带动全产业链的价值、经验输出。

【重大创新】 在宏观经济下行压力加大，电信行业增长吃紧，互联网竞争白热化的环境下，中国电信创新业务积极应对挑战，坚持创新发展，推动主营收入增长、结构优化。

业务创新。聚焦翼支付、天翼视讯、综合平台、易信等重点产品，协同省公司实现基础业务与创新业务价值双提升。截至2016年底，翼支付产品累计发展用户2.9亿户，财富管理逐步形成添益宝、活期保、基金、定期保、证券等多个业务板块，业务规模达到中等基金公司水准。天翼视讯产品面向全网用户运营“爱看4G”与“天翼视讯”客户端产品，同时在财经、游戏、教育等垂直领域开创全新视频运营模式，用户数突破1.2亿人，月视频访问量超过1亿次；视讯公司被认定为“浦东新区第一批战略性新兴产业基地”“上海市高新技术企业”“上海市科技小巨人企业”“上海市软件企业”，获得系统集成三级、ISO9001资质并通过CMM3认定，并获得各种专利和著作权81项。综合平台统一账号产品注册用户数达到6.2亿户，月活用户1.8亿户，以账号为纽带构建“账号＋能力”，实现对内对外的能力开放，全年对外调用次数达到31亿次。易信产品明确青果摄像头、语音互联网化、易信企业版三大战略发展方向，积极探索基于“宽带—青果—4G/iWiFi”模式，面向家庭、政企多场景拓展融合解决方案，有效拉动宽带和流量业务发展，实现多屏共享、跨屏跨终端通讯。开展资本运营，推动业务创新，组织完成百合计划的业绩承诺、业务整合、发展规划，参加国资委专家评审会和证监会预沟通会，协调同业竞争、资质证照等事宜，成功推动号百控股发挥上市公司资本运作的平台优势，完成对创新领域文娱传媒板块业务资产的整合。

管理创新。2016年，中国电信将管理创新同企业的中心工作相结合，取得优异成绩，其中《中国电信“双创”体系建设》等5个成果获得通信行业一等奖，《构建电信主导的视频生态运营管理模式，打造全新的4K承载体系》等8个成果获得通信行业二等奖，《“互联网＋”服务，构建面向全业务客户的星级服务体系》等10个成果获得通信行业三等奖。在通信行业汇总，中国电信无论是一等奖数量还是总数量，都在行业排名第一。

技术创新。成立5G联合开放实验室，统筹协调并系统推进5G工作。成立“CTNet2025网络重构开放实验室”，推进网络重构关键技术研究，支撑网络转型。“移动互联网系统与应用安全国家工程实验室”完成建设并顺利通过专家验收。积极参加国际标准化工作，2016年被各国际标准化组织接受文稿377篇，在各国际标准组织中的在任职位达到126个。2016年，中国电信完成国际标准化项目40项，其中ITU国际标准16项（主导11项，联合主导5项）。全年发布49项企业标准，牵头完成1项国家标准和35项行业标准制定。2016年，申请专利947件，获得专利授权438件，获得中国专利优秀奖1项，公司获得“国家知识产权示范企业”称号。在2016年中国通信学会科学技术奖评选活动中，中国电信获得一等奖1项，二等奖4项，三等奖1项。

【党建工作】 2016年，中国电信深入学习贯彻落实习近平总书记系列重要讲话精神，认真贯彻党的十八届六中全会、全国国有企业党的建设工作会议精神，围绕落实全面从严治党的要求，统一思想、提高站位、明确思路、推动工作，切实加强和改进企业党的建设，为企业转型升级提供坚强的政治保证、思想保证和组织保证。

开展“两学一做”学习教育。通过建立“一制度、三机制”（领导联系点制度、信息收集机制、沟通协调机制、情况报告机制），通过领导带头学习、带头讲党课、带头基层调研，通过创新学习方式，全面推进“两学一做”学习教育。在学习教育中，把思想建设放在首位，以党章党规和习近平总书记系列重要讲话精神武装头脑，依托"三会一课"等党的组织生活制度，带着问题学，针对问题改，着力解决党员队伍在思想、组织、作风、纪律等方面存在的问题，推动党内学习教育抓在日常、严在经常。通过三次环环相扣、步步深入的重大主题教育，党员干部受到深刻教育，存在的突出问题得到有力整治。

强化党建机制建设。一是完善党建工作责任体系，制定党建工作责任制实施办法和检查考评细则，明确党建工作责任考核的原则、内容和具体办法，强化结果的应用。二是全面实施二级单位党委（党组）向集团公司党组报告年度党建工作制度，并启动二级单位党委（党组）书记抓基层党建述职评议考核工作。三是将党建工作总体要求纳入集团公司章程。通过抓党建工作机制建设，全集团抓党建工作的责任意识得到强化，初步形成党委（党组）抓、书记抓、一级抓一级、层层扛责任的党建工作新格局。

抓基层党组织建设。一是基层党组织设置不断规范。在时间紧、任务重的情况下，下大力气完成党组清理规范工作，161 个各级分公司党组已全部改为党委。二是党员队伍教育管理趋向严细实。"三会一课"、组织生活会、民主评议党员等党内组织生活不断规范和制度化，各级领导干部带头过双重组织生活、带头讲党课的良好风气初步形成。三是"四项集中排查"扎实开展。党员组织关系集中排查工作基本完成，查找联系到近 500 名失联党员，为 2000 多名党员补充完善党员档案，促进党员组织关系、档案管理的流程化、规范化、制度化；3000 多个基层党组织集中进行换届选举。四是突出问题整改成效明显。集团公司党组针对中央巡视反馈的四个方面主要问题，对症下药、标本兼治，全集团党建工作得到明显改善。五是主题实践活动特色鲜明。各级基层党组织把围绕中心促发展作为党建工作的出发点和落脚点，组织开展以"戴党徽、亮身份、做承诺、比业绩"为主要内容的主题实践活动，锤炼广大党员的党性，促进企业改革发展。六是加强党群工作队伍建设。继续分级开展基层党组织书记轮训，提高基层党组织书记任职履职能力；以举办二级单位分管领导、党群工作部主任集中培训班为示范，推动党群工作专业培训层层落实；选强配齐党群工作人员，做好关心关爱党群工作人员，把党群工作岗位作为培养企业复合型人才的重要平台。

发挥思想文化的正能量作用。一是广泛宣传企业深化改革。围绕企业深化改革和转型升级，针对员工感知特点和实际需求，深入开展深化改革宣传，大力营造深化改革的氛围。二是服务划小承包经营，大力推进"翼家人"团队文化建设，以文化建设提高"划小单元"团队建设水平。三是结合纪念建党 95 周年和纪念长征胜利 80 周年，开展学习和发扬瑞金红色电信革命传统的活动。四是以道德讲堂建设为重点，以文明服务、诚信服务为行业特色，大力推进社会主义核心价值观建设。五是大力选树先进典型。结合庆祝建党 95 周年，集团所属各级党组织表彰先进基层党组织 2069 个、优秀共产党员 9260 人、优秀党务工作者 2599 人；通过开展"点赞身边最美"活动，引导各级企业广泛开展学习身边典型活动；及时宣传"中国电信抗洪抢险党员冲在前"先进事迹。六是推进新媒体宣传。建立"天翼文化"易信公众账号，成为中国电信党群工作对外宣传平台，各省级公司也已全部开通党群宣传的易信公众账号；发挥新媒体传播优势，做好"微时代"的"微传播"；开展丰富多彩的线上活动，加强与员工的互动。

积极推进党风廉政建设和反腐败工作。一是提高认识，担当责任，推进党风廉政建设。履行党风廉政建设两个责任，集团党组把执行政治纪律放在首位，在思想政治和行动上与以习近平总书记为核心的党中央保持高度一致，带头履行主体责任；党组成员坚持一岗双责，落实分管领域的党风廉政建设工作。全面开展内部巡视工作。2016 年，巡视 22 家单位，巡视取得成效，并在国资委工作交流大会作了经验介绍。开展四个专项治理。这是公司对中央巡视提出问题的普遍性整改举措，涉及选人用人、小金库、领导干部和亲属经商、采购及业务合作四大领域，通过治理，堵住这些方面的漏洞，帮助一大批干部和单位卸下包袱。二是把握四种形态，加强纪律审查，把纪律挺在前面。充分运用四种形态，根据违纪违规性质、认错悔错改错情况，对信访举报、专项治理和巡视中发现的突出问题，坚持把纪律挺在前面与柔性化处置结合，信访举报存量锐减。着眼在萌芽期解决问题，启发被调查者觉悟，使其自查自纠。把审核中央巡视组和上级交办件与专项治理、内部巡视发现的突出问题、干部廉洁征求意见相结合，统筹兼顾，提高审查质量和效率。安排专项小组，对中央巡视组移交及自收的集团管理干部的信访核查，对上级纪委交办要结果、征求廉洁意见等线索急查快办。坚持核查和审理分离，不同审核人员相互监督；对交办省公司的线索抽查审核，提升质量；完善分级把关和集体决策机制，对集团管理干部的处理，经组局办公会研究，并提交党组研究决定。三是加强预防和监督，执行八项规定精神，深化作风建设。加强廉洁教育。成立集团、省两级廉洁宣讲团，建立“廉洁电信”公众号和形式多样的监督易信群，学习宣传上级精神、探讨交流监督工作，覆盖员工11.7万人。改进监督方式。建立和完善“三重一大”和重点业务领域的监督制度。取消凡项目采购纪检都参与的站岗式监督方式，探索抽查监督等有效方式。发挥电信技术优势，建设纪检IT系统，探索“人管＋技管”模式，加强监督。严格落实中央八项规定精神，抓好作风建设。开展“四风”问题整治“回头看”，通过现场、网络、手机推送等方式开展问卷调查摸清整治底数，选编“四风”典型案例进行教育，要求2.3万名领导干部对照检查。在重要节假日运用通知、易信群、公众号教育提醒，加强关键节点的检查。在对各级的指导中，要求严格执行制度规定。督促有关方面加强制度和规章建设，严格区分正常商务往来与以公谋私，员工正常福利与违规发放钱物的界限。

【信息化建设】 2016年，中国电信积极落实国家“互联网＋”战略和《中国制造2025》规划，持续提升能力，加快生态打造，发布“互联网＋”能力开放平台，首批开放八类核心能力，成为国家发改委“互联网＋”重大工程。发布《中国电信“互联网＋”行动白皮书(2016版)》及《中国电信工业连接计划白皮书》。加入工业互联网产业联盟、中国健康医疗大数据产业联盟等6个行业顶级联盟。强化开放合作，与13个省级政府、2个副省级城市、五大战区签署战略合作协议，打造“互联网＋”产业生态。全年中国电信通过紧抓营销组织建设、示范标杆打造、支撑体系强化三项重点工作，在政务、教育、医疗、工业、金融、农业、交通物流、旅游等领域，为全国各级政府及企事业单位建设“互联网＋”项目近2000个，打造徐州政务云、浙江教育云、安徽省级医疗影像云等一批标杆项目，中国电信“互联网＋”行动迈上新台阶。

【履行社会责任】 中国电信认真贯彻国务院国资委《关于国有企业更好履行社会责任的指导意见》等要求，将社会责任融入企业的转型发展战略，融入企业日常的生产经营和管理活动，持续宣贯和积极履行企业社会责任。2016年评选表彰32个“中国电信集团年度社会责任优秀案例”，连续第六年发布社会责任报告，获得中国社会科学院经济学部企业社会责任研究中心的中国企业社会责任报告评级专家委员会授予的“企业社会责任报告领袖奖”。

大力实施“提速降费”，有线宽带用户平均接入速率提升99.6%，达到50.7Mbps，单位带宽价格下降54.9%，手机流量资费下降36.6%。推进普遍服务，中标承接3.5万个行政村通信网络的建设运营任务，努力提升偏远农村的宽带接入水平。切实落实工业和信息化部等部委对行风纠风的要求，结合客户的投诉和反馈，及时整治服务热点问题，不断提升服务品质。切实保障通信安全畅通，全力抗击特大洪涝、台风等自然灾害，以最快时间恢复灾区通信，圆满完成G20杭州峰会、新疆欧亚博览会、上海全球健康大会等多项重大会议的通信保障任务。认真落实安全文明生产要求，持续改善基层员工的工作生活条件，积极助力员工发展。加强节能减排管理，持续推进老旧设备退网和节能改造，有效控制能耗增幅。积极与各通信运营商开展共建共享，提高通信基础设施的利用率。持续开展多种形式的公益活动，以大数据平台和信息化应用助力各地政府实施精准扶贫，持续济困助残扶弱，支持科教文卫等社会事业的发展。

（撰稿人：蒋小金）

中国联合网络通信集团有限公司

【基本概况】 2016年是中国联合网络通信集团有限公司（以下简称“中国联通”）全面实施聚焦战略

的起步之年。公司认真践行发展新理念，结合实际推进供给侧结构性改革，深入落实网络强国战略，攻坚克难，大胆实践，努力探寻走出经营困境之路，各方面工作持续向前推进。随着战略转型举措的落地执行，中国联通经营发展初步止跌企稳，业务发展及收入完成情况较2015年明显改善，公司主营业务收入增幅由上年的下降5.3%，改善为增长2.4%。

【主要指标】 2016年，中国联通资产总额6628.42亿元，实现营业收入2757.35亿元，利润总额0.86亿元，在《财富》"世界500强"排名第241位。

2016年中国联合网络通信集团公司主要经济指标

项　目	2015年	2016年	比上年增长(%)
资产总额(亿元)	6607.91	6628.42	0.31
所有者权益(亿元)	2535.39	2502.07	-1.31
营业收入(亿元)	2783.39	2757.35	-0.94
利润总额(亿元)	122.31	0.86	-99.30
净利润(亿元)	88.00	-0.37	-100.42
归属于母公司所有者的净利润(亿元)	48.22	-2.31	-104.79
技术开发投入(亿元)	36.32	47.73	31.42
利税总额(亿元)	229.96	78.23	-65.98
应交税金总额(亿元)	107.65	77.37	-28.13
全员劳动生产率(万元/人·年)	40.79	37.16	-8.90
净资产收益率(%)	3.50	-0.01	减少3.51个百分点
总资产报酬率(%)	2.79	0.85	减少1.94个百分点
国有资本保值增值率(%)	106.54	105.64	减少0.9个百分点

【改革发展】 一是以全面实施聚焦战略为牵引，经营发展初步止跌企稳。移动业务扭转困局初见成效。通过全面实施以4G为引领的移动业务发展策略，移动业务收入增幅由上年下降9.5%回暖至增长2.1%，移动用户由净流失变为净增长。通过实施聚焦与开放的终端策略，优化两级终端供应商体系，完善终端价格及时响应机制等多种举措，支持联通4G的终端份额超过60%，较上年底提升近20个百分点。固网业务保持平稳增长。积极推进光改转化营销，发起成立4K超清产业联盟，启动宽带竞争应对行动，在消费、家庭、产业互联网领域，聚焦重点板块，通过内容合作带动融合业务发展，填充网络价值，通过协同优势，形成稳定的收入增长点。创新型业务形成公司增长新动力。积极发挥光纤网络和信息化优势，加快发展IDC和云计算、ICT、增值及综合信息服务等增长型业务，持续提升创新业务收入对新增收入的贡献。

二是落实深化国企改革要求，加快推进体制机制变革。根据《关于进一步加快落实国有企业改革举措的通知》(国资研究〔2016〕840号)要求，中国联通研判当前内外部环境变化和公司自身的新情况新问题，根据聚焦战略，进一步细化改革实施方案，对创新业务、基础业务和管理领域的实施重点予以明确，在基础业务领域鼓励大胆实践，提升发展价值；在管理领域分步推进，促精简提效率。同时，结合"十项改革试点"，有针对性地制定符合自身业务发展的举措和目标。稳妥推进国有企业混合所有制改革，为创新国有企业体制机制，放大国有资本功能，增强国有企业活力，实现国有资本保值增值，提高资本运行效率和经营管理水平，加强和改进党对国有企业的领导，中国联通结合自身实际，研究制定相关方案，积极推动国有资本和非国有资本相互促进、共同发展，为国家供给侧结构性改革和经济社会的信息化发展作出更大贡献。推进创新业务子公司分类管理，根据创新业务子公司发展阶段、资源禀赋、市场潜力等情况匹配不同的管理模式，促进责权利对等。推进董事会建设，完善公司治理结构。在创新领域子公司建立以"股东(会)—董事会、监事(会)—经营管理层"为核心的经营管理决策机制，对股东(会)、董事会、经营管理层的职责进行合理切分。

三是加快弥补4G网络短板，网络能力明显改善。在聚焦重点城市与区域的基础上，通过多种技术手段和大数据分析，截至2016年底，累计开通4G基站73万站，重点城市核心城区覆盖率达到96.5%。中国联通4G网络速率和时延均在行业领先。加速推进光改工作，北方十省全部实现全光网络。169骨干网络容量从100T扩容到170T，在工信部对电信运营商互联网时延测评中表现最优。国际海缆总带宽达到12T，跨境陆缆总带宽达到7.6T，境外POP点达到44个。加快大客户精品网络建设，开通"金融专网"。提升网络运维集中监控、集中派单、端到端调度和集客业务支撑能力，开展专项降本增效行动。积极开展5G、SDN/NFV研究和应用工作，发布5项ITU主导标准。

四是立足实际落实供给侧结构性改革，诸多领域的合作广泛深入展开。全面推进运营企业间的深度合作。以"资源共建共享、客户服务提质"为主题，在4G网络、传输网等方面与中国电信深度合作，实现资源互补。积极探索与互联网企业合作。与互联网企业在移动互联、人工智能、大数据、通信基础业务等多个领域展开全面合作，面向特定群体，开展移动互联网营销。开展固网社会化合作，通过产品渠道资源相互渗透、优势互补。大力开展与产业链各方合作，持续开展终端"众筹"活动。

五是深化体制机制创新，进一步强化企业管理工作。建立大市场统筹的分渠道销售体系，加强各渠道专业化销售、发展和维系，统一渠道与终端运营支撑，优化调整相关业务流程。实施战略业务单元动态管理，鼓励地市分公司增收创利。积极推进简政放权，聚焦解决一线问题，以"缩短营业厅临柜办理时长"工作为切入，推动建设应用"沃受理"，缩短业务平均受理时长。启动客户重点问题的挂牌、摘牌机制，提升服务水平。加快推进子公司的分类管理和市场化改革，分类授权，完善治理结构，推进做实董事会。加强顶层设计，系统推进人力资源变革，关联效益分类配置人工成本，完善工资总额、高管人员薪酬与利润预算完成联动机制，晋升激励体系全面落地，优化用工结构，在大IT等专业试点建设战略人才队伍。加强基础管理，全面开展规章制度和权力清单清查、梳理、优化专项工作，开展规范互联网专线和大带宽专项工作，实施"互联网+"采购模式。

【重大项目】 持续提升信息基础设施能力。全面加快建设高品质的4G网络，以工匠精神努力打造"速度更快、覆盖更广、感知更好"的匠心网络，努力让客户的体验更舒心、消费更放心、服务更贴心，4G网络覆盖在过去一年实现质的飞跃，4G网络峰值速率和网络容量全面提升，4G网络单载波速率行业领先。积极推动5G实验，不断提升信息网络的高速传送和接入能力。在光纤宽带网络建设中不断取得新进展，建成10个全光网络省。加快新一代云数据中心的建设与布局，建成十大云数据中心，成为全亚洲最大的仓储式数据中心，具备强大的IDC及云计算资源能力。

加快运营模式创新和应用创新步伐。中国联通坚持创新驱动发展，加快业务转型升级步伐，在基础业务领域转变营销模式，体系化开展客户价值提升精准化营销，推进线上线下一体化，扩展客户触点，试点推进综合网格承包经营、"坐商"变"行商"等；在物联网、云计算、大数据等创新业务领域发力，加快提升专业运营水平，在促进自身业务发展的同时，实现与传统产业跨界融合，打造超过50项行业信息化应用标杆产品，与近200个城市的地方政府达成智慧城市战略合作，信息化服务切切实实提升企业、经济社会的运行质量和效益。

持续推进"提速降费"与实名制工作。为落实"提速降费"工作，助力互联网+，顺应社会各界呼声，满足监管部门要求，持续推进"提速降费"工作。2016年10月1日起取消主流资费套餐国内漫游费，全年实现固定宽带单位带宽资费在2015年已经下降49.6%的基础上，再下降不低于15%；移动数据流量综合单价降幅在上年已经下降27%的基础上，再下降不低于15%。根据工业和信息化部等六部门《关于防范和打击电信网络诈骗犯罪的通告》和《工业和信息化部关于进一步防范和打击通讯信息诈骗工作的实施意见》（工信部网安函〔2016〕452号）对做好电话用户真实身份信息登记工作的要求，2016年底前完成全部用户实名登记。

扎实推进组织机构"压减"及"僵尸企业"治理工作。按照《关于中央企业开展压缩管理层级减少法人户数工作的通知》（国资发改革〔2016〕135号）要求，不断精简集团总部组织机构和职能，实行管理与生产分离，强化合理分工、明晰责权。积极推进法人户数压减、压缩管理层级、减少法人单位，截至2016年底，累计减少集团总部部门压减比率15%；人员编制压减比率18%。处置"僵尸企业"，治理特困企业。对国资委认定的4家"僵尸企业"，加快清算注销及减亏工作。对国资委认定的10家特困企业，各省根据自身特点，努力盘活存量房产资源，不断规范交易管理，提高关联交易价格市场化水平。加快推进解决"三供一业"、大集体等历史遗留问题，全面启动"三供一业"分离移交工作，积极推进厂办大集体改革。

持续推进降本增效，提高资源投入和使用效率。持续落实国资委销售费用压降工作，积极转变经营发展模式，扎实推进销售费用压降。落实人工成本与增量收入与利润的挂钩模型，严控人工成本支出。依托网上商城与商旅服务平台，完善会议、招待、差旅等管控流程，重点纳入管控的行政综合费用较上年下降5.3%。加快建立应收账款、存货端到端的闭环管理体系，严格信用管理，科学控制存货增量，集中清理账销案存坏账和长期逾期呆账，实现"两金"规模与业务发展的匹配增长。年底应收账款基准日存量压减30%，一年以上应收账款余额下降10%，非正常存货余额下降10%。

【走向海外】 2016年，按照年初制定的的整体工作思路，确定发展愿景和发展战略，编制完成2016—2018年中国联通国际业务和网络规划，制定国际公司产品、网络、移动业务、IDC/云计算业务、CDN业务等专项发展规划，统筹安排公司资源和引领国际化经营。

在全球POP布局方面，2016年增加15个POP点，累计达到44个。境外投资项目有103个，其中，2016年新增境外投资包括网络基础投资，海缆配套及支撑公司运营发展的信息化及零购等支撑项目。2016年，中国联通基于业务发展需要，在香港特区将军澳工业园区内建设中国联通(香港)环球中心。

【重大创新】 2016年，中国联通组织实施工信部"新一代无线宽带移动通信网03专项"、科技部"863项目"、国家重点研发计划、国家发改委"新材料研发与产业化专项"和"TD-LTE专项"等51项国家级科研课题，涉及5G、云计算与大数据、移动互联网业务、移动智能终端等领域。牵头完成国家SDN/NFV产业联盟课题，在2016年世界通信大会上展示5G网络架构、5G空口技术、5G虚拟化基站、5G物联网业务应用等方面的一系列重要成果。

2016年，牵头及参与编制行业标准项目226项，提交国际标准文稿614篇，主导标准新立项31项(其中ITU11项)，主导标准发布19项(其中ITU5项)。申请专利621件，授权专利232件，提交国际专利申请6件。获得中国通信学会科学技术二等奖项目4个、三等奖项目4个；中国通信标准化协会科学技术奖二等奖项目4个、三等奖项目4个；获得中国电子学会科学技术一等奖项目1个、三等奖项目1个。

【党建工作】 一是认真学习贯彻党的十八届六中全会和国企党建工作会精神，以全面从严治党为主线，以薄弱环节整改为重点，制定印发《中国联通党组2016年党建工作要点》，进一步梳理提出若干重点工作任务，并以分解落实台账和督办清单的形式逐条落实责任单位和完成时限。按照中央组织部统一部署，组织完成党员组织关系集中排查、基层党组织按期换届专项检查、党费收缴工作专项检查、抓严抓实领导机关党员干部学习教育、党代会代表和党员违纪违法未给予相应处理情况排查清理、抓党建促脱贫攻坚等6项基层党建重点工作。

二是认真开展"两学一做"学习教育，制定印发《实施方案》，召开专题动员部署会议，进行统一安排。成立专门协调小组，建立月报制度，加强组织协调和指导检查。各级领导干部既组织好分管领域开展学习教育，又以普通党员身份参与支部生活。进一步加强党组(党委)中心组学习和领导人员党性修养，制定2016年集团公司党组中心组学习计划，集团公司党组先后召开10次党组会、中心组学习会进行集中学习研讨，党组成员分别到支部参加学习讨论、带头讲党课。依托"学党章党规、学系列讲话"知识竞赛，组织广大党员以各种形式参与其中，提高广大党员学习积极性。利用"互联网+"手段，开发网上学习课程和手机答题、网页答题系统，全系统10万余人参加考试，8万余人次参加手机自测答题。举办全系统学习竞赛活动，通过省内预赛、全国南北两大片区复赛、全集团总决赛的方式，组织全体党员参与到学习活动中来，扩大学习覆盖。

三是组织开展“两优一先”评选表彰和基层党务干部培训。在全系统范围内开展先进基层党组织、优秀共产党员和优秀党务工作者的评选表彰工作，指导各省级分公司、总部各部门、各子公司自上而下完成“两优一先”人选的民主推荐工作，80个先进基层党组织、150名优秀共产党员、50名优秀党务工作者受到集团公司党组表彰。遴选推荐中央企业“两优一先”评选对象，3个先进基层党组织、3名优秀共产党员和2名优秀党务工作者获得国资委党委颁发中央企业先进称号。以省级分公司党务工作的人员为重点，分期对400多名地市级分公司党委书记、80多名省级分(子)公司党群工作部主任、党支部书记和业务骨干、180多名市级分公司党群工作部主任和业务骨干进行培训。进一步加强党员的教育培训，依托“网络学院”开发网上学习课程，组织全系统广大党员在线“学党章党规、学系列讲话”，做合格党员。

四是继续推进省级分(子)公司党委书记抓基层党建述职评议考核工作。在总结2014年试点经验的基础上，在集团各省级分子公司全面铺开，除7个省级分公司党委书记现场述职外，其他全部进行书面述职，同时组织部分省级分公司试点开展地市级分公司党委书记述职，推动述职评议考核向基层党组织延伸。集团公司以视频形式召开省级分公司党委书记现场述职评议会，述职、提问、点评、评议等各个环节，均同步直播到全国地市级分公司，接受包括述职人所在单位在内的广大基层干部员工代表公开监督；集团公司党组成员和与会人员对述职人员进行现场质询，党组书记、副书记分别提问和点评，充分交流互动，起到提醒责任、交流经验、传导压力、谋划工作的作用。

【信息化建设】 推动“集中统一运营”向“集中一体化”运营转型。持续开展IT生产结构治理，对标银行等集中系统先进行业，建立“大BSS生产运营体系”。通过“两组三制”实现生产团队重构，推进三级运营体系有效落地。推动集中系统接口和数据对省分的全面开放，通过分省建设“沃受理”系统，搭建中台整合多个系统界面，实现复杂业务的预受理。

加强信息系统基础能力建设。开展cBSS2.0资源中心集中号卡应用建设，自主研发建设支持IT应用全生命周期管理的数字运维系统。完成沃信用积分、通用支付、行销设备、线上线下一体化资金管理的试点省建设任务。完成31个省份的无纸化和电子发票系统的建设和部分省份的使用推广。

做强大数据运营体系。对内业务支撑方面，深化存量经营应用，运用大数据分析助力细分重点市场拓展。持续沉淀数据能力，提供实时化场景营销支撑能力。对外业务合作方面，完成征信产品、精准营销平台、能力开放平台、沃指数、智慧足迹六大统一等产品的发布，初步建立通达地市的一体化销售、运营和服务体系。

【履行社会责任】 一是保障应急通信畅通。2016年，中国联通圆满完成G20杭州峰会、“神舟十一号”载人飞船发射等重要通信保障工作。同时，针对我国部分地区发生的严重洪涝灾害，中国联通全力保障党政军、防汛抗旱指挥部门等重要客户的通信，累计投入救灾资金28206万元、救灾人员272620人次、抢险车辆100701车次、应急设备23648台次，发送公益短信及应急短信54133万条。

二是维护网络信息安全。加大信息安全管理，认真部署防范打击通信诈骗专项行动，为全网手机用户提供防欺诈提醒服务。进一步提高企业基础网络和业务系统防攻击、防病毒、防入侵、防瘫痪、防信息窃取能力，构建全网络安全应急工作体系，制定互联网应急预案，组建网络安全应急队伍，全年处置各类安全事件5.6万余次。

三是加强节能减排管理。将节能减排工作贯穿到设备采购、工程实施、设备维护、市场营销、行政管理等生产经营各个环节。建立健全节能减排管理体系，确保节能减排工作规范有效实施。2016年，公司投入2亿元节能减排专项资金，重点用于节能改造和节能技术应用，接入网机房和通信机房节能技术覆盖率分别达到64%和72%，全年实现节能15.65万吨标准煤。

四是积极承担普遍服务试点。积极参与2016年电信普遍服务试点工作，承担17省12146个行政村通宽带任务，总投资17亿元，完成建设4489个行政村，建设端口62万个。深入开展援助西藏和精准扶贫，针对农民、少数民族和残障人士开展特色服务，让欠发达地区和弱势群体共享信息化发展成果。

（撰稿人：史全水）

中国移动通信集团公司

【基本概况】 中国移动通信集团公司（以下简称"中国移动"）是按照国家电信体制改革总体部署，于2000年组建成立的中央企业，是全球网络规模最大、客户数量最多、市值排名和品牌价值位居前列的电信运营企业。2016年，中国移动全面贯彻落实党的十八大和十八届三中、四中、五中、六中全会、中央经济工作会议、全国国有企业党的建设工作会议精神，按照党中央、国务院的决策部署，在国资委等上级部门的领导下，牢固树立和贯彻落实新发展理念，围绕"三去一降一补"任务，以提质增效为中心，坚持创新驱动，聚焦价值提升，加快提升信息基础设施能力，积极培育信息消费新业态，进一步深化改革、加快结构调整，切实加强党的建设和干部队伍建设，全面完成全年目标任务，为中央企业稳增长、促进国民经济平稳发展作出积极贡献。连续12年荣获国资委考核A级，《财富》"世界500强企业"排名第45位，连续9年入选道·琼斯可持续发展指数。

【主要指标】 2016年，中国移动坚决贯彻落实国务院及国资委稳增长工作要求，积极应对市场竞争更加激烈、传统业务持续下滑的困难挑战，全面完成网络提速降费年度任务，主动释放资费风险，超额完成国资委下达效益指标，有效实现国有资本的保值增值。

2016年中国移动通信集团公司主要经济指标

项　目	2015年	2016年	比上年增长（%）
资产总额（亿元）	16306.00	17127.00	5.0
所有者权益（亿元）	11153.00	11663.00	4.6
营业收入（亿元）	6709.00	7116.00	6.1
利润总额（亿元）	1290.00	1296.00	0.5
净利润（亿元）	934.00	936.00	0.2
归属于母公司所有者的净利润（亿元）	638.00	639.00	0.2
技术开发投入（亿元）	210.00	240.00	14.3
利税总额（亿元）	2050.00	1892.00	−7.7
应交税金总额（亿元）	760.00	596.00	−21.6
全员劳动生产率（万元/人·年）	71.25	72.99	5.0
净资产收益率（%）	8.57	8.20	减少0.37个百分点
总资产报酬率（%）	8.18	7.77	减少0.41个百分点
国有资本保值增值率（%）	109.70	109.80	增加0.1个百分点

【改革发展】 2016年，中国移动认真研究深化国企改革"1＋N"的政策体系和"十项改革试点"，把握信息消费新业态的特征规律，推进专业化运营，进一步明确总部、省公司和专业机构的职责定位，推动建立内部市场化契约机制，形成31个省公司＋22个专业机构的组织体系和协同机制。推进集团客户经营管理体系、新业务发展责任体系的调整与优化。深入推动网络集中运维和实体渠道省级集中化管理，完成在线公司热线集中化的平稳划转，集中化管理取得明显成效。在集团公司和上市公司下分别注册成立投资公司，更好释放对外投资活力、提升管理能力、布局产业生态。增加总部审计力量，在天津、武汉和成都设立由总部内审部直管的审计分部，进一步强化内部审计工作，防范经营风险。完善薪酬总量分配机制和差异化的分层分级激励体系，重点向关键岗位和一线员工倾斜，薪酬配置的有效性进一步增强。

【网络提速降费】 2016年，中国移动坚决贯彻落实党中央、国务院要求，把网络提速降费工作当作重要政治任务全力推进，全面完成上级部门下达的提速降费年度工作任务。在提速方面，完成投资1887亿元,加强4G移动网、宽带接入网、骨干传输网、CDN内容分发网络等重点领域建设。建成151万个我国自主创新4G TD—LTE基站,4G网络实现全国乡镇以上连续覆盖和行政村热点覆盖,覆盖人口超过13亿人。全年新增4G客户2.23亿户,总数达到5.35亿户。建成全球最大的VoLTE网络,在313个城市提供VoLTE高清语音服务。有线宽带端口数达到1.9亿个,家庭宽带覆盖3.2亿户,光纤到户(FTTH)覆盖数2.7亿户。全年净增有线宽带客户2259万户,总数达到7762万户。加快建设Cache和CDN融合的内容分发网络,自有业务下载速率提升3倍。在降费方面,继续推行八项降费举措,手机上网平均单价降至0.05元/MB,同比下降36.4%,惠及客户数由2015年底的1.35亿户扩大到4.1亿户。持续降低国际漫游资费,重点推动"一带一路"沿线下调资费,64个国家语音资费全部纳入1/2/3元区,39个国家数据资费实现30/60/90元包天不限量,14个国家实现3/6/9元3M流量。

【走向海外】 2016年,中国移动积极响应"一带一路"倡议,秉持"共商、共建、共享"原则,主要从推进通信设施互联互通、提供价廉质优的通信服务等方面,参与"一带一路"建设。在"一带一路"沿线建成8条陆地光缆、5条海底光缆、5个国际通信业务出入口局、29个国外POP节点,提升通信设施互联水平和国际业务疏通能力。同时,通过扩大漫游范围、降低漫游资费、促进合作共赢及直接建设运营等方式,降低信息沟通成本,促进多边经贸、文化、旅游等领域的往来交流。巴基斯坦公司经营业绩持续改善,2016年实现收入34.1亿元,客户总数达到2731万个,比收购时增长22.6倍。2016年6月,中国移动完成对泰国True公司增发股份的认购,投资总额约合3.1亿美元,与True公司共同开展超过60个合作项目。发起"牵手计划"合作项目,已吸引20家电信运营商加入,为"一带一路"沿线漫游客户和企业提供更可靠、更快捷的信息通信保障。

【重大创新】 2016年,中国移动认真贯彻落实创新驱动发展战略,加大科技研发投入,增强自主创新能力,深入推进创新体系建设。积极推动TD—LTE在全球部署应用,牵头发起成立国际产业合作平台GTI(TD—LTE全球发展倡议),已汇聚全球127家运营商成员、130家厂商合作伙伴,在53个国家开通99张TD—LTE网络,提升了我国主导技术的国际竞争力。"第四代移动通信系统(TD—LTE)关键技术与应用"项目荣获2016年度国家科学技术进步特等奖。积极推进5G研发,推动我国多项核心技术写入国际标准,大规模天线技术研发走在世界前列,成立我国"5G联合创新中心",促进跨行业应用创新。此外,搭建内部"双创"平台,用户数超过13万户,5年计划投入10亿元、入孵600个项目。

【党建工作】 2016年,中国移动牢记坚持党的领导、加强党的建设是国有企业的"根"与"魂",认真落实全面从严治党要求,确保党组织的领导核心和政治核心作用得到充分发挥。一是狠抓思想政治教育。认真学习习近平总书记系列重要讲话精神,不断提高思想认识,深入贯彻落实党的十八届六中全会及全国国有企业党的建设工作会议精神,切实强化"四个意识"特别是核心意识和看齐意识,始终与以习近平总书记为核心的党中央保持高度一致。扎实开展"两学一做"学习教育,各级党组织开展专题学习研讨12100余次、讲党课9400余次,轮训10500名党务干部,实现各级党组织书记和专职党务干部的全覆盖。二是狠抓制度建设。制定《贯彻落实全面从严治党要求进一步加强党的建设工作的意见》等制度办法,组织开展党建制度贯彻执行情况的督促检查,确保党的领导、党的建设在企业改革发展中得到充分体现和加强。制定贯彻落实全国国有企业党的建设工作会议精神重点任务70项举措,开展二级单位党组织书记现场述职评议,努力把党建工作嵌入公司经营管理和业务发展中,实现有机融合、相互促进。三是狠抓基层组织建设。具备条件的20个省、自治区公司全部完成党组改设党委工作,严格按照要求开展基层党组织按期换届、党员组织关系及档案集中排查、党费收缴专项检查等工作。加强专业公司和直属单位党组织建设,对党组织的设置原则、基本职责、管理体系等进行规范,努力使党的组织和党的工作"无死角、全覆盖"。四是狠抓干部队伍建设和作风建设。严格干部选任原则、标准、程序和纪律,进一步优化领导班子结构。重点围绕党性修养和能力提升加强干部培训教育,举办5期党组管理领导人员培训和2期中青年经理人员培训。制定《贯彻落实中央八项规定精神，进一步深化作风建设有关规定》130条，形成干部作风建设"1＋N"制度体系。从严查处顶风违纪行为，开展"四风"问题整治情况"回头看"。五是狠抓反腐倡廉建设。推进嵌入式廉洁风险防控机制建设，计划投资、工程建设、网络运维、采购招投标、业务支撑、终端营销等6个重点领域防控框架基本搭建。对18个单位开展内部巡视，党组成员带队对境内其他所有31个单位开展中央专项巡视整改落实情况内部"回头看"，传导从严从实抓整改落实的强大压力。实现对所属单位领导人员全面从严治党主体责任约谈全覆盖。六是狠抓党建和纪检工作队伍建设。建立党务部门负责人准入机制，严格任免报审管理。推进省级公司纪委书记（纪检组长）专职化，36个单位专职纪委书记（纪检组长）已配备到位，更好地承担起监督执纪问责的职责。

【信息化建设】 2016年，中国移动按照推进供给侧结构性改革要求，围绕推动两化深度融合发展、促进"互联网＋"和智慧城市发展等，加快数字化服务布局，助力经济转型升级。一是加快物联网发展。建成全球最大的物联网专用网络，构建物联网业务平台（OneNET），已聚集开发者近3万户、承载行业应用超过1.2万个，物联网用户数近1亿户。二是推动工业互联网发展。牵头和参与工业互联网产业标准化和示范项目，搭建智能工业应用平台，打造新一代工业云，提供"互联网＋"智能制造服务。三是大力拓展行业信息化。"和教育"云平台接入用户超过9000万户。"和健康"已形成远程医疗、智慧医院、区域医卫、健康管理四大业务领域，为200多家医院提供服务。推出自主品牌4G车联网终端，车联网前装、后装连接规模已超千万台。推出自主研发家庭网关，提供一体化家庭通信、娱乐、生活等多场景数字家庭智能服务。

【履行社会责任】 2016年，中国移动秉承"正德厚生，臻于至善"企业核心价值观，在推进电信普遍服务、网络与信息安全治理、保障应急通信、支持公益事业、绿色节能行动等方面发挥积极作用，得到社会认可。2004年以来累计投资466亿元，完成12.2万个自然村通电话、3.8万个行政村通宽带和2167个农村学校通宽带任务。坚持"客户为根、服务为本"理念，不断加大信息安全工作力度，切实维护广大用户合法权益，月均拦截网间虚假主叫3400万次、拦截国际诈骗电话920万次。全力做好G20峰会等重大活动和抢险救灾信息通信保障工作，完成应急通信保障4128次。大力支持公益事业，2016年中国移动"蓝色梦想—教育援助计划"项目培训11000名中西部农村中小学校长，中国移动爱"心"行动项目免费救治787名先天性心脏病贫困儿童。持续开展绿色行动，2016年单位信息流量综合能耗、单位电信业务总量综合能耗较上年分别下降36％和28％。

（撰稿人：郝　峰　程　东）

中国电子信息产业集团有限公司

【基本概况】 2016年，中国电子信息产业集团有限公司（以下简称"中国电子"）以习近平总书记系列重要讲话精神为指引，深入贯彻落实中央和国资委决策部署，保增长、促转型、强管理，各项工作取得新进展。一是综合实力持续提升，连续第6年入选"世界500强"，排名提升至第329位。二是产业地位持续提升。初步形成以面板为中心、整机为龙头、基板为核心的新型显示产业链；基本形成覆盖本质安全、过程安全和工控安全的自主可控网络安全产业体系。三是财税贡献持续增加。中国电子严格遵守和执行国家相关税收法规，积极为国家财政作贡献，2016年上缴税金总额50.8亿元。

【主要指标】 2016年，中国电子实现营业收入1993.6亿元，同比增长0.6％；实现利润总额51亿元，同比增长43.8％；净资产收益率6.56％，比上年增加2.83个百分点；科技投入64.7亿元，同比增长1％；总资产周转率0.79次，应收账款周转率6.91次。总资产2541.77亿元，增长2.6％；总负债1753.9亿元，增长0.8％；归属于母公司所有者的净利润21.4亿元，增长93.1％；主营业务毛利率为10.8％，同比提升

0.5个百分点；成本费用利润率为2.55％，同比提升44.1个百分点。

2016年中国电子信息产业集团有限公司主要经济指标

项　目	2015年	2016年	比上年增长(％)
资产总额(亿元)	2477.80	2541.77	2.6
所有者权益(亿元)	737.90	787.90	6.8
营业收入(亿元)	1981.90	1993.60	0.6
利润总额(亿元)	35.50	51.00	43.8
净利润(亿元)	17.50	31.40	79.5
归属于母公司所有者的净利润(亿元)	11.10	21.40	93.1
技术开发投入(亿元)	64.00	64.70	1.0
利税总额(亿元)	89.40	108.90	21.7
应交税金总额(亿元)	54.00	57.90	7.3
全员劳动生产率(万元/人·年)	11.00	13.30	21.1
净资产收益率(％)	3.73	6.56	增加2.83个百分点
总资产报酬率(％)	3.01	3.23	增加0.22个百分点
国有资本保值增值率(％)	103.87	105.21	增加1.34个百分点

注：2015年数据为2016年决算数的上一年同期数。

【改革发展】 积极稳妥推进深化改革。正式印发《中国电子全面深化改革实施意见》，以市场化为导向，以供给侧结构性改革为主线，全面推进符合中国电子实际、具有中国电子特色的市场化结构性改革。全力实施力“爱诚信”项目，正在向重组整合成功和融资到位的目标迈进。完成中电广通股权转让，有效盘活上市公司资源，为集团改革发展提供有力支撑保障。完成中电系统、中电投资、中电港3家企业混合所有制改革和3户企业改制，导入外部优势资源并实施员工持股。加强企业清理整合。坚决按照国资委工作要求，将“瘦身健体”与清理压缩工作深度结合，全年清理退出45户控参股企业，完成9户“僵尸企业”处置和25户特困企业治理。集团公司企业法人层级由11级压缩至9级。加强人才选拔培养激励。对重点项目、重组企业进行优化调整，完成19家企业、72人次领导干部调整，调整企业董监事99人次。制定技术岗位体系管理办法，打破技术岗位“行政化”传统，探索建立技术人员职业发展路径。全年通过“猎英计划”引进高层次人才190名，同比增长14％。

【重大项目】 2016年，中国电子完成境内固定资产投资175837万元，有力带动三大系统工程重大项目进展。

第一，显示技术系统工程取得新成绩。一是强化技术攻关。基本掌握IGZO工艺量产技术，成功点亮98英寸8K×4K面板，6英寸和5.5英寸FHD面板实现量产。G8.5液晶玻璃基板、高铝盖板玻璃打破国外垄断，填补国内空白。二是强化产能提升。G108项目已具备满产60K能力，G6项目技改顺利，实现90K满产，大尺寸高分辨率品种达到30K产能。咸阳和成都8.6代液晶面板生产线项目建设进展顺利，咸阳G8.6代液晶玻璃基板生产线开工建设，合肥G8.5代液晶玻璃基板产品实现批量销售。三是强化市场拓展。G108项目中小尺寸产品通过主流厂商认证，彩虹集团盖板玻璃实现批量销售。

第二，网络安全系统工程实现新突破。一是本质安全方面，基于ARM架构“飞腾CPU＋麒麟OS”的国产自主可控软硬件系统基本成熟，实现从不可用到可用再到基本好用的转变。“南风”一期5个项目完成验收，二期项目逐步展开。二是过程安全方面，网络防护及安全运维在北京、上海、成都、深圳落地应用，圆满完成G20峰会网络安全保障任务。三是工控安全方面，全国产化自主可控PLC研发成功，在航天等国家重大工程领域开展试验验证。四是重大行业信息化方面，“金税”三期圆满收官，完成全国各省市统一部署，新中标国税总局云平台和国家统计局全国农业普查项目，累计中标金额7.6亿元。五是政策咨询方面，牵头起草和参与编写多份国家网信产业重要政策文件和国家标准。

第三，信息服务系统工程拓展新空间。一是在“走出去”方面，持续深化“外交引领、金融合作、企业拓展”的发展模式。拉美传统市场得到巩固，特别是习近平总书记视察厄瓜多尔 ECU911 项目并给予高度评价，成为集团公司大力开拓国际市场的集中体现和重要里程碑。着重开拓非洲市场，成功签署 2.4 亿美元的安哥拉人口信息化项目，全年非洲市场合同签约额 5 亿美元。二是在园区业务方面，通过重组成为光谷联合第一大股东，上海浦软荣获 2016 年度亚洲“最佳孵化器”称号。三是在“互联网＋”方面，继续拓展“互联网＋元器件分销”，实现交易规模 95 亿元，同比增长 36%，其中线上销售 5 亿元。积极承担“互联网＋医疗”，牵头成立中国健康医疗大数据产业联盟，承接国家健康医疗信息化工程项目。探索实施“互联网＋党建”，“党建云”成功中标中组部、北京市委组织部项目。

第四，集成电路产业探索新发展。一是抓市场。国产金融 IC 卡芯片占有率国内第一。DRAM 封测出货 6.8 亿颗，FLASH 封测出货 2455 万颗，成为国内半导体封测行业龙头企业。二是勇创新。成功打破 EDA 产业寡头垄断，自主研发的高速高精度电路仿真工具 ALPS 达到国际领先水平，占据国内 50% 市场份额。三是补短板。成功收购 Microchip 消费类触摸产品线，有效弥补在 OLED 显示驱动与触控 IC 领域短板。

第五，智能制造产业成为新亮点。一是注重顶层设计。首次制定智能制造产业发展专项规划，将高端装备、工业软件、控制器件、集成应用解决方案和一体化服务作为重点发展业务。二是建设专业研发中心。成立智能制造研究总院，开展智能制造总体工作研究和关键技术预研。成立机器人研究院，并在南京、上海、东京设立分支机构，在机器人控制器、核心算法等多个方面实现突破，填补国内空白。三是实现重点突破。销售工业机器人 400 台，实现销售收入 6 亿元。首条手机智能制造生产线顺利投产，平均人工替代率达到 35%。工业大数据云平台落户长沙，产生良好应用与示范效果。

【走向海外】 2016 年，中国电子境外实现营业收入 703 亿元，利润总额 4.9 亿元，纯境外企业资产总额 424.6 亿元，同比增加 94.9 亿元，增长 28.8%。实施 2 项境外股权投资项目，合计投资额 1815 万元。截至 2016 年底，中国电子所属各级境外投资企业 95 户，中国电子海外经营主要依托冠捷科技有限公司、深圳长城开发科技、中国电子进出口总公司三家公司。中国电子的国际业务已遍及亚洲、非洲、拉丁美洲和欧洲，尤其在拉美、非洲地区实现业务快速增长，国际业务规模不断扩大，承担巴西南极科考站重建项目、安哥拉人口信息化项目、厄瓜多尔 ECU911 安防等一系列重大工程。

【重大创新】 2016 年，中国电子申请专利 1108 项，其中发明专利 605 项。获得省部级以上科技奖励 24 项，其中电子学会奖励 6 项，成功获得电子学会一等奖。

2016 年，中国电子首次召开集团公司科技创新大会，全面总结“十二五”科技创新工作，千万元重奖科技创新人才和项目，对“十三五”科技创新工作进行动员部署。先后编制印发集团公司“十三五”科技发展规划、科技创新三年行动纲要，科技创新体制机制进一步优化完善。新增 4 个国家级科技创新平台，国家级科技创新平台达到 23 个。

【党建工作】 扎实推进“两学一做”学习教育。把学习教育与落实中国电子“十三五”战略规划相结合，与提质增效、深化改革、转型升级中心工作相结合。全年全系统召开中心组学习 74 次；领导干部讲党课 168 次；集中培训 3970 余人次；组织专题学习研讨 420 余次。强化所属企业党的建设。调整党委、纪委负责人 20 人次，5 家企业配备专职党委副书记，6 家企业配备专职纪委书记。从严落实主体责任。2016 年，集团公司党组书记、各级党委书记同下级党政主要负责人谈话 193 人次，党组纪检组长、各级纪委书记同下级党政主要负责人谈话 456 人次。强化执纪问责。2016 年，集团公司各级党组织对党员领导干部任前廉洁谈话 361 人次，诫勉谈话 33 人次、提醒谈话 54 人次。2016 年，按照五类标准处置问题线索 110 件，给予党纪政纪处分 12 人。

【信息化建设】 2016 年，中国电子继续以集团总部信息化建设工程为牵引，紧紧围绕“二三二五六”信息化建设总体框架，持续推进商密数据中心机房、数据资源管理平台、综合业务管理平台三大重点项目建设，集团总部目前已完成非涉密中心机房建设、非涉密内、外两套局域网建设和配套的网络安全设施建设；建设覆盖集团总部和所属二级企业的专线网络以及视频会议系统，建成并投入使用13个应用系统。

【履行社会责任】 2016年，中国电子首次发布英文版社会责任报告，再次获得"五星级"评价；推进《中国电子定点帮扶工作三年规划》（2015—2017年），累计投入定点扶贫资金和捐赠资金600万元。

（撰稿人：冯建辉）

中国第一汽车集团公司

【基本概况】 2016年，中国第一汽车集团公司（以下简称"中国一汽"）认真贯彻落实党和国家关于经济社会发展和从严管党治党的决策部署，充分把握市场机遇，全力稳增长保大局，公司经营质量稳中向好；主动实施调整调优，结构调整取得重要进展；深化创新驱动发展，自主创新步履更加坚实；着力释放发展活力，年度改革任务全部完成；坚持从严管党治党，公司党的建设不断加强，实现"十三五"发展的良好开局。

【主要指标】 2016年，中国一汽终端销售汽车314.7万辆，实现营业收入4304亿元，实现利润410亿元，全面完成国资委确定的指标。

2016年中国第一汽车集团公司主要经济指标

项 目	2015年	2016年	比上年增长（%）
资产总额（亿元）	3333.0	3806.0	14.19
所有者权益（亿元）	1964.0	2056.0	4.68
营业收入（亿元）	3950.0	4304.0	8.96
利润总额（亿元）	450.0	410.0	−8.89
净利润（亿元）	348.0	286.0	−17.82
归属于母公司所有者的净利润（亿元）	204.0	160.0	−21.57
技术开发投入（亿元）	90.0	85.0	−5.56
利税总额（亿元）	1197.0	1220.0	1.92
应交税金总额（亿元）	724.0	816.0	12.71
全员劳动生产率（万元/人·年）	89.2	99.1	11.10
净资产收益率（%）	18.5	14.2	减少4.3个百分点
总资产报酬率（%）	13.7	11.5	减少2.2个百分点
国有资本保值增值率（%）	115.9	107.7	减少8.2个百分点

【改革发展】 事业结构调整方面，成立红旗分公司，实现商用车、乘用车、红旗分品牌运营。推进一汽丰田体系整合，完成整体方案设计，并签订整合框架协议。完成技术中心"七部四院两中心一所"组织架构搭建。将轴齿中心乘用车业务划转至轿车公司发传中心。

干部能上能下方面，通过到龄退出、评价退出、问责退出等途径，保持干部队伍干事创业激情。完善高级经理年度和任期综合考核评价制度，明确对考评结果差的领导班子进行改组、一把手免职或降职降级，对考评结果差的个人进行免职或降职降级；明确距离退休不满一届的高级经理，原则上不再进入领导班子；实施高级经理到龄退出制度，转为专务高级经理。

收入能增能减方面，建立子公司以经营效益为主、管理效率为辅的工资效益联动机制；创建工资效益联动和挑战奖励的双激励模式，对利润、经济增加值和市场占有率在必达目标基础上设定挑战目标，鼓励多干多得。突出业绩导向，高级经理绩效年薪与集团经营结果、本单位绩效结果及个人考评结果挂钩，一般职工绩效奖励与年中、年度绩效考核结果挂钩，提高薪酬激励的有效性。

市场化选人用人方面，围绕金融保险、服务贸易、营销等领域，引入外部高级经营管理人才，探索形成内部市场化管理机制，2016年引进22名中高层经理人员。加大引进国际顶尖人才力度，2016年选聘来自韩国、日本的4位专家，在造型、汽车电子、共轨技术和整车动态领域担任总监，发挥高级技术管理人才的领军作用。

【走向海外】 一是“一带一路”、国际产能合作工作扎实推进。截至2016年底，中国一汽已通过合资及合作等形式在南非、巴基斯坦、伊朗等11个国家设立组装厂，KD出口占比达到52%。

二是央企合作，项目带车出口取得新突破。2016年，中国一汽与中铁建、中电建、中国中铁等总部及下属公司等20余家企业建立沟通渠道；实现老挝、巴基斯坦两个项目带车出口246辆。

三是品牌建设、本地化营销取得新成绩，战略市场品牌建设不断深化。在伊朗，以赞助足球赛事和商圈静展为切入点，通过电视、网络等全方位广宣覆盖，品牌知名度提升至47%；在南非，开展体育营销，赞助橄榄球赛事广告，品牌知名度上升至53%。

【重大创新】 围绕“低碳化、信息化、智能化、高品质、高效益”总体技术战略和目标，加大研发投入，狠抓体系建设，核心技术取得阶段性突破。

低碳化方面，全面推进“蓝途”战略，乘用车通过研究采用直喷增压发动机、DCT变速箱等低碳化技术，满足国家四阶段油耗标准，提高自主乘用车产品竞争力。商用车通过采用整车综合电子控制技术、空气动力学技术、轻量化技术，实现节油5%目标。加快下一代新能源汽车“三电”技术研究，完成动力系统构型分析和关键总成原型设计。

智能化方面，全面推进“挚途”战略，基于红旗产品，完成高级巡航、拥堵跟车系统架构设计，完成智能驾驶综合控制器性能开发，完成自动泊车、自动出车功能开发；“挚途2.0”技术已随产品项目同步开发。

信息化方面，搭建车载信息系统平台，完成D-BOX功能原型系统方案、软硬件架构和数据接口规范，建立T-BOX平台系统方案、内外信息交互方案和软硬件架构。

高品质方面，开展低噪声控制技术研究，掌握振动噪声正向开发技术；进行耐久性载荷谱测试技术和试验评价技术开发，商用车B10寿命储备150万千米的能力；开展整车可靠性精细化技术研究，目标实现整车10万千米无“松、锈、漏”。

高效益方面，开展数字化汽车分析技术、数字化汽车验证技术和基于网络的设计/制造/服务一体化技术研究，掌握NVH性能快速模拟技术，编写CAE计算分析操作手册，缩短产品开发周期、提升产品开发效率。

【党建工作】 公司党委全面贯彻党的十八大和十八届三中、四中、五中、六中全会精神，严格落实全国国有企业党的建设工作会议要求，充分发挥把方向、管大局、保落实的重要作用，不断激发党员队伍活力、强化党员意识，发挥党员先锋模范作用，坚持服务中心工作、服务职工群众，为企业的快速发展提供强有力的服务支撑和坚强的组织保障。

一是深入学习六中全会和国有企业党建工作会议精神，贯彻落实全面从严治党要求。及时传达会议精神，迅速制定落实国有企业党建工作会议精神的工作方案。开展党委书记、高级经理、党支部书记三级集中轮训，确保领导干部先学一步、深学一层。公司党委组建七个宣讲团，分赴各基层党委开展集中宣讲，在全集团范围掀起党的十八届六中全会精神的学习热潮。

二是扎实开展“两学一做”学习教育，推进从严治党向基层延伸。做到领导干部示范带动学、基层支部集中学、广泛参与以考促学。通过全员“提质降成本、岗位展风采”主题实践活动、党内重点项目攻关、党员目标管理等方式，党内带头、模范推动，彰显“做”的成效。

三是坚持党管干部原则，加强企业领导班子建设。完善干部选拔流程，坚持选人用人全过程纪实；进一步扩大选人用人民主，选人用人全部实施民主推荐会和谈话推荐；试点实施职业经理人制度，形成选聘实施工作方案。规范董事会建设，形成《董事会及监事会设置指导意见》及《子公司董事会、董事管理规定》。

四是强化基层党组织建设，夯实工作基础。推进党建总体要求进入章程，进一步明确党组织在企业的法定地位；绘制2016版集团公司党建工作地图，进一步明晰党组织在国有企业中的定位和作用，系统阐述党群各体系工作要点。进一步压实党建工作责任，将年度党建KPI考核在单元绩效中的权重由5%提高到20%。制定《基层党委党群工作机构设置和人员配备的意见(暂行)》,进一步明确基层党组织党群工作机构设置及人员配置标准。

【信息化建设】 技术创新信息化方面,公司积极打造基于网络的产品设计、制造、验证一体化的资源共享平台,实现研发过程的并行、协同和生命周期管理,形成具有自主特色的产品研发信息化、智能化系统。

财务信息化方面,围绕财务体系梳理的181个业务流程,规划包含7个模块、11个核心业务系统的财务管控平台。2016年实现全面预算、财务合并、财务决算、统计、资金管理、资产全生命周期管理等6个系统上线运行;价格管理、成本管理、产权管理、财务分析等4个系统进入系统开发阶段;总体业务流程覆盖率达到75%。

【履行社会责任】 中国一汽坚定履行企业社会责任。构建和谐劳动关系,2016年完成二级单位平等协商集体合同签订工作;规范职代会运行,审议涉及职工利益的重大事项;畅通诉求表达渠道,抓好维稳促和工作,依法保障职工权益。开展暖心纾危解困工作,2016年累计投入927万元。坚定落实援藏和扶贫攻坚任务,支持公益和环保事业,2016年累计投入9119万元。

(撰稿人:张　龙)

东风汽车公司

【基本概况】 2016年是"十三五"开局之年,东风汽车公司(以下简称"公司")深入学习贯彻党的十八届三中、四中、五中、六中全会精神,认真学习贯彻习近平总书记系列重要讲话精神和治国理政新理念新思想新战略,按照统筹推进"五位一体"总体布局和协调推进"四个全面"战略布局要求,深入贯彻落实新发展理念、供给侧结构性改革要求、"三去一降一补"五大任务及党中央关于国有企业改革发展和党的建设的一系列重大决策部署,全面推进事业发展、党的建设、深化改革等各项工作,经营高质量跨越420万辆,全面从严治党向纵深推进,深化改革迈出坚实步伐,实现"十三五"良好开局。

公司按照"十三五"战略规划加强党建、深化改革、发展事业、合规运营的工作部署,以"详对标、补短板,强改革、抓机遇,提质量、增效益,起好步、开好局"为工作主线,深入市场实际,聚焦客户价值,精准商品企划,提升网络能力;深化国际协同,集成发展资源;深化改革,完善管理,激发活力,努力突破体制机制瓶颈。

截至2016年底,公司有从业人员16.6万人,资产总额2958亿元,位居《财富》世界500强第81位,中国企业500强第16位,中国制造企业500强第三位。

【主要指标】 2016年,公司汽车销量突破420万辆,达到427.7万辆,同比增长10.4%。销量规模居行业第二位。其中,乘用车销售378.5万辆,同比增长10.6%;商用车销售49.2万辆,同比增长9.06%。公司终端零售量达到431.4万辆,同比增长13%,零售量高于批发量,库存数量和结构得到优化。

经营质量持续提高。实现销售收入、利润、上缴税费为5717.6亿元、383.4亿元和536.6亿元,分别增长9.9%、7.4%和12.4%。国务院国资委考核指标较好达成,利润总额、成本费用占比、EVA和流动资产周转率均保持在较好水平,高质量完成稳增长目标。

旗下各业务单元表现突出。其中,东风乘用车公司销量突破15万辆,同比增长50.5%;东风商用车公司销量13.3万辆,同比增长12.3%;东风小康销量达到37.7万辆,增速跑赢大市;东风日产销量突破111万辆;东风本田完成销量57万辆,同比增长40%,在品牌建设、规模扩大、收益改善等方面都有较大提升;东风柳汽实现销量30.3万辆,商用车实现大幅增长;东风特商实现销量4.75万辆,同比增长22%。

【改革发展】 深入学习中央精神,把握改革方向,制定《东风公司全面深化改革纲要》,明确七个方面的重点任务。落实中央"瘦身健体"、提质增效要求,有序推进"压减"工作,2016年压减7户,调整16户企业管理层级,计划3年内法人户数净减20%,管理层级控制在四级以内。因企施策制定18家"僵尸企业"、特困企业处置方案。稳步推进社会职能移交、辅业改革、集体企业改制,东风医疗集团整体划转国药集团，东风实业公司改制进入实质性推进阶段。

【"十三五"规划】 先后召开两次大型战略研讨会，分别就公司"十三五"规划及重大课题进行研讨。公司转型发展的战略定位更加清晰，确定到"十三五"末经营规模跨越560万辆、挑战600万辆的目标。技术与商品、产品平台、关键总成、新能源汽车、智能网联、水平事业、国际化发展等领域的战略布局加快展开，公司"十三五"发展格局基本确定。

【自主品牌】 加快实施科技强企战略，发布实施《"十三五"科技规划发展纲要》。大力推进产品及动力总成研发，产品平台建设取得新的进步，投放东风A9、东风风神AX5、东风风度MX5、东风风行SX6、景逸S500、东风风光580、东风商用车国五车型等一系列新车型。全年自主品牌累计销售137.7万辆，同比增长13%，其中，自主品牌乘用车累计销售89.6万辆，同比增长14.7%；自主品牌商用车累计销售48.1万辆，同比增长10%。与央视携手打造《加油！向未来》大型科学挑战节目，进一步提升东风品牌的知名度。

【新能源汽车】 发布实施新能源汽车"583"计划，进一步明晰新能源发展路线图。调整新能源事业管理体系，关键技术及商品研发取得新的进展，与国航等单位开展合作。全年纯电动汽车销售2.52万辆，同比增长66.6%，纯电动乘用车销售7312辆，同比增长3倍。公司新能源事业整体实现盈利。

【开放合作】 积极利用好与法国PSA的战略联盟关系，进一步强化在商品与技术、国际业务、制造与供应链、人才培养等方面的合作和协同。东风雷诺汽车公司建成投产，科雷傲、科雷嘉两款SUV产品成功投放市场。在前期已获国家批准基础上，启动东风本田汽车公司第三工厂的建设。东风格特拉克汽车变速箱公司双离合自动变速箱量产投放。

【人才队伍建设】 制定实施"十百千"重点人才工程。创新人才激励机制，人才队伍竞争力不断提升。与PSA开展人力资源战略合作，实施赴雷诺日产挂职学习，2016年选拔61名青年人才到海外培训。拓展引才渠道，海外高层次人才队伍不断充实。公司先后有108人获评享受国务院政府津贴专家，9人入选国家"千人计划"，1人入选国家百千万人才工程，3人获中华技能大奖，20人获评全国技术能手，建立国家级技能大师工作室4个，160余人获得省部级和行业级专家称号。

【安全生产与节能减排】 认真贯彻落实"发展决不能以牺牲生命为代价"重要指示，坚决履行主体责任，进一步健全体系，夯实基础，把压力传递到班组，全年安全形势保持平稳。始终把节能减排工作放在极端重要的位置，深入践行"绿色"发展理念，发布节能环保"十三五"规划和中期事业计划，全面达成节能减排考核目标，2016年7月获得"2013—2015年任期中央企业节能减排优秀企业"，公司连续两个任期获评该称号。

【党建工作】 在中央统一部署下，公司27家直属党委和127家基层党委同步展开"两学一做"学习教育。夯实"学"的基础，通过"六个课堂"抓学习研讨，加强党员理论武装，抓住"做"的关键，引导广大党员践行"三先三最"，争做合格党员。注重把学习教育与促进事业发展、深化改革等紧密结合起来，进一步调动广大党员干部干事创业积极性。通过"两学一做"学习教育，推进全体党员的教育从集中性向经常性延伸，推动全面从严治党向基层延伸，达到预期目标。

深入组织学习习近平总书记系列重要讲话精神，教育引导各级领导班子和广大党员干部不断增强"四个意识"，在思想上政治上行动上与以习近平总书记为核心的党中央保持高度一致。召开公司党的建设工作会，发布党建"十三五"规划。把抓党建工作情况纳入各级领导班子、领导干部年度考核内容，推进各级党委落实党建"责任清单"。深入开展"党组织关系排查，党费收缴管理专项检查，基层党组织按期换届专项检查，党代会、人大政协代表和违纪党员排查"等"四查"工作。2016年下半年，组织开展中央专项巡视整改"回头看"，巩固巡视整改效果。全面加强干部队伍建设，选人用人导向更加鲜明、风气更加清新，进一步交流、调整、补充部分业务单元和职能部门的领导班子。

【履行社会责任】 发布实施《东风社会责任"润"计划2.0》。扎实推进援藏、援疆、援桂、润楚工程等精准扶贫项目，向对口帮扶的西藏贡觉县、江达县投入资金1500万元，帮助新疆柯坪县玉尔其乡、盖孜力镇105户贫困户建设庭院经济项目。积极参与抗灾救灾，向湖北省洪涝灾区捐赠2000万元，向盐城灾区捐赠600万元。公司荣获第九届中华慈善奖、中国社会责任精准扶贫奖和中国社会责任杰出企业奖。

（撰稿人：王　英）

中国第一重型机械集团公司

【基本概况】 2016年，中国第一重型机械集团公司（以下简称"中国一重"）认真贯彻党中央、国务院对中央企业改革发展的各项安排部署，紧紧围绕打赢脱困攻坚战的工作目标，从解放思想、转变观念、改变作风入手，加强调查研究，全面系统查找公司营销、生产、质量、技术、成本等方面存在的问题，通过外联市场、内强管理等方式，使各项工作扎实和有序推进，公司整体情况向好发展。截至2016年底，新增订货81.18亿元，同比增长51.52%，回款80.24亿元，同比增长36%，超额完成年初既定的"双80"经营工作目标。

【主要指标】

2016年中国第一重型机械集团公司主要经济指标

项　目	2015年	2016年	比上年增长(%)
资产总额(亿元)	401.77	343.75	－14.44
所有者权益(亿元)	178.17	133.28	－25.20
营业收入(亿元)	50.12	32.05	－36.05
利润总额(亿元)	－16.93	－54.74	
净利润(亿元)	－17.20	－57.30	
归属于母公司所有者的净利润(亿元)	－10.21	－35.01	
技术开发投入(亿元)	2.97	2.83	－4.71
利税总额(亿元)	－13.55	－51.33	

续表

项　目	2015年	2016年	比上年增长(%)
应交税金总额(亿元)	4.18	3.72	－11.00
全员劳动生产率(万元/人·年)	0.35	－30.41	－8788.57
净资产收益率(%)	9.32	－36.80	减少27.48个百分点
总资产报酬率(%)	－2.37	－12.92	减少10.55个百分点
国有资本保值增值率(%)	91.39	70.24	减少21.15个百分点

【改革发展】 2016年5月以来，中国一重在党中央、国务院的正确领导下，按照国务院国资委部署要求，围绕"去产能、去库存、去杠杆、降成本、补短板"五大任务，以问题为导向、以发展为目标，积极推进企业深化改革各项工作。

健全法人治理结构。按照中央要求，修订《公司章程》17条，强化党的领导，积极加强董事会建设，创新管理体制，建立健全各司其职、各负其责、协调运转、制衡有效的法人治理结构，形成科学有效的职责分工和制衡机制。

提出"十三五""133 368"的战略规划。即追求"一个"愿景，抢占"三个"制高点，实现"三个"增长，推动"三个"转变，发展"六大"板块，采取"八项"措施。尤其是提出的大力发展专项装备、核电装备、石化装备、新材料、高端装备和现代服务业等"六大"板块目标，为中国一重的产品结构调整指明方向。

精简机构"瘦身健体"。管理部门由19个精简至13个，部门内设业务处室撤销69个。压缩管理层级，取消三级单位生产工段、行政办及生产管控中心109个。同时，压缩定员总数2355人，占在岗职工总数的21%，其中总部职能部门压缩定员超过30%。

推进三项制度改革。实施市场化选聘和调整，公司中层以上干部由320人减至192人，有40%因为竞聘失败没能"坐下来"；实施全员竞聘上岗和分流安置，职工人数由11177人降至8626人，下降比例达到20.9%；实施薪酬分配向营销、高科技研发、苦险脏累差、高级管理四类人员倾斜。切实解决国企干部能上不能下、人员能进不能出、收入能增不能减难题，实现“一子落，满盘活”。

实现分层管理。按照精干高效和扁平化原则，聘请咨询公司拟定公司治理结构设计、管控模式与组织优化方案，实现分层管理，制定下发《集分权手册（试行）》及《总部职能部门职能说明书》，对117项职能进行了划分，做到压力层层传递，动力层层激发。

企业管理体制机制深入再造。大力推行“225”管理创新体系，划分913个成本中心、58个利润中心，建立“内部模拟法人实体运行”和“研产供销运用快速联动反应”两大市场机制，制定指标—责任—跟踪—评价—考核“五个体系”运行规则，强激励、硬约束，实现管理体制机制重塑再造。

建立新的经营机制。确立以营销为龙头的生产经营新机制，把抓市场作为公司的头等大事，实行早间运营调度会制度，形成快速联动反应机制，控制生产经营各环节风险点；坚持“经营的竞争力在市场”，做到市场在哪里，销售工作就做到哪里。

坚持互利共赢开放合作。一方面，深化地企合作，主动推动与地方政府融合发展，2016年，中国一重与齐齐哈尔市政府签订战略合作协议，与地方公安局签订“警企联盟联建，护航企业发展”协议，同时将产品外协向本地企业转移，明确只要能在黑龙江和齐齐哈尔配套的产品不到外地委托加工；主动对接协作企业，与具备资质和能力的优质供应商签订协作协议，建立长期合作关系；引荐中央企业到黑龙江投资，助推地方经济发展。另一方面，加强与央企之间合作。与中国节能签署战略合作协议，与中国核建就第四代核电—高温气冷堆项目进行深度对接。同时，重点加强与中央企业上下游产业链之间的深入合作。

推进历史遗留问题解决。在国务院国资委、省、市地方政府及相关部门的大力支持下，中国一重厂办大集体改革工作基本完成。截至2016年底，向12267名集体企业在职职工和退休人员发放安置费用，占应发放数量的99%。“三供一业”分离移交工作中，供水、供电、供热全部移交地方，老旧家属区物业管理也将尽快完成移交。

【重大项目】

1. 核岛主设备制造升级改造项目。反应堆压力容器等主体设备制造、管理技术升级（自动化、信息化改造）统筹规划，该项目对标先进企业，采取分步实施，投资回报周期控制在4年以内。

2. 专项产品生产改造升级及保障能力完善建设项目。建立起研发、信息、绿色、服务“四位一体”的智能化专项产品生产线。实现工厂由传统的工业制造企业向两化深度融合的数字化、智能化企业转型升级，并为后续建设智能工厂奠定基础。

【重大创新】 管理创新方面，为尽快使中国一重摆脱当前困境，借鉴新兴际华集团管理经验，积极探索管理创新，狠抓内部管理，在公司全面推行“225”管理创新体系。第一个“2”指“两制”：创建以“层层模拟法人、环环快速联动、人人面向市场、招招应对危机”为核心的“企业内部模拟法人运行机制”和“研产供销运用快速联动反应机制”。第二个“2”指“两个中心”：在全集团层层建立成本中心、利润中心。“5”指“五个体系”：指标体系、责任体系、跟踪体系、评价体系、考核体系。

技术创新方面，中国一重明确“创新产学研合作模式，深化与高等院校、科研院所的产学研合作，进一步做好外部资源的利用”的行动方针，以重大技术装备国产化需求为方向，以重大课题研发为目标，不断提出企业的技术需求，充分利用高校和科研院所的科技人才、科研装备与科技成果，建立以企业为主的“产学研”联合机制，提高市场快速反应能力，减少技术开发风险，突破技术瓶颈，实现技术升级。先后与30多家知名高校院所、企业建立广泛的合作关系，结合自身需求联合成立相应的产业技术创新战略联盟，各展所长，各取所需，效果明显，作用巨大。

【履行社会责任】 配合地方政府开展爱国卫生工作、地方病防治工作以及抗洪抢险工作。

做好计划生育工作。积极宣传计划生育政策，特别是“二胎”政策出台后，加大政策宣传力度，引导育龄妇女严格执行国家计划生育政策，严格执行生育假政策和独生子女政策。

做好居民区物业管理工作。对居民区硬件设施及时进行修缮维护，提升社区物业管理和服务的总体水平，确保卫生保洁、秩序维护、绿化养护、基本维修、车辆管理等各项服务内容正常运转。

按照国家省市有关文件精神，认真组织实施棚户区改造工作，积极争取国有资本金预算支持，积极与地方政府协调沟通，协助地方政府完成拆迁、建设、回迁等工作。

开展扶贫工作方面。按照“多雪中送炭，少锦上添花”的原则，积极推进扶贫工作，公司相关领导亲临定点扶贫县安徽省泗县进行调研，并与县镇村领导研究扶贫重点和项目；挂职干部深入田间地头，遍访贫困村、贫困户，为老百姓办实事、解民忧。

离退休管理工作方面。一方面，积极开展“两学一做”学习教育。评选表彰“四优”离退休干部党员80名。另一方面，加大改革创新力度，积极探索，开展以“展示阳光心态，体验美好生活，畅谈发展变化”的正能量活动。

【党建工作】

1. 党的建设方面。

按照党中央的统一部署和国务院国资委党委的要求，认真履行党委主体责任，积极谋划和推进学习教育，建立公司领导深入联系点、督导组指导督导单位、直属党组织学习教育联络员的“三位一体”协调督导机制，全程跟踪掌握。在扎实推进“六个规定动作”基础上，创新载体，开展“百万一重杯”劳动竞赛、“两学一做+N、立足岗位作贡献”主题实践活动，推动“两学一做”学习教育与公司改革发展相融合，实现两手抓两不误两促进。

2. 反腐倡廉方面。

中国一重党委认真贯彻落实上级有关精神，持之以恒落实中央八项规定精神，坚持通过发布禁令通知、发送廉洁短信、推送微信等方式进行提醒预防。同时，建立定期反馈报告机制。细化完善工作接待、办公用房、差旅报销、业务招待等四项制度。认真组织开展专项巡视，加强制度体系建设，建立完善领导人员问责、违规经营投资责任追究、职工违纪违规处罚、构建“不能腐”体制机制等制度、流程13项。

【信息化建设】 强化信息化领导力，促进信息化建设。出台相关的信息化项目考核及信息安全、保密等管理办法，对影响信息化建设和信息安全运行的单位和个人进行管理考核，加快项目进程，全员信息安全管理及保密意识显著加强。

强化信息基础设施建设，提高数据存储安全。实施机房物理环境监控管理，对机房温湿度、ups电源、电压、烟感等进行实时监测，有力避免机房由物理原因造成的不必要损失，大大提升机房安全。

升级外网网站系统，提升防攻击能力。对外网站管理后台进行升级，有效防止系统漏洞及新型网络攻击造成的威胁。同时，配合政府网站综合防护系统的巡检及攻击拦截功能，大大提供网站的稳定性和安全性，满足上级部门对企业网站安全防护方面的相关要求。

优化信息化资源，云计算平台正式迁移使用。在公司内正式搭建云计算平台应用系统，统一管理云平台下的所有物理资源和虚拟资源，提高计算资源利用率，提高管理员的管控能力，有效简化日常维护工作。

（撰稿人：葛峰志）

中国机械工业集团有限公司

【基本概况】 2016年，面对复杂严峻的国内外环境和艰巨繁重的改革发展稳定任务，中国机械工业集团有限公司（以下简称“国机集团”）坚决贯彻党中央、国务院的决策部署，认真落实国资委工作要求，努力践行创新、协调、绿色、开放、共享五大发展理念，始终坚持稳中求进总基调，积极应对经济下行压力，生产经营、企业管理、党的建设等各方面工作取得明显成效，实现“十三五”的良好开局。

2016年，国机集团完成营业收入2141.6亿元、利润总额86.7亿元，上缴税费95.5亿元，利润创历史新高，全面完成国务院国资委考核目标任务。国机集团连续第九年保持国务院国资委中央企业业绩考核A级，并蝉联“中国机械工业百强”首位，连续第六年入选“世界500强企业”，列第334位。

【主要指标】 2016年，国机集团积极应对经济下行压力，多措并举，利润总额比上年增加5.3亿元，同比增长6.4%，创历史新高。

2016 年中国机械工业集团有限公司

主要经济指标

项　目	2015 年	2016 年	比上年增长(%)
资产总额(亿元)	2600.8	2720.2	4.6
所有者权益(亿元)	786.4	863.6	9.8
营业总收入(亿元)	2204.7	2141.6	−2.9
利润总额(亿元)	81.4	86.7	6.4
净利润(亿元)	59.4	60.5	1.8
归属母公司所有者的净利润(亿元)	46.5	33.4	−28.2
科技支出投入(亿元)	46.2	49.8	7.8
利税总额(亿元)	178.8	182.2	1.9
应交税金总额(亿元)	105.3	110.5	4.9
全员劳动生产率(万元/人·年)	20.2	26.2	29.7
净资产收益率(%)	8.9	7.3	减少 1.6 个百分点
总资产报酬率(%)	4.4	4.1	减少 0.3 个百分点
国有资本保值增值率(%)	107.2	105.2	减少 2 个百分点
经济增加值(亿元)	42.59	43.55	2.3

注:2015 年数据为 2016 年审计调整后比较报表数据。

【中国二重改革振兴工作】 通过采取一系列措施,中国第二重型机械集团有限公司(以下简称"中国二重")业务布局、资产质量、运行机制不断优化,运营成本、负债水平、人员规模回归合理。2016 年,中国二重实现营业收入 82.9 亿元,利润总额 5.33 亿元,新增订货额 86 亿元,经营净现金流由负转正,初步恢复"造血"功能,用户、供应商对企业的信心明显提振,职工对未来的发展充满信心,工作主动性、积极性、责任心进一步提高。

一是中国二重改革振兴办公室继续认真做好组织协调等工作。组织召开中国二重改革振兴领导及工作小组会议和有关专项会议,对中国二重改革振兴领导及工作小组会议决策事项执行情况进行梳理。二是认真做好与国务院国资委等上级部门的沟通,按照要求先后向中组部、国务院办公厅、国务院国资委等上级部门及有关领导上报中国二重改革振兴工作进展和专项工作情况,为中国二重改革振兴做好服务及对外宣传工作。三是继续协调推进中国二重成都工程中心资产盘活工作,并协助研究资产盘活方案涉税事项,计划在年内完成资产盘活工作。四是组织开展对 CMIC 资产进行调整及重组注入中国二重重装可行性的论证,并配合完成国机重装重组项目的资产调整剥离工作,以及推进中国二重废钢废料等积压存货的清理处置工作。

2016 年,依托长线产品研发成果,中国二重已累计新增销售订单约 6 亿元;持续开展质量提升专项工程,产品质量稳步提升,企业废品损失率由 2015 年的 1.26%降至 0.14%;合同执行边际利率较 2015 年提高 20 个百分点,合同完成率从 2015 年的不到 50%提高到 93.4%,改善企业市场形象。

【改革发展】

1. 市场开拓有序推进。

积极响应国家"一带一路"、周边国家互联互通等倡议,集中力量,重点跟踪。进一步拓展海外业务,大力推进国际产能和装备制造合作,多个项目取得实质性进展。中国重机新签老挝煤电项目,合同额 21 亿美元;中国浦发新签白俄罗斯钾肥厂项目,合同额 16.7 亿美元;CMEC 新签伊拉克巴士拉 650MW 燃机联合循环电站扩建总承包项目,合同额 10 亿美元,为再造海外新国机奠定基础。

中国机床积极拓展俄罗斯市场,桂林电科院"走出去"在印度、巴西等寻求发展机遇,均初见成效;国机智能借助集团搭建新的科研平台,获得地方政府的大力支持;中国中元结合自己的医院设计特长,积极探索和发展养老产业;苏美达集团着力打造自主品牌,推进销售渠道多元化,目前自主品牌门店数量突破 500 家,全面拓展多元化发展。

2016 年,集团新签合同额 439 亿美元,同比增长 13.1%,其中,境外合同同比增长 57.6%。

2. 模式创新不断加快。

2016年，集团及所属企业不断加快推进业务模式创新步伐，加大业务结构调整，优化市场布局，竞争力显著提升。CMEC利用新加坡区域中心，与新加坡腾飞公司签署合资协议，共同开发印度、马来西亚、印尼、缅甸等国家的工业园项目。中国海航积极实施核电"走出去"战略，签订巴基斯坦卡拉奇核电站取排水工程项目，合同额3.2亿美元。苏美达集团推进面向终端应用侧的新能源全产业链经营模式，牢固建立和实施"产品、设备、工程贸易＋EPC＋项目转让与运营＋分布式"的业务组合，提升差异化经营能力。

积极探索"互联网＋"背景下的营销模式创新，整合线上线下营销资源，着力提高互联网在市场开拓中的应用水平，助力传统产业开拓新市场。CMEC西麦克跨境电商运行良好；中工电商平台架构已初具雏形。

3. 降本增效深入开展。

集团积极推进所属企业在控制成本、提高效率、增加效益上下工夫，切实将管理提升与开源节流、实现精细化管理相结合，降本增效成效显著。中国二重严格落实任洪斌董事长对采购业务"约法三章"的要求，定期组织降本增效及存货盘活专题会，牢固树立全员节约、降本增效的思想；完善成本管理体系与管理机制，持续压缩非生产性支出，落实成本管控责任。国机汽车通过精细化管理提升经营效益，将4S店67个主要业务流程规范化、标准化，通过信息化系统对业务流程进行管控，节省成本费用。

4. 扭亏减亏持续深入。

一是严格实施《亏损企业专项治理工作方案》，进一步梳理亏损子企业，分门别类，有针对性地采取减亏控亏措施。对长期亏损、扭亏无望的企业，坚决重组或关停；对产品无竞争优势、市场前景不明朗、与主业发展方向不符的亏损企业，果断转型或退出。二是对亏损企业，一企一策制定年度减亏控亏具体目标，明确路径、措施和方法，综合采取债务重组、业务整合、冗员分流、强化管理等措施，逐步实现亏损企业改革脱困。三是落实责任，将减亏控亏目标、措施分解到人，责任落实到人，并作为绩效考核与奖惩任免的重要依据。国机重工围绕扭亏目标，通过加强市场开拓、扩大出口、促进业务转型发展、优化产品结构，实现营业收入的增加；通过控制"两金"，盘活存量资产和长期闲置资产，实施资源优化配置，提升资产运营效率和效益。按照全级次统计，集团亏损面为26.2%，同比下降1.4个百分点；亏损额合计30.1亿元，比上年减亏36.2亿元。

5. 质量工作取得较大进步。

坚持以提升质量管控能力为重点，不断完善考核机制，加大执纪追责力度；全面推行质量激励制度，加大质量参与收入分配力度；深入推进特殊过程确认及规范化管理，有效提升预防控制能力；完善新模式下的供方质量管理制度，促进供方提高质量保障能力，产品质量状况得到明显改观。中国二重通过工艺创新和生产流程优化等方式突破技术瓶颈，完成了我国首套自主设计的尺寸最大、质量要求最为苛刻的CAP1400核电汽缸产品；责任废品损失率由2015年的1.26%下降到0.33%，顾客满意度得到进一步提升。

【科技创新】

1. 科技创新再结硕果。

2016年，集团围绕全面部署和落实"十三五"规划，以强化统筹引领、完善创新体系、组织协同攻关、推进中国二重长线产品研发等措施为抓手，扎实开展科技创新工作，实现新的突破。集团获得省部级和全国行业性以上各类优秀成果奖258项，其中科学技术奖80项，勘察设计咨询奖133项；申请专利1605项，其中发明专利659项；授权专利1332项，其中发明专利517项。主持或参加标准制定769项，其中国家标准241项。科技投入比为2.23%。

作为国资委遴选的三家中央企业之一，"中国机械工业集团科技创新工程"项目获得国家科技进步奖二等奖。中国农机院的高温及超高温涂层材料技术与装备，获国家技术发明奖一等奖。中国二重万航模锻公司被推荐为民品配套突出贡献奖集体奖获奖单位。中国一拖发布我国首台无人驾驶拖拉机，引起行业轰动。

2. 创新平台建设和双创工作不断加强。

在国家级科技创新平台方面，中国电器院产业技术基础公共服务平台、苏美达工程研究中心、中汽工程国家工程实验室、广州机械院与重庆材料院国家企业技术中心等6家平台获批建设。在双创工作方面，积极引导所属企业开展不同形式的双创工作。天津电气院智能电气众创空间、中汽工程智能制造机器人众创空间、中国一拖"东方红"劳模工作室、中国电器院创业孵化机制、中装集团中机高科工业4.0孵化器项目等双创平台先后组建并已开始运行。

3. 重大科技项目稳步推进。

发挥集团平台作用，先后组织"国家重点研发计划"等8批次35项国家项目的申报，获得国拨资金近2亿元。在科技非实体方面，组织行业内优势企业和高校，组建项目团队，牵头申报项目，其中"新型节能环保农用发动机开发""棉麻智能高效收获技术与装备研发"2个项目获批。组织申报"农机装备智能制造创新方法系统性应用研究与示范"项目，是国资委推荐申报创新方法专项中唯一获批的项目。组织中国一拖等五家所属企业凝练"北斗卫星导航系统作业机械精准控制应用示范工程"项目，完成项目建议书和可行性研究报告的上报。

【走向海外】 按照任洪斌董事长"再造海外新国机"的战略要求，集团大力推进国际化经营，海外业务收入占集团的整体比重逐年上升。

中工国际在国家"一带一路"倡议的带动下，沿线国家的业务机会明显增多，签约额呈现快速增长态势，增长速度远高于其他地区。2016年，国机集团完成境外投资14.2亿元。从境外投资行业来看，2016年度，国机集团境外投资主要集中在电力能源、大宗商品贸易、产业园建设、制造业等行业。截至2016年底，国机集团境外企业资产总额187.4亿元，同比增加44.9亿元，增长31.6%。

中白工业园有序推进各项建设工作，入园企业8家，签署意向协议的企业30余家。其中招商局、新筑股份两家入园企业已开工建设。中白两国有关领导多次视察项目现场，对项目工作给予高度评价，中白工业园成为推动"一带一路"战略实施的重要项目。

CMEC建立新加坡区域中心和迪拜区域中心，全力加速工程承包业务的区域化和属地化进程，充分利用海外融资、采购及渠道等方面的优势，整合区域优质资源，加强与产业链上领先企业的合作，为向高端市场进军做好准备；中国重机进一步加强BOT项目的运营管理和风险管控，实现安全生产和发电任务双目标；中国中元积极推进与白俄罗斯国家设计院的重组工作，开创国际化经营的新局面。

（撰稿人：于雪娟）

哈尔滨电气集团公司

【基本概况】 2016年是哈尔滨电气集团公司（以下简称"哈电集团"）改革攻坚、提质增效的关键一年，全体干部职工迎难而上、戮力前行，实现规模效益双增长，订单产量双提升，生产经营稳中向好。2016年，营业收入332亿元，利润总额2.1亿元，发电设备产量2385万千瓦，产品综合毛利率14.6%，资产总额704.3亿元。

一是产业结构得到进一步调整和优化。做强做优传统产业，对标国际先进标杆企业，在原有二次再热燃烧技术、巨型混流式水力发电技术的基础上，核心竞争力进一步增强；加大核电投资力度，核电产业研制水平明显提升；加快燃机产业布局，积极推进与美国GE公司成立重型燃机制造合资公司。同时，加快淘汰落后产能，及时退出相关产业，产业结构得到明显优化。

二是市场营销稳中有进，实现正式合同签约额360亿元，同比增长3.5%。

三是安全生产形势总体持续稳定，全年安全生产投入1464万元，开展应急演练52次，参加人员2466人次，未发生安全生产死亡和重特大事故。

四是节能减排有序推进，全年实现万元增加值综合能耗（现价）同比下降23.3%，SO_2排放量同比下降17.7%，COD排放量同比下降4%。同时，企业管理水平进一步提升，改革与发展的基础更加坚实。

【主要指标】

2016 年哈尔滨电气集团公司
主要经济指标

项　目	2015 年	2016 年	比上年增长(%)
资产总额(亿元)	697.7	704.3	0.9
所有者权益(亿元)	201.1	210.7	4.8
营业收入(亿元)	279.4	332.0	18.8
利润总额(亿元)	1.1	2.1	92.6
净利润(亿元)	-1.3	0.6	
归属于母公司所有者的净利润(亿元)	1.4	0.2	-85.5
技术开发投入(亿元)	15.3	13.8	-9.8
利税总额(亿元)	19.7	20.4	3.8
应交税金总额(亿元)	18.8	16.8	-10.6
全员劳动生产率(万元/人·年)	18.3	22.8	24.4
净资产收益率(%)	-0.7	0.3	增加 1 个百分点
总资产报酬率(%)	0.5	0.6	增加 0.1 个百分点
国有资本保值增值率(%)	101.0	101.4	增加 0.4 个百分点

【改革发展】 在商业模式方面,组建投资公司,打造战略投资平台、新产业孵化平台、重大项目投资平台和资产资源整合平台;组建融资租赁公司,全力助推主导产品销售和主业发展。全力解决历史遗留问题,阿继有限完成职工内欠补偿和债权清收工作,昆电公司完成股权划转,绝缘厂基本完成关闭清算。推进大集体改革,基本完成职工安置工作。深入研究剥离企业办社会职能,医院改革职工安置方案通过职代会审议;消防队、技校等社会职能剥离正在积极推进。

在人才管理方面,哈电集团加大国家"千人计划"海外专家的引进力度,截至 2016 年 12 月 31 日引进国家层面"千人计划"特聘专家 4 名。评聘 12 名集团高技能专家和 3 名集团首席技术专家。3 人被评为国家"万人计划"专家。1 人首次获得中华技能大奖。3 人获得"全国技术能手"。校园招聘签约 270 人,其中清华大学毕业生 8 人。

在劳动用工方面,稳步推进"减员瘦身",大力压缩管理层级,减少明珠大饭店、哈锅电站锅炉成套设备有限公司等 5 户法人企业。通过淘汰落后产能,昆电、阿继、绝缘整体剥离 3136 人;通过处置"僵尸企业"、清理冗员等措施,净减员 2297 人。在规模效益同比大幅提高的情况下,实现人工成本同口径下降。

在考核与薪酬分配方面,组织调整收入分配结构,向科技、生产、管理核心骨干倾斜。制定二次分配指导意见,完善内部二次分配制度体系。坚持业绩导向,强化工资总额与效益同向联动机制。

【重大项目】 2016 年,哈电集团全力推进投资项目建设,完成投资 144451 万元。汽轮机公司核电汽轮机核心能力建设技术改造项目完成新建核电重型厂房暖封闭工作,数控叶根铣床、三坐标测量机等 53 台设备投入使用;动装公司核主泵机组制造基地能力完善项目完成新建厂房及档案中心暖封闭工作,工业视频内窥镜、曲臂式升降机等 14 台设备投入使用;动力科贸公司哈电国贸大厦项目进入建设收尾和整体报验阶段;哈电集团(哈尔滨)哈锅锅炉制造技术有限公司新建生产基地项目一期管屏成品包装厂房及生产辅助设施建设完成;哈电国际公司投资阿联酋迪拜哈翔清洁燃煤电站项目设立项目公司;锅炉公司完成设立哈电集团(哈尔滨)哈锅锅炉制造技术有限公司项目;锅炉公司与哈电国际公司联合设立哈尔滨锅炉厂环保工程技术有限公司项目。

在重点项目市场开发方面,中标甘电投常乐 4 台百万千瓦超超临界主机成套合同,签订大唐彬长二期 2 台百万千瓦超超临界、国电博兴 2 台百万千瓦超超临界(二次再热)锅炉合同。中标东方希望、蒙能科右中、信源铝业 3 个 66 万千瓦锅炉合同;中标国华锦界三期、邹平一电四厂、京信揭阳 3 个 66 万千瓦机电合同,大容量汽轮发电机组取得突破;中标蒙东高科、合肥热电等 6 个 35 万千瓦主机成套合同。电站锅炉、电站汽轮机、汽轮发电机中标率同比分别提高 13.8、11.5、11.5 个百分点,电站锅炉中标率达到 47.2%。

【走向海外】 2016年，哈电集团积极响应国家政策导向，进一步加大国际市场开发力度，不断取得新突破。截至2016年12月，集团正式新签国际订单169亿元，较上年同期(101.1亿元)增长67.2%，在国内煤电加强管控、市场增量下滑的背景下，为公司完成全年订货目标和实现可持续发展作出巨大贡献。

一是成功挺进中东高端电力市场。2016年6月，阿联酋迪拜哈翔清洁燃煤电站项目成功签订总承包合同，实现中资公司首次以投融资和总承包模式进入中东电力市场，提升哈电品牌的知名度和国际影响力。

二是主机设备首次突破蒙古市场。2016年5月，正式签订蒙古国巴格诺尔2台35万千瓦超临界燃煤电站锅炉设备供货合同，实现哈电设备对蒙古国出口“零”的突破。作为“一带一路”倡议同“草原之路”倡议进行战略对接的标志性项目之一，势必成为中蒙互利共赢务实合作的典范。

三是不断延伸装备“走出去”的价值链条。以工程总承包业务为基础，依托迪拜哈翔燃煤电厂BOO项目，升级商业模式，逐步积累企业在海外投资开发业务探索中的实践经验，以投资业务(BOO/BOT)提高企业持续盈利能力。

四是完善海外市场布局。市场区域由发展中国家走向发达国家，步入高端市场。形成由10个驻外商务代表处、3个分(子)公司和8个4S售后服务中心组成的营销网络。

【重大创新】 管理创新方面，推进事业部制改革，组建蒸汽发电事业部和电站服务事业部，积极探索由以产品为中心向以市场为中心的管理模式转变。积极推进与GE公司在燃机产业方面的全方位、深层次合资合作。

科技创新方面，2016年获得科研奖励28项，省部级以上18项，燃用准东煤超(超)临界锅炉研制及工程应用示范项目荣获我国发电设备行业及黑龙江省工业领域首个工业大奖。发电设备远程诊断系统被工信部评为黑龙江省唯一智能制造示范项目。自主研发国家科技重大专项CAP1400主泵屏蔽电机样机研制成功；超超临界二次再热锅炉、VVER型百万核电机组MSR自主化研发技术国际领先；全空冷大型调相机、300MW核电站反应堆冷却剂泵组技术填补国内空白；国内单机最大的防爆电机引领行业发展方向；三门、海阳AP1000核电汽轮发电机组非核冲转成功，三代核电技术得到有效验证。

2016年，哈电集团获得科技奖励27项，其中省部级以上17项；申请专利516项，获得专利授权416项，同比增长19.2%，其中发明专利139项，同比增长41.8%；完成科研课题334项，新产品开发112项。

【党建工作】 哈电集团党委深入贯彻落实党的十八大和十八届六中全会、全国国有企业党的建设工作会议精神，把坚持党的领导、加强党的建设贯穿企业改革发展全过程。

突出思想建党，深入学习贯彻党的十八届六中全会精神、全国国有企业党的建设工作会议精神、习近平总书记系列重要讲话精神和治国理政新理论新思想新战略，不断增强“四个意识”，坚定理想信念。狠抓制度治党，推进加强党的领导与完善公司治理的融合统一，基本实现企业党政主要领导“一肩挑”，党组织发挥作用规范化、制度化不断加强。认真开展“两学一做”学习教育，开展“不忘初心，继续前行”解放思想大讨论，全面落实“四同步、四对接”，建好坚强党的基层组织。坚持围绕生产经营不偏离，积极参与企业重大决策，大力开展“牵头项目”等载体活动，党组织把方向、管大局、保落实作用有效发挥。紧扣中心、围绕主体，不断加强改进新闻宣传工作，推进绩效文化、危机文化、服务文化“三个系列层次文化”落地，为企业改革发展营造良好氛围。推动全面从严治党层层落实，开展巡视整改“回头看”专项行动，狠抓中央八项规定精神贯彻落实；运用好“四种形态”，加大执纪问责力度，把纪律挺在前面；推行派驻纪检组体制，消除“盲区”、实现监督全覆盖；查处和惩治群众身边的微腐败，让职工群众有更多的反腐获得感。

【信息化建设】 明确哈电集团信息化建设自上而下，集团总部顶层设计、集团总部与所属企业有序开展信息化建设工作的总体思路。调整信息化领导小组组成成员，成立覆盖集团公司、所属企业的信息化工作推进办公室，充实集团信息化人员。编制哈电集团《信息化"十三五"规划》，确定"十三五"期间集团信息化重点工作任务。夯实信息化基础环境，完成集团公司数据中心一期建设工作，集团视频会议系统广泛使用。开展办公自动化系统、综合数据采集系统、电子商务平台建设和人力资源系统建设工作。所属企业人事主要信息进入人力资源系统的建设目标基本实现。电子商务上线率和采购招标比率全面提高。所属企业信息化取得重大进展，电机公司经过5年的建设，完成以"生产管理"为核心的ERP项目一期建设和以"成本管理"为核心的ERP项目二期建设，开展MES系统建设，并在部分分厂试运行。智能制造全面启动，所属企业电机公司于2016年被国家工信部授予智能制造试点示范单位，中央研究院开展"工业大数据应用技术国家重点实验室"申报工作并获得批准。加入国家网络安全综合防控体系，开展信息系统（公司网站、财务系统、邮件系统）安全等级保护测评和数据备份工作，成为国家和重点行业网络安全信息通报机制成员单位。

【履行社会责任】 哈电集团讲政治、顾大局、勇担当、负责任，高度重视社会责任工作，推进全面社会责任管理，组织各单位按照分工积极参与社会责任工作，与各利益相关方建立良好合作关系并保持紧密沟通交流，社会责任工作取得积极进步。积极应对严峻市场形势，打响以市场、质量、效益为主的"三大战役"，保持企业和谐稳定发展；积极推进科技创新，参与"一带一路"建设，大力发展核电、气电、清洁煤发电等高效、环保、节能产品，推动装备制造业转型升级；深化改革，处"僵"治困，大力推进大集体企业改革等工作，切实提高国有资产质量；实施赈灾、扶贫项目，推进公益管理；大力推进安全生产、节能减排，以人为本共建和谐家园。

（撰稿人：董杰亮）

中国东方电气集团有限公司

【基本概况】 中国东方电气集团有限公司（以下简称"东方电气集团"）是党中央确定的涉及国家安全和国民经济命脉的国有重要骨干企业之一，是全球最大的发电设备制造和电站工程总承包企业集团之一，连续12年发电设备产量位居世界前列。拥有"核电、火电、水电、气电、风电、太阳能"全产业研制能力，可批量研制1000MW－1750MW等级核电机组、1000MW等级超超临界火电机组、1000MW等级水轮发电机组、重型燃气轮机设备、风电设备、太阳能电站设备、大型环保及水处理设备、电力电子与控制系统、新能源电池及储能系统、智能装备等产品。东方电气集团大型装备产品和服务出口到近70个国家和地区，连续22年入选ENR全球250家最大国际工程承包商之列。

2016年，东方电气集团经受火电市场大幅下滑的严峻考验，妥善解决"减员瘦身"改革难题，沉着应对不稳定因素的挑战，基本实现全年工作目标，生产经营指标总体可控，改革发展稳步推进，各项工作取得阶段性成果，为"十三五"做强做优奠定良好基础。

【主要指标】 2016年，实现营业收入370.37亿元，实现工业增加值36.7亿元，利润总额－20.98亿元，上缴税金32.24亿元。新签合同380.3亿元。受营业收入下降及亏损影响，利税总额、应交税金总额、净资产收益率、总资产报酬率等主要经营指标同比均出现大幅下降。

2016年中国东方电气集团有限公司主要经济指标

项　目	2015年	2016年	比上年增长（%）
资产总额（亿元）	1001.30	1043.50	4.21
所有者权益（亿元）	284.87	290.47	1.96
营业收入（亿元）	400.11	370.37	7.43
利润总额（亿元）	6.73	－20.98	－411.85
净利润（亿元）	4.29	－19.55	－555.79
归属于母公司所有者的净利润（亿元）	2.10	－9.08	－532.18
技术开发投入（亿元）	17.55	15.26	－13.07
利税总额（亿元）	12.17	－16.51	－235.61

续表

项　目	2015年	2016年	比上年增长(%)
应交税金总额(亿元)	46.17	32.24	－30.19
全员劳动生产率(万元/人·年)	124.77	134.57	7.86
净资产收益率(%)	1.61	－6.80	减少8.41个百分点
总资产报酬率(%)	0.99	－1.69	减少2.68个百分点
国有资本保值增值率(%)	98.93	90.57	减少8.36个百分点

【改革发展】 深化机构和业务改革，优化资源配置。推进集团和股份公司两总部“一体化”管理，建立总部联席会议制度，提高管理效率。对国内市场开发、项目执行和售后服务力量进行整合，增强扩展职能，形成市场合力。加强国际业务统筹协调，优化调整驻外机构、境外子公司及境外电站服务业务管理模式。东风电机、东方辅机等退出铸锻、冲压、消防、招待所等低效产能；东方电机关闭制氧等非核心业务；东方汽轮机通过设立树脂、表工等非主业子公司并引进战略投资者方式，推进非核心业务市场化运作，促进资源向核心主业优化配置。加快“三供一业”移交，东方电机、东方汽轮机和东方辅机完成供电、供水改造移交，东方锅炉完成供气移交，总部办公物业和餐饮管理顺利外包。

继续推进企业“瘦身健体”，持续深化劳动用工制度改革。通过优化组织结构和业务流程，严格定岗定编定员，推动无效低效资产退出，精简机构和依法规范劳务用工管理，实行内部退养和鼓励社会就业等多种方式，分流安置富余人员。2016年，东方电气集团从业人员实现净减员2753人，净减员率9.93%，完成年度目标。东方电气集团坚持以效益与成果为导向，持续深化分配制度改革。系统修订负责人薪酬、人工成本预算、重大专项奖励等规章制度，按照“有激励、能约束、促发展”原则，严格控制压缩企业职工福利费、企业年金、住房公积金、补充医疗保险等工资外人工成本，全集团人工成本总额同口径下降11.78%。

强化降本节支，加大“两金”压降力度。开展存货压降专项治理活动，全年应收账款余额同比下降8.25亿元，存货余额同比下降66.88亿元。全面推进集中采购，全年采购总金额239亿元，集中采购率超过80%，在钢材等大宗材料价格回升的情况下，节约费用13.98亿元，采购降本率达到5.84%。进一步推进目标成本管理，全年实现主营业务毛利率14.5%，比年度预算提高1.98个百分点。

【重大项目】 面对严峻的内外部形势，东方电气集团确定“逆势求进、创新求变、转型升级、做强做优”的工作思路，明确“12345”的发展战略，提出“集团化运作、产业化经营、精益生产”的管控模式。2016年，完成发电设备总产量3047万千瓦，产品合同执行整体满足用户需求；共计74台火电机组通过168小时试运行，34个风电项目1138台机组出质保期。

重大投资和重组顺利完成。2016年，东方电气集团首个海外BOT投资项目——老挝南芒河水电站完工投产，进入商业运行，项目总装机64MW，总投资9499万美元，为保证公司稳定的投资收益来源、资本运作创造条件；东方电气集团与天津中环、美国SUNPOWER共同设立东方环晟光伏(江苏)有限公司，成功重组东方电气(宜兴)迈吉太阳能科技有限公司，新公司全年盈利超过8600万元；东方电气集团布局大西南风电基地，在西昌投资设立的东方电气风电(凉山)有限公司首台风机顺利完工发运。

充分利用多个资本市场。2016年，东方电气集团在银行间债券市场成功发行50亿元5年期中期票据，发行利率为3.43%，大大低于同期银行贷款基准利率，保障资金链安全，有效防范财务风险。东方电气A股股票自2016年12月9日起连续停牌，集团公司启动整体上市工作，将有效资产进一步注入上市公司。

【走向海外】 积极实施国际化战略，充分利用两个市场、两种资源，积极参与“一带一路”建设暨国际产能和装备制造合作，国际化经营水平不断提升。东方电气集团海外业务涵盖设备成套、工程总承包、BOT投资等多种方式，以及火电、水电、风电、燃气轮机、轨道交通、海水淡化、输变电、电站改造、电站营运服务等多个产品和服务领域，覆盖南亚、东南亚以及欧洲、南美、非洲等地区，境外已投运和在建机组装机总量超过8000万千瓦。2016年，进一步整合分散的国际化经营力量和业务资源，打造统一国际业务平台，理顺境外机构管理关系，确定境外电站服务业务市场主体，形成市场合力，制定《国际业务发展规划(2017－2019)》，踏上新征程。

市场开拓呈现新亮点。签订印尼卡尔腾2×100MW火电项目，印尼佳蒂格德2×56MW水电项目，马尔代夫柴油机发电及海水淡化项目。中标巴基斯坦卡洛特电站4×180MW混流式水轮发电机组供货订单，该电站是“中巴经济走廊”首个水电项目。风电产品首次进入拉美、俄罗斯市场，签订古巴赫拉杜拉50MW、俄罗斯乌里扬诺夫斯克35MW等风电项目，这是俄罗斯规模化建设的首个风电项目。签订埃塞俄比亚120MW风电总承包项目和泰国23MW太阳能电站总承包项目，实现海外风电和太阳能电站总承包的零突破。

海外工程项目建设有序推进。非洲在建最大水电项目——埃塞俄比亚吉布3水电站10台187MW机组全部投运，创造水电工程建设史上的新纪录。越南沿海燃煤电站一期工程取得初步验收证书，越南海防二期工程取得最终验收证书。波黑斯坦纳瑞燃煤电站提前45天投入商业运行，该项目是中国企业在欧洲独立设计和施工的第一个火电总承包项目，是中国－中东欧16＋1合作框架下第一个竣工投产的项目。瑞典布莱肯四期风电项目14台机组全部通过266小时试运行，具备初步移交条件。

【重大创新】 主导产品研发创新成果显著。由东方电气提供全套主机的神华万州电厂性能试验各项数据领先国内同类型机组，电厂实现超洁净排放，成为国内百万千瓦高效一次再热机组的标杆。委内瑞拉中央电厂6号机组顺利投运，成功解决油气炉振动的世界难题。完成国内首个1000MW等级630℃二次再热示范项目方案评审，代表“十三五”常规火电技术最高水平。采用“亚临界升参数”新技术改造的亚临界600MW空冷汽轮机，实测热耗优于合同保证值，为世界首创。世界最大350MW空冷汽轮发电机完成厂内真机型式试验，各项技术指标全面达到研发目标。由东方电气研制的22台世界单机容量最大的75MW贯流式水电机组，在巴西杰瑞电站全部投运。世界首台1000MW混流式水轮发电机组转轮模型通过验收，中标白鹤滩水电站。完成绩溪、敦化两项目700米超高水头抽水蓄能机组研发。完成我国自主三代核电“华龙一号”蒸汽发生器研制，“华龙一号”及国家重大科技专项CAP1400常规岛主设备汽轮机和发电机研制按计划推进。50MW重型燃气轮机自主研发取得积极进展，开展整机压气机性能试验，推进1－4级透平高温叶片和原型机研制工作。海上5MW风电机组优化设计及现场改造获得成功。自主研发的2MW风电机组电控系统获得批量应用。高效背钝化太阳能电池的研发和产业化取得阶段性进展，转化效率超过20.5%。

新技术新产品研发应用取得突破。燃料电池备用电源通过工信部泰尔试验室检测，获得市场通行证。氢能燃料电池及动力总成关键技术及产品完成研制，与蜀都客车联合研发的燃料电池汽车成功参展西博会，积极推进示范项目。兆瓦级钛酸锂电池储能项目通过国家863专家组验收，在内蒙古通辽风场示范运行测试。积极推动智能制造，由东方电气集团中央研究院全面开展顶层设计、关键技术研发及实施的国家科技支撑计划项目“面向大型汽轮机及发动机等关键零部件制造的数字化车间”、工信部智能制造示范项目“大型清洁高效发电设备智能制造数字化车间建设”分别在东方汽轮机、东方电机启动。以中央研究院为技术孵化平台，技术成果转化加快步伐。新设立的东方电气(成都)智能科技有限公司和东方电气(成都)清能科技有限公司，经过一年时间运行，向市场推出多项产品，得到市场认可，2016年两家公司新签产品和服务销售合同740万元。

截至2016年底，东方电气集团拥有有效专利1716件，其中发明专利660件；申请专利414件，其中发明专利202件，获得专利授权372件，其中发明专利171件。2016年，获得省部级以上科技奖项13项，其中杰瑞贯流式75MW水轮发电机组研制及应用荣获四川省科技进步特等奖。

【党建工作】 认真落实管党治党主体责任。东方电气集团党组认真贯彻落实中央要求和国资委党委部署，始终做到有企业的地方有对应的党组织，有业务板块的地方有相应的党组织，有员工开展工作的地方就有党组织，切实保障党的组织和党的工作“两个全覆盖”。东方电气集团有党员12129人(其中在岗党员7898人)，所属的11个基层党委和303个党支部，均按期换届。

认真落实全国国企党建工作会议精神。完成东方电气集团章程修订，把党建工作要求写入公司章程，明确党组织在公司治理中的法定地位。完成企业党委、纪委组织健全工作，设立财务公司党委，设立中央研究院等5个纪委，确保党纪组织"全覆盖"、有效覆盖。修订相关议事规则，明确集团党组会、董事会、总经理办公会、上市公司董事会的权责划分，处理好党组织与其他治理主体的关系，明确权责边界，做到无缝衔接。组织修订"三重一大"决策制度，保证党组织研究讨论是董事会、经理层决策重大问题的前置程序。完善"双向进入、交叉任职"的领导体制，完成主体企业董事长、党委书记"一肩挑"，5家企业党员总经理兼任党委副书记。开展企业党委书记抓党建述职评议，进一步压实党建主体责任。

扎实推进"两学一做"学习教育，不断健全党内经常性教育机制。成立协调小组办公室和督导组，组织开展"两学一做"学习教育。召开第六次党支部建设经验交流会暨"两学一做"学习教育推进会，集团公司领导带头讲党课，深入基层调查研究督促推进"两学一做"学习教育机制落地落实。认真落实"三会一课"制度，开展党支部书记轮训，完成党委换届和党员组织关系排查等四个专项检查。各级党组织深入开展"改革创新添动力、转型升级求发展"创先争优活动，基层党支部主动融入市场开拓、技术创新、质量改进、生产经营等中心任务开展主题实践活动。

坚持党管干部原则，严格领导人员选任与管理。认真落实"对党忠诚、勇于创新、治企有方、兴企有为、清正廉洁"20字高素质国有企业领导人员标准，强化党组织对选人用人工作的领导和把关作用。严格选人用人程序，严把动议提名关、组织考察关、讨论决定关，做到"凡提四必"，保证制度和程序的规范运行。制定实施《领导人员选拔任用工作纪实办法》，完成干部人事档案集中专项审核，加强对所属企业党委选人用人监督，开展"一报告两评议"和企业选人用人工作专项检查。继续从严监督管理领导人员，推进领导人员能上能下，主体企业加大领导人员考核退出和"瘦身"力度，大力推进竞争性方式选拔中层领导人员。

坚持正面引导，有效开展宣传思想文化建设。围绕新班子成立后的系列工作会议开展广泛深入的系列宣传报道，进一步凝聚"逆势求进、创新求变、转型升级、做强做优"的共识。召开东方电气三线建设50年纪念大会，大力弘扬"三线精神""东汽精神"以及"求实、创新、人和、图强"的企业精神，激励全体干部职工初心不改、砥砺奋进。坚持全心全意依靠职工群众办企业，组织开展"提质增效、攻坚克难、建言献策"活动，召开劳模座谈会，选树首批"大国重器、一带一路、大国工匠、三线建设"四方面干事创业典型和第二批廉洁自律典型，以先模人物示范引领干事创业，动员全体干部职工群策群力、共渡难关。

深入推进党风廉政建设和反腐败工作，着力构建起具有东方电气特色的不敢腐、不能腐、不想腐"三不腐"体制机制。坚持打虎拍蝇，惩治腐败无禁区全覆盖零容忍。全面完成巡视整改工作任务，2016年办结中央巡视组、中央纪委驻国资委纪检组和省纪委移交的全部214件问题线索，挽回直接经济损失3000余万元。关权进笼，拆腐败温床净化经营环境与政治生态。持续推进深化巡视整改长效机制建设，集中公开招标采购、集中公开招标外委外协，坚决遏制该领域腐败问题多发。巡视整改一年多来，实现降低采购成本22.41亿元，平均降本比例达到6.01%，拿回实实在在的效益。强根固魂，建设廉洁文化"八项工程"。建设廉洁东方电气展馆，完善反腐倡廉"大宣教"工作格局；建"廉洁东方电气网站"，占领舆论制高点；用自办案件编发10期《读书思廉》，促进教育抓早抓小、关口前移；发布《作风建设指引》，树立标杆带动风气转变；选树两批40名廉洁自律典型，传承央企优良作风；聘93名党风廉政监督员，激发群众监督正能量；成立廉洁东方电气研究会；出版《国企纪律审查实战方略》，营造风清气正的经营环境。

【信息化建设】 2016年，东方电气出台集团公司"十三五"信息化规划。依靠自主力量完成SAP ERP系统升级，实施完成东方电气风电有限公司SAP PLM系统、东方电气(乐山)新能源公司SAP ERP二期项目，并成功上线。东方电气集团财务有限公司完成广州异地灾备中心建设和上线投运，实现"两地三中心"架构体系的整体搭建。中央研究院高性能计算云平台正式上线运行，计算速度比传统的工作站提升5至20倍，能实现过去单机无法完成的大规模计算任务，扩展到集团内各企业共享使用，实现计算资源的共享，避免重复投资建设。

【履行社会责任】 积极响应党中央和国务院号召，实施精准扶贫，助力脱贫攻坚。出资3000万元参与设立中央企业贫困地区产业投资基金。选派扶贫专职副书记、副县长、驻村第一书记定点帮扶四川壤塘县、昭觉县和山西吉县，开展扶贫工作。实施产业扶贫，凉山州风电装备制造基地建成投产。加强资源禀赋研究，开发昭觉风电、太阳能光伏项目。开展昭觉县东方电气希望小学捐资助学活动、壤塘县滞销农产品助销、山西吕梁山区农特产品走进东方电气等活动。

安全和节能减排目标全面实现。以控制重大危险源和重要危险源为主线，认真开展"安全大检查"各项工作，落实安全隐患整改措施，安全生产形势总体稳定，杜绝重大安全事故。控制节能减排重要部位工作取得成效，全面完成节能减排目标。

【总理视察】 2016年4月25日，中共中央政治局常委、国务院总理李克强，在中央书记处书记、国务委员兼国务院秘书长杨晶，发改委主任徐绍史、国资委主任肖亚庆、四川省委书记王东明等的陪同下，到东方电气集团总部视察，总理寄语东方电气集团打造"中国的GE"。

【人事调整】 2016年5月25日，东方电气集团召开中层以上管理人员大会，中组部有关干部局负责人宣布党中央、国务院关于中国东方电气集团有限公司主要领导变动的决定，邹磊任董事长、党组书记，张晓仑任总经理；同时，国务院国资委党委决定张晓仑任董事。王计不再担任董事长、党组书记，到龄退出领导班子；斯泽夫不再担任总经理，另有任用。

（撰稿人：刘　博）

鞍钢集团公司

【基本概况】 鞍钢集团公司（以下简称"鞍钢集团"）是由钢铁、矿业、钒钛、金融贸易、工程技术、化工事业、综合实业、信息产业、物流能源和地产等多个产业组成的特大型钢铁企业集团。截至2016年底，鞍钢集团有在职员工150441人，在岗员工127112人。固定资产原值2968.18亿元、净值1685.97亿元。主体生产设备中烧结机16台、焦炉28座、高炉19座、转炉30座、连铸机28台、板材轧机30套、线材轧机3套、管材轧机23套、型材轧机15套。拥有热轧板、冷轧板、镀锌板、彩涂板、冷轧硅钢、重轨、无缝钢管、型材、建材、特钢(不锈钢)等完整的产品系列，世界领先的钒产业和中国最大的钛产业。广泛应用于铁路、建筑、汽车、机械、造船、家电、集装箱、石油石化、航空航天等数十个行业。

【主要指标】 2016年，在市场有利因素和不利因素叠加交织的情况下，集团广大干部职工坚定信心，众志成城，攻坚克难，推动扭亏脱困攻坚战取得阶段性重大成果。2016年，集团生产铁3363.03万吨、钢3449.67万吨、钢材3242.45万吨，同比分别增长129.92万吨、199.43万吨、171.40万吨；实现营业收入1392.55亿元，同比增长95.43亿元。集团实现控亏93.75亿元，与上年同口径相比减亏29.86亿元，守住"两条红线"。其中，鞍山钢铁盈利2.28亿元，同比增利38.72亿元；攀钢完成控亏目标，同比大幅减亏5.65亿元。全集团实现年度预算奋斗目标。

在战略布局调整上，由注重外延扩张向注重瘦身健体、提质增效转变，围绕各区域、各基地主战场进行全方位布局，改造传统产业、发展新兴产业，推动多元发展。在产业结构调整上，注重调整各产业合理占比，促进各产业协调发展。做优做强钢铁主业，调整销售策略，鞍山钢铁在东北地区钢材销量同比增长41%，攀钢热轧产品、冷轧产品在川滇市场占有率分别提高7.7%、25.1%。加快海外布局，稳步推进马来西亚、印尼等海外钢铁项目；放权搞活非钢产业，支持房地产、金融、电商平台、物流产业等非钢项目发展，非钢板块实现利润18.28亿元；挖掘矿业和钒钛产业发展潜力，推动矿山由生产模式向经营模式转变，眼前山铁矿和弓长岭井下矿两家试点单位取得良好成效。鞍钢矿业实现降本增效16.4亿元，同比减亏57%。着力打造钒钛特色产业，重庆钛业环保搬迁建设硫酸法钛白项目、氯化法钛白项目（攀枝花一期）均建成投产。在产品结构调整上，将产品差价作为差异性产品调整的纲领性指标，着力构筑产品价格竞争优势；将独有领先产品占比作为差异性产品调整的重要指标，按照做精、做优、做特、做强的原则，努力提高品种创效能力和附加值。

【改革发展】 2016年，鞍钢集团企业改革不断深化。一是加强改革顶层设计，制定鞍钢集团深化改革实施方案，确定11个方面重点改革任务，启动实施84项改革项目，对照2016年确定的既定改革目标完成50项。二是深化亏损企业改革，鞍钢股份、攀钢钒等均实现扭亏为盈，朝阳钢铁结束投产6年来的亏损历史，鞍钢联众（广州）不锈钢有公司结束连续5年亏损历史，完成国资委挂牌督导的“僵尸企业”和特困企业处置年度分解目标。三是深化三项制度改革，制定领导人员能上能下实施意见，压缩生产服务岗位定员19%，建立职工工资总额与效益联动机制。四是深化公司制改革，采取总体设计、分步实施的方式，对集团所属26家全民所有制企业分步实施公司制改革。五是深化服务运营平台建设，组建人力资源服务中心、财务共享服务中心和审计中心，强化基层服务，提升管控水平。六是加快解决历史遗留问题，积极推进厂办大集体改革、“三供一业”分离移交和棚户区改造。

【技术创新】 2016年，鞍钢集团创新能力稳步提高。一是推进科研体制创新，全面启动科研设计机构改革工作，制定出台《关于完善科研设计机构管理体制和运行机制的指导意见》，科研项目实行“合同制”，科研费用由项目组独立核算，科技人员收入与项目联动，以项目创效多少决定收入水平，鼓励科研人员多出科研成果，加速科研成果转化为现实生产力。二是推进工艺优化创新，加快系统降本增效，鞍山钢铁成立系统降本推进小组，明确三大类九大项45个课题的系统降本攻关目标。攀钢炼铁、炼钢工序生产成本同比降幅分别达到12%、10%。集团实现科技降本增效45.7亿元。三是受理专利申请1637件，其中发明专利1035件；提出认定专有技术769件。授权发明专利数量创历史最好水平，3项发明专利获得第十八届中国专利优秀奖，居钢铁企业首位。四是推进职工自主创新，集团建成厂级以上职工创新工作室172个。李晏家创新工作室做法得到全国总工会推广。职工创新成果在第九届国际发明展览会上获得13项金奖、19项银奖、18项铜奖。

【国际化经营】 2016年，鞍钢集团国际化经营扎实推进。一是拓展海外重点项目建设，调整集团国际事务部管理职能，成立6个项目组跟踪推进有关项目，并加强海外投资建厂调研和市场研究工作。二是拓展产品出口渠道，加强出口战略调整，努力开发近域市场、东南亚市场、中南美市场、欧美周边市场、新兴市场及空白市场。集团出口钢材（装船量）266万吨，出口创汇15.9亿美元。三是推进出口品种结构调整和业务转型。完成品种钢出口71万吨，品种钢出口占比33%，比上年同期增长9%。四是拓展国际工程市场，集团在建国际工程项目8237万美元，其中新签国际工程项目4840万美元。

【企业管理】 2016年，鞍钢集团管理水平持续提升。一是围绕职能体系、授权体系、监督体系和制度规则体系“四个体系”建设，构建符合多元化企业集团特点的差异化管控体系，增强各级经营单位自主发展活力。二是深化“压减”工作，集团管理和技术岗位编制减少8.9%，压减法人10户。三是通过全方位加强管理，守住75%资产负债率红线，管理费用同口径压降16.2%。四是完善采购管控模式，加强采购“三化合一”信息化建设，提高招标比率和采购效率。公开招标比率达65%，降低采购成本15.67亿元。五是加快信息化建设，完成人力资源系统向攀钢地区全面覆盖和向鞍山地区深度应用覆盖，提高人力资源管控水平。

【节能环保】 2016年，鞍钢集团以落实节能减排目标责任制为重点，以转变发展方式为主线，通过完善节能减排规划和目标、加强二次能源回收利用、深入执行新环保法和钢铁行业污染物排放新标准、强化过程监管、实施改造升级提标和管理达标，有效保证节能减排各项工作的落实。节能和环保治理、提标工作取得新进展，节能创效成效显著，主要节能减排指标大幅提升，同时实现重大环境污染事故为零的目标。与2015年相比，2016年鞍钢集团公司吨钢综合能耗同比降幅3.49%；吨钢耗新水同比降幅7.32%；二氧化硫排放量同比降幅37.79%；COD排放量同比降幅28.36%；氮氧化物排放量同比降幅7.92%；氨氮排放量同比降幅19.08%。2016年，攀钢西昌钢钒公司被中国钢铁工业协会授予“2016年度中国钢铁工业清洁生产环境友好企业”荣誉称号。

【党建工作】 2016年，鞍钢集团各级党组织紧紧围绕扭亏增效和转型升级中心工作，加强党建工作。一是成立党建工作领导小组，建立党群部门例会和基层党委书记例会制度，制定党建工作责任制实施办法和考核评价办法，明确“五个责任”，把党建工作考核结果纳入战略绩效考核体系。在鞍钢股份党委和攀钢钒党委开展党委书记抓基层党建工作述职评议考核工作，32个党委进行述职和现场评议。二是加强领导班子和干部队伍建设。规范干部任免程序，发挥党委在干部工作中的领导把关作用。突出“五注重”用人导向，严格执行“凡提必审、凡提必核、凡提必听、凡提必查”的选拔任用机制，严格控制提职领导人员数量和质量。召开2015年度领导班子和领导人员考核通报会，表彰3个“四好班子”和11名优秀领导人员。加强干部日常监督管理，提醒谈话22人，函询12人，诫勉谈话30人。注重培养年轻干部，制定“121”培养计划。加强人才队伍建设，制定人才引进管理办法和关键人才中长期奖励办法，推进四类人才等级序列评聘，已评聘2116人，推荐10人享受政府特殊津贴。三是加强基层党组织建设。认真贯彻全国国有企业党建工作会议精神，开展党建工作大调研活动，提出“建强基本队伍、完善基本制度、开展基本活动、强化基本保障”工作思路。开展基层党组织换届选举工作，配备专职党支部书记783名。开展“样板”党支部和党支部工作示范基地评选活动，实施与生产经营绩效和先锋模范作用发挥相挂钩的党员目标管理考核，推行党员退出机制，评出不合格党员并给予相应处理。四是加强党风廉政建设。开展“四风”问题整治情况“回头看”，发现典型问题12个并及时进行处理。围绕落实“两个责任”等情况开展第四轮专项巡视。开展效能监察，立项141个，避免和挽回经济损失2.3亿元。

【职工生活】 2016年，鞍钢集团发展成果惠及职工。一是加强企业文化传承，开展首届鞍钢楷模评选表彰活动，营造宣传学习争做楷模的热潮。二是开展以“百年沧桑，铸就辉煌”为主题的鞍钢百年厂史研讨活动，激励广大干部职工不忘初心、继续前进。三是弘扬“鞍钢宪法”精神，深入推进“网络问企”活动，收到意见建议3.9万条，有效办结2.7万条。四是注重提升职工素质，广泛开展岗位技术练兵活动和多种形式主体劳动竞赛，圆满完成鞍钢杯第八届全国钢铁行业职业技能竞赛承办任务。五是切实关心职工生活，落实密切联系职工群众“四个一”制度，开展“温暖送万家”党员干部大走访、大下访活动。加大困难职工帮扶力度，结成“一帮一”对子1066个、“群帮一”对子1761个。走访慰问救济劳动模范、困难职工和退休人员3.88万人次，发放救济金和慰问品1848万元。审核发放职工医疗救济资金1249.3万元，惠及2537人。

（撰稿人：赵　艳）

中国宝武钢铁集团有限公司

【基本概况】 中国宝武钢铁集团有限公司（以下简称“中国宝武集团”）由原宝钢集团有限公司（以下简称“宝钢”）和武汉钢铁（集团）公司（以下简称“武钢”）联合重组而成，于2016年12月1日正式揭牌成立。总部设在中国（上海）自由贸易区浦电路370号，注册资本527.91亿元，资产规模逾7000亿元，是国有资本投资公司试点企业。截至2016年底，在册员工202616人。

中国宝武集团以“创新、协调、绿色、开放、共享”为发展理念，按照国有资本投资公司的定位，以驱动绿色钢铁产业生态圈发展，成为员工和企业共同发展的公司典范为使命，实施以钢铁产业为主体、以绿色精品智慧制造和钢铁生态圈平台化服务为两翼的“一体两翼”战略，力争成为引领全球钢铁行业发展，拥有若干与钢铁业相关的千亿级营业收入、百亿级利润规模的支柱产业和一批百亿级营业收入、十亿级利润规模的骨干企业的国际一流集团公司。

中国宝武集团业务涉及钢铁及相关制造业、钢铁及相关服务业、产业链金融、不动产及城市新产业四大领域。钢铁业是主营业务，拥有宝山钢铁股份有限公司（简称“宝钢股份”，含宝钢股份直属厂部、上海梅山钢铁股份有限公司、宝钢湛江钢铁有限公司）、武汉钢铁股份有限公司、新疆八一钢铁有限公司、广东韶关钢铁有限公司、宝钢不锈钢有限公司、宝钢特钢有限公司、鄂城钢铁有限责任公司、昆明钢铁股份有限公司等钢铁企业，粗钢产量居中国第一、全球第二，产品定位高端，涵盖普碳钢、不锈钢、特钢等三大系列，广泛应用于汽车、家电、石油化工、机械制造、能源交通、金属制品、航天航空、核电等行业。钢铁相关服务业包括电商、物流、加工、数据、资源服务、信息技术、工程、生产及生活服务等业务，拥有上海宝信软件股份有限公司、上海宝钢包装股份有限公司两家上市公司。产业链金融包括助推钢铁产业转型升级的产业链金融业务；提升国有资本运营效率的投资融资、收购兼并等资本运营业务；支撑业务创新的创业投资业务等。不动产及城市新产业包括配合钢铁去产能、提升土地要素资源价值、拓展业务发展载体的不动产开发运营及城市新产业发展等业务。这些业务通过遍及全球的网络，为75个国家和地区的用户提供产品和服务。

2016年，中国宝武集团对外捐赠9386.03万元，其中宝钢对外捐赠6481.03万元，武钢对外捐赠2905万元。2016年，宝钢连续第13年进入《财富》世界500强，位列第275位；当选"最受赞赏的中国公司"，位列第12位，是钢铁行业唯一上榜企业。宝钢广东湛江钢铁基地项目建设进展顺利，一期工程全面建成。

【主要指标】 2016年，作为深化国有企业改革的重要举措，中国宝武集团被列入国有资本投资公司试点企业。2016年，中国宝武集团着力顶层设计，加大改革力度；全面抓好"瘦身健体"、提质增效工作；聚焦业务优化，加快服务转型升级，新产业培育开局良好；经受住市场大起大落的考验，经营效益呈现恢复性增长，盈利结构和经营质量显著改善，总体保持"缓中趋稳、稳中向好"的发展态势，完成工业总产值（现行价格）2945.42亿元，工业销售产值2951.91亿元，资产总额7416.83亿元，营业总收入3096.21亿元，实现利润总额70.31亿元，净资产收益率1.61%，取得中国钢铁行业最佳经营业绩。其中，宝钢股份实现利润115.2亿元，是全球盈利能力最强的上市钢铁公司之一。2016年，中国宝武集团完成铁产量5671.68万吨，钢产量5848.62万吨，商品坯材产量5729.77万吨，商品坯材销量5742.60万吨。

2016年中国宝武钢铁集团有限公司

主要经济指标

项　目	2015年	2016年	比上年增长（%）
资产总额（亿元）	7163.57	7416.83	3.54
所有者权益（亿元）	3126.67	3371.57	7.83
营业收入（亿元）	3311.02	3096.21	－6.49
利润总额（亿元）	－119.40	70.31	
归属于母公司所有者的净利润（亿元）	－52.52	29.42	
利税总额（亿元）	15.77	200.40	1170.77
应交税金总额（亿元）	148.92	178.46	19.84
净资产收益率（%）	－4.36	1.61	增加5.97个百分点

注：2015年数据与2016年度同口径，取自中国宝武集团合并报表。

【改革发展】 2016年，中国宝武集团根据中央深化国有企业改革有关精神，出台《深化改革实施意见》，明确改革总体框架。按照国有资本投资公司定位要求，集团总部从管资产向管资本、从战略管控型向价值创造型转变，组建钢铁及相关制造业发展中心、钢铁及相关服务业发展中心、产业和金融业结合发展中心、不动产及城市新产业发展中心四大业务部门。推进产权改革，与中国石油天然气集团公司、中国远洋海运集团有限公司实施股权互换，向中国诚通控股集团有限公司、中国国新控股有限责任公司进行股权划转；欧冶云商股份有限公司加快混合所有制改革，引入战略投资者，获得国务院国资委首批员工持股试点企业资格；华宝投资有限公司探索融资租赁新商业模式，推进核心团队持股计划。

【湛江项目建设】 3月30日，宝钢湛江钢铁有限公司（简称"湛江钢铁"）2030冷轧产线进入热负荷试车阶段，该产线包括1条酸洗轧机联合机组、1条连续退火机组、2条连续热镀锌机组和3条重卷机组，工程于2013年9月3日开工建设。5月5日，三号转炉热负荷试车。5月6日，二号RH精炼热负荷试车。5月15日，2300毫米连铸机热负荷试车，使整个炼钢系统形成3座350吨大型转炉、1座LF精炼、2座RH精炼、2座LATS精炼、2台2150毫米连铸机、1台2300毫米连铸机生产格局。7月15日，二号高炉点火投产，湛江钢铁一期工程全面建成。二号高炉于2014年5月15日打下第一根桩，整个系统由1座高炉、1台烧结机、2座焦炉及4座热风炉等组成。宝钢湛江钢铁基地项目的建设，是落实国家钢铁产业方针、优化中国钢铁产业布局、促进产业结构调整的重大战略举措，是广东省淘汰落后产能、上海市调整地区产能的重大举措，是宝钢遵循国家"一带一路"战略，实施宝钢"两角一边"战略布局，率先形成华南市场主导、辐射东南亚市场，积极实施国际化"走出去"规划蓝图的重要体现。

【产业结构调整】 2016年，中国宝武集团全面完成国务院国资委下达的"去产能"任务，化解钢铁过剩产能997万吨，其中宝钢化解过剩产能555万吨，武钢化解过剩产能442万吨。妥善处置去产能涉及的债务问题，人员分流平稳有序。完成4家"僵尸企业"、15家特困企业的处置工作。完成95家单位的层级压缩和33家法人单位的清算退出、产权转让。推进产业结构调整和员工转型发展，3100余名员工从钢铁产业转到多元产业。

【科技创新】 2016年，中国宝武集团研发投入率1.99%，申请专利2534件，其中发明专利1261件。宝钢股份推进智慧制造体系建设，1580热轧车间改造入选工业和信息化部智能制造试点示范项目；高磁感取向硅钢、超高强连续油管用钢、冷轧铁素体轻质钢等4个牌号产品实现全球首发；锌铝镁镀层钢板成功进行首次工业试制；国内首条高端覆膜铁机组投产，生产出第一卷覆膜铁产品；核电安注箱用高耐蚀复合板应用于第三代核电工程。武钢成功生产出全球最薄热轧带钢；槽型钢轨批量供货。1000兆帕高强不锈钢应用于国产新能源纯电动客车。为长征五号运载火箭发动机成功研制高温合金材料，提升中国运载火箭整体技术水平。

【环境经营】 2016年，中国宝武集团吨钢综合能耗600千克标准煤，比上年下降5千克标准煤；万元产值能耗1.34吨标准煤，比上年下降4.9%，其中上海地区用能和用煤总量分别为1450万吨标准煤和1350万吨，完成上海市下达的年度考核目标；二氧化硫、化学需氧量和氮氧化物排放总量分别为33665吨、2123吨和79787吨，分别比上年下降10%、12%和5%。

【安全生产】 2016年，中国宝武集团安全管理总体受控，区域内发生工亡事故7起，工亡8人（其中宝钢5人、武钢3人），同比下降43%；重伤事故9起，重伤9人，同比下降13%；轻伤事故78起，轻伤81人，同比下降43%。事故总量同比下降40%以上。

【非钢产业】 2016年，中国宝武集团聚焦业务优化，加快转型升级。宝钢金属有限公司进一步优化包装板块业务布局，越南宝钢制罐顺化有限公司实现盈利；宝钢工程技术集团有限公司中标中国台湾地区"台塑集团"投资的福欣特殊钢有限公司项目总包合同；宝钢资源有限公司建设的矿石国际交易中心，全年注册会员65家；上海宝信软件股份有限公司的轨道交通业务中标额处于行业第一；华宝信托有限责任公司管理的信托资产规模达到5270亿元，华宝兴业基金管理有限公司的量化对冲基金投资回报连续两年名列前茅，华宝证券有限责任公司的期权经纪业务交易量保持行业第一；与上海杨浦科技创新（集团）有限公司合资建设的原宝钢集团上海二钢有限公司地块的"互联网＋"产业园全面启动；吴淞口创业园挂牌成立，引入24个创业项目；欧冶云商股份有限公司布局"云仓"1208家、管理加盟库311家，完成钢材电商交易3876万吨。武钢全面进入城市基础设施建设领域，宜昌峡州大道工程、青山海绵城市建设项目动工；参与周边地区水务合作，托管青山石化、化工新城自来水业务；钢电公司拓展外供蒸汽用户；耐火材料公司防腐碳砖远销欧洲、非洲、中亚地区。

（撰稿人：张文良）

中国铝业公司

【基本概况】 中国铝业公司（以下简称"中铝公司"）成立于2001年，是国家授权的投资管理机构和控股公司，是中央管理的国有重要骨干企业。主要从事矿产资源开发、有色金属冶炼加工、相关贸易及工程技术服务等业务，是中国最大的有色金属产品供应商，是全球具有重要影响力的铝业公司，铜业综合实力位居中国第一，稀土产业具有完整产业链和行业整合主导企业地位。

中铝公司总部设在北京。截至2016年底，公司注册资本252亿元，资产总额5218.31亿元，从业人员12万人，所属66家企业分布在23个省（自治区、直辖市），拥有6家境内外上市公司。境外资产总额1988.82亿元，境外营业收入146.50亿元，境外机构43家，主要分布在中国香港、越南、老挝、印尼、秘鲁、英国、英属维尔群岛、澳大利亚、新加坡、委内瑞拉、巴西、开曼群岛、印度等国家和地区。连续九年入选《财富》世界500强企业，2016年度排名第262位。

2016年，中铝公司一举扭转连续亏损的局面，实现整体盈利1.67亿元，其中经营性盈利20亿元，全面完成国资委考核目标。

【主要指标】 2016年，中铝公司实现销售收入2675.8亿元，同比增长12.1%。有色金属原矿产量3277万吨，同比减少2.9%。氧化铝产量1469.7万吨，同比增长1.1%；电解铝产量303.4万吨，同比减少16.2%；铝加工材产量146.3万吨，同比增长42.8%；精炼铜产量58.3万吨，同比增长8.2%；铜加工材产量29万吨，同比减少9.4%；稀土分离产品产量7110吨，同比增长8.5%。

2016年中国铝业公司主要经济指标

项　目	2015年	2016年	比上年增长(%)
资产总额(亿元)	4868.4	5218.1	7.18
所有者权益(亿元)	700.1	841.0	20.12
营业收入(亿元)	2387.8	2675.8	12.06
利润总额(亿元)	−44.3	1.7	
净利润(亿元)	−53.5	−5.8	
归属于母公司所有者的净利润(亿元)	−53.5	−18.8	
技术开发投入(亿元)	37.3	38.0	1.88
利税总额(亿元)	21.0	75.8	260.75
应交税金总额(亿元)	79.0	112.2	42.02
全员劳动生产率(万元/人·年)	12.6	24.3	92.86
净资产收益率(%)(不含少数股东)	−52.39	−11.87	增加40.52个百分点
总资产报酬率(%)	2.04	2.53	增加0.49个百分点
国有资本保值增值率(%)	12.5	135.87	增加123.37个百分点

【改革发展】 2016年，中铝公司创新实施“加减乘除”，成效显现。

科学加，贵州猫场矿、中州段村—雷沟矿、华兴奥家湾1号矿等相继建成。华泽电解铝挖潜改造、华兴氧化铝二期、中州和山东化学品氧化铝项目投产见效。内蒙古华云一期和二期一步、广西华磊、遵义铝业升级改造等项目实现节点目标。贵州分公司退城进园项目扎实推进。宁德混矿项目从提出到建成仅用93天。广西国盛搬迁改造项目建成投产。公司36个重大项目已按照要求完成竣工验收。

敢于减，抚顺铝业电解铝生产线正在搬迁改造。甘肃华鹭关停电解铝生产线，炭素搬迁项目已开工。有序推进、妥善分流安置员工，特别是华西铝业完成关停和人员分流安置。宁夏能源1户硅材料企业完成破产，其余3户已召开债权人大会进入破产程序。上铜关停及时止住出血点，稳妥实施经济性裁员。洛铜改制分立后焕发活力。

积极乘，发挥放大和倍增效应。实施47项国家级科研项目和350多项公司级科研项目，公司中央研究院成立，与中科院、北科大等建立战略合作关系，各类研发力量融合聚焦，为创新驱动提供支撑。中铝金融产业从无到有，初步打造控参6家企业的产融结合发展平台，实现功能由单一到综合、业务由内向外延展的新突破，金融产业的创新服务能力显著提升。

善于除，加快“瘦身健体”提质增效。完成“僵尸”和特困企业治理户数，比国资委下达目标多完成4户，同比增利10亿元以上。亏损企业较年初减少30

户，亏损面较2015年末下降7.8个百分点，亏损企业的亏损额同比减少31.6亿元。“三供一业”移交完成年度计划，厂办大集体改革稳步推进。

【重大项目】 华兴氧化铝二期项目提前投产。贵州猫场矿、华兴奥家湾1号矿建成投产，中州段村一雷沟矿六口矿井均具备出矿条件。遵义铝业350千安电解槽升级改造项目完成。宁夏能源银星电厂1号机组并网发电，固原至王洼铁路全线通车。山东企业新建10万吨功能新材料、中州企业易溶氢铝项目建成投产。宁德混矿库从项目决策到建成投产仅用93天，创造“中铝速度”。云铜普朗铜矿项目具备采矿条件。东南铜业宁德铜冶炼基地开工，贵州企业电解铝退城进园、东南沿海铝精深加工基地项目启动。广西国盛搬迁改造项目建成投产，岑溪稀土项目开始出矿，江苏稀土分离生产线异地升级改造项目获工信部“路条”。

【走向海外】 中铝公司与力拓集团签署几内亚西芒杜项目股权转让框架协议备忘录，获得铁矿开发主导权，同时，为铝土矿的全球资源布局创造条件。

中铝国际工程板块加大市场开拓力度，与印度VEDANTA集团签署电解125万吨项目重新启动的供货、现场服务和设计合同。九冶签署沙特阿拉伯工程建设合同，合同金额9210万美元。十二冶与韩国汉拿集团签署江原道房建项目合同，一期合同金额为10.5亿元。

【重大创新】 召开中铝公司科技创新大会，5家企业与研究院、设计院签订技术合作协议，促进科技成果产业化。中铝中央研究院挂牌成立，成为整合公司科技资源的统一平台和协作研发纽带。加强产学研交流合作，与中科院共同提出5个研发方向，与北京科技大学联合组建中铝北科大联合工程研究中心。

2016年，开展科技项目400余项，其中国家项目47项。吨铝直流电耗技术实现突破，一批合金材料项目取得重要进展，铝合金预拉伸厚板组织与性能关键技术研究，形成完整生产工艺，使加工成品率提高20个百分点；西南铝轧制的重型运载火箭用10米级整体铝合金环件再次刷新世界纪录，铝板带加工技术集成与创新使成品率提高2.33个百分点。

军用飞机关键材料实现大批量供货。为“天宫二号”“神舟十一号”飞船、我国最大推力运载火箭长征五号及大飞机、世界最大射电望远镜提供多个品种的高品质铝合金材料，国家国防科工局、国家航天局给公司发来感谢信。

拓宽铝的开发应用。中铝材料研究院初步形成铝合金在汽车领域应用的系统解决方案，中铝瑞闽开发出适用于全铝瓦楞板车厢及铝合金蜂窝板材料。西南铝5182铝板获得通用汽车公司认证，并成为空客公司所需2024合金铝材中国唯一供应商。沈加钛镍加工材生产线项目获得国防科工局军工产品生产许可证，通过劳氏认证，具备欧美市场准入资格。

【党建工作】 全面从严治党责任得到落实。中铝公司召开2016年党建工作会议，深入学习贯彻党的十八届六中全会和全国国有企业党的建设工作会议精神，将党建工作要求纳入公司章程，明确党组织在公司法人治理结构中的法定地位。在中铝股份、中国稀有稀土、中铝资本控股成立党委和纪委。认真落实《中铝公司党组在深化改革中坚持党的领导加强党的建设的指导意见》，督促各级党组织做到“四同步”“四对接”。进一步规范党建工作，明确党建重点任务，层层开展“四个化”问题整改，整顿软弱涣散基层党组织。制定《境外企业党建工作实施办法》《重要事项报告制度》《党建工作例会制度》等15项制度，扎紧制度笼子。夯实党建责任，把党建工作纳入目标责任管理和重点督办事项。推进基层党组织换届工作，45家企业党委完成换届。层层开展党组织书记抓基层党建述职评议考核，做到书面述职全覆盖。通过多种渠道，开展形势任务教育，弘扬先进典型。成立中铝党校，举办12个班次、650人次的党员领导干部专题培训，发挥主阵地作用。

“两学一做”学习教育深入开展。创新“两学一做”的谈话教育，党组领导出面谈话37次，涉及34户企业、219名班子成员、166名年轻干部，促进领导班子建设和年轻干部培养。各级领导干部带头讲党课2500多次，7万余名党员参加党课辅导。组织召开“七一”表彰大会和纪念建党95周年系列活动，举办历时3个月、3.6万余名党员参加的“两学一做”知识竞赛。召开“两学一做”学习教育推进会，公司“两学一做”学习教育和领导班子专题民主生活会得到中组部和国资委党委的充分肯定。

党风廉政建设更加从严。深入开展政治巡视，创新开展执行力问责巡视，巡视31家企业。召开4次季度警示教育大会，通报违纪违法典型案例和执行力问责典型事例，强化警示震慑。严厉查处中铝国贸、重庆分公司等单位的重点案件，挽回重大损失。积极实践“四种形态”，抓早抓小，扭住“四风”不放松。公司党风廉政建设工作得到中央领导、中纪委领导和中央巡视组的肯定和表扬。

群团工作扎实有效。隆重表彰赵钢等公司50名劳动模范和32个先进集体。首次开展“最美中铝人”宣传季活动，组织10名公司级先进人物的事迹报告会。成功举办“中国铝业杯”第十届全国有色金属行业职业技能竞赛暨中铝公司第十二届职工技能大赛。公司团委广泛开展“创新发展·青年担当”活动，形成团建片区协作和团干部挂职新机制。加强离退休干部服务与管理，十二冶离退休管理部主任赵众获得“全国先进老干部工作者”荣誉称号。

【信息化建设】 中铝公司电子交易系统正式上线投用，全景仿真视频会议系统覆盖主要业务板块，中铝公司生产运营监控中心、中国铝业煤矿与电厂生产运行及应急救援指挥系统等一批信息化项目建成投用；组织实施公司人力资源管理信息化系统、中铝公司财务管控信息化系统建设；持续推进公司两化融合和智能制造，促进公司生产经营向数字化、智能化转型；进一步加强公司网络与信息安全建设和管理，公司网络与信息安全保障能力和防护水平全面提高；公司重要信息化应用系统和网络全年安全可靠稳定运行。

【履行社会责任】 优化完善社会责任管理体系和运作模式。编制《中铝公司社会责任工作“十三五”专项规划（2016—2020年）》，审议通过并实施《中铝公司2016年度社会责任工作要点》。将社会责任管理模块和负面清单的运用范围从公司总部部门和铝、铜、稀有稀土三大主业板块本部拓展到试点企业。发布社会责任管理模块和负面清单运行评价报告，并将评价结果纳入绩效考核。以社会责任管理模块和负面清单以及“中铝五步法”为核心内容，将社会责任管理的创新做法和经验形成管理成果，荣获2016年中国有色金属工业企业管理现代化成果一等奖。

推进社会责任实践。社会责任实践试点单位由8家扩展到11家，涌现一批社会责任典型案例。中铝国际获得中国香港“最佳公司治理上市公司”金紫荆奖。云铜集团所属赤峰云铜有色金属有限公司“双炉粗铜连续吹炼工艺技术”荣获中国工业大奖提名奖。云铜集团所属凉山矿业股份有限公司（以下简称“凉山矿业”）“昔日尾矿库，今日后花园”实践案例入选《中国企业社会责任年鉴（2016）》。云铜集团凉山矿业荣获全球契约中国网络“实现可持续发展目标先锋企业”入围奖。

中铝秘鲁铜业特罗莫克铜矿的社会责任工作获得习近平总书记高度赞扬，《人民日报》作了专刊报道。公司2016年社会责任发展指数再次进入五星级行列。公司在第二届中国企业扶贫公益勋章峰会上获得“2016年度扶贫公益勋章”。公司进入2016企业公众透明度TOP100榜单。连续第十年发布社会责任报告，并连续三年荣获五星级最高评级，连续四次蝉联优秀社会责任报告长青奖，首获企业公众透明度“最佳社会责任报告奖”。

（撰稿人：陈一新）

中国远洋海运集团有限公司

【基本概况】 中国远洋海运集团有限公司（以下简称“中远海运集团”或“集团”）2016年2月18日正式挂牌成立，由原中国远洋运输（集团）总公司与原中国海运（集团）总公司重组而成，总部设在上海，是中央直接管理的特大型国有企业。

截至2016年底，集团拥有和控制船队规模1082艘、共计8172万载重吨。重组后的中远海运集团实现综合运力、干散货船队、油轮船队和杂货特种船队规模“四个世界第一”，以及码头经营、集装箱租赁、集装箱船队、燃油供应、船舶代理、海工制造“六个世界前列”，成为改变全球航运竞争格局的重要力量。

中远海运集团的发展愿景是“承载中国经济全球化使命，整合优势资源，打造以航运、综合物流及相关金融服务为支柱，多产业集群、全球领先的综合性物流供应链服务商”。集团围绕“规模增长、盈利能力、抗周期性和全球公司”四个战略维度，着力布局包括航运、物流、金融、装备制造、航运服务、社会化产业和“互联网＋”相关业务在内的“6＋1”产业集群，促进航运要素的整合。

集团远洋航线覆盖全球160多个国家和地区的1500多个港口，形成以中国香港、日本、韩国、澳大利亚、东南亚、西亚、北美、南美、欧洲、非洲等区域为辐射点，以船舶航线为纽带，遍及世界各主要地区的跨国经营网络。同时，集团在港口、物流、航运金融、修造船等上下游产业链上也形成较为完整的产业结构体系。

【主要指标】 截至2016年底，中远海运集团资产总额6587.57亿元，所有者权益2382.9亿元。2016年，中远海运集团实现营业总收入1975.94亿元，利润总额160.72亿元。

【改革发展】 2016年，中远海运集团推进“深度改革、快速改革”，先后完成集装箱运输、码头经营、油轮运输、干散货运输、航运金融、综合物流、装备制造等7个核心业务板块的专业化重组，以及海外9个区域、104个国家公司、185个代理公司的整合，实现全球信息系统切换和全覆盖。改革成果得到党中央、国务院肯定，被国资委评为6家央企改革典型示范单位之一。

集团确立总部“战略管控”职能定位，深化体制机制改革，建立现代企业制度。采用“职能部门＋共享中心”模式设置集团总部，13个职能部门专注战略管理，6个共享中心负责服务和支撑。集团在“做小总部”的同时，积极“做大产业”，大力规范法人治理结构，对30家直属单位实施董事会授权，实现“管控上移，经营前移”，进一步提升企业投资、决策、经营、管控的效率。集团创新人才激励机制，在金融板块试行市场化选聘职业经理人，积极推进上海泛亚航运职工持股试点，以充分调动干部职工的工作积极性，留住和吸引核心、骨干人才。

集团加大供给侧改革，积极“瘦身健体”。作为国资委5家“压减”试点单位之一，利用重组整合的有利条件，将整合同类型企业、优化业务结构与“压减”工作目标有机结合，提出“压缩法人层级至5级、管理层级至4级、消减法人公司20％”的工作目标。2016年清理关闭231家法人单位，占拟关闭法人数量的67.9％，管理层级压减为4级，工作进度和成效走在央企前列，被国资委评为先进典型。集团推进船队结构调整，2016年平均船龄降至8.6年，单船载重吨达到7.95万吨，船队日益年轻化、专业化、大型化、绿色化。集团还通过工业板块重组整合，进一步削减海工和造船过剩产能。

【重大项目】 中远海运集团上市公司重组涉及74项交易、600多亿元资产、3.8万名员工，被称为“史上最复杂交易”的上市公司整合。集团坚持实施深层次改革，对主要4家上市公司进行重新定位，确定集装箱运输、港口经营、航运金融、能源运输四大专业化上市平台，上市公司整合方案得到资本市场广泛认可，均获得股东大会超过99％的的高票通过。

集团深化与战略客户合作。2016年与中石油、中石化、中海油、中化、神华、中铝、五矿、中粮等18家央企建立战略合作关系，搭建服务央企客户的营销平台，推进国货国运，2016年完成央企客户货量占集团总货量比重29.4％，同比增加3个百分点。与巴西淡水河谷签订长期运输协议，经营40万吨散货船，可在未来的27年中保证良好经济效益，有效提升基础货源比例。

集团所属集装箱船队与国际知名班轮公司组成“海洋联盟”，经营运力超过600万TEU，航线产品的频率更高、规模更大、覆盖更广、效率更优，全面超越2M(马士基和地中海航运)。通过组建“海洋联盟”，制定行业规则，引领行业健康发展，集团逐步成为航运业东方平衡西方的重要力量。

【走向海外】 中远海运集团2016年2月20日启动海外网络整合，涉及31个国家的股权交易方案，当年底完成海外各区域和国家公司的整合。境外公司改革重组后，集团所属纯境外公司798家，其中实体企业300家，境外上市公司7家，业务涵盖集装箱运输、散杂货运输、油气运输、物流服务、码头业务、船舶技术服务和船舶燃料供应等。截至2016年底，集团境外员工总人数8000人，纯境外总资产3559.5亿元，占集团总资产的53.4％；总收入1021.78亿元，占集团总收入的51.7％。海外产业是集团资源配置和收入来源的重要组成部分，占据集团整体业务的半壁江山，具有举足轻重的地位。

集团以布局"一带一路"为主线，努力实现由中国码头服务为主向全球码头服务商转变。2016年收购希腊比雷埃夫斯港、新加坡港新码头、荷兰鹿特丹EUROMAX码头、意大利VADO码头和阿联酋阿布扎比哈里发二期码头股权。尤其是在成功经营希腊比雷埃夫斯集装箱码头（PCT）的基础上，与希腊共和国资产发展基金签署比雷埃夫斯港口管理局（PPA）股权转让协议，收购PPA67%的股权，得到中央的充分肯定，认为比港项目是中希合作的成功典范，推动国家"一带一路"建设的龙头项目。截至2016年底，集团在全球投资码头48个，总泊位209个，跃升为全球第二大码头运营商。此外，集团深度整合能源运力和市场资源，着手能源运输海外布局，在中国香港、新加坡、伦敦、休斯顿等主要能源贸易中心实现网点全覆盖。

【重大创新】 在业务创新方面，中远海运集团物流板块开发冷藏集装箱海铁联运物流业务，修造船板块成功建造国内最大牲畜运输船，客运板块进军三亚至西沙邮轮市场，特种运输板块完成"永盛+"项目6艘次船舶北极东北航道航行，并为巴西南极科考站重建项目提供物流服务，开创中国商船首航南极先河。集团还积极推进泛亚、无界、中远e环球、一海通等电商平台建设，为客户提供全供应链解决方案。

在科技创新方面，中远海运集团充分发挥所属企业的技术研发作用，加大应用技术创新和共性技术研究，夯实科技创新基础。2016年，集团投资10亿元人民币，在上海长兴岛新建"航运技术与安全国家重点实验室"，致力于航运共性技术、前瞻性技术的突破，这也是我国航运科技领域唯一一家经国家科技部认定的国家重点实验室。2016年，集团所属各单位获得授权专利121件，其中授权发明专利44件、实用新型77件，获得省部级科技成果奖11项。

【党建工作】 中远海运集团党组深入贯彻落实十八大和十八届历次全会精神，认真学习全国国有企业党的建设工作会议精神，坚持党的领导，加强党的建设，为改革重组和提质增效提供坚强政治保证。在改革重组中同步加强党的建设，坚持"四同步""四对接"，将党建工作总体要求纳入公司章程，明确党组织在公司法人治理结构中的法定地位，使党组织真正成为公司治理结构的有机组成部分。

集团党组把"两学一做"学习教育作为政治任务，建立党员领导干部联系点机制、督导机制、培训机制、交流机制、宣传机制等，为推动改革重组和提质增效提供强大思想政治动力。集团加强党风廉政建设，整合监督资源，建立起联网审计、现场审计和派驻审计"三位一体"审计监督工作模式，制定印发20项审计监督制度，强化垂直管控。同时，还建立健全容错纠错机制、信访澄清机制，努力营造干事创业的良好氛围。

集团党组在全系统大力倡导"一个团队、一个文化、一个目标、一个梦想"的"四个一"理念，通过开展钻石团队、长期服务中远海运船舶"三长"等表彰，组织举办集团品牌形象发布会、"中远海运巴拿马"轮首航扩建后的巴拿马运河、2016年国际海运年会等重大活动，促进思想统一凝心聚力，引领企业改革重组、推进企业文化建设。

【信息化建设】 集团发挥信息化对重组整合和深化改革工作的支撑服务作用，确立"重点突破、整体推进"的工作思路，重点开展信息化资源整合、"十三五"信息化规划、信息系统"一体化"整合等工作。2016年集团在信息化基础设施建设方面主要开展的工作有：明确境内"三地四中心"的数据中心整合方向，升级改造集运业务全球网络，推进财务信息系统平台建设，整合打造"中国远洋海运船舶监控系统"，启动HR、投资管理、邮箱管理系统建设等。

集团积极贯彻落实国家网络安全要求，以专项工作为抓手，从管理和技术两方面入手，建立集团总部信息安全管理体系，并通过外部监督审核，实现集团网络安全制度体系的系统化、文件化；同时持续加强网站和重要信息系统的风险隐患排查和整改，提高抗风险能力，确保集团网信安全。

【履行社会责任】 中远海运集团认真完成扶贫援藏任务。集团对口扶贫援藏点涵盖云南永德、湖南安化等三省（自治区）的五个县，同时有7家直属单位与贫困村结对帮扶。集团成立扶贫（援藏）工作领导小组和工作机构，组织会议专题研究部署扶贫援藏总体思路及规划。2016年，集团派出扶贫援藏挂职干部

9人，着力在精准扶贫上出实招、下实功、见实效。集团还募集3亿元加入中央企业贫困地区产业投资基金，支持贫困地区产业发展。

集团积极开展慈善事业，旗下中远海运慈善基金会2016年投入资金3185万元，实施项目60个。其中，“远航·家园”系列投入1997万元，实施项目35个，在集团及成员单位的对口扶贫点及安庆等贫困地区开展基础设施建设、异地扶贫搬迁、医疗救助、产业扶持、助老等公益事业；“远航·追梦”系列投入841万元，实施项目18个，更新贫困地区基础教育设施，在边远山区开展支教行动，在航海院校设立奖、助学金；“远航·健康”系列投入64万元，实施项目1个，关爱船员心理健康；“远航·暖心”系列投入183万元，实施项目5个，开展对特殊群体的帮扶；“远航·绿色”系列投入100万元，实施项目1个，在海洋环保领域开展合作项目。

集团大力推进节能减排工作，践行绿色航运，保护生态环境。积极履行国际公约，持续关注压载水履约、船舶尾气处理、岸基供电等领域法规动态、政策变化、技术发展情况；推进新能源应用示范，与中国海油深化LNG船舶加注领域合作。此外，集团继续承担保障国家安全任务与国际海上搜救任务，得到政府部门和社会的认可。

（撰稿人：胡亚豫）

中国航空集团公司

【基本概况】 中国航空集团公司（以下简称“中航集团”）是以中国唯一载国旗飞行的航空运输企业——中国国际航空公司为主体，联合中国航空总公司、中国西南航空公司等企业，组建的特大型国有航空运输集团公司。2002年10月11日正式成立。中航集团成立后，航空运输主业实现一体化运营，在中国香港、伦敦和上海成功上市；通过资产重组将非航空业务整合为基本建设及酒店物业管理、资产管理、金融服务、民航快递和传媒广告等专业公司。经营业务涵盖航空客运、航空货运及物流两大核心产业，涉及飞机维修、航空配餐、航空货站、地面服务、机场服务、航空传媒等高相关产业，以及金融服务、航空旅游、工程建设、信息网络等延伸服务产业。2016年，中国航空集团公司坚持安全发展，狠抓提质增效，提升服务品质，着力深化改革，推进转型升级，强化基础管理，落实从严治党要求，各方面工作都保持稳中求进的良好态势。

【主要指标】

2016年中国航空集团公司主要经济指标

项　目	2015年	2016年	比上年增长（%）
资产总额（亿元）	2254.34	2369.54	5.11
所有者权益（亿元）	764.58	874.50	14.38
营业收入（亿元）	1111.20	1158.85	4.29
利润总额（亿元）	93.67	105.88	13.04
净利润（亿元）	74.44	80.24	7.79
归属于母公司所有者净利润（亿元）	38.26	39.13	2.27
技术开发投入（亿元）	0.27	0.36	33.33
利税总额（亿元）	106.49	128.65	16.82
应交税金总额（亿元）	57.84	65.42	13.11
全员劳动生产率（万元/人·年）	50.30	52.4	4.17
净资产收益率（%）	10.38	9.79	减少0.59个百分点
总资产报酬率（%）	5.50	6.02	增加0.52个百分点
国有资本保值增值率（%）	109.70	113.84	增加4.14个百分点

【安全生产】 狠抓安全生产管理，安全形势持续平稳。践行安全发展理念，深入学习领会中央领导对安全工作的重要指示批示精神，落实民航局各项安全要求，牢固树立红线意识和底线思维，始终把安全生产放在首位。认真贯彻落实安全生产责任制。坚持严格管理、严格要求，提升干部管理能力、队伍技术能力和复杂运行条件下的生产组织能力，确保安全责任

落到实处。强化安全管理，加强对安全风险的识别、预警和防控，针对机组联动、高原机场运行等开展专项风险管控。保证新开航线和B787－9新机型安全运行。强化运行风险管控，完善应急分类管理流程，提高应急处置能力。加强飞行训练，高效统筹训练资源，积极探索新的训练模式，在保证质量的前提下，超额完成训练计划。加大对专业公司和控股公司的安全监管力度，深入应用投资企业航空安全监管平台，提高全系统空地安全管理水平。在民航局支持下，组织开展"航空食品企业安全运行标准"等研究项目，增强航食生产的安全基础。积极履行政治责任和社会责任。全年实现安全飞行203.1万小时，圆满完成重要专包机任务，顺利保障G20峰会、奥运残奥包机等重要航班运输任务。

【生产经营】 强化市场营销，保持收益水平稳定，推动营销创新，完善电商销售平台功能，拓展附加产品销售，推进常旅客里程营销，强化销售渠道监管；积极推进联盟、联营与对外合作，拓展收入空间。国内航线同比提升、优势突出，有效支撑整体收益品质。优化生产组织，运营效率稳步提升，适度增投国际市场，持续巩固国内市场，根据市场变化及时调整运力的投向和规模，提高运力配置水平。加强网络枢纽建设，新增北京一华沙、上海一圣何塞、成都一悉尼等国际国内航线，扩大网络覆盖。聚焦提质增效，落实各项效益管理措施，严格成本管控，实现运输成本水平同比下降，主动调整债务结构，减少汇兑损失，"两金"压降效果明显，落实"提直降代"，实施亏损企业专项治理。实现利润105.9亿元，同比增长13.1%。完成运输总周转量236.9亿吨千米，同比增长8.7%；营业总收入1158.9亿元，同比增长4.3%；加强业务融合，主专业协同增利创效，各专业公司实现利润6.3亿元，有力地支持整体业绩增长。

【服务品牌】 狠抓服务基础建设，着力提升服务治理能力。加强服务风险监控及应急处置。持续做好服务队伍建设。建立客舱"亲和服务"素质模型。进一步完善考核评价和奖惩体系。加强服务创新，改善旅客出行体验。深化扩展APP客户服务产品，整合会员服务与95583平台。推广地面自助服务产品，推进电子化补偿，初步建成旅客服务赔付系统(SCS)应用模块。推进机上网络建设，加速地空通讯技术验证。聚焦服务痛点立整立改。从理念、制度、客户体验三个层面，围绕旅客界面服务工作中的重点、焦点问题狠抓落实。优化高端旅客服务，明确高端服务标准，细化全旅程服务场景。改善飞机清洁品质，启动客舱环境及机供品清洁管理体系建设。加强对餐食等供应商监管力度。在"世界品牌500强排行榜"中以1156.89亿元的品牌价值，排名第295位，比2015年上升5位。再次获得世界品牌实验室全球服务业五星钻石奖。

【改革发展】 加强战略引领，完成"十三五"规划编制。经国务院批准，确定北京"一市两场"运行方案。与四川省政府签署成都新机场运营战略合作协议。全面深化改革，深入贯彻全国国有企业党的建设工作会议和国有企业改革座谈会精神，加强改革顶层设计和组织保障。结合"十三五"规划实施和四个平台建设，完成全面深化改革总体方案、现代企业制度建设工作方案，强化转型升级、补齐短板的重点工作。同时，提出加强监管，防止流失，落实企业违规经营决策责任追究制度，确保国有资产安全。有效推动建立现代企业制度和完善法人治理结构工作。集团层面开展董事会试点。完成两级合并运行的顶层设计。按照企业主体化、管理一体化的原则，明确集中采购专业化、租赁业务专业化、传媒业务专业化、综合保障专业化、信息化建设一体化、航食供应管理一体化、金融服务平台、人力资源共享平台等八个项目。制定激发活力、增强动力的改革措施。明确激励机制和市场化选人用人机制。加大业绩考核力度，实施业绩考核"双联动"，扩大管理考核范围，进一步提高考核有效性。

【规范经营】 加强依法治企与合规性管理。积极落实国资委关于全面推进法治央企建设的意见，将法治工作要求纳入集团"十三五"规划中，保障决策规范科学。稳步推进规章制度"立改废"工作，各类规章制度进一步精简、完善。推进法律顾问队伍建设，持续进行普法宣传，提升全员法治意识。继续加强对投资企业的"三会"管理。推进全面风险管理和内控体系建设，开展内控自我评价工作。组织集团公司境外重大投资项目风险排查。开展国有资产评估，评估项目数量和评估价值均达历史新高。推进飞机类资产全面进场交易。加强企业信息化建设，提升 IT 支持能力。深化应用与平台重构，推进数字化业务平台建设。完成电子商务平台更新换代，提升旅客购票响应速度。常旅客积分兑换平台项目第一阶段上线运营。积极整改、解决有关历史遗留问题。落实巡视整改要求，健全完善各类制度、规定。对采购、服务等领域开展效能监察及审计监督，围绕机供品回收管理、采购和合同管理、商务系统工作号管理等项目开展系列专项治理工作。

【党建工作】 认真贯彻落实党的十八大，十八届三中、四中、五中、六中全会，习近平总书记系列重要讲话精神和全国国有企业党的建设工作会议精神，以"两学一做"学习教育为抓手，全面推进党的建设，将全面从严治党要求落到实处，为企业持续健康稳定发展提供坚强的政治保证。扎实开展"两学一做"学习教育。以"四好"领导班子创建为龙头，持续加强干部队伍建设。强化党风廉政建设和反腐败工作责任，印发中央纪委副书记杨晓渡同志来集团调研时作的重要讲话及贯彻落实的《主要措施》。实行党政同责、一岗双责，加大对责任落实情况的考核力度，对责任落实不到位的严肃追责。巩固和深化巡视整改成果，围绕 24 个整改项目和 8 个重点领域整改计划持续用力、狠抓落实。积极实践监督执纪"四种形态"，严格处置巡视移交举报件，坚决纠正"四风"问题，从严查处违纪违规问题。强化纪检监察审计队伍建设，为党风廉政建设和反腐败工作提供坚强的组织保证。进一步发挥工会共青团工作效能。强化工会民主管理职责，持续深化班组建设，积极开展职工岗位技能大赛，推进"幸福·心计划"等工作项目和职工文化建设。创新共青团和青年工作，开展青年创新大赛，有效激发青年活力。

（撰稿人：王丽江）

中国东方航空集团公司

【基本概况】 中国东方航空集团公司（以下简称"东航集团"）是隶属于国务院国资委管理的中国三大国有骨干航空运输集团之一，总部设于上海。英文全称 China Eastern Air Holding Company，英文缩写为 CEAH。2002 年 10 月，东航集团以原东航集团公司为主体，兼并原中国西北航空公司、联合原中国云南航空公司。2010 年 2 月，完成与上海航空公司的联合重组。2011 年 6 月，东航正式加入天合联盟。

东航集团一贯秉持"员工热爱、顾客首选、股东满意、社会信任"的企业发展理念，统筹兼顾相关各方的利益期许，努力实现集"经济效益、社会公益、国家利益"三位一体的可持续发展。截至 2016 年底，东航集团拥有员工 8.9 万人，总资产超过 2400 亿元，机队规模达到 600 余架，主力机型平均机龄不到 5.5 年，是全球规模航企中最年轻的机队之一。经过持续的产业结构调整和资源优化整合，东航集团形成以航空客货运输为主，以通用航空、航空食品、进出口贸易、金融期货、传媒广告、房地产开发等业务为辅的现代航空集成服务体系。下属 10 家主要投资公司：中国东方航空股份有限公司（简称"东航股份"）、东航金控有限责任公司、上海东航投资有限公司、东方航空进出口有限公司、东方航空食品投资有限公司、东航实业集团有限公司、东方通用航空有限责任公司、东方航空传媒股份有限公司、东方航空产业投资有限公司、东航国际融资租赁有限公司。其中，作为东航集团核心主业的东航股份公司，在全球拥有 10 家分公司、59 家海外营业部及办事处、21 家全资和控股子公司及 20 家持股公司，航线网络通达全球 177 个国家（地区）1062 个目的地。2016 年，旅客运输量超过 1 亿人次，在全球航空公司中名列前茅。

【主要指标】 2016 年，东航集团实现营业收入 1018.48 亿元，同比上升 4.92%；实现利润总额 75.65 亿元，同比增长 21.2%。东航股份全年完成运输总周转量 197.1 亿吨千米，同比增长 10.6%；旅客运输量 10,174 万人次，同比增长 8.5%；货邮运输量 139.5 万吨，同比下降 0.3%；客座率 81.2%，同比上升 0.7 个百分点；综合载运率 70.4%，同比下降 0.3 个百分点。

东航集团深入学习贯彻习近平总书记、李克强总理和马凯副总理针对安全工作和航空安全的系列重要指示批示精神，从"国家战略和国家安全"的高度谋划安全工作，严格落实"党政同责、一岗双责、齐抓共管、失职追责”安全责任制。坚持问题导向，对安全隐患零容忍，多次召开专题会议研究部署安全工作，多次深入基层检查指导安全工作，以严的要求、实的措施，开展安全大整顿和安全大检查，抓违规违章整治，抓隐患排查治理；坚持抓基层、打基础、练好基本功，强化底线思维，固守安全红线，保证较为平稳的安全态势。2016年，东航集团安全飞行196.16万小时、83.89万架次，分别同比增长8.4%、6.4%。其中，东航股份完成飞行195.62万小时、起落82.24万架次，分别同比增长8.4%、6.4%。

2016年中国东方航空集团公司主要经济指标

项　目	2015年	2016年	比上年增长(%)
资产总额(亿元)	2148.21	2407.14	12.05
所有者权益(亿元)	379.22	565.38	49.09
营业收入(亿元)	970.68	1018.48	4.92
利润总额(亿元)	62.42	75.65	21.20
净利润(亿元)	53.68	57.80	7.68
归属于母公司所有者的净利润(亿元)	31.28	34.95	11.73
利税总额(亿元)	156.96	177.28	12.95
应交税金总额(亿元)	94.54	119.48	26.38
全员劳动生产率(万元/人·年)	84.00	88.00	4.76
净资产收益率(%)(含少数股东权益)	15.86	12.24	减少3.62个百分点
总资产报酬率(%)	4.35	4.58	增加0.23个百分点
国有资本保值增值率(%)	123.71	115.13	减少8.58个百分点

【改革发展】 2016年，东航集团按照中央关于全面深化国企改革工作指示要求，从思想上增强改革使命感责任感，从行动上主动创新探索实践，不等不靠、主动作为，以全面深化改革为主线，稳步推进战略实施，在诸多重要领域取得新突破。一是优化顶层方案。东航集团调整出台2016年版《全面深化改革意见》，确定19项具体工作任务和五项保障措施；根据国资委和中组部总体部署，研究制定内部组织机构的搭建方案和议事规则，完成董事会的组建工作。召开国际化战略研讨会，形成“以全面深化改革为主线，以国际化、互联网化为引领，以打赢转型发展、品牌建设、能力提升新三场战役为保障，以实现‘世界一流、幸福东航’为发展愿景”的1232发展新思路。坚持“三重一大”决策制度，全年召开投委会19次，审议相关议题39项；召开总经理办公会35次，审议议题114项；召开党组会51次，审议议题97项，保证民主决策、科学决策、依法决策。二是调整产业结构。组建东航产业投资公司，搭建重大产业直接投资和产业基金投资管理的运作平台。推进东航物流混合所有制改革。股份公司成立广东分公司，在西安组建中国最大的起落架系统公司，新兴产业板块保持较快发展势头，融资租赁公司在自贸区发展速度和质量排名前五位。三是强化“瘦身健体”。有效压缩管理层级、减少法人户数，已明确不再批准五级企业设立；针对被国资委列为特困企业的中货航、上航国旅，成立专门领导小组，开展专项治理；积极研究通航转型脱贫举措。四是探索内部市场化。实施关键岗位人才市场化薪酬激励方案，地服部内部市场化先行先试，按照“收入提成、总额包干、人员脱钩”原则，有序推进工分量化考核。五是客货转型成效显著。中联航低成本模式获得市场认可，实现利润总额5.68亿元，同比增长54.2%，业绩创历史新高；物流公司开拓畅联物流、苹果手机等大品牌物流中转项目；电商平台加快发展，全年移动端机票收入同比增长4.86倍；搭建旅游度假系统，丰富接送机、酒店、保险等出行产品；53架宽体机完成空中互联改装，改装机队规模、服务航线、服务人数位居国内第一。

【运营管理】 东航集团以服务国家战略为宗旨，稳步提升运营管理水平。一是加速国际布局。主动承接“一带一路”国家战略，积极落实习近平主席访问捷克、秘鲁的重大成果，新开上海至布拉格航线，开通秘鲁至上海的东航产地直达航班，加大国际(地区)运力投放，新增航点9个，加密航线25条，运力比重达到37.09%，同比提升4.17个百分点。二是做好“提直降代”。完成直销收入352.46亿元，同比增长

24.5%，直销占比40.2%，同比提高5.6个百分点；强化分销管控，健全代理人管理制度，手续费减少8.9亿元，降低40.6%；推出选座、升舱、接送机等增值产品；大力开展“提质增效”“两金清理”等专项活动，精细成本管理，坚决压缩非生产性成本支出。三是完善枢纽网络。开展全网全通，优化航班编排，浦东、昆明和西安市场份额达到36.1%、36.5%和28.8%；全年中转联程人数达到550.49万，收入达到70.59亿元，分别增长24.1%和21.8%。四是坚持真情服务。全年航班正常率为75.50%，同比上升7.42个百分点；服务满意度为89.7，同比提高1.8%；投诉率为万分之1.08，同比下降0.06。开展服务质量提升专项行动，九大特殊服务全部线上受理，成为线上受理渠道最全、受理种类最多的航空公司；圆满完成G20峰会等重大运输保障任务；开展“东航发展60年”系列品牌宣传；被国际品牌机构WPP评为“BRANDZ最具价值中国品牌”30强，国内首家获得CAPA亚太地区年度卓越航空大奖，获得中国企业社会责任国际论坛最高奖“金蜜蜂奖·领袖型企业”，亚洲旅游“红珊瑚奖”最受欢迎航空公司奖。

【党建工作】 2016年，深入开展“两学一做”学习教育，坚持真学、实做、严改，组织全集团1565个基层党组织、2.9万余名党员，深入学习党章党规，深入学习习近平总书记系列讲话，争做合格党员，扎实推进蓝天党团活动。各级党组织组织专题学习研讨3631次，开展各种形式的学习、培训8800次。

落实全国国有企业党建工作会议精神，把坚持党的领导、加强党的建设，作为重大政治原则一以贯之。严格按照好干部标准和忠诚干净担当要求，着力建设高素质干部人才队伍，深入推进“三长”（机长、乘务长、班组长）队伍建设。遵照党章要求，严密部署、精心组织、有序推进基层党组织换届选举，加强基层党组织建设。圆满完成党的十九大代表推选和基层人大代表选举工作。

强化“两个责任”“一岗双责”落实，持之以恒抓好作风建设。扎实推进“四风”问题专项整治“回头看”工作，完成对108件专项问题线索的前期整理，进一步巩固深化巡视整改成果。强化监督执纪，积极探索运用“四种形态”。强化“政治体检”，开展内部巡视，巩固和运用中央巡视成果，党要管党、全面从严治党取得新成效。

大力推进幸福东航建设，推进员工关爱工程，落实精准扶贫、精准脱贫要求，开展“爱在东航”公益活动，让公司改革发展成果惠及广大员工和社会。推进创新联盟建设，为“双创”提供项目实践平台，青字号品牌建设取得新成效。

【履行社会责任】 2016年，东航集团在全面深化改革、推进创新转型进程中，积极履行社会责任，不断提升企业社会责任管理水平，赢得社会各界广泛认可，获得中国企业社会责任国际论坛最高奖“金蜜蜂奖·领袖型企业”、亚洲旅游“红珊瑚奖”最受欢迎航空公司奖、世界公益慈善论坛“精准扶贫典范企业”等各类奖项。一是开展精准扶贫活动。东航集团按照中央扶贫开发工作会议、中央单位定点扶贫工作会议精神，坚持精准扶贫精准脱贫，坚持发挥航空优势与立足定点扶贫县实际相结合，完善科学帮扶体系，创新帮扶方式，统筹资源配置，加大资金投入、智力支持、技术服务以及信息与政策指导，多形式、多层次、全方位帮助贫困地区脱贫。2016年，东航集团投入扶贫资金1033.6万元。在世界公益慈善论坛—企业精准扶贫分论坛上，东航集团被评为“精准扶贫典范企业”称号。此外，东航集团积极打造扶贫可持续发展之路，联合中国残疾人福利基金会，在定点扶贫两县打造“集善工程—农村残疾人扶贫基地”项目，包括扶持生态养殖场、茶叶初制所、盲人按摩中心、残疾人康复中心，以及双江宏源养殖场等，创新经营模式，开创残疾人勇于创业和主动就业的新局面。二是推进“幸福东航”战略。员工是企业发展的建设者和贡献者，东航始终致力于增进员工福祉、维护员工利益，让员工充满归属感和幸福感，充分调动员工的积极性和创造力，把智慧和力量凝聚起来，形成更加磅礴的发展之力，促进企业可持续发展。2016年，东航员工提出合理化建议89453条，同比增长13.77%，其中89.6%的合理化建议被采纳和应用。东航围绕“幸福东航”建设，通过组织读书会、书法笔会、羽毛球比赛、歌唱比赛等丰富多彩的员工文体活动，为员工塑造多彩的生活，让更多的员工享受幸福成果。东航建立和完善员工互帮互助体系，2016年东航困难员工帮扶投入资金288万元,同比增长13.26%。三是落实节能减排责任。东航集团根据国务院国资委和上海市政府关于节能减排工作的有关精神和指示要求,深入持续开展节能减排各项工作。东航股份公司通过加装30架A320系列飞机鲨鳍小翼、加装34架B737NG系列飞机翼尖小翼等技术手段,全年节约航油1.8万吨;通过航路优化等方式,累计节约飞行时间1836小时,降低燃油消耗5553吨。

(撰稿人:石义刚)

中国南方航空集团公司

【基本概况】 中国南方航空集团公司(以下简称"南航")成立于1991年2月。1993年1月更名为中国南方航空(集团)公司。1995年3月,成立中国南方航空股份有限公司(简称"南航股份公司")。中国南方航空在上海、中国香港和纽约三地上市。2001年10月,联合中国北方航空公司、新疆航空公司,组建新的中国南方航空集团公司,是中国三大骨干航空运输集团之一。2003年7月,南航股份公司在上海证券交易所上市(股票代码600029)。

南航经营业务涵盖航空客货运输、通用航空、航空器维修、机场服务、航空配餐、进出口贸易、免税品销售、文化传媒广告,以及金融理财、旅游酒店、工程建设、信息网络等相关产业。截至2016年底,南航有成员企业11个,其中南航股份公司是骨干企业,拥有航空运输分子公司22家,25个国内营业部和68个国外办事处,员工10万多人,运营总资产2000多亿元人民币。

南航以建设具有国际竞争力的世界一流航空产业集团为发展战略目标,以建设"阳光南航"为使命,以"顾客至上、尊重人才、追求卓越、持续创新、爱心回报"为文化理念,以"成为顾客首选、员工喜爱的航空公司"为愿景,持续打造"中国最好、亚洲一流"的航空公司。

南航机队规模庞大,是亚洲规模和年客运量最大的航空公司。经营客货运输机700架,机队规模居亚洲第一,世界第四,拥有世界最大空客A380飞机和波音787飞机等。2016年,南航旅客运输量超过1.15亿人次,位列亚洲第一、全球第四,连续38年居中国各航空公司之首。南航以广州、北京、乌鲁木齐、重庆为中心枢纽,形成密集覆盖国内150多个通航点、链接欧美澳非洲的航线网络,航线数量540多条。通过与天合联盟成员密切合作,航线网络通达全球1024个目的地,连接187个国家和地区,到达合全球各主要城市。南航落实国家"一带一路"战略,致力于搭建"广州之路"(Canton Route)国际航空枢纽,广州已成为中国进出大洋洲、东南亚的第一门户。

南航安全记录卓越。截至2016年底,南航已累计安全飞行达到1714万小时,连续保证271个月的空防安全,安全运输旅客累计超过9亿人次,安全记录和安全管理水平处于国际领先地位。

南航保障能力全面,是国内综合保障能力最强的航空公司,拥有独立培养飞行员能力,与北京航空航天大学联合创办飞行学院,与全球知名飞行模拟器制造商CAE合资建立的珠海飞行训练中心是亚洲最大的飞行训练基地;机务维修实力雄厚,旗下广州飞机维修工程有限公司(GAMECO)建有亚洲最大的飞机维修机库,与德国MTU公司合建有国内最大、维修等级最高的航空发动机维修基地;保障体系完善,自主研发的飞行运行控制系统和发动机性能监控系统双双获得国家科技进步二等奖,是国内航空业最为先进的IT系统;建有年货邮吞吐量80万吨的超级货站,以及年配餐能力超过3000万份的专业航空配餐中心。

南航服务水平优质,服务品牌美誉度高,通过真情服务和人文关怀,追求空地服务标准化、人性化和南航特色化,致力满足并超越顾客的期望。截至2016年底,南航明珠俱乐部会员超过3000万人,并以里程累积机会最多、增值最快而持续增长。2011年,南航被国际航空服务认证权威机构SKYTRAX授予"SKYTRAX四星级航空公司"称号。

【主要指标】 南航大力推进降本增效,主业完成运输总周转量243.8亿吨千米,同比增长8.9%;运输旅客1.15亿人次,同比增长4.8%;实现营业收入同比增长3%；及时应对汇率变动，持续优化债务结构，人民币融资比例由33.7%提高至56.5%，汇兑损失控制较好。加大"提直降代"力度，直销比例达到42.7%，大幅压降代理费用。

2016年中国南方航空集团公司主要经济指标

项　目	2015年	2016年	比上年增长(%)
资产总额(亿元)	1947.4	2092.3	15.98
所有者权益(亿元)	529.4	587.7	11.01
营业收入(亿元)	1122.1	1154.5	2.89
利润总额(亿元)	70.0	78.2	11.71
净利润(亿元)	55.1	60.0	8.89
归属于母公司所有者的净利润(亿元)	25.9	27.6	6.56
利税总额(亿元)	155.1	119.1	－23.21
应交税金总额(亿元)	83.2	65.6	－21.15
全员劳动生产率(万元/人·年)	34.47	48.24	39.95
净资产收益率(%)(不含少数股东)	11.20	10.80	减少0.4个百分点
总资产报酬率(%)	4.80	5.10	增加0.3个百分点
国有资本保值增值率(%)	117.70	111.60	减少6.1个百分点

【改革发展】 南航以《中共中央、国务院关于深化国有企业改革的指导意见》为引领，坚持深化改革，注重谋划长远发展大局，破除体制机制障碍，打造南航比较竞争优势。完善顶层设计，把加强党的领导和完善公司治理统一起来，将党建工作总体要求纳入公司章程，明确党组织在公司法人治理结构中的法定地位，推进董事会组建工作；推进"瘦身健体"改革，压缩管理层级，推进集团、股份公司两级职能部门整合工作，实行"两块牌子一套人员"的管理模式，打造精干高效管理机构；完成珠海直升机公司转制、南航贸易公司股权转让；将南航贸易公司建成集团统一采购平台，建立招标中心，统一发布南航采购信息；以客户为导向优化业务流程，划转专机要客、机上勤务等业务；以主业为依托，优化整合航空食品、飞机维修和货运物流资源，实现集中统一管控；推进产融结合，搭建资本投资平台，组建南航资本控股公司和融资租赁公司，以资本运营为手段优化资源配置，完善南航集团产业链。

2016年，南航建立健全经营者考核制度和员工绩效考核制度，实施全员业绩考核及经济增加值考核。修订《南航集团企业负责人经营业绩考核办法》，优化和完善考核机制，在干部人事管理制度方面实施"三项制度"改革，连续出台干部选拔任用、岗位交流、竞争上岗及退出等改革制度，严格选人用人程序，坚持选人用人民主推荐、考察、讨论决定等程序一步不缺；探索建立职业经理人制度，并把竞争上岗作为组织选拔的有效补充形式；抓住"关键少数"，要求各级领导干部牢固树立"四个意识"，培养"严、实、细、准、廉"的工作作风，实施全员调薪和空勤人员薪酬改革，增强全员向心力、战斗力、执行力、创造力和免疫力，激发干部队伍活力；建立规范有序的内部人才流动机制，引进各类关键岗位人才，建立统一协调、有偿培训和定向招聘机制，盘活现有人力资源；开展各类培训9474项、累计45.5万人次；继续推进"380人才计划"，常态化开展二级机构班子成员培训。建立多层次市场化用工机制，公平竞争、择优录用，稳步推进用工制度改革，基本实现按岗位"一元制"管理，2016年有1566名优秀劳务工与公司转签合同。

南航加快技术成果转化，建设"双创"平台，组织项目成果申报和专利申请工作。截至2016年底，南航集团公司通过资本市场处置闲置资产近2亿元。在改革过程中，无一例因整合发生的劳动争议，获得"广州市劳动关系和谐企业"称号。推进"三供一业"分离移交工作，解决历史遗留问题。研究探索培训疗养机构改革，整合培训机构以及飞行、乘务、机务等各方面的培训资源，形成以南航大学（南航党校）为核心，具有南航特色的现代航空运输企业职业教育培训体系，探索培训产业化道路。

完善企业内部监督体系，重点对国有资本保值增值的情况进行审计监督评价，建立健全经济责任审计制度，对集团直接管理的成员企业负责人确保三年轮审，离任必审。建立总法律顾问制度，在公司章程中明确总法律顾问为公司高级管理人员，实现法律审核与公司业务制度的深度融合，有效保障公司依法合规经营。

【重大项目】 2016 年，南航按照枢纽运营要求建设南航北京新机场基地设施，持续建设广州、北京双枢纽，确保 2019 年与北京新机场同步建成投入运行。这是南航拓展新空间、迈上新台阶的重大历史机遇，未来南航将陆续投入 200 架以上飞机，建设覆盖国际国内的航线网络，全力把北京新机场建成全球一流航空枢纽。

2016 年，南航组织开展对标厦航学习交流工作，立足"规范化、一体化、智能化、国际化"战略取向，着眼自身发展需要，组织开展对标厦航学习交流。稳步推进手册管理模块及手册平台建设，以基础管理、成本管控、服务提升为重点，围绕七大项，26 小项，完成八套九本公司级手册编写。全面提升规范化管理水平，加强与厦航战略协同和市场合作，强化网络与时刻资源协同，共同优化冲突航班 65 组；建立收益管理合作机制，在 133 条航线上互换控制权。积极探索机务维修、服务协同机制，全力提升"南航系"整体竞争力。

作为深化改革九项重点任务之一，南航正式启动"南航 e 行"。这是南航顺应互联网发展潮流，抢占未来竞争制高点、创新营销服务新模式，建立"人无我有、人有我强"先发竞争优势的重大战略性任务。"南航 e 行"建立移动化电商平台，让旅客"一机在手、全程无忧"，提供优质的全流程一站式服务体验。截至 2016 年底，南航 APP 已上线 71 项功能，社交媒体粉丝数 1335 万人；增值服务收入 5.5 亿元，同比增长 179%。南航还率先加入交通运输部"综合交通运输出行大数据开放云平台"项目，与百度签订战略合作协议。这些资源和技术的合作共享，有力助推"南航 e 行"建设，加快公司智能化战略的实现。

2016 年，南航不断优化机队结构，引进 53 架飞机，机队在国内率先突破 700 架大关，继续保持亚洲第一规模。完成固定资产投资 162 亿元，13 个重点基建及技改项目顺利完成，白云机场 T2 航站楼南航建设项目稳步推进。

【安全生产】 南航始终坚持"安全第一"，牢牢守住安全底线和红线，为阳光南航托底护航。集团党组始终保持清醒认识，将抓好安全上升到政治高度，要求各级领导干部主动沉下身子、逐级传导压力，向岗位压责任、要安全。公司制定下发《关于进一步加强安全生产工作的意见》，确定 12 项任务、21 条措施，逐条细化分解，明确责任分工，在全公司开展安全大整顿，全面修订各系统工作手册和规章制度。坚持依法从严治理，持续高压反违章，严格规章落实。开展飞行人员技术能力排查，严把资质能力关。坚持严管厚爱，强化安全队伍作风建设。开展"百日安全生产竞赛"，营造抓安全的浓厚氛围，确保全年安全态势平稳。

【走向海外】 自《推动共建丝绸之路经济带和 21 世纪海上丝绸之路的愿景与行动》发布以来，南航集团积极履行加强与"一带一路"沿线国家和地区互联互通的政治责任，紧密对接各地政府，同时运用大数据分析，指导航班运力安排，及时加强对相关国家和地区的运力投放。2016 年，南航在"一带一路"沿线国家和地区新开航线 36 条，执行航班 36424 班次，运送旅客 474.5 万人次。截至 2016 年底，在"一带一路"沿线 36 个国家和地区开通航线 179 条。

在"21 世纪海上丝绸之路"沿线国家和地区，南航积极对接广东自贸区、广州国际航空枢纽和空港经济区的战略规划，不断拓展航线，加密航班。2016 年，开通广州飞往越南富国岛、岘港的航线。南航从广州出发的航线网络已覆盖除南美之外的全球 38 个国家 73 城市，国际和地区航线每周最高达到 989 班。在航空货运方面，从广州到阿姆斯特丹、洛杉矶、法兰克福、维也纳、伦敦、巴黎等地的货机航线已经成网。陆续开通新西兰、澳洲、美国、日本、德国、加拿大等市场的跨境物流业务，服务中小微电商、转运商等创新创业型的小微客户。开通港穗、深穗等卡车线路，通过地面卡车联运，实现珠三角地区物流从空中到地面的无缝衔接，国产电子产品、服装等源源不断经过空中通道出口到世界各地。在"丝绸之路经济带"沿线国家和地区，南航提出打造"依托疆内，覆盖西北，辐射全国，向西连接中西亚和欧洲，开辟申根国家航线，向东连接日韩港台的乌鲁木齐航空枢纽规划”。2016 年夏秋航季，南航在新疆执行航线 82 条，同比增长 12.3%，其中飞往杜尚别、德黑兰、巴库等国际和地区航线 19 条。在疆航班实现三个全覆盖，即中西亚八国全覆盖，国内省会及一、二线城市全覆盖，疆内主要机场全覆盖，南航乌鲁木齐枢纽 5 小时航空圈已经初具规模。通过乌鲁木齐枢纽，南航还将国际航线延伸到“一带一路”沿线省份。与甘肃省政府合作，先后开通兰州—乌鲁木齐—迪拜、兰州—乌鲁木齐—圣彼得堡、兰州—乌鲁木齐—第比利斯等航线，搭建起一带一路沿线省区、国家间的空中桥梁。

打造广州、北京“双枢纽”战略布局，构建“一带一路”互联互通的重要支点，继续加大“飞出去”力度。广州、北京“双枢纽”和乌鲁木齐、厦门等重要枢纽与“一带一路”建设高度契合。以广州为核心，可以辐射东南亚、南亚、大洋洲；以北京为核心，可以辐射北美、欧洲、中西亚、中东、东亚；以乌鲁木齐为核心，可以辐射中亚、西亚；厦航是南航的子公司，以福建为重点，能发挥海上丝绸之路重要枢纽作用。一是全力打造“广州之路”。广州是 21 世纪海上丝绸之路的重要枢纽，也是南航总部所在地。近年来，南航举全力建设广州枢纽，利用第六航权，打造“广州之路”。2016 年，广州枢纽开通 5 条国际航线，国际通航点增至 50 个，旅客中转量 340 万人次，中转旅客比重超过 50%。广州枢纽已经形成以欧洲、大洋洲两个扇形为核心，以东南亚、南亚、东亚为腹地，全面辐射北美、中东、非洲的航线网络布局，2016 年 4 月还将开通墨西哥城航线。南航将继续优化国际国内航线网络，持续打造“广州之路”，强化中转功能，巩固广州作为中国大陆至大洋洲、东南亚的第一门户枢纽地位。二是积极推进乌鲁木齐、厦门等枢纽建设。乌鲁木齐是丝绸之路经济带的核心区，也是南航的西部门户枢纽。南航在乌鲁木齐的运力已增至 80 余架，通航点 68 个，其中国际及地区通航点 16 个。2016 年，南航在乌鲁木齐枢纽总中转 79.8 万人次，其中国际中转 25.5 万人次。乌鲁木齐已经成为中国大陆至中亚及高加索地区的第一大门户枢纽。以福建省厦门和福州为重点，全力推动海上丝绸之路重要枢纽建设。

全方位开展国际合作，南航逐步加大国际合作力度，取得丰富成果。一是在航企合作方面，与“一带一路”沿线国家的 10 家航企在 47 条航线上进行代码共享。与荷兰航空签订深化联盟合作协议，加强中荷航线合作，占据中欧航线 20%的市场份额，航线网络延伸至中国内地及欧洲各大中城市。二是在市场推广方面，加强与澳大利亚、新西兰、美国、厄瓜多尔、肯尼亚等国家和地方政府、社会组织合作，签订战略合作协议，参加国内外重要展会，推介重点航线及产品。三是飞行培训方面，为 10 个“一带一路”沿线国家提供飞机模拟机培训业务，累计培训 1.3 万小时，完成飞行员改装 148 人。

【党建工作】 南航集团认真宣传贯彻全国国有企业党建工作会议精神，集团公司及其 23 个成员企业将党建工作要求写进公司章程。南航集团党组明确“以打造阳光南航为旗帜，迅速把全员思想行动统一到中央要求上来，加快建设世界一流航空产业集团”的工作思路，印发打造阳光南航的《决定》，成为新形势下南航让中央放心、让社会满意、树员工信心的宣言书，也成为统领南航党建改革发展稳定工作的行动纲领。巡视整改以来，集团党组始终坚持问题导向、目标导向、效果导向，将确保政治安全作为重中之重抓紧抓牢。《决定》将落实全面从严治党要求作为首要的重大政治任务，要求各级党委牢固树立抓好党建是本职、不抓党建是失职的责任意识，严明党的政治纪律政治规矩，驰而不息抓作风建设，坚定不移推进反腐败斗争，持续完善党风廉洁长效机制，切实担负起从严治党的政治责任；要求全体党员特别是领导干部切实增强“四个意识”，始终同以习近平同志为核心的党中央保持高度一致，确保“已经发生的问题今后决不能再发生”。

加强党风廉洁建设和反腐败工作，集团、股份两级纪检监察机构整合，实行一体化、规范化管理，切实增强公司纪检监察的工作效能。深化落实中央八项规定精神，深入开展“四风”问题整治情况“回头看”工作，紧盯重要时间节点开展监督检查，查处违反中央八项规定精神问题 20 件，对多起违反八项规定精神典型案件通报曝光。坚决遏制腐败，2016 年南航集团有 26 名党员干部受到党纪处分，其中给予党内警告

13人，党内严重警告3人，留党察看1人，开除党籍9人，形成有力的震慑。

深入开展“两学一做”学习教育，党组中心组集中学习12次，各级党组织举行学习会、专题党课、集中研讨会、组织生活会等15860场，举办两期党委书记、纪委书记专题培训班；高标准、严要求开好民主生活会，严格落实双重组织生活，全体党员学原文、悟原理，通过个人自学、集体研讨、撰写心得等方式，实现对各机队、分部、车间、班组的全覆盖。坚持学做结合，开展“立足岗位作贡献”主题活动，一线服务窗口设立1000多个党员示范岗、责任区，积极践行党员宗旨。开展纪念建党95周年系列活动，重温入党誓词，表彰“两优一先”，增强党性观念。

加强基层组织建设，完善党建工作责任体系，配齐配强二级单位党委（党组）书记，逐级签订《党风廉洁建设责任书》，全面推行书记述职评议考核，将考核评价结果作为企业领导班子调整和领导人员选拔任用的重要依据。严格党组织换届程序与纪律，除个别单位因特殊原因外，基层党组织换届工作全面完成。规范党费收缴工作，全体党员按时足额补缴、交纳党费。

【信息化建设】 南航秉承“信息化为公司创造价值”理念，紧紧围绕公司战略，坚持以信息化助推公司发展，各方面工作都取得显著成绩。一是加强信息安全建设，持续提升管控能力。顺利通过广东省公安厅、广东省网信办等多次网络安全检查；开展互联网网站整治和安全检查8次，检查网站61个，下发整改通告65个，组织信息安全培训7场。2016年，系统可靠率达到99.9987%，系统定级故障数同比下降44%，顺利完成G20峰会、夏季达沃斯论坛等重保工作，安全管控能力明显提升，实现信息安全年。二是坚持推进“互联网+”新技术研究和应用，全力支持“南航e行”。“南航云”虚拟平台规模不断扩大，开源云平台初步定型，积极开展电商云部署和灾备建设的方案研究。大数据搜索与分析平台开始对业务场景进行分析；移动化方面规范设备选型和使用，统一开发平台和架构，显著提高开发效率和质量。三是系统研发亮点频现。航空安全领域，EFB电子飞行包完成18个分子公司的推广。客舱互联系统面向旅客提供空中互联网服务。航空运行领域，完成新飞行跟踪系统研发，并在全公司进行推广，填补飞机位置追踪上的系统空白。空地服务领域，在国内首创登机牌扫一扫服务，方便旅客实时查询航班动态和行李托运状态。自助值机系统完成航延改签、航延证明打印和第三方值机渠道等功能。行李查询系统使用PDA设备，实现行李全流程跟踪、行李改签及不正常行李追踪。货运领域，货运运行保障系统实现对货物出港全部10个环节的实时可视化监控。企业管理领域，完成集中税控子系统的上线，南航成为国内首家推出增值税电子发票的航空公司。公共平台领域，南航E家致力于为员工打造“贴身管家”，上线即时通信、待办中心、公务机票等移动功能。办公软件正版化实现国产WPS办公软件的全公司推广。四是IT基础更加坚实，运维保障持续加强。按照高起点、高标准要求完成白云机场T2的信息化设计，北京第二机场信息化规划初步完成，南航大厦信息化建设已立项。顺利完成信息大楼搬迁，新数据中心正式投入使用。南航云平台虚拟化服务器达到1075台，同比增长11%；开源数据库平台完成16个数据库的迁移；桌面安全系统投产并覆盖集团和股份机关90%以上设备。五是坚持科学管理，助推信息化快速发展。积极推进产品经理负责制，明确产品经理的核心位置、岗位要求和发展方向。对IT研发人员推行任务承包制，分配机制上体现公平竞争、多劳多得，以激励机制促进效率和水平提升。实施以来，分配更加贴近工作业绩，研发效率明显提升，开发人员普遍赞同。

【履行社会责任】 南航认真履行央企使命，着力提升运行保障水平，持续改善空地服务质量，积极履行政治责任和社会责任，大力塑造阳光南航品牌形象，全年航班正常率75.1%，同比上升7.19个百分点，三大航排名第一；非天气恶性延误率0.69%，各项运行数据均创近5年最好水平。改进机上餐食和娱乐，推进机上WIFI项目，完善活跃金卡会员服务与维护，建立健全服务闭环管理机制，收到良好效果，跻身SKYTRAX全球最受喜爱航空公司15强，排名中国大陆第一。2016年，南航获评《财富》（中文版）中国企业500强，并居交通运输业首位。

南航高度重视企业的绿色发展，将其视为提升核心竞争力、履行社会责任的重要内容。公司秉承“绿色飞行、绿色服务、绿色消费、绿色创新”理念，运用管理与科技手段，厉行节能减排，通过更新机队、优化航线、改装飞机、清洁生产等具体举措，践行绿色飞行的承诺，将节能减排纳入公司发展战略规划，从推动公司战略转型、优化增长方式等高度和层面推动公司绿色发展。2016年，南航先后开发具有国际先进水平的运行控制系统（SOC）、飞行品质监控系统（QAR）、飞行计划系统、机组管理系统等，也为节能降耗工作的有效开展提供可靠保证。截至2016年底，南航的运输量单位油耗和燃油效益分别达到国内行业先进水准。南航凭借在绿色环保方面的突出表现成功入选，成为中国最绿色、最健康的公司之一。

南航在实现经济效益的同时，积极履行社会责任，追求社会效益，促进社会和谐共融。2016年，南航集团执行重要包机任务66班，运送人员8194人，货物275余吨。6月，南航选派优秀机组人员执行北京—巴黎—蒙罗维亚维和航班任务，严格执行空防安全预案，加强空中巡视和地面监控，圆满完成第十八批赴利比亚维和官兵回国保障任务。7月，南航圆满完成永暑礁、美济礁新建机场的试飞任务。8月，南航接到赴肯尼亚执行40名跨境电信诈骗嫌疑人紧急押解任务。从广州、北京两地选派精英共同执行航班，并特别选调两名女安全员负责女性犯罪嫌疑人。经过35小时艰苦工作，南航协助公安部圆满完成跨国押解电信诈骗嫌疑人归国的运输任务。圆满完成春运、“两会”、G20峰会等重大运输保障任务。妥善应对土耳其政变，得到上级高度肯定。开通中国民航首条人体器官绿色通道、推出第一家“机上医疗志愿者”服务等事件加强宣传策划，各类媒体正面报道南航新闻超过18600篇。举办4次公众开放日，邀请2000多名媒体和公众走进南航。缴纳各种税费、基金93.3亿元。

南航的海外分支机构积极参与所在国家的公益慈善活动，增进南航和当地国家人民的友谊。南航在海外履行社会责任的过程中，尊重所在国文化习俗，积极参与当地社区建设，促进文化交流和发展。作为首个来自中国的国际赞助伙伴，南航连续五年赞助南半球规模最大的文化节“悉尼文化节”；作为最高级别的赞助商，连续第四年赞助墨尔本文化节。通过赞助海外文化节，南航逐渐融入当地社会，积极塑造良好的企业品牌形象。8月20日，南航作为主赞助商和唯一的航空公司赞助商，赞助肯尼亚2016年马赛马拉国际马拉松赛。

南航关注教育和就业。作为大型国际航空公司，南航对教育和就业的关注具有特别意义。2016年，南航根据国内及国际业务发展的需要，积极招聘员工，吸纳社会就业。同时，南航将文化教育视为公司慈善公益的重要领域，致力于推广优秀文化，大力捐资助学，关心青少年成长。南航成立“十分”关爱基金会。一方面表示南航按照旅客运输量从每张机票款中捐出“10分”钱注入该基金，另一方面代表公司对履行社会责任、支持公益事业的十分关注与投入。创立至今，基金会捐赠各类善款6000余万元，向清华大学、北京大学、中山大学、贵州大学等27所高校12000多名家庭经济困难、品学兼优的学生捐助助学金共计3000多万元。2016年5月，“十分”关爱基金会“十分”关爱助学志愿活动荣获中央企业首批10个重点志愿服务品牌之一。

南航积极落实国家扶贫政策，深入开展精准扶贫，并利用航空公司航线网络发达、专业人才资源聚集等优势，培育当地经济“造血”功能，帮助贫困群众获取脱贫致富的技能和动力。南航专门研究有关扶贫方案和计划，逐步推进新疆皮山、墨玉和广东省有关定点扶贫工作任务，以“脱贫攻坚、评估验收、巩固完善”作为公司精准扶贫、打赢脱贫攻坚战的主要手段，持续巩固提升扶贫效果。2016年2月，根据新疆自治区“访惠聚”工作的相关要求，南航新疆分公司向和田地区皮山县皮西那乡加依托格拉克村派驻第三批驻村工作组，工作组成员5名。2016年10月，根据中组部、国务院扶贫办的要求，南航集团公司向和田地区皮山县、墨玉县派出定点扶贫县挂职干部。南航集团及其新疆分公司领导2016年有54人次到和田地区皮山县和墨玉县考察调研，确定近五年的扶贫工作重点：一是“十三五”期间援助1000万元资金开展产业扶贫项目，帮助皮山县皮西那乡整乡脱贫；二是每年援助100万～200万元开展同舟工程，支持墨玉县“救急难”行动，有效遏制和减少“因病致贫、因病返贫”问题；三是每年向皮山县和墨玉县援助一定的教育帮扶资金。2016 年，南航在和田地区皮山县和墨玉县共计投入和引进各类资金 820.8 万元。

（撰稿人：王小刚）

中国中化集团公司

【基本概况】 中国中化集团公司（以下简称“中化集团”）成立于 1950 年，前身为中国化工进出口总公司，历史上曾为中国最大的外贸企业。现为国务院国资委监管的国有重要骨干企业，总部设在北京。

中化集团是中国四大国家石油公司之一，领先的化工产品综合服务商，最大的农业投入品（化肥、种子、农药）和现代农业服务一体化运营企业，并在高端地产酒店和非银行金融领域具有较强的影响力。作为一家立足市场竞争的综合性跨国企业，中化集团提供的产品和服务广泛应用于社会生产和人们衣食住行各方面，“中化”和“SINOCHEM”的品牌在国内外享有良好声誉。

中化集团设立能源、化工、农业、地产和金融五大事业部，对境内外 300 多家经营机构进行专业化运营，并控股中化国际、中化化肥、中国金茂等多家上市公司，拥有全球员工 5 万人。

中化集团也是最早入围《财富》全球 500 强榜单的中国企业之一，至 2016 年已 26 次上榜，2016 年名列第 139 位，并连续两年被《财富》评为“全球最受赞赏公司”。在国务院国资委业绩考核中，中化集团连续 11 年、连续 3 个任期均被评为 A 级。

【主要指标】 2016 年，中化集团面临的经营形势依然非常严峻，特别是年初开局遇到多重困难。面对外部环境的冲击，中化集团上下同欲，提质增效真抓实干，经营业绩实现恢复性增长，主营业务盈利能力显著提升，重大战略事项及战略调整实现阶段性突破，完成全年各项任务、国资委效益考核目标，财务结构继续保持稳健。

2016 年中国中化集团公司主要经济指标

项　目	2015 年	2016 年	比上年增长（%）
资产总额（亿元）	3546.42	3994.84	12.64
所有者权益（亿元）	1198.32	1255.44	4.77
营业收入（亿元）	3806.54	3954.95	3.90
利润总额（亿元）	60.09	80.68	34.27
净利润（亿元）	30.50	47.78	56.66
归属于母公司所有者的净利润（亿元）	−3.45	31.09	
技术开发投入（亿元）	13.90	9.22	−33.67
利税总额（亿元）	318.67	259.38	−18.61
应交税金总额（亿元）	258.58	178.70	−30.89
全员劳动生产率（万元/人·年）	119.67	115.63	−3..38
净资产收益率（含少数股东权益）（%）	2.47	3.89	增加 1.42 个百分点
总资产报酬率（%）	2.99	3.44	增加 0.45 个百分点
国有资本保值增值率（%）	100.95	103.01	增加 2.06 个百分点

【主业经营】 2016 年，中化集团全力抓好主业经营，稳步推进各项战略议题，进一步夯实五大板块产业基础、提升产业地位。

1. 能源板块。

在巩固提高石油国际贸易和石化仓储物流业务竞争优势的基础上，中化集团已发展为具有国际化特色、产业链完整、营销服务能力突出的国家骨干能源企业。2016 年，面对油气行业周期性低谷的严峻挑战，中化集团不断强化产业链各环节协同运作。勘探开发业务在哥伦比亚、美国、中国重庆等项目上取得新成果；石油贸易业务不断增强市场化运作能力；石油炼制业务获得来料加工资质并实现成品油出口，100 万吨/年乙烯及炼油改扩建项目通过福建省发改委核准；石化仓储业务经营稳健，盈利水平稳中有升；油品营销业务能力持续提升，成品油营销网络建设快速推进。能源业务全年经营量超过 1.5 亿吨，销售收入近3000亿元。

2. 化工板块。

中化集团已在氟化工、天然橡胶及橡塑助剂、精细化工、医药业务、化工物流、石化原料营销等化工业务领域建立较强的市场竞争优势，发展为中国领先的化工产品综合服务商。中化蓝天产品覆盖氟碳化学品、含氟特殊化学品、氟聚合物、无机氟化合物等细分领域，10余个品种位居国内、国际市场份额第一。中化国际拥有天然橡胶种植面积5万公顷，年加工能力150万吨。2016年，中化集团签约收购新加坡上市公司Halcyon Agri Corporation Limited，并在此基础上打造全球最大的天然橡胶产业平台。中化国际也是国内规模最大的专业液体化工品船运经营实体之一，拥有80艘散装液体化学品船，总控制运力超过140万载重吨。江苏圣奥作为全球领先的橡胶化学品供应商，6PPD及RT培司产品的产能和市场销售份额均全球领先。扬农集团在苯氯化硝化系列、环氧氯丙烷等产品领域具有领先的市场地位和全球影响力，在国内拥有四个配套齐全的精细化工产业基地。中化塑料是亚洲最大的化工品分销商，2016年化工产品销售总量258万吨。

3. 农业板块。

中化集团是中国规模最大的农业投入品（化肥、种子、农药）及现代农业服务一体化运营的中央企业。2016年，中化化肥实现销售总量913万吨，年产能1500万吨，行业地位稳固，并建成中国规模最大、产品齐全、科技服务能力最强的分销网络。中种公司在全国主要农作物种植区域建立近65万亩种子生产基地，并配套建设15个现代化的种子加工储运中心，建立23家省级营销服务机构，营销网络覆盖全国各主要农业区域。农药业务涵盖创制和仿制产品研发、原药生产、制剂加工及分装、国内国际市场产品登记以及品牌营销等产业链各环节。2016年，农药业务经营规模位居国内前列。作为中化集团开展农业服务的统一平台，中化现代农业有限公司以“种植技术”为龙头，以“农业金融”和“农产品销售”为两翼，致力于成为领先的现代农业全程解决方案提供商。

4. 地产板块。

中化集团是国务院国资委批准主业中包含地产开发和酒店经营的中央企业之一，中国金茂控股集团有限公司为中化集团在地产开发领域的旗舰平台，“金茂”品牌已经成为精致生活、健康人居的典范。中国金茂形成以城市核心综合开发、城市新城开发、特色小镇建设等独具特色的城市运营模式。2016年，中国金茂销售业绩实现较大突破，全年签约485亿元，同比上涨61%，行业排名第24位。同时，中国金茂新购置土地面积371万平方米，年末土地储备面积3401万平方米，开发业务规模保持稳步增长态势。此外，中国金茂在一线城市黄金地段及热点旅游目的地核心景区拥有多家运营和在建高端酒店，在北京、上海、南京等核心城市黄金地段拥有多个地标写字楼，经营品质和出租率多年来位居市场前列。

5. 金融板块。

中化集团金融业务涵盖信托、融资租赁、证券投资基金、财务公司、人寿保险等领域，形成资质较为齐全的非银行金融业务发展框架，培育出“外贸信托”“远东宏信”“诺安基金”“中宏保险”等在行业内具有较强竞争力和影响力的品牌。截至2016年底，外贸信托管理资产规模4760亿元，远东宏信共管理表内外资产2000亿元，继续在中国融资租赁行业保持领先地位。2016年，中化财务公司实现监管评级A类目标，中宏保险实现保费收入50.22亿元。中化招标公司连续八年被评为“中国招标代理机构十大顶级品牌企业”。中化节能环保公司具备较强的节能环保业务综合服务能力，累计进入37个省市县PPP项目库，在城市垃圾处理以及流域综合治理等环保咨询领域具有较强的竞争优势。

【改革发展】 2016年，中化集团新一任领导班子带领相关部门及企业，在前期改革工作成果基础上进行更加深入的研讨与谋划，明确公司深化改革的重点方向，力求在一系列重要领域和关键环节取得突破，将中化着力打造成为一家创新型的石油化工和精细化工企业，涵盖农业、地产、金融的多元化投资控股公司。

一是以集团层面混合所有制改革为引领，全力推动集团层面整体改制，从根本上破除企业发展的瓶颈制约。二是充分调动各级下属企业积极性，从自身实际出发探索微观层面的体制机制改革创新举措。三是启动管理创新工程，本着“小总部、大业务”和“宜授尽授、授控结合”的原则调整总部职能和事业部的结构和关系，做实做强事业部以及提高经营一线的市场灵活度和竞争力。四是把加强和改进党的领导与下一步改革发展紧密结合，把党建工作真正融入到企业经营管理之中，把党组织从严管党治党的责任落到实处。

【重大项目】 2016年12月，中化集团正式启动泉州石化100万吨/年乙烯及炼油改扩建项目，炼油规模扩建至1500万吨/年并建设100万吨/年乙烯项目（含80万吨/年芳烃）及相关配套储运、码头及公用工程设施。该项目将以中化专属园区为载体，按照“高端化、差异化、智能化、绿色化、现代化”的发展思路，打造国际一流的临港型石化产业基地。

【走向海外】 中化集团充分发挥多年国际化运作积累的经验，紧密结合主营业务发展，参与“一带一路”建设。一是发挥贸易业务优势，促进“一带一路”国家贸易畅通。2016年，中化集团与“一带一路”沿线国家的原油贸易量9000万吨。二是整合全球天然橡胶产业链，提升“一带一路”国家资源配置效率，打造全球最大的天然橡胶供应平台。三是助力中国和沿线国家农业部门合作，输出先进农业技术，帮助“一带一路”国家提高农业发展水平。2016年，中化集团启动建设第一个海外研发中心——孟加拉作物适应性研发中心，帮助孟加拉国解决目前农业发展遇到的挑战。四是依托“海上丝绸之路”起点，打造辐射“一带一路”国家的世界级化工产业园区，持续供应高品质的成品油和化工产品。

【重大创新】 2016年，中化集团在售新产品151个，实现销售收入21亿元，占产业收入8%；申请专利303项，获得授权164项，3件专利获得中国专利优秀奖；制修订国家标准23项，行业标准122项；各经营单位获得各类科技奖励25项，其中省部级及行业科技奖励13项。

从成果来看，创制新农药“唑菌酯”原药及悬浮剂两项FAO标准通过JMPS评审，成为我国首个创制农药FAO标准；中国唯一、世界第四家“含氟温室气体替代及控制处理国家重点实验室”正式挂牌；建成国内首套相对法温室效应潜能值（GWP）测试装置；自主研发的新一代制冷剂、灭火剂等替代品可有效减少温室气体排放99%以上，为应对气候变暖问题提供有效的解决之道。

【党建工作】 2016年，中化集团各级党组织坚持把深入学习贯彻习近平总书记系列重要讲话精神贯穿始终，紧紧围绕企业战略调整、资源整合、体制改革、创新发展中心任务，以全面落实从严治党为主线，以开展“两学一做”学习教育、抓好党组《指导意见》贯彻落实两大任务为重点，强化管党治党主体责任、健全完善工作机制，全面加强集团党的建设，有力推动集团公司改革发展。

【信息化建设】 中化集团信息化建设按照“六统一”原则加速推进，取得系列重要成果。中化塑料B2B交易平台“壹化网”等电子商务项目投用；贸易管理系统全面覆盖石油、种子分销业务；全面梳理及编写IT技术标准；完成集团企业门户一综合办公系统一期建设，为“制度流程化、流程表单化、表单信息化”的最终实现奠定坚实基础。

【履行社会责任】 作为一家在全球开展业务的国际化企业和联合国全球契约组织成员，中化集团致力于推动经济、社会和环境可持续发展，将社会责任视为企业发展基因和核心竞争力的重要组成部分。2016年，中化集团积极承担国家原油战略储备任务及化肥和种子储备任务；对西藏、青海、内蒙古的6个贫困县（地区）开展对口支援扶贫工作；投资1亿元参与创立“中央企业贫困地区产业投资基金”；为员工搭建爱心捐赠平台——“圆梦行动”。此外，在哥伦比亚，中化集团积极资助当地医疗、教育事业和基础设施建设；在科特迪瓦，通过收购ITCA，与50万个当地橡胶种植户紧密联系在一起，成为战略合作者；在喀麦隆，投资援建学校、医院等设施，促进当地教育、医疗卫生条件的改善。

（撰稿人：郭晓钊）

中粮集团有限公司

【基本概况】 2016年，中粮集团有限公司（以下简称“中粮集团”）积极探索和推进国有资本投资公司改革和农业供给侧结构性改革。作为第一批国有资本投资公司试点企业之一，中粮集团积极探索，持续推进改革，通过三个“聚焦”，即聚焦核心主业，明确功能定位；聚焦管资本为主，改革管控模式；聚焦放管结合，健全监督体系，推动试点工作取得积极进展。

中粮集团按照中央决策部署，充分运用多年农业产业化的实践探索经验和整体优势，创新农业产业化模式，通过持续推进农产品结构优化工程、持续推进粮油食品产业链工程、持续推进农业科技示范园工程、持续推进现代物流体系工程、持续推进“优质、安全、绿色”食品工程、持续推进全球贸易网络工程等“六大工程”，维护我国粮食安全、质量安全、生态安全、产业安全，努力成为高效执行国家粮食安全战略的主力军、引领农业供给侧结构性改革的排头兵。

【主要指标】

2016 年中粮集团有限公司主要经济指标

项　目	2015 年	2016 年	比上年增长(%)
资产总额(亿元)	4589.78	5008.63	9.13
所有者权益(亿元)	1348.55	1434.38	6.36
营业收入(亿元)	4054.42	4070.06	0.39
利润总额(亿元)	34.40	61.79	79.62
净利润(亿元)	13.22	30.18	128.29
归属母公司所有者的净利润(亿元)	16.68	13.58	－18.59
技术开发投入(亿元)	1.84	3.89	111.41
利税总额(亿元)	156.50	170.49	8.94
应交税金总额(亿元)	133.62	133.60	－0.01
全员劳动生产率(万元/人·年)	22.14	29.90	35.05
净资产收益率(%)	1.00	2.17	增加 1.17 个百分点
总资产报酬率(%)	2.34	2.84	增加 0.5 个百分点
国有资本保值增值率(%)	105.80	108.30	增加 2.5 个百分点

【改革发展】　2016 年，中粮集团通过调架构配班子，为集团改革发展提供组织保证和人才支持，有力保障集团的改革发展；实施长周期脱产式培养，加速青年后备人才成长，工作能力素质得到全面提升；选派专职股权董事，健全有效制衡的公司法人治理结构，代表中粮集团履行出资人职责，强化监督和管理；认真贯彻落实中央要求，系统推进扶贫援助干部选派工作，认真践行央企的社会责任；加快推行混合所有制改革和员工持股，进一步丰富集团的激励方式，进一步激发企业活力。

【重大项目】　2016 年，中粮集团积极开展提质增效三年攻坚计划，并制定出一些影响到企业长期发展的重大决策：3 月，集团党组制定《中粮集团“十三五”规划》；4 月，审议通过粮食物流体系“十三五”布局方案及投资计划、粮食物流体系“十三五”布局方案及投资计划；5 月，批准《中粮集团精准扶贫结对帮扶实施方案》《中粮集团“十三五”品牌发展规划纲要》、研究制定《关于加强和改进中粮集团党组工作的若干意见》；6 月，审议通过《中粮集团全面预算管理办法》；7 月，审议通过《中粮集团国有资本投资公司改革总体方案》及相关配套措施；9 月，批准专业化公司(平台)划分方案和集团计划单列部门相关事宜。

在中粮集团重大项目方面，2016 年，中粮集团重大项目有中国粮油广东产业园项目、中粮贸易 55 亿斤储粮罩棚建设项目和中粮置地成都大悦城项目等。

在中粮集团重大并购方面，2016 年 8 月 22 日，中粮集团旗下的中粮国际收购尼德拉剩余 49%股权，至此持有尼德拉农业 100%的股权，这成为中粮集团打造国际大粮商、巩固和发展全球布局进程中又一重要里程碑；2016 年 11 月 19 日，中粮集团旗下中可饮料以 36 亿元，购入可口可乐公司和太古公司旗下 9 家装瓶厂；以 20 亿元转让 9 家装瓶厂。重组后，中粮集团控股的装瓶厂将从原来的 12 家增加至 18 家。

在中粮集团企业重组方面，2016 年 11 月 1 日，中粮集团旗下中粮肉食在中国香港上市挂牌，公司获得三位基石投资人(海尔集团、中国人寿/中国人寿富兰克林和巴西食品)总计 1.074 亿美元的投资，此次上市公开发行比例为 25%，发行后中粮集团对中粮肉食的持股比例从 36.85%降至 27.64%。

在中粮集团科研创新方面，2016 年，中粮集团聚焦产业提质增效、转型升级亟需解决的重大产品技术问题，深入开展研发创新，取得系列科技成果，并获得3个国家级奖项，其中，油料功能脂质高效制备关键技术与产品创制、中国葡萄酒产业链关键技术创新与应用等2个项目均获得国家科技进步奖二等奖，1种风味稳定的长保质期酸奶及其制备方法获得国家级优秀专利奖。同时，中粮集团还获得22项省部级科技奖励。

【走向海外】 2016年，中粮集团通过并购来宝农业和尼德拉两个国际粮商，在"一带一路"沿线国家建立较好的业务基础。截至2016年底，中粮集团在沿线国家拥有仓储资产8个、物流资产2个、加工资产4个，形成仓储能力100万吨，加工能力190万吨，吞吐能力650万吨。同时，中粮集团从"一带一路"沿线国家进口大米、玉米、棕榈油、食糖、小麦、木薯及木薯淀粉300万吨，占中粮集团上述农产品全部进口量的一半以上，农产品贸易保持增长。中粮集团在越南、泰国、马来西亚等东南亚国家和拉脱维亚、波兰、俄罗斯等中东欧国家进口休闲食品、咖啡和罐头等常温食品，以及水果、海鲜等生鲜食品，2016年销售"一带一路"沿线国家进口食品2000多万元，预计"十三五"末在"一带一路"的商品总销售额将超过1亿元。除农粮食品投资贸易外，中粮集团还加强在沿线国家的工程设计咨询、工程承包和食品研发业务，并且推动保险等金融服务业覆盖沿线国家。

随着中粮集团旗下的中粮国际收购Cygne公司所持有的全部尼德拉农业剩余49%股权，中粮国际将由此持有尼德拉农业100%的股权。中粮集团通过中粮国际进一步整合中粮农业全球战略性资产和尼德拉农业原产地及贸易优势，推进中粮在农粮领域的全球布局。

【重大创新】 为深入贯彻落实国家科技体制改革精神和中粮集团深化国有资本投资公司试点改革的战略部署，进一步激发科技人员积极性和创造力，中粮集团积极探索、大力推进科技体制机制创新工作，在科研机构市场化改革、科研激励、重大科技项目管理等方面取得重要进展。

【党建工作】 2016年，中粮集团党建工作以习近平总书记系列重要讲话精神为指引，以"两学一做"学习教育为抓手，以服务国有资本投资公司改革试点、落实"十三五"规划和打好提质增效攻坚战为着力点，把强化企业市场竞争力和提升党建竞争力统一起来。中粮集团通过加强顶层设计，把坚持党的领导融入企业治理全过程；加强党组中心组理论学习，把学习贯彻习近平总书记系列重要讲话精神作为首要政治任务；夯实基层组织建设基础，把强化党的建设落实到党组织的"神经末梢"；加强领导班子和干部队伍建设，塑强引领企业发展的主心骨；全面落实从严治党主体责任，把纪律和规矩挺在前面；加强群团组织建设，带好企业改革发展的主力军等一系列举措，为做强做优做大中粮集团提供坚强的思想和组织保证。

在反腐倡廉方面，中粮集团贯彻落实中央十八届六中全会精神、全国国有企业党建工作会议精神、十八届中央纪委七次全会精神和中央企业党风廉政建设和反腐败工作会议部署，全面从严治党、从严治企；在改革中做好纪检监察组织建设的顶层设计，加强纪检监察组织建设；开展内部巡视，加强党内监督。

【信息化建设】 面对过往中粮集团信息化发展不均衡、数据标准不统一、信息孤岛现象严重的困局，以及紧迫的风险管控需求，中粮集团将过去各下属专业化公司在信息化建设中各自为战的模式转换为集团统筹管理，并构建以ERP为核心的系统平台，引入大数据、商业智能等先进技术和分析工具，通过建设中粮集团整体ERP系统、中粮集团主数据管理系统、中粮集团财务数据平台等系统达成中央关于强化监督、防止国有资产流失的有关要求，实现集中监管力量，增强基层单位监管力量并加强与业务的结合度目标。中粮集团信息化水平的全面提升，服务集团"十三五"战略规划，以数字化手段保障并加速集团改革目标的达成。

【履行社会责任】 中粮集团在当好中国人民的"端碗人"的同时，积极适应把握引领经济发展新常态，全面落实创新、协调、绿色、开放、共享的发展理念，恪守环境可持续发展的要求，积极推行绿色、健康、低污染的生产和生活方式，助力社区建设，扶贫济困回馈社会，在回馈社会等方面坚决履行企业的社会责任，为各利益相关方提供共荣共生的发展平台，致力于成为经济、社会和环境效益多赢的全产业链国际化大粮商。

在精准扶贫方面，中粮集团统筹兼顾，积极部署，聚焦产业扶贫，拓宽产业扶贫项目，不断加大帮扶资金投入力度。在开展“精准扶贫、精准脱贫”过程中，调整思维模式使“输血式”扶贫不断向“造血式”扶贫转变，切实履行中央企业政治责任和社会责任，为打赢脱贫攻坚战贡献中粮力量。2016年，中粮集团及专业化公司（平台）投入扶贫援助资金1569.2万元，并积极选派扶贫挂职干部，向定点帮扶地区选派挂职干部9名，有效加快帮扶地区脱贫进程；中粮集团在开展扶贫攻坚工作过程中，充分发挥企业特点及产业优势，继续在产业扶贫、教育扶贫、医疗卫生扶贫等方面开展工作。在中粮集团定点帮扶的7个贫困县中，已有16个贫困村、1200多个贫困户、3800多贫困人口完成脱贫、减贫目标。

（撰稿人：姚新宇）

中国五矿集团公司

【基本概况】 2016年，中国五矿集团公司（以下简称“中国五矿”）坚定执行国家战略，顺应行业重组大趋势，五矿和中冶顺利重组；坚守风险底线和坚持现金为王，整体经营现金流持续向好，安全度过困难期；专注于成本管控和金属矿业基本功，全球主要产品生产成本显著下降；聚焦于整固修复和改善资产负债表，大量补充资本金，构筑新的发展基础；金属矿业主业重大海外投资历史性突破，邦巴斯铜矿顺利投产达产并实现当年盈利；立足创新，助推产业升级，冶金工程全球市场地位进一步巩固；抢抓机遇、大力开拓新市场，新型城市化建设市场表现突出，工程类业务转型见实效；大力推进“瘦身健体”、“有所为有所不为”从认识到行动，低效无效资产加速退出；坚决实施总部机构改革、积极推进国有资本投资公司试点工作；全面加强党的建设，从严治党执纪问责已成常态。

【主要指标】 2016年，中国五矿累计实现营业收入4354.5亿元，同比增加140亿元。实现利润总额40.43亿元，扭亏增利151.5亿元。成本费用占营业收入比为98.6%，同比下降1.2个百分点。

2016年中国五矿集团公司主要经济指标

项　目	2015年	2016年	比上年增长（%）
资产总额（亿元）	7057.32	7598.18	7.66
所有者权益（亿元）	1160.59	1253.56	8.01
营业收入（亿元）	4214.51	4354.50	3.32
利润总额（亿元）	—111.04	40.43	
净利润（亿元）	—132.41	5.86	
归属于母公司净利润（亿元）	—81.31	—29.68	
技术开发投入（亿元）	58.40	66.34	13.60
利税总额（亿元）	24.67	169.45	586.87
应交税金总额（亿元）	188.53	208.02	10.34
净资产收益率（%）	—57.90	—9.07	增加48.83个百分点
总资产报酬率（%）	—3.54	2.12	增加5.66个百分点
国有资本保值增值率（%）	68.40	97.40	增加29.00个百分点

注：1. 净资产收益率、总资产报酬率中2015年数据为原五矿口径决算数据；

2. 国有资本保值增值率中2015年数据为国资委批复数，2016年数据为决算上报数。

【改革发展】 2016年7月，中国五矿及神华集团、宝钢集团、武钢集团、招商局集团、中交集团、保利集团等7家企业入选国有资本投资公司试点企业。这标志着在新一轮国企改革中，中国五矿朝着成为金属矿产领域国有资本投资公司的目标迈出重要一步。

2016年9月，为更好适应国有资本投资公司试点身份，中国五矿总部18个职能部门压缩至12个，缩减幅度超过三成。此外，总部员工由326人压缩至240人以内，二级部门负责人及以上职位从168人减少至60人。调整后的总部机构，将以核心职能单元为基础，有效运用项目化组织，大力推动共性业务共享化，确保精干高效。中国五矿总部新的职能部门将突出管理资本以及抗风险能力。

【重大项目】 2016年6月2日，中国五矿与中冶集团在北京召开重组干部大会，标志着两家世界500强央企的战略重组进入全面深入实施阶段。通过重组，可以有效解决两家企业长期发展中形成的产业分布过宽、战线过长、资源分散等问题，有利于两家企业在更高层次、更高水平实现资源优化配置；有利于实现优势互补，形成更强的市场竞争能力和行业话语权；有利于聚焦做强金属矿产主业，更好地保障我国对金属矿产资源的战略需求。

6月16—20日，由中国五矿所属长沙矿冶院承担的国家863计划项目"深海多金属结核和富钴结壳采掘与输运关键技术及装备"，在南海某海域成功进行"深海扬矿泵管输送系统"海上试验，顺利通过国家863计划项目海试验收专家组验收。这是我国首次开展深海采矿单体工程技术的海试，标志着我国深海矿物输送技术从此跻身世界一流。中国五矿也成为中国首个国际海底矿区的企业承包者。此次海试成功，标志着中国深海采矿技术由湖试转入海试，是一次里程碑事件。

8月26日，中国五矿下属中冶集团中标西安管廊项目，成为国内投资额和建设规模最大的城市地下综合管廊PPP项目。中冶集团充分发挥全产业链集成服务优势，为业主定制全方位解决方案，成立国内首家管廊专业化公司，设立国内首支千亿级城市综合管廊产业基金，成为央企中管廊领域综合业绩最好、单项里程最长、市场量最大、技术含量最高并且参与制定国家标准的领军企业。

12月16日，中国证监会重组委员会召开第97次会议，审议并无条件通过中国五矿金融资产重组上市及150亿元配套融资项目。标志着中国五矿培育多年的金融业务成功对接资本市场，五矿资本将成为中国资本市场首家全牌照金控上市公司。此次150亿元融资额，创造集团公司股本融资规模之最。该项目是中国五矿改革发展关键阶段的里程碑式项目，项目的顺利完成，将降低中国五矿资产负债率近1.7个百分点，显著优化集团财务结构，为中国五矿未来发展提供崭新动力。

【走向海外】 由中国五矿、中国国新、中信集团3家公司斥资105亿美元联合收购的秘鲁邦巴斯铜矿建成投产后，第一批装运的1.133万吨铜精矿顺利抵达南京港。标志着中国金属矿业史上实施的最大境外收购项目取得切实成果，也意味着我国企业响应中央号召"走出去"、建立海外资源基地、保障国内紧缺资源供应、服务中拉合作新框架和产能合作新模式的努力获得回报。邦巴斯项目的成功投产并顺利运回铜精矿资源，能有效缓解我国国内铜资源供应紧缺的现状，显著增强我国铜资源战略保障能力。意味着中国公司在海外大型矿山项目的建设、调试、运营等方面已具备国际一流竞争力，切实加强我国在国际铜市场的话语权。

【重大创新】 中国五矿所属中冶京诚工程技术有限公司"高品质特殊钢大断面连铸关键技术和装备开发与应用"项目获得2015年国家科技进步二等奖。该项目突破连铸化生产质量保证、工艺技术和成套装备研发中的系列技术瓶颈，攻克矫直抗力大、内部与表面质量难以控制等连铸关键技术，创新研发出世界最大规格圆坯和国内最大规格矩形坯特殊钢连铸机，创建大断面特殊钢连铸化生产规范体系和新的产业链，培育国际上特大断面特殊钢连铸产品从无到有的市场，形成兴澄特钢、新冶钢、东北特钢等6家生产示范基地，开发出大口径厚壁超超临界高压锅炉管、超低温洁净能源和海洋工程用钢等200多个国内外市场紧缺的高品质特殊钢产品，取得国际八大顶级船级社认证。近三年已产生直接经济效益190亿元以上。超大断面特殊钢圆坯连铸技术达到国际领先，并被列为《钢铁工业"十二五"发展规划》重点发展技术之一。该项目成果有力推动特殊钢冶金装备、生产技术和后续高端制造业的整体进步。

中国五矿所属株洲硬质合金集团有限公司"高性能钨基复合材料及其应用"成果在2015年度国家科学技术奖励大会上荣获国家技术发明奖二等奖。该成果使钨材由品种单一向多品种、系列化、高性能方向发展，奠定中国五矿在深加工钨材方面的国际领先地位；该成果也标志着中国五矿在国内优势资源的下游材料领域核心关键技术与共性基础性技术方面取得重大突破，将为中国五矿实施"产业升级的创新者"战略目标提供技术支撑。

【党建工作】 中国五矿党组认真学习贯彻十八届六中全会、全国国有企业党的建设工作会议和中央纪委七次全会会议精神。梳理集团公司党建问题清单，列出五方面51项内容；明确党组（党委）党风廉政建设主体责任清单，六方面25项内容，推动各级党组织落实全面从严治党主体责任和监督责任。一是将党建工作总体要求纳入公司章程。二是完善总部党建工作机构设置。总部机构调整中，在已设立党组办公室、监察局、工会的基础上，专门成立党组组织部、党组宣传部。三是加强境外企业党建工作，梳理总部和二级单位派出人员党建情况，对应建未建党组织的单位，提出明确要求，不留空白点。四是开展党建工作考核。2016年，首次将党建工作、选人用人和党风廉政建设进行全面检查。对13家直管单位、16家总部机构开展考核工作，重点检查总部机构26项党建工作和17项党风廉政建设工作的落实情况，重点检查直管单位28项党建工作、5项选人用人工作和38项党风廉政建设工作的落实情况。检查考核结果实现与各单位领导班子薪酬奖惩挂钩。五是狠抓主体责任落实，形成从严治党工作闭环。党组和各级党组织坚持把党风廉政建设和反腐败工作纳入企业改革发展总体布局，与生产经营同研究、同部署、同实施、同考核。六是全面开展内部巡视，发挥从严治党利器作用。

【信息化建设】 中国五矿以公司战略发展、组织变革为导向，通过信息化手段推进公司管理与业务体系变革落地。以增强集团公司管理与运营能力、充实和提升协同应用服务能力、夯实细化管理基础、拓展强化基础架构建设和信息安全保障四个方面为工作重心，扎实推进信息化各项工作。积极开展资金管理与结算系统建设项目，辅助实现资金集中管控和运营过程管控，助力提高集团公司资金使用效率。稳步推进审计信息系统项目的建设工作，规范内审作业、提高审计效率和质量，强化审计体系管理，促进审计信息共享。推动人力资源信息系统落地，推广集团公司薪酬统一管理平台；优化招聘管理系统，构建全集团统一招聘平台。完成信息中心ERP系统建设，实现预算、项目、IT资产和供应商管理，提升规范化和精细化管理水平。

【履行社会责任】 中国五矿编制和发布《2015中国五矿集团公司可持续发展报告》，围绕“珍惜有限，创造无限”的可持续发展理念，深入披露中国五矿在价值五矿、平安五矿、绿色五矿、幸福五矿、诚信五矿、和谐五矿的行动和绩效。该报告在第九届中国企业社会责任报告国际研讨会上，荣获“金蜜蜂2016年优秀企业社会责任报告长青奖”。此外，中国五矿高度重视扶贫工作，2016年向定点扶贫县安排直接资金援助总额为410万元，通过中国扶贫基金会“爱心包裹”项目，资助当地贫困学生合计50万元。

（撰稿人：黄　为）

中国通用技术(集团)控股有限责任公司

【基本概况】 中国通用技术（集团）控股有限责任公司（以下简称“通用技术集团”或“集团”）是经国务院批准、国家投资组建的国有独资公司，于1998年3月正式成立。集团是由国资委代表国务院履行出资人职责，中央直接管理的国有重要骨干企业之一。集团主营业务包括贸易与工程集成服务业、医药健康产业、技术服务咨询与先进制造业、建筑地产、金融服务业等。集团整体具有较强的集成服务能力和资源整合能力，能够为客户提供集市场开发、商务服务、融资安排、关键装备制造、工程设计与施工、技术服务与咨询在内的一揽子解决方案；拥有较完善的国内外市场营销网络、物流配送网络，与世界上100多个国家和地区建立稳定的贸易与合作关系，有较强的国内外一体化经营能力；具有较强的科技创新能力，拥有一批国家级工程（技术）研究中心、重点（工程）实验室、检验检测机构和国家认定企业技术中心，拥有一批具有自主知识产权的有效专利；与国际国内众多大型企业、金融机构有长期稳定的战略合作关系；拥有门类齐全、素质较高、经验丰富的专业人才队伍。集团在2016年度《财富》世界500强企业中排名第383位，比2015年上升43位。集团领导班子在中组部、国资委党委组织实施的中管企业领导班子2013—2015年任期综合考核评价中被评为优秀。

集团实行母子公司管理构架，截至2016年底，总部设职能部门11个，拥有22家境内二级经营机构及

10家直属境外机构；拥有上市公司3家，其中A股上市公司2家（中国医药健康产业股份有限公司、中国汽车工程研究院股份有限公司），H股上市公司1家（环球医疗金融与技术咨询服务有限公司）；在岗职工人数34846人。

【主要指标】 2016年，面对复杂严峻的市场形势和持续加大的经营困难，在以习近平总书记为核心的党中央坚强领导下，通用技术集团全面贯彻落实党的十八大和十八届三中、四中、五中、六中全会，中央经济工作会议，全国国有企业党的建设工作会议精神，深入学习贯彻习近平总书记系列重要讲话精神和治国理政新理念新思想新战略，按照统筹推进"五位一体"总体布局、协调推进"四个全面"战略布局的总体要求，坚决贯彻落实党中央、国务院重大决策和国资委工作部署，以转型升级、提质增效为中心，以稳中求进为工作总基调，奋发有为，开拓进取，全面超额完成董事会确定的年度预算目标以及国资委下达的业绩考核目标，保持平稳较好发展态势。2016年，集团实现营业收入1469亿元，完成预算的104.9%；实现利润总额55亿元，完成预算的114.6%，经济效益连续12年保持增长；主业盈利能力稳步提升，利润结构更趋合理，主营业务利润同比增长7.8%；年末资产总额1450亿元，所有者权益465亿元。大力推进提质增效，成本费用持续下降，应收存货增长过快势头得到遏制，经营活动现金流明显改善，亏损企业专项治理稳步推进，集团整体经营质量向好势头持续巩固。

2016年中国通用技术(集团)控股有限责任公司主要经济指标

项　目	2015年	2016年	比上年增长(%)
资产总额(亿元)	1394.0	1450.0	4.0
所有者权益(亿元)	435.0	465.0	6.9
营业收入(亿元)	1739.0	1469.0	—15.5
利润总额(亿元)	54.9	55.0	0.2
净利润(亿元)	41.2	40.2	—2.4
归属于母公司所有者的净利润(亿元)	32.8	27.5	—16.2

续表

项　目	2015年	2016年	比上年增长(%)
利税总额(亿元)	105.4	96.8	—8.2
应交税金总额(亿元)	64.2	56.6	—11.8
净资产收益率(%)	10.22	7.88	减少2.34个百分点
总资产报酬率(%)	5.48	5.19	减少0.29个百分点
国有资本保值增值率(%)	111.7	109.2	减少2.50个百分点

【改革发展】 按照中央精神和国资委部署，2016年通用技术集团全面深化改革，进一步激发企业内在活力。一是做好改革顶层设计。研究制定《集团2016—2020年深化改革实施方案》和集团深化改革2016年工作要点，围绕增强企业活力和提高效率，提出"十三五"期间集团深化改革的指导思想、基本原则和总体目标，明确集团"十三五"深化改革主要任务及职责分工。二是积极推进资本运营。所属中国医药非公开发行A股股票再融资方案获得中国证监会批准，2016年成功实现再融资7.86亿元；中纺院、济南院结合自身业务资产结构和转型发展需要，积极开展新三板挂牌工作；机械公司积极引入民营资本，稳妥推进混合所有制改革，促进相关业务开展。三是推进供给侧结构性改革，抓好"瘦身健体"工作。大力推进"僵尸企业"和特困企业脱困处置，通过改造提升、关闭注销等方式，2家特困企业实现扭亏为盈，1家特困企业完成关闭注销，1家特困企业完成人员安置，实现阶段性目标；全力推动压缩管理层级、减少法人户数工作，全年完成"压减"企业19家，超额完成全年任务；着力解决"三供一业"等历史遗留问题，所属齐二机床、哈量集团、中国汽研及天方药业等企业"三供一业"分离移交工作取得重要进展，其他相关企业正在按计划有序推进。四是进一步深化劳动用工和收入分配制度改革。研究制定《集团深化劳动用工和收入分配制度改革工作方案》，修订《集团二级经营机构负责人薪酬管理办法》；同时在探索上市企业建立股权激励机制、非上市科技型企业建立股权和分红激励机制方面做了大量前期准备工作。

【走向海外】 2016年,通用技术集团深入贯彻国家"一带一路"建设和国际产能合作等重大战略,围绕"一带一路"沿线国家不断加大滚动开发力度,推进集团国际化经营进程。新签阿联酋阿蒂哈德纸厂、巴布亚新几内亚海底光缆、哈萨克斯坦公路改造等一批项目。印尼阿迪帕拉燃煤电站、斯里兰卡南部铁路、印尼OKI纸厂汽轮机岛、孟加拉古拉绍3号机、孟加拉希拉甘杰2号机等重要项目顺利执行。集团首个海外投资项目——孟加拉帕亚拉1320MW燃煤电站PPP项目正式通过董事会审批。集团以出口哈萨克斯坦汽车散件项目为切入点,积极参与哈萨克斯坦汽车产业园区的规划建设。集团在2016年度全球250家最大国际承包商中名列第92位,在入围该榜单的中国企业中名列第18位。

【重大创新】 2016年,通用技术集团召开科技创新工作会议,发布《集团"十三五"科技发展(创新)规划》和《2016—2018年集团科技创新行动计划》,进一步明确未来一个时期集团科技创新的主要目标和重点任务。2016年,集团研发投入4.76亿元,新增发明专利69件,同比增长30%,开发新产品77项,承担10项国家科技重大专项、19项国家重点科技计划项目,制定发布3项国际标准。获得省部级科技奖励23项,其中一等奖5项,二等奖7项。所属中国汽研受工信部委托实施智能汽车与智慧交通测试平台项目;所属齐二机床为我国大型运载火箭"长征五号"成功研制火箭燃料贮箱的环缝总装焊接系统;所属北京机床所生产的微型丝杠成功应用于"神舟十一号"与"天宫二号"的对接,该所"机械工业机器人产品质量监督检测中心"通过国家资质认定;所属中纺院年产1.5万吨绿色纤维全国产化生产线实现全流程贯通,达到国际水平,对推动我国纺织品升级换代意义重大。

【党建工作】 2016年,通用技术集团党组按照党中央部署和国资委党委要求,切实履行管党治党责任,着力解决党的领导、党的建设弱化、淡化、虚化、边缘化问题,充分发挥党组"把方向、管大局、保落实"的作用,推动集团党的建设、党风廉政建设和反腐败工作取得新的成效。一是扎实开展"两学一做"学习教育。集团各级党组织坚持学原文、读原著、悟原理,认真学习党章党规,深入学习领会习近平总书记系列重要讲话精神,认真贯彻落实党的十八届六中全会和全国国有企业党的建设工作会议精神,进一步增强"四个意识",自觉在思想上、政治上、行动上同以习近平总书记为核心的党中央保持高度一致,坚决维护党中央权威和集中统一领导。集团党组贯彻"四讲四有"合格党员标准,结合实际提出发挥"党员的八个作用",引导广大党员立足岗位作贡献,"两学一做"学习教育取得实效。二是进一步健全完善党建制度体系和工作机制,推进管党治党责任层层落实。为贯彻落实全国国有企业党的建设工作会议精神,集团党组明确59项党建重点任务并抓好落实,建立每月召开党组会、每季度召开党建工作例会等制度,并修订完善《集团党组工作规则》;通过开展二级单位党委书记、纪委书记半年述职和年度述职等途径,加强对所属企业党建责任落实的检查推动;出台《党建工作责任制实施办法》和《党建工作责任制考核评价办法》,开展党建工作考核,促进主体责任落实。三是加强党建基础工作,夯实全面从严治党基础。按照中组部部署,高标准、严要求开展"四查"工作,特别是集团系统所有党组织顺利完成换届;推进党建工作要求进企业章程,完成集团公司和二级公司章程修订稿;加强党务工作力量配备,集团总部和各二级公司党群部门党务工作人员达到职能部门平均数;各级党组织从基础工作抓起、从基础制度严起,"三会一课"、民主评议党员、领导干部双重组织生活制度得到进一步落实,党内政治生活进一步规范。四是落实党管干部和党管人才原则,进一步加强领导班子建设和干部人才队伍建设。认真贯彻落实习近平总书记提出的好干部标准和对国有企业领导人员的20字要求,严把选人用人关口;坚持抓早抓小、严在经常,切实做好领导干部的日常监督管理工作;创新人才引进思路,改革人才管理方式,加快紧缺高端人才引进培养步伐。五是从严监督执纪问责,扎实推进党风廉政建设和反腐败工作。深入贯彻落实中央八项规定精神,锲而不舍纠正"四风";以检查党组织遵守政治纪律和政治规矩、执行"三重一大"决策制度等情况为重点,对4家二级公司及其下属单位开展专项巡视,各级企业对下属77家单位开展内部巡察;用好监督执纪"四种形态",对干部出现的苗头性倾向性问题及时谈话提醒、警示诫勉,防止小毛病演变成大问题，集团系统开展任期廉洁谈话615人次，提醒谈话199人次，诫勉谈话16人次；及时处置反映问题线索，不断加大纪律审查力度，形成有效震慑。六是做好工会、共青团、统战、精神文明和维稳等工作，有效凝聚各方力量，确保企业和谐稳定。

【信息化建设】 2016年，通用技术集团大力推进各层面信息化建设，提高信息化对业务发展、经营管控和风险管理的支持能力。一是积极推进子公司核心业务系统建设和应用。制定《集团核心业务信息系统数据管理规范（试行）》，加强核心业务系统建设与应用工作的跟踪、监督与检查，强化核心业务系统制度规范建设，推动子公司核心业务信息系统与业务管理、风险防控相结合，提高信息化对子公司经营管理促进作用。二是加强集团统一管理信息系统建设。开展财务核算系统升级优化建设，建立适应集团业态跨度大、业务种类多的集团财务数据集中管理平台；开展集团数字档案系统建设，提升集团和子公司业务档案管理水平，提高业务可追溯的内控管理能力；利用信息设备集采平台强化集中采购工作，建立集中、高效、透明的采购管理体系。三是开展信息化基础建设和信息安全建设。完成四川大厦数据中心机房改造，搭建虚拟化应用系统，提高信息资源的共享管理；落实各项集团和子公司信息安全体系建设工作，强化安全防护；完成相关硬件设施系统的安全改造和各层面网络环境建设，夯实系统运行基础，为信息化应用保驾护航。

【履行社会责任】 认真抓好节能减排工作。督导各级企业认真落实《环境保护法》要求，加强对重点企业节能减排的监督管理，着力推进绿色发展，大力研发推广使用节能减排新技术，落实节能环保责任，将节能减排指标完成情况纳入对二级单位的绩效考核体系。2016年，集团顺利完成节能减排主要监测指标。

切实做好安全生产工作。集团认真贯彻习近平总书记、李克强总理对安全生产工作的重要指示批示和全国安全生产电视电话会议、中央企业安全生产工作会议精神，认真落实“党政同责、一岗双责、齐抓共管、失职追责”的要求，把安全生产工作放在更加重要、更加突出的位置来抓。集团党组和领导班子多次召开专题会议，及时传达贯彻中央精神，研究部署集团安全生产工作，并把安全生产工作作为季度调度会的重要内容，推动有关工作落实。集团党政主要负责人及领导班子其他成员分别率队对下属生产企业进行安全检查，督促相关单位完善和落实安全生产责任，推进安全生产各项工作。集团各相关单位不断完善安全生产责任体系，强化安全生产事故应急管理，加强对安全隐患和薄弱环节的排查，做到措施、责任、资金、时限、预案“五到位”，有力维护集团安全生产稳定的良好局面。2016年集团未发生较大及以上生产安全事故，安全生产形势保持平稳。

扎实做好扶贫工作。集团党组认真学习贯彻党中央、国务院关于打好扶贫攻坚战的决策部署，加强组织领导，调整充实集团定点扶贫工作组，党组主要负责人赴定点扶贫县调研考察，深入了解扶贫县实际情况和需求。着力实施教育扶贫和产业扶贫，协调推进重点扶贫项目取得重要进展，集团援建的内蒙古商都县通用小学竣工并投入使用，成为当地一流学校，解决周边留守儿童的上学问题；所属中国医药与内蒙古武川县达成合作协议，打造中药材黄芪种植、加工、销售一体化产业链，将有效带动当地农民脱贫致富。集团还出资5000万元参加中央企业贫困地区产业投资基金。

（撰稿人：王冠祺）

中国建筑工程总公司

【基本概况】 中国建筑工程总公司（以下简称“中建总公司”或“中国建筑”）正式组建于1982年，是中国专业化发展最久、市场化经营最早、一体化程度最高、全球排名第一的投资建设集团，也是建筑领域唯一一家由中央直接管理的国有重要骨干企业。目前，中建总公司主要以上市企业——中国建筑股份有限公司（简称“中建股份”，股票代码601668.SH）为平台开展经营管理活动。

中国建筑的经营业绩遍布国内及海外100多个国家和地区，涉及工程建设、投资开发、勘察设计等多个领域。

工程建设方面,中国建筑是世界最大的工程承包商,代表着中国房建领域的最高水平,业务范围涉及城市建设的全部领域与项目建设的每个环节。伴随改革开放大潮,中国建筑在国内建造许多记录时代变迁、铭刻经济文化发展的经典地标,在公共建筑、酒店、科教、体育、人居、医疗、使馆、工业、国防军事等房建领域与城市轨道交通、高铁、特大型桥梁、高速公路、城市综合管廊、海绵城市、港口与航道、电力、矿山、冶金、石油化工、飞机场、核岛等基础设施领域完成众多经典工程。全国超过90%的300米以上超高层以及众多技术含量高、结构形式复杂的建筑均由中国建筑承建。

投资开发方面,中国建筑是中国最具实力的投资商之一,全集团年度投资额2000亿元,主要投资方向为房地产开发、基础设施建设、城镇综合建设等领域。公司强化内部资源整合与业务协同,打造"规划设计、投资开发、基础设施建设、房屋建筑工程"等"四位一体"的商业模式,为城市建设提供全领域、全过程、全要素的一揽子服务。中国建筑已先后与数十个省市签署战略合作协议,总开发面积逾百平方千米。中国建筑拥有"中海地产""中建地产"两大地产子品牌,其中中海地产盈利能力多年来始终处于中国房地产企业领先地位,品牌价值连续13年居行业之首。

勘察设计方面,中国建筑是中国最大的建筑设计、城市规划、工程勘察、市政公用工程设计的综合企业集团之一,完成一大批具有民族特色和时代特征的优秀建筑设计作品,在机场、酒店、体育建筑、博览建筑、古建筑、超高层等领域居国内领先地位。中国建筑拥有建筑工程设计、市政工程设计、工程勘察与岩土等领域的专业技术人员近万人,高端专业人才总量居行业前列,并在设计原创、科技创新、标准规范等方面为行业的发展作出重要贡献。

【主要指标】 2016年,面对复杂多变的国内外经济环境与行业下行的整体压力,在党中央、国务院的正确领导以及国务院国资委的具体指导下,中国建筑继续保持健康快速的发展势头,主要经济指标再创新高。全年新签合同额20693亿元,同比增长23.6%;完成营业收入9600亿元,同比增长9%;实现利润总额524亿元,同比增长9.7%。在国务院国资委管理的中央企业中,中国建筑营业收入排名第四位,利润总额排名第五位;在中央建筑企业中,营业收入、利润总额均居榜首。获得标普、穆迪、惠誉等国际评级机构信用评级A级,为全球建筑行业最高信用评级。

2016年中国建筑工程总公司

主要经济指标

项　目	2015年	2016年	比上年增长(%)
资产总额(亿元)	10798	13987	29.5
所有者权益(亿元)	2445	2985	22.1
营业收入(亿元)	8808	9600	9.0
利润总额(亿元)	478	524	9.7
净利润(亿元)	360	414	15.0
利税总额(亿元)	899	916	31.9

【重大项目】

1. 光谷金融中心项目。

光谷金融中心占地面积5.7万余平方米,总建筑面积约16.8万平方米。项目建设主体为联体双塔楼,主塔高400米,包括5A甲级写字楼、国际品牌酒店、配套商业及公共设施。

光谷金融中心是武汉市高新区的标志性门户,作为武汉市高新区重点建设项目,光谷金融中心将依托光谷地区高端人才和科技产业集聚的优势,以"科技+产业+金融"的创新金融服务模式,为武汉光谷区域乃至湖北华中地区提供重要的产业金融服务和商务配套支持,对于提升区域形象、综合服务水平和城市功能具有重要意义。

2. 徐州轨道交通3号线一期工程。

该项目为PPP模式,总投资135.2亿元,于2016年7月中标,与中国建筑先期中标的徐州轨道交通1号线同时实施,开创中国建筑首次在同一城市同时实施两条地铁全线的先河。该项目为徐州市中心城区一条由东北至南部的主轴向轨道交通骨干线路,长约18.13千米,均为地下线,设站16座(换乘站4座)。

3. 斯里兰卡南部高速公路延长线项目(第2、3标段)。

该项目合同额45亿元,含新建41千米双向四车道高速公路和改扩建34千米既有道路,由中国进出口银行提供优惠贷款。项目位于"一带一路"沿线地区,是斯里兰卡西南经济走廊的主干道,是斯国家高速公路网的重要组成部分。建成后,将进一步改善斯里兰卡的交通状况,便利人员出行和货物往来,不仅将带动整个沿线地区的经济发展,还将实现科伦坡港、汉班托塔港和科伦坡国际机场的互联互通,成为斯里兰卡经济发展的大动脉。

【房建业务】 2016年,中国建筑房建业务新签合同额12743亿元,同比增长8.4%。在超高层领域优势明显,全年新签武汉光谷中心城等14个300米以上超高层项目。高等级资质再获突破,2016年新增6家单位获建筑工程施工总承包特级资质,全系统建筑工程特级资质24个。房建业务结构进一步优化,除住宅、商业地产外,承揽一大批厂房、会展中心、民生工程等高端项目,承接全球首条最高面板世代线合肥京东方10.5代线项目。

【基础设施业务】 2016年,中国建筑紧抓"三大战略"提供的巨大市场机遇,通过资本运作、融投资拉动等方式,基础设施业务新签合同额5748亿元,同比增长83.1%,占比提升9个百分点。公司已获取地下综合管廊项目20个,总里程820千米,其中第一批试点城市10个管廊项目中国建筑获取6个,总里程159千米,里程份额占到44%。陆续中标西安地下综合管廊、重庆轨道交通9号线、徐州轨道交通3号线、太行山高速公路、长春伊通河综合治理工程等一批重大基础设施项目。资质申报成果丰硕,2016年新增3家单位获市政公用工程施工总承包特级和工程设计市政行业甲级资质,全系统基础设施类特级资质7个。一批重大项目安全优质高效履约,中国建筑投资建造的首条地铁全线深圳地铁9号线提前两个月顺利通车,并获得"国际隧道协会2016年隧道工程奖"提名;南宁地铁2号线提前67天实现洞通;张家界大峡谷玻璃桥正式交付运营,创造最高、最长、横向矢跨比最大的空间索面悬索桥等十项"世界之最";世界第一座海拔4300米以上的超特长公路隧道川藏公路北线雀儿山隧道顺利通车。

【走向海外】 截至2016年底,中国建筑累计在130多个国家或地区承建6000多项工程,涵盖房屋建筑、制造、能源、交通、水利、工业、石化、危险物处理、电讯、排污/垃圾处理等多个专业领域,其中一大批已成为当地标志性、代表性建筑,并有多个项目凭借质量高、难度大、技术新、绿色环保等方面的优势获得国内外奖项,赢得所在国家政府和民众的高度认可。

2016年,中国建筑积极践行"一带一路"倡议,确立企业"大海外"战略,通过成立海外工作领导小组,发布"十三五"海外业务专项规划,子企业获权出海等措施,激发全集团开拓海外的动力。中国建筑海外业务全年新签合同额1264亿元,同比增长13%;完成营业收入796亿元,同比增长30.2%,首次突破百亿美元,上升至建筑央企第二位。重大项目签约屡获突破,全年中标5亿美元以上项目7个,1亿美元以上项目41个,创历史新高,包括中埃两国元首见签的埃及新首都项目(27亿美元),马来西亚最高建筑吉隆坡标志塔等。2016年,中国建筑成功进入埃及、新西兰、哈萨克斯坦、肯尼亚、马尔代夫、乌干达、尼泊尔、突尼斯、马里9个新国别市场,海外市场布局进一步扩大优化。中国建筑排名世界225家最大国际承包商第11位。中国建筑海外业务领域多元化进展明显,在轨道交通、机场、电力、石化等专业工程领域拓展迅速,签约哈萨克斯坦阿斯塔纳轻轨项目、巴基斯坦吉姆普尔联合能源风电场一期项目、肯尼亚供水管线工程等。海外重点项目履约顺利,中共"六大"会址修复工程顺利竣工,获中俄两国最高领导人分别致贺辞;阿尔及利亚大清真寺项目宣礼塔登顶非洲最高建筑;优质完成修复中国驻吉尔吉斯斯坦大使馆任务,获得国家领导人的高度肯定。

【房地产业务】 2016年,一、二线城市房地产市场回暖,中国建筑地产板块抢抓机遇,加速销售回款,全年实现销售额1896亿元,销售面积1445万平方米,同比分别增长22.4%、7.5%;实现利润总额248亿元。中海地产销售合约额1493亿元,同比增长19%,盈利能力持续保持全行业第一;商业地产投入加大,运营商业物业面积200万平方米;并成功收购中信地产与中信泰富持有的绝大部分住宅业务,以310亿元的交易价格刷新国内房地产同业并购规模纪录，拓展中国建筑地产业务的未来发展空间，实现共赢。各局院地产聚焦优势区域，规模扩大、品牌提升。

【勘察设计业务】 中建设计集团跨入ENR全球150强工程设计企业前40强，居国内建筑设计类企业首位。各设计院紧跟国家政策导向，打造特色品牌，加快转型步伐。领军型高端设计人才建设实现重大突破，2名专家荣获"国家工程勘察设计大师"称号。业务结构更趋多元，成功取得市政行业（轨道交通）甲级和市政行业（道路）甲级两个资质。在高端大型机场原创设计上独具特色，成功中标成都新机场航站楼项目。风景园林规划设计在行业内形成差异化竞争优势。进军新型城镇化规划设计业务，实现规划设计和建筑设计联动。以污水处理、综合管廊和海绵城市为切入点，在基础设施设计领域发展迅速。

【科技管理】 2016年，中国建筑获得国家科学技术奖二等奖1项，获得詹天佑奖5项，主编国家行业标准6项，国家授权专利2927项，其中发明专利484项。参加国家重大科研取得突破，中国建筑牵头的6个"十三五"国家重点研发项目获批立项，获得国家专项科研经费超过1.6亿元。与中国工程院等单位签订战略合作协议，深入开展绿色建造、3D打印等高端科技合作，进一步加大国内外技术交流，展示中国建筑科技实力。通过加强对地铁、管廊、桥隧等基础设施业务的科技研发和技术服务，为该领域的业务拓展提供有力支撑。

【投资业务】 中国建筑不断完善投资管控体系，严格投资项目评审，做好投资项目过程监控、后评价和风险防控举措，充分发挥投资推动中国建筑产业结构调整和转型升级的积极作用。2016年，完成投资额1920亿元，同比增长23%；实现投资回款2038亿元，同比增长19%；投资业务实现正现金流118亿元；投资收支比106%。投资带动主业发展效果显著，全年决策工程类投资项目权益投资额3630亿元，将带动5799亿元施工总承包合约额，平均单个项目施工合约额超过31亿元。PPP项目领域形成领先优势，截至2016年底，中国建筑获取PPP项目135个，计划总投资额5214亿元，企业权益投资额2264亿元，其中35个项目进入财政部公布的示范PPP项目清单。

【创新业务】 中国建筑以中建科技、中建水务、中建电商、中建铝等为实体产业发展平台，在产业创新领域成果丰硕。8家PC厂建成运营，承接各类装配式建筑项目超过30亿元。海绵城市、河道治理、建筑垃圾资源化等业务中标合同额突破百亿元。"云筑"电商平台2.0版上线，全年实现集采交易额3300亿元。中建铝产能不断提升，月产能已突破4万平方米，成为铝模板有效产能全国第一。敦煌丝路文博会主场馆项目应用"装配式建造＋EPC"的方式，仅用8个月时间就完成常规需要4年才能建成的项目，成为建筑业转型升级、供给侧结构性改革的鲜活案例和成功实践。

在产融结合方面。公司入选国家发改委外债规模管理改革试点企业及外管局跨国公司外汇资金集中运营名单，实现境外融资便利化、外汇资金集中运营管理，以及境内、外资金的互联互通。公司以中建资本为平台，初步完成在相关领域的业务布局，有效促进主业发展。公司以中建基金为平台，全年设立17支产业投资基金，管理的基金认缴规模超过200亿元，撬动680亿元总投资和540亿元施工任务。

【党建工作】 党的十八大以来，中国建筑按照中央对全面从严治党作出的系列重大部署和要求，认真贯彻中央"四个全面"战略部署，牢固树立"四个意识"，认真落实加强企业党建的各项规定及全国国有企业党的建设工作会议精神，扎实推进"两个责任"的贯彻落实，深入推进作风建设，强化领导人员的监督管理，切实加强基层党组织建设，特别是以中央专项巡视整改、"两学一做"学习教育活动等为契机，严字当头、实处着力、苦练内功、深入整改，各级党组织对企业全局的驾驭能力，对发展方向的把握能力，对管理重点的掌控能力明显增强，党建工作融入中心、服务全局、推动发展的能力全面增强。

截至2016年底，中国建筑有党组织6206个（其中党委408个、党总支543个、党支部5255个），党员8.62万人，专兼职党务工作人员9491人。同时，将项目作为基层党建的基础和重点，积极创新工作载体，创造出受到中组部和国务院国资委充分肯定的"三联建"（联建党支部、工会联合会、联建团支部）、"三号联创"（在项目上将党员先锋号、工人先锋号、青年文明号创建有机结合）、海外党建做法等经验。稳步推进企业（项目）负责人“党政一肩挑”，进一步促进党务与经营的融合；积极开展党建工作规范化建设，提升党建工作科学化水平。

深入开展“两学一做”学习教育。中国建筑各级党组织严格落实“三会一课”制度，创新学习方式，着力在学深悟透、严抓严管、履职尽责上见实效。将“两学一做”学习教育与学习十八届六中全会和全国国有企业党的建设工作会议精神结合起来，与学习《准则》《条例》等党内法规结合起来，进一步强化“四个意识”，明确职责定位，把思想和行动统一到中央的决策部署上来，助推企业更好更快发展。

【人才队伍建设】 截至2016年底，中国建筑在岗员工255878人，拥有中级以上专业技术职务人员5.5万人，占员工总数的21.5%，拥有一级注册建造师13733人、注册建筑师641人、注册结构工程师732人、注册造价工程师1549人。

中国建筑出台专门措施，严格落实上级相关规定，进一步规范完善领导人员选拔任用程序、班子配备职数和领导干部退出等方面的管理标准。严肃领导干部选人用人纪律，通过专项检查和整改落实等手段加强监督管理，认真开展领导干部个人有关事项报告抽查核实以及干部人事档案的专项审核工作。加大领导干部轮岗交流的工作力度，围绕企业转型升级、结构调整需要，统筹安排优秀人才向海外、基础设施、新兴业务板块有序流动。加强人才规划设计，制定“十三五”人才工作专项规划。完善职级体系标准，明确专业序列任职资格标准。优化人才培训体系，健全培训工作标准，加强培训工作针对性，重点开展专题培训。深入推进薪酬制度改革，完善激励约束机制，坚持以“市场与业绩”为导向，完善二级企业负责人年薪考核兑现办法，将年薪奖罚与生产经营核心指标紧密挂钩，有效促进企业持续健康发展；大力推进第二期股权激励，扩大激励范围，提升激励效果。

【履行社会责任】 2016年，中国建筑对外捐赠总额超过4800万元，其中以中建总公司名义向定点扶贫地区捐助889.05万元。开展志愿者活动超过3600场次，累计志愿服务时间超过10万小时。中国建筑在建设开发过程中，注意保护当地历史文化遗迹；在欠发达地区，扶持当地教育事业，投资捐赠希望小学，协助当地教育部门提高文化水平。

在重大灾害发生时，如7月上旬西南至长江中下游地区暴雨洪涝灾害、江苏盐城龙卷风冰雹特别重大灾害等，中国建筑积极利用自身专业优势和经验，投入大量人力、机械，为灾区抢险救援、重建等工作贡献力量，获得社会各界高度评价。

中国建筑积极创造就业机会，2016年带领120万劳务人员共建小康社会，共享企业发展成果。中建美国公司、中建阿尔及利亚公司、中建中东公司、中建南洋公司、中建越南分公司等海外机构积极雇佣当地人才，加大管理团队中所在国员工的比例，并尽可能雇佣本地劳工，通过培训等方式培养当地专业人才与项目一同成长。

（撰稿人：杨　晓）

中国储备粮管理总公司

【基本概况】 中国储备粮管理总公司（以下简称“中储粮总公司”），是中央管理的涉及国家安全和国民经济命脉的国有大型重要骨干企业，肩负维护国家粮食安全的重大使命。公司受国务院委托，具体负责中央储备粮棉油的经营管理，执行国家粮棉油宏观调控任务，在国家宏观调控和监督管理下，依法开展业务活动，实行自主经营、自负盈亏。截至2016年底，中储粮总公司在全国设立23个分公司、7个全资或控股二级管理子公司、1个科研所，拥有360家直属库，机构和业务覆盖全国31个省（自治区、直辖市）。其中，中储棉总公司于2016年11月经国务院批准无偿划转并入中储粮总公司，成为中储粮二级子公司。

2016年，在粮食政策调整、市场转换、调控加压等错综复杂形势下，中储粮总公司牢牢把握企业宗旨使命，攻坚克难，狠抓执行，不断夯实“两个确保”基础，中央储备粮宜存率、质量达标率分别达到100%和97.7%；全力服务农业供给侧结构性改革和粮食宏观调控，高效执行国家政策性粮食收储任务，积极参与玉米收储制度改革，发挥主力军作用。中储粮总公司积极应对粮食市场和政策变化，大力推进市场化、集约化运作，实现企业运行质量持续改善，圆满完成年度业绩考核各项经济指标。2016年，实现营业收入（不含中储棉，下同）1752.80亿元，同比增长8.69%；年末资产总额13220.63亿元，剔除政策性因素后资产负债率46.2%；实现利润42.04亿元，同比增长45.57%；国有资本保值增值率106.52%，经济运行质量进一步提高。

【主要指标】

2016年中国储备粮管理总公司主要经济指标

项　目	2015年	2016年	比上年增长（%）
资产总额（亿元）	11249.81	13220.63	17.52
所有者权益（亿元）	613.70	697.27	13.62
营业收入（亿元）	1612.64	1752.80	8.69
利润总额（亿元）	28.88	42.04	45.57
净利润（亿元）	23.61	36.79	55.82
归属于母公司所有者的净利润（亿元）	23.12	36.96	59.86
技术开发投入（亿元）	0.10	0.37	270.00
利税总额（亿元）	37.28	53.04	42.27
应交税金总额（亿元）	8.40	11.00	30.95
全员劳动生产率（万元/人·年）	18.54	36.98	99.46
净资产收益率（%）	4.01	5.61	增加1.60个百分点
总资产报酬率（%）	3.76	3.85	增加0.09个百分点
国有资产保值增值率（%）	103.68	106.52	增加2.84个百分点

【改革发展】 中储粮总公司按照中央深化粮食流通体制改革和国企改革精神，结合工作实际，把打造中储粮"金字招牌"、打造中储粮铁军队伍作为企业愿景，贯穿中储粮深化改革发展全过程。

全力服务粮食宏观调控和供给侧结构性改革。继续执行国家小麦和稻谷最低收购价政策，2016年，仅小麦托市收购为6个小麦主产省农民直接增收110多亿元。有效服务国家去库存和玉米收储制度改革。高效完成国家安排的部分政策性粮食轮换和包干销售任务，探索出一条更加贴近市场和客户需求、反应速度更快、时机价格掌握更准、运作效率更高的去库存路子。2016年是玉米收储制度改革第一年，中储粮在服务玉米收储制度改革中发挥垂直体系"一盘棋"优势，全力支持东北地区玉米收购，完成收购量2141万吨，占东北地区收购总量21%，成为玉米收储制度改革顺利推进的"压舱石"。

进一步夯实"两个确保"。启动仓储管理"标准仓、规范库"建设，新制定及修订完善10余项规章制度和业务标准，标准化制度体系进一步健全。启动维修改造项目9211个，仓储设施完好率提升至95%。实施科技发展5年规划，分品种、分生态区域的粮油储藏技术体系基本建立。截至2016年底，全系统空调控温2000多万吨，氮气气调储粮技术改造1500多万吨，内环流控温储粮1700多万吨，智能通风1800万吨。中央储备粮科技储粮覆盖率达到95%以上。强化数量质量管控，开展常态化、实时化远程监控。实施库外储粮分类管理、风险评估，撤并高风险隐患库点，有序推进粮权公证。实施安全生产全员责任制，安全生产标准化达标率98%，安全生产形势保持稳定。

深化企业内部改革。制定实施《中储粮总公司深化改革实施方案》，明确深化改革的基本原则，目标任务，以及38项改革责任分工，为统筹推进企业深化改革提供"施工图"。经国务院批准，中储粮总公司与中储棉总公司实现重组，这在国家储备体系建设史上、在中储粮发展历史上都具有里程碑意义。战略预算目标责任制改革迈出步伐，总公司成立战略预算委员会，逐一开展28家分（子）公司战略预算质询，明确分（子）公司三年目标责任，开创以"战略引领＋预算保障"为核心的战略管理新机制。启动分公司事业部制改革试点，强化分公司作为辖区内生产经营和管理的核心，并对总公司全面负责，推动三级架构功能进一步完善。子公司专业化改革深入推进，油脂公司启动市场经营业务"直线制"和直属企业"大部制"改革，物流公司调整理顺11个物流节点企业产权和管理关系。加强与央企和跨国粮商合作，在粮油购销、加工、物流以及人员培训等方面建立长期合作关系，打造开放型企业。

提质增效成效明显。坚持和完善"日一周一月"轮换调度机制，推进轮换集约化改革。全年稻谷、小麦、玉米轮换控亏减亏目标圆满完成。2016年，轮换计划完成率保持在90%以上，中央储备粮综合损耗率全面控制在1%以内，保持行业内先进水平。纳入资金集中管理系统的单位全部实现"日归集、零余额"，资金归集率达到98%以上，资金统筹调度效益进一步凸显。全系统集中采购金额16.9亿元，降低采购成本效果明显。开展亏损企业专项治理。加强低效股权投资清理，全面摸底现有加工贸易企业股权投资状况，清理企业13家。

【重大项目】 仓储基础设施配套全覆盖成效显著。中央补助投资项目建设达到高峰，227个在建项目、1367万吨仓容同时施工，全年新增仓容1000万吨，项目实施规范、进展顺利。东北综合产业基地一期工程全面开工。

【走向海外】 为更好利用国际国外"两个市场，两种资源"，中储粮总公司积极探索有效掌控国际粮源的途径和方式，结合中央储备油脂油料轮换，加强国际市场的研判分析，做好与跨国粮商的采购对接，降低采购成本，提高服务轮换的质量和效率。同时借助国际平台培养人才，锻炼队伍，提高专业能力，为维护国家粮油市场稳定作出更大贡献。

【党建工作】 中储粮总公司党组把学习贯彻国有企业党建工作会议精神作为重要政治任务来抓，坚持党的领导，加强党的建设，明确党组织在治理结构中的法定地位，并将党组研究讨论作为董事会、经理层决策重大问题的前置程序，对照党建工作"四化"问题，认真查摆系统内党建与纪检工作存在的主要问题，明确重点任务。规范各级党组织的设立，充实党务人员力量，健全党务机构。落实全面从严治党主体责任，严格执纪监督问责，出台《党员领导干部谈话函询实施办法》，运用执纪监督"四种形态"。开展"四风"问题整治"回头看"，先后对6家分(子)公司进行巡视，驰而不息抓作风建设，落实中央八项规定精神。

【信息化建设】 坚持落实"强化政策标准、强化基础管理、强化风险监测、强化分析创新"总体要求，信息化建设取得显著成效。2016年，如期完成297家分库智能化建设和561家单位专线网接入工作，智能化粮库已经成为总公司对外展示的一张名片，获得中央和国家有关部门高度评价。

【履行社会责任】 中储粮总公司认真贯彻落实中央的决策部署，切实履行对农民、消费者等利益相关方的社会责任，积极参与脱贫攻坚，为维护农民利益和粮食市场稳定、推动地方经济社会发展发挥积极作用。发挥系统自身优势，积极做好援助扶贫工作。截至2016年底，公司系统内各级单位有扶贫点67个。其中，作为总公司扶贫点的黑龙江拜泉县、兰西县，分步实施扶贫项目建设，大力开展产业、技能、政策、信息等精准扶贫，积极探索"输血"与"造血"相结合的扶贫路子。2016年，中储粮系统投入扶贫资金1543.4万元(其中直接投入1158.98万元、帮助引进384.42万元)，实施扶贫项目41个，派出挂职干部135人，担任第一书记9人，出资3000万元参加中央企业贫困地区产业投资基金，得到国家有关部门、地方党委政府和扶贫点广大群众的充分肯定。

(撰稿人：赵　冉)

国家开发投资公司

【基本概况】 2016年是国家开发投资公司(以下简称"国投")改革转型、创新发展的重大推动之年。公司深入贯彻落实创新、协调、绿色、开放、共享五大发展理念和"四个全面"的战略布局，全面推进国有资本投资公司改革试点，不断深化供给侧结构性改革，转方式调结构，聚焦提质增效，大胆创新，攻坚克难，经营业绩再创新高。全年实现利润180.23亿元，同比增长9%，连续12年荣获国资委年度经营业绩考核A级，连续四个任期获得"业绩优秀企业"称号。基础产业不断优化，转型升级加快，前瞻性战略性产业创新发展，金融及服务业稳健发展，国际业务取得重大突破，科技创新取得新成效。在深化改革试点中全面加强党的建设，扎实有序推进"两学一做"学习教育，构建推行"卓越党建管理模式"，全面从严治党效果显著。

【主要指标】 国投积极响应国家关于化解煤炭过剩产能的有关决策，将煤炭业务整体划转至中煤集团，产业结构进一步优化。截至2016年底，国投资产总额4671.16亿元，同比下降6%；所有者权益1346.71亿元，同比下降5%；营业收入764.88亿元，同比下降12%；利润总额180.23亿元，同比增长9%；净利润140.5亿元，同比增长7%；归属于母公司所有者的净利润57.91亿元，同比增长40%；技术开发投入2.58亿元，同比下降46%；利税总额290.19亿元，同比下降5%；应交税金总额122.42亿元，同比下降9%；全员劳动生产率55.83万元/人·年；净资产收益率10.19%；总资产报酬率5.38%；国有资本保值增值率106.71%。

2016年国家开发投资公司
主要经济指标

项　目	2015年	2016年	比上年增长(%)
资产总额(亿元)	4955.30	4671.16	-6
所有者权益(亿元)	1411.48	1346.71	-5
营业收入(亿元)	872.37	764.88	-12
利润总额(亿元)	165.13	180.23	9
净利润(亿元)	131.31	140.50	7
归属于母公司所有者的净利润(亿元)	41.43	57.91	40
技术开发投入(亿元)	4.76	2.58	-46
利税总额(亿元)	305.26	290.19	-5
应交税金总额(亿元)	134.84	122.42	-9
全员劳动生产率(万元/人·年)	46.68	55.83	20
净资产收益率(%)	10.08	10.19	增加0.11个百分点
总资产报酬率(%)	5.40	5.38	减少0.02个百分点
国有资本保值增值率(%)	112.72	106.71	减少6.01个百分点

【改革发展】 2016年，国投按照中央全面深化改革的总体要求，坚决落实国有企业改革系列文件精神，多试点推进、多领域突破、多制度创新，取得多方面成效。扎实推进供给侧结构性改革，围绕功能定位，积极培育发展战略性新兴产业，将煤炭业务整体划转至中煤集团，不断优化调整业务结构，提高资本配置效率，向改革要动力，以改革促发展；试方向、试机制、试管理、试党建，努力探索国有资本投资公司的功能定位、体制机制和运营模式，重塑总部职能，初步构建与国有资本投资公司定位相适应、相匹配的"小总部、大产业"管理架构；持续完善大监督体系，加强专业监督与职能监督、业务监督与纪检监督的协同，形成监督工作常态化和闭环管理的机制；实施分类授权改革，推进子公司的市场主体地位，通过对子公司分类授权、分类监管、分类定责、分类考核，进一步激发子公司发展活力和内生动力；做实子公司董事会，开展职业经理人改革试点，委派专职股权董事，做实并进一步规范子公司董事会；选择国投电力进行职业经理人改革试点，董事会决策选聘6位职业经理人；建立鼓励改革创新的容错纠错机制，营造支持改革、鼓励创新、允许试错、宽容失败的机制和环境。

【重大项目】 桐子林水电站最后一台机组投产发电，雅砻江下游开发全面完成，雅砻江水电着手打造总装机6000万千瓦清洁能源示范基地；杨房沟水电站实现大江截流，全面进入主体工程施工阶段，开辟国内百万千瓦级大型水电站采用设计施工总承包建设的先河，是我国新常态下水电开发理念与方式的重大创新，被行业内誉为"第二次鲁布革冲击"；两河口水电站大坝心墙填筑，标志着雅砻江中游龙头梯级水库电站、我国藏区开工建设综合规模最大的水电站工程全面进入主体工程建设新阶段；国投钦州电厂二期投产，龙门风电项目启动。国投交通成功布局管道运输新业务；国投孚宝30万吨级油品码头工程竣工验收；镇江港务集团与国投重庆果园港签署战略合作框架协议，国投交通"长江战略"迈入新纪元。参与出资设立并管理先进制造产业投资基金、中央企业贫困地区产业投资基金等，截至2016年底，管理基金44支，规模1465亿元，管理金融资产突破万亿元。组建国投健康产业投资有限公司，加快布局、发展养老产业；筹建国投生物科技投资有限公司，统筹发展生物能源业务；组建国投智能科技有限公司，打造国投互联网、大数据产业发展平台。国内首套热水综合利用低温多效海水淡化中试装置成功产出合格淡水，推动海水淡化工业应用的国产化。

【走向海外】 国际业务取得重大突破，全年对外直接投资5.9亿美元，同比提高5倍。成功收购印尼万丹火电及英国海上风电项目；国投印尼水泥项目成功点火投产，这是国投在境外直接投资建设的第一个绿地项目；习近平主席为国投所属企业中国成套设备进出口(集团)总公司承建的孟加拉沙迦拉化肥厂项目揭牌；中成集团与古巴有关方面签订生物和医药成套设备项目和古巴印刷厂改造项目共计2.925亿美元EPC合同；埃塞肯色糖厂、埃塞OMO3糖厂等在建项目均运营良好，埃塞OMO3糖厂项目荣获“中国海外优秀营地”称号；亚普汽车部件股份有限公司国际化进程再获突破，收购美国YFS公司，德国工程技术中心正式开工建设，汽车油箱销量稳居全球第三。

【重大创新】 国投编制印发“十三五”科技发展规划；创新能力建设和知识产权管理持续加强，荣获国资委第四任期“科技创新优秀企业”；全年获得授权专利116件，其中发明专利37件；与清华大学签订战略合作框架协议；引进1名中国工程院院士，担任首席科学家(生物科技)；海水淡化、微藻生物能源等重点科技项目进展顺利，部分成果达国际先进水平；国投首个国家级质检中心——国家电子工程建筑及环境性能质量监督检验中心获得国家认证认可监督管理委员会授权，填补国内电子工程建筑与环境性能检测领域的空白；中国电子工程设计院获得工信部“工业企业知识产权运用标杆”企业；国投罗钾“年产120万吨硫酸钾项目”获得第四届中国工业大奖；“国投”获得国家工商行政管理总局驰名商标认定。

【党建工作】 坚决贯彻全面从严治党要求，在深化改革试点中全面加强党的建设，深化试党建工作。以上率下、创新方式、直面问题、措施有力，扎实有序推进“两学一做”学习教育；建立制约与监督、检查与考核为一体的责任体系，层层签订《党建目标责任书》《党风廉政建设责任书》，切实推进主体责任和监督责任落实；紧盯党建工作弱化、淡化、虚化、边缘化问题的解决，运用现代企业先进的管理理念和方法，构建并逐步完善“卓越党建管理模式”，推进党建具体工作落实落地；围绕实现体制对接、机制对接、制度对接和工作对接开展党的工作，充分发挥党组领导核心作用、党委政治核心作用、党支部战斗堡垒作用和党员先锋模范作用；围绕党组提出的“有组织、有活动、有作用、有影响”，积极探索在混合所有制企业全面加强党的建设；落实党的领导和完善公司治理有机统一的要求，推进将党建工作纳入公司章程，狠抓“四项排查”，夯实基层党建基础工作，全面加强基层党建工作；编制反腐倡廉工作五年规划，明确未来五年反腐倡廉工作思路、工作重点；发挥巡视利剑作用，实现第一轮巡视全覆盖。

【信息化建设】 加强规范化、标准化管理，突出协同服务，改革创新。2016年，国投发布主数据标准，建立统一的数据标准体系，为业务信息一体化及数据决策分析提供关键基础保障；重点落实电子采购平台的实施与培训推广工作，推动公司采购工作的管理创新，提升公司采购规范化、阳光化水平。同时，持续有效做好各项基础设施及应用系统的服务运维，为国投的经营管理工作提供全面的信息化保障。

【履行社会责任】 秉承“三为”宗旨，积极承担优秀企业公民的社会责任和义务。坚持绿色发展理念，积极履行环境保护责任。不断加大水电、风电、光伏、生物质能源等清洁能源的投资开发力度，持续发展城市矿产、海水淡化等循环经济项目，2016年清洁能源装机比重达到59.86%；持续做好节能减排，编制“十三五”节能减排规划，全年节能减排资金投入22.6亿元，实施节能和环保技改项目73项，连续两个任期获得国资委“节能减排优秀企业”称号。积极开展扶贫和社会公益活动，制定扶贫工作五年规划，落实精准扶贫，精准脱贫，通过中央企业贫困地区产业投资基金，探索产业化、市场化扶贫新模式；与定点扶贫县开展挂职锻炼、结对帮扶、支教活动；发起设立全国首单慈善信托；全年无偿捐赠5899万元，获得“2016年中国社会责任精准扶贫奖”。加强与政府、企业、高校等的战略合作，搭建合作共赢平台，2016年新增战略合作协议11份。国投罗钾创业团队和李守江先后被中组部、中宣部列为“时代先锋”“时代楷模”。高度重视安全生产，狠抓安全责任落实。坚持以人为本，关心员工职业发展，保障和维护员工的合法权益，实现员工与企业共同发展。

（撰稿人：曹　丽）

招商局集团有限公司

【基本概况】 2016 年，招商局集团有限公司（以下简称“招商局集团”）持续深化国企改革、坚持创新发展，加快新的产业布局，推进新的战略转型，实现预期的改革发展目标和经营效益。2016 年，招商局集团获批成为国有资本投资公司试点和国家首批企业“双创”示范基地，大力推动金融“4＋N（银行、证券、保险、基金＋其他）”布局，复牌 1875 年创办的仁和保险，积极探索全面进入高端邮轮产业和大健康产业。与深圳市合资成立前海蛇口自贸投资发展有限公司，探索“小政府＋大企业”的企业化管理、市场化运作新模式。形成六大产业生态圈建设实施方案。有序推进与中外运长航整合工作，全面启动公路板块重组。推进供给侧结构性改革，对海工建造业务缩产减能，加大各项业务资源整合力度，提高资产利用效率。继续完善现代企业制度和法人治理结构，推进公司制股份制改制和混合所有制改革，实施员工持股等激励机制。加大在海外布局力度，创造独特的“前港－中区－后城”招商局模式，多次得到党和国家领导人的高度肯定。

【主要指标】 2016 年，招商局集团始终保持战略定力不动摇，牢牢把握“稳中求变、变中求新、新中求进”的工作总基调，改革创新精准发力，转型升级多点突破，盈利能力持续提升，实现“十三五”开门红，顺利完成“保增长”任务目标。招商局集团 2016 年收入利润再创历史新高。全年实现营业收入 4954.26 亿元，同比增长 162.23％；实现利润总额 1111.80 亿元，在央企中排名第二，同比增长 41.05％；实现净利润 866.95 亿元，同比增长 24.23％。截至 2016 年底，招商局集团资产总额 6.81 万亿元，比上年增长 9.27％，资产规模在国资委管理的中央企业中排名第一；所有者权益总额 7503.56 亿元，比上年增长 19.27％。

2016 年招商局集团有限公司主要经济指标

项　目	2015 年	2016 年	比上年增长（％）
资产总额（亿元）	62307.83	68083.94	9.27
所有者权益（亿元）	6291.34	7503.56	19.27
营业收入（亿元）	1889.31	4954.26	162.23
利润总额（亿元）	788.25	1111.80	41.05
净利润（亿元）	697.88	866.95	24.23
归属母公司所有者的净利润（亿元）	491.00	253.31	－48.41
技术开发投入（亿元）	14.48	53.72	271.09
利税总额（亿元）	939.02	1386.60	47.67
应交税金总额（亿元）	241.14	519.65	115.50
全员劳动生产率（万元/人·年）	129.80	70.26	－45.87
净资产收益率（％）	15.67	12.57	减少 3.10 个百分点
总资产报酬率（％）	2.43	1.82	减少 0.61 个百分点
国有资本保值增值率（％）	119.70	113.02	减少 6.68 个百分点

注：全员劳动生产率、国有资本保值增值率按国资委考核指标计算，净资产收益率为含少数股东权益的净资产收益率。

【改革发展】 系统修订产权管理规章制度，规范产权交易流程，加强资产评估管理，全年审核备案资产评估项目 108 项，完成资产评估机构备选库的合并调整；继续加强产权管理信息系统建设，扎实推进内部登记和产权登记工作，全年办理和审核内部登记信息 5000 多项。积极与中外运长航对接产权管理职能，顺利完成产权家底清查、产权信息整合工作。优化二级公司经营班子，完成招商公路等 5 家公司总经理市场化选聘。首次推行总部和二级公司人员挂职锻炼，加大交流任职力度。实施涵盖所有员工的补充医疗保险计划，初步建立“多层次、广覆盖、强组合”补充医疗保险体系。2016 年起实行战略审计，审计各单位年度KPI和三年任期战略指标完成情况、业务战略和重大战略举措执行情况，对存在偏差的业绩考核结果提出调整建议，形成战略制定、战略实施、战略考核（战略审计）的闭环管理体系。

【重大项目】 2016年，完成投资740亿元，主要投资包括：入股大连港20%股份、增持上港集团1.1%股份和投建漳州开发区四区码头等港口投资项目；收购广西绕城高速、增持皖通高速等公路投资项目；建造VLCC等船舶和工银租赁VLOC船舶、续建海门基地等航运投资项目；续建中国香港181物流仓储、开发中白商贸物流园等物流投资项目；购地、建设邮轮中心及双鱼岛等房地产投资项目；增持招商证券、新设直投及创新基金等金融投资项目。出资11亿元收购中国香港建设桂林高速公路有限公司100%股权。中外运长航成功研制相关产品实现船舶轴带电机在输入转速与负载变化条件下的高精度稳频稳压运行；招商交科院成功研制核心技术，填补国内地下立交道路系统研究空白；招商轮船智慧船舶项目成为国家级智能船舶实船应用示范工程。

【走向海外】 2016年，招商局集团海外重点项目有序推进，海外布局不断优化。首次在海外国家吉布堤复制"前港－中区－后城"综合开发的"蛇口模式"，共同推动吉布堤港口、自贸区及城市建设。中白商贸物流园首发区建设加快，截至2016年底园区首发区工程建设已基本接近尾声。稳步推进中欧物流大通道建设，班列数量、频次和线路不断增加，覆盖西欧、中亚、俄罗斯，全年运量达到3.1万TEU、市场占有率达到23.5%，已成为中欧班列核心运营商。与多哥政府就多哥产业经济统一规划、开发和投资等开展全方位合作，开创一企与一国建立全面经济战略合作伙伴关系的先河。此外，还积极推动斯里兰卡、坦桑尼亚、立陶宛、印尼、马来西亚、泰国、缅甸、巴西、巴拿马等多个国家的项目并取得一定进展。

【重大创新】 2016年，招商局集团成为国家首批7家企业双创示范基地之一，提出加快建设具有自身特色的"四全、四加、四化"双创示范基地建设模式。江苏重工成为国家级企业技术中心。招商局集团科技创新发展研究院在美国硅谷设立工作站。招商交科院"西藏扎木至墨脱公路建设关键技术研究"项目获得"2015年度中国公路学会科学技术奖"特等奖；其他两个项目均获得二等奖。招商港口精细化管理平台获得第二十二届国家级企业管理现代化创新成果二等奖；智慧港口项目和粮达网项目入选中国"互联网＋"行动百佳实践，并获国家发改委专项建新资金支持。

【党建工作】 认真学习贯彻落实党的十八届六中全会精神、全国国有企业党的建设工作会议精神。认真开展"两学一做"学习教育，全集团开展专题学习2716次，班子成员到基层一线推动指导117人次。同时，着力推动党员组织关系排查、基层党组织换届、党费收缴等基层党建重点任务。紧紧围绕中心工作，强化监督执纪问责，探索实践"四种形态"，深入贯彻落实中央八项规定精神和集团九项措施，坚决纠正"四风"，严肃纪律审查，加强纪检监察队伍建设，集团党风廉政建设和反腐败工作取得新进展新成效。

【信息化建设】 企业微信系统办公平台、e－Port、智能理货、供应链物流平台、智慧船舶、"智优保"营销平台等数字化项目建成并初显成效。"三网合一"、智慧城市、智慧物流等创新项目启动实施。人力资源信息管理系统上线运行、财务管理系统实施EAS8.0升级上线、移动应用"招财通"优化升级、"企业快照"和经营分析系统开发上线。招商轮船运营可视化平台建成上线，招商海通贸易系统二期在主要企业上线。招商云完成两期扩容，集团11个管控系统迁移到云平台。虚拟网一期上线，实现集团34个系统或平台的覆盖。

【履行社会责任】 招商局集团积极履行企业社会责任，促进共赢与社会可持续发展。2016年，在贵州省威宁自治县、湖北省蕲春县、新疆维吾尔自治区叶城县和莎车县投入帮扶资金4138万元，建成2个5000吨级长江码头，推进建设1个农贸综合市场，完善乡村医疗卫生配套，切实提高贫困户经济收入和生活水平，通过不断创新扶贫方式，精准扶贫工作取得新实效。在实践战略公益的过程中，注重结合国家"一带一路"倡议和驻港央企责任担当，2016年向非洲及南亚多个发展中国家的贫困人口提供慈善援助，大力加强对香港青少年的祖国历史文化教育等，以招商局慈善基金会为专业平台在国内外开展公益项目54项，执行近6000万元，受到社会各界的一致认可与好评。

（撰稿人：李　辉）

华润（集团）有限公司

【基本概况】 华润（集团）有限公司（以下简称“华润”或“集团”）是一家注册于中国香港、以实业化为基础的多元化企业集团，经营领域主要涉及大消费（零售、啤酒、食品、饮料）、电力、地产、水泥、燃气、大健康（医药、医疗）、金融等。

2016年，集团深入推进供给侧结构性改革，加快结构调整和转型升级，扎实开展“瘦身健体”工作，重点业务板块提质增效显著，国际化布局、互联网平台、基金化投资等新的增长动力开始形成，集团经济运行呈现企稳回升、稳中有进的态势，效益超出年初预期。2016年，华润集团实现销售收入5034.08亿元，利润总额483.38亿元，净利润337.82亿元，期末总资产11000.44亿元，净资产3173.04亿元。国有资本保值增值率110.6%。

2016年，华润重获国资委2015年度A级企业、续获2013—2015任期考核“业绩优秀企业”称号，在《财富》全球500强排名提升至91位。华润雪花啤酒、华润零售、华润燃气的经营规模继续保持全国第一，华润医药经营规模全国第二。消费品、地产和医药业务板块营业额过千亿元，电力、地产业务板块经营利润过百亿元。

【主要指标】

2016年华润（集团）有限公司主要经济指标

项　目	2015年	2016年	比上年增长（%）
资产总额（亿元）	9945.19	11000.44	10.6
所有者权益（亿元）	2956.81	3173.04	7.3
营业收入（亿元）	4812.21	5034.08	4.6
利润总额（亿元）	439.68	483.38	9.9
净利润（亿元）	298.15	337.82	13.3
归属母公司所有者的净利润（亿元）	156.43	171.41	9.6
技术开发投入（亿元）	11.08	12.65	14.2
利税总额（亿元）	706	754.30	6.8
应交税金总额（亿元）	440.81	547.96	24.3
全员劳动生产率（万元/人·年）	24.16	30.02	24.3
净资产收益率（%）	10.53	11.02	增加0.49个百分点
总资产报酬率（%）	5.41	5.49	增加0.08个百分点
国有资本保值增值率（%）	116.5	110.60	减少5.9个百分点

【改革发展】 做好顶层设计。集团制定企业改革实施方案，努力落实规范董事会建设、混合所有制发展、三项制度改革、企业压减等各项改革任务。发布实施“十三五”战略规划，推进实业化发展、资本化运作、全球化布局、信息化建设等各项战略举措。

完成规范董事会建设。进一步明确总部“三位一体”的管理架构（即中国华润总公司、华润股份有限公司、华润集团三块牌子、一套班子），设立和完善集团各类专业委员会，作为集团董事会的常设咨询机构。制定公司章程、职责权限和决策流程，召开董事会第一次会议。集团领导不再兼任总部职能部室负责人，聚焦战略性、基础性、全局性问题，加强对分管工作决策、指导和督办。

推动混合制改革。华润以自有医疗资产注入凤凰医疗，参股35.7%，成为第一大股东，此项交易使华润拥有19家二级以上医院、1.3万张床位，实现规模全国第一，重组后通过华润医疗、凤凰医疗管理层“双向进入”，实现经营理念双向传送和管理模式双向改造。华润置地参股20.9%成为中华企业的战略性股东，用较少的资源控制社会资本，获取上海市优质土地资源，打开市场发展空间。

推进三项制度改革。对集团6个部室、9家利润中心正职进行调整配备。对不胜任工作、违纪违规、业绩持续滑坡的经理人进行免职劝退。开展经理人业绩与薪酬"双对标"工作，强化企业业绩与经理人薪酬激励挂钩，实现收入能增能减。员工能进能出中，采取分流"去产能"同步推进，人员整合与压缩管理层级、整合产业链同步推进，减员增效与提质增效同步推进的方式。完善全员绩效管理，落实业绩考核结果，作为员工进出流转、岗位调整的重要依据。

开展企业压减。针对管理层级多、管理链条长、亏损子企业多且亏损金额大的问题，集团将压减治亏作为与并购投资同等重要的工作来对待。截至2016年底，减少公司86家，关闭矿井10座，化解煤炭产能289万吨，处置"僵尸企业"10家、特困企业39家，分流安置1.6万人。2016年，处置非核心业务、剥离低效资产获取收益47亿元，年末"两金"压降金额1272亿元。

【重大项目】 2016年，集团完成长期股权投资268.6亿元，其中，境内投资85.6亿元，境外投资183亿元。加强医药、医疗、零售等具有市场潜力的业务领域的并购整合，放缓在火力发电、水泥等业务板块的并购投资。重大投资兼并项目涉及回购SABMiller持有的华润啤酒49%股权，华润医疗与凤凰医疗战略重组，收购澳大利亚Genesis Care股权等。

【产业基金】 2016年，华润加快探索产业基金，由此加快核心业务发展，推动业务转型创新。制定相关制度和规定，规范集团对产业基金的管控。先后批准成立12个基金，自身投资相关产业95亿港元，募资社会资金总规模达到925亿元。

【走向海外】 2016年，集团制定以食品、能源、地产、健康等行业为突破口的海外项目拓展计划。成功竞标澳大利亚最大的私营放疗服务商60%的股权，为集团布局大健康产业，引入行业先进技术和管理经验创造良好基础。收购香港葵涌物流中心，重返香港市场取得积极进展。依托泰国长春置地设立华润东南亚代表处，作为物色东南亚项目、开展业务联系的基地。

【重大创新】 2016年，集团成立创新发展和知识产权委员会，设立创新投资基金、华润大学创新平台，加大对创新发展的业绩考核。集团研发投入10.3亿元，同比增长10%。年底集团拥有国内授权专利2272件，国外注册专利总数3件。各利润中心在产品、技术、专利及标准、模式及管理创新等方面形成一批创新成果。华润水泥首创"机械生物法预处理＋热盘炉焚烧"协同处置技术，研发成功"海洋工程水泥"、彩色透水混凝土、装修水泥等新产品。华润微电子研发的微纳结构掩模制造核心技术，打破国外企业垄断局面。华润电力建立基于大数据分析运用与人工智能的操作寻优系统，围绕节能减排自主研发一批成果，涉及热电污泥间接干化焚烧处置、脱硫废水创新低成本回收利用、造纸白泥替代石灰石粉做为脱硫剂等。华润医药商业研发推广药品智能一体化管理服务模式、区域医院药品物流智能一体化服务模式、B2B电子商务平台，有效带动业务的发展。

【党建工作】 加强组织建设。将党建工作纳入集团"十三五"战略规划，与集团业务工作同研究、同部署。制定《基层党组织工作指引》，明确各级党委和纪委与公司经营班子同步建立，党务部门同步设置的要求。集团总部正式成立相关专职部门，集团各直属企业全部实行对口设置、垂直化管理。进一步规范区域工委职责、运行机制及考核管理，在部分直属企业开展党建工作考核试点。

加强班子建设。健全选人用人制度流程，突出干部选拔五好标准，规范"凡提四必"的程序要求。根据业务发展需要调整经理人队伍。进一步完善各级党委"三重一大"决策制度，系统推进总部和直属企业班子建设，强化经理人监督管理。

加强廉政建设。集团设立基层纪委234个，在直属企业实现纪检监察部全覆盖，配置专兼职纪检干部。加强内部巡视，查处一批案件，持续落实中央八项规定精神，做实廉洁教育，落实巡视整改，有效发挥纪委的监督责任。

【信息化建设】 2016年，集团制定信息化服务体系，信息部"一部两中心"的组织体系开始形成，集团数据中心建成启用，集团财务核算系统实现全覆盖，"润工作"办公系统上线，重要IT系统应用取得积极成效。完成“华润通”综合电商平台开发并于2016年底上线对外运营，实现对集团旗下各类客户资源及优质商户资源的整合，使华润制造的产品和提供的服务更加贴近大众消费的需求。

【履行社会责任】 推进规划落地。制定企业文化和社会责任发展战略，将社会责任理念融入华润的使命、愿景、价值观、企业精神和发展理念，形成新的文化理念体系，广泛开展文化宣贯和内化工作，推动社会责任与企业文化相融合，继续完善全员责任共同体的工作机制。

强化责任践行。继续推动江西省广昌县、宁夏回族自治区海原县定点扶贫，华润金寨希望小镇竣工，井冈山希望小镇建设启动，华润获得“中国企业社会责任发展五星级企业”称号。

塑造企业形象。加大资源投入，开辟有效渠道，加强华润宣传，塑造良好品牌形象。继续推动直属企业提升舆情应对能力，负面舆情大幅减少。

落实安全责任。各直属企业大力落实安全责任，没有发生较大及以上的生产安全事故、环境污染事件和食品药品质量安全事件，顺利完成中央企业负责人第五任期2016年度节能减排目标。

（撰稿人：朱虹波）

中国旅游集团公司

【基本概况】 中国旅游集团公司［香港中旅（集团）有限公司］（以下简称“集团”）是中央直接管理的国有重要骨干企业，也是总部在中国香港的三家中央企业之一。2012年成为国资委建设规范董事会试点企业，实行集团、板块公司、专业公司三级管控架构。集团打造以旅游文化为主业，旅游地产、旅游金融及相关业务并举的产业格局，形成香港特区、内地和海外一体化产业布局，涵盖旅行社、在线旅游、酒店、景区、免税、地产、金融、旅游客运、文化演艺、房车、邮轮等相关旅游业态和细分领域，是中国最大的旅游央企，也是中国历史最悠久、旅游产业链条较为完整、旅游要素较为齐全、经营规模较大、品牌价值较高的旅游企业。曾连续多年位居中国旅游集团20强首位。

2016年，中国港中旅集团和中国国旅集团顺利实施战略重组，更名后的“中国旅游集团公司”，肩负起行业“国家队”、产业“排头兵”的使命和责任，焕发新的活力。在国资委和监事会的领导监督下，集团认真落实上级主管部门的工作部署，全力推动各项重点工作，取得重组整合和战略发展的开门红，营业收入和利润总额实现双增长，全面完成国资委下达的预算及业绩考核目标。

【主要指标】

2016年中国旅游集团公司
主要经济指标

项　目	2015年	2016年	比上年增长（%）
资产总额（亿元）	1198.42	1437.00	19.91
所有者权益（亿元）	412.63	461.01	11.73
营业收入（亿元）	556.78	603.64	8.42
利润总额（亿元）	49.10	57.50	17.11
净利润（亿元）	34.44	40.67	18.07
归属于母公司所有者的净利润（亿元）	14.50	19.15	32.12
利税总额（亿元）	79.93	96.42	20.63
应交税金总额（亿元）	30.83	38.92	26.25
全员劳动生产率（万元/人·年）	24.28	29.86	22.98
净资产收益率（%）（含少数股东）	6.59	9.31	增加2.72个百分点
总资产报酬率（%）	3.77	5.11	增加1.34个百分点
国有资本保值增值率（%）	101.70	106.40	增加4.7个百分点

【改革发展】 2016年，集团深入推进供给侧结构性改革，坚持“调结构、促转型、转方式”的工作主线，聚焦旅游文化主业，加快优化存量，积极拓展增量，使

集团产业结构明显优化、发展质量迈上新台阶。

经营发展取得新成绩。面对复杂多变的外部经济形势，以及退出钢铁业务后资产、收入下降的双重压力，集团各级领导班子和全体干部员工，奋力拼搏，稳中求进。集团资产规模突破1437亿元，营业收入再破600亿元关口，利润总额创历史新高，达到57.5亿元，集团发展平稳顺利跨上新台阶。

调结构实现新突破。集团产业结构中旅游主业“主业不主”的局面得到质的改善，旅游主业收入和利润占比分别达到66.2%和74%。国旅和中旅两大旅行社收入占全国2万家旅行社收入的6%，利润的10%，彰显行业龙头地位。旅游地产实现由大小年波动经营走向可预期、持续性稳定发展的转变，收入、利润实现大幅度增长。旅游金融在中旅银行和安信消费金融双“火车头”业务牵引下，持续快速发展，收入和利润再创新高，同时租赁业务、基金业务还实现零的突破。免税业务是集团利润贡献第一大户，在继续保持稳定增长、多创效益的同时，积极谋划相关的免税投标业务。集团“南海之梦”邮轮获得三亚至西沙的航线专营权且已正式开航，在旅游新业态上培育开拓一个新领域。

积极稳妥实施战略重组。2016年7月，中国港中旅集团和中国国旅集团实施战略重组，更名为中国旅游集团公司，国旅集团整体并入港中旅集团成为全资子公司。集团按照国务院、国资委关于两集团重组批复的要求，认真推进相关融合工作。国旅集团与国旅股份作为板块公司纳入管控体系，资产板块注入到国旅集团，属于同业竞争的中旅总社托管给国旅股份，形成新的“7+2”板块公司事业部的管理架构，在产权划转、组织架构、管理体制、业务衔接、制度对接、党建工作、内控管理等方面实现一体化运作。

深化改革迈向深水区。集团抓顶层设计，制定集团深化改革“七七方案”，从全局性工作和具体工作两个维度细化分类推进。修改集团公司章程，党建工作总体要求纳入集团公司章程。加强董事会专门委员会建设，进一步完善集团治理架构。优化产业结构和战略调整、修订改革配套文件等重点工作得到落实。

【重大项目】 集团和相关板块公司加大获取整合旅游资源的力度，推进与云南、四川、海南、北京、河北、山东、浙江等10余个省（自治区、直辖市）的战略合作与项目开发。国旅股份全力推进北京、香港机场免税经营权投标，拓展进境店、市内店并积极争取政策，推进三亚海棠湾河心岛度假休闲商业项目，签署塘栖旅游小镇开发协议。旅行社积极拓展签证业务，国旅总社新增日本三个签证中心，中旅总社协力证件部投标香港签证中心。证件部经过积极努力，获得代办粤港两地车牌资质。酒店板块英国KG酒店运营效益良好，完成原中旅大厦装修改造并投入运营，丽都二宗地与北京文投实现合作开发。景区板块推进珠海海泉湾二期建设、嵩山旅游小镇规划、沙坡头提质扩容、安吉项目建设等工作。地产板块继续深耕重点区域，在宁波、杭州新增4宗土地储备；合作开发厦门华港地块商业综合体。金融板块完成中旅银行和财务公司增资，推进银行郑州分行、北京研发中心建设，获取重庆网上贷款牌照，开展融资租赁业务，发起设立山东旅游基金，获批中国旅游产业基金初期筹资100亿元。集团着力打造战略性新兴产业，邮轮业务“南海之梦”号开通运营三亚西沙航线，与招商局集团推进邮轮业务战略合作项目。房车业务先后投资入股四川318和云南奥特多公司，打造川藏线、云南一东南亚的房车营地和自驾游线路。

【走向海外】 集团“走出去”的战略不断加快，按照落实中央“一带一路”的总体布局，除在英国建立公司，形成产业的布局，还在海外建立七个签证中心。2016年9月29日，在中白两国元首的共同见证下，集团与白俄罗斯体育与旅游部在北京人民大会堂签署《中华人民共和国中国旅游集团公司与白俄罗斯共和国体育与旅游部关于在旅游领域合作的意向书》，彰显集团作为“国家队”认真履行政治责任、积极践行国家战略的政治担当，也是集团在旅游外交上取得的一次重要突破。

【重大创新】 集团研究制定《集团创新驱动发展工作五年规划》，重点推进三项工作：建立创新投融资和考核与激励机制，围绕集团大旅游文化主业，鼓励发展混合所有制和管理层（业务骨干）跟投，形成集团、外部投资者及管理团队风险共担、利益共享的新型投融资体制和激励机制，充分调动“双创”积极性；

加强产学研合作研究，瞄准旅游以及相关产业创新发展的前沿，与行业研究机构开展产学研合作，开展旅游产业趋势性、方向性的专项研究；搭建“双创”孵化平台，鼓励在产品开发、技术创新、文化创意、旅游产融结合等方面开展创新创业，培育种子项目，为集团发展增强后劲。

【党建工作】 2016年，集团坚持全面从严治党，不断加强党建工作。集团坚决同以习近平总书记为核心的党中央保持高度一致，切实增强“四个意识”，坚持党的领导，加强党的建设，持续整改“四化”问题。认真开展“两学一做”学习教育，扎实推进基层党组织按期换届、板块党委书记抓党建述职评议考核等重点工作，党建主体责任进一步落实。配齐配强部司领导班子，班子建设持续深化，队伍建设持续加强。坚定不移抓党风廉政建设和反腐败工作，集团风清气正。

【信息化建设】 2016年，集团制定实施数字化转型战略，提出树立共享、协同、聚合三大理念，通过应用化、移动化、终端化打造个性化、终身化、定制化的产品和服务，实现全方位、全链条、全集成的数字化中国旅游集团。继续以“优规划、立标准、提能力、建平台、创价值、促发展”作为信息化建设工作主线，推动集团各板块公司、事业部颁布实施本单位的信息化建设规划，完成集团大数据平台基础架构方案设计和试点系统的建设工作、集团数据中心优化工作、集团费用控制系统升级工作以及集团网站安全专项整治工作，较好地履行相关职能。

【履行社会责任】 2016年，集团领导带队组织有关企业赴贵州、云南两省五县进行扶贫考察，完成专项资金拨付和扶贫项目验收工作；与黎平县签订《旅游产业发展战略合作协议》，产业扶贫项目获选中国企业优秀扶贫工作案例和获得2016年精准扶贫奖。集团承担双重使命，履行在港央企在商言政责任，在香港立法会选举和特首选委会选举中，集团员工姚思荣高票连选连任立法会议员，11名员工全部当选选委会委员，在香港特区新一轮选战中取得三战全胜，得到有关方面充分肯定，为维护香港特区繁荣稳定作出新贡献。

（撰稿人：杨晓峰）

中国商用飞机有限责任公司

【基本概况】 中国商用飞机有限责任公司(以下简称“中国商飞公司”)是经国务院批准成立，由国务院国有资产监督管理委员会、上海国盛（集团）有限公司、中国航空工业集团公司、中国铝业公司、中国宝武钢铁集团有限公司、中国中化股份有限公司共同出资组建，由国家控股的有限责任公司，是实施国家大型飞机重大专项中大型客机项目的主体，也是统筹干线飞机和支线飞机发展、实现我国民用飞机产业化的主要载体。

中国商飞公司2008年5月11日在上海成立，注册资本242亿元，总部设在上海。公司使命是“让中国的大飞机翱翔蓝天”，愿景是“为客户提供更加安全、经济 、舒适、环保的民用飞机”，目标是“把大型客机项目建设成为新时期改革开放的标志性工程和建设创新型国家的标志性工程，把中国商飞公司建设成为国际一流航空企业”。公司按照现代企业制度组建和运营，实行“主制造商一供应商”发展模式，实施市场化、集成化、产业化、国际化的建设方略，全力打造更加安全、经济、舒适、环保的国产民用大型客机。

中国商飞公司的主营业务：主要从事民用飞机及相关产品的设计、研制、生产、改装、试飞、销售、运营、维修、服务、技术开发和技术咨询；与民用飞机生产、销售相关的租赁和金融服务；经营本公司或代理所属单位进出口业务；承接飞机零部件的加工生产业务；从事业务范围内的投融资、外贸流通经营、国际合作、对外工程承包和对外技术、劳务合作等业务以及经国家批准或允许的其他业务。

截至2016年底，下辖7家所属单位，包括上海飞机设计研究院（设计研发中心）、上海飞机制造有限公司（总装制造中心）、上海飞机客户服务有限公司（客户服务中心）、北京民用飞机技术研究中心（北京研究中心）、民用飞机试飞中心（试飞中心）、上海航空工业（集团）有限公司（基础能力中心）和上海《大飞机》杂志社有限公司（新闻中心）。在北京、美国、欧洲设立办事机构，在四川设立地区分公司，在美国设有全资子公司，控股成都航空公司，参股浦银租赁公司，与伊顿公司合资成立伊飞公司，与拉比纳公司合资成立赛飞公司，从业人员 11006 多人。

2016 年，中国商飞公司在中央的亲切关怀下，在国务院大型飞机重大专项领导小组的正确领导下，在中央和国家机关有关部委、国务院派驻公司监事会、上海市和中航工业等股东单位支持帮助下，深入学习贯彻习近平总书记系列重要讲话精神和关于大飞机事业重要指示精神，坚持“中国设计、系统集成、全球招标，逐步提升国产化”发展原则，坚持“产业化、市场化、国际化”发展方向，坚持“主制造商—供应商”发展模式，坚持“自主研制、国际合作、国际标准”技术路线，加快建设国际一流航空企业新进程，积极探索实施国家重大科技专项新路子，奋力开创民用航空产业发展新模式，实现“十三五”良好开局。

【主要指标】 截至 2016 年底，中国商飞公司资产总额 543.99 亿元，较年初增加 39.49 亿元，增长 7.83%。所有者权益 275.9 亿元，较年初增加 1.73 亿元，增长 0.63%。2016 年，中国商飞公司实现营业收入 31.754 亿元，利润总额－8.38 亿元，净资产收益率减少 0.03 个百分点，完成年度预算指标。

2016 年中国商用飞机有限责任公司主要经济指标

项　目	2015 年	2016 年	比上年增长(%)
资产总额(亿元)	504.50	543.99	7.83
所有者权益(亿元)	274.17	275.90	0.63
营业收入(亿元)	47.94	31.75	－33.77
利润总额(亿元)	0.12	－8.38	－7083.33
净利润(亿元)	0.07	－8.38	－12071.43
归属于母公司所有者的净利润(亿元)	0.07	－8.39	－12085.71
技术开发投入(亿元)	61.75	58.76	－4.84
应交税金总额(亿元)	0.19	0.25	31.58

续表

项　目	2015 年	2016 年	比上年增长(%)
全员劳动生产率(万元/人·年)		6.35	
净资产收益率(%)	0.03	0.00	减少 0.03 个百分点
总资产报酬率(%)	1.31	－0.36	减少 1.67 个百分点
国有资本保值增值率(%)	99.69	97.85	减少 1.84 个百分点

【改革发展】

1. 深化发展战略及内部改革调整。围绕“把大型客机项目建设成为新时期改革开放的标志性工程和创新型国家的标志性工程，把公司建设成为国际一流航空企业”的奋斗目标和到 2020 年“力争进入全球先进民机制造商行列”阶段发展目标，制定发布公司中长期发展战略纲要及“十三五”发展规划。贯彻落实《中共中央国务院关于深化国有企业改革的指导意见》等“1＋N”文件精神，精心谋划、明晰思路，印发公司全面深化改革实施方案，梳理形成四个领域 34 项重点改革任务。贯彻落实中央企业“瘦身健体、提质增效”要求，按照“主业突出、结构清晰、精干高效”原则，实施“统一经营，两级管理”的母子公司扁平式集团管控模式，剥离与主业无关的业务，公司管理层级为 3 级，所属二、三级法人企业 13 家，提前两年完成国资委要求各中央企业减少 20%法人企业数量的目标。2016 年，根据企业发展需要，筹建商飞资本和财务公司，新设立公司飞行办、培训中心、试验验证中心、与波音合作筹备组、驻美国和欧洲供应商代表室 5 个机构。

2. 企业产权改革方面情况进展。配合国务院国资委产权登记专项工作审查，准备公司 2011—2015 年产权登记相关资料，认真做好后续整改工作，通过专项检查促进管理规范，切实做到“应登尽登、应登即登、登则登准”。加强公司资产评估中介机构备选库管理，根据服务情况进行动态调整，审核公司及所属单位资产评估项目立项，按照国资委《关于中国商用飞机有限责任公司国有资产评估项目公示有关事项的通知》(办财〔2016〕48 号)要求，对资产评估结果严格把关。

3. 人才强企与人力资源体系建设。一是实施人才强企战略。通过校园招聘引进优秀应届毕业生676人，通过社会招聘签约159人。累计签约海外高层次人才158人，柔性引进10名国际航空领域高端专家。配置3名一级专业总师，公开竞聘25名二级专业总师和副总师。制定《公司飞行专业队伍设置和管理架构方案》，形成由24名试飞员、技术飞行员、飞行教员组成的公司飞行专业人才队伍。围绕ARJ21航线运营和C919大型客机首飞需要，建立公司行业国际组织工作人员选派储备库，首批入库332人，公司1名专家当选国际航空领域最高学术机构国际航空科学理事会主席。公司博士后工作站新增6个研究课题，招收博士后6名、入站3名。

二是打造人才培养培训品牌。成立公司培训中心、技能培训分中心，组建技术培训分中心，聘任首批56名特聘内部讲师和20名特聘专兼职培训教员，全年举办1820项培训，76000余人次参训。围绕ARJ21示范运营开展"五个对接"培训，与MRO机构和航空公司合作举办专题培训班12个，260人次参训，强化员工客户意识。举办第七期"商飞之星"培训和四期干部素养提升培训。举办三期IPMP认证培训，组织40名采供管理人员开展CPSM培训。选拔39名学员参加系统工程研修班授课和实岗锻炼，8名学员赴美开展GCAT项目轮岗。组织各单位完成530对师徒配对，发挥骨干传帮带作用。选派7名技术骨干赴境外攻读硕士，联合北京航空航天大学培训51名大飞机班学员。开展国防科技奖学金评选及国防科技生选拔，启动与吉林大学签订战略合作协议。

三是加强人力资源体系建设。印发"十三五"人才队伍建设规划，举办人力资源管理年会，举行四次人力资源专题培训，开展COMAC人才竞争力评估，编制《人力资源体系运行手册》，探索全球化背景下民机制造企业人力资源管理创新与实践。修订职位职级体系、薪酬福利体系和绩效考核体系，深化工时管理，推动内部分配机制调整，完善奖惩管理机制，打通员工发展通道，探索基于型号研制的重大里程碑奖励和基于关键岗位的科技人才中长期激励措施。提升服务水平，优化人才发展环境，与国家外专局签署年度引智工作行动计划，新增41人次入选国家、地方人才计划，1人入选上海市"千人计划"，3人荣获上海市"白玉兰奖"，2人入选上海领军人才计划，1人入选上海青年拔尖人才计划，为232名应届毕业生、71名成熟人才申报户籍。

【重大项目】

1. C919大型客机项目。

C919大型客机是我国首次按照国际标准、自主研制的中短程商用干线喷气式飞机156～168座，航程4075～5555千米，采用先进气动外型、先进材料、新一代发动机、先进电传操纵和综合航电系统。2007年立项，2008年开始研制，已走过立项论证、可行性论证、预发展阶段，转入工程发展阶段。2010年12月，中国民用航空局正式受理型号合格证申请。2014年9月19日，首架机开始总装。2015年2月，项目通过国家级详细设计评审，转入全面试制阶段。2015年11月2日，首架机总装下线。2016年，先后完成全机静力试验、全机通电、发动机点火等，12月底开始滑行试验，进入首飞准备阶段。累计订单570架。

2. ARJ21新支线飞机项目。

ARJ21新支线飞机是我国首次按照国际民航规章、自主研制的中短程新型涡扇支线客机78～90座，航程2225～3700千米。采用先进发动机、电传飞控和综合化航电系统，适应高原高温机场。2002年立项，2008年首飞，2014年12月取得中国民用航空局型号合格证。2015年11月29日，交付成都航空公司。2016年6月28日，投入航线运营，在我国航线上现有2900多架飞机中，首次拥有自己的喷气式支线客机，实现历史性的零突破。9月29日，第二架飞机交付成都航空公司。截至2016年底，2架飞机累计安全飞行90个航班，运送旅客5082人次。累计订单413架。

3. 中俄远程宽体客机项目。

中俄远程宽体客机是两国重大战略性合作项目。经过3年的前期论证，2014年5月20日，中国商飞公司与俄罗斯联合航空制造集团（UAC）在上海签署合作备忘录。2016年6月25日，在两国元首见证下，双方在北京签署合资合同。截至2016年底，形成初步概念方案，初步确定基本型280座，航程12000千米；确定项目合作模式，合资公司注册在上海，总装线建在上海，在莫斯科设立工程中心，在上海设立工程分中心；项目建议书通过国家立项评审，研制工作已经启动;2016年珠海国际航展期间,双方正式对外发布联合研制进展情况。

【走向海外】 围绕国家"一带一路"和"高端装备制造走出去"战略,统筹国内、国际两种资源,坚持"产业化、市场化、国际化"发展方向,建设"以中国商飞公司为核心,联合中航工业,辐射全国,面向全球"的民机产业体系。一是与UAC联合开展远程宽体客机研制,与波音和浙江省签署联合筹建737飞机完工和交付中心战略合作框架协议,稳步推进与空客、庞巴迪等主制造商之间合作,吸取世界民用航空工业先进经验,提升我国民机自主研发能力和产业配套能力。二是与全球14个国家和地区的256家供应商紧密协作,与GE签署大数据合作备忘录,推进与霍尼韦尔、福克等国际知名航空企业合作,与加拿大开展试飞技术合作,与16家国外教育培训机构合作进展良好,充分利用全球工业、科技、人才资源,打造中国商用飞机的自主品牌。三是参与"非洲区域航空网"建设,构建亚非客服网络,向刚果(布)派驻工作组,完成印尼项目投资建设方案,筹建非洲、东南亚销售办公室,美国研发中心启动"摩尔云"平台建设,参加中欧绿色航空科技合作交流,参加中美绿色合作伙伴研讨,深化与国际民航组织等国际机构和外国政府合作。

【重大创新】

1. 技术创新情况。

发挥重大专项创新主体作用,面向未来发展充实技术储备,构建"以中国商飞公司为主体,以市场为导向,产学研相结合"的我国民机技术创新体系。发布公司"十三五"科技规划,成立技术发展战略委员会,组建专业总师系统,完善科技创新奖励体系。发布民机技术图谱,新增国家、地方课题49项,自筹资金支持13项公司科技创新项目,复材机翼等预先研究项目取得阶段性成果。推动"上海大飞机科创中心"建设,挂牌成立公司试验验证中心,推进增材中心建设。大型民机未来智能驾驶舱亮相国家"十二五"科技创新成就展,新增专利申请,164件、授权124件,获得上海市科技进步奖7项、技术发明奖1项。获评2016年"中国标准化助力奖",编制发布21项公司标准、173项技术规范。召开民机先进技术论坛、未来民机发展国际论坛,研究工业互联网、大数据、3D打印等新技术。

2. 管理创新情况。

适应公司从产品研制迈向产品经营的新要求,建设"以客户为中心,围绕产品实现过程,坚持自主创新,整合全球资源,协同高效运行,持续为利益相关方创造价值"的COMAC管理体系。编发组织管理规定和组织手册,评估新设和调整机构运行情况,完善IPT运行和配套机制。以ARJ21新支线飞机示范运营为契机,促进公司内外质量、适航、客服等各类体系融合。推进过程管理,优化过程架构,编制过程管理手册,建立过程管理制度,制定过程绩效指标并开展考核。完善并建立与业务过程架构相匹配的制度文件体系,以有效性、协调性、完整性为重点持续开展文件评估和改进。发布系统工程政策、手册,开展系统工程宣贯,推进产品全生命周期管理和型号应用。确定14项管理创新课题,开展管理创新周活动,以上飞公司为试点开展群策群力。

【党建工作】 公司党委认真落实全面从严治党要求和加强国有企业党的建设工作要求,自觉把思想和行动统一到以习近平总书记为核心的党中央决策部署上来,牢固树立"四个意识",坚定"四个自信",充分发挥党委的领导核心和政治核心作用、党支部的战斗堡垒作用和党员的先锋模范作用,把党组织的思想政治优势、组织优势、群众工作优势转化为企业的创新优势、竞争优势和发展优势。

一是把全面从严治党贯穿大飞机事业全过程。认真学习贯彻习近平总书记关于全面从严治党的重要论述,将2016年确定为党建年。坚持党的领导不动摇,把加强党的领导和完善公司治理统一起来,加强和规范党内政治生活,加强党内监督,夯实基层基础,健全党建制度体系,推进全面从严治党在公司落实落细。上飞院党委被评为"全国先进基层党组织"和"中央企业先进基层党组织标杆",中央主要媒体专题宣传报道公司党建工作。

二是深入开展"两学一做"学习教育。坚持以学为基础,规划落实8个学习专题,召开8次党委中心组集体学习,开展6次专题学习研讨,党员领导干部带头讲党课,海外人才、党外干部、职工群众结合实际主动参加学习教育。坚持以做为关键,推进型号研制"三大战役""两场会战",开展"党员攻关队、党员示范岗”创建活动，落实党员组织关系集中排查、党费收缴工作专项检查等基层党建重点任务。中央组织部《“两学一做”学习教育情况通报》先后2次刊发公司学习教育动态。

三是持续推进“四大建设、两大工程”。加强领导班子思想政治建设，坚持民主集中制，落实双重组织生活制度，党员领导干部深入一线推动工作。加强基层党组织建设，组织任期届满的6家基层单位党委和75个党支部完成换届，规范党费收缴使用管理工作，突出党性锻炼开展“三会一课”，做好党员民主评议工作。首次评选十佳“最美商飞人”和十佳“总部党员标兵”。加强反腐倡廉建设，持之以恒落实中央八项规定精神和公司党委30条实施细则，开展“四风”问题整治情况“回头看”，强化“一岗双责”，履行“五不”承诺，推进“双重双优”创建活动，重视党组织换届工作，实践运用“四种形态”，建设合规体系，打造“廉洁商飞”，确保“飞机起飞安全、资产运营安全、干部创业安全”。加强企业文化建设，落实《公司企业文化建设“十三五”规划》，加强意识形态工作，抓好新闻宣传和舆情应对工作，培育“四个长期”的大飞机创业精神。推进青年英才工程，健全青年工作联席会议制度，做好青年代表提案征集和答复工作，评选表彰公司第五届十大青年英才。公司10名个人、1个集体获得中国青年五四奖章。推进职工关爱工程，及时组织一线慰问，新争取189套限价房，启动单位租赁房建设，为205名毕业生、32名骨干员工办理上海户口。继胡双钱之后王伟被评为“大国工匠”。

【信息化建设】 认真落实“中国制造2025”“互联网+”“大数据”“智能制造”等战略，坚持“流程、数据、信息化”融合的核心理念，深入推进“数字商飞”建设。一是获得工信部“智能制造试点示范”企业称号，争取科技部、发改委、上海市等前沿课题支持，参加2016年世界智能制造大会，成为国家网络与信息安全信息通报机制成员单位。二是对标波音、空客、华为等行业先进企业，将数据作为公司战略核心资产，与GE公司签署大数据应用项目合作谅解备忘录，确定“十三五”期间数据管理建设目标、建设任务和保障措施。三是完成ERP(一期)推广项目批复，支持上飞公司ERP(一期)运营及改进，系统总体运行良好，核心业务高度集成，数据准确、实时，传递效率大幅提升。四是根据宽体客机研制需求，结合C919、ARJ21项目实践，确定以实现产品在线设计、支持多型号研发为目标的新一代研发数字平台发展路线，明确技术途径，完成导航项目筹备。五是发布公司“十三五”信息化规划，加强信息化治理体系建设，依托CIO组织体系加强计划、经费管控，做好运维服务体系建设，从提供“解决方案”的角度支撑公司业务变革。

【履行社会责任】 连续5年编制发布企业社会责任报告，推动企业社会责任工作的项目化、规范化、制度化。一是积极参与脱贫攻坚战，与宁夏西吉县签署《“十三五”期间定点帮扶框架协议》，建立“同舟工程——中央企业参与‘救急难’行动”专项救助基金，选派挂职干部协助做好扶贫工作，派驻扶贫工作队队长、村党支部第一书记为村民解决诸多实际困难。二是持续做好公益帮扶活动，举办“走进大上海·走近大飞机——宁夏西吉县优秀中小学生夏令营(冬令营)”活动，组织2批次、60余名西吉中小学生走出大山、走近大飞机，加强与Honeywell等供应商开展公益项目合作，为宁夏回族自治区西吉县将台乡五所小学捐赠五套饮用水净化系统。三是打造大飞机青年志愿服务品牌，引导青年践行社会主义核心价值观，开展“学雷锋·倡新风”大飞机青年志愿者公益系列活动，开展“走近老人·将爱传递”敬老志愿服务等活动。

(撰稿人：任建党)

中国节能环保集团公司

【基本概况】 中国节能环保集团公司(以下简称“中国节能”)是国务院国资委监管的唯一一家主业为节能减排、环境保护的中央企业，是当前我国节能环保领域规模最大、实力最强、最具竞争力的科技型服务型产业集团。中国节能拥有各级子公司543家，其中上市公司6家，分布在国内各省市及境外60多个国家和地区，员工5万余人。

中国节能始终专注于节能环保领域，致力于能源节约，致力于环境保护，致力于清洁能源开发利用，致力于资源循环利用；依托节能环保综合服务，打造节能环保全产业链；在国内和国际市场为客户提供整体解决方案和一体化服务，积极打造节能环保领域具有国际竞争力、世界一流的科技型服务型产业集团。

【主要指标】

2016年中国节能环保集团公司主要经济指标

项　目	2015年	2016年	比上年增长(%)
资产总额(亿元)	1358.76	1487.84	9.50
所有者权益(亿元)	427.76	481.71	12.61
营业收入(亿元)	461.02	479.85	4.08
利润总额(亿元)	38.56	24.67	－36.02
净利润(亿元)	27.53	12.47	－54.70
全员劳动生产率(万元/人·年)	31.29	26.91	－13.99
净资产收益率(%)	7.24	2.74	减少4.5个百分点
总资产报酬率(%)	5.83	3.87	减少1.96个百分点
国有资本保值增值率(%)	106.44	90.68	减少16.76个百分点

【资金管控】　在资金管控方面，中国节能继续推进资金集中管理，全口径资金集中度达到58%。集团公司加强内部资金调剂，减少集团公司带息负债129.59亿元，降低财务费用4.12亿元。深化多渠道融资模式，发行各类债券融资150亿元，归还到期融资240亿元，新增融资295亿元；积极争取国家财政资金支持4.22亿元；成功发行首单50亿元绿色公司债，利率创同期最低水平；中国节能保持AAA级外部评级，获取外部银行授信规模2275亿元。

【主业发展】　2016年，中国节能明晰战略方向，强化战略执行，推进战略调整。突出主业，发挥优势，整合资源，以“节能环保综合解决方案”带动市场开发。

在固废处理方面，中国节能完成多个省会城市布局，新增固废日处理规模1.2万吨。在水务处理方面，中国节能新增日处理规模205万吨。在装备制造方面，中国节能完成重大资产重组，加快打造装备制造新平台。在新能源方面，中国节能太阳能在建和并网装机总规模达到3003兆瓦，风电在建和并网装机总规模达到2838.5兆瓦。在咨询服务方面，中国节能参与完成国家《“十三五”节能环保产业发展规划》，主持制定绿色债券标准，积极开发绿色债券第三方认证市场。

围绕战略目标和主业，中国节能不断推进区域化经营、专业化发展。2016年，中国节能与地方政府、大型企业签署战略合作协议15项，协同开发项目50余个。中国节能积极探索以“综合解决方案”带动市场开发，统筹协调、内外联动、整体推进，在西安实现区域市场突破，有8家子公司实现项目落地，投资超百亿元，为后续深入拓展市场，提升集团公司节能环保综合解决能力奠定基础。

【走向海外】　中国节能一直以来积极拓展海外业务。在基建项目方面，中国节能海外项目新签合同额6.08亿美元，其中5000万美元以上的项目有8个。在风电项目方面，中国节能在罗马尼亚、澳大利亚等地完成的风电项目运行质量良好。此外，中国节能主持的中孟建材合作项目，被国家发改委列入“2016年孟中印缅经济走廊务实合作工作方案”。

【重大创新】　2016年，中国节能开展工业废水、生态修复、废旧电子垃圾资源化、储能等四项重点技术的研发；成功申报国家“十三五”重点研发计划1项；开展光热技术研究，获得国家科技进步奖二等奖1项；完成“863”项目制氢阶段技术验收；完成尾气处理催化剂的中试和测试系统建设，获得山东省科技进步奖三等奖1项。

中国节能积极开展商业模式创新和管理创新。提出“以产业换市场，以投资换项目”的新型商业模式，在西安实现落地；中国节能着力打造城乡垃圾收储运＋处理一体化、城市垃圾与餐厨垃圾资源化处理新的商业模式；积极探索能效管理业务模式调整，提出从建筑能源生产系统到建筑内用能终端、从技术改造到运维托管的全方位节能服务；创造性地提出具有普遍适用性的管理视图分析法，提供构建组织一体化管理系统的理论方法与实践，受到企业界和学术界的关注；提出“全需求、做减法”的信息系统建设新方法，在多个系统建设中实践，受到行业普遍好评。

【人才建设】 中国节能按照“大人力资源体系”思路，围绕“五定一标准”，强化职责机构编制设置、规范职务职级晋级管理，分层逐级开展内部竞聘，集团公司总部19人通过竞聘走上处级岗位；依托蓝天人才计划，推进集团公司人才梯队建设。针对科技型企业项目和岗位，应用分红权、股票期权等激励工具，开展员工持股试点；制定员工持股管理办法，规范混合所有制企业员工持股工作。

【党建工作】 2016年，在集团公司党委的领导下，中国节能各级领导班子和广大干部员工，认真贯彻党的十八届六中全会、全国国有企业党建工作会议和习近平总书记系列重要讲话精神，积极履行“一岗双责”责任，深入开展“两学一做”学习教育，整改落实巡视反馈问题。

夯实从严治党监督责任。认真发挥党委主体责任和纪委监督责任，认真开展党风廉政建设；制定纪委书记提名考察、违纪违法案件薪酬扣减等四项办法，开展二级子公司纪委书记选配工作，推进综合派驻试点，推动实现监督全覆盖；开展“四风”问题整治“回头看”“三重一大”执行情况自查自纠；运用“四种形态”，开展执纪审查，严肃查处违纪违规行为，挽回经济损失157.96万元。

积极加强企业文化建设。开展“读书励志”“万步健走”、企业文化理念宣讲等活动；编制企业文化理念手册、企业文化管理手册、中国节能精神家园文集；集团社会责任报告、社会责任绩效再次被评为五星级。积极开展工会、共青团和妇女工作，关心在职员工子女教育、离退休员工和困难职工生活，积极开展献爱心、送温暖等公益捐助活动。

【信息化建设】 中国节能着力推进信息化建设。印发年度工作要点，开展全系统信息化人员培训，加快统建系统建设推广，新开通门户、统一身份认证、移动平台等系统，进一步普及OA、人力资源、数据仓库、文档一体化、视频会议等已建系统的应用。推动与标准化工作结合，为基建管理、经营管理等专项成果落地，提供技术支撑和保障。

【品牌建设】 2016年，中国节能不断完善VI手册体系设计，印发施工现场VI应用手册，并赴现场一线开展推进。中国节能还积极开展国资委信息报送工作，信息采用数量位居中央企业前列；全年主流媒体刊播宣传中国节能稿件380余篇，网站转载量6000余次；积极打造新媒体平台，开通集团公司微信公众号，受到业界广泛关注；中国节能西溪首座项目，作为唯一的绿色地产项目入选G20《杭州印象》和《杭州人手册》两本官方读物，获得“新中国经济封面作品”“绿色商务典范”荣誉；中国节能品牌进入“中国自主品牌100佳”阵营。认真开展舆情监测工作，全年处置多项重大舆情。积极开展信访工作，努力做好接访维稳工作。

（撰稿人：张妤萌）

中国国际工程咨询公司

【基本概况】 中国国际工程咨询公司（以下简称“公司”）是国内规模最大、涉及行业最多的综合性工程咨询机构，主要从事政策规划咨询、咨询评估和工程管理服务，为中央政府在国家重大建设项目的决策和实施方面发挥着重要作用，同时也为社会各类用户提供咨询服务。

面对政府加快职能转变、简政放权、“放管服”改革深入推进以及国家试点缩小强制监理等形势，公司认真贯彻落实党中央、国务院的决策部署，按照《中央企业“十三五”发展规划纲要》的要求，切实转思路、谋发展、调结构，充分发挥专业齐全、业务门类完整、链条完善的综合优势，不断深化经营管理体制机制改革，强化市场开拓意识，持续加强业务创新，着力加强能力建设，继续全力以赴完成好国务院和国家发展改革委等部门委托的重大咨询评估任务，完成一批重大规划和政策以及多批产业化专项的评估，承担大量涉及国家对外经济战略的课题研究任务，大力加强PPP咨询业务，全力推进高端智库建设，在业务开拓、改革创新、加强管控等方面都取得显著成绩，保持营业收入、利润总额双增长，全面超额完成年度预算目标和经营业绩考核目标。

【主要指标】

2016年中国国际工程咨询公司
主要经济指标

项　目	2015年	2016年	比上年增长(%)
资产总额(亿元)	22.17	24.92	12.40
所有者权益(亿元)	15.66	17.08	9.07
营业收入(亿元)	13.44	13.88	3.27
利润总额(亿元)	1.62	1.67	3.09
净利润(亿元)	1.18	1.23	4.24
归属于母公司所有者的净利润(亿元)	1.16	1.20	3.45
技术开发投入(亿元)	0.10	0.12	20.00
利税总额(亿元)	2.98	2.94	－1.34
应交税金总额(亿元)	1.36	1.27	－6.62
全员劳动生产率(万元/人·年)	18.09	18.84	4.15
净资产收益率(%)	7.81	7.49	减少0.32个百分点
总资产报酬率(%)	7.33	7.11	减少0.22个百分点
国有资本保值增值率(%)	105.89	105.65	减少0.24个百分点

【改革发展】

一是确定"12445"发展战略。在分析面临形势和调查研究的基础上,公司确定"12445"发展战略,即"建设国内有权威、国际有影响的中国特色新型高端智库","改革和创新"两轮驱动推动公司转型升级的发展理念,着力构建开放式智库平台、先进的咨询理论方法体系、高素质的综合性专家人才队伍、全新的公司文化"四大平台",提出市场化、企业化、国际化、信息化"四化协同"的发展道路,谋划由咨询评估、工程管理、规划咨询、投资策划、管理咨询五大领域构成的业务新格局。

二是制定《关于公司全面深化改革的指导意见》。提出公司未来一段时期深化改革的目标和一系列举措,作为指导制定发展规划、确定业务发展方向、开展人才队伍建设等各方面工作的行动纲领。

三是编制《公司"十三五"发展规划》。明确未来五年公司发展的指导思想、主要目标和发展理念,提出重点任务和保障措施。

四是优化调整组织架构。以"12445"发展战略为引领,按照高端智库与咨询业务协调发展的总体要求,强化组织建设、理顺管理体系,制定《公司(集团)组织架构实施方案》,进一步明确各部门职责,优化管理流程,逐步建立结构合理、责权明确、精干高效、运转协调的企业内部管理体系。

五是深化劳动人事分配制度改革。深化干部人事改革。干部选拔任用实现公推公选,人才"选、评、聘"机制不断完善。在进人方面,公司领导亲自面试,确保吸收德才兼备、业务过硬、敢于担当的人才到公司工作。通过这些方式,传递选贤任能、鼓励优秀人才脱颖而出的用人导向。

深化收入分配改革。第一,以建立健全与劳动力市场相适应、与经济效益和劳动生产率挂钩的工资形成机制为改革方向,修订《公司职工薪酬管理办法》和《公司业务部门二次收入分配指导意见》。第二,强化薪酬分配的激励功能,制定《公司智库建设激励管理办法》,完善《公司业务开发与创新奖励管理办法》。第三,为全面加强集团管控能力建设,研究制定《所属企业负责人经营业绩考核暂行办法》《所属企业负责人年薪制管理暂行办法》《所属企业工资总额预算管理暂行办法》,所属企业负责人经营业绩考核与薪酬密切挂钩,强化考核激励约束和导向功能。

六是推进后勤保障改革。推进餐厅社会化改革,解决多年想解决而未解决的难题,研究制定公务用车改革方案,修订职工补充医疗管理办法。

【重大项目】 公司承担投资百亿元以上的规划和工程项目评估业务49个,主要重大项目有:南水北调西线工程前期论证、金沙江白鹤滩水电站项目申请报告、金沙江下游综合交通运输体系项目、引江济淮工程项目、成都新机场工程可研、全国大中型病险水闸除险加固总体方案实施情况、中俄跨境运输长廊开发报告、两洋铁路、内蒙古北控京泰能源发展有限公司40亿立方米/年煤制天然气项目、全国动植物保护能力提升工程建设规划(2017－2025年)规划评估等。

【重大创新】

1. 进一步加大建设新型企业高端智库力度。围绕国民经济重大问题和战略问题开展一系列政策研究工作,向中央领导和“三办”报送政策咨询报告35篇,“三办”综合采用率达到117%,领导批示40条,批示率114%。公司的政策咨询成果在推动相关问题的解决中发挥重要作用,有些建议被纳入国家相关规划,有些意见帮助解决行业发展中的困难,有些建议推进重大事项的决策,为政府决策的科学化、民主化作出新贡献,“中咨品牌”的决策影响力不断巩固和提升。

2. 持续推进管理创新。建立公司工作例会制度,定期召开月度业务协调例会,通报公司业务经营情况、公司重点工作督办情况、宏观经济与重点行业指标监测情况,专题交流相关行业发展现状,公司领导部署下步工作,有利于中层以上干部不断关注和研究世界各产业发展动向,从战略层面认识、分析和把控各产业发展情况,有利于宏观经济研究和做好工程咨询工作。

【党建工作】

1. 坚持把党建工作与公司改革发展一体谋划、一同推进。在思想建设上,深刻领会中央精神,抓实基层党支部学习教育。党组书记带头讲党课,公司领导班子成员和各基层党组织负责人讲党课60余次。在组织建设上,完成30多个基层党组织的调整和换届工作,为部分党组织配备主抓党建工作的副书记,认真开展党组织关系集中排查和党费收缴工作专项检查,召开公司党建工作集体约谈会议。在制度建设上,修订完善《公司党风廉洁建设责任制实施办法》,由公司党组与各基层党组织负责人分别签订党风廉洁建设责任书,强化各级党组织对反腐倡廉工作的责任担当。在廉政建设上,由纪检组长亲自带队进行各部门、所属企业“两学一做”和遵章守纪情况督导检查;规范和强化执纪问责,做好警示教育。

2. 创新党建工作考核方法。召开党组织书记抓基层党建工作述职评议会,考核范围涵盖隶属集团公司的党委、党总支、党支部等基层党组织,述职评议会采用“述、问、评、测”方式,各基层党组织书记逐一述职并回答提问,公司领导逐一点评,与会代表进行现场测评打分。述职评议工作进一步强化基层党组织书记履行“第一责任人”职责的意识,搭建各单位相关学习和借鉴的平台。

(撰稿人:赵　坤)

中国诚通控股集团有限公司

【基本概况】　2016年,中国诚通控股集团(以下简称“诚通集团”)紧紧围绕“提质增效保增长、推进改组国有资本运营公司、切实加强党建”三条工作主线,在国资委正确领导、监事会监督指导下,诚通集团党委、董事会、经营班子各司其职,带领各级领导班子,率全体诚通人努力拼搏,建功立业,完成年度工作任务,得到国资委充分肯定和社会各界广泛赞誉。

【主要指标】　2016年,诚通集团实现营业收入621.54亿元,比上年增长0.5%。利润总额20.27亿元,比上年增长33.97%,完成国资委年度考核目标。净利润14.75亿元,比上年增长33.97%。净资产收益率3.13%,比上年减少0.6个百分点。年末资产总额1082.26亿元,比上年增长51.55 %。

2016年中国诚通控股集团有限公司
主要经济指标

项　　目	2015年	2016年	比上年增长(%)
资产总额(亿元)	714.12	1082.26	51.55
所有者权益(亿元)	330.56	611.34	84.94
营业收入(亿元)	618.43	621.54	0.50
利润总额(亿元)	15.13	20.27	33.97
净利润(亿元)	11.01	14.75	33.97
归属于母公司所有者的净利润(亿元)	6.38	7.80	22.26
技术开发投入(亿元)	2.26	2.28	0.88

续表

项　　目	2015 年	2016 年	比上年增长(%)
利税总额(亿元)	30.01	32.02	6.70
应交税金总额(亿元)	19.65	20.32	3.41
全员劳动生产率(万元/人·年)	17.20	23.83	38.55
净资产收益率(%)	3.73	3.13	减少 0.60 个百分点
总资产报酬率(%)	4.12	3.57	减少 0.55 个百分点
国有资本保值增值率(%)	107.76	100.49	减少 7.27 个百分点

【改革发展】 2016 年 2 月,国务院国有企业改革领导小组研究决定,诚通集团成为国有资本运营公司试点,诚通集团牢牢抓住历史机遇,积极创新,努力突破,为战略性长远发展打下坚实基础。

为改组国有资本运营公司提供坚强的思想保证。诚通集团在 2016 年工作会议上,提出"开拓创新、转型升级、全面开启资本运营新征程"的工作目标,"用新设的方式改组组建国有资本运营公司"。在"两学一做"专题学习讨论会上,集团领导班子成员围绕"坚定改革方向、掌握改革方法、协同推进改革"主题作交流发言。在年初讨论基础上,集团 9 月、11 月召开专题研讨会,就改组组建国有资本运营公司进一步理清思路。

制定《改组国有资本运营公司总体方案》。在国资委指导下制定诚通集团改组方案,上报国资委备案。《总体方案》明确改组运营公司的目标、原则,统筹规划公司定位、健全资本运营功能、重塑组织架构、搭建金融板块、调整管控方式、强化监督、加强党的领导等改革内容。

以精干高效为原则进行总部机构调整。适应国有资本运营公司特点,重塑总部组织架构,设立"前、中、后台",增设资本运营板块,重新任命部门负责人。面向系统内和社会公开招聘优秀人才,加强员工培训。设立企业年金,进一步调动员工工作积极性。总部搬入新址办公,融入金融圈。

立足国有资本运营公司的功能定位,逐步改变管理方式。按照从管资产向管资本转变的改革方向,对公司章程进行修订,重新梳理出资人、董事会、经理层的权责,聚焦管好资本运营规划、提升资本运营收益和保障资本运营安全,进一步完善权责分明、高效运转的公司运营体系;在公司章程中,明确党组织在公司治理结构中的法定地位。

社会知名度、关注度、影响力不断增强。2016 年 7 月 4 日,马正武董事长参加全国国企改革座谈会,以《搞好国有资本运营,在国企结构调整中发挥作用》为题作交流发言。诚通集团推进国有资本运营公司的做法,分别在年中、年底的中央企业、地方国资委负责人会议上作经验交流。11 月 14 日,马正武董事长参加李克强总理主持的国务院经济发展和民生改革座谈会,以《关于深化国有企业改革的思考与建议》为题发言。众多主流媒体聚焦诚通集团,国资委 2016 年 7 月、9 月组织 10 多家中央媒体对集团改革和基金公司挂牌进行集中报道,12 月集团参加"对话新国企"主题宣传活动,集团案例入选《国企改革十二样本》一书。

【重大项目】 牵头组建中国国有企业结构调整基金。自 2016 年 1 月 21 日国资委下达任务,经过 8 个月紧张筹备,结构调整基金在 9 月 26 日成功组建。截至 2016 年底,结构调整基金进入正常运营,关键岗位人员到位,机构运转顺利,制度体系完善,储备基金投资项目 40 余个。

推进金融板块搭建。确定城市商业银行收购标的,在完成尽职调查、收购谈判、专家评审基础上,经深入研究,作出收购决定。在国资委支持下,积极申请金融资产管理(AMC)牌照;推进港资证券公司收购项目。

托管中国铁物,解除企业债务危机。2016 年 4 月 29 日,国资委决定由诚通集团托管中国铁路物资(集团)总公司,并成立管委会。马正武任中国铁物党委书记兼总经理、铁物股份董事长,管委会主任。托管后,在诚通集团、中国铁物管委会的领导和推动下,中国铁物领导班子组织精干队伍,在托管小组帮助下,高效、创新开展资产盘活、债务重组、债务清收等工作,先后清收欠款 33.8 亿元、盘活资产 70 亿元,化解 68 亿元公募债券兑付危机,通过银行债务重组方案,保持生产经营正常运行，结束连续47个月的亏损状态。2016年11月，国资委党委决定，中国铁物领导班子移交诚通集团党委管理。截至2016年底，中国铁物债务重组方案全部谈判确定，债务危机告一段落，进入业务重组阶段。

中石化国勘公司改革脱困初见成效。新一届董事会立足国勘公司自身，充分发挥股东作用，组织制定改革脱困方案，报国资委领导小组批准并报国务院。

参与组建国源煤炭平台。为贯彻落实党中央、国务院支持中央煤炭企业去产能、提质增效的战略部署，国资委组建煤炭国有资本运营平台——国源煤炭资产管理有限公司，涉及26家央企煤矿资产1500亿元。诚通集团参股20％，派员参加董事会、投资决策委员会、监事会。煤炭平台开展化解过剩产能，盘活不良资产，妥善处置"僵尸企业"等工作，通过关停并转，实现专业化、集中管理。此外，诚通集团还参与大唐集团煤化工企业——中新能化平台重组工作。

培训疗养机构资产接收工作获得重要突破。《关于党政机关和国有企事业单位培训疗养机构改革的指导意见》（中办发〔2016〕60号）明确国有资本运营公司作为下一步党政机关楼堂馆所和国有企事业单位培训疗养机构改革资产的接收平台。为积极履行国有资本运营公司职责，充分发挥诚通集团资源优势，提高工作和决策效率，诚通集团成立由马正武董事长任组长的专项领导小组，组建中国健康养老集团，发展健康养老等新型服务业。

接收央企上市公司股权。根据国资委安排，2016年完成宝钢股份、武钢股份、中远海控、中海科技等4家央企上市公司股权接收。同时，为做好股权管理工作，盘活股权资源，诚通集团还积极组织力量推进央企结构调整指数及联结基金（ETF）的设立。

【走向海外】 把握"一带一路"战略契机，推动中国香港、俄罗斯、英国、东南亚等国家和地区业务平台和并购企业的发展，配套强化海外业务管控机制和资金保障体系。诚通集团与中银香港合作开展跨境人民币集中运营和资产托管业务，为海外项目并购提供配套投融资服务。诚通人力成功承办中国国际人才交流大会央企展区，助力央企国际化及海外引智、引才。

【党建工作】 认真贯彻落实全国国有企业党建工作会议精神。在董事会、党委中心组学习扩大会、季度经营分析会上集中传达学习，制定《集团党委全面加强党的建设实施意见》，召开集团党委书记座谈会，对全系统贯彻落实工作作出明确部署。

"两学一做"专题教育深入开展。举行四次"两学一做"专题学习讨论会。集团领导班子召开"增强'四个意识'严守政治纪律政治规矩"专题民主生活会。扎实开展党组织关系、党代会代表和党员违纪违法、基层党组织按期换届、党费收缴的"四查"工作。

坚决落实"全面从严治党"党委主体责任和纪委监督责任，把维护党章党规党纪放在首位，坚持把纪律和规矩挺在前面，持续落实中央八项规定精神。组织开展"四风"问题整治"回头看"，召开海南地区基层企业落实"两个责任"推进会，开展第四次"反腐倡廉宣传教育月"活动，组织两项法规专题培训、纪律审查业务培训、反腐倡廉知识综合测评等活动，持续强化廉洁宣传教育。加强干部问责监督，加强信访举报问题线索处置，严肃查处违规违纪问题，持续保持遏制腐败高压态势。

【履行社会责任】 发布诚通集团年度社会责任报告。积极响应中央号召，打好扶贫攻坚战。在河南省宜阳县召开定点扶贫现场动员部署会，创新精准帮扶方式。集团及12家出资企业与16个乡镇定点结对，做到帮扶到户到人，专项资金到位600余万元。引入电商扶贫，组织乡镇干部扶贫业务培训，举办诚通"宏志班"，得到国务院扶贫办和教育部充分肯定。强化节能减排管理，全年未发生节能环保违规和环境污染事故，企业社会责任进一步彰显。

【提质增效】 一是"僵尸企业"处置及特困企业治理取得新进展，全年完成3户国资委挂牌督导企业处置，湘江纸业、南京兰埔成提前完成减亏目标，洪江纸业破产清算获法院受理，骏泰科技和沅江纸业减亏成效显著。二是超额完成"压减"工作任务，全年压减企业53户，较国资委下达的36户年度任务，超额完成47.2％。

（撰稿人：闫　刚）

中国中煤能源集团有限公司

【基本概况】 中国中煤能源集团有限公司(以下简称“中煤集团”)是国务院国资委管理的国有重点骨干企业,前身是1982年7月成立的中国煤炭进出口总公司。中煤集团主业包括:煤炭生产贸易、煤化工、坑口发电、煤矿建设、煤机制造以及相关工程技术服务等。截至2016年底,中煤集团有全资、控股和均股子公司54户,境外机构4户,资产总额3170亿元,在册职工11.4万人。

【主要指标】 2016年,中煤集团坚决贯彻国家供给侧结构性改革和国务院国资委工作部署,积极谋划,主动担当,清洁能源供应商和能源综合服务商“两商”协调发展。全年商品煤产量1.37亿吨,烯烃产量117.4万吨,尿素产量213.5万吨。扎实推进煤炭去产能工作,2016年关闭退出7座煤矿,化解煤炭产能645万吨,超额完成年度去产能任务。全年实现营业收入777.38亿元,利润总额15.76亿元,安全生产形势总体稳定。

2016年中国中煤能源集团有限公司主要经济指标

项　目	2015年	2016年	比上年增长(%)
资产总额(亿元)	2951.96	3170.20	7.39
所有者权益(亿元)	1057.21	1113.19	5.30
营业收入(亿元)	820.44	777.38	-5.25
利润总额(亿元)	-39.81	15.76	
净利润(亿元)	-35.77	10.95	
归属于母公司所有者的净利润(亿元)	-23.18	-8.26	
技术开发投入(亿元)	12.4	9.41	-24.11
利税总额(亿元)	36.89	95.52	158.93
应交税金总额(亿元)	76.70	79.75	3.98
全员劳动生产率(万元/人·年)	18.76	26.99	43.87
净产资收益率(%)	-4.1	1.01	增加5.11个百分点
总资产报酬率(%)	0.87	2.39	增加1.52个百分点
国有资本保值增值率(%)	93.66	98.65	增加4.99个百分点

【改革发展】 中煤集团坚持问题导向,加大三项制度改革、管理体制机制、“僵尸企业”处置及特困企业专项治理、历史遗留问题等重点难点领域的改革力度,进一步激发企业发展活力。加强干部考核结果运用,做到能者上庸者下。推行总部部门全员竞聘上岗和社会公开招聘,着力优化人力资源配置。大力推进减人提效,在岗职工总数净减少5558人,核减劳务派遣人员781人。突出正向激励,实行收入与企业效益及个人贡献挂钩,调动广大干部职工的积极性。创新管控体制,推进分类管控、分类考核,对煤电化板块、矿建装备板块、参股企业分别实行运营型、战略型、财务型的差异化管控模式,激发不同类型企业的活力。加快剥离企业办社会职能和解决历史遗留问题,“三供一业”分离移交、医疗教育机构及厂办大集体改革全面展开并取得阶段性成果。加大“僵尸企业”处置、特困企业清理和亏损企业治理力度,撤销企业16户,5户企业实现盈利或大幅减亏,完成3年总任务量的34%。加大“压减”工作力度,注销10户法人企业。

【重大项目】 全力支持配合央企煤炭去产能工作和专业化整合,接管国家开发投资公司和中国铁路工程总公司煤炭资产及业务。抓住国家释放先进产能的政策机遇,加快推进项目前期工作,东露天、母杜柴登、纳林河二号井、大海则和里必煤矿产能置换方案获得国家能源局批复。加快重点项目建设,蒙大烯烃、平朔劣质煤项目一次投料试车成功,门克庆、葫芦素煤矿首采工作面投入试运转,3个电厂项目建设加快推进,东露天煤矿、图克化肥等5个项目通过竣工验收，煤电化产业规模进一步壮大。

【走向海外】 海外项目开发取得新进展，与中船重装、中工国际、中国能源3家大型央企签订战略合作协议；与中国交建、中国电建、北方国际、中国建筑、中国核电、中铁建港航局等10多家央企建立项目合作定期对接交流沟通机制；与纳米比亚、埃塞俄比亚等发展中国家以研讨会、座谈会等形式进行对接，了解当地资源以及发展情况。对外投资方面，澳大利亚哥伦布拉勘探项目提前完成阶段性勘探全部工作，获得符合JORC标准的资源量17.76亿吨。工程承包方面，土耳其波亚克立井施工项目、白俄罗斯钾盐矿项目和越南KheCham II—IV煤矿项目取得实质性进展；印度辛德萨库尔德矿竖井掘进、井筒装备及井外开拓项目竣工移交；对马尼拉巴厘巴板滨海大道建设项目、圭亚那金矿项目、阿联酋迪拜哈伊乐大道购物中心、德以拉购物中心项目、埃及道路建设、迪拜迈丹广场、巴林王国西海滨地产等13个海外项目进行重点跟踪。装备出口方面，向印度、土耳其、孟加拉、越南等国出口多套井工矿长壁综采设备。特别是印度江基拉矿成套综采设备总承包项目，取得印度矿山安全监察总局颁发的电气设备许可证，在印度煤矿现场完成地面联合调试和试运转、设备在井下的安装调试，并于2016年10月进入正式生产阶段。长壁设备运行首月，创造印度长壁工作面的最高月产纪录。

【重大创新】 中煤集团成立中煤能源研究院，编制完成《"十三五"装备板块产业转型升级技术创新行动计划》；《鄂尔多斯盆地侏罗纪煤田顶板水害形成机理及防治关键技术研究》等3项成果入围2016年煤炭工业科技进步一等奖；所属张煤机公司被国家工信部认定为"国家技术创新示范企业"；国家科技支撑计划项目《大型煤炭基地高效勘探开发与充填技术》成果有效支撑蒙陕矿区煤炭基地建设；集团公司重点科技项目《薄煤层采矿技术与成套装备研发及应用》通过验收并取得多项重大突破；《煤巷快速掘进技术》掘锚单进水平突破750米/月；《BGL气化装置长周期稳定优化运行技术攻关》实现单炉连续运行周期达到186天，在行业内率先通过72小时性能考核；开发成功SGZ1500(1400)/5400(4800)智能成套刮板输送系统和ZY26000/40/88D智能化超大采高液压支架。

【党建工作】 中煤集团全面落实党中央、国务院国资委党委的各项决策部署，企业党建工作得到持续加强。认真学习贯彻党的十八届六中全会、全国国有企业党的建设工作会议精神，着力加强党建工作。修订公司章程，明确企业党组织在公司法人治理结构中的法定地位。加强基层党组织建设，推进党组织全覆盖。深入开展"两学一做"学习教育，落实中央"五个着力"要求，切实增强"四个意识"。积极配合国务院国资委党委巡视工作，认真落实巡视意见整改。持续深入开展内部巡视，推动巡视工作向纵深发展。严格干部选拔任用管理，增强干部配备的科学化和规范化。认真执行责任清单、签字背书、年度双报告、述职述廉与评议等工作制度，促进党风廉政建设"两个责任"具体化、规范化和程序化。深化纪检体制改革，组建北京纪检监察中心。

【信息化建设】 中煤集团围绕"两商"发展战略，进一步加强信息化管控、加快项目建设、推进两化融合、提升运维能力、强化信息安全管理，提升信息化综合管理水平。一是围绕煤化工企业全厂信息化项目建设，打造数字化智能工厂，实现物流、资金流、信息流、业务流的集成和煤化工板块业务的科学化、精细化管理；二是利用信息化手段拓展销售方式和销售渠道，探索煤炭行业销售模式的变革与创新，煤炭销售内部供应链的综合效益逐步显现；三是持续推进集中采购，扩大网上招标采购规模，两级集中采购度达到92.2%，提高采购效率，防范采购风险；四是进一步完善信息安全管理制度和技术防护措施，信息系统安全保障体系基本建立。

【履行社会责任】 2016年，面对跌宕起伏的煤炭市场，中煤集团攻坚克难，提质增效，成功实现扭亏为盈，在价值创造、安全生产、环境保护、科技创新、员工关爱、社区建设等方面，作出新的努力，取得新的成效。经济责任方面，科学安排生产，全力提质增效，推进改革调整，生产经营稳定有序。安全责任方面，全年安全投入23.89亿元，开展安全培训36万人次，煤炭生产百万吨死亡率0.01，矿建施工实现"零死亡"。环境责任方面，坚持低碳发展，建设"绿色中煤"，二氧化硫、氮氧化物、化学需氧量排放同比分别下降0.4%、3.5%、3.0%，9座矿山被确定为国家级绿色矿山试点单位。

创新责任方面，强化创新驱动，引领行业发展，2016年获得行业和省部级科技进步奖30项，新获得专利授权289项，其中发明专利73项。员工责任方面，规范雇佣管理，推进民主管理，重视职业健康，保障员工收入，维护员工合法权益。社区责任方面，惠泽地方民生，助力精准扶贫，开展社会公益，2016年社会贡献总额282.5亿元，全年缴纳各种税费91.2亿元，对外捐赠413.5万元。中煤集团被中国煤炭工业协会评为年度全国煤炭工业社会责任报告发布优秀企业。

（撰稿人：郝利鹏）

中国煤炭科工集团有限公司

【基本概况】 中国煤炭科工集团有限公司（以下简称“中国煤科”）由中煤国际工程设计研究总院、煤炭科学研究总院2家中央企业于2008年4月合并组建成立。

2016年，面对严峻复杂的经济环境、走势多变的市场形势，以及保增长的巨大压力，在国务院国资委的正确领导下、在驻集团监事会的大力指导下，中国煤科上下统一思想，科学把握发展大势，自觉遵循市场规律，变压力为动力、化挑战为机遇，统筹施策，主动作为，积极谋变，各项工作总体推进、协调发展，全面完成全年各项任务，企业稳步健康发展的基础进一步夯实。

【主要指标】 2016年，中国煤科实现营业收入163.78亿元，同比减少25.1亿元，下降13.3%；实现利润总额10.78亿元，同比减少5.2亿元，下降32.7%；新签合同184.4亿元，同比减少23.3亿元，下降11.2%。

截至2016年底，中国煤科资产总额448.17亿元，上年同期428.37亿元，同比增长4.6%；负债总额216亿元，上年同期202.5亿元，同比增长6.7%；应收账款净额137.6亿元，上年同期138.2亿元，下降0.4%；存货52.5亿元，上年同期52.6亿元，下降0.2%。

2016年中国煤炭科工集团有限公司主要经济指标

项　目	2015年	2016年	比上年增长（%）
资产总额（亿元）	428.37	448.17	4.6
所有者权益（亿元）	225.90	232.13	2.8
营业收入（亿元）	188.91	163.78	—13.3
利润总额（亿元）	16.03	10.78	—32.7
净利润（亿元）	12.00	7.92	—34.1
归属于母公司所有者的净利润（亿元）	7.73	4.58	—40.8
技术开发投入（亿元）	9.66	7.96	—17.6
利税总额（亿元）	34.17	28.76	—15.8
应交税金总额（亿元）	18.14	17.98	—0.9
全员劳动生产率（万元/人·年）	22.35	21.13	—5.5
净资产收益率（%）	5.66	3.46	减少2.2个百分点
总资产报酬率（%）	4.22	2.75	减少1.47个百分点
国有资本保值增值率（%）	104.85	102.42	减少2.43个百分点

【改革发展】 中国煤科围绕中心工作，聚焦主业，强化责任，狠抓落实，改革工作有序推进。

1. 从建立与完善改革工作体系入手，加强顶层设计和监督指导。成立全面深化改革领导机构及其办公室，研究制定《深化改革的若干指导意见》，从完善现代企业制度、增强科技创新实力、深化产业转型升级、发展混合所有制经济、加强和改进党的领导等五个方面进行顶层设计，为企业改革发展明确方向、原则和目标。集团领导班子、职能部门和二级子企业分工负责，各有侧重，改革工作的主体责任更加强化和明确。以“十三五”规划为引领推动转型升级，确定跨界发展设计与工程总包板块、稳健发展煤机装备板块、加快发展安全技术与装备板块、突破发展示范工程板块、优先发展节能环保板块、开拓发展新兴产业板块等六大发展方向。

2. 从优化资源配置入手，提升运转效率和核心竞争力。2016年，完成集团机关和天地科技机关的职能整合工作，管控能力和运转效率进一步提升。不断加大业务整合力度，完成上海研究院与西北煤机的战略重组，进一步提升中国煤科在胶带运输机市场的核心竞争力。持续推进北京华宇与唐山研究院在选煤产业领域的深度重组整合，强化产业一体化融合发展。金融租赁公司筹建获得批准，金融资本与实业资本的融合发展，将进一步拓宽煤机装备等产业的发展空间。

3. 从提质增效入手，全面落实供给侧结构性改革和“瘦身健体”工作部署。中国煤科因地制宜、因企施策，积极开展处置“僵尸企业”、压缩管理层级、清理低效无效资产等工作，制定切实可行的工作方案，并将有关指标纳入综合考核评价范围。积极探索发展混合所有制经济的有效形式，加强对各单位混合所有制改革、新三板挂牌等工作的指导。2016年新增混合所有制企业两户，分别是煤科院节能公司和南京设计院业恒达公司，两户企业积极落实产业转型升级的战略部署，在实施混合所有制改革的同时，加强现代企业制度建设、转换经营机制、探索建立激励约束长效机制，大力开拓新业务和新市场，取得较好的效果。

【重大创新】 中国煤科深入贯彻全国科技创新大会精神，全面实施创新驱动发展战略，不断完善科技创新体制机制，大力推进科研条件建设，推动科技成果转化，科技创新能力持续稳定提升。

1. 重大项目研发取得突破。依托国家科技重大专项、863计划、国家科技支撑计划等国家科技计划的支持，研究开发出一批具有国际领先水平的技术和装备。西安研究院研制的100T车载钻机在晋城寺河顺利完成1675米孔深钻孔，性能指标达到国际领先。北京中煤成功研制钻井直径5.8米的国内首台套导孔竖井掘进机，矿山井巷掘进向机械化、智能化迈出新步伐。天玛公司参与完成的“智能煤矿建设关键技术与示范工程”项目，实现综采工作面的“1人巡视、无人操作”的智能采煤常态化运行，获得2016年国家科技进步奖二等奖。2016年，获得省部级以上各类科技奖励94项，其中国家科技进步奖1项，中国工业大奖1项，中国煤炭工业协会科学技术一等奖9项，全国优秀工程勘察设计奖1项。申请专利417项，其中发明专利223项；获得授权专利481项，其中发明专利234项。

2. 科技成果的产业孵化能力不断加强。依托国家科技计划项目和集团基金项目的支持，科技成果转化力度加大，产业培育成效显著，尤其在节能环保、智能化装备、煤矿安全等领域取得新突破。重庆研究院自主研制的处理能力为10万立方米/小时的工业化乏风蓄热氧化装置已在松藻矿区成功示范，阳煤五矿6万立方米/小时装置已正式点火运行，产业化前景广阔。北京研究院100吨/小时超低排放煤粉工业锅炉系统的成功示范，实现与电站锅炉相同标准的污染物超低排放，同时建成400千克/小时溢流熔渣固定床气化中试装置平台。杭州研究院研发的生活污水深度处理装置、系统和成套技术，已在多项工程中得到应用。

【市场开拓】 中国煤科上下稳增长、拓市场、创效益，在市场开拓的广度和深度上狠下工夫，取得新的收获。

1. 以战略合作和外部协同带动项目签约落地。积极与地方政府、大型煤炭企业建立战略合作关系，积极寻求合作商机，推动“大客户、大市场、大项目、大经营”战略实施，为市场开拓搭建更加广阔的平台，一批重大合作项目顺利签约和实施。各单位不断巩固和拓宽核心市场，稳定老客户，开辟新领域，拓展新市场，积极推动项目落地。

2. 丰富营销手段，加强内部协作，市场开拓效果显著提升。领导班子带队下现场帮助各单位协调大项目、大合同、大额应收款，推动重点项目的落地和现金回流。各单位深度挖潜、整合资源，不断提高营销工作针对性，通过经常性地走访拜访，获取项目信息，清收应收账款；通过对重点项目的分级跟踪，确保项目落地；通过技术交流、技术服务和“技术扶贫”，寻找合作商机；通过对重点客户“请进来”考察交流，强化企业综合实力的展示，为市场开拓打基础；通过不断强化内部经营协调，深化内部企业合作，有效维护集团公司的整体利益。

3. 坚持创新驱动发展，进一步拓展市场广度和深度。各单位努力化解煤炭市场低迷带来的不利影响，不断延伸产业链条，加大新产品、新技术推广力度，相关多元化、非煤领域和国际市场均有新突破。南京设计院的智慧矿山和综合管廊项目、重庆研究院的机器人产业、重庆设计院的索道及电力总包工程、沈阳研究院的永磁耦合器等一批新项目、新产品成功推向市场，培育新的经济增长点，既缓解企业当前的困境，也为今后的发展奠定基础。设计板块企业发挥自身综合优势，积极向行业外拓展，大力拓展市政、建筑、环保、岩土、轨道交通等非煤领域，逐步站稳脚跟并取得可喜成绩。各单位与国际工程公司加强协作配合，联合优势资源，不断加大国际市场开拓力度，巴基斯坦、俄罗斯、乌兹别克斯坦等多个项目进展顺利。

【党建工作】 中国煤科各级党组织切实落实全面从严治党责任，党的领导和党的建设在改革发展中得到充分体现和加强。

1. 党组织参与决策的体制机制进一步完善。全面贯彻落实党的十八届六中全会精神和全国国有企业党的建设工作会议精神，切实落实从严治党责任。修订公司章程，明确党组织在企业中发挥把方向、管大局、保落实的作用。“双向进入、交叉任职”的领导体制进一步完善，党务工作机构更加合理，党建工作力量得到充实。

2. “两学一做”学习教育取得积极成效。广大党员领导干部和普通党员受到一次党性党规党纪的深刻教育，“四个意识”进一步强化，严守政治纪律政治规矩的自觉性得到增强。开展“四项排查”，调整理顺基层党组织关系，各级党组织按期进行换届改选。“三会一课”等党内组织生活进一步改善，党内生活的政治性、时代性、原则性、战斗性不断增强。

3. 各级领导班子建设进一步加强。党管干部原则得到充分贯彻，确保党对干部人事工作的领导权和对重要干部的任免权。干部调整交流力度不断加大，干部队伍结构更加合理，干部队伍更具活力。干部日常管理不断加强，领导人员个人有关事项报告、干部人事档案管理和因私出入境管理进一步规范。

4. 党建工作责任制进一步落实，党委书记聚焦主业，“一岗双责”得到切实履行。开展二级党组织书记抓党建工作述职评议考核，加强基层党组织书记示范培训，党建工作基础进一步夯实。党委意识形态主体责任进一步强化，宣传工作机制不断健全，企业文化建设有效提升企业软实力，群团工作围绕中心、服务全局，技能人才队伍建设和青年骨干培养取得显著成果，企业和谐稳定的局面不断巩固和加强。

5. 党风廉政建设和反腐败工作取得新成效。中国煤科党委、纪委认真抓好巡视反馈意见的核实和整改，已经基本完成整改任务。各级党委、纪委认真落实“两个责任”，严明政治纪律和政治规矩，加强反腐倡廉专题培训，深化纪检监察体制机制改革，认真践行监督执纪问责“四种形态”，加强纪律审查力度，为企业发展营造风清气正的良好环境。

（撰稿人：刘　鹏）

机械科学研究总院

【基本概况】 机械科学研究总院（以下简称“机械总院”）自 1956 年成立以来，以提升我国装备制造水平、振兴制造业为使命，长期从事先进制造工程材料、先进制造关键零部件、先进制造工艺及设备、制造业工程成套装备领域的基础技术、共性技术和应用技术的研究开发，形成先进制造工艺技术和智能制造技术相融合的综合优势，围绕国家重大装备、重大工程、重点领域与行业需求，为我国航天航空、能源化工、三峡枢纽、西气东输、汽车制造、核电建设等国家重点工程与重点行业提供技术支撑，为国家装备制造技术进步和经济社会发展作出重要贡献。

机械总院现有 16 家全资及控股子企业（公司），实行母子公司式集团管理体制，拥有正式员工 5000 人，其中科研人员占比 70%以上，是我国装备制造业制造技术研究体系完整、规模最大的开发团队。建有 4 个国家级重点实验室、4 个国家级工程（技术）研究中心、20 余个行业和省部级创新平台，累计取得各类科研成果 7000 余项，广泛应用于国民经济和国防安全各重要领域，有力支撑新中国工业建设和现代制造业发展，是我国创新体系重要的组成部分。

机械总院科技创新活动持续保持活跃，在国家中长期重大科技专项中承担一批04专项“高档数控机床与基础制造装备”项目，一批国家智能制造技术专项的研究项目，有力支撑《中国制造2025》和制造强国战略的实施，彰显机械总院在国家创新体系中的重要作用。

2016年，机械总院营业收入42.18亿元，同比增长1.76%；利润总额3.32亿元，同比增长5.4%；实现经济稳定增长，较好实现国有资本保值增值的目标，资产质量优良。承揽一批高水平的科研项目，新签纵向合同10.45亿元。针对经济发展新常态，坚持稳中求进工作总基调，发布实施“十三五”规划，锐意改革，实施技术资本双轮驱动，做强科研、做大产业、做优服务，全院干部职工凝心聚力、开拓创新、奋发有为，各项工作扎实推进，取得明显成效，实现“十三五”良好开局。

【主要指标】

2016年机械科学研究总院主要经济指标

项　目	2015年	2016年	比上年增长(%)
资产总额(亿元)	66.50	71.82	8.00
所有者权益(亿元)	33.83	36.88	9.02
营业收入(亿元)	41.45	42.18	1.76
利润总额(亿元)	3.15	3.32	5.40
净利润(亿元)	2.77	2.85	2.89
归属母公司所有者的净利润(亿元)	2.56	2.53	-1.17
技术开发收入(亿元)	12.42	12.17	-2.01
利税总额(亿元)	5.60	5.85	4.46
应交税金总额(亿元)	2.45	2.53	3.27
全员劳动生产率(万元/人·年)	26.99	26.50	-1.82
净资产收益率(%)	9.33	8.05	减少1.28个百分点
总资产报酬率(%)	5.18	4.93	减少0.25个百分点
国有资本保值增值率(%)	111.55	108.95	减少2.6个百分点

【改革发展】

1. 技术资本双轮驱动，打造机械总院经济发展“新引擎”。搭建投融资平台，夯实双轮驱动发展基础。落实总院“十三五”技术、资本双轮驱动战略，成立中机资本领导小组和工作小组，调研中央企业投融资平台运行状况，制定专项工作方案，注册成立“工研资本控股股份有限公司”。“工研资本”由总部发起，北自所、试验场、中汽认证、生产力中心、材保所、沈铸所等二级单位共同出资2亿元设立，积极筹划总院投资管理、股权管理和基金管理，打造总院投融资平台。

2. 强化服务协同创新，开创行业服务发展新天地。成立机械总院认检集团筹备工作组，以干部交流任职为纽带推动两机构深度融合，在运行实践的基础上制定以中汽认证中心为母体的重组方案，完成整合重组工作，“认认先行”目标如期完成，为总院接续开展“认检业务集团化发展”奠定坚实基础。

3. 坚持管理创新，深化管理实践。树立科学管理理念，引导管理创新。加强干部职工队伍建设，强化制度创新、文化创新，集团管理基础进一步坚实。集团主要领导带领调研组年初专项调研全部直属单位，宣贯集团主线工作，全面把握各单位工作脉络，结合集团发展提出重点工作部署。持续完善总部工作计划，建立总部年度重点工作台账，强化过程督导，实施半年度、年度两次考核，总部工作机制更趋成熟。

4. 深入推进人力资源管理，有效支撑总院发展。激发干部队伍活力。修订《机械总院企业领导班子及成员综合绩效考核管理暂行办法》，进一步明确干部能上能下的制度依据；加强董事会对经营班子考核，强化班子成员对整体绩效的分工分责。加强干部监督管理工作。强化干部人事档案在干部管理中的重要基础作用，严格执行干部个人事项和干部选拔任用工作有关事项报告制度，严格控制领导干部因私出国

(境),规范领导干部在企业兼职(任职)。

【重大项目】 机械总院沈阳铸造研究所研制的"大型水轮机电渣熔铸模压叶片"通过中国机械工业联合会组织的新产品技术鉴定,综合技术指标达到国际领先水平,具有自主知识产权。沈阳铸造研究所研制的新产品采用"电极精炼+电渣精炼"双精炼工艺生产翼形叶片板坯,显著降低非金属夹杂物和有害元素含量,极大改善铸件凝固质量,材料耐蚀性能提高30%,加之模压成形的叶片形线更加精确,模压叶片运行寿命提高15%以上,将为电站带来巨大效益,同时,解决普通砂型铸造的"三高"污染问题,更加接近绿色制造。该叶片样件将用于目前全球最大单机容量100万千瓦白鹤滩电站机组,并将实现批量产业化。

机械总院哈焊所研发的数控惯性摩擦焊接装备及成套工艺进军航空发动机领域,解决航空发动机高压涡轮盘轴高温合金同质/异质材料焊接技术关键,有力支持我国航空发动机自主研制;面向核电领域高端市场,成功开发出新一代全数字化控制窄间隙埋弧焊机,具备投放市场条件。

机械总院创新发明一种复杂铸件无模复合成形制造的方法,突破型砂配方、刀具、软件控制系统及成形设备等砂型挤压、切削/打印一体化无模成形制造等关键技术与装备,实现制造过程多材料、多工艺与多工序复合,改变传统模具翻砂造型,高效制造出高品质铸件。经过近10年创新研究和上万小时刀具成形实验,完成七类设备、软件开发和系统化应用,经中国机械工业联合会组织鉴定,技术水平达到国际领先。

【重大创新】 2016年,"钎料无害化与高效钎焊技术及应用""重型装备大型铸锻件制造技术开发及应用"两项科研成果荣获国家科技进步二等奖,"无模铸造成形机"荣获第十八届中国专利金奖。同时,2016年总院荣获中国机械工业科学技术奖特等奖1项、一等奖2项,获得授权发明专利81项。

扎实推进科研平台建设,科技创新保障新体系形成。"高端装备轻合金铸造技术国家重点实验室"和"特种表面保护材料及应用技术国家重点实验室"建设方案获批并启动建设,"制造业自动化国家工程研究中心"获国家发改委二次能力建设,"精密成形国家工程研究中心"完成二次能力建设任务。机械总院国家重点实验室、国家工程研究中心等科研创新平台架梁立柱工作基本完成,为总院实施"一院两制"夯实科技创新载体。

统筹谋划总院创建"国家轻量化材料成形技术与装备创新中心"。对接制造业创新中心建设工程要求和实施进展,凝聚总院先进制造工艺技术、智能制造技术、机械工程材料核心优势,牵头组建成立"中国轻量化材料成形工艺与装备产业技术创新联盟",全程参与"国家增材制造创新中心"建设。

【党建工作】 2016年,机械总院党委在国资委党委的正确领导下,认真贯彻落实党的十八大、十八届历次全会精神和全国国有企业党的建设工作会议精神,深入学习习近平总书记系列重要讲话精神,以开展"两学一做"学习教育为载体持续加强党员队伍建设,以接受国资委党委巡视为契机开创落实从严管党治党责任,以健全党建责任制为抓手推动基层党建工作落实落细,以制定党建"十三五"和企业文化"十三五"规划为依托统筹谋划全院党建工作重点任务。党委的政治核心作用、党支部的战斗堡垒作用更加凸显,党员党性意识和先锋模范作用更加强化,党建考核评价体系更加健全,党建工作力量更加完备;各级党组织坚持围绕中心做工作、融入管理起作用,党的思想、组织、作风、制度、反腐倡廉建设均得到加强,通过抓班子、带队伍、转作风、创环境、惠民生、聚合力,把党的政治优势、组织优势、群众工作优势转化为改革发展优势,为机械总院"十三五"战略落地提供坚强保证。

【信息化建设】 持续推进信息化建设,全面提升集团信息化水平。以综合管理信息平台为载体,深入推进信息化建设工作。机械总院根据业务发展和管理需求,持续完善综合信息管理平台建设,实现战略计划管理、分析决策、绩效管理、科研管理、市场管理、投资管理等核心模块的全部上线运行,制度流程化、信息化比例大幅提升。视频会议系统运用率上升,集团信息化水平得以稳步提高,管理效率大大提高。

【履行社会责任】 积极承担社会责任,深入推进定点扶贫工作。支撑我国装备制造业共性关键技术创新发展、提升中国装备制造水平是机械总院最主要的社会责任，紧密对接制造强国战略，将社会责任治理与全院各项工作有机融合，创新发布总院2015年度社会责任报告，积极维护股东、员工、用户等利益相关方权益。

发挥总院科技、人才和集团综合优势，充分对接国资委扶贫要求和河南省新县脱贫需求，制定扶贫工作年度计划，助力新县制定第三产业发展规划，支持毅辉智能制造产业园二期建设和新县医院智能停车楼项目建设，助力"新科扶贫基金"募集资本，创新教学模式丰富信阳涉外职业技术学院焊接培训讲堂，支持新县第一届科普夏令营活动，总院派驻扶贫干部任第一书记的金兰村提前实现整村脱贫，总院精准扶贫新县工作持续深入推进。

（撰稿人：贺凌华）

中国中钢集团公司

【基本概况】 中国中钢集团公司（以下简称"中钢集团"）是国务院国资委监管的中央企业。主要从事冶金矿产资源开发与加工，冶金原料、产品贸易与物流，相关工程技术服务与设备制造，是一家为冶金工业提供资源、科技、装备集成服务，集矿产资源、工程装备、科技新材、贸易物流、投资服务为一体的大型跨国企业集团。

2016年，在国资委、监事会、银监会和综合协调小组的指导帮助下，中钢认真贯彻党中央国务院推进供给侧结构性改革的重大战略部署，积极落实国资委"瘦身健体"提质增效的工作要求，统筹推进"四化举措"和"三个加快"，扎实开展"两学一做"学习教育，妥善应对各种困难和挑战，当期经营稳中有进、稳中提质，"止血瘦身、造血健体"取得积极成效，为实现企业效益恢复性增长作出贡献。

【主要指标】 2016年，中钢集团实现盈利超过2亿元，实现营业收入547亿元；"两金"存量压降65.6亿元，同比压降26%；集团三项费用大幅压缩，压降额16.9亿元，同比下降31%；亏损企业大幅减亏6.4亿元；经营活动现金流和资金链保持稳定。

积极落实"三去一降一补"等重点任务，退出国内铁合金产能37万吨、碳素产能10万吨，压减低端装备制造产能3万吨、低端耐火材料产能4万吨。基本完成国资委挂牌督导的5户"僵尸企业"处置主体工作，妥善安置员工4000人。成功实施债务重组，中钢资本控股资产负债率降低到80%以下。安全环保态势平稳，较大及以上安全环保事故为零；超额完成国家下达的节能减排指标。

【改革发展】 2016年，面对综错复杂的经营环境，中钢集团立足自身实际，在努力推动生产经营提质增效的同时，积极实施结构调整，促进企业转型升级。

1. 完善业务发展规划，支持发展优势业务，"僵尸"及特困企业处置治理成效明显。中钢集团贯彻有保有压、有进有退、有控有扶的工作原则，组织编制"十三五"发展战略规划及三年滚动发展战略与规划。重点围绕"一带一路"开拓国际市场，积极培育节能环保工程业务；与力拓正式签署恰那合营项目再延期协议，锁定7000万吨铁矿资源；中钢国际工程顺利完成中钢设备增发，青草项目经过优化完善后上报证监会。强化30户"僵尸"及特困企业处置，督导方案实施和处置进度。2016年，国资委挂牌的5户"僵尸企业"年度处置任务基本完成，其余企业按计划有序推进。

2. 全力推进债务重组，重组方案成功落地。在银监会、国资委的指导下，中钢集团与债委会协同配合，按照"市场化、法治化"的原则，全力推进债务重组。中钢整体实施债务重组是央企首个成功案例，也是坚决贯彻落实国务院关于降杠杆、控风险决策部署的重要成果。

3. 努力盘活存量资源，严格成本费用管控。大力清理三项资产。截至2016年底，中钢集团"两金"较基准日总量下降7.7%。大幅压缩费用。按照国资委开展降本增效专项活动的要求，明确成本压控重点，细化费用支出，压缩三项费用，同比压降30.8%，其中业务招待费、差旅费、会议费、办公费等可控费用同比压缩幅度达到20%以上。严控非生产性支出，集团系统未新建楼堂馆所，未购置非生产性用车。

4. 稳妥推进集团董事会试点，进一步优化集团管控。经国资委批准，中钢集团纳入建设规范董事会试点企业，首届董事会2016年12月开始运转。持续推进总部和平台公司建设，加大总部简政放权力度，将审批事项由74项精简到43项。与干部分类管理相适应，重新修订管控界面清单，总部人员进一步精干。

5. 加强干部队伍建设，不断增强组织人才支撑。大力选拔优秀年轻干部，多名青年骨干人才充实到中层领导岗位。制定专职董事监事考核办法，向部分所属企业派出专职董事。创新培训方式，积极开发移动学习平台。组织实施"英才一期"集训，集团、股份公司领导亲临授课，共计120余人参训。

6. 完成集团薪酬考核改革，企业负责人薪酬和企业工资总额按新的考核分配办法执行。按效益核定企业领导人绩效年薪，合理拉开分配差距。积极配合审计署任中经济责任审计工作，务实开展内部审计，完成审计项目21个。积极应对法律风险事件，维护企业合法权益。

【党建工作】 中钢集团认真开展"两学一做"学习教育，落实全面从严治党主体责任，切实加强组织和机制建设，为实现年度经营目标提供政治和组织保障。

1. 认真开展"两学一做"学习教育。宣贯党的十八届六中全会和国企党建工作会精神，深入开展专题研讨，不断强化"四个意识"，增强与以习近平为核心的党中央保持高度一致的自觉性。集团领导带头上党课、召开专题民主生活会，规范党内政治生活，努力发挥以上率下作用。各级党组织深入开展"践行攻坚精神、争做改革先锋"等主题活动，扎实推进"两学一做"学习教育，教育引导全体党员争做"四讲四有"合格党员，为集团"二次创业"贡献力量。

2. 落实全面从严治党主体责任。集团党委高度重视巡视整改，制定整改任务清单，明确责任单位、责任人和完成时限，扎扎实实推进整改措施的落实。建立并实施集团领导党建联系点制度，明确规定动作，努力让两手抓落到实处。全面推行所属党组织向集团党委报告工作制度，落实民主集中制。推动党组织书记、副书记、纪委书记述职评议考核工作，进一步强化从严治党意识、一岗双责意识，聚焦主业，推动党建责任落细落实。

3. 切实加强组织和机制建设。集团党委换届选举完成两委委员提名推荐；实现所属企业党组织的全覆盖。将党建总体要求纳入集团公司章程，明确党委研究是董事会决策重大经营管理事项的前置程序，完善党委会议事规则，进一步理顺党的领导体制，规范公司法人治理结构。优化集团党委工作机构和职责、加强党群工作力量。积极稳妥推进"四个专项核查"，各级党组织和全体党员的组织意识、党员意识进一步增加。一批基层党组织、党员和党务工作者受到表彰。

4. 严格监督执纪问责。强化作风建设，全面落实中央八项规定精神，经常提醒警示监督，严肃查处纠正"四风"问题；深化违规资产损失责任追究工作，坚持"减存量、遏增量"；落实"四种形态"第一种形态要求，开展"面对面讲纪律"，全年对中层干部开展集体廉洁谈话232人次，实现对B3级以上二级企业的全覆盖；推进内部巡视工作，组建工作机构，建章立制，启动对2家所属企业的内部巡视工作。

【履行社会责任】 中钢集团深入推进可持续发展战略和社会责任管理，将企业发展与履行社会责任紧密结合，努力实现经济效益和社会效益的和谐与统一。

2016年，中钢集团不断提高社会责任对企业发展的价值高度，将履责核心理念与企业价值产业链紧密结合，不断提高经济、社会和环境的综合价值最大化，将社会责任理念融入到日常经营的各个流程和环节，不断强化社会责任与企业经营管理工作的有机融合。中钢集团发布的《2015年可持续发展报告》采用责任专题的方式与三个核心履责链条相结合，紧扣热点要点，系统披露中钢集团参与"一带一路"建设以及积极推动科技创新的专题履责情况。报告凭借披露核心议题全面、沟通形式创新等，再次获评中国社科院"四星半级"企业优秀社会责任报告。中国社科院颁布《2016年中国社会责任管理蓝皮书》，高度认可中钢集团社会责任管理工作。中钢集团坚持"价值共创、责任共享、互利共赢"的可持续发展管理工作受到社会及专业机构一致好评。

（撰稿人：蒋振宇）

中国钢研科技集团有限公司

【基本概况】 中国钢研科技集团有限公司(以下简称"中国钢研")是国务院国资委直接管理的中央企业,是我国冶金行业最大的综合性研究开发和高新技术产业化机构。2006年12月,经国务院同意、国务院国资委批准、原钢铁研究总院(创建于1952年)更名为中国钢研科技集团公司,冶金自动化研究设计院(创建于1973年)作为全资子企业并入中国钢研科技集团公司。2009年5月,经国务院国资委批准改制为国有独资公司,并进行董事会试点。

2016年,中国钢研按照年初工作部署,以"提质增效稳增长、改革调整促发展"为主线,奋力拼搏,在生产经营稳中有进,战略发展开局良好,改革创新持续推进,管理基础逐步夯实,党建及党风廉政建设扎实推进,民生工程有效落地等方面取得明显进步。

2016年,中国钢研获得国家科技进步奖3项、冶金科技一等奖1项、赢得国际标准制定权4项,获得"中国冶金科技终身成就奖"3人、"第十四届中国青年科技奖"1人,获得"中青年科技创新领军人才"荣誉称号1人、"全国技术能手"荣誉称号1人。

【主要指标】 2016年,中国钢研积极应对严峻的经营形势,奋勇拼搏,全年实现营业收入75.3亿元,利润总额4.1亿元。

2016年中国钢研科技集团有限公司主要经济指标

项　目	2015年	2016年	比上年增长(%)
资产总额(亿元)	176.0	194.7	10.65
所有者权益(亿元)	92.0	108.0	17.35
营业收入(亿元)	72.5	75.3	3.89
利润总额(亿元)	3.3	4.1	24.85
净利润(亿元)	2.5	3.1	24.80
归属于母公司所有者的净利润(亿元)	0.9	1.7	88.89
技术开发投入(亿元)	9.2	4.9	-46.74
利税总额(亿元)	4.5	8.2	82.22
应交税金总额(亿元)	5.09	6.01	18.07
净资产收益率(%)	2.78	3.13	增加0.35个百分点
总资产报酬率(%)	2.56	2.77	增加0.21个百分点
国有资本保值增值率(%)	108.74	107.66	减少1.08个百分点

【改革发展】 2016年,中国钢研坚持提高发展质量和经济效益,转型调整持续推进。发挥技术优势,采取"高端产品+服务"的模式,与多家企业合作,组建材料—制造—应用系统解决方案团队。运营质量得到提升。资产优化取得实效,清理低效无效资产,盘活基地资源,结合国资委处理"特困""僵尸"企业和"压减"专项工作,完成安泰星等4家企业的清算和扭亏工作。持续规范子企业关联业务,积极处理历史遗留问题。风险控制能力提升。持续开展重大风险管控,建立风险预警指标体系,主动运用法律诉讼等手段,工程板块多年积累的风险得到彻底化解。完善考核体系,强化目标激励。发布"促进科技创新,加速成果转化指导意见""设立双创平台及孵化器""科技创新考核"等一系列政策措施。首次制定"战略规划实施评价办法",进一步完善定期评价和动态调整机制。机制调整释放创业红利。实行骨干员工持股的混合所有制企业,形成利润共享、风险共担的利益共同体。

【重大项目】 2016年,中国钢研战略发展开局良好。一是"十三五"规划颁布实施。作为央企第一家,中国钢研"十三五"发展规划得到国资委批复。明确战略发展目标,确定发展方向。二是启动战略布局。立足"京津冀"产业调整,布局"长江经济带",跟进"一带一路"国家战略,是中国钢研"十三五"的重要内容。

和中国石化签署“石化用金属新材料应用技术中心”协议，从整体上带动中国钢研在石油石化领域用材、检测、质控等方面的技术发展。三是积极开展战略并购。以加强特钢领域制造能力为目标，开展行业调研，研究目标企业、区域布局，寻找合作机遇。2个并购项目完成交割，快速融合，实现预期年度目标，发展势头良好，成为新的经济增长点。

【走向海外】 2016年，中国钢研在执行和跟踪的海外项目13项，涉及澳洲、印度、印尼、伊朗等多个国家。

【重大创新】 2016年，中国钢研创新持续推进。提升创新能力，推进成果转化。一是召开科技大会，建立创新联盟。总结“十二五”科技创新工作，部署“十三五”科技创新规划。牵头成立“中国高温合金产业创新战略联盟”“中国能力验证联盟”和“中关村材料试验技术联盟”。“金属新材料检测与表征装备国家地方联合工程实验室”通过国家发展改革委认定。二是完善考核体系，强化目标激励、发布“促进科技创新，加速成果转化指导意见”“科技创新考核”等一系列政策措施，建成由成果份额型创新基金、青年创新基金、产业并购基金构成的基金体系，推动科技成果走出“深闺”，激发科技人员创业激情。三是加大自主投入，争取项目资源。根据中国钢研“自主研发投入专项考核办法”，加大自主研发投入，立项169项，投资4.4亿元。抓住国家替代进口专项行动计划、推进军民融合等国策，获批高温合金棒材与锻件、高性能传动齿轮和轴用钢、先进制造业基础件用特殊钢等科研项目100项，科研经费3.76亿元。四是科技创新再结硕果。2016年，中国钢研申请国家专利331项(其中发明专利246项)，获得专利授权211项，获得各类科技奖励24项。中国钢研为长征五号火箭液氧煤油发动机研制7种高强不锈钢、4种高温合金和4种功能材料，所研材料占发动机重量的80%以上，获得国防科工局表彰。

【党建工作】 2016年，中国钢研党建及党风廉政建设扎实推进。一是贯彻党建会议精神，推进从严治党。中国钢研贯彻落实党中央和国资委精神，全面加强党建，认真做好将党建工作的总体要求写入章程工作，进一步落实党组织在公司治理结构中的法定地位。切实抓好“四项排查”，规范党费收缴，排查失联党员，推进按期换届。通过举办党组织负责人培训班、落实“三会一课”、抓好基层党日活动等，强化各级党组织抓党建的主业主责意识。二是强化党规党纪，推进反腐倡廉。中国钢研党委、纪委认真贯彻六中全会精神，坚持从严治党，强化反腐倡廉建设，牢固树立“四个意识”，对履行“两个责任”专项检查。制定“巡视制度”等三个办法，推进监督的常态化、制度化。持续加强作风建设，开展“四风”问题整治情况回头看。狠抓建设，对纪委书记履职专项考核，促“三转”向下沉。强化日常管理监督，把握执纪“四种形态”。三是开展“两学一做”，增强党性意识。贯彻落实党中央和国资委党委安排，开展“两学一做”学习教育活动。做好“六个规定动作”，开展系列自选动作。包括集团领导在内的各级党组织负责人深入基层讲党课，全体党员开展形式多样的学习教育，组织召开高质量的民主生活会和组织生活会。中国钢研党委创新方式，组织开展“开局十三五、扬帆再启航”主题实践活动，命名表彰18个“党员先锋岗”，开展创新工作室活动，调动职工爱岗敬业积极性。通过“两学一做”、纪念长征胜利80周年和建党95周年系列活动，全面提高全体党员的党员意识、党章意识，增强各级党组织的先进性和战斗力。

【信息化建设】 2016年，中国钢研系统推进信息化，全面助力管理提升。第一次系统制定《“十三五”信息化规划》，明确中国钢研信息化建设路线图。深入实施协同办公系统，理顺中国钢研组织架构层级，规范公文管理和业务办理。中国钢研风险管控平台、合并报表系统经过精心实施，正式上线运行。重要子企业持续推进业财一体化建设，信息系统覆盖范围不断扩大。认真开展网络与信息安全及正版化相关工作。

【履行社会责任】 2016年，中国钢研作为中央企业，积极承担社会责任，开展精准扶贫。将社会责任理念、要求融入现有管理体系，将社会责任管理与公司战略相结合，与业务转型升级相结合，与运营过程管理相结合。以可持续发展为核心，发动公司内部全体力量，从战略制定、企业文化、利益相关方沟通管理、组织架构等方面全方位覆盖，推动公司积极履行社会责任。创新思路，捐资与陕西省山阳县教委共同修建"钢研三槐希望小学",满足半径8千米内学生的上学需求,并捐献电脑20余台。帮扶40户贫困家庭实现脱贫。

(撰稿人:尹　博)

中国化工集团公司

【基本概况】 中国化工集团公司(以下简称"中国化工")是经国务院批准,在中国蓝星(集团)总公司等原化工部直属企业基础上重组设立的国有大型企业,于2004年5月正式挂牌运营。有6个业务板块,分别是:化工新材料及特种化学品板块、基础化学品板块、石油加工板块、农用化学品板块、橡胶轮胎板块和化工装备板块。加快调整产业产品结构,以"新科学、新未来"为引领,向以材料科学、生命科学和先进制造业为核心,以基础化工为支撑和保障的新"3+1"的产业格局迈进。

2016年是中国化工深化结构调整、推进提质增效,实现"十三五"良好开局的一年。中国化工全面贯彻党的十八大和十八届三中、四中、五中、六中全会精神,贯彻落实全国国有企业党的建设工作会议精神,深入学习贯彻习近平总书记系列重要讲话精神,坚持新发展理念,积极适应经济发展新常态,妥善应对各种风险和挑战,稳中求进,围绕供给侧结构性改革,全面落实"三去一降一补"五大任务,加快"瘦身健体"、优化升级、提质增效,实施创新驱动,不断加强党的建设,各方面工作都取得显著成绩。

【主要指标】 2016年,中国化工实现营业收入3001.3亿元,同比增长15.3%。实现EBITDA 292.7亿元,同比增长29.3%。实现利润总额51.5亿元,同比增长71.67%。全年没有发生较大及以上安全和环境事故。全系统万元产值综合能耗同比下降8.47%,废水、COD、SO_2、氨氮和氮氧化物排放量分别同比下降9.81%、9.65%、8.78%、8.62%和8.99%。2016年,中国化工连续第六年进入世界500强,位列第234位,比上年提升31位,在化学品分行业榜单排名第三位,在中国化工行业排名第一。

2016年中国化工集团公司主要经济指标

项　　目	2015年	2016年	比上年增长(%)
资产总额(亿元)	3726.80	3776.40	1.33
所有者权益(亿元)	696.10	718.40	3.20
营业总收入(亿元)	2603.00	3001.30	15.30
利润总额(亿元)	30.00	51.50	71.67
净利润(亿元)	−0.60	25.40	
归属于母公司净利润(亿元)	−9.70	1.20	
技术开发投入(亿元)	65.18	57.40	−11.94
利税总额(亿元)	136.60	148.50	8.71
应交税金总额(亿元)	107.60	97.00	−9.85
全员劳动生产率(万元/人·年)	27.52	34.05	23.73
净资产收益率(含少数股东损益/权益)(%)	0.20	3.59	增加3.39个百分点
净资产收益率(不含少数股东损益/权益)(%)	4.20	4.54	增加0.34个百分点
国有资本保值增值率(%)	105.70	115.47	增加9.77个百分点

【改革发展】 集团公司深化企业改革,提高核心竞争力和资源配置效率,形成有效制衡的公司法人治理结构、灵活高效的市场化经营机制,加大在专业公司、直属企业层面"公司制股份制"改革力度,推进科研院所改制重组,4家专业公司和96家直属企业完成"公司制股份制"改革,占比达到93%。推进混合所有制改革。重组24家企业进入新材料公司,引入多元投资,成为专业板块第一家混合所有制企业。完成河池化工股权转让和黑化股份重大资产重组,同步完成业务剥离和人员安置。

完善薪酬分配体系,在4家企业实施中长期激励试点;完善三项制度改革方案,实行两级机关员工薪酬与绩效挂钩。全系统现有职工13.75万人，国内企业职工同比减少14.56%，境外职工人数占比达到40%。人员结构逐步优化，专业技术人才同比上升0.7个百分点，人工效能持续提升，劳动生产率达到218.46万元，同比增长25.9%。

【重大项目】 严控固定资产投资，资金更加集中投向“脱瓶颈”、技改和节能环保。完成固定资产投资46.1亿元，同比下降10.63%。大庆中蓝油品升级等9个重点项目建成投产。技改“脱瓶颈”项目完成投资2.42亿元，产生收益9864万元，其中“脱瓶颈，提效能”完成1.21亿元，“保安全，促环保”完成6719万元，“节能源，降消耗”完成3806万元，全年完成56个项目。

处置“僵尸企业”取得阶段性成果。针对18户“僵尸企业”，建立例会制度，制定激励政策，分解落实责任，完成年度处置计划。投资绿城物业2亿元，创造6000个就业岗位，多渠道分流安置职工1.3万人，处置资产收入2.6亿元，清收欠款1.22亿元。压减过剩产能，其中炼油330万吨、合成氨57.5万吨、尿素81万吨、甲醇4.5万吨、烧碱15万吨。清理三级以下企业57家、低效无效长期投资36项，收回资金11.5亿元。国内企业管理层级压缩到5级。

【走向海外】 利用“两个市场、两种资源”，抓住世界经济调整转型和“一带一路”建设机遇，努力在国际分工中占据领先地位。签约收购全球最大的农药企业、第三大种子公司瑞士先正达；完成全球领先的橡塑机械制造商克劳斯玛菲的交割；完成安稻麦40%股权回购；与世界领先的能源矿产贸易商摩科瑞交叉持股。埃肯收购挪威、印度三家金属硅企业，完善硅产业链。与俄石油续签原油供应协议，稳定原料供应，签署远东石化、涂料项目框架协议，扩大合作领域。

正确处理原始创新和引进消化吸收再创新的关系，通过国际产能合作，实现国内外企业资源整合和业务协同。海外企业主导专业板块整合，形成龙头企业引领、区域合理分工、技术管理共享、市场全球布局的新板块格局，整合协同效应显著。倍耐力与橡胶板块开展工业胎、乘用胎资产和业务整合，加快管理、技术、品牌、渠道融合，实现优势互补，快速推进资产一体化后的组织一体化和资本证券化，工业胎与风神轮胎重组上市。克劳斯玛菲积极开拓中国市场，采取多种措施有序推进与橡塑机械板块采购整合和品牌整合，合理规划产品组合，加快资产一体化。以沙隆达为平台，推动安稻麦和国内农药资产的整合。

【重大创新】 完成科技投入62.8亿元，占主营业务收入的2.09%。实施科研项目852项，其中国家重点项目111项。开发新产品646项，研发一批具有国际、国内领先水平的新技术、新产品，获得省部级科技奖励74项。加强知识产权管理，提高专利质量。申请专利1304件，授权专利1284件，累计有效专利10771件，其中发明专利占比76.3%，美日欧和PCT专利占比21.9%。发明专利量列中央企业第五位。西南院等5家企业专利获第十八届中国专利优秀奖。主导修订国际标准4项，制定国家标准106项、行业标准74项。

【党建工作】 深入开展“两学一做”学习教育。各级党组织通过理论中心组学习、党委书记带头讲党课、举办专题研讨会等形式，坚持读原著、学原文、悟原理，认真学习党章党规、习近平总书记治国理政新理念新思想新战略。全系统党员进一步坚定理想信念，切实增强“四个意识”特别是核心意识、看齐意识，在思想上、政治上、行动上同以习近平总书记为核心的党中央保持高度一致。

认真学习贯彻十八届六中全会和全国国有企业党的建设工作会议精神。把学习贯彻两个会议精神作为重要政治任务来安排部署，与“两学一做”学习教育紧密结合，切实把思想和行动统一到中央部署要求上来。邀请十八届六中全会精神中央宣讲团成员为全系统党员作了专题辅导。

健全党建工作领导体制和工作机制。把加强党的领导和完善公司治理统一起来，进一步明确党组织在公司法人治理结构中的法定地位，将党建工作总体要求纳入集团公司章程，严格落实党委研究讨论是董事会、经理层决策重大问题前置程序的要求。加强党建工作考核，落实专业公司、直管单位党委每年向集团公司党委报告党建工作的制度，推行企业党组织书记抓党建述职评议。

全面履行从严治党责任。集团公司、专业公司和直管单位、92家直属企业已实现董事长（总经理）、党委书记“一肩挑”。专业公司、直管单位和绝大多数直属企业完成专职党委副书记配备。两级机关新设党委工作部，配齐配强党务工作人员。

进一步加强党风廉政建设和反腐败工作。切实履行“两个责任”，加强对重点部门和岗位的监管，加强对“三重一大”决策制度执行情况的监督。严明党的政治纪律和政治规矩，综合运用7种问责方式，实现“咬耳扯袖、红脸出汗”和“失责必问、问责必严”常态化，坚持案件通报制度。

【信息化建设】 深入推进“两化”融合，深化信息系统应用，建成营销管理和资金管理信息系统。推广倍耐力、安稻麦和克劳斯玛菲全球业务模板建设ERP系统。联通与倍耐力、克劳斯玛菲的国际数据专线，初步实现全球组网。加强信息安全管理，建立信息安全管理体系，开展应急演练，信息安全保障能力有效提升。

【履行社会责任】 积极履行社会责任，深入推进节能减排，获得国资委第四任期“节能减排优秀企业奖”。完成大气污染治理投资3.37亿元。20家企业的环保治理项目投产达标。积极参与全国碳市场的顶层设计，承担化工行业的7种产品碳排放基准线研究项目，完成纳入全国碳排放权交易体系的67家企业碳盘查。举办以“心手相牵，见证成长”为主题的第27届蓝星国际夏令营。继续开展对甘肃省古浪县、河北省平山县的对口扶贫。中国化工《可持续发展报告》再次获得“金蜜蜂优秀企业社会责任报告领袖型企业”奖。

（撰稿人：王大鹏）

中国化学工程集团公司

【基本概况】 中国化学工程集团公司（以下简称“集团公司”）是国务院国资委直接监管的大型企业集团，是一支集规划、勘察、设计、施工、监理、项目管理为一体的大型企业集团。

集团公司主业为化工、石油化工工程建设，相关工艺技术研发，环境治理及其他建筑工程服务。主要从事国内外化工、石油化工、轻工、纺织、机械、市政、环保、橡胶、电力、医药、建筑等项目建设的工程总承包。具有项目融资、技术咨询、工程设计、设备材料采购、施工组织、开车指导、工程监理等项目建设全过程为一体的、工程总承包综合能力。

截至2016年底，集团公司有二级所属企业4家，其中中国化学工程股份有限公司（以下简称“股份公司”）集中集团公司内部优质资产，于2010年1月7日正式上市。

在2016年度全球承包商250强（ENR）排名中，集团公司位列第32位，属于行业内细分市场的领先者，在化学工程领域有较大优势；在2016年度国际承包商250强（ENR）排名中，集团公司名列第67位。

【主要指标】 2016年，集团公司总资产855.2亿元，同比增长2.8%；实现营业收入542.2亿元，同比减少99.3亿元，下降15.5%；实现利润总额22.6亿元，同比下降39.4%；净资产收益率为6.15%；国有资本保值增值率为106.02%，完成国有资本保值增值目标。

2016年中国化学工程集团公司主要经济指标

项　目	2015年	2016年	比上年增长(%)
资产总额(亿元)	832.2	855.2	2.8
所有者权益(亿元)	298.5	312.5	4.7
营业收入(亿元)	641.5	542.2	−15.5
利润总额(亿元)	37.3	22.6	−39.4
净利润(亿元)	28.6	18.2	−36.3
归属于母公司所有者的净利润(亿元)	17.4	12.0	−31.2
技术开发投入(亿元)	21.0	17.8	−15.1
利税总额(亿元)	64.6	45.2	−29.9
应交税金总额(亿元)	27.2	22.7	−16.8
全员劳动生产率(万元/人·年)	23.1	19.9	−14.1

续表

项　目	2015 年	2016 年	比上年增长(%)
净资产收益率(%)	10.10	6.15	减少 3.95 个百分点
总资产报酬率(%)	4.75	3.02	减少 1.73 个百分点
国有资本保值增值率(%)	113.30	106.02	减少 7.28 个百分点

【改革发展】

1. 推动所属企业“三项制度”改革工作。所属企业主动适应新环境，进一步整合资源、减少冗员、提高效率，开展两级机关定岗定编工作，建设精干、高效的两级机关，为全面深化改革奠定基础。

2. 深化战略落地，推进转型升级，业务转型初见成效。编制并发布集团公司“十三五”发展战略规划，建立总体规划、子公司规划和专项规划“纵向衔接、横向联结”的战略框架体系；设立中化工程集团环保有限公司，加大环境治理主业拓展力度；完成股份公司境内 60 亿元中期票据注册和国际信用评级，具备境内外发债条件，推进境外财资中心设立，金融资本运营支撑集团公司战略落地和业务转型的作用进一步增强。2016 年，非化工领域新签合同额 243.2 亿元，同比增长 136.5%，占新签合同额的比重同比增长 17.7%。在市政、环保、污水综合处理、垃圾和秸秆发电、市政桥梁等方面转型初见成效。

3. 激发企业活力，细化改革任务，企业改革稳步推进。印发《集团公司深化改革指导意见(试行)》并建立深化改革任务台账；进一步压减集团公司总部管理事项；持续优化授权管理体系；研究制定企业经营业绩考核与分配改革实施方案；进一步深化三项制度改革；积极应对“营改增”税务变革；完成公务用车制度改革，减少公务用车 79 辆；厂办大集体改革进入收尾阶段；“三供一业”分离移交工作取得明显进展。

【重大项目】　截至 2016 年底，集团公司新签合同 3548 份，合同额 720.52 亿元。

国内重大工程项目：七公司签约的开封宋都古城文化产业园区清明上河城(一期)项目(23.36 亿元)、东华公司签约的天盈石油化工阿拉尔年产 30 万吨乙二醇(一期)建设项目(16.58 亿元)、二公司签约的西寨社区城中村改造安置房项目(14.50 亿元)等。

境外重大工程项目：成达公司签约的印度尼西亚芝拉扎 III 期 1000MW 电站项目(9 亿美元)、天辰公司签约的哈萨克斯坦 KPI 丙烷脱氢制丙烯(PDH)& 聚丙烯(PP)项目(9.44 亿美元)、五环公司签约的俄罗斯列宁格勒州年产 100 万吨炼油项目(6.65 亿美元)等。

【经营管理】

1. 加强高层驱动，强化战略经营，市场开拓取得积极成效。集团公司层面继续加强高层驱动，强化战略经营，支持企业经营工作的力度进一步加大。各企业积极调整市场策略，强力推进海内外经营。全年新签合同额 720.52 亿元，同比增长 12.3%，新签合同止跌回升。在海外经营上，加快网点布局，全年新设驻外分支机构 13 个，截至 2016 年底，海外分支机构总数达到 66 个；国际市场开拓取得较大进展，国外市场经营业绩创历史新高，海外新签合同额 336 亿元，同比增长 87.8%。在国内经营上，进一步巩固传统工程市场并积极进入市政基础设施、节能环保等领域，跨领域经营取得积极成效。

2. 压缩管理层级，强化项目管理，提质增效效果明显。完成压缩管理层级减少法人户数年度目标；狠抓现金流，全年实现经营性现金流为正；多措并举狠抓“两清”，全年清理问题工程 631 项，清缴拖欠工程款 20.4 亿元；完成设计、施工双“四化”前期准备工作；推进精品工程建设，承建、参建的 6 个工程项目获得 2016—2017 年度中国建设工程鲁班奖(国家优质工程奖)；系统加强安全生产工作；扎实开展内部审计，全年完成审计项目 907 项；深入推进法律纠纷、全面风险管理等风险防控工作。

3. 强化队伍建设，挖掘人才潜力，全面提升人力资源管理水平。推动领导干部“能上能下”和交流任职，调整补充 17 家企业领导人员 44 人次；各企业适应业务结构调整需要，积极优化组织机构、人员结构，大力推进人员轮岗、竞聘，全年开展中层干部调整 1195 人次，其中轮岗 162 人次。评选出第二批集团级工程技术专家和项目管理专家；组织举办两期国际工程项目经理培训班及首期中青年骨干培训班；各企业全年开展培训 4500 余次，总计培训 11 万余人次。

4. 推进技术创新，提高科技水平，科技贡献率进一步提高。2016年，集团公司获得国家授权专利357项，其中发明专利159项；获得国家专利优秀奖1项、省部级科技进步奖5项；参与编制国家和行业技术标准26项；评定集团公司工法32项；确立"十三五"重点研发项目47项；编制完成集团公司技术标准体系。

【走向海外】 2016年，新签境外合同50.63亿美元，折合人民币336.04亿元，占新签合同总额的46.64%。比上年同期增加157.06亿元，增长87.75%。境外新签合同中大多数来自印度尼西亚、马来西亚、伊朗、俄罗斯等"一带一路"重点国家。

2016年，境外项目分布在亚、非、美、欧四大洲34个国家和地区，境外项目142个(上年同期113个)。境外在建1亿元以上的项目68个(合同总额119.22亿美元，折合人民币757.49亿元)。境外在建项目数量、大项目数量、合同额均有所增长。

【技术创新】 集团公司储备较为丰富的工艺技术、工程技术和项目管理技术，并在技术创新和平台建设方面不断探索和实践，积累一定经验和实力。2016年，集团公司在国内外严峻的经济形势下，持续推进技术创新工作，落实各项措施，取得较为显著的成效。

公司编制《"十三五"技术发展规划》，研究确立"十三五"重点研发项目47项，涉及新型煤化工、传统化工产业升级、有机化工\精细化工\化工新材料及相关催化剂、节能环保、施工技术五大领域，为技术创新工作规划蓝图。截至2016年底，确立的47项"十三五"重点研发项目，总体推进情况良好，部分项目已取得阶段性进展。其中，实施的丁二烯直接氢氰化法己二腈合成技术开发项目，中试装置设备全部就位；实施的新型酚氨废水处理技术项目，完成醋酸丁酯萃取脱酚小试开发，开展中试装置的设计和采购工作；实施的新型高效换热器开发与热力性能研究项目，设计制造出的新型换热器组装完成，计划开展模拟实验。经过努力，各方面成果显现，在改革和创新的推动下，在资本的助力下，发展战略总体有序推进。

【党建工作】 集团公司党委充分发挥党组织在企业中的领导核心和政治核心作用，确立"1+3"工作主线；认真抓好巡视整改工作，总部及所属企业制定整改措施946项，截至2016年底整改措施完成97%；积极开展"四个专项治理"；推进公司章程修订，将党建工作的总体要求纳入公司章程；研究制定《"十三五"党建工作规划纲要》和《落实全面从严治党责任清单》，组织所属各企业党委制定修订党委会议制度，健全党组织议事决策机制；召开全集团党建工作会议，加强对党建工作的规划和指导；开展公司党委常委"一岗双责"专题调研，发挥示范带头作用；扎实开展"两学一做"学习教育；正确运用监督执纪"四种形态"，认真落实"三个区分开来"要求，深入落实中央八项规定精神，持之以恒纠正"四风"，党风廉政建设进一步加强。

【信息化建设】 在顶层设计方面。公司编制完成集团公司"十三五"信息化发展规划；编制完成《关于推进企业首席信息官制度建设的指导意见》，明确企业首席信息官职位职责任务；编制完成《信息化建设管理办法》，进一步规范信息化建设工作程序。

在管理系统建设和应用方面。集团公司开展安全生产管理信息化平台二期、三期的建设，启动财务核算系统增值税模块的开发试点工作，优化和完善集团门户及OA系统、外事管理系统和人力资源系统，启动实施集团总部档案管理系统建设。所属企业的主营业务信息化建设和应用也进一步深化。如天辰公司设计集成平台应用不断扩展，在多个境外项目得到全面应用，该集成平台开发成果还获得2016年铂金管道大赛Smart 3D类别一等奖；赛鼎公司以"大型碎煤加压气化炉技术及改进"项目为试点，与德国西门子公司合作进行智能P&ID、仿真研究、三维工厂巡视等数字化项目的开发。

2016年，集团公司又增加1家工信部"两化融合"管理体系实施试点企业，共计4家企业，其中2家企业通过两化融合管理体系认证。天辰公司继续保持IT服务管理体系ISO20000和信息安全管理体系ISO27001，并通过年度审核。软件正版化工作有序推进，基本完成国资委要求的正版化目标要求。

【履行社会责任】 集团公司作为中央企业，高度重视履行社会责任，热心支持公益事业，积极履行企业公民责任，通过提供就业、纳税、捐助等多种途径积极回报社会，建设和谐企业。

在工程建设及服务中，集团公司全面践行绿色建造模式，不断采用低能耗，低消耗的工程方案，全面淘汰高耗能装备、普及使用节能装备。利用技术优势在工程设计和建设过程中大力推广和应用保护环境、节能减排的新工艺、新技术，为全球建设绿色环保型、资源节约型、本质安全型的现代化工厂。集团公司坚持"人才强企"战略，不拘一格使用人才，努力为员工提供多元化的发展通道和广阔的发展空间。坚持以人为本，尤其关注女职工、特殊工种职工、工伤职工和老职工等特殊群体的合法权益，关注职工在孕期、产期、哺乳期、医疗期、工伤期等特殊期间的合法权益。通过开展形式多样的活动，丰富广大员工业余文化生活，增强归属感，让员工快乐工作的同时，充分感受到大家庭的温暖。

2016 年，按照国务院扶贫办和国务院国资委关于做好定点扶贫工作的一系列工作部署，集团公司定点扶贫 2 个贫困县、3 个贫困村，派出扶贫干部 5 人（其中 1 人赴西藏地区扶贫），投入帮扶资金 503.35 万元，结合实际，精准扶贫，为打赢脱贫攻坚战作出应有的贡献。

（撰稿人：朱　军）

中国轻工集团公司

【基本概况】　中国轻工集团公司（以下简称"中轻集团"）是由国务院国资委监管的全民所有制中央企业。中轻集团主业为轻工产品及装备研发与制造；相关工程承包与设计、贸易物流与服务。

2016 年，在国务院国资委的正确领导下，中轻集团认真贯彻落实党中央、国务院决策部署和国资委的各项要求，主动适应经济发展新常态，以提高经济发展质量和效益为中心，积极开展"瘦身健体"、提质增效等各项工作，努力推进改革，妥善应对风险，全面加强党建，各项工作取得新成效。

【主要指标】　2016 年，中轻集团实现营业收入 135.89 亿元，同比下降 16.65%；实现利润总额 1.98 亿元，同比下降 55.61%。截至 2016 年底，中轻集团资产总额 145.75 亿元，同比增长 2.48%。

2016 年中国轻工集团公司
主要经济指标

项　目	2015 年	2016 年	比上年增长(%)
资产总额(亿元)	142.22	145.75	2.48
所有者权益(亿元)	47.20	47.95	1.59
营业收入(亿元)	163.03	135.89	−16.65
利润总额(亿元)	4.46	1.98	−55.61
净利润(亿元)	3.43	1.02	−70.26
归属于母公司所有者的净利润(亿元)	2.84	1.34	−52.82
技术开发投入(亿元)	3.47	3.34	−3.75
利税总额(亿元)	8.25	6.65	−19.39
应交税金总额(亿元)	3.79	4.67	23.22
全员劳动生产率(万元/人·年)	18.89	19.32	2.28
净资产收益率(%)	7.61	2.14	减少 5.47 个百分点
总资产报酬率(%)	4.26	2.43	减少 1.83 个百分点
国有资本保值增值率(%)	108.15	103.43	减少 4.72 个百分点

注：所用数据为 2016 年度决算数据。

【改革发展】　中轻集团加强战略引导，推进深化改革。2016 年，编制印发《中轻集团"十三五"发展战略和规划》和《中轻集团 2016－2018 年滚动发展规划》，提出"十三五"规划目标、重点任务、保障措施，作为集团"十三五"发展的重要指引。建立涵盖各直属企业的深化改革组织管理体系，编制印发《中轻集团深化改革总体方案》，积极推进集团深化改革各项工作年度目标和重点任务的有效落地。制定《中轻集团劳动用工和收入分配制度改革方案》，进一步推进劳动用工和收入分配制度改革。继续推进集团控股的中国海诚工程科技股份有限公司非公开发行股份相关工作，在调整方案获得国务院国资委批复后，已按证监会要求申报和完善材料，有待发审委会议审核。启动公务用车制度改革，以压缩车辆数量、降低运行成本、降低配置标准为原则，制定《中轻集团公务用车制度改革方案》。截至2016年底，集团总部整改完毕，各直属企业公务用车制度改革方案确定，在进行整改。

【重大项目】 2016年，集团所属中轻日化科技有限公司承担的非离子表面活性剂产业化示范基地项目通过竣工验收，并实现项目当年投产当年盈利，公司成为亚洲最大的新型绿色表面活性剂生产供应商。集团所属中国食品发酵工业研究院投资的中食营科公司调整产品定位，新推出特医食品，满足慢性病人群和患者人群市场。集团所属中国中轻国际控股公司投资的马里新上卡拉糖联股份有限公司6000TCD糖厂项目，作为中轻集团境外最大的建营一体化投资项目，全面完成项目工农业建设、顺利进入投产运营。

【走向海外】 中轻集团所属企业积极实施"走出去"战略，利用各种资源开拓国际市场。中国海诚工程科技股份有限公司通过"借船出海""拼船出海"等方式努力开拓国际工程承包市场，2016年新增境外项目合同总额30亿元。代表性的项目有其北京子公司签约的合同额2.55亿美元的阿联酋项目、长沙子公司签约的合同额2.1亿美元的埃塞俄比亚项目两个大型海外总承包项目。

【重大创新】 集团公司不断加强科技创新能力建设，持续推进科技创新。2016年，编制《中轻集团"十三五"科技发展战略规划》，提出"市场导向、多元创新、跨越重点、价值发展"的"十三五"科技发展基本原则。确立7个科技进步奖和6个科技创新基金项目，全年科技活动经费支出33441万元，占集团营业收入的2.2%。承担省部级以上科研项目121项，其中国家级77项。申请专利208项，其中发明专利114项；授权专利190项，其中发明专利94项，授权专利数同比增长23.4%；完成国家标准31项，行业标准26项，参与国际标准化组织4个；发表科技论文359篇，同比增长51.5%，其中SCI、EI44篇；获得省部级以上奖励129项。

在管理创新方面，一是持续完善公司治理。贯彻落实习近平总书记坚持两个"一以贯之"的要求，修订集团公司章程，明确权责边界，加强各治理主体间的协调与沟通，不断提高规范运作和科学决策水平。集团董事会把"议大事、把方向、防风险"作为重点，加强重点工作的调研论证，强化重大决策把关，定期检查决议执行情况，充分发挥董事会在公司治理中的核心作用。同时，制定公司制企业的《董事会议事规则》《监事会议事规则》《总经理工作规则》的指引文件，对直属企业完善公司治理制度提出要求。二是不断加强财务管理。以"安全、效益"为原则深化资金集中管理，系统平台运行安全平稳，资金集中度和资金运营效率及效益较上年均有较大提高。继续用好短期融资券、中期票据等融资工具，成功发行6亿元短期融资券，有效降低融资成本。大力推进全面预算管理，制定全面预算管理办法，促进预算与战略、考核、薪酬的有效衔接，将预算管理纳入业绩考核。强化国有产权管理，建立国有产权登记信息系统并实现与国资委产权登记系统的实时对接。三是持续深化全面风险管理。组织开展内控评价工作，持续推进内控整改落地。编制完成2016年度全面风险评估和管理报告，首次延伸到直属企业，确定四项重大风险。建立重大风险追踪机制，坚持对重大风险的分析和提示，并加强跟踪和检查，持续开展债务风险、高风险业务和大宗商品风险监测和通报。

【党建工作】 2016年，集团公司党委认真学习贯彻习近平总书记系列重要讲话精神，深入贯彻落实党的十八届六中全会和全国国有企业党建工作会议精神，认真开展"两学一做"学习教育，推动党建工作再上新台阶。一是加强思想政治建设。严格按照"两学一做"学习教育实施方案，通过"三会一课"、专题培训、学习交流推进会等多种形式，用习近平总书记系列重要讲话武装头脑，引导党员自觉按照党员标准规范言行，推动全面从严治党向基层延伸。集团党委召开专题民主生活会，组织开展国资委系统"两优一先"评选推荐工作以及集团系统"两优一先"评选表彰工作。二是进一步落实党建主体责任。深入贯彻全国国有企业党的建设工作会议精神，建立完善党组织参与"三重一大"事项决策制度，已形成章程修改稿并上报国资委党委。2016年，集团召开14次党委会，审议和研究议题73项。按照国资委党委工作部署，集团公司专职党委副书记配备到位，进一步健全党的组织机构。完成党员组织关系集中排查、党费收缴工作专项检查、基层党组织按期换届情况专项检查和党员违纪违法未给予相应处理情况的排查等专项工作，党建基础工作得到加强。三是加强企业领导班子建设。修订《中轻集团党委管理的领导人员管理规定》，进一步规范选人用人工作程序。2016 年，选配集团中层正职 1 人、副职 4 人，直属企业正职 1 人、副职 1 人，严格执行“凡提必核”，避免“带病提拔”。对集团公司所属 12 家直属企业领导班子和 51 名领导人员开展 2015 年度综合考评工作。四是加强党风廉政建设和反腐败工作。组织召开集团公司党风建设和反腐败工作会议，集团党委书记与各直属企业党委书记签订 2016 年党风廉政建设责任书，集团领导班子成员及中层干部在党风廉政建设责任书上背书签字，实现集团系统党员领导干部党风廉洁建设责任“全覆盖”。完成“四风”问题整治情况“回头看”和巡视整改专项督查各项工作，促进长效机制的建立。严肃处理违规违纪问题，对 1 名直属企业主要负责人进行纪律处分。

【信息化建设】 集团公司不断推进信息化与业务融合，信息化应用和安全水平不断提升。2016 年，集团公司 OA 办公自动化系统实现全部二级企业和重点三级企业全覆盖。集团所属中国海诚工程科技股份有限公司积极推进资金集中管理子系统和工程管理子系统建设。集团公司启动网站群建设，并完成集团总部网站上线切换。全集团 VPN 组网完成正式上线切换，提升集团核心业务信息系统数据传输安全水平。完成 ERP 和 OA 系统服务器设备升级，提高集团应用系统的安全性和稳定性。

【履行社会责任】 中轻集团认真贯彻落实党和国家关于扶贫开发工作的一系列方针政策和决策部署，积极履行中央企业社会责任。集团公司选派人员到定点扶贫点内蒙古自治区喀喇沁旗河南街道马鞍山村担任村第一书记。根据定点扶贫地区的实际需求，投入 40 余万元为马鞍山村解决重点路段照明路灯问题；同时结合集团公司在食品酿酒等领域的特长，为马鞍山村实现葡萄产业发展规划提供技术支持和营销建议，2016 年马鞍山村葡萄酒厂的销售规模逐步扩大，效益逐步提升。此外，集团所属企业中国海诚工程科技股份有限公司与上海崇明竖新镇永兴村、中国轻工业武汉工程设计有限责任公司与红安县高桥镇四个村和城关镇两个村、中国轻工业南宁设计工程有限公司与来宾市武宣县通挽镇花马村分别开展定点扶贫帮扶活动。2016 年，集团公司及所属企业对外捐赠累计支出 56.9 万元。

（撰稿人：陈荟棂）

中国盐业总公司

【基本概况】 2016 年是中国盐业总公司（以下简称“中盐公司”）全面深化改革的开局之年，在国资委的坚强领导下，中盐公司坚持“回归、转化、退出、创新”方针，秉持“创新行业价值、服务民本民生、体现国家意志”功能定位，围绕“聚焦三大中心任务，建立两个支撑，完成八项工作”工作部署，较好完成全年工作任务。

【主要指标】 2016 年，受国际国内宏观经济形势持续走低影响，中盐公司生产经营面临的困难和挑战不断加大。面对严峻的生产经营形势，中盐公司攻坚克难，奋力拼搏，狠抓提质增效和扭亏脱困等重点工作，生产经营总体保持稳定，盈利能力持续改善，主要经济指标较上年好转明显，国资委对中盐公司的四大考核指标全部顺利完成，其中利润总额完成数 4.46 亿元（考核数 1.82 亿元），EVA 完成数－3.33 亿元（考核数－9.20 亿元），成本费用占比指标完成数 97.84%（考核数 101.48%），资产负债率指标完成数 81.28%（考核数 82.76%）。

2016 年中国盐业总公司主要经济指标

项　目	2015 年	2016 年	比上年增长（%）
资产总额（亿元）	496.19	473.08	－4.66
所有者权益（亿元）	85.41	88.54	3.66

续表

项　目	2015 年	2016 年	比上年增长(%)
营业收入(亿元)	212.47	208.88	−1.69
利润总额(亿元)	1.68	4.46	165.48
净利润(亿元)	−2.70	1.11	
归属于母公司所有者的净利润(亿元)	−2.40	−0.71	
技术开发投入(亿元)	0.77	0.93	20.78
利税总额(亿元)	19.99	23.19	16.01
应交税金总额(亿元)	18.31	18.73	2.29
全员劳动生产率(万元/人·年)	17.18	18.35	6.81
净资产收益率(%)	−3.23	1.28	增加 4.51 个百分点
总资产报酬率(%)	3.63	3.76	增加 0.13 个百分点
国有资本保值增值率(%)	94.68	99.18	增加 4.50 个百分点

【改革发展】 为了适应国有企业改革和盐业体制改革双重要求，中盐公司成立国企改革领导小组，下设七个专项小组，统筹推进各项改革任务。

一是对盐改后中盐公司面临的形势和任务进行全面研究。董事会研究通过《中盐发展定位纲要》，在此基础上中盐公司完成《盐业体制改革后中国盐业总公司面临形势和发展思路的报告》，并多次将《纲要》与《报告》以书面形式向相关领导和部委进行汇报。国资委在央企功能分类上初步确定将中盐列为主业处于关系国家安全、国民经济命脉的重要行业和关键领域，主要承担重大专项任务的商业类国有企业。

二是带头贯彻落实改革精神，重点工作取得实质性进展。按照经济体制改革工作部际联席会议(盐业专题)会议要求，研究制定《中国盐业总公司改革方案》，首次提出建设具有创新能力、国际竞争力的“国家盐业公司＋优秀盐化工企业”战略目标，就推进体制机制创新、结构调整、保障食盐安全和承担食盐供应兜底责任等方面制定 20 条改革措施，就解决中盐历史遗留问题、支持中盐公司通过资本市场上市融资等方面提出政策建议，方案得到有关部门的认可，目前正进一步征求意见。受国家发改委和工信部委托，组织起草《盐业企业兼并重组指导意见》，主要政策建议得到采纳。积极配合完成各项改革配套办法、条例和行业标准的修订、宣传，做好舆论引导以及过渡期的有关工作。

三是按照“内整外和”思路，积极推动行业联合。经过多方酝酿沟通，2016 年 12 月完成中盐京津冀盐业有限责任公司的工商注册工作，成立国内第一家跨区域、产销一体的盐业企业，公司的组建得到国家发改委、工信部、国资委等部委和京津冀三地政府主管部门的高度评价，人民日报、新华网等多家权威媒体进行报道。与河南省盐业总公司共同组建中盐中部盐业公司，形成中部地区产销一体、辐射周边的食盐经营主体，打造具有竞争力和影响力的区域优势企业；与海南省发展控股公司及海南省盐业公司共同组建中盐南海盐业公司，合作开发莺歌海高端海盐，参与开发以盐文化为主题的国际岛旅游项目；与安徽省盐业总公司、内蒙古自治区盐业公司分别签订战略合作协议，实施产销对接、品牌代理，共同维护当地市场稳定。

四是坚持“统分结合”原则，大力实施内部食盐产销业务改革。2016 年下半年，食盐产销体系改革小组先后在上海、榆林、石家庄召开三次改革工作座谈会，逐步明晰中盐食盐产销体系改革的任务目标和工作重点。在此基础上，研究制定《中国盐业总公司食盐产销衔接方案》《关于规范中盐基础食盐产品价格的通知》，确定食盐产销改革各项工作任务和具体措施，明确坚持“三品”战略、带头稳定食盐价格、不打价格战、引领行业有序竞争的坚定立场。同时，根据改革发展的需要，成立中盐公司盐品营销中心和食盐安全中心，确保战略和组织的一致性。

【提质增效】 一是发挥整体合力，推动降本增效。运营质量持续改善，全年销售费用同比下降 6.57%；管理费用同比下降 1.96%；财务费用同比下降 12.60%。通过资金归集、内部结算、资金统筹调配等举措，大幅提高资金集中度，提高资金内部使用效率，2016 年资金集中存量余额 16.37 亿元，为历史最高水平。进一步规范招投标管理，与采购预算相比，资金节支率达到15.27%。积极运用采购管理信息化手段，加强采购信息数据的统计分析工作，进一步强化日常采购管理。充分发挥中盐食盐分公司采购平台作用，不断扩大集采规模，其中煤炭全年采购量达到145万吨，完成计划140%。

二是激发个体活力，推动提质增效。食盐产销企业以消费者需求为中心，积极推进渠道建设，加快产品结构调整，努力提升产品附加值。中盐新疆在全区实现绿色食盐全覆盖的基础上，精心打造带有地标意义的“新疆天山系列”盐产品；中盐榆林继续加大植物性功能盐研发推广，积极宣传“食盐与健康”相关理念，引导消费需求；中盐金坛加快特种盐研发，向生活用盐领域转型，完成洗菜盐企业标准产品备案，发布“新型抗菌抑菌肠衣盐”及“抗疫肠衣盐”等多个新品种。化工企业注重合理调整产品结构，扩大盈利产品产量。中盐红四方复合肥、中盐吉兰泰PVC、兰太实业金属钠等产品均实现产销两旺的好势头，为化工企业实现效益提升提供保证。各企业加大成本费用管控力度。中盐吉兰泰在产、供、销等关键环节，狠抓成本管控，电价、煤炭、电石等成本下降15%以上。各企业调整优化组织结构，切实解决冗员过多的问题，提高管理效率。

三是优化资源配置，加大低效无效资产处置力度。中盐北京同中海外公司签订物业资产经营合作协议，在第一个支付周期内，实现经营收益1.89亿元，实现资产处置方式的创新。中盐上海、中盐黑龙江、中盐皓龙、兰太实业通过产权市场处置实物资产等方式，收回资金7300万元。以法律手段为基础解决中盐德邦问题，收回还款2.18亿元。加大现有应收账款和存货的清收力度，进一步提升应收账款周转率、存货周转率，全公司应收账款、库存实现同比下降10%。制定《中国盐业总公司开展压缩管理层级、减少法人户数工作方案》，明确3年压减目标和方案，2016年完成3家法人单位注销。

【重大创新】 品牌建设方面。围绕创新行业价值目标，积极推进“三品”战略，努力提高中盐产品的市场竞争力。一是完成中盐食盐产品设计图标统一实施工作；二是进一步加强食盐新产品推出流程管理，建立新品上市的核查与审批制度；三是研究制定《中盐商标品牌授权管理办法》，全方位保障食盐产品品质；四是将舆论引导和品牌传播充分结合，主动向《人民日报》、人民网、新华网、中央电视台、《国资报告》等主流媒体发声，宣传盐业改革精神，正确引导社会预期，积极回应社会关切，努力维护食盐市场稳定，树立央企形象，体现央企责任。

科技创新方面。科技工作委员会重新对中盐科技发展进行战略布局，制定《中国盐业总公司“十三五”科技发展规划》。受工信部委托，全面启动食盐定点生产企业和食盐批发企业规范国家标准和行业标准的修订与制定工作；制定《中盐产品内控标准》，确定内控标准指标44项，高于国家标准29项；起草《中盐食盐生产企业质量管理技术规范》，以此作为中盐定点企业准入标准，进一步夯实质量安全保障基础。兰太实业等8家企业获得国家、省部级科技创新资质认定。2016年，中盐授权专利114项，其中发明专利37项，同比提高37%和164%。中盐金坛“盐穴储存天然气技术”、中盐吉兰泰“降低PVC电石消耗技术”，在资源综合利用和节能减排技术领域取得新突破，有力推动企业降本增效。

安全生产方面。狠抓重点领域、关键环节的事故隐患整治，保持中盐安全生产形势的总体平稳，安全标准化班组建设得到进一步加强。2016年12月，国务委员王勇视察中盐红四方时，对企业安全管理特别是班组建设给予肯定。中盐红四方合成氨车间丙班、中盐金坛金赛盐厂丙班制盐班组、加怡电厂运行一班三个班组一举获得国家安监总局“全国百个安全标准化创建班组”的荣誉称号。

环境保护方面。2016年，总公司在节能减排方面投入2.2亿元，企业各类污染物全部实现达标排放，其中二氧化硫、氮氧化物等主要污染物排放量均下降6%以上，高于国家规定3%的下降水平。在环境要求与企业效益发生矛盾时，部分企业服从地方大局，坚决做好环保工作，牺牲效益，履行社会责任。

【党建工作】 一是扎实开展“两学一做”学习教育。按照中央和国资委党委部署，中盐公司将“两学一做”学习教育作为年度首要政治任务，坚持以上率下、上下联动，精心组织、扎实推进，取得良好成效。结合学习教育，部署开展纪律规矩教育月活动和“改革脱困我先行，提质增效显党性”主题活动，开展“两优一先”的评比表彰，推进基层党组织的换届，整顿软弱涣散党组织。邀请国家人力资源和社会保障部纪检组长耿文清、国资委纪检组副组长罗景一进行纪律规矩专题授课，进一步强化纪律规矩意识。各级党组织结合企业任务实际，开展集中学习和研讨，认真召开民主生活会，不断将学习教育引向深入。在抓好“两学一做”学习教育的基础上，中盐公司采取以会代训的方式，组织召开首次中盐企业组织人事工作会议，邀请国资委企干二局、分配局领导进行授课，并就今后一个时期的组织人事工作作出部署。

二是加强思想理论武装和基层党组织建设。深入学习贯彻党的十八届六中全会和国有企业党建工作会议精神，各级党组织通过党委会、党委中心组等形式集中组织学习研讨。专题召开学习六中全会精神专题报告会，邀请全国政协社会和法制委员会副主任、中央政策研究室原副主任施芝鸿作宣讲报告，对全会精神进行解读，进一步深化学习效果。通过不间断学习，坚定政治意识、大局意识、核心意识、看齐意识，在思想上行动上与以习近平总书记为核心的党中央保持高度一致。研究制定总公司《党建工作十三五规划》《企业文化“十三五”规划》，把抓好党的建设同中盐改革发展的具体实践有机结合起来，切实增强企业改革发展的软实力和推动力，为构建幸福中盐提供组织保障和文化支撑。进一步加强基层党组织建设，对6家企业59名“两委”人选进行考察，把党性强、作风正、政治素质好、组织能力强的党员干部充实到两委班子，相继完成中盐昆山、中盐福建、兰太实业等企业换届工作。

三是加强党风廉洁建设，落实“两个责任”。深入学习《中国共产党廉洁自律准则》《中国共产党纪律处分条例》《中国共产党问责条例》《关于新形势下党内政治生活的若干准则》《中国共产党党内监督条例》等文件精神，全面加强从严治党。将全年党风廉政建设和反腐败工作任务细化分解落实到每个企业和各个部门，并纳入年度业绩考核。总公司纪委与各企业纪委签订党风廉政建设主体责任和监督责任的《责任书》，督促所属企业纪委认真履行职责。建立健全所属企业党委、纪委领导约谈制度，把党风廉洁建设主体责任和监督责任落实到位。成立总公司党委书记任组长、党委纪委领导任副组长，相关部门负责人参加的巡视工作领导小组和巡视工作办公室，先后印发《中国盐业总公司党委巡视工作实施办法》《中国盐业总公司巡视信访工作办法》《关于被巡视企业配合总公司巡视组开展巡视工作的规定》，编制巡视工作手册，邀请国资委相关部门领导对巡视工作人员进行专题业务培训。成立中盐总公司党委巡视组，进驻中盐勘察院开展巡视，根据巡视结果对3名领导人员采取停职措施并派驻工作组，有力的发挥巡视的震慑、遏制、治本作用。对1名所属企业党委书记违反中央八项规定的情况作出处理，对该公司党委履行主体责任不力进行问责。对反映所属企业领导人员的37件次信访举报进行核查，按照五类标准处置问题线索总数79件次，处置率100%。

（撰稿人：曾　筝）

中国恒天集团有限公司

【基本概况】 中国恒天集团有限公司（以下简称“恒天集团”）成立于1998年。拥有二级全资及控股子公司23家，控股境内外上市公司3家，员工4万余人，成员企业分布在国内20多个省（自治区、直辖市），及境外近20个国家和地区。

恒天集团组建以来，通过股权划转、并购重组、战略合作等多种方式，整合境内外20余家纺织机械、商用汽车、纤维材料、纺织服装、金融信托等企业，规模实力迅速增强，业务范围不断拓展，已形成纺织机械、商用汽车、纺织及贸易三大主业，涵盖纺织机械、纺织贸易、新型纤维材料、商用汽车及工程机械、金融投资、文化、资产管理等业务单元。其中，纺机业务的综合实力、业务规模、成套能力居世界前列，具有较强的行业影响力和话语权；贸易业务具备细分行业领域内较强的市场地位和影响力，从纺织原料、服装到农产品、化工产品，贸易产业链不断延伸；新材料业务完成莱赛尔、莫代尔、聚乳酸、碳纤维等新型纤维产品的规划布局、技术储备，形成生产装备、技术研发和工程设计优势；新能源汽车业务实现快速发展，成为国内产品种类、资质齐全的新能源汽车企业集团之一；金融投资业务已逐渐发展成为涵盖信托、证券投资、融资租赁的综合金融业务板块，多功能的恒天金融新格局正逐步形成；文化业务大力推动发展生态、人文、旅游相结合的综合体项目，实现从传统地产向文化产业的转型。

【主要指标】 2016 年，面对错综复杂的经济发展环境和持续加大的经济下行压力，恒天集团上下全力以赴打好提质增效攻坚战，实现“十三五”的平稳起步和良好开局。

2016 年中国恒天集团有限公司主要经济指标

项　目	2015 年	2016 年	比上年增长(%)
资产总额(亿元)	740.87	829.02	11.90
所有者权益(亿元)	255.84	260.75	1.92
营业收入(亿元)	408.77	434.56	6.31
利润总额(亿元)	26.97	30.36	12.57
净利润(亿元)	18.23	20.33	11.52
归属于母公司所有者的净利润(亿元)	2.28	1.15	-49.68
技术开发投入(亿元)	4.80	5.24	9.17
利税总额(亿元)	49.92	55.97	12.12
应交税金总额(亿元)	22.95	25.61	11.59
全员劳动生产率(万元/人·年)	16.73	23.15	38.37
净资产收益率(%)	8.31	7.87	减少 0.44 个百分点
总资产报酬率(%)	6.02	5.62	减少 0.40 个百分点
国有资本保值增值率(%)	151.33	87.78	减少 63.55 个百分点

【改革发展】 恒天集团认真落实党中央、国务院和国资委关于“理直气壮做强做优做大国有企业”，加快推进中央企业改革的统一部署，积极稳妥、有力有序推进各项改革。一是推进子集团建设。进一步优化纺机、汽车业务产权整合方案，明确恒天汽车股份有限公司作为集团未来以新能源汽车为代表的汽车业务平台的定位；完成集团总部和纺机子集团在财务管理、人力资源管理、行政事务管理等职能领域的管理移交工作；修订完善贸易子集团组建方案；恒天资产成为集团全资子公司，理顺产权关系，明晰功能定位。二是完善领导干部选拔任用和考评机制。规范和落实书记会、党委会、总裁办公会“三个会议”，核实个人事项报告、档案审查、民主测评、访谈、公示、下达正式任命“六个关键步骤”的干部选拔任用流程；制定专职董监事管理办法和工作规范，加强对董监事履职的管理。三是推进混合所有制改革。在新设、参股、增资 3 家成员企业中大力推进混合所有制改革，进一步构建以“股权结构多元、资本优势互补、治理机制完善”为基本特征的现代企业制度。

【重大项目】 恒天集团纺机业务积极争取大客户棉纺成套订单，棉纺设备实现销售 185 万锭，其中出口 48 万锭，新上棉纺环锭纺项目国内市场占有率达到 80%。恒天重工积极争取 20 款车型进入国家新能源汽车推荐目录，承接新能源汽车订单超过 6000 台。凯马汽车在行业内率先启动国Ⅴ产品市场推广，“凯捷”系列产品市场反响良好，全年销量超过 5000 辆。长江生物建成 1000 吨聚乳酸无纺布生产线，用于国家荒漠化治理聚乳酸袜袋已获用户认可，成功替代国外产品进口。丝绸公司推进中鑫生物科技项目，进军茧丝绸产业的优质原料、蚕桑综合利用及生物科技产品开发市场。恒天文投祥符荡文化艺术产业园正式摘牌并被列为浙江省重点文旅标杆项目，进入实施阶段。恒天文投承办的第二届“时尚·北京”系列活动，成为提升恒天文化形象和传播首都北京国际新形象的重要“窗口”。中纺机集团技术中心成立运营，创新人才工作机制，组建全球领先的供应商专家团队和大专院校、科研机构专家平台。恒天重工设立智电汽车研究院，成立天津中恒动力研究院，建设天津恒天新能源研究院，加快推动新能源汽车及非道路动力系统产品研发。恒天纤维组建各企业独立自主、上下联动、统分结合、协同创新的科研体系，完善两个国家级技术中心的运营机制，制定 3～5 年技术研发规划。

【走向海外】 恒天集团努力开拓海外市场。恒天立信向后整理下游产业链拓展延伸，中国大陆外市场销售比重达到55%，全球市场综合占有率保持在25%以上。恒天北美公司汽车零配件业务和大客车整车业务开展顺利，营业收入同比增长14.8%；江西百路佳第一批8台通过美国安全标准法规认证的大型豪华客车成功出口美国。北京新能源汽车公司积极建设国际营销体系，协助百路佳开拓巴基斯坦市场，中标178台公交车。

【科技创新】 恒天集团不断加大研发投入，创新成果不断涌现，企业创新能力持续提升。召开集团科技创新工作会议，部署安排"十三五"科技创新工作。确定集团公司2016年科技创新基金项目15个、2017年科技创新项目18个，合计发放创新资金6580万元。支持5家企业成功申请发改委专项建设基金项目，获得低息长期贷款72200万元；4家企业获得2016年度重大技术装备免税进口额度1647万美元；完成3个国家技改项目和18个集团科技创新项目验收。加快产品技术研发。2016年，集团下达新产品开发计划项目130项，完成92项，完成率为70.8%；全集团获得授权专利218项，其中发明专利54项。所属企业主持和参与的项目获得2016年度中国纺织工业联合会"纺织之光"科学技术奖一等奖3项、二等奖7项、三等奖4项；8家企业的12个项目列入2016年度中国纺织工业联合会科技指导性项目计划；获得2016年纺织行业优秀工程咨询成果二等奖1项，优秀工程设计一等奖1项、二等奖1项。

【党建工作】 恒天集团各级党组织深入学习贯彻党的十八届六中全会和全国国有企业党的建设工作会议精神，落实从严管党治党要求，为企业改革发展提供坚强保障。一是完善党组织发挥作用的体制机制。在集团总部层面和重点企业完成党建工作总体要求纳入公司章程工作，推动党组织成为公司法人治理结构的有机组成部分。二是落实党建工作责任。探索建立党建工作考核办法，开展企业党组织书记抓党建述职评议考核工作，层层压实党建工作责任，层层签订党风廉政建设主体责任书。三是开展"两学一做"学习教育。组织开展党委中心组学习、辅导讲座和党组织书记培训，增强广大党员"四个意识"特别是核心意识、看齐意识。严肃党内政治生活，召开领导班子民主生活会和党员组织生活会，促进党员干部严守党的政治纪律和政治规矩。四是推进反腐倡廉。下发《"纪律建设年"实施方案》和党风廉政建设考核办法，开展执行中央八项规定精神情况调查、"四风"问题整治"回头看"，有效遏制"四风"问题，初步形成不敢腐、不能腐的长效机制。按期完成对8家企业的巡视。

【信息化建设】 恒天集团强化顶层设计，完成集团"十三五"信息化规划编制并在全集团进行宣贯。建设完成覆盖全集团的集中化投资管理系统，形成对投资计划、决策、实施、后评价全生命周期管理的IT支撑。

【履行社会责任】 恒天集团认真履行企业社会责任，坚持依法经营诚实守信，不断提高持续盈利能力，切实提高产品质量和服务水平，维护职工合法权益，积极参与社会公益事业。中国恒天红十字救助基金开展第六批救助活动，救助困难职工64人，涉及企业28家、金额44.2万元。组织开展山西省平陆县扶贫帮困革命老区公益项目，选派专人担任山西省平陆县副县长，创新扶贫模式、开展智力扶贫，加大对口扶贫资金投入，全年落实集团专项扶贫资金50万元、组织集团所属企业捐助定点扶贫资金170万元。

（撰稿人：马千里）

中国建材集团有限公司

【基本概况】 2016年是中国建材集团有限公司(以下简称"中国建材集团")重组整合、提质增效的一年。在国务院国资委的正确领导下，在监事会的监督指导下，集团广大干部员工迎难而上，奋勇拼搏，各项工作取得新进展，实现"十三五"良好开局和重组开门红。

【主要指标】 2016年，在复杂的宏观环境和严峻的行业形势下，中国建材集团坚持"早、细、精、实"原则，聚焦"稳价、降本、收款、压库、调整"十字方针，强化数字化管理，抓一线、抓市场。经过不懈努力，全年实现利润76亿元、同比增长35%，净利润50亿元、同比增长60%，营业收入2612亿元、与2015年持平，圆满完成国资委要求的效益恢复性增长目标。

【重组改革】 中国建材集团积极有序做好重组改革的各项工作，实现新的突破。

积极贯彻落实国资委关于建材央企整合的战略部署。2016年8月，中国建材集团成立，中国建筑材料集团有限公司与中国中材集团有限公司成功实现重组。重组后，集团总资产6000亿元、职工25万名，拥有六项世界第一和四项全国第一的产业优势，确定新的战略目标和战略定位，明确三大发展战略和六大业务平台，奠定向更高目标迈进的基础。1个月内，完成领导班子配备、职能部室设置和人员安排调整。2个月内，完成二级平台搭建，将资产管理公司更名为资产运营公司。截至2016年底，集团层面和二级公司层面实现无缝对接，成功召开月度经营分析会、开启业务管理整合序幕，重组协同效应显现。

将改革与重组工作同步推进。一方面建立规范的公司治理结构，初步完成公司章程、会议和规章制度修订；另一方面积极推进改革试点工作，混合所有制试点取得阶段性成果，落实董事会职权试点继续深化，兼并重组试点方案报国资委备案，集团所属企业成功入选员工持股首批10家试点。

改革经验和理论研究取得新成绩。与国资委研究中心共同完成国家社科基金以集团为例的国有企业发展混合所有制课题，参与完成国资委2项国企改革理论课题。

【转型升级】 中国建材集团积极推进供给侧结构性改革，加快布局“三条曲线”，转型升级成效显著。

有序推进第一曲线水泥等产业结构调整。继续做精做细水泥业务，带头贯彻落实34号文件，加快向“高性能化、特种化、商混化、制品化”方向发展，推动行业标准提升、集团高标号水泥比例高于全国平均水平10个百分点，建立7个特种水泥虚拟经营平台、大力推广特种水泥，以市场化、资源化为原则优化商混布局，启动骨料业务布局，推进智能化生产。继续做实做优玻璃业务，加快向“电子化、光伏化、智能化、节能化”方向发展。

快速提升第二曲线“三新”产业盈利水平。优化完善石膏板产业布局，规模继续保持全球第一，荣获中国工业大奖。打造新型房屋专业化运营平台，研发推广加能源5.0房屋。玻璃纤维业务发布E8高模量玻纤配方。碳纤维业务T800千吨级生产线建成投产、产品实现出口。新玻璃业务以超薄0.15毫米触控玻璃、0.2毫米TFT液晶玻璃基板实现量产为标志，一批高端产业项目投产或在建。铜铟镓硒薄膜组件光电转换率达到17.9%刷新世界记录、国内生产线开工建设。电池隔膜业务年产2亿平方米项目启动建设。

积极发展第三曲线研发、服务等新业态。加快业务转型升级，积极发展制造服务业。检验认证业务获多个国际、国家级技术服务平台与资质，积极打造智慧物联平台、建设海外备件维护基地，完成可承载2000余家成员单位同时在线的金融服务系统。

【走向海外】 中国建材集团积极参与“一带一路”建设和国际产能合作，在“走出去”过程中取得优异成果。

积极稳步开展国际产能合作。中俄两国元首见证集团与欧洲水泥签署合作协议。集团先后参加澜湄国家合作展等重大展览，李克强总理等国家领导人予以充分肯定。推进境外投资建厂，蒙古国年产100万吨水泥二期项目投产，赞比亚建材工业园日产2500吨水泥生产线开工，埃及年产16万吨玻纤生产线产销率达100%、三期开工建设，美国年产20万吨玻纤项目一期工程开工。集团44个项目被国家列入国际产能合作重点项目清单。

积极拓展境外工程业务。全年签订各类境外工程项目合同近150个。在全球推行水泥行业的中国制造、中国标准，水泥、玻璃工程服务继续保持全球市场份额领先地位。新签一批海外光伏工程合同，成为欧洲最大的中资光伏EPC总包商。

创新“走出去”模式。推进境外建营一体化项目，新签一批海外运维项目。开展“互联网+全球化”运营管理模式，智慧工业服务范围进一步扩大。推广巴新“建材+家居”连锁超市模式，在成为南太最大建材综合服务商基础上进军非洲市场。积极推进“跨境电商+海外仓”模式，所属企业被确定为国家首批4家外贸综合服务试点企业之一。全力将新型房屋打造成继高铁后推向世界的中国品牌，莫桑比克3.5万套、委内瑞拉5000套新型房屋项目启动，与英国YHG集团签订每年1万套绿色房屋长期协议。

【重大创新】 中国建材集团坚持创新驱动战略，持续深入推进“双创”，创新能力不断增强。

加强顶层设计。一批重点研发指南覆盖国家四部委6个专项。构筑集团国家级材料科研先发优势，部署“十三五”科技创新发展重点，牵头申报获批重点基础材料、绿色建筑、智能制造等专项项目8项，新布局11项。

全面推动“双创”工作。形成一批高水平重大科技成果，突破深井高强高性能混凝土等一批关键技术，多项新材料用于长征五号等国家重大工程。全年获得省部级以上科技奖励170多项，其中2项成果获得国家科技进步二等奖。拥有有效专利8100项、新申请专利2100多项，发布2项国际标准和方法。一线技术革新创新蓬勃开展，建材行业技术革新奖获奖占比50%。加快“双创”平台建设，获批全国碳交易能力建材行业培训基地、高压绝缘材料研发国际科技合作基地等平台，做实碳纤维产业联盟，牵头组建玻纤及复合材料产业联盟。

加快新技术开发应用。高强轻板技术、大型叶片高效生产技术、T800碳纤维、光伏玻璃、电子玻璃等新技术产品均产生良好效益。

【党建工作】 中国建材集团深入学习党的十八届六中全会和全国国企党建工作会议精神，全面从严加强党的建设。

扎实推进“两学一做”学习教育。集团各级党组织以“两学一做当模范、提质增效做贡献”为主题，突出抓好重点动作，坚持学用结合、问题导向，进一步增强党员干部的“四个意识”。

党建主体责任进一步落实。集团将党建工作要求写进公司章程，把党委研究讨论作为董事会、经理层决策重大问题的前置程序。积极推动成员企业党委把党建工作要求写进公司章程。深化巡视自查自纠，全力配合国资委巡视工作。

坚定不移推进党风廉政建设。深入践行“四种形态”，强化监督执纪问责。落实中央八项规定精神，强化作风建设。深化纪检机构“三转”，强化队伍建设。倡导“亲清”干部关系，营造风清气正的良好氛围。

加强思想文化建设。加强干部和人才队伍建设，表彰选树先进，泰山石膏荣获“全国五一劳动奖状”，2个集体、4名个人获得国资委表彰。大力开展扶贫工作，选派10名扶贫干部和2名援藏援疆干部。弘扬集团文化，开通集团官微，发布五星级社会责任报告。

【履行社会责任】 中国建材集团始终秉承“善用资源、服务建设”的核心理念，“创新、绩效、和谐、责任”的核心价值观，持续开展“责任蓝天”行动，积极履行央企责任。

围绕“绿色、循环、低碳”的原则，将节能减排贯穿在原材料选用、生产过程和产品应用等全过程，大力发展可再生能源，提升资源循环利用能力，引领行业节能限产、自律减排。2016年，集团节能环保投入超过40亿元，自产固体废弃物处置率近90%，余热发电装机容量2025兆瓦，年发电量87亿千瓦时。

坚持以人为本，全力维护员工权益，保障员工生命安全和职业健康，呵护员工心理。2016年，集团职业健康安全投入8亿元，杜绝较大及以上安全生产事故。

在生产经营活动过程中，为所在地区提供就业、贡献税收，实现与所在地域的共同发展和成长。2016年，集团累计上缴地方税金94亿元，提供就业岗位超过2万个。

实施阳光公益和精准扶贫。2016年，集团对外捐赠总额2400万元，志愿者活动投入345万元，提供志愿服务2.8万小时。

（撰稿人：江秀龙）

中国有色矿业集团有限公司

【基本概况】 2016年是“十三五”的开局之年，也是中国有色矿业集团有限公司（以下简称“中国有色集团”）攻坚克难，实现扭亏脱困的关键一年。2015年中国有色集团出现公司历史上的首次亏损，面对前所未有的困难和挑战，中国有色集团坚决贯彻落实中央要求和国务院国资委的部署，竭尽全力打好“提质增效、扭亏脱困”的攻坚战，坚定不移推进供给侧结构性改革，迎难而进，摆脱困境，实现扭亏为盈的经营目标。2016年，中国有色集团实现营业收入1409.54亿元，有色金属产品产量161.42万吨，同比增长3.27%，利润总额6.76亿元，提前一年实现“三年扭亏为盈”目标，超额完成国务院国资委的考核任务。进一步稳固在“世界500强”“中国企业500强”和“中国100大跨国公司”中的地位，开创企业可持续发展的新局面。

【主要指标】

2016年中国有色矿业集团有限公司主要经济指标

项　目	2015年	2016年	比上年增长(%)
资产总额(亿元)	1255.85	1196.24	－4.75
所有者权益(亿元)	293.09	295.95	0.97
营业收入(亿元)	1708.69	1409.54	－17.51
利润总额(亿元)	－52.62	6.76	
利税总额(亿元)	－45.77	19.71	
应交税金总额(亿元)	28.11	25.17	－10.46
全员劳动生产率(万元/人·年)	7.42	18.60	150.7
总资产收益率(%)	－2.01	2.48	增加4.49个百分点
国有资本保值增值率(%)	96.80	80.73	减少16.07个百分点

【改革发展】 2016年，中国有色集团将供给侧结构性改革和提质增效作为全年工作的重中之重来抓，取得重要成果，提前一年实现扭亏脱困的目标。

为大力落实“僵尸”及特困企业治理、压缩管理层级和减少法人单位户数三项重点改革任务，集团公司成立各个层级的领导小组，制定专项治理方案，明确三年工作计划，根据与国资委签订的目标责任书，对有关出资企业进行年度任务分解，并派专项工作组前往重点出资企业进行深入细致的调研和督导。2016年，集团公司被列为“僵尸”和特困企业的21户出资企业全部开展处置及富余人员安置工作，分流安置4023人，按照年度计划压减各级法人单位13户。

在“去库存”工作方面，中国有色集团制定“两金”压降目标，对“两金”清理工作进行专项督导，通过指派专人负责、以物抵债、让利清收等措施，加大对逾期应收账款的收回力度，全面清理和盘点存货，加快滞销积压存货的清理处置，“两金”同比减少11.25亿元。

在“去杠杆”工作方面，中国有色集团正式组建资金管理中心，搭建起资金集中管理平台，集团层面的财务公司筹建、部分境外项目引进外部财务投资者等工作都在积极推进，为集团公司进一步改善资本结构、盘活资金存量创造良好条件。集团公司资产负债率同比下降1.41个百分点，带息负债规模较2015年底减少43.96亿元。

中国有色集团坚持“一企一策、一厂一策、一品一策”，突出抓好成本费用控制这个“牛鼻子”。2016年，营业成本减少305.02亿元，同比下降18.6%，与营业收入相比，成本下降更多；三项期间费用总额同比减少9.60亿元，降幅达到14.4%。

【科技创新】 2016年，中国有色集团制定实施《“十三五”科技发展规划》，把创新摆在核心位置，引领企业发展。以中国有色集团为主完成的“红土镍矿生产高品位镍铁关键技术与装备开发及应用”荣获国家科技进步二等奖，率先实现我国镍铁生产设备的大型化、自动化和产品高端化，使我国镍铁生产技术进入世界先进行列。这是中国有色集团作为牵头单位首次荣获该级别奖项，为深入实施创新驱动发展战略提供强大的动力。此外，19项科技成果获得2016年度中国有色金属工业科技进步奖，其中一等奖3项、二等奖9项、三等奖7项，获奖数量再创新高。积极践行央企责任，勇于承担国家各类科技项目，2016年8个课题列入国家重点研发计划专项，创历年来最好成绩。

【走向海外】 中国有色集团是我国有色行业“走出去”的排头兵，国际化经营程度高。2016年，中国有色集团加大对中南部非洲矿产资源的开发力度，成功签署刚果(金)Deziwa和Kambove两个重要项目协议。其中，Deziwa项目建成后将年产阴极铜8万吨以上，有望成为中国有色集团在中南部非洲最大的资源开发项目。同时，中色非矿东南矿区、铜冶炼公司转炉渣钴回收、湿法公司穆旺巴希选厂扩建等境外重点项目都在有序推进，刚果(金)年处理40万吨铜精矿粗铜冶炼项目已开展前期筹建工作。

中国有色集团深入贯彻中央“一带一路”座谈会精神，加大“一带一路”沿线国家的市场开拓，2016

年，新签海外工程合同额达到20.08亿美元，同比增长242.23%。中色股份在哈萨克斯坦承建的巴夏库、阿克托盖两个世界级铜矿选厂项目，合同总额超过10亿美元，2016年实现竣工投产。中国有色集团承建并管理的赞比亚中国经贸合作区，新引进注册企业7家，并与多家大型企业签订合作备忘录。2016年3月21日，全国人大常委会委员长张德江莅临经贸合作区卢萨卡园区视察，高度称赞中国有色集团"走出去"取得的发展成就。中国有色集团荣膺"2016年国际跨国公司领袖奖""2016年公众企业透明度·最佳海外沟通实践奖"，进一步树立中央企业国际化经营的良好形象。

【强化管理】 2016年，中国有色集团接受国家审计署，国务院国资委党委巡视组、审计组的审计和巡视。中国有色集团本着"基层的问题从集团公司找原因、普遍发生的问题从机制上找原因"的原则，对审计巡视提出的整改意见，迅速整改落实。成立整改工作领导小组和工作组，对整改提出的问题不躲避、不回避、不逃避，认真对照反馈意见，在逐条认真研究、分析梳理的基础上，列出整改清单，每一项措施都明确问题指向、整改措施、分管领导、责任部门、责任人和完成时限，将整改任务分解到集团公司领导班子每位成员、总部相关部室和有关出资企业，持续跟踪督导，能及时整改的立行立改，涉及长项工作的按时间进度有序推进。

整改落实对中国有色集团全面提升管理水平起到了积极的促进作用。2016年，集团公司进一步强化制度建设，总部制定完善制度规程49项，按制度办事的意识进一步增强。严格投资及项目管理，创新资源开发业务投资模式，投资决策和项目管理水平进一步提升。全面加强风险防控，开展14项内部审计工作，对全级次117家下属企业开展逾期应收账款摸底排查，通过明确主管领导和责任部门，落实"一月一报"制度，实现动态管控，逾期账款同比下降16.8%。加强全面预算和资金预算管理，开展会计基础达标升级、优化管理内控。信息化测评及项目管理等工作实现线上管理，总部实现新闻、待办等的集成应用和移动办公，完成10家出资企业ERP薪酬系统和7家出资企业网站群等建设，一体化应用逐步深入，视频会议和网络等基础保障得到加强，信息化管理和应用水平进一步提升。

2016年，集团公司保持"较大及以上生产安全事故为零、环境污染事件为零"。万元产值综合能耗同比下降4.31%；二氧化硫排放量同比下降40.65%；质量体系有效运行，重大质量事故及客户投诉为零，产品优质品率和整体合格率稳步提升。

【党建工作】 中国有色集团认真学习贯彻十八届六中全会和全国国有企业党的建设工作会议精神，集团公司党委把落实《关于新形势下党内政治生活的若干准则》《中国共产党党内监督条例》与加强党内监督、健全内控机制、抓好问题整改结合起来，完善制度，强化治理，堵塞漏洞。研究制定《落实全国国有企业党的建设工作会议精神重点任务及措施责任清单》，对加强党建工作的26项重点任务逐一明确措施、责任和完成时限。针对党建工作责任制、海外企业党建工作、"三重一大"决策监督检查及追责等问题，完善相关制度，扎紧织密制度的"笼子"。

深入开展"两学一做"学习教育。集团公司及出资企业领导班子成员讲党课182人次、组织中心组学习151次，完成党员组织关系集中排查、党费收缴工作专项检查、基层党组织按期换届专项检查等"四查"工作。加强典型示范，表彰9个基层党组织、40名优秀共产党员和20名优秀党务工作者。中国十五冶安哥拉项目党支部被中共中央授予"全国先进基层党组织"称号。通过"两学一做"学习教育，进一步增强党员的党性意识、规范党内政治生活，发挥支部战斗堡垒作用和党员先锋模范作用，全面从严治党不断向基层延伸。集团公司召开首次宣传工作会议，组织行业媒体进行"国际产能合作系列报道"和"提质增效在行动"两大主题宣传活动，报道境内外21家各级企业攻坚克难的积极作为。

加强监督执纪问责。层层分解、逐级落实党风廉政建设工作责任，集团公司党委与25家境内外出资企业签订党风廉政建设责任书，并加大考核力度。进一步加大纪律审查力度，严肃查处违规开展融资性贸易造成损失、"小金库"、企业领导人员亲属与本企业发生经济往来等问题。加大纪检干部队伍建设，以"重铸忠诚、守住底线、强化担当"为主题，在全集团纪检监察系统中开展"四个一"活动。认真开展清产核资后续责任追究工作，对127项资产损失中44项，涉及18家单位的31名人员给予纪律处分、组织处理或经济处罚。认真查处巡视移交的27项问题线索，初核完毕7件，对10人给予党纪政纪处分。

从严治党为中国有色集团的可持续发展提供有力的政治保障，创造风清气正的发展环境。

（撰稿人：张培德）

北京有色金属研究总院

【基本概况】 北京有色金属研究总院（以下简称“有研总院”）创建于1952年，是我国有色金属行业规模最大的综合性研究开发机构，为国务院国资委管理的中央企业，注册资金1399808000元，主要从事微电子与光电子材料、新能源材料、有色金属特殊功能材料、有色金属结构材料与制备加工技术、有色金属粉末及粉末冶金、有色金属选矿冶金技术、特种装备研制、有色金属材料分析与测试、有色金属科技情报与软科学、材料计算与模拟仿真等领域的工程化技术研究开发、服务和产业化。在半导体材料、有色金属复合材料、稀土材料、生物冶金、材料制备加工、分析测试、新能源材料、智能材料等领域拥有14个国家级研究中心和实验室，承担一批国家重大科技专项研究课题和国家战略性新兴产业开发项目。建院以来，获得国家级和省部级科技成果奖励1000余项，授权专利和制定国家及行业标准1800余项。先后为“两弹一星”“神舟飞船”“载人航天”“探月工程”等国家重点工程和有色金属行业提供一大批新材料、新工艺、新技术和新设备，为我国有色金属工业和国防军工建设提供强有力的科技支撑。有研总院高度重视科技成果的转化，在微电子材料、光电子材料、稀土材料、有色金属粉末、特种有色金属加工材料、新能源材料、高端冶金装备、分析测试等方面形成产业集群。截至2016年底，有研总院有从业人员3900人，其中两院院士4人，国家有突出贡献的中青年专家和政府特殊津贴专家122人，国家特聘专家1人，百千万人才9人。在“材料科学与工程”和“冶金工程”等学科具有博士、硕士授予权，并设有博士后科研流动站。

【主要指标】 2016年，有研总院实现营业收入58.67亿元，同比增长28.2%；实现利润总额0.57亿元；全年人均劳动生产率19.68万元/人·年。截至2016年底，有研总院资产总额89.02亿元，同比增长11.74%。

2016年北京有色金属研究总院主要经济指标

项　目	2015年	2016年	比上年增长（%）
资产总额（亿元）	79.67	89.02	11.74
所有者权益（亿元）	61.09	64.88	6.20
营业收入（亿元）	45.77	58.67	28.20
利润总额（亿元）	0.00	0.57	
净利润（亿元）	－0.03	0.39	
归属于母公司所有者的净利润（亿元）	－0.48	－0.19	
技术开发投入（亿元）	3.95	3.91	－0.96
利税总额（亿元）	1.89	3.08	63.04
应交税金总额（亿元）	2.77	1.10	－60.13
全员劳动生产率（万元/人·年）	18.21	19.68	8.10
净资产收益率（%）	0.02	0.63	增加0.61个百分点
总资产报酬率（%）	0.39	0.82	增加0.43个百分点
国有资本保值增值率（%）	128.85	99.31	减少29.54个百分点

【改革发展】 2016年，有研总院按照战略规划部署，进一步深化管控模式变革，并在规范管理，降低风险，提高效率和资本运营等方面开展以下工作。

一是大力推进改革。编制完成《“十三五”发展战略规划纲要》，明确发展纲领。按照战略引领的原则，成立有研工研院。完成职能部门改革，重新梳理部门职责和岗位，促进管控模式转型。

二是加强资本运营。引导设立202亿元的华鼎新动力股权投资基金，为动力电池领域发展提供强大资金支持。推进国联汽车动力电池研究的增资扩股，股东增至12家，股本增至8.9亿元，股东结构进一步优化。增资中加基金，继续加强金融投资。成功发行短期融资债券，降低资金运营成本。

三是加强风险管控。全面梳理规章制度的有效性和合规性，提出整改计划并按照节点要求顺利推进。加大审计力度，扎实推进审计整改，开展集团范围内部控制评价工作，构建集团全面风险管理体系，制定《法治有研建设实施方案》，加强各类合同和重大决策的法律审核，全方位完善风险管理体制，构建防范体系。落实安全生产责任制，组织各单位完善安全制度体系，完善安全管理体系。从严落实各项保密管理制度，全年未发生失泄密事件。

四是推动信息化建设。总院内网与有研工研院内网实现互联互通，建设的涉密网通过国家保密局测评；开展移动数据传输安全防护工作；推进OA集团化试点，开发单点登录系统和移动办公系统，提高办公效率。

五是从严管理干部，优化人才队伍结构。进一步完善干部管理制度体系，制修订多项干部管理制度，规范管理要求。全面完成干部人事档案专项审核和院管干部任职履历梳理。从严监督，强化个人有关事项申报，已实现在任中层领导人员核查的全覆盖。新聘用14名年轻干部，45岁以下中层领导干部比例从2015年的39%提升至46%。选派2名干部前往贵州省挂职。推进市场化选人用人机制，员工能进能出的机制初步形成。国联汽车动力电池研究院全年从市场上选聘高级和中级专业技术以及管理人才20名，辞退不称职的高管4名；复合中心根据绩效考核结果，对不称职的员工采取撤换团队长、调整岗位工资和不再续聘方式处理，数量占全单位员工数量的12.6%。强化人才培养，实施总院级培训12项，培训各类人员800人次，提升能力素质。多人分别入选国务院政府特贴专家、"万人计划"科技领军人才、科技北京百名领军人才、北京市科技新星等，1人荣获杰出工程师奖。

【基地建设】 2016年，有研总院完成怀柔基地二期的设计和规划申报工作，获批开工建设。多小项目完成全部设备购置和工程改造等建设内容，并通过环保、安全、职业卫生、财务审计、工程质量、保密技防测评、消防等各单项验收。继续推进稀土燕郊基地的建设工作。开工建设高纯金属靶材产业化项目。完成二部15000平方米厂房的建设，二部基地的煤改热工程建设如期完工。

【重大创新】 2016年，有研总院获得中国有色金属工业科学技术奖15项，中国专利优秀奖2项。发表科技论文197篇。申报专利376项，获得授权219项。发布制修订标准30项。国联研究院的2亿瓦时动力电池和1000吨正极材料中试线全面通线运行，产业化取得重大进展。复合中心硅铝封装材料和半固态高端零部件成功转让，走出一条科技创新可持续发展的道路。重点实验室研制的钛合金挤压型材和新型铜合金成功应用于"长征五号"火箭关键部件。有研稀土突破低碳低盐无氨氮分离提纯稀土技术和离子型稀土原矿浸萃一体化新技术，生产成本大幅降低，在国盛稀土、崇左稀土得到应用。电子所自主开发的复合屏蔽材料，在某新型战略武器上实现定型应用。生物冶金工程实验室、矿山环保生物原位修复等多项节能环保技术实现应用。能源所实现氢化物储热与太阳能光集热的系统集成，完成大口径高温真空集热管设计、定产工作，实现产品供货。主编学术杂志《Rare Metals》和《Journal of Rare Earths》连续5年荣膺"中国最具国际影响力学术期刊"，《稀有金属》获得"2016年中国国际影响力优秀学术期刊"称号，影响力进一步扩大。

【党建工作】

1. 扎实推进"两学一做"学习教育。各级党组织按照国资委的部署认真执行六个规定动作，深入开展学习教育，将各环节融入"三会一课"，各级党组织书记和班子成员带头讲党课，认真组织民主生活会和组织生活会，开展民主评议，引导广大党员进一步发挥积极性主动性创造性，争创合格党组织，争做合格党员。

2. 进一步抓实党建工作。全面推动落实党建工作责任机制，组织召开党建工作推进会，听取基层党委党建工作报告，出台基层党建述职评议考核细则和报告党建工作暂行办法，加大党建工作考核权重，开展党组织书记抓基层党建述职工作，建立健全基层党组织党建工作考核评价机制。落实党支部工作计划制度，规范党费收缴，排查党员组织关系，按期换届选举，依规发展党员。全面贯彻党的十八届六中全会和全国国有企业党的建设工作会议精神，制定35项重点任务并扎实推进。

3. 加强党风廉政建设和反腐败工作。召开党风廉政建设和反腐败工作会议，完善领导和协调工作机制，签订责任书，明确廉政责任体系。提高党风廉政建设在经营业绩考核中的权重。院党委把握运用“四种形态”，从严管理干部；院纪委坚持廉政谈话制度，印发《纪检问题线索管理办法》和《纪检案件查办工作管理办法》，开展各类专项自查，全方位加强党风廉政建设和反腐败工作。

4. 全面配合国资委的巡视并迅速开展巡视整改工作。积极配合国资委的巡视工作，在巡视过程中加强组织协调，认真配合巡视要求，圆满完成巡视组在院期间的工作。成立巡视反馈意见整改工作领导小组和办公室，制定巡视整改任务清单，积极解决存在的问题。截至2016年底，根据巡视组反馈意见细化的52项整改任务，目前已完成43项，其他的均按照节点顺利推进。

5. 加强精神文明和企业文化建设。围绕中心任务开展主题宣传，建立微信公众号，增强宣传引导活力。进一步完善工会制度，同时在解决职工难题、丰富职工生活和关爱员工等方面开展系列工作。充分发挥离退休党支部的作用，增强与离退休老同志的深入交流和沟通；及时落实国家对离退休人员的相关政策。

【信息化建设】 有研总院持续推进信息化建设工作。在2016年，推进协同办公系统集团化试点工作，并在协同办公系统与财务管理系统逐步推广移动办公应用，提高日常办公及财务业务工作效率；继续加强网络信息安全建设，按照上级单位要求标准规范，建成总部与工研院商秘网、工研院涉密网，实施移动安全接入项目，确保网络信息安全。下一步将把加强信息化顶层规划设计，持续深化信息化应用及建立健全信息化组织管控体系等作为工作重点，进一步提升集团管理信息化的水平，充分发挥信息化支撑集团战略落地及核心业务发展的作用。

【履行社会责任】 2016年，有研总院积极履行社会责任，选派2名青年干部前往贵州省挂职支持地方发展，并同步开展对贵州省思南县精准扶贫工作。积极组织参加献血活动，获得“无偿献血先进单位”荣誉称号。

（撰稿人：李　蒙）

北京矿冶研究总院

【基本概况】 2016年，北京矿冶研究总院（以下简称“矿冶总院”）坚决贯彻党中央、国务院的各项决策部署，认真落实国资委提质增效、“瘦身健体”等重点工作要求，坚持战略引领，创新驱动，以改革增活力，以党建促发展，凝心聚力，奋力拼搏，积极应对各种困难和挑战，保持全院生产经营总体平稳，部分业务领域取得新的突破，实现稳中有进、稳中提质、稳中向好，较好完成经济效益恢复性增长的年度经营目标。

2016年，矿冶总院获批科技部国家重点研发计划试点专项9项，国家自然科学基金10项，国际合作项目3项，新签横向科研类合同459项，获得各类科技奖励42项，其中国家级1项、省部级10项、社会力量设奖31项，此外17个项目获得有色金属行业优秀咨询成果奖和设计奖，其中一等奖3项。

2016年，矿冶总院取得授权专利155项，其中“浮选机叶轮”“浮选机定子”首次获得PCT国际专利授权。负责或参与制修订并正式发布的标准共计43项，其中国家标准2项，行业标准41项。在由北京知识产权局和中关村科技园管理委员会主办、中关村知识产权促进局承办的“中关村知识产权领军企业培育和优秀服务机构表彰大会”上，矿冶总院被认定为“中关村知识产权重点示范企业”。

【主要指标】 2016年，矿冶总院资产总额57.58亿元，所有者权益38.01亿元，实现营业收入25.64亿元，实现利润总额1.69亿元。2016年，经济增加值1467万元，成本费用总额占营业收入比重94.11%，科技创新收入占营业总收入比重12.98%。

2016 年北京矿冶研究总院
主要经济指标

项　目	2015 年	2016 年	比上年增长(%)
资产总额(亿元)	53.60	57.58	7.44
所有者权益(亿元)	36.55	38.01	3.99
营业收入(亿元)	23.46	25.64	9.29
利润总额(亿元)	1.55	1.69	8.84
净利润(亿元)	1.27	1.43	12.47
归属于母公司所有者的净利润(亿元)	0.90	0.49	－45.87
技术开发投入(亿元)	1.86	2.17	16.46
利税总额(亿元)	3.18	2.94	－7.82
应交税金总额(亿元)	1.63	1.25	－23.61
全员劳动生产率(万元/人·年)	20.81	23.81	14.43
净资产收益率(%)	3.97	3.83	减少 0.14 个百分点
总资产报酬率(%)	3.32	3.16	减少 0.16 个百分点
国有资本保值增值率(%)	104.69	102.12	减少 2.57 个百分点

【改革发展】 加强规划战略引领，稳步推进深化改革。2016 年是“十三五”的开局之年，矿冶总院在全面总结“十二五”期间取得成绩和存在问题的基础上，深入分析国内外发展形势的变化，学习领会国家科技创新规划纲要和相关行业“十三五”规划，结合院实际情况，制定全院“十三五”发展规划。根据国资委将矿冶总院定位为公益类央企的功能界定，结合院“十三五”规划，研究制定《北京矿冶研究总院深化改革工作方案》，明确未来五年矿冶总院深化改革的目标和具体举措，加快推动矿冶总院在重要领域、关键环节实施改革。

积极推进公司制改革。在二级单位层面，成立院全资子公司北矿检测技术有限公司，以进一步适应市场需求，增强内部活力，加快分析测试业务的发展，同时为继续推进员工股权激励改革试点奠定基础。

积极落实国资委关于“瘦身健体”、减少管理层级的工作要求，取消矿山院建制，进一步突出矿冶总院核心主业，实现扁平化管理，提高管控效率。开展对北矿锌业公司、华诺维公司、磁城科贸公司、安义县北矿科贸公司、青海北矿民爆科技公司、天津北矿亿博科技公司等六家公司的注销工作，有效减少法人户数。认真梳理院产业、住宿区“三供一业”基本情况，开展“三供一业”分离移交相关工作。有序开展“僵尸企业”及特困企业专项治理工作，制定专项工作方案，明确责任，加强督导，新材公司、丹东厂等涉及企业的专项治理工作全面展开并取得初步成效。

【重大项目】 北矿新材科技有限公司与江苏光明新材料有限公司共同出资设立的，由新材公司控股的江苏北钨新材料科技有限公司 2016 年 5 月正式投产运营，并实现盈利。积极开展兼并重组，与北京安期生技术公司签订投资合作框架协议，通过控股安期生公司，矿冶总院矿山机械板块的发展短板将得到有效弥补，装备制造业务的综合竞争实力将进一步提升，同时这也是矿冶总院在混合所有制改革方面又一新的探索。控股上市公司北矿磁材更名为北矿科技，并对该公司内部管理架构和领导班子进行优化配置，提升组织管理效能，加强机电业务板块与磁材业务板块的相互融合。

【走向海外】 2016 年，矿冶总院进出口总额 1.3 亿美元，同比增长 27.5%，创历史新高，其中出口总额 9618 万美元，同比增长 33.53%，进口总额 3468 万美元，同比增长 13.3%。新签涉外工程咨询与技术服务合同总额超过 8922 万美元，与 2015 年相比有了成倍增长。在产品出口方面，当升公司的锂电材料成功成为韩国 SKI、LG 和美国特斯拉等国际主流电池厂商的供应商，并形成批量供货；矿物所选矿药剂在南美的市场开拓取得重要突破，成功获得智利铜业公司两年的订单；北矿科技机电公司浮选设备首次打入伊朗市场。在南非、刚果(金)、津巴布韦、赞比亚等国又签约一批重大工程与咨询合同，其中刚果(金)埃托瓦铜钴矿选冶厂 EPS 合同金额超过 8000 万美元，是迄今金额最大的海外工程合同。此外，测试所成功注册成为伦敦金属交易所中国首家指定检验检测机构，为今后开展国际业务奠定基础。

进一步加强与国外同行的科技合作与交流，2016年获批一项“高端外国专家”项目（瑞典），同时申请一项“千人计划”项目（澳大利亚），扩大技术、装备的国际知名度，促进技术创新能力的不断提升。

【重大创新】 2016年，一批面向解决行业关键共性难题的重点技术和产品研发项目取得新突破。矿山所完成的“十二五”国家课题“西藏特大型多金属矿600万吨/年高效采矿技术”顺利结题，开发形成高寒高海拔生态脆弱区特大型铜及多金属矿地下大规模安全高效采矿技术，建成高海拔地区采矿示范工程。矿物所研发的“电解铝废阴极隔氧超高温无害化处置及资源化利用”技术，既解决困扰电解铝厂多年的废料堆存环保问题，又可回收废阴极中碳素材料及氟化盐，实现二次资源回收利用，有很好的推广应用前景，有望成为新的业务增长点。当升公司在双层辊道窑烧结关键技术实现突破，生产的动力型ME-6A产品成为国内唯一大规模生产并应用于一线量产品牌动力汽车的产品。北矿科技机电公司完成大型浮选机减速机样机研制，并获得秘鲁客户12台套出口订单。

2016年，矿冶总院获批国家企业技术中心、北京市企业技术中心、中国轻工业高能锂电材料重点实验室等8个创新能力平台，全院的产业创新平台体系建设进一步完善，为科技产业持续健康发展打下坚实基础。

军工配套科研及能力建设取得新进展。历经四年艰苦努力，矿冶总院承担的重点型号研制保障能力建设项目通过国防科工局组织的竣工验收。自主研制的国内首台高温高速可磨耗试验机使我国封严涂层的综合评价能力进入国际前列，满足型号配套研制需求，大幅提升院武器装备配套研制能力和评价水平，夯实矿冶总院在封严涂层研发领域的国内领先地位。

【党建工作】 2016年，根据党中央和国资委党委的统一部署，认真开展“两学一做”学习教育。院党委认真落实全国国有企业党的建设工作会会议精神，按照《矿冶总院党委工作规则》和《北京矿冶研究总院贯彻落实“三重一大”决策制度的实施办法（试行）》确定的议事规则，以党委会议和党政联席会议形式，对涉及全院的“三重一大”事项进行研究决策。

纪委认真落实“三转”要求，纪委书记不再兼任其他职务，不再分管行政工作，一心一意抓党风廉政建设。加大纪律审查力度，各级领导人员纪律意识、廉洁从业意识进一步增强，反腐倡廉的体制机制进一步完善。按照中组部、国资委党委的要求，对2008年4月以来全院党员交纳党费情况进行专项检查，在全体党员的配合下，顺利完成党费补交工作。以建院60周年为契机，通过编写《北京矿冶研究总院（2006—2016）》院志、拍摄宣传片、更新院展室、慰问建院初始的老同事等，弘扬矿冶文化，提升全院凝聚力。

【信息化建设】 不断深化以信息化促进管理提升。信息化提升工程各子项相继落地实施，财务ERP系统、人力资源系统实现二级经营单位全覆盖，科研管理、工程设计管理、实验室管理等子系统正式上线稳定运行，显著提高全院的经营管理效率。大型科技型企业综合管理信息化系统开发与应用获得“中国有色金属工业科学技术奖”二等奖。

【履行社会责任】 在做好企业自身发展的同时，认真履行企业社会责任。出资100万元参股“中央企业贫困地区产业投资基金股份有限公司”。为河南平舆一中贫困生发放教育扶贫资金累计20万元，并追加10万元用于救急难行动和精准扶贫。按照中组部有关工作要求，在选派村第一书记的基础上，又选派一名干部到对口扶贫县挂职，选派一名干部参加博士团到新疆挂职。编制发布2015年度社会责任报告，体现矿冶总院作为中央企业履行社会责任的良好形象。

加强干部队伍管理，修订《北京矿冶研究总院中层干部选拔任用管理办法》，加强干部梯队建设，为增设管理层级的职能部门配置19名管理干部，其中大部分是年轻骨干，加强青年后备干部和复合型管理人才的储备和培养。完善专业技术职务评审机制，全年有23人晋升教授级高级工程师，63人晋升高级工程师，66人晋升工程师，2人晋升高级会计师。

制定出台《深化人才发展体制机制改革的实施意见》，从央企和大型地方国企引进高级管理人才2名，从海外知名企业引进高级专业技术人才1名，引进中组部“西部之光”访问学者2名。

进一步规范人才招聘录用程序和要求，提高人才录用质量，2016年新录用应届高校毕业生38人，其中海外留学人员2人。

认真做好自身安全生产和环境保护工作，严格落实安全生产责任制，开展“安全生产月”“节能宣传周”、防火应急演练、安全生产管理人员培训班等活动，增强全员安全和节能意识。

（撰稿人：朱亦珺）

中国国际技术智力合作公司

【基本概况】 2016年作为“十三五”的开局之年，中国国际技术智力合作公司（以下简称“中智公司”）在面临各项繁重而艰巨的任务的情况下，深刻把握理解全面深化国企改革的新要求，准确分析研判中国经济新常态下的市场，继续深入研究行业的新动向，经济效益快速增长，党的建设和党风廉政建设取得新的突出成效。

【主要指标】 2016年，中智公司保持连续29年增长的业绩，营业收入增长20.34%，资产总额增长19.42%，利税增长26.81%，利润增长96.26%，远超央企同一年度整体利润增长的平均水平。

2016年中国国际技术智力合作公司主要经济指标

项　目	2015年	2016年	比上年增长（%）
资产总额（亿元）	75.74	90.45	19.42
所有者权益（亿元）	27.02	32.45	20.10
营业收入（亿元）	537.17	646.42	20.34
利润总额（亿元）	3.48	6.83	96.26
净利润（亿元）	2.59	5.15	98.84
归属于母公司所有者的净利润（亿元）	2.39	5.18	116.74
技术开发投入（亿元）	0.56	1.07	91.07
利税总额（亿元）	21.15	26.82	26.81
应交税金总额（亿元）	19.64	22.34	13.75
全员劳动生产率（万元/人·年）	32.59	40.63	24.67
净资产收益率（%）	10.36	17.31	增加6.95个百分点
总资产报酬率（%）	5.26	8.33	增加3.07个百分点
国有资本保值增值率（%）	109.59	117.94	增加8.35个百分点

【改革发展】 2016年，中智公司按主业发展需要继续在新设机构、收购优质资产等方面开展投资活动。从全年实施情况看，投资活动规范有序，投资项目的开展丰富公司主营业务，提升公司品牌形象，进一步壮大产业投资规模，增强公司整体竞争力和抗风险能力，提高新产品、新技术的研发创新能力，促进企业可持续发展，对国家重点实施服务业发展战略、推动国民经济发展具有积极的促进作用。

人事改革方面，中智公司新设机构领导班子全部市场化选聘，构建明晰的岗位责权分工体系，并根据组织职能调整，适配符合岗位职责要求的人员。加强选人用人工作规范，形成中层后备干部人才库，委托中央党校举办中青班，以高标准、高起点培养储备人才。公司充分发挥市场在人力资源配置中的决定性作用，并通过对企业员工进行综合考核评价，决定绩效薪酬分配、职位调整和晋升等，真正做到管理人员能上能下、员工能进能出、收入能增能减。

薪酬改革方面，中智公司在北京总部和上海公司推进绩效管理体系改革，探索既满足国资委薪酬总量管控要求又满足公司差异化和精细化管理需要的实现路径，对总部职能部门及外企服务分公司的职工薪酬结构进行优化和调整，提高职工满意度。

【重大项目】 2016年1月，中智公司与杭州城西科创产业集聚区签署战略合作协议，双方在科创区智库研究、领军人才分析评议、专利导航与产业分析咨询服务等10个方面开展全方位深度合作；2月，与中国黄金集团签署战略合作协议，双方将在人才培养和人力资源管理等领域，从管理咨询、招聘猎头等五方面进行全面循序合作；3月，与领英中国签署中国企业人才全球化战略合作协议，为中国企业，特别是央企及大型国企，提供全球化的人才解决方案。同时，双方还将在中高端人才招募、咨询服务、雇主品牌提升与企业品牌推广领域进行广泛合作；4月，与中国汽车工业协会举行战略合作签约仪式，双方将实现管理咨询、人才发展、信息资源、培训服务、外包服务五个方面的循序合作；4月，与新华社中国经济信息社签署战略合作协议，双方将在"新华丝路"信息产品、知识产权信息数据服务、人力资源外包、咨询、国际服务及海外展会等方向进行合作；5月，与沈阳航空航天大学实行战略合作，双方在人才培养、大学生职业发展与就业指导服务、创新创业项目等方面达成共识；5月，与深圳市人社局签署战略合作协议，中智全力协助深圳市加快人才强市建设，优化人才发展环境和服务体系；9月，与东风汽车公司签署战略合作协议，双方将在管理咨询、人才测评、人才招聘、人力资源外包等方面进行深入合作；11月，与中国远洋海运公司签署长期合作协议，双方将在人才招聘、人力资源外包、管理咨询、人才发展等领域进行全面合作；12月，与深圳市前海管理局签署战略合作协议，双方将在人才发展战略制定、人才政策研究、人才智库建设等方面开展深入合作；12月，与云南省人社厅签署战略合作协议，双方将在建设人力资源服务产业园、搭建人才信息平台、人才引进、人才培训、管理咨询和人才评价等十大领域进行全面合作。

【走向海外】 根据中智公司"十三五"战略规划要求，将人力资源国际化业务作为公司新的重要业务板块。2016年，传统劳务市场方面，加强精细化管理。德国厨师业务表现较为突出，通过与对外承包商会不断协调沟通，中智公司得到的确认函配额有较大幅度提升。同时，中智公司为阳光集团在坦桑尼亚分公司工作的近400名中国员工制定产品服务方案；与合作单位大连江恒有限公司、日本亚洲共荣事业协同对缅甸人才派遣市场、服装缝制加工行业进行考察；集团领导带队赴日本大阪、京都、九州、东京、茨城等地，就养老、对日研修生、中高端人才派遣等方面进行考察和工作指导，拜会新老客户，探讨新市场开发和新业务合作。2016年，中智公司将日本业务向中高端人才派遣方向扩展，并取得实质性进展，与日本大内会社合作，成功派遣赴日本免税店工作人员。

【党建工作】 2016年，中智公司党委在国资委党委的正确领导下，以"两学一做"学习教育为抓手，认真贯彻全国国有企业党的建设工作会议精神，认真履行全面从严治党主体责任，切实转化为促进公司做强做优做大的强大动力，发挥好"把方向、管大局、保落实"作用。

学习贯彻全国国有企业党建工作会议精神。一是学习会议精神。邀请中央党校党建专家对会议精神进行深刻解读。二是制定落实意见。明确今后一段时期加强和改进公司党建工作的着力点和重点。三是查摆"四化"问题，深入剖析问题产生的根源特别是主观要因。

发挥党委政治核心和领导核心作用。一是推进党建工作进章程，明确公司党委要发挥领导核心作用和政治核心作用。二是落实党管干部原则。严格用人标准，加强选人用人工作规范，着力加强后备干部培养。三是推动各项决策部署落到实处全面发布"十三五"规划，形成人力资源外包、管理咨询、猎头、培训及国际业务板块三年、五年规划目标及愿景描述，开展"管理年"主题活动。贯彻落实党中央关于精准扶贫的重要部署，推动定点扶贫地区云南大姚县形成特色产品产业链。

开创党建工作新局面。一是完善基层组织体系，调整部分组织设置。二是排查失联党员。三是落实党建责任制。四是加强党风廉政建设和反腐败工作。强化"一岗双责"意识。成立中智公司巡视工作领导小组，加大对直属机构巡视。五是开展"两学一做"学习教育。高水准地召开领导班子"两学一做"专题民主生活会。组织家风征文活动和线上答题活动，动员全体党员积极参与。

2016年，在国资委党委、中纪委驻国资委纪检组、中智公司党委领导下，中智公司纪委深入学习贯彻习近平总书记系列重要讲话精神以及党的十八届五中、六中全会精神，坚持从严治党，依规治党；深入贯彻落实十八届中央纪委六次全会精神，把纪律和规矩挺在前面，正确运用监督执纪问责"四种形态"，认真履行监督职责；按照国资委纪检组及公司党委要求，严格落实中央八项规定精神，坚决反对“四风”，扎实推进中智公司党风廉政建设和反腐败工作，为企业又好又快发展提供强有力的纪律和作风保障。

【信息化建设】 2016年，中智公司完成信息化建设规划蓝图的应用框架，与SAP公司签订实施合同，完善招聘中心招聘平台基础环境建设、简历导入、评语导出三项功能。截至2016年底，中智公司在信息化建设方面完成集团内部生产系统、对外服务系统、集团内部管理系统、集团数据业务等项目。

【履行社会责任】 2016年是我国实施“十三五”规划的开局之年，也是打赢脱贫攻坚战的第一年，依据“扶贫对象精准、扶贫项目精准、资金使用精准、扶贫措施精准、驻村帮扶精准、脱贫成效精准”的要求，中智公司将扶贫开发重心放在中智挂职干部“挂包帮”的云南县大姚县六苴镇5户建档立卡贫困户，挂点联系的大姚县六苴镇者纳么、外期地、石房、六苴等4个行政村的503户建档立卡贫困户和中智干部担任村第一书记的姚安县前场镇新街村的314户建档立卡贫困户的脱贫上，发挥中智优势，聚焦产业扶贫和教育扶贫，在贫困户种植、养殖上给予资助，在当地特色农产品和民族特色工艺品销售渠道拓展上给予支持，在青年就业渠道上给予支持。

（撰稿人：崔　焱）

中国建筑科学研究院

【基本概况】 中国建筑科学研究院（以下简称“中国建研院”）创建于1953年，前身为建筑工程部“建筑技术研究所”。1979年6月，经国家科委批准，正式命名为“中国建筑科学研究院”。2000年10月，由科研事业单位转制为科技型企业，隶属于国务院国有资产监督管理委员会。

中国建研院是我国建设行业最大的综合性研究与开发机构，面向全国的建设事业，以建筑工程为主要研究对象，以应用研究和开发研究为主，致力于解决我国工程建设中的技术关键问题；负责建筑行业标准规范的管理、主要工程建设技术标准规范的制修订以及标准规范的宣贯与推广；承担国家建筑工程、建筑节能、空调设备、太阳能热水器、化学建材、电梯的质量监督检验以及建筑产品认证；开展行业所需的共性、基础性、公益性技术研究，科研及业务工作覆盖建筑结构、地基基础、工程抗震、空调设备、建筑物理、建筑防火、建筑材料、建筑机械以及建筑信息化等建筑工程所有研究领域。近年来，研发工作重点围绕着建筑节能、绿色建筑、生态城市、智慧城市、海绵城市、建筑工业化、住宅产业化、既有建筑改造以及BIM等新技术领域。经营活动还包括建筑工程勘察、设计、工程承包及专业设备与材料制造，涵盖勘察、规划、设计、施工、监理、检测、材料生产、机械设备制造和信息化等房屋建筑全产业链，为城市建设中的复杂、超限和标志性工程项目提供成套解决方案。

2016年，面对严峻的经济形势和市场竞争压力，在国资委、国有重点大型企业监事会的领导和关怀下，中国建研院干部职工深入学习贯彻党的十八届六中全会、中央经济工作会议、全国国企党建工作会议精神及习近平总书记系列重要讲话精神，认真落实党中央、国务院、国资委决策部署，主动适应新常态，坚持新发展理念，积极应对风险挑战，扎实推进企业转型升级提质增效，着力提高发展的质量和效益，全院各项工作稳步推进。

【主要指标】 2016年，实现营业收入49.12亿元，同比减少2.97%；利润总额2.02亿元，同比减少22.24%；归属于母公司所有者的净利润1.38亿元，同比减少26.54%；资产总额49.73亿元，同比增长4.91%；国有净资产17.99亿元，同比增长8.28%；净资产收益率（不含少数股东）8.62%；国有资本保值增值率109.08%；中国建研院科技支出4.77亿元，技术投入比率9.71%。

2016年中国建筑科学研究院主要经济指标

项　目	2015年	2016年	比上年增长（%）
资产总额（亿元）	47.41	49.73	4.91
所有者权益（亿元）	16.62	17.99	8.28

续表

项　目	2015年	2016年	比上年增长(%)
营业收入(亿元)	50.62	49.12	－2.97
利润总额(亿元)	2.60	2.02	－22.24
净利润(亿元)	2.19	1.68	－23.02
归属于母公司所有者的净利润(亿元)	1.88	1.38	－26.54
技术开发投入(亿元)	4.50	4.77	6.07
利税总额(亿元)	4.50	4.46	－0.90
应交税金总额(亿元)	2.58	2.98	15.40
全员劳动生产率(万元/人·年)	14.64	14.66	0.16
净资产收益率(%)	12.97	8.62	减少4.35个百分点
总资产报酬率(%)	5.64	4.16	减少1.48个百分点
国有资本保值增值率(%)	113.17	109.08	减少4.09个百分点

【改革发展】 为深入贯彻党中央、国务院关于深化改革的方针政策，全面落实国资委关于中央企业深化改革的工作部署，成立院全面深化改革领导小组，研究制定院全面深化改革的总体方案和措施；统一部署、统筹协调全院深化改革工作，指导、推动、督促各二级单位的深化改革工作。制定“十三五”战略规划，明确发展思路；积极争取政策支持，推进院的深化改革，建研科技计划筹建的北京构力科技有限公司成功入选中央企业所属10户子企业开展员工持股试点的单位。加强院层面战略合作，发挥院的主导作用，2016年，与中国核建、中国诚通签署战略合作协议，实现优势互补与强强联合；与广州南沙明珠湾起步区签署战略合作协议，服务地方政府，拓展业务领域。调整分院管理模式，强化分院市场地位；完善院差异化薪酬分配制度，修订《院企业负责人年度薪酬管理、业绩考核办法》，根据院属企业主营业务方向和经营发展规模，合理确定财务、经营、科技、人才等方面的考核分值。全面清理低效无效资产，对院所有法人企业进行逐户梳理、分析，清理低效无效产权、整合业务板块、改组原有企业发展新业务。

【重大项目】

1. 咨询与服务项目。完成北京新机场复杂钢结构施工图审查、风雪荷载试验及列车振动、列车风研究，西藏措勤县太阳能集中供暖工程可研编制及初步设计咨询，澳门台山中街公共房屋地基基础风险评估，三亚市一批“双修”项目海绵城市低影响方案设计咨询。作为北京市发改委碳排放核查及节能量审核单位，对北京协和医院等40家单位开展碳排放量核查。编制全国和北京市《绿色建筑施工图审查要点》，编制《海南省既有建筑绿色改造技术规程》《海南省海绵型建筑与小区设计导则》。

2. 设计与规划项目。完成北京市世界机器人大会永久会址改扩建、海南省海航首府、武汉中央商务区宗地16EF地块等项目设计；承接中国核建青岛科技园、青岛“中国·红岛”国际会议展览中心、厦门大学国家大学科技园主园区等项目的设计，济南东站大跨度钢结构设计，日喀则城市总体规划、云南丽江程海总体规划、湖北黄石市海绵城市专项规划。

3. 施工与监理项目。采用EPC模式，承担贵州凯里市三级综合医院工程总承包。承接的山东省食品药品检验研究院实验室总承包项目获得“济南市建筑工程优质结构奖”。完成的专业施工项目中储粮办公楼智能化改造工程获得“中国数据中心优秀项目实施奖”。监理的北京石油化工学院图书馆综合楼等17个项目获得“北京市结构长城杯金质奖”和“北京市建筑长城杯金质奖”。承接北京新机场旅客航站楼及综合换乘中心预应力工程、云南玉溪“玉兴·康城”基坑工程。

4. 检测与认证项目。承担湖南昭华湘江大桥施工监控与工程竣工验收，珠海市体育中心结构检测鉴定，北京市轨道交通建设工程安全质量状态检测，北京市中小学及幼儿园塑胶跑道检测。完成G20会场主要功能区域机电系统运行调试保运任务，并荣获“G20杭州峰会服务保障突出贡献奖”，北京正阳门城楼、箭楼结构安全检测鉴定，奥的斯等公司的电梯安全部件、可编程电子系统、电梯整机型式试验认证，北京地铁16号线工程首开段防排烟检测及热烟试验。

5. 软件与产品。自主研发建筑全生命期PKPM—BIM平台，并与美国本特利、匈牙利图软深入合作，集成各专业最佳应用，为用户提供符合国内工程规范和工作流程的BIM整体解决方案。成功研发出集原材料过滤、搅拌与泵送注浆功能于一体的UH4型隧道衬砌专用注浆机。为巴林王国福布斯大厦设计制造带有侧向可扩展工作平台的擦窗机，为480米高的长沙国金T1项目设计制造的擦窗机，创国产擦窗机设备在高层建筑项目中的最高纪录。研发的塔式起重机群塔防碰撞技术与产品大规模应用于北京城市副中心建设工程。

【走向海外】 2016年，中国建研院继续实施“走出去”战略，成功开拓巴基斯坦、肯尼亚、阿联酋、巴林、新加坡等擦窗机市场，为美国客户研发高速重载施工升降机，钢筋机械连接产品与钢筋加工设备销往印尼、美国、以色列、俄罗斯、马来西亚等国家。承担非洲地区工程现场混凝土养护技术系统集成化研究及混凝土早期裂缝的控制咨询服务，承接安哥拉索约水陆码头配套项目设计。获得商务部援外项目民建类专业检验验收资质，承担12项援外检测验收项目。

【国际交流与合作】 2016年，建研院代表中国与“建设21国际联盟”签署合作协议，着力搭建绿色建筑国际化信息平台，并在绿色建筑、生态城市的发展理念和信息资源共享等方面开展全面技术交流与合作。

与新加坡百思特公司、德国南德意志集团签署战略合作协议，在国际绿色建筑技术、装配式建筑业务、电梯防火门测试业务等领域开展交流与合作。与德国可持续建筑委员会、美国太平洋西北国家实验室签署合作备忘录，与德国建筑技术研究院、梅森博格集团、美国本特利公司、俄罗斯建筑科学研究中心、日本矢崎能源系统株式会社等单位进行技术交流与合作探讨。

【重大创新】 2016年，中国建研院有11项成果获华夏建设科学技术奖，其中，“建筑结构荷载规范(GB50009—2012)”等2项成果荣获一等奖；“BIM图形支撑平台研究”等3项成果荣获二等奖；“火灾下及火灾后钢—混凝土组合结构力学性能评估方法”等6项成果荣获三等奖。全年申请专利27项；获得授权专利42项，其中发明专利12项。

1. 科研项目。2016年，在研科研课题385项，其中国家级93项，省部级38项；新开科研课题131项，其中国家级54项，省部级9项。新立项“既有公共建筑综合性能提升与改造关键技术”“基于BIM的预制装配建筑体系应用技术”等“十三五”国家重点研发计划项目6项。积极参与科技部组织的城镇化与城市发展“十三五”创新规划、社会发展领域“十三五”科技创新规划，住建部组织的建设科技创新“十三五”专项规划、建筑业10项新技术(2016)、工程技术发展与创新研究报告等政策编制工作。完成科研课题136项，其中国家级32项，省部级22项，完成“十二五”国家科技支撑计划项目“既有建筑绿色化改造关键技术研究与示范”“绿色建筑评价体系与标准规范技术研发”等5个项目和“十二五”国家科技支撑计划课题“既有建筑绿色化改造综合检测评定技术与推广机制研究”“城市地下空间规划与地下结构设计关键技术研究及示范”等18个课题的验收工作，一批成果达到国际先进水平。

2. 标准规范。2016年，在编标准规范制修订项目102项，其中国家标准73项，行业标准29项。另有在研标准化研究项目23项。全文强制国家标准《建筑与市政地基基础技术规范》正式立项并全面开展工作，《居住建筑技术规范》《结构作用与工程结构可靠性设计技术规范》等6项全文强制国家标准研编项目立项。国家标准《近零能耗建筑技术标准》《建筑内部装修防火施工及验收标准》等20项标准获准立项；国家标准《施工升降机安全使用规程》《高填方地基技术规范》等37项标准完成报批；国家标准《建筑信息模型应用统一标准》、行业标准《组合结构设计规范》等28项标准获准发布。在国际标准化工作方面，由中国建研院牵头起草的ISO国际标准《太阳能集热部件和材料:真空集热管的耐久性和热性能》颁布实施，提出的另两项ISO国际标准获准立项。设在中国建研院的住建部强条委秘书处组织完成69项标准规范强制性条文的审查工作。

【党建工作】 2016年，中国建研院党委认真贯彻落实党的十八届六中全会和全国国有企业党的建设工作会议精神，深入学习贯彻习近平总书记系列重要讲话精神，坚持把握方向，坚决贯彻执行党中央和国资委党委重大决策部署；管好大局，充分发挥党组织的领导核心和政治核心作用；正风肃纪，着力推进党风廉政建设和反腐败工作；以落实国资委巡视整改为切入点，以“两学一做”学习教育为抓手，全面加强和改进党的思想建设、组织建设、党风廉政建设、精神文明建设和企业文化建设等各项工作，为中国建研院的改革发展提供坚强政治保证。

【信息化建设】 2016 年，中国建研院信息化工作以加强信息安全顶层设计，完善信息安全体系建设为工作重点。通过对中国建研院网络与信息安全工作情况现状及信息安全需求的调研分析，结合中国建研院的实际情况，设计院网络与信息安全体系总体架构，健全网络与信息安全组织机构，完善人员岗位职责，编制《中国建筑科学研究院信息安全体系文件汇编》。中国建研院信息化基础设施的运行维护与升级工作得到进一步加强，对中国建研院内部办公 OA 系统进行升级改造，财务核算与资金管理，全面预算管理、人力资源管理、生产制造管理 ERP、项目管理等信息系统在实施应用的基础上不断完善，通过信息化手段，中国建研院职能部门及各二级单位的信息化管理水平和效率得以大幅度提高。

【履行社会责任】 中国建研院认真贯彻落实党中央、国务院决策部署以及国资委的有关要求，充分发挥中国建研院作为建筑行业科研院所的综合技术优势，积极履行社会责任，扎实推进精准脱贫攻坚工作，积极参与定点扶贫地区山西省偏关县的社会公益事业和基础设施建设，选派挂职副县长和挂职驻村第一书记各 1 名，按照“百县万村”活动帮扶计划，拨付捐赠资金用于“一村一井”配套的高位蓄水池工程、天峰坪村文化广场改扩建工程，还陆续在天峰坪村孤寡老人等低保人群中开展慰问救济活动、对偏关县规划编制工作开展咨询服务。

深入实施“引领建设科技、创建绿色家园”的社会责任理念，加强科技研发，承担国家项目课题，开展相关标准规范的编制与管理工作，积极为政府提供技术支持和服务，着重加强绿色建筑技术的研发、推广和应用。

（撰稿人：赵少莉）

中国中车集团公司

【基本概况】 2016 年是中国中车集团公司（以下简称“中国中车”）完整运营的第一年。面对经济下行压力持续加大、市场需求结构性矛盾更加突出的严峻形势，中国中车围绕“融合”“变革”“升级”三大主题，主动作为，真抓实干，有效应对各种困难挑战，各项工作取得积极进展，开创深化改革、创新发展的新局面。围绕用户需求，全力开拓市场，积极推进业务主导型运营模式，促进精益管理体系有效运转，加快变革升级步伐，持续增强市场协同与融合效应。坚持“创新驱动发展”战略，全面启动国家高速列车技术创新中心建设，持续提升高端制造整体水平；围绕“中国制造 2025”“互联网＋”和“走出去”等国家战略，强化创新步伐，完善产学研用协同创新平台，深入开展轨道交通系统安全保障技术、时速 400 千米及以上高速客运装备关键技术、磁浮交通系统关键技术等重大技术研究；坚持品质发展，开发世界先进水平的高端装备，陆续推出中国标准动车组、无人驾驶地铁车辆、悬挂式轨道列车、新能源空铁列车、驮背运输车、货运动车组等新产品，为客户提供更加优质、安全、可靠、环保的产品，成为科技创新的排头兵。积极融入“一带一路”建设，以国际产能合作为契机，深度拓展国际市场，成功中标美国芝加哥地铁车辆订单，并相继获得肯尼亚、泰国、印度、巴基斯坦等国家订单；深入推进从传统的产品出口单一模式到“产品＋ 服务”、本地化投资与合资、产品全寿命周期服务等复合商业模式，从“走出去”到“走进去”的国际化经营模式的转变，加快形成以技术、品牌、质量、服务、资本为核心竞争力的国际化经营新优势，着力打造永不褪色的品牌和金灿灿的中国名片。2016 年，中国中车入列世界著名品牌评价机构 Brand Finance“世界品牌五百强排行榜”第 179 位，比上年的 275 位上升 96 位，居全球轨道交通装备行业前列。入列《财富》（中文版）中国企业 500 强排行榜第 22 位，较上年第 44 位上升 22 名。被财富杂志评为“最受赞赏的中国公司”，并在制造业和央企两大序列中位居前列。连续获得国务院国资委授予的“中央企业十大品牌建设优秀企业”，以及人民日报社主办的中国品牌论坛所颁发的“中国品牌创新奖”。在“2016年中国品牌价值评价信息发布会”上，以1093.71亿元的品牌价值和957的品牌强度，位居机械类第一名。

【主要指标】

2016年中国中车集团公司主要经济指标

项　目	单位	实际完成	项　目	单位	实际完成
营业总收入	亿元	2331	当年新签生产订单	亿元	2626
利润总额	亿元	164	其中：海外订单	亿元	619
归属母公司净利润	亿元	57	期末手持未完生产订单	亿元	1881
资产总计	亿元	3589	其中：海外订单	亿元	806
负债总计	亿元	2307	工业总产值	亿元	2263
所有者权益合计	亿元	1282	能耗总量	吨标煤	641003
净资产收益率（不含少数股东权益）	%	9.46	新造及修理机车产量	台	1550
资产负债率	%	64.28	新造及修理动车组产量	辆	9259
总资产周转率	次	0.68	新造及修理城轨、地铁产量	辆	5664
固定资产投资完成额	亿元	95	新造及修理客车产量	辆	5862
劳动生产总值（增加值）	亿元	604	新造及修理货车产量	辆	71481

【经营业绩】　中国中车深入贯彻落实国务院国资委关于坚决打好提质增效攻坚战的决策部署，所属企业、各业务板块、各职能系统全面落实“1＋9”提质增效方案，层层分解经营指标，着力推动降低采购成本、压降“两金”占用、控制期间费用、降低重复开发费用等各项配套措施，提升经营效益。加强运营监控，强化月度运营分析和季度指标调度，确保经营稳定。推进业务主导型运营模式，聚焦用户需求，全力开拓市场，2016年新签市场订单2626亿元，2016年，中车集团实现营业收入2331亿元，实现利润总额164亿元，其中，中车股份实现营业收入2297亿元，实现归属于母公司所有者的净利润112.96亿元。与上年同期相比，经营业绩总体保持稳定。

根据各企业经营指标完成情况，按照《中国中车所属企业负责人表彰奖励暂行办法》，四方股份公司、长客股份公司、唐山公司、株洲所、株机公司、四方有限公司、四方所、永济电机公司和株洲电机公司9家企业获“突出贡献奖”；长客股份公司、株机公司、四方股份公司、四方所、大连公司、兰州公司和置业公司7家企业，以及国际市场协同开拓和城轨基础设施业务2个项目团队荣获“特别贡献奖”；戚墅堰所、南方汇通公司、大连电牵公司、山东公司、石家庄公司、广州公司、天津公司、西安公司、物流公司和成都公司10家企业获得“突出进步奖”。

【市场拓展】　发挥同一个中车营销战略的引领作用，增强所属企业之间的区域协同、市场协同、业务协同，不断提升产业积聚效应。以青岛地区、株洲地区、大连地区企业为代表，互相支持，优势互补，市场和业务联系更加密切，中车品牌区域影响力不断提升。市场协同成为共识，融合效应不断显现，相继成功中标韩城、芜湖、昆明、武夷山轨道交通PPP项目，工程总包业务多点开花。中车置业“去化”工作取得积极进展，腾退土地开发成效显著，城市基础设施业务成为第二个支柱产业。中车产投作为集团公司国有资本投资的试验田，在深化改革上作了初步探索。完成资阳电气公司部分股权协议转让工作，进一步增强集团公司和股份公司的协同效应。加强海外协同，长客股份公司和株洲所协同行动，实现主机厂和核心系统配套企业联合“出海”。不断深化内涵式发展，加快推进产业链的纵向联合，持续扩大内部配套规模，逐步释放企业经营的内生动力。

【结构调整】 中国中车内部业务重组整合陆续展开，成都公司加快转型升级步伐，成功实现扭亏脱困；天津装备公司专项处置工作方案稳步实施，完成“僵尸企业”专项处置目标任务；兰州公司推进业务重组转型升级；“僵尸企业”处置和特困企业专项治理工作初见成效，压缩管理层级、减少法人户数取得阶段性成果。积极稳妥推进困难企业员工分流安置工作，全年分流安置员工2442人。服务事业部战略业务单元试点推进，开始模拟“经营中心、利润中心”管理与考核。不断完善金融服务平台和融资租赁平台。顺利完成财务公司、物流公司、租赁公司、香港公司、香港资本公司等类金融业务调整。金控公司运行平稳，共享服务管理模式探索实施，产融结合格局基本形成。稳妥推进资本运作，综合运用资本手段，创造投资价值，助力产业发展。适度配置金融性资产，成功入股中华联合保险。完成中国中车A股定向增发，成功融资120亿元。收购中新苏州工业园区市政公用工程建设有限公司100％股权，拓宽城市基础设施业务领域。贯彻深化国有企业改革总体部署，加强顶层设计，制定《中车集团深化改革指导意见》“1＋19”政策文件框架体系。印发实施6个专项改革方案，重组整合货车业务，初步形成科技体制改革总体框架方案。加强集团资产管理工作，推进企业办社会职能改革，完成12项“三供一业”分离移交和8户厂办大集体改革工作，获得中央财政补助资金4.16亿元。

【技术创新】 中国中车统筹推进技术创新三大工程。实施体系创新工程，坚持自主创新、开放创新和协同创新相结合，构建完善灵活高效的技术创新体系，面向“十三五”布局的首个国家技术创新中心—国家高速列车技术创新中心获批建设并全面启动，将发挥央企科技改革试点的示范作用；中美轨道交通联合研发中心和中国中车—密歇根大学先进制造研究中心成立，海外研发机构达到12家；完善产学研用协同创新平台，组建同济—中车创新研究中心，191校企联盟模式（中车＋同济大学等9所高校联盟＋观察员湖南大学）开始运行；组建“中国中车传感测量技术研发中心”等8家专项技术研发中心。实施研发创新工程，承担国家重点研发计划—先进轨道交通重点专项（中国首个由企业代表国家牵头组织的项目），凸显中国中车在国家及行业科技创新中的引领和支撑作用；重点产品研发持续加快，时速350千米中国标准动车组完成运营考核并获得国家型号许可，国内首条中低速磁悬浮快线正式投入运营，北京磁悬浮列车成功交付，首列悬挂式轨道列车、首列新能源空铁列车成功下线，时速350千米卧铺动车组、时速250千米标准动车组、160千米快捷客货运机车、27吨及以上大轴重重载货运机车、驮背运输车、货运动车组、时速160～200千米系列快捷货车等产品研发进展顺利。实施能力创新工程，统筹研究技术资源利用问题，绘制“中车试验验证能力地图”，进一步优化试验验证资源配置。知识产权工作不断加强，在第18届中国专利奖评选中，获得发明专利金奖2项，占全国的10％，居于装备制造业第一位。中国中车入列“2016年全球企业研发投入排行榜”，排名第96位。所属相关企业承担的京沪高铁项目获得“国家科技进步特等奖”，株洲所列车牵引控制关键技术及应用项目获得“国家技术发明二等奖”，戚墅堰所高铁列车齿轮传动系统项目获得第四届中国工业大奖。“中国标准动车组”“云链金融”等创新成果受到党和国家领导人的高度赞扬。中国中车成为央企科技创新的排头兵。

【管理提升】 承接国家战略，聚合各方智慧，制定实施中国中车“十三五”发展战略，相继完成各业务板块、各职能系统、各企业“十三五”规划，形成分工协作、有效衔接的战略规划体系。加强战略合作，与部分省市地方政府、中央企业、高等院校以及国际机构签署战略合作协议43项，不断拓展合作领域。深入实施“61162”人才工程，增强人才牵引作用，形成由2名院士、7名中车科学家、61名首席技术专家、9名首席管理专家、19名首席技能专家构成的领军团队。中车大学揭牌运行，有效发挥人才赋能平台作用。推进员工余缺调剂工作，缓解优势企业用工压力，为困难企业培养和留住高技能人才，调剂员工1600多人次。推进精益管理体系建设，评价标准体系开始运行，3家企业达到精益管理二级，3家企业达到精益管理三级；6家企业达到精益生产一级，8家企业达到精益生产二级。初步搭建具有中车特色质量管理体系框架，有效促进产品质量提升。积极落实节能减排工作，能耗强度和污染物排放总量持续续下降。全面开展国家两化融合管理体系达标活动，稳步推进"数字化中车"建设，7个项目纳入国家智能制造试点，获得工信部补贴资金3亿元，部分企业开始智能制造实践。持续完善"中车购"电子商务平台，2000多家供应商入驻平台开展业务，具备行业电商平台雏形。探索推进"互联网＋高端装备＋制造服务"模式，"卫星通讯＋互联网"系统在标准动车组中投入使用。

【国际化经营】 中国中车产品进入发达国家成为常态，先后成功中标美国芝加哥、洛杉矶、波士顿地铁车辆订单；重构澳洲市场格局，获得澳大利亚墨尔本65列大容量地铁百亿美元订单。拓展"制造＋服务"的全寿命周期服务模式，成功签约南非维保项目，合同金20.5亿美元。继续巩固传统市场地位，相继获得肯尼亚、泰国、印度、巴基斯坦等国家订单。2016年，累计实现海外市场签约额80.92亿美元，同比增长40%，超额完成年初制定的目标；国际业务实现营业收入189.25亿元。

海外业务总体布局基本形成，设立北美公司、拉美公司，前期工作初见成效。在印度设立的首家工厂建成投产，美国春田基地挂梁平顶，芝加哥基地开始筹划。博戈公司、SMD公司并购整合成效显著，并成功并购意大利Blue公司，遍布全球的轨道交通装备全产业链服务体系正在形成。

【履行社会责任】 2016年，中国中车积极应对困难挑战，坚持做强做优做大，认真履行企业社会责任，深入参与脱贫攻坚战，勇做行业的领导者，深化国企改革的实践者，振兴实体经济的排头兵，努力实现企业经营与履行社会责任的高度统一，锻造责任竞争力，实现经济、社会、环境的全面、协调、可持续发展。

根据国资委《关于中央企业履行社会责任的指导意见》、国际标准化组织《社会责任指南(ISO 26000)》、香港联合交易所《环境、社会及管治报告指引》、上海证券交易所《上市公司环境信息披露指引》《〈公司履行社会责任的报告〉编制指引》等要求，中国中车积极搭建企业社会责任管理体系，推动企业社会责任的履行，深化责任理念落地，让企业在创造利润、对股东负有责任的同时，积极承担起对其他利益相关方的责任，从而实现企业与利益相关方在经济、社会、环境方面的共同可持续发展。公司下发《中国中车股份有限公司捐赠管理办法》等管理文件，编制完成公司《社会责任指标管理手册》(初稿)，并依据香港联合交易所的最新要求，开展社会责任环境指标对标研究。同时，根据全球报告倡议组织(GRI)《可持续发展报告指南(4.0)》等指南要求，编制《中国中车股份有限公司2015年社会责任报告》(以下简称《报告》)，并按照上海证券交易所要求公开发布。《报告》主要从产品责任、环境责任、员工责任、社区责任等四个方面，全面系统披露公司的履行社会责任的特色实践及绩效，重点强调公司科技发展、对国际社会作出的突出贡献，对各利益相关方的关注作出积极回应。《报告》同时被美国ARC机构评为"轨道非英语类报告银奖""轨道类封面设计银奖"。

加大扶贫工作力度，贯彻落实国务院扶贫办等九部委《关于进一步完善定点扶贫工作的通知》精神，全力落实帮扶资金和年度帮扶措施。2016年，直接投入资金806万元，按计划完成对甘肃省天水市麦积区、甘谷县和广西壮族自治区百色市靖西市、那坡县4个贫困县的定点帮扶任务。积极筹集扶贫资金。下属企业根据《中国中车集团公司扶贫资金收缴办法》，在规定时间内完成上缴任务。及时向甘肃省天水市麦积区、甘谷县各投入资金180万元；向广西壮族自治区百色市靖西市投入资金200万元、那坡县投入资金240万元(其中50万元用于开展"救急难"行动)，共计帮扶资金800万元，为完成年度扶贫任务打下基础。积极开展帮扶调研和交流互动。扶贫开发工作领导小组先后7次23人到定点扶贫地区与相关地方领导和部门进行对接沟通、交流，实地查看扶贫项目，结合精准扶贫要求，并就今后的扶贫工作事宜达成一致意见；甘肃省和广西壮族自治区相关省、市、区、县领导4次30多人到集团总部座谈扶贫工作。制定精准扶贫、精确脱贫年度工作计划，做到年初按贫困户、贫困人口登记编号；年底按实际脱贫情况如实“销号”，建立健全定期向集团公司扶贫开发工作领导小组专题汇报工作制度。积极开展春节“送温暖”活动。春节前夕，对天水市两区县进行慰问。充分发挥“中车购”平台优势，建立长效脱贫机制。通过“中车购＋特产”模式，让贫困地区的优质农产品进入中国中车近20万人的消费群中，以实际行动帮助贫困地区农民脱贫致富。

（撰稿人：冯　睿）

中国铁路通信信号集团公司

【基本概况】 中国铁路通信信号集团公司（以下简称“中国通号”）始建于1953年，是我国创建最早的铁路专业化公司之一。2000年9月，中国通号与铁道部政企分开，移交中央企业工委管理。2003年4月，成为国务院国资委监管的国有大型企业。

截至2016年底，除母公司外有各级子企业82家，其中二级子企业4家，三级子企业26家，四级子企业49家，五级子企业（项目公司）3家；主要分布在国内经济中心区域，包括京、津、沪及东北、华东、华南、西北、西南等地区的重要城市。

2010年，中国铁路通信信号集团公司联合其他四家发起人共同设立中国铁路通信信号股份有限公司，集团公司98.6％的资产进入股份公司，主营业务全部由中国铁路通信信号股份有限公司承继，成为中国通号生产经营的主体。2015年8月中国铁路通信信号股份有限公司在香港特区上市。

中国通号是中国铁路通信信号系统制式的研究设计、铁路标准的参与制定单位，是铁路电务施工标准规范的编制单位；具有铁路电务工程和电信工程专业承包一级资质，机电设备安装工程专业承包、建筑智能化工程专业承包壹级资质，具有国家甲级工程勘察、工程设计、工程咨询、工程监理、通信信息网络系统集成等多项资质；具有对外进出口经营权和对外工程承包权，企业“AAA”级信用等级证书，“AAA”级银行信用等级；是北京市高新技术企业，北京市工商局认定的“重合同、守信用”单位。总部及各企业全部通过ISO9000质量体系认证，13家涉及安全关键产品的企业全部通过IRIS认证。中国通号已发展成为全球最大的轨道交通控制系统供应商，是中国铁路通信信号技术体制和产品标准归口管理单位，具有投融资、设计研发、系统集成、装备制造、运营维护等完整产业链。截至2016年底，集团公司资产总额539.28亿元。

中国通号作为中国轨道交通列车运行控制技术的奠基者和先行者，是全球领先的轨道交通控制系统解决方案提供商和设备供应商。作为中国高速铁路通信信号系统技术引进消化吸收与自主创新主体承担单位，拥有具有世界先进水平的高速列车控制系统技术和主要装备，在列车运行控制技术方面具备设计研发、装备制造、施工安装和运营维护的“一站式”服务能力，其核心技术在时速300千米以上的高速铁路中占据中国92％以上的市场份额，成功运用于武广、京沪、哈大等1.6万千米高速铁路和客运专线，创造的高铁技术案例库数以万计，超过国外发达国家公司的总和，在中国轨道交通安全控制领域的影响力、控制力处于领先位置。

大力拓展城市轨道交通市场，成功开发出具有完全自主知识产权的城市轨道列车运行控制系统（CBTC），先后承揽北京、天津、上海、重庆、广州、深圳、武汉、南京、昆明、成都等多个城市的地铁轻轨通信信号总承包项目。大力拓展海外业务，作为中国铁路走出去联合体成员之一，参与中印尼、中泰、中俄、美国西部铁路等项目谈判与建设，部分产品和技术出口至亚、非、拉美等十多个国家和地区，与巴基斯坦、乌兹别克斯坦、埃塞俄比亚、安哥拉、肯尼亚、阿根廷等国家开展合作，提供产品技术和系统交付解决方案。

中国通号坚持“一业为主、相关多元”，不断完善产业产品结构，打造上下延伸、关联拓展、产业协同的通信信号、电力电气化、信息工程、工程总承包、新兴业务、资本运作和海外业务七大业务板块体系，推动中国通号可持续发展。

截至2016年底，中国通号在职职工16606人，其中科技人员4012人（包括科研开发人员1540人），工程技术人员8528人，具有高级技术职称1184人，技能人才4887人。

【主要指标】 2016年，面对国资委稳增长要求和严峻的市场形势，中国通号牢固树立大局意识、责任意识、紧迫意识，因势利导、攻坚克难、主动适应经济新常态。一方面巩固既有市场，拓展新兴业务及新兴市场，确保经济效益持续增长；另一方面坚持自主创新，加快科研成果推广应用，提升企业核心竞争能力，同时持续开展管理提升活动，做好开源节流、增收节支工作，2016年国有增本保值增值率达到112.75%，圆满完成国有资本保值增值目标。

2016年中国铁路通信信号集团公司主要经济指标

项　目	2015年	2016年	比上年增长(%)
资产总额(亿元)	449.85	539.28	19.88
所有者权益(亿元)	234.3	263.21	12.34
营业收入(亿元)	245.4	297.85	21.37
利润总额(亿元)	32.1	38.92	21.23
净利润(亿元)	26.88	32.48	20.83
归属于母公司所有者的净利润(亿元)	22.02	23.38	6.18
技术开发投入(亿元)	11.38	14.90	30.93
利税总额(亿元)	57.09	64.43	12.86
应交税金总额(亿元)	24.99	25.51	2.08
全员劳动生产率(万元/人·年)	50.73	52.22	2.94
净资产收益率(%)	14.91	13.06	减少1.85个百分点
总资产报酬率(%)	8.87	7.93	减少0.94个百分点
国有资本保值增值率(%)	117.38	112.75	减少4.63个百分点

【改革发展】 2016年，根据《中共中央国务院关于深化国有企业改革的指导意见》(中发〔2015〕22号)等改革文件的要求，中国通号大力推进深化改革工作，整体推进与重点突破相结合，确保改革积极、稳妥、有序推进。

深入学习贯彻落实国企改革“1+N”系列文件精神和全国国有企业党建工作会议、全国国有企业改革座谈会精神及习近平总书记关于国企改革的重要指示批示精神，找准改革的切入点；健全深化改革组织领导机制，统一领导、指挥全面深化改革和可持续发展工作；制定《中国通号关于深化改革的总体实施方案》，重点包括加快企业转型升级、完善现代企业制度、深入推进三项制度改革、推动企业混合所有制改革、加强监督体系建设、加强和改进党的领导等6个方面，并对每一项改革任务进行细化分解；按照国务院对国有企业深化三项制度改革要求，做好优秀人才和紧缺人才选聘工作，研究推进董事会试点企业的董事激励和约束机制，确立综合改革试点单位，以“1个综合改革、N个专项改革”的试点方式推进改革，在通号通信信息集团有限公司先行先试董事会选聘职业经理人，专用通信、行业信息化、政府信息化、安防等四大业务版块面向市场选聘执行总经理；在专项改革方面，也明确承担改革任务的企业；逐步完善国有企业改革落实情况的督查检查机制，对照《集团公司深化改革工作计划及任务分解表》中确定的改革任务，采取定期或不定期督查相结合的方式，及时总结情况、发现问题、推介经验，指导下属企业改革工作。

2016年，中国通号积极贯彻落实国资委新修订的《中央企业负责人经营业绩考核办法》，结合企业自身经营特点和实际发展需要，及时修订企业内部考核办法，特别是为适应上市后的新形势、新变化，将倍受投资者关注的毛利率、净资产收益率指标纳入业绩考核体系，同时，根据子企业不同业务板块重新修订考核指标以及所占权重，并结合集团这两年结构调整变化情况重新调整经营难度系数。此外，为了促进“两金”压控以及企业依法合规经营，将“两金”压控以及企业法律合规管理也纳入到考核办法中。通过重新修订考核办法，进一步突出考核导向，增强业绩考核的科学性、针对性和有效性，推动企业持续健康发展。2016年，中国通号业绩考核工作得到国资委高度认可，被国资委授予“中央企业业绩考核工作先进单位”称号。中国通号在国资委2015年度和2013—2015年任期两项中央企业负责人经营业绩考核中，首次双双进入A级企业行列。

2016年，中国通号把完善产权管理工作体系作为一项重要工作，着力加强制度、机构、队伍建设以及资产清理工作，产要管理水平不断提高。一是在总结产权管理工作经验的基础上，对产权管理制度进行全面梳理完善；二是积极推动建立统一的产权管理部门，从机构建设上保障产权管理整体工作水平的有效提升；三是加大力度优化盘活存量资产，对于低效无效资产、不具备竞争优势的非主业资产，灵活运用产权市场、协议转让、无偿划转等方式加快退出，借力产权管理信息系统，对所属企业进行全面分析，按收入规模、盈利能力、业务风险等指标进行分类、排序与筛选，将收入规模小、盈利能力差、业务风险高的企业列入“压减”考察范围，积极开展“瘦身健体”工作。

【重大项目】 2016年，中国通号坚持“一业为主，相关多元”的发展战略，优化产业结构，强化管理提升，狠抓降本增效，企业获利能力不断提高，各项经济指标实现稳步增长，超额完成国资委稳增长工作目标，首次获得2015年度和2013—2015年度任期考核“双A”评级。“大经营”战略稳步推进，经营体系布局不断完善，铁路“四电”集成领域成功中标京沈、淮萧等7个重点建设项目，实现新签合同额157.8亿元，同比增长8.1%。城市轨道交通领域成功中标西安、武汉等6个城市的地铁项目，实现新签合同额77.6亿元，同比增长14.7%。海外市场实现新签海外合同额27.68亿元，同比增长143.9%。其他市场领域，承揽吉首乾南产业园及高铁新城路网工程、四平地下综合管廊、鹤壁新城区海绵城市、宜宾长江综合治理等多个PPP项目。

2016年，中国通号积极参与承担国家“时速400千米及以上高速客运装备关键技术—跨国互联互通高速动车组装备与运维系统研制”“磁浮交通系统关键技术—高速磁浮交通系统关键技术研究”等国家重大科研项目，负责列控、自动驾驶系统、全自动调度和综合运营监控等方面的技术研究，承担中国铁路总公司“CTCS中国列控系统走出去”等重大、重点项目。

自主化C3列控系统完成在大西客专现场的功能及互联互通测试；完成适用于地方和海外铁路的综合自动化调度系统的研制，已在埃塞完成工程部署；开展适用于海外的集综合调度、客票、旅服、办公系统为一体的信息系统开发，正在肯尼亚进行工程实施，具备现场试用条件；完成自主化100%低地板三模块有轨电车的设计、集成和总装，并对试验中发现的问题进行优化，完成自主化100%低地板五模块有轨电车的设计。

2016年，中国通号完成投资207920万元，完成年初计划的26.2%。其中，固定资产投资119899万元，完成计划的55%；股权投资88021万元，完成计划的15.3%。一是中国通号轨道交通研发中心项目，2016年计划投资40800万元，截至2016年底完成投资26847万元。该项目从2013年启动，预计2017年5月完工。二是西安铁路信号有限责任公司轨道交通安全控制系统技术装备能力提升技术改造项目，2016年计划投资31557万元，截至年底完成投资18518万元。该项目从2014年启动，预计2017年7月底完工。三是通号国际控股有限公司参股北京雅万高速铁路有限公司，2016年计划投资30971万元，截至2016年底完成投资14572万元。雅万高铁项目是中国通号深入贯彻落实国家“一带一路”和高铁“走出去”战略，积极跟踪和参与的海外高铁建设项目之一。

2016年，中国通号有三项境外投资，分别为中国铁路通信信号股份有限公司设立中国通号国际有限公司，投资区域为香港特区通号国际控股有限公司参股中国铁路国际(印尼)有限公司，投资区域为印度尼西亚；北京全路通信信号研究设计院集团有限公司设立美国子公司，投资区域为美国特拉华州。

【重大创新】 2016年，中国通号持续加强管理的制度化、流程化、规范化和信息化建设，有力促进企业又好又快发展。编制《中国通号“十三五”发展战略与规划》，制定、完善各类制度35项。强化集中采购管理，全年实施采购预算77.2亿元，节约资金5.7亿元。强化项目应收账款管理，紧盯落实资金到位，哈大、沪宁、厦深等老项目长期应收账款取得不同程度突破，全年完成回款35亿元。深入推进财务信息化建设，实现“营改增”平稳过渡，加强资金集中管控，全年资金集中度稳定在84%左右，超出国资委资金集中度70%的目标。开展BPM系统建设，以及ERP、门户及

OA、信息编码和主数据等多个系统的应用及运维工作。完成北京铁路信号有限公司和通号工程局集团有限公司两家试点上线工作，完成另外8家一期推广企业的制度调整、用户培训、用户测试、数据收集、整理及导入和权限确认等工作。

2016年，中国通号为全面贯彻落实国家创新驱动发展战略，组织编制《中国通号"十三五"科技发展规划》，以"巩固行业领先、保障质量安全、支撑业务拓展、促进国际转型"为中心，全面推进创新工作，不断提升中国通号的整体科技实力和核心竞争力。全年累计投入科研资金11.1亿元，进一步提高科技创新水平。积极参与国家"时速400千米及以上高速客运装备关键技术——跨国互联互通高速动车组装备与运维系统研制"等国家重大科研项目，自主研发的无线闭塞中心(RBC)设备获得欧盟TSI认证证书，完全自主化的高铁C3列控系统完成现场试验和评审，城轨互联互通全自动无人驾驶CBTC系统硬件优化取得积极进展，新一代基于模块和芯片的安全计算机平台完成架构设计，自主研制的大容量应答器传输单元顺利通过铁总试用评审。智慧城市研究院在智慧城市移动云平台、通号轨道车辆在三模块100%低地板有轨电车、电缆集团在太阳能光伏电缆等产品和技术研究方面也取得积极成绩。全年承担国家标准6项、铁道行业标准100项，获得省市级以上科技奖励19项。研究设计院集团位列2016年中国软件和信息技术服务综合竞争力百强企业第39名。卡斯柯公司荣获"国家级企业技术中心""国家技术创新示范企业"两项国家级创新平台认定，进一步提升企业核心竞争力。

2016年，中国通号获得2个国家级创新平台认定(卡斯柯信号有限公司被国家发改委认定为"国家级企业技术中心"，被工信部认定为"国家技术创新示范企业")；北京全路通信信号研究设计院集团有限公司获得"中关村国家自主创新示范区标准化试点示范企业"认定；通号通信信息集团有限公司成为中国卫星导航定位协会理事单位；中国铁路通信信号上海工程局集团有限公司获得"中施协科技创新先进企业"。

积极组织对外技术交流，不断推进科技合作。2016年，组织与日中铁道友好推进协会、韩国铁道社、国际铁路工程师协会等进行技术交流等活动。

为保持中国通号行业领导地位，促进行业全产业链的技术进步，2016年中国通号积极争取获得中国铁道学会在中国通号设立通信信号分会，并初步完成筹建工作。

积极与其他企业沟通交流，开拓"双创"思路；组织开展双创项目12项，举办创新、创意方案征集大赛，启用"双创"基金金额719万元，部分项目已产生经济效益；参加中央企业熠星创新创意大赛项目。

【信息化建设】 2016年，中国通号继续推进信息化建设，组织开展内部系统项目权限审计，推进业务过程管理系统建设，以及ERP、门户网站、OA、信息编码和主数据等多个系统的应用与运维工作。通过结合信息系统前期运行情况，组织梳理问题、邀请专家诊断、会商应对措施，协调相关建设单位加快推进速度，解决361个实际问题，为信息化建设系统模块的全面上线运行铺平道路。

开展BPM系统建设，完成在部分企业的试点上线，涵盖生产管理、物资管理、财务管理、项目管理、质量管理、人力资源管理，实现试点单位所有的核心业务流程的管控。

实现ERP系统在中国通号的全覆盖运行并完成第三方测试，为系统整改和优化奠定技术基础。

通号信息编码平台系统完成系统验收，截至2016年底，通号信息编码平台系统管理物料主数据262313条，供应商主数据16819条，客户主数据7098条，会计科目主数据1017条。

【走向海外】 2016年，中国通号海外新签合同额总计27.68亿元，同比增长143.9%。其中，中国通号下属通号国际控股有限公司对外新签合同额22亿元，北京全路通信信号研究设计院集团有限公司4.95亿元，卡斯柯信号有限公司3224万元，通号通信信息集团有限公司2948万元，通号(西安)轨道交通工业集团有限公司616万元，通号(北京)轨道工业集团有限公司303万元。2016年，中国通号实现海外经营收入7.47亿元。

2016年，中国通号签订巴基斯坦拉合尔地铁橙线项目合同和印度东部货运铁路改造项目合同，稳步推进项目实施。中国通号参股中国铁路国际公司牵头设立的印度尼西亚雅加达至万隆高铁项目合资企业，并承担该项目通信、信号、电气化、电力部分的建设任务；参与马来西亚—新加坡高铁项目前期调研工作；参与洽商俄罗斯莫喀高铁项目的投融资和装备技术合作等。

截至2016年底，中国通号海外市场拓展已经遍及美国、肯尼亚、尼日利亚、俄罗斯、泰国、印度、伊朗、巴基斯坦、波兰、匈牙利、塞尔维亚等国家。中国通号的技术、产品和品牌影响力获得广泛认可，为积极贯彻落实"一带一路"倡议打下坚实、可靠的基础。

【党建工作】 2016年，中国通号党委紧密围绕企业改革发展稳定大局，深入贯彻中央全面从严治党方针，强化责任落实，认真抓好党建各项工作，取得显著成效。一是深入学习贯彻党的十八届六中全会和全国国有企业党的建设工作会议精神，研究提出系统的贯彻落实方案并印发实施，完成对全部二级企业贯彻落实会议精神的督导工作。二是抓好有关重点工作的落实，完成党建工作总体要求进公司章程，基本实现二级企业董事长、党组织书记"一肩挑"，积极推动专职副书记配备工作。三是坚持"四同步""四对接"，健全建立基层党组织，积极推进项目党建。四是坚持党管干部原则，为所属8家二级企业选拔任用24名领导干部。五是精心部署开展"两学一做"学习教育，坚持把思想建设放在首位，强化问题导向，突出经常性教育，层层制定细化实施方案和推进计划，加强过程督导，扎实做好学习研讨、讲党课、召开专题民主生活会、民主评议党员等规定动作，完成"四查"专项工作，同时创新开展自选动作，取得显著效果。六是加强宣传思想文化建设，围绕企业改革发展成绩，配合央视《超级工程》《高铁时代》栏目和国资委中央企业改革经验集中宣传报道，以及公司获得"金紫荆"奖、"最佳科技创新上市公司"奖，董事长荣膺"最具影响力上市公司领袖"等，策划开展新闻宣传，产生积极广泛影响。七是强化群团工作，建立健全中国通号职代会制度体系，坚持以职代会为基本形式的民主管理，积极开展青工创新创效活动。

2016年，中国通号落实党风廉政建设责任制，进一步明晰领导班子和领导人员的责任内容；强化作风建设，组织全系统各级纪检监察部门开展"落实八项规定精神"专项监督检查，严肃查处顶风违纪行为；加大"四风"整治力度，组织开展"四风"问题整治情况"回头看"工作，进一步巩固和深化作风建设成果；强化廉洁从业教育，开展以"讲规矩，有纪律，做合格党员"为主题的党风廉政建设教育月活动，组织召开预防职务犯罪专题教育视频会，邀请最高检铁检厅领导为广大党员干部作预防职务犯罪宣讲；强化企业内控管理，加强物资采购监督，统一开展"降本增效"和"三年以上外部应收账款清欠"效能监察；严肃追责问责和查处违纪违法行为，对履行责任不力的领导干部严肃问责；完善惩处制度，与最高检铁检厅联合印发《关于加强铁检机关与铁路通号系统工作联系配合的意见》，规范线索移送、信息共享和协作排查等工作；完善巡视工作机制，规范巡视工作流程，加大巡视力度。

【履行社会责任】 2016年，中国通号认真贯彻落实中央领导关于定点扶贫的一系列重要指示，把定点扶贫当做政治任务来抓，在资金和项目上给予大力支持，有针对性地开展定点扶贫工作，投入资金82万元新建面积810平方米的河南省社旗县郝寨镇中心小学教师公寓一座；出资10万元改善当地条件简陋的党建阵地；争取10万元扶助资金及整合其他资金共计80万元，建成党群服务中心；投资20万元购置洒水车等用于改善乡镇卫生环境；通过招商引资，投入资金800余万元建成自来水厂一座。制定《精准扶贫实施方案暨壮大集体经济发展规划》，取得政府帮扶资金162万元，规划发展农产品附加值较高的蔬菜大棚产业180亩。通过加大教育扶贫力度、民生扶贫、招商引资、加快产业发展等方式，壮大集体经济，带动贫困人口脱贫致富，从长期的输血的扶贫模式向强化自我造血功能的扶贫模式转变，较好地履行社会责任。

（撰稿人：马立军）

中国铁路工程总公司

【基本概况】 中国铁路工程总公司是集勘察设计、施工安装、房地产开发、工业制造、科研咨询、工程监理、资本经营、金融信托、资源开发和外经外贸于一体的多功能、特大型企业集团，总部设在北京。

中国铁路工程总公司的前身是1950年3月成立的铁道部工程总局和设计总局，后变更为铁道部基本建设总局。1989年7月，铁道部撤销基本建设总局，组建中国铁路工程总公司。2000年9月，与铁道部“脱钩”，整体移交中央大型企业工作委员会管理。2003年4月归属国务院国资委管理。2006年11月，成为首批国有独资企业董事会试点企业。2007年9月12日，独家发起设立中国中铁股份有限公司（以下简称“中国中铁”），并于2007年12月3日和12月7日，分别在上海证券交易所和中国香港联合交易所挂牌上市。

中国中铁具有住房和城乡建设部批准的铁路工程施工总承包特级资质、公路工程施工总承包一级资质、市政公用工程施工总承包一级资质以及桥梁工程、隧道工程、公路路面、公路路基工程专业承包一级资质，城市轨道交通工程专业承包资质，拥有中华人民共和国对外经济合作经营资格证书和进出口企业资格证书。2000年通过质量管理体系认证，同时获得英国皇家UKAS证书。2003年通过环境管理体系和职业健康安全管理体系认证。2004年通过中国香港品质保证局质量/环保/安全综合管理体系认证，并获得国际资格证书。作为全球最大建筑工程承包商之一，自2006年起，连续11年进入世界企业500强，2016年排名世界企业500强第57位，排名全球250家最大工程承包商首位，排名全球250家最大国际承包商第23位，排名中国企业500强第七位。

中国中铁是中国铁路工程总公司经营业务的运营主体，拥有下属40余家子、分公司，主要分布在全国除台湾省以外的各省（自治区、直辖市），并在60多个国家和地区设有公司办事处、代表处和项目部等境外机构。主要子企业有中铁一局、二局、三局、四局、五局、六局、七局、八局、九局、十局、大桥局、隧道、电气化局、武汉电气化局、建工、广州局、北京局、上海局等18家施工企业集团；中铁二院、六院、设计咨询、大桥院、科研院、华铁等6家勘察设计科研企业；由所属中铁工业控股的中铁山桥、宝桥、科工、装备等4家工业制造企业；以及中铁国际、东方国际、中铁置业、资源、信托、财务、资本、物贸和中铁交投、中铁建投、中铁城投、中铁投资、中铁开投、中铁文旅、中铁上投等10余家国际业务、房地产、矿产、金融、投资管理公司。中铁宏达资产管理中心为中国铁路工程总公司成立的具有法人资格的全民所有制企业，负责管理学校、医院、主辅分离资产等未进入上市范围的机构和资产。

作为科技部、国务院国资委和中华全国总工会授予的全国首批“创新型企业”，中国中铁拥有“高速铁路建造技术国家工程实验室”“盾构及掘进技术国家重点实验室”和“桥梁结构健康与安全国家重点实验室”3个国家实验室及7个博士后工作站。拥有11个国家认定的企业技术中心，并先后组建桥梁、隧道、电气化、先进工程材料及检测技术、轨道、施工装备、城市轨道工程及磁悬浮交通工程等8个专业研发中心和1个BIM技术应用研发中心。截至2016年底，中国中铁获得国家科技进步奖107项，其中特等奖5项，一等奖14项；获得中国土木工程詹天佑奖101项，全国优秀工程勘察设计奖91项，全国优秀工程咨询成果奖78项。省部级（含国家认可的社会力量设奖）科技进步奖2699项；国家级工法166项，省部级工法1850项；通过省部级科技鉴定的科技成果832项；拥有有效专利授权5964件，其中发明专利1661件。

截至2016年底，中国中铁职工总数283511人，其中在岗职工242323人，管理人员116578人。中级职称及以上专业技术人员79254人，高级专业技术人才22477人，其中，教授级高级工程师1525人，高级工程师17129人，高级会计师1453人，高级经济师1647人。现有中国工程院院士2名、国家级突出贡献专家11名、国家勘测设计大师8名、百千万人才工程国家级人选11人，中国青年科技奖3人，詹天佑奖获得者74名，茅以升铁道工程师奖70名，享受国务院政府特殊津贴专家280名。

【主要指标】 2016年，中国铁路工程总公司新签合同额12363.5亿元，其中国内完成11338.4亿元；海外完成1025.1亿元。企业营业额7666.6亿元，其中国内完成7295.1亿元；海外完成371.5亿元。

截至2016年底，中国铁路工程总公司的资产总额7565.5亿元，同比增长5.61%。其中，流动资产

5944.9亿元，同比增长5%，流动资产占资产总额78.6%。负债总额6063.3亿元，其中带息负债1638.5亿元。

2016年中国铁路工程总公司
主要经济指标

项　目	2015年	2016年	比上年增长(%)
资产总额(亿元)	7163.6	7565.5	5.61
所有者权益(亿元)	1434.3	1502.1	4.73
营业总收入(亿元)	6248.9	6442.6	3.10
利润总额(亿元)	163.6	177.2	8.31
净利润(亿元)	118.6	127.5	7.50
归属于母公司所有者的净利润(亿元)	61.8	61.4	－0.65
技术开发投入(亿元)	111.9	118.3	5.72
利税总额(亿元)	432.7	424.4	－1.94
应交税金总额(亿元)	314.2	296.9	－5.51
全员劳动生产率(万元/人·年)	27.1	27.2	0.37
净资产收益率(%)	9.2	8.7	减少0.5个百分点
总资产报酬率(%)	3.2	3.2	与上年持平
国有资本保值增值率(%)	120.9	107.5	减少13.4个百分点

【改革发展】 2016年，中国中铁继续推进改制重组，深化企业内部改革，为企业发展提供改革动力。一是推进设计板块中铁工程院与华铁咨询重组整合，成立中铁华铁设计集团有限公司；组建中铁文化旅游投资集团，打造专业化中铁生态城市开发运营集团；组建中铁(上海)投资发展有限公司，搭建产融结合平台；组建中铁东方国际集团有限公司，将马来西亚公司和大马城项目重组进入中铁东方集团。二是针对基建板块三级法人职能重叠、重复投入、资源浪费的沉疴积弊，大力推行以“股份公司重在产业管理、集团公司重在市场经营、工程公司重在施工生产”为主要内容的生产经营体制机制改革，所属各基建单位快速推进区域经营机构建设，基本完成承担市场经营主体职能必需的区域经营组织架构的建立工作。三是按照国资委“瘦身健体”要求，大力推进子分公司撤并工作，年内撤并子分公司172户，超额完成压减指标，处置“僵尸企业”工作也取得积极进展，同时推进煤炭业务剥离移交工作，签订与国源时代、中煤集团的股权划转协议和相关委托管理协议。四是投身国资国企改革，中铁咨询成为国资委首批混合所有制改革员工持股试点单位。五是深入推进项目管理实验室活动，项目一线管理水平持续提升，基本完成集团公司一级项目管理制度的全面换版；中国中铁新出台相关管理制度，在全系统推广班组长安全质量责任制。

【重大项目】 2016年，中国中铁参建的郑徐高铁、沪昆高铁、云桂高铁、京新高速公路、陕西黄延高速公路、深圳地铁11号线开通运营。中铁隧道承建的“中亚第一长隧”乌兹别克斯坦安格连—帕普铁路隧道顺利贯通。中国中铁和中国铁建联合建设的亚吉铁路顺利通车。中铁四局承建的中国政府无偿援助蒙古国残疾儿童发展中心项目开工建设。中铁一局承建的世界第一高海拔超特长公路隧道——雀儿山隧道贯通。中铁装备制造的中国首台最大双护盾TBM成功下线。中铁四局、中铁装备、铁道第三勘察设计院以及中铁第六勘察设计院联合研发的世界首台“马蹄形”盾构机在蒙华铁路投入使用。中铁山桥承制的世界第一高桥——杭瑞高速北盘江大桥成功合龙。

2016年，公司工程质量创优工作成效显著，有13项工程获得鲁班奖、20项工程获得国家优质工程奖、21项工程获得国家AAA级安全文明标准化诚信工地、20项工程获得全国建筑绿色施工示范工程。荣获国家科技进步奖3项、国家技术发明奖1项，詹天佑奖8项，省部级科技进步奖210项；获得授权专利1008项，其中发明专利369项，有3项专利获得第十八届中国专利优秀奖；获得省部级工法220项，勘察设计奖59项，咨询成果奖13项；参与编制国家标准20项，行业标准58项；3项工程分别获得FIDIC工程项目杰出奖和优秀奖。

【走向海外】 2016年，中国中铁紧抓“一带一路”建设机遇，在境外69个国家设有境外机构并开展业务，其中与“一带一路”相关的东南亚、南亚、中亚、西亚以及中东欧等国家和地区有在建项目的22个。2016年签署“中老铁路”“马来西亚南部铁路”“孟加拉帕德玛大桥铁路连接线”“埃及斋月十日城铁路”“哈萨克斯坦阿斯塔纳轻轨”“马来西亚吉隆坡新捷运MRT”“马来西亚新山储油罐工程”“印度孟买地铁2、3号线”“安哥拉商业中心和净水厂”“赞比亚潘苏鲁—曼萨输变电站”“厄瓜多尔基多医院”“塞拉利昂弗—马高速公路”以及与北京城建联合经营的“马尔代夫易卜拉欣纳西尔国际机场”等项目。参与的国家层面“一带一路”重点项目“中泰铁路”“印尼雅万高铁”“匈塞铁路”“莫斯科至喀山高速铁路”“德黑兰至伊斯法罕高铁”等有序推进。

2016年，中国中铁新签国际业务合同353个，合同总额153.9838亿美元，完成年度计划128.30%；实现国际业务营业额55.6563亿美元，完成年度计划101.19%。

截至2016年底，中国中铁外经员工7832人，其中，国内人员1696人，派往境外工作的职工6136人。境外机构279个，其中，亚洲109个，非洲121个，拉美洲30个，欧洲11个，大洋洲12个。

【重大创新】 2016年，中国中铁积极开展“双创”工作，发起的中铁高端交通装备产业创业投资基金（中铁创投基金）获国家发改委批准，并获得国家投资资金5000万元。投资海王星、通达建筑、中弘轨道、松宝智能等4个项目，累计投资金额1.25175亿元。投资建设中铁轨道高科技产业园，是全球首个轨道交通产业创新与服务的高端平台。开展青年创新活动，推行创新活动“项目制”，为青年开展创新实践活动搭建平台。

2016年，结合重点工程建设，开展项目科技创新，以川藏铁路、莫斯科—喀山高铁、蒙华铁路、拉林铁路、京张铁路、武汉杨泗港长江大桥、平潭海峡公铁两用大桥、琼州海峡跨海工程、高黎贡山隧道、北京地铁、深圳地铁、厦门地铁、重庆塔等重难点工程为依托，重点研究解决400千米/小时高速铁路关键技术、大跨铁路斜拉桥箱型组合梁结构技术、大跨径钢箱钢桁结合梁制作技术、千米级跨度宽幅钢箱及钢箱结合梁斜拉桥施工技术、复杂环境长大过海地铁隧道设计关键技术等关键技术。

2016年，中国中铁新开和延续科研项目1304项，研发费69.95亿元，其中由中国中铁直接管理的课题204项，列入中国中铁科开计划由所属各单位管理的课题1100项。组织对已达到验收条件的科研课题进行课题结题验收，有29项重大课题、88项重点课题和57项引导课题通过结题验收。通过各级科技成果鉴定评审或验收740项，其中通过省部级鉴定评审278项。“大轴重重载铁路路基基床结构设计理论及关键技术”“全焊节点桁片式箱桁组合结构大跨度高速铁路桥关键技术”等22项成果达到国际领先水平，“地铁盾构穿越运营铁路站场及邻近古建筑群施工关键技术”“小半径螺旋型曲线隧道施工通风技术研究”等82项成果达到国际先进水平。

2016年，中国中铁加强知识产权管理，下达专利计划895项，其中发明专利388项，涵盖桥梁、隧道及地下工程、线路路基、房建、四电和机械制造等专业；下达工法计划683项，其中国家级工法17项，知识产权数量和质量进一步提升。获得授权专利1008项，其中发明专利369项；获得省部级工法220项，参与编制国家标准20项，行业标准58项，铁总标准41项。

【党建工作】 2016年，中国中铁各级党组织认真贯彻中央和国资委党委的部署和要求，不断加强和改进党建思想政治工作，充分发挥企业政治优势，为企业持续稳定发展提供坚强有力的政治保证。

一是加强思想理论武装，认真抓好上级有关重要精神的宣贯和培训工作。认真贯彻落实党的十八届六中全会和全国国有企业党的建设工作会议精神，是2016年党建工作的重点课题。全公司各级党组织采取中心组学习、民主生活会、“三会一课”、培训班、座谈会等多种形式，组织广大党员特别是党员领导干部深入学习、深刻领会两个会议精神，努力做到学深学透、准确掌握、融会贯通，确保以会议精神武装头脑、指导实践、推进工作。2016年11月24—25日，公司党委举办学习贯彻党的十八届六中全会和全国国有企业党的建设工作会议精神培训研讨班，公司领导和高管、总部机关部门负责人，各二级单位的党委书记、纪委书记、工会主席、组织部长等210多人参加会议。为了深入贯彻落实会议精神，指导所属42家二级单位举办120多次培训班，对4100多名基层党务干部和党支部书记进行系统培训。

二是学做结合，以学促做，深入推进“两学一做”学习教育。深入开展“两学一做”学习教育，是全公司各级党组织的一项重大政治任务。公司党委制定印发《中国中铁开展“两学一做”学习教育实施方案》和《中国中铁领导班子成员和高管“两学一做”学习教育具体方案》，对公司领导班子、总部机关及所属各单位学习教育作出具体安排。组织购买8053本《习近平总书记重要讲话文章选编》，配发给全公司副处级以上领导干部，并编印600套《“两学一做”学习教育手册》和《党员应知应会手册》，配发给公司领导班子成员和高管、总部机关各部门和在京地区二级单位。召开“两学一做”学习教育动员部署会，党委中心组分4次进行专题学习研讨，分6个片区举办督查座谈会，先后邀请中央纪委驻国资委纪检组组长江金权和公司党政主要领导、纪委书记在总部机关上专题党课，公司其他班子成员到分管部门和联系点上党课，全公司各级党委书记、领导班子成员讲专题党课1500多(场)次，集中学习讨论3700多次，并分别到所在支部和基层联系点督导调研，以普通党员身份参加组织活动。公司党委召开“增强‘四个意识’，严守政治纪律政治规矩”领导班子专题民主生活会和“两学一做”专题民主生活会，领导班子和高管会前广泛征求意见，积极开展谈心活动，对照《准则》和《条例》规定要求，深入查找领导班子和班子成员在思想、组织、作风、纪律等方面存在的突出问题，开展批评与自我批评，主动认领和整改问题。公司所属42家单位召开领导班子专题民主生活会，10561个基层党组织、16万多名党员召开组织生活会，开展民主评议党员工作，促进各级领导班子和广大党员思想作风建设。

三是落实国资委党委重要工作部署，扎实开展“四项”排查工作。开展“四项”排查工作是党要管党、从严治党的有力举措。根据国资委党委的部署，认真开展基层党组织按期换届、党员组织关系、党费收缴、党代会代表和党员违法违纪等“四项”排查工作。印发《关于开展党员组织关系集中排查有关事项的通知》《关于做好党费核查督缴工作的通知》《关于做好党费核查补交工作的通知》《关于对党代会代表和党员违纪违法未给予相应处理情况进行排查清理的通知》《关于在“两学一做”学习教育中对基层党组织按期换届情况进行专项检查的通知》等文件，举办党员组织关系集中排查专题培训班，召开“四项”排查工作督导座谈会和换届选举工作推进会，对“四项”排查工作进行安排部署。在排查工作中，对424个任期届满未换届的党组织进行换届选举，帮助长期失联的1158名党员与党组织建立联系，解决742名“口袋”党员的组织关系问题，对2008年4月以来党员党费进行全面核查补交，中止党代会代表资格23人，清理违法违纪党员109人。

四是围绕重大工程项目建设，大力开展党建主题实践活动和评先评优表彰工作。公司党委坚持以党建主题实践活动载体，充分发挥基层党支部的战斗堡垒作用和广大党员的先锋模范作用，促进生产经营等各项工作顺利推进。公司党委围绕重大工程项目建设，在京张铁路开展“两学一做当表率，提质增效作贡献”党内主题实践活动，在蒙华铁路开展“党旗红”党建主题实践活动，同时指导所属各单位因地制宜组织开展“重点工程党旗红”“党员先锋工程”“党员精品工程”“三争一保”等形式多样的党建主题活动，为推动工程项目安全质量工期效益等各项目标任务的实现提供组织保障。“七一”前夕，公司党委结合纪念建党95周年和“两学一做”学习教育，在京张铁路项目施工现场召开中国中铁“詹天佑杯”京张高铁劳动竞赛暨“两学一做”党建主题实践活动启动仪式，大力开展评先评优表彰，广泛宣传选树先进典型，先后隆重表彰10个先进基层党组织标杆、10名优秀共产党员标兵、10名优秀党务工作者标兵，以及88个先进基层党组织、126名优秀共产党员、63名优秀党务工作者，其中3个先进基层党组织、3名优秀党员、3名优秀党务工作者受到国资委党委表彰。

五是抓基层、打基础，不断加强基层党组织建设。公司党委认真落实中央加强基层党组织建设的要求，全面构建项目党建、区域党建、农民工党建、海外党建、机关党建、网络党建、廉洁党建和党群共建的“八位一体”基层党建工作新格局，完成的《中国中铁构建

"八位一体"基层党新模式》的经验材料,被《中央企业党建工作简报》第5期采编刊发。扎实推进国资委党委党委书记抓党建述职评议考核试点工作,组织7家二级企业党委书记进行大会述职,当场提问点评、当场打分考核、当场公布考核结果,取得较好效果。指导7家二级单位和85家三级单位按期进行换届选举,指导2家单位完成党组织名称变更,指导7家单位成立党的组织和纪检监察组织,并指导开展党建和思想政治工作。在元旦、春节期间和"七一"前夕,通过发放慰问信和慰问金的形式,对全公司老党员和生活困难党员进行走访慰问,慰问老党员、生活困难党员3623人,发放慰问金134.6万元。在国资委党委召开的中央企业党建工作调研座谈会上,就学习贯彻习近平总书记重要讲话精神、认真落实全面从严治党责任、落实"三个区分"要求等进行交流发言,受到与会领导的充分肯定。起草的《叫响农民工党建新品牌——中国中铁党委推行党群工作协理员制度纪实》通讯文章和相关图片,被收录入国资委党委《国资报告》庆祝建党95周年专刊,起草的《中国中铁党委认真履行管党治党责任,努力把基层党组织建设成为坚强堡垒》经验材料被国资委党委以工作交流形式刊发。

【信息化建设】 2016年,中国中铁制定《"十三五"信息化规划》,组织修订《计算机网络安全管理规定》《视频会议室建设标准》《海外项目部视频会议建设标准》等制度办法和建设标准。全面推进主数据管理平台建设,通过主数据管理平台集成财务、成本、统计、AD域等业务系统,集中管理的基础数据达到3.6万个核算组织、3万家物资供应商、8.5万家往来供应商、48万条物资字典。推进财务共享中心项目建设,采用虚拟化技术与云计算技术相结合的架构完成财务共享中心硬件平台的搭建工作。完成总部信息系统安全测评工作。通过整改,所有系统均达到要求,取得相应测评报告。完成灾备系统一期扩容和二期建设方案优化,扩容后的一期灾备系统提升数据存储能力。公司推进BIM技术应用,制定《中国中铁BIM应用实施指南》,组织召开中国中铁BIM技术交流会暨BIM技术应用研发中心理事会,在第二届中国建设工程BIM大赛中,中国中铁获得BIM卓越工程项目奖12项、BIM单项工程项目奖25项。

【履行社会责任】 2016年,中国中铁进一步加强社会责任管理工作,编制发布中国中铁2015年中英文《社会责任报告》,对公司社会责任体系、报告板块设置进行全面优化,从依法治企、优质服务、创造效益、员工发展、安全监管、科技进步、环境保护、公益事业、合作共赢、海外责任等10个方面,全面客观反映中国中铁社会责任管理和社会责任实践的情况。继续披露企业社会责任贡献值,取得资本市场、社会公众和新闻媒体的好评。首次披露年度十佳优秀社会责任实践。2016年,公司积极参与各地各类抢险救灾300多次,投入抢险救灾人员2万多人次、设备3200多台套、投入资金5000万元。特别是夏季,全公司有20多家单位上万人参与近百次抗洪抢险任务。组建900多支志愿服务队,投入志愿服务2.1万多人次,开展各类志愿服务活动1800多次。对湖南省汝城县、桂东县和山西省保德县开展定点扶贫工作,全年投入300万元用于改善当地学习教育和生活条件。2016年8月22日,"2016年实现可持续发展目标中国峰会"公布实现可持续发展目标中国先锋企业名单,中国中铁以在可持续发展和履行社会责任方面的业绩入围"实现可持续发展目标中国先锋企业",并在峰会论坛上作了经验交流发言,企业经验做法被收录到《实现可持续发展目标成果集》并提交联合国全球契约组织。

(撰稿人:王　琳)

中国铁建股份有限公司

【基本概况】 中国铁建股份有限公司(中文简称"中国铁建",英文简称CRCC)的前身是组建于1948年7月的中国人民解放军铁道兵,1984年集体转业,改称铁道部工程指挥部;1989年,中国铁道建筑总公司成立,2000年9月先后划归中央企业工作委员会和国务院国有资产管理委员会管理;2007年11月5日,由中国铁道建筑总公司独家发起成立中国铁建股份有限公司,于2008年3月10日、13日分别在上海证券交易所(A股,代码601186)和香港联合证券交易所(H股,代码1186)上市。

截至2016年底,中国铁建下辖中国土木工程集团有限公司,中铁十一、十二局集团有限公司,中国铁建大桥工程局集团有限公司,中铁十四至二十五局集团有限公司,中铁建设集团有限公司,中国铁建电气化局集团有限公司,中国铁建港航局集团有限公司,中国铁建房地产集团有限公司,中铁第一、第四、第五勘察设计院集团有限公司,中铁上海设计院集团有限公司,中铁物资集团有限公司,中国铁建高新装备股份有限公司,中国铁建重工集团有限公司,中国铁建国际集团有限公司,中铁城建集团有限公司,中国铁建投资集团有限公司,中国铁建财务有限公司,诚合保险经纪有限公司,中铁建商务管理有限公司,中铁建南方建设投资有限公司,昆仑投资集团有限公司,华北投资发展有限公司,金融租赁有限公司,中铁磁浮交通投资建设有限公司,中铁建重庆投资有限公司、资产管理有限公司,北京培训中心(党校)41家二级子公司和单位;三级法人企业541家(含项目公司),其中工程公司183家。在职员工259460人。其中,管理人才54577人,占21.03%;专业技术人员116624人,占44.95%;技能人才88259人,占34.02%。拥有中国工程院院士1名、国家勘察设计大师10名、"百千万人才工程"国家级人选11名、享受国务院特殊津贴的专家249名。

机械动力设备118774台(套),设备固定资产原值640.3亿元、净值238.63亿元。机械设备总功率1033.41万千瓦,技术装备率8.98万元/人,动力装备率38.87千瓦/人。公司业务涵盖工程承包、勘察设计咨询、工业制造、房地产开发、物流与物资贸易等,具有科研、规划、勘察、设计、施工、监理、维护、运营和投融资等完善的行业产业链。在高原铁路、高速铁路、高速公路、桥梁、隧道和城市轨道交通工程设计及建设领域,确立行业领导地位。经营范围遍及除台湾省以外的全国31个省(自治区、直辖市)和香港特别行政区、澳门特别行政区,以及世界105个国家和地区,是中国乃至全球最具实力、最具规模的特大型综合建设集团之一。

自20世纪80年代以来,中国铁建在工程承包、勘察设计咨询等领域获得国家级奖项659项。其中,国家科技进步奖69项;国家勘察设计"四优"奖125项;中国土木工程詹天佑奖80项;中国建设工程鲁班奖114项;国家优质工程奖271项。累计拥有专利6627项、获得国家级工法292项。连续12年入选《财富》杂志"世界500强",2016年排名第62位;连续21年入选美国《工程新闻记录》(ENR)杂志"全球250家最大承包商",2016年排名第三位;连续15年入选"中国企业500强",2016年排名第14位。

【主要指标】 2016年,中国铁建实现营业收入6302.97亿元,比2015年增长4.85%。其中,工程承包业务完成营业收入5347.34亿元,增长4.02%;勘察设计咨询业务完成营业收入122.48亿元,增长21.69%;工业制造完成营业收入120.83亿元,下降12.33 %;房地产开发业务完成营业收入383.2亿元,增长33.66%;物流与物资贸易及其他业务完成营业收入329.63亿元,下降4.95%;完成海外营业收入332.27亿元,增长19.88 %。实现利润总额190.81亿元,净利润149.41亿元。资产总额7642.22亿元,负债总额635.65亿元,所有者权益1506.57亿元。截至2016年底,货币资金余额1292.24亿元,增长2.96%。

表1　2016年中国铁建股份有限公司主要经济指标

项　目	2015年	2016年	比上年增长(%)
资产总额(亿元)	7056.63	7642.22	8.30
所有者权益(亿元)	1308.19	1506.57	15.16
营业收入(亿元)	6011.14	6302.97	4.85
利润总额(亿元)	167.42	190.81	13.97
净利润(亿元)	129.12	149.41	15.71
归属于母公司所有者的净利润(亿元)	69.49	79.21	13.99
技术开发投入(亿元)	87.59	94.43	7.81
利税总额(亿元)	444.95	502.36	12.90

续表

项　目	2015年	2016年	比上年增长（%）
应缴税金总额（亿元）	275.92	276.83	0.33
加权平均净资产收益率（%）	10.98	10.62	减少0.36个百分点
总资产报酬率（%）	3.44	3.28	减少0.16个百分点
总公司国有资本保值增值率（%）	107.7	110.50	增加2.08个百分点

【公司治理】

1. 持续加强公司治理规范运作。中国铁建股份有限公司股东大会（以下简称"股东大会"）严格按照《中国铁建股份有限公司章程》（以下简称《公司章程》）、《股东大会议事规则》的规定召开，依法行使股东权利，以维护股东利益。董事会及专门委员会严格按照《公司章程》《董事会议事规则》、专门委员会工作细则等制度的规定合规运作，审慎决策。监督严格按照《公司章程》《监事会议事规则》的规定认真履行职责，对公司财务、内控体系建设、董事及高级管理人员履职行为进行监督。总裁等高级管理人员严格按照《公司章程》《总裁工作细则》等制度的规定开展生产经营和管理工作，组织实施董事会决议，接受监事会的监督。

2. 持续完善法人治理制度建设。2016年，中国铁建按照监督机构的有关规定，结合企业实际，修订《公司章程》《董事会议事规则》《董事会审计与风险管理委员会工作细则》《总裁工作细则》《对外投资管理制度》《董事、监事和高级管理人员持股变动管理制度》，制定《信息披露暂缓与豁免业务管理制度》。

3. 不断加强信息披露管理。中国铁建严格按照股票上市地上市规则的规定和要求，真实、准确、完整、及时、公平地进行信息披露，不断提升信息披露水平。继续坚持法定信息披露与主动信息披露相结合，不断增强定期报告内容的针对性和有用性，全年披露中英文文件350项，其中在上海证券交易所披露132项，在香港联合交易所披露128项中文文件及90份英文文件。

【经营能力与市场开拓】 2016年，中国铁建面对竞争激烈、变革加剧的市场环境和稳增长的巨大压力，顺应形势变化及时调整年度经营目标，进一步强化股份公司统筹经营、集团公司主体经营、三级公司辅助经营职能，加大高端经营、协同经营力度，推动经营规模不断拓展。全年新签合同额12191.07亿元，同比增长28.49%。其中，国内业务新签合同额11112.58亿元，占新签合同额的91.15%，同比增长28.85%；海外业务新签合同额1078.49亿元，占新签合同总额的8.85%，同比增长24.99%。非工程承包板块新签合同额1598.55亿元，占新签合同总额的13.11%，同比增长13.12%。其中，勘察设计咨询新签合同额125.12亿元，同比增长10.28%；工业制造新签合同额199.62亿元，同比增长21.52%；物流与物资贸易新签合同额649.48亿元，同比减少12.84%；房地产新签合同额494.803亿元，同比增长35.14%。工程承包板块新签合同额10592.51亿元，占新签合同总额的86.89%，同比增长31.19%。其中，铁路工程新签合同额2651.05亿元，占工程承包板块新签合同额的25.03%，同比减少11.54%；公路工程新签合同额2618.52亿元，占工程承包板块新签合同额的24.72%，同比增长42.72%；城市轨道工程新签合同额1713.01亿元，占工程承包板块的16.17%，同比增长77.79%；房建工程新签合同额1525.865亿元，占工程承包板块新签合同额的14.41%，同比增长14.62%；市政工程新签合同额1394.98亿元，占工程承包板块新签合同额的13.17%，同比增长246.29%；水利电力工程新签合同额186.44亿元，占工程承包板块新签合同额的1.76%，同比减少31.09%；机场码头工程新签合同额103.94亿元，占工程承包板块新签合同额的0.98%，同比增长0.08%。

2016年，中国铁建着力围绕提升经营能力，进一步改进和优化国内区域经营管理与布局，推动股份公司和集团公司两级区域经营取得显著成效；进一步理顺海外经营管理体制机制，制定出台"考核办法"和"决定"等多项管理制度，加强总部海外管理力量；进一步加强投融资经营管理，及时修订对外投资管理制度，强化经营风险体系建设，明确"谁主张、谁论证，谁决策、谁负责"的原则；进一步加强经营资质体系建设，全年新增施工特级资质9项。其中，市政公用工程施工总承包特级资质5项，公路工程施工总承包特级资质3项，建筑工程施工总承包特级资质1项。截至2016年底，拥有特级资质39项；“三特”企业7家，“双特”企业5家。

表2　2015—2016年中国铁建股份有限公司主营业务新签合同额情况

主营业务	2016年新签合同额(亿元)	占2016年新签合同总额的比率(%)	2015年新签合同额(亿元)	比2015年增长(%)
工程承包	10592.51	86.88	8074.38	31.19
勘察设计咨询	125.12	1.03	113.46	10.28
工业制造	199.62	1.64	164.27	21.52
物流与物资贸易	649.48	5.33	745.15	−12.84
房地产开发	494.80	4.06	366.14	35.14
其他业务	129.53	1.06	24.19	435.50
合　计	12191.06	100.00	9487.59	28.49

表3　2015—2016年中国铁建股份有限公司工程承包新签合同额情况

类　别	2016年新签合同额(亿元)	占2016年工程承包业务新签合同额的比率(%)	2015年新签合同额(亿元)	比2015年增长(%)
铁路工程	2651.05	25.03	2996.86	−11.54
公路工程	2618.52	24.72	1834.72	42.72
城市轨道工程	1713.01	16.17	963.50	77.79
房屋建筑工程	1525.87	14.41	1331.22	14.62
市政工程	1394.98	13.17	402.84	246.29
水利电力工程	186.44	1.76	270.55	−31.09
机场码头工程	103.94	0.98	103.86	0.01
合　计	10193.81	96.24	7903.55	28.98

【结构调整与转型升级】　一是加快产业结构调整，非工程承包产业实现营业收入1122.2亿元，占比达到17.2%，同比提高1个百分点。其中，勘察设计咨询产业稳健发展，在技术创新、产业协同、支撑服务、总承包和投融资经营等方面取得进展，营业收入同比增长21.6%；工业制造产业逆势上扬，高端装备制造核心竞争力与品牌影响力明显增强，实现利润总额17.52亿元，同比增长77.87%；房地产业抓住机遇、加快发展，销售额、营业收入和利润总额分别达到494.8亿元、383.2亿元、48.85亿元，分别同比增长35.14%、33.66%、13.24%，特别是在合作开发与协同获取土地方面打开局面；物资物流产业，积极妥善化解大宗物资贸易风险，发展趋于平稳，物流与物资贸易及其他业务营业收入同比增长0.79%、利润总额增加21.72亿元。二是进一步强化投资驱动，2016年投融资经营新签项目合同额2998.5亿元，占新签合同总额的24.6%，新持有收费高速公路运营里程310千米、总里程增至1552千米。三是进一步优化工程

承包业务结构，传统“两路”（铁路、公路）业务中，公路新签合同额2618.52亿元，同比增长42.72%；非“两路”新签合同额占比50.25%，首次占据“半壁江山”，同比提高10.09个百分点，其中城市轨道、市政均首次突破千亿元大关，分别达到1713.01亿元、1394.98亿元，分别同比增长77.79%、246.29%，工程承包千亿级行业市场由3个增至5个。

【企业改革与管理】 中国铁建以市场为导向，根据企业发展战略需要，2016年组建中铁建南方建设投资有限公司、中铁建昆仑投资集团有限公司，重组设立中铁建华北投资发展有限公司、中铁建重庆投资有限公司，构建投融资区域经营平台体系；成立国内首家磁浮投资建设公司，磁浮产业布局初见成效，积极抢占市场先机。以提质增效、管理提升为目标，强力推进清收清欠、“瘦身健体”、“治亏治僵”、“营改增”应对、成本管理、资源集中管控等一系列改革与管理举措；存货与应收款在资产总额中的占比同比降低1.1个百分点，有息负债规模较快增长的势头得到遏制，总体税负保持平稳；撤并法人企业66家。2016年，中国铁建在香港联合交易所成功发行5亿美元零票息零收益率的H股可转换债券和34.5亿元票息为1.5%的美元结算H股可转换债券；在上海证券交易所成功发行80亿元可续期公司债券。大力加强有关基础工作，“法治铁建”建设取得阶段性成果；设立网络安全和信息化领导小组办公室，加强总部信息化管理力量，完成信息化顶层设计；完善审计工作机制，以配合外部审计为契机，扎实推进自审自查工作，进一步发挥审计监督作用。

【技术创新】 中国铁建以施工生产为依托，全面加强科技创新，BIM（建筑信息模型）、装配式建筑技术水平稳步提升，国家科技支撑计划“预切槽隧道施工成套设备关键技术研究”完成验收；中国铁建勘察设计的贵阳至广州客运专线总体设计、钱江通道及接线工程钱江隧道获菲迪克工程项目杰出奖，宁波铁路枢纽北环线甬江特大桥工程、青藏铁路西宁至格尔木二线新关角隧道获菲迪克工程项目优秀奖；参建的郑州东站、新建铁路哈尔滨至大连铁路客运专线、武汉至广州客运专线新建武汉动车段、广深港高铁狮子洋隧道、上瑞国道主干线湖南省邵阳至怀化高速公路、福建省泉州至三明高速公路、上海市轨道交通16号线、北京地铁15号线、深圳地铁2号线8项工程获中国土木工程詹天佑奖。2016年，获得全国优秀设计类成果奖13项；新增全国工程勘察设计大师2名；新获中国优秀专利奖6项、国家科技进步二等奖1项、省部级科技进步奖113项；新取得授权专利1502件，其中发明专利371件；新增国家级企业技术中心2家。中国铁建当选中国专利保护协会会长单位，并成为建筑业首家国家专利审查员实践基地；所属中国铁建重工集团有限公司研发制造的隧道掘进机（TBM）高端装备，在6月3日科学技术部举办的“十二五”国家科技创新重大成就展览中，接受习近平总书记的检阅。

【工程创优】 中国铁建参建的合肥滨湖新区方兴大道（包河大道—福建路）工程、河南新中益“上大压小”扩建工程、新建贵阳至广州铁路贵阳北站站房工程、新建宝鸡至兰州铁路客运专线兰州西客站站房工程、新建铁路大同至西安客运专线马家庄隧道、南京市梅子洲过江通道接线工程——青奥轴线地下交通系统及相关工程、燕翔饭店改扩建项目、宿迁市第一人民医院、新建天津铁道职业技术学院工程、安巴V.C.伯德国际机场新航站楼综合工程获得中国建设工程鲁班奖。35项工程获国家优质工程奖。其中，无锡市轨道交通1号线工程、中国海油珠海LNG项目一期工程获金质奖；新建津秦铁路客运专线塘沽西跨京津塘高速公路特大桥、武咸城际铁路跨武广客运专线特大桥、新建杭州至长沙铁路客运专线湖南段长沙浏阳河特大桥、新建铁路北同蒲韩家岭至原平线应县至原平新建取直线工程雁门关隧道、新建铁路哈尔滨至大连客运专线电力及牵引供电系统集成工程、新建铁路石家庄至武汉客运专线（河南段）客运专线四电集成系统SDJC—1标段工程、南京至高淳城际轨道南京南站至禄口机场段工程、黄山北站站房及相关工程、新建铁路衡茶吉线HCJ—4标段站后四电工程、广西沿海铁路钦州北至北海段扩能改造工程钦江双线特大桥、厦深铁路潮汕至惠州南段新建长沙湾特大桥工程、新建宿州至淮安铁路京杭运河特大桥工程、新建兰渝铁路引入重庆枢纽工程兴隆场编组站、新建重庆至利川铁路万寿山隧道工程、新建兰新铁路第二双线甘青瓜州段综合工程、新建兰新铁路第二双线哈密立交特大桥、乌鲁木齐动车所检查库及边跨工程、兰新铁路第二双线(新疆段)达坂城湿地特大桥、长沙西北上行联络线特大桥(斜拉转体工程)、太行屋脊隧道工程、灵山高速公路恒山隧道、南通市江海大道东段快速化改造工程、合肥市阜阳北路高架快速路综合建设工程、深圳市机场南路新建工程市政工程、莞深高速公路附城至石碣共线段第二合同段、遂宁观音湖下穿隧道工程、陕西西铜高速公路渭河特大桥、北京财富中心写字楼工程、北京工业大学艺术设计学院、山西省电力勘测设计院综合业务楼工程、希望·加州华府一期B区工程、文昌会务中心工程、宁天城际轨道交通1期工程获国家优质工程奖。

【工程施工】 面对在建规模大、生产任务重、管控难度高的严峻挑战,中国铁建狠抓施工生产组织,严格落实安全质量责任,进一步强化工程项目管理和重难点监控。主要实物工程量保持稳定增长,全年完成隧道1275折合千米、桥梁1700折合千米、正线铺轨4394千米、站线铺轨1010千米、公路2265千米、城市轨道351千米、房屋竣工面积1987万平方米、土石方12.6亿立方米;生产隧道掘进机57台(套),特种装备产品395台(套)、大型养路机械设备195台(套)。年内,公路特许经营项目济乐高速公路建成通车;郑徐铁路客运专线、沪昆高速铁路贵州云南段,长沙磁浮、长株潭城际铁路、青荣城际引入青岛枢纽,敦格铁路、娄邵铁路,佛肇、莞惠城际铁路等开通运营;铜玉铁路2标段隧道群、武汉东湖隧道、云南香德公路白茫雪山3号隧道、西成铁路客运专线大秦岭隧道、青海花久高速公路雪山1号隧道、成昆铁路扩能改造工程永广铁路骄子山隧道等难险隧道相继贯通。所属9个集团公司被水利部评为水利安全生产标准化一级企业,13个项目被评为全国AAA级安全文明标准化工地。全系统生产安全形势基本稳定,在主要市场和重大项目的信用评价中继续保持良好成绩。

【安全生产】 中国铁建高度重视安全生产工作,认真贯彻落实《中共中央国务院关于推进安全生产领域改革发展的意见》和国家有关安全生产的规定和要求,牢固树立"红线意识",落实"一岗双责、党政同责、齐抓共管、失职追责"要求,狠抓安全包保责任落实,加大经济处罚力度,以"提前想到、提前发现、提前消除安全隐患"为指导,深入开展安全隐患排查治理,提高现场安全风险管控能力。一是强化安全包保责任。坚持安全生产"抓一把手,一把手抓",层层签订并兑现安全包保责任书,落实主体责任。二是提前想到、提前发现、提前消除安全隐患,推进安全质量隐患排查治理工作,下发《班组工前隐患排查指导意见(试行)》,把安全隐患排查治理工作延伸至施工班组,强化源头治理。三是加大安全生产与质量工作考核力度。修订完善安全考核规定,进一步提升安全考核权重,促进安全生产工作。四是加强季节性和重点时段安全生产工作。出台《施工营地季节性安全管理六条规定》,下发《关于强化防灾减灾工作责任追究的通知》,加强汛期、施工营地安全和应对灾害工作。针对春节、"两会"、"五一"、"十一"等节假日、重要会议特点,及时通知部署期间安全生产工作。五是加强安全生产应急管理工作,制定《生产安全事故抢险救援奖励补偿暂行办法》和《抢险救援队考核暂行办法》,推进承担国家隧道抢险救援队和所属各单位应急队伍建设。六是强化教育培训,努力提高一线员工安全风险防范意识和能力,提高其安全素质和技能水平,确保安全作业。2016年未发生重大生产安全事故,安全生产持续保持稳定。

【境外工程】 中国铁建积极实施"一带一路"战略,海外市场不断扩大,在非洲、亚洲、南美洲和欧洲等海外国家及地区参与基础设施建设。重大境外工程:沙特内政部安全总部发展项目、安哥拉本格拉铁路大修工程、尼日利亚铁路现代化项目卡杜纳—卡诺段、尼日利亚铁路现代化项目拉各斯至伊巴丹段、赞比亚奇帕塔经佩塔乌凯至塞伦杰铁路设计施工合同、卡诺市轻轨详细勘察、设计和施工项目、泰国生态农业工厂项目设计施工总承包(EPC)合同、卡拉奇至拉合尔高速公路(KLM)第三段——拉合尔至阿卜杜哈基姆(约230千米)的设计、采购及施工(EPC)项目、埃塞俄比亚一吉布提铁路项目、阿尔及利亚贝佳亚(Béjaia)港口到东西高速公路100千米连接线、尼日利亚铁路现代化项目阿布贾至卡杜纳段、尼日利亚阿布贾城市铁路工程、阿尔及利亚55千米铁路项目、鲁雷纳瓦克一里韦拉尔塔公路项目、沙特麦麦高铁工程、格鲁吉亚现代化铁路项目、马来西亚四季酒店项目。

【房地产开发】 中国铁建房地产业务一是采取"以住宅开发为主，以配套商业为辅"的经营模式，按照"立足北京、面向全国、走向海外"的战略方向，聚焦长三角、珠三角、环渤海三大核心城市群，加大山东半岛、辽东半岛、海峡西岸、长株潭、武汉、成渝等新兴城市群和国家级新区的项目拓展力度。区域布局坚持以一、二线城市为重点，部分具有良好发展潜力的三、四线城市为补充的发展思路。房地产板块逐步形成以北京、上海、广州为核心，以环渤海、长三角、珠三角和西南区域为支柱的房地产业绩支撑体系。二是积极应对市场挑战，围绕"去库存、强销售、控成本、拿好地"的总体经营思路，采取各种有效措施，全力推进房地产业务持续、健康发展。2016 年，房地产板块实现销售金额 494.8 亿元，同比增长 35.14%；实现销售面积 438 万平方米，同比增长 19.36%。其中，在北京、成都、杭州、南京分别实现销售额 89 亿元、53 亿元、45 亿元、38 亿元，在武汉、合肥、天津、上海等城市的销售额均超过 20 亿元。三是积极完善房地产项目区域布局，加大在北京、上海、广州、杭州、成都等房地产市场发展前景较好的一、二线城市业务拓展力度，同时与万科、保利等行业优秀企业广泛开展合作，发挥各方优势，降低经营风险。全年在北京、上海、广州、杭州、南京等 18 个城市，获取土地 27 宗 183.6 万平方米（2754 亩），规划总建筑规模 693 万平方米。截至 2016 年底，中国铁建进入 52 个国内城市及其他区域，进行 163 个项目的开发建设，建设用地总面积约 1553 万平方米，规划总建筑面积约 4959 万平方米，形成以一、二线城市为重点，部分发展潜力较好的三、四线城市为补充的梯次布局，房地产板块的区域布局更趋合理和完善。

【工业制造】 截至 2016 年底，中国铁建工业制造业务主要产品包括铁路大型养路机械、隧道掘进机等施工设备，高速铁路道岔等配件、电气化接触网导线和零部件等。产品主要面向铁路和城市轨道交通新建和既有线改造工程，是集研发、制造、销售、服务为一体的国内领先、国际先进的制造服务提供商，形成产业特色突出、产品覆盖面广、生产设施先进、研发实力雄厚的现代化工业体系。所属中国铁建高新装备股份有限公司是目前亚洲最大、世界第二的大型养路机械制造商，产品国内市场占有率 80% 以上；中国铁建重工集团有限公司是中国生产能力最大、设备最全、工艺最先进的隧道掘进机制造商，先后完成土压平衡系列、泥水平衡系列、硬岩（TBM）系列隧道掘进机的研发与制造，多项技术打破国外厂家在掘进机领域的长期垄断。管理工业企业的经营模式采取柔性化生产、平面网状管理、精益生产、敏捷制造等方式，由单一化向多元化发展。

【物流与物资贸易】 中国铁建拥有遍布全国各大重要城市和物流节点城市的 70 余个区域性经营网点、133 万平方米的物流场地、4 万余延长米铁路专用线、3.26 万立方米成品油储存能力，通过完善高效的物流信息化、区域化、市场化服务体系，提供一体化流通服务。所属中铁物资集团有限公司以集采代理服务板块为核心，物贸物流板块为基础，国际业务板块、加工制造板块为重点培育的业务板块组合。其中，将原有电子商务业务作为新的业务拓展手段纳入物流与物资贸易板块，发展"互联网＋物贸"的新型业务发展模式。集采代理服务板块包括集采供应服务业务、招标代理服务、部管物资招标代理服务、外资接运服务等；物贸物流板块包括现有的工程物流业务、电子商务业务；国际业务板块包括依托中国铁建海外工程项目进行的基建物资的海外供应、进出口自营业务；加工制造板块主要包括扣件、道岔制造与销售，商业混凝土搅拌、运输、浇灌一站式服务，管片制造加工，钢材、钢筋粗加工业务等。

【党建工作】 中国铁建党委坚决贯彻党中央和国资委党委的决策部署，带领各级党组织坚持党要管党，从严治党，认真落实"两个责任"，深入开展"两学一做"学习教育，推动党建工作与企业发展深度融合，践行改革创新，坚持依法治企，深化企业管理，为"十三五"规划的顺利开局提供坚强的政治保障。

1. 增强"四个意识"，提升领导班子执企能力。一是强化政治引领，全面落实中央部署。班子成员集体研讨，提出党建工作要求写入公司章程、制定党建工作机构设置和人员配备指导意见、深化党组织书记抓基层党建述职评议机制等 12 条具体措施。二是强化理论武装，抓好党委中心组学习。党委中心组全年组织学习18次，始终坚持把学习贯彻中央和国资委党委精神作为首要政治任务，深入学习习总书记系列讲话精神，学习研讨带有前瞻性、方向性、全局性、根本性的重要论述和理论文章。对所属党组织中心组学习情况进行专项督查，推动全系统理论学习走向制度化、规范化、常态化。三是强化大局意识，发挥班子整体功能。各级领导班子抓好顶层设计和决策把控。全年召开30次党委常委会议，研究129项议题。

2. 加强基层党建，扎实推进"两学一做"学习教育。一是以规定动作为抓手，抓好"两学一做"学习教育。完善方案，确保学习教育实效。对照标准，严格落实规定动作。自上而下，领导班子率先垂范。加强组织，认真开展督促指导。成立四个学习教育督导组，深入开展督导工作，使学习教育有序推进。二是以专项工作为抓手，抓好组织基础管理。开展组织关系集中排查。应该换届的26个所属单位党委和235个三级公司党委召开党代会或党员大会，完成换届工作。开展党费收缴工作专项排查。三是以创建活动为载体，提升基层组织活力。深入开展"四、五、六"创建活动和民主评议党员工作，涌现出大批先进党组织和模范共产党员。其中，3人获得中央企业优秀共产党员称号，1人获得中央企业优秀党务工作者标兵称号，1人被授予中央企业优秀党务工作者称号，3个党组织获得中央企业先进基层党组织称号。

3. 优化体制机制，加强干部和人才队伍建设。一是坚持多措并举，全面加强领导干部管理监督。把党管干部原则和民主集中制贯穿于选人用人的全过程。全年召开书记碰头会15次，提交党委常委会讨论干部20批次，对52个次单位领导班子进行调整，对210人次进行任免。加强对领导人员教育培训，从严监督管理干部，坚持纪委全程参与干部考察的做法，对考察进行全过程监督。二是加强制度建设，完善选人用人机制。印发包括《领导人员管理规定》在内的18个人力资源管理制度办法，使相关工作有规可依，有矩可循。三是突出战略引领，启动"十三五"人力资源规划。积极推动"十三五"人力资源规划拟定工作，为制定"十三五"人力资源规划奠定坚实基础。

4. 围绕中心工作，抓好宣传思想文化建设。一是凝聚力量，思想教育扎实到位。着力加强意识形态管理及阵地管控工作。组织开展提质增效、营改增、"瘦身健体"、亏损项目治理等形势任务和主题教育活动，夯实企业发展的思想基础和群众基础。二是示范引领，文明创建成果丰硕。以庆祝建党95周年、纪念长征胜利80周年为契机，组织系列活动，推动社会主义核心价值观落地。积极参加"北京榜样""首都道德模范""最佳志愿服务"等典型选树活动。文明创建活动向纵深发展。三是文化铸魂，企业文化建设持续推进。编制企业文化建设"十三五"规划，深入开展"弘扬优秀文化，抵制不良言行"系列活动，在品牌文化、文化融合等方面形成比较成熟的研究成果，铁道兵纪念馆全年接待团体参观417个，观众总数超过2万人，成功入选"中央企业爱国主义教育基地"，并被推荐至中宣部参评全国爱国主义教育基地。四是塑造形象，品牌影响力得到提升。讲好铁建故事，精心策划系列重大主题宣传。组织纪念青藏铁路通车10周年系列活动，亚吉铁路进行全媒体的立体化宣传。全系统在中央主流媒体刊稿2132篇。全系统负面舆情总体可控。《中国铁道建筑报》不断强化针对性、思想性和价值引导性，产生良好的宣传效果。五是与时俱进，新媒体矩阵迅速崛起。全系统32家单位开通官方微信，15家开通官方微博。中国铁建官方微信先后10次跻身中央企业新媒体指数排行榜前十，获得国资委"2016年度中国企业新媒体品牌创新奖"，实现由跟跑者向领跑者变身的年度目标。

5. 落实"两个责任"，抓好党风廉政建设。一是逐级传导压力，推动"两个责任"落地。召开落实"两个责任"促进会，有序推进制度建设，并探索实行纪委书记考核以上级纪委为主模式，试点推行纪委书记履职专项考核。先后修订、完善33项规章制度。进一步细化、完善《党风廉政建设责任书》，并层层签订。二是坚持常抓不懈，驰而不息反对"四风"。深入扎实开展"四风"问题整治情况"回头看"。开展重要节假日"四风"问题督导检查。2016年，发现违反中央八项规定精神问题线索21条，组织处理2人，纪律处分37人，在全系统起到较强的警示和震慑作用。三是保持高压态势，加大案件查办力度。全系统受理信访举报1467件，线索处置1183件，立案819件，结案800件，党政纪处分1606人，刑事处理19人。四是突出问题导向，扎实推进巡视工作。积极配合国资委党委巡视"回头看"。进一步加大内部巡视工作的力度，全年累计完成7轮对33家单位的巡视，基本覆盖规模较大的二级单位，巡视工作首次走向海外。做好巡视成果运用，被巡视单位制定整改措施317项，整改完成293项。

6. 服务职工群众，抓好群团工作。一是落实依靠方针，积极维护职工权益。规范召开各级职代会，推进职代会星级创建再上新台阶。以蒙华铁路和成都地铁5号线为建家建线示范点，推进基层项目的建家建线水平。组织开展送温暖、送清凉、金秋助学、爱心资助·梦圆大学、职工互助合作保险、为青年职工牵线搭桥等工作。二是服务生产经营，激发职工群众干劲热情。工会组织开展现场劳动竞赛、编投标劳动竞赛、清收清欠劳动竞赛、减亏增效劳动竞赛等，共青团开展"提质增效·青年担当"主题实践活动，助力企业提质增效工作。全系统6人获得全国五一劳动奖章，9个集体获得全国工人先锋号；1个先进青年集体和4名先进青年获得团中央表彰。三是开展文体活动，活跃职工文化生活。各级工会、共青团开展职工夜校培训班、项目篮球联赛和青年联谊活动、"我爱铁建"主题教育活动，开展征文和摄影作品、微视频作品、书画作品征集活动。

【绿色施工】 中国铁建严格遵守与空气污染相关的国际规约、国内法规，努力构建"资源节约型、环境友好型"。严格执行限制高能耗、高污染政策，持续推进节能减排工作，融入施工、生产全过程，加大节能减排技改投入，淘汰落后产能，推广使用新产品、新材料、新工艺，减少排放物对环境的影响，做到环境保护与施工生产同时设计、同时施工、同时投产使用，做好保护野生动植物和生态植被、水土保护及绿化、耕地恢复等工作，建立节能减排"四大体系"，即建立节能减排组织体系，各级均成立以主要领导为组长的节能减排领导小组，明确管理部门，配备管理人员；建立制度体系，制定《中国铁建节能减排管理暂行办法》，指导各级开展节能减排工作；建立节能减排监测体系，定期监测并报送监管部门；建立考核体系，制定《节能减排工作目标指标考核评价实施细则》，通过考核评价推进节能减排工作。2016年，能耗总量568.04万吨标煤，非工业万元营业收入综合能耗（可比价）0.0906吨标煤，比2015年下降2.99%。年内未发生环境污染事故。

【履行社会责任】 中国铁建在快速发展的同时，规范治理、勇于担当，主动履行社会责任。一是携手伙伴，共享价值回报。不断优化治理结构，建立健全各项规章制度，坚持依法合规经营，维护投资者权益，努力实现企业可持续发展。2016年，公司获得"2015年中国上市公司信用100强"第25位、"中国上市公司投资者关系最佳董事会奖""2016年中国上市公司最具核心竞争力100强""2016年中国上市公司最具行业品牌影响力企业""中国百强企业奖"等称号。二是优化治理，推动持续发展。公司积极维护与利益相关方的关系，坚持诚信经营，强化风险防控，企业规模、效益、质量等主要指标均实现稳中有进、进中向好发展，以良好的业绩回报全体股东。三是精益管理，打造信赖精品。公司将服务客户为己任，强化质量管理，严控安全生产，深化科技创新，建造优质产品回馈社会大众。四是以人为本，共建幸福家园。公司秉持"以人为本"理念，重视员工发展，全年培训员工378854人次。提升民主管理，保障员工权益，不断加大困难员工帮扶力度，筹集送温暖资金7037万元，慰问困难员工家庭16550户，慰问劳模先进、一线员工、离退休员工和农民工69834人次。五是履行责任，助力社会和谐。公司致力于有担当的企业公民，发扬"一方有难、八方支援"的精神，积极参与抢险救灾；本着立足当地、服务当地的宗旨，通过精准扶贫、志愿服务、社区建设等，造福社区居民，促进社区和谐发展。2016年，公司对外捐赠1334万元。

（撰稿人：杨启燕）

中国交通建设集团有限公司

【基本概况】 中国交通建设集团有限公司（以下简称"中交集团"）是世界500强企业，在2016年《财富》杂志世界500强评选中位列第110位，主要从事交通基础设施建设、设计、投资，疏浚，港口机械制造，城市综合开发，房地产开发等业务，是中国第一家成功实现境外整体上市的特大型国有基建企业，业务足迹遍及世界140多个国家和地区，员工数量超过12万人。2016年，中交集团连续11年获评国资委经营业绩考核A级企业，总排名第四位，获得历史最高排名，位列8家建筑企业第一名。经国务院批准，被确定为国有资本投资公司试点企业。

经过长期发展，中交集团已成为世界最大的港口设计及建设企业；世界最大的公路、桥梁设计建设企业；世界最大的疏浚企业；全球最大的集装箱起重机制造商；亚洲最大的国际工程承包商；中国最大的国际设计公司和中国最大的高速公路投资商，全国知名的城市综合开发商。

【主要指标】 2016年，在世界经济复苏乏力、国内经济平稳增长的大背景下，中交集团认真贯彻党中央、国务院决策部署，按照国资委总体要求，迎难而上，锐意进取，取得良好的经营业绩。新签合同额9509亿元，完成营业收入4700亿元，实现利润总额241亿元，企业发展质效不断提高，在建设具有国际竞争力的世界一流企业道路上迈出坚实步伐。

2016年中国交通建设集团有限公司主要经济指标

项　目	2015年	2016年	比上年增长(%)
资产总额(亿元)	9142.00	10199.00	11.56
所有者权益(亿元)	2145.00	2336.00	8.90
营业收入(亿元)	4259.00	4700.00	10.35
利润总额(亿元)	212.00	241.00	13.68
净利润(亿元)	171.00	180.00	5.26
归属于母公司所有者的净利润(亿元)	107.00	95.00	−11.21
技术开发投入(亿元)	87.00	93.00	6.90
利税总额(亿元)	482.00	445.00	−7.67
应交税金总额(亿元)	270.00	205.00	−24.07
全员劳动生产率(万元/人·年)	45.00	45.00	持平
净资产收益率(%)	9.54	8.02	减少1.52个百分点
总资产报酬率(%)	3.96	3.67	减少0.29个百分点
国有资本保值增值率(%)	115.03	109.70	减少5.33个百分点

【深化改革】 2016年，中交集团按照国务院国资委的总体部署，结合自身实际，深入推进各项改革工作，取得积极成效。

一是启动试点改革。基于持续改革创新和践行国家战略的卓越能力，中交集团被国务院确定为国有资本投资公司改革试点。按照中央关于深化国有企业改革有关精神，中交集团立足自身实际，制定改革试点方案，明确未来改革蓝图和路径，开启试点改革新征程。出台指导意见、工作方案等一系列文件，围绕8个方面18项重点任务，坚定不移全力推进，在国企改革的重要领域和关键环节取得新成效。

二是开展专业化市场化整合。完善总部、事业部、区域总部、子公司的组织架构，改变原来以子公司为市场单一开发主体的营销思路，企业经营能力大幅提高；深度践行"一带一路"战略，组建中交国际产投，打造服务国际产能合作和境外园区建设运营的专业化平台；中交疏浚通过梳理内部管理关系，管控界面逐渐清晰；中交房地产通过混合所有制改革，引入民营战略投资者，规范法人治理结构，使中房地产再度焕发生机；中交资管整合运营资产，降本增效和衍生业务规模效应明显；铁道总院有序推进内部资源整合，加速驶入铁道业务发展"快车道"。

三是深化并购融合。重塑约翰·霍兰德公司组织体系和业务架构，在全球范围内招聘优秀职业经理人；充分发挥其专业优势，在境外铁路、地铁等项目中产生协同效应。改组绿城中国董事会，完善绿城中国的管理体制机制；实施高级管理人员的市场化选聘和差异化薪酬，将央企的独特优势和民企的活力优势集中融合加以释放。

【重大项目】 2016年，中交集团积极抢抓发展机遇，扎实开展各项基础工作，全力推动、保障重大项目落地实施。国家重大战略工程远海项目顺利完成主体工程建设；世纪工程港珠澳大桥海底隧道已建设总长度超过5300米；备受中肯两国高层关注的肯尼亚蒙内铁路提前完成全线铺架和联调联试；世界同类隧道中规模最大、长度最长、地质最复杂的南京纬三路过江隧道、亚洲山区最大跨径钢箱梁悬索桥龙江特大桥正式通车；世界最大跨径山区斜拉桥鸭池河大桥、世界第一高桥北盘江大桥成功合龙；世界领先、亚洲最大耙吸挖泥船"浚洋1号"顺利交付；北美洲首个全自动化集装箱码头美国长滩市自动化码头设备顺利投入运营。签署马来西亚东部沿海铁路项目商务合同，合同金额460亿马币（约合110亿美元），是中交集团境外签署的规模最大的工程项目，也是中马之间最大的经贸合作项目；签署匈塞铁路项目，是中国企业在欧洲实施的第一条铁路；中标国内首个大型跨海沉管隧道PPP项目——大连湾海底隧道和光明路延伸工程；中标香港国际机场第三跑道系统填海拓地工程项目，该项目是支持航空业及香港长远经济发展的重要基建项目。一系列重大项目的顺利推进，为中交集团的持续健康发展夯实基础。

【科技创新】 2016年，中交集团持续增强自主创新能力，加强企业科技资源的内部整合，强化产学研用联合，进一步完善科技创新链条。依托创新平台和重大工程项目，不断加强对前瞻性、前沿性和全局性重大关键技术的研发，重点支持颠覆性技术创新，系统地扶持渐进式技术创新，强化科技研发的过程管控，在涉及港口、航道、公路、桥梁、隧道、轨道交通工程及装备制造等方面，突破一批关键技术，取得一批自主知识产权。北斗技术、BIM技术、海洋岛礁关键技术等科技成果，打破西方国家壁垒，填补国家空白，为企业增添核心竞争力。

2016年，中交集团获得国家科技进步二等奖1项，为"滨海地区粉细砂路基修筑与长期性能保障技术"；获得中国专利奖优秀奖3项，分别为"桩桶组合码头结构及其施工方法""斜拉桥钢锚梁的安装方法及所使用的拼装胎架和索塔安装平台"和"一种钢波纹管涵洞轴向加强结构"。

【走向海外】 2016年，中交集团海外市场地位持续攀高，跃居ENR全球最大工程承包商第三位，连续10年为亚洲最大国际工程承包商，海外市场份额占中资企业14%，稳居第一位，国际化经营指数达到27。营销网络持续健全，新进入意大利、玻利维亚、加拿大国家市场，在109个国家和地区设立210个驻外机构，在145个国家和地区开展实质业务，拥有中国"走出去"企业最完善的海外营销网络。

2016年，中交集团积极践行国家"一带一路"倡议，在沿线国家新签项目108个，合同额164亿美元，占中国企业在"一带一路"沿线国家总合同额13%，较上年增长30%，居中资企业首位。截至2016年底，中交集团"一带一路"市场布局日趋完善，推进沿线项目200多个，与沿线58个国家签署合同额、协议额共计370多亿美元。在"一带一路"建设领域的业务占海外业务的46%。2016年8月17日，中交集团作为国有企业唯一代表参加国家推进"一带一路"建设工作座谈会并发言，获得党和国家领导人的充分肯定，彰显中交集团在践行国家"一带一路"倡议中的大国重器地位。

【党建工作】 2016年，中交集团党委深入贯彻落实十八届六中全会和全国国有企业党的建设工作会议精神，切实抓好党建工作。认真开展"两学一做"学习教育，严格按照中央和国资委党委要求组织各级党委做好各环节工作，成立4个督导组，实现对各级党组织学习教育关键环节督导的全覆盖。推进党建总体要求进入公司章程，把党委职责权限、机构设置、运行机制、基础保障等写入章程，将党组织领导核心和政治核心作用组织化、具体化、制度化。扎实进行"四项排查"，并以此为契机，健全完善相关制度，提高党建基础工作的规范化水平。聚焦监督执纪问责，推进纪检体制改革，扎实开展内部巡视工作，促进中央全面从严治党各项举措落地生根。加强宣传载体建设，深化主流媒体合作，坚持正面鼓劲，传播中国交建品牌形象。围绕企业改革发展需要，切实抓好干部队伍建设，大批品德高尚、年轻能干的同志得到重用。工会、共青团明确树立价值创造导向，不断提升融入中心、服务大局的能力，通过系列活动，创新群团工作有效路径，将群团组织建设成为企业核心竞争力的有机组成部分。林鸣获得"全国优秀共产党员"称号，天航局"天鲸号"党支部被评为"全国先进基层党组织"，5家单位及个人获得国资委党委"一先两优"表彰。作为中央企业唯一代表，在全国国有企业党的建设工作会议上介绍企业基层党建工作经验。

【信息化建设】 2016年，"互联网+"在中交集团管理提升和转型升级中的支撑和引领作用进一步显现，信息化与业务发展的融合度明显提高。全面启动升级版数字中交"I4C—2.0"工程建设和深化应用，直管项目管理、电子商务、人力资源、指挥调度、安全质量监管等统建系统上线运行并发挥效益，有力支撑公司一系列改革举措顺利实施。基于物联网、移动互联网、智慧工地等创新成果深度融合于公司生产经营过程当中，管理提升效果明显。厦门云数据中心一期建成投用，中国香港、巴黎网络汇聚中心有力支撑海外业务拓展，网络与信息安全体系进一步夯实。

【履行社会责任】 编制发布中交集团2016年社会责任报告，被中国社科院社会责任研究中心评为五星级。在项目建设过程中严控环保指标，重视节能减排，注重保护生态环境，树立绿色企业形象。中国交建及旗下3家单位获得中国节能协会颁发的"节能减排企业贡献"奖，11个项目获得节能减排科技进步奖，2个项目获得全国绿色施工及节能减排竞赛优胜工程银奖，6个项目入选第五批全国建筑业绿色施工示范工程。内蒙古蒙华铁路项目施工时尽量避开表面附有植被的地区，把项目建成毛乌素沙漠中一条"绿色"铁路。长江航道二期工程项目建设中，每年只在枯水期施工，执行最严格的排放标准，最大程度地降低工程施工对江豚生活的影响。肯尼亚蒙内铁路全线设置14处野生动物通道，充分满足当地野生动物的通行和生活，并在肯尼亚发布中国企业在海外的首份项目社会责任报告。定点帮扶云南及新疆等贫困地区，多次开展扶贫调研工作，通过产业培育、教育帮扶等形式带动当地发展；力所能及地在海外开展捐资助学、扶危助困等社会公益事业，获得国内国际社会的广泛赞誉，在人民网主办的"第十一届人民企业社会责任奖"评选中获得"年度海外贡献奖"。

（撰稿人：侯步云）

中国普天信息产业集团公司

【基本概况】 中国普天信息产业集团公司（以下简称"中国普天"）是以信息通信技术的研发、系统集成、产品制造、产业投资以及相关的商品贸易为主业的中央企业，业务覆盖信息通信与网络安全、智慧城市、低碳绿色能源、创新创业平台、工业自动化装备制造及金融信息化等领域。

历经百年发展，中国普天认真履行信息通信产业国家队的职责，从邮电工业起步，在不同历史阶段为国家通信事业和信息产业的发展壮大作出巨大贡献。近年来，中国普天以创新驱动，坚持技术创新、集成创新、商业模式创新和两个"三位一体"管理体系，持续拓展产业空间，全面提升产业可持续发展能力，不断推进企业由传统通信设备制造商向信息化整体解决方案提供商和综合运营服务商转型。

作为国家创新型高新技术骨干企业，中国普天净资产超过100亿元，拥有上市公司5家，员工20000余人。公司在京津冀经济圈、长江三角洲、珠江三角洲以及中西部地区均建立重要的研发和产业基地，产品和服务遍及全球100多个国家和地区，Potevio品牌是国家重点支持出口的知名品牌之一。

【主要指标】 2016年，中国普天累计实现营业收入748亿元，利润总额4.3亿元；净资产151亿元，同比增长5%。资产质量与负债水平均好于中央企业平均水平，国有资本保值增值率和经营增长状况均处于电子行业良好水平，公司经营质量、资产质量明显提升。

【产业发展】 2016年，公司认真贯彻落实创新、协调、绿色、开放、共享五大发展理念和"三去一降一补"五大任务，坚持"创新、集成、资本"指导原则，深化企业改革，加快结构调整，推进提质增效，各项工作取得较好成绩，实现2016—2018年新三年工作的良好开局。

1. 深化信息通信技术的应用，支撑保障国家信息安全。中国普天发挥技术优势，承担国家通信、专网、安全重大专项，在信息安全、“互联网＋”等领域确立竞争优势。

支持4G网络建设，中标中国移动4G网络工程无线网主设备项目；VPDN/APN虚拟专网覆盖中国电信、中国联通多省份区域；互联网商业Wi－Fi项目与重庆电信实现前向收入分成，并在宁夏、贵州、四川、内蒙古等地全面启动系统对接与试点部署；光纤产品销量大幅增加。

构建普天特色智慧城市整体解决方案，承接新疆五家渠、山东五莲、内蒙古通辽等地智慧城市建设项目，拓展交通、教育、养老行业智慧应用获得国家重大专项建设基金支持；中标天津政务信息化项目，完成抚顺、重庆智慧城市项目一期建设；完成云南省食品安全监管系统的部署及升级，并中标辽宁省中药材流通追溯建设项目。

加快发展信息安全产业，多款特种通信装备通过国家安全部、公安部评审，进入技侦、禁毒设备列装目录；手机取证设备中标海关总署缉私局集采；大数据业务中标国家安全部及浙江、辽宁、广州等多省市公安厅信息安全项目；无线集群系统设备中标多个应急指挥、消防调度、执法监控及政务信息化项目，并成功为杭州G20峰会提供通信保障；北京武警长安街沿线视频监控、天津四环八线视频监控等项目有序实施。

推进终端分销产业数字化转型，电商平台、PMS（店员管理系统）正式上线，营业规模实现新突破。

2．坚持绿色发展理念，构建绿色低碳能源产业体系。2016年，中国普天落实新能源国家战略，推动绿色发展，在新能源汽车充电行业标准、车辆规模、应用领域上形成新突破，智能家居产品体系不断完善。

持续扩展新能源汽车充电设施网络，推动充电设施互联互通，参与制定13项国家标准、2项行业标准、8项地方标准；积极推进民航车辆“油改电”工作，完成多个机场专用充电设施网络建设，巩固行业领先地位。

智慧照明业务规模稳步增长，续约绿城、恒大、世茂等百强房产集团并相继中标多个大型楼盘项目；加快智能家居产品研发，推出国内首个以智能面板为平台和入口的“鸿雁智能家居思远2.0系统”并实现市场化落地。

3．推进信息化和工业化深度融合，加快制造业智能化、服务化转型。深化信息通信技术在经济社会各领域的应用推广和融合创新，有力支撑工业自动化、现代服务业智能化和政府治理现代化。在开展军队与应急物流业务方面获批行业资质；中标江门、驻马店、长治等区域烟草物流示范项目及国内最大的箱式医药物流项目，进一步夯实市场领先地位；“郑州保税跨境贸易电子商务示范项目”完成顶层设计，初步签署四个子系统合同并形成收入。

开拓农信社与城商行金融机具市场，ATM、存折ATM、CRS（自动循环存取款机）、VTM（虚拟柜员机）、大额高速现金循环机及便携发卡机设备中标工商银行、中国银行、交通银行、邮储总行等多家银行；金融IC卡、SIM卡销量保持增长，社保卡、居民健康卡市场实现突破。

4．推动“大众创业、万众创新”，建设创新创业服务平台。深入推进“大众创业、万众创新”，支持培育新产业、新业态。

普天双创平台完成架构搭建；天津中天、贵阳科创、普天高科股权实缴注资注入双创平台方案通过审核。天津创新产业园项目获得国家重大专项建设基金支持，规划方案通过天津规划局审核；普天实业二期项目启动方案设计；贵阳小河工业园区二期项目完成立项，野鸭塘园区项目完成收益分配细化方案。

【走向海外】 2016年，中国普天落实“一带一路”倡议、国际产能和装备制造合作国家战略，推动普天产品走向海外。

完成古巴数字集群项目二期扩容设备发运，推动LED灯生产线及LED管灯供货项目、多层电路板生产线二期项目落地；中标古巴广电新贷、50兆瓦光伏组件自动化生产线及马来西亚亚通集中采购项目；ATM设备、智能设备合同获得新订单；智能卡业务海外市场保持稳定增长，获得意大利、俄罗斯等地社保卡订单。

普天国际获得商务部认定的“援外技术合作资质”证书，可承担对外技术援助项目实施任务；成功申领“危险化学品经营许可证”，进一步完善全业务资质建设。

【科技创新】 2016 年，中国普天 DTMB 系统国际化和产业化的关键技术及应用项目获得国家科技进步奖一等奖；新承担 4 项国家重大科技项目、4 项国家专项建设基金项目和 10 项省部级科技项目，6 项国家重大科技项目和 16 项省部级科技项目通过验收；新增专利申请 562 项、专利授权 266 项、软件著作权 57 项。

【管理提升】 2016 年，中国普天推进企业改革，激发活力；以提升经营质量和资产质量为中心，开展管理创新，扎实推进管理提升，不断提高专业化管理能力和风险管控水平。

1. 深化改革创新，激发活力。继续推进混合所有制、中长期激励机制试点，启动首信科技新三板挂牌工作；集团所属部分法人单位实现股权多元化，建立骨干员工持股等中长期激励机制；加强政策研究与对接，推进改革改制和历史遗留问题处理。

2. 推进精益管理，提升管理效能。公司结合企业实际，制定《中国普天 2016 年提质增效工作方案》，提出深化推进改革、提升产业投资效益、加大资本运作、优化资源配置、强化协同发展、深入开展“双创”活动、加大海外市场拓展、促进降本增效、推进困难企业专项工作等九项具体工作措施，并将提质增效纳入集团对出资企业 2016 年度的 KPI 考核指标。

落实《亏损企业专项治理工作方案》，推进“僵尸企业”治理。强化项目立项、客户信用和合同评审管理，加大“两金”管控力度；落实采购管理提升对标三年规划，进一步发挥采购在降本增效中的作用。

加强战略规划研究，编制印发《中国普天 2016—2018 年三年发展战略与规划》；与大客户、大型企业以及云南、海南、河南、成都、贵阳等省市建立战略伙伴关系；推出普天“互联网＋”“双创平台”宣传专题，获得业界广泛关注。

3. 强化依法治企，提升风险管控能力。完善法治体系建设，制定发布《中国普天“十三五”法治建设规划实施方案》；坚持重大决策、合同、规章制度 100％法律审核，积极组织应对重大法律纠纷。

加强经营风险管控，首次将廉洁风险列入一级风险；建立合作企业灰名单，发布融资性贸易业务风险案例，督促出资企业和相关部门防范经营风险。学习贯彻全国安全生产电视电话会议精神，深刻吸取各类事故教训，持续深入开展安全生产大检查，消除安全隐患；落实安全生产“党政同责、一岗双责”，26 家出资企业通过安全生产标准化达标评审。

【党建工作】 2016 年，中国普天深入开展“两学一做”学习教育，推动党的思想政治建设常态化制度化；深化“三严三实”专题教育，制定“三严三实”整改清单，推动践行“三严三实”制度化、常态化、长效化，各出资企业相继召开“三严三实”领导班子专题民主生活会，认真对照查摆不严不实问题，进一步统一思想、明确方向、增进团结、改进工作。

进一步加强党建工作，下发《中国普天党组关于贯彻落实全国国有企业党的建设工作会议精神的有关意见》和《中国普天党组关于进一步加强当前经营管理工作的有关意见》。推进党建与公司法人治理结构相融合，加强基层党组织建设工作，开展党员组织关系、党费、党组织换届和“党代会代表和党员违纪违法未给予相应处理”的排查工作，进一步充实基层组织基础。结合纪念建党 95 周年，在全集团开展“一先两优”评选表彰活动。

深入开展党风廉洁建设和反腐败工作，传达学习习近平总书记重要讲话精神、中纪委十八届六次全会精神、中央企业党风建设和反腐败工作会议精神，认真落实“两个责任”。严肃查处违纪违规行为，专项调查违规操作投资、违规开展融资性贸易导致巨额应收账款逾期等问题。

【人力资源管理】 2016 年，中国普天完善人力资源管理制度，实施新修订的《出资企业高管人员经营业绩考核办法》《出资企业高管人员薪酬管理办法》等制度，提高业绩考核的科学性和有效性。

强化干部监督管理工作，按照中组部和国资委党委的有关规定和要求，完成领导干部个人有关事项报告核查工作。

加快推进分类考核，出资企业实行一企一策分类管理的业绩考核方式。对稳定发展期企业，通过“营业收入、利润总额、经济增加值”等财务指标引导企业做大做强，同时通过“净资产收益率、流动资产周转率、应收账款周转率"等财务指标引导企业注重盈利能力及运营质量，并对持续增长力强的企业设置拓展指标；对培育期或调整期企业，降低财务指标占比，加大管理指标的考核力度，充分发挥业绩考核的引导作用。

（撰稿人：李承凝）

电信科学技术研究院

【基本概况】 2016年，电信科学技术研究院（即大唐电信科技产业集团，以下简称"大唐电信集团"）认真贯彻落实党的十八大、十八届历次全会精神，面对国际国内经济发展复杂形势，积极直面问题和挑战，以调整产业结构和培育核心能力为抓手，更加注重质量和效益，发展脚步更趋稳健，发展基础更加扎实。无线移动通信产业，TDD主设备市场份额提升，新产品新市场拓展取得突破。大唐电信集团作为核心单位完成的"第四代移动通信系统（TD－LTE）关键技术与应用"项目荣获国家科技进步奖特等奖。集团5G标准化工作和第一阶段测试取得积极进展，TDD系统设计、大规模天线、非正交多址接入、超密集组网、低时延高可靠技术保持业界领先。集团特通产业紧紧把握军民融合与军队改革机遇，在项目立项、市场开拓等方面取得较大突破，保持规模和效益持续增长态势。集团芯片设计产业及时调整发展思路，面向特通和行业市场，启动集成电路业务内部整合。集团行业信息化产业积极推进业务结构调整，聚焦毛利率较高、有核心竞争力的行业，为后续良性发展奠定基础。党建方面，以严和实的精神固本培元，全面落实从严治党责任，坚持党的领导，坚持以制度建设为保障，切实提升管党治党水平筑牢发展根基，通过不折不扣地推进巡视整改工作，有力促进企业持续健康发展。

【主要指标】 2016年，大唐电信集团资产总额429.39亿元，营业收入226.38亿元，同比增长2.73%，归属于母公司所有者的净利润2.49亿元，同比增加1.14亿元。

2016年电信科学技术研究院主要经济指标

项　目	2015年	2016年	比上年增长（%）
资产总额（亿元）	443.85	429.39	－3.26
所有者权益（亿元）	223.17	208.55	－6.55
营业收入（亿元）	220.36	226.38	2.73
利润总额（亿元）	6.01	－6.99	－216.23
净利润（亿元）	3.20	－8.57	－367.64
归属于母公司所有者的净利润（亿元）	1.35	2.49	84.74
技术开发投入（亿元）	24.51	22.82	－6.90
利税总额（亿元）	15.77	4.59	－70.90
应交税金总额（亿元）	12.16	10.74	－11.68
全员劳动生产率（万元/人·年）	20.50	12.52	－38.94
净资产收益率（%）	0.79	1.57	增加0.78个百分点
总资产报酬率（%）	3.12	－0.41	减少3.53个百分点
国有资本保值增值率（%）	102.03	105.55	增加3.52个百分点

【改革发展】

1. 贯彻落实党中央、国务院有关精神情况。《中共中央国务院关于深化国有企业改革的指导意见》印发后，大唐电信集团结合"三严三实"专题教育活动，开展"促改革"系列专题研讨会，在党组中心组（扩大）、全面深化改革领导小组、各主业公司等层面，深入学习解读"1＋N"系列改革文件，深刻理解"1＋N"系列改革文件精神，在推进深化改革中始终与党中央关于全面深化改革的决策部署保持一致。《关于进一步加快落实国有企业改革举措的通知》（国资研究〔2016〕840号）下达后，研究院按照要求，在12月底前按照北京、上海、西安、成都地区组织学习宣贯国有企业改革"1＋N"系列改革文件，推进集团下属企业认真安排学习工作，采取培训、研讨、经验交流等多种形式，深入学习贯彻习近平总书记关于国有企业改革的系列重要讲话和指示批示、全国国有企业党的建设工作会议和国有企业改革座谈会议精神，深入学习贯彻“1＋N”系列文件。“1＋N”系列改革文件相关宣贯培训全面覆盖集团各下属单位，通过培训学习各单位准确掌握各项改革政策、举措和要求。

2. 制定落实研究院改革实施方案的情况。大唐电信集团结合“1＋N”系列文件和党中央、国务院和国资委2016年改革工作要点认真研究制定研究院改革实施方案，对集团2016年的改革工作作了总体安排，2016年大唐电信集团全面深化改革的工作重点包括开展科研院所改革制度和案例研究、开展大唐高鸿全面深化改革试点、探索混合所有制企业改革、开展分红权激励试点、加强党对国有企业的领导、宣贯培训“1＋N”系列文件等方面，研究院严格按照“1＋N”系列改革文件要求，积极推进各项工作开展，并结合监事反映的改革中的重点问题及时总结积累改革经验，调整改革实施方案。

3. 重点改革任务。一是完善现代企业制度。健全公司法人治理结构。大唐电信集团在完善公司治理结构中，充分体现党组的领导核心地位，确保党组切实发挥“把方向、管大局、保落实”的重要作用。对于设董事会的公司在日常运行中凡是涉及生产经营方针、重大项目、重要改革、机构设置调整、涉及职工群众切身利益的重大问题，在提交董事会前，都要经过党组织讨论。通过把党委会作为生产经营重大决策的前置程序，有效防止党建工作与中心工作“两张皮”，把党组织扎扎实实的内嵌到公司治理结构中。此外，大唐电信集团从领导体制上解决问题，坚持和完善双向进入、交叉任职的体制，有效实现企业党组织与董事会、经理层、监事会职能上的有机结合。大唐电信集团的6个公司制的二级企业中，多数单位的董事长与总经理分设，总经理兼党组织书记。从班子建设和企业内部运行的实际情况看，班子成员间能够做到相互配合相互监督，有效发挥班子合力。

深化“三项制度”改革。为了调动大唐电信集团下属企业经营管理者、业务骨干、科技人才等各类人才创新创业创造的积极性，研究院在市场化选聘经营管理者和推行职业经理人制度方面，修订完善企业高管人员管理办法，着重从落实中央好干部标准角度细化干部选拔任用条件，强化干部管理与监督、完善人才培养与发展方式、试点职业化人才选用途径、规范干部作风形象和廉洁自律等方面进行规范和创新，建立“三阶段、七环节、十四表单”的选任工作程序，确保干部选任工作有规可遵、有章可循、有据可查、有责可追。在劳动用工制度改革方面研究院深入推动“英才100”工程，加大中高端人才的引进力度，截至2016年底有33人入选集团“英才100”工程人才。大唐电信集团推进“干部能上能下”制度，在集团内部形成能者上、庸者下、平者让、劣者汰的用人导向，重点解决能下问题，近年来先后有4名干部降级使用。在完善差异化薪酬分配办法方面，大唐电信集团试行开放式工资总额预算激励机制，建立与利润联动的人均工资增长机制，各企业在满足利润总额增幅、人均工资调控线和人均利润增幅的范围内，按人均工资增幅自主预算，弹性管理。同时，大唐电信集团还加强中长期激励机制建设，以增强企业活力为目标，根据各产业板块的运营特点和人才特征，分步推进开展股权激励、岗位分红权、EVA利润分享等中长期激励计划。

二是发展混合所有制经济。在2016年研究院下属企业中实施股权混合所有制改革的企业户数为1家，即大唐网络有限公司(以下简称“大唐网络”)。大唐电信集团下属企业新华瑞德(已更名为“大唐网络”)2015年启动引进战略投资者事项，集团于2015年就此项目下达《关于新华瑞德引进战略投资者有关事项的复函》(院计投简〔2015〕48号)，同意新华瑞德引入战略投资者项目方案，同时要求在项目完成之后报送集团备案。2016年，大唐股份向大唐电信集团报送《关于新华瑞德增资扩股项目相关情况的备案报告》，完成项目备案工作。大唐网络通过增资扩股及股权转让方式引入非公资本金额4.4亿元，通过引入战略投资者优化大唐网络股权结构，为后续大唐网络快速发展提供资金支持。

对于已经股权多元化，实行混合所有制的上市公司，研究院以大唐高鸿为试点完善法人治理增加活力，公司治理层面引入职工董事制度，在董事会层面增加两名职工董事席位，以求建立健全权责对等、运转协调、有效制衡的决策执行监督机制，进一步完善现代企业制度。从提高活力层面，集团对高鸿实施更加宽松灵活的考核制度，以考核公司的利润总额和市值偏离度两个指标为主，给公司更大的经营自主权。

三是强化监督防止国有资产流失。《国务院办公厅关于加强和改进企业国有资产监督防止国有资产流失的意见》（以下简称《意见》）正式发布以来，大唐电信集团组织多种形式的学习讨论，认真对照《意见》查找自身不足，遵循《意见》提出的四个基本原则，以国有资产保值增值、防止流失为目标，坚持问题导向，重点突出，围绕体制机制创新和监督体系构建开展一系列提升工作。

建设法治央企，探索建立合规工作管理体系。大唐电信集团发布法治工作五年规划，探索建立分工负责、协同联动的合规管理工作体系，明确合规管理的重点领域和人群，培育合规文化，加强合规评价考核工作和对违规举报和查处力度。对重点领域和新兴业务研究院开展专门的针对性研究，加强对重点业务的支撑力度，将加强国有资产监督、防范国有资产流失的“警戒线”前移到一线业务中。大唐电信集团通过集中学习行业内违规导致惩罚的案例等形式提升对合规管理重要性的认识，通过调研、讨论等方式，逐步统一认识。有的公司通过加强内部审计，及时发现问题，提出整改建议，确保合规经营。有的公司通过内控内审和法律风险防范机制相结合等方式完善流程建设，准备建立合规政策体系，为合规经营奠定基础。

强化民主监督，保障职工合法权益。大唐电信集团坚持把推进厂务公开、民主管理作为践行巩固群众路线教育实践活动成果的重要内容，坚持把职代会制度作为落实厂务公开制度的主要载体，严格规范并认真落实国有企业改革发展中的民主程序，坚持把企业改革调整的重大事项以多种形式广泛征求职工意见，让职工代表知情审议；对涉及职工切身利益的重大方案让职工代表充分讨论审议，经表决后实施，并自觉接受职工群众对实施情况的监督。为广泛听取职工意见建议，进一步畅通反映问题渠道，大唐电信集团相继设立意见箱、电话、邮箱等意见收集渠道，制定《群众意见建议管理办法》和《院党组成员基层联系点制度》，切实贯彻好群众路线，调动并发挥职工参与民主管理的积极性，在改革发展中实现好、维护好、发展好职工合法权益。

【重大项目】

1. 无线移动通信产业：5G标准化工作和第一阶段测试取得积极进展。

大唐电信集团聚焦资源投向5G优势关键技术，在TDD系统设计、大规模天线、非正交多址接入、超密集组网、低时延高可靠等方面保持全球领先。加强统筹策划和外部协调，集团专家先后当选ITU 5G技术评估组主席、3GPP RAN5工作组副主席，有利于集团在5G标准化竞争中发挥关键作用。在工信部组织的5G第一阶段测试中，集团7个项目全部以优异成绩通过测试，其中5G综合验证平台业内性能最强、大规模天线测试峰值业内最高、超密集组网业内首家实现并验证，为后续获取5G产业化和市场化竞争优势打下基础。

2. 集成电路产业：芯片细分领域持续取得突破。

集团安全芯片出货规模稳步增长，金融IC卡芯片同比增长50%，社保卡芯片、身份证芯片保持市场前列。通信芯片行业市场拓展取得进展，无人机芯片首次实现规模出货，车载模组、集群终端、点对点通信等实现小批量出货。汽车电子芯片出货稳定，布局新能源汽车芯片市场。车灯调节器芯片市场占有率50%以上；积极参与国家级“新能源汽车”重点专项，启动相关领域芯片业务布局。

3. 战略性新兴产业：移动互联网平台发力，可信云技术领先。

发挥央企创新带动作用，积极落实国家“大众创新、万众创业”战略。集团连续四年举办创新创意大赛，累计提交创新创意项目逾千个，进入孵化阶段的项目估值达数亿元，得到市场和投资机构的认可。在中央企业熠星创新创意大赛中，集团选送的29个项目，有20个进入决赛阶段。集团所属大唐创新港专注泛IC协同创新服务，同国内外18家知名企业发起大企业开放创新联盟。该联盟与大唐网络369云工厂均成为国家级众创空间。集团在可信云领域取得积极进展，成功发布国内首款通过权威检测的反木马服务器，并获公安部销售许可证，建设完成国内第一个医疗可信云示范应用，产品成熟度和完整性领先市场3个月以上。

【走向海外】 2016年，海外市场拓展取得持续进展，继香港海关项目完成交维后，连续中标香港廉政公署、港珠澳大桥香港隧道 TD－LTE 专网项目；马拉维客户从 3G 网络逐渐迁移 4G 网络，再次实现 4G 基站和终端的销售；完成台湾工研院 4G 试验网项目联合测试、中国－厄瓜多尔 4G 联合实验室项目主体建设；通过东盟会议，积极开展对泰国、老挝、柬埔寨、越南、缅甸等“一带一路”电信市场的拓展。多举措、全方位提升海外品牌影响力，参加澜沧江－湄公河合作展、ITU 泰国世界电信展等国外具有影响力的展会，参加中东欧“一带一路”国际产能合作对接会、中国－拉美经贸项目对接洽谈会等会议，与比利时鲁汶大学依托《5G 毫米波系统下天线阵列与高效率功放联合设计研究项目》联合申报《2016－2018 年度中国与比利时政府间科技合作项目》，充分展示集团高科技实力和全线解决方案的提供能力。

【重大创新】

1. 大唐电信集团作为核心单位完成的“第四代移动通信系统（TD－LTE）关键技术与应用”项目荣获国家科技进步奖特等奖，充分体现大唐在无线移动通信领域领先的研发能力和产业化能力。作为我国信息通信领域的重要成员，大唐电信集团凭借长期深厚的 TDD 系统研发积累和技术创新，成功突破宽带 TDD 系统设计，以及 TDD/OFDM/MIMO 帧结构、智能多天线传输、TDD 系统同步、大规模同频组网等 TD－LTE 系统关键技术方案，对 TD－LTE 进行全面系统性技术评估，并与国内各单位共同协作，积极推进 TD－LTE 国际标准制定工作，为 TD－LTE 核心技术方案和国际 4G 标准的确立作出重要贡献。

在系统设备、终端芯片、测试仪表等移动通信产业链关键环节，大唐电信集团攻克 TD－LTE 智能天线产业化及大规模组网应用、28nm 多模多频终端芯片研发、高端测试仪表等产业化难题。同时战略布局集成电路制造产业，通过 4G＋28nm 工程推动集成电路设计、制造与移动通信产业互动发展。大唐在积极参与运营商市场的同时，大力拓展 TD－LTE 的行业应用，为成功实现 TD－LTE 4G 标准产业化作出突出贡献。

2. 发布 ITU 国际标准 3 项，新立项 ITU 国际标准 1 项，5G 技术研究和标准化工作顺利推进，持续保持和提升大唐电信集团技术、标准和自主知识产权的竞争力。与中国电信、中国联通、微软等公司联合制定的三项云计算国际标准：“ITU－T Y.3521/M.3070：端到端的云计算管理概览”“ITU－T Y.3522 端到端的云服务生命周期管理需求”“ITU－T M.3371 可感知云的电信管理系统中的服务管理需求”在国际电信联盟（ITU－T）正式发布。其中“端到端的云计算管理概览”是 ITU－T 第一个由第 2 研究组与第 13 研究组联合制定的云计算标准，也是首个 M 系列的云计算标准，对后续云计算管理标准的制定具有重要指导意义。“可感知云的电信管理系统中的服务管理需求”是 ITU－T 的 M 系列标准中第二个云计算标准。同时，大唐电信集团与 Orange 联合推动的“互联云信任管理概览”标准 2016 年也在 ITU－T 第 13 研究组成功立项。

推进 3GPP R14 标准化工作，在 V2V、eFD－MIMO 议题立项中担任报告人，7 个议题进入 3GPP 核心圈，4 个议题成为主导者。成功竞选 ITU WP5D 评估组主席一职，牵头 5G 技术评估相关工作。在 5G 技术研究方面，继续在工信部 IMT－2020 中担任 Massive MIMO、低时延高可靠和灵活频谱共享技术组组长，主导该技术方向的研究工作，推动大唐电信集团在 5G 核心技术领域的领导地位。

【党建工作】

1. 坚持党的领导，加强党的建设。深入学习贯彻党的十八届六中全会和全国国有企业党建工作会议精神。电信科研院党组充分发挥领导核心作用，院及全部二级单位完成党建工作总体要求纳入企业章程工作，在公司治理结构中充分体现党组（党委）的政治核心和领导核心地位。深入开展“两学一做”学习教育，以“三会一课”、主题党日、专题研讨、领导干部讲党课等多种形式增强全体干部员工的“四个意识”。按照习近平总书记对国有企业领导人“二十字方针”标准，坚持正确用人导向，严格执行干部任用工作条例，将民主推荐酝酿作为干部选任的首要环节。完成基层党组织换届等专项工作，有效提升党员意识和宗旨意识。院党组不断健全和完善民主集中制，规范决策程序，坚持重大决策事项会前充分酝酿，会上充分发表意见，有力加强班子团结，充分发挥班子合力。

在签订经营业绩考核责任书的同时，与二级单位党委书记签订《党建责任书》，实现责任层层落实，

2. 直面问题、动真碰硬，扎实推进巡视整改工作。成立院巡视整改工作领导小组，对照巡视组反馈的三大类9个主要方面的问题，分类制定43项整改措施，编制任务责任清单，党组成员担任整改任务责任人，亲自督导整改任务件件落实。目前已完成整改16项，基本完成13项，其余14项正按计划推进，对违纪人员进行党纪处分，挽回经济损失数千万元。各二级单位积极开展自查整改，组织学习2100多人次，完成整改措施39项，完善各类制度19项。通过不折不扣地推进巡视整改工作，有力促进企业持续健康发展。

3. 坚持以作风建设为抓手，营造良好发展环境。开展"四风"问题整治"回头看"工作和八项规定精神专项治理，制定贯彻落实八项规定的实施细则，持之以恒反"四风"。院领导班子成员密切联系群众，深入基层调研，与一线员工面对面交流，现场研究解决具体问题的工作方案。党组班子聚焦"四个意识"和"严守政治纪律和政治规矩"召开专题民主生活会，会前进行严肃认真的谈心谈话，会上深入开展批评与自我批评，有效增强班子凝聚力。同时，以文化引领夯实"大唐电信精神"，突出实干和市场意识。发挥群团组织桥梁纽带作用，通过组织开展庆祝建党95周年文艺汇演、第四届职工运动会和"创新发展·青年担当"主题读书等活动，构建和谐劳动氛围，汇聚创新发展合力。

【信息化建设】 2016年，大唐电信集团贯彻落实国资委指导要求，坚持"突出重点、统筹规划、分类推进、注重整合、保障安全"的工作原则，加强信息化与业务管理的紧密融合，提升信息安全和运维保障能力，有效促进信息化应用的横向覆盖与纵向融合，持续提升IT支持服务和信息安全工作水平。

一是加强组织领导和统筹规划。组织召开集团信息化工作领导小组会议，安排部署年度重点工作，加大集团信息化整体统筹和协同推进力度。编制集团信息化"十三五"规划，提出"十三五"期间集团信息化工作思路、原则和目标。

二是促进信息化与业务管理的紧密融合。持续开展各类业务信息系统的优化与整合、深化应用等工作，重点完成全面预算系统的功能优化、人力资源系统的功能扩充、财务报销系统的升级优化、档案管理系统的升级应用等工作，为相关业务管理工作提供有效支撑手段。推进清理整合业务报表专项工作，加强内外部调研交流，搭建业务报表信息平台，积极探索报表信息化支撑模式。

三是强化信息安全保障工作。加入国家网络与信息安全信息通报机制，按照上级要求完成集团关键信息基础设施网络安全检查工作，利用大唐高鸿自研产品对各单位网站系统进行安全检测、提出整改要求，多次组织信息安全技术交流和调研参观等活动。完成异地灾备平台建设，实现总部重要系统数据向西安的异地备份和灾难恢复。持续做好网络与信息系统的安全防护工作，全年未发生信息安全事故。

四是夯实基础、强化IT运维。发挥IT团队协同作用，提高IT服务质量和支撑保障能力，全年提供技术支持响应2000次，确保网络平台和信息系统持续稳定运行，整体可用率超过99%。

五是以信息化手段支撑降本增效。提高视频会议利用率，协调各单位做好技术服务，全年召开49次视频会议，京外参会人员1100人次，节约差旅费用200万元。

【履行社会责任】 2016年，大唐电信集团主动适应经济发展新常态，加快推进"十三五"战略执行，各产业板块实现稳步发展，以实际行动探寻出一条健康的、持续性的企业履责之道，为促进我国社会经济发展作出积极贡献，实现"十三五"良好开局。

大唐电信集团立足核心产业，持续推动关键技术突破；对股东、投资者和客户负责，与合作伙伴协同发展；关爱员工，完善培训体系和人才体系建设，为员工提供上升通道；始终坚持绿色科技理念，大力推进节能减排，实现可持续发展；宣贯"大唐电信精神"，开展特色企业文化活动，提升员工幸福感和参与企业建设的热情；落实国家扶贫计划，向国家级贫困县派驻扶贫干部帮助发展经济；热心参与社会公益事业，在社会公益、扶贫助困、支持教育等方面积极行动奉献力量，做负责任的企业公民。

2016年，大唐电信集团积极向社会展示高科技央企负责任的良好形象，连续第六年发布企业社会责任

报告，在传统发布平台的基础上，继续以 H5 页面的形式发布，获得各方好评。

（撰稿人：王　迪）

中国农业发展集团有限公司

【基本概况】 2016 年是"十三五"开局之年，是中国农业发展集团有限公司（以下简称"中国农发集团"）改革发展和党建工作任务十分繁重的一年。面对国内外复杂多变宏观环境和行业面临的诸多困难和挑战，在国资委的正确领导下，在监事会的指导帮助下，中国农发集团领导班子带领广大干部员工，认真贯彻落实党的十八大及历次全会精神、习近平总书记系列重要讲话精神和全国国有企业党的建设工作会议精神，贯彻落实国资委部署和要求，以战略规划为引领，积极推进转型升级和模式创新，不断深化改革，努力提质增效，加强风险防控，全面从严加强党的建设，保持中国农发集团整体生产经营稳定增长，各项重点工作加快推进，取得明显成效，为"十三五"发展奠定良好的开局。

【主要指标】 2016 年，中国农发集团实现营业收入 256.69 亿元，同比增长 3.42%；实现利润总额 10.2 亿元，同比增长 2.52%，实现恢复性增长；实现经济增加值 3.68 亿元，资产负债率保持在 60%以下的良好水平。全面超额完成国资委下达的经营业绩考核指标。

2016 年中国农业发展集团有限公司主要经济指标

项　目	2015 年	2016 年	比上年增长（%）
资产总额（亿元）	286.55	305.53	6.62
所有者权益（亿元）	127.27	131.41	3.25
营业收入（亿元）	248.21	256.69	3.42
利润总额（亿元）	9.95	10.20	2.52
净利润（亿元）	6.76	8.09	19.75
归属于母公司所有者的净利润（亿元）	5.65	5.05	－10.68
利税总额（亿元）	15.58	15.60	0.13
应交税金总额（亿元）	6.11	5.88	－3.78
全员劳动生产率（万元/人·年）	16.39	15.06	－8.14
净资产收益率（%）	5.70	6.32	增加 0.62 个百分点
总资产报酬率（%）	5.03	4.78	减少 0.25 个百分点
国有资本保值增值率（%）	108.27	106.47	减少 1.80 个百分点

【改革发展】

1. 继续完善和加强规范董事会建设。进一步完善中国农发集团董事会相关制度，做好董事会及专门委员会的换届调整，加强对董事的考核评价工作，结合落实全国国有企业党建工作会精神，突出党委领导核心和政治核心作用，细化完善党委会前置研究讨论重大事项，进一步理顺党委会、董事会、经理层关系，完善公司法人治理结构。中国农发集团董事会规范履职，全年审议议案 51 项，做出决议 51 项，议案通过率 100%。稳步推进二级企业规范董事会建设，一批企业建立起外部董事占多数的董事会。规范二级企业董事会运作，实行董事会年度工作报告制度。积极探索党管干部与落实董事会依法行使用人权相结合的途径，授权符合条件的二级企业董事会选聘总经理及经营班子成员，促进规范董事会建设及其作用的有效发挥。

2. 大力推进干部人事制度改革。中国农发集团坚持党管干部和党管人才原则，创新选人用人方式，2016 年在选人用人改革方面取得突破性进展。明确选人用人标准，重操守、重能力、重经历、重业绩。干部使用"凡提四必"，同时提出干部提拔使用三个方面的硬件要求：一是基层企业工作经历，二是年度考核必须连续三年良好以上，三是专业资质必须满足岗位需要。推行竞聘制、任期制。推出29个岗位公开招聘,包括二级企业董事长到总部部门一般岗位,总体上已完成到位,企业领导人员原则上以三年为一个任期。变"相马"为"赛马",形成充分竞争和优秀人才脱颖而出的良好氛围。落实二级企业董事会用人权试点,将7家企业的14个经营班子岗位(包括总经理)授权二级企业董事会公开招聘。中国农发集团党委"确定标准、规范程序、参与考察、推荐人选"。探索建立职业经理人制度。对一些专业性强,市场化程度高,内部人才不足的岗位,面向社会以至全球招聘,扩大选人用人视野,实行市场化招聘,契约化管理。建立二级企业纪委书记、总会计师委派交流制度,由中国农发集团统一标准、统一委派、统一考核、统一奖惩,对6家企业委派纪委书记,对在同一企业任职时间较长的3名纪委书记进行交流、转任;对4家企业委派总会计师。建立干部交流制度,大力培养年轻干部。注重企业领导人员后备力量建设,优化年轻领导人员成长路径。中国农发集团总部14个部门中有8个部门进行干部交流,17家企业中有11家进行干部交流,交流26人。完善综合考核评价机制,调整考核维度和权重,以任期目标为依据,将考核评价结果作为领导人员培养、使用、奖惩的重要依据。加强对干部的监督管理。成立巡视工作领导小组、巡视办公室和巡视工作组,组建集团全资企业监事会,形成包括纪检监察、巡视监督、内部审计、风险管理和派出监事会在内的"五位一体"监督工作格局。健全领导干部退出机制。对不团结的领导班子,对工作不在状态、不讲纪律规矩、不胜任、不适宜的领导人员,及时予以调整。

3. 继续推进布局结构调整优化。本着项目"成熟一个、实施一个"的原则,继续推进远洋渔业板块重组,将中水公司金枪鱼钓船项目通过资产转让方式装入上市公司中水渔业,有效解决该项目同业竞争问题。推进实施集团对中非公司、物业公司、食品公司管理关系的调整,进一步优化资源配置。一批"走出去"并购项目得以实施,完善产业链,培育发展后劲。积极推进设立集团产业并购基金,取得阶段性成果。通过并购重组,引入战略投资者和民营资本,发展混合所有制经济,推进股权结构多元化。积极探索员工持股的有效途径。根据国资委要求,开展符合条件企业经营层持股试点。对科技型企业、新成立项目以及符合条件的境外项目,原则上要求经营层持股,实现经营者个人利益和公司长远利益的有机结合,增强企业活力。

4. 积极开展"瘦身健体"和解决历史遗留问题。认真落实国资委关于中央企业"瘦身健体"、"僵尸企业"处置工作部署和要求,确定集团"压减"年度任务与工作方案,明确集团处置特困企业及"僵尸企业"的目标任务和时间表,与有关企业签订处置目标责任书,跟踪协调督促,层层推进落实,取得阶段性成效。加快剥离企业办社会职能,推进"三供一业"分离移交、棚户区改造、场(厂)办大集体改革,取得积极进展。

5. 有序推进土地资源盘活。继续加强自有土地资源管理,编制中国农发集团土地开发"十三五"规划,加强对土地资源数据信息统计调查与信息化管理,利用农发置业开发平台,有计划、有步骤推进自有土地开发,取得明显成效。华农公司继续推进湛渔公司"三旧"改造项目,在成功完成项目公司首次股权挂牌转让后启动第二次股权挂牌转让,完成股权转让工作。中垦公司、中牧公司等企业与农发置业协调配合,积极推进中垦双桥、中牧天竺等土地开发项目,取得很大进展。

【重大项目】 中国农发集团所属中牧公司通过增资扩股方式投资新西兰乳业项目(包含MVM乳制品原料工厂和BODCO奶粉灌装厂两个子项目),于2016年获批并于同年7月完成交割,增资后中牧公司持有MVM项目71.76%股权和BODCO奶粉灌装厂40%股权(第一大股东)。

【走向海外】 中国农发集团积极响应国家"一带一路"战略,参与沿线国家农业合作开发,所属中牧公司投资新西兰乳业项目顺利完成交割,柬埔寨稻米产业项目被列为国家重大建设项目库,通过农业部"境外农业合作示范区"初步评审,将具备组织招商的资质,带动国内优质企业共同"走出去",参与共建柬埔寨稻米产业价值链。组织开展"走出去"探索项目库、"走出去"重点项目库等申报工作。组织申报南南合作项目,斐济和瓦努阿图项目已上报国家有关部门审批。积极争取"走出去"国家政策支持,境外项目农机补贴申请到位。

【重大创新】

1. 进一步完善和加强战略管控体系。在前期大量调查研究的基础上，2016 年中国农发集团董事会分业务板块召开战略研讨会，听取各个板块企业"十三五"战略规划汇报，明确发展目标、方向和思路，根据中央关于农业供给侧结构性改革要求和国资委中央企业"十三五"发展规划，制定中国农发集团"十三五"发展战略规划，形成引领中国农发集团"十三五"改革发展的纲领性文件。"十三五"规划确立"现代农业全产业链的综合服务商，安全优质农产品的供应商"战略定位，突出转型升级要求，转变盈利模式和经营模式，推进向集成服务商转型，向产业链高端延伸升级。分解落实战略规划，强化对标考核理念，引导企业追求与同行业企业相一致甚至更高的资本回报水平，保持集团的净资产收益率在行业的良好位次。调整统一二级企业主要负责人基本年薪，依据经营业绩考核指标完成情况，体现企业经营难度差异，严格兑现奖惩，促进"十三五"战略规划落地实施，完善战略—预算—考核—体化管理体系。

2. 加快科技创新步伐。编制完成《中国农发集团"十三五"科技发展规划》；加强中国农发集团研发预算管理、考核与动态监控，促进科技投入持续增长。2016 年，科技投入同比增长 18.42%，创历史新高，达到我国农林牧渔大型企业优秀水平。中国农发集团共获得新兽药证书 9 个，植物新品种权证书 16 个；新增授权专利 67 项（其中发明专利 15 项），新增受理专利 96 项（其中发明专利 32 项）；获得省级及以上科技成果奖 13 项，其中口蹄疫疫苗、水产品精深加工等方面的成果获得国家科技进步奖、省科技进步奖和中国专利奖优秀奖项，部分成果取得省级研发重大突破。中国农发集团所属农发种业湖北种子公司，中牧股份，淄柴新能源公司的种子、兽用生物制品与化学药品、可再生能源开发利用等实验室（站）被列入农业部"十三五"重点实验室（站）。

3. 继续推进价值管理体系建设。进一步完善制度，修订全面预算管理办法，继续推进价值管理，明确建立以 EVA 为编制核心的全面预算管理的新模式，突出 EVA 和资本支出的硬约束；制定中国农发集团 EVA 分析报告制度，建立集团、核心子公司、业务板块及战略性核心产品 EVA 及关键驱动指标定期分析和报告机制，强化对企业资本回报水平、资本占用情况和资产创效能力的关注。完善中国农发集团市值管理方案，推进实施远洋渔业板块重组、上市公司再融资、体制机制创新、符合条件的相关业务上市、控股股东增减持上市公司股份等工作，取得积极成效。

4. 加强资金集中管理和推进申办财务公司。中国农发集团可归集口径资金集中度提高到 45%以上，存贷比接近 1∶1，存贷结构进一步优化，资金使用效率不断提高，为二级企业降低融资成本和财务费用发挥重要作用。为保障资金链安全，制定、修订资金管理、担保管理办法，规范企业担保与资金处置行为，严格防控和有效降低运营风险。同时，积极推进财务公司申办工作，获得国资委"推荐函"，申报材料经北京银监局首次审核通过，并正式上报银监会审批，为下一步工作打下基础。

5. 坚持开展全面风险管理。继续在二级及全部三级企业开展年度全面风险管理报告编制工作，评估确定中国农发集团年度重大风险，组织制定风险管理策略和解决方案，编制完成《全面风险管理报告》并按时上报国资委。进一步深化集团法律风险防范体系和机制建设，加强内控体系建设，修订集团并购投资操作规程，及时跟踪重大并购投资项目，强化项目过程管理，发现问题及时督促整改。进一步加强对运营风险的动态监控。制定完善相关制度，开展贸易业务及大额债权的风险监控，有效防范风险。

【党建工作】

1. 扎实组织开展"两学一做"学习教育。制定《中国农发集团"两学一做"学习教育实施方案》，完成"两学一做"学习教育全部规定动作，并创新开展自选动作，取得实效。中国农发集团党委率先垂范，通过中心组、党委会、组织自学等多种形式，认真学习贯彻党的十八届六中全会精神、全国国有企业党建工作会精神、习近平总书记系列重要讲话精神和准则、条例等；严肃班子党内政治生活，召开"四个意识"专题民主生活会和 2016 年度民主生活会，进一步增强"四个意识"，增强党性观念和规矩意识、纪律意识，更加自觉地在思想上、政治上、行动上同以习近平总书记为核心的党中央保持高度一致。

2. 制定切实措施贯彻落实全国国有企业党建工作会精神。制定印发贯彻落实全国国有企业党的建设工作会议精神重点任务，提出具体措施，立即整改。修改中国农发集团公司章程，按要求修改完善已纳入章程的党组织和党建工作内容，落实中国农发集团党委在公司法人治理结构中的法定地位，并对二级和三级企业党建工作内容进章程提出明确整改落实要求。按照“双向进入、交叉任职”的要求完善领导体制，全面推行党委书记和董事长一肩挑、总经理兼任党委副书记工作。建立健全工作机构，调整充实党务工作人员。制定二级企业党委书记抓党建述职评议考核工作实施方案，明确党建述职评价结果与年度考核结果挂钩的机制，对抓党建不力的要严肃问责。修订党委会职能和“三重一大”决策制度，细化完善党委会在董事会和经理层决策前前置研究讨论重大事项和程序。成立巡视工作领导小组和巡视工作领导小组办公室，在中国农发集团系统开展巡视工作。进一步加强党的基层组织建设。探索完善基层党组织设置形式，做到业务发展到哪里，党的组织就建到哪里，党的工作就做到哪里。符合条件的海外项目全部建立党组织。符合条件的混合所有制企业已实现基层党组织的全覆盖。根据国资委党委部署，深入开展专项检查整改，开展中国农发集团党委换届筹备工作，组织“应换未换”基层党组织集中开展换届选举，取得很大进展。

3. 突出加强企业领导班子和干部队伍建设。加强二级企业领导班子队伍建设，按照习总书记关于国企领导干部“20字”标准，在坚持人事任免工作流程的基础上，提出4＋X的新要求新举措，即“凡提四必”加考核结果、基层工作经历、试用期制度等，严把领导班子入口关。完善考核评价工作制度，注重考评结果的反馈和运用，对不胜任、不适宜岗位要求的领导人员，及时予以调整充实。2016年对17家企业的领导班子和董事会进行调整，涉及人员145人，企业班子结构进一步优化，班子整体合力进一步提高。在坚持党管干部和党管人才原则同时，创新方式，大力推进人事制度改革，大范围公开竞聘选拔干部，一批干部脱颖而出；大跨度交流干部，促进干部培养和成长；多方位委派干部，在坚持董事、监事委派的同时，加大对二级企业总会计师、纪委书记的委派交流力度，完善决策监督机制。

4. 坚定不移推进党风廉政建设和反腐败工作。层层推动“两个责任”落实，中国农发集团党委、纪委分别与17家二级企业党委(党总支)、纪委签订主体责任书和监督责任书，通过压力传导带动责任落实。持之以恒贯彻落实中央八项规定精神，坚决防止“四风”问题反弹。开展“回头看”，对整改情况自查自纠，逐个落实。中国农发集团没有发现违反中央八项规定精神的问题。积极运用“四种形态”，坚持抓早抓小抓预防，使提醒谈话成为常态。2016年，中国农发集团纪委对67人进行廉洁教育谈话，对15人进行任前提醒谈话。坚持从严执纪、有案必查，对2人给予纪律处分。开展效能监察，对发现的问题和漏洞在全系统进行通报，要求各企业引以为戒。同时，认真学习领会习近平总书记“三个区分开来”的精神内涵，结合实际研究制定贯彻落实“三个区分开来”的具体措施和办法。

【信息化建设】 2016年，中国农发集团信息化管理水平取得较大提升，特别是财务信息化水平成效明显。全面预算系统正式上线运行，集全面预算管理、资金集中管理、财务核算管理于一体的财务管理信息化系统框架全面建成，实现“一个标准、一种语言、一本账、集中应用”的会计核算新模式，并实现全系统企业的全覆盖，形成对生产经营活动的“事前、事中、事后”的全过程协同监控，对创新财务管控机制、提高管理水平和管理效率具有现实意义。同时，继续完善和改进OA系统，使办公质量和效率进一步提高。

【履行社会责任】 作为中央农业企业，中国农发集团以服务“三农”为宗旨，发挥行业排头兵和主力军作用，努力促进远洋渔业转型升级，维护国家海洋权益，服从和服务国家外交大局；提升研发水平，生产高品质疫苗和药物，在动物疫病防控和公共卫生安全保障方面发挥重要作用；加速培育和发展现代种业、农机制造业等，保障我国粮食安全、服务“三农”能力和水平进一步提升。在“走出去”发展过程中，遵守所在国法律，尊重当地文化和风俗习惯，促进当地就业和经济社会发展，受到广泛赞誉。发起成立的中国农业产业化龙头企业协会，在促进龙头企业发展和农业产业化方面发挥积极作用。中国农发集团认真贯彻国家安监总局、国资委等部门关于安全生产、节能减排、环境保护的工作部署和要求，保持安全生产总体形势稳定，全面完成节能减排工作目标。

中国农发集团积极参与慈善救助、扶贫济困等社会公益事业。2016年12月10日，所属中国水产舟渔公司明兴轮在秘鲁公海作业时，果断施救附近遇险的台湾船只，救起18名船员并妥善安置，获得各界好评。2016年夏季长江中下游地区发生洪涝灾害，农发种业所属湖北种子公司多次捐赠救灾良种，帮助当地农户恢复灾后生产。向定点扶贫县安徽省萧县及萧县庄里乡陶墟村派驻副县长和村支部第一书记。组织开展向萧县特困群众的春节捐款活动。制定定点扶贫村陶墟村扶贫项目计划，投入资金26万元，帮助该村建设村卫生室，解决3000多名村民就医难的问题。积极开展精准扶贫，加大基础设施建设力度，拓展扶贫帮扶渠道，改善村民生产生活条件，取得积极成效。

（撰稿人：李　尧）

中国中丝集团公司

【基本概况】　中国中丝集团公司（以下简称“中丝集团”）创立于1946年，曾在国家的授权下，长期承担全国茧丝绸行业的管理任务，在促进蚕桑业发展、推动丝绸业技术进步以及保护、传承、发扬中国传统丝绸文化等方面发挥积极作用。近年来，中丝集团发展成为一家从事丝绸、化工物流、商贸、金融等业务的企业集团，逐步形成“丝绸、物流、商贸”与“金融”的“3+1”业务架构，规模、效益得到一定提升。目前，国内控股参股企业40余家，二级子公司29家，分布在北京、辽宁、上海、深圳、天津、江苏、浙江等地；海外子公司3个，分布在德国、日本和韩国。

【主要指标】

1. 资产负债情况。

中丝集团货币资金主要来源为累计经营所得和银行借款。截至2016年底，货币资金余额85385.38万元，较年初增加10976.10万元。中丝集团应收账款净额29341.78万元，同比减少57288.56万元，存货净额22749.90万元，同比减少3131.78万元。2016年，中丝集团负债总额50.71亿元，比2015年增加10.54亿元，增长率为26.24%，主要是中丝集团预收账款同比增长较大以及新增金融机构借款所致。2016年，集团公司所有者权益总额1.29亿元，比2015年减少0.61亿元，降低率为32.11%，所有者权益减少主要是受其他综合收益——股票公允价值变动的影响。

2. 经济效益情况。

2016年，中丝集团累计实现营业收入93.32亿元，完成全年预算的63.76%。销售收入比上年同期减少51.08亿元，减少35.37%。2016年，营业总成本90.63亿元，同比减少51.15亿元，降低36.08%。

2016年，费用总额37626万元，同比增长13740.22万元，主要是销售费用和利息支出的增长所致，占收入的比率为4.03%，比上年同期的1.65%，增加2.38个百分点。

2016年中国中丝集团公司主要经济指标

项　目	2015年	2016年	比上年增长(%)
资产总额(亿元)	42.06	52.00	23.63
所有者权益(亿元)	1.90	1.29	−32.11
营业收入(亿元)	144.40	93.32	−35.37
利润总额(亿元)	−8.83	0.50	
净利润(亿元)	−9.18	0.09	
归属于母公司所有者的净利润(亿元)	−9.21	0.004	
利税总额(亿元)	−7.90	1.36	
应交税金总额(亿元)	1.28	1.27	−0.78
全员劳动生产率(万元/人·年)	−128.02	35.59	
净资产收益率(%)	−139.63	5.56	增加145.19个百分点

续表

项　目	2015 年	2016 年	比上年增长(%)
总资产报酬率(%)	−18.79	4.66	增加 23.45 个百分点
国有资本保值增值率(%)	12.62	38.91	增加 26.29 个百分点

【改革发展】

1. 深化国企改革情况。

中丝集团进一步强化企业在改革中的主体责任。在集团《2016 年下半年职能部室重点工作》中，明确将改革任务列入相关部门的重点工作计划和考核指标，并加强月报管理，督促工作开展；对于承担改革任务的子公司也采取类似做法，促进改革措施取得成效。

研究制定《总部薪酬管理办法》，总部实行宽带薪酬制度，确定薪酬构成，初步搭建职级体系与薪酬对接机制。研究制定《子公司薪酬管理办法》，子公司全面实行工资总额预算管理，工资总额预算增减额，剔除增人和预算管理范围变化等年度间不可比因素外，根据工资效益联动机制和本年度经济效益指标预测情况确定。研究制定《总部竞聘上岗实施方案》。完成《关于深化劳动用工和收入分配制度改革的工作方案》，紧紧围绕公司经营发展战略，全面构建战略人力资源管理体系，深化公司"内部管理人员能上能下、员工能进能出、收入能增能减"的改革，持续激发人才的活力和创造力，为集团公司转型发展提供坚强的组织保障、人才支撑和智力支持。

2. 供给侧结构性改革情况。

2016 年，中丝集团商贸业务不断优化产品结构，逐步从产能过剩、附加值低、风险高的领域逐步退出，转向潜力大、盈利能力强、风险可控的领域，以成为产业组织服务商、供应链综合服务商、商产融结合服务商为追求，实现商贸业务的商业模式创新。

制定中丝集团全面深化改革的实施方案；在三项制度、母子公司管理、现代企业制度建设等方面有实质性地进展，子公司和集团总部机关实行新的绩效考核制度和与之相挂钩的薪酬分配制度；对商贸企业内部资源整合的效果初步显现，企业数量减少、规模化效应提升。

丝绸业务推动丝绸高端原料生产领域的整合，初步完成对四川、云南地区两家地方龙头企业的重组、并购，控制优质桑园面积 20 万亩。丝绸成品业务以进入故宫销售为契机，实现旅游市场的突破。

【重大项目】

1. 大力推进丝绸高端原料基地项目。

为突出丝绸主业，提升主业核心竞争力和盈利能力，2016 年公司大力推进与四川省攀枝花市和云南省普洱市两个高端丝绸原料生产企业的战略重组工作。两个项目桑园面积合计 20 余万亩，预期可带动贫困地区农民近 20 万人从业，发展潜力较大，社会效益和经济效益俱佳。

2. 锦州罐区项目顺利投产。

2016 年 9 月，锦州罐区建成通过验收，投入试运行。11 月，罐区铁路专用线经国家有关部门批准也投入使用。锦州罐区罐容达到 7.36 万立方米，区位优势较为明显，配套设施较为齐全，港口、铁路、公路条件较好。

【重大创新】

1. 商贸业务经营结构得到进一步优化。

根据集团《商贸业务创新发展意见》和《经营风险管理办法》，主动调降风险控制困难、利润率低且不能形成长期核心竞争力的业务，把这些业务上的资源调整出来投入到能够形成核心竞争力的主业新项目新业务上去，优化商贸经营结构，降低整个集团的经营风险，毛利率也得到有效提升。

2. 丝绸成品业务取得突破。

下属公司研发制作的"皇家符号"系列产品于 2016 年 7 月打入故宫，成为畅销的旅游商品。"中丝"品牌产品逐步进入机场、博物馆、高端旅游商品销售地、高档酒店专柜。中丝集团带有"中丝"品牌的丝绸制成品、文化产品，直接面对高端客户的销售渠道正在打开。中丝集团以开放的理念，通过合资合作，集成社会上的创意设计资源，创意设计水平大幅提升。

【走向海外】　中丝集团领导在北京与瓦努阿图副总理兼旅游和贸易部部长 Joe Natuman 一行举行会谈，就畜牧业、旅游业、国际贸易等领域的合作进行交流，达成广泛共识。

中丝集团所属三家海外企业，积极采取有效措施不断开发新产品、新业务，加强国内与国外市场的协同发展，提高业务精细化管理水平，营业收入实现较大增长。

【党建工作】 集团公司党委高度重视企业党建工作，按照中央、国资委党委要求，把党的领导融入企业治理各环节，在思想上政治上行动上与以习近平总书记为核心的党中央保持高度一致，推进全面从严治党，加强和改进集团公司党的领导和党的建设。继续深入推进"两学一做"学习教育，全面学习贯彻党的十八届六中全会、全国国有企业党建工作会议和十八届中央纪委六次、七次全会精神；严格落实中央八项规定精神、反对"四风"，加强运用监督执纪"四种形态"，严肃监督执纪问责，坚持把纪律规矩挺在前面；将党建工作要求纳入公司章程，落实"党管干部""党管人才"原则为根本，大力加强领导班子建设和人才队伍建设；召开集团公司党代会，选举产生参加中央企业（在京）系统党代会代表，持续为党的十九大胜利召开营造良好氛围。

【信息化建设】 信息化建设是中丝集团管理水平高效化、现代化、科学化的重要措施。2016年，中丝集团按照信息化发展五年规划、十年目标及五年规划实施方案，积极开展化工物流、丝绸金融服务等业务的信息化需求调研工作，为全面实行信息化管理打下基础；利用ERP系统，统一集团公司会计核算标准，大大提高会计核算的规范性与准确性，目前除境外子公司外ERP系统已基本覆盖国内子公司。加强信息安全建设，制定中丝集团《网络信息系统安全等级保护方案》并结合集团实际开展相关工作。

【履行社会责任】

1. 安全生产。公司高度重视安全生产工作，安全生产工作体系从无到有，并持续走向科学化、规范化。2016年，中丝集团成立安全生产监督管理办公室，进一步强化集团公司安全生产工作。集团公司多次召开安全生产专门会议，部署安全生产和应急管理工作，从制度建设、组织建设、人员队伍、资金投入等方面加以保障。中丝集团组织多次对安全生产重点类子企业的现场监督检查。各安全生产重点类子公司都能做到领导高度重视，层层落实安全生产责任，切实加强安全生产管理。2016年，中丝集团安全生产运行平稳，取得好成绩。

2. 环境保护。集团公司各子企业以商贸办公占大多数，两家危化品港储公司转运作业、新材料公司生产线所用能源也均为电力或天然气等清洁能源。同时，两家港储公司转运废液均进行收储后交专业危废处理公司处理；新材料公司采用干法造纸工艺，不存在污水排放。

（撰稿人：雷　聪）

中国林业集团公司

【基本概况】 2016年，中国林业集团公司（以下简称"中林集团"）在国资委的直接领导和国有企业监事会的指导、帮助下，全面贯彻落实党的十八大、十八届三中、四中、五中、六中全会和中央企业、地方国资委负责人会议精神，坚持以提质增效为主题，以"生态产业建设年"为主线，持续强化战略指引，不断优化经营结构，着力加强集团管控，健全内控监督机制，集团公司的经营规模和经济效益显著提升，国有资本保值增值率达到105.24％。

【主要指标】 2016年，中林集团实现营业收入698.45亿元，实现利润总额3.44亿元，净利润2.87亿元。截至2016年底，资产总额504.87亿元，所有者权益总额139.13亿元。在收入和利润大幅增加的同时，资产负债率控制在73.7%，完成国资委要求的资产负债率控制目标，国有资本保值能力进一步增强。

2016年中国林业集团公司主要经济指标

项　目	2015年	2016年	比上年增长（%）
资产总额（亿元）	367.38	504.87	37.42
所有者权益（亿元）	79.57	139.13	74.85
营业收入（亿元）	513.09	698.45	36.13
利润总额（亿元）	1.42	3.44	142.25
净利润（亿元）	0.7	2.87	310.00

续表

项　目	2015 年	2016 年	比上年增长(%)
归属母公司所有者的净利润(亿元)	0.35	1.71	388.57
利税总额(亿元)	2.82	6.43	128.01
应交税金总额(亿元)	2.40	4.25	77.08
净资产收益率(%)	1.05	2.59	增加 1.54 个百分点
总资产报酬率(%)	3.08	3.4	增加 0.32 个百分点
国有资本保值增值率(%)	101.57	105.24	增加 3.67 个百分点

【改革发展】 坚持改革引领发展。重新调整集团全面深化改革领导小组成员，设立办公室，制定印发《全面深化企业改革十条意见》。持续加大混合所有制改革力度，与优质社会资本开展合资合作，新设混合所有制企业 25 户，吸引非国有资本 41.8 亿元。积极推进“瘦身健体”，制定压缩管理层级、减少法人户数工作方案，全面启动停产和空壳企业的清理工作。坚持市场化选人用人，面向社会公开招聘急需人才，面向大型国企引进管理人才，聘用人员质量大幅提升。坚持创新驱动发展。增资扩股中国林权交易所，依托信息平台和服务网络，探索“互联网+”的线上交易新模式，华东煤炭交易中心完成管理架构搭建和业务模式规划，注册会员 387 家，实现线下业务的快速发展和稳定盈利。坚持品牌催化发展。集团公司在国内以及美国、新西兰、新加坡等 6 个国别的商标注册工作进展顺利，千岛湖“淳”牌商标通过中国香港、中国澳门等地注册，并开设“淳”牌有机鱼淘宝旗舰店，探索网上直销模式，集团的品牌效应进一步显现。

【重大项目】 中林集团坚持把“五大发展理念”融入发展战略，围绕“生态产业建设年”这条主线，不断扩大集团主业规模和市场影响力。加大对西南森林康养市场开发力度，全面启动西双版纳雅德秘依旅游度假区项目征地拆迁和一期工程；与牡丹江市委市政府签署合作协议，共同整合开发镜泊湖资源，初步形成“西双版纳—千岛湖—镜泊湖”南北贯穿发展的整体布局。绥芬河国林木业城三期项目建设完成后，占地面积 45 万平方米，先后 55 家企业入驻，园区年营业收入 60 亿元，实现工业产值 20 亿元。中林镇江生态产业城打造集贸易、仓储、物流、加工、金融服务于一体的木业全产业链集群，产业园一期基本竣工，新民洲港 3 月开港，全年完成货物吞吐量 230 多万吨，其中木材到货量 140 万立方米，名列全国木材进口港第九位。如皋港港区扩展项目顺利推进；增资并购内蒙古金渡国际投资有限公司，取得对满洲里伊利托物流公司的实际控制权。网络化、一体化的木材经营产业链模式基本形成。

【走向海外】 中林集团积极开拓非洲、美洲、俄罗斯、新加坡市场，以新西兰、俄罗斯大宗针叶木材为主，以亚、非和美洲阔叶木材为辅的境外资源开发布局有序推进。2016 年，经营木材 3700 多万立方米，其中累计进口木材 1600 万立方米。新西兰 GFP30 万亩林地及林木资源项目完成交割手续，同时购买加蓬 CDG 公司 38 万公顷林地及两个加工厂项目进展顺利，投资、批准新设 5 家境外独资、合资企业。在新加坡发行 3 亿美元等值的永续私募债券，为海外并购项目提供资金支持。

【重大创新】 绥芬河国林木业城创新园区综合服务平台运营模式，形成园区物业管理、木材贸易业务、木材干燥生产、物流监管业务和供应链融资服务五大业务板块的多元化经营模式。同时实现产业链、供应链和资金链的“三链融合”，为入驻企业提供“保姆式”服务，被誉为“国林模式”，成为东北亚最大的对俄木材加工贸易的示范项目和“一带一路”的林业样板。种子种苗板块不断加强种子种苗良种繁育和管理，确定桉树组培繁育和营林技改专项课题 12 项，培育各类苗木 565.2 万株，完成幼林抚育面积 378.67 平方千米。

【党建工作】 中林集团深入学习贯彻党的十八届六中全会、全国国有企业党建工作会议精神，把党的领导贯穿于改革发展全过程。扎实开展“两学一做”学习教育，通过讲党课、中心组学习、举办党务骨干培训班、组织党性教育实践活动、召开专题民主生活会以及党组织书记述职考评、普通党员民主测评等多种方式，进一步增强“四个意识”。从严落实国资委党委巡视反馈意见整改工作，及时建立整改责任体系，针对巡视反馈的两大类四个方面的问题立行立改，制定方案，梳理出20个具体问题86项整改措施，实行台账管理、逐个销号。深入推进党风建设和反腐败工作，严明政治纪律和政治规矩，修订完善落实“两个责任”制度规定，促进反腐倡廉责任制精准落地。进一步优化专兼职党务、纪检干部岗位和编制，增设党委办公室、党委组织部和相关处室。扎实开展党员组织关系、党费收缴等“四项排查”工作，加大对基层组织建设的监督指导力度。制定《党建工作责任制实施意见》和《党建工作责任制考核评价办法》，逐一分解细化贯彻落实全国国有企业党的建设工作会议精神30项重点任务，并将党建工作纳入公司章程和“十三五”战略规划。

【履行社会责任】 秉承“生态为先”的原则，致力于生态环境的保护与恢复，处理好旅游开发与资源保护、文化传承、生态环境之间的关系，探索绿水青山就是金山银山的发展路径，加快发展生态旅游产业。中林集团积极履行央企业社会责任，大力支持地方生态建设。雷州林业局将400多万平方米桉树林地调整为市级与省级生态公益林管理，完成林相改造287万平方米，同时配合地方政府生态修复建设计划，承担2000万平方米的生态修复建设任务。

（撰稿人：任瑞芳）

中国医药集团总公司

【基本概况】 2016年，中国医药集团总公司（以下简称“国药集团”）全面贯彻落实中央经济工作会议和国务院国资委央企负责人会议精神，围绕“十三五”战略目标，以质量和效益为中心，坚定不移推进各项改革，加速推进转型升级，妥善应对困难和挑战，实现“稳中有进、稳中提质、稳中向好”的目标要求，取得“十三五”良好开局。

2016年，国药集团营业收入和利润增速均高于行业平均水平，在国务院国资委年度经营业绩考核中蝉联A级，并被国务院国资委评为“2013－2015年任期考核A级企业”和“2013－2015年任期考核业绩优秀企业”。集团在2016年世界500强企业排名升至第205位，攀升71位，行业地位和影响力进一步提升。

【主要指标】 2016年，国药集团营业收入和利润总额均保持两位数增长，且利润总额增速高于营业收入增速，圆满完成董事会制定的各项经营指标且超额完成年末国资委额外分配的保增长任务。集团规模、效益和综合实力持续保持行业领先地位。

2016年中国医药集团总公司

主要经济指标

项　目	2015年	2016年	比上年增长（%）
资产总额（亿元）	2282.86	2555.14	11.93
所有者权益（亿元）	847.81	923.62	8.94
营业收入（亿元）	2785.56	3176.16	14.02
利润总额（亿元）	110.79	135.73	22.51
净利润（亿元）	85.52	105.37	23.21
归属于母公司所有者的净利润（亿元）	27.87	33.48	20.13
技术开发投入（亿元）	16.19	18.93	16.92
利税总额（亿元）	202.89	245.47	20.99
应交税金总额（亿元）	92.1	109.74	19.15
全员劳动生产率（万元/人·年）	28.65	31.17	7.26
净资产收益率（%）	11.23	11.88	增加0.65个百分点
总资产报酬率（%）	6.59	6.74	增加0.15个百分点
国有资本保值增值率（%）	113.24	105.91	减少7.33个百分点

2016年，国药集团国有资本保值增值率为105.91%；较2015年下降7.33个百分点，一是2016年国药集团实施化药板块整合，集团企业对外部小股东持有的股权进行较大规模的收购。根据《企业会计准则》规定，国药集团在合并财务报表层面冲减期末资本公积10.90亿元。二是为确保完成利润总额保增长任务，国药集团2016年处置部分股票，导致期末

留存股票数量减少。根据《企业会计准则》规定，国药集团可供出售金融资产公允价值变动损益2016年较2015年减少15.91亿元，剔除税后股票处置收益影响后，净减少12.99亿元。

【改革发展】 2016年，国药集团深入推进两项改革试点的落地实施工作，围绕改革过程中的重点、难点问题，开展调查研究，总结实践经验，提出有效对策。混改试点企业中长期激励方案几经讨论和修订，获得国资委正式批复，开始实施。围绕进一步完善集团法人治理体系，组织修订公司章程，党组织在公司治理结构中的法定地位进一步明确和巩固。落实董事会职权试点向子公司延伸，开展与上市公司董监事交流，着重研究适合混合所有制条件下国有控股股东对不同所有制结构的公司治理和管控模式。随着二级子公司高管人员绩效与薪酬分类管理有关制度的实施，做实子公司董事会取得实质性进展。

【重大项目】 按照董事会战略部署，国药集团顺利完成化药工业平台"新现代"重组整合，提高集团化药板块产业集中度。国药现代拥有全资或控股子公司28家，营业收入超过100亿元，利润总额超过10亿元，化药工业平台在资产规模、营业收入、产品布局等方面居于行业领先水平。

为加快解决中生股份与北京天坛生物制品股份有限公司同业竞争的步伐，天坛公司新设全资子公司北京北生研生物制品有限公司，并将天坛公司的疫苗业务相关资产剥离至新公司，初步完成血液制品和疫苗业务的分离，天坛公司将成为国药中生血液制品专业生产经营平台。

【走向海外】 国药集团持续推进国际经营一体化平台建设，2016年自主工业产品出口3.38亿美元，同比增长19.86%，占出口总额比重提高10.7个百分点。集团自主产品已完成海外注册351个，国药致君的头孢类口服固体制剂二车间片剂通过西班牙药品管理局现场检查，国药威奇达的克拉维酸钾、克拉维酸钾微晶纤维素(1∶1)、克拉维酸钾二氧化硅(1∶1)获得欧盟CEP证书，国药现代的原料药伏格列波糖通过日本PMDA认证检查。国药中生携手国药国际，共同拓展国际市场，疫苗、血液制品、肉毒毒素等产品实现出口3150万美元，同比增长39.36%，同时开拓印尼和菲律宾2个乙脑疫苗新市场。国瑞药业与国药国际合作，成功打开乌兹别克斯坦终端销售市场，产品覆盖该国首都塔什干80%的零售药房。2016年，越南VCP利润总额突破1000万元，同比增长44%。

【重大创新】 2016年，集团科技研发支出总额19.29亿元，同比增长19.13%，获得生产批件5个，申报生产批件6个，获得临床批件69个，申请各类专利250项，获批立项60项。集团主持或参与制定国家标准9项、行业标准30项。

新产品研发及产业化进程加速，重大重点项目进展顺利。国药中生研发的EV71型灭活疫苗获得国家一类新药证书、生产批件和GMP证书，口服Ⅰ型Ⅲ型脊髓灰质炎减毒活疫苗在亦庄基地成功转产；国药中生的新型四价宫颈癌疫苗进入Ⅰ期临床，13价肺炎疫苗进入Ⅱ期临床，灭活脊髓灰质炎疫苗完成Ⅲ期临床；国药医工总院一类新药(007项目)、国药中生甲型H7N9流感疫苗获得临床批件；国药中生CD20单抗药物、国药一心子宫内膜癌一类药物申报临床，国药医工总院治疗糖尿病一类新药完成临床前研究。

【党建工作】 国药集团认真贯彻落实国资委党委决策部署，坚持党要管党、从严治党，以开展"两学一做"学习教育为契机，以党建工作标准化规范化为引领，以"提高党员素质，加强基层组织"为目标，以"夯实基础、强化管理、教育引导"为手段，狠抓党建工作和党员队伍素质，有效提高各级党组织的创造力、凝聚力、战斗力。

完善党建工作体制机制，充分发挥企业党组织政治核心作用。一是党组织积极参与重大问题决策。坚持把党委研究讨论作为董事会、经营层重大事项决策的前置程序，制定集团党委参与"三重一大"决策的规定。2016年，集团召开13次党委会，涉及重大经营决策问题10项，召开书记会议7次，酝酿研究选人用人问题。各子公司党委也结合实际，分别制定参与重大问题决策的办法，为发挥党委政治核心作用提供制度保障。二是不断完善党的基层组织建设。通过委派、挂职、联合建立等形式，着力解决基层党组织"应建未建"和"应换未换"问题，为发挥党组织和党员的

“三个作用”夯实组织基础。2016 年,新建 42 个党支部,17 个党委完成“两委”换届。三是创新基层党建工作管理。深入推进混合所有制企业党的建设,探索建立适应国情、企情的党建工作管理模式,注重选拔懂经营管理、善做思想政治工作的干部担任党组织负责人,加强基层党建工作力量。

强化“两个责任”落实,党风廉政建设不断深化。集团党委通过召开反腐倡廉工作视频会议、层层签订党风廉政建设工作责任书、开展党风廉政考核评价、落实任前及重要岗位调整交流谈话制度等举措,认真抓好中央和国资委反腐倡廉工作精神的贯彻落实。集团纪委坚持把握运用“四种形态”和“三个区分开来”的重要思想,坚持惩戒与教育并重,用纪律管住大多数。认真开展“四风”问题整治情况“回头看”工作。集团党委组成 10 个督导检查组,由领导班子成员任组长,对各子公司“回头看”工作开展情况进行督导检查。

坚持党管干部原则,持续推进人才强企战略。一是加强领导班子建设,把着力点放在思想、作风和能力建设上,通过组织学习、定期约谈、集体谈心等方式,加强和改进作风建设;通过压任务、挑重担的方式,不断提升经营管理水平。二是加大领导干部培养力度。举办首期中央党校国药党政领导干部培训班、工会干部培训班培训班,积极推动轮岗交流,提升各级领导干部的综合素质。2016 年,选派 15 名优秀干部赴贫困、边远地区和急需岗位挂职锻炼。三是优化选人用人工作机制。坚持习近平总书记提出的“20 字”要求,在选拔、培养、任用和调整的过程中,严格标准、严格程序、严格把关。通过健全干部管理制度、完善绩效与薪酬管理办法等措施,推动子公司高管人员管理改革,初步实现党管干部原则与市场化选人用人机制的有机结合。

积极营造和谐稳定氛围,增强员工的归属感、向心力和战斗力。一是加强思想政治工作。开展形势任务教育,及时学习传达中央、国资委和集团党委的重大决策部署,宣贯企业“十三五”规划,统一党员和职工群众的思想和行动。二是加强文化宣传工作。各级党组织通过传统媒体和新媒体,传递企业与员工的正能量,自觉把企业文化建设纳入企业发展战略,作为一项战略性工程推进落实。三是积极开展群团活动。坚持对工会、共青团等群团组织的领导,积极做好离退老干部服务保障工作,切实为职工解难事、办实事,维护企业改革发展稳定。

【信息化建设】 国药集团积极响应国家“互联网+”行动号召,持续推进信息化建设,利用新 IT 推动各级公司打造新的业务模式和创新模式,带动企业转型升级并重塑医药产业生态链。2016 年,国药集团完成集团“十三五”信息化规划制定工作,进一步形成集团统一的信息化规划框架,明确“十三五”信息化目标和主要任务,制定信息化保障措施,从信息化层面推动集团规划战略落地;国药集团完成集团主数据系统升级和运维工作,为各级公司主营业务一体化、管控一体化以及未来集团医药行业大数据分析打下基础;集团各级公司持续优化主营业务系统,支持保障主营业务合规运营和模式创新,尤其是国药物流云服务平台实现多仓运营和创新服务的新模式;集团信息安全工作进一步加强,每月定期发布信息安全动态,借助集团信息安全通报机制,提升总部及各子公司信息安全工作防护意识,确保全集团 2016 年没有重大信息安全事故发生;此外在集团信息共享方面,包括集团邮件、国药互连移动平台等方面的优化推广应用工作顺利完成。目前信息化已经成为集团战略发展、管理提升、一体化运营、服务创新,增强核心竞争力不可或缺的重要部分。

【履行社会责任】 国药集团认真贯彻落实《关于中央企业履行社会责任的指导意见》,始终秉承“诚信经营、健康安全、以人为本、绿色发展”的责任理念,履行社会责任。

1. 安全生产方面。

着力强化危险源预控和隐患防控双控治理体系,排查安全隐患 3651 项,隐患整改完成率 94.3%。

2. 节能减排方面。

着力强化环保合规专项整治,问题整改完成率 98.2%。国药集团 2016 年万元增加值综合能耗(可比价)0.1475 吨标准煤/万元,同比降低 3.09%;SO_2 累计排放量 1091.47 吨,同比降低 14.01%;COD 累计排放量 398.02 吨,同比降低 14.79%;氨氮累计排放量 95.03 吨,同比降低 11.49%;氮氧化物累计排放量

704.01吨,同比降低8.88%。

3. 质量管理方面。

着力强化质量风险防控和质量提升工作,全年应对各级各类跟踪检查和专项检查241次,64个品规开展质量和疗效一致性评价工作,完成工艺改进11项,完成质量标准提升30项。

(撰稿人:王英伟)

中国保利集团公司

【基本概况】 中国保利集团公司(以下简称"保利集团")于1992年经国务院、中央军委批准组建,1993年2月在国家工商管理总局注册成立。1999年3月,保利集团由军队划归中央大型企业工作委员会领导管理,成为国有重要骨干企业。2003年,由国务院国有资产监督管理委员会履行出资人职责。2010年,中国新时代控股(集团)公司涉军业务并入保利集团。2016年,中国航空工业集团公司地产业务并入保利集团。截至2016年底,保利集团形成以国际贸易、房地产开发、文化艺术经营、民用爆炸物品产销及相关服务为主业的多元发展格局。

集团旗下拥有保利置业(HK0119)、保利文化(HK3636)两家境外上市公司和保利地产(SH600048)、久联发展(SZ002037)两家境内上市公司。

【主要指标】 2016年,保利集团实现营业收入2093.2亿元,同比增长24.9%;利润总额246.45亿元,同比增长9.9%;净利润168.6亿元,同比增长11.0%。2016年底,集团总资产6647.71亿元,同比增长11.9%;净资产1575.6亿元,同比增长14.9%。

2016年中国保利集团公司

主要经济指标

项　目	2015年	2016年	比上年增长(%)
资产总额(亿元)	5938.75	6647.71	11.9
所有者权益(亿元)	1370.80	1575.61	14.9
营业收入(亿元)	1676.38	2093.20	24.9
利润总额(亿元)	224.26	246.45	9.9
净利润(亿元)	151.91	168.60	11.0
归属于母公司所有者的净利润(亿元)	52.76	49.43	-6.3
技术开发投入(亿元)	0.42	0.30	-28.6
利税总额(亿元)	495.75	542.87	9.5
应交税金总额(亿元)	227.44	305.17	34.2
全员劳动生产率(万元/人·年)	62.14	71.44	15.0
净资产收益率(%)	11.27	9.67	减少1.60个百分点
总资产报酬率(%)	4.66	4.60	减少0.06个百分点
国有资本保值增值率(%)	111.02	109.37	减少1.65个百分点

【改革发展】 2016年7月,国资委将保利集团列为第二批国有资本投资公司试点。保利集团立即成立试点工作机构和方案编写小组;认真学习有关政策文件,组织人员赴有关企业学习交流,并主动与国资委相关司局沟通汇报,准确把握试点工作要求;多次召开各类专题会议,研究改革重点工作;组织试点工作研讨会,对方案进行修订完善。经过不懈努力,最终完成《保利集团改组国有资本投资公司方案》。方案提出集团试点工作目标和发展战略,明确重点工作任务及需要国资委给予的授权,为深入推进试点工作绘制蓝图。根据试点方案,集团公司重点强化融资、投资和风险管控三大核心职能,并据此完成总部机构改革和干部人事调整,为深入推进试点工作奠定基础,积极推动下属公司开展三项制度改革试点。

2016年初,保利集团组织召开改革创新、提质增效专题研讨会,深入讨论集团发展改革形势与任务,研究制定《保利集团2016年度改革创新、提质增效工作方案》,年中又结合任务落实情况对方案修订完善。

方案涉及16项重点改革任务，包括落实国有资本投资公司试点、并购重组、业务整合、特困及“僵尸企业”处置等方面。在发展改革领导小组、督导小组和工作小组的支持关心下，各职能部门和各子公司积极推动，各项任务基本完成，发展改革工作取得预期成效。

【重大项目】 一是积极开展外部整合。集团公司加强央企产业合作，成功整合中航工业集团地产业务，完成收购资产420亿元，为继续参与央企整合作出示范。二是充分利用资本市场直接融资。顺利完成保利地产90亿元定向增发，全年发行低利率债券、中期票据、短期融资券等142亿元，大幅优化企业债务结构。其中保利地产第二期债券利率2.96%，创行业同类企业新低。三是积极做好煤炭过剩产能化解工作。按照国家有关要求，能源公司完成去化煤炭产能45万吨。四是认真开展地产业务库存去化工作。房地产板块全年“两金”存量压降1379.2亿元，压降比例达到36.5%，“两金”余额增速较收入增速低25个百分点，圆满完成国资委“两金”压降任务。五是去杠杆工作成效显著。保利集团把去杠杆、降负债作为硬任务，将资产负债率纳入子公司经营业绩考核指标体系；动态监测下属企业对外融资事项，严控有息负债规模。各板块严格按照集团公司要求，控制投资规模，把握投资节奏，从源头上控制投资及负债。截至2016年底，集团资产负债率76.04%，比2015年降低0.88个百分点，有息负债1905.5亿元，较年初下降5.3%。六是资金管理水平持续提升。截至2016年底，集团债券融资406.9亿元，直接融资比例由年初的16.1%上升至21.4%。集团2016年有息负债平均成本5.67%，较年初下降0.61个百分点，全年利息支出由2015年的130亿元下降至2016年的113亿元。七是低效无效资产清理取得实效。集团公司按照国资委有关核定标准和工作要求，扎实开展专项调研，筛选出26家“僵尸企业”，19家困难企业，并制定专项工作方案。26家“僵尸企业”中，完成工商注销2家，资产清理9家，人员分流11家。19家困难企业中，实现增盈4家，扭亏为盈5家，减亏6家。八是压减工作知难而进。加强压减工作组织领导，制定专项工作方案，明确将压减成果纳入子公司总经理绩效考核，加强压减工作执行力；开展压减工作专项调研，强化任务督导，并协调解决子公司实际困难。截至2016年底，压减法人企业59户，完成国资委年度工作要求。九是人力资源管理显著加强。加大干部交流力度，出台交流制度和保障措施，实现总部与子公司、子公司之间较大范围的干部交流。全年考察干部90人次，调整中层以上干部128人次，领导班子结构更加优化合理。首次开展工程系列高级职称评审，34人获得高级工程师任职资格。举办集团中高级管理干部培训班，各企业开展形式多样、卓有成效的教育培训。

【走向海外】 保利集团积极加强国际交流合作，借助国家领导人出访等国际重大活动推广集团业务，为国际化经营创造良好条件。保利国际深耕亚非拉传统区域，大力拓展中东欧、俄罗斯等市场，海外工程业务在坦桑、俄罗斯、埃塞、赞比亚等国均有重大突破。保利地产设立海外总公司，形成海外业务管理规范与项目运营监督机制；整合澳洲平台公司，新落地项目4个，澳洲市场初具规模，全年销售签约17亿元；洛杉矶项目通过投资审查，预计2017年初开工。保利置业香港业务进展顺利，屯门项目顺利开工。文化公司加快北美公司实质运营，组织爱乐乐团温哥华首演，开设北美艺术馆并成功首展，澳门拍卖运作首年效益良好。

【重大创新】 保利地产发布第五代全生命周期居住系统，芯智慧社区云平台上线，开业“若比邻”36家、“和熹会”2家、“和乐少年宫”3家、“熊猫仓”32个，社区消费服务布局初具规模。文化公司保利WeDo童声合唱团、室内乐团、音乐团、管乐团运作良好，北京、南京等分校进入实操阶段。保利集团选送8个项目参加央企熠星创新大赛，全部进入复赛，其中“瑞云悦家”“3D打印云平台”项目进入决赛。保利久联获得国家科技进步奖1项、省部级科技进步奖十余项。

【党建工作】 一是认真学习贯彻六中全会和全国国企党建会议精神，进一步强化全面从严治党责任。认真组织传达学习，切实统一党委“一班人”的思想；迅速作出工作部署，确保全面深入领会精神实质；强化督促检查，把从严管党治党责任落细落实。二是紧贴企业改革发展实际，认真开展“两学一做”学习教育。从严从实抓，把学习教育谋深谋细谋实；真心实意学，在学习教育中坚定理想信念；脚踏实地做，在集团改革发展的主战场彰显党性。坚决服从大局，敢于堵私欲的枪眼。三是强化核心作用和战略引领，推动集团改革取得新突破。进一步完善党委发挥作用的体制机制；进一步强化发展改革战略引领；推动发展改革各项任务落地。四是坚持国有企业好干部标准，建设高素质干部队伍、人才队伍。加大选贤任能力度；从严监督管理干部；加强干部教育培训工作。五是夯实基层基础，切实增强党组织凝聚力战斗力。严格组织纪律，按期开展换届选举；增强规矩意识，从严规范党员管理；创新方式方法，提升基层党建工作水平。

【信息化建设】 保利集团稳步提升信息化水平，完成集团网站群建设，实现集团公司网站和"保利风采"的成功改版，完成集中报表系统升级改造、安全等级保护测评及加固整改一期和办公区 WIFI 部署等项目，在集团系统大力推行 OA 系统无纸化办公，全面提升办公效率，各项系统及网络安全稳定运行，年内未发生重大信息系统故障。

【履行社会责任】 保利集团秉持"保其国、利其民"的优良精神，充分发挥企业自身在文化、地产、贸易等方面的优势，积极承担责任、用心回馈社会，将自身发展成果与业主、社区共享，不断探索新型责任企业建设。2016 年，保利集团对外捐赠总额 631 万元。保利集团大力宣传保利爱心基金，拓宽爱心基金的覆盖面，2016 年，员工自发捐款爱心基金 184.7 万元，资助困难职工 164 人、困难职工子女 61 人，救助患大病职工 37 人；保利集团鼓励、引导青年职工参与各类志愿者活动，致力于参加扶老助困、保护环境、奉献爱心等给社会带来"正能量"的公益慈善活动，让保利职工成为志愿服务精神的传播者和雷锋精神的践行者；保利志愿者始终关注弱势群体权益，关爱孤老幼小，定期组织职工探访、慰问，不断促进社会和谐发展。

2016 年，保利地产和基金启动"梦想艺术课堂"公益扶贫活动。和基金调动资源开展扶助，通过参与援建教室、设置艺术课堂、组织学生关注和解决贫困地区艺术教育资源匮乏问题，开启、实现孩子们的艺术想象。公司已落实或正在落实受捐学校 10 座，与芒果微基金共建项目 5 个。

（撰稿人：盛　名）

中国建筑设计研究院

【基本概况】 2016 年，中国建筑设计研究院（以下简称"建筑设计集团"或"集团"）牢固树立发展新理念，以提高质量和效益为中心，攻坚克难，扎实苦干，实现"十三五"的完美开局，各项经济指标均创历史新高，保持行业领袖地位。作为中华文化的重要传承者，集团承担的良渚申遗项目，得到习近平主席亲笔批示。成功完成《故宫保护总体规划》；中标的南昌汉代海昏侯国考古遗址规划项目，是迄今为止面积最大、保存最好、内涵最丰富的汉代侯国聚落遗址，对研究西汉历史具有重大意义。作为落实国家战略的重要支撑者，集团紧跟"一带一路"国家战略，在沿线 42 个国家实现业务开拓，占沿线 65 个国家的 65%；助力京津冀协同发展和长江经济带建设。作为行业转型升级的重要推动者，集团积极引领装配式建筑产业发展，为国务院出台《关于大力发展装配式建筑的指导意见》提供重要技术支撑。作为行业科技创新的重要引领者，集团着力创新驱动发展，自主研发的城市建设数字信息技术应用平台（C—BIM）达到国际先进水平，设计项目获得国际奖项 17 项。李兴钢、范重 2 人当选全国工程勘察设计大师，高端人才保有量稳居行业前列。

【主要指标】 2016 年，建筑设计集团主要经济指标再创历史新高。其中，新签合同 96.54 亿元，同比增长 7.06%；营业收入 68.76 亿元，同比增长 6.15%；实现利润 4.61 亿元，同比增长 6.25%；资产总额首次突破 100 亿元，各项经济指标均创历史新高，保持行业领袖地位。

2016 年中国建筑设计研究院主要经济指标

项　目	2015 年	2016 年	比上年增长（%）
资产总额（亿元）	94.79	102.49	8.13
所有者权益（亿元）	36.55	39.77	8.81

续表

项　目	2015 年	2016 年	比上年增长(%)
营业收入(亿元)	64.78	68.76	6.15
利润总额(亿元)	4.34	4.61	6.25
净利润(亿元)	3.21	3.20	－0.24
归属于母公司所有者的净利润(亿元)	2.75	2.73	－0.70
技术开发投入(亿元)	2.98	3.06	2.59
利税总额(亿元)	7.06	7.46	5.67
应交税金总额(亿元)	6.05	6.62	9.34
全员劳动生产率(万元/人·年)	30.98	33.28	7.42
净资产收益率(%)	9.04	8.38	减少 0.66 个百分点
总资产报酬率(%)	4.90	4.94	增加 0.04 个百分点
国有资本保值增值率(%)	106.68	109.19	增加 2.51 个百分点

注:2015 年数据为 2015 年财务决算数据。

【改革发展】 建立现代企业制度是国有企业改革的方向,公司治理结构是现代企业制度的核心。按照“三会一层”制度要求,集团各治理主体坚持“到位不缺位、定位不越位”,各司其职、有效制衡、协调运转。股东大会决策公司重大事项;董事会及各专门委员会,认真履行职责,维护企业利益,发挥好外部董事和内部董事的组合优势,聚焦议大事、把方向、促发展、控风险,发挥决策中心和推动主体的作用,获得国资委“运行良好”的评价;监事会从单纯监督向监督与服务并举转变,在监督中体现服务、在服务中促进监督,从常规检查向重点检查转变,强化出资人监督效果;高管层强化执行力,确保决策决议有效落地,不断提升统筹驾驭能力、改革创新能力、组织协调能力、风险管控能力,优质高效地完成各项任务。

【重大项目】 2016 年,建筑设计集团针对外部不利形势,采取有力措施积极应对,成功构建起企业发展的新态势。

“技术＋资本”战略取得实质性突破。依托全专业的技术优势,通过投资公司平台把资本投向直接与主业相关的海绵城市、地下综合管廊等国家重要建设领域,成功中标玉溪市大河上游汇水分区海绵城市和红塔大道综合管廊两个 PPP 项目,有望实现集团盈利模式的新突破。“技术＋资本”战略的实施,明显拉动主业发展,通过投资切入,以海绵城市、综合管廊第二批试点城市申报为契机,带动集团业务进入玉溪、黄山、西宁等 8 个城市。

开拓新兴领域,在增量中求发展。各企业把争取大客户大项目、深耕区域市场作为保增长的重要手段,狠抓市场开拓。中国院以高质量的服务开拓客户资源,积极抢占京津冀战略高地,承担冬奥会、世园会、北京城市副中心等多个国家重大项目的设计任务,为打造未来十年的主场优势取得有利站位。标准院将 BIM 技术首次成功应用于轨道交通建设领域,承接合肥地铁 3 号线项目,是集团最大的单笔 BIM 咨询合同。华森公司深耕广东自贸区,连续中标多个项目。中森公司进一步巩固上海装配式建筑市场领军地位,在新推出的 33 块住宅用地中获得 8 块,占比达到 1/4。城建院以御河项目为切入,与开封市深度合作十余年,承揽开封古城大宋风情景观游览水系的全部建设工程。

【走向海外】 2016 年,建筑设计集团紧跟“一带一路”国家战略,致力于“建设具有国际影响力的设计企业”,深入实施国际化战略,以 CPG 为支点,通过开放合作扩大发展空间。

践行央企责任,服务国家战略。标准院承接的柬埔寨王家军陆军学院,是习近平主席亲笔批示的重要项目;中国院承接印度哈里亚纳邦 12 平方千米的万达产业新城概念规划项目,并将华北院、CPG 成功带入。城建院在非洲、大洋洲、亚洲、欧洲和拉丁美洲的 15 个国家承接 17 个援外项目。

发挥区位优势,扩大国际影响。CPG 在世界 25 个国家拥有项目经验、在 7 个国家设有分支机构;在全球完成 40 多个机场项目、80 多个医疗项目、300 多个教育项目。其优越的地理位置、丰富的国际化运营经验、市场资源以及品牌影响力,有力推进集团国际化战略的实施。

进军发达国家，破冰一线市场。集团设计业务首次进入美国市场，华森公司成功签约美国加州阳光集团旧金山湾区住宅项目。CPG以投资为切入首次进入日本市场。

【重大创新】 2016年，建筑设计集团把科技创新摆在推进企业发展的核心位置，巩固优势领域、拓展新兴领域，驱动企业转型升级。健全“以国家课题为引领、以集团科技基金项目为支撑、以所属企业自主研发为主体”的三级科研体系，为提升集团整体科技研发水平提供保障。科研平台建设取得积极进展，华北院“城市燃气热力研究院”获批天津市企业重点实验室，城建院自主创建的三河燕郊科研创新基地投入运行。2016年，完成“十二五”国家课题19项；设计项目获得省部级以上奖励95项；科研成果获得省部级以上奖励10项；专利52项(其中发明专利15项)；软件著作权3项。

集团是“全面装配式”理念的引领者和倡导者，整体研发水平处于行业前沿。受邀参与国家《关于大力发展装配式建筑的指导意见》讨论，并列席国务院常务会议。标准院承担装配式建筑4项标准规范中最重要的2项，为落实《指导意见》提供基础依据。集团以“1+4”模式，整合中国院、标准院、中森公司、华森公司四家企业在装配式建筑领域的优势资源，形成“技术体系最全、编制标准最多、工程总量最大、分布地域最广、领军人才最多”的独特优势，成功申请首批“国家装配式建筑产业基地”，是5家获批企业中唯一的科研设计企业。集团迄今完成110多项、1500余万平方米的装配式建筑设计，工程总量位居行业第一。标准院承接的实创青棠湾项目，是北京在建的最大的装配式公租房，北京市委书记蔡奇亲临该项目调研，并给予高度评价。中森公司承担上海市装配式建筑8个示范项目中的4个，占据半壁江山；中国院完成全国首个超低能耗被动式装配式建筑，填补该技术领域的空白。

在BIM技术领域，集团始终走在行业前端。中国院自主开发的C—BIM云平台，以“互联网+”的形式实现整个产业链上所有业态的一次性集成，成功应用于北京城市副中心6平方千米核心区内所有项目的建设、运维和管理，迈出业态模式变革的关键一步。华森公司将BIM技术应用于通讯基站、机房建设，得到以技术创新著称的华为公司认可，助力其开拓海外市场。在市政工程领域，华北院承接的天津东郊污水处理厂及再生水厂迁建工程，是亚洲规模最大的地下污水处理厂，为典型的高标准排放、高规格建设的大型污水处理厂标杆工程。城建院承接的北京朝阳清洁焚烧中心，是住建部《生活垃圾清洁焚烧导则》示范项目，排放标准与实测值全面超过欧盟标准。

【党建工作】 2016年，建筑设计集团贯彻落实全面从严治党要求，认真学习贯彻党的十八届六中全会和全国国有企业党的建设工作会议精神，始终坚持融入中心、服务大局，为企业改革发展保驾护航。

加强组织领导，全方位接受巡视。集团党委高度重视、周密部署、积极配合，巡视前严肃认真开展自查自纠，盯住问题严抓整改，巩固深化查纠成果，推动各项准备工作落实到位；巡视中闻风而动，立行立改，边巡边改，针对巡视组指出的问题，第一时间剖析原因，第一时间研究措施，第一时间整改落实，受到巡视组充分肯定；巡视整改中，认真制定整改方案和整改台账，列出三个清单：即问题清单、任务清单、责任清单，层层抓落实，件件有着落，确保整改工作有进度、有实效、有成果。集团党建工作得到巡视组的充分肯定，给予高度评价：经营业绩持续增长、改革转型实现跨越、行业地位巩固领先、业内优秀人才集聚、党建责任有效落实。

健全制度机制，成体系落实责任。着眼加强党的领导与完善公司治理有机统一，将党建工作的总体要求写入企业章程，研究制定《党委研究决策重大事项议事规则》，进一步健全党建工作领导体制和工作机制。以党建责任制为抓手，层层签订《党建工作目标责任书》。研究制定《领导班子成员落实“一岗双责”实施办法(暂行)》。充分发挥党建考核指挥棒作用，改进考核评价办法，加强考核结果运用，全面推开党组织书记述职评议考核工作，进一步完善“抓书记、书记抓，抓班子、班子抓”的党建工作新格局，从严治党责任得到有效落实。

强化基层基础，全系统推进提升。在具备条件的分支机构全部建立党组织，实现党建工作“四同时，全覆盖”；健全所属企业党务工作机构，配齐配强党务工作人员，采取党建研讨交流会、现场观摩会等多种形式，加强党务干部培训；认真开展“两学一做”学习教育，成效明显。进一步加强党员队伍教育管理，规范党内政治生活，积极稳妥推进“四个专项检查”，圆满完成各项重点任务，党建工作迈上新台阶，推动全面从严治党要求得到有效落实。集团所属10家二级企业党组织中，华北院被中共中央授予“全国先进基层党组织”荣誉称号，是仅有的4家央企之一，信息院被国资委授予“中央企业先进基层党组织”荣誉称号。

落实监督责任，零容忍执纪问责。集团纪委严格监督各级党组织落实主体责任，特别是强化对“关键少数”“一把手”的监督。全面开展“三重一大”决策制度专项检查，进一步完善党风廉政建设制度体系，新制定修订《关于建立党风廉政建设约谈制度的规定》等制度。严格落实中央八项规定精神，持续反对“四风”，全集团历时两个月开展“四风”回头看工作，紧盯节假日开展监督检查，落实重大节日“七查三报”。抓好廉洁警示教育，全年开展各个层次集中党纪党规及警示教育活动，做到常提醒、常敲打。进一步加强廉洁风险排查防控，逐项制定防控措施，明确责任部门。零容忍执纪问责，对违纪问题发现一起，处理一起，决不姑息，坚决维护党纪党规的严肃性、威慑性。

（撰稿人：蒋　捷）

中国冶金地质总局

【基本概况】 2016年，中国冶金地质总局（以下简称“总局”）认真贯彻落实中央和国务院国资委各项决策部署，积极适应经济发展新常态，切实加强和改进党的建设，振奋精神、真抓实干，实现经济效益恢复性增长目标和“十三五”良好开局，各项工作都取得积极成效。

地质勘查成果突出。2016年，中国冶金地质总局承担中国地质调查局部署的二级项目2项，批复总经费为5425万元。完成主要实物工作量：1∶5万区域地质调查1315平方千米，完成率167.73%；1∶5万矿产地质测量9119平方千米，完成率100.25%；1∶5万水系沉积物测量8679平方千米，完成率94%；1∶5万遥感解译14819平方千米，完成率105.9%。两个二级项目的实施，缓解国家资源紧缺瓶颈。推动“358”找矿突破战略行动目标的实现，带动地方矿业经济的健康全面发展，尤其对保持边疆地区的团结与稳定发挥重要的作用。

矿业开发平稳推进。已投产矿山达产稳产：巴依金矿生产黄金555.105千克；金鼎铁矿生产铁矿石218万吨；塔吾尔别克金矿生产黄金85.53千克。在建项目积极推进：金坝金矿完成矿山、选厂建设，试车投产；花脑特银多金属矿按计划推进主风井掘砌和采矿权证办理；桑金布拉克黄（红）矿完成采矿权人变更和临时用地手续，托特科协5号豹皮矿完成勘探报告评审，正在办理采矿权证；水井山饰面用大理石矿推进办理采矿证、矿山建设规划和土地征用手续。

【主要指标】 2016年，总局实现收入174.02亿元，同比有所降低；实现利润总额6.08亿元，剔除资产处置和处理历史遗留问题后，利润总额同比增长7.26%；实现经济增加值3.10亿元；年末资产总额195.07亿元，同比增长6.51%；国有资本保值增值率108.42%，接近行业优秀水平；成本费用总额占营业收入比重97.02%，同比改善0.23个百分点，好于行业平均水平；国家地质调查项目设计质量得分88分，处于行业优秀水平，全面完成国资委考核指标。

2016年中国冶金地质总局主要经济指标

项　目	2015年	2016年	比上年增长(%)
资产总额(亿元)	183.14	195.07	6.51
所有者权益(亿元)	65.47	71.38	9.03
营业收入(亿元)	176.25	174.02	-1.27
利润总额(亿元)	8.12	6.08	-25.12
净利润(亿元)	6.17	5.39	-12.64

续表

项　目	2015 年	2016 年	比上年增长（%）
归属于母公司所有者的净利润（亿元）	5.75	5.17	－10.09
应交税金总额（亿元）	4.82	3.37	－1.45
全员劳动生产率（万元/人·年）	14.55	15.59	7.15
净资产收益率（%）	9.98	8.18	减少 1.8 个百分点
总资产报酬率（%）	5.55	4.04	减少 1.51 个百分点
国有资本保值增值率（%）	110.79	108.42	减少 2.37 个百分点

【改革发展】 产权管理。积极运用产权管理综合手段，按照做强做优做大国有企业的目标，立足冶金地质保增长，以国家推进供给侧结构性改革为契机，实施更加精准的结构调整和资本运作，全面贯彻落实“瘦身健体”“提质增效”决策部署，压控“两金”清理微利亏损企业，推进“三去一降一补”举措，推动增资扩股及改制工作，充分利用产权交易等市场平台，进一步优化资源配置，健全产权管理工作体系，强化产权基础管理，切实防范国有资产流失风险，确保改制重组、产权流转、投资合作、资产处置等工作顺利进行。

人事管理。加快建立适应现代企业制度要求和市场竞争需要的选人用人机制，解决能上不能下、能进不能出的问题。同时开展试点有关单位负责人市场化选聘，推进有条件的单位试行职业经理人制度。突出岗位价值，人尽其才，继续打通职工晋升通道，激发企业内生发展动力与活力。推进事业单位养老保险制度改革，做好事业单位人员社保衔接工作。

薪酬考核。根据国资委新修订的《中央企业负责人经营业绩考核办法》，进一步完善总局《授权经营业绩考核办法》，在总局内部区分不同板块、业务性质，推行适应改革发展要求的工资总额分类管理。选择试点企业试行员工持股，做好股权和分红激励工作，解决大锅饭、能增不能减的问题。从过去增量调整为主转向存量调整与做优增量并重，科学配置传统产业和新兴产业的收入分配资源，加大力度调整不合理、低效的收入分配结构，将有限的收入分配资源增量更多地投向经济结构调整的主攻方向。

【重大项目】 重大决策。总局和总局党委认真贯彻国资委党委《关于进一步推进国有企业贯彻落实“三重一大”决策制度的意见》，认真执行《总局“三重一大”事项决策管理暂行办法》，对于事关总局改革、发展、稳定，涉及重大决策、重要人事任免、重大项目安排、大额度资金运作等事项，严格履行“三重一大”决策程序，做好信息收集、立项调研、酝酿论证、集体决定、组织实施等各环节工作，保证整个决策流程规范、有序和可控。坚持把“三重一大”决策监督列为经营管理监督和风险控制的重要内容，保证决策实施到位和有效执行。

对外投资。2016 年，总局新增对外投资项目 1 项：所属物勘院控股子公司北方金科能源勘探公司在香港成立全资子公司，注册资本 100 万美元，公司主要开展地球物理勘查，能源勘查、开发及服务，对外项目承包，进出口贸等业务。北方金科勘探公司在埃塞俄比亚、巴基斯坦、玻利维亚等国家均有一定规模的地震勘探业务。

【走向海外】 截至 2016 年底，总局有境外子企业 8 家，其中亚洲 4 家，美洲 1 家，非洲 2 家，澳大利亚 1 家。8 家境外企业中，6 家从事第一产业，2 家从事第二产业。有境外项目 30 个，境外资产总计 26657.1 万元，实现收入 14285.43 万元。2016 年，境外资产总计占总局资产总额的 1.37%，境外收入占总局营业收入总额的 0.82%。

【重大创新】 2016 年，总局科技投入 17702 万元，开展科技创新项目 161 项。主持制定行业技术标准 3 项，获得授权专利 46 项，获得软件著作权 68 项。其中，“山西省灵丘县支家地铅锌银矿接替资源勘查”项目获得国土资源科学技术奖二等奖。“山东省莱芜市张家洼矿区深部及外围铁矿普查”项目获得 2016 年山东省国土资源科学技术奖的二等奖。“山东省东阿县张庄地区铁矿预查”等 5 个项目获得 2016 年山东省国土资源科学技术奖的三等奖。“正元瑞思地质与矿产监督管理系统”“正元瑞思矿山安全综合监测监控系统”被山东省软件行业协会评定为“优秀软件产品”。“济南市国土资源局历城分局档案建库及国土资源一点通管理系统”“潍坊市国土资源业务网和视频会商系统建设”两个项目分别获得山东省国土资源“十二五”信息化应用成果奖二等奖和三等奖。“Φ700～1600mm 复合材料消音金刚石锯片基体”获得2016全国石材行业技术革新奖二等奖、2016年度宜昌市科技进步一等奖。“新型超薄组合锯片基体及增强切割刚性结构”和“高耐磨度薄型剁切刀片的研究与开发”两个项目列入湖北省科技成果，主要技术性能指标均达到国际先进水平。“地下掘进工程泥浆立体空间集成净化技术与装备”获得湖北省技术发明二等奖。“基于多源时空信息的‘智慧国土’的建设与应用”项目获得2016年中国地理信息产业科技进步奖三等奖。

【党建工作】

1. 党的建设。

总局党委深入贯彻落实中央各次重要会议精神，认真贯彻执行党中央和国资委党委部署要求，充分发挥党组织的领导核心和政治核心作用，着力完善党组织参与重大问题决策的机制，积极拓宽渠道不断推进重大事项的民主决策。扎实开展“两学一做”学习教育，认真开展创建“四强”党组织工作，持续发力扎实推进基层党组织建设和党员队伍建设。不断强化思想理论武装，持续开展学习型党组织建设，不断加强新闻宣传舆论引导工作，强化精神文明建设。

2. 反腐倡廉。

总局纪委深入学习贯彻习近平总书记系列重要讲话精神，认真履行党章赋予的职责，认真落实全面从严治党政治责任，持之以恒落实中央八项规定精神和反“四风”要求，着力推动全面从严治党主体责任落实，认真履行党内监督职责，把纪律和规矩挺在前面，实践运用监督执纪“四种形态”，强化监督执纪问责，落实“三个为主”和构建“不能腐”体制机制，坚决惩治腐败，紧盯“关键少数”和“三类人”，持续保持遏制腐败高压态势，加强制度建设和队伍建设，不断推进冶金地质党风廉政建设和反腐败工作。

【信息化建设】 2016年，总局按照“统一规划、统一标准、统一平台、统一管理”的四统一原则继续加大力度开展信息化建设，并以此为主线，着力提升管控能力，强化集团运作水平，提高工作效率，先后完成数据中心建设、内网和协同办公平台等三大项目的一期建设工作，为改革发展提供更加有力的技术保障和服务支持。

【履行社会责任】 2016年，总局进一步强化央企社会责任理念，倡导所属单位履行社会责任方式多元化，结合总局在资源保障、智慧城市建设、环境保护等方面的产业特色，将社会责任融入产业发展与日常经营管理中，着力促进企业与社会的和谐发展。整体工作主要聚焦在以下几个方面：一是深耕主业，做好国家资源保障工作。二是打造绿色央企，稳步发展环保产业。三是聚焦“玻璃地球”，积极参与智慧城市建设。四是开放发展，广泛促进交流合作。五是强化央企责任，热心开展定点扶贫。六是发挥产业优势，进行援疆、援藏、援青工作，为推动三地经济发展发挥良好作用。

（撰稿人：邹　静）

中国煤炭地质总局

【基本概况】 2016年，中国煤炭地质总局（以下简称“总局”）在国务院国资委正确领导下，坚持以党的十八大和十八届三中、四中、五中、六中全会精神为指导，深入学习贯彻习近平总书记系列重要讲话精神，积极应对错综复杂的国内外形势，攻坚克难，奋力拼搏，各项工作积极推进，取得较好成效。

【主要指标】 2016年，总局实现营业收入167.57亿元，同比增长5.56%；实现利润总额3.51亿元，同比增长12.14%；国有资本保值增值率103.5%，同比减少0.37个百分点；净资产收益率3.81%，同比增加0.4个百分点。

2016年中国煤炭地质总局

主要经济指标

项　目	2015年	2016年	比上年增长（%）
资产总额（亿元）	156.80	148.44	－5.33

续表

项　目	2015 年	2016 年	比上年增长(%)
所有者权益(亿元)	64.37	67.54	4.92
营业收入(亿元)	158.75	167.57	5.56
利润总额(亿元)	3.13	3.51	12.14
净利润(亿元)	2.05	2.51	22.44
归属于母公司所有者的净利润(亿元)	2.15	2.47	14.88
技术开发投入(亿元)	1.36	1.78	30.88
利税总额(亿元)	7.40	9.33	26.08
应交税金总额(亿元)	6.11	6.28	2.78
全员劳动生产率(万元/人·年)	14.16	15.54	9.75
净资产收益率(%)	3.41	3.81	增加 0.4 个百分点
总资产报酬率(%)	2.47	2.49	增加 0.02 个百分点
国有资本保值增值率(%)	103.87	103.50	减少 0.37 个百分点

【主业发展】　地质勘查板块实施项目 958 项，提交地质报告 431 份。山东齐河县铁矿、青海铀矿、江西资溪—福建光泽地区萤石矿、广西百色市那西煤炭等勘查项目取得找矿突破，所属中化地质矿山总局有5项地质勘查成果被列入国土资源部《"十二五"全国地勘成果通报》。水工环板块服务领域进一步拓展，先后承揽地下水监测、煤矿防治水、环境地质等新兴产业项目。地理信息板块综合实力不断提升，开发遥感应用、空间数据采集等领域，综合评价进入全国第四，测绘系统达到全国排名第一。建设工程板块创收能力明显提高，占全局经营收入的近一半，特别是承接大项目上有重大突破。

【改革发展】　一是企业改革有序推进。成立总局深化改革领导小组，下设四个专项工作组，推动总局改革任务和措施的落地。对总部机构和部门职责进行重新梳理和调整，强化市场经营和风险管控。对所属中煤矿业公司和中煤国际投资公司进行整合，并迁入到总局总部办公，减少运营成本，提高决策效率。二是积极推进"瘦身健体"。下发四批共计 63 户"关停并转"企业指导名单，处置完成 8 户；确定"僵尸"、特困企业处置范围，处置完成 16 户。制定压缩管理层级实施方案，明确今后三年企业总数量控制在 128 户以内，管理层级控制在三级、法人层级控制在四级，全部四级单位按三级管理。2016 年，新设企业 1 户，完成注销企业 4 户，净减少企业 3 户。积极推动"三供一业"分离移交。三是不断加强企业管理。加强战略管理，完成"十三五"发展规划编制，制定规划实施监测与评估工作方案，研究提出总局总体发展战略。加强投资管理，细化投资项目分类，调整决策审批流程，建立投资项目后评价办法。加强财务管理，夯实基础，强化管控；加强资金集中管理，全年节约财务成本超过 5000 万元；加强资产管理、招标和集中采购管理等工作，强化成本费用控制。加强重大事项和风险管理，开展内部控制流程建设，在全局推行总会计师委派制、纪委书记交流制，积极推进监事会提醒和审计发现问题的整改。

【重大项目】　与中国地质大学武汉地质资源环境工业技术研究院签订战略合作协议，双方有望在环境地质、工程地质、地下空间与地下综合管廊、海绵城市、土壤修复与灾害治理等领域实现优势互补、共谋发展、互利共赢。与中国矿业大学煤炭地下气化国际研究中心签订煤炭地下气化合作框架协议，并商讨煤炭地下气化国际研究中心合作共建模式、煤炭地下气化规范和标准的制定等事宜。

【重大创新】　2016 年，投入技术开发费用 1.78 亿元，同比增长 30.88%。获得发明专利 11 项、实用新型专利 24 项。与美国、加拿大、澳大利亚等国开展技术交流，与中科院生态环境研究中心、中海油等单位进行技术合作。编制《"十三五"科技创新发展规划》，完成"煤矿床专门水文地质勘查规范""机载雷达测制 3D 产品技术规程"等 8 项国家及行业标准制定，所属勘查研究总院获中国信息协会颁发的中国能源企业信息化管理创新奖。一批科研成果获得省部级科技奖项："基于机载雷达点云的综合测图系统与应用"获得中国测绘科技进步一等奖；"油气管道系统完整性技术与工业化应用"获得中国石油和化学工业联合会科技进步一等奖；"煤炭井震联合三维地震勘探技术研究与应用"获得2016年度中国煤炭工业协会科学技术奖二等奖。研发的“机车涡轮增压器箱体”“低合金高强度薄壁活塞”被认定为“江苏省高新技术产品”。

【党建工作】 认真学习贯彻习近平总书记系列重要讲话和党的十八届六中全会、全国国有企业党的建设工作会议精神，坚持党的领导，加强和改进党的建设。一是认真落实从严治党责任。推动管党治党制度化规范化，新修订和制定党委中心组学习、党委会议制度等九项制度；学习贯彻全国国有企业党的建设工作会议精神，研究加强党建工作、推进党建工作创新的措施。二是着力推动各项工作任务落实。认真贯彻党中央、国务院和国资委的有关部署与要求，结合实际落实到总局各项具体工作中。制定总局党建工作要点，并对落实情况按月进行督导检查；提出“经营工作重点在市场、管理工作重点在现场、党建工作重点在气场”的理念，要求各级党组织着力于提升“三气”，即：一心一意搞好国有企业的“士气”，勇闯市场的“勇气”，干好工作、任人唯贤的“正气”，坚定不移地做强做优做大国有企业；建立总局领导班子联系点制度，深入联系单位调研和指导工作。三是扎实推进“两学一做”学习教育。广泛采取讲党课、中心组专题学习研讨、开展主题党日活动等多种形式，突出抓好各个环节重点工作，总局党委和所属单位党组织全部召开增强“四个意识”、严守政治纪律政治规矩专题民主生活会。四是规范干部选拔任用工作。坚持党管干部原则，规范选人用人工作五个关键程序，强化工作纪律和责任追究，加强对人选的综合评价，全年系统内部交流领导干部21人次，充实二级单位领导班子成员19人。五是加强基层党组织建设。所有二级单位“两委”换届工作顺利完成，并健全总局机关党委和纪委。认真执行总局党委《党支部工作手册》，规范基层党支部活动；通过成立临时党小组或与地方机构联合成立党支部等方式，抓好流动党员、野外一线党员的学习教育。六是切实加强党风廉政建设。落实“两个责任”和“一岗双责”，全局层层签订党风廉政建设责任书813份。坚持运用“四种形态”，挺纪在前，抓早抓小，对发现下属人员有违规违纪问题的两个单位党政主要领导进行约谈；在全局建立领导人员廉洁档案；加强党风廉政建设责任制考核，对纪委书记进行考核评价。七是加强宣传思想工作和精神文明建设。组织开展“我与企业共成长”、创新创效、道德讲堂等活动，营造风清气正、干事创业的良好氛围；开展羽毛球、乒乓球比赛等职工群众文体活动；完成总局团委换届工作；落实信访维稳工作机制，及时协调处理信访来访，确保职工队伍稳定。

【巡视整改】 2015年，国资委巡视组对总局开展巡视。截至2016年底，根据巡视反馈意见确定的15项整改任务和76条整改措施中，落实完成整改措施57条，19条后续整改措施正在按计划有序推进。开展专项整治工作，对全局在作风建设、公务用车、领导人员亲属在系统内从业等方面的问题进行清理整顿。总局党委成立巡视工作机构，并完成对两个二级单位的巡视工作。

【信息化建设】 推进全局综合管理平台建设，总部和5家直属单位综合管理平台建设完成并投入使用；完善合同管理信息化建设，建立合同管理信息平台，总部和3家直属单位实现合同的全流程管理；加强财务信息化建设，优化会计集中核算和报表管理系统，实现信息化预算管理平台的全级次覆盖。

【履行社会责任】 2016年，上缴利税总额9.33亿元，同比增长26.08%。高度重视安全生产管理，开展各类安全检查4346次，发现并整改安全隐患5417处，全年未发生重特大事故，未发生重大交通及火灾事故。大力推动设备的更新改造和节能减排新工艺的运用，节能减排取得新成效。完成《中国煤炭工业志》分卷《中国煤炭地质勘探志》的编纂工作。

（撰稿人：张　昊　赵彦雄　刘银海）

新兴际华集团有限公司

【基本概况】 新兴际华集团有限公司（以下简称“集团公司”），作为由人民军队创办的军保企业集团之一，2000年10月由解放军和武警部队78户军需企事业单位以原总后勤部生产部门为机关、以新兴铸管公司为核心企业整编重组而成。主营业务涉及冶金、轻纺、装备、制药、应急产业和商贸物流服务六大板块。为全球第一球墨铸管研发制造商、全国第一后勤军需和职业置装供应服务商、中国应急产业领导者，也是军委领导专用服装和航天人员宇航鞋靴的指定服务商。

所属成员企业遍布全国近30个省(自治区、直辖市)，以及意大利、加拿大、印度、赞比亚等国家，整合为七大二级公司板块化管理。其中，两大上市公司新兴铸管股份(000778.sz)和际华集团股份(601718.sh)覆盖全集团60%以上人员和资产，双双跻身中国上市公司市值500强及亚洲品牌500强。2016年，实现营业收入2203.85亿元，位居世界500强企业第322位。

集团公司拥有四大业务板块：

新兴铸管股份有限公司(以下简称“铸管股份”)，主要有铸管、管件、钢材、特种管材、格板、钢塑管六大产品系列。离心球墨铸铁管年生产能力300万吨，生产规模全球第一，综合技术实力国际前三，30%以上的产品行销到100多个国家和地区，钢格板和钢塑复合管综合技术实力、生产规模为中国第一，在中国行业内率先整体通过ISO9002、ISO14001、ISO28000(OHSMS)三大体系认证。

际华集团股份有限公司(以下简称“际华股份”)，主要有职业装、职业鞋靴、纺织印染、防护装具、国际贸易、际华园等业务，是中国军队、武警部队军需品生产保障基地，是政府统一着装单位和职业着装单位的主要供应商，是国际军需品市场的主要采购、加工基地。公司具有年产7000万套职业装、各类鞋靴1.6亿双、坯布1.2亿米、印染色布1.6亿米的生产能力。

新兴重工集团有限公司(以下简称“新兴重工”)，主要业务涵盖应急救援装备(中国应急救援产业联盟发起单位)、新能源装备、资源服务等，产品主要有智能化轻型、中型高机动应急救援装备、冶金装备、压力容器、风力发电设备配件、推土机、柴油—天然气双燃料重卡等。公司拥有世界上最大的711长管拖车、国内最大的移动加注车等产品，720超大口径无缝钢瓶收口技术、重卡油气新动力改装技术、旋压收口等多项技术填补国内外空白。

新兴发展集团有限公司(以下简称“新兴发展”)，主要从事有色金属加工销售、商业地产开发及物业经营、大型商贸物流基地建设及运营。利用企业自有土地完成的北京“财富中心”、广州“中华广场”等商业项目，在国内有一定的影响力。

【主要指标】 截至2016年底，集团公司资产总额1299.90亿元，净资产474.16亿元，资产总额同比增长2.38%。2016年，实现营业收入2203.85亿元。同比增长7.68%；利润总额52.39亿元，同比增长6.64%；全员劳动生产率17.35万元/人·年，同比减少0.42万元/人·年；净资产收益率9.75%，同比减少0.64个百分点；总资产报酬率5.79%，同比减少0.19个百分点；国有资本保值增值率110.31%，同比减少0.89个百分点。

2016年新兴际华集团有限公司

主要经济指标

项　目	2015年	2016年	比上年增长(%)
资产总额(亿元)	1269.74	1299.90	2.38
所有者权益(亿元)	444.52	474.16	6.67
营业收入(亿元)	2046.66	2203.85	7.68
利润总额(亿元)	49.13	52.39	6.64
净利润(亿元)	35.07	36.42	3.85
归属于母公司所有者的净利润(亿元)	27.60	30.10	9.06
技术开发投入(亿元)	19.30	20.72	7.36
利税总额(亿元)	67.25	80.09	19.09
应交税金总额(亿元)	32.18	43.67	35.71
全员劳动生产率(万元/人·年)	17.77	17.35	-2.36
净资产收益率(%)	10.39	9.75	减少0.64个百分点
总资产报酬率(%)	5.98	5.79	减少0.19个百分点
国有资本保值增值率(%)	111.20	110.31	减少0.89个百分点

【改革发展】 以董事会试点企业为契机，以规范董事会建设为核心，建立权责明确、有效制衡的治理结构。集团公司第三届董事会由9名董事组成，其中

外部董事5名、职工董事1名。董事会下设常务(战略)委员会、提名委员会、薪酬与考核委员会、审计与风险管理委员会,其中薪酬与考核委员会全部由外部董事组成;提名委员会、审计与风险管理委员会外部董事超过成员半数。

确立“战略管控＋财务管控”的三级法人管控模式:集团公司总部定位于战略管理中心,二级公司定位于经营管理中心,三级企业定位于利润成本中心,制定印发《新兴际华集团各管理层主要权责划分办法》,实现“集权有道、分权有序、授权有章、用权有度”的管理体系。

集团公司以入选中央企业董事会行使职权试点为契机,积极探索完善董事会行使高级管理人员选聘、业绩考核和薪酬管理体系,并于2016年顺利完成集团总部、全部二级公司及部分所属三、四级企业经理层的市场化选聘工作,并入选并完成中央企业党建进章程试点,成为国企改革和党建工作排头兵。试点过程中为国企改革积累宝贵的实践经验:一是坚持党管干部原则与董事会依法选择经营管理者有机结合,发挥党组织、董事会两大主体作用,确保选聘工作顺利展开。二是以两份合同落实“契约化”管理:通过完善高管《聘用合同》及员工《劳动合同》实现领导人员能上能下、能进能出。严格落实经理层经营业绩考核责任书,收入能增能减,同时确保员工收入与企业经营业绩增长同步。三是大力推进职业化建设,实施“站起来再坐下、走出去再进来”,五湖四海选贤任能,以竞争性选拔机制,规避选人用人不正之风。形成“党组织推荐、董事会选择、市场化选聘、契约化管理、人本化激励、共性化监督”的选人用人机制。

集团公司积极落实“十三五”发展战略规划,以8个子规划作为职能支撑,同时精心编制三年滚动规划,保证规划实施在遵循发展主线的前提下,适应经济形势的变化。

【重大项目】 狠抓项目落地,大力推进结构调整,完善产业布局,推进发展质量效益提升,积极由制造业向制造服务业转型,由生产型向平台型、投资型企业集团转型。

铸管股份加快全国及全球产业布局,建设广东阳江铸管项目,印尼镍铁项目顺利达产达效,为开拓华南及东南亚市场奠定基础;际华股份积极推进秦皇岛抚宁鞋靴工业园、岳阳高分子橡胶产业园、兰州皮革产业园,际华园项目建设,利用业务积累和优势产品拓展产业链,加快结构调整步伐;新兴重工大力开拓油气新动力改装车、天然气储运装备及物流、天然气非管网运输及民用业务,积极推进建设集实训演练、装备研制、检验检测、产品展示、技术交流、协同创新为一体的“安全谷”项目。新兴凌云医药公司由北京整体搬迁至河北武安,初步探索钢铁生产与化工、医药一体化的循环经济模式,取得良好的经济、环境效益。

【走向海外】 积极响应国家“一带一路”战略,开展海外项目拓展及并购,充分利用国际、国内两个资源、两个市场,加快集团公司发展步伐。

铸管股份积极抢占国际市场,优特钢产品远销意大利、韩国、泰国、印度等地,同东南亚部分客户建立稳定的战略合作伙伴关系,出口产品占比达到30%。际华股份与米其林公司合作开展鞋类大底业务,收购意大利NT Majochi公司、CTC皮革加工企业,进一步扩大海外投资,开拓国际市场;新兴重工进一步加强印度项目的投资开发力度,并积极与美国、德国等应急救援厂商、机构合作,共同打造高端“安全谷”项目,自主研发的履带式农机、新能源装备、消防装备产品成功开拓俄罗斯、东南亚等地市场。

【重大创新】 作为国家级创新型企业,高度重视科研能力建设,完善机构及创新激励机制,积极参与行业标准制定及教材修编,强化科技创新能力。截至2016年底,拥有国家级企业技术中心1家、分中心2家;国家级高新技术企业26家,国家级试点联盟1家;院士专家工作站4家;博士后工作站2家,掌控应急产业科技创新联盟和绿色智能制造中心等国家级创新平台2个;申请专利1289项,其中发明专利365项,授权专利945项;重点项目列入国家863和重点研发计划3个、国家火炬计划3个、国家重点新产品计划产品2个、国家重点专项1个。

铸管股份聚焦产品创新,产品序列及应用环境日趋完善。直径2600毫米超大铸管产品用于千岛湖输水工程,实现80毫米至2600毫米口径全系列铸管产品的工程应用;直径400毫米拖拉管成功运用于河南濮阳输水工程,具备非开挖应用与其他管材全面竞争能力，打破法国圣戈班在这一产品上的长期垄断。

际华股份积极推进JH1912产品研发设计、单兵作战防护系统设计集成、功能性面料及功能性服装开发等重点项目，积极与意大利、日本制服中心、中纺科院合作攻关央企工装和行业制服市场。

新兴重工围绕新能源装备和应急救援装备两大主业，完成包括轻型高机动应急救援系统装备、方舱通用装载平台、MV3整体自装卸加油站、工具机器人等重点新产品开发工作，“大型铝合金薄壁件制造技术”项目整体技术处于国内领先水平，高压气体长管半挂车(711－7管)和大容积高强度轻量化气瓶等9项成果被鉴定为国际或国内先进水平，为公司稳定持续发展提供支撑。

【党建工作】 扎实开展“两学一做”学习教育，严肃党内政治生活，初步形成以“一个意见”为指南、“两个规范”为路径、“三个清单”为载体、“四个支撑”为保障、“五个体系”为手段的新兴际华党建“12345”工作体系，确保党建工作融入生产经营中心，增强党组织的凝聚力和战斗力；狠抓基层党建工作和党风廉政建设，不断增强党员干部的履职意识，着力打造一支具“对党忠诚、勇于创新、治企有方、兴企有为、清正廉洁”的干部队伍，形成上下一心，聚力发展的良好局面。

【信息化建设】 以实现“科学决策、管理创新”为工作目标，深度开展决策支持与全面风险管理系统建设应用，全面提升信息化对企业战略决策与运营管控的服务支撑能力；基于云计算技术，完成高性能、高可靠、高安全的云数据中心建设；持续推进广域网组网建设工作，配合主数据及企业服务总线试点建设完成试点企业广域网组网双向互通。

【履行社会责任】 2016年，集团公司连续第五年出版企业社会责任报告，并获得社科院社会责任评级中心四星半评级。以报告披露的关键数据、指标为依据，通过组织学习培训，对标先进等手段，积极推进公司治理、安全生产、科技创新、环保保护、关爱员工、诚信经营、贡献社会等各方面工作。

在南水北调、西气东输等多项国家工程，在军队换装、阅兵保障等历次专项任务，在抗震救灾、抗洪抢险等历次灾害救援中都发挥突出作用。大力研发柴油一天然气双燃料汽车，轻型高机动应急救援装备，天然气非管网物流业务，环保除尘滤料等一系列科技含量高，环境友好、社会友好的产品；通过专题安全生产会、安全培训、安全生产大检查、自查、抽查等多种形式落实安全生产责任；积极落实国家节能减排政策措施，认真履行企业主体责任，2016年，集团公司万元产值综合能耗降低2.55%，二氧化硫排放量降低34.2%，化学需氧量(COD)排放量降低1.44%。

加强信访维稳组织体系建设，各级领导深入一线，加强跟踪指导，切实维护职工合法权益；加强职工关爱工程建设，坚持以人为本，深入开展“面对面、心连心、实打实、服务职工在基层”活动，以开展“扶贫帮困送温暖”活动为载体，形成全员广泛参与的扶贫帮困长效机制，实现帮扶工作经常化、制度化、规范化。

积极落实国家精准扶贫政策，加大扶贫力度，2016年集团公司对口帮扶甘肃省定西市、内蒙古自治区四子王旗，提供帮扶款项物资1300余万元，用于贫困地区基础设施建设、爱心助学等各个领域。同时派出干部前往挂职，推进产业扶贫，利用天然气非管网运输领域业务优势，推广使用清洁能源，并扶持当地产业发展，促进人员就业、农民增收，有效帮助贫困地区脱贫致富。

（撰稿人：王海涛）

中国民航信息集团公司

【基本概况】 中国民航信息集团公司(以下简称“中国航信”)认真学习贯彻中央精神，积极推进深化改革的各项工作；企业经营状况良好，全面完成国资委下达的各项业绩考核指标。

2016年，中国航信安全生产持续稳定，经营业绩稳步提升，发展势头持续向好，实现“十三五”的良好开局，为后续发展奠定坚实基础。中国航信认真贯彻中央关于深化国有企业改革总体部署，坚持政策指引、发展牵引、问题导向原则，以聚焦主业谋创新、聚力发展求突破为目标，从解放思想、破除体制机制障碍、提高治理能力、优化管理体系、转变发展方式、完善激励约束机制方面着手，形成公司全面深化改革的意见。此外，中国航信全资子公司——中航信移动科技有限公司（以下简称“移动科技公司”）的改制实施方案获得董事会有条件的批准，为下一步开展混合所有制改革奠定基础。

【主要指标】 截至2016年底，中国航信的资产总额202.03亿元，所有者权益159.57亿元，分别同比增长16.57％和14.62％；营业收入、利润总额、净利润分别为62.22亿元、28.62亿元和24.73亿元，同比增长13.77％、21.79％和23.9％；净资产收益率、总资产报酬率、国有资本保值增值率均实现同比增长，公司财务状况良好。

2016年中国民航信息集团公司主要经济指标

项　目	2015年	2016年	比上年增长（％）
资产总额（亿元）	173.31	202.03	16.57
所有者权益（亿元）	139.22	159.57	14.62
营业收入（亿元）	54.69	62.22	13.77
利润总额（亿元）	23.5	28.62	21.79
净利润（亿元）	19.96	24.73	23.90
归属于母公司所有者的净利润（亿元）	5.83	6.96	19.38
技术开发投入（亿元）	10.45	8.02	－23.25
利税总额（亿元）	25.60	31.25	22.07
应交税金总额（亿元）	6.01	7.44	23.79
全员劳动生产率（万元/人·年）	70.44	77.54	10.08
净资产收益率（％）	15.25	16.55	增加1.3个百分点
总资产报酬率（％）	14.30	15.26	增加0.96个百分点
国有资本保值增值率（％）	112.35	113.37	增加1.02个百分点

【改革发展】 中国航信认真贯彻落实党中央、国务院有关精神，多次组织全体党员干部采取多种形式学习传达会议精神，精心部署学习贯彻工作。在中国航信集团公司的统一部署和安排下，各下属单位认真学习“1＋N”系列文件，并结合实际情况，制定具体的深化改革措施。为抓好深化改革任务的落实工作，中国航信全面深化改革领导小组进一步明确公司内部不同改革责任主体的主体责任：全面深化改革领导小组负责落实全面深化改革精神和国资委全面深化改革的部署，研究公司全面深化改革的总体设计，统筹协调本公司全面深化改革过程中的重大问题；各责任单位按照集团公司的统一部署和改革任务分解清单扎实推进各项改革工作，改革任务完成情况与单位日常工作考核挂钩。中国航信深入学习领悟文件精神，积极落实深化改革工作，针对深化改革工作的目标、方向、任务等关键问题组织多次专题研究会。中国航信按照国资委的相关要求积极制定航信全面深化改革的实施方案，在完善现代企业制度、转变经营机制、完善经营管理体系、转变发展模式、强化监督、加强和改进党的领导等方面制定具体的改革措施。在中国航信集团公司的统一部署和安排下，各责任单位按照计划扎实推进各项改革工作。

2016年，中国航信积极探索混合所有制改革，为混合所有制改革的开展做了大量准备工作。2016年4月，中国航信成立由公司领导负责的移动科技改制工作小组，并聘请专业的财务顾问公司、律师事务所提供支持。在第三方专业机构的协助下，中国航信制定移动科技公司改制的实施方案。2016年12月，移动科技改制实施方案获得公司董事会有条件的通过，移动科技公司混合所有制改革的条件进一步成熟。

【重大项目】 中国航信重视发挥战略规划的引领作用，提出“行业信息化建设的主力军”“信息服务领域的国家队”“国际一流综合信息服务企业”的使命愿景，明确“构建大平台、汇聚大数据、开展大服务”的发展路径，在做强做大主业的同时，还积极拓展主业范围内的其他领域，将信息技术服务延伸到非航空的新领域。2016年12月，中国航信与中国交通通信信息中心下属的北京国交信通科技发展有限公司签订合作协议，决定建立全国性的道路客运信息服务平台，通过云计算和大数据等先进技术手段，为道路客运企业、场站以及乘车旅客等各道路客运产业参与主体提供道路客运售票、出行信息服务、客运场站信息化升级改造、客运企业运力优化与调整等涵盖道路客运全产业链的信息技术服务。

【走向海外】 中国航信加大外部合作力度，大力推进主业全球战略布局，力争把主业“做出去”。2016年，中国航信完成自成立以来的首次海外并购——收购爱尔兰科技公司OpenJaw。此次收购快速弥补中国航信在航空电子商务业务领域的产品与技术短板，丰富中国航信的产品体系，补充中国航信的海外销售、服务体系，完善公司电子商务整体解决方案的战略布局。在巩固中国市场地位的同时，强化海外与国内管理体系的融合，为今后主营业务国际化拓展积累宝贵的经验，并得到国资委和业界的一致认可。

【重大创新】 中国航信集中力量做强做大主业，并取得重大科研成果。2016年，中国航信顺利投产“核高基”项目，实现民航领域国产基础软件平台在大规模核心交易系统应用中零的突破，成功申请到国家发改委民航重要信息系统网络安全示范工程、民航局“互联网+”民航公共主动服务平台两大专项课题；在创新平台上，中国航信成功获批北京市设计创新中心和北京市民航大数据工程技术研究中心。

【党建工作】 2016年，中国航信坚持党的领导，加强党的建设，严格落实管党治党责任，党建工作取得显著成效。中国航信坚持从严治党，发挥党组织的领导核心和政治核心作用，修订党委“三重一大”决策制度和党委常委会议事决策规则，对党委参与重大问题决策的具体事项作了规定，理顺党委和其他治理主体的关系；完善基层党组织设置，发挥战斗堡垒作用，撤销两个临时党委，新成立4个党委、1个党总支，全面解决党组织“应建未建”的问题；围绕中心、服务大局，继续提升宣传思想文化工作，全年组织党委中心组集中学习16次，“两学一做”学习教育动态先后8次被中宣部及国资委刊载；从严从实，深入开展“两学一做”学习教育，连续举办3期“两学一做”主题干部轮训，对189名党员领导干部进行专题培训，建立党员责任区316个，党员先锋岗创建岗924个，党员品牌项目154个，先后两次对6个直属党组织、24个党支部开展学习教育督导检查。

中国航信大力推进纪检监察体制机制创新，强化落实监督责任的制度保障，完成中国航信纪委下属5个纪检监察派驻机构负责人的选调派驻工作，推动多个二级单位设立纪检监察办事机构，明确中国航信各级纪检监察干部的选拔任用办法和程序，进一步健全监督制度体系；运用监督执纪“四种形态”，加大纪律审查工作力度，认真开展巡视和派驻工作，初步实现巡视、派驻全覆盖；严格落实八项规定精神，督促检查和纠正“四风”进入常态化管理，通过开展定期检查、抽查、“四风”回头看专项整治、重要节假日提醒等方式，督促各单位严格落实中央“八项规定”精神及公司各项规定，同2015年相比，会议费、业务招待费均得到不同程度的下降。

【履行社会责任】 中国航信积极践行中央企业社会责任，真情回馈社会，发挥企业正能量。在安全生产方面，中国航信建立严格规范的安全生产管理体系，保障系统的安全稳定，圆满完成“两会”“春运”及“二十国集团峰会”等重大活动时期的保障任务。在提升服务方面，中国航信初步完成“互联网+客户服务”战略布局，通过创新服务理念，完善产品功能，丰富用户体验，提升民航业的服务品质，有效践行“真情服务”的服务理念。在科技创新方面，中国航信自主研发新一代旅客服务系统；实施软硬件国产化，积极推进大数据平台和云计算平台研究；承担民航“十三五”规划研究，建设“中国民航物联网联合实验室”，并被列为国际信息技术服务标准制定单位。在节能减排方面，中国航信不断完善节能减排的组织管理工作，建立健全节能减排数据的统计监测体系；在保障生产安全和业务拓展的基础上，提高生产部门对节能减排工作的主动意识；持续通过淘汰产能低下的老旧设备、引进高效节能的新技术、加强节能改造、做好节能宣传等多种方式，减少资源与能源的消耗，提高资源的使用效率。

此外，中国航信还不断致力于慈善公益事业，依托自身优势，热心参与扶贫、慈善、捐助等社会公益活动，关心教育、文化、卫生、环境等公共福利事业，积极提供财力、物力和人力等方面的支持和援助，促进当地经济发展和民生改善，在推动社区和谐与地区进步方面作出应有的贡献。

（撰稿人：张力文）

中国航空油料集团公司

【基本概况】 中国航空油料集团公司(以下简称“中国航油”)成立于2002年10月11日,注册资本为44.16亿元,是国有大型航空运输服务保障企业,是国家授权投资的机构和国家控股公司的试点企业,是国际航空运输协会、国际航煤联合检查集团、美国试验和材料协会、英国石油协会、美国石油协会等国际组织成员。

中国航油以航油业务为核心,构建航油、油品贸易、物流、国际业务四大主营业务板块,控股、参股20个海内外企业,在全球216个机场,为200多家航空客户提供航油加注服务;在全国20个省(自治区、直辖市)为民航及社会车辆提供汽柴油及石化产品的批发、零售、仓储及配送服务;在长三角、珠三角和环渤海湾地区建有大型成品油及石化产品的物流储运基地。2016年,中国航油以营业收入1633亿元列世界500强第484位。

【主要指标】 2016年,中国航油销售油化产品5549万吨,同比增长40%。其中,销售航油2382万吨,同比增长12%;国内其他成品油474万吨,同比增长71%;国际油品贸易量2693万吨,同比增长76%,完成年度预算的134%。

2016年,中国航油实现营业收入1633.47亿元,同比增长17.61%,营业成本1529亿元,同比增长17%,2016年利润总额60.85亿元,剔除油价上涨导致的库存增值因素,还原同口径正常经营利润,集团公司2016年利润总额55.3亿元,同比增长13%。

2016年中国航空油料集团公司主要经济指标

项　目	2015年	2016年	比上年增长(%)
资产总额(亿元)	316.55	423.41	33.76
所有者权益(亿元)	211.02	255.70	21.17
营业收入(亿元)	1388.93	1633.47	17.61
利润总额(亿元)	48.99	60.85	24.21
净利润(亿元)	36.98	46.44	25.58
归属于母公司所有者的净利润(亿元)	21.01	21.26	1.19
技术开发投入(亿元)	0.08	0.10	25.00
利税总额(亿元)	70.98	95.79	34.95
应交税金总额(亿元)	21.99	34.94	58.89
全员劳动生产率(万元/人·年)	56.2	77.88	38.58
净资产收益率(%)	18.86	19.90	增加1.04个百分点
总资产报酬率(%)	14.26	16.55	增加2.29个百分点
国有资本保值增值率(%)	121.11	117.64	减少3.47个百分点

【改革发展】 中国航油着力强化运营调度管控,加大资源掌控力度,巩固与上游企业的产销对接,密切跟踪新增产能动态,最大限度地获取资源、优化配置,确保国内航油资源的稳定供应;积极开拓国际资源渠道,提升全球资源获取能力,确保国际航油资源的有序供应;加大航油资源的出口,积极化解国内资源过剩压力,全年出口航油116万吨。积极巩固拓展航油市场,新接收松原、邵阳、澜沧机场的供油业务,恢复攀枝花机场供油保障,供油机场数量达到210个;北京新机场合资公司、青岛新机场合资公司正式注册成立,与顺丰合作取得湖北鄂州机场供油工程投资建设和运营主体权,与厦门翔业集团的非油业务合作完成协议签订,晋江机场、南阳机场等系统外航油市场整合取得实质性进展;成立通航事业部,提高和规范公务机收费标准,与重庆两江航投和中船海丰通航开展合作,接收珠海九州、浙江千岛湖等通用机场的供油业务,在通航领域迈出实质性步伐。所属石油业务强化油品采购、存储、销售等环节的管理,大力推进零售配送业务,创新盈利模式,通过加盟站试点、加

油站管理输出等，较好地完成各项经营任务，利润总额再创历史新高；青岛机场石油公司投入运行，北京空港石油公司和甘肃空港石油公司完成注册，进一步推进实体化和资源化发展。物流业务在燕山石化、福州码头等单位检修期间，主动靠前服务、及时增加运力，"以船代库"，实现稳定供应；积极拓展水运新市场，开辟惠州一烟台、南京一浦航新航线，国内航油水运市场占有率超过94%，长江航油水运市场占有率100%；津京管输武清泵站项目及时投运，确保首都机场航油供应的可靠性。

【重大项目】 中国航油积极推进重点项目建设，强化过程管控，确保工程建设质量、进度和造价等关键控制节点处于受控状态，部分重点项目基本建成或完工投产，彭州管线项目完成交工验收；成都牧马山油库增容、石家庄机场扩建工程完成行业验收、正式投产；杭州萧山机场G20峰会供油工程、昆明机场扩建供油工程、烟台新机场、郑州机场二期扩建、济南机场油库扩建、石油天津公司储油库增容6个项目完工投产；重庆江北机场第三跑道供油工程完成行业验收，石油贵州公司谷立油库增容项目具备验收条件。部分重点项目有序推进，北京新机场供油工程通过民航局行业审查、获得初步设计行业批复；成都新机场供油工程完成初步设计民航行业审查，申请铁路行业审查；重庆万州机场扩建配套供油工程、贵阳龙洞堡机场三期扩建供油工程完成设计招标；广州、武汉、温州机场在建项目进展顺利。

【走向海外】 中国航油以加快国际业务布局，提升国际竞争力为重点，在继续巩固与三大航海外合作的同时，新开发北欧航空、荷兰皇家航空、法国航空和全日空等外国航空客户，在洛杉矶机场提供服务的外航客户已占70%，还赢得四川航空、厦门航空在洛杉矶机场、祥鹏航空在柬埔寨机场的供油合同，全年新增5个海外供油机场，海外供油机场数达到43个，供油量184万吨，同比增长40%。

【重大创新】 在管理创新方面，中国航油聚焦经营目标，通过加强管理提升、强化预算执行、推进"瘦身健体"等措施提升企业发展质量。加大简政放权力度，最大限度地减少和下放投资审批事项，切实落实成员企业投资自主权，报集团审批的项目减少47%，有效调动成员企业的投资积极性。着力优化生产运营，合理调整库存，降低采购成本，全年实现管理创效4.98亿元，其中把握采购节奏、合理调整库存实现增值2.06亿元（轮换国储油增值1970万元），"以出顶进"实现增值1.8亿元，争取运费补贴、降低运输损耗增效1.12亿元。持续加强航油供应链的精细化管理，绘制"全国航油运输网络图"，开发资源配置电子地图系统，初步实现航油供应链全流程的可视化，提高资源配置效率。实施全面预算管理，强化预算的刚性约束，严控预算外支出，费用管控效果显著，全年财务费用0.8亿元，同比下降60%；清理无效库存，推进"两金"压控，压减应收账款，应收账款周转次数达到30次。财务公司加大资金集中管理，集团资金集中度超过75%，有效发挥金融特性和内部资金调剂功能，与银行的议价能力明显增强，大幅降低融资成本，全年节约贷款利息支出7344万元，增加集团外收入5198万元，实现资金增效3672万元。

在科技创新方面，中国航油加大科研投入力度，加强标准制修订工作，修订完成行业标准4项，获得1项国家发明专利（民用航空喷气燃料固相杂质去除装置）和2项国家实用新型专利（飞机加油车平台防撞系统和回收油箱油控制系统），泽胜船务余热利用改造工程获首批交通运输行业绿色循环低碳示范项目，通用航空小型飞机加油车项目通过验收。

【党建工作】 中国航油认真学习贯彻全国国有企业党的建设工作会议精神，着力健全完善党建工作机制，把党的领导融入公司治理各个环节，完善"双向进入、交叉任职"的领导体制，努力做到党建与企业改革发展"四同步""四对接"，党建工作得到进一步加强。扎实开展"两学一做"学习教育，对标"四讲四有"，通过开展抄党章、背誓词、戴党徽等活动，党组织的政治核心作用、党支部的战斗堡垒作用、党员的先锋模范作用得到有效发挥。进一步深化"四好"领导班子建设，切实转变工作作风和生活作风，各级领导干部的"四个意识"不断增强。认真开展换届选举工作，加强换届纪律监督，开展换届选举专项巡视，逐级签订严守换届纪律承诺书，确保换届选举的风清气正。认真落实党风廉政建设"两个责任"，制定党员干部负面言行提醒录，出台规范与特定关系人发生交易防止利益输送的管理办法，加大监督执纪问责，领导干部的崇规守规执规意识明显增强。

【信息化建设】 中国航油按照国资委综合局，民航局，公安部内保局关于网络安全、保密工作等通知要求，组织开展网络安全检查、风险评估和隐患排查清理、专项整治行动等工作，完成检查报告、登记表等相关材料上报。配合完成达沃斯论坛、G20 峰会、“两会”期间民航网络安全专项保障及信息通报工作。申请加入国家网络与信息安全信息通报机制，被批准成为国家网络与信息安全信息通报机制成员单位。全面推进企业信息化建设，完成 XBRL 大数据应用项目建设方案和安全生产运营调度系统项目可行性研究报告。

【履行社会责任】 中国航油秉承“竭诚服务全球民航客户、保障国家航油供应安全”的使命，通过航油供应、客户服务、安全质量、环保节约、员工成长和社区发展六大责任实践，积极推动利益相关方沟通和参与，提升运营透明度，共同创造经济、社会和环境综合价值。充分发挥统一管理、整体协调与资源配置的优势，在春运、两会、G20 杭州峰会、达沃斯论坛、第十一届中国航展等关键时期确保航油资源正常稳定供应，圆满完成保障任务。从资源、设备、人员、应急和服务等方面积极开展各项准备，牢记责任，确保重大活动的“绝对保障、万无一失”。热心社会公益事业，通过支持支线航空建设、助力扶贫帮困、投身社会公益等方式肩负起社会赋予的责任，用实际行动回馈社会。

（撰稿人：杨　罡）

中国航空器材集团公司

【基本概况】 中国航空器材集团公司（以下简称“中国航材”）是专门从事飞机采购及航空器材保障业务的专业公司，是国务院国有资产监督管理委员会管理的中央企业。中国航材是国内民航业最大的、中立的第三方航空器材保障综合性服务提供商，主要业务涉及飞机批量采购、航空租赁、航材共享、通用航空、飞机机轮保障、机场服务保障、航空节能服务、航空培训和航空展览等领域。

【主要指标】 2016 年，中国航材经济效益继续保持良好增长态势，完成营业收入 21.53 亿元；实现利润总额 4.73 亿元；资产总额 126.33 亿元，资产状况进一步改善。

2016 年中国航空器材集团公司

主要经济指标

项　目	2015 年	2016 年	比上年增长(%)
资产总额(亿元)	129.13	126.33	－2.17
所有者权益(亿元)	53.82	58.43	8.57
营业收入(亿元)	18.68	21.53	15.26
利润总额(亿元)	5.11	4.73	－7.44
净利润(亿元)	4.06	3.81	－6.16
归属子母公司所有者的净利润(亿元)	3.16	2.41	－23.73
技术开发投入(亿元)	0.10	0.20	100.00
应交税金总额(亿元)	1.74	1.37	－21.26
全员劳动生产率(万元/人·年)	100.13	131.93	31.76
净资产收益率(%)	8.00	7.00	减少 1 个百分点
总资产报酬率(%)	5.30	5.20	减少 0.1 个百分点
国有资本保值增值率(%)	109.50	107.50	减少 2 个百分点

【改革发展】 中国航材进一步规范各项基础管理，落实重点管理工作，通过加强内部管理助力业务发展。

在战略规划和投资管理方面，制定中国航材“十三五”规划，明确未来五年发展战略；配合重点业务平台建设开展股权划转、投资活动，积极参与新兴领域投资；顺利完成天津渤海公司拆迁补偿重置和空客办公楼基建项目收尾工作。在人力资源管理方面，启动后备干部推荐选拔和“逆向导师”人才培养选拔机制；开展干部人事档案专项审核；解决薪酬突出问题，推进薪酬管理咨询项目，拟订薪酬管理办法；创新招聘方式，吸引优秀人才。在财务管理方面，加强会计核算资源共享；拓宽融资渠道，稳步推进中期票据发行工作；做好营改增新政的应用及衔接工作；完成决算网络报表平台建设；加大投资项目的财务测算支持。在企业经营管理和信息化建设方面，完善二级公司管控模式，明确三、四级公司管控模式；修订所属企业负责人经营业绩考核办法；实现企业经营亏损面和亏损金额不反弹目标；制定推进企业“压减”工作计划。改善信息化管理流程，完成中国航材私有云建设，完成OA二期优化项目，升级管理信息化(EAS)系统。在法治工作方面，制定和推进法治航材建设实施方案；全面实现规章制度、经济合同、重要决策法律审核率100%；开发OA合同管理模块，实现合同线上全过程管理，提升合同管理水平和法律风险防范能力。在业务管理方面，根据中国航材业务发展战略广泛开展与地方政府、国内外相关企业的战略合作洽谈，开拓合作领域。在资产管理方面，进一步整合资产管理业务，规范固定资产管理及资产评估再评审和备案工作。在内部审计方面，围绕内部控制体系建设、内部专项效益审计、领导人员任中和离任经济责任审计、财务收支专项审计开展内部审计工作，抓好审计问题跟踪落实检查。在行政管理方面，组织完成办公用房、办公园区改造；开展文件材料归档范围和档案保管期限表编制及档案信息化系统调研工作；进一步发挥国外办事处的资产管理和业务支持功能。在新闻宣传方面，加大内外宣传力度；初步完成搭建外网中英两版架构的工作；突出重点业务的宣传报道，更好地发挥宣传工作的推动作用。在企业文化建设方面，编制《员工行为规范手册》；制定企业文化建设五年规划，明确企业文化建设工作方向；以丰富多彩的文体活动和主题活动为载体积极营造和谐企业氛围。

【重大项目】 2016年，基于中国航材“成为航空业界不可替代的、以航空器材保障为主业的综合服务提供商”的愿景，制定“十三五”规划并大力推进战略实施。努力打造相互支撑、协调发展的“四强两精一新”航材综合保障体系。

飞机批量采购。进一步巩固飞机批量采购业务，落实与政府部门、航空公司、飞机制造商的定期沟通机制。加强与政府主管部门的沟通与合作，参与行业宏观管理政策研究、飞机采购总体规划、行业技术研讨、飞机销售情况及航空公司购机需求调研等工作。通过项目合作、研讨交流等方式深化与航空公司的合作关系，协调解决航空公司飞机采购过程中的难题，加深与航空公司的互利互信。与飞机、发动机制造商进行探讨及合作洽谈，更好地发挥中国航材专业协调作用。积极落实已签署的飞机批量采购框架协议，2016年经批量采购接收引进飞机205架。经过多方共同努力，国家主管部门进一步明确飞机批量采购业务模式及中国航材的主导作用，在飞机批量采购领域的优势地位和特殊价值得到进一步巩固。

航空租赁。航空租赁业务继续稳健发展。中国航材控股的奇龙航空租赁有限公司(以下简称“奇龙公司”)按计划交付租赁给山东航空公司2架B737—800飞机。成功出售1架A330飞机，并取得该架飞机租期内的资产管理工作，实现飞机资产托管业务零的突破。与巴西GOL航空公司完成2架飞机续租工作。与曼谷航空公司完成1架A320飞机续租谈判。截至2016年底，奇龙公司拥有并管理30架飞机。在历次增资及引进投资者的基础上，与意向投资者积极洽商并明确增资方案，将为公司的持续发展带来关键性资本支持。

航材共享。按照加速与三大航开展股权合作、加快自身能力建设齐头并进的原则，从中国航材总部和中国航空器材有限公司(以下简称“中航材有限公司”)两个层面全力推进航材共享工作。

一方面，2016年成功实现与三大航的股权合作。中航材有限公司部分股权无偿划转给三大航和中国国新，改组设立航材共享平台公司，股权比例为南航集团24%、中航集团23%、东航集团22%、中国航材21%、中国国新10%。2016年4月8日，国资委召开航材共享工作专题会议，决定上述方案，宣布平台公司董事会、监事会成员名单。会议确定，航材共享主要任务包括富余航材的接收与处置、消耗件集中采购和周转件共享保障，其中周转件共享保障按照先易后难原则，从小机队向大机队推广。9 月 18 日，中航材有限公司完成工商变更登记。10 月 18 日，在国资委、民航局领导及股东各方的共同见证下，航材共享平台公司举行揭牌仪式，正式宣告成立。这是国资委主导和民航局支持下的央企之间业务整合、民航资源配置优化的重要举措，是民航业内资源共享、多方共赢商业模式的重大突破，也是航材集团从单纯贸易商向航材保障综合服务商战略转型进程中的重要里程碑。

另一方面，中航材有限公司及其分子公司作为航材共享项目的载体，大力加强自身能力建设，推进与航空公司及维修企业的业务合作。初步形成以北京为中心，上海、广州、成都、西安、沈阳为分中心的覆盖全国的航材保障网络布局。积极搭建航材管理信息共享和电子商务平台的实施路径，坚持航材共享工作实践，切实推动航材共享业务发展。

航材综合保障能力大幅提升，在航空业界的影响力以及对上游供应商的议价能力不断提高，为进一步开展航材共享工作做好准备。

通用航空。继续拓展通航服务保障业务。中国航材集团通用航空服务有限公司顺利完成 2 架米一171 直升机及航材交付工作，成为通航服务保障业务从传统代理向自营业务转型的重要标志。作为 L410 飞机中国独家代理商，加强 L－410 飞机市场推广力度，促成捷方与客户完成 20 架飞机的采购意向书和后续工业合作备忘录的签署工作。巩固并发展 Asz—62 发动机送修采购、航材进口代理等业务。积极推进整合通航运营企业项目，与东航集团就无偿划转东方通用航空有限责任公司股权事宜基本达成共识。推进青岛空客直升机生产线项目，签署合作框架协议，成立中方合资公司，中国航材进入通航制造领域迈出实质性步伐。与合作伙伴探讨建设 FBO(固定运营基地)、设立地方通航企业等项目，继续在各地蓬勃兴起的通用航空产业热潮中寻求发展机会。

飞机机轮保障。中国航材所属的北京凯兰航空技术有限公司持续推进整体机轮保障业务，与瑞丽航空、龙江航空签署整体机轮保障协议，在为红土航空提供 A321 机队保障的基础上，新增 A320 机队保障。现共计为 5 家航空公司提供整体机轮保障服务，服务机队涵盖 B737NG、A320 等国内主力机型，规模达到 39 架，整体机轮保障模式逐步被市场认可。与维修企业开展合作，实现可控的机轮刹车维修站点覆盖国内民航七大管理局辖区。积极开拓碳刹车维修市场，为航空公司提供包括 A380 机队在内的碳刹车修理服务，实现国内现役主力机型的覆盖。所属上海分公司正式开展机轮翻修和刹车修理工作。持续加强通航领域机轮刹车维修市场开发，获得多家通航企业维修商资质并实际开展维修业务。所属北京三元刹车公司继续开拓 OEM(原始设备制造商)航材销售市场，获得深航 OEM 刹车零备件寄售业务。中航材航空新材料公司进一步扩大市场份额，获得多家航空公司的供应商资质，为实现持续盈利奠定良好的基础。

机场服务保障。中国航材所属的中国民航技术装备有限责任公司继续大力发展民航地面设备及工程招标业务。成功取得北京新机场和华东、西南空管局的大型招标代理业务。首次承揽并顺利执行国家涉密建设工程招标项目，为开展涉密项目招标业务积累经验。首次涉足 PPP(公私合营模式)工程招标项目并获得招标代理权。成功中标中国商飞北京民用飞机技术研究中心和海南航空招标项目。以租赁方式成功中标北京首都机场飞机除冰车项目，实现租赁业务的有益尝试。会展业务品牌效应日益彰显，对其他业务的协同作用进一步增强。所属导航技术公司继续积极研发新技术，进一步丰富产品线，大力拓展电子飞行包(EFB)项目和航行情报软件服务市场，市场占有率稳步提高。

航空节能服务。中国航材所属中国航空器材集团能源公司有限责任公司以“民航绿色智能解决方案服务商”为定位，向轻资产、智力服务型业务转型。积极开展节能改造、能源咨询、节能产品销售等业务，提升盈利能力。稳步发展清洁能源项目，推进西安机场分布式光伏发电项目；创新节能改造项目模式，在合肥机场节能改造项目中通过与第三方再次分享节能收益的合作模式，降低项目风险，减轻资金压力。能源审计业务实现从依靠外部专家资源支持到具备独立审计能力的跨越，客户从民航业内扩展至民航业外。积极推进民航能源管理智能系统、能源监测系统、热辐射空调系统等节能技术及产品的推广销售。积极推动北京环交所股权投资项目；深入研究碳排放交易业务模式，与民航局及合作单位探讨建立民航碳业务平台。

【党建工作】 2016年，中国航材按照中央和国资委党委的部署，深入学习贯彻落实党的十八届六中全会和全国国有企业党的建设工作会议精神，中国航材党委进一步发挥党组织“把方向、管大局、保落实”的领导核心和政治核心作用，全面落实从严管党治党责任，精心组织开展“两学一做”学习教育，进一步完善党建组织体系及工作机制，全面启动党委书记抓党建述职评议考核工作，推进完成基层党组织换届选举，建立“党建云”互联网管理平台，党员党性观念明显增强，党建体系日臻完善，进一步推动中国航材顺利实现经营目标，取得改革发展新成绩。

2016年，中国航材纪委严格履行监督责任，坚决整治“四风”，践行“四种形态”，进一步推进党风廉政建设“两个责任”的落实；加强日常监督，推动监督关口前移；开展党规党纪教育，把纪律挺在前面；督促检查落实中央八项规定精神，组织“四风”整治“回头看”活动。在中国航材上下共同努力下，党风廉政建设和反腐败工作取得积极成效。

【履行社会责任】 2016年，中国航材继续开展对定点扶贫县的精准扶贫工作，为陕西省白水县贫困村修建村巷硬化道路4.4千米，投入133.11万元，于2016年秋季竣工投入使用。道路建成后，百姓的生产生活条件得到改善，苹果价格上涨近30%，百姓收入得到明显提高。同时，为加强对白水县脱贫攻坚工作的支持力度，在已选派1名优秀干部任驻村第一书记的基础上，2016年6月，中国航材将定点扶贫工作与锻炼培养干部相结合，又选派1名优秀干部到白水县挂职，协助分管扶贫工作并负责其他分管工作。为贯彻落实“救急难”行动相关文件精神，中国航材坚持将“救急难”行动纳入定点扶贫工作，通过签订“捐赠协议”的形式，开展因病致贫户的救助工作，用于医疗补助并帮助贫困户开展养殖业，逐步实现自救。

根据中国航材整体发展战略并结合自身优势，推动新疆地区通航事业发展，为新疆通航公司顺利引进2架米—171大型直升机、与新疆兵团签署20架L—410飞机的采购意向书和后续工业合作备忘录，并为其提供优质的航材保障服务。

2016年11月21日，中国航材与西藏金融租赁有限公司在北京签订《战略合作框架协议》等合作协议，共同开拓民航金融租赁业务，推动西藏民航业快速发展。

（撰稿人：孔小可）

中国电力建设集团有限公司

【基本概况】 2016年，中国电力建设集团有限公司（以下简称“中国电建”）深入贯彻落实“五大发展理念”，紧紧围绕“五大重点任务”，把握大势，坚定信心，全面改革创新，着力提质增效，不断加强党的建设，较好完成全年经营改革发展目标任务，取得“瘦身健体、提质增效”攻坚战的阶段性胜利，实现“十三五”良好开局。

2016年，中国电建认真落实“12358”（发挥一个优势、统筹两个市场、聚焦三大领域、实施五大战略、推进八大举措）战略框架，不断创新市场营销方式，着力加强经营管理，生产经营继续保持平稳较快发展势头，全年新签合同5120亿元，同比增长15.1%；资产总额6024.31亿元，实现经济增加值30.5亿元；年末合同存量9668.5亿元，同比增长18%，主要经营指标增长均高于“十三五”规划的年均增长幅度，连续获评中央企业负责人经营业绩考核A级企业，被授予2013—2015年任期考核“业绩优秀企业”荣誉称号；在《财富》世界500强企业排名大幅提升至第200位；获得“2016年中国创新榜样”“最具投资价值上市公司”“最具社会责任上市公司奖”等多项荣誉，进一步彰显中国电建行业领导地位和品牌价值内涵。

【主要指标】 截至2016年底，中国电建资产总额6024.31亿元，增长19.55%；负债总额4903.43亿元，增长19.81%；所有者权益总额1120.89亿元，增长18.44%；资产负债率81.39%，增加0.17个百分点。实现营业收入3244.23亿元，同比增长13.10%。

2016年中国电力建设集团有限公司
主要经济指标

项　目	2015年	2016年	比上年增长(%)
资产总额(亿元)	5039.18	6024.31	19.55
所有者权益(亿元)	946.37	1120.89	18.44
营业收入(亿元)	2868.49	3244.23	13.10
利润总额(亿元)	115.59	121.48	5.09
净利润(亿元)	91.58	95.90	4.72
归属于母公司所有者的净利润(亿元)	73.59	70.26	−4.53
利税总额(亿元)	234.00	232.91	−0.47
应交税金总额(亿元)	142.38	139.28	−2.17
全员劳动生产率(万元/人·年)	27.97	24.95	−10.79
净资产收益率(%)	12.98	10.60	减少2.38个百分点
总资产收益率(%)	4.10	3.48	减少0.62个百分点
国有资本保值增值率(%)	112.70	111.87	减少0.83个百分点

注:2015年数据,为追溯调整后数据。

【改革发展】 2016年,中国电建按照中央统一决策部署和国企改革"1+N"体系框架,科学搭建改革顶层设计,制定优化实施方案,稳妥有序、扎实有效地推动改革举措落地,一些关键领域的改革取得较大进展。

加快完善现代企业制度。修订中国电建章程,调整治理结构、领导体制和决策机制。电建股份依法治理、规范运作,董事会获得第十二届中国上市公司"最佳董事会"奖。稳步开展电力工程、勘测设计、装备制造业务板块全民所有制企业公司制改建工作,非公开发行股票工作取得阶段性成果,在国内外项目中积极探索资产证券化及引入外部资本等工作。

持续推进内部资源整合。中国电建认真贯彻落实国务院国资委"瘦身健体、提质增效"工作要求,持续加快内部资源重组整合。2016年,完成7组16家子企业的重组整合,直管子企业户数减少至76家。

海外经营体系改革成效显现。中国电建国际业务重组整合进展顺利,顶层设计和全球布局基本完成,国际业务集团化、国际经营属地化有效落地,集团全球发展"三步走"稳健起步。电建国际公司平台引领作用和六大海外区域总部统筹管控作用初步发挥。

积极探索混合所有制改革。中国电建积极探索在子企业层面与其他非公资本合作,设立中电建南平机制砂有限公司等混合所有制企业6家。

【重大项目】 截至2016年底,中国电建履约合同金额18760.4亿元。履约合同中,国内履约合同8336个,合同金额10923.1亿元,占总合同金额的58.2%;国外履约合同2156个,合同金额7837.3亿元,占总合同金额的41.8%。国内工程中,水电施工板块企业履约合同金额8141.1亿元,水电设计板块企业履约合同金额1349.6亿元;电力工程板块企业履约合同金额1120.2亿元;电力勘测设计板块企业履约合同金额270.9亿元;装备制造板块企业履约合同金额41.4亿元。中国电建承担一系列重大项目的勘测设计、施工、监理任务。

1. 白鹤滩水电站。

白鹤滩水电站为金沙江下游水电开发中的第二个梯级,枢纽工程由拦河坝、泄洪消能建筑物和引水发电系统等主要建筑物组成。拦河坝为混凝土双曲拱坝,坝顶高程为834米,最大坝高289米;地下厂房系统分别对称布置在左、右两岸,厂房内各安装8台单机容量为1000兆瓦水轮发电机组,装机容量16000兆瓦。集团有水电四局、五局、七局、八局、十四局等单位参与施工建设,华东院承担勘测设计任务,成都院承担部分监理任务,合同金额170亿元。

2. 乌东德水电站。

乌东德水电站是金沙江下游水电开发中的第一个梯级,开发任务以发电为主,兼顾防洪,水库总库容74.08亿方,电站装机容量10200兆瓦。大坝为混凝土双曲拱坝,坝顶高程988米,最大坝高270米;左右岸地下电站各安装6台单机850兆瓦的混流式水轮发电机组,总装机10200兆瓦。集团有水电三局、五局、六局、七局、八局、十四局等单位参与施工建设,西北院承担监理任务,合同金额共计65亿元。

3. 杨房沟水电站。

杨房沟水电站位于四川省凉山州木里县境内。

工程枢纽主要建筑物由挡水建筑物、泄洪消能建筑物及引水发电系统等组成。挡水建筑物采用混凝土双曲拱坝，坝高155米；泄洪消能建筑物为坝身3表孔＋4中孔＋坝后水垫塘及二道坝。引水发电系统布置在左岸，地下厂房采用首部开发方式，电站总装机容量1500兆瓦。华东院牵头和水电七局组成联营体中标EPC合同，合同金额60.4亿元。

4. 深圳市城市轨道交通10号线工程。

本项目于2015年11月中标，合同额32.16亿元，2016年初实际开工建设，线路全长29.56千米。全线为地下线，设站24座。在福田口岸站西侧引出入线与益田停车场衔接，在甘坑及凉帽山站引“八字型”出入线与凉帽山车辆基地衔接。工程范围包括凉帽山车辆基地和益田停车场。集团内有水电八局、十一局、十三局、十四局参与建设。

【走向海外】 2016年，中国电建在《财富》世界500强企业中排名第200位，较上年提升53位；在《美国工程记录》全球工程设计公司150强中列第二位，在上榜中资企业中排名第一位；在《美国工程记录》全球工程承包商250强中列第六位，在上榜中资企业中排名第五位。上述两项排名在全球电力行业均位列第一。

1. 境外投资业务开展情况。

截至2016年底，中国电建在境外8个国家实施投资项目16个，主要分布在亚洲地区。2016年完成投资87.07亿元，其中已投产运营项目完成投资1496.98万元，在建项目完成投资86.92亿元。

正式运营项目6个，包括1个建材类项目、2个水电项目、1个矿产项目和2个并购项目。投资在建项目10个，包括3个水电项目，1个矿产资源项目、3个火电项目、1个风电项目和2条铁路项目。开展前期工作项目39个。

2. 对外承包工程业务开展情况。

2016年，中国电建对外承包工程业务实现稳步增长，国际业务集团化初见成效：新签合同额1800.47亿元，同比增长7.11%，占新签合同总额的35%；完成营业收入776.57亿元，同比增长4.24%，占总营业收入的24%。

截至2016年底，中国电建51家子企业在89个国家执行工程总承包或施工承包类项目合同1207项，合同总金额6873.05亿元。

截至2016年底，中国电建海外员工人数总计99361人。

【重大创新】 2016年，中国电建建立和完善技术创新机制，加大研究开发投入，提高自主创新能力。加快高新技术开发和传统产业改造，着力突破产业和行业关键技术，增加技术创新储备。强化知识产权意识，实施知识产权战略，实现技术创新与知识产权的良性互动，形成一批拥有自主知识产权的核心技术和知名品牌，发挥对产业升级、结构优化的带动作用。2016年，获得国家级科技进步奖1项，省部级科技进步奖208项，其中公司参与完成的“高混凝土坝结构安全关键技术研究与实践”荣获2016年国家科学技术进步奖二等奖；各省市自治区科学技术奖20项；中施企协科学技术奖49项；电力建设协会科学技术奖85项。中国水力发电工程学会科学技术奖30项。

【党建工作】 2016年，中国电建党委及各级基层党组织坚持党要管党、从严治党，扎实开展“两学一做”学习教育，充分发挥“把方向、管大局、保落实”作用，积极融入中心、服务大局，为企业改革发展稳定提供坚强的思想和政治保证、组织和人才保障。

“两学一做”学习教育扎实开展。高标准、严要求做好顶层设计，加强落实督导，各级党组织负责人讲党课3936次，覆盖基层党员182879人次，打牢“学”的基础，扎实“做”的关键，立起“四讲四有”标准，强化党性意识，增强理想信念，提振干事创业的精气神。

“四个意识”进一步增强。深入学习贯彻党的十八大、十八届三中、四中、五中、六中全会精神、习近平总书记系列重要讲话精神，用党的最新理论统一思想、武装头脑、凝聚共识，进一步增强“四个意识”特别是核心意识和看齐意识，在思想上、政治上、行动上始终与以习近平总书记为核心的党中央保持高度一致。

核心作用有效发挥。理顺党委决策机制，健全决策制度体系，坚持“把方向、管大局、保落实”，积极参与“三重一大”决策，扎实开展主题实践活动，依法合规推动党建工作与生产经营管理工作深度融合，党的领导核心和政治核心作用、战斗堡垒作用、党员的先锋模范作用有效发挥。

干部队伍建设明显加强。以党的十八大以来选人用人新精神为指导，坚持"20 字"好干部选拔标准，认真落实"凡提四必""五个不准"和"三不上会"原则，规范选人用人工作，创新选人用人方式。坚持战略导向和问题导向相结合，着力"调结构、强功能"，全年对总部部门和子企业 78 家单位领导班子进行调整，聘(任)用和调整领导干部 260 人次，推动打造"政治强、业务精、懂专业、善治理、作风硬"的领导干部队伍。

党风建设和反腐败工作进一步加强。持之以恒落实中央"八项规定"精神，压实"两个责任"，严明政治纪律、政治规矩；加大问题线索查办力度，严格执纪问责。加强巡视工作，突出政治巡视，全年对 32 家子企业开展内部巡视，完成 20 家子企业巡视整改工作，对 5 家子企业巡视整改"回头看"，对 4 家子企业开展延伸巡视。

【信息化建设】 2016 年，中国电建信息化建设从总部向基层延伸，从决策层向管理层渗透，信息化价值逐步显现。

"三项重点"任务全面突破。一是全球电力与可再生能源数据库和规划平台，完成平台搭建、数据补充，为公司"一带一路"项目提供服务，平台入选国家发改委评选的中国"互联网＋"行动百佳案例及全国"智慧能源"十佳案例。二是自主研发的企业项目管理信息系统(PRP)实现全部署，在全部 32 家施工企业上线运行，全面提升施工企业项目履约和管控水平。三是招标与采购集中平台规范业务流程，审批工程服务项目 90 项，招标 604 亿元，设备物资采购 5000 余项，采购金额 277 亿元，节资率 12.5％。

信息安全保障能力和创新意识日益提高。全面落实国资委信息安全和商业秘密保护、软件正版化工作要求。推动内部创新创业，组建集团"IT 研发与产业化联盟"，创建"青春梦工厂"。

【履行社会责任】 2016 年，中国电建社会责任管理工作取得新进展。在国务院国资委《关于中央企业更好地履行社会责任的指导意见》指引下，中国电建继续全面贯彻"事耀民生，业润社会"的社会责任理念，明确十大社会责任主题，将社会责任理念逐步融入企业各项日常工作中；践行可持续发展蓝图，在运营过程中贯彻落实创新、协调、绿色、开放、共享"五大发展理念"，全过程开展社会责任履责实践。在中国社科院社会责任研究中心发布的 2016 年蓝皮书中，中国电建名列中国企业 300 强社会责任发展指数第 22 位、国有企业 100 强社会责任发展指数第 15 位，名次较 2015 年有较大幅度提升。中国电建荣获中国企业管理研究会社会责任专业委员会、中国工业经济联合会企业社会责任促进中心颁发的"2016 年最佳海外沟通实践奖"，在社会科学院百人论坛第五届分享责任年会上被评为"2016 年度海外履责典范企业奖"和"2016 年度卓越责任企业奖"等荣誉。

根据国务院扶贫办安排，2016 年，中国电建定点帮扶云南省剑川县和新疆维吾尔自治区民丰县；地方政府或其他方面安排中国电建所属 23 家重点单位定点帮扶 29 个贫困县(乡、村)。中国电建及所属单位全年累计派出挂职干部和第一书记 24 人次，赴定点县考察 209 人次，累计投入扶贫资金 1475 万元，实施帮扶项目 44 个，帮助建档立卡贫困人口脱贫 1403 人；帮助引进各类资金 505 万元；举办劳务输出培训班 23 期，培训人数 945 人次。其中，中国电建总部援助投资 200 万元支持民丰县农贸市场及附属设施建设，建筑面积 1720 平米；援助 200 万元实施古村古迹修复工程。2016 年 9 月，剑川遭受百年一遇洪灾，中国电建捐资 50 万元，帮助受灾群众恢复重建、发展生产。

(撰稿人：李霞林)

中国能源建设集团有限公司

【基本概况】 2016 年，面对复杂严峻的经济形势、更趋激烈的市场竞争环境、极其繁重的改革发展任务，在国务院国资委的正确领导和国有重点大型企业监事会的监督指导下，中国能源建设集团有限公司(以下简称“中国能建”)各级企业和广大干部职工积极适应整体上市后的新要求,团结一心,真抓实干,各项工作取得积极成效。一是主要经营指标再创历史新高,全年新签合同额4160.74亿元,同比增长17.98%;营业收入和利润总额均实现较快增长,企业发展稳中有进、进中提质。二是受国家能源局和地方政府委托,完成国家能源与电力发展“十三五”规划研究、能源国际合作专项规划研究和地方能源与电力发展规划研究报告,政府智库作用进一步发挥,行业引领作用进一步增强。三是31项工程获得年度国家优质工程奖,其中7项获得金质奖,占金奖总数的63.64%;39项工程获得中国电力优质工程奖,超过获奖总数的80%,彰显企业雄厚的综合实力。四是首次实施限制性股权激励,这是公司整体上市后在股权结构多元化上迈出的重要一步,是进一步完善现代企业制度的重大举措。五是首次获评国务院国资委领导班子三年任期考核业绩优秀企业,连续三年位列经营业绩考核A级,在世界500强排名大幅提升至第309位,企业行业地位和品牌价值进一步凸显。

【主要指标】 2016年,中国能建资产总额3070.34亿元,同比增长13.01%;实现营业收入2254.07亿元,同比增长7.96%;实现利润总额92.36亿元,同比增长15%;实现净利润72.28亿元,同比增长18.23%;国有资本保值增值率为109.12%,较上年增加2.82个百分点。

2016年中国能源建设集团有限公司主要经济指标

项　目	2015年	2016年	比上年增长(%)
资产总额(亿元)	2716.95	3070.34	13.01
所有者权益(亿元)	623.36	788.47	26.49
营业收入(亿元)	2087.89	2254.07	7.96
利润总额(亿元)	80.31	92.36	15.00
净利润(亿元)	61.14	72.28	18.23
归属于母公司所有者的净利润(亿元)	33.93	27.97	-17.57
技术开发投入(亿元)	47.41	47.76	0.74
利税总额(亿元)	164.98	174.75	5.92
应交税金总额(亿元)	104.71	102.51	-2.10
全员劳动生产率(万元/人·年)	25.07	27.19	8.46
净资产收益率(%)	11.42	10.24	减少1.18个百分点
总资产报酬率(%)	4.45	4.14	减少0.31个百分点
国有资本保值增值率(%)	106.30	109.12	增加2.82个百分点

【改革发展】 2016年,中国能建贯彻落实中央、国务院国资委关于深化改革的精神与要求,召开专题会议进行全面部署,突出重点,统筹兼顾,将改革推向纵深。一是全面启动并有序推进14户“僵尸企业”处置、18户特困企业专项治理和650户企业“压减”等“瘦身健体”工作。亏损企业专项治理成效明显,46户扭亏为盈,进一步释放改革红利。二是扎实做好厂办大集体改革和职工投资企业清理扫尾工作,全面启动“三供一业”分离移交,企业办社会职能和历史遗留问题逐步解决。三是创新完善考核制度,强化利润总额和营业收入两项保增长主要指标的考核方式和权重,将转型升级重点发展的国际业务、总承包业务和非电工程业务归并为“战略导向指标”予以考核。四是将人均工资增长与人均营业收入增长挂钩,进一步完善工资总额核定机制。五是稳步开展限制性股权激励工作,编制管理制度和工作计划,在部分企业实施。六是规范用工管理,严格控制用工总量。创新人才培养引进模式,加大国际、金融、非电等人才的引进培养力度,开展首届工程技术专家、高技能人才认定,不断优化人才结构,增强企业发展后劲。

【重大项目】 2016年,中国能建坚持“诚信为先、品质为本”,突出抓好项目履约和合规管理,完善激励机制,推动企业品牌建设,项目履约总体良好。全年荣获省部级及以上质量奖项1103项,其中国家优质工程金质奖7项、鲁班奖1项、国家优质工程奖24项、全国工程勘察设计行业第八届优秀工程总承包项目金(银、铜)钥匙奖4项、全国优秀质量管理小组21个。承建的江西省首座大型抽水蓄能电站、鄱阳湖生态经济区建设的标志性工程——江西洪屏抽水蓄能电站工程,安徽省首个百万千瓦煤电一体化、超净排放和灰渣综合利用一体化工程——利辛板集电厂一期工程,中国出口容量最大燃煤机组、土耳其最大现代化环保机组工程——土耳其泽塔斯电厂三期工程,世界上首个采用汽机大平台整体式弹簧机座、国内首个采用自主化设计的海水高位冷却塔的百万机组工程——寿光电厂一期工程,广西省装机容量最大火电厂机组、"西电东送"的重要电源支撑点工程——广西钦州电厂二期扩建工程建成投产。

【走向海外】 2016年,中国能建认真贯彻"走出去"战略部署,深度融入"一带一路"建设,明确"十三五"期间发展思路、目标和举措,国际业务实现持续快速健康发展。

2016年,中国能建在65个国家和地区实现国际工程签约1160.08亿元,同比增长7.89%,其中直接与境外项目业主签约1116亿元,国际电力工程签约953.60亿元,连续三年境外电力项目签约超过100亿美元,是我国电力企业"走出去"的主要力量。所属单位在80多个国家和地区设立个207个分支机构,亚洲、非洲等传统市场进一步巩固,中东欧、南美等新市场不断拓展。2016年,中国能建在"一带一路"沿线国家签约项目329个,签约金额790.67亿元,占我国企业签约比重超过10%,成为中国企业参与"一带一路"建设的主力军。

2016年,中国能建境外项目完成投资超过20亿元,主要包括:中国香港、巴基斯坦、老挝、哈萨克斯坦、蒙古、越南、尼日利亚等国家和地区,涉及电力、热力生产和供应业、化学原料和化学制品制造业、专业技术服务业。其中重点投资项目包括巴基斯坦SK水电站项目和越南海阳2×600MW燃煤电厂项目等。

【重大创新】 2016年,中国能建通过落实"十三五"科技发展规划,推动科技创新、科技成果转化,取得丰硕成果。全年获得国家级科技奖1项,省部和行业级科技进步奖130项,中电联科技奖9项。"高混凝土坝结构安全关键技术研究与实践"成果获得国家科技进步二等奖,"大型燃煤电站大气污染物近零排放技术研究及工程应用"等3项成果获得中国电力科学技术奖一等奖,"重大工程建筑材料生态设计、制备与应用关键技术"成果获得湖北省科技进步一等奖,"660MW级二次再热机组控制研究"等4项成果获得电力建设科学技术奖一等奖,"强震区高拱坝施工关键技术研究与应用"获得中国施工企业协会科技进步特等奖,"新一代1000MW高效一次再热超超临界机组(28MPa/600℃/620℃)研发及工程应用"等6项成果获得中国施工企业协会科技进步一等奖。全年申请专利1135项,其中发明专利414项,获得专利授权1456项,其中发明专利352项。累计拥有有效专利6766项,其中发明专利968项。

圆满完成国家科技重大专项"大型先进压水堆核电站CAP1400"两个子课题,其中"AP系列核Ⅰ、Ⅱ级大口径厚壁不锈钢合金钢弯管成型工艺研发"形成具有自主知识产权的弯管制作工艺和设备;"AP系列三代核电站用核级电动装置的研发"项目研制出样机2台,通过核电站设计基准事故LOCA鉴定试验。成功攻克百万千瓦二次再热高效清洁燃煤发电工程的"总体技术路线设计""热力系统的设计""主机参数选择""主、辅机选型""弹簧基座的设计"等世界性设计技术难题,建成全球首座百万千瓦二次再热高效清洁燃煤发电机组。完成"基于空气工质的塔式光热双循环发电技术研究"项目,完成100kW级空气吸热器设计,并研制出相关样机。2016年完成公司级科技项目10个。

2016年,经中国企业联合会管理现代化创新工作委员会审定,中国能建73项成果获得2016年管理创新成果奖。其中,《中国能建存续资产管理的探索与实践》等18项成果获得一等奖,《以PDCA方法实施在建项目资金精细管理》等26项成果获得二等奖,《海外建设项目风险分析与工程保险探究》等29项成果获得三等奖。

【党建工作】 2016年,中国能建各级党组织组织深入学习习总书记系列重要讲话精神,严格按照十八大全面从严治党战略部署和全国国有企业党建工作会要求,始终坚持党的领导这个重大政治原则,高度重视党建工作，党建工作全面提升。一是全面深入学习宣贯十八届六中全会和全国国有企业党的建设工作会议精神，研究提出70项行动计划，进一步明确从严治党的方向。二是深入推进“两学一做”学习教育，成立领导小组，出台实施方案，在全集团迅速铺开，以党员素质建设带动全员素质提升。三是聚焦组织建设，积极做好公司首次党代会筹备和基层规范党代会、换届选举工作，完成在京企业党员组织关系集中排查、基层党组织按期换届情况排查、党费收缴工作专项检查工作，完成党建总体要求进集团章程工作。四是用党建统领新闻宣传、企业文化、群团、统战等工作，开发公司党群信息化系统，实现党建管理标准化和数据化。五是积极选树先进典型，发挥模范示范作用。2016年，公司荣获全国五一劳动奖章1个、全国工人先锋号2个、中央企业先进党组织2个、优秀共产党员4人。六是聚焦“融入”“内嵌”，以“大党建”视角研究总结强党建促发展的成果和经验，申报国企党建专委会政研课题10个，《以企业文化的价值观体系建设践行社会主义核心价值观》入选国务院国资委汇编材料。

2016年，公司党委、纪委按照中央企业党风建设和反腐败工作会议部署，全面落实管党治党政治责任，聚焦监督执纪问责，践行忠诚干净担当，推动党风廉政建设和反腐败工作取得新进展，为企业持续健康发展提供坚强保障。认真履行“两个责任”，组织开展自上而下的约谈活动，有力促进责任落实。建立健全党风廉政制度体系，实现监督执纪问责工作全覆盖，管党治党的笼子越扎越紧、越织越密。严格落实中央八项规定精神，扎实开展反“四风”各项工作，对发现的问题即知即改、立行立改。针对重点领域和关键少数，深入开展监督检查工作，有力促进企业规范管理。紧密围绕加强党的领导，强化政治巡视，为被巡视单位巡诊把脉，推进全面从严治党向基层延伸。广泛开展“树廉洁家风，创廉洁家庭”活动，推动廉洁文化“进机关、进项目、进车间、进班组、进家庭”。正确运用监督执纪“四种形态”，践行“三个区分开来”，严肃查处违纪违规问题，保持惩治腐败的高压态势。以建设忠诚干净担当的干部队伍为目标，全年选派318名纪检监察干部进行业务培训，纪检监察队伍执纪审查水平、业务能力得到明显提升。

【信息化建设】 2016年，中国能建大力加强信息化建设，信息化工作取得显著成绩：在中国电力企业联合会举办的电力行业信息化成果评选中，获得一等奖1项、二等奖5项、三等奖6项；在中国电力规划设计协会举办的第二届中国数字化设计（EIM）大赛中，包揽火力发电工程组前三名，同时获得送电工程组第二和第三名，获得变电工程组第三名；在中国建筑业协会组织的第二届中国建设工程BIM大赛中，获得二等奖2项、三等奖1项；在国务院国资委熠星创新创意大赛中，有6个项目进入导师辅导阶段。中国能建以现代信息技术为支撑，积极推进“互联网+”战略，努力实现资源共享和产业协同，开展大量信息化建设工作。一是发布“十三五”信息化规划，提出“数字能建，信息互联”的信息化愿景，规划构建“一个数据中心、五类应用、两个保障体系”的总体架构。二是积极推进公司运营平台建设，完成第7个平台系统——“人力资源系统”的验收及上线使用工作。三是继续深化主营业务应用：发电数字化设计实现异地协同，从布置设计、三维模型管理，正扩展到主冷却系统设计、电缆敷设设计，技经提资及工程量数据库已广泛应用到工程各阶段；变电数字化设计从三维模型设计发展到真正实现三维布置设计，设计阶段覆盖投标、初设、施工图各阶段，正在积极探索实践多专业协同设计；输电线路数字化设计完成构建勘测设计多专业协同平台，实现工程数据管理及施工图设计；组织相关企业研究EPC项目中的材料管理、EPC项目数字化移交以及基于云架构的数字化设计体系。四是积极探索云架构及业务系统云化能力，采用阿里云邮箱取代公司原邮箱，提高安全水平，开展公司网站群数据库改造并部署到阿里云，进一步推进云计算应用。

【履行社会责任】 中国能建将履行社会责任作为企业发展战略的重要组成部分，持续完善社会责任管理体系和制度建设，将履行社会责任具体要求纳入公司战略目标管理系统，有效管理企业运营对市场、社会和环境的影响，推动企业发展和履行社会责任良性循环。2016年，中国能建通过不断创新工作方法，努力成为中央企业履行社会责任的表率。

一是积极维护社会稳定和谐。通过毕业生招聘、成熟人才引进、接收安置复转军人方式全年新增就业

5731人。承担33家二级企业职工家属区"三供一业"分离移交项目646个，涉及住户17万余户。全年支付离退休人员统筹外补贴费用合计为7.49亿元。加大对劳模、困难职工及社会弱势群体的关爱，为所属工程、装备企业拨付慰问帮扶专项资金598.4万元，集团全年对外捐赠总额1376.56万元。二是积极开展援疆援藏援青和扶贫工作。2016年，在新疆、西藏、青海及四川、云南、甘肃等省藏区承建工程项目1047个，合同总金额505.17亿元，当年完成合同额162.67亿元，推进地方经济发展、促进地方就业。选派8名技术干部赴新疆、西藏挂职。积极参与定点扶贫工作，所属企业分别向陕西省镇巴县和广西壮族自治区西林县投入扶贫建设资金200万元、158万元，派驻定点扶贫县挂职干部4人，促进当地贫困群众增收。三是积极推进环保板块业务新增投资17.23亿元，扩大污水日处理、重金属土壤固化稳定化修复、再生资源利用等领域的环保业务，投运和在建的水处理量达到240万吨/日，年垃圾处理量15.5万吨，消纳工业固废100万吨。四是在"走出去"的过程中积极履行社会责任。印发《中国能源建设集团(股份)有限公司国际工程项目社会责任指引》，为我国建筑企业发布的首份国际项目社会履责指引。各子企业按照指引要求，在海外工程项目建设过程中，大力推行项目属地化和本地化管理。中国能建海外员工2万多人，当地雇员13000人，属地用工占比已超过60%。各项目部积极参与当地教育捐赠、医疗服务、赈灾救援、环境保护和社区建设等公益活动，尼日利亚KDA项目部为都塞镇当地捐建一所小学，解决困扰当地多年的儿童上学难问题，葛洲坝集团在厄瓜多尔发生强烈地震后出资出力全面援助当地民众，这些国际履责实践获得当地政府和民众的认同。

(撰稿人：张　猛)

中国黄金集团公司

【基本概况】 中国黄金集团公司(以下简称"中国黄金")是我国黄金行业唯一一家中央企业，是中国黄金协会会长单位，也是世界黄金协会在中国的董事会成员单位。

2016年是"十三五"开局之年，中国黄金在国资委的正确领导下，全面贯彻"十大聚焦"工作思路和"四个坚定不移"的工作部署，积极应对金铜价格大幅波动的严峻挑战，牢牢把握"稳中求实，稳中求进，稳中求优，效益为先"的工作总基调，全面推进全过程成本管控，圆满完成各项目标任务，实现"十三五"良好开局。

中国黄金黄金资源储量、矿产金产量、精炼金产量、黄金投资产品市场占有率、黄金选冶技术水平、上海黄金交易所综合类会员实物黄金交易量六项指标位居国内行业第一。

【主要指标】 一是主要生产经营指标总体平稳。中国黄金全年生产矿产金42.07吨，矿山铜12.07万吨，白银111.34吨，实现营业收入1078.84亿元、利润总额4.55亿元，位居行业第一。

二是采取一系列措施有效提升成本管控能力，增强企业核心竞争力。中国黄金把全过程成本管控作为提质增效的重要抓手，将优化"五率"、降低"五费"、设计优化、降本增效、大宗物资集中采购、产融结合等工作向纵深推进，全年降本增效成果显著。

三是困难企业扭亏减亏工作取得重大进展。在由总经理任组长的亏损企业专项治理工作领导小组的统一部署下，七个工作小组深入亏损老矿山企业基层一线，全年累计减亏2.71亿元，有力支撑企业的稳定快速发展。

2016年中国黄金集团公司主要经济指标

项　目	2015年	2016年	比上年增长(%)
资产总计(亿元)	963.31	1031.22	7.05
所有者权益合计(亿元)	299.57	307.82	2.75
营业总收入(亿元)	1107.82	1078.84	-2.62
利润总额(亿元)	3.73	4.55	21.98
净利润(亿元)	-1.00	-0.68	

续表

项　目	2015 年	2016 年	比上年增长(%)
归属于母公司所有者的净利润(亿元)	−1.66	−4.49	
技术开发投入(亿元)	2.33	2.28	−2.15
利税总额(亿元)	21.26	22.01	3.53
应交税金(亿元)	23.62	24.37	3.18
全员劳动生产率(万/人.年)	13.52	18.32	35.51
净资产收益率(%)	−0.34	−0.23	增加 0.11 个百分点
总资产报酬率(%)	2.20	2.15	减少 0.05 个百分点
国有资本保值增值率(%)	97.4	97.12	减少 0.28 个百分点

【改革发展】 一是干部管理工作取得新突破。通过从严把关干部选拔任用程序，提高管理监督质量；通过《关于调整部分重点权属公司领导人员管理权限等事宜的通知》等制度文件，进一步着力提高干部管理工作水平；通过优化企业领导班子建设、打造清廉领导干部队伍、加强对领导班子的考核测评，促进领导干部综合发展。

二是"瘦身健体"取得新进展。积极推动企业减员增效工作，开展机构优化和定岗定员审核工作；利用《黄金工作交流》平台总结推广企业成功经验和优秀做法；深入推进"僵尸企业"及特困企业安置工作，并落实央企责任助推扶贫和海外项目人员保障工作。

三是薪酬管理工作取得新成效。通过完善薪酬分配激励机制，强化业绩导向分配理念，规范企业负责人履职待遇业务支出管理，加大企业功效联动力度，从严加强企业劳动用工管理等措施，使薪酬管理工作取得实效。

【重大项目】 2016 年，中国黄金在建项目 10 个，新开工 1 个项目，累计完成投资 24.79 亿元，建成投产 2 个项目，年新增矿山铜 8.98 吨、矿山钼 2441 吨、含量金 1.27 吨。其中中原冶炼一期全面建成，多数指标达到或超过设计指标，树立黄金冶炼项目综合回收技术标杆；刚果(布)索瑞米项目作为中国黄金第一个海外工程项目，也是刚果(布)第一个顺利建成投产的金属矿采选冶工程项目，对中国黄金实施海外发展战略具有重大意义；甲玛二期项目克服重重困难，按期建成投产；吉尔吉斯库鲁项目完成选厂主厂房封顶，为 2017 年项目建成奠定基础。此外，多个项目通过竣工验收工作，为公司创造新的利润增长点。

【走向海外】 一是积极研究潜力项目，更新项目数据库。中国黄金通过实施项目动态管理，2016 年收集项目 70 个，筛选重点项目 10 个，跟踪项目 6 个。同时积极参与国际项目竞标及国外大型项目 EPC 承包项目，积累与大型国际矿业公司合作经验，为未来海外项目的并购打下坚实基础。

二是积极占领优质海外矿产资源。围绕重点成矿区，聚焦大型、优质、现金流充足的资源，跟踪、考察重点海外项目 10 多个，并成功并购加拿大埃尔拉多旗下贵州锦丰金矿项目。

三是抢抓"一带一路"战略机遇，阳光项目有序进行。2016 年 6 月 15 日，中国黄金与阳光公司签署股份购买协议，阳光项目打造中国、印度、俄罗斯三方矿业合作平台，对中国黄金开创新的合作模式、深入融入世界矿业体系具有战略性意义。

【重大创新】 一是积极推进管理创新，取得丰硕成果。在由《国企管理》杂志和中国企业管理研究会共同主办的"2016 年全国国企管理创新成果和优秀论文"申报活动中，中国黄金申报管理创新成果 37 项、荣获一等奖 1 项、二等奖 3 项，体现出中国黄金在企业深化改革、加强管理、全面提高自主创新能力方面取得的成效。

二是不断推进科技创新。中国黄金实施创新驱动发展战略，聚焦科技服务，进一步提升科技贡献度；持续开展自主研发项目，借助社会创新力量，加快推进成果产业化进程，为中国黄金培育新的经济增长点。

【党建工作】 中国黄金党委以党的十八大，十八届三中、四中、五中、六中全会和十八届中央纪委六次、七次全会，以及全国国有企业党的建设工作会议精神为指引，进一步贯彻落实国资委党委关于党的建设工作的具体要求，扎实开展"两学一做"学习教育，围绕中心任务，发挥各级党委的领导核心、政治核心以及基层党支部的战斗堡垒作用和广大党员的先锋模范作用，为中国黄金做强做优做大提供坚强政治保证和组织保证。

一是紧扣“两学一做”，党员作用得到新发挥。中国黄金党委坚持早部署、早行动，成立9个督导组，划片包干，先后56次深入118家企业，对学习教育开展督导检查，召开职工座谈会，问计于群众。各级党组织纷纷开展敬抄党章、领导干部讲党课、党员身份亮出来、党员先锋工程、党员责任区等主题实践活动，进一步激发党员干部职工的创造活力。

二是紧扣强基固本，党的领导得到新加强。中国黄金大力推进基层组织建设，实现党组织全覆盖。通过重点狠抓基层党组织换届工作，进一步落实全程纪实制度，提高干部选拔任用监督管理质量和水平。为全面加强党建工作，成立中国黄金党校，为提升党建工作能力和党员干部素质搭建重要平台。

三是紧扣问题导向，落实整改取得新成效。中国黄金党委坚持挂图作战，逐个销号，以严肃认真的态度、高度负责的精神、果断有力的措施，扎实推进相关整改工作。及时建立整改工作责任体系，明确整改路线、层层传导整改压力。整改工作取得阶段性成果，为深化改革、创新发展奠定重要基础。

四是坚定不移推进党风廉政建设和反腐败工作。开展问题线索“大起底”，通过狠抓执纪审查，形成有力震慑。强化责任落实，通过狠抓“两个责任”，层层传导全面从严治党压力。狠抓作风建设，开展专项监督检查，推动中央八项规定精神落地生根。强化廉洁教育，通过学习教育，筑牢廉洁从业思想堤坝。

【信息化建设】 一是坚持顶层设计，实现集成共享。依据中国黄金信息化发展规划，业务系统建设应在集团层面统一建设、逐级推进。建设集团层面的生产管控系统，实现集成共享，不断提升中国黄金管控能力，以信息化促进管理水平提升。

二是结合业务创新，推进“两化融合”。坚持统筹规划、深化应用、务求实效、立足创新，扎实做好矿山企业信息化生产技术及资源的基础工作。分类、分批、分阶段推进矿山数字化建设，推进传统矿山产业升级。

三是落实各项工作，夯实建设基础。结合中国黄金业务管理模式，以需求促发展。进一步优化各业务系统功能，强化信息化基础建设，全面提高工作效率。

四是完善保障措施，确保运行高效。不断完善信息化管理制度，防范和控制风险，保障各套业务系统稳定运行及数据、网络安全工作。同时注重信息化管理人才培养，建设一支既懂信息化又熟悉业务的人才队伍。

【履行社会责任】 中国黄金以“开发有限资源、满足社会需求”为宗旨，积极践行中央企业的经济责任、政治责任、社会责任和党建责任。

一是党委高度重视，将扶贫工作纳入工作重点。成立扶贫工作领导小组及办公室，各子公司也根据集团总部要求，指派专人、专门部门负责扶贫工作。全年多次召开扶贫专项工作会议，对扶贫工作进行阶段总结，并部署下一阶段工作。中国黄金领导先后赴定点帮扶县调研考察，与有关部门研究、商讨扶贫具体工作的安排和落实。

二是充分发挥优势，继续将扶贫工作推向深入。中国黄金不断加大对新疆、西藏企业的资金投入，加快项目建设，推动产业扶持，为当地经济、社会发展作出突出贡献，带动当地老百姓走上富裕之路。

（撰稿人：刘　骏）

中国广核集团有限公司

【基本概况】 中国广核集团有限公司（以下简称“中广核”），1994年9月注册成立，由核心企业中国广核集团有限公司及40多家主要成员公司组成的国家特大型企业集团，以“发展清洁能源，造福人类社会”为使命，以“成为国际一流的清洁能源企业”为愿景。

2016年，中广核在国务院国资委的领导下，在各相关部委的指导下，深入贯彻落实十八届六中全会精神和全国国有企业党建工作会议精神，认真开展“两学一做”，坚持党的领导，加强党的建设，固本强基，创新发展，总体经营业绩保持平稳较快增长，基本完成年度各项工作任务。中广核资产总额和经营业绩稳定保持在央企第一方阵，成为国务院国资委重点盈利企业和重点增利企业，实现“十三五”良好开局。

【主要指标】 截至2016年底，中广核资产总额5205亿元，同比增长20.3%，净资产1473亿元，同比增长14%；受益于核电新机组投产和可再生能源装机规模持续增长，实现营业收入657.9亿元、利润总额125.9亿元，分别同比增长30%和12%，实现规模与效益同步增长。2016年，中广核国有资本保值增值率同比增加3.4个百分点，较好地实现国有资本的保值增值。

【改革发展】 产权管理方面。一是稳妥有序推进混合所有制改革。通过并购、共同设立子公司等方式完成7家三级子企业混改。二是积极开展企业法人压减工作。通过新能源板块重组、水电行业战略性退出、境外平台公司整合、空壳公司注销等途径，分步有序推进压减工作。三是充分发挥上市平台资源配置功能。全年完成核电板块注资、核技术重大资产重组上市、中广核矿业首次增发等资本运作项目。四是综合运用产权市场优化产权结构。阳江核电引进战略投资者（转让17%股权），优化股权结构；全年低效资产下降35%。

对外投资与经营方面。境外投资并购8项，股权投资31项，主要是参股英国HPC核电项目；自建工程42项；设立新业务公司4项。

经营与考核方面。落实“管一级，看一级”的管控原则，以经营业绩为主线，同时划定安质环、合法合规、党建和廉洁从业的红线底线，综合确定考核组织绩效；强化激励约束联动机制，确保经营业绩与公司工资总额、负责人薪酬双挂钩，体现“业绩涨、薪酬涨，业绩降、薪酬降”的导向；积极开展行业对标，引导成员公司以行业领先水平为标杆，推动成员公司强化成本意识，主动对接市场。

收入与分配方面。一是推进内部收入分配改革，强化工效联动机制。建立主流调控和差异调控相结合的工资总额调控机制。既解决编制法“重编制、轻业绩”问题，又解决产值法“波动较大、升易降难”的问题。二是打造多层次激励体系，助力企业转型发展。2016年，持续加大对高级管理人员和关键核心员工的机制牵引，着力构建多层次激励体系，形成“短、中、长”并轨的激励体系，充分调动核心团队的工作热情和主动性，为中广核持续健康发展和战略目标实现提供动力。

【核电工程建设】 2016年，中广核坚持安全高效发展，核电业务保持行业龙头地位。核电工程建设连续三年零死亡，中广核20万工时事故率持续保持国际先进水平。全年核电新投运3台机组、开工1台机组。在运容量达到19台、2038万千瓦，保持我国最大、全球第五大核电运营商地位；在建容量9台、1134万千瓦，保持全球最大的核电建造商地位。

2016年，中广核核电工程建设业绩持续提升。自主核电技术华龙一号示范项目防城港3号机组开工；防城港1号机、宁德4号机和红沿河4号机，全部实现从调试到商运零非计划跳机跳堆；阳江4号机首次临界，多个节点创历史最优，成为中广核CPR1000标杆工程。

【核电生产运营】 2016年，中广核狠抓安全管理，坚守安全底线。全年安全状态总体稳定，在国务院国资委安质环考核中连续保持零扣分。核电成熟机组57%的WANO指标达到卓越值（前1/10），新机组76%的WANO指标达到先进值（前1/4），保持高端水平。非计划停堆2016年为19台机、1次，是多基地运营以来的最好水平。

2016年，中广核开展“固本强基，让安全成为习惯，核安全高于一切”的主题论坛，各单位一把手对安全承诺并庄严宣誓，以此为契机，拉开全年加强核安全文化建设的大幕。经过一年的努力，“遵守程序、诚信透明”深入人心，“做合格的中广核人”深入人心，“红线意识”深入人心，领导在现场成为工作常态。2016年，8家主要核电公司一把手落实“解决问题在现场”，5月至年底累计在现场832次，人均每月13次，巩固坚守安全底线的基础。

【核电市场开发】 2016年，中广核高度重视国内核电市场开发工作，组织成立核电投资开发中心，统筹全局。2016年，中广核山东招远、河北长河、贵州铜仁三个核电新厂址增补列入国家规划；陆丰项目完成用海预审延期；宁德二期项目获得国家海洋局对项目用岛用海的支持意见；惠州项目完成海洋功能区划及近岸海域环境功能区划调整，项目选址“两评”审查和主厂区征地拆迁；苍南项目完成征地拆迁协议签署、首批用地移交及公众沟通全部规定动作并成功处置突发网络舆情。

【走向海外】 2016年，中广核全力开拓国际核电市场,"走出去"结出实果。一是英国核电项目落地。9月29日,中广核与EDF、英国政府签署英国新建核电项目一揽子合作协议,确定中广核参股投资HPC和SZC,控股投资建设BRB项目,标志着华龙出海首个项目落地,中广核落实习总书记重要指示、打造国际核电领域示范性"旗舰项目",结出实果。二是湖山铀矿建成投产。12月31日,纳米比亚湖山铀矿产出第一桶合格的天然铀。三是积极开拓捷克核电市场。3月30日,在习近平主席和捷克总统的共同见证下,中广核与捷克能源集团(CEZ)签署在核能及可再生能源领域全面合作的谅解备忘录。四是埃德拉项目顺利交割、成功整合。中广核成为我国在海外清洁电力装机容量最大的能源企业之一,并以埃德拉为支点,积极推进马六甲气电等新项目开发,打开在东南亚和"一带一路"沿线国家发展的广阔空间。

【重大创新】 2016年,中广核持续完善科技创新体系,着力推进中广核战略专项、尖峰计划,强化国家科研项目和研发中心管控,推动科技成果市场转化,取得丰硕成果。

在重大科研开发项目方面,"华龙一号"融合方案获得国家领导人圈批;海上实验堆平台(ACPR50S)工程建设全面启动;2016年2月,STEP系列自主燃料组件及锆合金成功入堆;国家科技重大专项"事故容错燃料关键技术研究"稳步推进,成功制备出多种金属型和陶瓷型包壳管;2016年3月,中广核与中科院就共同推进ADANES先进核能系统研发。

在研发平台建设方面,2016年,中广核建立包括放射性废物处理及处置研发中心在内的第二批4个集团级研发中心,为后续专项技术研发提供平台和支撑。

科研经费保障及成果方面,2016年,中广核科技活动总投入29.8亿元,研发投入15.8亿元,科技活动总投入占营收比重连年保持5%左右。2016年,中广核实现科技成果转化17.2亿元,同比增长250%,孵化出包括"三维可视化电缆敷设系统"项目在内的5项自主创新产品。

截至2016年底,中广核累计承担承担892项国家行业标准制修订与研究(2016年新增117项),牵头完成456项,累计申请专利3399件(2016年新增830项),拥有有效专利1856件(2016年新增502项),2项专利先后获得中国专利金奖,8项专利先后获得中国专利优秀奖;2016年,获得国家科技进步二等奖1项,国家省部级奖励26项。

【党建工作】 2016年,中广核继续加强党的领导,党的建设不断深化。一是狠抓"两学一做",强化"四个意识"。开展集团公司党组带头、各公司党委班子讲党课180人次,两学一做知识竞赛和"党员示范岗""党员安全责任区""党员亮职责、亮身份""党员网上公开承诺"等行动,"两学一做"学习教育活动有声有色,成效显著。二是加强干部队伍建设,确保集团事业长青。按照"忠诚、干净、担当"的总体要求,制定成员单位领导班子建设和干部监督管理制度,推动领导干部队伍提升党性修养,提高管理能力。三是加强群团工作和企业文化建设。扎实推进职代会制度建设,二级公司职代会建会建制率100%。开展青年创新大赛和各级技能竞赛600多项,选树一批青年技能型人才。成功举办中广核第五届职工运动会。四是强化监督执纪问责,落实巡视整改。深入落实"三个责任",不断强化监督执纪问责。集团高度重视并全面深入落实巡视整改工作,得到国务院国资委第一巡视组的充分肯定。同时,按照中央的巡视要求,深入开展金融板块、新能源板块的内部巡视和整改。

【信息化建设】 2016年,中广核IT基础能力稳步提升,信息化总体建设情况良好。一是全年未发生信息安全三级及以上事件,完成G20高峰论坛等重大活动信息安全保障,完成各级网信办对关键基础设施网络与信息安全的工作检查,完成核电信息安全实验室基础环境建设,以及核电站信息安全现状分析及应对措施研究。二是完成中广核电子商务平台项目二期上线,截至2016年底在线合同金额超过100亿元,活跃的供应商总数量达到1.1万家,线上招标项目达到400个,该平台预计每年可为中广核节约1.38亿元。三是完成员工电子学习平台优化项目。初步建成基于互联网、社区化、移动化的员工综合学习平台,网络总学时从上年度的4%增加至本年度的10%,互联网和移动终端在培训中发挥越来越重要的作用。

【履行社会责任】 2016年,中广核在向社会提供安全、清洁、高效能源的同时,坚持致力于传播清洁能源科普知识、增进公众对清洁能源的理性认识，积极打造“透明核电”品牌。2016年，中广核举办各项展览接待参观者超过6万人，六大在运核电基地参观公众累计突破50万人；核电科普课程在全国九个核电项目周边超过100所学校落地，参与学生超过16000人。中广核打造的“公众开放体验日”等品牌活动，已成为全国核电行业的共同行动。2016年底，中广核获颁电力行业“最佳透明度管理奖”。

（撰稿人：蒲玉波）

中国华录集团有限公司

【基本概况】 中国华录集团有限公司（以下简称“华录集团”）是国务院国资委直接管理的中央企业，成立于2000年6月18日，是专业从事音视频产品及相关应用技术研发、制造、销售的大型国有企业。其注册资本183601万元，总部设在大连，分子公司分布在大连、北京、上海、广州、深圳、郴州、喀什等地，建有国家级技术研发中心和北京研究所、深圳研究所等研发机构和国际、国内营销网络。

华录集团的前身是1992年6月经国务院批准成立的中国华录电子有限公司，目的是为发展中国录像机产业，建设世界最先进的视听产品关键件生产基地，从事多媒体信息记录、存储、处理及应用，创造和满足人们的时尚生活。华录集团经过不断的产业结构调整和产品结构调整，积极推进双层经营体制、管理创新，加大科研开发力量，经济效益稳步上升，企业规模不断扩大。2013年初，华录集团整体重组中国唱片总公司。华录集团拥有全级次控股企业85家，其中上市公司2家，参股企业8家。

华录集团定位于以信息产业为基础的新型文化产业集团，构建数字音视频终端、内容、服务三大产业板块，打造国内最完整的数字高清音视频产业链，拥有“中国高清第一品牌”“中国智能交通领先品牌”、获得国内影视剧“最有影响力企业”和“国家文化出口重点企业”“国有文化企业领导品牌”称号，同时拥有在海内外具有重要影响力的民族文化品牌“中国唱片（CRC）”，是第九届“全国文化企业30强”。

2016年，华录集团主动适应、把握和引领经济新常态，不断深化改革、加快发展、创新超越。在国务院国资委的正确领导和各股东单位的大力支持下，全体干部员工以集团新理念新思想新战略为指导，坚持问题导向和目标导向相统一，群策群力、顽强拼搏，超额完成各项经济指标，资产与经营质量进一步向好，创华录集团成立以来历史最好水平，实现“十三五”的良好开局。

【主要指标】

截至2016年底，华录集团资产总额201.67亿元，同比增长23.3%，每股总资产10.98元，放大9.98倍，资产规模进一步扩大。所有者权益131.86亿元，同比增长20.7%，资产负债率34.6%，高于行业优秀水平。营收、利润、利税总额及应交税金总额实现“两位数”高增长。其中，营业收入86.94亿元，同比增长23%；利润总额8.94亿元，同比增长15.2%；利税总额10.6亿元，同比增长14.7%；应交税金总额3.25亿元，同比增长37.7%。企业人员配置持续优化，全员劳动生产率由2015年的23.42万元/人·年上升到30.86万元/人·年，同比增长31.8%，员工综合素质稳步提高。总体来看，华录集团各项经济指标整体向好，较好完成国务院国资委的考核要求。

2016年中国华录集团有限公司主要经济指标

项　目	2015年	2016年	比上年增长（%）
资产总额（亿元）	163.59	201.67	23.3
所有者权益（亿元）	109.23	131.86	20.7
营业收入（亿元）	70.67	86.94	23.0
利润总额（亿元）	7.76	8.94	15.2
净利润（亿元）	6.87	7.87	14.6
归属于母公司所有者的净利润（亿元）	2.54	1.88	−26.0
技术开发投入（亿元）	4.67	4.51	−3.4

续表

项　目	2015年	2016年	比上年增长(%)
利税总额(亿元)	9.24	10.60	14.7
应交税金总额(亿元)	2.36	3.25	37.7
全员劳动生产率(万元/人·年)	23.42	30.86	31.8
净资产收益率(%)	5.61	3.84	减少1.77个百分点
总资产报酬率(%)	5.73	5.37	减少0.36个百分点
国有资本保值增值率(%)	105.52	103.36	减少2.16个百分点

【改革发展】 华录集团着力深化产权体制、人事机制、考核机制及分配机制改革。在产权体制方面，深入推进"瘦身健体"改革，将空壳企业、资不抵债企业、连续亏损企业纳入"压减"范围。截至2016年底，完成5家企业压减任务，超额完成2016年压减工作目标。在用人机制方面，实现干部选拔任用规范化、人力资源配置市场化、干部交流常态化。2016年，兼职任命和岗位调整5人，提拔任用10人，免职4人次，对子公司25名董监事进行补充和调整；从其他央企或地方国企采用社会化招聘方式择优录取3名中层干部；同国资委相关部门及地方政府之间建立干部交流的长效机制。在考核机制方面，修订经营者业绩考核办法，构建考个标准，对不同功能类型的企业突出不同考核重点，科学设置业绩考核指标及权重，实现差异化考核。2016年，华录集团免职1名二级单位班子成员，降职使用2名二级单位班子成员，对1名二级单位班子成员进行党纪处分，实现考核结果与奖惩相挂钩的考核方式。在分配机制方面，实施薪酬体系改革，颁布新实施的薪酬管理办法，完善薪酬标准，调整薪酬结构。工资总额在2016年初实现同口径10%增长的基础上，在年底又实现13.9%的增长，达到与市场接轨的目的，调动经营者和员工积极性，释放经营活力。

【重大项目】 华录集团把资本重组和资本经营作为产业结构调整和转型升级发展的重要推动力。一是强化以智能交通为基础的智慧城市产业进一步优化布局与扩展，推动北京易华录增资并购华录亿动，打通线上线下、科技文化的融合发展完整产业链。二是整合制造业务，提高经营效率。2016年5月，通过国有股权无偿划转方式完成华录影音与中唱上海联合光盘有限公司资本与业务重组。三是实施优势资源互补，避免同业竞争。2016年7月，推动完成华录文化公司与华录出版公司在人员业务重组、资产及债权债务清理工作。四是对接国际体育资源，开拓国际体育业务。2016年8月，在中国香港注册设立华录体育(国际)有限公司，吸纳以WSG核心团队为代表的国际体育营销人才，打造华录体育与国际体育人才的合作范例。五是整合外部渠道资源，打通研产销市场通道。2016年10月与厦门森宝集团共同投资设立华录森宝电子科技有限公司，扩大华录产品销售渠道，带动产业发展。

【重大创新】 华录集团坚持创新引领，持续强化自主创新驱动力。截至2016年底，华录集团拥有107项发明专利，442项实用新型专利，118项外观设计专利，690项软件著作权。其中，超短焦高亮度激光投影显示技术有效地融合激光光源、投影显示、智能电视三种技术，处于业界领先水平；大容量蓝光存储系统技术，可有效抵御电磁辐射干扰和人为篡改或病毒软件攻击，极大地提高数据存储的安全性和可靠性，广泛应用于数据中心、金融、档案、医疗、媒资、教育、安防等各个数据存储领域，填补国内空白；基于卫星技术的数字发行系统对卫星网络、互联网、信息安全、数字文化媒体生产等多种技术进行深入融合，填补卫星通信技术在数字出版领域应用的空白，支持卫星影院、妇联、健康传播、农家书屋、安监宣教等十余项业务；军民融合交通物联网公共服务平台，采用短程通信技术(DSRC)，对所有车辆安装汽车"电子身份证"——"汽车身份电子标识"(RFID电子车牌)，实现道路治安管控、交通安全管理、运输管理以及商用服务的效率最大化；智能交通车行云大数据应用平台是公安以及交警日常任务中应用广泛的业务系统，具备千万量级的天过车数据的采集能力、PB级超大存储能力、百亿级小文件系统秒级响应能力和交通大数据分析能力。

【党建工作】 华录集团认真开展"两学一做"学

习教育活动，深入贯彻落实党的十八届六中全会和全国国有企业党建工作会议精神，增强党对公司改革发展核心领导地位。重点落实党建工作“四同步”“四对接”，实现党建工作于年度中心任务、经营责任实现相融合。2016年，集团党委与直属10个基层党组织签署党建工作考核责任状，完成3个基层党组织换届，颁布实施《集团基层党组织规范化建设方案》；开展“两学一做”专项活动，制定落实《华录“两学一做”学习教育实施方案》，开展多形式宣传教育，制定教育督导工作方案；完善《集团党建工作考核管理办法》，细化党建考评项目15项；组织开展“四风”问题整治情况“回头看”专项工作，建立和完善制度17项；开展“三重一大”执纪监督，对2016年党委会、党政联席会、总经理办公会49份会议纪要，204项决策事项进行执纪检查；建立干部廉政档案，对集团直接管理的63名干部、间接管理的53名控股子公司领导成员完成廉政建档工作。

【信息化建设】 华录集团积极投入资源大力开展信息化体系建设，基于管理体系变革及产业协同发展需要，开展多个信息化系统开发和上限应用。完成集团OA系统全面升级，在下属22家子公司上线运行，审批流程700多个，各类审批单据2万多张；新增移动审批、合同管理、督办管理、图片新闻、视频会议申请等功能模块，实现移动办公平台上线运行，保障出行办公更加便捷。

【履行社会责任】 华录集团积极保障职工权益，履行社会责任。一是鼓励群众性技术创新。组织设立省技能大师工作室2个，市技能大师工作室3个，获得技能工作室资金40万元；组织参加技能竞赛，取得市一等奖1个，二等奖2个，三等奖1个，获得竞赛奖励2.2万元；首次取得群众新技术创新成果发表，7个项目荣获技术创新优秀成果，累计获得奖励1.55万元；收集合理化建议1.2万条，采纳1.03万条，取得经济效益200万元。二是开展扶贫互助送温暖活动。组织730人加入互助医疗项目；开展送温暖人数301人，发放慰问品、慰问金等合计19.3万元；为受困职工筹集捐款12万元；为定点扶贫河南省上蔡县建设多功能展示厅，并提供50万元的定点扶贫资金。

（撰稿人：王　立）

上海贝尔股份有限公司

【基本概况】 上海贝尔股份有限公司（以下简称“上海贝尔”）成立于1983年12月，是我国改革开放初期通信工业领域和高新技术领域最早成立的中外合资企业之一。2002年5月28日，上海贝尔又与法国阿尔卡特集团在华业务合并，实施转股改制。公司是中国最大规模的现代化通信产品研发制造企业之一，也是中国信息产业及高新技术领域的龙头骨干企业之一。公司注册资本6932579469元，外方股东阿尔卡特朗讯集团拥有50%+1股股份，中方拥有50%股份。

上海贝尔是中国通信行业第一家中外双方共同投资的股份制企业，是国务院国资委直辖的央企中唯一一家由中外股东共同管理的企业。公司通过不断深化对外开放和推动国企改革，形成国际化的、独具特色的治理架构。同时，公司党委通过“双向进入，交叉任职”融入治理结构，参与决策、带头执行、有效监督，发挥积极的政治核心作用。公司的成长历程是中国通信领域改革开放的一次成功实践，也是改革开放通信业发展的缩影。

2011年，为了进一步理顺公司股权关系，简化股权结构，在国资委的领导和支持下，完成中方股权划转，由中国华信邮电经济开发中心代持上海贝尔中方股份。2015年，上海贝尔外方股东阿尔卡特朗讯集团被诺基亚集团全球收购，由此上海贝尔外方股东变为诺基亚集团。

【主要指标】

1. 主要经济指标。2016年，公司完成营业收入145亿元，实现利润总额2.2亿元。初步测算经济增加值（EVA）为13亿元。研究与开发费23.2亿元。新产品新技术销售收入占总营业收入比重为62%。

2. 其他经济指标。公司资产总额为257.2亿元。净资产109.2亿元。资产负债率为58%（其中计息贷款占负债总额的2.4%）。期末存货库存24.7亿元；

净自有现金 107 亿元。

【改革发展】

1. 在新的国家经济发展新常态形势下，主动调整工作重心，从过去依靠市场高投入形成的高度增长期发展模式，逐步调整至通过企业内生动力，达到向质量型和效益型发展转变，使企业在把控当前效益的同时，更加注重长远的发展潜力，为企业未来健康发展打下坚实基础。公司通过科学制定中长期发展规划，根据时间跨度从五年到一年制定相应的战略规划，使企业始终保持正确的发展方向，同时使企业具有面对外界不确定因素的冲击能够稳步发展的能力。

2. 强化公司战略规划执行能力，落实经营目标，保障企业始终处于健康发展态势，公司最近几年持续全面开展专项提升和管理团队能力锻炼与提升的工作，通过系统的管理提升工作，实现公司业绩提升，管理人员思路、观念的提升，团队能力的提升和协作机制的优化，同时针对公司存在的库存、成本、质量和财经问题，通过专项工作组取得实质性改善。

3. 加快企业转型升级的步伐，公司通过调整产品结构，聚焦公司核心业务、核心产品，优化资源布局，增强企业核心竞争力，同时调整重点市场，海外业务拓展和国际化经营的深入开展，加快企业产品更新换代，逐步剥离低端制造环节，业务结构得到优化，持续开拓企业发展空间和可持续发展的能力，公司新业务占比达到 60%以上，海外业务超过 50%，转型工作取得明显成效。在战略发展规划的指导下，公司通过各项工作努力，不断巩固可持续发展的能力，保障公司健康稳健发展。

【重大项目】 上海贝尔拥有国家认定的企业技术中心，承担着多项国家重大专项。为持续推进技术创新，把握技术方向，公司着眼于 2020 年的网络和技术规划，在 2016 年重点开展“未来网络”技术战略和转型研究工作，为公司中长期产品规划做了有益的准备，也进一步加强与客户在前瞻性技术和战略方面的交流。通过探讨新思路、新技术和新模式，公司形成统一的“未来网络”架构，并与中国电信、中国联通和中国移动等运营商组织 20 次高层技术研讨和交流会，共同探索运营商的网络重构和未来网络的部署策略，获得用户高度认可。

2016 年，公司新申请发明专利 160 余项，新增授权专利 240 余项，牵头或参与国家通信标准化项目 81 项，向国际标准组织提交文稿 4000 多篇。

【走向海外】 2016 年，全球电信设备市场需求不旺，欧美市场项目延迟，拉美市场投资下降，国际市场发展放缓。直接出口方面，公司积极应对各种困难和挑战，同时借助国家关于“走出去”和“一带一路”的有利政策，充分利用中国融资优势，紧抓机遇开拓市场，2016 年销售额略好于 2015 年。成功突破一些重点市场：在菲律宾先后突破 Globe Telecom 4G 市场和 Small Cell 市场，Galactus 传输和 IP 等项目成功中标，Homerun 接入网项目也在积极进展中；成功拿下老挝和蒙古的 4G 市场；首次突破缅甸移动运营商 Telenor 市场，产品全面覆盖缅甸现有三大移动运营商；非洲市场实现进一步突破，与坦桑尼亚客户成功签署 IP 和光传输框架合同。公司积极开拓埃塞俄比亚、尼日利亚、莫桑比克、伊拉克、伊朗、中亚等地累积价值 20 多亿美元的中国融资项目机会，为直接出口业务的持续发展奠定基础。合作出口和国际运营业务安弗施(RFS)方面，不断优化组织结构，更换 CEO 和领导班子，集中优势兵力，加大管理力度，加快产品更新，精控管理成本和及时调节市场需求等措施，积极开拓新市场。

【重大创新】 上海贝尔技术中心由超前研究、产品开发、博士后科研工作站、公共研发能力中心、技术战略部、安弗施海外研发部等机构组成。公司继续聚焦核心战略产品，加快产品研发和产业化，坚持高科技创新投入，确保技术领先。无线领域，公司的贝尔实验室(中国)参加工信部组织的 5G 技术研发试验测试，在毫米波、大规模天线阵、新波形、网络切片等规定测试领域获得领导及相关专家的一致肯定。5G 技术在 28GHz 频段实现 10.17Gbps 的峰值速率，是唯一一家支持混合预编码技术的厂家，能够同时支持 8 个用户和 12 个数据流，其他参加测试的友商最多仅支持 2 个用户。4G 产品发布全新 LTE 商用系统版本 LR15.1，支持 3 个载波聚合 3CA、高铁 LTE 优化、VoLTE 性能增强等全新功能。固定网络领域，发布全球第一个对称 10G 和 40G PON 商用软硬件，为运营商提供千兆乃至万兆光纤入户能力；发布全球第一个集成 ZIGBEE 技术于 PON ONU 的 SMART

HOME端到端解决方案，能够在家庭的自动化控制、安防、设施的维护保养以及能耗的有效调节等方面给人们生活带来极大的便利；发布多款新型运营商定制HGU/智能ONU设备，年发货量接近800万台；发布PON MBH增强方案，更好的支持4G LTE小基站的回传，在多个中国移动省份获得部署。IP和光网络领域，IP产品发布Nuage VSP平台的最新版本；在IDC领域，通过NSP平台提供的创新调度能力，为运营商在面临突发网络访问流量的时候能够动态地、智能地平衡网络负载，并保障重要业务流量不受影响。光网络产品发布1830PSS－24x、1830PSS－16II、1830PSS－8，以及无线前传、数据中心互联和大客户租线业务接入等一系列新产品，不断完善端到端产品线，研发成功融合分组交换和OTN交换的POTN新技术。应用与分析领域，在网络虚拟化进程中，率先成为提供Cloud SBC产品并开始测试的厂家。继续保持IOC集成领域的市场占有率第一的位置。实时计费产品平台(SurePay)和计费网关首次推出基于云平台的部署。在公司新的通用软件基础平台CSF演进中，中国团队独立承担两个领域的开发工作。应用与分析团队牵头成立公司物联网任务团队，在上海市经信委牵头的“上海城域物联骨干网测试”工作中，IMPACT平台获得第一阶段测试高通过率。

【党建工作】 2016年是上海贝尔外方股东更替和中国区业务整合之年，公司的经营发展遇到各种困难，党组织作为企业领导核心和政治核心，提出“抓整合、稳经营、谋发展”这一全年中心工作主线和“做强做实谋发展，从严从实抓党建”这一全年党建工作主题，积极主动地将挑战转化为机遇。党委认真开展“三严三实”专题教育，以专题教育促中心工作，一步一个脚印、扎扎实实地开展每一个环节的每一项工作，突出问题导向，着力整改七大方面突出问题，并以正面典型弘扬“三严三实”精神；党委在企业改革发展中充分发挥政治核心作用，推动企业健康经营、转型升级，积极应对全球整合挑战，并从企业实际出发，在落实党管干部人才原则方面，着重抓好选拔任用标准的制定和执行、中方领导班子思想作风建设，以及后备干部、战略人才梯队建设；党委进一步推进党风建设和反腐败工作，落实“两个责任”，聚焦主业、监督执纪问责，推动自查整改，并加强中外联合共同推进企业合规建设；党委进一步夯实党建工作基础，打造党建工作信息化平台，加强组织发展和党员管理，强化基层党建工作考评，加强基层党务干部队伍建设和党员思想教育；党委进一步打造凝心聚力企业文化，党工团结合企业改革发展形势有针对性地开展群众思想政治工作，群团努力把握企业转型发展新常态，突出群团组织新作为，为企业改革发展凝心聚力促和谐；党委进一步完善履行企业社会责任、推进定点扶贫工作新机制，进一步实现以有限撬动无限和精准扶贫，赢得受助方党委、政府和群众的一致好评。

【履行社会责任】 秉持“科技创新，惠及全社会”的社会责任理念，上海贝尔根据党的十八届五中全会提出的创新、协调、绿色、开放、共享的可持续发展理念，认真落实国务院国资委各项工作要求，加强社会责任管理，社会责任工作取得明显成效。一是持续进行环保投入，强化节能减排，资源节约上效益。二是关爱员工身心健康，提升员工幸福感。三是强化供应商管理，实现供应链价值共享。四是勇担企业公民责任，全力做好通信保障工作。五是坚持编制社会责任报告，加强利益相关方沟通。六是支持国家“精准扶贫”战略，积极倡导员工志愿者活动。公司持续对国家级贫困县云南省宁蒗彝族自治县开展定点扶贫工作，2016年投入41.8万元，用以支持贝尔希望中学改善教学条件、开展教师培训，为当地两所小学捐建互联网电脑教室，组织员工结对捐资助学30.4万元，资助学生近400人。根据中组部安排，公司继2015年派出一位员工赴宁蒗官地坝村任第一书记之后，2016年又派出一位干部赴宁蒗任扶贫副县长，直接投身到当地脱贫致富攻坚战役第一线。公司先后获得“2016年度公益践行奖”等若干奖励。

(撰稿人：徐秋青)

武汉邮电科学研究院

【基本概况】 2016年，在国务院国资委的正确领导和大力支持下，武汉邮电科学研究院(以下简称“武汉邮科院")牢固树立和贯彻发展新理念,坚持以质量和效益为中心,积极培育新的发展动能,企业规模实现历史性跨越,创新实力得到进一步增强,产业结构调整得到进一步优化,可持续发展基础得到进一步夯实,党的建设更严更实。2016年,武汉邮科院合同额、销售额双双首次突破300亿元,创历史新高,比2015年分别增长21.5%、23.9%,其中,国际市场合同额与2015年持平,销售额同比增长12.5%。

【主要指标】

2016年武汉邮电科学研究院主要经济指标

项　目	2015年	2016年	比上年增长(%)
资产总额(亿元)	336.74	406.02	20.57
所有者权益(亿元)	141.97	153.00	7.77
营业收入(亿元)	204.32	257.54	26.05
利润总额(亿元)	8.46	10.47	23.76
净利润(亿元)	7.39	9.08	22.87
归属于母公司所有者利润(亿元)	1.29	2.32	79.84
技术开发投入(亿元)	21.65	26.06	20.37
利税总额(亿元)	14.32	23.03	60.82
应交税金总额(亿元)	5.78	12.65	118.86
全员劳动生产率(万元/人·年)	18.83	24.54	30.32
净资产收益率(%)	5.47	6.16	增加0.69个百分点
总资产报酬率(%)	3.47	3.57	增加0.1个百分点
国有资本保值增值率(%)	104.35	106.90	增加2.55个百分点

【改革发展】 集团层面改革持续推进。2016年,组织召开5次董事会,审议通过包括修订公司章程、制定公司基本管理制度、发起设立金融租赁公司等30项议案,组织编制《重大决策管理暂行办法》。

管理变革持续深化。下属公司烽火通信协同推进LTC、CRM、ISC等管理体系建设;光迅公司实现财务集中管控和内部供应链统一管理;虹信公司深入推进基于增量贡献理念的管理变革,人均效率持续提升;烽火众智通过市场需求指导开发、设计工作。

生产管理和质量控制进一步提升。编制《烽火科技智能制造2025行动纲要》,促进制造平台转型升级。下属各公司纷纷引入精益管理思想,推行产线调整,优化管理考核,实施看板监控,生产效率提升10%以上。成立提质增效工作领导小组,将"提质增效"作为全年重要工作来抓,进一步增强产品质量控制能力。

财务及人力资源管理进一步完善。严格执行基于费用包的增量利润分成机制,在顺利完成营业收入预算目标情况下,期间费用增长率低于收入增长率;下属各公司"三公经费"在年度预算基础上又有一定下降。加大人才引进和员工培训力度,进一步完善考核评价和激励约束机制建设,引导下属公司更加关注人力资源投入产出效率的提升,人均效益同比增长12.3%。

风险防控和困难企业治理进一步深化。武汉邮科院对所属68家境内公司资金管理情况开展全面"体检",并采取多种措施提高资金使用效率,防范汇率风险,降低资金成本,还有针对性地开展国内市场代理费内控专项审计、基建工程审计工作,组织编写《集团公司国际业务法律风险管理指引》,整体提升企业国际业务法律风险防范能力。加大对经营性现金流控制,加强预算与考核联动,积极开展应收账款对账、呆滞库存消化等专项工作,促进营、销、服协同推进"两金"压降,当年"两金"增幅低于收入增幅,资产周转效率进一步提升。成立处置"僵尸企业"领导小组和工作小组,推动银泰电源进行资产重组,新公司轻装上阵,积极拓展储能市场和其他新能源市场,企业面貌有较大改观。

【重大项目】 理工光科成功登陆深交所创业板,成为武汉邮科院第四家上市公司。烽火通信与美国超微携手成立烽火超微信息科技有限公司,布局服务器和存储设备业务,并设立武汉飞思灵微电子技术有限公司,打造高水平的微电子技术平台。光迅公司与法国技术团队建立合资公司,形成在丹麦研发生产无源集成芯片,在法国研发高端有源芯片和在美国开发混合集成封装技术三大海外平台。烽火创投积极对接国家战略新兴产业基金、长江经济带基金和地方政府引导基金，提升投融资管理能力。

"云"项目开始有效落地。居于"智慧湖北"十大工程之首的"楚天云"平台快速建成并成功上线，成为全国最大的省级政务信息枢纽交换平台；承建湖北省公共教育服务云平台；具有自主知识产权的云平台操作系统成功应用于楚天云、湖北省教育云和烽火企业云等大型项目；"智慧社区云平台"被工信部评为"2016年度优秀产品互联网创新解决方案"。

烽火研发中心建设一期项目全部投入使用。烽火通信拉美光缆厂正式投产开工，武汉自主光棒厂项目成功立项并完成前期准备工作，"烽云慧城"项目主体结构全部完工，进入园区整体配套设施建设阶段；光迅产业园二期工程稳步推进，主体建筑完成结构封顶。

【走向海外】 充分利用"一带一路"战略机遇，整合一线营销服务力量，完善全球战略布局，在巩固原有传统市场的同时，积极开拓新市场，新设立西班牙、墨西哥、阿根廷、埃及、摩洛哥、南非和肯尼亚代表处；在巩固原有主流产品竞争优势的同时，积极抢占高端重点项目，承建马来西亚电信400G传输商用系统项目，100G OTN首次在南美实现大规模突破，为印度最大固网运营商印度电信提供100G OTN端到端的"交钥匙"服务；GTN302等系列产品中标俄罗斯MegaFon协议转换项目，并获得最大市场份额；线缆产品供货新加坡电信，光缆产品规模进入埃及电信，出口额继续排名国内企业第一。此外，与中非发展基金等主体共同达成战略合作关系，奠定参与非洲信息高速公路建设的坚实基础。

【重大创新】 重大高端在研新项目取得新突破。在国内首次采用七芯光纤，实现560Tb/s超大容量波分复用及空分复用光传输系统实验；在国内首次实现基于硅光技术的单通道128G PAM4硅光调制10千米光传输系统实验；合作研制出采样率为36Gs/s、分辨率为6bit的高速模数转换器和数模转换器。

积极培育具有市场竞争力的优质产品。完成100G硅光相干调制器和ICR样机商用化封测和系统验证；研制出国内首个10Gb/s超长跨距相干光传输系统工程样机；烽火通信自主开发的400G光模块成功下线，XGPON相关芯片即将规模应用，OPGW生产线投产，海底中继器进入海试；光迅公司PLC—VOA芯片进入转产，10G EML芯片完成商用验证，850nm VCSEL芯片通过可靠性及器件认证，25G光探测器实现商用。

知识产权方面，完成专利申请757件，同比增长16%，2件专利获第九届湖北省专利金奖；新增主导5项国际标准、8项国际标准增补获ITU批准；承担国家、行业标准、研究课题155项，牵头完成21项，当年新增标准立项64项，牵头提交国际标准文稿119篇，110篇被采纳。

武汉邮科院整体创新实力引起各界高度关注，获国资委"科技创新优秀企业奖"，并在英国《自然》杂志"2015年产业机构全球研究实力排名"中，位列第38位，在中国上榜企业中位居第三。

【党建工作】 武汉邮科院始终坚决贯彻落实党中央及国资委党委系列方针政策，坚持党对经济工作的领导。2016年，精心组织、认真开展"两学一做"学习教育，以"党建基础管理提升年"为载体，全面落实党建工作进章程、党委会前置等要求，100%完成直属党组织换届选举工作，严格实施"四项排查"，着重清理党员组织关系，规范党费收缴，严把党员入口关，充分保障党务纪检监察人员政治经济待遇。武汉邮科院纪委以纪检工作目标责任书为抓手，规范纪律审查工作流程，继续开展内部巡视工作，突出政治巡视，强化对党员干部的教育、提醒和监督。进一步提升文化引领，创新文化传播手段；进一步推进群团工作效能，发挥平台作用，使群团工作真正围绕中心、服务大局；进一步提升安全生产保障能力，加大隐患排查和整改力度。2016年12月8日，武汉邮科院召开党的建设工作会，系统全面梳理党建工作中存在的"四个化"问题，并对强化从严治党进行再部署，这是自转制以来，组织召开的党建工作最高规格会议。

【信息化建设】 采用自有产品，实现信息化网络全面覆盖，同时持续实施"信息安全等级保护制度"，整改物理、网络、主机、应用等方面存在的问题，按照中央四部委要求开始建设网站群，为全院互联网网站提供统一的安全防护。整合全院人力资源的组织、人事、薪酬等基础数据，实现人力资源信息化系统上线；外事审批流程跟下属公司烽火通信、光迅公司的系统对接，提高审批速度；开发"三重一大"管理报表，为财务监管提供技术手段。

【履行社会责任】 积极参与精准扶贫、新农村建设和"三万活动"；推进困难职工救助和离退休人员管理信息化建设，建立65岁以上独居老人帮扶机制。

（撰稿人：张楚良）

华侨城集团公司

【基本概况】 华侨城集团公司（以下简称"华侨城集团"）成立于1985年11月，系隶属于国务院国资委管理的跨区域、跨行业经营的大型企业集团，以房地产及酒店开发经营、旅游及相关文化产业经营、电子及配套包装产品制造为三大主营业务。2009年11月，集团公司主营业务整体上市。截至2016年12月31日，集团公司总部设行政管理部、企业管理部、城区管理部、督察室、党委宣传部。下属全资企业8家：深圳华夏艺术中心、深圳华侨城欢乐海岸投资有限公司、嘉隆投资有限公司、深圳市康佳视讯系统工程有限公司、深圳市华侨城文化控股有限公司、深圳华侨城资本投资管理有限公司、华侨城（云南）投资有限公司、华侨城西部投资有限公司；控股企业2家：康佳集团股份有限公司、深圳华侨城股份有限公司；参股企业十几家：深圳兴利五金塑胶有限公司、华联发展集团有限公司、中国国旅股份有限公司等；事业单位1家：华侨城医院。在岗职工43588人。全年累计实现营业收入543亿元，同比增长7%；利润总额95亿元，同比增长7%；资产总额1741亿元，同比增长27%。

2016年7月，华侨城集团公司获得国资委年度业绩考核A级评价，这是2010年以来连续六年获得此荣誉，并被评为任期"业绩优秀企业"。华侨城连续三年雄踞全球主题公园集团四强；华侨城主题公园以超百万的选票优势荣膺"深圳十大文化名片"。

【主要指标】

2016年华侨城集团公司主要经济指标

项　目	2015年	2016年	比上年增长（%）
资产总额（亿元）	1369.57	1740.72	27
所有者权益（亿元）	506.91	557.79	10
营业收入（亿元）	506.93	542.56	7
利润总额（亿元）	89.33	95.39	7
净利润（亿元）	63.34	74.29	17
归属于母公司所有者的净利润（亿元）	48.10	41.82	－13
技术开发投入（亿元）	2.52	2.16	－14
利税总额（亿元）	191.18	164.38	－14
应交税金总额（亿元）	88.99	103.41	16
全员劳动生产率（万元/人·年）	38.69	45.34	17
净资产收益率（%）	13.84	13.96	增加0.12个百分点
总资产报酬率（%）	7.74	6.79	减少0.95个百分点
国有资本保值增值率（%）	117.73	108.41	减少9.32个百分点

【主营业务】

1. 旅游综合业务。

2016年，华侨城集团以新战略为指引，实施体制改革，创建"战区制"管控模式，围绕"文化＋旅游＋城镇化""旅游＋互联网＋金融"创新发展模式，在四川、云南、深圳等地，一系列城镇化和全域旅游重点项目取得突破，进一步巩固全球旅游景区集团"亚洲第一、世界第四"的行业地位。

2016年，旅游综合业务实现营业收入159.48亿元，同比增长29.44%；营业成本97.53亿元，同比增长37.36%；毛利61.95亿元，同比增长18.29%。各景区、酒店共计接待游客3119.67万人次，其中景区游客总量2740.2万人次，与上年持平。

以旅游板块为主业的华侨城股份是品牌卓著的综合性上市公司。拥有传统文化景区、欢乐谷连锁主题公园、生态休闲度假旅游景区、酒店、旅行社等类型旅游产品，包括深圳欢乐谷、锦绣中华、中国民俗文化村、深圳世界之窗、深圳东部华侨城、北京欢乐谷、上海欢乐谷、成都欢乐谷、武汉欢乐谷、天津欢乐谷、泰州华侨城、云南华侨城、华侨城旅行社；华侨城国际酒店管理公司及其管理的城市客栈、华侨城大酒店、威尼斯酒店和海景酒店等。

各景区中，锦绣中华、长沙世界之窗、上海欢乐谷、武汉欢乐谷经营收入稳中有增，其他景区有不同程度的下降，其中东部华侨城、成都欢乐谷下降较为明显。在激烈市场竞争中，一些景区加强产品品质提升，武汉欢乐谷二期、上海水公园二期如期推向市场；东部华侨城深挖国家级旅游度假区概念推出系列活动；京津欢乐谷联动、武汉推出双园套票等活动，取得较好效果。此外，各景区通过年底节庆和促销活动拉动，第四季度实现同比增长，对上半年因天气原因形成的经营缺口有一定程度的弥补。

酒店板块整体平稳。城区商务酒店保持高位运行，度假酒店经营压力依然较大，新酒店表现突出，前海华侨城大酒店全年入住率73%、完成收入1.6亿元并实现业主盈利，欢乐海岸酒店也实现盈利。

华侨城在城镇化项目中，实施“深耕深圳”战略，先后布局滨海华侨城、甘坑新镇、国际低碳示范城、大鹏项目、坪山文化旅游带、凤凰古镇、光明小镇、西丽“水源三村”、深圳国际会展中心、龙华红山文化商业项目十大重点项目；2016年，北京投资公司以股权收购方式取得门头沟斋堂镇首批土地开发权；武汉杨春湖、南京华侨城、南昌华侨城等项目也相继落地；还完成四川安仁、天回、黄龙溪三大名镇战略协议签约；与云南省政府签订战略合作协议，同云南世博、云南文投、云南城投三大文化旅游集团全面合作，深度参与云南全域旅游开发。

在金融投资方面，2016年，参与渤海证券增资扩股，成为其第三大股东。香港华侨城作为发起人之一参与西银租凭股份有限公司的设立，并作为LP投资远致海等4支产业基金。

2. 房地产业务。

2016年，随着中央降准降息以及针对房地产“去库存”“降首付”等政策的实施，公司房地产业务密切把握政策导向和新型城镇化带来的机遇，加大关注市场需求，借助商业模式和产品组合创新，推进项目拓展，取得良好的经营效益。2016年，实现营业收入223.96亿元，同比增长11.86%；利润总额76.14亿元，净利润56.56亿元。

新项目方面，2016年，华侨城与招商局蛇口共同投资310亿元竞得深圳大空港“深圳国际会展中心”项目地块；西南区域，投资8亿元取得成都项目地块；中部区域，投资53亿元竞得武汉杨春湖房地产开发地块，投资71亿元竞得南昌项目地块；华东区域，与华润投资70亿元竞得上海闸北房地产开发地块，投资24亿竞得南京河西项目地块。

旧城改造项目稳步推进，2016年新签约旧改项目7个，包括沙井工改项目、富民工业区项目、沉香基地项目、武汉国际文化中心项目等，共计占地面积140万平方米，可实现改造面积360万平方米。

2016年，房地产业务围绕去库存，多渠道拓展客源，适度控制平均房价，加快推盘节奏，全年实现签约销售面积113.4万平方米，较2015年增长25.53%，去库存成效显著。其中，房地产公司深圳本部楼盘销售取得不俗的业绩。新天鹅堡一期实现销售66亿元；香山美墅花园开盘当日销售率达到83%，香山里花园三期开盘当日销售率达到69%，销售金额83亿元；华侨城（上海）置地在高价产品销售方面取得突破，全国首家宝格丽公寓落地苏河湾，开盘首日劲销100套、成交金额20亿元，为公司提前在第三季度就完成年度任务奠定扎实基础。

3. 电子业务。

华侨城以康佳集团股份有限公司为代表的电子业务，主要从事彩色电视机、手机、白色家电、生活电器、LED显示屏、机顶盒及相关硬件产品研发、制造和销售。

2016年，受近年家电刺激政策终止市场萎靡、运营成本持续增高、互联网企业批量跨界竞争等诸多不利因素影响，公司彩电业务销售收入从2013年起连续出现一定幅度的下降。

其中，内销彩电销量486万台，同比增长1%；收入81亿元，同比下滑6.9%。但由于内销彩电市场销售结构的大幅改善，亏损面同比收窄5.5亿元；康佳白电通过产品结构升级、渠道精细化管理提效等经营措施实现业绩增长，白电业务实现销售收入14.5亿元，同比增长11.62%，利润亏损面大幅减小；康佳手机内销市场成功启动，手机业务均价得到大幅拉升，整体收入规模大幅增长，手机业务实现销售收入9.9亿元，同比增长20.1%，销量231万台，同比下滑6.5%，经营亏损面大幅收窄，同比减亏1451万元；海外事业部积极调整战略，集中精力于重点市场和区域，稳住老客户、开拓新客户，通过720、542、660系列及多款高端机型的销售，在非洲、亚太、中美、欧洲等区域的重点客户实现倍增式发展，确保销售收入规模的基本稳定，销量同比增长8.8%，净利润2350万元，同比扭亏为盈。

2016年3月，康佳获得由国家质量监督总局下属的质量万里行促进会颁发的“五星级服务质量奖”；9月，荣获中国质量检验协会颁发的全国质量诚信标杆典型企业；11月，康佳劲速电视LED65S8000U及LED65X81S分别获得“2016年中国音频产业技术创新奖”“2016年中国音视频产业产品创新奖”；12月，在中国平板电视行业大会上，康佳LEG55G9200U荣获“2015—2016年度平板电视十大精品奖”，康佳OLEDV91系列摘得“2015—2016年度彩电行业技术成就奖”。

4. 纸包装业务。

纸包装业务以香港华侨城为平台，拥有深圳实力雄厚的“华力”系纸包装企业，主要为客户设计、制造高品质的瓦楞纸板、纸箱、彩盒等产品，提供一体化包装方案。1985年成立第一家工厂深圳华力，在上海、中山、安徽、惠州及苏州等地投资建设生产基地，实现全国性战略布局，客户网络覆盖珠三角、长三角等重要区域。

2016年，包装业务积极提升运营效率、降低经营成本。重新梳理包装业务内部工作流程，强化管理职能；通过精简冗员，压缩外设租仓等举措推进企业降本增效，安徽华力同比成本大幅下降；开展部分生产环节智能制度技术革新，中山华力推行的纸卡板智能制造项目进入调试阶段，惠州华力完成第一阶段钉机生产自动化改造；大力推进华为ERP系统应用，新建工厂苏州华力全面导入ERP系统管理。

受宏观经济下行影响，实体经济整体下行，国内制造业及为其配套的包装企业经营成本持续上升、需求增长乏力，整体经营形势严峻。面对这种“内外交困”的局面，香港公司和下属各华力企业积极应对，通过营销创新，开拓市场销售，推进跨区域客户的业务合作，关注客户动态，制定行动计划，落实责任人滚动跟进。康佳包材的招投标工作顺利完成，宜家、创维、中粮等区域客户的销售同比实现20%以上增长，对稳定销售起到积极和促进作用。通过努力，完成全年销售任务。实现营业收入8.07亿元，同比下降1.92%；利润总额0.84亿元，同比下降10.58%。

【改革发展】

1. 发展模式创新。

推进“文化＋旅游＋城镇化”创新模式。华侨城提出以“文化＋旅游＋城镇化”创新模式参与国家新型城镇化建设，通过PPP模式与政府、城镇和社会资本广泛合作，力争在全国建成若干个大型新型城镇化示范项目，并在城镇化建设中启动“美丽乡村”计划，构建100座具有中国传统文化特色小镇，创造创业和就业岗位，推动共同富裕。

推进“旅游＋互联网＋金融”创新模式。华侨城提出创新运用互联网思维，构建并发行华侨城旅游卡，让游客一卡游遍各个景区的发展思路。通过轻资产经营，使华侨城管理的景区数量初步达到58家，彻底提升旅游业盈利能力，实现景区数量规模化发展。

推进混合所有制改革。华侨城提倡共享经济，注重与各种所有制资本取长补短、相互促进、共同发展，在放大国有资本功能，提高国有资本配置合运行效率等方面，收到良好效果。

2. 实施大区制的专业化、扁平化改革。

按照国资委压缩管理层级要求，华侨城着手建立大区制，整合原有散布的项目，成立北方集团、西部集团、华东集团、深圳东部集团、深圳西部集团等区域公司，实现区域经营权的适度下移和管理扁平化。

3. 康佳剥离制造业改革。

经过对康佳集团各业务环节竞争力和发展潜力的深入研究，华侨城计划将劳动力较为密集、产能层次不高、竞争力较为薄弱的制造环节卖掉，集中精力做强研发、品牌、营销，同时对接深圳的优势产业布局与发展方向，进入战略性新兴产业。

4. 多层次增强金融能力。

华侨城加大金融业务实力，探索从产业和金融互动发展去规划发展。一是先后与国家开发银行、中保投资公司总计签订2200亿元融资战略合作协议，为华侨城各地城镇化建设提供资金保证；二是在集团层面搭建三个金融平台，包括成立华侨城资本投资公司，提升香港华侨城融资能力，积极与国开行成立旅游发展基金；三是加大在资本市场开展兼并收购，鼓励各地子公司积极获取金融资源。

5. 选人用人机制改革。

实行人才公开招聘、公开选聘、公开竞聘。三级公司副总经理在全系统公开招聘，有年龄限制，10名候选人由集团党委会记名投票选出5个，现场出结果，如果票数一样，则党委书记投票算两票。该制度的实行对年轻人激励很大，广泛调动管理骨干的工作热情。

6. 推进集团公司董事会改革。

按照中央深化国企改革的指导意见，贯彻全国国有企业党的建设工作会议精神，2016年中旬，华侨城启动集团公司董事会改革工作，研究提出《华侨城集团关于规范化董事会建设方案》，以坚持党对国有企业的领导及建立现代企业制度为原则，基于新战略实施的需要，以董事会建设为核心系统推进华侨城集团的现代企业制度建设。

【党建工作】 全国国有企业党的建设工作会议召开后，华侨城集团公司党委立即着手部署公司章程修订工作。修订的公司章程明确公司根据《中国共产党章程》规定，设立中国共产党的组织，建立党的工作机构，配备党务工作人员，党组织机构设置、人员编制纳入公司管理机构和编制，党组织工作经费纳入公司预算，从公司管理费中列支。

（撰稿人：薛　晔）

南光(集团)有限公司

【基本概况】 南光（集团）有限公司（以下简称“南光集团”）是唯一一家总部设在澳门的由国资委监管的中央企业，其前身南光贸易公司创建于1949年8月，是澳门最早的中资机构。1985年南光集团正式成立，隶属于原对外贸易经济合作部。1999年9月，南光集团划归原中央企业工委管理。2003年3月，成为国务院国有资产监督管理委员会监管企业。2015年11月，经国务院批准，南光集团与珠海振戎有限公司实施重组。2016年4月，珠海振戎公司等4家企业正式成为集团二级公司，截至2016年底集团下属二级公司13家。在60多年的发展历程中，南光集团为新中国的成立和建设、抗美援朝、发展对外经贸事业、加强两岸交流、促进澳门的顺利回归、繁荣稳定和民生供应保障都作出重要贡献。

南光集团是澳门最大的综合性公司，是澳门最大的能源产品和主要的鲜活冷冻食品、酒店旅游会展、物流服务供应商，对澳门的非博彩经济和社会发展有着举足轻重的作用。南光集团负责管理澳门唯一的公共油库，独家为澳门机场提供飞机加油服务，是澳门城市天然气管网的建设和运营商，石化燃料供应占澳门市场的70%以上；是澳门电力公司最大股东，持有澳电38%股权；是澳门鲜活商品主要供应商之一，鲜活商品供应占澳门市场的40%左右；是澳门公共交通服务主要服务商，线路占本澳公交线路总量68%，也是澳门最大的陆路客运运营商；是在澳门为澳门居民办理《港澳居民来往内地通行证》，为台湾同胞办理《台湾居民来往大陆通行证》，为外国人代办入境中国签注申请的唯一指定单位；此外还负责经营澳门最大的干、冻仓库和内港码头、跨境货运车队等业务。南光集团是特区政府4个政策咨询机构的顾问、委员，是澳门中国企业协会、会议展览业协会、旅游商会、酒店旅业商会的会长单位，澳门中华总商会的副会长单位。

【主要指标】 截至2016年底，南光集团实现营业收入413.28亿元；实现利润总额10.13亿元。2016年，南光集团总资产193.28亿元，员工总数5034人。

2016年南光(集团)有限公司主要经济指标

项　目	2015年	2016年	比上年增长(%)
资产总额(亿元)	162.90	193.28	18.65
所有者权益(亿元)	136.80	161.24	17.87

续表

项　目	2015 年	2016 年	比上年增长（%）
营业收入（亿元）	161.35	413.28	156.14
利润总额（亿元）	8.56	10.13	18.34
净利润（亿元）	7.46	9.08	21.72
归属于母公司所有者的净利润（亿元）	7.65	9.19	20.13
利税总额（亿元）	9.47	12.33	30.20
应交税金总额（亿元）	1.90	2.44	28.42
全员劳动生产率（万元/人·年）	27.84	38.36	37.77
净资产收益率（%）	6.13	6.21	增加 0.08 个百分点
总资产报酬率（%）	5.35	5.45	增加 0.10 个百分点
国有资本保值增值率（%）	111.50	112.10	增加 0.60 个百分点

【改革发展】

1. 继续做好南光集团与珠海振戎公司重组工作。在管理关系上加强优化整合，把原珠海振戎公司拆分为 4 家公司作为二级公司建制进行管理，进一步完善企业运营平台。按照精简高效原则，大力压缩管理链条，明确 4 家企业的内设机构，员工编制及具体职数，原珠海振戎公司不再保留总部职能，集团总部也没有增加新的机构、新的人员编制，在组织机构、干部配备、运行机制上完成与现有管理体制的无缝衔接。

2. 内部资源整合重组深化改革。按照"集团多元化、二级公司专业化"战略定位，重组整合珠海振戎等 4 家企业纳入集团二级公司管理，2016 年完成 8 家单位股权内部转让和南光文创新设等工作。通过组织架构的调整，理顺产权和管理关系等举措，管理效率得到提高，管理成本下降，内部资源协同能力有所增强，企业经营效益和抗风险能力得到进一步提升。

3. 进一步完善业绩考核体系。按照国资委新实施的考核办法，结合集团经营特点和发展实际，以突出短板和差异化考核为重点，进一步完善业绩考核体系，督促各二级公司加强业绩考核目标跟踪监测，推动建立考核目标的季度分解。

【重大项目】

1. 顺应粤澳合作新模式，参与横琴新区建设。

2009 年，中央决定开发珠海横琴岛，规划将横琴新区建设成为"一国两制"下探索粤港澳合作新模式的示范区。2015 年，横琴新区被列入自贸区。横琴新区作为促进澳门经济适度多元化的新载体。2014 年"南光横琴大厦"综合体项目通过澳门特区政府筛选，作为"粤澳合作产业园"33 个重点之一，2016 年破土动工建设。

2. 推进澳门天然气管网基础建设，成果初现。

为推动澳门清洁能源市场，南光集团从 2011 年启动澳门天然气管网基础设施的投资和建设，截至 2016 年底，累计完成投资近 3 亿元。2016 年已投用通气管线 43 千米，调压设施 84 座，路环门站、营运中心、北安加气站等设施已投入使用。横琴澳门大学，驻澳部队军营，6500 多套政府公屋、金峰南岸等居民用户，以及巴黎人、新濠影汇、永利皇宫、十三第酒店、金沙城等大型建筑物已使用天然气。天然气正在实实在在走进澳门人的生活。

3. 提高澳门公共交通服务质量，业务稳定增长。

南光集团作为澳门公共巴士的主要运营商，2016 年新增 3 条公交线路，新购 109 辆公交大巴及配套设施，在不断改善澳门公共交通硬件环境的同时，注重提高服务质量，新开通手机实时查询车次等，获得居民的普遍好评。全年客运业务取得新的成绩，同比增长两位数，较好完成全年保增长的目标任务。

【信息化建设】 信息化建设以强制应用、强化应用为主线，坚持开展信息化应用水平评价，各公司实施业务系统深化应用整改方案，深入开展业务系统深化应用，积极引进新平台，探索传统业务转型与管理创新；集团总部实施内部资源整合方案和重组后管控系统推广方案，进一步推动信息化与集团生产、经营和管理的深度融合和创新发展。

【履行社会责任】 自觉践行绿色发展理念，动态监测能源消耗，加强精细化管理，主要企业能源消耗费用同比下降 10%，连续多年同比下降，实属不易；客运企业加大节能减排新技术、新产品应用，引进天然气巴士和电动巴士，不断提高新能源巴士占比，为澳门特区环保事业作出新贡献。

积极履行央企社会责任。与广东省交通集团所属企业共同投资设立特种货物运输企业，妥善解决内地输往澳门的危化品运输存在一定的安全隐患问题，承担起粤澳两地跨境危化品安全运输的任务。与昆明市签署《扶贫合作发展战略框架协议》，从劳务输出、产业合作、捐资助教等方面全方位扶贫。在第一批派驻扶贫村干部基础上，2016年又分别向云南省禄劝县和甘肃省临夏县选派挂职副县长，推进精准扶贫。组织集团员工为对口扶贫学校学生捐款购置校服1800套，为支持贫困地区教育再作贡献；持续参与“公益金百万行”“同善堂”、澳门义工活动等公益活动，进一步增强员工的社会参与感和责任感，获得社会各界认可，荣获澳门“企业社会责任大奖”。2016年，集团捐赠总额766万港元。

（撰稿人：卢　博）

中国西电集团公司

【基本概况】 中国西电集团公司（以下简称“中国西电集团”），是国务院国资委直接监管的输配电成套设备研发制造企业，成立于1959年7月，是以我国“一五”计划期间156项重点建设工程中的5个项目为基础，发展形成的以科研院所和骨干企业群为核心，集科研、开发、制造、贸易、金融为一体的大型企业集团。截至2016年12月31日，中国西电集团拥有全资和控股子公司（单位）60余家，其中包括4个国家级企业技术中心和工程实验室，4个国家级质量检测中心，3家承担进出口、国内营销、金融等业务的专业公司，现有从业职工20000人。

2016年，中国西电集团以五大发展理念为指引，坚决贯彻落实党中央各项决策部署，认真学习落实习近平总书记在全国科技创新大会、全国国有企业党建工作会议上的讲话精神，按照国务院国资委的年度工作安排及相关部署，围绕集团年度重点工作，着力加强党的建设，全力推进创新发展，积极应对各种困难和挑战，统筹推进促改革、稳增长、调结构、抓创新、强管理各项工作，实现稳中有进、稳中提质，全面完成各项任务。

【主要指标】 2016年，中国西电集团实现营业总收入164.5亿元，同比增长4%；实现利润总额12.3亿元，剔除2015年同期处置股权获得7.07亿投资收益因素影响，经营性利润同比增长32.7%，净利润、归属于母公司所有者的净利润、利税总额、应交税金总额、净资产收益率等关联指标，较2015年均有不同幅度增长；技术开发投入12.3亿元，同比增长23%；其他经济指标与2015年基本持平。

2016年中国西电集团公司主要经济指标

项　目	2015年	2016年	比上年增长（%）
资产总额（亿元）	376.0	392.4	4.0
所有者权益（亿元）	226.6	233.3	3.0
营业收入（亿元）	157.8	164.5	4.0
利润总额（亿元）	16.3	12.3	－24.0
净利润（亿元）	13.0	10.4	－20.0
归属于母公司所有者的净利润（亿元）	8.2	4.9	－40.0
技术开发投入（亿元）	10.0	12.3	23.0
利税总额（亿元）	24.7	20.8	－16.0
应交税金总额（亿元）	4.5	3.6	－20.0
全员劳动生产率（万元/人·年）	21.2	22.4	6.0
净资产收益率（%）	6.63	3.8	减少2.83个百分点
总资产报酬率（%）	3.2	4.5	增加1.3个百分点
国有资本保值增值率（%）	102.5	99.2	减少3.3个百分点

【改革发展】 深入贯彻落实习近平总书记在全国国有企业改革座谈会上的重要指示精神，以“1＋N”系列文件为指导，以改革促发展。一是积极稳妥推进压缩管理层级、减少企业法人户数工作。制定工作方案，采取兼并重组、股权转让、减资退出等方式完成计

划目标。二是实施内部资源重组。将西电销司转型为西电新能源公司，探索新能源业务领域转型升级发展；对所属西高院的科技研发和试验检测业务进行拆分，将研发业务组建完成西电研究院，开展重大自主创新研发，为新领域新技术新业务的创新、创业与技术孵化、新技术领域领军人才培养提供支撑。三是以结构调整为目标，将三项制度改革与集团"僵尸企业"处置、困难企业治理、管理层级压减、提质增效等改革发展工作统一协调，对人员进行结构性调整；强化工资总额过程管控，对于效益明显下滑的企业及时预警，实现效益与工资的同向变动。

【重大项目】 密切跟踪市场和行业变化，细分市场、精耕市场，成功中标锡盟—胜利特高压交流工程、山东环网1000kV特高压交流工程、昌吉—古泉±1100kV特高压直流工程、渝鄂直流背靠背联网工程、扎鲁特—青州±800kV特高压直流工程、滇西北至广东特高压直流输电工程、穗东换流站及从西换流站备用换流变招标，中标金额达到47亿元，特高压市场占有率达到16.2%。中标巴西美丽山二期直流项目，中标总金额11.3亿元。

【走向海外】 积极参与"一带一路"建设，不断提升国际市场开拓能力，加快企业走出去步伐。一是海外制造基地建设进展顺利。中国西电集团通过"资本+技术"的方式，在埃及、印度尼西亚等国家建设海外基地，并以此为依托，带动周边区域的市场拓展。二是发挥海外营销网络优势资源，加强海外市场开拓的一体化管理，形成"走出去"合力，全年完成出口新增订货26.7亿元；与英国国家电网公司签署3+3年《变电站一次设备供货/安装框架协议》；签约美洲厄瓜多尔电站线路总包项目、亚美尼亚变电站成套改造项目。三是积极参加德国汉诺威工业博览会、印度电力电工展、全球能源互联大会等多个展会，有效提升西电品牌知名度及行业认知度。四是不断推进产品的国际化认证工作，在调研国际市场产品需求情况的基础上，依照IEC和IEEE标准，实施GIS、断路器、隔离开关、电容式电压互感器、电流互感器等18项国际产品研发认证。

【重大创新】 积极贯彻五大发展理念，始终将技术创新作为立身之本。一是开展重大自主创新研发，为新领域新技术新业务的创新、创业与技术孵化提供支撑。成功研制550kV旁路断路器、1100kV四断口柱式断路器、高耦合分裂电抗器、完成超高压大容量变压器抗短路试验、CTA5—1大功率全弹簧操动机构、小组件换流阀用饱和电抗器等。二是与科研机构、高校、中央企业及用户建立创新联盟，开展产品技术开发和行业前沿技术合作研究。与中核集团联合开展的210kA发电机保护断路器研发，解决部分关键核心技术；西电—交大研究院在灭弧室结构和开断性能研究、电压源换流器拓扑结构及控制方法研究等方面实现突破。三是深入开展"大众创业、万众创新"，完成西电创客空间建设方案和管理办法，举办青年职工创新大赛，联合西安交通大学共同举办2016年"西电智慧电气杯"大学生创新大赛，22所高校200多名选手的参与，为西电新业务拓展提供有益借鉴。

【党建工作】 深入学习党的十八届六中全会和全国国有企业党建工作会议精神，全面加强党的建设。一是扎实开展"两学一做"学习教育，突出问题导向，带着问题学，针对问题改，把学习成果转化为深化企业改革、提高企业效益、增强竞争实力的具体行动，落实到经营管理各项工作中。二是对中国西电集团和中国西电电气股份有限公司章程进行修订完善，把企业党组织内嵌到公司治理结构之中；统筹开展子企业章程修订工作，集团党委制定相应的章程模板，指导和规范子企业章程修订工作。三是建强基层党组织。加强公司海外工作机构党的建设，成立西电印尼、西电埃及党支部，并纳入组织管理；成立集团直属党委，推动所属单位基层党支部完成换届工作；编制印发《基层党支部工作手册》，规范党支部日常管理。四是以落实"两个责任"为抓手，推动全面履行从严管党治党责任，2016年充实纪检部门内设机构和人员，健全集团纪委、纪检监察室、子企业纪委的监督协同机制。

【信息化建设】 依托国家智能制造项目，围绕企业转型升级，积极推进信息化与管理、制造、服务过程的融合。一是完成"高压开关智能制造数字化车间"和"超(特)高压变压器智能制造数字化车间"两个智能制造数字化车间项目验收，新获批"开关设备数字化车间标准及实验验证"国家智能制造专项，新承接

"特高压断路器大功率液压弹簧操动机构"和"特高压开关设备可靠性与全生命周期公共服务平台"两个国家工业强基项目，加快企业智能制造建设步伐。二是实施产品全生命周期管理和供应链管理系统，推进集团管控、设计与制造、产供销一体、业务和财务衔接等关键环节的集成。

【履行社会责任】 2016年，中国西电集团连续第五年发布社会责任报告，系统披露公司在经济、社会、环境方面的履行情况。

扎实推进节能减排工作，完成12家企业能源管理体系贯标工作，组织6家主要用能企业开展能源审计，能源管理体系规范运行；应用LED照明、余热利用、新能源使用等环保工程技术，建成水、气、声、渣相关处理设施44个；全年万元产值综合能耗下降3.22%，化学需氧量下降1.65%，氨氮下降8.52%，二氧化硫下降3.4%，氮氧化物下降4.41%，实现节能减排工作稳步发展。

落实中央"精准扶贫"工作要求，向陕西省麟游县推荐1名挂职副县长人选，向定点扶贫村推荐1名第一书记人选，组织西电医院医护人员赴麟游县酒房镇开展义诊800余人次；对72户贫困户家庭进行走访确认并建档立卡，发放产业扶持补助款、困难救助金及助学款14.1万元。以阳光基金会为依托，以"交友帮扶""送温暖""互助合作保障"等工会品牌工程为载体，帮助困难职工1231人次，发放各类帮扶金及慰问品合计91.5万余元，发放各类互助金39.4万余元。

（撰稿人：王立娟　林在强）

中国铁路物资(集团)总公司

【基本概况】 2016年，中国铁路物资（集团）总公司（以下简称"中国铁物"）坚决贯彻落实中央领导批示和国务院国资委工作要求，千方百计筹措资金，确保68亿元债券兑付和资金链安全，妥善化解债券兑付危机；以市场化、法治化原则启动债务重组，并在9个月内达成重组协议；围绕"十三五"战略规划提出的"1236"总体发展思路，全面树立经营开发龙头地位，回归和聚焦铁路产业，深耕主业，开拓创新，各核心业务单元均实现创利；狠压带息负债，深化企业改革，强化资产盘活，夯实基础管理，加强党的建设和反腐倡廉工作，改革脱困取得显著成效。

【主要指标】 2016年，中国铁物实现营业收入556.4亿元，利润总额2.8亿元，结束连续3年的亏损状态。2016年末资产总额395.2亿元，总资产报酬率4.4%，较上年增加6.9个百分点。技术开发投入752万元。

【改革发展】 2016年，中国铁物在集团总部推行"大部门制"改革，对总部组织机构进行重建，对新设组织机构的部门职责、岗位设置、人员编制进行全面梳理，对总部副总经济师及以下在岗人员进行全体解聘、重新竞聘上岗，并对部分空缺岗位进行对外公开招聘。经过改革调整，集团总部部门从25个调整为16个，人员从373人减少至143人；同步对全系统的管理幅度和层级进行压减优化，二级公司由40余家压减至23家，提高管控效率；继续对所属公司实施专业化、集团化重组，完成轨道、国际集团组建，完成物流、工程服务集团可研，加速经营资源向优质业务集中；以深化改革为契机，加速"瘦身健体"，净压减法人单位6户，占应压减总户数的22%；加大减员力度，优化人员结构，压降人工成本，2016年全系统总计减员1916人，员工总数压降16.5%，在岗员工总数压降23%，人工成本降低8.9%，员工队伍整体稳定；先后制定《股份公司总部人员薪酬管理办法》《二级公司企业负责人薪酬管理办法》《关于鼓励二级公司贸易业务开发的指导意见》等文件制度，通过三个层次的薪酬体系安排，规范总部人员薪酬管理，对二级公司企业负责人年薪进行分类管理，建立绩效优先的薪酬分配和考核体系。

【重大项目】 2016年，中国铁物进一步巩固中国铁路总公司（以下简称"铁总"）管理物资代理服务市场的龙头地位，服务65个建设单位的132个建设项目，组织铁总管理物资招标12次，金额143亿元，尤其是承担京沈、蒙华等国家重点项目的物资代理服务，保障重要物资采购供应工作的规范、高效开展；同时积极拓展建管及运维物资代理服务市场，全年完成建管物资代理招标额 36.5 亿元、运维物资代理招标额 119.7 亿元，实现招标代理收入 1.3 亿元，得到铁路局等用户的广泛好评。并为蒙华铁路、玉磨铁路、京津冀城际铁路、昌赣铁路、上海轨道交通建设项目、北京新机场项目等重点项目工程供应钢轨、道岔和扣配件等线上料物资，及钢材、水泥、粉煤灰等建设物资，并积极拓展相关物流配送服务。

2016 年，中国铁物重大项目对外投资主要为满足项目续建需要，主要为所属成都公司青白江物流综合服务中心 A 地块项目续建投资。该项目拟建设仓库、办公及配套用房以及铁路专用线等，项目投资总额 59630.67 万元，2014 年上半年开工建设，截至 2015 年底累计完成投资 25671.12 万元，2016 年完成投资 5596.07 万元。

中国铁物高度重视科研开发工作。一是中国铁物于 2016 年 6 月承担的“十二五”国家科技支撑计划课题“铁路行业燃油全程供应链第三方物流服务平台研发与应用”顺利结题，建成铁路燃油行业唯一的、权威的综合新技术平台，实现铁路燃油供应链采、运、储、用全程一体化运行模式。该系统覆盖国铁 18 个铁路局、313 个机务段上油点，覆盖铁路柴油消耗总量的 99%以上。二是开发钢轨全寿命平台，以全面整合钢厂、焊轨厂、运输、铺设、运营维护和报废等信息资源为目标，为铁路提供从钢轨生产、使用至报废回收的全生命周期的数据和信息支持。该平台于 2016 年投入使用，实现线路调查、定期观测等廓形检测数据的有效整合，推动钢轨保护新兴业务的开拓。三是《高速铁路焊轨基地系统技术及研究应用》项目获得中国铁道学会科学技术特等奖。该项目构建高速铁路焊轨基地的技术标准体系，研发高速铁路焊轨基地系列成套设备，首创焊轨基地一整套工艺技术，实现钢轨焊接全流程的自动化、数字化和信息化，建立高速铁路焊轨基地质量评价体系。

【走向海外】 中国铁物以“铁路业务为中心，重点开发‘一带一路’沿线国家、北美地区铁路市场”，对有前景的国家和地区进行重点开发，形成向伊朗出口铁路装备和配件的中东市场；以印度为中心的铁路建设市场；以中老铁路为载体的老挝市场；以香港特区为中心的东南亚地铁市场；突破中国台湾铁路市场；巩固传统的北美市场。2016 年，获得向澳大利亚出口 4500 万元蓄电池机车项目；与印度新签 6110 片车轮供应合同；与美国客户新签车辆配件、线上物资供应合同 2942 万元；向台湾地区销售钢轨项目，合同金额 2906 万元；向台湾地区销售 40 台漏斗车；向孟加拉出口钢轨 910 万元；向伊朗国家铁路工程公司出口 9100 万元铁路装备；启动中老铁路甲供物资服务工作，包括项目考察、招标服务、资源组织、供应协调等具体工作；完成 286 万吨铁矿石和 3.6 万吨钢材出口业务。

【重大创新】 2016 年，中国铁物投入科研经费 752 万元，顺利通过北京市高新技术企业复审认定工作。全年申报轨道维护科研项目 6 个，均已相继完成结题工作。

表 1　2016 年中国铁路物资(集团)总公司申报轨道维护科研项目情况

序　　号	项目名称
CRMTH201501	U75V 热处理轨在尖轨中的应用研究
CRMTH201502	钢轨优化使用研究方案
CRMTH201503	质量监督作业工具改进研究
CRMTH201601	以互联网＋的思想促进道岔质量监督技术提升可行性的研究
CRMTH201602	质量监督钢轨质量指数研究
CRMTH201603	普速铁路钢轨打磨工艺标准研究

2016 年，中国铁物申请专利 11 个，其中 9 个实用新型专利、2 个发明专利，已获得证书专利 1 个。

表 2　2016 年中国铁路物资(集团)总公司申请专利情况

序号	专利名称	专利类型	证书获得情况
1	一种 AT 尖轨断面测量游标卡尺	实用新型	获得证书

续表

序号	专利名称	专利类型	证书获得情况
2	测量样板设计及尺寸	实用新型	审批中
3	钢轨橡胶保护套	实用新型	审批中
4	轨端除标签装置	实用新型	审批中
5	焊接接头防雨装置	实用新型	审批中
6	焊接接头轨底焊筋高度测量尺	实用新型	审批中
7	焊接接头轨脚错边测量尺	实用新型	审批中
8	新型轨底除锈砂轮	实用新型	审批中
9	自动喷漆装置	实用新型	审批中
10	一个提高铁路金属扣件耐腐蚀性能新手段	发明	审批中
11	焊接接头对正测量装置—发明专利申请	发明	审批中

【党建工作】 2016年，中国铁物制定《党建工作责任制实施办法》等4个制度，开展二级单位党委书记述职评议考核，实现党建工作与生产经营同部署、同考核。结合公司改革脱困工作实际，主动将思想政治工作与日常经营管理工作结合起来，号召广大党员"戴党徽、亮身份"、开展"凝心聚力党旗红，同舟共济争先锋""决战四季度，为扭亏为盈作奉献"等主题活动。先后派出4个调研组到基层、到一线了解职工思想状况，制定有针对性的措施和预案。同时，保持与国资委宣传局、新闻中心和《人民铁道报》《铁路采购与物流》等方面的常态化沟通，主动搭建发声平台，积极做好舆情管理，确保团队和谐、大局稳定。

中国铁物认真落实"两个责任"，加强党风廉政建设和反腐败工作。公司各级领导班子签署《党风廉政建设责任书》569份，层层压实责任。对落实中央八项规定精神和坚决纠正"四风"问题，进行"回头看"，对存在问题的6个单位及相关领导通报批评严肃问责。同时，有序推进制度建设，制定印发谈话、信访举报等制度，规范任前谈话并签订《廉洁承诺书》56份，函询谈话9人。继续落实"三重一大"集体决策动态监控机制，对二级公司855条决策事项，分类审核，及时纠正5项。持续加大执纪审查力度，立案7件，结案7件；党纪政纪处分7人；对29件信访举报问题线索，全部提出处置意见。

【信息化建设】 2016年，中国铁物根据公司改革进程和工作安排，优化整合现有信息系统，加强系统应用和集成，完成OA系统升级工作，SAP预算管控功能上线，优化客户信用管理系统，同时积极践行"互联网+"，利用大数据、云计算、物联网等信息技术，试点应用钢轨探伤管理信息系统，上线应用全流程电子投标平台，实施中企云商大宗电商平台，促进系统与经营管理融合。加强系统数据分析及应用，完成SAP系统逾期合同预警及管控功能开发，严禁与黑名单客户新开展信用业务，禁止与逾期业务客户新开展信用业务，通过短信平台对逾期合同预警，为业务提供数据支持，发挥运营监控和风险预警作用。强化信息系统安全管理，保证信息化基础设施稳定运行，完成资金管理系统的基础设施平台优化，升级VPN，提高系统的性能和安全性。

【履行社会责任】 中国铁物践行中央企业社会责任，推进社会责任融入企业经营管理，努力追求企业经济效益和社会、环境的可持续发展，推动社会责任理念与企业经营有机融合。中国铁物专注铁路轨道交通领域，针对铁路建设、运营和装备制造所需的各类物资，提供全流程服务。通过优化资源配置、推进技术创新，不断提升服务水平，为保障铁路运输安全和降本增效作出积极贡献。中国铁物深入贯彻落实习近平总书记"精准扶贫、精准脱贫"要求，积极推进对口湖北省孝昌县定点扶贫工作。通过选派优秀干部驻点扶贫，开展重点乡镇、重点村全方位帮扶，大力推进教育、卫生、电商、旅游和产业扶贫，以引导资金帮助加快完善孝昌基础设施。注重脱贫质量和实效，创新方式方法，进一步强化孝昌产业扶贫，以培育优势产业为依托，激发贫困县内生动力。中国铁物积极响应国家"一带一路"发展战略，结合自身优势，服务新疆地区铁路和公路基础设施建设，助力当地社会经济发展。

（撰稿人：王金霞）

中国国新控股有限责任公司

【基本概况】 中国国新控股有限责任公司（以下简称"中国国新"）成立于2011年12月22日，是国资委实施中央企业布局结构调整、优化资源配置的操作主体和重要平台。中国国新具有企业整合、股权管理、资本运作、产业投资等功能，不追求对实体产业和实体企业的控制。2016年2月，经国务院国有企业改革领导小组研究，确定中国国新为国有资本运营公司试点企业。

2016年，中国国新将全面推进国有资本运营公司试点作为各项工作的重中之重，按照建设一流的国家级国有资本运营公司目标，依托基金投资、金融服务、股权运作和资产管理四大业务板块，市场化、专业化运营为基础，推动国有资本合理流动和优化配置，着力打造国有资本市场化运作的专业平台。

【主要指标】 2016年，中国国新实现营业收入65.22亿元，同比增长18.69%。利润总额48.69亿元，同比增长9.07%，净利润47.42亿元，同比增长8.26%。2016年末资产总额2044.72亿元，同比增长47.24%。

2016年中国国新控股有限责任公司主要经济指标

项　目	2015年	2016年	比上年增长(%)
资产总额(亿元)	1388.67	2044.72	47.24
所有者权益(亿元)	1135.69	1317.61	16.02
营业收入(亿元)	54.95	65.22	18.69
利润总额(亿元)	44.64	48.69	9.07
净利润(亿元)	43.80	47.42	8.26

【改革发展】 2016，中国国新为适应国有资本运营公司试点的需要，在人事工作方面进行创新性的改革。

1. 以职业经理人制度为重点，建立完善市场化的选人用人机制。2016年，为配合公司核心业务的开展，中国国新组织相关板块公司主要负责人的市场化选聘工作，总部相关部门副职岗位的内部公开竞聘工作；出资企业中国文化发展集团公司董事会参照市场化选聘职业经理人方式，在集团内部公开竞聘选聘公司总经理。市场化选聘已经成为中国国新部门、出资企业负责人选聘的主要方式。

2. 建立强激励、硬约束、差异化的考核分配管理制度。2016年，中国国新持续优化考核分配体系，突出价值管理、差异化考核，对所出资企业主要负责人的考核切实做到"一企一策"。公司根据每家企业定位及发展要求不同，在考核办法中规定不同的考核指标体系和计分办法，薪酬与业绩挂钩办法也作了相应的安排。公司金融、投资、基金等板块的主要负责人目标薪酬主要以市场对标为基础，参照市场同行业、同规模公司主要负责人的基薪和绩效薪酬水平来确定。

3. 建立符合国有资本运营公司特点的股权代表管理制度。2016年，中国国新为规范派出（或推荐）的股权代表管理、完善持股企业公司治理，制定《股权代表管理暂行办法》。主要特点：一是依托持股企业法人治理结构依法规范履行股东职责，切实尊重和维护持股企业的法人实体地位和市场主体地位。二是在派出董事中设立股权董事职位，赋予中国国新在董事会的代言人、外部董事的联络人、重大事项的报告人、董事会运作及高管人员履职情况的重要评价人等特定职责，为中国国新有效行权、做积极股东提供支撑，充分体现国有股东"不缺位、不越位、不错位"的定位。三是通过建立股权代表管理制度，实现中国国新以管资本为主、有效行使股东权利的管理闭环，为试点工作顺利推进提供制度支持和组织保障。

【重大项目】

1. 股权投资基金工作。中国国新作为主发起人和控股股东于2016年8月18日设立中国国有资本风险投资基金（以下简称“国风投基金”）。基金总规模2000亿元，立足于运用市场机制推进国家战略实施，重点投资央企技术创新、产业升级项目。截至2016年底，已完成4个项目、155亿元的投资决策，实现利润总额2.5亿元。2016年11月，国新国同投资基金设立，委托国新国际投资有限公司（以下简称“国新国际”）管理，总规模1500亿元，主要支持央企国际化经营，重点服务“一带一路”建设，促进国际产能和装备制造合作及开展国际投资并购等。

2. 参与央企资产重组整合。中国国新积极参与有关央企煤炭资产重组整合工作，牵头组建中央企业煤炭资产整合平台（即国源公司）并于2016年7月8日正式挂牌，先后接收3家央企退出的煤炭资产，合计资源量132亿吨、总资产313亿元、职工2.8万人。按照国资委部署，参与做好航材共享平台、中石化原油采购平台等专业重组整合工作，促进相关企业健康发展。

3. 搭建中央企业金融服务平台工作。2016年7月，成立国新商业保理公司，截至2016年底4个月的经营期为11家央企累计发放保理款111亿元，为服务中央企业去杠杆发挥积极作用，现已发展成为国内规模最大的保理公司。2016年11月，成立国新融资租赁公司，围绕助力中央企业提质增效、转型升级，在短时间内签订业务合同10亿元并按合同约定发放租赁款6.97亿元，实现利润总额532万元，服务中央企业4家，为后续快速发展打好基础。

4. 股权运营和财务投资工作。中国国新有条不紊地推进有关中央企业上市公司参股股权的划转接收工作，截至2016年底完成4家央企所属上市公司参股股权的过户，市值58亿元。

【走向海外】 中国国新作为主发起人和控股股东发起设立的国风投基金立足于运用市场机制推进国家战略实施，凭借自身的体制机制优势及专业能力参与全球范围内的资源配置，配合中央企业收购国外优质资产，达到助力央企科技创新、技术创新和产业升级的目标。

国新国际作为中国国新境外投资的主要平台，按照市场化方式配合中央企业“走出去”进行境外商业化投资。2016年，国新国际与36家央企实现合作，交割项目中“一带一路”的项目金额占总交割金额的75%。2016年11月设立的国同基金，主要支持央企国际化经营，重点服务“一带一路”建设、促进国际产能和装备制造合作及开展国际投资并购等。

【重大创新】 2016年，中国国新出资企业中国文化发展集团公司积极打造印刷传媒与科研业务精品板块，寻求技术创新，“纳米复合基水性油墨连结料合成及高品质柔版薄膜水性油墨的研发”项目通过北京市经济和信息化委员会组织的新技术鉴定，综合指标达到国际同类产品先进水平；柔印橡胶版材项目获得新闻出版总署入库项目资助经费；“中印千明”智能标准光源系统服务于设计、印刷、包装领域的色彩评价与质量管控，成为色彩工业划时代的创新产品。2016年，中国文化发展集团公司所属中国印刷科学技术研究院获得授权专利5项，其中发明专利5项，完成科研项目申报9项，其中“一种大幅面UV烫印膜及其制备方法、烫金方法”项目获得第十八届中国专利优秀奖。

【党建工作】 2016年，中国国新深入贯彻党的十八届六中全会、全国国有企业党的建设工作会议精神，全面落实从严治党要求，履行管党治党责任，切实增强“四个意识”，认真开展“两学一做”学习教育，党建工作成效显著。

结合党的建设新形势新任务新要求及企业实际，研究提出进一步加强党建和反腐倡廉工作5个方面15条具体工作措施；贯彻党委“把方向、管大局、保落实”的总体要求，创新性地研究制定《中国国新党委发挥领导核心和政治核心作用研究讨论和决策重大问题的暂行办法》，为党委发挥领导核心和政治核心作用奠定重要的制度基础；以落实党建工作责任制特别是党建考核为抓手，层层签订《党风廉政建设责任书》，制定印发《党建工作考核评价暂行办法》，考核结果直接与领导班子综合绩效考核挂钩；推进监督体制创新，整合公司相关监督力量和资源进行协同专项执纪检查，促进党风廉政建设和经营管理工作有机融合。

【信息化建设】 2016年，中国国新以信息安全为抓手，全面推进信息化建设工作，完成公司门户网站的建设、迁移、改版工作，提升公司形象；认真落实网络安全及软件正版化等工作，完成公司门户网站信息系统（三级）安全等级保护定级、备案及测评工作，作为成员单位加入国家网络与信息安全信息通报机制；基于公司协同办公系统开发建设督办工作平台，启用移动办公功能，提高办公效率和管理水平。

【履行社会责任】 中国国新高度重视履行社会责任工作，坚持业务发展和履行社会责任并重，扎实开展湖北省利川市定点扶贫工作，取得良好社会效益。2016年，公司捐助建设湖北省利川市团合村卫生室，满足团合村1700人日常基础卫生保障需求，同时可以为附近8个村落提供医疗服务；修建文化广场，有效解决团合村日常文化活动缺乏场所设施问题；翻建团合村危桥，满足组内16户居民通行以及约8万平方米田地的生产需求；为有关援建项目解决配套资金，结合扶贫点的区位优势和发展方向，积极接洽专业组织及人员到利川进行考察，培育市场开发点。

（撰稿人：丁虹艳）

中国汽车技术研究中心

【基本概况】 中国汽车技术研究中心（以下简称“汽研中心”）成立于1985年，由国务院国有资产监督管理委员会管理，是在国内外汽车行业具有广泛影响力的综合性技术服务机构。汽研中心始终坚持“独立、公正、第三方”的行业定位，业务范围包括：行业服务、标准业务、政策研究、检测试验、工程技术研发、认证业务、大数据、工程设计与总包、咨询业务、新能源、产业化和战略新兴业务等。汽研中心将以推动中国汽车产业健康持续发展为使命，努力建设成为一个更具创造力、影响力的国际一流综合性科技企业集团。

【主要指标】 2016年，汽研中心累计实现收入38.94亿元，同比增长11.23%，利润总额10.59亿元，同比增长12.89%，经济增加值7.13亿元，同比增长7.44%。汽研中心在2016年国资委发布的央企业绩考核结果中连续第12年获得B级。

2016年中国汽车技术研究中心主要经济指标

项　目	2015年	2016年	比上年增长（%）
资产总额（亿元）	71.39	80.91	13.34
所有者权益（亿元）	46.61	54.68	17.31
营业收入（亿元）	35.01	38.94	11.23
利润总额（亿元）	9.38	10.59	12.89
净利润（亿元）	7.86	8.71	10.86
归属母公司所有者的净利润（亿元）	7.79	8.68	11.41
利税总额（亿元）	12.63	14.03	11.14
应交税金总额（亿元）	3.24	3.44	6.08
全员劳动生产率（万元/人·年）	130.00	134.00	3.08
净资产收益率（%）	18.49	17.20	减少1.29个百分点
总资产报酬率（%）	14.93	14.65	减少0.28个百分点
国有资本保值增值率（%）	124.40	120.22	减少4.18个百分点

【改革发展】 2016年，汽研中心发布《汽研中心“十三五”发展规划纲要》，确立“科技引领、行业导向、创新驱动、绿色发展”的发展方针和“把汽研中心建设成为一个更具创造力、影响力的国际一流综合性科技企业集团”的发展目标。随后，《汽研中心“十三五”科技发展规划》发布，汽研中心下属各部门及二级企业的“十三五”规划也相继制定并通过集团审议。这些规划勾画出汽研中心在“十三五”期间乃至更长时期内，改革的“中心议题”和发展的基本蓝图。

【重大项目】 2016年，汽研中心启动天津主院区扩建和广州工作部建设两个重大项目。截至2016年年底，主院区扩建项目中的零部件试验室和联合站房封顶，一层的二次结构基本完成。风洞试验室的设计和招标工作正在按计划有序推进。广州工作部的土地征用和公司注册完成。

2016年，汽研中心工程院正式启动中汽中心（天津）汽车科创园运营，并充分发挥科创园的载体作用，以瑷睿投资公司为主体，积极探索“科技孵化＋股权投资”的产融结合业务模式。由瑷睿投资公司发起的创投基金成功获批，基金总规模达到1亿元。汽研中心数据资源中心启动“双创”计划，主动向社会开放海量数据资源，积极探索“互联网＋”发展模式。

【走向海外】 2016年，汽研中心德国代表处正式启用。作为汽研中心面向欧洲的窗口，德国代表处将为欧洲的整车、零部件企业、相关研发及认证机构等发展在华业务提供标准法规、检测试验、工程技术研发等领域的服务，为促进汽研中心的国际化发展和中欧汽车产业的深入交流贡献力量。

【重大创新】 为促进中心科研工作的发展，汽研中心加强内部资源整合。2016年，汽研中心支持工程院牵头建设移动源污染排放控制技术实验室，并获得国家级工程实验室认定；支持图书馆建立“全球汽车专利数据库服务平台”，并得到天津市知识产权局认可。汽研中心依托科技发展部和相关院所，成立CATARC技术规范管理委员会，以CATARC技术规范为抓手，一方面对汽研中心相关业务进行宏观层面的科学化、体系化管理，另一方面弥补国标、行标空缺，建立汽车行业多层次、全方位的标准规范体系。

【党建工作】 2016年，汽研中心党委全面贯彻党的十八大和十八届三中、四中、五中和六中全会精神，深入学习习近平总书记系列重要讲话精神，坚决落实中央和国资委党委的决策部署，牢固树立和努力践行“四个意识”，落实管党治党责任，严明政治纪律和政治规矩，认真开展“两学一做”学习教育，严格落实“两个责任”，扎实推进汽研中心党建工作，取得显著成效。

【信息化建设】 2016年，汽研中心继续推动企业信息化建设。集团总部及下属二级企业结合自身实际，推出多个自动化办公软件及系统，以进一步规范管理、提高效率。汽研中心还通过强化服务器管理、实施网络分级管理和网络实名制等，提升企业网络安全水平，降低企业运营风险。

【履行社会责任】 汽研中心完成33个车型的C－NCAP评价，并分4批发布评价结果。成功举办C－NCAP十周年成果分享会，并成功进行全球首次公开的车对车垂直碰撞试验。经过十年的不懈努力与精益求精，C－NCAP已经发展成为国际知名的汽车安全评价体系，成为汽车产品安全研发的风向标。这次活动的成功举办，大大提高C－NCAP在汽车行业的影响力。

汽研中心继续主办国内唯一以“汽车安全”为主题的大型公益推广平台——汽车安全中国行（原中国汽车安全主题巡展）活动。2016年，该活动秉承“为你而行”的核心理念，足迹遍布全国22个城市，组织公益宣教活动400余场，直接影响人群100余万人，向广大公众普及汽车安全知识，推广汽车安全理念，为减少交通安全事故、改善道路安全环境，全面提升公众安全驾驶意识作出贡献。

为搭建政府、行业、企业沟通桥梁，“凝聚行业共识，助力产业发展”，汽研中心举办中国汽车产业发展（泰达）国际论坛、专用汽车产业发展国际论坛、中国道路交通安全论坛、中国汽车产业数据峰会、汽车安全中国行等50余个大型行业会议及活动。

汽研中心承接“联合国道路安全十年行动”项目，并加入全球最高道路安全主管机构——联合国道路安全协作组织，成为该组织成员中唯一的中国机构。2016年，“联合国道路安全十年行动”项目组织“丝绸之路安全公益行”活动，并组织“穿越中国”活动，前往新疆地区与企业共同开展公益捐赠活动，切实履行汽研中心肩负的央企社会责任。

（撰稿人：金伟光）

国有资产统计资料

第五篇

2016年全国国有企业户数、从业人数、国有资产总量综合分析表

项目	户数(户)	年末从业人员人数(万人)	年末国有资产总量(亿元)
国资系统监管合并	132948	3048.9	317684.5
国资系统监管合计	132948	3048.9	738827.2
一、按企业规模分类			
(一)大型企业	8757	1930.0	355102.2
(二)中型企业	25736	719.8	125946.6
(三)小型企业	44074	328.9	123000.1
(四)微型企业	54381	79.2	134778.4
二、按组织形式分类			
(一)公司制企业	123815	2800.2	695739.2
其中:国有独资企业	37014	729.1	325815.0
(二)非公司制企业	9133	257.8	43088.0
三、按盈利或亏损分类			
(一)盈利	84502	2269.0	618645.0
(二)亏损	48446	788.9	120182.2
四、按监管关系分类			
(一)国务院国资委监管企业	43400	1358.6	111910.9
(二)地方国资委监管企业	89548	1690.3	205773.6
五、按经济带分类			
(一)东部沿海地区	68162	1426.1	434551.7
(二)中部内陆地区	26077	795.7	111948.9
(三)西部边远地区	30944	773.7	138309.3
六、按产业作用分类			
(一)基础性行业	39009	1567.8	336052.9
(二)一般生产加工行业	22588	823.4	76278.1
(三)商贸服务及其他行业	71351	666.7	326496.3

注:1. 本表数据汇编范围为国务院国资委监管企业和全国37个省(自治区、直辖市、计划单列市、新疆生产建设兵团)所属的国资委系统监管13.3万户,以下简称国资系统监管企业;
2. 本资料中按照综合及行业划分的分析数据基于单户企业报表数据直接进行汇总(不含合并抵消)。

2016年全国国有企业户数、从业人数、国有资产总量行业分析表

行　业	户数(户)	年末从业人员人数(万人)	年末国有资产总量(亿元)
国资系统监管合并	132948	3048.9	317684.5
国资系统监管合计	132948	3048.9	738827.2
一、农林牧渔业	3120	51.2	4432.5
其中:农业	1202	28.5	2387.8
林业	488	10.6	478.0
二、工业	37117	1569.8	244200.3
其中:煤炭工业	2125	245.7	17548.9
石油和石化工业	819	168.2	59170.6
冶金工业	2536	159.6	25513.6
建材工业	2935	54.0	5286.9
化学工业	2620	95.2	9476.5
森林工业	109	1.5	87.3
食品工业	1211	27.1	1204.9
烟草工业	6	0.1	14.1
纺织工业	398	15.7	413.3
医药工业	732	27.4	2462.3
机械工业	6902	286.1	25673.9
其中:汽车工业	1295	111.1	12136.3
电子工业	1627	68.6	6263.0
电力工业	7079	213.4	65639.5
市政公用工业	4366	64.9	11374.8
其他工业	2416	62.6	4972.9
三、建筑业	9662	365.9	48889.6
四、地质勘查及水利业	991	11.9	5349.1
五、交通运输业	8425	273.3	68920.2
其中:铁路运输业	219	5.1	3842.2
道路运输业	4103	180.9	41142.3
水上运输业	1487	18.7	8142.1
航空运输业	568	40.5	6296.9

续表

项　目	户数(户)	年末从业人员人数(万人)	年末国有资产总量(亿元)
六、仓储业	3401	15.7	3811.6
七、邮电通信业	704	120.5	43228.1
八、批发和零售、餐饮业	20023	196.3	32743.2
九、房地产业	16506	89.3	63901.0
十、信息技术服务业	1989	23.8	2081.4
十一、社会服务业	20046	172.1	177677.2
十二、卫生体育福利业	609	12.4	738.5
十三、教育文化广播业	2216	14.6	1464.6
十四、科学研究和技术	5859	73.9	7437.4
十五、金融业	2189	67.1	33450.6
十六、其他	91	0.3	501.9

2016年全国国有企业户数、从业人数、国有资产总量地区分析表

地　区	户数(户)	年末从业人员人数(万人)	年末国有资产总量(亿元)
国资系统监管合并	132948	3048.9	317684.5
一、国务院国资委监管企业	43400	1358.6	111910.9
二、地方国资委监管企业	89548	1690.3	205773.6
北京市	7841	123.6	9815.0
天津市	4133	45.2	10036.7
河北省	1484	50.1	2169.9
山西省	3646	117.6	2501.7
内蒙古自治区	618	21.5	3453.7
辽宁省	2001	54.1	5130.9
其中:大连市	438	8.5	993.9
吉林省	805	18.1	3126.9
黑龙江省	1082	28.3	3361.2
上海市	10014	138.9	21146.0

续表

地　区	户数(户)	年末从业人员人数(万人)	年末国有资产总量(亿元)
浙江省	4455	68.9	9916.0
其中:宁波市	716	6.2	3003.7
江苏省	3670	56.2	12037.4
安徽省	3062	79.1	11193.4
福建省	4178	45.1	6231.2
其中:厦门市	1415	13.8	1649.9
江西省	1899	46.8	5409.2
山东省	4429	122.5	6697.1
其中:青岛市	851	22.5	1477.5
河南省	2118	70.3	3830.7
湖北省	2906	44.9	8295.2
湖南省	2346	34.9	7702.0
广东省	7647	116.6	16641.8
其中:深圳市	1217	21.5	4661.0
海南省	860	10.6	1139.4
广西壮族自治区	2444	66.3	6185.0
贵州省	1275	34.4	4213.2
四川省	3421	58.9	11126.1
重庆市	2844	55.2	13594.0
云南省	2691	34.7	6081.7
陕西省	2701	66.7	5465.6
甘肃省	1491	32.1	3555.7
青海省	414	8.4	1497.8
西藏自治区	344	2.5	467.4
宁夏回族自治区	508	4.9	831.9
新疆维吾尔自治区	1108	16.5	2553.3
新疆生产建设兵团	1113	16.3	367.0

2016 年全国国有企业资产负债综合分析表

单位:亿元

项　目	资产总计	负债合计	所有者权益(净资产)	资产负债率(%)
国资系统监管合并	1465486.5	1003303.1	462183.4	68.5
国资系统监管合计	2184116.3	1377317.6	806798.5	63.1
一、按企业规模分类				
(一)大型企业	1138407.6	739718.1	398689.2	65.0
(二)中型企业	384457.3	250264.8	134192.5	65.1
(三)小型企业	333817.5	202952.5	130864.9	60.8
(四)微型企业	327433.9	184382.1	143051.8	56.3
二、按组织形式分类				
(一)公司制企业	2085225.8	1321995.0	763230.5	63.4
其中:国有独资企业	725371.4	398684.1	326687.3	55.0
(二)非公司制企业	98890.5	55322.5	43568.0	55.9
三、按盈利或亏损分类				
(一)盈利	1762389.2	1082392.3	679996.7	61.4
(二)亏损	421727.1	294925.2	126801.9	69.9
四、按监管关系分类				
(一)国务院国资委监管企业	504793.8	336610.4	168183.5	66.7
(二)地方国资委监管企业	960692.7	666692.8	293999.9	69.4
五、按经济带分类				
(一)东部沿海地区	1265049.4	785198.7	479850.7	62.1
(二)中部内陆地区	344470.7	222711.9	121758.8	64.7
(三)西部边远地区	422855.5	276176.8	146678.4	65.3
六、按产业作用分类				
(一)基础性行业	825384.0	466707.3	358676.4	56.5
(二)一般生产加工行业	228488.5	136783.8	91704.8	59.9
(三)商贸服务及其他行业	1130243.8	773826.5	356417.3	68.5

2016 年全国国有企业资产负债行业分析表

单位:亿元

行　业	资产总计	负债合计	所有者权益(净资产)	资产负债率(%)
国资系统监管合并	1465486.5	1003303.1	462183.4	68.5
国资系统监管合计	2184116.3	1377317.6	806798.5	63.1
一、农林牧渔业	10017.7	5323.3	4694.4	53.1
其中:农业	4869.5	2366.4	2503.2	48.6
林业	1226.5	729.9	496.7	59.5
二、工业	637480.0	363686.8	273792.9	57.1
其中:煤炭工业	64299.7	44515.1	19784.6	69.2
石油和石化工业	105909.6	44468.9	61440.7	42.0
冶金工业	80190.7	52317.8	27872.7	65.2
建材工业	17667.3	10911.2	6756.0	61.8
化学工业	32570.4	20843.3	11727.1	64.0
森林工业	318.2	224.1	94.0	70.5
食品工业	4338.0	2605.2	1732.8	60.1
烟草工业	43.4	29.3	14.1	67.5
纺织工业	1614.3	998.3	616.0	61.8
医药工业	6057.5	2561.0	3496.5	42.3
机械工业	78359.1	44482.7	33876.4	56.8
其中:汽车工业	33729.5	17248.1	16481.3	51.1
电子工业	16001.6	8056.6	7945.1	50.4
电力工业	166316.8	96119.3	70197.5	57.8
市政公用工业	27221.4	14793.1	12428.3	54.3
其他工业	12469.4	6406.7	6062.7	51.4
三、建筑业	163741.3	112142.2	51599.1	68.5
四、地质勘查及水利业	9365.8	3998.4	5367.4	42.7
五、交通运输业	158322.8	84014.9	74307.9	53.1
其中:铁路运输业	6523.1	2606.8	3916.3	40.0
道路运输业	96779.0	54538.1	42240.9	56.4
水上运输业	21711.5	11236.6	10475.0	51.8

续表

行 业	资产总计	负债合计	所有者权益(净资产)	资产负债率(%)
航空运输业	15712.6	8312.0	7400.6	52.9
六、仓储业	24389.5	20448.6	3940.8	83.8
七、邮电通信业	62692.6	19427.7	43264.9	31.0
八、批发和零售、餐饮业	113235.0	77053.6	36181.3	68.1
九、房地产业	235070.5	166247.3	68823.2	70.7
十、信息技术服务业	4881.5	2457.5	2424.0	50.3
十一、社会服务业	368271.9	184623.2	183648.6	50.1
十二、卫生体育福利业	2189.9	1437.6	752.3	65.7
十三、教育文化广播业	2905.1	1332.7	1572.4	45.9
十四、科学研究和技术	17705.3	10043.3	7662.0	56.7
十五、金融业	372745.1	324625.6	48119.6	87.1
十六、其他	1102.5	455.0	647.5	41.3

2016 年全国国有企业资产负债地区分析表

单位:亿元

地 区	资产总计	负债合计	所有者权益(净资产)	资产负债率(%)
国资系统监管合并	1465486.5	1003303.1	462183.4	68.5
一、国务院国资委监管企业	504793.8	336610.4	168183.5	66.7
二、地方国资委监管企业	960692.7	666692.8	293999.9	69.4
北京市	52887.5	35664.4	17223.1	67.4
天津市	63894.3	49103.6	14790.7	76.9
河北省	14269.8	10349.2	3920.6	72.5
山西省	22636.3	17990.0	4646.4	79.5
内蒙古自治区	9985.2	5278.3	4707.0	52.9
辽宁省	17072.8	10452.8	6620.0	61.2
其中:大连市	2903.8	1493.4	1410.4	51.4
吉林省	12100.1	8446.5	3653.6	69.8

续表

地　区	资产总计	负债合计	所有者权益(净资产)	资产负债率(%)
黑龙江省	7510.6	3761.0	3749.6	50.1
上海市	171158.0	136108.1	35049.9	79.5
浙江省	40330.3	27451.4	12879.0	68.1
其中:宁波市	9496.9	6390.0	3106.9	67.3
江苏省	47834.8	29828.7	18006.1	62.4
安徽省	38016.6	22924.5	15092.1	60.3
福建省	28266.5	19334.6	8932.0	68.4
其中:厦门市	6862.7	4543.9	2318.9	66.2
江西省	20006.1	12852.6	7153.5	64.2
山东省	41935.0	29159.8	12775.2	69.5
其中:青岛市	9148.4	6411.0	2737.4	70.1
河南省	20470.6	14814.6	5655.9	72.4
湖北省	35246.5	23734.8	11511.7	67.3
湖南省	23408.0	14108.8	9299.2	60.3
广东省	67700.4	43066.6	24633.8	63.6
其中:深圳市	12071.6	5203.6	6868.1	43.1
海南省	4404.5	2621.6	1783.0	59.5
广西壮族自治区	23553.9	15701.8	7852.0	66.7
贵州省	18092.7	12336.0	5756.7	68.2
四川省	42289.5	28118.1	14171.3	66.5
重庆市	49462.4	33885.8	15576.6	68.5
云南省	24674.3	16127.4	8546.9	65.4
陕西省	26499.2	19205.9	7293.3	72.5
甘肃省	13521.5	8674.0	4847.5	64.2
青海省	6026.5	4052.4	1974.1	67.2
西藏自治区	1901.5	1260.9	640.6	66.3
宁夏回族自治区	2302.9	1111.3	1191.6	48.3
新疆生产建设兵团	9225.1	6068.0	3157.1	65.8
新疆维吾尔自治区	4009.5	3099.5	910.0	77.3

2016 年国有工业企业户数、从业人数、国有资产总量地区分析表

地　区	户数(户)	年末从业人员人数(万人)	年末国有资产总量(亿元)
工业企业合计	37117	1569.8	244200.3
一、国务院国资委监管企业	16762	779.9	174633.3
二、地方国资委监管企业	20355	789.9	69567.0
北京市	1812	50.7	8651.4
天津市	828	18.2	2071.7
河北省	545	37.6	2822.3
山西省	1493	93.7	5299.8
内蒙古自治区	157	11.2	1612.6
辽宁省	552	36.2	2267.3
其中:大连市	119	4.7	303.0
吉林省	233	9.7	517.5
黑龙江省	270	19.8	552.7
上海市	1336	33.3	5426.6
浙江省	663	12.9	2223.4
其中:宁波市	68	0.7	148.8
江苏省	661	20.5	2158.2
安徽省	552	47.4	2947.3
福建省	631	15.1	1330.3
其中:厦门市	107	2.6	180.6
江西省	627	18.0	1279.0
山东省	1425	80.9	5309.5
其中:青岛市	220	13.8	481.5
河南省	738	50.6	2121.9
湖北省	565	13.4	785.6
湖南省	614	17.8	1231.1
广东省	1410	41.5	4064.1

续表

地　区	户数(户)	年末从业人员人数(万人)	年末国有资产总量(亿元)
其中:深圳市	209	3.7	640.2
海南省	99	0.9	233.7
广西壮族自治区	573	18.0	1165.7
贵州省	355	16.3	1463.5
四川省	734	24.1	1800.1
重庆市	638	15.6	1996.8
云南省	669	13.2	1745.8
陕西省	948	38.3	4488.9
甘肃省	432	17.5	1926.9
青海省	154	5.8	740.9
西藏自治区	59	0.5	97.0
宁夏回族自治区	86	1.0	113.5
新疆维吾尔自治区	251	4.5	746.9

2016 年国有工业企业资产负债地区分析表

单位:亿元

地　区	资产总计	负债合计	所有者权益(净资产)	资产负债率(%)
工业企业合计	637480.0	363686.8	273792.9	57.1
一、国务院国资委监管企业	403195.1	214503.2	188691.7	53.2
二、地方国资委监管企业	234284.8	149183.6	85101.3	63.7
北京市	22655.2	12462.0	10193.2	55.0
天津市	7812.3	5493.9	2318.4	70.3
河北省	10940.4	7559.8	3380.6	69.1
山西省	26188.0	20101.9	6086.2	76.8
内蒙古自治区	4647.1	2937.9	1709.2	63.2
辽宁省	8812.3	6076.3	2736.0	69.0

续表

地　区	资产总计	负债合计	所有者权益(净资产)	资产负债率(%)
其中:大连市	1074.9	659.4	415.5	61.3
吉林省	1967.1	1322.1	645.1	67.2
黑龙江省	2296.4	1590.1	706.4	69.2
上海市	13611.5	6923.9	6687.6	50.9
浙江省	5196.2	2592.1	2604.1	49.9
其中:宁波市	420.5	250.6	169.9	59.6
江苏省	6505.1	3682.2	2822.8	56.6
安徽省	9771.6	5877.9	3893.7	60.2
福建省	3258.7	1727.7	1530.9	53.0
其中:厦门市	495.3	298.5	196.8	60.3
江西省	3890.1	2166.0	1724.1	55.7
山东省	22933.0	15289.5	7643.5	66.7
其中:青岛市	1996.0	1087.1	908.9	54.5
河南省	10296.6	7732.2	2564.4	75.1
湖北省	2937.3	1902.9	1034.4	64.8
湖南省	5098.0	3327.4	1770.6	65.3
广东省	12521.1	6815.1	5706.1	54.4
其中:深圳市	1555.0	748.7	806.3	48.2
海南省	308.2	75.1	233.1	24.4
广西壮族自治区	4612.6	3194.2	1418.4	69.3
贵州省	4620.2	2856.7	1763.5	61.8
四川省	6107.8	3842.6	2265.2	62.9
重庆市	4865.7	2817.4	2048.4	57.9
云南省	6129.1	3987.2	2141.9	65.1
陕西省	13025.3	8252.2	4773.1	63.4
甘肃省	5788.7	3589.0	2199.7	62.0
青海省	3304.3	2386.0	918.3	72.2
西藏自治区	219.8	103.4	116.4	47.0
宁夏回族自治区	314.6	196.1	118.5	62.3
新疆维吾尔自治区	1887.2	1089.7	797.6	57.7

2016年国有商业企业户数、从业人数、国有资产总量地区分析表

地　区	户数(户)	年末从业人员人数(万人)	年末国有资产总量(亿元)
商业企业合计	20023	196.3	32743.2
一、国务院国资委监管企业	5559	88.9	20401.6
二、地方国资委监管企业	14464	107.4	12341.6
北京市	1246	10.5	686.4
天津市	858	2.7	1326.7
河北省	304	2.1	225.0
山西省	958	6.9	1106.6
内蒙古自治区	44	0.3	19.7
辽宁省	271	1.2	71.2
其中:大连市	42	0.1	3.6
吉林省	88	0.9	71.8
黑龙江省	210	0.6	—10.6
上海市	1769	18.4	1282.1
浙江省	971	4.4	700.9
其中:宁波市	57	0.3	30.6
江苏省	632	2.7	447.8
安徽省	516	3.4	229.3
福建省	845	2.9	586.3
其中:厦门市	419	1.9	429.8
江西省	236	1.0	150.8
山东省	600	6.7	305.7
其中:青岛市	90	1.4	10.2
河南省	365	2.5	160.0
湖北省	314	8.4	198.3
湖南省	262	1.7	173.4

续表

地　区	户数(户)	年末从业人员人数(万人)	年末国有资产总量(亿元)
广东省	1245	6.6	731.7
其中:深圳市	74	0.4	105.1
海南省	62	0.4	9.5
广西壮族自治区	421	1.7	248.2
贵州省	314	1.7	1568.1
四川省	328	3.1	427.8
重庆市	310	10.8	341.8
云南省	246	1.0	178.1
陕西省	426	2.7	275.0
甘肃省	149	0.5	42.4
青海省	38	0.1	590.7
西藏自治区	48	0.1	9.2
宁夏回族自治区	27	0.1	3.0
新疆维吾尔自治区	120	0.3	110.6

2016 年国有商业企业资产负债地区分析表

单位:亿元

地　区	资产总计	负债合计	所有者权益(净资产)	资产负债率(%)
商业企业合计	113235.0	77053.6	36181.3	68.1
一、国务院国资委监管企业	62006.4	40127.7	21878.7	64.7
二、地方国资委监管企业	51228.6	36926.0	14302.6	72.1
北京市	3011.9	2164.2	847.8	71.9
天津市	6586.9	5215.4	1371.5	79.2
河北省	1411.8	1136.4	275.4	80.5
山西省	5572.5	4404.4	1168.1	79.0
内蒙古自治区	118.3	98.1	20.3	82.9

续表

地　区	资产总计	负债合计	所有者权益(净资产)	资产负债率(%)
辽宁省	868.2	761.8	106.5	87.7
其中:大连市	38.7	33.9	4.8	87.5
吉林省	461.7	357.9	103.9	77.5
黑龙江省	197.6	196.4	1.2	99.4
上海市	5674.3	4061.7	1612.7	71.6
浙江省	2803.6	1896.3	907.3	67.6
其中:宁波市	77.3	45.4	31.9	58.7
江苏省	1588.5	1041.9	546.6	65.6
安徽省	991.4	710.0	281.4	71.6
福建省	2717.4	1910.5	806.9	70.3
其中:厦门市	2160.1	1528.5	631.6	70.8
江西省	981.5	815.7	165.8	83.1
山东省	2133.0	1711.0	422.1	80.2
其中:青岛市	508.7	465.2	43.5	91.5
河南省	528.0	358.8	169.3	67.9
湖北省	809.7	547.9	261.9	67.7
湖南省	606.7	406.3	200.4	67.0
广东省	2562.6	1732.5	830.1	67.6
其中:深圳市	180.4	67.0	113.4	37.1
海南省	45.4	32.8	12.6	72.3
广西壮族自治区	1189.0	914.0	275.0	76.9
贵州省	3457.0	1878.5	1578.5	54.3
四川省	1215.8	735.2	480.6	60.5
重庆市	1317.3	935.0	382.3	71.0
云南省	845.4	658.0	187.5	77.8
陕西省	1183.1	853.5	329.7	72.1
甘肃省	389.4	343.1	46.3	88.1
青海省	654.5	63.7	590.8	9.7
西藏自治区	29.3	19.9	9.4	67.9
宁夏回族自治区	10.4	7.5	3.0	71.4
新疆维吾尔自治区	583.4	357.6	225.8	61.3

2016年北京市国有企业主要指标表

行　业	户数(户)	年末国有资产总量(万元)	资产总额(万元)	人均利润(元/人)	人均税费(元/人)
合　并	7841	98149574.0	528874868.3	76025.0	91961.0
合　计	7841	269094814.5	818608909.1	104846.8	94946.3
一、农林牧渔业	158	1846307.0	5157099.4	70053.9	16587.7
其中:农业	36	147618.2	392799.1	13622.7	14587.1
林业	14	25294.0	112808.2	36013.5	24729.7
畜牧业	48	1096434.7	3396261.2	43284.9	1885.6
渔业	2	14679.7	41695.4	74680.6	622.5
二、工业	1812	86513606.5	226552352.6	85912.5	98456.4
其中:煤炭工业	21	928816.1	3664687.4	—44990.7	48478.0
石油和石化工业	1	30000.0	30436.7	0.0	0.0
冶金工业	67	15690528.5	50584785.1	—37160.3	42540.2
建材工业	241	3935684.8	14451597.6	—24454.3	62017.7
化学工业	62	675373.2	2983911.8	259434.1	105160.9
森林工业	2	9234.2	39251.3	—38738.8	20198.7
食品工业	109	1330552.8	4690649.2	60664.7	100011.0
烟草工业					
纺织工业	27	259771.1	712417.3	7174.8	21388.8
医药工业	32	1130854.6	2567841.2	286466.2	142509.6
机械工业	326	13909528.9	44243704.1	130007.9	167627.1
电子工业	92	15844387.7	35430259.8	84860.5	92227.6
电力工业	131	12322705.1	25722796.6	868233.1	339732.2
市政公用工业	536	16583428.8	33758193.2	174718.9	58942.7
其他工业	155	3718341.7	7351251.5	18709.2	62435.3
三、建筑业	386	5150989.1	27567732.9	52370.7	83906.0
四、地质勘查及水利业	9	20812.7	32888.4	21407.3	24866.7
五、交通运输业	160	23824651.2	53705258.6	5585.2	7804.0
其中:铁路运输业	3	23211.7	180421.6	—317162.0	72133.7
道路运输业	135	23680963.6	53292995.6	6924.5	7549.1

续表

行　业	户数(户)	年末国有资产总量(万元)	资产总额(万元)	人均利润(元/人)	人均税费(元/人)
水上运输业	2	58613.4	60436.0	—366282.4	2028533.4
航空运输业	4	57685.7	87703.7	—796264.5	89311.0
六、仓储业	111	309942.7	1555547.2	82124.7	30038.5
七、邮电通信业	5	1713.6	34492.5	92623.2	37020.8
八、批发和零售业	1246	6864129.4	30119213.3	86254.0	76125.1
九、房地产业	1611	61578760.6	258918341.0	472121.6	445569.0
十、信息技术服务业	120	700022.2	2973594.7	51408.6	42213.5
十一、社会服务业	1599	74307755.7	180628156.4	125185.8	43023.8
十二、卫生体育福利业	85	578055.3	3213777.8	—96751.4	8603.0
十三、教育文化广播业	203	1146754.3	1561831.9	29125.7	22030.8
十四、科学研究和技术	276	1559479.4	5068379.1	77716.7	57001.2
十五、金融业	58	4691331.7	21509993.1	469964.3	245457.4
十六、其他	2	503.1	10250.5	34.4	31796.8

注:人均利润=利润总额/全年平均职工人数;人均税费=已交税费总额/全年平均职工人数。

2016年天津市国有企业主要指标表

行　业	户数(户)	年末国有资产总量(万元)	资产总额(万元)	人均利润(元/人)	人均税费(元/人)
合　并	4133	100366592.0	638942686.3	70094.0	105394.2
合　计	4133	219034888.6	822353248.1	87451.1	107752.1
一、农林牧渔业	72	422517.5	1137012.9	33428.2	20545.4
其中:农业	32	259337.0	709770.2	31194.0	45521.7
林业	4	9817.5	11078.9	—7608.9	6946.6
畜牧业	13	124173.9	302803.7	49536.4	2381.0
渔业	7	7914.4	56890.8	5666.4	14364.4
二、工业	828	20717228.6	78123113.4	—34802.5	46007.9
其中:煤炭工业	1	131163.2	441372.0	15070.3	14346.3
石油和石化工业	1	1275.3	10227.5	0.0	0.0
冶金工业	48	7320132.3	36462630.8	—160290.1	10818.1

续表

行　业	户数(户)	年末国有资产总量(万元)	资产总额(万元)	人均利润(元/人)	人均税费(元/人)
建材工业	43	209137.7	765802.6	11129.4	43276.1
化学工业	99	3495030.6	10678489.9	5731.4	24080.9
森林工业	1	388.2	750.6	-114228.8	19023.4
食品工业	42	184900.3	613395.0	36914.6	58832.1
烟草工业					
纺织工业	25	341461.8	1421585.1	5630.1	16281.0
医药工业	37	1178487.9	3581453.2	23594.8	79620.5
机械工业	208	1144185.0	4555712.6	-11073.0	27688.6
电子工业	54	1346548.9	3750639.8	29612.7	22551.6
电力工业	41	585060.0	2360048.1	165724.2	717935.6
市政公用工业	133	3058442.2	10586055.6	40162.4	126168.4
其他工业	90	1586381.6	2716105.5	4154.8	27709.6
三、建筑业	287	20394337.5	58031580.8	65911.9	101413.7
四、地质勘查及水利业	17	2000521.9	3662411.7	-11727.1	8999.7
五、交通运输业	223	10914412.7	29590130.9	43549.2	28075.5
其中:铁路运输业	2	19161.9	21560.8	290262.0	107918.2
道路运输业	121	4729409.8	16339559.9	-37277.6	9876.1
水上运输业	22	3831741.7	8461001.5	240751.0	54479.7
航空运输业	1	-5.1	1065.3	0.0	0.0
六、仓储业	114	1167283.4	3505039.3	54019.0	56497.4
七、邮电通信业	2	-120.6	4613.6	-9518.3	804.5
八、批发和零售业	858	13267146.4	65869148.0	107145.6	178756.4
九、房地产业	687	39434919.4	149704947.3	136395.4	500892.0
十、信息技术服务业	32	88777.7	186024.9	82384.3	53686.1
十一、社会服务业	640	96424214.6	209015336.6	267564.3	72582.4
十二、卫生体育福利业	18	205379.6	2274369.2	-1012074.7	1003409.5
十三、教育文化广播业	69	179837.2	642488.6	-82371.4	20722.5
十四、科学研究和技术	227	1496060.6	3430709.0	63727.1	39185.6
十五、金融业	42	12211499.5	217009552.7	724886.1	419443.1
十六、其他	17	110872.7	166769.1	1887.0	44442.0

2016 年河北省国有企业主要指标表

行　业	户数(户)	年末国有资产总量(万元)	资产总额(万元)	人均利润(元/人)	人均税费(元/人)
合　并	1484	21698574.1	142697892.3	34601.5	49580.7
合　计	1484	61744245.0	225067376.5	52926.1	48961.4
一、农林牧渔业	14	60074.4	173191.0	—51519.2	10744.9
其中:农业	8	60085.3	168578.5	—52650.1	11128.9
林业					
畜牧业	3	78.6	731.8	—84382.3	52.9
渔业	1	1463.4	2835.1	13292.2	1091.2
二、工业	545	28223071.6	109404420.0	16843.9	37454.6
其中:煤炭工业	116	8213116.5	33297568.0	—1869.5	37825.0
石油和石化工业	1	4497.4	12668.9	161939.7	27823.2
冶金工业	62	14081144.9	54398504.8	17313.2	22546.9
建材工业	46	—12619.1	1123349.3	—79715.0	6524.9
化学工业	50	1629913.5	4997432.2	57628.9	60200.1
森林工业					
食品工业	7	3504.1	35255.1	18264.3	15282.6
烟草工业					
纺织工业	23	421923.3	1755485.3	32806.4	18264.9
医药工业	21	406845.9	2765420.5	—828.7	30412.2
机械工业	74	622044.0	2687599.6	13350.3	31462.6
电子工业	2	37535.3	75773.3	30684.5	40560.0
电力工业	68	2251163.0	6556644.1	302321.6	236735.0
市政公用工业	46	448131.6	1346828.8	71687.6	59493.7
其他工业	27	60273.0	195117.5	472.2	17409.6
三、建筑业	67	1231103.5	6619922.6	14642.7	89915.9
四、地质勘查及水利业	2	140.3	1370.3	—52095.9	17900.9
五、交通运输业	96	6701575.0	13122877.2	43894.2	30233.5
其中:铁路运输业	8	1075916.2	2471512.5	—1005109.7	54941.5
道路运输业	31	122087.2	646565.6	—11198.7	7163.9
水上运输业	15	2050634.4	3364023.3	225616.7	23047.3

续表

行　业	户数(户)	年末国有资产总量(万元)	资产总额(万元)	人均利润(元/人)	人均税费(元/人)
航空运输业	6	410810.4	518855.8	-112677.3	19640.4
六、仓储业	39	773533.9	4596347.5	383806.8	210096.3
七、邮电通信业					
八、批发和零售业	304	2249856.9	14117647.1	155787.1	67301.3
九、房地产业	97	779347.0	4116840.5	230180.9	109885.3
十、信息技术服务业	13	24239.8	71030.3	40844.7	17747.8
十一、社会服务业	236	18976795.7	41841135.4	284328.9	116219.6
十二、卫生体育福利业	5	14413.5	21025.4	13636.7	3001.1
十三、教育文化广播业	2	1811.7	2174.2	151557.4	9870.4
十四、科学研究和技术	47	123489.0	273878.8	33833.0	14163.8
十五、金融业	16	1925028.0	29722063.5	764578.2	321576.3
十六、其他	1	659764.6	983452.8	82528.4	0.0

2016 年山西省国有企业主要指标表

行　业	户数(户)	年末国有资产总量(万元)	资产总额(万元)	人均利润(元/人)	人均税费(元/人)
合　并	3646	25016503.9	226363438.9	164.1	41233.8
合　计	3646	86930110.6	390395607.6	5397.4	41351.9
一、农林牧渔业	77	159099.0	259566.2	-43632.6	8044.7
其中:农业	48	111111.9	196817.6	-52636.4	7704.9
林业	7	4849.5	11196.5	-40533.7	11809.3
畜牧业	7	6830.3	9897.7	-74141.1	21.2
渔业					
二、工业	1493	52997918.4	261880164.4	6391.3	42479.4
其中:煤炭工业	526	29601055.4	166638819.4	12190.8	44147.5
石油和石化工业	18	435075.3	2065509.6	-1389.0	102003.2
冶金工业	48	5476628.6	18899322.3	3979.3	47086.7
建材工业	58	379115.7	1723470.2	-44603.9	11587.2

续表

行　业	户数(户)	年末国有资产总量(万元)	资产总额(万元)	人均利润(元/人)	人均税费(元/人)
化学工业	178	3931307.5	25032084.9	—25466.3	14938.4
森林工业	3	3955.9	7332.6	—218365.3	19898.2
食品工业	30	27627.3	173414.3	—2848.6	12832.6
烟草工业					
纺织工业	6	—10649.5	78560.7	—7261.3	2356.7
医药工业	10	59575.8	491078.7	117509.6	83049.8
机械工业	236	2177079.2	11097205.9	—33887.5	24803.9
电子工业	14	23654.2	185069.7	—3138.1	2066.3
电力工业	120	6100936.7	21505566.8	68946.4	139589.5
市政公用工业	156	3576294.0	9449764.8	7149.1	26933.5
其他工业	84	1202083.2	4457859.6	51483.5	90787.5
三、建筑业	169	3143955.1	16673574.7	14901.9	43329.8
四、地质勘查及水利业	13	1545101.8	2021790.3	136125.5	18384.4
五、交通运输业	228	6045688.1	15149530.9	8035.1	18144.1
其中:铁路运输业	31	716790.2	1774278.1	9441.1	21992.1
道路运输业	166	5111236.7	12462025.3	17431.7	16679.8
水上运输业	1	15365.7	195915.5	—1171242.7	12036.6
航空运输业	1	17109.3	65341.0	—47679.8	5672.4
六、仓储业	25	77992.5	151351.0	—43436.5	31510.7
七、邮电通信业	3	9758.1	26444.9	3489.4	12576.0
八、批发和零售业	958	11066426.4	55724549.9	—59677.6	39676.2
九、房地产业	184	1375016.6	9046180.9	104686.1	98959.4
十、信息技术服务业	29	29868.3	53590.8	29827.7	13274.5
十一、社会服务业	307	8406796.7	18226260.9	1023.1	13614.4
十二、卫生体育福利业	5	35314.0	119105.5	—6644.1	1217.1
十三、教育文化广播业	16	—6588.7	45034.9	—35425.8	2111.2
十四、科学研究和技术	124	282907.5	600100.0	45781.1	31656.8
十五、金融业	14	1760428.9	10409122.8	3534253.0	1060508.1
十六、其他	1	427.9	9239.7	14.8	0.0

2016年内蒙古自治区国有企业主要指标表

行　业	户数(户)	年末国有资产总量(万元)	资产总额(万元)	人均利润(元/人)	人均税费(元/人)
合　并	618	34536544.7	99852106.2	－8246.9	27241.8
合　计	618	54590526.5	125094527.2	－2897.9	26400.9
一、农林牧渔业	62	3129186.8	5445884.1	－2243.3	274.9
其中:农业	5	1107747.8	1349292.6	－118949.3	575508.2
林业	28	687783.1	2441058.7	－1939.9	148.4
畜牧业	3	－7480.8	38811.8	－114732.6	1.4
渔业	1	－60.5	7281.8	－6676.4	473.5
二、工业	157	16125525.3	46470962.9	－23969.2	46316.2
其中:煤炭工业	7	22174.6	142582.9	－125717.8	381042.4
石油和石化工业					
冶金工业	50	8651210.2	25995407.1	－45571.7	42611.2
建材工业	10	122660.0	502751.4	－14834.5	52122.8
化学工业	4	75354.5	125630.7	－39320.8	28601.3
森林工业					
食品工业	1	1955.7	2355.1	－53077.9	5397.8
烟草工业					
纺织工业					
医药工业					
机械工业	9	87150.1	228406.7	－26794.4	52731.8
电子工业	1	6256.3	22774.7	－65316.2	8617.7
电力工业	26	4804620.5	13847768.0	8680.3	64045.1
市政公用工业	36	1252049.9	4181472.7	－24378.9	13602.9
其他工业	13	1102093.5	1421813.7	15832.4	26821.8
三、建筑业	48	6000578.2	12034067.9	55060.4	43163.0
四、地质勘查及水利业	10	1712337.2	3295112.2	618278.4	1253201.7

续表

行　业	户数(户)	年末国有资产总量(万元)	资产总额(万元)	人均利润(元/人)	人均税费(元/人)
五、交通运输业	52	5337707.4	9632097.6	—12944.9	18444.0
其中:铁路运输业	2	60705.6	62934.2	—81.3	10097.2
道路运输业	23	4400378.1	7491085.0	—16691.4	3358.9
水上运输业					
航空运输业	24	622427.9	1336162.1	—104071.1	34324.8
六、仓储业	16	30286.8	242866.0	9580.9	2570.4
七、邮电通信业	2	7510.3	12754.6	2995.1	19648.8
八、批发和零售业	44	197417.8	1183413.1	100835.1	49149.5
九、房地产业	22	949399.2	2899101.7	42172.9	24218.4
十、信息技术服务业	4	14006.6	72939.6	5475.5	17443.1
十一、社会服务业	144	19507634.9	38574161.9	33595.5	85310.8
十二、卫生体育福利业	5	25021.2	88684.7	—7087.3	157.1
十三、教育文化广播业	13	22206.8	79290.4	7224.4	5674.4
十四、科学研究和技术	20	304463.0	579517.0	239567.7	109598.0
十五、金融业	15	1147929.4	4354238.5	1420834.7	312392.1
十六、其他	4	79315.7	129435.1	273345.8	49293.2

2016年辽宁省国有企业主要指标表

行　业	户数(户)	年末国有资产总量(万元)	资产总额(万元)	人均利润(元/人)	人均税费(元/人)
合　并	2001	51309479.3	170728246.5	16536.9	56105.9
合　计	2001	107894596.7	251885898.3	23369.0	56073.5
一、农林牧渔业	52	169525.1	660202.9	—3533.7	1964.1
其中:农业	25	48519.0	123612.4	—1415.8	237.4
林业	3	8846.0	40402.2	0.0	0.0
畜牧业	8	6336.6	18955.9	28009.3	7089.1
渔业	3	—26036.1	28382.6	—198476.6	2803.9
二、工业	552	22672734.7	88122933.8	18229.1	70633.4
其中:煤炭工业	40	3661087.4	11375228.7	—8202.0	20989.0

续表

行　业	户数(户)	年末国有资产总量(万元)	资产总额(万元)	人均利润(元/人)	人均税费(元/人)
石油和石化工业	4	46373.4	346414.4	－65520.0	4441.2
冶金工业	49	7625127.9	26917137.6	－11682.2	19233.4
建材工业	28	94980.1	601313.9	－112567.6	27285.7
化学工业	28	245701.7	1787519.0	－70673.1	23019.5
森林工业	2	－3603.2	24856.6	－37636.6	392.6
食品工业	12	71116.9	145358.9	19693.8	39538.4
烟草工业					
纺织工业	1	287.1	13062.1	－24306.3	0.0
医药工业	10	151174.2	1036603.0	10519.3	29632.5
机械工业	208	6911326.4	33603682.0	87622.5	189750.9
电子工业	15	17366.0	255306.3	75889.9	16081.5
电力工业	42	619872.4	2774153.6	28230.2	44872.0
市政公用工业	81	2753739.5	8175230.0	－9466.9	19662.0
其他工业	30	477788.7	1054345.2	－59359.0	10712.6
三、建筑业	146	950360.3	6474873.5	482.3	28045.9
四、地质勘查及水利业	26	8471281.9	10522349.3	－59911.4	20428.5
五、交通运输业	202	17125776.7	38727630.4	26606.7	21613.8
其中:铁路运输业	3	300207.9	315385.8	－21341.6	12416.0
道路运输业	98	3610351.7	7676789.3	－9176.7	5131.5
水上运输业	20	1692044.6	4914425.7	132946.2	66114.2
航空运输业	12	818548.8	1390398.4	6271.6	38698.9
六、仓储业	51	275011.6	966756.4	18893.3	19420.5
七、邮电通信业	1	638.6	7619.8	85569.5	52917.3
八、批发和零售业	271	712271.4	8682365.8	41255.3	61945.1
九、房地产业	129	4374237.2	13364395.3	－111989.6	134302.7
十、信息技术服务业	27	35197.8	125499.6	20812.7	36771.9
十一、社会服务业	369	51557948.3	79836289.9	111151.8	32114.0
十二、卫生体育福利业	13	19277.4	122379.6	－319.0	98.9
十三、教育文化广播业	29	19830.1	48109.4	－9724.0	5017.3
十四、科学研究和技术	100	242004.0	678788.6	38491.2	27922.6
十五、金融业	31	1268327.9	3544393.3	356281.7	172852.0
十六、其他	2	173.4	1310.8	－62027.9	8017.1

2016年大连市国有企业主要指标表

行　业	户数(户)	年末国有资产总量(万元)	资产总额(万元)	人均利润(元/人)	人均税费(元/人)
合　并	438	9939343.3	29037968.5	24282.5	41623.0
合　计	438	20837510.6	41573646.0	49114.2	41623.0
一、农林牧渔业	20	30055.8	66174.6	−12409.0	17786.0
其中:农业	12	6748.5	16585.1	−12740.6	27595.5
林业					
畜牧业	5	7291.5	15614.0	62312.9	16430.9
渔业					
二、工业	119	3030390.0	10749060.7	5835.5	38450.4
其中:煤炭工业					
石油和石化工业					
冶金工业	1	14663.6	37847.7	585653.4	246798.0
建材工业	4	45280.4	224992.3	−219364.9	37794.9
化学工业	20	177516.3	1498571.5	−136843.6	19093.3
森林工业					
食品工业	2	13362.7	17208.2	56137.5	58318.3
烟草工业					
纺织工业					
医药工业	1	9.2	11.5	−8277.5	0.0
机械工业	69	1740079.4	6274483.5	33149.9	46889.8
电子工业	2	12560.6	57935.3	204653.2	21802.2
电力工业	7	70850.8	713363.4	7280.2	32453.7
市政公用工业	12	539291.3	1441474.5	−33699.5	11348.7
其他工业	1	416775.6	483172.9	−813.0	10576.0
三、建筑业	26	104302.5	735017.6	−4368.1	67341.3
四、地质勘查及水利业					
五、交通运输业	93	7509892.8	15782870.9	44229.8	22743.6
其中:铁路运输业	1	7426.4	20061.2	−269225.1	6217.6
道路运输业	45	1198996.4	1893922.4	−10381.4	4381.0
水上运输业	15	1563636.6	4518231.2	111239.1	51598.9

续表

行　业	户数(户)	年末国有资产总量(万元)	资产总额(万元)	人均利润(元/人)	人均税费(元/人)
航空运输业	2	400070.8	485625.0	40172.2	45115.6
六、仓储业	1	56696.3	57409.7	0.0	0.0
七、邮电通信业	1	638.6	7619.8	85569.5	52917.3
八、批发和零售业	42	36042.8	386818.5	98840.2	150819.0
九、房地产业	19	403366.4	1287292.1	3319.7	240985.0
十、信息技术服务业	9	15146.9	58260.0	87071.0	47053.0
十一、社会服务业	91	9357139.3	11559060.4	1892962.1	444964.2
十二、卫生体育福利业	2	4997.6	17194.0	−5505.9	297.7
十三、教育文化广播业	3	39.1	568.9	11435.3	4280.4
十四、科学研究和技术	5	632.1	4704.0	42501.9	14778.4
十五、金融业	7	288170.2	861594.8	2351696.5	723807.0
十六、其他					

2016年吉林省国有企业主要指标表

行　业	户数(户)	年末国有资产总量(万元)	资产总额(万元)	人均利润(元/人)	人均税费(元/人)
合　并	805	31268690.3	121000824.4	51636.3	33053.3
合　计	805	51853814.6	149959593.2	47667.4	33065.0
一、农林牧渔业	71	1240110.2	3656440.1	−18263.2	3053.8
其中:农业	18	449592.7	546917.6	−50543.5	31963.3
林业	22	686026.2	2797318.2	−15343.2	2532.3
畜牧业	10	51952.3	109331.8	−83370.7	2469.3
渔业					
二、工业	233	5174752.9	19671385.6	−55464.7	16445.1
其中:煤炭工业	25	1154794.5	3676207.7	−14407.9	7133.3
石油和石化工业	2	47558.3	48531.8	−251304.9	510.3
冶金工业	29	571036.0	5308617.1	−688621.5	11726.4
建材工业	12	59160.2	162915.0	46968.4	85701.2

续表

行　业	户数(户)	年末国有资产总量(万元)	资产总额(万元)	人均利润(元/人)	人均税费(元/人)
化学工业	18	239699.1	1199295.1	18331.8	16515.7
森林工业	29	656155.0	2113891.2	−15243.0	19995.2
食品工业	9	12243.1	187362.8	−65855.1	4702.2
烟草工业					
纺织工业	4	−52567.4	340526.9	−107146.8	12092.7
医药工业	1	5773.1	13076.9	218085.4	100623.5
机械工业	21	413459.3	1462836.3	63164.0	36741.3
电子工业	2	5349.7	13891.1	−27040.2	12882.4
电力工业	22	220266.3	682607.2	30456.8	40832.8
市政公用工业	41	1387411.0	2881761.4	17139.5	20322.0
其他工业	18	454414.7	1579865.2	−112162.2	18909.5
三、建筑业	61	13363056.5	22305082.6	930568.8	153120.3
四、地质勘查及水利业	3	439588.3	899382.2	−45097.4	4375.7
五、交通运输业	26	3574860.3	8429803.3	−70091.5	11743.1
其中:铁路运输业					
道路运输业	23	3565720.0	8418508.6	−70254.9	11710.5
水上运输业	2	4918.7	7057.4	−30293.5	63618.3
航空运输业					
六、仓储业	22	2581746.5	5003943.6	−25442.4	22335.3
七、邮电通信业	1	64.1	68.1	−1988.5	3210.1
八、批发和零售业	88	717542.5	4617317.1	52201.2	77865.5
九、房地产业	64	378020.5	3940435.7	−598157.3	107944.0
十、信息技术服务业	10	5147.4	19021.2	13357.5	15900.1
十一、社会服务业	124	21274547.4	33034585.9	2173892.6	94060.7
十二、卫生体育福利业	6	−1449.8	19798.5	−62982.0	96.0
十三、教育文化广播业	6	2204.8	65814.4	−24817.6	8041.7
十四、科学研究和技术	26	12264.0	1242168.3	−279805.8	30132.6
十五、金融业	64	3091358.9	47054346.8	408293.9	182102.4
十六、其他					

2016年黑龙江省国有企业主要指标表

行　业	户数(户)	年末国有资产总量(万元)	资产总额(万元)	人均利润(元/人)	人均税费(元/人)
合　并	1082	33611627.4	75106084.7	1063.5	21429.4
合　计	1082	44074958.8	94528733.1	13454.5	22497.5
一、农林牧渔业	24	72067.8	190693.5	−52962.9	10264.4
其中:农业	9	22694.4	33914.3	−39978.3	5066.1
林业	8	27249.1	41771.3	13971.3	4126.2
畜牧业	2	−14416.8	9127.7	−118581.5	10507.9
渔业	1	4378.7	12991.1	−463667.2	6965.1
二、工业	270	5526957.6	22964264.1	4963.8	11274.9
其中:煤炭工业	38	2940012.4	12298524.5	−14535.5	5739.4
石油和石化工业	1	11643.4	21339.2	−81812.9	3572.2
冶金工业					
建材工业	6	10118.0	107516.7	19454.0	13874.4
化学工业	24	−114387.9	182084.2	5.6	22258.5
森林工业	1	208.1	1240.9	0.0	0.0
食品工业	7	1347.2	28775.7	−78600.9	5195.6
烟草工业					
纺织工业					
医药工业	19	781531.6	2642299.7	237050.0	55390.8
机械工业	82	144239.8	1936476.9	−35561.1	12367.7
电子工业	9	52099.3	162164.5	9767.5	8450.7
电力工业	15	921677.6	1853148.2	46980.3	31110.8
市政公用工业	36	520984.2	3034095.3	−18792.8	11299.5
其他工业	26	226844.8	616094.3	41110.4	33424.0
三、建筑业	138	995209.8	6397524.9	132.2	68636.0
四、地质勘查及水利业	10	2767869.1	4937443.6	71166.5	37524.7
五、交通运输业	69	1854924.8	4191628.7	−37200.9	9749.7
其中:铁路运输业	7	111622.0	220261.8	−45564.9	4850.1
道路运输业	30	1178615.5	3192459.1	−49773.7	5967.1
水上运输业	24	74968.2	124622.4	−8729.2	3594.4

续表

行　业	户数(户)	年末国有资产总量(万元)	资产总额(万元)	人均利润(元/人)	人均税费(元/人)
航空运输业	5	486036.7	647976.0	9752.1	32135.3
六、仓储业	13	-2843.7	41032.4	-15528.9	34565.4
七、邮电通信业					
八、批发和零售业	210	-106225.3	1975835.7	17082.4	51972.3
九、房地产业	107	5506220.0	13403058.3	504617.5	505895.1
十、信息技术服务业	3	-9633.0	20937.1	-248365.2	6069.2
十一、社会服务业	169	26256964.2	37678302.7	134874.8	35969.3
十二、卫生体育福利业	11	-117.0	11265.4	-1578.2	108.5
十三、教育文化广播业	5	15950.7	60615.9	-13841.4	6177.6
十四、科学研究和技术	41	22808.4	67133.0	19818.3	21892.0
十五、金融业	12	1174805.5	2588997.9	344639.4	138546.2
十六、其他					

2016年上海市国有企业主要指标表

行　业	户数(户)	年末国有资产总量(万元)	资产总额(万元)	人均利润(元/人)	人均税费(元/人)
合　并	10014	211459892.9	1711579771.8	275973.2	198182.7
合　计	10014	497637992.9	2210509026.9	383093.5	197002.3
一、农林牧渔业	235	1971421.0	4829378.2	79749.6	9223.9
其中:农业	91	859231.0	1953610.9	110638.1	9405.0
林业	13	255590.2	362125.0	377459.2	41344.9
畜牧业	64	387837.8	1143023.0	104110.9	7373.9
渔业	21	384463.5	1001025.2	-1665.2	5688.8
二、工业	1336	54266001.2	136114997.9	253127.1	115879.4
其中:煤炭工业	3	8228.2	136946.7	481411.6	1729400.7
石油和石化工业	2	269522.0	347348.9	194598.9	565407.7
冶金工业	20	3859.0	757055.6	-81449.7	35032.6
建材工业	77	685711.3	3038430.4	94287.7	83188.7

续表

行　业	户数(户)	年末国有资产总量(万元)	资产总额(万元)	人均利润(元/人)	人均税费(元/人)
化学工业	136	2777525.3	6252824.9	14348.0	55728.3
森林工业	5	－2932.7	14338.2	－79178.4	4430.9
食品工业	144	2703358.9	9906859.3	53714.1	43158.4
烟草工业	1	124275.6	378361.6	2348184.2	402430.0
纺织工业	29	177947.0	474730.5	18587.8	24118.5
医药工业	93	4196379.2	7150972.6	228652.0	86956.9
机械工业	342	29071304.6	75671439.1	367509.9	149797.6
电子工业	37	458317.7	2365787.8	236141.4	100596.9
电力工业	50	2540443.8	6598652.4	1612011.9	554764.8
市政公用工业	182	10253262.4	19772786.4	113864.4	113458.0
其他工业	207	973878.4	3147123.4	197513.6	72638.0
三、建筑业	572	12090682.1	52097716.9	130845.0	181435.0
四、地质勘查及水利业	13	1087051.2	2366210.8	－27951.3	19338.4
五、交通运输业	418	59488863.1	92352618.6	105936.2	44774.1
其中:铁路运输业	1	11182.6	31683.4	196979.4	193646.0
道路运输业	257	46249363.2	67284220.5	－23956.1	19273.7
水上运输业	52	6882581.5	15198865.8	786641.4	146733.1
航空运输业	12	5157642.8	7871845.4	969988.7	300470.7
六、仓储业	173	1070984.6	2589508.4	73364.0	40296.3
七、邮电通信业	3	162399.2	360601.8	599264.3	227880.0
八、批发和零售业	1769	12820791.2	56743437.9	114373.7	162506.2
九、房地产业	2746	100356911.4	412848749.7	916234.5	593390.7
十、信息技术服务业	113	1087223.2	4301433.3	89927.6	69172.7
十一、社会服务业	2076	189909114.8	329401182.0	499808.8	92606.7
十二、卫生体育福利业	45	76699.0	696276.8	－426076.3	75236.9
十三、教育文化广播业	97	121392.9	204164.3	52220.0	34628.0
十四、科学研究和技术	252	3126383.5	6282659.7	120744.8	64607.6
十五、金融业	166	60002074.5	1109320090.6	909378.4	460086.6
十六、其他					

2016年浙江省国有企业主要指标表

行　业	户数(户)	年末国有资产总量(万元)	资产总额(万元)	人均利润(元/人)	人均税费(元/人)
合　并	4455	99160238.8	403303388.5	110615.1	89427.2
合　计	4455	184736452.1	530905563.4	148074.1	88462.0
一、农林牧渔业	95	600624.5	2021796.5	52360.4	17462.5
其中:农业	33	106446.9	625126.4	243977.4	20848.5
林业	28	41659.9	423041.2	33406.0	11133.1
畜牧业	4	8484.5	17250.2	221751.2	577.1
渔业	3	22194.8	154872.9	—210256.5	552.4
二、工业	663	22234317.1	51962191.6	135588.6	103968.6
其中:煤炭工业	2	58638.0	111055.3	—135880.4	16231.4
石油和石化工业					
冶金工业	32	2250966.5	5768689.2	37255.0	71819.7
建材工业	33	70115.3	465544.1	—14397.4	43087.5
化学工业	108	3586379.2	9583747.4	35098.9	115132.1
森林工业	1	423.7	1536.9	40702.0	73259.1
食品工业	40	150817.8	441397.6	40729.5	38103.9
烟草工业					
纺织工业	6	40775.0	129816.0	16545.1	19122.6
医药工业	13	81404.1	217922.6	—25865.2	33429.3
机械工业	99	1775729.6	5420861.3	43534.6	46582.0
电子工业	13	166237.0	479258.4	—37919.0	49531.2
电力工业	85	8449144.1	15213843.6	943417.6	333207.0
市政公用工业	168	5172264.6	12872276.0	86364.5	84162.0
其他工业	52	434022.1	1137833.5	40854.2	50248.7
三、建筑业	193	4619977.7	16642829.3	102331.6	97037.6
四、地质勘查及水利业	32	2523095.7	5110364.3	—26747.2	22516.5
五、交通运输业	385	34019588.6	72335321.3	62330.4	33937.8
其中:铁路运输业	10	695934.9	1314136.8	27855.7	34379.7
道路运输业	220	23423577.1	53907558.2	52737.7	27058.5
水上运输业	68	972895.9	3095545.6	—484579.6	78299.8

续表

行　业	户数(户)	年末国有资产总量(万元)	资产总额(万元)	人均利润(元/人)	人均税费(元/人)
航空运输业	18	1382771.9	2810058.0	36599.8	36669.3
六、仓储业	96	734644.4	2036972.8	－3310.6	24751.0
七、邮电通信业					
八、批发和零售业	971	7008728.7	28036075.9	224343.3	133202.9
九、房地产业	506	15300019.1	57709224.0	104999.4	307820.2
十、信息技术服务业	53	290175.9	684289.1	114613.6	46068.3
十一、社会服务业	1080	89566365.6	194528684.1	247184.7	57684.9
十二、卫生体育福利业	25	227236.4	683481.4	927.3	2258.5
十三、教育文化广播业	121	1529954.1	2355045.4	30831.5	12602.3
十四、科学研究和技术	182	869612.3	2114335.2	48229.9	32431.5
十五、金融业	48	4800240.0	93439444.5	464760.4	227554.7
十六、其他	5	411872.0	1245508.1	960072.8	19229.5

2016 年宁波市国有企业主要指标表

行　业	户数(户)	年末国有资产总量(万元)	资产总额(万元)	人均利润(元/人)	人均税费(元/人)
合　并	716	30036859.6	94968586.5	－1620.8	55039.5
合　计	716	40796943.6	111966575.4	13763.7	55125.4
一、农林牧渔业	15	183285.3	581302.0	－389767.2	29215.1
其中:农业	6	6587.1	78017.9	－87559.3	18535.2
林业	1	－273.1	71291.6	－28887.3	281.3
畜牧业	1	－2079.9	127439.9	－73793832.8	576.0
渔业					
二、工业	68	1487944.9	4205084.7	79066.5	98977.7
其中:煤炭工业					
石油和石化工业					
冶金工业					
建材工业	8	39733.2	154534.7	143450.8	119625.6

续表

行　业	户数(户)	年末国有资产总量(万元)	资产总额(万元)	人均利润(元/人)	人均税费(元/人)
化学工业	3	29206.2	245876.8	−73155.5	31351.7
森林工业					
食品工业	4	11334.8	25847.0	75863.9	21812.7
烟草工业					
纺织工业					
医药工业					
机械工业					
电子工业	1	−134.8	37.8	0.0	0.0
电力工业	19	189305.9	403571.6	204968.0	234243.1
市政公用工业	30	1209404.9	3344437.1	59686.4	81154.3
其他工业	3	9094.8	30779.7	103.8	33795.2
三、建筑业	37	1223091.3	3054763.2	40662.0	77731.3
四、地质勘查及水利业	18	1687325.3	3515068.1	−36295.7	24608.4
五、交通运输业	39	3573088.2	9434523.7	−23306.9	11063.2
其中:铁路运输业	1	−487.8	3699.6	−58845.0	1060.5
道路运输业	32	3402060.8	9150059.4	−23189.9	9650.1
水上运输业	2	16784.4	30772.2	50801.1	55971.3
航空运输业	1	125451.0	214920.2	−32696.9	18905.5
六、仓储业	11	75445.6	287227.6	−13204.5	9152.8
七、邮电通信业					
八、批发和零售业	57	306102.5	772705.1	84736.9	37949.6
九、房地产业	105	6579905.8	23492421.0	−219800.8	233541.8
十、信息技术服务业	10	16529.5	19911.4	51301.4	30963.7
十一、社会服务业	266	24765512.6	64785353.7	100965.4	39558.1
十二、卫生体育福利业	6	133289.8	296181.1	−26923.4	5336.6
十三、教育文化广播业	53	537560.1	899164.9	27447.5	27684.9
十四、科学研究和技术	28	139425.1	489541.9	18175.1	17706.5
十五、金融业	3	88437.8	133327.1	530612.4	234810.2
十六、其他					

2016年江苏省国有企业主要指标表

行　业	户数(户)	年末国有资产总量(万元)	资产总额(万元)	人均利润(元/人)	人均税费(元/人)
合　并	3670	120374409.4	478347721.5	125940.6	95643.9
合　计	3670	228957688.6	591007295.2	157104.5	96720.6
一、农林牧渔业	141	2379128.0	4378371.4	20764.6	3303.2
其中:农业	85	1053183.6	2301550.1	12552.3	2581.8
林业	6	8388.7	188752.0	126866.2	71978.5
畜牧业	5	11935.3	17401.7	17993.8	1661.6
渔业	13	187826.9	306779.3	36956.2	7367.3
二、工业	661	21581647.1	65050494.0	111923.9	114967.2
其中:煤炭工业	46	3279047.3	7844113.7	18285.3	37731.5
石油和石化工业	3	—37368.6	82577.0	—69710.7	25603.4
冶金工业	20	253974.4	672109.8	—42928.6	25974.6
建材工业	26	161702.7	772380.5	2767.4	54160.5
化学工业	54	1365182.0	4190246.5	25775.4	43521.7
森林工业	1	417.7	807.5	0.0	0.0
食品工业	31	635147.1	2285454.8	—29986.8	54397.5
烟草工业					
纺织工业	39	434632.8	1295216.0	—2097.7	21308.5
医药工业	12	412860.7	1753078.2	301282.2	235072.5
机械工业	136	7069165.6	22797517.9	90336.9	149896.5
电子工业	22	149264.6	681334.8	57485.3	29051.6
电力工业	72	2413385.2	7156724.6	504034.9	347520.0
市政公用工业	66	2987191.3	7772801.2	180036.0	118895.0
其他工业	128	2464986.8	7661333.7	229983.6	182322.2
三、建筑业	180	11885410.7	31303265.9	84922.0	87774.4
四、地质勘查及水利业	7	6349295.9	8743898.4	34504.9	56520.6
五、交通运输业	342	38034978.0	94699117.0	112745.1	31991.9
其中:铁路运输业	5	1207614.5	1807163.4	83757.2	21485.9
道路运输业	193	31359817.6	80447161.8	132331.7	34904.9
水上运输业	30	463030.1	1214394.7	—2172.6	17896.9

续表

行　业	户数(户)	年末国有资产总量(万元)	资产总额(万元)	人均利润(元/人)	人均税费(元/人)
航空运输业	30	1936240.4	3421684.2	71112.7	22892.4
六、仓储业	43	662855.5	921785.7	113190.3	83378.9
七、邮电通信业					
八、批发和零售业	632	4478416.6	15885176.8	38011.4	163840.7
九、房地产业	436	17595412.7	62283352.6	233234.2	232941.7
十、信息技术服务业	50	182763.5	888441.1	—22978.9	31227.9
十一、社会服务业	831	108046997.7	235408656.8	390898.0	80317.5
十二、卫生体育福利业	27	222024.5	420763.3	33553.0	10473.5
十三、教育文化广播业	75	828564.7	1773729.6	—19020.7	19096.7
十四、科学研究和技术	91	1549896.9	3633028.9	153482.7	44883.3
十五、金融业	151	15157780.9	65612559.7	1092890.0	535139.8
十六、其他	3	2515.8	4653.9	—6609.6	0.0

2016 年安徽省国有企业主要指标表

行　业	户数(户)	年末国有资产总量(万元)	资产总额(万元)	人均利润(元/人)	人均税费(元/人)
合　并	3062	111934095.7	380166002.8	100409.3	62545.7
合　计	3062	181608682.9	456081571.7	115631.2	64729.2
一、农林牧渔业	140	2722407.4	3611636.4	242.4	2186.5
其中:农业	84	2701365.7	3528996.0	978.7	2237.7
林业	18	3137.2	38316.4	—10569.2	1535.1
畜牧业	6	683.2	4250.1	11727.4	2.6
渔业	9	—72.5	5818.9	423.8	809.7
二、工业	552	29472862.2	97715796.7	50474.0	62600.7
其中:煤炭工业	37	7163903.5	28401537.0	—1280.4	32342.4
石油和石化工业	1	3597.0	4183.7	—2715218.6	1175.6
冶金工业	70	6990375.8	20473137.5	21541.2	60883.5
建材工业	29	3731604.7	12045483.1	219543.3	144405.8

续表

行　业	户数(户)	年末国有资产总量(万元)	资产总额(万元)	人均利润(元/人)	人均税费(元/人)
化学工业	40	1725910.1	6440447.5	−5226.1	28721.1
森林工业	5	8926.9	40552.3	−30145.5	−10628.9
食品工业	17	34415.8	90545.9	−25930.4	2469.0
烟草工业					
纺织工业	6	233181.4	807052.9	16334.6	19480.1
医药工业	1	8474.3	14559.6	38683.6	48513.3
机械工业	118	3868970.6	16113057.7	44452.7	58193.4
电子工业	6	102787.1	205241.8	89606.9	23912.1
电力工业	55	3341006.6	7232945.2	316071.2	197684.9
市政公用工业	99	1220781.8	2830499.7	53738.6	43882.4
其他工业	57	805286.8	2504337.0	67108.1	128344.4
三、建筑业	223	6308732.0	19284824.8	77001.5	84488.0
四、地质勘查及水利业	5	598180.1	643305.9	29033.1	21341.3
五、交通运输业	202	10579717.4	31823948.4	31626.2	24349.2
其中:铁路运输业	6	723684.7	2524311.2	−7102.4	3521.2
道路运输业	150	8683933.6	27004018.2	30324.0	24345.7
水上运输业	17	52494.3	402798.9	37671.0	35642.1
航空运输业	8	525527.0	601849.5	−21583.2	14449.2
六、仓储业	252	285320.3	1249510.7	9437.1	3373.1
七、邮电通信业					
八、批发和零售业	516	2292964.1	9913735.6	57445.2	61033.3
九、房地产业	352	17047111.9	48523074.1	754908.4	292104.7
十、信息技术服务业	22	62189.0	90110.7	18655.3	11965.7
十一、社会服务业	473	93433374.3	189424193.7	818980.4	75880.4
十二、卫生体育福利业	10	594694.0	902907.5	253832.1	17514.2
十三、教育文化广播业	63	755186.8	1136451.9	53634.0	11090.6
十四、科学研究和技术	110	396042.8	897377.4	92422.6	45584.2
十五、金融业	139	16945842.0	50456943.8	517876.1	195273.2
十六、其他	3	114058.5	407753.9	1743039.6	387923.6

2016 年福建省国有企业主要指标表

行　业	户数(户)	年末国有资产总量(万元)	资产总额(万元)	人均利润(元/人)	人均税费(元/人)
合　并	4178	62311785.3	282665142.2	85465.7	95277.1
合　计	4178	132535019.6	378544876.3	139554.7	92641.5
一、农林牧渔业	104	200171.0	666630.3	—36953.1	23541.4
其中:农业	25	66483.4	173319.6	52486.3	31150.7
林业	15	45705.0	72583.3	19516.2	16849.3
畜牧业	16	9714.0	117055.8	—66565.3	1502.4
渔业	8	—16994.0	4049.6	—82989.1	7893.8
二、工业	631	13302626.5	32586455.3	15145.3	52066.2
其中:煤炭工业	15	408382.9	797652.7	—50803.4	23228.8
石油和石化工业					
冶金工业	57	2702002.2	6371942.6	94391.2	58129.7
建材工业	54	514800.3	1640048.3	60414.2	66007.4
化学工业	30	560211.4	1933189.1	—126290.3	18920.3
森林工业	5	32020.6	91584.8	—55723.8	56964.9
食品工业	50	570413.6	1085130.2	19821.0	25054.8
烟草工业	1	905.9	912.2	0.0	0.0
纺织工业	3	70524.5	92251.2	13297.7	21955.7
医药工业	13	369808.5	473020.8	498927.4	230849.9
机械工业	95	1513712.7	5723779.4	—131091.6	61761.3
电子工业	45	756210.2	2177424.8	61436.6	36438.5
电力工业	57	2244320.5	3949321.8	871693.7	270054.6
市政公用工业	145	2652047.4	5230273.6	75398.7	52389.3
其他工业	43	150822.1	743607.1	—80568.0	28484.0
三、建筑业	291	17158315.3	38958402.3	99908.4	68535.4
四、地质勘查及水利业	24	667422.6	919328.1	32773.8	26532.1
五、交通运输业	535	30586585.4	71010828.0	88291.9	27916.2

续表

行　业	户数(户)	年末国有资产总量(万元)	资产总额(万元)	人均利润(元/人)	人均税费(元/人)
其中:铁路运输业	2	108247.7	472087.0	-2397867.9	98018.0
道路运输业	318	25210091.2	57439068.7	51688.4	19412.9
水上运输业	71	609672.4	2064418.8	81815.9	35318.1
航空运输业	18	1170300.9	3158367.7	270113.1	73963.9
六、仓储业	71	236322.9	649779.6	228273.2	44697.5
七、邮电通信业	1	100.0	100.0	0.0	0.0
八、批发和零售业	845	5863194.1	27174100.9	234092.6	252528.5
九、房地产业	583	19100140.4	59409084.3	622837.7	404574.0
十、信息技术服务业	92	879478.7	1710874.3	61002.7	65621.6
十一、社会服务业	740	39624014.3	81413369.5	238178.1	57697.7
十二、卫生体育福利业	14	75824.8	136343.3	-3374.3	6695.4
十三、教育文化广播业	44	278124.0	478121.8	-54967.3	15160.4
十四、科学研究和技术	136	276889.1	593373.3	-30879.7	18648.4
十五、金融业	66	3646860.2	62126137.3	1425668.8	555655.8
十六、其他	1	638950.4	711948.1	3095633.5	734324.5

2016 年厦门市国有企业主要指标表

行　业	户数(户)	年末国有资产总量(万元)	资产总额(万元)	人均利润(元/人)	人均税费(元/人)
合　并	1415	16498656.4	68627286.9	96717.7	161100.2
合　计	1415	35620044.9	107765096.8	217874.0	152889.1
一、农林牧渔业	33	66086.9	263711.1	-37137.6	18477.2
其中:农业	7	13967.2	32009.0	156787.4	55525.4
林业	3	5670.3	17436.8	-22791.2	9422.7
畜牧业	10	4916.3	107227.1	-70559.3	1537.2
渔业					
二、工业	107	1805773.6	4952682.1	-90121.9	37233.4
其中:煤炭工业					
石油和石化工业					

续表

行　业	户数(户)	年末国有资产总量(万元)	资产总额(万元)	人均利润(元/人)	人均税费(元/人)
冶金工业	3	24126.9	112925.6	112353.3	43763.4
建材工业	15	117399.1	251691.9	153799.3	127868.9
化学工业	9	49040.4	212551.4	3659.4	8891.0
森林工业					
食品工业	24	144876.4	550817.4	8786.7	19150.6
烟草工业					
纺织工业	1	552.9	629.6	0.0	0.0
医药工业	2	-6014.1	333.9	46445.6	5643.8
机械工业	20	337240.8	1357373.3	-438495.3	40483.8
电子工业	8	311246.9	599473.1	22108.5	23692.4
电力工业					
市政公用工业	19	821855.4	1856172.9	81433.2	67867.9
其他工业	6	5448.9	10713.0	-35865.4	13459.9
三、建筑业	36	2016992.6	6813026.4	62664.1	41704.3
四、地质勘查及水利业	1	1322.5	1666.2	82686.8	45407.8
五、交通运输业	143	7146670.9	13881104.4	141147.9	37372.5
其中:铁路运输业					
道路运输业	46	3678584.4	4936318.0	33395.4	11995.6
水上运输业	30	310696.6	1050727.6	166840.0	63549.9
航空运输业	10	916791.8	2547365.6	327928.9	85499.3
六、仓储业	46	152078.9	456531.0	149624.5	72975.4
七、邮电通信业					
八、批发和零售业	419	4298180.8	21600654.7	311826.8	343005.6
九、房地产业	305	8960961.8	35087586.9	774542.8	486457.8
十、信息技术服务业	27	196740.8	549807.2	145195.4	119239.9
十一、社会服务业	229	10243343.8	21999400.5	146023.9	39018.3
十二、卫生体育福利业	3	19708.9	24735.9	-632671.0	131128.4
十三、教育文化广播业	13	32077.2	88891.8	-121294.8	14702.0
十四、科学研究和技术	19	16543.5	31409.8	17847.5	16104.4
十五、金融业	34	663562.7	2013888.9	730789.3	172739.9
十六、其他					

2016 年江西省国有企业主要指标表

行　业	户数(户)	年末国有资产总量（万元）	资产总额（万元）	人均利润（元/人）	人均税费（元/人）
合　并	1899	54092055.8	200061270.1	40196.6	63038.3
合　计	1899	79861740.7	241908393.2	64035.2	59391.2
一、农林牧渔业	47	208598.7	756554.3	−4891.1	12911.2
其中：农业	13	75392.9	212556.5	3858.0	38426.0
林业	17	8550.3	69854.5	28012.0	1736.9
畜牧业	2	−2440.3	1568.7	−133927.1	0.0
渔业	4	11911.8	22583.5	1337706.8	6229.4
二、工业	627	12789529.8	38900651.7	36849.6	50408.9
其中：煤炭工业	50	999251.5	5348046.9	−184561.8	10568.4
石油和石化工业					
冶金工业	118	6270894.9	17101266.9	130002.0	47846.6
建材工业	80	719921.4	1905627.8	68871.1	49102.4
化学工业	60	486322.7	1722327.1	−206.6	33498.7
森林工业					
食品工业	7	8045.5	38267.6	−77307.5	2369.1
烟草工业					
纺织工业	1	−70635.4	30665.2	−226.4	2188.1
医药工业	6	134418.8	355705.9	187330.8	96085.4
机械工业	80	2223771.9	7326592.3	93839.7	104367.5
电子工业	8	10867.2	54108.4	53349.9	29341.5
电力工业	30	471588.5	1263374.7	133144.2	129457.8
市政公用工业	107	1017777.4	2575565.7	86092.7	33524.5
其他工业	63	332178.1	818731.4	2934.6	45087.4
三、建筑业	193	14575057.5	38659159.8	181937.3	169495.1
四、地质勘查及水利业	24	1478783.3	3276838.8	21460.7	26947.4
五、交通运输业	152	17220176.8	41764326.2	83128.6	34261.2
其中：铁路运输业	5	69145.3	220232.4	−80658.8	27230.5
道路运输业	135	16729663.8	40703817.7	84283.5	34951.8
水上运输业	5	239633.5	485604.2	74395.0	−55316.4

续表

行　业	户数(户)	年末国有资产总量(万元)	资产总额(万元)	人均利润(元/人)	人均税费(元/人)
航空运输业	1	124246.6	186853.7	1373303.4	227539.2
六、仓储业	26	205863.1	592429.3	−21910.8	5090.2
七、邮电通信业					
八、批发和零售业	236	1508494.9	9815318.9	−224692.4	68327.5
九、房地产业	139	15062689.5	33837594.1	640262.4	343134.5
十、信息技术服务业	12	15743.4	37061.8	10989.4	24313.3
十一、社会服务业	319	14190695.9	35671780.4	86572.7	57643.4
十二、卫生体育福利业	11	24276.0	129141.8	8012.1	752.9
十三、教育文化广播业	20	45472.3	202025.1	55221.2	10209.9
十四、科学研究和技术	74	285359.3	532800.6	52705.5	26071.7
十五、金融业	12	754233.0	33531464.5	554881.2	28223.2
十六、其他	7	1496767.2	4201245.9	2832941.6	1663.2

2016 年山东省国有企业主要指标表

行　业	户数(户)	年末国有资产总量(万元)	资产总额(万元)	人均利润(元/人)	人均税费(元/人)
合　并	4429	66970603.5	419349810.2	53537.2	64285.8
合　计	4429	166825505.9	604146461.5	80446.7	64339.7
一、农林牧渔业	54	145989.5	731201.6	−41139.4	5011.1
其中:农业	21	31773.0	83399.6	−3964.9	4417.7
林业	5	5712.8	36293.7	61023.7	−13762.2
畜牧业	1	794.9	2710.4	59139.4	0.0
渔业	14	−46747.0	116481.2	−41659.1	5270.8
二、工业	1425	53095384.5	229329794.8	62257.2	56036.2
其中:煤炭工业	193	17769928.5	75969430.3	45215.8	52788.7
石油和石化工业	4	748078.1	2181005.7	420408.8	144948.5
冶金工业	119	11836141.8	49975726.0	5968.3	45697.5
建材工业	91	687080.9	2490369.4	25329.3	37693.4

续表

行　业	户数(户)	年末国有资产总量(万元)	资产总额(万元)	人均利润(元/人)	人均税费(元/人)
化学工业	151	5418179.6	23452710.1	147927.7	64603.1
森林工业	5	12604.5	53981.9	—77123.8	41674.1
食品工业	33	147009.0	364768.8	24292.3	33141.8
烟草工业					
纺织工业	19	123129.6	986746.9	3874.9	9380.4
医药工业	28	311881.0	1642078.7	33318.0	34993.4
机械工业	314	8399487.2	41859855.5	59859.4	40724.6
电子工业	93	2650086.0	11691138.8	159208.9	85546.1
电力工业	72	834526.8	2715718.0	58059.2	61092.1
市政公用工业	206	3181278.4	9588861.1	20002.1	36387.6
其他工业	94	852182.1	5738491.4	115490.9	143798.8
三、建筑业	234	4286326.6	18136589.7	52331.5	70578.4
四、地质勘查及水利业	18	242079.5	554063.4	1075167.5	61872.4
五、交通运输业	380	30685952.2	70796208.4	62748.4	35146.7
其中:铁路运输业	11	6119105.4	8463889.7	73114.0	32966.5
道路运输业	212	15873165.7	44065093.9	50666.3	30858.9
水上运输业	49	1160530.3	4631918.7	—222016.2	41466.1
航空运输业	20	1919611.4	2421734.5	52040.5	40540.7
六、仓储业	66	319240.9	1261149.9	—79829.0	46023.8
七、邮电通信业					
八、批发和零售业	600	3056685.6	21330364.9	42827.8	84823.7
九、房地产业	500	11494267.5	47234453.8	218724.8	256192.0
十、信息技术服务业	116	715147.2	1955532.2	94583.2	73413.5
十一、社会服务业	676	50092303.3	111963894.2	251301.5	61811.7
十二、卫生体育福利业	25	399317.6	1219187.3	—17557.0	10205.6
十三、教育文化广播业	69	320451.5	525433.8	—15461.5	4454.5
十四、科学研究和技术	143	579934.0	1315305.2	74024.5	41350.5
十五、金融业	121	11192657.5	97371957.8	469760.2	258101.1
十六、其他	2	199768.6	421324.6	—193870.9	17.1

2016年青岛市国有企业主要指标表

行　业	户数(户)	年末国有资产总量（万元）	资产总额（万元）	人均利润（元/人）	人均税费（元/人）
合　并	851	14774685.7	91484285.4	114367.0	92726.2
合　计	851	28341665.6	115928155.2	124834.8	92471.2
一、农林牧渔业	12	8738.1	23961.3	−248907.1	32283.2
其中：农业	10	8872.7	23906.1	−239095.7	28535.6
林业					
畜牧业					
渔业	1	−134.6	55.2	−341551.2	0.0
二、工业	220	4814749.4	19959959.4	99045.3	93746.7
其中：煤炭工业					
石油和石化工业					
冶金工业	2	196.0	6742.9	266522.2	184150.8
建材工业	11	18803.3	104917.9	53911.6	88807.0
化学工业	38	872372.5	3260643.6	13445.1	31505.2
森林工业	2	4251.3	15608.2	−68636.8	13706.8
食品工业	6	24618.3	51034.4	66434.0	54939.8
烟草工业					
纺织工业	3	64202.2	178101.0	13378.4	20955.4
医药工业					
机械工业	33	148257.6	761278.0	−7682.8	44924.1
电子工业	23	1988330.3	8369618.9	208108.3	81396.2
电力工业	36	215106.2	1058210.5	116104320.4	4624475.0
市政公用工业	49	762010.4	2769365.2	−81182.4	30910.3
其他工业	16	709750.8	3284695.0	66699.7	158834.6
三、建筑业	38	269627.0	2705243.6	67460.4	71231.2
四、地质勘查及水利业					
五、交通运输业	104	7532720.3	15056827.7	63033.4	25425.1
其中：铁路运输业					
道路运输业	63	2426724.7	6419709.7	5352.4	5322.7
水上运输业	14	285525.9	1568900.6	−1507994.4	127372.0

续表

行　业	户数(户)	年末国有资产总量(万元)	资产总额(万元)	人均利润(元/人)	人均税费(元/人)
航空运输业	7	1148206.1	1324529.5	149401.2	54809.3
六、仓储业	5	29134.5	208144.0	-179100.5	89856.3
七、邮电通信业					
八、批发和零售业	90	102320.3	5086660.4	115348.0	153095.0
九、房地产业	159	3053728.4	11006285.9	886635.2	448661.7
十、信息技术服务业	14	38981.6	393832.1	326650.2	200914.0
十一、社会服务业	144	10575018.7	27266293.4	326161.3	102973.0
十二、卫生体育福利业	8	142332.8	347387.6	-96259.3	28616.3
十三、教育文化广播业	13	13375.7	80250.5	-34970.3	8786.3
十四、科学研究和技术	17	55664.1	77052.2	30183.4	26902.7
十五、金融业	27	1705274.7	33716257.1	853108.0	369800.3
十六、其他					

2016年河南省国有企业主要指标表

行　业	户数(户)	年末国有资产总量(万元)	资产总额(万元)	人均利润(元/人)	人均税费(元/人)
合　并	2118	38306761.7	204705577.4	6280.9	33532.2
合　计	2118	82762399.4	279884978.9	7212.3	30127.3
一、农林牧渔业	22	558040.6	994516.8	35879.8	31979.3
其中:农业	8	416322.9	574372.6	31542.7	57521.0
林业	9	138032.2	411291.8	47048.7	276.3
畜牧业	2	923.5	2243.0	-57249.3	11.2
渔业	1	2640.0	6361.3	175.8	20.9
二、工业	738	21218759.2	102965529.0	-23397.2	22375.0
其中:煤炭工业	271	12937126.0	64468674.5	-29542.8	22220.6
石油和石化工业	7	-11067.1	233738.1	-271796.9	18567.4
冶金工业	51	2014459.2	8299444.9	-7868.2	34777.3
建材工业	61	934664.8	3131194.8	-22339.2	45300.4

续表

行　业	户数(户)	年末国有资产总量(万元)	资产总额(万元)	人均利润(元/人)	人均税费(元/人)
化学工业	87	1074021.4	9076339.9	－42161.6	－23072.9
森林工业	2	－15321.4	62803.7	－186471.0	12727.7
食品工业	10	21773.4	111646.5	－63359.5	13883.0
烟草工业					
纺织工业	14	405665.3	1280050.6	20090.5	11052.5
医药工业	6	－60072.9	273827.2	7916.7	5981.3
机械工业	81	1052259.5	5334674.4	7526.8	26904.1
电子工业	11	185383.0	219176.9	－154486.2	10061.3
电力工业	33	727030.3	3243731.1	102501.6	146390.9
市政公用工业	61	1732820.5	4969727.5	28974.7	20160.8
其他工业	41	212099.0	2188883.7	－122924.8	31540.3
三、建筑业	126	7237241.2	16617202.2	48741.3	53152.0
四、地质勘查及水利业	27	2067182.8	4075259.4	507841.8	193003.8
五、交通运输业	94	14067285.5	34520027.1	30308.9	17534.4
其中:铁路运输业	9	138801.9	322642.0	－26355.3	11346.9
道路运输业	66	11808201.5	28364553.6	39619.2	16946.3
水上运输业					
航空运输业	7	2096431.2	5546583.3	－91642.0	31180.6
六、仓储业	35	48828.6	283619.6	－10001.4	28277.1
七、邮电通信业	2	15373.8	20542.4	20733.8	9994.9
八、批发和零售业	365	1600170.4	5280323.9	20285.1	22110.8
九、房地产业	203	7828805.4	23795217.5	190343.6	204641.9
十、信息技术服务业	20	52522.0	76914.5	63166.8	22946.3
十一、社会服务业	314	22953237.3	42873646.9	55827.4	27200.9
十二、卫生体育福利业	15	169811.5	308814.0	10701.0	1184.7
十三、教育文化广播业	60	1627407.4	2514832.4	165913.5	19131.1
十四、科学研究和技术	62	157972.5	460577.7	34705.6	31510.8
十五、金融业	31	3128773.9	45017656.3	1144855.7	495840.2
十六、其他	4	30987.4	80299.2	74602.2	2897.0

2016年湖北省国有企业主要指标表

行　业	户数(户)	年末国有资产总量(万元)	资产总额(万元)	人均利润(元/人)	人均税费(元/人)
合　并	2906	82952452.1	352464844.0	73826.6	52866.1
合　计	2906	138711555.8	422720101.5	87721.2	56590.1
一、农林牧渔业	107	366454.7	1725797.7	1978.2	7378.6
其中:农业	26	124309.3	1056616.3	-3779.1	7559.3
林业	17	25635.7	142481.1	20103.4	10674.3
畜牧业	26	32160.5	114148.9	88567.2	8061.6
渔业	24	69046.8	225378.9	7953.6	1821.7
二、工业	565	7856462.9	29372534.5	28198.0	43619.1
其中:煤炭工业	13	27261.3	230700.3	-34130.0	13717.3
石油和石化工业	3	16784.6	511344.0	129825.1	126064.4
冶金工业	13	-118067.1	276635.2	-18900.9	7027.8
建材工业	84	2400749.2	5315869.0	96403.1	69855.6
化学工业	44	1957563.2	10510269.0	-19740.1	66590.4
森林工业	10	117539.4	278378.9	56050.2	81163.1
食品工业	48	321346.7	1416729.3	105898.5	31850.7
烟草工业					
纺织工业	22	22778.8	341242.3	-3566.5	17641.3
医药工业	11	40151.4	264969.6	103784.8	46926.4
机械工业	118	734378.8	2992723.6	17208.2	20818.6
电子工业	12	45016.5	139316.8	7002.0	12704.2
电力工业	30	105011.9	351220.9	7346.6	16767.2
市政公用工业	108	1908097.8	5624805.7	30592.6	30457.8
其他工业	46	215900.9	840989.0	35598.7	41000.8
三、建筑业	215	13671426.1	36235093.6	162540.7	136635.6
四、地质勘查及水利业	9	1390737.7	1617118.9	-33403.0	5815.5
五、交通运输业	233	16778242.3	41029855.2	2362.6	14814.3
其中:铁路运输业	10	5312812.8	8334129.8	-1810621.0	73148.5
道路运输业	153	8346002.0	26524534.9	19071.1	14636.8
水上运输业	30	657001.6	2082750.1	4073.3	15514.5

续表

行　业	户数(户)	年末国有资产总量（万元）	资产总额（万元）	人均利润（元/人）	人均税费（元/人）
航空运输业	8	1943908.2	2801724.5	33961.1	0.0
六、仓储业	135	365982.2	1514981.1	69678.7	7459.0
七、邮电通信业					
八、批发和零售业	314	1982643.2	8097439.3	28888.4	36450.0
九、房地产业	397	11555068.6	53355428.2	268947.8	304852.7
十、信息技术服务业	33	95967.5	539657.1	23267.7	127574.8
十一、社会服务业	625	76248175.9	187048409.4	482308.0	88572.8
十二、卫生体育福利业	14	1248167.1	2066061.1	－4613.3	4238.9
十三、教育文化广播业	75	373977.0	801887.3	－14546.9	5197.7
十四、科学研究和技术	110	898621.9	1644151.2	108729.2	54955.2
十五、金融业	73	5611976.7	57262224.4	599072.9	310408.2
十六、其他	1	267652.1	409462.6	96652551.3	0.0

2016 年湖南省国有企业主要指标表

行　业	户数(户)	年末国有资产总量（万元）	资产总额（万元）	人均利润（元/人）	人均税费（元/人）
合　并	2346	77019699.4	234080422.1	39345.0	48517.8
合　计	2346	113310386.7	293923175.8	18315.4	48595.7
一、农林牧渔业	100	676457.3	1841811.0	26278.8	9419.2
其中：农业	28	406832.2	762741.7	－8047.3	3052.0
林业	24	36699.1	100053.0	－432.8	645.1
畜牧业	18	172863.7	427653.6	186146.1	12427.5
渔业	8	4705.0	14313.9	－13886.7	79.8
二、工业	614	12310759.2	50980187.4	－52559.7	37103.6
其中：煤炭工业	26	813805.3	2148562.1	－23298.7	17255.5
石油和石化工业	2	52637.6	75873.0	661.9	3203.3
冶金工业	75	4923022.4	18855437.6	－226777.7	38548.5
建材工业	7	51197.7	148672.8	－50847.5	26754.0
化学工业	28	270830.3	635406.1	17026.5	22919.9

续表

行　业	户数(户)	年末国有资产总量(万元)	资产总额(万元)	人均利润(元/人)	人均税费(元/人)
森林工业	4	4272.0	39250.6	—27063.8	146.7
食品工业	28	85757.5	314000.4	532.5	10857.5
烟草工业					
纺织工业	16	121782.9	285616.4	—18549.5	5651.1
医药工业	10	97181.0	209066.9	86598.5	81685.9
机械工业	128	2986986.3	18534054.4	—3590.2	52360.6
电子工业	20	105124.3	315469.4	—85554.8	37690.4
电力工业	109	1370748.3	4468203.8	94198.1	53849.1
市政公用工业	107	890620.3	3731370.4	722.2	18157.9
其他工业	35	193692.3	441811.6	4427.1	45239.0
三、建筑业	236	24987719.4	55856254.6	85094.0	102941.7
四、地质勘查及水利业	40	1857099.0	4935052.7	155896.9	38978.0
五、交通运输业	114	5774964.8	16859731.4	35832.1	19897.8
其中:铁路运输业	3	13996.4	51675.3	—61487.1	6290.9
道路运输业	81	4853250.3	15372547.9	35127.3	18844.0
水上运输业	11	704010.6	913132.9	72296.9	38450.4
航空运输业	2	89019.0	125237.6	—240.5	630.7
六、仓储业	89	514223.3	2149187.7	19609.1	11572.4
七、邮电通信业					
八、批发和零售业	262	1734379.2	6066971.2	117434.8	54364.8
九、房地产业	286	30613091.6	75091275.9	282745.9	182259.1
十、信息技术服务业	26	73556.7	153635.5	—9744.1	12693.0
十一、社会服务业	370	28994175.2	64611960.2	126591.2	40564.4
十二、卫生体育福利业	13	847346.3	3953983.0	23386.6	29981.0
十三、教育文化广播业	57	155973.9	284867.9	—13516.1	4638.2
十四、科学研究和技术	78	338543.1	684544.9	—3444.5	33073.8
十五、金融业	47	3746959.7	8909366.7	656235.1	181111.9
十六、其他	14	685137.9	1544345.8	323066.8	4799.4

2016 年广东省国有企业主要指标表

行　业	户数(户)	年末国有资产总量（万元）	资产总额（万元）	人均利润（元/人）	人均税费（元/人）
合　并	7647	166417703.8	677003962.0	140653.0	119829.2
合　计	7647	332154207.8	888154268.3	205401.3	118366.7
一、农林牧渔业	230	1104940.1	3771773.3	41096.9	40480.4
其中：农业	84	171444.5	524763.5	20211.2	42688.1
林业	28	62299.0	122566.0	3843.1	1354.2
畜牧业	34	137924.6	420927.2	44170.6	20615.3
渔业	9	2081.5	54999.5	－63693.0	6184.5
二、工业	1410	40641205.5	125211229.0	191592.2	161286.0
其中：煤炭工业	3	6028.7	28709.0	283327.9	178109.4
石油和石化工业	7	126736.0	184528.4	1265300.6	383658.8
冶金工业	88	2355179.1	7642656.0	166644.6	71535.0
建材工业	31	100714.2	420722.6	76162.5	61436.5
化学工业	122	1385155.3	4484192.1	17294.7	36558.5
森林工业	3	8046.4	38804.3	－341631.1	42633.9
食品工业	63	490263.9	1166061.5	36676.1	41399.7
烟草工业					
纺织工业	21	72862.7	281286.2	8407.3	46329.8
医药工业	45	1016763.4	3050272.3	121332.7	75329.3
机械工业	193	5412679.4	37270449.2	230691.6	239432.2
电子工业	85	1446487.0	4955801.3	102180.9	23603.2
电力工业	238	17042641.7	34933960.0	559240.9	348679.7
市政公用工业	358	9234770.4	24539532.5	130119.3	96596.1
其他工业	127	1809661.2	5174028.6	159267.7	96664.2
三、建筑业	461	13784030.8	38822255.6	88079.3	94271.6
四、地质勘查及水利业	17	1062158.7	2648345.8	1295415.3	385642.1
五、交通运输业	716	85658719.1	165022320.3	101609.6	40277.7
其中：铁路运输业	17	8291615.9	13673114.1	－688216.1	27996.8
道路运输业	391	62026464.6	124017785.6	103955.5	37758.2
水上运输业	182	6873428.8	13024600.1	238681.6	58025.5

续表

行　业	户数(户)	年末国有资产总量(万元)	资产总额(万元)	人均利润(元/人)	人均税费(元/人)
航空运输业	35	6337436.5	9421539.8	114914.3	53093.1
六、仓储业	144	1126948.9	3370878.4	65435.7	73503.4
七、邮电通信业	3	47857.0	52362.9	602988.5	216477.5
八、批发和零售业	1245	7316785.8	25626156.0	126524.1	130930.8
九、房地产业	1083	31320469.1	91312417.7	246175.0	190195.2
十、信息技术服务业	117	1680542.6	3629924.3	44530.6	15420.2
十一、社会服务业	1672	125919768.5	226581473.5	487980.7	67613.4
十二、卫生体育福利业	35	78687.1	150342.3	17211.4	13478.4
十三、教育文化广播业	108	286375.3	576116.0	7402.0	17202.5
十四、科学研究和技术	283	681241.9	2695062.6	5472.5	25429.5
十五、金融业	118	21214326.2	198289296.4	792522.3	345777.0
十六、其他	5	230151.3	394314.3	1056473.7	369730.6

2016年深圳市国有企业主要指标表

行　业	户数(户)	年末国有资产总量(万元)	资产总额(万元)	人均利润(元/人)	人均税费(元/人)
合　并	1217	46609870.9	120716344.8	179959.0	115570.6
合　计	1217	78842659.2	152941757.7	226170.3	107602.8
一、农林牧渔业	52	520270.8	2387875.3	62590.7	60857.5
其中:农业	23	95555.1	303293.4	101459.8	108690.4
林业					
畜牧业	4	25382.5	116981.9	4129.4	19844.2
渔业					
二、工业	209	6401974.4	15549783.0	145861.3	91972.3
其中:煤炭工业					
石油和石化工业	2	14436.2	14618.6	-207860.5	3150.0
冶金工业	1	1626.8	4276.0	-973949.7	96856.1

续表

行　业	户数(户)	年末国有资产总量(万元)	资产总额(万元)	人均利润(元/人)	人均税费(元/人)
建材工业	1	17999.2	55568.8	39124.2	42575.9
化学工业	19	316971.0	618277.8	—19859.0	17377.4
森林工业					
食品工业	8	27660.8	170500.0	27010.9	30516.9
烟草工业					
纺织工业	1	2355.8	3624.5	—32366.2	13207.7
医药工业	1	50644.2	90988.0	271934.8	77335.4
机械工业	18	140758.9	491435.7	74276.5	57201.4
电子工业	6	74686.6	324046.1	19008.7	21428.8
电力工业	39	3711505.1	8488192.8	577109.0	351542.4
市政公用工业	106	1911818.2	4976073.5	135927.5	75604.2
其他工业	7	131511.5	312181.3	143222.9	103561.4
三、建筑业	50	1033635.6	3713288.8	185650.6	106940.0
四、地质勘查及水利业	1	8145.4	40369.1	27431.4	63616.8
五、交通运输业	80	27171409.6	40442007.9	36121.0	32628.6
其中:铁路运输业	1	—5.9	4.3	0.0	0.0
道路运输业	51	21463825.7	32821554.8	8680.9	26607.0
水上运输业	13	2295205.1	3325358.2	1408403.7	338262.2
航空运输业	9	3351456.1	4222929.6	93394.1	44936.2
六、仓储业	29	456534.2	1026650.3	272728.1	194776.7
七、邮电通信业	1	44842.5	49247.3	735959.5	260993.9
八、批发和零售业	74	1051307.7	1804368.9	399877.2	127715.4
九、房地产业	330	11890263.4	28500437.6	319169.4	209521.0
十、信息技术服务业	16	47335.6	158043.5	10178.8	6656.1
十一、社会服务业	269	23869777.2	36725953.0	524442.8	87930.2
十二、卫生体育福利业	8	21447.8	30497.7	89059.1	23697.2
十三、教育文化广播业	27	61765.8	87070.1	110319.9	55398.6
十四、科学研究和技术	47	240034.4	525607.3	41122.7	38449.5
十五、金融业	23	6018896.2	21894818.8	790826.8	409807.4
十六、其他	1	5018.9	5739.0	0.0	0.0

2016 年海南省国有企业主要指标表

行　业	户数(户)	年末国有资产总量（万元）	资产总额（万元）	人均利润（元/人）	人均税费（元/人）
合　并	860	11394481.5	44045173.6	10754.2	26738.1
合　计	860	21697882.0	50544444.8	21988.7	26506.2
一、农林牧渔业	112	3526793.1	5138351.4	8089.5	2799.7
其中：农业	67	3017522.2	4496159.0	7263.8	2805.3
林业	9	28556.9	50212.7	15615.0	4171.0
畜牧业	7	147932.7	164908.2	88142.7	671.7
渔业	7	10071.5	31702.1	92711.2	307.2
二、工业	99	2336684.6	3082210.4	−4740.6	19684.9
其中：煤炭工业					
石油和石化工业	1	1259.9	5049.8	1335622.7	835406.3
冶金工业	3	761006.4	817939.4	50241.9	59355.7
建材工业	5	18696.6	23362.8	−10114.2	13592.0
化学工业	4	19328.8	26860.6	200733.9	53649.4
森林工业	4	4241.3	36103.3	−27852.2	16829.6
食品工业	11	596.5	9425.9	−3548.2	471.8
烟草工业					
纺织工业	2	17592.1	38121.1	14798.7	7438.1
医药工业					
机械工业	2	7489.0	10066.8	45362.3	21523.9
电子工业					
电力工业	19	98111.3	283042.2	19121.7	16801.7
市政公用工业	31	452670.1	760694.1	19540.3	27007.0
其他工业	15	952242.0	1052663.8	−118272.9	7805.1
三、建筑业	110	3269389.6	7359229.4	133300.4	267211.0
四、地质勘查及水利业	2	1104.9	1251.6	−34651.6	30635.5
五、交通运输业	88	824970.7	1992392.9	32579.6	22519.4
其中：铁路运输业					
道路运输业	55	177589.3	667600.8	2457.7	16393.9

续表

行　业	户数(户)	年末国有资产总量（万元）	资产总额（万元）	人均利润（元/人）	人均税费（元/人）
水上运输业	13	385689.0	489559.0	91426.1	42169.2
航空运输业	3	2527.1	2538.3	—20962.1	47.7
六、仓储业	37	—61654.6	106084.6	—26811.0	7152.5
七、邮电通信业					
八、批发和零售业	62	94511.7	453578.4	9133.3	26820.0
九、房地产业	133	6047501.3	19174572.0	52030.7	91422.2
十、信息技术服务业	6	11517.8	23287.1	—51061.7	26966.5
十一、社会服务业	155	5419753.9	12554716.8	68613.1	53812.0
十二、卫生体育福利业	3	2280.5	10646.5	—1508.4	5976.8
十三、教育文化广播业	9	22251.9	63219.9	25931.1	7793.6
十四、科学研究和技术	31	14062.4	47611.5	29878.8	29015.3
十五、金融业	13	188714.1	537292.3	516824.6	214991.3
十六、其他					

2016 年广西壮族自治区国有企业主要指标表

行　业	户数(户)	年末国有资产总量（万元）	资产总额（万元）	人均利润（元/人）	人均税费（元/人）
合　并	2444	61849881.0	235538666.5	48341.2	73106.8
合　计	2444	100076814.3	308109694.4	62796.0	72892.9
一、农林牧渔业	64	1336903.1	2370457.8	47222.9	15125.6
其中：农业	20	348781.7	529724.5	82217.9	16016.9
林业	20	460206.5	865319.6	91542.4	18713.4
畜牧业	6	12500.8	28733.4	76647.5	2227.5
渔业	2	753.5	1877.3	6305.0	9794.4
二、工业	573	11657337.5	46126211.4	13039.2	56979.7
其中：煤炭工业	25	728386.6	2423752.5	—5626.5	17764.5
石油和石化工业	5	52656.7	173432.8	262375.4	356347.8
冶金工业	66	2427483.3	12520349.1	14612.2	72859.0

续表

行　业	户数(户)	年末国有资产总量(万元)	资产总额(万元)	人均利润(元/人)	人均税费(元/人)
建材工业	54	560961.5	1430690.3	40259.2	62020.7
化学工业	41	369698.5	2188952.9	−72237.1	28309.4
森林工业	5	14323.7	58389.7	22122.6	22185.1
食品工业	29	233872.5	1578265.7	−5990.5	123694.7
烟草工业					
纺织工业	3	24668.7	152638.9	15450.5	19428.5
医药工业	6	258661.5	401311.9	309520.6	136132.2
机械工业	111	1594962.0	7849932.8	19346.0	42093.1
电子工业	4	6313.7	82760.4	16453.7	23838.5
电力工业	103	4101750.9	13019708.9	31439.6	61929.7
市政公用工业	45	1157906.2	3477334.1	74192.0	39393.8
其他工业	74	114711.0	740348.0	−185622.1	15689.6
三、建筑业	175	17748732.4	49392582.1	88487.3	124151.1
四、地质勘查及水利业	10	477969.3	595905.0	20415.6	5463.6
五、交通运输业	206	9788769.1	30678833.8	65845.8	32572.4
其中:铁路运输业	3	42714.6	69612.3	159975.1	199344.9
道路运输业	85	5610192.4	20796969.5	62578.8	22294.3
水上运输业	25	405202.7	884262.1	15926.9	98209.5
航空运输业	17	958666.0	2450632.8	−36159.0	22684.0
六、仓储业	58	471290.4	976586.4	107024.0	33750.1
七、邮电通信业					
八、批发和零售业	421	2482167.1	11889933.0	16546.8	95401.2
九、房地产业	264	8774805.3	25891326.5	124046.4	181971.5
十、信息技术服务业	17	309611.6	729477.5	59117.3	2306.4
十一、社会服务业	419	40585229.3	92262478.9	143859.8	67372.8
十二、卫生体育福利业	4	7034.3	12802.1	11413.9	11028.1
十三、教育文化广播业	88	539986.8	1201814.1	41405.9	28108.2
十四、科学研究和技术	56	162404.2	426631.4	40896.9	52233.3
十五、金融业	89	5734573.8	45554654.4	475107.0	250186.2
十六、其他					

2016 年贵州省国有企业主要指标表

行　业	户数(户)	年末国有资产总量(万元)	资产总额(万元)	人均利润(元/人)	人均税费(元/人)
合　并	1275	42131666.2	180927265.4	119570.8	115208.8
合　计	1275	62398424.9	212280410.4	184694.5	116447.9
一、农林牧渔业	41	191772.0	603016.9	27015.5	48078.5
其中:农业	22	93642.7	490441.2	40030.1	62089.1
林业	12	99536.2	103577.4	—4496.8	1916.6
畜牧业	2	—2421.7	4884.7	—34389.3	316.7
渔业					
二、工业	355	14634638.8	46201800.7	105131.1	74741.0
其中:煤炭工业	40	1773850.8	6777667.7	—8494.6	17129.5
石油和石化工业	27	259061.6	350956.3	245350.3	103900.8
冶金工业	18	758000.5	3070157.0	—24583.4	20693.9
建材工业	21	325250.1	707731.1	154090.1	104665.9
化学工业	56	2504862.0	11525061.0	17452.4	44492.4
森林工业	2	22262.3	107892.1	—25709.0	178.4
食品工业	5	14751.9	22010.4	68874.2	9684.0
烟草工业					
纺织工业					
医药工业					
机械工业	46	350259.9	1260330.5	—5975.2	14437.7
电子工业	26	698095.3	1557433.4	43978.4	20816.3
电力工业	26	1495466.9	7665891.8	266717.2	367242.6
市政公用工业	14	190872.6	1065044.7	—30650.5	15408.5
其他工业	58	6030695.6	11379899.9	568707.5	230286.2
三、建筑业	130	9502232.2	35362295.8	70704.3	127602.1
四、地质勘查及水利业	6	478237.6	902224.9	—1337394.9	29049.3
五、交通运输业	83	5269846.0	9736220.5	1346.3	15932.8
其中:铁路运输业	4	167240.9	320142.4	—730777.7	88925.8
道路运输业	44	3657122.9	6711897.3	6917.0	10349.6
水上运输业	1	2405.2	2409.9	—49242.7	6826.5

续表

行　业	户数(户)	年末国有资产总量（万元）	资产总额（万元）	人均利润（元/人）	人均税费（元/人）
航空运输业	16	1343568.8	2466810.7	21628.4	50037.6
六、仓储业	24	108886.4	376321.6	48174.6	45746.8
七、邮电通信业	1	—1424.6	4198.5	—112.7	2189.2
八、批发和零售业	314	15681398.9	34570109.2	1350099.8	708024.2
九、房地产业	111	2750872.6	9864209.8	98965.1	102140.0
十、信息技术服务业	8	10414.0	33861.7	11233.9	27917.8
十一、社会服务业	142	12301502.5	25247356.7	89452.6	20403.1
十二、卫生体育福利业	4	15821.9	25788.8	—2655.0	200.7
十三、教育文化广播业	20	12395.7	82894.9	—40030.9	9294.2
十四、科学研究和技术	25	49469.8	114977.3	7816.7	5022.9
十五、金融业	11	1392361.0	49155133.2	653588.8	267727.8
十六、其他					

2016 年四川省国有企业主要指标表

行　业	户数(户)	年末国有资产总量（万元）	资产总额（万元）	人均利润（元/人）	人均税费（元/人）
合　并	3421	111260553.5	422894468.0	86219.7	70665.9
合　计	3421	185544730.5	539360643.7	118523.4	70609.1
一、农林牧渔业	48	899455.8	2657027.0	9643.9	9440.8
其中：农业	29	346778.6	881161.2	—19958.0	14823.0
林业	7	1652.2	50976.4	—4701.9	290.6
畜牧业	3	1205.9	5819.6	163003.9	926.3
渔业					
二、工业	734	18000692.6	61078161.3	59421.4	39742.5
其中：煤炭工业	52	1394570.2	7680429.6	—29112.6	13483.6
石油和石化工业	3	7569.9	9479.0	—186176.4	13211.9
冶金工业	28	128494.9	1034384.9	—60807.6	32492.8

续表

行　业	户数(户)	年末国有资产总量(万元)	资产总额(万元)	人均利润(元/人)	人均税费(元/人)
建材工业	50	420372.1	1367570.9	16300.3	32830.6
化学工业	64	1656033.3	6581987.3	−73844.1	37225.2
森林工业	1	−1350.9	16833.5	−231140.9	2400.6
食品工业	15	64812.1	216777.8	52939.6	47978.7
烟草工业					
纺织工业	16	394681.9	1451383.9	92939.3	30227.5
医药工业	10	−2703.4	126385.0	37714.1	8458.0
机械工业	90	1254562.1	6398823.0	34985.1	26573.3
电子工业	47	783561.4	6624944.1	34120.0	16960.2
电力工业	135	7011426.2	18484797.4	486151.4	67996.3
市政公用工业	154	3796060.3	7308944.0	140348.0	64861.0
其他工业	58	794835.1	3311761.6	45879.4	134554.2
三、建筑业	273	21364857.5	65768539.0	77438.7	138838.1
四、地质勘查及水利业	15	846845.4	2643292.0	−46888.2	11364.5
五、交通运输业	258	36743361.6	89873479.8	22687.9	24250.4
其中:铁路运输业	7	837215.1	1891121.1	−11286.3	25962.3
道路运输业	207	32844465.8	82321509.9	19952.1	22045.0
水上运输业	11	293053.8	842127.3	−13401.4	43213.0
航空运输业	22	2678343.8	4603315.7	59007.0	42830.8
六、仓储业	111	279124.7	1118677.7	14808.9	6465.9
七、邮电通信业	2	3159.1	3794.3	49366.4	28286.9
八、批发和零售业	328	4278432.2	12158145.6	523641.7	274243.9
九、房地产业	361	19922737.4	60762176.7	183342.6	173800.7
十、信息技术服务业	65	899814.7	2173412.5	37625.3	15757.6
十一、社会服务业	799	73642529.3	166395703.8	290536.9	66118.5
十二、卫生体育福利业	12	201288.3	330929.4	50978.4	17434.7
十三、教育文化广播业	164	1684716.2	2834301.4	57337.8	28371.3
十四、科学研究和技术	121	278147.6	678866.2	33237.3	30519.7
十五、金融业	130	6499568.1	70884136.9	570363.1	332107.3
十六、其他					

2016年重庆市国有企业主要指标表

行　业	户数(户)	年末国有资产总量(万元)	资产总额(万元)	人均利润(元/人)	人均税费(元/人)
合　并	2844	135939639.7	494623954.3	96816.4	91136.0
合　计	2844	190551496.3	577744832.6	119937.1	90959.1
一、农林牧渔业	131	3144045.9	7050472.5	115942.3	116554.1
其中：农业	42	1634766.5	4057604.2	281486.2	508697.3
林业	27	420821.9	768273.2	245382.6	18579.4
畜牧业	18	94217.9	273803.4	39263.4	3110.9
渔业	7	10842.3	41070.2	−7439.6	8191.5
二、工业	638	19968376.1	48657413.9	−1508.2	39548.3
其中：煤炭工业	28	1824827.3	5110668.2	−15171.2	17340.7
石油和石化工业					
冶金工业	24	3171997.7	7962168.7	−278626.0	22619.4
建材工业	21	133563.5	570128.2	31089.5	69110.1
化学工业	70	1974122.9	6956639.0	−50154.9	24046.6
森林工业					
食品工业	35	301067.3	752744.5	12174.0	48492.5
烟草工业	4	16207.7	55036.8	−8033.8	62929.7
纺织工业	5	17967.7	20947.2	−139063.6	47017.7
医药工业	28	483593.6	1713777.6	38473.2	55415.2
机械工业	100	2786145.9	7179076.0	53700.2	47814.6
电子工业	18	215823.7	561404.5	−8514.7	14375.4
电力工业	81	1691324.3	5050651.9	177674.7	67852.0
市政公用工业	180	7086492.9	11838706.7	145027.8	78400.7
其他工业	37	47333.7	511762.8	19171.7	53737.5
三、建筑业	315	41271243.0	106825568.1	296901.6	209013.7
四、地质勘查及水利业	51	5501796.1	9730640.8	254195.3	94541.4
五、交通运输业	246	25581778.9	53301197.9	21140.0	20455.2
其中：铁路运输业	6	973907.4	1086987.0	−16324.8	4824.4
道路运输业	169	22242106.0	47855540.9	24197.0	18761.0
水上运输业	24	358903.1	927158.8	12347.0	18939.1

续表

行　业	户数(户)	年末国有资产总量(万元)	资产总额(万元)	人均利润(元/人)	人均税费(元/人)
航空运输业	13	1837852.9	2954262.7	9179.3	42339.5
六、仓储业	93	911870.3	3757320.9	-191078.3	17922.4
七、邮电通信业					
八、批发和零售业	310	3418353.7	13172684.2	48243.6	57445.3
九、房地产业	270	27220574.1	69691284.2	257771.8	404327.7
十、信息技术服务业	29	301514.8	609262.6	50520.3	25513.3
十一、社会服务业	471	51466795.9	106521414.1	226542.1	87377.8
十二、卫生体育福利业	12	178618.4	490199.5	19690.2	21419.0
十三、教育文化广播业	51	99905.7	436137.8	1880.3	7503.6
十四、科学研究和技术	93	488676.2	2381477.5	92309.5	42635.3
十五、金融业	134	10997947.1	155119758.5	804379.5	426137.5
十六、其他					

2016年云南省国有企业主要指标表

行　业	户数(户)	年末国有资产总量(万元)	资产总额(万元)	人均利润(元/人)	人均税费(元/人)
合　并	2691	60816893.5	246742681.5	13718.3	62513.3
合　计	2691	120351245.2	338420703.3	22197.2	66461.6
一、农林牧渔业	134	2034947.6	3005564.3	1539.4	7279.6
其中:农业	43	500368.2	811835.7	-1451.7	6055.5
林业	56	1229289.3	1653262.0	-14081.1	10062.4
畜牧业	4	4724.5	7020.5	-2698.7	73.9
渔业	1	31.2	63.2	-44367.8	0.0
二、工业	669	17457828.5	61291138.8	-60142.3	63106.8
其中:煤炭工业	27	595143.5	1901077.9	-83796.1	57538.9
石油和石化工业					
冶金工业	133	6574230.0	22960039.7	-122547.0	61876.5
建材工业	73	1346975.2	4081543.9	36074.3	72742.9

续表

行　业	户数(户)	年末国有资产总量（万元）	资产总额（万元）	人均利润（元/人）	人均税费（元/人）
化学工业	55	2998825.7	12272690.3	－97429.3	56232.5
森林工业	1	－2951.1	12515.8	－24037.6	6.1
食品工业	17	84706.0	328560.6	－52533.4	29470.9
烟草工业					
纺织工业	2	11656.5	139577.9	－6832.3	42859.5
医药工业	21	1027002.5	3743414.9	81830.2	188323.1
机械工业	43	672140.3	2255694.4	23935.3	43417.3
电子工业	9	75654.4	103188.6	－51602.5	88175.1
电力工业	42	1183713.9	4244486.0	－35484.3	16892.0
市政公用工业	208	2749266.4	8544222.4	79734.8	61251.1
其他工业	36	131916.3	693783.4	－34969.4	40901.6
三、建筑业	149	7079307.9	24914117.6	57637.3	107684.6
四、地质勘查及水利业	23	711241.4	1461922.6	1502.8	16963.5
五、交通运输业	138	14771174.5	34495630.7	－14341.5	22582.6
其中：铁路运输业	4	29881.9	229315.8	283865.9	73445.0
道路运输业	77	11119406.7	25842559.2	9170.5	18227.9
水上运输业	1	－558.4	1360.8	－28116.1	627.3
航空运输业	40	3501669.5	8188774.6	－119627.9	26855.8
六、仓储业	89	468624.1	1629892.6	1646.8	19733.5
七、邮电通信业	1	101.4	104.1	0.0	0.0
八、批发和零售业	246	1781064.0	8454151.1	103490.8	146174.1
九、房地产业	277	10926250.5	44776702.9	144606.3	165256.4
十、信息技术服务业	46	223763.4	534665.3	7384.5	24352.3
十一、社会服务业	680	61157262.2	144912987.9	243469.1	62928.2
十二、卫生体育福利业	18	523355.0	1200822.6	－74668.7	5939.5
十三、教育文化广播业	76	180246.5	587521.1	6677.7	14997.8
十四、科学研究和技术	95	330143.1	2905396.5	27655.9	28762.7
十五、金融业	48	2673579.0	8210036.4	1053403.6	367837.8
十六、其他	2	32356.1	40049.0	330334.1	48281.8

2016年陕西省国有企业主要指标表

行　业	户数(户)	年末国有资产总量(万元)	资产总额(万元)	人均利润(元/人)	人均税费(元/人)
合　并	2701	54655610.2	264992071.0	32622.1	95824.1
合　计	2701	102861884.9	361440867.4	43773.9	95754.8
一、农林牧渔业	47	482592.0	882242.2	5973.8	2358.9
其中:农业	28	138177.6	307111.4	7724.1	2839.9
林业	3	9102.2	14051.6	－53278.9	－11.1
畜牧业	3	1582.3	4660.0	93469.3	80.0
渔业	1	336.4	451.5	－14315.1	0.0
二、工业	948	44889282.6	130252743.1	36657.9	117997.6
其中:煤炭工业	88	8755081.8	24148950.2	150510.1	109998.9
石油和石化工业	52	14775294.7	37570779.2	－59187.9	462518.4
冶金工业	92	4903644.7	19591205.0	－25024.3	29816.2
建材工业	42	472629.3	2345154.1	－43363.2	17096.8
化学工业	88	5140400.0	15257614.9	78288.6	68726.7
森林工业	3	944.0	11183.7	－19007.1	3389.3
食品工业	25	67197.3	296819.7	14700.2	22103.2
烟草工业					
纺织工业	24	516866.9	1167595.3	－12542.4	2580.0
医药工业	17	102953.4	669764.0	97393.8	244960.6
机械工业	235	3459722.8	9806464.6	12566.1	24785.1
电子工业	67	655676.8	2269224.7	－6784.1	13940.5
电力工业	70	2946248.9	9069225.9	93510.3	76434.6
市政公用工业	94	2335828.7	5134173.7	26080.8	38946.1
其他工业	41	480197.8	2023340.7	54410.2	87604.4
三、建筑业	214	6150112.8	24965194.3	75645.0	105435.6
四、地质勘查及水利业	86	2955562.7	5337523.5	26969.0	14765.3
五、交通运输业	98	16387176.3	57693793.7	－5909.3	19800.1
其中:铁路运输业	11	521119.1	996195.3	4950.3	104824.8
道路运输业	63	13185249.4	52001294.9	－21266.2	15105.6
水上运输业	1	602.4	5535.7	79278.4	1442.4

续表

行　业	户数(户)	年末国有资产总量(万元)	资产总额(万元)	人均利润(元/人)	人均税费(元/人)
航空运输业	17	2088814.7	2972026.3	22872.2	17822.3
六、仓储业	43	470614.0	1197418.7	39707.7	27400.5
七、邮电通信业					
八、批发和零售业	426	2750377.0	11831102.2	151745.1	108729.3
九、房地产业	192	3876861.9	18419409.1	77510.2	71796.6
十、信息技术服务业	35	243959.9	482538.5	22798.9	20862.8
十一、社会服务业	325	18906755.8	62004538.2	－77661.9	21234.2
十二、卫生体育福利业	16	86860.3	213684.6	3183.8	569.0
十三、教育文化广播业	136	1007850.0	3274937.2	18798.8	12953.8
十四、科学研究和技术	88	399542.1	1272223.6	39281.2	30137.2
十五、金融业	47	4254337.4	43613518.5	364475.5	265270.1
十六、其他					

2016年甘肃省国有企业主要指标表

行　业	户数(户)	年末国有资产总量(万元)	资产总额(万元)	人均利润(元/人)	人均税费(元/人)
合　并	1491	35556892.3	135214629.5	8265.5	50860.2
合　计	1491	60892483.8	166267633.9	3309.6	51033.2
一、农林牧渔业	81	814440.0	2266585.8	－21271.0	1304.5
其中:农业	54	727163.7	1984297.1	－22039.0	993.5
林业	3	1336.2	1903.5	15048.4	16.8
畜牧业	12	68048.4	156835.4	－11150.6	5870.2
渔业					
二、工业	432	19269343.8	57886810.9	－7169.0	46761.8
其中:煤炭工业	34	2150249.5	4621980.0	－26226.8	24076.9
石油和石化工业					
冶金工业	69	10686521.0	34547675.2	－13665.6	62113.7

续表

行　业	户数(户)	年末国有资产总量（万元）	资产总额（万元）	人均利润（元/人）	人均税费（元/人）
建材工业	31	201443.3	570588.1	9074.0	61578.2
化学工业	17	232371.3	720917.6	－31984.4	15152.1
森林工业					
食品工业	16	51141.2	125069.8	－36420.8	23245.7
烟草工业					
纺织工业	2	2975.3	71755.4	8896.7	1783.1
医药工业	5	117930.9	302162.8	71473.1	47208.4
机械工业	88	1730104.6	6113475.4	22576.1	24165.3
电子工业	5	11099.1	27877.5	7467.1	15737.2
电力工业	59	2388262.3	6249126.8	－39525.4	147822.8
市政公用工业	61	1178329.5	2799839.9	38192.1	20890.0
其他工业	43	482164.5	1592461.7	8367.6	34290.5
三、建筑业	143	7360274.2	22750699.2	22025.3	64873.5
四、地质勘查及水利业	41	178870.2	242364.3	－34385.8	3682.3
五、交通运输业	65	13528632.8	36945228.0	64322.1	46144.5
其中：铁路运输业	3	2242204.1	3030281.7	－108730.4	152081.4
道路运输业	52	10468360.7	31702811.7	96589.5	43347.2
水上运输业	1	576.7	2415.7	1621.1	11707.6
航空运输业	8	817438.9	2206354.5	－230958.0	64868.0
六、仓储业	108	124536.5	535008.7	－5387.5	5369.7
七、邮电通信业	1	600.0	596.0	0.0	0.0
八、批发和零售业	149	423676.2	3894067.2	－186832.4	134274.0
九、房地产业	96	1397612.5	6287677.1	72848.6	149988.3
十、信息技术服务业	6	19420.2	82173.2	61771.4	36498.7
十一、社会服务业	244	12008595.9	23346675.1	－50821.2	62653.0
十二、卫生体育福利业	2	2705.5	19318.3	5847.2	30.4
十三、教育文化广播业	29	393992.5	726040.4	672513.7	27394.5
十四、科学研究和技术	53	187302.0	524505.7	－50362.1	18209.2
十五、金融业	40	5182646.6	10750802.9	557450.8	202347.6
十六、其他	1	－165.0	9081.0	－66431.8	2672.4

2016年青海省国有企业主要指标表

行　业	户数(户)	年末国有资产总量(万元)	资产总额(万元)	人均利润(元/人)	人均税费(元/人)
合　并	414	14978132.7	60264703.3	32966.6	46893.6
合　计	414	28903832.5	82678209.6	48987.2	46597.4
一、农林牧渔业	20	117922.0	261673.2	9803.4	2239.7
其中:农业	12	98627.4	210771.0	16195.0	906.6
林业	1	1894.0	2400.0	479175.5	502.7
畜牧业	4	4923.1	9468.4	1598.5	303.0
渔业					
二、工业	154	7408713.2	33043327.2	25772.1	48095.8
其中:煤炭工业	15	779446.7	2194752.2	−8217.5	24678.3
石油和石化工业					
冶金工业	42	3731790.8	17434414.2	4403.4	29904.2
建材工业	7	47778.0	174993.6	92186.9	27555.3
化学工业	26	1863269.3	9336603.3	79963.4	105788.0
森林工业					
食品工业	9	32885.9	69143.1	4126.1	21459.7
烟草工业					
纺织工业					
医药工业	1	13236.2	15564.6	202592.2	978.6
机械工业	8	95150.3	375633.7	−16676.8	17795.8
电子工业	33	736843.6	2752348.6	129337.4	46494.8
电力工业					
市政公用工业	8	81091.6	449547.7	3152.1	21117.0
其他工业	5	27220.9	240326.1	−71219.7	98943.0
三、建筑业	18	588929.5	1593028.4	25349.6	52893.4
四、地质勘查及水利业	3	515738.8	1364179.8	−17806.5	3602.0
五、交通运输业	25	161086.8	483536.7	21855.6	11084.9
其中:铁路运输业	2	7729.0	8248.8	−91672.1	172274.3
道路运输业	22	152347.7	474275.5	22710.8	9910.5
水上运输业					

续表

行　业	户数(户)	年末国有资产总量(万元)	资产总额(万元)	人均利润(元/人)	人均税费(元/人)
航空运输业					
六、仓储业	6	70166.1	104417.1	106223.4	38477.7
七、邮电通信业					
八、批发和零售业	38	5906787.1	6544988.7	14521.0	49875.5
九、房地产业	34	439933.6	1324706.2	162209.1	87469.2
十、信息技术服务业	2	3360.4	4949.6	82463.5	33027.2
十一、社会服务业	73	12001303.4	23545662.2	179284.5	48209.5
十二、卫生体育福利业	1	24012.4	34689.9	—55224.1	0.0
十三、教育文化广播业	3	1858.5	3676.3	—21893.9	4950.7
十四、科学研究和技术	16	9656.1	18168.3	2618.9	16060.4
十五、金融业	21	1654364.5	14351206.0	640537.3	221188.8
十六、其他					

2016 年西藏自治区国有企业主要指标表

行　业	户数(户)	年末国有资产总量(万元)	资产总额(万元)	人均利润(元/人)	人均税费(元/人)
合　并	344	4673536.1	19014663.0	206521.6	91038.0
合　计	344	6490013.2	20311088.5	228299.5	97762.5
一、农林牧渔业	14	162055.8	193556.8	59945.0	13121.1
其中:农业	6	62933.2	54052.4	17920.7	18195.3
林业	3	51652.9	87545.4	96435.8	5404.6
畜牧业	3	1379.5	2892.7	—39682.0	1904.0
渔业	59	969580.9	2197727.9	245988.5	125864.1
二、工业					
其中:煤炭工业	7	130374.3	404864.1	31522.1	36052.8
石油和石化工业					
冶金工业					

续表

行　业	户数(户)	年末国有资产总量(万元)	资产总额(万元)	人均利润(元/人)	人均税费(元/人)
建材工业	12	387962.1	652624.8	565124.8	296368.5
化学工业	1	28247.3	40221.1	129907.8	89670.6
森林工业	5	16340.4	35608.1	7513.8	8700.3
食品工业					
烟草工业	2	1048.2	9722.6	—24899.8	13282.5
纺织工业					
医药工业	3	30960.6	48057.1	17764.3	55318.9
机械工业	1	2600.6	2604.0	0.0	0.0
电子工业					
电力工业	5	44707.9	101336.8	—47440.1	162270.5
市政公用工业	9	124259.9	627133.3	7050.7	8763.3
其他工业	13	127876.2	185868.6	304768.7	80029.6
三、建筑业	48	695945.5	2646093.9	120307.3	77120.8
四、地质勘查及水利业	1	142.1	744.0	—30037.8	110510.9
五、交通运输业	18	133299.3	1508617.9	136702.8	139472.5
其中:铁路运输业	17	92631.3	338291.8	—12003.0	7248.3
道路运输业					
水上运输业	1	40667.9	1170326.1	359613.0	337676.9
航空运输业					
六、仓储业	11	16068.1	64464.4	9366.7	8467.9
七、邮电通信业	48	92043.7	292541.8	59814.7	72643.2
八、批发和零售业					
九、房地产业	26	1200560.3	2884006.9	462026.8	95981.4
十、信息技术服务业	4	3855.1	5220.2	111071.5	15058.7
十一、社会服务业	90	2578823.6	5035272.9	112879.4	47060.1
十二、卫生体育福利业	4	86854.1	177614.2	—497020.4	1355.8
十三、教育文化广播业	13	36927.3	142388.2	—23103.2	7072.1
十四、科学研究和技术	3	5383.1	9673.4	1518.4	5906.0
十五、金融业	4	508094.3	5152352.9	2812106.3	471055.7
十六、其他	1	380.1	813.2	125586.9	6797.7

2016 年宁夏回族自治区国有企业主要指标表

行　业	户数(户)	年末国有资产总量(万元)	资产总额(万元)	人均利润(元/人)	人均税费(元/人)
合　并	508	8319079.1	23028919.2	38953.7	32480.2
合　计	508	15622610.5	28436062.5	43975.0	32360.2
一、农林牧渔业	65	1839006.1	2020026.6	－628.2	1413.7
其中:农业	32	88119.2	343767.9	－11521.4	248.6
林业	12	17437.3	48064.5	5177.9	13376.3
畜牧业	8	48637.3	200758.2	38594.9	706.9
渔业	2	3913.5	11349.9	2405.9	3316.9
二、工业	86	1135490.0	3146236.5	39801.2	44685.3
其中:煤炭工业	6	35189.4	82122.6	－32119.9	22696.9
石油和石化工业	1	3938.9	4712.0	0.0	0.0
冶金工业					
建材工业	1	－1531.3	731.5	－38685.2	5140.9
化学工业	5	20768.0	32837.4	10453.9	23394.1
森林工业	6	－15587.3	70998.2	－145681.8	12851.2
食品工业					
烟草工业	1	4972.2	12825.9	－21386.8	4.2
纺织工业					
医药工业					
机械工业					
电子工业	6	149011.7	526975.5	64582.9	89249.1
电力工业					
市政公用工业	50	928721.5	2291750.0	62066.8	47349.0
其他工业	10	10006.8	123283.4	－11510.4	22626.1
三、建筑业	48	520995.8	1381979.0	29805.3	82263.4
四、地质勘查及水利业	7	168318.9	748797.1	－81321.3	11079.1
五、交通运输业	41	1697542.4	2923192.7	－13935.0	14932.4
其中:铁路运输业	4	1221944.7	2048262.8	39223.6	61749.4
道路运输业	29	406769.9	659465.5	－25327.4	4501.6
水上运输业	3	45990.1	187445.1	135157.0	63456.9

续表

行　业	户数(户)	年末国有资产总量（万元）	资产总额（万元）	人均利润（元/人）	人均税费（元/人）
航空运输业	3	17190.2	16929.0	—52857.6	148268.1
六、仓储业	9	11961.8	39392.7	—11733.7	5976.6
七、邮电通信业	27	29556.5	104298.8	—9780.1	25861.8
八、批发和零售业					
九、房地产业	39	504156.2	2317321.4	131279.6	155632.8
十、信息技术服务业	4	56826.5	71544.3	—13539.2	10686.5
十一、社会服务业	121	8660826.7	14391127.4	154980.5	17937.6
十二、卫生体育福利业	1	267.6	1244.4	—126988.8	0.0
十三、教育文化广播业	19	32973.1	83661.0	—85449.3	2508.8
十四、科学研究和技术	28	27304.0	63511.7	14840.2	22604.1
十五、金融业	12	937381.4	1143725.5	1011530.6	129422.5
十六、其他	1	3.6	3.6	0.0	0.0

2016年新疆维吾尔自治区国有企业主要指标表

行　业	户数(户)	年末国有资产总量（万元）	资产总额（万元）	人均利润（元/人）	人均税费（元/人）
合　并	1108	25532955.4	92250725.3	76678.3	49962.5
合　计	1108	41155698.5	108520253.9	83362.7	50507.7
一、农林牧渔业	114	587358.7	1098847.9	1257.3	3191.4
其中：农业	34	157111.9	372742.6	3087.9	3597.1
林业	31	169441.6	234437.5	588.2	2173.2
畜牧业	32	185180.1	355698.1	1067.7	1206.7
渔业					
二、工业	251	7469090.2	18872267.3	62576.1	51050.4
其中：煤炭工业	7	615425.6	2062787.7	—1059540.9	481543.9
石油和石化工业	7	115999.3	309142.9	29560.6	53663.2
冶金工业	34	1362059.4	3437227.1	35482.5	42989.9
建材工业	20	177369.6	795140.6	—58896.9	22317.7
化学工业	23	2138564.7	5408097.3	164465.8	89342.7

续表

行业	户数(户)	年末国有资产总量(万元)	资产总额(万元)	人均利润(元/人)	人均税费(元/人)
森林工业					
食品工业	22	60172.0	286909.0	7662.8	25157.6
烟草工业					
纺织工业	15	209454.4	1078637.6	71188.5	15182.6
医药工业	1	2799.7	7282.9	19243.7	41478.8
机械工业	8	33433.7	140021.6	−21026.8	6810.3
电子工业	1	9400.2	30257.7	12788.3	43563.5
电力工业	28	521000.4	1210913.0	1961550.9	113391.0
市政公用工业	59	2058487.6	3658037.5	−55558.5	23282.9
其他工业	22	97817.0	169950.5	−2847.3	21427.3
三、建筑业	63	1102102.0	4559857.6	30824.0	107758.0
四、地质勘查及水利业	4	182616.0	248617.6	−24220.5	37127.5
五、交通运输业	45	1214066.4	1718754.7	−2458.1	12493.7
其中:铁路运输业					
道路运输业	38	219519.4	514834.1	5844.6	10146.4
水上运输业					
航空运输业	1	973982.8	1168237.9	−25026.8	18176.5
六、仓储业	32	118713.9	480791.1	27596.3	10334.3
七、邮电通信业					
八、批发和零售业	120	1105892.8	5833678.5	158167.1	161962.0
九、房地产业	114	3897347.4	9307790.8	379701.0	162916.4
十、信息技术服务业	17	195042.2	424975.4	41743.9	11218.3
十一、社会服务业	256	23950868.3	48753325.9	109502.2	34586.8
十二、卫生体育福利业	5	70.3	5215.3	−36656.3	24247.7
十三、教育文化广播业	20	104552.0	153745.8	170675.1	41236.8
十四、科学研究和技术	50	78455.1	157307.2	30118.2	18094.7
十五、金融业	17	1149523.2	16905078.8	783878.4	315284.4
十六、其他					

2017

CHINA' S STATE-OWNED ASSETS SUPERVISION AND ADMINISTRATION YEARBOOK

中 国 国 有 资 产 监 督 管 理 年 鉴

国有资产监督管理政策法规选编

第六篇

国务院办公厅转发国务院国资委、财政部关于国有企业职工家属区“三供一业”分离移交工作指导意见的通知

国办发〔2016〕45 号

各省、自治区、直辖市人民政府，国务院各部委、各直属机构：

国务院国资委、财政部《关于国有企业职工家属区“三供一业”分离移交工作的指导意见》已经国务院同意，现转发给你们，请认真贯彻执行。

关于国有企业职工家属区“三供一业”分离移交工作的指导意见

国有企业职工家属区供水、供电、供热（供气）及物业管理（统称“三供一业”）分离移交是剥离国有企业办社会职能的重要内容，有利于国有企业减轻负担、集中精力发展主营业务，也有利于整合资源改造提升基础设施，进一步改善职工居住环境。2012 年以来，国务院国资委、财政部先后在黑龙江、河南、湖南、重庆、辽宁、吉林、广东、海南、四川、贵州等 10 省（市）开展了中央企业“三供一业”分离移交试点，取得了积极成效，为全面开展分离移交工作积累了经验。为贯彻落实党中央、国务院有关决策部署，推动国有企业职工家属区“三供一业”分离移交工作，现提出以下意见：

一、总体要求

（一）工作目标。2016 年开始，在全国全面推进国有企业（含中央企业和地方国有企业）职工家属区“三供一业”分离移交工作，对相关设备设施进行必要的维修改造，达到城市基础设施的平均水平，分户设表、按户收费，交由专业化企业或机构实行社会化管理，2018 年年底前基本完成。2019 年起国有企业不再以任何方式为职工家属区“三供一业”承担相关费用。

（二）工作要求。坚持政策引导与企业自主相结合，推进公共服务专业化运营，提高服务质量和运营效率，国有企业不再承担与主业发展方向不符的公共服务职能。国有企业不得在工资福利外对职工家属区“三供一业”进行补贴，切实减轻企业负担，保障国有企业轻装上阵、公平参与市场竞争。原则上先完成移交，再维修改造，按照技术合理、经济合算、运行可靠的要求，以维修为主、改造为辅，促进城市基础设施优化整合。分离移交工作执行地市级以上地方人民政府出台的相关标准和政策，保证分离移交后设备设施符合基本标准、正常运行。

二、主要任务

（三）明确责任主体。分离移交工作的责任主体是企业，移交企业和接收单位要根据“三供一业”设备设施的现状，共同协商维修改造标准及组织实施方案等事项，签订分离移交协议，明确双方责任，确保工作有效衔接。

（四）规范审核程序。接收单位为国有企业或政府机构的，依据《财政部关于企业分离办社会职能有关财务管理问题的通知》（财企〔2005〕62 号）的规定，对分离移交涉及的资产实行无偿划转，由企业集团公司审核批准，报主管财政部门、同级国有资产监督管理机构备案。

（五）严格移交程序。移交企业要做好移交资产清查、财务清理、审计评估、产权变更及登记等工作，并按照财企〔2005〕62 号文件规定进行财务处理。多元股东的企业应当经该企业董事会或股东会同意后，按照持有股权的比例核减国有权益。

（六）明确财务规则。企业应按照《企业财务通则》《企业会计准则》等财务会计有关规定进行财务处理和会计核算，并将账务处理依据和方式作为重大财务事项报同级国有资产监督管理机构备案。分离移交事项对企业财务状况及经营成果造成的影响，应由中介机构出具专项鉴证意见，报同级国有资产监督管理机构备案。

（七）妥善安置人员。移交“三供一业”涉及的从业人员，原则上按照地市级以上地方人民政府制定的政策标准接收安置，按照有关政策无法接收的人员由移交企业妥善安置。企业集团公司及移交企业要做

好相关工作衔接，深入细致开展思想政治工作，确保企业正常运转和职工队伍稳定。

（八）探索移交途径。国有企业职工家属区的物业管理可由国有物业管理公司接收，也可由当地政府指定有关单位接收，支持实力强、信誉好的国有物业管理公司跨地区接收移交企业的物业管理职能。已经进行过房改的职工家属区，也可在当地政府指导下，由业主大会市场化选聘物业管理机构，或者实行业主自我管理。

三、保障措施

（九）分离移交费用由企业和政府共同分担。分离移交"三供一业"的费用包括相关设施维修维护费用，基建和改造工程项目的可研费用、设计费用、旧设备设施拆除费用、施工费用、监理费等。

中央企业的分离移交费用由中央财政（国有资本经营预算）补助50%，中央企业集团公司及移交企业的主管企业承担比例不低于30%，其余部分由移交企业自身承担。原政策性破产中央企业的分离移交费用由中央财政（国有资本经营预算）全额承担。中央企业的分离移交费用要按照有关要求进行申请、预拨和清算，具体办法由相关部门另行制定。

地方国有企业分离移交费用由地方人民政府明确解决办法。其中1998年1月1日以后中央下放地方的煤炭、有色金属、军工等企业（含政策性破产企业）分离移交费用由中央财政给予适当补助，具体办法由财政部另行制定。

因"三供一业"分离移交工作对企业经营业绩考核指标产生较大影响的，进行经营业绩考核时可予以适当考虑。

四、组织领导

（十）发挥地方作用。地方各级人民政府要高度重视国有企业职工家属区"三供一业"分离移交工作，结合实际细化工作措施，分解目标任务，及时办理相关手续，建立绿色通道，简化程序、提高效率，创造便利工作环境。省级人民政府要明确责任分工，制定具体工作方案，协调推动本地区中央企业、地方国有企业开展工作。地市级人民政府要制定完善工作办法，协调落实接收单位，研究解决具体问题，对分离移交工作实行全过程管理。地方各级国有资产监督管理机构、财政部门要及时掌握工作进展情况，督促指导有关企业做好分离移交工作。

（十一）落实企业责任。国有企业集团公司要加强组织协调，积极推进所属企业做好"三供一业"分离移交工作。从事"三供一业"专业化运营的国有企业要树立大局意识、主动承担社会责任，积极参与分离移交工作。移交企业和接收单位要认真组织实施，严格按照有关规定，规范使用分离移交资金，对擅自挪用、违规使用的，要按照《财政违法行为处罚处分条例》的有关规定严肃处理。

国务院办公厅关于推动中央企业结构调整与重组的指导意见

国办发〔2016〕56号

各省、自治区、直辖市人民政府，国务院各部委、各直属机构：

近年来，中央企业积极推进结构调整与重组，布局结构不断优化，规模实力显著增强，发展质量明显提升，各项改革发展工作取得了积极成效。但总的来看，中央企业产业分布过广、企业层级过多等结构性问题仍然较为突出，资源配置效率亟待提高、企业创新能力亟待增强。为贯彻落实党中央、国务院关于深化国有企业改革的决策部署，进一步优化国有资本配置，促进中央企业转型升级，经国务院同意，现就推动中央企业结构调整与重组提出以下意见。

一、总体要求

（一）指导思想。

全面贯彻党的十八大和十八届三中、四中、五中全会精神，深入学习领会习近平总书记系列重要讲话精神，认真贯彻落实"四个全面"战略布局和党中央、国务院决策部署，牢固树立创新、协调、绿色、开放、共享的发展理念，推进供给侧结构性改革，坚持公有制主体地位，发挥国有经济主导作用，以优化国有资本配置为中心，着力深化改革，调整结构，加强科技创新，加快转型升级，加大国际化经营力度，提升中央企业发展质量和效益，推动中央企业在市场竞争中不断发展壮大，更好发挥中央企业在保障国民经济持续健康安全发展中的骨干中坚作用。

（二）基本原则。

——坚持服务国家战略。中央企业结构调整与重组，要服务国家发展目标，落实国家发展战略，贯彻国家产业政策，以管资本为主加强国资监管，不断推动国有资本优化配置。

——坚持尊重市场规律。遵循市场经济规律和企业发展规律，维护市场公平竞争秩序，以市场为导向，以企业为主体，以主业为主，因地制宜、因业制宜、因企制宜，有进有退、有所为有所不为，不断提升中央企业市场竞争力。

——坚持与改革相结合。在调整重组中深化企业内部改革，建立健全现代企业制度，形成崭新的体制机制，打造充满生机活力的新型企业。加强党的领导，确保党的建设与调整重组同步推进，实现体制、机制、制度和工作的有效对接。

——坚持严格依法规范。严格按照有关法律法规推进中央企业结构调整与重组，切实保护各类股东、债权人和职工等相关方的合法权益。加强国有资产交易监管，防止逃废金融债务，防范国有资产流失。

——坚持统筹协调推进。突出问题导向，处理好中央企业改革、发展、稳定的关系，把握好调整重组的重点、节奏与力度，统筹好巩固加强、创新发展、重组整合和清理退出等工作。

二、主要目标

到2020年，中央企业战略定位更加准确，功能作用有效发挥；总体结构更趋合理，国有资本配置效率显著提高；发展质量明显提升，形成一批具有创新能力和国际竞争力的世界一流跨国公司。具体目标是：

功能作用有效发挥。在国防、能源、交通、粮食、信息、生态等关系国家安全的领域保障能力显著提升；在重大基础设施、重要资源以及公共服务等关系国计民生和国民经济命脉的重要行业控制力明显增强；在重大装备、信息通信、生物医药、海洋工程、节能环保等行业的影响力进一步提高；在新能源、新材料、航空航天、智能制造等产业的带动力更加凸显。

资源配置更趋合理。通过兼并重组、创新合作、淘汰落后产能、化解过剩产能、处置低效无效资产等途径，形成国有资本有进有退、合理流动的机制。中央企业纵向调整加快推进，产业链上下游资源配置不断优化，从价值链中低端向中高端转变取得明显进展，整体竞争力大幅提升。中央企业间的横向整合基本完成，协同经营平台建设加快推进，同质化经营、重复建设、无序竞争等问题得到有效化解。

发展质量明显提升。企业发展战略更加明晰，主业优势更加突出，资产负债规模更趋合理，企业治理更加规范，经营机制更加灵活，创新驱动发展富有成效，国际化经营稳步推进，风险管控能力显著增强，国有资本效益明显提高，实现由注重规模扩张向注重提升质量效益转变，从国内经营为主向国内外经营并重转变。

三、重点工作

（一）巩固加强一批。

巩固安全保障功能。对主业处于关系国家安全、国民经济命脉的重要行业和关键领域、主要承担国家重大专项任务的中央企业，要保证国有资本投入，增强保障国家安全和国民经济运行能力，保持国有资本控股地位，支持非国有资本参股。对重要通信基础设施、重要江河流域控制性水利水电航电枢纽等领域，粮食、棉花、石油、天然气等国家战略物资储备领域，实行国有独资或控股。对战略性矿产资源开发利用，石油天然气主干管网、电网等自然垄断环节的管网，核电、重要公共技术平台、地质等基础数据采集利用领域，国防军工等特殊产业中从事战略武器装备科研生产、关系国家战略安全和涉及国家核心机密的核心军工能力领域，实行国有独资或绝对控股。对其他服务国家战略目标、重要前瞻性战略性产业、生态环境保护、共用技术平台等重要行业和关键领域，加大国有资本投资力度，发挥国有资本引导和带动作用。

（二）创新发展一批。

搭建调整重组平台。改组组建国有资本投资、运营公司，探索有效的运营模式，通过开展投资融资、产业培育、资本整合，推动产业集聚和转型升级，优化中央企业国有资本布局结构；通过股权运作、价值管理、有序进退，促进国有资本合理流动。将中央企业中的低效无效资产以及户数较多、规模较小、产业集中度低、产能严重过剩行业中的中央企业，适度集中至国有资本投资、运营公司，做好增量、盘活存量、主动减量。

搭建科技创新平台。强化科技研发平台建设，加强应用基础研究，完善研发体系，突破企业技术瓶颈，提升自主创新能力。构建行业协同创新平台，推进产业创新联盟建设，建立和完善开放高效的技术创新体系，突破产业发展短板，提升集成创新能力。建设“互联网+”平台，推动产业互联网发展，促进跨界创新融合。建立支持创新的金融平台，充分用好各种创投基金支持中央企业创新发展，通过市场化方式设立各类中央企业科技创新投资基金，促进科技成果转化和新兴产业培育。把握世界科技发展趋势，搭建国际科技合作平台，积极融入全球创新网络。鼓励企业搭建创新创业孵化和服务平台，支持员工和社会创新创业，推动战略性新兴产业发展，加快形成新的经济增长点。鼓励优势产业集团与中央科研院所企业重组。

搭建国际化经营平台。以优势企业为核心，通过市场化运作方式，搭建优势产业上下游携手走出去平台、高效产能国际合作平台、商产融结合平台和跨国并购平台，增强中央企业联合参与国际市场竞争的能力。加快境外经济合作园区建设，形成走出去企业集群发展优势，降低国际化经营风险。充分发挥现有各类国际合作基金的作用，鼓励以市场化方式发起设立相关基金，组合引入非国有资本、优秀管理人才、先进管理机制和增值服务能力，提高中央企业国际化经营水平。

（三）重组整合一批。

推进强强联合。统筹走出去参与国际竞争和维护国内市场公平竞争的需要，稳妥推进装备制造、建筑工程、电力、钢铁、有色金属、航运、建材、旅游和航空服务等领域企业重组，集中资源形成合力，减少无序竞争和同质化经营，有效化解相关行业产能过剩。鼓励煤炭、电力、冶金等产业链上下游中央企业进行重组，打造全产业链竞争优势，更好发挥协同效应。

推动专业化整合。在国家产业政策和行业发展规划指导下，支持中央企业之间通过资产重组、股权合作、资产置换、无偿划转、战略联盟、联合开发等方式，将资源向优势企业和主业企业集中。鼓励通信、电力、汽车、新材料、新能源、油气管道、海工装备、航空货运等领域相关中央企业共同出资组建股份制专业化平台，加大新技术、新产品、新市场联合开发力度，减少无序竞争，提升资源配置效率。

加快推进企业内部资源整合。鼓励中央企业依托资本市场，通过培育注资、业务重组、吸收合并等方式，利用普通股、优先股、定向发行可转换债券等工具，推进专业化整合，增强持续发展能力。压缩企业管理层级，对五级以下企业进行清理整合，将投资决策权向三级以上企业集中，积极推进管控模式与组织架构调整、流程再造，构建功能定位明确、责权关系清晰、层级设置合理的管控体系。

积极稳妥开展并购重组。鼓励中央企业围绕发展战略，以获取关键技术、核心资源、知名品牌、市场渠道等为重点，积极开展并购重组，提高产业集中度，推动质量品牌提升。建立健全重组评估机制，加强并购后企业的联动与整合，推进管理、业务、技术、市场、文化和人力资源等方面的协同与融合，确保实现并购预期目标。并购重组中要充分发挥各企业的专业化优势和比较优势，尊重市场规律，加强沟通协调，防止无序竞争。

（四）清理退出一批。

大力化解过剩产能。严格按照国家能耗、环保、质量、安全等标准要求，以钢铁、煤炭行业为重点，大力压缩过剩产能，加快淘汰落后产能。对产能严重过剩行业，按照减量置换原则从严控制新项目投资。对高负债企业，以不推高资产负债率为原则严格控制投资规模。

加大清理长期亏损、扭亏无望企业和低效无效资产力度。通过资产重组、破产清算等方式，解决持续亏损三年以上且不符合布局结构调整方向的企业退出问题。通过产权转让、资产变现、无偿划转等方式，解决三年以上无效益且未来两年生产经营难以好转的低效无效资产处置问题。

下大力气退出一批不具有发展优势的非主营业务。梳理企业非主营业务和资产，对与主业无互补性、协同性的低效业务和资产，加大清理退出力度，实现国有资本形态转换。变现的国有资本除按有关要求用于安置职工、解决历史遗留问题外，集中投向国有资本更需要集中的领域和行业。

加快剥离企业办社会职能和解决历史遗留问题。稳步推进中央企业职工家属区“三供一业”分离移交，实现社会化管理。对中央企业所办医疗、教育、市政、消防、社区管理等公共服务机构，采取移交、撤并、改制或专业化管理、政府购买服务等多种方式分类进行剥离。加快推进厂办大集体改革。对中央企业退休人员统一实行社会化管理。

四、保障措施

（一）加强组织领导。

国务院国资委要会同有关部门根据国家战略要求，结合行业体制改革和产业政策，提出有关中央企业实施重组的具体方案，报国务院批准后稳步推进。中央企业结合实际制定本企业结构调整与重组的具体实施方案，报国务院国资委备案后组织实施，其中涉及国家安全领域的，须经相关行业主管部门审核同意。中央企业在结构调整与重组过程中要切实加强党的领导，建立责任清晰、分工明确的专项工作机制，由主要负责人负总责，加大组织协调力度，切实依法依规操作。同时发挥工会和有关社团组织的作用，做好干部职工的思想政治工作。

（二）加强行业指导。

各有关部门要根据实现“两个一百年”奋斗目标、国家重大战略布局以及统筹国内国际两个市场等需要，明确国有资本分行业、分区域布局的基本要求，作为中央企业布局结构调整的重要依据，同时结合各自职责，配套出台相关产业管理政策，保障国有资本投入规模科学合理，确保中央企业结构调整与重组有利于增强国有经济主导能力、维护市场公平竞争秩序。

（三）加大政策支持。

各有关部门要研究出台财政、金融、人才、科技、薪酬分配、业绩考核等支持政策，并切实落实相关税收优惠政策，为中央企业结构调整与重组创造良好环境。要充分发挥各类基金的作用，积极稳妥引入各类社会资本参与和支持中央企业结构调整与重组。

（四）完善配套措施。

健全企业退出机制，完善相关退出政策，依法妥善处理劳动关系调整、社会保险关系接续等问题，切实维护好企业职工合法权益。建立完善政府和企业合理分担成本的机制，多渠道筹措资金，妥善解决中央企业历史遗留问题，为中央企业公平参与市场竞争创造条件。

金融、文化等中央企业的结构调整与重组，中央另有规定的依其规定执行。

国务院办公厅关于建立国有企业违规经营投资责任追究制度的意见

国办发〔2016〕63号

各省、自治区、直辖市人民政府，国务院各部委、各直属机构：

根据《中共中央 国务院关于深化国有企业改革的指导意见》《国务院办公厅关于加强和改进企业国有资产监督防止国有资产流失的意见》（国办发〔2015〕79号）等要求，为落实国有资本保值增值责任，完善国有资产监管，防止国有资产流失，经国务院同意，现就建立国有企业违规经营投资责任追究制度提出以下意见。

一、总体要求

（一）指导思想。全面贯彻党的十八大和十八届三中、四中、五中全会精神，按照“五位一体”总体布局和“四个全面”战略布局，牢固树立和贯彻落实创新、协调、绿色、开放、共享的发展理念，深入贯彻习近平总书记系列重要讲话精神，认真落实党中央、国务院决策部署，坚持社会主义市场经济改革方向，按照完善现代企业制度的要求，以提高国有企业运行质量和经济效益为目标，以强化对权力集中、资金密集、资源富集、资产聚集部门和岗位的监督为重点，严格问责、完善机制，构建权责清晰、约束有效的经营投资责任体系，全面推进依法治企，健全协调运转、有效制衡的法人治理结构，提高国有资本效率、增强国有企业活力、防止国有资产流失，实现国有资本保值增值。

（二）基本原则。

1. 依法合规、违规必究。以国家法律法规为准绳，严格执行企业内部管理规定，对违反规定、未履行或未正确履行职责造成国有资产损失以及其他严重不良后果的国有企业经营管理有关人员，严格界定违规经营投资责任，严肃追究问责，实行重大决策终身责任追究制度。

2. 分级组织、分类处理。履行出资人职责的机构和国有企业按照国有资产分级管理要求和干部管理权限，分别组织开展责任追究工作。对违纪违法行为，严格依纪依法处理。

3. 客观公正、责罚适当。在充分调查核实和责任认定的基础上，既考虑量的标准也考虑质的不同，实事求是地确定资产损失程度和责任追究范围，恰当公正地处理相关责任人。

4. 惩教结合、纠建并举。在严肃追究违规经营投资责任的同时，加强案例总结和警示教育，不断完善规章制度，及时堵塞经营管理漏洞，建立问责长效机制，提高国有企业经营管理水平。

（三）主要目标。在2017年年底前，国有企业违规经营投资责任追究制度和责任倒查机制基本形成，责任追究的范围、标准、程序和方式清晰规范，责任追究工作实现有章可循。在2020年年底前，全面建立覆盖各级履行出资人职责的机构及国有企业的责任追究工作体系，形成职责明确、流程清晰、规范有序的责任追究工作机制，对相关责任人及时追究问责，国有企业经营投资责任意识和责任约束显著增强。

二、责任追究范围

国有企业经营管理有关人员违反国家法律法规和企业内部管理规定，未履行或未正确履行职责致使发生下列情形造成国有资产损失以及其他严重不良后果的，应当追究责任：

（一）集团管控方面。所属子企业发生重大违纪违法问题，造成重大资产损失，影响其持续经营能力或造成严重不良后果；未履行或未正确履行职责致使集团发生较大资产损失，对生产经营、财务状况产生重大影响；对集团重大风险隐患、内控缺陷等问题失察，或虽发现但没有及时报告、处理，造成重大风险等。

（二）购销管理方面。未按照规定订立、履行合同，未履行或未正确履行职责致使合同标的价格明显不公允；交易行为虚假或违规开展“空转”贸易；利用关联交易输送利益；未按照规定进行招标或未执行招标结果；违反规定提供赊销信用、资质、担保（含抵押、质押等）或预付款项，利用业务预付或物资交易等方式变相融资或投资；违规开展商品期货、期权等衍生业务；未按规定对应收款项及时追索或采取有效保全措施等。

（三）工程承包建设方面。未按规定对合同标的进行调查论证，未经授权或超越授权投标，中标价格严重低于成本，造成企业资产损失；违反规定擅自签订或变更合同，合同约定未经严格审查，存在重大疏漏；工程物资未按规定招标；违反规定转包、分包；工程组织管理混乱，致使工程质量不达标，工程成本严重超支；违反合同约定超计价、超进度付款等。

（四）转让产权、上市公司股权和资产方面。未按规定履行决策和审批程序或超越授权范围转让；财务审计和资产评估违反相关规定；组织提供和披露虚假信息，操纵中介机构出具虚假财务审计、资产评估鉴证结果；未按相关规定执行回避制度，造成资产损失；违反相关规定和公开公平交易原则，低价转让企业产权、上市公司股权和资产等。

（五）固定资产投资方面。未按规定进行可行性研究或风险分析；项目概算未经严格审查，严重偏离实际；未按规定履行决策和审批程序擅自投资，造成资产损失；购建项目未按规定招标，干预或操纵招标；外部环境发生重大变化，未按规定及时调整投资方案并采取止损措施；擅自变更工程设计、建设内容；项目管理混乱，致使建设严重拖期、成本明显高于同类项目等。

（六）投资并购方面。投资并购未按规定开展尽职调查，或尽职调查未进行风险分析等，存在重大疏漏；财务审计、资产评估或估值违反相关规定，或投资并购过程中授意、指使中介机构或有关单位出具虚假报告；未按规定履行决策和审批程序，决策未充分考虑重大风险因素，未制定风险防范预案；违规以各种形式为其他合资合作方提供垫资，或通过高溢价并购等手段向关联方输送利益；投资合同、协议及标的企业公司章程中国有权益保护条款缺失，对标的企业管理失控；投资参股后未行使股东权利，发生重大变化未及时采取止损措施；违反合同约定提前支付并购价款等。

（七）改组改制方面。未按规定履行决策和审批程序；未按规定组织开展清产核资、财务审计和资产评估；故意转移、隐匿国有资产或向中介机构提供虚假信息，操纵中介机构出具虚假清产核资、财务审计与资产评估鉴证结果；将国有资产以明显不公允低价折股、出售或无偿分给其他单位或个人；在发展混合所有制经济、实施员工持股计划等改组改制过程中变相套取、私分国有股权；未按规定收取国有资产转让价款；改制后的公司章程中国有权益保护条款缺失等。

（八）资金管理方面。违反决策和审批程序或超越权限批准资金支出；设立"小金库"；违规集资、发行股票（债券）、捐赠、担保、委托理财、拆借资金或开立信用证、办理银行票据；虚列支出套取资金；违规以个人名义留存资金、收支结算、开立银行账户；违规超发、滥发职工薪酬福利；因财务内控缺失，发生侵占、盗取、欺诈等。

（九）风险管理方面。内控及风险管理制度缺失，内控流程存在重大缺陷或内部控制执行不力；对经营投资重大风险未能及时分析、识别、评估、预警和应对；对企业规章制度、经济合同和重要决策的法律审核不到位；过度负债危及企业持续经营，恶意逃废金融债务；瞒报、漏报重大风险及风险损失事件，指使编制虚假财务报告，企业账实严重不符等。

（十）其他违反规定，应当追究责任的情形。

三、资产损失认定

对国有企业经营投资发生的资产损失，应当在调查核实的基础上，依据有关规定认定损失金额及影响。

（一）资产损失包括直接损失和间接损失。直接损失是与相关人员行为有直接因果关系的损失金额及影响。间接损失是由相关人员行为引发或导致的，除直接损失外、能够确认计量的其他损失金额及影响。

（二）资产损失分为一般资产损失、较大资产损失和重大资产损失。涉及违纪违法和犯罪行为查处的损失标准，遵照相关党内法规和国家法律法规的规定执行；涉及其他责任追究处理的，由履行出资人职责的机构和国有企业根据实际情况制定资产损失程度划分标准。

（三）资产损失的金额及影响，可根据司法、行政机关出具的书面文件，具有相应资质的会计师事务所、资产评估机构、律师事务所等中介机构出具的专项审计、评估或鉴证报告，以及企业内部证明材料等进行综合研判认定。相关经营投资虽尚未形成事实损失，经中介机构评估在可预见未来将发生的损失，可以认定为或有资产损失。

四、经营投资责任认定

国有企业经营管理有关人员任职期间违反规定，未履行或未正确履行职责造成国有资产损失以及其他严重不良后果的，应当追究其相应责任；已调任其他岗位或退休的，应当纳入责任追究范围，实行重大决策终身责任追究制度。经营投资责任根据工作职责划分为直接责任、主管责任和领导责任。

（一）直接责任是指相关人员在其工作职责范围内，违反规定，未履行或未正确履行职责，对造成的资产损失或其他不良后果起决定性直接作用时应当承担的责任。

企业负责人存在以下情形的，应当承担直接责任：本人或与他人共同违反国家法律法规和企业内部管理规定；授意、指使、强令、纵容、包庇下属人员违反国家法律法规和企业内部管理规定；未经民主决策、相关会议讨论或文件传签、报审等规定程序，直接决定、批准、组织实施重大经济事项，并造成重大资产损失或其他严重不良后果；主持相关会议讨论或以文件传签等其他方式研究时，在多数人不同意的情况下，直接决定、批准、组织实施重大经济事项，造成重大资产损失或其他严重不良后果；将按有关法律法规制度应作为第一责任人（总负责）的事项、签订的有关目标责任事项或应当履行的其他重要职责，授权（委托）其他领导干部决策且决策不当或决策失误造成重大资产损失或其他严重不良后果；其他失职、渎职和应当承担直接责任的行为。

（二）主管责任是指相关人员在其直接主管（分管）工作职责范围内，违反规定，未履行或未正确履行职责，对造成的资产损失或不良后果应当承担的责任。

（三）领导责任是指主要负责人在其工作职责范围内，违反规定，未履行或未正确履行职责，对造成的资产损失或不良后果应当承担的责任。

五、责任追究处理

（一）根据资产损失程度、问题性质等，对相关责任人采取组织处理、扣减薪酬、禁入限制、纪律处分、移送司法机关等方式处理。

1. 组织处理。包括批评教育、责令书面检查、通报批评、诫勉、停职、调离工作岗位、降职、改任非领导职务、责令辞职、免职等。

2. 扣减薪酬。扣减和追索绩效年薪或任期激励收入，终止或收回中长期激励收益，取消参加中长期激励资格等。

3. 禁入限制。五年内直至终身不得担任国有企业董事、监事、高级管理人员。

4. 纪律处分。由相应的纪检监察机关依法依规查处。

5. 移送司法机关处理。依据国家有关法律规定，移送司法机关依法查处。

以上处理方式可以单独使用，也可以合并使用。

（二）国有企业发生资产损失，经过查证核实和责任认定后，除依据有关规定移送司法机关处理外，应当按以下方式处理：

1. 发生较大资产损失的，对直接责任人和主管责任人给予通报批评、诫勉、停职、调离工作岗位、降职等处理，同时按照以下标准扣减薪酬：扣减和追索责任认定年度50%～100%的绩效年薪、扣减和追索责任认定年度（含）前三年50%～100%的任期激励收入并延期支付绩效年薪，终止尚未行使的中长期激励权益、上缴责任认定年度及前一年度的全部中长期激励收益、五年内不得参加企业新的中长期激励。

对领导责任人给予通报批评、诫勉、停职、调离工作岗位等处理，同时按照以下标准扣减薪酬：扣减和追索责任认定年度30%～70%的绩效年薪、扣减和追索责任认定年度（含）前三年30%～70%的任期激励收入并延期支付绩效年薪，终止尚未行使的中长期激励权益、三年内不得参加企业新的中长期激励。

2. 发生重大资产损失的，对直接责任人和主管责任人给予降职、改任非领导职务、责令辞职、免职和禁入限制等处理，同时按照以下标准扣减薪酬：扣减和追索责任认定年度100%的绩效年薪、扣减和追索责任认定年度（含）前三年100%的任期激励收入并延期支付绩效年薪，终止尚未行使的中长期激励权益、上缴责任认定年度（含）前三年的全部中长期激励收益、不得参加企业新的中长期激励。

对领导责任人给予调离工作岗位、降职、改任非领导职务、责令辞职、免职和禁入限制等处理，同时按照以下标准扣减薪酬：扣减和追索责任认定年度70%～100%的绩效年薪、扣减和追索责任认定年度（含）前三年70%～100%的任期激励收入并延期支付绩效年薪，终止尚未行使的中长期激励权益、上缴责任认定年度（含）前三年的全部中长期激励收益、五年内不得参加企业新的中长期激励。

3. 责任人在责任认定年度已不在本企业领取绩效年薪的，按离职前一年度全部绩效年薪及前三年任期激励收入总和计算，参照上述标准追索扣回其薪酬。

4. 对同一事件、同一责任人的薪酬扣减和追索，按照党纪政纪处分、责任追究等扣减薪酬处理的最高标准执行，但不合并使用。

（三）对资产损失频繁发生、金额巨大、后果严重、影响恶劣的，未及时采取措施或措施不力导致资产损失扩大的，以及瞒报、谎报资产损失的，应当从重处理。对及时采取措施减少、挽回损失并消除不良影响的，可以适当从轻处理。

（四）国有企业违规经营投资责任追究处理的具体标准，由各级履行出资人职责的机构根据资产损失程度、应当承担责任等情况，依照本意见制定。

六、责任追究工作的组织实施

（一）开展国有企业违规经营投资责任追究工作，应当遵循以下程序：

1. 受理。资产损失一经发现，应当立即按管辖规定及相关程序报告。受理部门应当对掌握的资产损失线索进行初步核实，属于责任追究范围的，应当及时启动责任追究工作。

2. 调查。受理部门应当按照职责权限及时组织开展调查，核查资产损失及相关业务情况、核实损失金额和损失情形、查清损失原因、认定相应责任、提出整改措施等，必要时可经批准组成联合调查组进行核查，并出具资产损失情况调查报告。

3. 处理。根据调查事实，依照管辖规定移送有关部门，按照管理权限和相关程序对相关责任人追究责任。相关责任人对处理决定有异议的，有权提出申诉，但申诉期间不停止原处理决定的执行。责任追究调查情况及处理结果在一定范围内公开。

4. 整改。发生资产损失的国有企业应当认真总结吸取教训，落实整改措施，堵塞管理漏洞，建立健全防范损失的长效机制。

（二）责任追究工作原则上按照干部管理权限组织开展，一般资产损失由本企业依据相关规定自行开展责任追究工作，上级企业或履行出资人职责的机构认为有必要的，可直接组织开展；达到较大或重大资产损失标准的，应当由上级企业或履行出资人职责的机构开展责任追究工作；多次发生重大资产损失或造成其他严重不良影响、资产损失金额特别巨大且危及企业生存发展的，应当由履行出资人职责的机构开展责任追究工作。

（三）对违反规定，未履行或未正确履行职责造成国有资产损失的董事，除依法承担赔偿责任外，应当依照公司法、公司章程及本意见规定对其进行处理。对重大资产损失负有直接责任的董事，应及时调整或解聘。

（四）经营投资责任调查期间，对相关责任人未支付或兑现的绩效年薪、任期激励收入、中长期激励收益等均应暂停支付或兑现；对有可能影响调查工作顺利开展的相关责任人，可视情采取停职、调离工作岗位、免职等措施。

（五）对发生安全生产、环境污染责任事故和重大不稳定事件的，按照国家有关规定另行处理。

七、工作要求

（一）各级履行出资人职责的机构要明确所出资企业负责人在经营投资活动中须履行的职责，引导其树立责任意识和风险意识，依法经营，廉洁从业，坚持职业操守，履职尽责，规范经营投资决策，维护国有资产安全。国有企业要依据公司法规定完善公司章程，建立健全重大决策评估、决策事项履职记录、决策过错认定等配套制度，细化各类经营投资责任清单，明确岗位职责和履职程序，不断提高经营投资责任管理的规范化、科学化水平。履行出资人职责的机构和国有企业应在有关外聘董事、职业经理人聘任合同中，明确违规经营投资责任追究的原则要求。

（二）各级履行出资人职责的机构和国有企业要按照本意见要求，建立健全违规经营投资责任追究制度，细化经营投资责任追究的原则、范围、依据、启动机制、程序、方式、标准和职责，保障违规经营投资责任追究工作有章可循、规范有序。国有企业违规经营投资责任追究制度应当报履行出资人职责的机构备案。

（三）国有企业要充分发挥党组织、审计、财务、法律、人力资源、巡视、纪检监察等部门的监督作用，形成联合实施、协同联动、规范有序的责任追究工作机制，重要情况和问题及时向履行出资人职责的机构报告。履行出资人职责的机构要加强与外派监事会、巡视组、审计机关、纪检监察机关、司法机关的协同配合，共同做好国有企业违规经营投资责任追究工作。对国有企业违规经营投资等重大违法违纪违规问题应当发现而未发现或敷衍不追、隐匿不报、查处不力的，严格追究企业和履行出资人职责的机构有关人员的失职渎职责任。

（四）各级履行出资人职责的机构和国有企业要做好国有企业违规经营投资责任追究相关制度的宣传解释工作，凝聚社会共识，为深入开展责任追究工作营造良好氛围；要结合对具体案例的调查处理，在适当范围进行总结和通报，探索向社会公开调查处理情况，接受社会监督，充分发挥警示教育作用。

本意见适用于国有及国有控股企业违规经营投资责任追究工作。金融、文化等国有企业违规经营投资责任追究工作，中央另有规定的依其规定执行。

企业国有资产交易监督管理办法

国务院国有资产监督管理委员会、财政部令第 32 号

《企业国有资产交易监督管理办法》已经国务院国有资产监督管理委员会主任办公会议审议通过，并

报经国务院同意，现予公布，自公布之日起施行。

企业国有资产交易监督管理办法

第一章　总　则

第一条　为规范企业国有资产交易行为，加强企业国有资产交易监督管理，防止国有资产流失，根据《中华人民共和国企业国有资产法》《中华人民共和国公司法》《企业国有资产监督管理暂行条例》等有关法律法规，制定本办法。

第二条　企业国有资产交易应当遵守国家法律法规和政策规定，有利于国有经济布局和结构调整优化，充分发挥市场配置资源作用，遵循等价有偿和公开公平公正的原则，在依法设立的产权交易机构中公开进行，国家法律法规另有规定的从其规定。

第三条　本办法所称企业国有资产交易行为包括：

（一）履行出资人职责的机构、国有及国有控股企业、国有实际控制企业转让其对企业各种形式出资所形成权益的行为（以下称企业产权转让）；

（二）国有及国有控股企业、国有实际控制企业增加资本的行为（以下称企业增资），政府以增加资本金方式对国家出资企业的投入除外；

（三）国有及国有控股企业、国有实际控制企业的重大资产转让行为（以下称企业资产转让）。

第四条　本办法所称国有及国有控股企业、国有实际控制企业包括：

（一）政府部门、机构、事业单位出资设立的国有独资企业（公司），以及上述单位、企业直接或间接合计持股为100％的国有全资企业；

（二）本条第（一）款所列单位、企业单独或共同出资，合计拥有产（股）权比例超过50％，且其中之一为最大股东的企业；

（三）本条第（一）、（二）款所列企业对外出资，拥有股权比例超过50％的各级子企业；

（四）政府部门、机构、事业单位、单一国有及国有控股企业直接或间接持股比例未超过50％，但为第一大股东，并且通过股东协议、公司章程、董事会决议或者其他协议安排能够对其实际支配的企业。

第五条　企业国有资产交易标的应当权属清晰，不存在法律法规禁止或限制交易的情形。已设定担保物权的国有资产交易，应当符合《中华人民共和国物权法》《中华人民共和国担保法》等有关法律法规规定。涉及政府社会公共管理事项的，应当依法报政府有关部门审核。

第六条　国有资产监督管理机构（以下简称国资监管机构）负责所监管企业的国有资产交易监督管理；国家出资企业负责其各级子企业国有资产交易的管理，定期向同级国资监管机构报告本企业的国有资产交易情况。

第二章　企业产权转让

第七条　国资监管机构负责审核国家出资企业的产权转让事项。其中，因产权转让致使国家不再拥有所出资企业控股权的，须由国资监管机构报本级人民政府批准。

第八条　国家出资企业应当制定其子企业产权转让管理制度，确定审批管理权限。其中，对主业处于关系国家安全、国民经济命脉的重要行业和关键领域，主要承担重大专项任务子企业的产权转让，须由国家出资企业报同级国资监管机构批准。

转让方为多家国有股东共同持股的企业，由其中持股比例最大的国有股东负责履行相关批准程序；各国有股东持股比例相同的，由相关股东协商后确定其中一家股东负责履行相关批准程序。

第九条　产权转让应当由转让方按照企业章程和企业内部管理制度进行决策，形成书面决议。国有控股和国有实际控制企业中国有股东委派的股东代表，应当按照本办法规定和委派单位的指示发表意见、行使表决权，并将履职情况和结果及时报告委派单位。

第十条　转让方应当按照企业发展战略做好产权转让的可行性研究和方案论证。产权转让涉及职工安置事项的，安置方案应当经职工代表大会或职工大会审议通过；涉及债权债务处置事项的，应当符合国家相关法律法规的规定。

第十一条　产权转让事项经批准后，由转让方委托会计师事务所对转让标的企业进行审计。涉及参股权转让不宜单独进行专项审计的，转让方应当取得转让标的企业最近一期年度审计报告。

第十二条　对按照有关法律法规要求必须进行资产评估的产权转让事项，转让方应当委托具有相应资质的评估机构对转让标的进行资产评估，产权转让价格应以经核准或备案的评估结果为基础确定。

第十三条　产权转让原则上通过产权市场公开进行。转让方可以根据企业实际情况和工作进度安排，采取信息预披露和正式披露相结合的方式，通过产权交易机构网站分阶段对外披露产权转让信息，公开征集受让方。其中正式披露信息时间不得少于20个工作日。

因产权转让导致转让标的企业的实际控制权发生转移的，转让方应当在转让行为获批后10个工作日内，通过产权交易机构进行信息预披露，时间不得少于20个工作日。

第十四条　产权转让原则上不得针对受让方设置资格条件，确需设置的，不得有明确指向性或违反公平竞争原则，所设资格条件相关内容应当在信息披露前报同级国资监管机构备案，国资监管机构在5个工作日内未反馈意见的视为同意。

第十五条　转让方披露信息包括但不限于以下内容：

（一）转让标的基本情况；

（二）转让标的企业的股东结构；

（三）产权转让行为的决策及批准情况；

（四）转让标的企业最近一个年度审计报告和最近一期财务报表中的主要财务指标数据，包括但不限于资产总额、负债总额、所有者权益、营业收入、净利润等（转让参股权的，披露最近一个年度审计报告中的相应数据）；

（五）受让方资格条件（适用于对受让方有特殊要求的情形）；

（六）交易条件、转让底价；

（七）企业管理层是否参与受让，有限责任公司原股东是否放弃优先受让权；

（八）竞价方式，受让方选择的相关评判标准；

（九）其他需要披露的事项。

其中信息预披露应当包括但不限于以上（一）、（二）、（三）、（四）、（五）款内容。

第十六条　转让方应当按照要求向产权交易机构提供披露信息内容的纸质文档材料，并对披露内容和所提供材料的真实性、完整性、准确性负责。产权交易机构应当对信息披露的规范性负责。

第十七条　产权转让项目首次正式信息披露的转让底价，不得低于经核准或备案的转让标的评估结果。

第十八条　信息披露期满未征集到意向受让方的，可以延期或在降低转让底价、变更受让条件后重新进行信息披露。

降低转让底价或变更受让条件后重新披露信息的，披露时间不得少于20个工作日。新的转让底价低于评估结果的90%时，应当经转让行为批准单位书面同意。

第十九条　转让项目自首次正式披露信息之日起超过12个月未征集到合格受让方的，应当重新履行审计、资产评估以及信息披露等产权转让工作程序。

第二十条　在正式披露信息期间，转让方不得变更产权转让公告中公布的内容，由于非转让方原因或其他不可抗力因素导致可能对转让标的价值判断造成影响的，转让方应当及时调整补充披露信息内容，并相应延长信息披露时间。

第二十一条　产权交易机构负责意向受让方的登记工作，对意向受让方是否符合受让条件提出意见并反馈转让方。产权交易机构与转让方意见不一致的，由转让行为批准单位决定意向受让方是否符合受让条件。

第二十二条　产权转让信息披露期满、产生符合条件的意向受让方的，按照披露的竞价方式组织竞价。竞价可以采取拍卖、招投标、网络竞价以及其他竞价方式，且不得违反国家法律法规的规定。

第二十三条　受让方确定后，转让方与受让方应当签订产权交易合同，交易双方不得以交易期间企业经营性损益等理由对已达成的交易条件和交易价格进行调整。

第二十四条　产权转让导致国有股东持有上市公司股份间接转让的，应当同时遵守上市公司国有股权管理以及证券监管相关规定。

第二十五条　企业产权转让涉及交易主体资格审查、反垄断审查、特许经营权、国有划拨土地使用权、探矿权和采矿权等政府审批事项的，按照相关规定执行。

第二十六条　受让方为境外投资者的，应当符合外商投资产业指导目录和负面清单管理要求，以及外商投资安全审查有关规定。

第二十七条　交易价款应当以人民币计价，通过产权交易机构以货币进行结算。因特殊情况不能通过产权交易机构结算的，转让方应当向产权交易机构提供转让行为批准单位的书面意见以及受让方付款凭证。

第二十八条　交易价款原则上应当自合同生效之日起5个工作日内一次付清。

金额较大、一次付清确有困难的，可以采取分期付款方式。采用分期付款方式的，首期付款不得低于总价款的30%，并在合同生效之日起5个工作日内支付；其余款项应当提供转让方认可的合法有效担保，并按同期银行贷款利率支付延期付款期间的利息，付款期限不得超过1年。

第二十九条　产权交易合同生效后，产权交易机构应当将交易结果通过交易机构网站对外公告，公告内容包括交易标的名称、转让标的评估结果、转让底价、交易价格，公告期不少于5个工作日。

第三十条　产权交易合同生效，并且受让方按照合同约定支付交易价款后，产权交易机构应当及时为交易双方出具交易凭证。

第三十一条　以下情形的产权转让可以采取非公开协议转让方式：

(一)涉及主业处于关系国家安全、国民经济命脉的重要行业和关键领域企业的重组整合，对受让方有特殊要求，企业产权需要在国有及国有控股企业之间转让的，经国资监管机构批准，可以采取非公开协议转让方式；

(二)同一国家出资企业及其各级控股企业或实际控制企业之间因实施内部重组整合进行产权转让的，经该国家出资企业审议决策，可以采取非公开协议转让方式。

第三十二条　采取非公开协议转让方式转让企业产权，转让价格不得低于经核准或备案的评估结果。

以下情形按照《中华人民共和国公司法》、企业章程履行决策程序后，转让价格可以资产评估报告或最近一期审计报告确认的净资产值为基础确定，且不得低于经评估或审计的净资产值：

(一)同一国家出资企业内部实施重组整合，转让方和受让方为该国家出资企业及其直接或间接全资拥有的子企业；

(二)同一国有控股企业或国有实际控制企业内部实施重组整合，转让方和受让方为该国有控股企业或国有实际控制企业及其直接、间接全资拥有的子企业。

第三十三条　国资监管机构批准、国家出资企业审议决策采取非公开协议方式的企业产权转让行为时，应当审核下列文件：

(一)产权转让的有关决议文件；

(二)产权转让方案；

(三)采取非公开协议方式转让产权的必要性以及受让方情况；

(四)转让标的企业审计报告、资产评估报告及其核准或备案文件。其中属于第三十二条(一)、(二)款情形的，可以仅提供企业审计报告；

(五)产权转让协议；

(六)转让方、受让方和转让标的企业的国家出资企业产权登记表(证)；

(七)产权转让行为的法律意见书；

(八)其他必要的文件。

第三章　企业增资

第三十四条　国资监管机构负责审核国家出资企业的增资行为。其中，因增资致使国家不再拥有所出资企业控股权的，须由国资监管机构报本级人民政府批准。

第三十五条　国家出资企业决定其子企业的增资行为。其中，对主业处于关系国家安全、国民经济命脉的重要行业和关键领域，主要承担重大专项任务的子企业的增资行为，须由国家出资企业报同级国资监管机构批准。

增资企业为多家国有股东共同持股的企业，由其中持股比例最大的国有股东负责履行相关批准程序；

各国有股东持股比例相同的，由相关股东协商后确定其中一家股东负责履行相关批准程序。

第三十六条　企业增资应当符合国家出资企业的发展战略，做好可行性研究，制定增资方案，明确募集资金金额、用途、投资方应具备的条件、选择标准和遴选方式等。增资后企业的股东数量须符合国家相关法律法规的规定。

第三十七条　企业增资应当由增资企业按照企业章程和内部管理制度进行决策，形成书面决议。国有控股、国有实际控制企业中国有股东委派的股东代表，应当按照本办法规定和委派单位的指示发表意见、行使表决权，并将履职情况和结果及时报告委派单位。

第三十八条　企业增资在完成决策批准程序后，应当由增资企业委托具有相应资质的中介机构开展审计和资产评估。

以下情形按照《中华人民共和国公司法》、企业章程履行决策程序后，可以依据评估报告或最近一期审计报告确定企业资本及股权比例：

(一)增资企业原股东同比例增资的；

(二)履行出资人职责的机构对国家出资企业增资的；

(三)国有控股或国有实际控制企业对其独资子企业增资的；

(四)增资企业和投资方均为国有独资或国有全资企业的。

第三十九条　企业增资通过产权交易机构网站对外披露信息公开征集投资方，时间不得少于 40 个工作日。信息披露内容包括但不限于：

(一)企业的基本情况；

(二)企业目前的股权结构；

(三)企业增资行为的决策及批准情况；

(四)近三年企业审计报告中的主要财务指标；

(五)企业拟募集资金金额和增资后的企业股权结构；

(六)募集资金用途；

(七)投资方的资格条件，以及投资金额和持股比例要求等；

(八)投资方的遴选方式；

(九)增资终止的条件；

(十)其他需要披露的事项。

第四十条　企业增资涉及上市公司实际控制人发生变更的，应当同时遵守上市公司国有股权管理以及证券监管相关规定。

第四十一条　产权交易机构接受增资企业的委托提供项目推介服务，负责意向投资方的登记工作，协助企业开展投资方资格审查。

第四十二条　通过资格审查的意向投资方数量较多时，可以采用竞价、竞争性谈判、综合评议等方式进行多轮次遴选。产权交易机构负责统一接收意向投资方的投标和报价文件，协助企业开展投资方遴选有关工作。企业董事会或股东会以资产评估结果为基础，结合意向投资方的条件和报价等因素审议选定投资方。

第四十三条　投资方以非货币资产出资的，应当经增资企业董事会或股东会审议同意，并委托具有相应资质的评估机构进行评估，确认投资方的出资金额。

第四十四条　增资协议签订并生效后，产权交易机构应当出具交易凭证，通过交易机构网站对外公告结果，公告内容包括投资方名称、投资金额、持股比例等，公告期不少于 5 个工作日。

第四十五条　以下情形经同级国资监管机构批准，可以采取非公开协议方式进行增资：

(一)因国有资本布局结构调整需要，由特定的国有及国有控股企业或国有实际控制企业参与增资；

(二)因国家出资企业与特定投资方建立战略合作伙伴或利益共同体需要，由该投资方参与国家出资企业或其子企业增资。

第四十六条　以下情形经国家出资企业审议决策，可以采取非公开协议方式进行增资：

(一)国家出资企业直接或指定其控股、实际控制的其他子企业参与增资；

(二)企业债权转为股权；

(三)企业原股东增资。

第四十七条　国资监管机构批准、国家出资企业审议决策采取非公开协议方式的企业增资行为时，应当审核下列文件：

（一）增资的有关决议文件；

（二）增资方案；

（三）采取非公开协议方式增资的必要性以及投资方情况；

（四）增资企业审计报告、资产评估报告及其核准或备案文件。其中属于第三十八条（一）、（二）、（三）、（四）款情形的，可以仅提供企业审计报告；

（五）增资协议；

（六）增资企业的国家出资企业产权登记表（证）；

（七）增资行为的法律意见书；

（八）其他必要的文件。

第四章　企业资产转让

第四十八条　企业一定金额以上的生产设备、房产、在建工程以及土地使用权、债权、知识产权等资产对外转让，应当按照企业内部管理制度履行相应决策程序后，在产权交易机构公开进行。涉及国家出资企业内部或特定行业的资产转让，确需在国有及国有控股、国有实际控制企业之间非公开转让的，由转让方逐级报国家出资企业审核批准。

第四十九条　国家出资企业负责制定本企业不同类型资产转让行为的内部管理制度，明确责任部门、管理权限、决策程序、工作流程，对其中应当在产权交易机构公开转让的资产种类、金额标准等作出具体规定，并报同级国资监管机构备案。

第五十条　转让方应当根据转让标的情况合理确定转让底价和转让信息公告期：

（一）转让底价高于100万元、低于1000万元的资产转让项目，信息公告期应不少于10个工作日；

（二）转让底价高于1000万元的资产转让项目，信息公告期应不少于20个工作日。

企业资产转让的具体工作流程参照本办法关于企业产权转让的规定执行。

第五十一条　除国家法律法规或相关规定另有要求的外，资产转让不得对受让方设置资格条件。

第五十二条　资产转让价款原则上一次性付清。

第五章　监督管理

第五十三条　国资监管机构及其他履行出资人职责的机构对企业国有资产交易履行以下监管职责：

（一）根据国家有关法律法规，制定企业国有资产交易监管制度和办法；

（二）按照本办法规定，审核批准企业产权转让、增资等事项；

（三）选择从事企业国有资产交易业务的产权交易机构，并建立对交易机构的检查评审机制；

（四）对企业国有资产交易制度的贯彻落实情况进行监督检查；

（五）负责企业国有资产交易信息的收集、汇总、分析和上报工作；

（六）履行本级人民政府赋予的其他监管职责。

第五十四条　省级以上国资监管机构应当在全国范围选择开展企业国有资产交易业务的产权交易机构，并对外公布名单。选择的产权交易机构应当满足以下条件：

（一）严格遵守国家法律法规，未从事政府明令禁止开展的业务，未发生重大违法违规行为；

（二）交易管理制度、业务规则、收费标准等向社会公开，交易规则符合国有资产交易制度规定；

（三）拥有组织交易活动的场所、设施、信息发布渠道和专业人员，具备实施网络竞价的条件；

（四）具有较强的市场影响力，服务能力和水平能够满足企业国有资产交易的需要；

（五）信息化建设和管理水平满足国资监管机构对交易业务动态监测的要求；

（六）相关交易业务接受国资监管机构的监督检查。

第五十五条　国资监管机构应当对产权交易机构开展企业国有资产交易业务的情况进行动态监督。交易机构出现以下情形的，视情节轻重对其进行提醒、警告、通报、暂停直至停止委托从事相关业务：

（一）服务能力和服务水平较差，市场功能未得到充分发挥；

（二）在日常监管和定期检查评审中发现问题较多，且整改不及时或整改效果不明显；

（三）因违规操作、重大过失等导致企业国有资产在交易过程中出现损失；

（四）违反相关规定，被政府有关部门予以行政处罚而影响业务开展；

（五）拒绝接受国资监管机构对其相关业务开展

监督检查；

（六）不能满足国资监管机构监管要求的其他情形。

第五十六条　国资监管机构发现转让方或增资企业未执行或违反相关规定、侵害国有权益的，应当责成其停止交易活动。

第五十七条　国资监管机构及其他履行出资人职责的机构应定期对国家出资企业及其控股和实际控制企业的国有资产交易情况进行检查和抽查，重点检查国家法律法规政策和企业内部管理制度的贯彻执行情况。

第六章　法律责任

第五十八条　企业国有资产交易过程中交易双方发生争议时，当事方可以向产权交易机构申请调解；调解无效时可以按照约定向仲裁机构申请仲裁或向人民法院提起诉讼。

第五十九条　企业国有资产交易应当严格执行“三重一大”决策机制。国资监管机构、国有及国有控股企业、国有实际控制企业的有关人员违反规定越权决策、批准相关交易事项，或者玩忽职守、以权谋私致使国有权益受到侵害的，由有关单位按照人事和干部管理权限给予相关责任人员相应处分；造成国有资产损失的，相关责任人员应当承担赔偿责任；构成犯罪的，依法追究其刑事责任。

第六十条　社会中介机构在为企业国有资产交易提供审计、资产评估和法律服务中存在违规执业行为的，有关国有企业应及时报告同级国资监管机构，国资监管机构可要求国有及国有控股企业、国有实际控制企业不得再委托其开展相关业务；情节严重的，由国资监管机构将有关情况通报其行业主管部门，建议给予其相应处罚。

第六十一条　产权交易机构在企业国有资产交易中弄虚作假或者玩忽职守、给企业造成损失的，应当承担赔偿责任，并依法追究直接责任人员的责任。

第七章　附　则

第六十二条　政府部门、机构、事业单位持有的企业国有资产交易，按照现行监管体制，比照本办法管理。

第六十三条　金融、文化类国家出资企业的国有资产交易和上市公司的国有股权转让等行为，国家另有规定的，依照其规定。

第六十四条　国有资本投资、运营公司对各级子企业资产交易的监督管理，相应由各级人民政府或国资监管机构另行授权。

第六十五条　境外国有及国有控股企业、国有实际控制企业在境内投资企业的资产交易，比照本办法规定执行。

第六十六条　政府设立的各类股权投资基金投资形成企业产（股）权对外转让，按照有关法律法规规定执行。

第六十七条　本办法自发布之日起施行，现行企业国有资产交易监管相关规定与本办法不一致的，以本办法为准。

中央企业负责人经营业绩考核办法

国务院国有资产监督管理委员会令第 33 号

《中央企业负责人经营业绩考核办法》已经国务院国有资产监督管理委员会主任办公会议审议通过，并报经深化国有企业负责人薪酬制度改革工作领导小组同意，现予公布。本办法自公布之日起施行。

中央企业负责人经营业绩考核办法

第一章　总　则

第一条　为切实履行企业国有资产出资人职责，维护所有者权益，落实国有资产保值增值责任，建立健全有效的激励和约束机制，引导中央企业提质增效升级，实现做强做优做大，根据《中华人民共和国企业国有资产法》《企业国有资产监督管理暂行条例》等有关法律法规和《中共中央 国务院关于深化国有企业改革的指导意见》以及深化中央管理企业负责人薪酬制度改革等有关规定，制定本办法。

第二条　本办法考核的中央企业负责人，是指经国务院授权由国务院国有资产监督管理委员会（以下简称“国资委”)履行出资人职责的国家出资企业(以下简称“企业”)中由中央和国资委管理的人员。

第三条　企业负责人经营业绩考核遵循以下原则:

(一)坚持依法依规。严格执行国家有关法律法规,按照权利、义务、责任相统一的要求,建立健全依法合规经营、可追溯的资产经营责任制。

(二)坚持市场化改革方向。根据市场经济的内在要求,遵循企业发展规律,实行与企业功能定位、经营性质和业务特点相适应的分类考核,提高考核的针对性和有效性。

(三)坚持与激励约束紧密结合。建立与企业负责人选任方式相匹配、与企业功能定位相适应、与经营业绩紧密挂钩的差异化激励约束机制。

(四)坚持短期目标与长远发展相统一。强化国际对标和行业对标,构建年度考核与任期考核相结合,立足当前、着眼长远的考核体系。

第四条　年度经营业绩考核和任期经营业绩考核采取由国资委主任或者其授权代表与企业主要负责人签订经营业绩责任书的方式进行。

第二章　考核导向

第五条　突出发展质量,引导企业牢固树立创新、协调、绿色、开放、共享的发展理念,主动适应和引领经济发展新常态,不断改善经营管理,实现高质量、可持续的发展。

第六条　注重资本运营效率,引导企业以提高经济效益为中心,优化资本布局、规范资本运作、提高资本回报、维护资本安全,提高价值创造能力。

第七条　准确界定企业功能,引导企业在服务国家战略目标、保障国家安全和国民经济运行、发展前瞻性战略性产业以及完成特殊任务中发挥重要作用,增强国有经济活力、放大国有资本功能。

第八条　坚持创新发展,引导企业深入实施创新驱动发展战略,强化自主创新,加强协同创新,大力推动大众创业万众创新,加快科技成果转化,提升核心竞争力。

第九条　重视国际化经营,引导企业积极稳妥参与“一带一路”重大项目建设,加强国际产能和装备制造合作,推动产品、技术、标准、服务走出去,规范、有序参与国际市场竞争,培育具有世界一流水平的跨国公司。

第十条　健全问责机制,引导企业科学决策,依法合规经营,防范经营风险,防止国有资产流失。

第三章　分类考核

第十一条　根据国有资本的战略定位和发展目标,结合企业实际,对不同功能和类别的企业,突出不同考核重点,合理设置经营业绩考核指标及权重,确定差异化考核标准,实施分类考核。

第十二条　对主业处于充分竞争行业和领域的商业类企业,以增强国有经济活力、放大国有资本功能、实现国有资本保值增值为导向,重点考核企业经济效益、资本回报水平和市场竞争能力,引导企业提高资本运营效率,提升价值创造力。鼓励企业积极承担社会责任。

第十三条　对主业处于关系国家安全、国民经济命脉的重要行业和关键领域、主要承担重大专项任务的商业类企业,以支持企业可持续发展和服务国家战略为导向,在保证合理回报和国有资本保值增值的基础上,加强对服务国家战略、保障国家安全和国民经济运行、发展前瞻性战略性产业以及完成重大专项任务情况的考核。适度调整经济效益指标和国有资本保值增值率指标考核权重,合理确定经济增加值指标的资本成本率。承担国家安全、行业共性技术或国家重大专项任务完成情况较差的企业,无特殊客观原因的,在业绩考核中予以扣分或降级处理。

第十四条　对公益类企业,以支持企业更好地保障民生、服务社会、提供公共产品和服务为导向,坚持经济效益和社会效益相结合,把社会效益放在首位,重点考核产品服务质量、成本控制、营运效率和保障能力。根据不同企业特点,有区别地将经济增加值和国有资本保值增值率指标纳入年度和任期考核,适当降低考核权重和回报要求。对社会效益指标引入第三方评价,评价结果较差的企业,根据具体情况,在业绩考核中予以扣分或降级处理。

第十五条　根据企业经营性质、发展阶段、管理短板和产业功能,设置有针对性的差异化考核指标。

第十六条　建立健全业绩考核特殊事项清单管

理制度。将企业承担的保障国家安全、提供公共服务、发展重要前瞻性战略性产业、实施“走出去”重大战略项目等特殊事项列入管理清单，对当期经营业绩产生重大影响的特殊事项，在考核时予以适当处理。

第四章　目标管理

第十七条　国资委按照企业发展与国民经济发展速度相适应、与在国家经济建设中骨干地位作用相匹配、与做强做优做大要求相符合的原则，主导确定企业经营业绩总体目标（以下简称“总体目标”）。

第十八条　企业考核目标值应与总体目标相衔接，根据不同功能企业情况，以基准值为基础予以核定。

第十九条　年度考核基准值根据企业考核指标上年完成值、前三年完成值的平均值和外部因素、行业对标情况综合确定。

第二十条　年度利润总额、经济增加值（也称经济利润，下同）指标目标值设置为三档。

第一档：目标值达到历史最好水平，或者明显好于上年完成值且增幅高于企业总体目标。

第二档：目标值不低于基准值。

第三档：目标值低于基准值。

经行业对标，目标值处于国际优秀水平或国内领先水平的，不进入第三档目标。

第二十一条　国资委将企业年度利润总额、经济增加值指标目标值与考核计分、结果评级紧密结合。

第一档目标值，完成后指标得满分，同时根据目标值先进程度给予加分奖励。

第二档目标值，完成后正常计分。

第三档目标值，完成后加分受限，考核结果不得进入A级。

第二十二条　利润总额目标值与工资总额预算挂钩。

第一档目标值，工资总额预算高于上年水平。超额完成目标的，按照工资总额预算管理制度可以实施特别奖励。

第二档目标值，工资总额预算原则上不低于上年水平（目标值低于上年完成值较多的除外）。

第三档目标值，工资总额预算比上年应有所下降。

第二十三条　任期考核基准值根据上一任期完成值和上一任期第三年完成值综合确定。各项考核目标值经对标处于行业优秀水平的完成后得满分；考核目标值低于基准值的加分受限。

第五章　考核实施

第二十四条　企业负责人经营业绩考核工作在国资委领导下，由国资委业绩考核领导小组组织实施。

第二十五条　年度经营业绩考核以公历年为考核期，任期经营业绩考核以三年为考核期。

第二十六条　经营业绩责任书内容：

（一）双方的单位名称、职务和姓名；

（二）考核内容及指标；

（三）考核与奖惩；

（四）责任书的变更、解除和终止；

（五）其他需要约定的事项。

第二十七条　经营业绩责任书签订程序：

（一）考核期初，企业按照国资委经营业绩考核要求，将考核期内考核目标建议值和必要的说明材料报送国资委。

（二）国资委对考核目标建议值进行审核，并就考核目标值及有关内容同企业沟通后予以确定。

（三）由国资委主任或者其授权代表同企业主要负责人签订经营业绩责任书。

第二十八条　考核期中，国资委对经营业绩责任书执行情况实施动态监控，对考核目标完成进度不理想的企业提出预警。

第二十九条　建立重大事项报告制度。企业发生较大及以上生产安全事故、重大及以上突发环境事件、重大及以上质量事故、重大资产损失、重大法律纠纷案件、重大投融资和资产重组等，对经营业绩产生重大影响的，应及时向国资委报告，同时抄报派驻本企业监事会。

第三十条　经营业绩完成情况按照下列程序进行考核：

（一）考核期末，企业依据经审计的财务决算数据，形成经营业绩总结分析报告报送国资委，同时抄送派驻本企业监事会。

(二)国资委依据经审计并经审核的企业财务决算报告和经审查的统计数据,结合总结分析报告并听取监事会意见,对企业负责人考核目标的完成情况进行考核,形成考核与奖惩意见。

(三)国资委将考核与奖惩意见反馈给企业负责人所在企业。企业负责人对考核与奖惩意见有异议的,可及时向国资委反映。国资委将最终确认的考核结果在一定范围内公开。

第三十一条　落实董事会对经理层的经营业绩考核职权。

(一)由董事会考核经理层的企业,国资委与董事会授权代表签订年度和任期经营业绩责任书,董事会依据国资委考核要求并结合本企业实际对经理层实施经营业绩考核。

(二)国资委根据签订的经营业绩责任书和董事会企业考核目标完成情况,确定企业主要负责人年度和任期经营业绩考核得分和等级。

(三)董事会根据国资委确定的经营业绩考核结果,结合经理层个人履职绩效,确定经理层考核结果和薪酬分配方案。

第三十二条　董事会应制定、完善企业内部的经营业绩考核办法,报国资委备案。

第六章　奖　惩

第三十三条　年度经营业绩考核和任期经营业绩考核等级分为A、B、C、D四个级别。

第三十四条　国资委依据年度和任期经营业绩考核结果对企业负责人实施奖惩。经营业绩考核结果作为企业负责人薪酬分配的主要依据和职务任免的重要依据。

第三十五条　企业负责人的薪酬由基本年薪、绩效年薪、任期激励收入三部分构成。基本年薪是企业负责人的年度基本收入。

第三十六条　对企业负责人实行物质激励与精神激励。物质激励主要包括与经营业绩考核结果挂钩的绩效年薪和任期激励收入。精神激励主要包括给予任期通报表扬等方式。

第三十七条　企业负责人的绩效年薪以基本年薪为基数,根据年度经营业绩考核结果并结合绩效年薪调节系数确定。

第三十八条　绩效年薪按照一定比例实施按月预发放。国资委依据年度经营业绩半年预评估结果对企业负责人预发绩效年薪予以调整,有关办法另行制定。

第三十九条　任期激励收入根据任期经营业绩考核结果,在不超过企业负责人任期内年薪总水平的30%以内确定。

第四十条　企业负责人年度综合考核评价为不胜任的,不得领取绩效年薪。任期综合考核评价为不胜任的,不得领取任期激励收入。

第四十一条　企业主要负责人的分配系数为1,其余被考核人的分配系数由企业根据各负责人的经营业绩考核结果,在0.6～0.9之间确定,适度拉开差距。分配方案报国资委审核备案后执行,同时抄送派驻本企业的监事会。

第四十二条　对取得重大科技创新成果、承担重大专项任务和社会参与作出突出贡献的,在年度经营业绩考核中给予加分奖励。

第四十三条　对经营业绩优秀及在科技创新、品牌建设、国际化经营、节能减排方面取得突出成绩的,经国资委评定后对企业予以任期激励。

第四十四条　连续两年年度经营业绩考核结果为D级或任期经营业绩考核结果为D级的企业,且无重大客观原因的,对企业负责人予以调整。

第四十五条　企业发生下列情形之一的,国资委根据具体情节给予降级或者扣分处理,并相应扣发或追索扣回企业法定代表人及相关负责人的绩效年薪或任期激励收入;情节严重的,给予纪律处分或者对企业负责人进行调整;涉嫌犯罪的,依法移送司法机关处理:

(一)违反《中华人民共和国会计法》《企业会计准则》等有关法律法规规章,虚报、瞒报财务状况的;

(二)企业法定代表人及相关负责人违反国家法律法规和规定,导致重大决策失误、较大及以上生产安全责任事故、重大质量责任事故、重大环境污染责任事故、重大违纪和法律纠纷案件、境外恶性竞争,造成重大不良影响或者国有资产损失的。

第七章　附　则

第四十六条　企业在考核期内发生清产核资、改制重组、主要负责人变动等情况,国资委可以根据具体情况变更经营业绩责任书的相关内容。

第四十七条　中央企业专职党组织负责人、纪委书记(纪检组组长)的考核有其他规定的,从其规定。

第四十八条　国有资本参股公司、被兼并企业中由国资委管理的企业负责人,其经营业绩考核参照本办法执行。具体经营业绩考核事项在经营业绩责任书中确定。

第四十九条　对新组建尚未进入正常经营、主要从事专项技术研发的企业和国有资本投资运营公司,经营业绩考核实行一企一策。

第五十条　各省、自治区、直辖市和新疆生产建设兵团国有资产监督管理机构,设区的市、自治州级国有资产监督管理机构对国家出资企业负责人的经营业绩考核,可参照本办法并结合实际制定具体规定。

第五十一条　本办法由国资委负责解释,具体实施方案另行制定。

第五十二条　本办法自公布之日起施行。《中央企业负责人经营业绩考核暂行办法》(国资委令第30号)同时废止。

关于推进中央企业信息公开的指导意见

国资发〔2016〕315号

各中央企业:

为贯彻落实《中共中央、国务院关于深化国有企业改革的指导意见》(中发〔2015〕22号),完善公司治理体系,主动接受社会监督,现就推进中央企业信息公开提出如下意见。

一、总体要求

(一)指导思想。

全面贯彻党的十八大和十八届三中、四中、五中、六中全会,全国国有企业党的建设工作会议精神,深入学习贯彻习近平总书记系列重要讲话精神,紧紧围绕统筹推进"五位一体"总体布局和协调推进"四个全面"战略布局,牢固树立新发展理念,落实国有企业改革总体部署,以促进中央企业依法合规经营、提高公司治理水平为目标,以建立完善中央企业信息公开体制机制为重点,积极稳妥推进中央企业信息公开工作,努力打造适应市场化、现代化、国际化发展需要的法治央企、阳光央企。

(二)基本原则。

——坚持依法合规。严格遵循法律、法规和相关规定,建立健全中央企业信息公开制度体系,推动中央企业信息公开工作制度化、规范化。根据不同企业类型,依法确定信息公开的内容、方式、范围和程序,严格保护国家秘密和商业秘密安全。

——内容真实准确。确保中央企业公开的信息内容真实、数据准确,公开及时,不得有虚假记载、误导性陈述,或者重大遗漏。

——积极稳妥推进。立足回应监管机构、社会公众等各方面关切,积极探索中央企业信息公开有效工作途径,坚持试点先行、总结经验、稳步推进,确保取得实效。

——严格落实责任。按照"谁形成谁公开,谁公开谁负责"的要求,建立中央企业信息公开责任制。中央企业作为本企业信息公开的责任主体,负责组织开展本企业及所属企业信息公开工作。国务院国资委负责指导督促中央企业信息公开工作。

(三)工作目标。

到2020年,中央企业信息公开制度体系和工作体制机制基本健全,信息公开工作流程规范有序,制度化、标准化、信息化水平明显提升,自觉接受社会监督意识普遍增强,社会公众对中央企业国有资本保值增值的知情权、监督权得到保障。

二、主要任务

(四)全面梳理企业信息公开要求。依照公司法、证券法、企业国有资产法、企业信息公示暂行条例等法律法规和国有企业改革文件,结合本企业性质和所处行业特点,全面梳理对不同企业信息公开的规定要求。中央企业所属上市公司,按照上市公司信息披露的相关制度规定进行信息公开;非上市企业,对提供社会公共服务、涉及公众切身利益的企业信息,以及法律法规明确规定应当公开的企业信息,按有关规定公开。

(五)依法确定主动公开的信息内容。中央企业信息公开的内容应当包括:工商注册登记等企业基本信息；公司治理及管理架构、重要人事变动、企业负责人薪酬水平情况；企业主要财务状况和经营成果、国有资本保值增值情况；企业重大改制重组结果；通过产权市场转让企业产权和企业增资等信息；有关部门依法要求公开的监督检查问题整改情况、重大突发事件事态发展和应急处置情况；企业履行社会责任情况；其他依照法律法规规定应当主动公开的信息。

（六）严格规范信息公开工作程序。建立健全中央企业信息公开工作制度和流程，明确企业对外公开信息的形成、审查、批准等相关部门的工作职责和工作程序；细化信息公开的内容、范围、形式、时限和归档要求，规范有序地公开企业信息。

（七）加强信息公开工作保密审查。重视加强中央企业信息公开前保密审查，明确保密审查责任和程序，妥善处理好信息公开与保守秘密的关系。企业公开的信息，不得涉及国家秘密、商业秘密和个人隐私，不得危及国家安全、公共安全、经济安全和社会稳定。对依法应当保密的，必须切实做好保密工作。

（八）开展信息公开风险评估工作。认真开展中央企业信息公开的风险评估工作，对公开信息的影响和风险提前进行研判，制定相应的防范、化解和回应预案。结合企业实际，研究确定信息公开与信息共享边界范围，依法界定本企业不予公开（豁免公开）信息内容。对公开后可能损害第三方合法权益的，公开前须征得第三方同意；但不公开可能对公众利益造成重大影响的，应当予以公开，并将决定公开的信息内容和理由书面通知第三方。

（九）完善信息公开载体和形式。结合中央企业实际，针对不同的信息选择适合的公开形式，包括本企业网站、报刊、微博微信和客户端等新媒体，有关主管部门政府网站，新闻发布会，企业社会责任报告等。中央企业门户网站应当适时设置信息公开栏目，按要求做好与有关主管部门政府网站的链接，增强信息发布的时效性和权威性。

三、保障措施

（十）加强组织领导。充分认识中央企业信息公开的重要性和必要性，增强信息公开意识，加强组织领导，确定一名企业负责人分管信息公开工作，将信息公开纳入重要议事日程，定期研究信息公开工作的重大问题，积极稳妥地部署推进有关工作。

（十一）健全工作机制。建立完善中央企业信息公开工作机制，明确工作牵头部门和主要职责，配备相应的工作人员，企业办公室、董事会办公室、人力资源、新闻宣传、财务、保密、法律、信息化等部门要密切配合，采取切实有效措施，形成工作合力，确保信息公开工作规范有序开展。

（十二）提高队伍素质。组织开展多种形式的信息公开教育培训和业务研究，不断增强中央企业信息公开工作人员的专业素养，培养提高其政策把握能力、信息发布能力、解疑释惑能力、舆情研判能力和回应引导能力。

（十三）推进载体建设。加强中央企业门户网站、微博微信和客户端等新媒体建设，畅通公开信息渠道，完善功能，增强内容和技术保障；完善新闻发言人制度，不断提高网站主动公开、新闻发布会、企业社会责任报告的质量和水平。

（十四）重视宣传引导。加强中央企业信息公开工作的宣传引导，组织开展业务培训和研讨交流，提高企业相关工作人员依法主动对外公开信息意识。国务院国资委加强对中央企业信息公开工作的指导和引导，组织开展信息公开工作试点和经验交流，典型引路，以点带面。

（十五）强化监督问责。对中央企业信息公开工作开展情况适时进行督导，对不履行主动公开义务或未按规定进行公开的，严肃批评、公开通报；对弄虚作假、隐瞒实情、欺骗公众，造成严重社会影响的，责令其纠正，消除负面影响，并依法追究相关单位和人员责任。

各省（区、市）国资委可参照本意见，指导所出资企业开展信息公开工作。

关于建立中央企业资产评估项目公示制度有关事项的通知

国资发产权〔2016〕41 号

各中央企业：

为加强中央企业资产评估管理工作，建立有效监督机制，做到资产评估管理工作规则公开、过程公开、结果公开，防止国有资产流失，现就建立中央企业资产评估项目公示制度有关事项通知如下：

一、中央企业应当依据国家有关法律法规的要求，结合本企业实际，建立资产评估项目公示制度，落实责任主体，依法保障资产评估项目相关各方的知情权和监督权。

二、资产评估项目公示制度应当包括公示范围、公示流程、公示期限、公示途径、公示内容、公示反馈意见收集及处理方式等主要内容。

三、公示范围一般包括中央企业集团公司、评估委托方、资产占有方等资产评估项目相关单位。涉及国家秘密或企业商业秘密的资产评估项目，应当在内部可知悉范围内公示。国有企业之间资源整合的资产评估项目，可以在经济行为相关方一并公示。

四、国资委核准、备案的资产评估项目，中央企业应当在报国资委核准、备案前完成公示；中央企业备案的资产评估项目，应当在备案前完成公示。公示期限一般不得少于5个工作日。

五、公示途径一般包括企业内部信息系统、公示栏、书面文件等。

六、公示内容一般包括经济行为批准文件、评估机构选聘方式、评估机构及评估师资质、评估程序履行情况、评估报告摘要和特别事项说明、评估结果汇总表、评估资料查阅方式、公示反馈意见收集及处理方式等。

七、中央企业应当合理保障公示范围内企业员工的知情权。公示范围内企业员工依据有关保密规定签署保密承诺函，并履行必要的程序后，可以查阅评估资料。

八、中央企业应当及时处理公示反馈意见。反馈意见对经济行为和评估结果有重大影响的，应当妥善解决相关问题后备案。

九、中央企业应当就资产评估项目公示反馈意见及处理结果形成公示结论，作为评估项目备案必要文件。

十、中央企业应当及时将资产评估项目公示制度报送国资委备案。在执行本通知过程中，如遇到问题应当及时向国资委反映。

十一、各地方国有资产监督管理机构可以参照本通知，建立适应当地企业国有产权管理需求的资产评估项目公示制度。

关于印发《关于完善中央企业功能分类考核的实施方案》的通知

国资发综合〔2016〕252号

国务院各部委、各直属机构、各中央企业：

《关于完善中央企业功能分类考核的实施方案》已报经国务院同意，现印发给你们，请结合实际认真贯彻执行。

关于完善中央企业功能分类考核的实施方案

根据《中共中央 国务院关于深化国有企业改革的指导意见》(中发〔2015〕22号)部署要求和国有企业功能界定与分类的有关政策规定，为进一步加强和改进中央企业分类考核工作，提高考核的科学性、有效性，经国务院同意，制定本实施方案。

一、总体要求

(一)指导思想。全面贯彻党的十八大和十八届三中、四中、五中全会精神，按照“五位一体”总体布局和“四个全面”战略布局，牢固树立和贯彻落实创新、协调、绿色、开放、共享的发展理念，深入贯彻习近平总书记系列重要讲话精神，落实国务院决策部署，根据不同中央企业的功能界定，突出考核重点，实施分类考核，引导企业积极适应市场化、现代化、国际化要求，加快提质增效升级，更好地服务于国家战略，实现国有资本保值增值。

(二)基本原则。

1. 坚持经济效益和社会效益相结合。根据国有资本的战略定位和发展目标，结合企业实际，不断完善考核体系，推动中央企业提高发展质量和经济效益，自觉履行经济责任、政治责任和社会责任。

2. 遵循市场规律与服务国家战略相结合。业绩考核要符合社会主义市场经济要求和企业发展规律，保障企业自主经营、自负盈亏、自担风险，推动国有资本向关系国家安全、国民经济命脉的重要行业和关键领域集中，不断增强国有经济活力、控制力、影响力、抗风险能力。

3. 突出共性与体现个性相结合。业绩考核既要体现国有资本保值增值的普遍要求，不断提高经济效益和回报水平；又要充分考虑企业不同功能和行业布局特点，提高考核指标的针对性。

4. 短期目标与长远发展相结合。实行年度考核与任期考核相结合、结果考核与过程评价相统一，实现考核结果与奖惩、职务任免相挂钩，充分发挥考核的导向作用。

(三)主要目标。逐步完善符合企业功能定位实际的分类考核制度，基本形成导向清晰、远近结合的业绩考核体系，与企业负责人分类管理和选任方式相适应、与业绩考核结果相挂钩的差异化奖惩体系更加有效，业绩考核的科学性、针对性和引领作用显著增强，进一步明确和实化国有资本保值增值责任。

二、考核内容

根据中央企业功能定位，兼顾企业经营性质和业务特点，综合考核资本运营质量、效率和效益，以经济增加值为主，将转型升级、创新驱动、合规经营、社会责任等纳入考核指标体系，合理确定不同企业经济效益和社会效益指标，明确差异化业绩考核标准，实施差异化薪酬激励。按照国有企业功能界定与分类的有关政策要求，对中央企业主要分为以下三类实施考核：

(一)主业处于充分竞争行业和领域的商业类中央企业。以增强国有经济活力、放大国有资本功能、实现国有资本保值增值为导向，重点考核企业经济效益、资本回报水平和市场竞争能力，引导企业提高资本运营效率，提升价值创造能力。

1. 突出资本回报的考核要求。将企业经济增加值和盈利状况作为年度考核重点，根据企业资本结构和行业平均资本回报水平，加强与资本市场对标，确定差异化的资本成本率。将国有资本保值增值能力和可持续发展能力作为任期考核重点，加强对企业中长期业绩的考核。

2. 根据不同行业特点、发展阶段、管理短板和产业功能，合理确定不同企业的考核重点，设置有针对性的考核指标。

3. 鼓励企业在符合市场经济要求的前提下积极承担社会责任。

(二)主业处于关系国家安全、国民经济命脉的重要行业和关键领域、主要承担重大专项任务的商业类中央企业。以支持企业可持续发展和服务国家战略为导向，在保证合理回报和国有资本保值增值的基础上，加强对服务国家战略、保障国家安全和国民经济运行、发展前瞻性战略性产业以及完成重大专项任务情况的考核。

1. 将企业承担国家安全、行业共性技术或国家重大专项任务完成情况作为重要内容纳入业绩考核。考核指标及权重视企业具体情况确定。

2. 调整完善经济效益与资本回报考核机制。根据企业承担的国家安全、行业共性技术或国家重大专项任务资本占用情况和经营性质，适度调整经济效益指标和国有资本保值增值率指标考核权重，合理确定经济增加值指标的资本成本率。

3. 企业承担的国家安全、行业共性技术或国家重大专项任务完成情况较差的企业，无特殊客观原因的，在业绩考核中予以扣分或降级处理。

(三)公益类中央企业。以支持企业更好地保障民生、服务社会、提供公共产品和服务为导向，坚持把社会效益放在首位，重点考核产品服务质量、成本控制、营运效率和保障能力。

1. 强化考核公益性业务完成情况和保障能力，考核指标及权重视企业具体情况确定。

2. 根据不同企业特点，有区别地将经济增加值和国有资本保值增值率指标纳入年度和任期考核，适当降低考核权重和回报要求。

3. 引入社会评价。对企业提供的公共产品和服务质量、营运效率、成本控制和安全保障能力，引入第三方评价，将相关评价结果纳入业绩考核。对第三方评价结果较差的企业，根据具体情况，在业绩考核中予以扣分或降级处理。

三、建立特殊事项管理清单制度

根据中央企业战略定位和经济社会发展要求，进一步完善企业功能分类考核体系，探索建立特殊事项管理清单制度，将企业承担的对经营业绩有重大影响的特殊事项列入管理清单，作为考核指标确定和结果核定的重要参考依据。纳入清单的特殊事项主要包括：

（一）保障国家安全。

1. 国防安全。在推进军民融合深度发展、完善武器装备科研生产体系、国防动员体系、交通战备及国家安全建设等方面承担的任务，主要包括国防军事装备与技术的研发、军品生产任务、重大任务的装备保障等。

2. 能源资源安全。在重要能源资源勘查、开发、运输、建设、储备等方面承担的任务，主要包括石油天然气及战略性矿产资源的勘查开采、战略通道建设、重要商品和战略物资储备等。

3. 粮食安全。在落实国家宏观调控任务，稳定市场供应等特殊时期承担的任务，主要包括理顺粮油等产品的生产、收储、流通、加工、贸易等环节，调节区域供应和结构平衡等。

4. 网络与信息安全。在网络与信息安全等方面承担的任务，主要包括网络与信息安全软硬件研制任务、技术手段建设，以及保障网络信息安全、特殊通信和应急通信等。

（二）提供公共服务。承担政府赋予的部分公共服务职能。主要包括电网领域的农村电网改造、电网建设与相关技术研发、生产调度和安全质量、普遍服务等；电信领域的村村通工程、互联互通和普遍服务等；铁路、邮政领域的普遍服务等。

（三）发展重要前瞻性战略性产业。根据国家产业发展需要，培育和发展新一代信息技术、节能环保技术、生物技术、高端装备制造、新能源、新材料、新能源汽车等战略性新兴产业。主要包括重大基础研究、共性技术研发、科技成果转化和示范应用以及重大行业标准制定等；落实“中国制造2025”“互联网＋”行动计划，促进新型工业化与信息化深度融合等；国家重点水电工程建设与运营、新能源技术开发等；国产民用飞机产业化、大型飞机研制、航空发动机研制，研发、建设和运营新一代移动通信和宽带网络，国家经济政策和地区发展规划咨询等国家专项任务。

（四）实施“走出去”重大战略项目。主要包括推进周边地区基础设施互联互通，控制境外重要能源资源，获取境外关键技术，带动我国装备、技术、标准出口等。

四、组织实施

（一）实施主体。对中央企业的功能分类考核，由履行出资人职责的机构对其任命的企业负责人进行年度和任期考核，并依据考核结果决定对企业负责人的奖惩。

（二）工作程序。

1. 年度经营业绩考核以公历年为考核期，任期经营业绩考核以三年为考核期。

2. 考核期初，由履行出资人职责的机构代表与企业负责人签订年度和任期经营业绩责任书，明确相应考核指标及相关要求。

3. 考核期末，由履行出资人职责的机构根据签订的经营业绩责任书执行情况，对企业负责人进行考核，形成考核与奖惩意见。

（三）结果应用。依据中央关于深化中央管理企业负责人薪酬制度改革相关意见和《关于印发〈中央企业领导班子和领导人员综合考核评价暂行办法〉的通知》（中组发〔2013〕20号）相关规定，根据业绩考核结果，实行与企业功能定位相符合、与企业负责人分类管理和选任方式相适应、与业绩考核结果相挂钩的差异化薪酬激励机制，并将业绩考核结果作为企业负责人任免的重要依据。

各履行出资人职责的机构要根据本方案，制定完善所监管企业负责人经营业绩考核办法。中央企业要参照本方案，结合实际制定所属企业的分类考核方案。金融、文化等中央企业的分类考核，另有规定的依其规定执行。

关于做好中央科技型企业股权和分红激励工作的通知

国资发分配〔2016〕274号

各中央企业：

为进一步贯彻落实《中华人民共和国促进科技成

果转化法》《关于深化国有企业改革的指导意见》《关于深化人才发展体制机制改革的意见》和国家以增加知识价值为导向分配等政策精神，加快实施国家创新驱动发展战略，健全完善有利于中央企业自主创新和科技成果转化的中长期激励机制，根据《国有科技型企业股权和分红激励暂行办法》（财资〔2016〕4 号，以下简称《暂行办法》），现就做好中央企业及所属国有科技型企业（以下简称“中央科技型企业”）股权和分红激励工作的有关事项通知如下：

一、充分认识实施股权和分红激励的重要性

中央企业是国家科技创新的主力军，是国家创新体系建设的重要力量。近年来，国资委相继开展了国有控股上市公司股权激励和中关村注册企业分红激励试点等工作，积极探索符合中央企业科技创新和改革发展需要的中长期激励方式，取得了一定成效。但总体看，中央企业创新激励机制建设尚不完善，激励力度和效果还不能与加快实施创新驱动发展战略，建设一流创新型企业的要求相匹配。《暂行办法》将中关村股权和分红激励试点政策在更大范围推广，是贯彻落实国家创新驱动发展战略，深化企业内部收入分配制度改革，建立激发人才活力中长期激励机制的重要举措，有利于完善技术、管理等要素按贡献参与分配的办法，有利于加快动力机制转换，有利于推动供给侧结构性改革和提质增效。中央企业要充分认识实施股权和分红激励的重要性，把握政策机遇，推进工作落实。

二、科学制定股权和分红激励实施方案

中央企业要准确把握股权和分红激励政策内涵，坚持“依法依规、公正透明，因企制宜、多措并举，利益共享、风险共担，落实责任、强化监督”的原则，科学制定激励方案。

（一）明确激励政策导向。

中央企业要以推动形成自主创新和科技成果转化的激励机制为主要目标，根据所属企业科技人才资本和技术要素贡献占比及投入产出效率等情况，合理确定实施企业范围和激励对象，建立导向清晰、层次分明、重点突出的中长期激励体系。优先支持符合《“十三五”国家科技创新规划》战略布局和中央企业“十三五”科技创新重点研发方向，创新能力较强、成果技术水平较高、市场前景较好的企业或项目实施股权和分红激励。企业应当综合考虑职工岗位价值、实际贡献、承担风险和服务年限等因素，重点激励在自主创新和科技成果转化中发挥主要作用的关键核心技术、管理人员。

（二）科学选择激励方式。

中央企业应当按照深化收入分配制度改革的总体要求，从所属企业规模、功能定位、所处行业及发展阶段等实际出发，结合配套制度完善情况，合理选择激励方式，优化薪酬资源配置。鼓励符合条件的企业优先开展岗位分红激励。科技成果转化和项目收支明确的企业可选择项目分红激励。稳妥实施股权激励，企业应当在积累试点经验的基础上逐步推进。在股权和分红激励起步阶段，同一企业原则上应当以一种方式为主。同一激励对象就同一职务科技成果或产业化项目，只能采取一种激励方式、给予一次激励。

（三）合理确定激励水平。

中央企业应当从经营发展战略以及自身经济效益状况出发，分类分步推进股权和分红激励工作。要坚持效益导向和增量激励原则，根据企业人工成本承受能力和经营业绩状况，合理确定总体激励水平。要坚持生产要素按贡献参与分配原则，从企业人才激励现状和用工市场化程度出发，建立健全以成果贡献为评价标准的科技创新人才薪酬制度，在科学评价科研团队、个人业绩的基础上，适度拉开激励对象收入分配差距。

岗位分红激励总额的确定应当统筹好与当期工资总额管理的关系，避免因实施分红激励出现工资效益不匹配。项目分红激励原则上应当采取与重要技术人员约定的方式进行，明确激励水平、兑现方式和违约责任等，激励总额根据项目规模、市场化程度合理确定。股权激励总额的确定应当从企业规模、发展阶段等实际出发，个人激励水平应当合理适度，确保激励的可持续性和公平性。

（四）严格规范制度执行。

中央企业开展股权和分红激励应当严格执行《暂行办法》有关规定，不得随意降低资格条件。实施股权激励的，应当建立相应的考核兑现办法，加强对授予、行权等事项的管理。实施岗位分红激励的，应当明确年度业绩考核指标，除企业处于初创阶段等特殊情况外，原则上各年度净利润增长率应当高于企业实施岗位分红激励近3年平均增长水平。实施项目分红激励的，应当建立健全项目成本核算、科技成果评估及收益分红等财务管理体系，并严格按照与激励对象约定情况，实施激励。

三、全面加强股权和分红激励的组织管理

（一）建立分级管理工作机制。

国资委作为监督管理部门，负责推动中央企业做好股权和分红激励政策贯彻落实工作，除承担中央企业集团公司激励方案审批外，主要侧重政策指导以及对执行情况的监督检查。

中央企业是实施股权和分红激励政策的责任主体，负责本企业股权和分红激励制度建设、组织实施及规范管理等工作，审批所属科技型企业激励方案，并且对其合规性负责。

（二）规范决策程序和工作流程。

中央企业应当按照国家有关规定和本通知要求，拟订本企业实施股权和分红激励的总体工作方案和推进计划，并且在实施前向国资委报告。

中央企业集团公司以及所属科技型企业股权和分红激励方案的拟订均应当严格履行内部决策程序，并通过职工大会、职代会或者其他形式充分听取职工意见和建议。企业拟订的激励方案应当按照出资关系，分别报送国资委或中央企业集团批准。未经批准，企业不得擅自实施激励方案。

建立中央科技型企业股权和分红激励实施情况定期报告制度，中央企业应当将年度股权和分红激励实施情况总结报告于次年2月底前报送国资委。

（三）强化监督检查。

中央企业应当将股权和分红激励计划纳入预算管理，在年度财务决算后兑现，其中分红激励总额纳入工资总额预算单列管理。国资委将中央科技型企业股权和分红激励工作纳入收入分配监督检查事项范围，采取抽查和专项检查等方式，对企业实施情况进行监督评估。对违反法律法规及政策规定、损害国有资产权益的企业，国资委将责令其调整或终止方案，并且追究相关企业和人员责任。

本通知印发之前有关中央企业经国资委批准的分红激励方案可继续执行，实施期满后，新的激励方案统一按照《暂行办法》和本通知要求执行。各中央企业在实施过程中遇到新情况新问题，要及时向国资委报告。

国务院国资委关于在国资委系统开展法治宣传教育的第七个五年规划（2016—2020年）

国资发法规〔2016〕99号

各中央企业，各省、自治区、直辖市及计划单列市和新疆生产建设兵团国资委：

为深入贯彻《中共中央 国务院转发〈中央宣传部、司法部关于在公民中开展法治宣传教育的第七个五年规划（2016—2020年）〉的通知》（中发〔2016〕11号）精神，国务院国资委制定了《关于在国资委系统开展法治宣传教育的第七个五年规划（2016—2020年）》（以下简称“七五”普法规划），现印发给你们，请结合实际，作出具体安排，认真组织实施。

全民普法和守法是依法治国的长期基础性工作。深入开展法治宣传教育，是贯彻落实党的十八大和十八届三中、四中、五中全会精神的重要任务，是实施“十三五”规划、全面建成小康社会的重要保障。国资委系统深入开展法治宣传教育，是落实全面依法治国战略的迫切需要，也是全面提升依法监管和依法治企能力、服务保障国有企业改革发展的必然要求。各中央企业和各地国资委要切实加强对法治宣传教育工作的组织领导，确保“七五”普法规划各项目标任务落到实处。要坚持把领导干部带头学法、模范守法作为关键，完善学法用法制度，切实提高领导干部运用法治思维和法治方式深化改革、推动发展、化解矛盾、维护稳定的能力。要坚持学用结合，普治并举，将法治宣传教育与法治实践相结合，全面推进国资委系统各项工作的规范化、法治化。要坚持依法治理、依法经营、依法管理共同推进，为顺利实施“十三五”规划、促进国有企业改革发展营造良好的法治环境。

各中央企业和各地国资委请于本通知印发后2

个月内将本单位“七五”普法规划、普法机构和普法联络员名单报送国务院国资委普法工作领导小组办公室(政策法规局)。

关于在国资委系统开展法治宣传教育的第七个五年规划（2016—2020年）

在党中央、国务院的正确领导下，我国第六个五年法制宣传教育规划(2011—2015年)顺利实施完成。在“六五”普法期间，国资委系统法制宣传教育工作深入开展，各地国资委依法履行出资人职责的能力不断增强，国有企业依法经营管理水平进一步提高，为国企国资改革发展提供了有力支撑保障。

党的十八大以来，以习近平同志为总书记的党中央对全面依法治国作出了重要部署，对法治宣传教育提出了新的更高要求，明确了法治宣传教育的基本定位、重大任务和重要措施。为深入贯彻落实全面依法治国战略部署，适应“十三五”时期国企国资改革发展新任务对国资委系统法治宣传教育提出的新要求，进一步提升依法监管、依法治企能力和水平，根据《中共中央 国务院转发〈中央宣传部、司法部关于在公民中开展法治宣传教育的第七个五年规划(2016—2020年)〉的通知》(中发〔2016〕11号)，结合国资委系统实际，制定本规划。

一、指导思想、主要目标和工作原则

指导思想：全面贯彻党的十八大和十八届三中、四中、五中全会精神，深入贯彻习近平总书记系列重要讲话精神，坚持“四个全面”战略布局，坚持创新、协调、绿色、开放、共享的发展理念，按照全面依法治国新要求，深入开展法治宣传教育，全面推进国资监管法治机构和法治国企建设，为国企国资改革发展营造良好法治环境。

主要目标：普法宣传教育机制进一步健全，法治宣传教育实效性进一步增强；国资委依法决策、依法行权履职水平显著提高，国有企业依法治理、依法经营管理能力不断增强；全员法治意识和全体党员党章党规意识明显增强，厉行法治的积极性和主动性明显提高，法治氛围更加浓厚。

基本原则：坚持围绕中心、服务大局，围绕党和国家中心工作和国企国资改革发展中心任务开展法治宣传教育；坚持学用结合、普治并举，把法治宣传教育融入国企国资改革发展各项工作中，引导全体干部职工在法治实践中自觉学习、运用国家法律和党内法规；坚持分类实施、突出重点，根据不同地区、行业及企业实际分类开展，突出抓好重点对象，带动和促进全员普法；坚持创新发展、注重实效，推动法治宣传教育工作理念、机制、载体和方式方法创新，不断提高法治宣传教育的针对性和实效性。

二、主要任务

(一)深入学习宣传习近平总书记关于全面依法治国的重要论述。深入学习宣传习近平总书记关于全面依法治国的新思想、新观点、新论断、新要求，增强厉行法治的积极性和主动性。深入学习宣传以习近平同志为总书记的党中央关于全面依法治国的重要部署，宣传科学立法、严格执法、公正司法、全民守法和党内法规建设的生动实践，使全体干部职工了解和掌握全面依法治国的重大意义和总体要求，更好地发挥法治的引领和规范作用。

(二)突出学习宣传宪法。普遍开展宪法教育，认真组织好“12·4”国家宪法日活动，宣传依宪治国、依宪执政等理念，进一步提高全体干部职工的宪法意识，增强宪法观念，维护宪法尊严。突出抓好宪法关于基本经济制度规定的学习宣传，使全体干部职工深刻理解搞好国有企业对于坚持和巩固公有制主体地位、发挥国有经济主导作用的重要意义。

(三)深入宣传中国特色社会主义法律体系。把宣传以宪法为核心的中国特色社会主义法律体系作为法治宣传教育的基本任务，大力宣传宪法相关法、民法商法、行政法、经济法、社会法、刑法、诉讼与非诉讼程序法等法律法规。在传播法律知识的同时，注重弘扬法治精神、培育法治理念、树立法治意识，大力宣传宪法法律至上、法律面前人人平等、权由法定、权依法使等基本法治理念，引导全体干部职工自觉守法、遇事找法、解决问题靠法。

(四)深入学习宣传党内法规。适应全面从严治党、依规治党新形势新要求，切实加大党内法规宣传

力度。突出宣传党章，教育引导广大党员尊崇党章，以党章为根本遵循，坚决维护党章权威。大力宣传《中国共产党廉洁自律准则》《中国共产党纪律处分条例》等各项党内法规。注重党内法规宣传与国家法律宣传的衔接和协调，教育引导广大党员做党章党规党纪和国家法律的自觉尊崇者、模范遵守者、坚定捍卫者。

（五）深入学习宣传与国有资产监管和企业经营管理密切相关的政策法规。深入宣传《企业国有资产法》《企业国有资产监督管理暂行条例》，宣传以《中共中央 国务院关于深化国有企业改革的指导意见》为核心的国企国资改革"1＋N"系列文件，以及国资监管规章规范性文件。大力宣传与企业经营管理密切相关的公司法、证券法、合同法、物权法、劳动法、反垄断法和财税、金融、投资等方面的法律法规，以及知识产权、节能减排、环境保护、安全生产等法律法规和国际投资贸易规则，引导全体干部职工树立诚信守法、爱国敬业意识，提高依法经营、依法办事能力。

三、对象和要求

法治宣传教育的对象是国资委系统全体干部职工，重点是领导干部和基层职工。

坚持把领导干部带头学法、模范守法作为法治宣传教育的关键。完善领导干部学法用法制度，把宪法法律和党内法规列入党委（党组）中心组学习内容，列入领导干部学习培训必修课，切实提高领导干部运用法治思维和法治方式深化改革、推动发展、化解矛盾、维护稳定的能力。加强党章和党内法规学习教育，引导党员领导干部严守政治纪律和政治规矩，在廉洁自律上追求高标准。把尊法学法守法用法情况作为考核领导班子和领导干部的重要内容。

坚持从基层职工抓起。把法治教育纳入职工教育培训总体规划，作为入职培训、岗位培训的必训内容，保证法治培训课时数量和培训质量。健全日常学法制度，拓宽学法渠道，提高职工参与法治宣传教育的积极性和遵纪守法的自觉性。注重加强对农民工等群体的法治宣传教育，帮助、引导他们依法维权，自觉运用法律手段解决矛盾纠纷。

四、工作措施

各中央企业和各地国资委要根据本规划，认真制定本企业本地区法治宣传教育规划，深入宣传发动，全面组织实施，确保第七个五年法治宣传教育规划各项目标任务落到实处。

（一）健全普法宣传教育机制。健全普法宣传教育协调协作机制，发挥好法律、宣传等部门的作用，加强与组织人事、纪委、工会等相关部门的协调，形成各部门齐抓共管、共同参与、统筹协调、分工协作的工作机制。健全培训制度和学法保障机制，采取有效措施保障领导干部和基层职工的学法时间。健全法治宣传教育工作考核评价机制，完善考评指导标准和指标体系，认真开展"七五"普法中期检查和总结验收，加强法治宣传教育先进集体、先进个人表彰工作。

（二）健全普法责任制。落实"谁主管谁负责"的普法责任，各工作机构和部门负责本业务领域的法律法规的学习宣传，做到法治宣传教育与业务工作同步研究、同步安排、同步推进。各级法治宣传教育领导小组要加强对法治宣传教育工作开展情况的检查，发现问题，及时解决，表扬先进，督促落后。各级党组织要切实履行学习宣传党内法规的职责，把党内法规作为学习型党组织建设的重要内容。

（三）推进法治宣传教育工作创新。坚持集中性与经常性法治宣传教育相结合，法律风险防范机制建设与法治宣传教育机制完善相统筹，法律顾问队伍作用发挥与法治宣传教育活动开展相衔接。深入挖掘传统宣传载体的内在潜力，通过开设专栏、创办法治刊物、利用广播电视、举办展览等形式广泛开展法治宣传教育活动。充分运用互联网传播平台，加强新媒体新技术在法治宣传教育中的运用，推进"互联网＋法治宣传"行动，更好地运用微信、微博、微电影、客户端开展法治宣传教育活动。

五、组织领导

（一）切实加强领导。各中央企业和各地国资委要高度重视法治宣传教育工作，定期召开会议、听取法治宣传教育工作情况汇报，及时研究解决工作中的重大问题，把法治宣传教育纳入综合绩效考核、综治考核和文明创建考核内容。进一步健全普法领导机构和工作机构，加强法治宣传队伍建设，强化日常监督和专项检查，确保法治宣传教育工作各项任务取得实效。

（二）加强工作指导。各级法治宣传教育领导小组每年要将法治宣传教育工作情况向党委（党组）报告，并报上级法治宣传教育工作领导小组。坚持问题导向，深入基层、深入群众调查研究，加强分类指导，努力推进工作。认真总结推广开展法治宣传教育的好经验、好做法，充分发挥先进典型的示范和带动作用，推进法治宣传教育不断深入。

（三）加强经费保障。要把法治宣传教育相关工作经费纳入财务预算，切实予以保障，并建立动态调整机制，保证法治宣传教育工作有效开展。

关于印发《关于国有控股混合所有制企业开展员工持股试点的意见》的通知

国资发改革〔2016〕133号

各省、自治区、直辖市人民政府、国务院各部委、各直属机构：

经国务院同意，现将《关于国有控股混合所有制企业开展员工持股试点的意见》印发给你们，请结合实际认真贯彻执行。

关于国有控股混合所有制企业开展员工持股试点的意见

为全面贯彻党的十八大和十八届三中、四中、五中全会精神，落实“四个全面”战略布局和创新、协调、绿色、开放、共享的发展理念，根据《中共中央 国务院关于深化国有企业改革的指导意见》（中发〔2015〕22号）有关要求，经国务院同意，现就国有控股混合所有制企业开展员工持股试点提出以下意见。

一、试点原则

（一）坚持依法合规，公开透明。依法保护各类股东权益，严格遵守国家有关法律法规和国有企业改制、国有产权管理等有关规定，确保规则公开、程序公开、结果公开，杜绝暗箱操作，严禁利益输送，防止国有资产流失。不得侵害企业内部非持股员工合法权益。

（二）坚持增量引入，利益绑定。主要采取增资扩股、出资新设方式开展员工持股，并保证国有资本处于控股地位。建立健全激励约束长效机制，符合条件的员工自愿入股，入股员工与企业共享改革发展成果，共担市场竞争风险。

（三）坚持以岗定股，动态调整。员工持股要体现爱岗敬业的导向，与岗位和业绩紧密挂钩，支持关键技术岗位、管理岗位和业务岗位人员持股。建立健全股权内部流转和退出机制，避免持股固化僵化。

（四）坚持严控范围，强化监督。严格试点条件，限制试点数量，防止“一哄而起”。严格审批程序，持续跟踪指导，加强评价监督，确保试点工作目标明确、操作规范、过程可控。

二、试点企业条件

（一）主业处于充分竞争行业和领域的商业类企业。

（二）股权结构合理，非公有资本股东所持股份应达到一定比例，公司董事会中有非公有资本股东推荐的董事。

（三）公司治理结构健全，建立市场化的劳动人事分配制度和业绩考核评价体系，形成管理人员能上能下、员工能进能出、收入能增能减的市场化机制。

（四）营业收入和利润90%以上来源于所在企业集团外部市场。

优先支持人才资本和技术要素贡献占比较高的转制科研院所、高新技术企业、科技服务型企业（以下统称科技型企业）开展员工持股试点。中央企业二级（含）以上企业以及各省、自治区、直辖市及计划单列市和新疆生产建设兵团所属一级企业原则上暂不开展员工持股试点。违反国有企业职工持股有关规定且未按要求完成整改的企业，不开展员工持股试点。

三、企业员工入股

（一）员工范围。参与持股人员应为在关键岗位工作并对公司经营业绩和持续发展有直接或较大影响的科研人员、经营管理人员和业务骨干，且与本公司签订了劳动合同。

党中央、国务院和地方党委、政府及其部门、机构任命的国有企业领导人员不得持股。外部董事、监事(含职工代表监事)不参与员工持股。如直系亲属多人在同一企业时,只能一人持股。

(二)员工出资。员工入股应主要以货币出资,并按约定及时足额缴纳。按照国家有关法律法规,员工以科技成果出资入股的,应提供所有权属证明并依法评估作价,及时办理财产权转移手续。上市公司回购本公司股票实施员工持股,须执行有关规定。

试点企业、国有股东不得向员工无偿赠与股份,不得向持股员工提供垫资、担保、借贷等财务资助。持股员工不得接受与试点企业有生产经营业务往来的其他企业的借款或融资帮助。

(三)入股价格。在员工入股前,应按照有关规定对试点企业进行财务审计和资产评估。员工入股价格不得低于经核准或备案的每股净资产评估值。国有控股上市公司员工入股价格按证券监管有关规定确定。

(四)持股比例。员工持股比例应结合企业规模、行业特点、企业发展阶段等因素确定。员工持股总量原则上不高于公司总股本的30%,单一员工持股比例原则上不高于公司总股本的1%。企业可采取适当方式预留部分股权,用于新引进人才。国有控股上市公司员工持股比例按证券监管有关规定确定。

(五)股权结构。实施员工持股后,应保证国有股东控股地位,且其持股比例不得低于公司总股本的34%。

(六)持股方式。持股员工可以个人名义直接持股,也可通过公司制企业、合伙制企业、资产管理计划等持股平台持有股权。通过资产管理计划方式持股的,不得使用杠杆融资。持股平台不得从事除持股以外的任何经营活动。

四、企业员工股权管理

(一)股权管理主体。员工所持股权一般应通过持股人会议等形式选出代表或设立相应机构进行管理。该股权代表或机构应制定管理规则,代表持股员工行使股东权利,维护持股员工合法权益。

(二)股权管理方式。公司各方股东应就员工股权的日常管理、动态调整和退出等问题协商一致,并通过公司章程或股东协议等予以明确。

(三)股权流转。实施员工持股,应设定不少于36个月的锁定期。在公司公开发行股份前已持股的员工,不得在公司首次公开发行时转让股份,并应承诺自上市之日起不少于36个月的锁定期。锁定期满后,公司董事、高级管理人员每年可转让股份不得高于所持股份总数的25%。

持股员工因辞职、调离、退休、死亡或被解雇等原因离开本公司的,应在12个月内将所持股份进行内部转让。转让给持股平台、符合条件的员工或非公有资本股东的,转让价格由双方协商确定;转让给国有股东的,转让价格不得高于上一年度经审计的每股净资产值。国有控股上市公司员工转让股份按证券监管有关规定办理。

(四)股权分红。员工持股企业应处理好股东短期收益与公司中长期发展的关系,合理确定利润分配方案和分红率。企业及国有股东不得向持股员工承诺年度分红回报或设置托底回购条款。持股员工与国有股东和其他股东享有同等权益,不得优先于国有股东和其他股东取得分红收益。

(五)破产重整和清算。员工持股企业破产重整和清算时,持股员工、国有股东和其他股东应以出资额为限,按照出资比例共同承担责任。

五、试点工作实施

(一)试点企业数量。选择少量企业开展试点。各省、自治区、直辖市及计划单列市和新疆生产建设兵团可分别选择5~10户企业,国务院国资委可从中央企业所属子企业中选择10户企业,开展首批试点。

(二)试点企业确定。开展员工持股试点的地方国有企业,由省级人民政府国有资产监督管理机构协调有关部门,在审核申报材料的基础上确定。开展试点的中央企业所属子企业,由国有股东单位在审核有关申报材料的基础上,报履行出资人职责的机构确定。

(三)员工持股方案制定。企业开展员工持股试点,应深入分析实施员工持股的必要性和可行性,以适当方式向员工充分提示持股风险,严格按照有关规定制定员工持股方案,并对实施员工持股的风险进行评估,制定应对预案。员工持股方案应对持股员工条件、持股比例、入股价格、出资方式、持股方式、股权分红、股权管理、股权流转及员工岗位变动调整股权等操作细节作出具体规定。

（四）员工持股方案审批及备案。试点企业应通过职工代表大会等形式充分听取本企业职工对员工持股方案的意见，并由董事会提交股东（大）会进行审议。地方试点企业的员工持股方案经股东（大）会审议通过后，报履行出资人职责的机构备案，同时抄报省级人民政府国有资产监督管理机构；中央试点企业的员工持股方案经股东（大）会审议通过后，报履行出资人职责的机构备案。

（五）试点企业信息公开。试点企业应将持股员工范围、持股比例、入股价格、股权流转、中介机构以及审计评估等重要信息在本企业内部充分披露，切实保障员工的知情权和监督权。国有控股上市公司执行证券监管有关信息披露规定。

（六）规范关联交易。国有企业不得以任何形式向本企业集团内的员工持股企业输送利益。国有企业购买本企业集团内员工持股企业的产品和服务，或者向员工持股企业提供设备、场地、技术、劳务、服务等，应采用市场化方式，做到价格公允、交易公平。有关关联交易应由一级企业以适当方式定期公开，并列入企业负责人经济责任审计和财务审计内容。

六、组织领导

实施员工持股试点，事关国有企业改革发展大局，事关广大员工切身利益，各地区、各有关部门要高度重视，加强领导，精心组织，落实责任，确保试点工作规范有序开展。国务院国资委负责中央企业试点工作，同时负责指导地方国有资产监督管理机构做好试点工作，重要问题应及时向国务院国有企业改革领导小组报告。首批试点原则上在2016年启动实施，各有关履行出资人职责的机构要严格审核试点企业申报材料，成熟一户开展一户，2018年年底进行阶段性总结，视情况适时扩大试点。试点企业要按照要求规范操作，严格履行有关决策和审批备案程序，扎实细致开展员工持股试点工作，积极探索员工持股有效模式，切实转换企业经营机制，激发企业活力。各有关履行出资人职责的机构要对试点企业进行定期跟踪检查，及时掌握情况，发现问题，纠正不规范行为。试点过程中出现制度不健全、程序不规范、管理不到位等问题，致使国有资产流失、损害有关股东合法权益或严重侵害企业职工合法权益的，要依法依纪追究相关责任人的责任。

金融、文化等国有企业实施员工持股，中央另有规定的依其规定执行。国有科技型企业的股权和分红激励，按国务院有关规定执行。已按有关规定实施员工持股的企业，继续规范实施。国有参股企业的员工持股不适用本意见。

关于印发《国有科技型企业股权和分红激励暂行办法》的通知

财资〔2016〕4号

党中央有关部门，国务院各部委、各直属机构，各省、自治区、直辖市、计划单列市财政厅（局）、科技厅（委、局）、国资委，新疆生产建设兵团财务局、科技局、国资委，各中央管理企业：

为进一步激发广大技术和管理人员的积极性和创造性，促进国有科技型企业健康可持续发展，经国务院同意，我们在中关村国家自主创新示范区股权和分红激励试点办法的基础上，制定了《国有科技型企业股权和分红激励暂行办法》。现予印发，请遵照执行。

国有科技型企业股权和分红激励暂行办法

第一章 总 则

第一条 为加快实施创新驱动发展战略，建立国有科技型企业自主创新和科技成果转化的激励分配机制，调动技术和管理人员的积极性和创造性，推动高新技术产业化和科技成果转化，依据《中华人民共和国促进科技成果转化法》《中华人民共和国公司法》《中华人民共和国企业国有资产法》等国家法律法规，制定本办法。

第二条 本办法所称国有科技型企业，是指中国境内具有公司法人资格的国有及国有控股未上市科技企业（含全国中小企业股份转让系统挂牌的国有企业），具体包括：

（一）转制院所企业、国家认定的高新技术企业。

（二）高等院校和科研院所投资的科技企业。

（三）国家和省级认定的科技服务机构。

第三条　本办法所称股权激励，是指国有科技型企业以本企业股权为标的，采取股权出售、股权奖励、股权期权等方式，对企业重要技术人员和经营管理人员实施激励的行为。

分红激励，是指国有科技型企业以科技成果转化收益为标的，采取项目收益分红方式；或者以企业经营收益为标的，采取岗位分红方式，对企业重要技术人员和经营管理人员实施激励的行为。

第四条　国有科技型企业实施股权和分红激励应当遵循以下原则：

（一）依法依规，公正透明。严格遵守国家法律法规和本办法的规定，有序开展激励工作，操作过程公开、公平、公正，坚决杜绝利益输送，防止国有资产流失。

（二）因企制宜，多措并举。统筹考虑企业规模、行业特点和发展阶段，采取一种或者多种激励方式，科学制定激励方案。建立合理激励、有序流转、动态调整的机制。

（三）利益共享，风险共担。激励对象按照自愿原则，获得股权和分红激励，应当诚实守信，勤勉尽责，自觉维护企业和全体股东利益，共享改革发展成果，共担市场竞争风险。

（四）落实责任，强化监督。建立健全企业内部监督机制，依法维护企业股东和员工的权益。履行国有资产监管职责单位及同级财政、科技部门要加强监管，依法追责。

第五条　国有科技型企业负责拟订股权和分红激励方案，履行内部审议和决策程序，报经履行出资人职责或国有资产监管职责的部门、机构、企业审核后，对符合条件的激励对象实施激励。

第二章　实施条件

第六条　实施股权和分红激励的国有科技型企业应当产权明晰、发展战略明确、管理规范、内部治理结构健全并有效运转，同时具备以下条件：

（一）企业建立了规范的内部财务管理制度和员工绩效考核评价制度。年度财务会计报告经过中介机构依法审计，且激励方案制定近3年（以下简称“近3年”）没有因财务、税收等违法违规行为受到行政、刑事处罚。成立不满3年的企业，以实际经营年限计算。

（二）对于本办法第二条中的（一）、（二）类企业，近3年研发费用占当年企业营业收入均在3%以上，激励方案制定的上一年度企业研发人员占职工总数10%以上。成立不满3年的企业，以实际经营年限计算。

（三）对于本办法第二条中的（三）类企业，近3年科技服务性收入不低于当年企业营业收入的60%。

上款所称科技服务性收入是指国有科技服务机构营业收入中属于研究开发及其服务、技术转移服务、检验检测认证服务、创业孵化服务、知识产权服务、科技咨询服务、科技金融服务、科学技术普及服务等收入。

企业成立不满3年的，不得采取股权奖励和岗位分红的激励方式。

第七条　激励对象为与本企业签订劳动合同的重要技术人员和经营管理人员，具体包括：

（一）关键职务科技成果的主要完成人，重大开发项目的负责人，对主导产品或者核心技术、工艺流程做出重大创新或者改进的主要技术人员。

（二）主持企业全面生产经营工作的高级管理人员，负责企业主要产品（服务）生产经营的中、高级经营管理人员。

（三）通过省、部级及以上人才计划引进的重要技术人才和经营管理人才。

企业不得面向全体员工实施股权或者分红激励。

企业监事、独立董事不得参与企业股权或者分红激励。

第三章　股权激励

第八条　企业可以通过以下方式解决激励标的股权来源：

（一）向激励对象增发股份。

（二）向现有股东回购股份。

（三）现有股东依法向激励对象转让其持有的股权。

第九条　企业可以采取股权出售、股权奖励、股权期权等一种或多种方式对激励对象实施股权激励。

大、中型企业不得采取股权期权的激励方式。

企业的划型标准，按照国家统计局《关于印发统计上大中小微型企业划分办法的通知》(国统字〔2011〕75号)等有关规定执行。

第十条　大型企业的股权激励总额不超过企业总股本的5%；中型企业的股权激励总额不超过企业总股本的10%；小、微型企业的股权激励总额不超过企业总股本的30%，且单个激励对象获得的激励股权不得超过企业总股本的3%。

企业不能因实施股权激励而改变国有控股地位。

第十一条　企业实施股权出售，应按不低于资产评估结果的价格，以协议方式将企业股权有偿出售给激励对象。资产评估结果，应当根据国有资产评估的管理规定，报相关部门、机构或者企业核准或者备案。

第十二条　企业实施股权奖励，除满足本办法第六条规定外，近3年税后利润累计形成的净资产增值额应当占近3年年初净资产总额的20%以上，实施激励当年年初未分配利润为正数。

近3年税后利润累计形成的净资产增值额，是指激励方案制定上年末账面净资产相对于近3年首年初账面净资产的增加值，不包括财政及企业股东以各种方式投资或补助形成的净资产和已经向股东分配的利润。

第十三条　企业用于股权奖励的激励额不超过近3年税后利润累计形成的净资产增值额的15%。企业实施股权奖励，必须与股权出售相结合。

股权奖励的激励对象，仅限于在本企业连续工作3年以上的重要技术人员。单个获得股权奖励的激励对象，必须以不低于1∶1的比例购买企业股权，且获得的股权奖励按激励实施时的评估价值折算，累计不超过300万元。

第十四条　企业用于股权奖励的激励额，应当依据经核准或者备案的资产评估结果折合股权，并确定向每个激励对象奖励 的股权。

第十五条　企业股权出售或者股权奖励原则上应一次实施到位。

第十六条　小、微型企业采取股权期权方式实施激励的，应当在激励方案中明确规定激励对象的行权价格。

确定行权价格时，应当综合考虑科技成果成熟程度及其转化情况、企业未来至少5年的盈利能力、企业拟授予全部股权数量等因素，且不低于制定股权期权激励方案时经核准或者备案的每股评估价值。

第十七条　企业应当与激励对象约定股权期权授予和行权的业绩考核目标等条件。

业绩考核指标可以选取净资产收益率、主营业务收入增长率、现金营运指数等财务指标，但应当不低于企业近3年平均业绩水平及同行业平均业绩水平。成立不满3年的企业，以实际经营年限计算。

第十八条　企业应当在激励方案中明确股权期权的授权日、可行权日和行权有效期。

股权期权授权日与获授股权期权首次可行权日之间的间隔不得少于1年，股权期权行权的有效期不得超过5年。

企业应当规定激励对象在股权期权行权的有效期内分期行权。有效期过后，尚未行权的股权期权自动失效。

第十九条　企业以股权期权方式授予的股权，激励对象分期缴纳相应出资额的，以实际出资额对应的股权参与企业利润分配。

第二十条　企业不得为激励对象购买股权提供贷款以及其他形式的财务资助，包括为激励对象向其他单位或者个人贷款提供担保。企业要坚持同股同权，不得向激励对象承诺年度分红回报或设置托底回购条款。

第二十一条　激励对象可以采用直接或间接方式持有激励股权。采用间接方式的，持股单位不得与企业存在同业竞争关系或发生关联交易。

第二十二条　股权激励的激励对象，自取得股权之日起，5年内不得转让、捐赠，特殊情形按以下规定处理：

(一)因本人提出离职或者个人原因被解聘、解除劳动合同，取得的股权应当在半年内全部退回企业，其个人出资部分由企业按上一年度审计后净资产计算退还本人。

(二)因公调离本企业的，取得的股权应当在半年内全部退回企业，其个人出资部分由企业按照上一年度审计后净资产计算与实际出资成本孰高的原则返还本人。

在职激励对象不得以任何理由要求企业收回激励股权。

第四章 分红激励

第二十三条 企业实施项目收益分红，应当依据《中华人民共和国促进科技成果转化法》，在职务科技成果完成、转化后，按照企业规定或者与重要技术人员约定的方式、数额和时限执行。企业制定相关规定，应当充分听取本企业技术人员的意见，并在本企业公开相关规定。

企业未规定、也未与重要技术人员约定的，按照下列标准执行：

（一）将该项职务科技成果转让、许可给他人实施的，从该项科技成果转让净收入或者许可净收入中提取不低于50%的比例。

（二）利用该项职务科技成果作价投资的，从该项科技成果形成的股份或者出资比例中提取不低于50%的比例。

（三）将该项职务科技成果自行实施或者与他人合作实施的，应当在实施转化成功投产后连续3至5年，每年从实施该项科技成果的营业利润中提取不低于5%的比例。

转让、许可净收入为企业取得的科技成果转让、许可收入扣除相关税费和企业为该项科技成果投入的全部研发费用及维护、维权费用后的金额。企业将同一项科技成果使用权向多个单位或者个人转让、许可的，转让、许可收入应当合并计算。

第二十四条 企业实施项目收益分红，应当按照具体项目实施财务管理，并按照国家统一的会计制度进行核算，反映具体项目收益分红情况。

第二十五条 企业实施岗位分红，除满足本办法第六条规定外，近3年税后利润累计形成的净资产增值额应当占企业近3年年初净资产总额的10%以上，且实施激励当年年初未分配利润为正数。

第二十六条 企业年度岗位分红激励总额不高于当年税后利润的15%。企业应当按照岗位在科技成果产业化中的重要性和贡献，确定不同岗位的分红标准。

第二十七条 激励对象应当在该岗位上连续工作1年以上，且原则上每次激励人数不超过企业在岗职工总数的30%。

激励对象获得的岗位分红所得不高于其薪酬总额的2/3。激励对象自离岗当年起，不再享有原岗位分红权。

第二十八条 岗位分红激励方案有效期原则上不超过3年。激励方案中应当明确年度业绩考核指标，原则上各年度净利润增长率应当高于企业实施岗位分红激励近3年平均增长水平。

企业未达到年度考核要求的，应当终止激励方案的实施，再次实施岗位分红激励需重新申报。

激励对象未达到年度考核要求的，应当按约定的条款扣减、暂缓或停止分红激励。

第二十九条 企业实施分红激励所需支出计入工资总额，但不受当年本单位工资总额限制、不纳入本单位工资总额基数，不作为企业职工教育经费、工会经费、社会保险费、补充养老及补充医疗保险费、住房公积金等的计提依据。

第五章 激励方案的管理

第三十条 企业总经理班子或者董事会（以下统称企业内部决策机构）负责拟订企业股权和分红激励方案（格式参见附件）。

第三十一条 对同一激励对象就同一职务科技成果或者产业化项目，企业只能采取一种激励方式、给予一次激励。对已按照本办法实施股权激励的激励对象，企业在5年内不得再对其实施股权激励。

第三十二条 激励方案涉及的财务数据和资产评估结果，应当经具有相关资质的会计师事务所审计和资产评估机构评估，并按有关规定办理核准或备案手续。

第三十三条 企业内部决策机构拟订激励方案时，应当通过职工代表大会或者其他形式充分听取职工的意见和建议。

第三十四条 企业内部决策机构应当将激励方案及听取职工意见情况，先行报履行出资人职责或国有资产监管职责的部门、机构、企业（以下简称“审核单位”）批准。

中央企业集团公司相关材料报履行出资人职责的部门或机构批准；中央企业集团公司所属子企业，相关材料报中央企业集团公司批准。履行出资人职责的国有资本投资、运营公司所属子企业，相关材料报国有资本投资、运营公司批准。

中央部门及事业单位所属企业，按国有资产管理权属，相关材料报中央主管部门或机构批准。

地方国有企业相关材料，按现行国有资产管理体制，报同级履行国有资产监管职责的部门或机构批准。

第三十五条　审核单位应当严格审核企业申报的激励方案，必要时要求企业法律事务机构或者外聘律师对激励方案出具法律意见书，对以下事项发表专业意见：

（一）激励方案是否符合有关法律、法规和本办法的规定。

（二）激励方案是否存在明显损害企业及现有股东利益的情形。

（三）激励方案是否充分披露影响激励结果的重大信息。

（四）激励方案可能引发的法律纠纷等风险，以及应对风险的法律建议。

（五）其他重要事项。

审核单位自受理企业股权和分红激励方案之日起 20 个工作日内，提出书面审定意见。

第三十六条　审核单位批准企业实施股权和分红激励后，企业内部决策机构应将批准的激励方案提请股东（大）会审议。

在股东（大）会审议激励方案时，国有股东代表应当按照审批单位书面审定意见发表意见。

未设立股东（大）会的企业，按照审批单位批准的方案实施。

第三十七条　除国家另有规定外，企业应当在股东（大）会审议通过激励方案后 5 个工作日内，将以下材料报送审核单位备案：

（一）经股东（大）会审议通过的激励方案。

（二）相关批准文件、股东（大）会决议。

企业股东应当依法行使股东权利，督促企业内部决策机构严格按照激励方案实施激励。

第三十八条　在激励方案实施期间内，企业应于每年 1 月底前向审核单位报告上一年度激励方案实施情况：

（一）实施激励涉及的业绩条件、净收益等财务信息。

（二）激励对象在报告期内各自获得的激励情况。

（三）报告期内的股权激励数量及金额，引起的股本变动情况，以及截至报告期末的累计额。

（四）报告期内的分红激励金额，以及截至报告期末的累计额。

（五）激励支出的列支渠道和会计核算情况。

（六）其他应报告的事项。

中央主管部门、机构和中央企业集团公司，应当对所属企业年度股权和分红激励实施情况进行总结，包括实施股权和分红激励企业户数、激励方式、激励人数、激励落实情况、存在的突出问题以及有关政策建议等，并于 3 月底前将上一年度实施情况的总结报告报送财政部、科技部。

地方省级财政部门、科技部门，负责对本省地方国有企业年度股权和分红激励实施情况进行总结，并于 3 月底前将上一年度实施情况的总结报告报送财政部、科技部。

第三十九条　企业实施股权或者分红激励，应当按照《企业财务通则》（财政部令第 41 号）和国家统一会计制度的规定，规范财务管理和会计核算。

第四十条　企业实施激励导致注册资本规模、股权结构或者组织形式变动的，应当按照有关规定，根据相关批准文件、股东（大）会决议等，及时办理国有资产产权登记和工商变更登记手续。

第四十一条　因出现特殊情形需要调整激励方案的，企业应当重新履行内部审议和外部审核的程序。

因出现特殊情形需要终止实施激励的，企业内部决策机构应当向审核单位报告并向股东（大）会说明情况。

第四十二条　企业实施激励过程中，应当接受审核单位及财政、科技部门监督。对违反有关法律法规及本办法规定、损害国有资产合法权益的情形，审核单位应当责令企业中止方案实施，并追究相关人员的法律责任。

第六章　附　则

第四十三条　企业不符合本办法规定激励条件而向管理者转让国有产权的，应当通过产权交易市场公开进行，并按照国家关于产权交易监督管理的有关规定执行。

第四十四条　尚未实施公司制改革的全民所有制企业可参照本办法，实施项目收益分红和岗位分红激励政策。

第四十五条　本办法由财政部、科技部负责解释。各地方、部门可根据本办法制定具体实施细则。

第四十六条　本办法自2016年3月1日起施行。企业依据《财政部　科技部关于印发〈中关村国家自主创新示范区企业股权和分红激励实施办法〉的通知》(财企〔2010〕8号)、《财政部、科技部关于〈中关村国家自主创新示范区企业股权和分红激励实施办法〉的补充通知》(财企〔2011〕1号)制定并正在实施的激励方案，可继续执行，实施期满，新的激励方案统一按本办法执行。

关于公布政策性文件清理结果的公告

(国务院国有资产监督管理委员会公告2016年第1号)

根据《国务院办公厅关于做好行政法规部门规章和文件清理工作有关事项的通知》(国办函〔2016〕12号)要求，国务院国资委对截至2015年底现行有效的国务院国资委及承继原国家经贸委部分职能的政策性文件进行了全面清理，清理结果已经国务院国资委第87次主任办公会议审议，现予公告。

废止失效的政策性文件目录

(截至2015年12月31日)

1. 关于在国有重点企业加快推进企业总法律顾问制度建设的通知(国资发法规〔2004〕225号)

2. 关于印发《国务院国资委关于在中央企业开展法制宣传教育的第五个五年规划》的通知(国资发法规〔2006〕82号)

3. 关于印发《国务院国资委关于在国资委系统开展法制宣传教育的第五个五年计划》的通知(国资发法规〔2006〕154号)

4. 关于进一步加强当前形势下企业法律风险防范有关问题的通知(国资厅发法规〔2009〕50号)

5. 关于印发《"十二五"时期完善国有资产监管体制保障中央企业做强做优的总体思路和主要任务》的通知(国资发法规〔2011〕161号)

6. 关于印发《国务院国资委关于在国资委系统开展法制宣传教育的第六个五年规划(2011—2015)》的通知(国资发法规〔2011〕84号)

7. 关于印发《国务院国资委关于在中央企业开展法制宣传教育的第六个五年规划(2011—2015)》的通知(国资发法规〔2011〕85号)

8. 关于印发加快东北地区中央企业调整改造指导意见的通知(国资发规划〔2004〕172号)

9. 关于印发中央企业"十一五"发展规划纲要(指引)的通知(国资发规划〔2006〕305号)

10. 关于进一步规范中央企业投资管理的通知(国资发规划〔2007〕114号)

11. 关于进一步加强中央企业投资管理的通知(国资发规划〔2008〕143号)

12. 关于印发《中央企业"十二五"科技创新战略实施纲要》的通知(国资发规划〔2011〕153号)

13. 关于印发《中央企业"十二五"转型升级战略实施纲要》的通知(国资发规划〔2011〕163号)

14. 关于加强中央企业煤化工项目投资管理的通知(国资发规划〔2012〕95号)

15. 关于印发中央企业清产核资工作方案的通知(国资评价〔2003〕58号)

16. 关于印发企业清产核资报表的通知(国资评价〔2003〕87号)

17. 关于加强中央企业内部审计工作的通知(国资发评价〔2005〕304号)

18. 关于做好新会计准则过渡期间企业财务快报工作的通知(国资发评价〔2007〕12号)

19. 关于中央企业执行《企业会计准则》有关事项的通知(国资发评价〔2007〕38 号)

20. 关于进一步做好中央企业财务快报工作的通知(国资发评价〔2008〕4 号)

21. 关于中央企业执行《企业会计准则》有关事项的补充通知(国资厅发评价〔2007〕60 号)

22. 关于进一步做好地方企业财务快报工作的通知(国资厅发评价〔2008〕63 号)

23. 关于改进和加强地方财务快报工作有关事项的通知(国资厅发评价〔2011〕3 号)

24. 关于国资委监管企业编报月度企业财务快报有关事项的通知(国资厅评价〔2003〕23 号)

25. 关于印发中央军工企业所属事业单位清产核资报表的通知(国资厅评价〔2003〕66 号)

26. 关于做好中央企业财务决算审核工作的通知(国资厅发评价〔2007〕25 号)

27. 关于加强和改进中央企业财务快报工作有关事项的通知(国资厅评价〔2011〕444 号)

28. 关于中央企业主辅分离辅业改制分流安置富余人员资产处置有关问题的通知(国资发产权〔2004〕9 号)

29. 关于加强企业国有产权交易监管有关工作的通知(国资发产权〔2004〕176 号)

30. 关于做好企业国有产权交易信息统计试点工作的通知(国资发产权〔2004〕189 号)

31. 关于做好贯彻落实《企业国有产权转让管理暂行办法》有关工作的通知(国资发产权〔2004〕195 号)

32. 关于印发《企业国有资产产权登记业务办理规则》的通知(国资发产权〔2004〕315 号)

33. 企业国有产权向管理层转让暂行规定(国资发产权〔2005〕78 号)

34. 关于继续贯彻落实国务院有关精神暂停电力系统职工投资电力企业的紧急通知(国资改革〔2003〕37 号)

35. 关于印发《"十二五"时期深化中央企业改革、增强企业活力的总体思路与具体措施》的通知(国资发改革〔2011〕160 号)

36. 关于 2015 年中央企业开展全面风险管理工作有关事项的通知(国资厅发改革〔2014〕59 号)

37. 关于印发《关于加强中央企业节能减排工作的意见》、《中央企业任期节能减排管理目标》的通知(国资发考核〔2007〕194 号)

38. 关于印发《中央企业负责人任期经营业绩考核补充规定》的通知(国资发考核〔2007〕224 号)

39. 关于印发《中央企业负责人年度经营业绩考核补充规定》的通知(国资发考核〔2008〕36 号)

40. 关于积极发挥国有企业表率作用 全力做好节能减排工作的通知(国资发综合〔2010〕99 号)

41. 关于加强中央建筑施工和矿山企业安全生产工作的紧急通知(国资厅发综合〔2014〕14 号)

42. 关于印发《中央企业打非治违专项行动实施方案》的通知(国资厅发综合〔2014〕38 号)

43. 关于做好当前中央企业安全生产工作的通知(国资厅发综合〔2014〕58 号)

44. 关于做好中央企业国有资本经营预算执行工作有关事项的通知(国资发收益〔2009〕22 号)

45. 关于印发《监事会监督检查报告成果运用暂行办法》的通知(国资厅监督〔2003〕62 号)

46. 关于支持配合监事会依法开展当期监督工作有关事项的通知(国资厅发监督〔2007〕45 号)

47. 企业法律顾问注册管理办法(国经贸政法〔1999〕188 号)

48. 印发〈关于企业加强应收应付账款管理的指导意见〉的通知(国经贸综合〔2000〕130 号)

49. 关于印发《关于监督机构对国有企业派出的监事会工作规范意见》的通知(国经贸企〔1995〕154 号)

50. 印发《国家经贸委监事委派暂行规定》的通知(国经贸企〔1995〕342 号)

51. 关于公布 1993 年度全国大型工业企业名单的通知(国经贸企〔1994〕743 号)

52. 关于印发《关于贯彻党政机关与所办经济实体脱钩规定的实施意见》的通知(国经贸企〔1994〕485 号)

53. 关于开展"转机制、抓管理、练内功、增效益"活动的通知(国经贸企〔1994〕249 号)

54. 关于印发《关于国务院确定的百户现代企业

制度试点工作的组织实施意见》的通知(国经贸企〔1995〕56号)

55. 关于印发《关于国务院确定的百户现代企业制度试点企业〈实施方案〉论证、审批工作的指导意见》的通知(国经贸企〔1995〕242号)

56. 关于印发《关于国务院确定的百户现代企业制度试点工作操作实施阶段的指导意见》的通知(国经贸企〔1995〕706号)

57. 关于印发《国务院确定的百户现代企业制度工作试点阶段目标要求(试行)的通知(国经贸企〔1996〕378号)

58. 关于印发《关于国务院有关部门选报的30户进行建立现代企业制度试点企业有关政策问题的意见》的通知(国经贸企〔1995〕649号)

59. 关于公布1994年度全国大型工业企业名单的通知(国经贸企〔1995〕851号)

60. 关于印发《关于1995年深化企业改革搞好国有大中型企业的实施意见》的通知(国经贸企〔1995〕190号)

61. 关于贯彻《国务院关于原有有限责任公司和股份有限公司依照〈中华人民共和国公司法〉进行规范的通知》有关问题的通知(国经贸企〔1995〕895号)

62. 关于当前国有资产授权经营有关问题的通知(国经贸企〔1995〕375号)

63. 关于1995年度全国新增大型工业企业名单的通知(国经贸企〔1996〕922号)

64. 关于认真贯彻全国学习推广邯钢经验暨企业管理工作会议精神的通知(国经贸企〔1996〕202号)

65. 关于当前学习推广邯钢经验有关工作事项的通知(国经贸企〔1996〕345号)

66. 关于国家经贸委有关司局分工联系50个"优化资本结构"试点城市有关问题的通知(国经贸企〔1996〕60号)

67. 关于认真贯彻落实《国务院批转国家经贸委关于1996年国有企业改革工作实施意见的通知》的通知(国经贸企〔1996〕159号)

68. 关于印发《"九五"企业管理纲要》的通知(国经贸企〔1997〕458号)

69. 关于印发《关于1997年加强企业管理深入推广邯钢经验工作的意见》的通知(国经贸企〔1997〕141号)

70. 印发《关于围绕三年两大目标切实加强和改进企业管理工作的意见》的通知(国经贸企改〔1999〕116号)

71. 关于贯彻执行《国有工业企业物资采购管理暂行规定》有关问题的通知(国经贸企改〔1999〕308号)

72. 关于贯彻落实《国有大中型企业建立现代企业制度和加强管理的基本规范(试行)》的通知(国经贸企改〔2000〕1017号)

73. 关于非中央管理企业办理香港主板及境外上市有关工作程序的通知(国经贸厅企改〔2002〕43号)

74. 关于大力推进企业管理信息化的指导意见(国经贸企改〔2002〕123号)

2017

CHINA'S STATE-OWNED ASSETS SUPERVISION AND ADMINISTRATION YEARBOOK

中国国有资产监督管理年鉴

国有企业履行社会责任和党的建设成果概览

第七篇

中免公司

中國旅遊集團有限公司

CTS CHINA NATIONAL TRAVEL SERVICE GROUP CORPORATION LIMITED

中国旅游集团有限公司暨香港中旅（集团）有限公司前身是中国早期爱国银行家陈光甫先生于 1928 年设立的香港中国旅行社，1954 年由中央人民政府华侨事务委员会接管；1985 年注册成立香港中旅（集团）有限公司；2005 年 12 月，整合招商局集团属下的“中国招商旅游总公司”后，成立了中国港中旅集团公司并与香港中旅（集团）公司实行“两块牌子、一套班子”领导体制；经国务院批准，2007 年 6 月，“中国中旅集团公司”整体并入中国港中旅集团公司；2016 年 6 月，中国国旅集团整体并入中国港中旅集团公司并更名为“中国旅游集团公司”；2017 年，集团贯彻落实国务院和国资委全面深化国有企业改革的重点工作要求，圆满完成“公司制”改制工作，并正式将公司名称变更为“中国旅游集团有限公司”。目前，中国旅游集团有限公司是中央直接管理的国有重要骨干企业，也是总部在香港的三家中央企业之一。2012 年，集团成为国务院国资委建立规范董事会试点企业，实行集团公司、二级板块公司、三级分子公司的“三层架构、三级管理”模式。

集团形成了以旅游文化为主业，旅游地产、旅游金融及相关业务并举的产业格局，业务网络遍布中国香港、内地和海外，涵盖旅行社、在线旅游、酒店、景区、免税、地产、金融、旅游客运、文化演艺、邮轮、房车等相关旅游业态和细分领域，是中国最大的旅游央企，也是中国历史最悠久、旅游产业链条完整、旅游要素齐全、经营规模大、品牌价值高的旅游企业。

目前，集团旗下控股两家上市公司：香港中旅（股票代码：HK308）、中国国旅（股票代码：SH601888）。集团资产总额接近 1500 亿元，员工近 5 万人。

旅行社业务，中旅总社、国旅总社和香港中国旅行社都是历史悠久、具有品牌影响力的旅行社，业务网络覆盖内地、港澳和海外，拥有 2100 多家经营网点，经营规模国内第一，旗下多家旅行社连续多年进入“年度全国百强旅行社”。芒果网是中旅总社属下的在线旅游平台，打造“旅游 + 互联网”的新模式。

国旅总社

中旅总社

港中旅河南嵩山景区

港中旅地产有限公司

焦作中旅银行

酒店业务，主打“维景国际”“维景”“睿景”“旅居”，三个系列四个品牌。在内地、港澳地区和境外持有并管理酒店近 150 家，客房 32000 间，在 2016 年度世界酒店 300 强排名中位列第 44 名。

景区业务，已形成以世界之窗、锦绣中华为代表的人造主题公园；以珠海海泉湾、青岛海泉湾、咸阳海泉湾为代表的“海泉湾”温泉系列国家级休闲度假区；以嵩山、沙坡头、安吉为代表的山地休闲度假区三大系列。旗下的香港中汽、信德中旅船务公司，是粤港澳跨境水陆客运的主力运营商之一；天创演艺公司被国家五部委授予“国家文化出口重点企业”称号；还参股有黄山、庐山、衡山等景区索道项目。

免税品业务，中免公司是经国务院授权唯一拥有免税综合牌照的国有专营公司，是中国免税业的龙头代表和旗舰企业。目前在内地、港澳台和柬埔寨开设了涵盖机场、机上、边境、客运站、火车站、外轮供应、外交人员、邮轮和市内九大类型共 200 多家免税店，拥有全球最大单体市内免税店——三亚国际免税城，取得了香港机场烟酒标段、首都机场 T2 和 T3 航站楼免税经营权，以及昆明、广州、青岛、南京、成都、乌鲁木齐 6 家机场免税经营权，是世界上免税店类型最全、单一国家零售网点最多、国内规模最大的免税运营商。

旅游地产业务，坚持旅游特色地产和城市休闲地产开发模式，形成了珠三角、长三角、京津冀和东北、中西部中心城市的全国战略布局，在深圳、上海、沈阳、苏州、青岛、宁波、杭州、鞍山、燕郊、成都、宜春等地都有开发建设项目。

旅游金融业务，拥有“中国第一家旅游特色商业银行”中旅银行以及香港安信信贷公司、财务公司、保险经纪公司、国际融资租赁公司、深圳安信小额贷款公司、山东中旅旅游发展基金，还发起设立了基金总规模 300 亿~500 亿元的中国旅游产业基金和中国旅游产业基金管理公司，正在申办中国旅游财产保险公司。

旅游新业态，房车业务开发建设了北京密云南山房车小镇，开辟了川藏线、云南——东南亚出境线等精品房车旅游线路。集团与中远海运、中国交建合资成立了三沙南海梦之旅邮轮有限公司，依托旗下“南海之梦”号运营三亚至西沙航线，今后将组建一支有 3~5 艘规模的邮轮船队，打造中国第一邮轮民族品牌。

证件业务，是受公安部委托在香港地区唯一办理“香港居民来往内地通行证”和“台湾居民来往大陆通行证”的指定单位，在香港建有 6 家证件服务中心，拓展了办理“非深圳户籍常驻居民香港游”、各国签证代办，以及粤港两地车牌年审代办等 13 类证件服务。

集团在“十三五”期间要努力做旅游业供给侧结构性改革的引领者、旅游强国战略实现的主力军、游客全球旅行的系统服务商和人们美好生活需要的创造者。开启跨越百年新征程之际，我们将始终坚持以“服务大众，创造快乐”为己任，坚持创新、协调、绿色、开放、共享的发展理念，推动经济发展，造福社会百姓，成为具有全球竞争力的世界一流旅游文化服务集团。

香港证件服务中心

南海之梦邮轮

中国建材

2016年8月26日

中国建材集团有限公司重组成立

战略愿景：打造具有全球竞争力的世界一流建材企业

战略定位：行业整合的领军者、产业升级的创新者、国际产能合作的开拓者

三大战略：创新驱动、绿色发展、国际合作

六大平台：基础建材平台、国际产能合作平台、三新产业发展平台、
国家级材料科研平台、国家级矿山资源平台、金融投资运营平台

全球最大的建材制造商和全球领先的综合服务商，《财富》世界五百强企业。

资产总额近6000亿元，员工总数25万人，年营业收入近3000亿元。

水泥、商品混凝土、石膏板、玻璃纤维、风电叶片、水泥国际工程六项业务规模居世界第一。

超薄电子浮法玻璃、熔铸耐火材料、碳纤维、超特高压电瓷四项业务规模居全国第一。

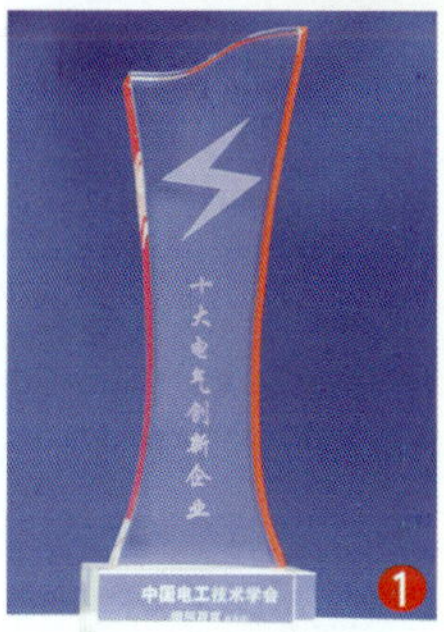

1 西电电气荣获"2016 年奖度十大电气创新企业"奖

2 中国西电集团特高压 ±800kV 直流输电工程荣获国家科学技术进步奖特等奖

3 中国西电集团大力开展科技创新，先后荣获国家科学技术进步奖 12 项，其中特等奖 2 项、一等奖 4 项、二等奖 6 项

中国西电集团有限公司是国务院国资委直接监管，以我国"一五"计划期间 156 项重点建设工程中的 5 个项目为基础，形成的集科研、开发、制造、服务、贸易、金融为一体的输配电成套设备研发制造大型企业集团。中国 500 强企业，连续多年位居中国电气百强企业之首，并荣获全国"五一劳动奖状"。

中国西电集团有限公司始终坚持创新发展，"十二五"以来，牢牢把握国家特高压和智能电网快速发展契机，以特高压直流输电输电、智能电力成套设备等技术研发为核心，开展了 537 个项目研发，累计完成重大科技开发 522 项，其中达到国际领先水平 72 项，国际先进水平 195 项，国内领先水平 105 项，在重大成套装备、产业链上游关键部件、核心材料等方面取得了重大突破；通过承担参与国家重大科技项目在前沿尖端技术领域掌握了一批关键核心技术，有效巩固提升了我国输变电装备国际领先水平，提升了我国柔性直流输电和智能输配电设备等方面的国际影响力。先后荣获国家科技进步奖 12 项，其中特等奖 2 项、一等奖 4 项；2008 年和 2010 年两次荣获中央企业科技创新特别奖。拥有有效专利 2104 件，其中发明专利 357 件；荣获中国专利奖 9 项，其中专利金奖 3 项；先后被确定为首批国家级知识产权示范企业和首批陕西省知识产权运用示范企业。

面对未来，中国西电集团有限公司将积极落实五大发展理念，积极践行制造强国、创新驱动、"走出去"等国家战略，参与"一带一路"建设，全面提升企业品牌形象及国际知名度和美誉度，成为智慧电气系统解决方案服务商和最具创新力与国际竞争力的企业集团。

中国西电集团在大连南山变运行的智能化 HGIS

中国西电集团在云广 ±800kV 特高压直流输电工程运行的换流阀

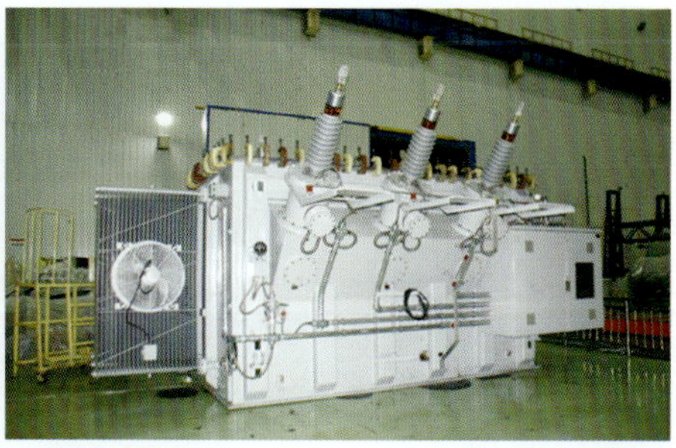

中国西电集团出口美国的 SFZ-28000 69 智能变压器

南光(集團)有限公司

NAM KWONG (GROUP) COMPANY LIMITED

南光（集团）有限公司是唯一一家总部设在澳门的国务院国资委直属中央企业，集团前身南光贸易公司成立于1949年8月，是澳门最早的中资机构。在逾半个多世纪的发展历程中，南光积极进取，勇于开拓，走过了一段艰苦创业、自强不息的不平凡历程；并较好地完成了各个历史时期国家所赋予的不同使命，为澳门回归祖国、发展内地与澳门的经贸关系、推动祖国的对外经济贸易事业、团结澳门同胞、促进澳门社会的繁荣稳定作出了应有的贡献，赢得了良好的声誉。

南光集团主营业务包括原油及成品油、液化石油气、石油化工产品及各种化工原料、日用消费品贸易；酒店旅游；地产经营开发和综合物流服务四大类。集团是澳门目前最大的能源产品和主要的鲜活冷冻食品、酒店旅游会展、物流服务供应商，拥有澳门唯一的油气储存和航煤供应设施；是澳门天然气管网的建设和运营商、澳门电力公司的最大股东、澳门公共交通服务的主要专营企业；分别在中国澳门、桂林、西安、加拿大投资有7家星级酒店；是澳门地区办理“港澳居民来往内地通行证”和“台湾居民来往大陆通行证”的唯一指定单位；致力于地产投资与开发业务，在澳门、海口、上海、无锡等地区开发了大量地产项目；有澳门最大的内港码头、干冻仓库、公共巴士和跨境运输车队，在珠海保税区、珠澳跨境工业区建设有大型仓储设施；与几十个国家和地区有着长期贸易往来。

集团拥有13家二级企业，分别为珠海振戎公司、南光石油化工有限公司、澳门中旅（国际）酒店管理有限公司、澳门中国旅行社股份有限公司、南光置业有限公司（广州代表处）、南光物流有限公司、南光文化创意产业有限公司、南光（上海）投资有限公司（上海代表处）、北京南光石油化工有限公司、中国天元华创投资有限公司（北京代表处）、天津振戎国际能源有限公司、中经实业开发公司、天宝石油贸易有限公司。

今天的南光集团，在我国全面建设小康社会的伟大征程和澳门推进经济适度多元化的新形势下，牢固树立“求发展、讲诚信、比业绩”企业核心价值观，进一步深化内部改革，转型升级和提高企业核心竞争力，实现科学可持续发展；秉持“用最好的回报社会”企业宗旨，继承和发扬爱国、爱澳的优良传统，大力支持澳门特区政府的依法施政，坚决贯彻“一国两制”方针和《澳门基本法》，为澳门的繁荣稳定作出新贡献。

用最好的回报社会

这是我们的追求，也是我们的过去、现在和将来存在的价值

中化能源

SINOCHEM ENERGY

凝心聚力 开拓进取 创业奉献

为泉州石化改革创新发展

提供坚强政治保证

保护蓝天白云是企业应尽的职责

2016年8月18日，现场装置全景图

厂区远景

党建活动

中化泉州石化有限公司(以下简称“泉州石化”）为中国中化集团公司(以下简称“中化集团”)全资子公司，成立于2006年9月，位于泉州市惠安县泉惠石化工业园区。泉州石化承担1200万吨/年炼油项目（以下简称“炼油项目”）建设与经营，该项目是中化集团战略转型、能源板块向下游产业链延伸的重要工程，是国家“十二五”规划建设项目，是福建省重点建设项目。

炼油项目分为厂区和厂外配套两部分，厂区包括1200万吨/年常减压蒸馏、340万吨/年催化裂化、330万吨/年渣油加氢、260万吨/年加氢裂化、200万吨/年连续重整等19套工艺装置以及相配套的公用工程、储运设施等；厂外配套包括码头、原油和成品油罐区、输油管线等设施。

自2014年投产以来，泉州石化生产运行平稳，作为国有企业，泉州石化始终坚信党的领导，坚持“围绕项目抓党建，抓好党建促发展”，用企业文化统一员工思想，用创业精神凝聚员工力量，有效的调动了广大建设者的积极性、主动性和创造性，使得经营业绩逐年改善。泉州石化作为行业内“技术先进、资源节约、环境友好、可持续发展”的典范，始终贯彻创新发展理念，落实创新驱动战略，引进高技术人才，不断优化产品结构，使得能耗逐年下降，先后分别荣获“十二五全国石油和化学工业环境保护先进单位”荣誉称号、“原油加工行业能效领跑者标杆企业”荣誉称号、“国家优质工程奖”、“全国质量奖卓越项目奖”等奖项。泉州石化自投产以来上缴国地税高达200多亿元。

泉州石化坚持五大发展理念，以“基地化、一体化、清洁化、高端化”的发展思路，继续按高起点、高标准建设，发展成为国内规模适当、技术先进、效益最佳的炼化一体化企业，实现中化能源事业上中下游产业链的战略协同，发展成为具有核心竞争力的大型石化基地。

三峡国际能源投资集团有限公司

China Three Gorges International Corporation

三峡国际能源投资集团有限公司（以下简称“三峡国际”）成立于2011年，是中国长江三峡集团公司（以下简称“三峡集团”）全资子公司，注册资本金296亿元。截至目前，公司资产总额981亿元，净资产451亿元。

三峡国际承载着三峡集团实施“走出去”战略、打造国际一流清洁能源集团的重要使命，担负着三峡集团全产业链 “走出去”的重任，代表三峡集团开展境外清洁能源领域的项目投资、建设、运营和管理。

三峡国际拥有59家海外子企业，海外可控发电装机823万千瓦，参股权益装机613万千瓦。其中，全资拥有的三峡巴西公司以巴西为核心市场，于2016年初投资并购了巴西朱比亚水电项目和伊利亚水电项目，总装机达到500万千瓦，此外还全资拥有或参股另外16个水电、风电项目，在巴西投产的总装机规模超过800万千瓦，是巴西第二大私营发电商；全资拥有的三峡欧洲公司以西欧为核心市场，负责欧洲和北美地区的投资业务，于2012年投资收购葡萄牙电力公司21.35%股权，是葡萄牙电力公司单一最大股东，2016年投资收购了德国梅尔海上风电项目（28.8万千瓦），是中国企业在境外收购的第一个规模巨大的海上风电场；控股的三峡南亚公司以巴基斯坦为核心市场，负责南亚和东南亚地区投资业务，目前在巴基斯坦投资开发的项目总装机约300万千瓦，在建的卡洛特水电站是“中巴经济走廊”框架下首个水电项目；与葡萄牙电力公司合资设立的环球水电公司以秘鲁为核心市场，负责全球中小水电投资业务。

三峡国际认真落实中央关于加强国有企业党建工作的要求，近年来不断加强公司海内外机构党建和党风廉政建设工作，从而有力推动和促进了公司经营管理工作不断走上新台阶。

葡萄牙Alqueva水电站

德国梅尔海上风电项目

巴西伊利亚水电站

三峡巴基斯坦第一风电项目

中交第二航务工程局有限公司

CCCC SECOND HARBOUR ENGINEERING COMPANY LTD

深入推进改革创新 着力强化精益运营
奋力开启率先建成世界一流企业新征程

中交第二航务工程局有限公司是一家融设计、施工、科研、资本运作于一体，以路桥、港航、铁路、城市轨道交通、市政工程施工为主业，“大土木”、多元化经营的大型工程建设企业，是世界500强企业——中国交通建设股份有限公司的全资子公司。

一、企业基本情况

1. 历史沿革

中交第二航务工程局有限公司（以下简称“二航局”）创建于1950年，是原交通部直属四大航务工程施工企业之一。1997年交通部实施政企分开，组建中国港湾建设（集团）总公司，二航局成为其子公司，1999年更名为中港第二航务工程局。2005年，经国务院批准，原中国港湾建设（集团）总公司与中国路桥（集团）总公司合并重组为中国交通建设集团有限公司。2006年，中交集团独家发起成立中国交通建设股份有限公司，并在港交所上市。二航局作为其全资子公司，相应改制为中交第二航务工程局有限公司，并于2006年11月18日正式挂牌。

二航局下辖9家子公司，12家分公司，3家参股公司，31家投资、房地产项目公司及经营性分公司和海外经营办事处。现有职工9500名，拥有各类大型工程船舶87艘，施工机械设备6002台（套）。

南京扬子江隧道，是世界上同类隧道中规模最大、长度最长、地质最复杂、水压最高的隧道

长江南京以下12.5米深水航道二期工程，是落实国家“一带一路”战略要求、建设长江经济带、打造长江黄金水道的重点项目

乌鲁木齐绕城高速，全长80千米，建成后将发挥乌鲁木齐首府公路枢纽作用

杭黄铁路，穿越浙江、安徽两省，将名城(杭州)、名江(富春江、新安江)、名湖(千岛湖)、名山(黄山)串连，打通旅游黄金通道

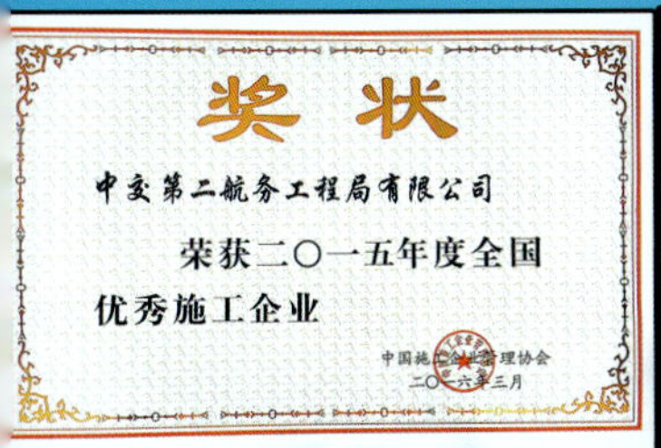

2015年度全国优秀施工企业

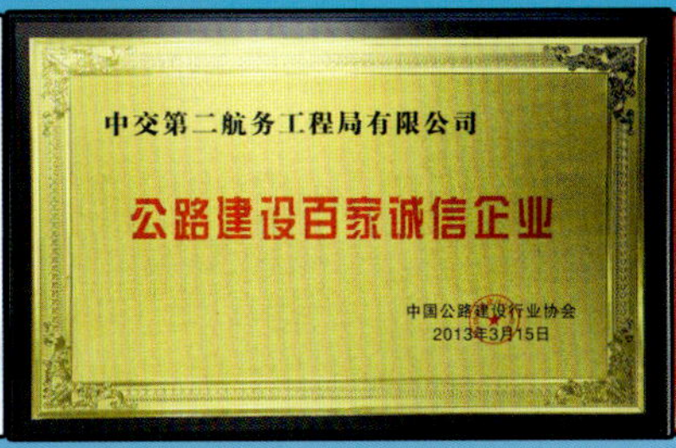

公路建设行业百家诚信企业

全国就业先进企业

全国文明单位

2. 经营资质和范围

公司具有公路工程施工设计总承包特级、港口与航道工程设计施工总承包特级、市政公用工程施工总承包一级和城市轨道交通工程专业承包等资质。产品范围遍布全国29个省（市、自治区），以及亚洲、欧洲、非洲、南美洲的24个国家和地区。

二、近年来企业发展情况

1. 近七年的营业额和新签合同额

2009-2015年，二航局年新签合同额从387亿元增长到502亿元，增长29.7%，累计新签合同总额2986亿元；年营业收入从208亿元增长到416亿元，增长100%，累计营业收入总额2054亿元。

2016年是“十三五”开局之年，公司秉承打造“品质二航”的发展理念，着力推进经济增长方式和企业发展模式转变，取得预期成效，全年新签合同额609亿元，完成营业收入457亿元，创历史新高。公司的业务结构、市场结构、资产结构不断改善，盈利模式不断优化，海外业务和投资业务利润贡献度稳中有升，公司整体盈利水平居国内行业前列，主要盈利指标处于中国交建前三名。

2. 财务经济状况

近年来，中交二航局的利润总额、现金流、资产负债等主要财务指标，始终在中交系统内部处于领先。

2009——2015年，公司年利润从5亿元增长到12亿元，增长135%，累计实现利润总额63亿元；企业总资产由146亿元增长到432亿元，增长196%。公司盈余现金保障位数近三年均在2.5倍以上，处于国内建筑企业前列。

杭州湾跨海大桥，全长36千米，是当时世界上最长的跨海大桥，2010——2011年获得年度中国建设工程鲁班奖

北盘江第一桥，桥面到谷底垂直高度565米，相当于200层楼高——世界第一高桥，荣获第十四届中国土木工程詹天佑奖

朝天门长江大桥，主跨长552米，世界第一跨径拱桥，荣获第十届中国土木工程詹天佑奖

苏通长江大桥，主跨跨径达到1088米，是世界第一座跨径超千米的斜拉桥，2010——2011年荣获中国建筑工程鲁班奖

三、企业品牌实力情况

在六十多年的发展历程中，二航局培育了“诚信共赢，拼搏奉献，持续改进，超越自我”的核心价值观，确立了“诚信服务，优质回报”的经营理念，以“争科技领先，创管理一流”的企业精神，践行着“港航连四海，路桥通五洲”的企业使命，以“行者无疆，百年二航”为愿景，引领着二航人朝着率先建成世界一流企业的宏伟目标奋力前行。

“树品牌，创效益，育人才，交朋友，拓市场”是二航局建立诚信经营体系的真实写照。二航人不断满足并着力超越顾客的要求和期望，努力构建与顾客及相关方“互惠共赢，共同发展”的战略合作伙伴关系，铸就了非凡的二航品牌。

1.业绩丰硕

作为中国水工建设领域的主力军，二航局修建各类码头400多座。二航局先后参与了黄骅港北防波堤、长江口深水航道整治、深圳盐田港、武汉新港等国家重点工程的建设。

20世纪90年代，二航局进军桥梁建设市场，先后承建了苏通长江大桥、重庆朝天门长江大桥、杭州湾跨海大桥、港珠澳大桥、北盘江第一桥等300多座跨江、跨海、跨高山峡谷大桥。截至2016年底，二航局共承建长江大桥38座，跨海大桥41座，其中跨径超过1000米的特大桥13座。

在高等级公路建设市场，二航局参与了沪宁高速公路、京珠高速公路、同三高速公路等国道主干线的建设，修建高等级公路1000多千米。

2005年，二航局作为铁路系统外企业，率先挺进铁路工程领域，先后承建了哈大铁路客运专线、京沪高速铁路等世界一流的高速铁路、客运专线和铁路专用线等项目。截至，二航局累计承揽国内铁路工程28项，总里程超过1000千米。

习近平同志视察上海长江隧桥施工现场

李克强同志在中交二航局贵州马岭河大桥现场指导工作

胡锦涛同志亲切接见中交二航局建桥功臣杨志德

温家宝同志与中交二航局副总经理吴维忠亲切握手

二航局瞄准城市轨道交通工程和隧道工程领域，先后参与了广州地铁广佛线、无锡地铁一号线、合肥地铁一号线、南京扬子江隧道等工程的建设。

投融资项目是二航局重要的业务板块，截至2016年底，累计新签投资合同总额逾650亿元。2017年，公司投资建设的沌口长江大桥即将建成通车，这是公司在湖北参建的第13座长江大桥。

此外，公司积极实施“海外优先发展”战略，先后在“一带一路”沿线国家和地区承建了包括肯尼亚蒙内铁路、塞尔维亚泽蒙-博尔察大桥、马尔代夫中马友谊大桥、马来西亚槟城二桥、以色列阿什杜德港、巴基斯坦瓜达尔港等88项工程，海外市场遍布全球24个国家和地区，并极大带动了中国的标准、技术、装备“走出去”。

2. 品牌卓越

七年来，公司共获得省部级以上优质工程奖93项，其中国家优质工程金质奖6项、银质奖10项、鲁班奖8项、詹天佑土木工程大奖10项。在桥梁建设领域，公司获得了国际桥梁大会5项“诺贝尔奖”中的4项，是中国获得此类奖项最多的企业之一，主要包括：乔治 理查德森奖、古斯塔夫 林登少奖、亚瑟 海顿奖、尤金 菲戈奖。公司还获得了“FIDIC百年重大土木工程项目杰出奖”、美国土木工程师协会“土木工程杰出成就奖”、英国结构工程师学会“卓越结构工程大奖”等重要奖项。

公司是全国文明单位、全国五一劳动奖状获得者，是中国高新技术企业、全国企业文化建设优秀单位、中国品牌文化建设优秀企业、全国厂务公开民主管理先进单位、国家技能人才培育突出贡献单位、中央企业法制宣传教育先进单位。公司还被国务院授予“全国就业先进企业”称号。涌现出杨志德、孙家林、周海生等为代表的一批管理精英、先进模范和技术能手。

巴基斯坦瓜德尔港项目位于霍尔木兹海峡湾口处，是巴基斯坦第三大港口

蒙内铁路全长480千米，是中国帮助肯尼亚修建的一条全线采用中国标准的标轨铁路

以色列阿什杜德港项目，濒临地中海的东侧，是以色列西部的第二大港

马尔代夫中马友谊大桥，总长2000米，是世界第一座在珊瑚礁上修建的大桥

中国港湾工程有限责任公司
CHINA HARBOUR ENGINEERING COMPANY LTD.

中国港湾工程有限责任公司（CHEC）(以下简称“中国港湾”)成立于20世纪80年代，是世界500强企业中国交通建设股份有限公司（CCCC）的子公司，代表中国交建开拓海外市场，在世界各地设有80多个分（子）公司和办事处，业务涵盖100多个国家和地区，在建项目合同额超过210亿美元，全球从业人员超过15000人。

中国港湾坚持产业引领，在海洋工程、道路桥梁、轨道交通、机场建设、房建工程、成套设备等领域，提供包括项目规划、可研、设计、施工、维护、及投资运营等在内的一体化服务。凭借技术、设备、营销、人才等方面的优势，中国港湾在世界各地承建了一批具有国际影响的标志性工程，“CHEC”已成为国际工程行业的知名品牌。

中国港湾国际化经营与“一带一路”倡议深度契合，积极践行“五商中交”战略，不断创新商业模式，注重产融结合，超前布局投建营一体化、境外园区、区域规划等项目。中国港湾始终秉承"感知责任、优质回报、合作共赢"的核心价值观，以“包容、诚信、创新、奉献”的企业精神，致力于从单纯的市场经营者转变为政府与经济社会发展急所的责任分担者、区域经济发展的深度参与者、政府购买公共服务的优质提供者，并积极履行社会责任，为所在国家和地区的经济社会发展作出应有贡献。

墨西哥曼萨尼约港集装箱码头一期项目

马来西亚槟城第二跨海大桥项目

巴基斯坦瓜达尔深水港项目

中国澳门新葡京大酒店

国际物流集团有限公司

International Logistics Group Co.,Ltd.

冀中能源

JZEG

冀中能源国际物流集团（以下简称“集团”）成立于2011年1月，注册资本金18亿元，现有员工1100余人，辖有境内外20余家分（子）公司，业务涉及20多个国家和地区。自成立以来，集团以“能溯其源于冀中，物畅其流达国际”的站位和视野，坚持“依托冀中、壮大冀中、靠山不吃山”的战略定位，制定实施了“一个平台两个三角三个六”战略布局，逐步形成了“贸易、服务、金融、制造”四个业务集群，开展了“供应链物流、国际贸易、物流金融、融资租赁、商业保理、电子交易、物流园区”七种商业模式，集团创新能力和核心竞争力日益增强。2011-2016年，累计实现销售收入5572亿元，利润47亿元。2017年1-9月，实现销售收入1058.44亿元、利润7.17亿元，预计全年实现收入1400亿元、利润10亿元，开辟了冀中能源集团调结构、转型升级重要业务板块的经济增长极和新的利润增长点，为冀中能源进军和保持世界500强地位作出了突出贡献。

近年来，集团不断深化改革，深入推进提质增效、转型升级步伐，物流产业质量效益不断提升，商业模式不断丰富，物流节点设施在“一带一路”、京津冀协同发展、长江经济带布局不断完善，集团风险防控能力不断提升，党建品牌建设不断加强，党组织战斗堡垒作用日益突出。集团积极参与支持助学、精准扶贫、抢险救灾、公益捐助等公益活动，社会责任日益彰显，集团知名度和美誉度显著提升，保持了健康运营的积极态势。

集团于2012年入选全国5A级综合型物流企业，综合实力位列中国物流50强第三位，河北物流50强第一位，集团在物流行业的龙头地位进一步凸显，在物流业界的示范带动作用进一步彰显。

冀中能源国际物流集团办公楼

冀中能源国际物流集团星雅航空开航仪式

冀中能源国际物流集团（香港）有限公司

冀中宏远国际贸易有限公司

冀中国际陆港（邯郸）保税园区

冀中金宝钢丝绳厂生产车间

安徽国元控股（集团）有限责任公司
ANHUI GUOYUAN HOLDING(GROUP)CO.,LTD

安徽国元控股（集团）有限责任公司(以下简称“国元集团”)是以金融业为主体的安徽省属国有独资大型投资控股类企业，2000年12月30日成立，注册资本30亿元，注册地为安徽省合肥市。全集团现有在职员工6000多人，其中年龄35岁以下占62.77%，具有本科及以上学历占64.4%。

国元集团主营业务范围是金融（含证券、信托、保险、典当、小贷）， 投资与资产管理（含银行和高新技术产业）。集团主要职能是：投资控股、资本经营和国有资产管理，对省政府授权经营的国有资产行使出资者职责和权利，并承担保值增值责任。集团实行总经理负责制，总经理为集团法人代表。

根据省委省政府加快构建现代综合性金融控股集团的功能定位，国元立足安徽、面向全国，着力推进结构调整，巩固提升金融主业，深化体制机制改革创新，不断提高抗风险能力和核心竞争力，保持了集团持续稳定健康发展的良好格局，初步形成了功能比较齐全、业务领域广泛的金融控股企业架构。国元集团拥有国元证券、国元信托、国元保险、国元投资、国元创投等9家成员公司，这些公司还分别控股了国元证券(香港)公司、长盛基金管理公司、省股权托管交易中心、国元期货公司、国元股权投资公司、国元创新投资公司、安元投资基金有限公司和安元投资基金管理有限公司以及7家典当公司、7家小额贷款公司、4家投资管理公司、1家融资担保公司、1家融资租赁公司和1家互联网金融服务公司，同时参股徽商银行、中电科国元产业投资基金、安徽省产权交易中心、安徽长江产权交易所、黄山（香港）有限公司、皖垦种业等公司，分支机构遍布北京、上海、天津、重庆、中国香港及沿海多数地区和省内各地，投资领域涵盖了证券、信托、保险、银行、期货、股权投资、担保、小额贷款、典当、融资租赁、基金、互联网金融等行业，初步建成了金融控股集团的架构。

截至2016年底，国元集团合并总资产885.32亿元，净资产329.72亿元，归属于母公司净资产123.48亿元，国有资本保值增值率110.25%。“十二五”以来，集团始终坚持依法合规、稳健经营的理念，实现了持续平稳健康发展。集团利润总额和净利润连续六年列省属企业前列，六年累计实现利润总额155.48亿元、净利润118.36亿元，上缴国家税收79.37亿元。2016年实现利润总额26.34亿元，净利润21.34亿元。

国元集团在自身快速发展的同时，始终坚持以服务安徽地方经济社会发展为己任，充分发挥集团金融综合服务功能，积极协调所属各类金融企业，为全省经济建设提供融资支持和全方位的金融服务，为服务安徽地方经济发展作出了重要贡献。在2016年省政府对金融机构支持地方经济发展的考核中，国元证券、国元保险2家公司荣获支持地方发展经营业绩考核优秀奖，国元信托、国元投资获评“良好”，这是集团四家主要成员公司连续第三年均获省政府通报表彰。

国元集团股权投资结构

河南机场集团

Henan Airport Group

河南省机场集团有限公司（以下简称“集团公司”）于2012年底在河南省郑州新郑国际机场管理有限公司基础上组建成立。

近年来，在河南省委、省政府领导下，集团公司紧紧围绕构建“国际航空货运枢纽、国内大型航空枢纽”目标，改革创新，克难攻坚，砥砺奋进，乘势而上。机场二期扩建工程于2015年12月提前一年投入运营，正式迈入了“双跑道、双航站楼、多机坪、多货站”运营新阶段，成为集多种交通方式为一体的现代化综合交通枢纽。

集团公司按照“货运为先、国际为先、以干为先”发展思路，强力推进国际航空货运枢纽建设，加快推进航空物流发展，着力构建综合性大口岸格局，同时积极融入“一带一路”建设，打造国际航空物流中心和多式联运现代物流中心，建立了国际物流多式联运数据交易服务平台，加快实现“一单到底，物流全球”的目标。

集团公司不断强化安全管理体系和航空安保体系建设，连续多年被评为安全生产达标单位。积极对标国际化服务标准，建立三级运营监管体系，航班正常率大幅提升。着力“文化机场”建设，提升旅客出行体验，增强广大旅客对真情服务的获得感。

集团公司先后荣获“全国文明单位”和“河南省省长质量奖”称号，被授予“全国民航年度服务质量评价十佳优秀机场”。2016年，机场货邮吞吐量达到45.67万吨，全国排名第七位；旅客吞吐量达到2076.3万人次，全国排名第15位，成为中部地区率先以航空融入“一带一路”的开放门户。

郑州机场T2外场

郑州机场T2航站楼大景

郑州机场T2航站楼4楼出发厅

湖南新天地

双轮驱动新天地集团转型创新发展

图 释

1. 2013年11月29日，津巴布韦与新天地集团签署战略合作会议备忘录
2. 2014年7月18日，津巴布韦总统穆加贝（中）和夫人格蕾丝·穆加贝（右）在总统府邸会见新天地集团董事长李建华（左），并亲切合影
3. 2017年3月1日，新天地保安公司智能联网预警综合调度监控平台正式运营
4. 2015年5月18日，新天地集团与湖南省公安厅签署脱钩改制移交协议
5. 湖南新天地智能安全科技公司智能综合预警服务监控中心

01	
02	
03	04	05

2016年，在深化供给侧结构性改革浪潮中，湖南新天地投资控股集团有限公司（以下简称“新天地集团”）董事长李建华团结率领班子成员和上万员工，推动传统民爆产业和现代安保产业跨界融合发展，新开辟的现代安保产业在集团的利润占比达到七成以上，新天地集团资产总额、营业收入、利润总额分别同比增长21.4%、23.7%、30.1%。

新天地集团主动对接“一带一路”和“智能制造2025”，不断寻求和锁定国际上民爆、采矿、基础设施投资合作项目，已研发成功的全国唯一一条年产2.4万吨采用物理敏化工艺的智能乳化炸药生产线，处国际先进水平，相关物联网、智能装备通过工信部鉴定后一年内即占有全国同行50%以上的市场，已输出到“一带一路”沿线7个国家，带动爆破工程服务板块营业收入同比增长92%。与此同时，新天地集团朝着争做国内一流的安全保卫服务商和金融外包增值服务商的战略目标，持续增强转型创新、跨界融合发展的内生动力，依托金融科技技术，创新“互联网+智能安防”商业模式，在现金清分整点、ATM运营维护、尾箱寄存、金库托管等现金安全外包业务基础上，正向技术外包（ITO）、业务流程外包（BPO）、知识流程外包(KPO)等增值复杂程度高及增值性高的领域拓展，促进武装守押、智能安防和以现金托管、金融科技为重点的金融外包业务板块等“一体两翼”协同发展。新天地安保产业金融外包服务继与浦发银行签约后，又与中国银行、东亚银行、平安银行签约提供自助设备运营维护和尾箱寄等一站式金融服务；拥有智能防护窗管理软件、视频智能分析系统等10个软件著作权；全方位、全场景、全过程、动态化实时监控的“互联网+大安防”智能联网预警综合平台正式上线运营，为湖南省车载卫星导航产业有序、健康发展发挥重要作用，成为大数据、互联网、现代安保服务线上线下共享的成功案例。

作为中国最具特色的航空公司之一，四川航空股份有限公司（以下简称“川航”）成立于2002年8月29日，四川航空集团有限责任公司为其第一大股东。川航改制前为四川航空公司，该公司成立于1986年9月19日，并于1988年7月14日正式开航营运。开航以来，川航始终以安全为品牌核心价值，现已持续安全飞行29年，并荣获飞行安全三星奖。

川航总部位于成都，在重庆、云南设有分公司，在哈尔滨、北京、杭州、西安、三亚设有运行基地。川航现运营中国国内最大的全空客机队，机队规模达到125架，开通国内外航线超过240条，航线网络覆盖亚洲、欧洲、大洋洲及北美洲，每年为超过2300万旅客提供深具“中国元素　四川味道”的航空服务，服务质量及航班正常率位居中国民航前列，入围中国品牌价值500强，连续三年获评中国大陆地区“最佳航空公司”。

近年来，川航持续推进“上山出海”战略，面向国内加密中西部地区高原、特殊机场航线，面向国际发布“熊猫之路”计划，新开布拉格、洛杉矶、奥克兰等远程洲际航线，完善网络架设，并通过优化资源配置、创新服务产品与盈利模式，为更多旅客提供便捷、高效的出行解决方案，助力区域经济发展，服务“一带一路”建设。

经过全员不懈努力与付出，川航成为四川省国有企业“品牌质量”标杆，成功蝉联中国质量奖提名奖，获省委、省政府高度认可，并作为质量标杆在省属国资系统中推广企业生产经营、安全保障、服务运行等“质量强企”之道，多维度呈现品牌内涵。

“十三五”发展，川航将落实“创新、协调、开放、绿色、共享”的发展理念，向着“全服务、网络型、国际化”进一步转型升级，力争到2020年底，机队规模超过180架，实现“三个五”的目标——即“飞行安全五星奖、500亿资产规模、5个分公司以上规模的基地”，以优异的营运水平、成熟的发展平台和卓越的品牌价值，成为一家独具特色优势的成熟中型航企。

国庆佳节，出游旅客
搭乘川航航班返回蓉城

成都双流国际机场T1候机楼川航专属服务区，
川航机队静候旅客登机

春运期间，
川航推出新禧之旅特色服务航班

重庆江北国际机场，
川航重庆分公司机队鸟瞰

湖南粮食集团
HUNAN GRAIN GROUP

用心自然好

湖南粮食集团是经湖南省政府批准，整合湖南省及长沙市有关优势资源成立的国有大型综合性粮食企业，总资产近100亿元。

集团主要业务有粮油收储、粮油加工、中转物流、市场交易、期货交割、经营贸易、电子商务、种子繁育、房产开发、生态板业等。拥有15个粮油收购储备公司，仓（罐）容量220万吨；拥有5个粮油加工企业，年加工能力近200万吨；拥有长沙国家粮油交易中心，年交易量320万吨，交易额近100亿元；拥有2条铁路专用线，6个两千吨级泊位，年货物吞吐能力500万吨；拥有湖南粮食饲料现货交易市场，年交易额15亿元；拥有早籼稻、菜籽油、硬小麦期货交割库，交割规模25万吨；拥有粮食集团、金健米业、裕湘食品和银光粮油4个农业产业化国家级重点龙头企业，以及金霞粮食、金山粮油、金牛米业、中意食品等农业产业化省级重点龙头企业，拥有“金健”“金霞”“裕湘”“银光”和“中意”五大品牌。产品向米、面、油、奶、粉、药、休闲食品等多元化发展，营销网络立足湖南，布局全国，辐射欧洲、美国、日韩、东南亚等地。

打造最具品牌影响力和核心竞争力的世界级食品投资控股集团

GAEA GEM
金健®
一诺千金·健康为你
裕湘®
金霞®
银光
SILVER LIGHT
中意®
湖南粮食集团有限责任公司
HUNAN GRAIN GROUP LIMITED LIABILITY COMPANY
地 址：湖南省长沙市开福区芙蓉北路1119号
邮 编：410008 电 话(传 真)：0731-89780555
服务热线 4000-430-999
www.hngraingroup.com

CHANGAO
长高控股

集团概况

长沙高新控股集团（以下简称“集团”）成立于1992年1月，是国家级长沙高新区直属企业，长沙市属国资战略平台四大功能类企业集团之一。

集团具有国家房地产开发企业一级资质。近年获评国家和省、市重合同守信用企业、全国保障性安居工程建设最具社会责任感房地产开发企业、湖南省首届“五一劳动奖状”等；开发建设项目获评“全国市政金杯工程”“全国保障性安居优秀工程项目”“全国工人先锋号”等50多项省级以上荣誉。

集团重视企业文化与品牌建设，构建了以“至诚、尽责、创造价值”为核心价值观的“12345-3”文化理念体系。

业务板块

按照"集团化管理、专业化运作、多元化经营"的发展思路，以集团公司为母公司，区分功能类和竞争类定位，下设麓谷建发、麓谷实业两大龙头企业，并拥有9家三级控股成员企业。功能性板块以麓谷建发为龙头，下辖4家全资子（分）公司，覆盖市政道路、园林环卫、保障住房、工程施工、汽车园区等领域；竞争性板块以麓谷实业为旗舰，下辖5家全资或控股子公司，覆盖产业地产、商住开发、清洁能源、物业管理、金融服务、高新技术产业投资等领域。由此，集团构建了从资金筹集（创投、担保、基金等金融业务）到建设施工（拥有市政和房建双一级资质）的主营业务全产业链条。

01	02	03
04	05	06
07	08	09

图注

1. 长沙高新区道路立交
2. 长沙高新区麓谷公园
3. 麓城印象公租房项目
4. 和馨园保障房项目
5. 麓谷企业广场
6. 麓谷明珠
7. 长沙麓谷汽车世界实景
8. 正在建设的环创企业广场效果图
9. 正在建设的致地 龙熙台项目效果图

经营业绩

城市投资建设及运营。集团累计完成城市投资建设总额400亿元。其中，完成长沙高新区60平方公里范围公共配套设施建设，建成市政道路350千米，累计完成投资约200亿元；承接了长沙高新区所有财政投资的学校、医院等功能性项目代建管理，均按期保质保量建成并交付使用；完成保障性安居工程逾280万平方米，其中居民安置保障房是全国保障性住房建设示范性项目，公租房是省、市公租房试点工程；已建及在建的产业代建项目规模逾30万平方米，包括华曙高科3D打印产业园、中兴通讯智能终端设备研发生产基地等；采用类PPP模式，对麓谷新区规划范围内2平方千米已征未拆用地进行建设，总投资40亿元。

产业园区开发与运营。集团累计建设运营产业园区总建筑面积115万平方米。其中，麓谷企业广场产业综合体项目，总建筑面积54万平方米，总投资逾13亿元，内设产业服务、金融服务、人才服务、技术服务、生活服务“五大配套平台”，已入驻企业1100余家，就业人数2万余人，年产值200亿元，年创利税近10亿元，是湖南省当前最为成熟的产业园区；正在建设的环创企业广场，以“立体产业园区”开发建设作为产品升级的主攻方向，以“生态、阳光、环保”为主题，力争打造一个标杆式高端环保产业园区。项目占地182亩，总建筑面积32万平方米，总投资10亿元，是省发改委认定的省级重点特色产业园，其内设的“长沙高新节能环保公共服务平台”，获得省发改委的重点立项扶持。项目建成后，预计入驻企业700余家，实现年产值逾100亿元，年创利税7亿元；同时，域内建设规模约15万平方米的长沙高新区跨境电商产业园及公用保税仓项目、域外特色小镇项目也在紧锣密鼓筹备当中。

01	02	03
04	05	06

图注

1. 一级资质证书　2. 守合同重信用单位

3. 工人先锋号　4. 省五一劳动奖状

5. 麓谷和馨园被列为“全国保障性住房建设实施示范项目”

6. 最具社会责任感房地产开发企业

战略定位及发展目标

“十三五”期间，集团将落实“立足麓谷，面向市场，创新发展，全面升级”的新方针，实施“一个中心”（持续打造“一流的产业和城市投资发展商”）、“两大转变”（企业性质由政府融资平台向真正的市场主体转变，业务定位由单纯的开发向“开发与运营”并重转变）、“234工程”（投资、利润、营业收入年均增长20%、30%、40%）的新战略，力争到2020年，集团实现经营性资产逾500亿元，净资产300亿元。

01	02	03
04	05	06
07	08	09

图注

1. 省委书记、省人大常委会主任杜家毫调研麓谷企业广场
2. 2017年湖南省节能宣传周、低碳日启动仪式在麓谷企业广场举行
3. 2016年长沙麓谷汽车世界梅溪新天地汽车文化节
4. 麓谷企业广场杯 2016年创富V计划暨湖湘青年创新创业大赛决赛现场
5. 致地龙熙台龙熙雅集传统建筑赏析会暨会员入会仪式
6. 书画名家进企业笔会活动
7. 交通银行在湘首家科技支行落户集团项目麓谷企业广场
8. 集团篮球队在湖南省直机关篮球赛中荣获企业组冠军
9. 集团组织开展“高绩效团队打造、卓越领导者的战略思维”主题培训

广汽集团
GAC GROUP

匠于心　品于行
CRAFTED BY THE DRIVEN

广州汽车集团股份有限公司（以下简称“广汽集团”）是一家大型国有控股股份制企业集团，其前身为成立于1997年6月的广州汽车集团有限公司。2005年6月28日，广州汽车工业集团有限公司、万向集团公司、中国机械工业集团有限公司、广州钢铁企业集团有限公司和广州市长隆酒店有限公司作为共同发起人，对原广州汽车集团有限公司进行股份制改造，设立广汽集团。集团目前拥有员工8.4万余人，总部位于广州市天河区珠江新城。在中国大型国有控股汽车集团中，首家实现了A+H股整体上市。母公司广汽工业集团从2013年起连续五年入围《财富》世界500强，2017年位列第238位，2017中国企业500强第52名，2017中国制造业企业排名第18名。

广汽集团汽车产销首次突破200万辆，同比增长均超20%，高于行业平均增幅18个百分点，销量增幅居国内六大汽车集团之首，市场占有率提升至7%。其中自主品牌产销量突破50万辆，同比增长超30%，成为本集团新的利润增长点；日系、欧美系企业全面向上，与自主系三足鼎立格局日益巩固；同时实现摩托车产销分别为98.98万辆和100.34万辆。

经过多年战略布局，广汽集团坚持合资合作与自主创新共同发展，已经形成了以整车(汽车、摩托车)制造为中心，涵盖上游的汽车研发、零部件和下游的汽车商贸服务、汽车金融、汽车保险、汽车租赁、汽车物流等完整的产业链条，成为国内产业链最为完整的汽车集团之一，也是国内汽车行业首家拥有保险经纪、汽车金融和保险、资本、融资租赁等多块金融牌照的企业集团。

目前集团旗下拥有广汽乘用车、广汽本田、广汽丰田、广汽三菱、广汽菲亚特克莱斯勒、广汽研究院等数十家知名企业与研发机构。生产销售传祺、雅阁、冠道、奥德赛、凯美瑞、汉兰达、雷凌、自由光、自由侠、指南者、菲翔、劲炫、新帕杰罗.劲畅、欧蓝德等数十种知名品牌汽车产品。推进汽车互联网生态圈项目，打造自主品牌“传祺”新标杆，初步形成自主品牌、日系、欧美系三足鼎立发展格局。

广汽集团以“铸造社会信赖的公众公司”为目标，不断提升经济效益，取得了良好的财务绩效。同时，制定相对稳定、连续的利润分配方案，积极回报股东；坚持依法纳税，为国家创造的税收逐年增加；销售网络覆盖全国，产业布局以广州为中心，以华中、华东为两翼，辐射全国。在全国31个省（自治区、直辖市）拥有经销商2617家，带动零部件配套供应、销售物流、金融服务等上下游产业链就业人口将近70万余人。在广州地区，形成北部商用车产业区、东部和南部乘用车产业区、中部汽车金融服务业的布局。

www.gagc.com.cn　A股代码：601238.SH | H股代码：02238.HK

深圳巴士集团 SHENZHEN BUS

电动化+智能化两翼助飞全面转型
匠心打造全球最大新能源公交产业集团

深圳巴士集团股份有限公司（以下简称“深圳巴士”）是深圳市政府授权的公共汽车特许经营国有控股企业，前身为1975年底创建的“宝安县深圳镇公共汽车公司”，2004年底改制为国有控股的中外合资股份制公司，是深圳市历史最长、规模最大、品牌最优的公交特许经营企业，是全球最大的新能源公交运营公司。截至2017年6月底，深圳巴士总资产79亿元，员工24218人，营运车辆11386台；公交营运线路343条，日均营运里程105万千米，日均客运量163万人次；建有充电桩1073个，自有场站33万平方米，在全国主要城市公交企业中综合排名前列。

筚路蓝缕，历经数代公交人的努力，深圳巴士在发展历程中创造了多项第一：1992年开通国内第一条无人售票线路；1993年成为国内首家实行大巴专营的公交企业；1996年率先使用公交非接触式IC卡系统；在国内公交企业中首家通过ISO14000环境认证，首家全面导入对标管理及卓越绩效管理模式，首家成立员工情感互动中心实行情绪管理；2010年成立全球首家纯电动出租车公司；2012年9月开通全国首条全电动公交车线路；2017年6月成为全球首家和规模最大的全面使用纯电动公交车的运营企业；国内唯一入选国际公共运输联盟（UITP）巴士分会的委员单位。

发展亮点

深圳巴士明确“主业精进，辅业拓展，适度多元，持续创新”的战略思路，确立“1+4”战略方向，制定“一体两翼”战略方针，以新能源、“互联网+”作为转型发展的两翼，形成“全面电动化和全面智能化”双轮驱动发展，走出一条公交企业发展的新路子。

（一）电动化引领公交绿色转型。深圳巴士经过五年的新能源车辆应用实践及规模化推广，每年减少二氧化碳排放约4万吨，减少其他废气污染物排放2000多吨，为深圳低碳减排、绿色出行和生态环境的可持续发展作出极大贡献。

深圳巴士亮相美国纽约时代广场纳斯达克巨幕

纯电动双层艺术巴士途经深圳市民中心、深圳湾体育馆等重要地标，为深圳公共交通增添人文艺术色彩

纯电动双层艺术巴士投放仪式

深圳巴士董事长余钢在第62届全球国际公共交通（UITP）峰会作《深圳市公交全面电动化应用实例》主题报告

10路三八红旗车队，全国第一条无人售票线路

优点巴士定制服务，为第19届国际植物学大会提供交通保障

（二）规模化整合打造市属国有出租车运营平台。在网约车兴起、出租车行业低迷的市场逆势下，深圳巴士体现国企担当，作为收购主体，整合5家深圳市属国有出租车企业和资源，打造深圳市国有出租车统一运营平台，成为深圳市最大的出租车公司，为深圳出租车市场供给的稳定有序、服务品质的全面提升奠定良好基础。

（三）多元化公交服务促升乘客满意度。成立优点网络科技公司，开发优点巴士APP,提供定制巴士、微循环巴士、城际班车、5900多台常规巴士公交到站查询和4600多台的士的在线查询和定制服务，多元化的公交出行服务、智能化的体验方式不断提升乘客的满意度。

（四）特色化公交品牌温暖照亮城市。打造智慧公交“优点巴士”、艺术文化“双层巴士”、新能源出租车“鹏程电动”、复古风情“铛铛优巴”四大特色公交品牌。其中艺术巴士形象宣传片亮相美国纽约时代广场纳斯达克巨幕，是纽约时代广场首次向世界展示深圳国企和中国公交企业。

企业荣誉

深圳巴士先后获得“全国五一劳动奖章”“国家级管理创新一等奖”“中国企业文化影响力十强”等多项殊荣，被国家交通运输部评为“全国十佳公交企业”，是国内公交行业的管理标杆。2016年荣获“全国诚信经营示范单位”“中国AAA级信用企业”“全国交通企业管理现代化创新成果一等奖”等多个奖项，获奖微电影《一个公交公司的安全账单》《爱在身边》等在社会上引起强烈反响。

全面电动化已然开启公交新时代，在市委市政府高度重视、市国资委正确领导和大力支持下，深圳巴士将加速智能化、市场化推进，加快场站资源、公交资源整合，有效提升公交产业化水平，建设“平安巴士、绿色巴士、智慧巴士、文化巴士、幸福巴士”，力使深圳的地面公共交通匹配深圳国际化都市的城市地位。

深圳巴士网式快捷充电模式获得发明专利

形象、功能焕然一新的标准化建设公交场站

收购深港集团，深圳出租车规模化整合取得重大进展

纯电动出租车综合规划充电站

中国企业国有产权交易机构协会

Chinese State—owned Property Exchages Association

产权交易资本市场体系建设逐步完善
服务功能进一步增强

产权交易事业是国资监管事业的重要组成部分。产权交易市场历经近30年发展，发挥流转与融资两大功能，为优化资源配置、促进价值发现、推动国有资本高效运转、实现国有资本保值增值发挥了重要作用，成长为新型资本市场。2015年，党中央国务院明确产权交易市场是我国多层次资本市场的重要组成部分，成为市场发展的里程碑。2012-2015年，我国产权交易额4年累计突破10万亿元，2016年11月24日的《人民日报》在头版作为重大新闻发布。

2016年，《国有资产交易监督管理办法》等国企改革“1+N”文件密集出台，赋予产权交易市场服务国企国资改革创新的功能定位。产权交易机构紧紧把握历史机遇，积极为中央企业“三去一降一补”、“瘦身健体”提质增效、并购重组、处置“僵尸企业”、组合民间资本参与国企改制重组服务，特别是强化融资功能，大力拓展国企增资业务，实现交易额快速增长。2016年产权交易总额达到7.92万亿元。

中国企业国有产权交易机构协会（简称“中国产权协会”）承担着引领行业规范与自律的责任，发挥着会员单位与政府监管部门之间、与社会公众之间的桥梁、纽带作用。协会紧紧团结和带领广大会员单位，按照国企国资深化改革对产权交易市场提出的新任务新要求，大力建设产权交易资本市场体系，包括理论体系、法律法规体系、信息化体系、信用评价体系和行业自律与风险防范体系，目标是建成全国统一、规范、高效、功能强大、为国企国资改革服务的产权交易资本市场。

2016年11月24日，协会在成都举办产权交易市场服务国企改革创新论坛。国务院国资委有关厅局领导、地方国资监管部门领导、研究机构专家学者、中央企业、地方国企、产权交易机构、中介机构代表共聚一堂，共商产权交易市场创新发展之路

2017年5月，协会组织全行业开展商务部、国务院国资委组织实施的首批信用评价结果揭晓，首批评出AAA级信用企业15家，AA级信用企业8家。9月，协会向信用企业授牌授证

2017年4月25日，协会资本投资运营专业分会成立。国家开发投资公司党组成员、副总裁陈德春（左一），国务院国资委产权管理局副局长李晓梁（左二），国务院国资委协会党建局（协会工作局）局长张涛（左三），中国产权协会会长吴汝川为投资运营专业分会成立揭牌

2016年2月24-25日，协会第三次会员大会举行。大会审议通过了行业“十三五”发展规划；选举产生了新一届理事会、常务理事会、会长、副会长、秘书长。国务院国资委党委委员、总会计师沈莹出席大会并作重要讲话。大会为“十三五”时期协会工作更加健康、稳步发展奠定了坚实基础，开启了产权交易行业发展的新征程

2016年8月23-25日，协会三届二次常务理事会议暨学习“32号令”培训班在太原举办。国务院国资委产权管理局对学习贯彻32号令做辅导，副局长郜志宇讲话

协会会员从最初的66家发展到现在的153家。资本投资运营专业分会挂牌成立，市场服务专业分会正在筹建之中，进一步探索以产权交易机构为平台，金融机构，投资机构，律所、审计评估机构、投行等中介服务机构联动的产权市场运作模式。在理论体系建设上，开展了“产权交易市场的特质属性、功能定位与支撑体系实证研究”，举办了产权交易市场服务国企改革创新论坛，市场主体与专家学者共筑产权交易市场理论基础。在法律法规体系建设上，编制了《产权交易行业“十三五”发展规划》《增资扩股业务规范》等11个规划规则规范，进一步夯实制度基础。在信息化体系建设上，全国产权交易行业信息化综合服务平台上线试运行，产权交易行业指数——中产协国有资产交易指数正式发布，以信息化建设为根基和突破口，推动建设全国统一的产权交易大市场。在信用评价体系建设上，组织全行业开展信用评价工作，首批评出AAA级信用企业15家，AA级信用企业8家。在行业自律与风险防范体系建设上，组织多种形式的业务和政策培训，编发《产权交易市场资讯》，开展典型案例评选活动，交流、推广成功经验，规范操作，强化创新，不断提高服务能力和水平，提升行业影响力。

“十三五”时期，产权交易市场肩负着更好地服务于国企国资改革发展与提质增效、更好地服务于国有经济布局结构调整的任务。协会将引领产权交易行业牢牢把握资本市场定位，坚持为实体经济发展服务的方向，大力提升产权交易资本市场建设水平，服务国企国资改革创新发展大局，充分发挥国资监管体系重要一环的独特作用。协会自身将进一步加强内部治理，向着5A级品牌协会奋进。

2017年5月，全国产权交易行业信息化综合服务平台上线试运行，产权交易行业指数——中产协国有资产交易指数正式发布

2016年11月24日，《我国产权交易4年突破10万亿元》新闻登上《人民日报》头版。新华社播发通稿，中国政府网转发新华社图文

北部湾产权交易所集团

BEEG BEIBU GULF EQUITY EXCHANGE GROUP

北部湾产权交易所集团股份有限公司（以下简称“北部湾产权交易所集团”）是2015年12月经广西壮族自治区人民政府批准同意，在广西北部湾产权交易所股份有限公司 （2009年8月成立）基础上改组设立的股份制国有资本控股企业集团，系政府授权特许经营各类要素资源交易并承担广西产权交易市场建设的企业主体。主要职能为：负责建设面向东盟的要素市场，以全资、控股、参股等方式投资参与广西各类专业要素资源交易市场的建设和集约化经营；为各类专业要素资源交易提供服务；为交易参与方提供金融、咨询、策划、审计、评估、法律等服务。

作为自治区级国有综合交易平台，北部湾产权交易所集团拥有各类权威资质，是广西唯一一家具有中央企业资产处置资格的交易机构、广西国有企业增资业务指定产权交易机构、国内产权交易行业首批AA级信用企业。

目前北部湾产权交易所集团参（控）股多个专业平台公司，与遍布全国20多个省的同业交易机构及上百家会员服务机构搭建了良好的信息共享与合作机制，在全区各地市设有服务网点，拥有完善的治理结构、先进的信息网络系统、健全的交易制度和风控体系以及专业的管理团队。

经典案例

央企资产进场挂牌高溢价成交
——30万吨水泥生产线机器设备、“西湾”商标转让项目

2016年12月17日，中国有色集团下属子公司贺州市平桂飞碟水泥有限公司委托挂牌转让的30万吨水泥生产线机器设备及“西湾”商标项目在北部湾产权交易所集团通过互联网动态报价方式，经过100多轮激烈竞价，最终30万吨水泥生产线机器设备以868.886万元成交，溢价率87.71%；“西湾”商标以388.43万元成交，溢价率1631.74%。

为顺利推进该项目成交，北部湾产权交易所集团充分发挥平台服务功能和优势，除通过报刊、网站、微信等常规渠道宣传项目信息外，还根据该项目两种不同类型的项目标的实际情况，有针对性地设计转让方案和推介形式。对于30万吨水泥生产线机器设备项目标的，北部湾产权交易所集团利用自身拥有的机器设备类客户资源库，向目标客户群体发送项目信息，共征集到46家合格的意向受让方报名参与竞买，为项目的大幅增值成功转让创造了条件。对于“西湾”商标转让项目标的，其属无形资产转让。一直以来企业对无形资产的价值意识比较淡薄，只知道无形资产有价值，却从未想过如何把无形资产转化成经济利润，许多商标交易都是在“黑市”进行，成交价格仅在评估价格上折价转让。北部湾产权交易所集团根据该项目标的特点并结合自身专业平台资源，联合分公司—广西知识产权交易中心通过线上广泛宣传、线下重点推介的方式组织推荐项目，共征集到15个合格意向受让方，确保了“西湾”商标交易的阳光化、公正化，充分体现了知识产权项目的市场价值。

西南联合产权交易所

——川藏产权交易市场——

西南联合产权交易所——（2009—2017）

2009年12月，西南联合产权交易所有限责任公司（以下简称“西南联交所”）经四川省政府第十一届第38次常务会议决定，由四川省、西藏自治区、成都市两地三方国有企事业单位共同出资设立，是全国唯一一家跨省区的综合类产权交易机构。

为充分发挥产权市场的融资功能和资源配制功能，西南联交所坚持“公开、公平、公正”的原则，在服务国资国企改革、推动国有资产公开交易、确保国有资本保值增值方面发挥了重要作用。2012年12月，西南交易所被国务院国资委确定为首批从事央企实物资产交易的产权交易机构，为在川央企提供公车处置、产权转让代理、增资扩股代理、投融资咨询等服务。值得一提的是，2017年，西南交易所为中石油、中国东方电气集团、攀钢集团等56家央企客户的本地及外地资产项目提供交易服务，共计成交央企项目281宗，涉及交易规模达到156.26亿元。其中，“成都铁路地区旧城改造中心下属公司五宗土地征集合作方”单宗项目实现融资金额突破60亿元。

2017经典案例——西南交易所助力煤炭行业供给侧结构性改革

2017年8月24日，四川省首次“煤炭去产能指标”交易在西南联合产权交易所拉开序幕，通过网络竞价成功实现了全额交易，同年10月，第二次交易亦顺利完成。

西南交易所旨在贯彻落实党中央、国务院关于推进结构性改革、抓好去产能任务的决策部署，搭建了“四川省煤炭去产能置换指标交易平台”，专门组织人员创新设计了交易方案、交易规则、底价确定、指标安排、合同签订等全套交易流程，推动煤炭去产能指标交易取得圆满成功。两次交易涉及251家关停并转煤矿企业委托转让的1644.32万吨指标，最终成交价为23.66亿元，创下“交易指标总量、交易总金额、计划内指标交易溢价率、出卖方数量、征集到的买方申报需求量”五个全国第一。

煤炭去产能指标交易在全国引起较大反响，国家发改委、安监总局等特地上门调研，充分肯定了西南联交所的创新做法及成果，拟进行专项总结并全国推广。

浙江产权交易所

ZHEJIANG PROPERTY & STOCK EXCHANGE

浙江产权交易所有限公司（以下简称“浙交所”）是浙江省国有资产监督管理委员会的直属机构，核心资质包括：浙江省唯一由国务院国资委指定的中央企业资产转让业务的交易机构；经省政府批准设立的省属国资转让唯一指定进场交易机构；省财政厅批准且报备财政部的省内唯一指定金融国资进场交易机构；省级行政事业国资进场交易的主要交易机构。

浙交所以丰富的交易经验、专业的服务团队、先进的信息系统、海量的投资人信息库、精准的营销渠道等综合优势，为各级国有企业、行政事业单位、上市公司、民营企业等产股权及实物资产转受让交易、经营性资产租赁、企业购并重组、企业融资、增资扩股、公车处置、公款存放银行竞标、中介机构选择等交易提供优质的咨询、交易及相关配套等全流程服务。近两年，浙交所经营数据均创历史新高，2016年单向成交金额239.73亿元，比上年同期增长148.40%，2017年截至9月底单向成交金额118.88亿元，比上年同期增长244.08%，在业务量大幅增长的情况下，浙交所合法合规操作，至今仍保持2004年以来参与各方相关人员无一例违规违纪现象记录。

2015年8月，国家出台了《中共中央、国务院关于深化国有企业改革的指导意见》（中发〔2015〕22号），第一次正式将产权交易市场明确为资本市场，这对产权市场而言，具有里程碑式的意义。浙交所将继续发挥好产权要素市场的制度保障功能、价值发现功能、融资服务功能和资源配置功能，成为浙江省产权要素市场体系的龙头性服务平台、政府管理与服务经济的市场化工具和区域性非标化产权资本市场平台，推动产权要素实现阳光高效配置，为实现经济、社会、环境协调可持续发展作出更大贡献。

浙交所举办电子竞价会

浙交所举办2017产权市场与证券市场发展展望论坛

浙交所与清河坊签订战略合作协议

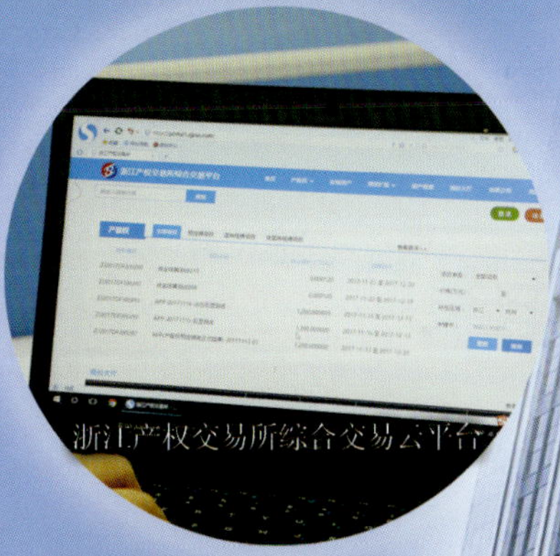
浙江产权交易所综合交易云平台

微信公众号

地址：浙江省杭州市望江东路332号望江国际中心4号楼18-19层
邮编：310008
电话：0571-87291888
传真：0571-87293055
网址：http://www.zjpse.com

Deloitte. 德勤

德勤—国企转型升级的全方位合作伙伴

作为全球最大的专业服务机构之一，德勤凭借百年积累的本土洞察和全球视野，深刻理解中国国有企业转型升级过程中面临的多重挑战，以全方位专业服务能力协助开展市场化改革；支持国有企业在“一带一路”倡议下，成为具有全球竞争力的世界一流企业。

150 全球网络

透过遍及全球逾150个国家的成员所网络为各行各业的客户企业提供审计及鉴证、管理咨询、财务咨询、风险管理、税务及相关服务，协助应对复杂的商业挑战。

60 实践真知

协助超过60家国家和省级试点国有企业开展国企改革相关项目的方案设计与落地，积累了丰富的实际操作经验。

30 监管互动

为国务院国资委和30个省市政府/国资委深化国资国企改革提供智力支持，并保持密切沟通。

7 思想前沿

系统研究国企改革相关课题，发布七份国企改革相关专题研究报告，并联合中国经济出版社整理出版为《新一轮国企改革的思考与操作实务》一书。

德勤审计及鉴证服务

“求实启思”
“求实”旨在说明我们的审计成果实事求是，不仅富于启发和洞见，亦可稳固信心、增强信任。

“启思”即专注于协助利益相关者实现愿景、施展抱负。我们相信，凭借至信的承诺，德勤可以助力国有企业畅想未来，把握机遇。

市场认可及奖项：

- 自1993年以来，一直担任中国财政部顾问，协助制定中国会计准则及税法
- 连续多年入围国务院国资委首选供应商名单至今，并排名领先
- 在中注协100强会计师事务所综合评估中连续七年稳居第一梯队
- 连续多年荣膺中国企业海外上市最佳审计机构

可提供的服务：

公开上市服务

- 为正在考虑上市的企业，开展上市成熟度评估，并提出管理提升建议；
- 在上市前阶段，协助企业与保荐人和承销商接触及谈判提供咨询意见和建议；
- 在申报阶段，协助编制并提交符合上市要求的已审报表与账目；

财务报告服务

- 协助上市国有企业准确应用相关准则并迅速编制财务报告；
- 定期发布国内外会计准则及财务报告最新通报，提供前瞻性的财务建议；

审计咨询服务

- 响应国家“一带一路”倡议，协助国企海外公司在当地的会计准则以及财务报告转换，结合海外公司和中国母公司业务进行会计政策统一、模拟合并报表等；
- 基于国企混合所有制改革及公开上市要求，协助开展投资前期财务分析、财务健康检查、上市前财务辅导和准备等工作；
- 配合国家“三降一补”及国企内部业务整合要求，协助开展全球对标分析、去杠杆以及资产证券化等工作。

联系我们：

付建超
德勤中国审计及鉴证华北区
主管合伙人
电话：+86 10 8520 7159
电子邮件：jfu@deloitte.com.cn

德勤管理咨询服务

德勤管理咨询有多年服务国企客户经验，理解国企转型过程中面临的多重挑战并对转型的多个课题有深刻见解，为国企改革提供从战略到卓越运营和技术支撑的一站式咨询服务，并且有能力将提供给客户的咨询建议协助其落地实施。

市场认可及奖项：

- 德勤人力资本咨询团队荣膺由《人力资本管理》杂志与Hroot评选的2017年大中华区最佳人力资源服务品牌
- 德勤人力资本团队荣膺2017年中国薪酬和福利咨询服务机构5强称号
- 德勤荣获国际并购顾问奖-2017年度最佳并购整合顾问
- 德勤全球SAP团队荣膺 2017 SAP S/4HANA®年度大型企业优质合作伙伴
- 德勤连续三年被高德纳 (Gartner) [1]列为全球业务分析服务领先机构
- 德勤被ALM Intelligence[2]评为数字物流咨询全球领导者
- 德勤连续第六年被高德纳 (Gartner) 列为全球排名第一的咨询机构
- 德勤被ALM Intelligence评为咨询服务能力广度上的领导者

可提供的服务：

协助企业从人才体系建设方面推进国企改革与“走出去”战略：

- **混合所有制企业员工持股：**协助设计员工持股详细方案，提供沟通报批支持，辅助员工宣导及培训，助力方案落地实施；
- **职业经理人制度：**协助明确职业经理人岗位范围、职责权限与资格标准，建立选聘任用、契约管理、绩效管理、薪酬激励、职业发展、退出管理及监督约束等配套机制；
- **国企改革与职工安置：**参考国企改制相关政策，对企业现行各项职工安置及劳动保障费用项目进行梳理，提出处理建议；
- **国际化人员管理：**协助完善国际化人才识别与培养、管控及授权、薪酬激励、绩效管理和归国安置等机制；
- **人力资源共享服务：**帮助企业设计人力资源三支柱架构，并设计和落地人力资源共享服务中心以优化成本、提升服务质量及效率。

国家“一带一路”倡议推进了国家、区域间的合作和资源共享，云计算作为一项重要的基础设施可提供便捷、稳定、安全、低成本IT平台计算能力。德勤云服务团队成功为能源化工、公共服务、汽车行业等大型央企以及政府机构客户提供云转型咨询、实施相关专业服务。我们的解决方案包括但不限于：

- **云咨询服务：**云战略规划，上云评估准备、云产品选型、架构规划设计等；
- **云实施服务：**SaaS套件产品实施、基于IaaS或PaaS应用开发和实施、德勤SaaS产品研发和实施
- **云迁移：**套件产品应用云迁移、定制开发应用的云迁移
- **云平台管理服务：**从基础设施到应用的运营、运维管理

联系我们：

王拓轩
德勤中国管理咨询华北区
主管合伙人
电话：+86 10 8520 7854
电子邮件：
alantxwang@deloitte.com.cn

德勤风险咨询服务

德勤风险咨询团队作为治理与管控专家，与国资委财政部就风险管理，内部控制等开展了多项课题研究和专业合作。为数十家中央和地方国有企业在国企改革中提供战略风险、公司治理、集团管控、风控体系、资金管理、IT风险和金融风险等相关咨询服务。

市场认可及奖项：

- 德勤被ALM Intelligence评为全球企业风险管理领导者
- 德勤被国际数据公司（IDC）[3]评为风险管理咨询市场排名第一
- 德勤被高德纳（Gartner）评为全球风险管理咨询服务领导者
- 德勤被Forrester[4]评为风险咨询服务市场中的领导者

可提供的服务：

为混合所有制改革改制、兼并重组改革、结构性改革提供咨询服务，服务内容包括：

- 战略风险管理：产业发展规划复盘
- 公司治理机制设计
- 集团管控模式设计
- 集团信息化架构及系统整合设计

为改组组建国有资本投资、运营公司提供咨询服务，服务内容包括：

- 平台规划和方案设计
- 平台公司治理与管控咨询
- 风险管控体系建设
- 投资风险控制
- 资金风险控制
- 产融结合方案设计
- 各金融牌照下专项风险解决方案

为"一带一路"、国企走出去提供咨询服务，服务内容包括：

- 海外项目风险管理
- 海外合资或独资企业风险控制方案
- 海外资金、投后风险管理

为依法治企与违规追责、监督机制改革提供咨询服务，服务内容包括：

- 合规管理
- "违规追责"专项咨询
- 监督管理机制设计

其他国企改革相关咨询服务

- 地方国资委规划、监管模式设计和风险监控服务
- 国有上市公司市值管理服务
- PPP全生命周期风险管理服务
- 数字化转型及运营的网络安全风险咨询服务
- 隐私保护风险咨询
- 大数据管理咨询服务

联系我们：

谢安
德勤中国 风险咨询国企服务
总负责人
电话：+86 10 8520 7313
电子邮件：allxie@deloitte.com.cn

德勤财务咨询服务

德勤中国财务咨询是德勤中国在企业财务方面的专业分支机构，是亚太地区规模最大、服务最全面的企业财务顾问机构之一。

市场认可及奖项：

- 德勤荣获国际并购顾问奖-2017年度最佳并购整合顾问
- 德勤被ALM Intelligence评为取证调查咨询服务的全球领军者
- 德勤被ALM Intelligence评为交易咨询服务的全球领军者

可提供的服务：

为企业量身定制全面解决方案，满足所有财务需求：

- 企业并购融资顾问服务
- 并购交易服务
- 估值与商业模型服务
- 德勤法证服务
- 企业重组服务

为响应新一轮国资国企改革的专业需求，以实际行动倾力提供服务：

- 开放式重组
- 引入基金进行产权制度改革
- 引入战略投资者
- 上市前规划等

为了协助企业借力“一带一路”走出去，我们专门成立了基础设施和资本项目财务顾问服务（I&CP）团队，针对大型基础设施建设、电力、水务、可再生能源、石油天然气等行业融资所提供的财务顾问服务。通过多年成功的跨境投融资项目，与主要的国内银行、外资银行和出口信贷机构建立了长期和紧密的合作关系，为客户在项目立项、投标及中标后的实施阶段提供一站式的服务。

联系我们：

陈尚礼
德勤中国企业财务咨询华北区
主管合伙人
电话：+86 10 8512 5618
电子邮件：jichan@deloitte.com.cn

德勤税务与商务咨询服务

我们致力于为企业提供综合性税务服务。将见解独到的跨部门创新方案与丰富的商业及行业认知有机结合，助您挥洒自如，在世界各地成就卓越。

市场认可及奖项：

- 德勤税务师事务所为四大中唯一一家获得5A资质的事务所，且位列全国第一；
- 德勤国际税务中心（亚太区）（AP ICE）拥有覆盖15个司法辖区的23位资深税务专业人士组成专家团队，在业内首创领先服务方案；
- 德勤税务师事务所名列中国注册税务师协会“中国注册税务师事务所百强”榜首

可提供的服务：

各种国企改革试点下的税务关注重点

兼并重组

- 税务尽职调查
- 交易结构税务优化
- 较优税务效益的重组方案
- 较低交易税负的重组路径
- 重组方案税负测算
- 提供实施重组的税务支持

引入投资者

- 投融资架构的税务优化
- 降低重组的税务负担
- 充分利用税收优惠政策，提升集团整体税务效益

员工持股

- 搭建具有税务效益的员工持股平台架构
- 员工股权激励计划个人所得税咨询
- 员工股权激励计划实施过程中的税务支持

各种海外投资形式下的税务关注重点

绿地投资

- 当地税制及税收优惠政策
- 税务风险管理
- 投融资架构的税务优化
- 关联交易管理
- 供应链税务优化
- 境外税收抵免

兼并收购

- 税务尽职调查
- 交易架构税务优化
- 并购的融资安排

工程承包

- 项目当地征税规定
- 外派员工的税务优化
- 项目执行主体的组织形式
- 关联交易管理
- 供应链管理的税务优化
- 出口退税申报和管理
- 商业合同架构优化
- 境外税收抵免

扫描二维码，关注并获取德勤倾力推出的**《国际税收与投资指南及经商须知》**，助力中国企业知己知彼，行稳致远。

联系我们：

朱桉
德勤中国税务与商务咨询华北区
主管合伙人
电话：+86 10 8520 7508
电子邮件：andzhu@deloitte.com.cn

国企改革

一张蓝图绘到底

国企混改/顶层设计/资本导入/战略优化/变革重组

EUROMONEY
MARKET LEADER
REAL ESTATE
2017

No.1 IN CHINA

Real Estate Services Company

中国最佳房地产顾问公司

- 综合实力排名第一
- 代理排名第一
- 评估排名第一
- 研究排名第一

戴德梁行是全球领先的房地产服务商，致力于帮助客户转变人们的工作、购物及生活方式。我们遍布全球70多个国家，拥有45000名员工，在大中华区设有20家分公司，通过兼具本土洞察与全球视野的房地产解决方案为客户和投资者创造更大价值。2017年一举揽获《欧洲货币》杂志四项年度大奖，在评估、代理、研究及综合实力等多个领域排名第一，荣膺中国最佳房地产顾问公司。作为全球最大的房地产服务运营商之一，戴德梁行年营业收入达60亿美元，核心业务包括租赁代理、资产服务、资本市场、设施服务、全球企业服务、投资及资产管理、项目管理、租户代表以及估价及顾问服务。更多详情，请浏览www.cushmanwakefield.com.cn或关注微信（戴德梁行）。

扫描二维码，
关注戴德梁行：

特

房地产资产证券化

戴德梁行参与了中国房地产资产证券化发展进程中的每一个标杆性项目，其中包括在深交所和上交所挂牌交易的第一单类REITs产品，服务内容覆盖物业价值评估、股权价值评估、市场调研、项目尽职调查等。

代表案例：与中信证券合作，助力“中信启航”成为国内交易所挂牌的首单权益型类REITs产品，提供包括物业价值评估、市场调研及物业状况评价在内的多项服务；同时在产品存续期间提供年度物业价值评估服务。

企业资产整合

戴德梁行的专家团队以资产管理的理念，促进企业顺利梳理、整合现有资产和资源，提供定制化“资产整合” 服务，涵盖策略制定、资产管理和运营、资产处置、及资本化方案

代表案例：为首钢集团提供企业战略规划与发展顾问服务，北京厂区旧址建筑物改造建议，为商业地产项目提供可持续发展的物业管理服务方案等。

中资企业海外业务

戴德梁行针对“一带一路”和中资企业海外业务发展需求，为世界各地海外项目提供一站式顾问服务，包括市场研究、策略定位、投资咨询、选址、租赁、招商、资产管理等。

代表案例：为中国路桥集团在非洲和亚洲10余个项目提供尽职调查，房地产市场调查，开发环境法律及政策研究，项目开发可行性研究，财务收益分析、投资决策等。

TOD项目综合开发

戴德梁行交通导向开发（TOD）顾问团队，专注为轨道交通、机场以及港口等交通地产项目提供专业方案，涵盖空港、地铁、高铁三大业务板块，以及高速路场站、公交场站、港口复兴转型等。

代表案例：为上海机场集团虹桥机场T1航站楼改造、T2航站楼及东交通中心、浦东机场T2，T3航站楼及卫星厅的前期定位提供策划咨询服务，并协助业主方进行招商前期准备工作。

合服务

戴德梁行近三年服务了超过40个特色小镇类项目，包括柳州鹿寨县中渡古镇、四川成都安仁古镇等国家级项目，提供全链接综合服务：包括申报顾问、战略规划、特色产业研究及引进、PPP资产包设计、PPP项目咨询顾问、投资者引进顾问、项目执行与移交顾问等，并引进投资运营商。

代表案例：为华侨城安仁古镇项目提供文创产业发展专题研究、国际教育产业专题研究、项目总体定位研究、盈利及运营模式建议、招商策略建议、经济效益评价及风险评估、产业资源引入。

如需了解更多业务信息，敬请联络：

王 盛

戴德梁行大中华区副总裁

Tel：+86 10 8519 8000
E-mail：sean.s.wang@cushwake.com

CUSHMAN & WAKEFIELD
戴 德 梁 行

2017

CHINA'S STATE-OWNED ASSETS SUPERVISION AND ADMINISTRATION YEARBOOK

中 国 国 有 资 产 监 督 管 理 年 鉴

大事记

第八篇

2016年国务院国有资产监督管理委员会大事记

1月

13日，国资委副主任黄丹华在国资委会见德国思爱普公司（SAP）首席执行官孟鼎铭一行。双方就数字技术的发展、SAP与国资委和中央企业的合作等议题进行深入交流。

19日，国资委总会计师沈莹在国资委会见葡萄牙外交部副部长乔治·奥利维拉一行，葡萄牙驻华大使培瑞拉陪同访问。双方就葡萄牙投资环境、中葡企业合作等议题进行深入交流。

21日，全国国有产权管理工作会议在北京召开。国资委副主任黄丹华出席会议并发表讲话。

21日，国资委秘书长阎晓峰在国资委会见戴尔公司全球高级副总裁兼首席财务官汤姆·斯威特。

22日，国资委召开中国核工业建设集团公司规范董事会工作会议。国资委副主任孟建民出席会议并讲话。

21—22日，国有重点大型企业监事会2016年度工作会议在北京召开，国资委副主任王文斌出席会议并讲话。

24日，国资委副主任刘强看望慰问中国机械工业集团有限公司中元国际研究员级高级工程师、公司医疗首席总建筑师黄锡璆。

26日，国资委召开国家电力投资集团公司规范董事会工作会议。国资委副主任孟建民出席会议并讲话。

27—28日，国资委在北京召开中央企业、地方国资委规划发展工作会议。国资委党委书记、主任张毅对会议专门作出重要批示，充分肯定中央企业和地方国资委规划发展工作取得的成绩，对“十三五”时期进一步做好规划发展各方面工作提出明确要求。国资委副主任黄丹华出席会议并讲话。

28—29日，国资委管理局系统年度工作会议在北京召开。国资委副主任徐福顺出席会议并讲话。国资委秘书长阎晓峰主持会议。

29日，中央企业宣传思想工作会议在北京召开，总结2015年中央企业宣传思想工作，分析形势，明确要求，安排部署2016年工作。国资委副主任黄丹华出席会议并讲话。

2月

2日，国资委副主任、党委委员，全国总工会副主席徐福顺专程前往中国石油化工集团公司全国劳模徐承恩院士家中，代表国资委党委、全国总工会向他致以节日问候和新春祝福。

2日，国资委直属机关召开第十三次党的工作暨纪检工作会议。国资委主任张毅对会议专门作出批示，国资委副主任、党委委员、直属机关党委书记黄丹华出席会议并讲话。

4日，国资委主任肖亚庆、副主任孟建民先后赴中国航空工业集团公司北京航空制造工程研究所、中国石油化工集团公司北京石油分公司东方油库，就企业提质增效、安全生产和“双创”等有关工作进行调研检查，并代表张毅书记和国资委领导班子看望慰问一线干部员工，提前向大家致以新春的祝福。

19—21日，国资委主任肖亚庆赴陕西省西安、榆林等地，调研中国石油天然气集团公司、中国航天科技集团公司、中国兵器工业集团有限公司、中国西电集团公司提质增效升级等工作情况，代表张毅书记、代表国资委领导班子看望慰问基层一线干部职工。

26日，国资委在北京召开中央企业扶贫开发工作会议，深入贯彻落实中央扶贫开发工作会议、《中共中央、国务院关于打赢脱贫攻坚战的决定》和中央单位定点扶贫工作会议精神，总结交流“十二五”时期中央企业扶贫开发工作，部署推动新阶段工作。国资委副主任徐福顺出席会议并讲话，国资委秘书长阎晓峰主持会议。

26日，财政部、科技部、国资委发布《关于印发〈国有科技型企业股权和分红激励暂行办法〉的通知》（财资〔2016〕4 号）。

27 日，国资委党委书记张毅，国资委主任、党委副书记肖亚庆，国资委副主任黄丹华出席广东省一中央企业"十三五"战略合作对接会。

29 日，国资委召开中央企业提质增效攻坚战动员会，贯彻党中央、国务院关于稳增长、调结构、促改革、惠民生、防风险各项工作部署，落实李克强总理等国务院领导批示精神，对打好提质增效攻坚战进行总动员。国资委主任、党委副书记肖亚庆出席会议并作动员讲话。

3 月

1 日，国务院国资委总会计师沈莹在国资委会见德勤 CFO 项目全球及美国主管合伙人康睿。

1 日，国资委主任肖亚庆主持召开国企改革专家座谈会，刘世锦、钱颖一、胡鞍钢、黄群慧、张宇、刘纪鹏等专家学者参加座谈会。

11 日，国资委召开中国中化集团公司规范董事会工作会议。国资委副主任孟建民出席会议并讲话。

12 日，十二届全国人大四次会议召开"深化国企改革"记者会。国资委主任肖亚庆，国资委副主任黄丹华，国资委副秘书长彭华岗出席记者会，介绍国企国资改革发展有关情况，并就国企改革问题回答中外记者提问。

16 日，国资委秘书长阎晓峰在国资委会见德国思爱普公司全球首席产品安全官胡吉奥一行。

17 日，国资委主任肖亚庆在国资委会见欧盟委员会竞争事务委员玛格丽特·维斯塔格一行。

21 日，国资委主任肖亚庆在国资委会见瑞士嘉能可公司首席执行官伊凡·格拉森博格一行。双方就大宗商品价格走势、中国经济发展态势等问题交换看法，表示应加强交流，共同促进相关行业发展和企业间合作。

22 日，国资委印发《关于建立中央企业资产评估项目公示制度有关事项的通知》（国资发产权〔2016〕41 号）、《关于加强中央企业评估机构备选库管理有关事项的通知》（国资发产权〔2016〕42 号）。

22 日，国务院国资委主任肖亚庆在国资委会见美国前国防部长、美国科恩集团董事长兼首席执行官科恩一行。

22 日，受国资委主任肖亚庆委托，国资委副主任黄丹华在国资委会见埃塞俄比亚国企部长德米图·哈比萨率领的高级代表团。

22—25 日，国资委副主任王文斌赴海南出席博鳌亚洲论坛 2016 年年会，听取中远博鳌公司服务保障博鳌亚洲论坛的工作汇报，并调研海南省国资委和部分中央企业在琼项目。

24 日，国资委主任肖亚庆、副主任孟建民赴中化集团就企业提质增效、深化改革、党的建设等工作情况进行调研。

24—25 日，国资委直属机关定点扶贫暨"五委会"工作会议在北京召开。国资委秘书长阎晓峰出席会议并讲话。

26—27 日，国资委主任肖亚庆赴天津市调研中国海洋石油集团有限公司、中国船舶重工集团公司、国家开发投资公司及有关地方国有企业提质增效、深化改革等工作情况，代表张毅书记、代表国资委领导班子看望慰问基层一线干部职工。

4 月

1 日，国资委总会计师沈莹在国资委会见丹麦驻华大使戴世阁一行。

5 日，国资委副主任黄丹华在国资委会见巴基斯坦议会中巴经济走廊委员会主席穆沙希德一行。

7 日，国资委主任肖亚庆在国资委会见中实集团公司共同主席尼尔·布什一行。

11 日，国资委主任、党委副书记，国资委全面深化改革领导小组组长肖亚庆主持召开国资委全面深化改革领导小组第 33 次全体会议，传达国务院国有企业改革领导小组第 18 次会议精神，研究《关于贯彻落实国务院国有企业改革领导小组第 18 次会议精神的方案》。

15 日，国资委秘书长阎晓峰在国资委会见威达信集团总裁兼首席执行官顾瑞泽一行。

16 日，第十四届中国国际人才交流大会在深圳开幕。国资委副主任王文斌出席开幕式，并参观国务院国资委携18家中央企业设立的“国资委—中央企业展区”。国务院国资委获得大会组委会颁发的“突出贡献奖”。

19日，国资委秘书长阎晓峰在国资委会见思科公司全球销售执行副总裁戴科睿一行。

19日，国资委副主任孟建民在国资委会见香港独立非执行董事协会代表团。

21日，国资委主任肖亚庆在国资委会见美国前财政部长、鲍尔森基金会主席亨利·鲍尔森一行。

26日，国资委副主任黄丹华在国资委会见波兰国库部副部长米考瓦伊·维尔德一行。

28日，国资委副主任、党委委员，全国总工会副主席徐福顺出席中国商飞公司劳模先进表彰暨质量信得过班组达标创优活动推进大会并讲话，代表中华全国总工会、国资委和国资委党委，向中央企业各类先进集体和劳动模范表示热烈的祝贺和崇高的敬意，向中央企业广大职工致以节日的问候和良好的祝愿。

5月

3日，中央企业共青团“创新发展·青年担当”主题实践活动启动仪式暨第七期“青春央企大讲堂”在中国电子信息安全研究基地举行。国资委副主任徐福顺出席活动并讲话。

4—5日，国资委党委在全国组织干部学院举办中央企业暨国资委直属机关“两学一做”学习教育基层党务骨干培训示范班，深入学习贯彻中央“两学一做”学习教育有关精神，落实国资委党委“两学一做”具体部署，提高中央企业和国资委直属机关“两学一做”组织领导水平。国资委党委委员、副主任，国资委直属机关党委书记黄丹华出席开班式并讲话。

10日，国资委主任肖亚庆、副主任孟建民赴中国航天科技集团公司中国运载火箭技术研究院调研企业提质增效、深化改革等工作。

18日，国资委直属机关工会第一次代表大会暨直属机关妇女第一次代表大会召开。国资委党委书记张毅代表国资委党委发来贺信，国资委副主任、党委委员、直属机关党委书记黄丹华出席大会并讲话。

28—29日，国资委主任肖亚庆、副主任黄丹华赴湖南省长沙、株洲等地，调研中国航天科工集团有限公司、中国电子信息产业集团有限公司、中国航空工业集团公司、中国中车集团公司、中国五矿集团公司提质增效、科技创新等工作情况。

28日，国资委主任肖亚庆、副主任黄丹华出席“加强产融学合作，推进湖南‘十三五’发展”座谈会。

6月

1日，国资委总会计师沈莹在国资委会见穆迪评级公司中国主权信用评级主分析师戴仑。

2日，国资委秘书长阎晓峰在国资委会见“古巴深化学习中国企业发展演变与转型研修班”代表团一行。

2日，中国五矿集团公司与中国冶金科工集团有限公司重组大会在北京召开。国资委主任肖亚庆出席会议。

6日，国资委主任肖亚庆在国资委会见诺基亚集团总裁兼首席执行官苏立一行。

6日，国资委主任肖亚庆在国资委会见力拓集团CEO威尔士和继任CEO夏杰思一行。

7日，国资委主任肖亚庆在国资委会见美铝董事长兼CEO柯菲德一行。

14日，国资委发布《国务院国资委关于在国资委系统开展法治宣传教育的第七个五年规划（2016—2020年）》（国资发法规〔2016〕99号）。

16日，国资委召开离退休干部“畅谈十八大以来变化”座谈会，国资委副主任徐福顺出席座谈会并讲话。

17日，国资委在北京召开中央企业科技创新工作会议，深入学习贯彻全国科技创新大会、两院院士大会和中国科协第九次全国代表大会精神，推动中央企业加快实施创新驱动发展战略，部署“十三五”时期中央企业科技创新工作。国资委党委书记张毅、国资委主任肖亚庆分别讲话，国资委副主任黄丹华主持会议。

20日，国资委秘书长阎晓峰出席在西宁市举办的“2016年中国·青海绿色发展投资贸易洽谈会”开幕式，巡视相关中央企业展台。并赴中国建筑总公司八局承建的西宁市城市管廊建设项目实地调研。

24日，国务院国资委、财政部印发《企业国有资产交易监督管理办法》（国务院国资委、财政部令第32号）。

26—28日，国资委主任肖亚庆赴天津出席2016年夏季达沃斯论坛。肖亚庆出席开幕式、总理与中外企业家对话会等活动，并会见世界经济论坛创始人兼执行主席施瓦布和加拿大创新、科学与经济发展部部长纳夫迪普·贝恩斯。

27日，国资委主任肖亚庆赴中国核工业集团公司、中国电子科技集团公司所属企业进行调研。

29日，国资委党委在北京召开庆祝中国共产党成立95周年暨中央企业"两优一先"表彰大会，表彰404个中央企业优秀共产党员、优秀党务工作者和先进基层党组织，30个优秀共产党员、优秀党务工作者标兵和先进基层党组织标杆。国资委党委书记张毅出席会议并讲话，国资委主任肖亚庆主持会议。

29日，国资委召开中央企业化解钢铁煤炭过剩产能工作会议。国资委副主任孟建民作了题为《发挥带头作用，坚决打赢化解过剩产能攻坚战》的讲话。

30日，国资委印发《关于公布政策性文件清理结果的公告》（国务院国资委公告2016年第1号）。

7月

5日，国资委党委中心组举行集体学习会，深入学习习近平总书记在庆祝中国共产党成立95周年大会上的重要讲话精神，围绕贯彻落实讲话精神，结合落实全面从严治党要求和开展"两学一做"学习教育，推进国企国资改革发展，深入落实巡视整改，深入进行学习研讨。国资委党委书记张毅主持学习会并作总结讲话。

6日，国资委秘书长阎晓峰在国资委会见澳大利亚西澳州政府发展部、财政部、创新部长迈米安、西澳州农业与食品部、交通部长丁那德。

6日，中央纪委驻国资委纪检组召开会议，集体约谈国资委直属事业单位、直管协会、管理局系统纪委书记，督促落实监督责任、抓好巡视整改任务。中央纪委驻国资委纪检组组长、国资委党委委员江金权出席会议并讲话。

8日，国资委发布《关于组建中国航空发动机集团有限公司的公告》（国务院国资委公告2016年第2号）。

11日，国资委秘书长阎晓峰在国资委会见拉脱维亚交通部长奥古利斯一行。

13日，国资委和财政部共同召开全国国有企业"三供一业"分离移交工作视频会议，贯彻落实《中共中央、国务院关于深化国有企业改革的指导意见》（中发〔2015〕22号）和国务院印发的《加快剥离国有企业办社会职能和解决历史遗留问题工作方案》（国发〔2016〕19号）精神，动员部署在全国全面推进国有企业"三供一业"分离移交工作。剥离国有企业办社会职能和解决历史遗留问题专项小组组长、国资委主任肖亚庆出席会议并讲话，专项小组副组长、国资委副主任孟建民主持会议。

20日，中央纪委驻国资委纪检组召开会议，集体约谈国资委机关厅局主要负责人，督促落实主体责任、抓好巡视整改任务。中央纪委驻国资委纪检组组长、国资委党委委员江金权出席会议并讲话。

25日，国资委主任、党委副书记，国资委党委"两学一做"学习教育协调领导小组副组长肖亚庆，到中国联合网络通信集团有限公司北京分公司党委调研了解中央企业基层党组织学习教育开展情况，督促指导联合网络通信集团有限公司开展学习教育，并以《深入学习贯彻系列讲话精神 坚定不移推进供给侧结构性改革》为题讲党课。

28—29日，监事会贯彻"六要六不"行为规范专题培训班在北京举行。中央纪委驻国资委纪检组组长、国资委党委委员江金权出席会议并为监事会全体党员干部作党课报告，国资委副主任王文斌作工作报告。

28—29日，国资委管理局系统半年工作会议在北京召开。国资委副主任徐福顺出席会议并讲话。

29日，海南省与中央企业推进热带海洋经济合作恳谈会在北京召开，国资委主任肖亚庆、副主任黄丹华出席会议。

8 月

2 日，国资委、财政部、证监会印发《关于印发〈关于国有控股混合所有制企业开展员工持股试点的意见〉的通知》(国资发改革〔2016〕133 号)。

18 日，中国国有资本风险投资基金股份有限公司成立大会在北京举行，国资委副主任孟建民、总会计师沈莹出席成立大会。

22 日，国资委副主任徐福顺在国资委会见西藏自治区副主席汪海州一行。

24 日，国资委、财政部联合印发《关于印发〈关于完善中央企业功能分类考核的实施方案〉的通知》(国资发综合〔2016〕252 号)。

24 日，根据中央统一战线工作领导小组统一部署，在全国范围内开展一次贯彻落实中央关于统一战线一系列重大决策部署情况专项调研检查，中央统一战线工作领导小组成员、第 12 调研检查组组长，国资委副主任、党委委员徐福顺率第 12 调研检查组赴神华集团有限责任公司进行实地调研检查。

25 日，国资委主任肖亚庆赴中国兵器工业集团公司所属北方车辆研究所调研并召开座谈会，了解企业生产经营、深化改革和提质增效工作情况，听取意见建议。

25 日，根据国资委主任肖亚庆会见美国前国防部长、美国科恩集团董事长兼首席执行官威廉·科恩时达成的共识，国资委与科恩集团在北京联合举办"中国企业开拓国际市场面临的热点问题研讨会"。国资委副主任黄丹华出席研讨会并会见科恩集团副总裁约瑟夫·本科特一行。

26 日，中国建筑材料集团有限公司与中国中材集团公司重组大会在北京召开，国资委主任肖亚庆、秘书长阎晓峰出席会议。

30 日，国资委副主任黄丹华分别赴中央储备粮南昌直属库、江中集团江中药谷制造基地调研，并出席中国医药集团有限公司与江中集团合作交流座谈会。

31 日，国资委主任肖亚庆赴中国建筑工程总公司"中国尊"项目施工现场调研并召开座谈会，了解企业"瘦身健体"、提质增效、深化改革和党的建设等工作情况，听取意见建议。

9 月

2 日，国资委副主任黄丹华在国资委会见白俄罗斯驻华大使鲁德一行。

5 日，国华军民融合产业发展基金创立大会在北京举行，国资委副主任黄丹华出席会议并讲话。

6 日，中央企业产业重组合作整合座谈会在北京召开，国资委主任肖亚庆出席会议并讲话，副主任孟建民主持会议，国资委总会计师沈莹出席会议。

11—12 日，国资委主任肖亚庆赴吉林调研中国第一汽车集团公司、中国中车集团公司、中国医院集团有限公司等企业提质增效、深化改革等工作情况。

13 日，中央纪委驻国资委纪检组组长、国资委党委委员江金权赴中国兵器工业集团公司调研，了解深化落实中央八项规定精神、纠正"四风"工作情况。

14 日，中央纪委驻国资委纪检组召开会议，对部分中央企业党委(纪委)换届风气监督工作进行部署，督促党委换届企业纪委书记(纪检组组长)履行监督责任，严肃换届纪律，努力构建风清气正的良好政治生态。中央纪委驻国资委纪检组组长、国资委党委委员江金权出席会议并讲话。

20 日，中央纪委驻国资委纪检组组长、国资委党委委员江金权赴中国航空集团公司调研企业落实"两个责任"、构建"不能腐"的体制机制情况。

23 日，黑龙江省与中央企业融合发展合作交流会在哈尔滨举行，国资委主任肖亚庆、副主任孟建民出席会议。

23—24 日，国资委主任肖亚庆赴黑龙江调研中国石油天然气集团公司、哈尔滨电气集团公司提质增效、深化改革等工作情况。

26 日，中国国有企业结构调整基金股份有限公司成立大会暨挂牌仪式在北京举行，国资委主任肖亚庆、副主任孟建民出席会议。

29 日，中央纪委驻国资委纪检组举办"迎国庆 经典诗歌朗诵会"，以"两学一做"学习教育的实际行动为祖国 67 岁华诞献礼。中央纪委驻国资委纪检组组长、国资委党委委员江金权出席活动。

10 月

8 日，国资委副主任、党委委员，中央企业贫困地区产业投资基金筹备领导小组组长徐福顺在国资委会见青海省委常委、副省长张建民一行。

9 日，国资委党委召开"贯彻落实习近平总书记关于国企国资改革发展重要指示，做强做优做大中央企业"学习研讨会，国资委党委书记张毅、主任肖亚庆出席研讨会并讲话。

12 日，中央企业与北京市创新发展合作推进会在北京召开，国资委党委书记张毅，主任肖亚庆、副主任黄丹华、副主任刘强、秘书长阎晓峰出席会议。

12 日，中央纪委驻国资委纪检组组长、国资委党委委员江金权赴中国中化集团公司调研企业学习贯彻全国国有企业党的建设工作会议精神、构建"不能腐"体制机制工作情况。

17 日，中央企业贫困地区产业投资基金揭牌暨首批投放项目签约仪式在北京举行。国务委员王勇对基金作出重要批示。国务院国资委副主任、基金筹备领导小组组长徐福顺出席会议并讲话。

17 日，为深入推进"两学一做"学习教育，根据国资委党委统一部署，国资委党委举行"中心组（扩大）学习暨《中国共产党问责条例》专题辅导报告"，邀请监察部副部长王令浚作专题辅导报告，深入系统地学习贯彻《问责条例》。国资委副主任黄丹华主持报告会。

17 日，"2016 年中央企业熠星创新创意大赛"启动仪式在北京举行，国务委员王勇出席并讲话。国资委主任肖亚庆、副秘书长周渝波出席会议。

18 日，中央纪委驻国资委纪检组召开全国国有企业党的建设工作会议精神传达会，中央纪委驻国资委纪检组组长、国资委党委委员江金权出席会议并讲话。

18 日，中国航空器材有限责任公司暨航材共享平台公司在北京正式成立。国资委副主任孟建民、总会计师沈莹出席成立大会。

20 日，国资委副主任王文斌在国资委会见香港大律师公会主席谭允芝率领的香港大律师代表团。

31 日，国资委印发《关于做好中央科技型企业股权和分红激励工作的通知》（国资发分配〔2016〕274 号）。

11 月

2 日，国资委副主任黄丹华在国资委会见白俄罗斯国家资产委员会第一副主席瓦西列夫·阿列克谢伊一行。双方就落实 2016 年 9 月国资委与白俄罗斯国家资产委员会签署的交流合作机制框架协议深入交换意见。

2 日，国资委主任肖亚庆在钓鱼台国宾馆会见来华访问的几内亚总统孔戴。

3 日，中央纪委驻国资委纪检组组长、国资委党委委员江金权赴中国国电集团公司调研企业学习贯彻党的十八届六中全会和全国国有企业党的建设工作会议精神情况。

5—6 日，国资委主任肖亚庆赴国资委机关定点扶贫县河北省魏县、平乡县调研扶贫工作，慰问困难群众，看望挂职干部，并与河北省及邯郸市、邢台市和魏县、平乡县负责人员进行座谈。

16 日，国资委副主任徐福顺在国资委会见俄罗斯远东和贝尔加地区发展基金会会长切昆科夫一行。

23 日，按照国资委党委的部署和中央纪委驻国资委纪检组的工作安排，驻委纪检组召开会议，对国资委 2016 年新提任局处级干部进行集体廉洁谈话。驻委纪检组组长、国资委党委委员江金权出席会议并讲话。

28 日，国资委副主任黄丹华在国资委会见诺基亚集团董事长李斯拓一行。双方就推进诺基亚中国与上海贝尔合资合作事宜进行深入而坦诚的交流。

12 月

1 日，中国宝武钢铁集团有限公司在上海正式宣告成立。国资委主任肖亚庆出席成立大会。

8 日，为认真贯彻习近平总书记、李克强总理关于安全生产工作的重要批示精神和全国安全生产电视电话会议精神，按照国务院安委会办公室的有关要求和国资委的工作部署，国资委副主任徐福顺赴中国铁建所属北京地铁 8 号线前门站施工项目和中国建筑所属"中国尊"施工项目开展安全督查。

9日，中国中钢集团有限公司与中国银行等6家金融债权人委员会牵头银行在北京签署债务重组框架协议。国资委副主任孟建民出席签约大会。

9日，国资委副主任黄丹华在国资委会见法国前总理、参议院外交、国防和军队委员会主席拉法兰及其率领的法国企业家代表团一行。

12日，国资委印发《中央企业负责人经营业绩考核办法》(国资委令第33号)。

16日，江苏省与中央企业合作恳谈会在北京召开，国资委主任肖亚庆、副主任徐福顺出席会议。

21日，国资委召开2016年度预算执行等情况审计工作进点会议，国资委副主任徐福顺出席会议并讲话。

22日，中央企业助力国家大数据(贵州)综合试验区建设座谈会暨签约仪式在贵州贵阳举行，国资委主任肖亚庆、副主任黄丹华出席会议。

22日，国资委副主任徐福顺率队赴国家开发投资公司，就中央企业贫困地区产业投资基金10月17日设立以来有关工作开展情况进行调研检查。

27日，国资委主任肖亚庆赴中国移动通信集团有限公司、中国建筑设计研究院调研，了解企业生产经营、深化改革和提质增效、科技创新工作情况，听取意见建议。

2017

CHINA' S STATE-OWNED ASSETS SUPERVISION AND ADMINISTRATION YEARBOOK

中 国 国 有 资 产 监 督 管 理 年 鉴

附录

第九篇

国务院关于积极稳妥降低企业杠杆率的意见

国发〔2016〕54 号

各省、自治区、直辖市人民政府，国务院各部委、各直属机构：

近年来，我国企业杠杆率高企，债务规模增长过快，企业债务负担不断加重。在国际经济环境更趋复杂、我国经济下行压力仍然较大的背景下，一些企业经营困难加剧，一定程度上导致债务风险上升。为贯彻落实党中央、国务院关于推进供给侧结构性改革、重点做好“三去一降一补”工作的决策部署，促进建立和完善现代企业制度，增强经济中长期发展韧性，现就积极稳妥降低企业杠杆率（以下简称“降杠杆”）提出以下意见。

一、总体要求

降杠杆的总体思路是：全面贯彻党的十八大和十八届三中、四中、五中全会精神，认真落实中央经济工作会议和政府工作报告部署，坚持积极的财政政策和稳健的货币政策取向，以市场化、法治化方式，通过推进兼并重组、完善现代企业制度强化自我约束、盘活存量资产、优化债务结构、有序开展市场化银行债权转股权、依法破产、发展股权融资，积极稳妥降低企业杠杆率，助推供给侧结构性改革，助推国有企业改革深化，助推经济转型升级和优化布局，为经济长期持续健康发展夯实基础。

在推进降杠杆过程中，要坚持以下基本原则：

市场化原则。充分发挥市场在资源配置中的决定性作用和更好发挥政府作用。债权人和债务人等市场主体依据自身需求开展或参与降杠杆，自主协商确定各类交易的价格与条件并自担风险、自享收益。政府通过制定引导政策，完善相关监管规则，维护公平竞争的市场秩序，做好必要的组织协调工作，保持社会稳定，为降杠杆营造良好环境。

法治化原则。依法依规开展降杠杆工作，政府与各市场主体都要严格依法行事，尤其要注重保护债权人、投资者和企业职工合法权益。加强社会信用体系建设，防范道德风险，严厉打击逃废债行为，防止应由市场主体承担的责任不合理地转嫁给政府或其他相关主体。明确政府责任范围，政府不承担损失的兜底责任。

有序开展原则。降杠杆要把握好稳增长、调结构、防风险的关系，注意防范和化解降杠杆过程中可能出现的各类风险。尊重经济规律，充分考虑不同类型行业和企业的杠杆特征，分类施策，有扶有控，不搞“一刀切”，防止一哄而起，稳妥有序地予以推进。

统筹协调原则。降杠杆是一项时间跨度较长的系统工程。要立足当前、着眼长远，标本兼治、综合施策。要把建立规范现代企业制度、完善公司治理结构、强化自身约束机制作为降杠杆的根本途径。降杠杆要综合运用多种手段，与企业改组改制、降低实体经济企业成本、化解过剩产能、促进企业转型升级等工作有机结合、协同推进。

二、主要途径

（一）积极推进企业兼并重组。

1. 鼓励跨地区、跨所有制兼并重组。支持通过兼并重组培育优质企业。进一步打破地方保护、区域封锁，鼓励企业跨地区开展兼并重组。推动混合所有制改革，鼓励国有企业通过出让股份、增资扩股、合资合作等方式引入民营资本。加快垄断行业改革，向民营资本开放垄断行业的竞争性业务领域。

2. 推动重点行业兼并重组。发挥好产业政策的引导作用，鼓励产能过剩行业企业加大兼并重组力度，加快“僵尸企业”退出，有效化解过剩产能，实现市场出清。加大对产业集中度不高、同质化竞争突出行业或产业的联合重组，加强资源整合，发展规模经济，实施减员增效，提高综合竞争力。

3. 引导企业业务结构重组。引导企业精益化经营，突出主业，优化产业链布局，克服盲目扩张粗放经营。通过出售转让非主业或低收益业务回收资金、减少债务和支出，降低企业资金低效占用，提高企业运营效率和经营效益。

4. 加大对企业兼并重组的金融支持。通过并购贷款等措施，支持符合条件的企业开展并购重组。允许符合条件的企业通过发行优先股、可转换债券等方式筹集兼并重组资金。进一步创新融资方式，满足企业兼并重组不同阶段的融资需求。鼓励各类投资者通过股权投资基金、创业投资基金、产业投资基金等形式参与企业兼并重组。

（二）完善现代企业制度强化自我约束。

5. 建立和完善现代企业制度。建立健全现代企业制度、完善公司治理结构，对企业负债行为建立权责明确、制衡有效的决策执行监督机制，加强企业自身财务杠杆约束，合理安排债务融资规模，有效控制企业杠杆率，形成合理资产负债结构。

6. 明确企业降杠杆的主体责任。企业是降杠杆的第一责任主体。强化企业管理层资产负债管理责任，合理设计激励约束制度，处理好企业长期发展和短期业绩的关系，树立审慎经营观念，防止激进经营过度负债。落实企业股东责任，按照出资义务依法缴足出资，根据股权先于债权吸收损失原则承担必要的降杠杆成本。

7. 强化国有企业降杠杆的考核机制。各级国有资产管理部门应切实履行职责，积极推动国有企业降杠杆工作，将降杠杆纳入国有资产管理部门对国有企业的业绩考核体系。统筹运用政绩考核、人事任免、创新型试点政策倾斜等机制，调动地方各级人民政府和国有企业降杠杆的积极性。

（三）多措并举盘活企业存量资产。

8. 分类清理企业存量资产。规范化清理资产，做好闲置存量资产相关尽职调查、资产清查、财产评估等工作，清退无效资产，实现人资分离，使资产达到可交易状态。

9. 采取多种方式盘活闲置资产。对土地、厂房、设备等闲置资产以及各类重资产，采取出售、转让、租赁、回租、招商合作等多种形式予以盘活，实现有效利用。引导企业进入产权交易市场，充分发挥产权交易市场价格发现、价值实现功能。

10. 加大存量资产整合力度。鼓励企业整合内部资源，将与主业相关的资产整合清理后并入主业板块，提高存量资产的利用水平，改善企业经营效益。

11. 有序开展企业资产证券化。按照“真实出售、破产隔离”原则，积极开展以企业应收账款、租赁债权等财产权利和基础设施、商业物业等不动产财产或财产权益为基础资产的资产证券化业务。支持房地产企业通过发展房地产信托投资基金向轻资产经营模式转型。

（四）多方式优化企业债务结构。

12. 推动企业开展债务清理和债务整合。加大清欠力度，减少无效占用，加快资金周转，降低资产负债率。多措并举清理因担保圈、债务链形成的三角债。加快清理以政府、大企业为源头的资金拖欠，推动开展中小企业应收账款融资。对发展前景良好、生产经营较为正常，有技术、有订单，但由于阶段性原因成为资金拖欠源头的企业，鼓励充分调动多方力量，在政策允许范围内，统筹运用盘活资产、发行债券和银行信贷等多种手段，予以必要支持。

13. 降低企业财务负担。加快公司信用类债券产品创新，丰富债券品种，推动企业在风险可控的前提下利用债券市场提高直接融资比重，优化企业债务结构。鼓励企业加强资金集中管理，支持符合条件的企业设立财务公司，加强内部资金融通，提高企业资金使用效率。通过大力发展政府支持的担保机构等措施，提高企业信用等级，降低融资成本。

（五）有序开展市场化银行债权转股权。

14. 以市场化法治化方式开展债转股。由银行、实施机构和企业依据国家政策导向自主协商确定转股对象、转股债权以及转股价格和条件，实施机构市场化筹集债转股所需资金，并多渠道、多方式实现股权市场化退出。

15. 以促进优胜劣汰为目的开展市场化债转股。鼓励面向发展前景良好但遇到暂时困难的优质企业开展市场化债转股，严禁将“僵尸企业”、失信企业和不符合国家产业政策的企业作为市场化债转股对象。

16. 鼓励多类型实施机构参与开展市场化债转股。除国家另有规定外，银行不得直接将债权转为股权。银行将债权转为股权应通过向实施机构转让债权、由实施机构将债权转为对象企业股权的方式实现。鼓励金融资产管理公司、保险资产管理机构、国有资本投资运营公司等多种类型实施机构参与开展市场化债转股；支持银行充分利用现有符合条件的所属机构，或允许申请设立符合规定的新机构开展市场化债转股；鼓励实施机构引入社会资本，发展混合所有制，增强资本实力。

（六）依法依规实施企业破产。

17. 建立健全依法破产的体制机制。充分发挥企业破产在解决债务矛盾、公平保障各方权利、优化资源配置等方面的重要作用。完善破产清算司法解释和司法政策。健全破产管理人制度。探索建立关联企业合并破产制度。细化工作流程规则，切实解决破产程序中的违法执行问题。支持法院建立专门清算与破产审判庭，积极支持优化法官配备并加强专业培训，强化破产司法能力建设。规范和引导律师事务所、会计师事务所等中介机构依法履职，增强破产清算服务能力。

18. 因企制宜实施企业破产清算、重整与和解。对于扭亏无望、已失去生存发展前景的"僵尸企业"，要破除障碍，依司法程序进行破产清算，全面清查破产企业财产，清偿破产企业债务并注销破产企业法人资格，妥善安置人员。对符合破产条件但仍有发展前景的企业，支持债权人和企业按照法院破产重整程序或自主协商对企业进行债务重组。鼓励企业与债权人依据破产和解程序达成和解协议，实施和解。在企业破产过程中，切实发挥债权人委员会作用，保护各类债权人和企业职工合法权益。

19. 健全企业破产配套制度。政府与法院依法依规加强企业破产工作沟通协调，解决破产程序启动难问题，做好破产企业职工安置和权益保障、企业互保联保和民间融资风险化解、维护社会稳定等各方面工作。加快完善清算后工商登记注销等配套政策。

（七）积极发展股权融资。

20. 加快健全和完善多层次股权市场。加快完善全国中小企业股份转让系统，健全小额、快速、灵活、多元的投融资体制。研究全国中小企业股份转让系统挂牌公司转板创业板相关制度。规范发展服务中小微企业的区域性股权市场。支持区域性股权市场运营模式和服务方式创新，强化融资功能。

21. 推动交易所市场平稳健康发展。进一步发展壮大证券交易所主板，深入发展中小企业板，深化创业板改革，加强发行、退市、交易等基础性制度建设，切实加强市场监管，依法保护投资者权益，支持符合条件的企业在证券交易所市场发行股票进行股权融资。

22. 创新和丰富股权融资工具。大力发展私募股权投资基金，促进创业投资。创新财政资金使用方式，发挥产业投资基金的引导作用。规范发展各类股权类受托管理资金。在有效监管的前提下，探索运用股债结合、投贷联动和夹层融资工具。

23. 拓宽股权融资资金来源。鼓励保险资金、年金、基本养老保险基金等长期性资金按相关规定进行股权投资。有序引导储蓄转化为股本投资。积极有效引进国外直接投资和国外创业投资资金。

三、营造良好的市场与政策环境

24. 落实和完善降杠杆财税支持政策。发挥积极的财政政策作用，落实并完善企业兼并重组、破产清算、资产证券化、债转股和银行不良资产核销等相关税收政策。根据需要，采取适当财政支持方式激励引导降杠杆。

25. 提高银行不良资产核销和处置能力。拓宽不良资产市场转让渠道，探索扩大银行不良资产受让主体，强化不良资产处置市场竞争。加大力度落实不良资产转让政策，支持银行向金融资产管理公司打包转让不良资产。推动银行不良资产证券化。多渠道补充银行核心和非核心资本，提高损失吸收能力。

26. 加强市场主体信用约束。建立相关企业和机构及其法定代表人、高级管理人员的信用记录，并纳入全国信用信息共享平台。构建参与各方失信行为联合惩戒机制，依据相关法律法规严格追究恶意逃废债和国有资产流失等违法违规单位及相关人员责任。

27. 强化金融机构授信约束。银行业金融机构应通过建立债权人委员会、联合授信等机制，完善客户信息共享，综合确定企业授信额度，并可通过合同约定等方式，避免过度授信，防止企业杠杆率超出合理水平。对授信银行超过一定数量、授信金额超过一定规模的企业原则上以银团联合方式发放贷款，有效限制对高杠杆企业贷款。

28. 健全投资者适当性管理制度。合理确定投资者参与降杠杆的资格与条件。鼓励具有丰富企业管理经验或专业投资分析能力，并有相应风险承受力的机构投资者参与企业市场化降杠杆。完善个人投资者适当性管理制度，依法建立合格个人投资者识别风险和自担风险的信用承诺制度，防止不合格个人投资者投资降杠杆相关金融产品和超出能力承担风险。

29. 切实减轻企业社会负担。完善减轻企业非债务负担配套政策，落实已出台的各项清理规范涉企行政性、事业性收费以及具有强制垄断性的经营服务收费、行业协会涉企收费政策。加大对企业在降杠杆过程中剥离相关社会负担和辅业资产的政策支持力度。

30. 稳妥做好重组企业的职工分流安置工作。各级人民政府要高度重视降杠杆过程中的职工安置，充分发挥企业主体作用，多措并举做好职工安置工作。鼓励企业充分挖掘内部潜力，通过协商薪酬、转岗培训等方式，稳定现有工作岗位。支持企业依靠现有场地、设施、技术开辟新的就业岗位。对不裁员或少裁员的企业，按规定由失业保险实施稳岗补贴政策。依法妥善处理职工劳动关系，稳妥接续社会保险关系，按规定落实社会保险待遇。积极做好再就业帮扶，落实就业扶持政策，加大职业培训力度，提供公共就业服务，对就业困难人员按规定实施公益性岗位托底安置。

31. 落实产业升级配套政策。进一步落实重点行业产业转型升级和化解过剩产能的配套支持措施，加大对重点企业兼并重组和产业整合的支持力度，发挥产业投资基金作用，吸引社会资本参与，实行市场化运作，推动重点行业破局性、战略性重组，实现产业链整合及产业融合，通过资源重新配置降低企业杠杆率，进一步提升优质企业竞争力。

32. 严密监测和有效防范风险。加强政策协调，强化信息沟通与研判预警，提高防范风险的预见性、有效性，严密监控降杠杆可能导致的股市、汇市、债市等金融市场风险，防止风险跨市场传染。填补监管空白与漏洞，实现监管全覆盖，完善风险处置预案，严守不发生系统性风险的底线。

33. 规范履行相关程序。在降杠杆过程中，涉及政府管理事项的，要严格履行相关核准或备案程序，严禁违法违规操作。为适应开展降杠杆工作的需要，有关部门和单位应进一步明确、规范和简化相关程序，提高行政效率。

34. 更好发挥政府作用。政府在降杠杆工作中的职责是制定规则，完善政策，适当引导，依法监督，维护公平竞争的市场秩序，保持社会稳定，做好职工合法权益保护等社会保障兜底工作，确保降杠杆在市场化、法治化轨道上平稳有序推进。政府在引导降杠杆过程中，要依法依规、遵循规律、规范行为，不干预降杠杆工作中各市场主体的相关决策和具体事务。同时，各级人民政府要切实履行好国有企业出资人职责，在国有企业降杠杆决策中依照法律法规和公司章程行使国有股东权利。

国家发展改革委、人民银行、财政部、银监会等相关部门和单位要建立积极稳妥降低企业杠杆率部际联席会议制度，加强综合协调指导，完善配套措施，组织先行先试，统筹推进各项工作。及时了解新情况，研究、解决降杠杆过程中出现的新问题。通过多种方式，加强舆论引导，适时适度做好宣传报道和政策解读工作，回应社会关切，营造良好的舆论环境。及时归集、整理降杠杆相关信息并进行分析研究，适时开展降杠杆政策效果评估，重大问题及时向国务院报告。

附件：关于市场化银行债权转股权的指导意见（略）

企业投资项目核准和备案管理条例

中华人民共和国国务院令　第673号

《企业投资项目核准和备案管理条例》已经2016年10月8日国务院第149次常务会议通过，现予公布，自2017年2月1日起施行。

企业投资项目核准和备案管理条例

第一条　为了规范政府对企业投资项目的核准和备案行为，加快转变政府的投资管理职能，落实企业投资自主权，制定本条例。

第二条　本条例所称企业投资项目（以下简称“项目”），是指企业在中国境内投资建设的固定资产投资项目。

第三条　对关系国家安全、涉及全国重大生产力布局、战略性资源开发和重大公共利益等项目，实行核准管理。具体项目范围以及核准机关、核准权限依照政府核准的投资项目目录执行。政府核准的投资项目目录由国务院投资主管部门会同国务院有关部门提出，报国务院批准后实施，并适时调整。国务院另有规定的，依照其规定。

对前款规定以外的项目，实行备案管理。除国务院另有规定的，实行备案管理的项目按照属地原则备案，备案机关及其权限由省、自治区、直辖市和计划单列市人民政府规定。

第四条　除涉及国家秘密的项目外，项目核准、备案通过国家建立的项目在线监管平台（以下简称“在线平台”）办理。

核准机关、备案机关以及其他有关部门统一使用在线平台生成的项目代码办理相关手续。

国务院投资主管部门会同有关部门制定在线平台管理办法。

第五条　核准机关、备案机关应当通过在线平台列明与项目有关的产业政策，公开项目核准的办理流程、办理时限等，并为企业提供相关咨询服务。

第六条　企业办理项目核准手续，应当向核准机关提交项目申请书；由国务院核准的项目，向国务院投资主管部门提交项目申请书。项目申请书应当包括下列内容：

（一）企业基本情况；

（二）项目情况，包括项目名称、建设地点、建设规模、建设内容等；

（三）项目利用资源情况分析以及对生态环境的影响分析；

（四）项目对经济和社会的影响分析。

企业应当对项目申请书内容的真实性负责。

法律、行政法规规定办理相关手续作为项目核准前置条件的，企业应当提交已经办理相关手续的证明文件。

第七条　项目申请书由企业自主组织编制，任何单位和个人不得强制企业委托中介服务机构编制项目申请书。

核准机关应当制定并公布项目申请书示范文本，明确项目申请书编制要求。

第八条　由国务院有关部门核准的项目，企业可以通过项目所在地省、自治区、直辖市和计划单列市人民政府有关部门（以下简称“地方人民政府有关部门”）转送项目申请书，地方人民政府有关部门应当自收到项目申请书之日起 5 个工作日内转送核准机关。

由国务院核准的项目，企业通过地方人民政府有关部门转送项目申请书的，地方人民政府有关部门应当在前款规定的期限内将项目申请书转送国务院投资主管部门，由国务院投资主管部门审核后报国务院核准。

第九条　核准机关应当从下列方面对项目进行审查：

（一）是否危害经济安全、社会安全、生态安全等国家安全；

（二）是否符合相关发展建设规划、技术标准和产业政策；

（三）是否合理开发并有效利用资源；

（四）是否对重大公共利益产生不利影响。

项目涉及有关部门或者项目所在地地方人民政府职责的，核准机关应当书面征求其意见，被征求意见单位应当及时书面回复。

核准机关委托中介服务机构对项目进行评估的，应当明确评估重点；除项目情况复杂的，评估时限不得超过 30 个工作日。评估费用由核准机关承担。

第十条　核准机关应当自受理申请之日起 20 个工作日内，作出是否予以核准的决定；项目情况复杂或者需要征求有关单位意见的，经本机关主要负责人批准，可以延长核准期限，但延长的期限不得超过 40 个工作日。核准机关委托中介服务机构对项目进行评估的，评估时间不计入核准期限。

核准机关对项目予以核准的，应当向企业出具核准文件；不予核准的，应当书面通知企业并说明理由。由国务院核准的项目，由国务院投资主管部门根据国务院的决定向企业出具核准文件或者不予核准的书面通知。

第十一条　企业拟变更已核准项目的建设地点，或者拟对建设规模、建设内容等作较大变更的，应当向核准机关提出变更申请。核准机关应当自受理申请之日起 20 个工作日内，作出是否同意变更的书面决定。

第十二条　项目自核准机关作出予以核准决定或者同意变更决定之日起 2 年内未开工建设，需要延期开工建设的，企业应当在 2 年期限届满的 30 个工作日前，向核准机关申请延期开工建设。核准机关应当自受理申请之日起 20 个工作日内，作出是否同意延期开工建设的决定。开工建设只能延期一次，期限最长不得超过 1 年。国家对项目延期开工建设另有规定的，依照其规定。

第十三条　实行备案管理的项目，企业应当在开工建设前通过在线平台将下列信息告知备案机关：

（一）企业基本情况；

（二）项目名称、建设地点、建设规模、建设内容；

（三）项目总投资额；

（四）项目符合产业政策的声明。

企业应当对备案项目信息的真实性负责。

备案机关收到本条第一款规定的全部信息即为备案；企业告知的信息不齐全的，备案机关应当指导企业补正。

企业需要备案证明的，可以要求备案机关出具或者通过在线平台自行打印。

第十四条　已备案项目信息发生较大变更的，企业应当及时告知备案机关。

第十五条　备案机关发现已备案项目属于产业政策禁止投资建设或者实行核准管理的，应当及时告知企业予以纠正或者依法办理核准手续，并通知有关部门。

第十六条　核准机关、备案机关以及依法对项目负有监督管理职责的其他有关部门应当加强事中事后监管，按照谁审批谁监管、谁主管谁监管的原则，落实监管责任，采取在线监测、现场核查等方式，加强对项目实施的监督检查。

企业应当通过在线平台如实报送项目开工建设、建设进度、竣工的基本信息。

第十七条　核准机关、备案机关以及依法对项目负有监督管理职责的其他有关部门应当建立项目信息共享机制，通过在线平台实现信息共享。

企业在项目核准、备案以及项目实施中的违法行为及其处理信息，通过国家社会信用信息平台向社会公示。

第十八条　实行核准管理的项目，企业未依照本条例规定办理核准手续开工建设或者未按照核准的建设地点、建设规模、建设内容等进行建设的，由核准机关责令停止建设或者责令停产，对企业处项目总投资额1‰以上5‰以下的罚款；对直接负责的主管人员和其他直接责任人员处2万元以上5万元以下的罚款，属于国家工作人员的，依法给予处分。

以欺骗、贿赂等不正当手段取得项目核准文件，尚未开工建设的，由核准机关撤销核准文件，处项目总投资额1‰以上5‰以下的罚款；已经开工建设的，依照前款规定予以处罚；构成犯罪的，依法追究刑事责任。

第十九条　实行备案管理的项目，企业未依照本条例规定将项目信息或者已备案项目的信息变更情况告知备案机关，或者向备案机关提供虚假信息的，由备案机关责令限期改正；逾期不改正的，处2万元以上5万元以下的罚款。

第二十条　企业投资建设产业政策禁止投资建设项目的，由县级以上人民政府投资主管部门责令停止建设或者责令停产并恢复原状，对企业处项目总投资额5‰以上10‰以下的罚款；对直接负责的主管人员和其他直接责任人员处5万元以上10万元以下的罚款，属于国家工作人员的，依法给予处分。法律、行政法规另有规定的，依照其规定。

第二十一条　核准机关、备案机关及其工作人员在项目核准、备案工作中玩忽职守、滥用职权、徇私舞弊的，对负有责任的领导人员和直接责任人员依法给予处分；构成犯罪的，依法追究刑事责任。

第二十二条　事业单位、社会团体等非企业组织在中国境内投资建设的固定资产投资项目适用本条例，但通过预算安排的固定资产投资项目除外。

第二十三条　国防科技工业企业在中国境内投资建设的固定资产投资项目核准和备案管理办法，由国务院国防科技工业管理部门根据本条例的原则另行制定。

第二十四条　本条例自2017年2月1日起施行。

2016年度中央企业负责人经营业绩考核A级企业名单

根据《中央企业负责人经营业绩考核办法》（国资委令第33号）和《关于印发中央企业负责人经营业绩考核实施方案的通知》（国资发考分〔2016〕310号），2016年度中央企业负责人经营业绩考核结果已经国资委党委会议审议通过，现将A级企业名单通报如下：

1. 中国航天科技集团公司
2. 国家电网公司
3. 中国移动通信集团公司
4. 中国电子科技集团公司
5. 招商局集团有限公司

6. 华润(集团)有限公司
7. 国家开发投资公司
8. 中国中车集团公司
9. 中国第一汽车集团公司
10. 中国铁道建筑总公司
11. 中国医药集团总公司
12. 中国长江三峡集团公司
13. 中国航天科工集团公司
14. 中国电信集团公司
15. 中国广核集团有限公司
16. 中国建筑工程总公司
17. 中国石油化工集团公司
18. 中国南方电网有限责任公司
19. 中国兵器工业集团公司
20. 中国交通建设集团有限公司
21. 中国华电集团公司
22. 中国石油天然气集团公司
23. 中国兵器装备集团公司
24. 中国航空集团公司
25. 中国保利集团公司
26. 中国通用技术(集团)控股有限责任公司
27. 中国航空工业集团公司
28. 华侨城集团公司
29. 东风汽车公司
30. 中国国电集团公司
31. 中国核工业集团公司
32. 中国航空油料集团公司
33. 中国铁路通信信号集团公司
34. 中国大唐集团公司
35. 中国电力建设集团有限公司
36. 中国机械工业集团有限公司
37. 中国远洋海运集团有限公司
38. 中粮集团有限公司
39. 中国中化集团公司
40. 中国海洋石油总公司
41. 中国化工集团公司
42. 中国船舶重工集团公司
43. 中国电子信息产业集团有限公司
44. 武汉邮电科学研究院
45. 神华集团有限责任公司
46. 国家电力投资集团公司
47. 中国宝武钢铁集团有限公司
48. 新兴际华集团有限公司
49. 中国建材集团有限公司
50. 中国铁路工程总公司
51. 中国华能集团公司

2016 年《财富》世界 500 强中国企业上榜情况

排名	上年排名	公司名称	营业收入（百万美元）	总部所在城市
2	2	国家电网公司	315198.6	北京
3	4	中国石油化工集团公司	267518.0	北京
4	3	中国石油天然气集团公司	262572.6	北京
22	15	中国工商银行	147675.1	北京
24	27	中国建筑工程总公司	144505.2	北京
27	25	鸿海精密工业股份有限公司	135128.8	台北
28	22	中国建设银行	135093.3	北京
38	29	中国农业银行	117274.9	北京
39	41	中国平安保险(集团)股份有限公司	116581.1	深圳

续表

排名	上年排名	公司名称	营业收入（百万美元）	总部所在城市
41	46	上海汽车集团股份有限公司	113860.8	上海
42	35	中国银行	113708.2	北京
47	45	中国移动通信集团公司	107116.5	北京
51	54	中国人寿保险(集团)公司	104818.2	北京
55	57	中国铁路工程总公司	96978.5	北京
58	62	中国铁道建筑总公司	94876.5	北京
68	81	东风汽车公司	86193.5	武汉
83	129	华为投资控股有限公司	78510.8	深圳
86	91	中国华润总公司	75776.3	中国香港
89	99	太平洋建设集团	74629.0	南京
100	95	中国南方电网有限责任公司	71241.5	广州
101	102	中国兵器装备集团公司	71150.5	北京
103	110	中国交通建设集团有限公司	70750.8	北京
114	119	中国人民保险集团股份有限公司	66731.9	北京
115	109	中国海洋石油总公司	65891.7	北京
119	105	中国邮政集团公司	65605.0	北京
120	323	中国五矿集团公司	65546.9	北京
125	130	中国第一汽车集团公司	64783.9	长春
129	122	天津物产集团有限公司	63324.2	天津
133	132	中国电信集团公司	62387.0	北京
135	134	中国兵器工业集团公司	61325.5	北京
136	121	中粮集团有限公司	61265.3	北京
137	160	北京汽车集团	61129.5	北京
139	—	安邦保险集团	60799.8	北京
143	139	中国中化集团公司	59532.6	北京
159	163	山东魏桥创业集团有限公司	56174.0	滨州
162	143	中国航空工业集团公司	55306.2	北京
170	353	海航集团	53035.3	海口
171	153	交通银行	52989.6	上海
172	156	中国中信集团有限公司	52852.0	北京
183	190	正威国际集团	49676.7	深圳
190	200	中国电力建设集团有限公司	48868.8	北京
199	205	中国医药集团	47809.7	北京
204	275	中国宝武钢铁集团	46606.2	上海
205	116	来宝集团	46528.3	中国香港
211	234	中国化工集团公司	45177.2	北京

续表

排名	上年排名	公司名称	营业收入（百万美元）	总部所在城市
216	189	招商银行	44551.8	深圳
221	201	河钢集团	43768.9	石家庄
222	229	中国华信能源有限公司	43743.3	上海
226	202	联想集团	43034.7	中国香港
230	195	兴业银行	42621.6	福州
233	281	中国船舶重工集团公司	42149.2	北京
238	303	广州汽车工业集团	41560.4	广州
241	207	中国联合网络通信股份有限公司	41273.9	北京
245	227	上海浦东发展银行股份有限公司	40688.7	上海
248	262	中国铝业公司	40278.0	北京
251	221	中国民生银行	40234.3	北京
252	251	中国太平洋保险(集团)股份有限公司	40192.7	上海
259	327	中国建材集团	39322.6	北京
261	366	京东集团	39155.3	北京
268	—	恒力集团	37879.7	苏州
274	217	中国华能集团公司	37542.6	北京
276	270	神华集团	37321.5	北京
277	311	绿地控股集团有限公司	37240.3	上海
279	273	怡和集团	37051.0	中国香港
296	259	和硕	35891.2	中国台北
307	356	万科企业股份有限公司	34458.0	深圳
312	309	中国能源建设集团有限公司	33929.8	北京
318	266	中国中车股份有限公司	33738.7	北京
319	473	长江和记实业有限公司	33475.0	中国香港
320	267	冀中能源集团	33365.5	邢台
322	318	新兴际华集团	33173.8	北京
326	325	陕西延长石油(集团)有限责任公司	32652.3	西安
329	313	中国光大集团	32460.5	北京
334	293	中国机械工业集团有限公司	32237.0	北京
336	344	中国航天科技集团公司	32093.8	北京
337	347	陕西煤业化工集团	31926.0	西安
338	496	中国恒大集团	31828.0	广州
339	328	江西铜业集团公司	31679.8	贵溪
341	401	中国保利集团	31508.3	北京
343	410	浙江吉利控股集团	31429.8	杭州
348	359	物产中大集团	31185.0	杭州

续表

排名	上年排名	公司名称	营业收入（百万美元）	总部所在城市
355	381	中国航天科工集团公司	30581.9	北京
362	329	中国电子信息产业集团有限公司	30009.7	北京
364	349	中国船舶工业集团公司	29876.8	北京
365	314	江苏沙钢集团	29862.2	张家港
366	465	中国远洋海运集团有限公司	29743.1	上海
368	342	国家电力投资集团公司	29493.4	北京
369	403	台积电	29387.9	中国新竹
372	426	山东能源集团有限公司	29298.6	济南
380	385	大连万达集团	28482.8	北京
382	331	中国华电集团公司	28204.3	北京
383	456	友邦保险集团	28196.0	中国香港
390	326	广达电脑公司	27715.1	桃园
397	345	中国国电集团公司	27315.1	北京
400	408	中国电子科技集团公司	27291.7	北京
411	468	国泰人寿保险股份有限公司	26291.7	中国台北
430	322	大同煤矿集团有限责任公司	25630.0	大同
433	337	山西焦煤集团有限责任公司	25122.5	太原
439	484	中国航空油料集团公司	24588.1	北京
445	374	山西阳泉煤业(集团)有限责任公司	24284.1	阳泉
448	370	潞安集团	24087.3	长治
450	481	美的集团股份有限公司	24060.4	佛山
454	406	中国大唐集团公司	23871.0	北京
458	400	仁宝电脑	23772.5	中国台北
459	—	阳光金控投资集团有限公司	23657.0	福州
462	—	阿里巴巴集团	23517.3	杭州
467	—	碧桂园控股有限公司	23043.7	佛山
476	384	山西晋城无烟煤矿业集团有限责任公司	22874.6	晋城
478	—	腾讯控股有限公司	22870.7	深圳
485	—	苏宁云商集团	22366.1	南京
488	—	厦门建发集团有限公司	22145.0	厦门
490	383	中国通用技术(集团)控股有限责任公司	22113.1	北京
494	—	厦门国贸控股集团有限公司	21929.6	厦门
495	—	新疆广汇实业投资(集团)有限责任公司	21919.3	乌鲁木齐
497	427	新华人寿保险股份有限公司	21795.7	北京

注：本排名发布于《财富》杂志。

2017

CHINA'S STATE-OWNED ASSETS SUPERVISION AND ADMINISTRATION YEARBOOK

中国国有资产监督管理年鉴

索引

索　引

使用说明

1. 本索引采用内容分析索引法编制。除大事记外，年鉴中有实质检索意义的内容均予以标引，以便检索使用。

2. 本索引基本上按汉语拼音音序排列。具体排列方法如下：以数字开头的，排在最前面；汉字标目则按首字的音序、音调依次排列，首字相同时则以第二个字排序，并依此类推。

3. 索引标目后的数字，表示检索内容所在的年鉴正文页码；数字后面的字母 a、b，表示年鉴正文中的栏别，合在一起即指该页码及左、右两个版面区域。年鉴中用图表反映的内容，则在索引标目后面用括号注明（图）（表）字，以区别于文字标目。

4. 为反映索引款目间的隶属关系，对于二级标目，采取在上一级标目下缩二格的形式编排，之下再按汉语拼音音序、音调排列。

1～9

A

B

C

D

F

G

H

J

K

L

M

N

P

Q

T

W

X

Y

Z

(王彦祥、申赟祎、万夙婕、张语桐　编制)